Shandong Sheng Gonglu Lühua Jishu Shouce

山东省公路绿化技术手册

陈永福　主　编
丁玉凤　陈东田　周玉波　副主编

人民交通出版社股份有限公司
China Communications Press Co.,Ltd.

内 容 提 要

本手册根据国家相关规范要求，在总结了大量实践经验的基础上，本着实用、易懂、系统的原则编写而成。全书分为十二章，主要内容包括：公路绿化基本知识、公路绿化设计、公路绿化施工、公路绿化工程监理、公路绿化招投标、交竣工验收与资料编制、绿化养护、绿化施工机械、绿化灌溉工程、绿化工程预算编制、苗圃、路树采伐等。本手册具有科学性、实用性和通俗性三大特点，能有效促进公路绿化工作的科学化、专业化和规范化，提升公路绿化技术水平。

本手册可供从事公路绿化专业的科研、设计、施工与建设管理技术人员使用，也适合相关专业高等院校师生教学参考。

图书在版编目（CIP）数据

山东省公路绿化技术手册 / 陈永福主编. — 北京 ：人民交通出版社股份有限公司，2015.2

ISBN 978-7-114-11845-6

Ⅰ. ①山… Ⅱ. ①陈… Ⅲ. ①公路—绿化—山东省—技术手册 Ⅳ. ①U418.9-62

中国版本图书馆 CIP 数据核字（2014）第 269011 号

书　　名：山东省公路绿化技术手册
著 作 者：陈永福
责任编辑：孙　玺　黎小东　岑　瑜
出版发行：人民交通出版社股份有限公司
地　　址：（100011）北京市朝阳区安定门外外馆斜街 3 号
网　　址：http://www.ccpress.com.cn
销售电话：（010）59757973
总 经 销：人民交通出版社股份有限公司发行部
经　　销：各地新华书店
印　　刷：北京盛通印刷股份有限公司
开　　本：787×1092　1/16
印　　张：66.25
字　　数：1600 千
版　　次：2015 年 2 月　第 1 版
印　　次：2015 年 2 月　第 1 次印刷
书　　号：ISBN 978-7-114-11845-6
定　　价：148.00 元

《山东省公路绿化技术手册》
编写委员会

编写顾问：刘书奎

主　　编：陈永福

副 主 编：丁玉凤　陈东田　周玉波

编写人员：许　强　韩守兵　刘　东　岳同助
鹿凤英　宋元斌　贾　云　王明荣
崔　进　朱金凤　徐明芳　杨正翔
李彩红　朱桂山　杨　勇　赵树生

序

改革开放30多年来,我国经济快速增长,全国公路建设事业发展迅速,成绩斐然。公路建设工程对生态环境影响较大,而公路绿化对于恢复自然环境和生态保护的作用显著。

山东省按照国家国土绿化的总体要求,积极进行公路绿化,取得了较好的成绩,在公路绿化的实践中积累了大量的经验。公路绿化从设计、施工到管理技术上逐步成熟。传统的公路绿化模式正被新的绿化模式所取代,已由过去的“一条路两行树”发展为“常青树与落叶树结合、阔叶树与针叶树结合、乔木与灌木结合、树木与花草结合、三季有花、四季常青”立体绿化组合模式,向生态公路又迈了一大步。公路绿化从无到有、从有到优,再到当前丰富多彩的绿化景观,不仅形成了“畅、安、舒、美”的行车环境,更产生了良好的生态、社会和经济效益。

近年来,山东省在生态公路建设中不断探索发展,充分利用现有条件,综合运用各种工程措施、生物措施、农艺措施、管理措施等,将公路建设对环境的破坏限制在最小范围、降低到最小程度,对已造成的破坏采取最大可能的恢复措施,重建新的生态系统。在公路绿化中,遵循生态学的原理,树立生态功能优先的原则,适地适树选用绿化植物品种,建立复合型的植物群落,注重生物多样性的保护,同时利用生物间的制约关系控制病虫害的发生,降低养护工作量,节约养护成本,最终达到经济效益、社会效益和环境效益的统一。

为了使公路绿化更加有效、持续地发展,陈永福等组成的编写委员会本着“语言简洁、方法实用、内容通俗、重点突出”的原则,以国内外研究成果和实践经验为依据,编写了《山东省公路绿化技术手册》。十年磨一剑,路漫漫其修远兮;厚积薄发,集多学科于大成。在编写过程中,作者广泛收集了公路绿化技术的资料,及时总结了山东省及我国乃至世界近年来公路绿化的经验,汲取了国内外有关的先进技术和经验。本手册是一本理论联系实际、全面系统介绍公路绿化科研、设计、施工和管理的科技书籍,其语言简练易懂,对从事公路管理工作的管理人员、技术人员具有较强的参考价值，便于相关人员在今后的公路绿化工作中学习和借鉴，不断促进公路景观绿化，提高公路服务水平。

《山东省公路绿化技术手册》是公路运营管理过程中的一项阶段性成果，不仅对公路绿化环境的提升具有促进作用，而且对发展我国公路建设和管理事业具有十分重要的意义。

特此题序，希望对广大公路工作者有所借鉴，并在公路绿化中得到进一步推广应用，为我国绿色大通道建设战略决策的实施发挥更大的作用。

2014 年 7 月

前　言

山东省山川秀丽，资源丰富，历史悠久，名人辈出。在这片充满魅力的土地上，一条条公路宛如一条条缎带，为齐鲁大地公路增添了无限生机和活力。新中国成立以来，山东公路事业发生了翻天覆地的变化，取得了举世瞩目的伟大成就。尤其是步入21世纪，山东公路进入蓬勃发展的新时期，向着快速、健康、协调和可持续方向迈进。全省公路网进入全面适应和完善阶段，对经济社会的服务能力显著增强。

随着社会的进步和人们生活水平的不断提高，公众对公路的服务需求也越来越高，公路已不再是简单的通达，而更重要的是公路的安全性、生态性和良好的景观效果。

公路绿化是国土绿化的重要组成部分，它不仅可以美化路容、恢复沿线生态平衡，而且有利于行车安全、稳固路基、保护路面、延长公路寿命。公路是一种廊道结构景观，生态公路可以将一些生态系统连接起来，提供物种传播，公路绿化在保护生物多样性、防风、保持水土、美化景观等方面，起着很重要的作用。因此，做好公路绿化工作，对于国家绿色大通道建设战略决策的实施，具有非常重要的意义。

山东省公路建设与时俱进，在“畅、洁、绿、美”的基础上，提出了“畅、安、舒、美”新理念，即从单纯强调“物”的管理到追求“物与人”的和谐，积极倡导和推行“预防性养护和精细化养护”理念，推动公路养护决策水平、效益水平、管理水平、质量水平和服务水平的整体提升。

为了将公路绿化纳入科学化、规范化的轨道，不断提升公路绿化的整体景观效果，特编《山东省公路绿化技术手册》（以下简称《手册》）。在编写过程中，作者汲取了山东省公路绿化的实际经验，确定了《手册》的编写大纲和主要内容，并通过绿化实地调查、资料搜集、整理等工作，经过反复探讨、修改，参照大量文献资料，广泛征求相关单位和部门的意见，力求做到以下几点：

1. 科学性。《手册》认真讨论研究了植物生长发育的物候规律、植物不同生长时期对水肥光温的要求、公路不同绿化区域的特点等问题，做到绿化时间、方法和内容有充分的科学依据。

2. 实用性。《手册》内容力求能够对公路绿化工作的程序和方法进行规范和指导，具有较强的可操作性。

3. 通俗性。在编写过程中，作者通过多种方式广泛收集资料、采集图片，努力做到逻辑清晰、图文并茂、通俗易懂，使公路绿化人员能够很容易地掌握绿化技术的各项工作要点，从而更好更高效地完成绿化任务。

《手册》共计十二章，结合我国公路建设的实际情况，总结目前国内外公路发展现状，结合现行标准、设计规范及其条文说明，对公路绿化基本概念、设计、施工、招投标、交竣工验收与资料编制、养护管理、施工机械、灌溉工程、工程预算编制、苗圃、路树采伐等内容作了详细介绍，并介绍了公路绿化的有关规定、标准以及技术要求。

《手册》的编写具有十分重要的现实意义，是对公路绿化工作进行规范和指导的积极探索和尝试。通过联系实际、总结经验、精心编写和不断完善，希望《手册》能成为指导公路绿化专业性、系统性、具有实际指导意义的参考资料，在提升山东省公路绿化水平、改善城市生态环境、提升城市形象以及推动城市可持续发展等方面发挥重要作用。

在《手册》编写过程中，得到了交通运输部公路科学研究院、山东农业大学及相关专业的同行们的大力支持和帮助，在此表示衷心感谢！

由于编者理论水平和实践经验有限，书中难免有欠缺、不妥甚至错误之处，恳请专家、学者和广大读者批评指正。

编　者

2014 年 9 月

目 录

第一章 概 述

第一节 公路绿化发展沿革

一、国外公路绿化发展概述

(一)国外公路发展情况

目前世界各国的公路总长度约 2000 万 km,80 多个国家和地区修建了高速公路,建成通车的高速公路已达 20 万 km。其中美国、英国、德国、法国、意大利、日本、加拿大和澳大利亚这些主要经济发达国家公路里程约占世界公路总里程的 55%,高速公路里程约占世界高速公路里程的 80% 以上。

德国是世界上修建高速公路最早的国家。建于 1928 ~ 1932 年的科隆—波恩高速公路是世界上第一条高速公路,1933 年建成了柏林—汉堡的高速公路,1937 年通过长途公路建设法,从 1959 ~ 1970 年制订了三个四年建设计划,开始了公路的大发展。2008 年,德国全境的高速公路总长度已达到 12550km,拥有仅次于当时中国、美国和加拿大的世界最发达的高速公路网络。

美国于 1937 年开始修筑宾夕法尼亚州收税高速公路,长 257 km。2002 年底,总里程达 8.87 万 km,约占世界高速公路总里程的一半,连接了所有 5 万人以上的城市,形成了横贯东西、纵贯南北的美国公路主骨架,是美国人驾车出行的主要通道。

加拿大的高速公路网建设在世界上居第三位。虽然起步较晚,从 1967 年才开始修建,但发展速度较快,到 1995 年底,已经修建了 16000km 的高速公路,高速公路占当时公路网总长度的 1.8%。

法国的高速路仅次于德国,列欧洲第二位。1994 年法国制定了 15 年的高速公路建设计划,即 1995 ~ 2010 年间,新建高速公路 4300km,使高速公路总里程达到 1.2 万 km。由于采取了大量吸收民间投资的方法,有力地推动了高速公路的建设速度,拥有全世界最发达的公共交通系统。

意大利也是修建高速公路最早的国家之一,但真正大规模修建高速公路是在 1955 ~

1970年间,到1992年,意大利高速公路通车总里程已达6300多千米。

英国高速公路建设起步于1958年,但建设速度缓慢,其速度与规模均大大落后于其他发达国家。主要原因是建设资金的缺乏,虽从1910年起就设立了道路建设资金,其收入来源主要是汽油税和燃料税。但于1955年废除了这项制度,采用一般年度财政拨款来取代,从而导致高速公路发展不快。

日本高速公路兴建于20世纪60年代初,起步虽晚,但发展较快。到1996年底,日本已修建了6114km的高速公路。日本计划20世纪末要修建7600km的高速公路,以便实现"一日之国"的夙愿。到2015年,计划建成14000km的高速公路,其主导思想是:加强10万人以上地方中心城市的联络,强化东京、名古屋和京阪神三城市环行和绕行高速公路,在全国形成从城市、农村各地1小时内可到达高速公路的干线网络和建设在出现灾害时有可靠替代其他运输方式的高速公路网。除上述国家之外,世界上还有许多发展中国家,如:印度、巴西、波兰、罗马尼亚、保加利亚等国家也修建了高速公路。

公路的产生和发展,改变了世界交通运输的宏观格局,公路运输的便捷灵活,给世界各国带来了巨大的经济效益和社会效益,有力地促进了全球经济和社会的迅速发展。

(二)国外公路绿化沿革

国外种植行道树的历史悠久,早在公元前3世纪古罗马时代,就有在罗马城内的主要道路上种植行道树的记载;1552年法国颁布法令号召国人在境内主要道路上栽植行道树。

文艺复兴时期以后,欧洲一些国家街道绿化有了较大发展并颁布道路栽植行道树的法律。1625年英国设置了公用的散步道,种植4~6行法国梧桐形成林荫大道,开创了都市性散步道栽植的新概念。1647年德国在柏林设计种植了菩提树林荫大道。

18世纪后半期,奥匈帝国颁布法令,在国道上种植苹果、樱桃、西洋梨、波斯胡桃等果树作为行道树,至今匈牙利、前南斯拉夫、德国和捷克等国仍延续这种特色。

19世纪后半叶欧洲各国将中世纪的古城墙拆除,壕沟填平,建成环状街道或将局部辟为绿色大道,以景观为主要功能。法国巴黎1858年建造了香榭丽舍大道,成为近代绿化大道之经典,对欧美各国都产生了极大的影响。

"十月革命"后的前苏联将城市道路绿化建设放在非常重要的地位,许多城市修建了林荫大道、小游园。在植物的配置、建筑小品、雕塑以及灯光等公用设施方面都具有很高水平,成为一件件绿化艺术作品。在城市绿地系统中对每个居民所占广场的面积、道路长度、各种宽度的道路上绿地比重等都有明确的规定,从而保证了道路绿化的功能。

美国等发达国家从20世纪30年代起就意识到保护公路生态环境平衡的重要性,在公路网规划初期就同步开展战略环境影响评价,通过项目环境影响评价、景观设计、环境恢复与治理,形成了一整套的公路环境保护和综合治理模式,并开始在公路边坡开展植被恢复工作。早在1943年和1944年就进行了公路两侧草皮种植的试验,通过不同播种时间、不同草种及草种组合的小区试验,探讨建立草皮绿化的方法。德国公路建设充分考虑长期自然经济效益、天然资源利用和保护动物、植物的各种自然特性、名胜古迹、风景等多方面保护措施。瑞士根据动物出没路线,为动物修建专门跨线桥,桥上覆土种植与周围环境相似的灌丛和草类,以利于动物通过。荷兰在山区公路建设中创立了"回避—减轻—补偿"模式,以期对自然生态网络和自然过程的保持、恢复及生物多样性的良好保护。

20 世纪 50 年代以后,随着公路的大量兴建,公路建设对环境的影响越来越受到社会的关注,为此美国制定了相关法律规定要求新建公路必须进行生态恢复,必须进行绿化。机械化施工的喷播技术应运而生,1953 年 Finn 公司率先开发研制了喷播机。

20 世纪 60 年代开始,美、德、法等发达国家大规模修建高速公路,高速公路绿化得到了普遍重视。法国政府明文规定,在建造公路的同时必须有绿化规划,公路景观绿化也要随之完成。喷播等绿化技术在稳定边坡、防止土壤侵蚀和恢复植被等方面得到了广泛应用。德国也是较早将植物引入公路工程的国家之一,德国公路坡面多采用植物护坡,根据公路所处的地理位置与气候环境,设计出公路边坡的绿化方案,在接近公路的边坡上种植草本植物,在草本植物之上栽植灌木,以防止乔、灌木枝叶对公路行车产生影响,使高速公路不仅是一条行车通道,而且是一个风景独特雅致的空间走廊。

1965 年美国制定了《公路绿化规定》,20 世纪 70 年代前苏联制定了《公路建筑和景观设计规范》。在整个公路建设中充分体现"环保优先"原则,采取公路建设与环境保护统一规划、统一设计、统一施工,并且在公路规划、设计、施工和运营各阶段也都建立了相应的环境调查、环境治理和环境评价程序。

20 世纪 70 年代以后,国际道路会议将道路问题和环境问题作为一项重要议题。与此同时,道路生态学也在欧美各国蓬勃发展,开始补偿大范围铺设道路带来的生态影响,在道路设计过程中考虑生态学原则,尽量避免破坏自然环境,减少深挖高填,力求保护生物多样性,减少物种丧失。在路域带的生态保护上,因地制宜,分层次绿化,取、弃土场也要及时绿化覆盖,恢复其生态环境。

虽然日本在高速公路绿化方面起步比美国晚二三十年,但现在其公路绿化水平处于世界领先地位。日本在 1633 年就采用铺草皮、栽树的方法治理荒坡,成为日本公路护坡的起源,并于 1965 年颁布了《日本干线公路环境保护法规》,1975 年制定了《公路建筑和景观设计规范》,1976 年制定了《公路绿化技术基准》等。1976 年日本首先开发出厚层基材喷射护坡技术,用于公路软岩石边坡的生态防护。目前,喷射绿化技术已成为日本应用最为广泛的生态护坡技术,并形成了一整套技术系统。日本还最早提出了功能栽植的概念,对于公路绿化起到了重要作用。为了将道路对环境带来的不利影响控制在最小限度,在进行道路的选线、确定道路的车道构成、宽度、路面结构,进行线形设计、施工方法的研究以及树木的栽植等各个阶段,都充分考虑了环保措施,采取例如回填表土、移栽原有树木、建设动物专用通道等有效措施,尽最大努力恢复到原来的自然群落。另外,以人为本,应充分考虑人们的需求,通过利用开花树种、彩叶树种和花卉等来创造与周围环境相融洽的景观绿化空间,尽量创造舒适宜人的人类活动空间,使道路更具有亲切感,让使用者更感到身心舒适。

纵观各国在公路绿化中的发展演变,其绿化也经历了从绿化到美化,再到重视生态恢复的转变。公路建设已由普通绿化发展成为生态绿化和景观与生态相结合,并向着自然、和谐的方向发展。

二、国内公路绿化发展概述

(一)国内公路发展情况

我国公路历史久远,其发展大体经历了如下三个阶段:

1. 古代道路(公元前21世纪~公元1911年)

早在公元前两千年,我国已出现可行驶牛、马车的道路。秦朝时期,强调"车同轨、书同文"。公元前2世纪,我国通往中亚细亚和欧洲的丝绸之路开始发展起来。唐代是我国古代道路发展的鼎盛时期,初步形成了以城市为中心的四通八达的道路网。清代道路网系统分为三等,即"官马大路"、"大路"、"小路"。"官马大路"分东北路、东路、西路和中路四大干线,共长2000多千米。

2. 近代道路(1912~1949年)

这一时期可细分为四个阶段:

一是清末和北洋政府时期,是中国公路的萌芽阶段。我国第一条公路是1908年在广西南部边防兴建的龙州—那甚公路,长度为30km。截至1927年,全国公路通车里程约27000km。

二是国民政府时期(1927~1936年),我国公路开始进入国家建设规划阶段,1927年国民政府的交通部和铁道部草拟了全国道路规划及公路工程标准。截至1936年6月,全国公路通车里程达117300km。

三是抗日战争时期(1937~1945年),由于战争的影响和破坏,我国公路发展缓慢,截至1946年12月,全国公路总里程只有130307km。

四是解放战争时期(1946~1949年),公路交通以军用为主,公路建设进展不大,特别是国民党军队溃退时,公路遭到严重破坏,至新中国成立前夕,全国公路通车里程只有75000km。

3. 现代公路(1949年以后)

这一时期可细分为五个阶段:

一是国民经济恢复时期(1949~1952年),全国从上到下建立了公路管理机构,并建立了设计、施工和养护的专业队伍。国家还颁布了一系列有关公路建设的重要法规,进行了全国公路普查,全国恢复并改善了原有公路。截至1953年底,公路通车里程达12.6万km,有路面里程达5.5万km。

二是第一个五年计划时期(1953~1957年),是公路稳步发展阶段。公路通车里程和有路面里程都增长了1倍,分别达到25.4万km和12.1万km。桥梁达3.5万座、55.1万m。

三是"大跃进"和国民经济调整时期(1958~1966年),是公路数量猛增,再进行巩固的阶段。截至1965年底,公路通车里程达51.4万km,有路面里程达30.5万km,桥梁达10.4万座、156.6万m,公路绿化里程达18万km。

四是十年动乱时间(1966~1976年)。公路建设仍有发展,渣油路面发展较快,10年来增长了 10 万 km。截至 1976 年底,公路里程达 82.3 万 km,有路面里程达 57.9 万 km,桥梁达 11.7 万座、293 万 m。公路绿化里程达 25.4 万 km。

五是社会主义经济建设时期(1977 年以后),随着改革开放和商品经济的发展,我国公路交通事业在国民经济中的地位、作用和效益日益显现,在公路建设方面主要表现在:公路里程增加,公路等级提高;公路科学技术取得巨大进步;公路养护管理有了新的进展。

1978 ~ 1985 年,我国开始着力调整国民经济结构,加强了公路建设,颁布了国道网规划,确定了首都放射线 12 条,北南纵向线 28 条和东西横向线 30 条共 70 条国道,到"六五"结束时,全国通车总里程增长到 94.24 万 km。

"七五"到"九五"时期,国家开始大规模建设汽车专用公路。1988 年第一条高速公路——沪嘉高速公路建成,1990 年第一条自行设计、施工,规模大、标准高的沈大高速公路通车。1993 ~ 1997 年,全国高速公路建设加快,京津塘、京石、济青、太旧等一大批高速公路相继建成通车,到 1998 年,全国高速公路总里程达 8733km,居世界第四。2000 年底,全国高速公路里程达 1.6 万 km,居世界第三位,我国公路已经跻身于世界强国之列。

"十五"以来,国家加大了包括公路在内的基础设施建设投资力度,高速公路建设进入了快速发展期,年均通车里程超过 4000km。截至 2004 年底,我国高速公路通车里程达 3.42 万 km。长江三角洲、珠江三角洲、环渤海等经济发达地区的高速公路网络加快形成。

到 2008 年,"五纵七横"国道主干线全面建成,全国公路通车总里程达 373.02 万 km,比新中国成立初期增长了 45 倍。而"7918"网已成为此后我国公路建设的重点目标(即 7 条首都放射线,9 条南北纵向线和 18 条东西横向线)。

据统计,截至 2012 年底,我国公路通车里程 423.8 万 km,国家级干线公路通车里程 17.3 万km,其中:普通国道 10.5 万 km,国家高速公路 6.8 万 km,其高速公路里程居世界第一。

近期,国务院批准了《国家公路网规划(2013 年—2030 年)》主要涉及国家级公路投资建设,规划 2030 年末国家级公路网总规模达 40 万 km,投资约 4.7 万亿元,此外,还提及未来我国公路总里程将达 580 万 km 左右,国家公路、省级公路和乡村公路分别占比 7%、9% 和 84%。

21 世纪以来,我国继续加大基础建设投资力度,公路建设获得了前所未有的大发展,使"全面紧张"的交通状况在近几年内得到根本改变,取得了一系列不平凡的成就,公路建设也有了较大的改观,公路运输的能力迅速增长,公路运输结构调整取得新进展……总的来说,21 世纪以来,我国公路建设取得历史性突破。

虽然我国公路建设取得了可喜的成绩,但是我国公路建设却仍然存在着一定的不足。主要表现在:一是从高速公路密度看,目前我国高速公路密度远低于发达国家水平;二是从连通城市看,美国、德国已连通国内所有 5 万人以上的城镇,日本已连通所有 10 万人以上的城镇,而我国目前仅连通 50 万人以上的城镇,力争到 2020 年连通所有 20 万人以上城镇;第三,从便捷性和通畅性看,我国高速公路建设初期以连接主要城市为主,最近两年转向大规模跨省贯通,目前仍存在大量的"断头路",国家高速公路网络尚未形成,规模效益难以发挥。

公路建设的速度关系到我国的经济发展，只有完善的公路交通运输体系的支持，我国经济的发展才能发展的更快。这样来看，我国就必须加大公路建设投资力度，不断完善公路网络建设，为我国经济的发展提供良好的基础。

（二）国内公路绿化发展情况

我国早在《汉书》中就记载："道广五十步，三丈而树，厚筑其外隐以金锥，树以青松。"这说明两千多年前我国已有用松树作行道树的做法。公元前 5 世纪（东周）就在首都至洛阳的街道旁种植列树供来往行人在树阴休息。汉代都城长安（现西安）"道宽平列十二辙，路面全用土筑，且用铜锤夯实，两旁种树木"，城市有了林荫路。以后，城市建设有了很大的发展，每个朝代都兴建或改建了不少规模宏大的城市和宽阔平坦的道路，道路两侧广植树木，树种有石榴、桃、李、樱桃、松、榆、槐、柳、梓、漆树等。唐代长安至洛阳的路旁种植了大量的槐树，"夹道夭桃满，连沟柳色新"是诗人曹松描写长安街道景观的诗句。到唐玄宗开元 28 年（公元 740 年）制订有路树制和植树的记载；北宋在河岸栽柳与榆，以固河堤；到清朝中叶以后，引进了国外的树种，刺槐首先被引进青岛，法国梧桐始植于上海的"法租界"。我国古代对道路绿化十分重视，不但树种丰富，形式多样，还有严格的养护管理制度，道路绿化成就显著。

我国地大物博、疆域辽阔、地形复杂、气候变化大，几乎包括了热带、亚热带、温带、亚寒带等不同气候类型。在这不同的气候条件下生长着不同树种，呈现出异样而多彩的景观，给公路绿化提供了丰富的物种资源。但长期以来，由于我国公路等级较低，早期的公路绿化也只是以行道树栽植。20 世纪 80 年代，随着经济的快速发展和城市化进程加快，交通事业蓬勃发展，汽车迅速增加，公路交通类型和网络越来越复杂，特别是公路等级的提高，公路横断面和交叉形式的多样化，公路绿化的范围不断增加，内容不断丰富。包括分隔带绿化、路侧绿化、立交桥绿化、交通岛绿化、广场绿地、停车场绿地以及公路用地范围内等处绿化，过去公路两行树的种植模式已不能适应现代化公路的功能要求，过去的"行道树"的名称也早已被"公路绿化"所代替。

我国公路绿化发展较快。一般公路在绿化美化方面做了大量而卓有成效的工作，形成了自己的风格。从树种选择和布置手法上更加丰富，配置上利用乔木、灌木、花卉、地被植物及攀缘植物等的复层绿化，形成多层次植物景观，重点公路达到了"三季有花、四季常绿"。从形式上由规则式向规则式与自然式结合、自然式等多种形式发展。除了对中央分隔带和边坡进行绿化外，还开始了公路两侧的林带建设，形成了绿色廊道。

随着我国高速公路的建设和发展，我国公路绿化技术和水平也有了显著提高。20 世纪 80 年代高速公路建设的初期，我国绿化工程研究主要集中在边坡绿化方面。开始时主要应用外来草本植物，以快速绿化公路建设破坏区域，但效果不佳，主要表现为水土保持能力差、防护效果低、持续时间短、景观和周围自然环境不协调等问题。在植被护坡施工方法方面，20 世纪 90 年代以前一般多采用撒草种、穴播或沟播、铺草皮、片石骨架植草、空心六棱砖植草等方法。

其实，我国植被护坡已有一定的历史，最早有记载的植被护坡应用出现在 1591 年。在如此久远的年代,柳树等已用于河岸边坡的加固与保护。在17世纪,我国就利用植被护坡技术保护黄河河岸。1989年,广东省水利水电科学研究所从香港引进一台喷播机,开始在华南地区进行液压喷播试验。1990～1991年,中国黄土高原治山技术培训中心与日本合作,在黄土高原首次进行了坡面喷涂绿化技术(即液压喷播)试验研究。

近年来,随着人们对水土流失危害和绿化环保认识的加深及科技的发展,生态防护边坡应用越来越广泛。如陕西的榆靖高速公路采用的以当地物种柠条和紫穗槐为主体的生态防护技术,江西上分公路采取的香根草等植物高篱护坡技术等;云南楚雄—大理高速公路、昆明—玉溪高速公路、大理—保山高速公路、玉溪—元江高速公路、海南环岛高速公路、广西钦州—北海高速公路、江苏长江二桥连接线、沪宁高速公路、陕西铜川—黄陵高速公路、西藏青藏公路等也都开展了绿化工程,取得了良好的经济效益、生态效益和社会效益。

同时对中央分隔带防眩树种选择和立体配置的应用进行研究,边坡、互通立交区的大面积草坪、地被、藤本和低矮灌木的应用,使得植物配置逐渐摒弃模纹式,向自然式转变;在服务区和互通立交地段,通过设置园林小品并结合植物造景,突出节点,在表现地域特有历史文化等方面都有了较大的突破。防护林的造林技术以及公路绿化造景艺术等诸多方面也都取得了长足的发展。

随着公路建设项目环境影响评价工作的普遍开展,环境评价技术的不断提高和有关技术资料的积累,为提高环境影响评价的有效性,保证环境影响评价的质量和推动落实公路建设项目环境保护工作,1996年7月交通部下发了《公路建设项目环境影响评价规范(试行)》(JTJ 005—1996),并于1997年1月1日起试行。1998年交通部首次发布了《公路环境保护设计规范》(JTJ/T 006—98)。2000年1月又下发了《关于下达1999年度公路建设标准、规范、定额等编制、修订工作计划的通知》,下达了《公路建设项目环境影响评价规范(试行)》(JTJ 005—96)修订任务。最新公布的《公路建设项目环境影响评价规范》(JTG B03—2006),自2006年5月1日起施行。2010年,《公路环境保护设计规范》(JTJ/T 006—98)经重新修订后发布的代码为JTG B04—2010。规范对于公路建设的生态环境保护、景观与绿化设计等作了原则性的规定。

同时,随着高等级公路建设和人们对环境问题认识的提高,我国已经开始开展系统的公路绿化和生态公路建设。我国第一条位于四川西北部的高原生态公路——川九公路于2003年9月完工,公路路域内植被恢复达90%以上,有效地保护了沿线的生态环境。之后,在交通运输部关注下,全国有多数省份均开展了典型公路示范工程建设,这更进一步强化了公路建设中的生态保护工作。

我国第一条沙漠生态高速公路——陕西榆林至靖边高速公路,全长116km,于2003年8月建成通车。为了固沙筑路,在沿线栽种了4万株沙生灌木,并在公路两侧营造了两条宽500m的高标准防风固沙林带,目前,该公路两侧已基本建成防护林带,成为沙漠中的"绿色长廊"。

我国第一条经过热带雨林的生态高速公路——云南思茅至小勐养高速公路,于2006年4月建成通车。在设计上提出了"保护自然,融入自然,回归自然,享受自然"人为关怀建设新理念,在全国率先实施了全方位、全过程环境管理制度及"政府监督,业主管理,企业控制，全员实施”的环保保证体系，采用人工挖孔，保护桥下的林木达 10 万 m^2；隧道开挖采用“零开挖进洞”法，使 10 万 m^2 的植被得到了有效保护；在公路的绿化施工中，充分利用了边坡生物恢复课题研究成果，从 140 多种本地植物中筛选出 49 种植物，作为该高速公路的绿化植物，保证了物种的本土化和多样化，有效实现了公路建设与生态环境的和谐发展。

近年来，随着我国公路事业的蓬勃发展和人们对环境保护意识的日益提高，公路绿化越来越受到人们的重视，公路绿化的标准越来越高，公路绿化在提高防护功能、美化公路景观、改善生态环境等方面的作用得到了更好的发挥。绿色宜人的公路为开发沿线自然资源，促进地区交流，加强国防建设和社会经济发展做出了重大贡献。

三、山东省公路绿化发展概述

（一）山东省总体情况

山东省位于我国东部沿海，黄河下游，陆地总面积 15.7 万 km^2，近海域面积 17 万 km^2。总人口 9979 万(2013 年)，辖 17 个市 135 个县(市、区)。境内东部三面临海，缓丘起伏，为半岛；中部山地突起；西南、西北低洼平坦，形成以山地丘陵为骨架、平原盆地交错环列其间的地形。气候属暖温带季风气候类型，降水集中、雨热同季，春秋短暂、冬夏较长，年平均降雨量在 550 ~ 950mm，年平均气温 11 ~ 14℃，极端最低气温在零下 11 ~ 20℃，极端最高气温 36 ~ 43℃。拥有各种植物 3100 余种，其中野生经济植物 645 种，为公路绿化奠定了丰富的物质基础。

山东省内山川秀丽，资源丰富，历史悠久，名人辈出。在这片充满魅力的土地上，一条条公路宛如一条条缎带，为齐鲁大地增添了无限生机和活力，加快了山东融入世界的步伐。

（二）山东省公路发展情况

新中国成立初期，山东省公路基础薄弱，15 万余平方千米的土地上，能正常通行汽车的公路仅 3100 多千米。新中国成立后，政府大力恢复交通和修建公路，整修战争中被破坏的公路和桥梁，改建干线公路 2000 多千米，新建公路 385km；新建钢筋混凝土大桥 19 座。到 1957 年末，全省公路通车里程达 13425km，是新中国成立初期的 4.3 倍。绿化里程为 6743km，比 1949 年增长 25.3 倍。

1958 ~ 1965 年，山东省公路系统贯彻执行原交通部制定的关于发展地方交通“依靠地方、依靠群众、普及为主”的方针，3 年修建公路 2300 多千米。但由于受到“左”倾思潮的影响，出现了片面追求速度和数量。1961 年开始贯彻中央关于国民经济“调整、巩固、充实、提高”的方针和全国交通工作会议关于“调整发展速度，缩短基本建设战线，把保养维修工作放在首位”的指示精神，全省公路事业得到了恢复和发展。到 1965 年底，全省公路通车里程达到了 22167km，是新中国成立初的 7.2 倍。绿化里程为 13400km，占公路总里程的 60.5%。

1966 ~ 1976 年，这一时期山东省公路和经济建设都受到了严重干扰，公路工作的正常秩序被打乱,许多行之有效的规章制度被破坏,公路路面质量下降。但是按照"备战、备荒为人民",以及"农业学大寨"运动中"山、水、林、田、路"统一规划、综合治理的方针,公路事业也得到了一定程度发展。新建公路平均每年增加950km,沥青路面平均每年增加860km。建设了平阴和北镇两座黄河公路大桥,结束了省内自古过河靠摆渡的历史。到1976年末,全省公路通车里程已达32978km,是新中国成立初的10.6倍。绿化里程为24253km。

改革开放伊始,随着全省经济快速发展,山东省公路也进入了一个以开始修建高等级公路为标志的新阶段。改革了公路管理体制,扩大了公路建设资金来源,推行了经济承包责任制与公路基本建设公开招标发包制度及工程施工监理制度,公路事业得以快速发展。建成以104国道济南—党家庄、大河—曲阜和省道烟台—青岛为代表的一批高等级公路全长共计684km,先后建成跨越黄河的济南、东营两座公路特大桥梁,并分别获得国家科技进步一等奖和中国建筑业联合会的"鲁班奖"。

"七五"至"八五"期间,山东公路进入了最具发展活力的时期。尤其是利用世界银行贷款,实行国际招标修建的济南—青岛高速公路,于1990年全面开工,成为山东省公路建设进入新时期的鲜明标志和重要的里程碑。1992年邓小平同志南巡讲话发表后,对改革开放产生了巨大的推动作用,为山东省公路的发展增添了新的动力。经过几年的努力,省会与各市驻地、主要旅游城市、港口城市、能源基地和重要物资集散地全部实现了由二级以上高等级公路连接,县级以上出入口均进行了拓宽改造。相继建成了济南—青岛、济南—泰安—曲阜、张店—东营、烟台—青岛、泰安—莱芜、威海—乳山、潍坊—安丘—诸城等一大批高等级公路和东明、临沂、台儿庄、沂河等公路特大型桥梁。

步入21世纪,山东公路进入蓬勃发展的新时期,向着快速、健康、协调和可持续的方向迈进,全力建设生态环保型高速公路。截至2011年,这11年间,实现了"四大增长"、"三大突破"、"三个第一"和"四个提升"。

"四大增长":与20世纪末相比,高速公路增长2926km,国省干线公路增长4777km,农村公路增长122562km,公路密度每百平方千米增长100.8km。

"三大突破":2000年,全省高速公路通车里程突破2000km;2002年在全国率先实现各市之间全部通高速公路,通车里程达到2410km;2007年全省高速公路突破4000km,达到4033km。

"三个第一":二级以上高等级公路通车里程居全国第一;"九五"全国干线公路养护与管理大检查综合排名第一;"十一五"全国干线公路养护与管理大检查综合排名第一。

"四个提升":公路养护管理的力度和理念不断提升。2000~2004年,提出了"养护三年大变样"的理念;2004~2006年,推出了"五大养护工程",即:"文明样板示范工程、公路安全保障工程、公路养护畅通工程、科学养路创新工程、养护管理信息工程";经过"三年大变样"和"五大养护工程"的实施,公路综合技术状况提高到了一个新水平,山东省公路实现了从"畅、洁、绿、美"到"畅、安、舒、美"新理念的转变,即由单纯强调"物"的管理到追求"物与人"的和谐,积极倡导和推行了"预防性养护和精细化养护"的理念,进而推动公路养护管理水平、效益水平、质量水平和服务水平的整体提升。

至2010年底,一个以省会城市济南为中心,沿海开放城市和重工业基地、能源基地为枢纽、国、省道为骨架，联结各市地、县和广大农村、山区、湖区、海岛、贫困地区和经济欠发达地区的四通八达的公路网已基本形成，构筑了“五纵四横一环”高等级公路网主骨架，山东省农村公路总里程达到 20.3 万 km，新增通油路行政村 6758 个，行政村通油路比例达到 99.2%。全省所有乡镇实现了乡乡晴雨通车、乡乡通油路。

2011 年，山东省完成全社会公路投资 435 亿元，比上年增长 7.6%。到 2011 年底，全省公路通车里程达 23.3 万 km，其中高速公路 4350km，一级公路 8710km，二级公路 24151km，公路密度达每百平方公里 149km。

“十二五”期间，山东省公路养护管理将重点实施“通行能力、安全应急、规范管理、人本服务、创新引领和生态环保”六大提升工程，截至 2013 年底，全省公路通车总里程达到 25.3 万 km，其中高速公路 4994 公里，通达 91% 的县市区，二级以上公路里程 34602km，连续多年位居全国第一。公路密度达到每百平方公里 161.3 公里，全省行政村基本实现村村通油路、村村通客车，“五纵四横一环八连”高等级公路网主骨架初步形成(图 1-1)。预计到 2015 年，全省高速公路通车里程将突破 6000km，基本建成“五纵四横一环八连”高速公路网，高速公路覆盖 95% 县级以上城市节点。

图 1-1 山东省干线公路图

(三)山东省公路绿化情况

随着公路建设的发展，山东省公路绿化技术和理念不断完善，公路绿化从最初的粗放式绿化的初级阶段逐步过渡到精细式绿化的高级阶段,并从简单模仿向逐渐探索改进,公路绿化逐渐成熟,最终形成山东省公路绿化的特色。

20 世纪 80 年代以前,公路绿化缺乏专业的设计,绿化结构简单,绿化品种单一,只注重主线绿化,一条路两行树,简单地种植乔木,绿化标准低、功能性差,在水土保持能力、防护效果、景观持续时间以及景观和周围自然环境的协调等各方面表现都不理想。公路工程项目建设缺乏统筹规划,绿化工程不列入工程预算,主体工程完成后有资金就绿化,没有资金就不绿化。绿化经费得不到保障,管理水平薄弱,重建设、轻养护,绿化质量和效益较低。

20 世纪 80 年代以后,山东省公路里程大幅增加,公路等级不断提高,公路绿化范围也越来越大。绿化范围不仅包括路肩、边坡,还包括分隔带、防护带、环岛、隧道出入口两端、立体交叉的上下边坡、广场、养护用房内外环境以及服务性设施场地等。而随着社会经济的快速发展,公路使用率越来越高,公路使用者对公路的要求也越来越高,不仅要求公路平坦顺畅,快捷、安全,而且还要求舒适美观,行驶中要赏心悦目。公路绿化是美化公路的重要手段,如何充分发挥绿色植被功能,是公路建设和管理者考虑的重要问题 。从此,公路绿化开始借鉴园林绿化的手法,在树种选择上从乔木拓展到灌木、由落叶树种拓展到常绿树种;分隔带内种植花草以提高观赏性;绿化形式也从单一乔木发展到乔灌草相结合。如国道 104、205、309 等的山东段绿化标准不断提高,松桧类树种、小叶女贞、大叶黄杨、马尼拉草皮、地被菊等在公路绿化中得到广泛应用。然而,公路绿化除满足行车所需动态观赏效果外,更要起到恢复自然、改善道路路域环境,以及防止边坡受冲刷、减少水土流失等生态功能。同时,由于公路绿化的战线较长,绿化植物的浇灌、施肥等管理难度较大,多数只能实行粗放式管理,所以单纯追求园林美化风格不适于公路植被恢复和发展。

山东省第一条高速公路——济(南)青(岛)高速公路,全长 318km,西起济南市东北郊的大桥路,东至青岛市北郊的西袁庄,横贯山东半岛 17 个县(市、区),联结济南、淄博、潍坊、青岛等重要城市,穿越 5 条国道、15 条省道。该项目于 1986 年 4 月开始勘察设计,1990 年 7 月开工建设,1993 年 12 月主线工程建成通车,绿化经历了较长阶段。1994、1995 两年在中央分隔带内栽植了部分花灌木进行初期绿化,同时对部分互通立交区进行了绿化。从 1996 年开始利用绿化进行了防眩试验,1997 年基本确定了苗木防眩模式,1999 年完成了中央分隔带的绿化改造。1996 ~ 2004 年完成了互通立交区绿化,历经 10 年时间实现了由绿化到美化的跨越,绿化面积达到了 523 万 m^2,绿化覆盖率达到了 100%,共有各种苗木 426 万株。

随着高速公路的建设和发展,公路绿化工作也在不断地探索和研究,不论是在植物的选择,还是种植方式、后期管理,都进行了大胆的尝试,提出了以下几个发展思路:

(1)公路绿化在满足交通功能要求的前提下,兼顾景观舒适性、生态适应性以及经济实用性,既保证公路的交通功能,又能达到水土保持、视线诱导、标志、指示、防眩、遮蔽等功能。

(2)绿化设计在充分考虑自然环境和气候条件的情况下,因地制宜,适地适树,绿美结合,注重效益。

(3)大力挖掘山东省常绿苗木资源丰富的优势,以耐瘠薄、耐干旱、宜粗放管理的常绿树种(如蜀桧、扶芳藤等树种)组成公路的常青骨架,并根据不同地段组配不同季相的开花

及彩叶植物,丰富道路景观。经过不断发展,山东省公路的绿化标准逐步提升,从而形成了以下公路绿化特色模式:

①根据当地的气候和地理特点,以乡土树种为主,尽量选择耐瘠薄、抗干旱、抗污染、抗病虫害的树种,借鉴自然植被类型的特征,合理进行植物搭配。落叶乔木树种以国槐、法桐、旱柳、毛白杨、栾树等为主;灌木树种多以当地表现优良的扶芳藤、金叶女贞、黄荆、蔷薇、紫穗槐等为主;地被植物以地锦、匍匐扶芳藤以及当地野生的结缕草、狗牙根等为主;观赏树种以雪松、龙柏、蜀桧、油松、女贞、云杉、樱花、紫叶李、海棠、丁香、紫荆、紫薇、月季、地被菊等为主。

②公路绿化以稳定边坡、稳固路基为主,并根据公路具体情况进行立体绿化。在公路挖方路段,对公路两侧开挖出的裸露岩体进行生态恢复和修复,使山体峭壁形成绿色屏障;在填方路段采用适合当地生长的地被植物,尽量恢复原来的植被和地貌;石砌水沟外、挡土墙内栽植绿篱,山区弯道外侧栽植绿墙。平原路段路肩边坡栽花种草,以达到稳定边坡、提高观赏效果的目的。

③在穿村路段,弯道、平交路口等易发生交通事故的路段,结合标志、标线进行绿化;在美化的同时增加安全防护设计;远距离超前提示车辆行人,确保道路安全畅通。同时还充分利用公路路肩、绿化平台、边坡、边沟及一切可绿化空地,“见空播绿、见缝插绿”,全面覆盖可绿化的公路用地。

④公路养护管理区、服务区、收费站、公路站等庭院绿化,结合建筑布局,按照《城市绿化规划建设指标规定》标准,参照花园式单位建设的要求,以植物造景、生态造园、改善人居环境为主。用树木装点道路,以绿化带分隔工作区和生活区,通过花池、山石、栏架、长凳进行点缀,达到绿化、美化的目的。

⑤高速公路绿化,坚持以“安全、实用、美观、经济、生态”为宗旨,以“满足使用功能,减少环境污染,丰富道路景观”为目标,实施大环境绿化、高质量建设、高标准管理;充分体现和发挥高速公路绿化的功能,创造不同层次、不同空间、不同环境的立体绿化效果,建成特色鲜明、景色各异的道路景观。

主线两侧绿化平台栽植乔木,隔离栅内栽植蔷薇、蜀桧等;土路肩、边坡绿化以当地草皮(如结缕草、狗牙根等)与灌木(如紫穗槐、扶芳藤等)相结合的方式,达到美化的效果和护坡的功能;中央分隔带种植不同颜色的灌木、花卉和草皮,利用桧柏类、紫叶李、紫薇、月季、扶芳藤等树种,高度控制在1.7m左右,采取合理的栽植密度,起到防眩的效果,同时下层栽植小龙柏、小叶黄杨、红叶小檗和草皮;立交区绿化以衬托立交平面优美的图形为目标,以优化植物配置为主,强调生态绿化,达到三季有花、四季常青、层次分明的效果,在栽植形式上以丛植、片植、模纹为主,在创造良好生态群落的前提下,追求风景效果,做到生态性与视觉效果上的有机结合;在面积较大、水肥条件较好的立交区营造经济林,达到以园养园的目的。

21世纪,山东省公路建设步入了以人为本、科学发展的新轨道:一方面坚持公路建设与生态保护同步,避免大填大挖,最大限度地尊重原始地形地貌,减少对自然环境和文物古迹的影响;另一方面积极落实生态补偿机制,抓好公路绿化和植被恢复,发挥生态功能,全力建设生态环保型高速公路。

随着公路项目建设的进一步规范,1993 年原山东省公路局制定了《山东省公路绿化工程检查评定办法》。对公路绿化设计、品种选择、苗木质量、栽植位置和密度以及保存率等都做了明确的规定和要求;每年对工程绿化设计进行评审,对完工的工程进行检查验收,根据检查情况评定绿化工程等级,对验收后达到优良级的绿化工程项目给予表彰奖励,对不合格的绿化工程项目给予通报批评。2000 年以后,绿化工作从设计到施工开始实行项目法人制、工程招投标制、工程监理制、合同管理制的"四制"管理模式。2008 年制定了《山东省公路绿化管理办法》《山东省高速公路绿化管理办法》《山东省公路绿化工程质量检验评定办法》等。

山东省公路绿化为推进新时期国土绿化事业、改善生态环境、促进经济发展做出了积极的贡献。先后有淄博、枣庄、潍坊市公路局获得了"全国绿化模范单位";有五名同志获得"全国绿化奖章"。截至 2011 年底,全省公路总里程 233189km,可绿化里程 209978km,已绿化里程 180168km,绿化率为 85.8%。

山东省公路绿化任重而道远,今后公路绿化要朝着尊重自然、正视自然、顺应自然、保护自然的方向发展,公路路域植被恢复中应以植物演替规律为参考,在满足公路交通安全的基础上,根据不同植物的适应性和生物多样性原理,将乔、灌和草有机搭配,提高资源利用率和群落稳定性;应尽可能增加公路绿色生物量,为净化大气、降低温室效应做贡献;应建立科学绿化的应用系统,有效利用资源;建立一种理念,运用科学绿化技术,应建立人和动物、植物协调发展的生态环境。只有对这些问题作详尽的调查研究和分析,才能正确指导公路绿化工作的开展施工,进而使山东省的每条公路绿化成为一道道亮丽的风景线。

第二节 公路绿化的概念

一、公路绿化的基本概念

1. 公路绿化

公路绿化是指利用绿色植物材料(乔木、灌木、花卉、攀缘植物、地被植物等),通过不同的布局形式和栽植手段,对不同性质(交通性、生活性、游览性)和类别的公路、立交桥、街头、广场绿地进行装点。公路绿化是利用乔木、灌木、花草合理地覆盖公路两侧边坡、分隔带、立交区、收费站以及沿线空地等一切可绿化用的公路用地。若公路两侧有天然生长的乔木、灌木或花草,且覆盖较密,并通过适当修饰基本能达到保护路基、边坡而不需要再人工植树的,也可列为"自然绿化里程"。

2. 不可绿化里程

不可绿化里程是指在公路用地范围内不能自然生长木本、草本绿色植物的路段。其主要包括公路隧道、桥涵及其两端各 5m 地段,石质路基及石方护坡路段,重盐碱路段,沙漠路段,山区石砾路段,特别干旱地区的路段等。

3. 可绿化里程

可绿化里程是指在公路用地范围内,能栽植和自然生长乔木、灌木或花草的路段。

4. 已绿化里程

已绿化里程是指按设计标准,栽植了乔木、灌木或花草,成活率和保存率分别达到标准要求,生长正常,即为绿化达标里程。若自然生长的乔木、灌木或花草覆盖度在60%以上,均匀分布在路基边坡或公路用地界内,连续里程1km以上,也可列为已绿化里程。

二、公路绿化的范围

在公路两侧边坡、分隔带及沿线空地等一切可绿化的公路用地,利用绿色的乔木、灌木及花、草合理覆盖的工程都属公路绿化范围。例如,公路两侧的土路肩、上下边坡、路侧空地,中央分隔带,立交环岛构造物及其周围、服务区、管理区、收费站,临时工程的取土场、弃土场、临时便道等。

三、公路绿化的分类

公路绿化,按其绿化的位置、作用和性质,主要分为防护林、风景林和美化沿线景观的小型园林、花圃、草坪等;按绿化的形式与功能目的,可分为封闭式、开放式、自然式和景观式四种。

第三节　公路绿化的意义和作用

一、公路绿化的意义

公路绿化是国土绿化的重要组成部分,是公路建设中的一项内容。它对于提高交通安全性和舒适性,缓解公路施工给沿线地区带来的不良影响,保护自然环境和改善生活环境等都具有极其重要的意义。但长期以来,由于我国公路等级低,绿化主要是行道树栽植。直到20世纪90年代,随着高等级公路建设的发展和对于环境问题认识的提高,才开始开展系统的公路绿化工作。1996年和1998年交通部先后制定了《公路建设项目环境影响评价规范》《公路环境保护设计规范》等行业标准,对于规范公路建设的生态环境保护、景观与绿化设计等做了原则性的规定。特别是近年来,随着我国公路事业的蓬勃发展和人们对环境保护意识的日益提高,公路绿化越来越受到人们的重视,公路绿化越来越好,景色宜人的公路为开发沿线自然资源、促进地区交流、加强国防建设和社会经济发展做出了重大贡献。

二、公路绿化的作用

(一)生态性

随着公民环境意识的增强和对环境质量要求的提高,防治环境污染、改善生态环境、保护自然资源，已成为世人共同关注的话题，公路绿化对于改善自然面貌、恢复生态平衡、促进生态效益的发挥有着重要的作用。通过适当规划公路绿化，可消除破坏当地自然生态平衡及与自然环境不调和的因素，使公路融于自然环境之中，达到相得益彰之效。公路的兴建经常破坏沿线地区自然环境的平衡状态，加强公路绿化可以减缓这种不良影响，从而减少自然灾害的发生。公路树木还可以为国家建设、防洪抢险、抗震救灾提供大量木材，还可以提供工业原料和多种副产品，改善环境、舒适旅行。公路绿化使公路变成由乔木、灌木、花草立体覆盖的绿色长廊，形成一道亮丽的风景线，当公路沿线有四季常青的树木以及点缀其间的各种花草时，可以产生与自然交融、气势壮观的感觉，给人们以优美、舒适的视觉享受，有益于人们的身心健康。因此，公路绿化对美化路容、改善环境、舒适旅途意义重大。

（二）功能性

1. 稳固路基、保护路面

树木或草坪通过树冠、根系、地被覆盖等可以固着土壤、涵养水源、阻止或减少地表径流、降低雨水冲刷路基地的危害，在高填方路段，这种作用更加明显。树木在它的生命活动中，除了利用太阳的光和热以外，还可以吸收周围空气中的能量。一公顷阔叶林，夏季每天可以蒸发2600L水。草坪等植物的叶面面积，一般为地面面积的20倍左右，茸密的茎和叶通过蒸腾作用，能使周围空气中的水分增加20%左右。因此，绿化后的环境将比露天环境气温低5～6℃，湿度较大，且变化缓慢，造成特殊的“小气候”。这样的“小气候”可以调节路面温度与湿度，对防止路面老化能够起到一定的作用。

2. 诱导交通、保障安全

公路绿化可以通过视线诱导来指示驾驶员道路前进的方向，尤其是在竖曲线顶部等路线走向不明了的地段，可以使路线走向变得十分明显，有利于驾驶员的安全行车；同时具有防眩作用，白天树阴可以遮挡阳光，减少阳光对驾驶员产生的眩光，最重要的是位于中央分隔带上的树木、矮篱等，可以有效地防止夜间对向来车所产生的眩光，防止由于眩目所产生的交通危险；此外，还可以调节明暗变化，尤其是在车辆驶入光线很差的隧道中时，由于人的眼睛不能立即适应明暗变化，往往会产生短暂的视觉障碍，因此，在隧道两侧种植一些树木，利用树阴来调节隧道内外的明暗强度，对行车安全十分有利。当车辆与路外物体发生碰撞时，道路两侧的树木可以有效地降低车辆及驾驶员受损害的程度，尤其是在山区等地形险要地段，栽植行道树更成为保护生命财产安全的重要手段之一。公路沿线由植物营造的绿意盎然的环境，能有效消除驾乘人员长途旅行的疲劳。通过园林规划的服务区，为暂停休息的旅客提供了优美的休憩场所。

3. 减少噪声、防治污染

公路上行驶的车辆产生的污染有：噪声、粉尘、有害气体和二氧化碳等，而植物对这些污染有很好的消除作用。具体体现在：

（1）减轻噪声。声波通过时，枝叶摆动，从而将投射到树叶上的噪声反射到各个方向上，树叶的轻微振动使得噪声能量消耗而减弱，据测定，快速车道的汽车噪声，在穿过12m

宽的林带后可以降低噪声 3 ~ 5dB,穿过 40m 宽的防护林带时,噪声会降低 10 ~ 15dB。

(2)吸滞烟雾和粉尘。依据公开资料,每公顷树林每年滞留粉尘 1.5t。

(三)效益性

公路绿化不仅可以通过适当地种植一些经济树种为国家建设、防洪抢险、抗震救灾提供大量木材,还可以提供工业原料和多种副产品。通过以上介绍足以说明,绿化改善了通行条件和环境,有利于交通安全,稳固保护道路,降低养护成本,更好地改善国土生态环境,促进经济全面发展,并取得了良好的社会效益。因此,从某种意义上讲,公路绿化也是一种社会责任。

第四节　公路绿化常用术语

(1)乔木:多年生木本植物,树干高大,分枝和叶组成庞大的树冠,主干和分枝有明显的区别。其中大乔木是指高度大于 10m 的乔木;中乔木是指高度在 5 ~ 10m 的乔木;小乔木是指高度在 5m 以下的乔木。

(2)灌木:多年生木本植物,高度一般 1 ~ 3m,丛生,无明显主干,分枝从近地面处开始。高度为大灌木 2 ~ 3m;中灌木 1 ~ 2m;小灌木 1m 左右。

(3)地被植物:覆盖裸露地面的植物,多指优势的草本植物,还包括部分矮小的草本花卉,及高度在 1m 以下枝叶茂密的匍匐灌木、矮竹和一些贴地生长的藤蔓类植物。

(4)攀缘植物:也称垂直绿化植物,包括各种吸附式、缠绕式、攀缘式或勾搭式等枝条和蔓茎细长、难以自行直立的藤本和少量草本植物,它们具有稠密的叶子或鲜艳的花朵,可形成色彩、层次丰富的立体景观。

(5)针叶树:裸子植物的树木。其叶多呈针叶状,种子一般裸露在果鳞上,子叶 1 至多数,多为常绿高大乔木,树干圆满挺直,树冠常为圆锥形,一般用种子繁殖,少数种类可无性繁殖。

(6)阔叶树:属于双子叶植物的落叶或常绿树木。其叶面一般较宽,有各种形状。阔叶树的树干圆满度一般不如针叶树,树冠一般较宽广。

(7)常绿植物:冬季不集中落叶的植物,这类植物叶子一部分开始凋落时,另一部分已经生长出来,所以整个植株全年都有绿叶。北方常绿乔木一般为针叶树,南方植物一般均常绿。

(8)落叶植物:秋、冬季叶子枯黄凋落的植物。

(9)乡土树种:本地区原有天然分布的树种。乡土树种长期在其自然分布区内,对本地区的气候、土壤和其他生物等环境条件有较强的适应性。

(10)花坛:外廓是各种几何形状,种植花卉,表达一定的主题,或单纯突出几何和色彩的美感,常为园林绿地局部构图的主体。

(11)绿篱:耐修剪的灌木或小乔木,以相等距离的株行距,单行或双行排列而组成的规则绿带,属于密植行列栽植的一种。根据高度的不同分为:绿墙,高度在 1.8m 以上;高绿篱,高度在 1.5m 左右;绿篱,高度在 1.0m 左右;低绿篱,0.5m 左右。此外还有花绿篱、刺绿篱等。

(12)绿化面积:植物的枝叶正投影在地表面的面积。

(13)冠幅(冠径):乔木、灌木圆形或近似圆形的树冠的大小,常用直径表示。

(14)自然绿化:在自然环境条件中,植物繁殖体通过传播、生长,形成逐渐稳定的自然群落,以达到绿化目的。自然绿化是可以辅以简单的措施促进这一过程的。自然绿化费用低,但时间较长,环保、景观等针对性不强。

(15)人工绿化:以人为的手段,在整地、施肥、浇水等工程技术的控制下,播种、扦插或移植绿化植物,人工绿化也常称做"人工种植",其各项功能的针对性强,但费用较高,管护工作量较大。

(16)路域生态系统:在公路征地范围内,由植物、动物等生物和土壤、水分、空气等非生物环境组成的相互联系、相互协调的有机整体。生态系统中包括能量流、物质流、信息流。

(17)人工式整形:依植物的自然生长特征,充分发挥树种的树形特性,不调整或仅对外形做辅助性的简单调整和促进。

(18)平面图:把地面当作平面,在水平面上绘制出测量地区内各地物的相互位置的图。

(19)林带、行道树:将乔木、灌木以直线或缓曲线,按照一定的株行距成排成行种植,形成景观比较整齐的绿化带。单行种植称为行道树,多行种植称为林带。

(20)孤植:独立种植的相对环境体量较大的植物,能突出个体美。孤植植物姿态、季相、开花或果实等都富有特点,外形轮廓富于变化,一般分为观赏树和庭荫树。

(21)对植:轴线的两侧,选择形体、姿态、季相等相呼应的植物,求得感觉上的均衡。

(22)丛植:由 2 ~ 3 株到 9 ~ 10 株同种或异种的乔木或灌木所组成,用以观赏为主或以庭荫为主兼供观赏。设计时主要需处理好植物种类、大小、疏密的配置关系。

(23)群植:由大量集中的乔木、灌木、地被植物混栽组成,分为单纯树群和混交树群。

(24)草地:指大面积的由人工种植或自然生长的草本植物覆盖的地面。受条件所限,草地的管护一般都不很精细,且草种较多。

(25)草坪:指大面积人工种植的生长均匀、修剪适宜的由草本植物覆盖的地面。草坪管护要细致,减少杂草。

(26)草皮:由很低矮的种类较单纯的草本植物覆盖地面。

(27)水生植物:可以在水环境中正常生长的植物。

(28)盐碱土(地):盐碱土是盐土和碱土的总称。盐土是盐分(氯化物或硫酸盐)较高的盐渍化土壤;碱土是含碳酸盐或重碳酸盐的土壤,pH 值较高,土壤呈碱性。盐碱土普遍有机质含量低,理化性状差,对植物生长有害的阴、阳离子多。当盐碱土中盐分含量在 3% 以上时,植物开始受害;含盐量在 5% ~ 7% 时,一般植物生长都受到抑制。

(29)熟化土、生土:表土或腐殖土、风化过的塘泥等耕作或有植物生长的土壤,有一定的肥力、团粒结构和孔隙的土壤称为熟化土;反之,有效肥力很差,无一定的结构,植物不能正常生长的土壤称为生土。

(30)酸性土、碱性土:pH 值大于 7 的土壤为碱性土;pH 值小于 7 的土壤为酸性土。pH

值6.0~6.5适合土壤中有效养分的释放和土壤微生物的活动。

(31)壤土、黏性土:粒径为0.002~2.0mm的土壤颗粒占50%以上的为壤土;小于0.002mm土壤颗粒占50%以上的为黏性土。壤土分为沙壤土、壤土、黏壤土等。

(32)株行距:株距与行距的简称。株距指同一行相邻两株间的距离;行距指相邻两行间的距离。

(33)穴植:人工挖坑种植。

(34)丛植:在一个植树穴内栽两株或多株树苗。

(35)裸根栽植:不带土球、根系暴露在外的苗木种植。

(36)带土栽植:用带土球苗或容器苗栽植。

(37)树堰和封堰:以树干为中心,周围做一圈土埂,即为树堰,便于浇水施肥。封堰是将树堰的土埂铲去,将土培在树干的基部。

(38)徒长枝:也称孽条,是指生长过于旺盛的营养枝。

(39)成活:乔木、灌木的成活以植株高1/2(1/3)以上部位能正常发芽生长,并形成一定的冠幅为准;花卉和草本植物的成活,以能正常生长发育为准。

(40)成活率:成活的植物数量与原种植数量的百分比。成活率(%)=(成活植物数量/种植数量)×100%。

(41)保存率:经过一定年限,保存下的正常生长的植物数量(株/平方米,株/延米,株/丛)与原种植数量的百分比。保存率(%)=(保存数量/原种植数量)×100%。

(42)苗木:在苗圃培育的具有根系和苗干的植物。不论年龄大小,在未出圃以前都称为苗木。

(43)苗龄:苗木主干生长的年度。即每年从地上部分开始生长时,到当年生长停止算完成一个生长周期,称一年生。苗龄采用两位数字表示,如黄刺玫(5-2),即黄刺玫苗木为五年生,经过两次移植。

(44)生长势:植物的生长能力,指植物高、径生长量,表示植株强壮或衰弱。

(45)冠高比:指树冠与树高之比。

(46)树木衰老:树木出现枯梢、难以结实、种子质量降低等生理衰老象征,容易感染病虫害和心腐,生长近于或已经停止,难以达到绿化效果。

(47)硬枝扦插:采用生长健壮的种条或扦插苗,当年生木质化的干条,幼壮年树上当年生长健壮、节间距离较短的主轴枝和根部萌芽条所进行的扦插。一般在早春解冻后进行,不冻土地区晚秋至早春均可进行。寒冷干旱地区和土质疏松的圃地,插穗上端与地面相平;温暖湿润地区和土质较黏的圃地,插穗上端可露出地面1~2cm,覆以土堆。分不清根的上、下端可平埋于土中。

(48)采伐移植许可证:指采伐移植树木的单位或个人,依照法律规定办理的准许采伐移植树木的证明。

(49)更新采伐:为保持和提高植物的绿化功能,及时更替长势衰弱、枯死的树木以及不适宜的树种所进行的一种采伐。

(50)抚育采伐:从幼树到树木成熟以前,伐除生长不良,感染病虫害或过密的树木。

(51)壮苗:指生长健壮的苗木,其特点如下:

①苗干粗而直,有一定高度,上下均匀,生长充实,无徒长现象。枝叶繁茂,色泽正常。

②根系发达,有较多和一定长度的侧根、须根,根幅大,主根短而直。

③苗木本身重量大,茎根比值小。

④无病虫害和机械损伤。

⑤萌芽力弱的针叶树种,要有发育正常而饱满的顶芽。

(52)植物引种:为丰富本地植物种类,更好地达到各种绿化功能,从外地引进新的植物种类或品种。

第五节 公路绿化的一般规定

一、公路绿化的基本原则

(1)公路绿化应贯彻"因地制宜、因路制宜、适地适树"的方针,科学规划,合理选择绿化植物品种。公路绿化规划,应根据公路等级、沿线地形、土质、气候环境和绿化植物的生物学特性,以及对绿化的功能要求,结合地方绿化规划进行编制。

(2)新、改建公路的绿化工程应与公路主体工程设计、施工、验收同步进行,同步接养。

(3)绿化苗木品种的选择,以观赏价值高的乡土树种为主,同时要充分考虑乔、灌、花、草的结合和植物的合理配置,使公路绿化具有层次美、观赏美、生态美的效果。要树立大绿化、大环境的思想,使公路绿化和沿途自然景观相结合,保证绿化的整体性和节奏感。

(4)公路绿化栽植成活率、保存率指标,不同类型区应分别符合下列要求:

①平原区:成活率达90%为合格,95%(含)以上为优良;保存率达85%为合格,90%(含)以上为优良。

②山区:成活率达85%为合格,90%(含)以上为优良;保存率达80%为合格,85%(含)以上为优良。

③寒冷草原区及沙、盐碱、干旱区:成活率达75%为合格,80%(含)以上为优良;保存率达70%为合格,75%(含)以上为优良。

(5)公路绿化植物应定期进行修剪、整形,加强病虫害防治。

(6)公路环境保护应贯彻"预防为主、防治结合、综合治理"的方针,保护和改善、提高公路环境质量。

二、公路绿化的基本要求

(1)不同等级和不同路段公路绿化,应分别符合下列要求:

①高速公路、一级公路的中央分隔带宜种植灌木、花卉和草皮。服务区应结合当地环境、景观要求,另行设计,单独实施。

②二级及二级以下公路,宜采用乔木与灌木相结合的方式,并充分体现当地特色。

③平面交叉在设计视距影响范围以内，不得种植乔木；在不影响视线的前提下，可栽植常绿灌木、绿篱和花草。

④小半径平曲线内侧不得栽植影响视线的乔木或灌木，其外侧可栽植成行的乔木，以引导汽车行驶，增加安全感。

⑤立体交叉分割形成的环岛，可选择栽植小乔木或灌木，实现丛林化。互通式立体交叉的匝道转弯处构成的三角区内，应满足通视要求。

⑥隧道进出口两侧30～50m范围内，宜栽植高大乔木，尽可能形成隧道内外光线的过渡段，以利车辆安全行驶。

⑦桥头或涵洞两端5～10m范围内，不宜栽植乔木，以免根系破坏桥（涵）台。

（2）不同类型地区的公路绿化，应分别符合下列要求。

①山区：应实施具有防护功能的绿化工程，如防护林带、灌木、草皮护坡等。

②平原区：应栽植单行或多行防护林带。

③草原区：应在路线两侧栽植以防风、防雪为主的防护林带。

④风沙危害地区：以营造公路防风、固沙林带为主，栽植耐干旱、根系发达、固沙能力强的植物品种。

⑤盐碱区：应选择抗盐碱、耐水湿的乔木、灌木品种，配栽成多行绿化带。

⑥旅游区：通往名胜古迹、风景区、疗养休闲区、湖泊等地的公路，应注重美化，营造风景林带，可栽植有观赏价值的常绿乔木、灌木、花卉以及珍贵树种和果树类。

（3）公路绿化植物的栽植应符合现行《公路工程技术标准》关于公路建筑限界的规定，乔木和灌木的株行距可根据不同的树种、冠幅大小选择。

（4）绿化植物成活后到郁闭前，应加强抚育管理，及时检查、补植、浇水、除草、松土、施肥、整形等。绿化植物郁闭后，应及时修剪抚育。

（5）加强公路绿化巡查，根据各类绿化植物病虫害发生、发展和传播蔓延的规律，及时采取相应防治措施，保障绿化植物正常生长。每年春季或秋季，宜在乔木树干上距地面1～1.5m高度范围内刷涂白剂。

防治绿化植物病虫害应贯彻“治早、治小、治了”的防治方针，以预防为主，开展生物、化学防治与营林措施相结合进行综合防治。严格苗木检疫制度，消灭越冬虫卵、蛹，集中烧毁落叶虫婴、虫茧，及时消除衰弱、病害植株。

（6）绿化公路的乔木、灌木、花草及防护林、风景林等，不宜在较长路段内采用同一绿化植物品种，应分段轮换栽植不同品种，以减少病虫害的传播和蔓延。

（7）严格遵守《中华人民共和国森林法》，任何单位和个人不得擅自砍伐、破坏公路绿化。公路绿化符合下列情况之一者，方可履行报批手续经批准后采伐或更新：

①公路路树过密且不宜移植，需进行抚育采伐的。

②经有关部门鉴定，树木确已进入衰老期或品种严重退化的。

③公路改建或加宽需采伐原有公路绿化树木的。

④公路树木发生大规模病虫害，经有关部门鉴定确需采伐或更新的。

⑤生长弱势，绿化效果差，影响路容路貌的。

(8)公路绿化采伐证须按有关规定程序办理。经批准采伐公路绿化树木,必须按采伐证规定的树种、数量、路线长度,在规定的时间内采伐,不得超量或超期采伐。公路改建需采伐的树木,如有移植价值,应尽可能移植利用。对于路树经采伐形成的空白路段,应在其后的第一个绿化季节及时补植,并加强管护。

严禁无证采伐。但在非常时期,如遇战备、救灾、水毁抢修等特殊情况,为保障公路通行,可先行砍伐,后补办有关手续。

(9)为了掌握公路绿化的发展变化情况,积累资料,应建立公路绿化档案。

三、环境绿化一般规定

(1)公路及沿线设施周围环境的保护应符合下列要求:

①公路环境保护应与公路建设和养护相结合,开发和利用环境。

②公路环境保护应体现经济效益、社会效益,各种环境保护设施应因地制宜,做到技术可行、经济合理。

③公路养护工程应以维护生态、降低污染、保护沿线环境为目标,对施工与运营期产生的污染应采取相应的处治措施。

④位于自然保护区、水源保护地、森林、草原、湿地和野生生物及其栖息地的公路,养护作业时应妥善处理施工废料、废水。废方弃置应注意保护自然水流形态,避免阻塞河道水流或造成水土流失。废水不得直接排入饮用水体和养殖水体。

⑤增强生态保护和水土保持意识,保护生态资源,少占土(耕)地,做好公路用地范围内的水土保持工作。对公路用地范围内环境脆弱、地质灾害易发路段,应采取生物、工程等综合措施,做好防护工作;对边坡,取、弃土(料)场地的水土流失,应做好治理工作。

(2)公路养护应注意防治下列生活环境污染:

①养护施工作业噪声对声环境的污染。

②搅拌站(场)的烟尘、施工扬尘、路面清扫扬尘对环境空气的污染。

③公路服务区等的生活污水、路面径流、施工废水和废渣等对水环境的污染。

④养护施工中的废弃物对环境的污染。

(3)公路养护环境污染防治应采取下列有效措施:

①积极试验和采用无污染或少污染环境的新工艺、新技术、新产品。在路面养护施工中,应积极推广再生、快速修补等环保工艺,减少工程废料。

②环境空气污染防治应结合景观绿化,选择有吸附或净化能力,适合当地气候、土壤条件的花草、灌木和乔木。在用地许可时,宜种植多层次的绿化林带。

③沥青混合料一般应集中场站搅拌,其设备污染物排放应符合现行《沥青工业污染物排放标准》的有关规定。

④石灰、粉煤灰等路用粉状材料运输和堆放应有遮盖,有条件时其混合料应集中拌和,减轻对空气、农田的污染。

⑤养护作业应考虑对施工路段及便道适时洒水,减轻扬尘污染。

⑥公路服务区、停车区等产生的废水排放应符合现行《污水综合排放标准》的有关规定。

(4)公路养护作业应采取有效措施,减少对生态环境、水环境、声环境、环境空气、社会环境的影响,并注意保护公路沿线文物古迹。

第六节　公路绿化主要指标

一、公路绿化区域

(1)一般绿化区域是指路侧(包括路肩、边坡、路侧空地)、中央分隔带、立交环岛、构造物及其周围、服务区、收费站、临时工程(取土坑、弃土场、临时道路等)、苗圃等,经一般的土壤、水源等环境条件改良,植物可以正常生长的公路用地范围内。

(2)难绿化区域指风沙危害区、盐碱区、戈壁、干旱和冻土地区等。其中特殊地区的绿化是指公路用地不具备植物生长的区域。

(3)不可绿化区域是指不可人工种植或不能自然生长植物的路域范围。

二、公路绿化指标

公路绿化指标主要包括绿化率、成活率、保存率、覆盖率、补植率、郁闭度、生长势、空白路段等,如表1-1所示。

公路绿化指标　　表1-1

项目	高速公路、一级公路				二、三、四级公路			
	一般绿化区		难绿化区		一般绿化区		难绿化区	
	合格	优良	合格	优良	合格	优良	合格	优良
绿化率(%)	90	95	80	85	85	90	60	65
覆盖率(%)	75	80	60	70	70	75	45	50
成活率(%)	95	98	75	85	90	95	75	85
保存率(%)	95	98	75	85	90	95	70	80
补植率(%)	5	2	15	10	10	5	15	10

注:难绿化区指盐碱地大于6%或石方路段。

公路绿化指标的计算公式如下:

$$绿化率(\%)=\frac{已绿化里程}{可绿化里程}\times 100\%$$

$$覆盖率(\%)=\frac{覆盖面积}{应覆盖面积}\times 100\%$$

$$\text{成活率}(\%)=\frac{\text{栽植两个生长季节后的成活株数}}{\text{总栽植株数}}\times 100\%\text{(两年只查成活率)}$$

$$\text{保存率}(\%)=\frac{\text{栽植两个生长季节后每年的保存株数}}{\text{总栽植株数}}\times 100\%\text{(两年只查成活率)}$$

$$\text{补植率}(\%)=\frac{\text{栽植后每个生长季节后补植株数}}{\text{总栽植株数}}\times 100\%$$

第二章　公路绿化设计

第一节　概　　述

一、公路的分类

我国现行的公路分类方法主要有两种:行政分类和技术分类。

1. 按行政分类

我国的公路,按其在国家政治、经济、国防和区域行政管理中的重要性及使用性质的不同,划分为国家干线公路、省公路、县公路、乡公路(简称为国、省、县、乡道)和专用公路五个行政等级。

(1)国家干线公路(简称国道):指具有全国性政治、经济意义的主要干线公路,包括重要的国际公路,国防公路,连接首都与各省、自治区、直辖市首府的公路,连接各大经济中心、港站枢纽、商品生产基地和战略要地的公路。国道中跨省的高速公路由交通运输部批准的专门机构负责修建、养护和管理。

由国家干线公路组成的公路网,共由 70 条公路组成。第一类是首都放射全国的公路,共 12 条,按顺时针方向,统一编号为 101 ~ 112。第二类是由北向南的纵线公路,共 28 条,自东向西排列,编号为 201 ~ 228。第三类是由东向西的横线公路,共 30 条,自北往南排列,编号为 301 ~ 330。

(2)省公路(简称省道):指具有全省(自治区、直辖市)政治、经济意义,连接省内中心城市和主要经济区的公路,以及不属于国道的省际间的重要公路。省道由省(自治区、直辖市)公路主管部门负责修建、养护和管理。

(3)县公路(简称县道):指具有全县(县级市)政治、经济意义,连接县城和县内主要乡(镇)、主要商品生产和集散地的公路,以及不属于国道、省道的县际间的公路。县道由县、市公路主管部门负责修建、养护和管理。

(4)乡公路(简称乡道):指主要为乡(镇)经济、文化、行政服务的公路,以及不属于县道以上公路的乡与乡之间及乡与外部联络的公路。乡道由乡级人民政府负责修建、养护和管理。

(5)专用公路:指专供或主要供厂矿、林区、油区、农场、旅游区、军事要地等与外部联络的公路。专用公路由专用单位负责修建、养护和管理,也可委托当地公路部门修建、养护和管理。

2. 按技术分类

根据我国现行的《公路工程技术标准》,公路按照使用任务、功能和适应的交通量分为五个等级,分别为:高速公路、一级公路、二级公路、三级公路、四级公路。

高速公路为专供汽车分向、分车道行驶并应全部控制出入的多车道公路,分为四车道、六车道、八车道高速公路。一般能适应将各种汽车折合成小客车的年平均日交通量为25000 辆以上。

一级公路为供汽车分向、分车道行驶并可根据需要控制出入的多车道公路,分为四车道、六车道一级公路。一般能适应将各种汽车折合成小客车的年平均日交通量为 15000 辆以上。

二级公路为供汽车行驶的双车道公路。一般能适应将各种汽车折合成小客车的年平均日交通量为 5000 ~ 15000 辆。

三级公路为主要供汽车行驶的双车道公路。一般能适应将各种车辆折合成小客车的年平均日交通量为 2000 ~ 6000 辆。

四级公路为主要供汽车行驶的双车道或单车道公路。一般能适应将各种车辆折合成小客车的年平均日交通量为双车道 2000 辆以下,单车道 400 辆以下。

公路等级的选用根据公路网的规划,按照公路的使用任务、功能和远景交通量综合确定;同一条公路,可根据交通量等情况,分段采用不同的车疲乏数或不同的公路等级。

二、公路绿化的类型

公路绿化是根据公路沿线的自然条件进行总体规划,在公路两侧用地范围内种植树木、花草和营造小型园林,使之与公路建筑造型及周围环境相互协调的工作。

公路绿化按其绿化的位置、作用和性质,分为防护林、风景林等。

根据公路绿化的形式与功能目的,可将公路绿化分为以下四种类型。

1. 封闭式公路绿化

封闭式公路绿化(图 2-1)具有植物高密度连续种植,起封闭视线、阻挡行进、保护路面、屏蔽污染、遮掩设施的作用;植物株行距比小于 1/3 左右成年树冠直径,树下常配置灌木以封闭下层;植物选择枝叶茂密、耐荫蔽、耐修剪的种类,形成浓郁的林荫公路,有绿荫夹道的效果,行人或车辆走入其间如入森林之中,既可乘凉,又增强了公路的方向性,但对较远处景观通透性差。

2. 开放式公路绿化

在公路沿线景观优良处,如田野、水面、自然风景、城市远景、重点景物,或从密林、隧道、路堑等闭塞空间转出处,公路绿化宜采用地被植物或疏植乔木,即开放式公路绿化(图 2-2)。开放式公路绿化可以使行人视线通达,领略优美风景,变换情绪,感受新境界。

图 2-1　封闭式公路绿化

图 2-2　开放式公路绿化

3. 自然式公路绿化

自然式公路绿化(图 2-3)即模拟自然景色,根据地形和立地环境,在一定宽度内布置自然树丛,植物由能相生的不同种类组成,以便具有不同的形态、颜色,形成优美的自然式景观,增添生动活泼的自然气氛。

图 2-3　自然式公路绿化

采用自然式公路绿化，公路路线所经过的区域一般都是自然景观优良，天然地被植物丰富，如自然风景区、天然林区和植物风貌的荒闲土地等的地段。对于有不良因素侵扰的路线，公路绿化设计需对景观进行弥补和修饰，使公路沿线的近中远景更加优美、更加有利于防护公路。

4. 景观式公路绿化

景观式公路绿化主要位于城区（图2-4）、风景区、滨水区（图2-5）、景观大道等，公路的两侧或一侧规划很宽的公路绿化带，并且常运用较多的园林要素。如有的公路绿化带宽达10多米，设计时可参照公园、游园、街头绿地进行乔、灌、草、花的合理优化配置，营造地形起伏和丰富多彩的生态景观；同时，可布置少量的休憩设施，为人们提供优美宜人的公路路域环境。

图2-4　景观式公路绿化——城区段

图2-5　景观式公路绿化——滨河段

三、线路绿化和环境绿化设计

（一）公路绿化

广义上的公路绿化是指公路本身及其沿线的一切绿化，也就是一个大环境的绿化，它使公路与所经区域的城镇、山丘、水体、农田、森林等各种环境组成因素相互协调，从而形成公路绿化的整体效果。因而，公路绿化又是一门综合性非常强的学科。它与公路形式美学、地理学、建筑学、生物学、环境学等科学，并且与水、电、路、桥、坝、堤等工程及文学、艺术、历史、心理学等人文学科都有紧密的联系。作为国土绿化的组成部分，公路绿化也是现代公路交通不可缺少的组成部分，无论是公路总体规划、详细设计、修建施工还是养护管理，公路绿化都是其中的一项重要内容。比城市园林、街道绿化，公路绿化的气魄要大；比荒山造林，其要求标准更高、技术性更强。

（1）公路绿化的特点和风格。公路绿化与城市绿化不同，有其自身的特点：公路距居民区较远，常常穿过农田、山林，一般不具有城市内复杂的地上、地下管网和建筑物的影响，人为破坏也会较少，便于管理。

（2）公路绿化的风格。简洁明快、自然和谐、经济实用、景观优美、交通运输便利。

（3）公路绿化的方针。公路绿化带要与周围环境自然融合，充分贯彻“和谐”的设计方针。

（4）公路绿化的原则。总体原则就是坚持“因地制宜，因路制宜，适地适树，经济合理”，具体应做到以下几点：

①了解植物生物学特性，满足安全运输功能。

②因地制宜，选择适于公路绿化的植物品种。

③因时制宜，创造宜人的公路景观环境。

④因景制宜，创造特色公路景观环境。

公路绿化是国土绿化的重要组成部分，是根据公路所处自然环境、地理条件及使用者的需要，利用植物的颜色、形态及风格的多样性，在公路用地（公路两侧边坡、分隔带及沿线空地等一切可绿化的公路用地）范围内建立的和谐优美的植物艺术群体。当公路两侧有天然生长的乔木、灌木或花、草，且覆盖较密，并通过适当修饰基本能达到保护路基、边坡的作用时，则不再人工植树。

1. 路线绿化和环境绿化设计的规定

（1）绿化设计应根据公路等级及对绿化的功能要求、沿线地形、土质、气候环境和绿化植物的生物学特性等条件，并与地方整体绿化规划结合进行。

（2）新改建公路的绿化工程应与公路设计、施工、验收同步进行。

（3）绿化检验主要是检查栽植成活率、保存率和管护情况。成活率是指栽植后发芽长叶至少在一个生长季节以上的成活株数（m^2、丛、延米）占总栽植株数（m^2、丛、延米）的百分数；保存率是指栽植后成活两年的株数（m^2、丛、延米）占总栽植株数（m^2、丛、延米）的百分数。绿化植物的修剪应做到及时、整齐、美观。病虫害防治应适时进行。

(4)公路绿化效果要用栽植成活率、保存率指标衡量,不同类型区应分别符合相关要求。

(5)公路绿化是公路建设的组成部分。各级公路管理机构,应配备绿化专业技术人员,负责公路绿化工作。

(6)进行公路绿化设计时,应根据公路等级和当地自然、经济条件,选择绿化植物品种,做到乔木与灌木、针叶与阔叶、常青与落叶、木本与草本、花卉相结合,并借助公路沿线的自然景观,设计各种绿化类型以及凉亭、雕塑、池塘、花坛、草坪等,以便更好地增加绿化、美化效果,丰富公路景观,达到防护与观赏相结合的目的。不同类型区的公路绿化应分别符合下列要求。

①山区:应发展具有防护效能的绿化工程,如防护林带、灌木、草皮护坡等,以含蓄水分,滞缓地表径流,减轻水土流失,防冲刷、防坍固坡。

②平原区:应配合农、林业建设和园林化总体规划要求,栽植单行或多行防护林带,以减轻或消除风、沙、雪、水等对公路的危害;在平面交叉、桥梁、分隔带、环岛、立体交叉的上下边坡和服务区等地,应配栽观赏矮林、灌木、花卉或多年生宿根植物以美化路容。

③草原区:应在路线两侧,栽植防风、防雪为主的防护林带,以阻挡风、雪侵蚀危害公路。

④风沙危害地区:应栽植耐干旱、根系发达、固沙能力强的植物品种,以营造公路防风、固沙林带为主。

⑤盐碱区:应选择抗盐碱、耐水湿的乔木、灌木品种,配栽成多行数的绿化带,以降低地下水位,改善土壤结构。

⑥旅游区:通往名胜、古迹、风景疗养区及重要港口、水库和机场等地的公路,应以美化为主,营造风景林带,主要栽植有观赏价值的常绿乔木、灌木、花卉。

(7)养护基层单位(县级公路管理机构、养护工区、站等)的庭院绿化,可栽植具有观赏和经济价值的乔木、灌木、花、草及果木,创建常年有花、四季常青的优美舒适环境。有条件时,还可利用假山、水景、花坛、草坪等多种形式,构成立体绿化艺术群。

2. 内容与要求

(1)公路绿化设计工作是在公路两侧用地范围内,包括土路肩、边坡、分隔带、防护带、环岛、隧道出口两端、立体交叉的上下边坡和渡口、广场、养护用房内外环境以及服务性设施场地等,进行绿化设计。

(2)公路绿化应根据“因地制宜、因路制宜,适地适树”的原则设计,对绿化路段进行现状和自然情况的调查,进行路段绿化总体设计,使其具有目的性、整体性、稳定性和艺术性,充分满足公路绿化功能要求。

(3)高速公路因其车速高、流量大,进行公路绿化设计时,公路两侧土路肩、边坡以种植人工草为主,中央分隔带宜种植不同颜色的灌木、花卉和草皮,不应栽植乔木。

(4)一级公路绿化设计应以乔木为主,可配植一些灌木和花草。平原路段应以人工造景为主,采用不同的绿化植物品种,以不同高度、不同株距分段组合方式进行;山区路段应以自然景观与人工造景相结合的方式绿化,并尽量利用自然景观;位于城市郊区的路段,有中央分隔带或分道行驶隔离带的,可栽植绿篱和花草。绿篱的高度以 60 ~ 120cm 为宜,在平曲线处可适当高些,起防眩作用。其两侧按平原路段标准绿化。

(5)二级公路绿化设计应尽量采用乔木与灌木相结合的方式进行,避免单一品种长距离栽植形式,并充分体现当地特色。

(6)三、四级公路车速较慢,公路绿化设计可采用行列对称式的栽植方式。为增大两侧透视度,应加大株距,以 4 ~ 6m 为宜。

(7)在平面交叉、立体交叉以及隧道进出口等地,应根据地形条件进行公路绿化设计,并符合下列要求。

①平面交叉处应按要求留出规定的视距。在设计视距影响范围以内,不应种植乔木,可栽植常绿灌木、绿篱和花草。

②小半径平曲线外侧栽植成行的乔木,以诱导汽车行驶,增加安全感。

③立体交叉分割出来的环岛,宜铺植开阔的草坪,其上点缀一些灌木和花卉。

④隧道进出口两侧 30 ~ 50m 以内,宜栽植高大乔木遮阴,以适应驾驶员视觉对隧道内外光线的变化,保障车辆安全行驶。

3. 栽植

(1)公路绿化设计应符合现行《公路工程技术标准》关于公路建筑限界的规定,乔木和灌木的株行距可根据不同的树种、冠幅大小选择。具体要求如下。

①乔木的株行距,应根据不同树种、冠幅大小来确定。速生乔木,株距 4 ~ 6m,行距 3 ~ 4m。冠大慢生的树种,株行距应适当加大,株距 8 ~ 10m,行距 4 ~ 6m 为宜。

②灌木株行距以 1m 为宜,灌木球的株距 6 ~ 8m 为宜。

各类植物的行间,应以品字形交错栽植。

(2)栽植绿化植物,应按照公路绿化工程设计及任务大小,合理组织和安排劳力、机具,做好整地、画线、定点、挖坑、选苗等工作。

①选苗:应选择适合当地环境条件、观赏价值较高、发育正常的优壮苗木,具有良好顶芽;根系发达;有较多的须根;没有病虫害和机械损伤等。

②用乔木、灌木绿化公路,应采用明坑栽植。坑径比根幅大 10cm,坑深比根长大 20cm 以上,使苗根充分舒展。属于无性繁殖的树种,也可埋干栽植。

③防护林的栽植,应按"因地制宜、因害设防"的原则进行。用于防洪的林带应密植;防风、防雪林带的透风系数以 30% 为宜;防沙林带的透风系数不超过 20% 。护林带的垂直分布应保持一定的密度。防护路基、边坡的灌木丛或经济林应密植,或与小乔木混栽。

④移植较大苗木或珍贵树种、果树等,应带土球栽植。土球直径为苗木直径的 10 倍以上,并将土球包装整齐,不得松散,以保证成活。

⑤栽植苗木时,在干旱季节或干燥地区,栽前应浇水洇坑,栽后立即浇透水,半月之内,再浇透水 2 ~ 3 次。

⑥乔木栽植后,应及时扶正,封土和刷白。

(二)一般公路绿化

一般公路绿化设计是根据公路所处自然环境、地理条件及使用者的需要,利用植物的颜色、形态及风格的多样性,在公路用地范围内建立的和谐优美的植物艺术群体(图 2-6)。

图 2-6　一般公路绿化

公路(除互通立交、服务区等节点外)主要是带状绿化,是通过植物造景的手法,在公路用地范围内种植和管护乔木、灌木、地被植物、攀缘植物等,从而保护和改善环境,稳固路基,保护路面,诱导交通,保障安全,美化和丰富沿线景观,创建良好的行车条件和景观环境。

由于公路里程较长,沿线地形地貌、土壤立地条件、气候条件、空气质量等复杂多样,因此在设计过程中,就树种选择而言,不仅考虑造林成活率高低,还要考虑树木抗污染能力及其花期、果期、色彩、造型等因素。公路绿化设计的水平高低将直接影响绿化工程质量、效果。

因此,公路要想获得理想的绿化效果,只有针对公路自身的特点,才能创造出优美宜人的绿化环境,使公路旅行成为一种愉悦的经历和享受。

(三)高速公路绿化

高速公路绿化设计是一门集园林学、环境生态学、水土保持学等多种学科于一体的综合学科。因此,在进行高速公路的绿化设计时,要充分体现高速公路绿化的特点与功能。

高速公路绿化主要由中央分隔带绿化、边坡绿化、互通立交绿化和服务区绿化组成。

1. 中央分隔带绿化

中央分隔带绿化是指上下车道中央隔离部分的绿化(图 2-7)。高速公路中央分隔带绿化的设计要根据其功能即遮光、防眩、引导视线和改善景观并结合调查资料来进行。因此,按中央分隔带绿化的功能要求,中央分隔带绿化植被的高度、栽植间距,要起到夜间行车防止眩光的作用。

实践和研究证明,在中央分隔带内用植物来防眩光,取决于植物种类的特性、布置形式等。只有在防眩树种及其组合对车灯的遮光角大于7°～15°时,才能发挥防眩作用。另外,由于车灯一般都具有一定高度,大小不同的车辆其车灯高度并不一样,因此为了有效地防眩光,要求植物高度应控制在1.5～1.7m范围内,树木太高在太阳照射下,会在路面上形成斑驳树影。这种阴影会干扰驾驶员的视觉,引起视觉疲劳。

图2-7　中央分隔带绿化

另外,对中央分隔带的绿化要按中央分隔带的自然分段进行绿化设计,使之达到整体协调、美观的效果。

同时,需注意的是中央分隔带全线景观空间设计,要充分考虑汽车的速度,所设计的景观单元要随着车速变化而变化。以车速120km/h计,1min内汽车就要行驶2km。从人的视觉来讲,2km长的景物在1min内即已消失。有研究表明,在高速公路上要看清景物需要有5s的注视时间,在这段时间内汽车相应的行程就是景物的长度单位,当车速在120km/h时,景物单元长度为166.5m。为此,只有加大景观尺度,才会给驾乘人员在瞬间留下印象。因此,植物景观单元拟在200～300m之间。景观变化设计,一般拟在6～10km为宜。同时要注意在统一中求变化,不宜千篇一律;尽量做到四季郁郁葱葱,三季有观赏花木;既要组合排列规整有序,又要达到车行景移、轻松活跃的动态景观效果。

2. 边坡绿化

边坡绿化在公路绿化设计中,是以功能为主的区域,设计时以功能要求为主,兼顾美观效果(图2-8)。

景观效果较差的边坡,可进行遮蔽栽植,以遮蔽不良景观,达到景观环境的和谐。若边坡高度较高、面积较大,遮挡栽植无法处理,可利用视线诱导栽植来转移驾乘人员的视觉注意力。对于高陡边坡,可在放缓消能的基础上进行绿化。如边坡无法做削坡处理,则可采用柔性主动防护网进行防护,同时视坡面具体情况增加绿化措施,如栽植攀缘植物或挂三维网后喷植灌草复层植被。对于砌筑混凝土硬质挡墙的边坡,考虑到挡墙形式较为呆板单一,与周边绿色环境景观不协调,可通过垂直绿化处理,进行遮挡栽植,如栽植攀援植物等,以减少构造物的压迫感和粗糙感,从而起到软化硬质景观的目的。

图 2-8　边坡绿化

对于边坡坡脚的绿化,要视具体情况而定。对于低填方路段,坡脚一般以低矮花灌木为主做点缀式植被栽植,以减缓不良坡脚对沿线边坡整体景观效果的影响,增加景观的协调性。对于高填方路段,一般采用在坡脚底部种植乔木或在路堤平台上种植灌木的形式,树种选择应尽量与周围环境相协调,这样可以掩饰路堤高度,缓和地形压力,提高驾乘人员心理安全感。

边坡绿化的主要目的是固土护坡、防止冲刷,因此其植物配置应尽量不破坏自然地形地貌和植被,宜选择根系发达、易于成活、便于管理、兼顾景观效果的树种。

需要注意的是,草种选择是边坡绿化的关键,不仅要求根系发达、易生长,而且还要易成活、抗病虫。对石质挖方路段,为减少路堑边坡给驾乘人员造成的不舒适、压抑、紧张的感觉,在坡脚处可栽植一些藤本植物,如爬墙虎等。

3. 环境绿化

1)互通立交绿化

互通立交位于高速公路的交叉口,是高速公路的转折点,通常绿地多呈椭圆形(一个或多个)和三角形(二个以上)(图 2-9),面积都较大,是高速公路景观绿化的重点。

由于其地理位置最容易成为人们视觉上的焦点,互通立交区的绿化设计是高速公路绿化设计的关键。

互通立交绿化形式主要有两种:一种是大型的模纹图案,花灌木根据不同的线条造型种植,形成大气简洁的植物景观;另一种是苗圃景观模式,人工植物群落按乔、灌、草的形式种植,密度相对较高,在发挥其生态和景观功能的同时,还兼顾了经济功能,为城市绿化发展所需的苗木提供了有力的保障。

同时,高速公路互通立交的匝道也围着一大片空间,是一个可供绿化、美化的地方,在设计时适合采用自然式的绿化组合方式形成景点。可依据各种植物不同的颜色、不同的开花季节、不同高度,并根据不同地形采用不同间距拼凑成不同的图案,形成高速公路最富有吸引力的地方。

图 2-9 互通立交绿化

另外,互通区绿化还应与周围的环境、景观、植被、建筑风格、当前和未来的土地利用规划等相协调。

同时,对合流端点三角形范围内的绿化还要注意视距的要求,不能栽植乔木,可种植高度在 0.8 m 以下的草皮或花丛,在外环匝道的外侧,可以栽植一些灌木,起到引导视线的作用。

2)服务区绿化

服务区是驾乘人员和管理人员作短暂停留、休息及机械维修的场所,主要包括加油站、维修站、管理楼及停车场等。其功能主要为满足驾乘人员休闲、休息,缓解疲劳。

服务区的绿化设计应围绕“以人为本”的服务理念,主要考虑遮荫、休息等功能,其绿化设计应根据不同区域的特点,采用绿荫栽植和遮挡栽植,并结合当地景观特色和人文特点,采用混合式布局,以静态景观设计为主,动态景观与静态景观相结合的方法。

如图 2-10 所示,在高速公路服务区,通过花草、树木、水景、石景、曲桥、亭廊等造景手法进行设计布局,用绿色植物柔软的线条衬托区域的形式美,从整体上营造一种绿色大环境,创造出一个优美、生动、和谐的环境,使驾驶员与乘客都有一种宾至如归的感觉。另外对服务区的绿化设计要与服务区的建筑风格及周围环境特点保持一致。

a)

b)

图 2-10 高速公路服务区

（四）公路绿化工程

公路绿化工程是集生态学、交通工程学、草地学、园林学、草坪学、水土保持学、环境学、美学等为一体的应用学科，它包括绿化设计、绿化施工和绿化管理三个阶段。

1. 公路绿化工程的基本概念

公路绿化是公路建设中不可缺少的一个重要内容，大规模的公路建设伴随着大规模的公路绿化。大多数公路绿化由于工程量大、技术性强、特点突出、限制条件明确，而具有工程项目的性质。

公路绿化工程是利用公路用地范围以内可绿化的土地，采取植树、种草、种花等手段，结合公路用地外的地形、地貌、地物以及自然环境进行综合设计，合理布局，定位栽植，科学管理，从而使公路绿化成为综合性的生态绿化系统。公路绿化已成为一门应用学科，涵盖着从设计、施工到管理的所有公路绿化活动。

我国公路绿化经过了半个世纪的工程实践，吸收了其他学科大量的先进技术和成果，已成为一门相对独立、内容丰富的应用学科。了解公路绿化工程项目管理的有关科技知识，对于提高公路绿化工程建设水平是必要的。

公路绿化工程属于公路工程的一部分，具有公路工程项目的基本特性即具有线性、工作面很长而且宽度有限和与社会环境接触面大的共同特点。然而，由于公路绿化工程材料以有生命的植物材料为主，且形成工程形态的时期较晚，其技术的经济特点与其他公路工程又有明显的不同。

2. 公路绿化工程的特性

公路绿化工程和一般的园林绿化、林业造林不同，它具有自身的特性。

1）公路绿化工程的工程性

公路绿化工程是公路工程中的重点部分，有着狭长线性工程、工作面积长且窄、形体大且与外界接触面积广、形式多样等与公路相应的特点。

2）公路绿化工程的园林性

公路绿化工程要考虑与沿线景观的协调，它主要是利用植物、地形、地貌、山水等元素进行绿化设计与施工，具有园林的特性。另外，高速公路的立交桥、服务区、交通岛等空间的绿化，还借鉴不同的园林造景手法，合理利用公路绿化中景观要素，使公路绿地园林化，因此公路绿化工程具有园林工程的特性。

3）公路绿化工程的生态性

公路绿化工程作为一个生态系统，是生命群落与非生命环境的统一体。在景观生态学中，基本景观要素可分成如下三种类型。

（1）斑块：在外貌上与周围地区（本底）有所不同的一块非线性地表区域。

（2）走廊：与本底有所区别的一条带状土地。

（3）本底：范围广，联结度最高并且在景观功能上起着优势作用的区域。

公路绿地系统中，分隔带、路肩绿带、边沟绿带、防护绿带在局部可看作走廊，在大区域范围内若路网密集，因公路相互之间有最高的联结度（即连通性），又可看作本底。公路绿地中的块状绿地，显然为斑块。所以，公路绿地是景观生态系统中的子系统，公路绿化工程就是生态工程。

我国著名生态工程学家马世骏先生把生态工程定义为："生态工程就是利用生态系统中物种共生和物质循环再生原理及结构与功能协调原则，结合结构最优化方法设计的分层多级利用物质的生产工艺系统。生态工程的目标就是在促进自然界良性循环的前提下，充分发挥物质的生产潜能，防止环境污染，达到经济效益与生产效益同步发展。"公路绿化工程符合这个定义条件。

4）公路绿化工程的多样性

公路沿线有平原、山岭、沙漠、水泽、森林、村镇等多种景观；公路绿地有多种绿带和块状类型，其功能各不相同；公路绿化工程又是生态工程，与公路沿线生态系统有着不可分割的联系。这些决定了公路绿化工程类型的多样性和其工程技术的复杂性，一条高等级公路绿化工程内容远远超过一个大型园林工程。

5）公路绿化工程的综合性

公路绿化工程是一门综合性的学科，它既要研究园林和所涉及的观赏植物学、植物栽培学、植物保护、植物及植物生理学、林学、生态学等，还要研究遗传育种学、土壤肥料学、经济管理学、工程管理学等。

3. 公路绿化植物的选择与配置

（1）公路绿化植物的选择要根据其生物学特性，考虑公路结构、地区性、种植后的管护等各种条件，确定种植形式和树种等，具有条件如下：

①与设计目的相适应，与附近的植被和风景等诸条件相适应。

②容易获得，成活率高，发育良好，抗逆性强，可抵抗公害，病虫害少，便于管护。

③绿化的形态优美，花、枝、叶等季相景观丰富。

④不会产生其他环境污染，不会影响交通安全，不会成为对附近农作物传播病虫害的中间媒介；同时应适当考虑经济效益。

（2）应优先选择本地区已采用的公路绿化植物、其他乡土植物和园林植物等；经论证、试验后，可适当引进优良的外来品种。

①路域生态环境要求绿化植物种类和生态习性的多样性。

②选择植物品种应兼顾近期和远期的树种规划，慢生和速生种类相结合。

③大树移植宜选择当地浅根性、萌根性强、易成活的树木。

④应根据气候特点，选择适合当地生长的暖季型或冷季型草种。

四、公路绿化设计概述

公路绿化设计是指在公路路域范围内利用植物及其他材料创造一个具有形态、形式因素构成的较为独立的，具有一定社会文化内涵及审美价值并能满足公路交通功能要求的景物过程。公路绿化设计应具有以下 3 个属性。

（1）自然属性，必须作为一个有光、形、色、体的可被人感知的因素，一定的空间形态，较为独立并易于从公路路域形态背景中分离出来的客体。

（2）社会属性，必须有一定社会文化内涵，有观赏功能，有改善环境及使用功能，可以通过其内涵，引发公路使用者及管理养护人员等的情感、意趣、联想、移情等心理反应，即所谓的景观效应。

（3）特殊的功能性，这是公路景观绿化设计区别于一般景观设计的重要特征。公路景观绿化设计的依附主体是公路，在其具有上述两种属性的同时，必须注意应满足公路在交通安全、防止水土流失、净化空气、降低交通噪声等方面的要求。

（一）公路绿化设计

1. 公路绿化设计的意义

公路绿化是公路建设的一个重要组成部分。它对于提高交通安全性和舒适性，缓解公路施工给沿线地区带来的不良影响，保护自然环境和改善生活环境等都具有极其重要的意义。

（1）公路绿化设计是实现公路建设可持续发展的需要。

社会的不断发展和进步，使人们越来越意识到人口、资源、经济与环境的矛盾，也逐渐意识到人与自然的共生是人类发展的必然趋势，认识到自然、社会、经济必须协调发展。公路建设应加强对景观、沿线资源的维护、利用和开发，保持持续、稳定、发展的态势，这样才能有利于当代人，又造福于后代人。

（2）公路绿化设计是保护视觉环境质量的需要。

作为社会环境质量的重要因素，视觉环境质量对于人类来讲越来越重要。一些国家已经进行了许多视觉资源保护、改善、规划和管理的工程实践。绿色资源也更加被人们所重视。在我国，人们日益重视绿化环境质量，并将其作为环境质量保护的一个重要内容。然而，该领域的研究、探讨和应用远少于对环境质量及其他领域的研究。在日常公路建设中，经常出现良好的自然环境植被被严重侵占或破坏。所以有必要通过公路绿化设计来完成保护公路绿化环境质量的目的。

2. 公路绿化设计的目的

1）保护边坡，稳定路基

（1）锚固作用

植物的根系穿过坡体浅层的松散风化层，锚固到深处较稳定的岩土层上，起到预应力锚杆的作用。禾草、豆科植物和小灌木在地下0.75～1.5m深处有明显的土壤加强作用，乔木根系的锚固作用可影响到地下更深的岩土层。

（2）加筋作用

植草的根系在土中盘根错节，使边坡土体成为土与草根的复合材料。草根可视为带预应力的三维加筋材料，使土体强度提高。

（3）降低坡体孔隙水压力

边坡的失稳与坡体水压力的大小有着密切关系。降雨是诱发滑坡的重要因素之一。植物通过吸收和蒸腾坡体内的水分,降低土体的孔隙水压力,提高土体的抗剪强度,有利于边坡体的稳定。

(4)降雨截留,削弱溅蚀

一部分降雨在到达坡面之前就被植被截留,随后重新蒸发到大气或下落到坡面,植被能拦截高速下落的雨滴,减少雨水与土粒的飞溅。

(5)涵养水源,减少水土流失

植物根系对土壤有固着作用,同时,植物枝叶和地被植物的覆盖作用能达到涵养水源的目的,并能阻止或减少地表径流,降低和防止雨水冲刷路基、路堤、边沟等,避免水土流失。

2)保护生态,维持环保

(1)恢复被破坏的生态环境

边坡植物的存在为各种小动物、微生物的生存繁殖提供了有利的环境,完整的生物链便会逐渐形成,被破坏的环境也会慢慢地恢复到原始的自然环境。

(2)降低噪声

据有关部门研究,环境噪声70% ~80%来自地面交通运输,加大公路的绿化宽度和植物的合理配置可以有效地降低噪声。据北京园林科学研究所测定,20m宽的草坪,可减少噪声2dB;据测定,绿化良好的公路要比没有绿化的公路降低噪声8 ~10dB。

(3)降低公路环境温度

公路绿化对调节公路附近温度、湿度,降低风速都有良好的作用。不同质地的地面在同样日光下照射度不同,增热和降热的速度也不同。如当树阴地表温为32℃时,混凝土路面温度为46℃,沥青路面温度为49℃。中午在树阴下的混凝土路面温度比阳光直射时低11℃左右。

据试验,炎热的夏天,当水泥地温度高达38℃时,而草坪面温度可保持在24℃,太阳照射到地面的热量约50%被草坪草蒸腾所吸收,通常在夏季,草坪地表温度比裸地约低8℃,高温时数可缩短2 ~3h;冬季温度则高1 ~4℃。

所以,炎热的夏季在未绿化的沥青路面上,不仅行人感到炎热,路面也因受日光强烈照射而受损,影响交通。绿化遮荫降温,可阻挡夏天强烈日晒,降低太阳辐射,可保护路面,延长公路使用年限。

(4)净化空气

公路上的粉尘污染主要是降尘、飘尘和汽车尾气的烟尘等,灌木和乔木可以把粉尘和烟尘等截留在绿带之中和绿带附近,即使在树木落叶期,其枝干、树皮也能滞留粉尘。草坪作用也很显著,地被植物的茎叶也能吸附粉尘,防止二次扬尘。

同时,植物也能吸收大气中的H_2S、SO_2、NO、Cl_2和Hg、Pb蒸气等,能吸收大气中的金属和非金属粉尘,达到净化大气的作用。北京市环境保护研究所测定的数据:在3 ~4级风下,裸地空气中的粉尘浓度约为有草坪地粉尘浓度的13倍。

3)提高行车安全度

(1)在公路弯道外侧栽植树木能够诱导视线,可使公路线形更加清晰明了。公路绿化是驾驶员和游客视野范围内的主要视觉对象，规整亮丽的树木花草，不仅可以给人以优美、舒适的享受，而且可以提示高速公路路线线形的变化，有利于消除疲劳，调节身体各器官之间的协调，保障安全驾驶。

(2)在中央分隔带进行遮光种植(一般都采用灌木与地被植物相结合的方式)可以防眩。在夜间，对向行驶的车辆之间会因车前灯光造成眩目，给交通安全带来极大的隐患，但是在公路中央分隔带内种植具有一定高度和冠幅的花和灌木，能够起到有效地防眩遮光作用，保障行车安全。

(3)在路口附近进行标志式栽植，可以起到提示作用。

(4)在隔离网附近进行栏式栽植，可以有效地防止行人穿行。

(5)在边坡种植植被，可以固土护坡，提高路基稳定性。

(6)路侧栽植可以起到防雪、防风沙等作用。

4)改善公路景观，提高行车舒适性

公路景观绿化是国土绿化的重要组成部分。公路绿化反映公路建设系统工程的水平，景观绿化能使本来生硬、单调的公路线形变得丰富多彩，创造出许多优美的景观；能使裸露的挖方路堑、岩石边坡披上绿装，使新建公路对周围环境景观的负面影响降低；能使公路两侧的自然及人文景观资源与环境景观有机地结合并协调起来，使公路构造物(立交桥、服务区、收费站、管养站区)巧妙地融入到周围的环境之中，给公路的使用者提供优美宜人、舒适和谐的行车环境(图2-11)。

图2-11　通过绿化改善公路景观

(1)通过遮蔽种植，可以避免驾乘人员看到令人不快的物体，如墓地、垃圾场等。

(2)服务区、管理区等栽植树木和草坪，可以为人们提供舒适的休息环境。

(3)绿化可以使公路和周围景观更加协调。

(4)成块栽植或景观镶边可以改变单调的公路景观，避免驾驶员瞌睡和疲劳。

(二) 高速公路绿化设计

高速公路征地范围之内的可绿化场地均属于绿化设计的范围。因此高速公路绿化设计按其不同特点，可分为以下几部分：高速公路沿线附属设施(服务区、停车区、管理所、养护工区、收费站等）；互通立交；公路边坡及路侧隔离栅以内区域（含边坡、土路肩、护坡道、隔离栅、隔离栅内侧绿带）；中央分隔带；特殊路段的绿化防护带（防噪降噪林带、污染气体超标防护林带、戈壁沙漠区公路防护林）；取、弃土场的绿化美化等。

高速公路的修建会破坏大地原有的景观，减少大地绿色植物的覆盖面积。高速公路上行驶的汽车产生的噪声、振动、尾气排放也会对自然环境造成污染。因此，在建设和发展高速公路的同时，必须十分注意环境保护，重视绿化工作。通过绿化，保护自然环境，创造舒适的行车环境和生活环境。

1.高速公路绿化的特点和功能

1）净化空气功能

（1）绿色植物在光合作用过程中能够吸收二氧化碳，放出氧气，自动调节空气中二氧化碳和氧气平衡，使空气保持新鲜。

（2）由于行车的影响，柴、汽油燃烧后排出大量废气，如：二氧化碳，二氧化硫、氟化物等，这些有毒气体不仅污染环境，而且直接损害人体健康。而绿色植物如同空气过滤器，能吸收大量的有毒气体，对空气起到净化作用。

（3）空气中漂浮着大量尘埃，是细菌和病毒生殖繁衍的场所，减少灰尘也就减少了空气中细菌病毒的含量。绿色植物对尘埃有很好的黏附作用，密集的草皮、根茎、叶片与地面紧密结合，形成植被，不易出现二次扬尘。在绿化工程中，通常选择臭柏、桧柏、侧柏等有较强杀菌能力的树种。通过这些绿色植物吸收空气中的有害物质，杀菌抑尘，创造一个比较洁净的行车环境。

总的来讲，绿色植物体可以通过光合作用过程吸收二氧化碳，放出氧气，使高速公路沿线的空气保持清新。同时植物的叶片还能吸收和阻滞在高速公路上行驶的车辆排放的尾气中所含的各种有害气体（如：CO、NO_2 等）、烟尘、飘尘以及产生的交通噪声，减轻并防治污染，净化和改善大气的环境质量。

2）降低噪声功能

汽车噪声是噪声危害的主要来源，高速公路的绿化很大程度上降低了汽车噪声对环境和人体造成的危害。树木有散射声波的作用，能把投射到叶片上的噪声分散到各个方向，造成声能消耗使其减弱。枝叶表面的毛孔、绒毛能够像孔纤维吸声板一样，把噪声吸收掉。由于茂密的叶片形成松软而富有弹性的表层，可像海绵似的吸收声能，减少噪声危害。

3）美化路容功能

著名的风景建筑师詹斯·詹森说："如果公路旁过于单调而使驾驶者打瞌睡，那么不管公路本身有多么好，都是危险的。"强调公路绿化景观设计就是为了改变这种单调的公路景观而进行的设计。

高速公路绿化能运用绿化植物的自然环境、生活环境、视觉环境，使本来生硬、单调的公路线形变得丰富多彩，创造出许多优美的景观；能遮挡公路沿线两侧不美观的内容（特别是一些裸露的硬质材料），降低新建公路对周围环境景观的负面影响；能使公路两侧的自然及人文景观资源与环境景观有机结合、协调。同时，绿色的环境会使人精神振奋，思想活跃，而车辆在高速行驶时，人们信息几乎都是通过视觉接受的，因此，改变驾驶员的视觉环境极为重要。长时间高速行驶在高速公路上,会在精神上、视觉上产生过度疲倦,对驾驶员行车非常不利。因此,通过色彩多样的植物及形态各异的乔灌木景观,可改善枯燥的行车环境,消除精神疲倦,提高行车安全保障,创造出优美宜人、舒适和谐的行车环境。

4)水土保持功能

土方工程构成公路的基本形式,为了保护路堑、路堤等边坡的稳定,在筑路施工中往往会采用一些必要的工程措施,但这些工程防护措施只能是局部的,而广大面积是利用植物材料进行防护,植物的根条纵横交织而发达,可有效地增加土壤机械固着能力,提高土壤的抗冲、防蚀能力,起到保持水土,稳固路基的作用。边坡、护坡的绿化植被可截流阻挡雨水对坡面的直接冲刷,减少地表径流,防止路基变形及坡面坍塌。

植物体通过根系对土壤的固着作用,以及植物枝叶和地被植物的作用达到涵养水源的目的,并能阻止或减少地表径流,达到降低和防止雨水冲刷路基、路堤、路堑、边沟、边坡,避免水土流失的目的。

2. 高速公路绿化设计原则和绿化目标

1)设计原则

高速公路绿化设计要适应高速公路的整体需要,符合小气候的特殊性以及“高速”、“安全”的要求。绿化必须充分考虑现有行车要求、交通安全、环境状况、自然条件及公路养护维修等问题。因此,在高速公路绿化设计时要遵循下列基本原则:

(1)高速公路绿化设计以“安全驾驶、美化路容、保护环境”为宗旨,管理方便为原则,据此确定绿化栽植的形式与规模。

(2)高速公路绿化设计应满足交通要求,保证行车安全,使驾驶员视线畅通,通过绿化栽植以改善视觉环境,增进行车安全。

(3)绿化模式应注意防护功能与观赏性相结合,以互通式立交区、服务区为景观绿化,与当地城市的绿化风格和建筑风格协调一致,在功能绿化设计的基础上,充分考虑绿化美学要求;干道实行普遍绿化,注意植物的合理配置,力求全部绿地以绿色植被覆盖。

(4)绿化设计应尽可能做到点、线、面兼顾,整体统一,使高速公路与沿线景观相协调。公路景观与沿线的农田、防护林、天然林相结合,注意绿化的和谐性和节奏感。

(5)增加生物多样性。在栽植乡土树种的同时,大力引种具有美化、经济、高效、适用等多用途、多目标、多功能树种,绿化植物的选择、配置充分考虑自然条件,做到因地制宜。

(6)坚持公路绿化与防护功能并重和可持续发展的原则。要使绿化见效快,寿命长,景观富于变化,绿化设计就要与公路设施功能紧密结合,通过绿化加强设施功能的发挥,方便公路设施的养护维修,充分考虑机械化作业的要求。

2)绿化目标

在对公路的环境现状综合分析、评价和解析的基础上,根据公路的性质、功能以及绿化立地条件,结合公路的建设布局,通过对各种绿化设计模式综合平衡与汇总,考虑预计可能投入的资金情况,根据绿化环境、防护功能及景观观赏等综合效益和谐统一的需要,应达到以下绿化目标:

(1)多功能生态绿化体系

在公路两侧、互通立交区及服务区全面实现绿化,建设多功能景观观赏性防护林。建成以公路出入口、立交桥和服务区各具特色的园林绿化景点;公路普遍绿化为重点的多功能、多层次、多观赏效果的生态绿化体系。

(2)多物种防护绿化体系

在绿化工程中丰富生物多样性,做到乔、灌、草合理配置,增强绿化植物种类。注重绿化层次、季相变化和动观效果,讲究"节奏"与"韵律",突破一条路两行树的呆板模式。通过种植高大乔木与周边毗邻的农田防护林、居民区绿化等有机结合形成的防护林带能降低风速,有效地减少风沙危害,提高公路的能见度,保持路面清洁。发挥植物净化空气的功能,减少车辆尾气对环境的污染,防止有害气体向周边扩散。

3. 高速公路的绿化布局

高速公路总体布局一般呈带状分布,绿化工程要根据公路现状及特点,结合自然条件、立地条件和绿化目标,将不同层次的绿化单元有机地衔接起来,构建丰富多彩的绿化模式,最大限度地拓展绿化空间,提高绿化覆盖度,增强防护性和观赏性。

1)绿化工程的水平布局和垂直布局

绿化工程水平布局采用点(互通式立交桥、服务区)、线(公路主干道)相结合的形式。通过园林绿化方式将各互通式立交桥、服务区、高速公路出入口进行景点式绿化,与公路主干道沿线多功能防护林的绿化有机地连接起来,使整条公路形成多功能、多色彩的绿化布局形式。在垂直层面布局上,根据绿化物种的特征,乔、灌、草相结合,突出表现空间层次结构。主干道绿化要根据绿化空间,合理配置植物株行距,以高大乔木做骨干构成绿化骨架和基调,使其挺拔雄伟,四季有绿,并配以花灌木形成垂直层面布局。

2)立交桥景点绿化布局

立交桥景点绿化,以其建筑形式和体现地方特色以及风土人情和文化内涵为指导思想,进行绿化布局,如图2-12所示。配置采用自然式和规则式相结合的方式,以针叶树作基调,用色彩丰富、造型别致的花灌木做成寓意深刻和突出地方特点的各种图案。在树种配置上,采用多组团、大色块、流线型的自然式,树木配置高矮相间,错落有致,层次分明,体现气魄。对立交桥的建筑艺术起到美化和烘托的作用。

图2-12　立交桥绿化——尹家林立交

3）植物优化结构布局

绿化工程的设计与布局中，植物除能作为设计的构成因素外，还可通过造型、色彩使环境充满生机和美感。因此在绿化植物的选择上，首先应根据立地条件，结合植物生物学特性、栽植技术、经营管理方式、病虫害防治以及景观的装饰作用，正确选择植物材料，优化物种的配置，为树木的培育与养护管理创造最合理的条件。

根据高速公路区域的自然条件和绿化建设的要求，在充分利用现有乡土植物的基础上，丰富植物多样性。可选择乔木、灌木、草本植物、草本花卉，针叶树，阔叶树等树种，这些物种都各有独特的色彩、风韵、芳香、听声（松涛）的特点，而且这些特点又能随季节及树龄的变化而丰富发展，呈连续变化的动态效果。在植物种类的配置上，要考虑季相的变化，配置一些常绿的树种，达到春季梢头嫩绿、花团锦簇；夏季绿树成荫，浓影覆地；秋季色彩斑斓、果实累累；冬季松柏翠绿，白雪挂仗的绿化效果。

4）中央分隔带绿化布局

高速公路中央分隔带绿化要保证公路功能所规定的视距、建筑限界，并要通视良好，如图 2-13 所示。中央分隔带绿化，在夜间能起到防眩屏障的作用，既节省了防眩网的安装费用，又增加高速公路的绿化面积。

图 2-13　高速公路中央分隔带——G15（沈海高速）日照段

根据车灯位置及扩散角度，中央分隔带树的高度一般控制在 1.5m 即可，过高会妨碍驾驶人员观察对方车辆的行驶情况，过矮难以遮掩会车灯光，失去防眩的作用。防眩树通常选用常绿灌木树带，色调调配要有深有浅，保证冬季也有绿可观，无萧瑟之感。

（三）公路绿化设计的依据

公路绿化设计的主要依据如下：

（1）《公路建设项目环境影响评价规范》（JTG　B03—2006）。

（2）《公路环境保护设计规范》（JTG　B04—2010）。

（3）《公路养护技术规范》（JTG　H10—2009）。

(4)《城市绿化和园林绿地用植物材料　木本苗》(CJ/T 24—1999)。

(5)《城市道路绿化规划与设计规范》(CJJ 75—97)。

(6)《园林绿化工程施工及验收规范》(CJJ/ 82—2012)。

(7)《城市绿化和园林绿地用植物材料　球根花卉种球》(CJ/T 135—2001)。

第二节　公路绿化设计程序

工程项目的建设程序是指工程项目建设过程中各个建设阶段相互之间的先后顺序。一般可大致分为三个阶段,即前期决策阶段(包括项目建议书、可行性研究、项目评估);实施阶段(包括勘察设计、施工前准备、工程施工);使用阶段(包括试运行、正式使用、后评估)。

公路绿化建设工程作为公路建设项目中的一个重点,它必须遵循一定的工程程序,即建设项目必须从构思设想、合理选择,评估决策、勘察设计、施工安装到竣工验收、投入使用,发挥生态效益的整个过程。而且,公路绿化建设工程的各项工作必须遵循以下程序:

(1)根据规划发展需要,提出公路绿化项目建议书。

(2)在公路踏勘、现场调研的基础上,提出公路绿化的可行性研究报告。

(3)有关部门进行项目立项,主要包括公路绿化项目提出的必要性和依据、拟建规模和建设的初步设想、投资估算、项目进度安排、经济效益和社会效益的估计。

(4)根据可行性研究报告编制设计文件,进行设计招标。

(5)初步设计批准后,进行工程招投标,做好施工前的准备工作。

(6)组织工程施工,工程监理,竣工后经验收合格后,可交付使用。

(7)经过一段时间的运行(一般是2~5年),应进行项目后评价。

一、可行性研究报告阶段

可行性研究是在项目建议书经批准后进行的,主要是通过对建设项目在技术上和经济上是否可行,进行科学的分析和论证,为项目决策提供可靠依据。可行性研究的主要目的是经过对提出多种方案进行比较论证,给出评价意见,推荐最佳的方案(项目建议书是业主向国家主管部门提出的,是以建议文件的形式,说明要求建设的项目和对项目的轮廓设想,考虑拟建设项目的必要性和可能性)。公路绿化建设项目可行性研究的具体内容是:项目提出的背景、必要性、经济意义和社会意义、项目建设的依据与范围、拟建规模、材料资源(主要是植物)、生态环境保护、建设进度建议、投资估算和资金筹措、综合效益及发展前景。

项目立项前,应对项目的可行性宏观上有个把握。应当解决投资机会是否恰当、项目目标是否正确、项目中有哪些关键问题和有无必要进行深入详细的分析研究问题。要考虑项目的形式和性质、费用和工期、能否筹集到足够的资金、预期工程量、业主的管理能力。公路绿化项目深入的可行性研究主要有绿化植物及铺装材料的种类、规格、市场价格、适应类型、资源供应能力等。

可行性研究的目的是对建设项目在技术、工艺、经济上是否合理可行,进行全面的分析、论证,做出方案比较,提出评价意见,为编制和审批设计任务书提出可靠依据,提出评价意

见,为编制和审批设计任务书提供可靠依据。可行性研究一般包括如下内容:

(1)项目建设的目的、性质、提出的背景和依据,建设项目的规模、市场预测的依据。

(2)项目建设的地点位置、当地的自然资源与人文资源的状况,即现状分析。

(3)项目内容,包括面积、总投资、工程质量标准、单项造价等。

(4)项目建设的进度和工期估算,投资估算和资金筹措方式,如国家投资、外资合营、自筹资金等。

(5)公路绿化工程项目的经济效益、社会效益和生态效益分析。

(一)项目设计背景及设计的必要性

1.项目设计的背景

明确某条公路绿化项目设计的背景,确定工程建设的意图。

2.项目设计的必要性

项目设计的必要性是根据当地的国民经济发展和社会发展的总体规划或行业规划的要求,经过调查、预测分析后提出的,是建设投资前对拟建设的投资项目的轮廓构想,以辅助上一级机构进行决策。

(二)现状调查分析

任何公路景观绿化设计项目,无论规模大小、项目的难易,设计人员都必须认真到现场进行踏勘。一方面,核对、补充所收集到的图纸资料,如现状的建筑物、植被等情况,水文、地质、地形等自然条件;另一方面,由于景观设计具有艺术性,设计人员亲自到现场,可以根据周围环境条件,进入艺术构思阶段,做到“佳则收之,俗则屏之”。发现可利用、可借景的景物和不利或影响景观的物体,在规划过程中分别加以适当处理。根据情况,如面积较大、情况较复杂的互通立交、服务区等,必要时踏勘工作要进行多次。

现场踏勘应尽量能有熟悉当地情况及公路线位走向的设计人员做向导,并应拍摄环境的现状照片,以供进行总体设计时参考。了解基地和周围环境的现状及历史沿革,核对已有资料与基地现状是否符合。

公路绿化工程因涉及面较多,需同时动用人力、物力,且受自然因素影响较大,公路沿线绿化地形复杂多变,施工条件复杂。因此,需充分了解绿化地段的地形条件,制订合理的设计方案,组织好施工顺序,使工程顺利地进行,好、快、省地完成公路绿化的任务。

1.项目沿线基础状况调查

要按气象、地形、土壤、水分、植被、交通状况、路线经过村镇、沿途景观及人文状况、植物材料分类介绍调查内容和要求。

1)沿线乡土植物优势种

(1)植物配置标准与要求

通过对主要高速公路绿化资料的收集、整理,分别对主要高速公路绿化的概况做出如下整理分析。由于受到我国公路发展水平的制约,目前公路植物配置技术大都是依据公路绿

化设计原则进行的,要在全面考虑高速公路使用功能的基础上,确定其绿化标准和要求,应做到以下几点:

①因地制宜选择树种,适地适树重点考虑选择抗性强的树种和乡土树种,体现地域性。

②满足行车时的安全这一基本要求,中央分隔带应选择低矮的乔木或花灌木,树高一般控制在1.5m以下,采取多种配置方式合理配置,达到防眩的目的;交叉口转弯处留出安全视距,或在安全视距以内种植较为低矮的灌木和草本植物,保证这些较敏感地带的行车安全。

③做到乔、灌、草结合,辅以藤本植物,营建多树种、多结构、多功能的复层生态景观群落,这样的植物群落才是最稳定的,才能最持久的维持生态景观,真正与自然环境融为一体。在中央分隔带、边坡、路基各个地带,应尽量采用最稳定的植物配置方式,边沟外防护带也营建乔、灌、草结合的复层绿化景观;在此基础上再详细考虑树种种类、树龄、生长规律以及配置后在整个立体空间上的线条变化和节奏感,详细了解公路地段所处的地域范围、地形地貌、立地条件等自然因素和地域特色、文物古迹、风俗习惯等人文因素,进行详细的公路景观设计分析探讨后,最终确定公路绿化的设计方案,配置出最合理、最适用、最美观的生态公路景观。

④公路景观设计的分类有多个角度,从绿化设计角度,总体来说,公路绿化可以分为点、线、面三个部分。由于公路路线长,跨度很大,所经过的区域环境因素差异大,不能设置一个统一的标准,需根据各地具体情况而定。中央分隔带、上下边坡、护坡、边沟外侧及隔离栅绿化等一般以线的形式定义,是绿化设计的主要部分;服务区、收费站绿化即为点的代表,而立交绿化等地带则作为面的形式绿化。这三者绿化各有自己的特点和功能要求,在充分了解其绿化目的后,根据上述提到的原则和要求,突出点、线、面各自的特色,形成连续、有节奏、特色鲜明的公路绿色长廊。

(2)绿化植物的选择与配置

①植物选择要根据生物学特性,考虑公路结构、地区性、种植后的管护等各种条件,以决定种植形式和树种等。

②优先选择本地已采用的公路绿化植物、其他乡土植物和园林植物等。经论证试验后,可适当引进优良的外来品种。

a. 植物材料的选取。

公路绿化使用的材料非常多,在绿化施工过程中,要根据公路的特殊需要和植物的生物学习性选择适宜的植物材料。公路绿化与一般园林有许多共性,但也有很多不同。突出表现在其对公路的作用上,除了景观上美化环境使之与周围的生态环境相协调,在功能上还表现在交通安全、工程防护、景观、视线引导、线形预告、防眩光、缓冲、遮蔽和标志等作用。

b. 主要植物种类。

a)乔木:乔木主要应用在大型互通立交区及公路两侧作为行道树。其树体高大,有明显的高大主干,公路上栽植的乔木高通常为5~20m。公路占地范围内的土壤条件比较恶劣,植物生长比较困难。另外,不同公路类型其要求也存在一定的差异,因此在材料的选择上突出这方面的要求。

对于种植在互通立交区和服务区的乔木，其要求和园林绿化的相似，在选材时主要依据景观以及所在地的气候条件，选择适宜的树木。互通立交区特别是高速公路上比较大的互通立交区在选材时要特别强调其抗逆性。由于高速公路是全封闭的，养护人员进出频繁容易发生交通事故，为了减少养护工作量，在设计时应选择抗性强的乔木，而一些可能观赏价值比较高，但需精心养护的乔木应尽量避免。

对于种植在公路两侧的乔木，长期以来在公路建设中在行道树和高速公路绿化中几乎形成一种模式，绿化方式非常单一，如在华北地区种植的行道树中毛白杨和柳树占很大的比重，品种单一，其所组成的生态系统非常脆弱，极易遭受病虫害的危害。近年来，毛白杨在一些地区不断遭受星天牛的危害，由于这种蛀干昆虫的生活史中暴露在外的时间非常短，而且世代之间存在交叉，防治极其困难，目前尚未有行之有效的解决办法。公路两侧的行道树受害尤为严重，分析其原因发现，星天牛喜食杨柳科植物的树干，在自然状态下，不同植物种群在群落中随机分布，很少出现大片单一植物组成的群落，因此即使发生危害，由于不同的昆虫都有自己的寄主范围，其他非寄主范围会形成天然的屏障，只能局限在很小的范围发生，而不会造成虫害大规模流行。而公路两侧的行道树则不同，相邻的两棵杨树之间的株距一般是 4～8m，尽管星天牛的成虫飞翔能力很差，但这么短的距离对它来说还是绰绰有余的，更何况有些大树的树枝相互交叉，这就不难解释它在行道树上流行的原因了。因此，在选择乔木时尽可能选用不同树种交叉种植，以减少病虫的发生率。另外，在选择过程中还要考虑乔木的降噪功能。根据有关资料介绍，种植在公路两侧的高大树木，在绿化空间，当声能投射到树叶上时被反射到各个方向，叶片之间多次反射使声能投射到树叶上后转变为动能和热能，噪声就被减弱或消失了。国内外对植物的减噪功能进行过测定，证实最大的减噪量约为 10dB。因此，在选择乔木作行道树或种植在高速公路两侧时，为了减噪可以适当选择叶片大，具有坚硬结构的树，叶片应像鳞片状重叠，叶片的位置与噪声发生处成直角为宜；树木从上至下应立体栽植。

b）灌木：灌木在公路边坡、中央分隔带、互通立交和服务区应用非常广泛。作为公路绿化的重要材料，它在美化绿化中能起到非常大的作用。

③路域生态环境要求绿化植物种类和生态习性的多样性；选择植物品种应兼顾近期和远期的树种规划，慢生和速生种类相结合。不同位置的植物绿化有不同的要求。

a. 边坡防护。公路绿化中边坡防护是一项重要内容。作为公路护坡选用的灌木种类应该满足如下要求：

a）根系发达，固土能力强。

b）耐干旱。边坡的保水能力很差，公路边坡与周围环境相比水分容易短缺。

c）枝条密集富有弹性，密集而富有弹性的枝条可以对交通事故中冲下边坡的车辆起缓冲作用。国外曾经做过这样的试验，让速率高达 100km/h 的汽车冲向路边宽 8m 的蔷薇组成的灌木丛，这些富有弹性的灌木丛可以减轻 70% 以上的冲击力。

d）耐瘠薄。边坡上的土质多为生土，植物生长所需的营养物质非常匮乏，而施肥又非常困难，因此耐贫瘠也是选择灌木的一个重要条件。豆科灌木能够固定空气中的氮，生长势比较强，如在华北地区被经常应用在公路边坡上的灌木有紫穗槐、柠条、胡枝子、锦鸡儿等。

b. 中央分隔带。在中央分隔带种植小灌木的主要作用是防眩，为达到这一要求应注意如下几点：

a）四季常绿，换叶期短、落叶量少；

b）树形端正，且枝叶饱满、密实，耐修剪、易成型；

c）耐干旱、耐贫瘠土壤，抗污能力强；

d）生长缓慢，寿命长；

e）不挥发异味、不大量散发花粉。

中央分隔带的设计除了选择好防眩的主树种外，还要注意与其他花灌木、地被植物与防眩主树种之间进行科学合理的搭配，使绿化带景色丰富多样，有节奏感和韵律美，避免单调和雷同，注意色彩的对比和相互衬托，注意季节与色彩对驾乘人员的视觉感受。如在夏季因气温高，应尽量选择和配置一些冷色调、清淡一点的花色；秋冬季节配置一些枫叶和开红花的树木；春季配置开黄花和粉红色花的品种。具体的花灌木品种要结合实际情况进行选择。

c. 互通立交区、服务区和收费站。作为景观的组成部分，在考虑其生物学特性基础上，重点放在景观效果上。但在两条公路的交汇处，不宜栽植乔木或比较高大的灌木。作为高速公路景观的重要组成部分，在设计当中乔、灌、草的比例应恰当，草坪面积不宜太大，应控制在10%以下。植物材料的选取上应减少速生树种或草的比例，这样在不影响景观的前提下可以有效减少修剪等养护工作量。

植物材料上应主要选择乔木和小灌木，这是因为：

a）灌木和乔木是木本植物，它的根系固定土壤的能力比草本植物强，草地中加入木本植物后，比单纯草本植物覆盖的边坡稳定性更强；并且，木本植物不仅根系长，而且具有韧性，对土壤的固持力将逐年增强。

b）形成的公路景观容易与周围环境融为一体，自然协调。

c）不仅有利于早期恢复生态系统，而且其自然恢复进程可持续进行。特别是采用先锋树种如华北地区常用的紫穗槐、锦鸡儿等，能够加速荒废生态系统的恢复。

d）有利于改善周围环境，木本植物与草本植物相比植株比较高大，具有立体层次结构，改善恶劣环境的效果明显。

e）以木本植物为主组成的群落管护作业量少。这是由于木本植物引种后不仅不易衰退，而且由木本植物为主覆盖的坡面不易脱落。因此，植被的维护和管理作业量少。

f）木本植物群落为主的自然景观，可将工程构造物（如混凝土工程）融于自然之中，美化周围环境。

下面以京福、京沪高速公路（山东段）为例，分析公路绿化配置技术的现状。京福、京沪高速公路（山东段）起点为鲁冀交界点，至江苏界结束，分3次建成通车，里程共计364km，年日均交通量实际可达29980辆。其公路绿化以泰安段为例，在冯家庄西互通立交区和北上高互通立交区绿化中，通过改造地形，以雪松林作为背景林，前面密植紫薇、紫荆、石榴等小乔木，周边用小龙柏、紫叶小檗、金叶女贞组成吉祥图案，展示泰山深厚的文化底蕴；中央分隔带绿化取简单明快的风格，将丰花月季、紫叶李、桧柏、黄杨球和小叶女贞等5种绿篱的修剪高度提高到1.5m，每种绿篱模式连续长度定为10km左右，减小隔离带形式的变化频度,保证一年四季的防眩效果。路基边坡绿化尽量与公路两侧景观特色相协调,选用山东中部地区的典型植物材料,尤其是一些耐干旱和瘠薄的植物种类。块石浆砌护坡和不宜植树的裸露地面,以爬墙虎、地锦等覆盖。整体绿化效果较好,充分体现出泰山这一地域特色。

2)沿线土壤类型、主要理化性质

调查种植地土壤的酸碱性、盐渍化程度、熟土厚度、土温、含水率变化、冻土情况、肥力情况等理化性质。

(1)土壤测定

在公路施工过程中,向土壤中遗弃了大量废弃物,特别是互通立交区和中央分隔带,由于互通立交区内常常设有稳定土拌和场或水泥混凝土拌和站等,一般绿化植物难于生长;边坡的土壤多为生土,缺乏植物生长的必要元素,加之土壤团粒结构没有形成,保水、保肥性能差。另外,土壤中还可能含有对植物生长有害的矿物质。因此,在公路征地范围内种植绿化植物之前、对土壤的理化性能(如酸碱性、有机质含量以及土壤硬度等)进行比较详尽的测定,是非常有必要的。

(2)不良土壤的改良

①不良土质的种类

土壤的成分和质地决定土壤蓄水、透水、保温、导热、肥力、pH 值和可耕性等的重要因素,不同土壤对植物的生长有很人的影响。根据公路绿化的特点可以把不良土壤分为生土和死土。生土,这里所指的生土特指耕作层以下的土壤;死土,是指土性不良、不利于耕作或土中含有毒物的土。

②不良土壤的改良

对于生土,要创造一个适宜植物生长的环境,需要对其物理机械性能、质地和含水量等进行改造,改造的关键是调节土壤质地和控制土壤水分。其主要措施是:增施有机肥,利用有机质疏松多孔、吸收性强的特点,改变土壤颗粒之间的联结性质,以降低黏质土壤的黏结性和黏着性,减小耕作阻力;对砂质土壤则可通过有机质增强团聚,使之不至于过于松散。

通过掺砂掺黏土,改良土壤质地。生土由于多是从地下 3.5m 以下翻上来,没有团粒结构,土壤可塑性非常强,干时收缩,湿时膨胀,这样的土壤对植物生长非常不利。吸水膨胀时使土壤密实而难于透水、透气,干燥收缩时会扯断植物的细根和根毛,并造成裂隙。沙粒无膨胀性,在生土中掺入沙粒可以有效降低土壤的可塑性。砂土含量高的土壤保水、保肥能力差,特别是对于公路边坡,坡面本来就难于存水,如果土壤中沙粒的含量再高,干旱季节水分蒸发量大,植物易干旱而死。雨季又容易遭受雨水冲刷,边坡很容易坍塌。在砂土中适当加入一些黏土,一方面可以增加保水、保肥能力,另一方面也增加了土壤的防冲刷能力。

根据土壤的含水率掌握整地时期,在植物栽培的实践中依据所在地的土质情况,选择在最适宜的含水率范围及时耕作,此时犁耕阻力小,土壤可散碎成较多的团粒结构。最适耕作期的特征是:表土呈细裂,土块外干内湿;取一把土捏紧时可黏结成团,放开使其自然落地时,土团松散;进行试耕,以土块可被犁抛散而不黏附农具时为适宜。

对于含有有毒物质的土壤,应根据所含的有毒物质种类采取相应的措施。对于盐碱含量高的土壤,施工中遗留的石灰是造成公路路域土壤 pH 值高(>7.5)的主要原因。含量过高就需要采用“客土”的方式,换成可以供植物生长的壤土。对于石灰含量比较少的土壤,一方面采取大水浇灌,使之尽快熟化,减少其腐蚀性;另一方面,增施有机肥或化肥(采用偏酸性的肥料),以中和土壤中多余的碱性物质。

3)沿线灌溉用水状况

调查地表水分布、地下水水位和分布、水量等,必要时检测水质指标。

4)沿线气候特征

调查物候期、降水量、风、温度、湿度、霜期、冻土及解冻期、雾、光照等影响公路交通功能和绿化效果的因子;研究各气象因子近10年以上年度和各月份平均值及变化规律,特别注意灾害性气象的发生规律,如极端气温、暴雨、干旱、台风等。

5)沿线植物情况的综合调查

(1)种类调查:当地已有的公路绿化植物、园林植物,包括乔木、(花)灌木、草本植物、攀缘植物;常绿植物、落叶植物;针叶树和阔叶树等。

(2)苗源调查:种类、数量、质量、来源、距离、价格等。

(3)生态习性和主要功能:包括花期、返青期、落叶期、耐阴、耐旱、耐湿、耐盐碱、耐修剪、根系分布等。

(4)公路沿线绿化常用技术经验。

(5)沿线现存树木调查:珍稀古树名木和林地的种类、位置、分布、数量等。

6)沿线社会环境状况调研

(1)区域调研:公路经过的主要区域;重要的集镇规划;主要的工厂、矿山、农场、水库;周围建筑物;名胜古迹;疗养区和旅游胜地等。

(2)风俗习惯调研:路线沿线居民特殊生活风俗;绿化喜好和忌讳习惯等。

(3)劳动力资源、工资、机具设备、运输力量等调研。

(4)组织调研:当地公路管理机构;公路养护组织;主要机具设备等。

(5)农田调研:旱田、水田、果园、菜地、大棚等分布及作物种类。

(6)公路现场周围地上和地下设施的分布情况,如电缆、电线、光缆、水管、气管等的深度和分布;绿化植物的栽植应与之保持适当距离。

2.资料的调查与整理

公路绿化工程设计调查、收集的资料有:

(1)公路等级、路线走向、预测交通量、工期安排等。

(2)公路主要经济技术指标,如路基、路面宽度;路堤、路堑和边坡的长度、宽度、高度、坡度、地质状况。

(3)高速公路平交道口和交叉区的位置以及构造情况等;平曲线位置、半径以及长度。

(4)高速公路构造物,如边沟、桥涵、分隔带、堤岸护坡、挡土墙、防沙障、调水坝、水簸箕、过水路面等的位置及其绿化环境。

(5)高速公路服务区、停车区、收费站、管理所、养护工区等设施的位置、面积和总体布局等。

(6)高速公路的统计绿化面积、位置、高程、长度、宽度、坡度、堆积物等。

(7)按绿化工程实施的难易程度对公路进行分段统计。

(8)图纸资料的收集:在进行设计资料收集时,除上述所要求的文件资料外,业主可提供以下图纸资料。

①路线地理位置图、路线平纵面缩图、路线平纵面图、工程地质纵断面图。

②高速公路平面总体方案布置图、公路平面总体设计图、公路典型横断面图。

③取土坑(场)平面示意图、弃土堆(场)平面示意图,隧道平面布置图。

④路基防护工程数量表、路基防护工程设计图,沿线水系分布示意图。

⑤互通式立体交叉设置一览表、互通式立体交叉平面图、互通式立体交叉纵断面图。

⑥沿线管理服务设施总平面图(服务区、停车区、收费站、管理处、养护工区),沿线管理服务设施管线(水电)布置图。

3. 调查结果的分析与评价

调查只是手段,分析与评价才是目的。在主观评价的基础上,对绿化用地项目建设的地点位置、当地的自然资源与人文资源的状况现状的分析及其环境的各种因素做出综合性的分析与评价,是设计的必要过程。资料分析在整个设计过程中占有很重要的地位,深入细致地进行有助于公路绿化各项内容的详细设计,并且在分析过程中产生的一些设想也极其有利于资料分析,包括在植物种类和生长情况调查资料基础上进行的植物选择与匹配分析、生态效益分析;在土壤资料的基础上进行土壤组成分析、侵蚀情况分析;在气象资料的基础上进行日照分析等。当公路绿化路线较长及绿化内容较多时,资料调查应按分段、分区域进行的,因此资料分析也应分段、分区进行,最后再综合。

(三)项目设计的条件

1. 自然条件

公路沿线自然环境状况调查工作主要包括以下内容:

(1)调查物候期、降水量、风、温度、湿度、霜期、冻土及解冻期、雾、光照等影响公路交通功能和绿化效果的因子;研究各气象因子近10年以上年度和各月份平均值及变化规律,特别注意灾害性气象的发生规律,如极端气温、暴雨、干旱、台风等。

(2)调查种植地土壤的酸碱性、盐渍化程度、厚度、土温、含水率变化冻土情况、肥力等理化性质。

(3)调查地表水分布、地下水水位和分布、水量等,必要时检测水质指标。

2. 沿线植物情况

公路沿线植物情况的综合调查,具体包括:

(1)种类调查。当地已有的绿化植物,包括乔木、(花)灌木、草本植物、攀缘植物;常绿植物、落叶植物;针叶树和阔叶树等。

(2)苗源调查。种类、数量、质量、来源、距离、价格等。

(3)生态习性和主要功能,包括花期、返青期、落叶期、耐阴、耐旱、耐湿、耐盐碱、耐修剪、根系分布等。

(4)公路沿线绿化常用技术经验。

(5)路线沿线现存树木调查:珍稀古树名木和林地的种类、位置、分布、数量等。

绿化配置调查表如图 2-14 所示。

绿化配置调查表(注：绿化模式不一样的应分段填写)

填报单位：市中公路局

<table>
<tr><td>公路等级</td><td>一级</td><td>路线名称</td><td>206 国道</td><td>桩号</td><td>K605+000</td></tr>
<tr><td colspan="3">绿化配置情况(文字说明)</td><td colspan="3">绿化配置简图(画出横断、平面布置及间距)</td></tr>
<tr><td colspan="3"></td><td colspan="3">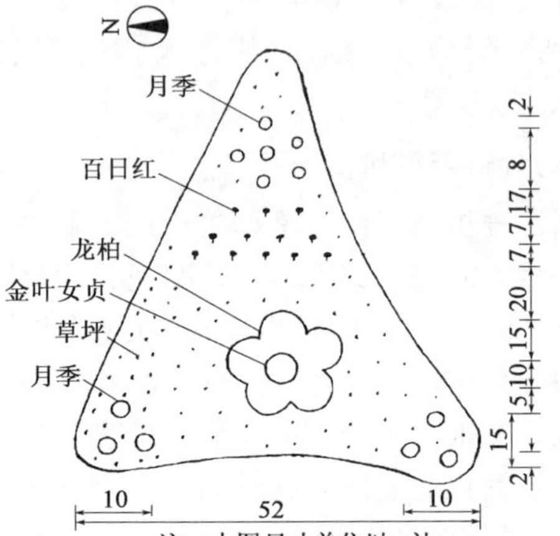

注：本图尺寸单位以m计</td></tr>
<tr><td colspan="6">绿化配置照片(粘贴2张具有代表性的照片)</td></tr>
</table>

图 2-14　绿化配置调查表

3. 社会经济状况

公路沿线社会环境状况调研主要包括以下内容。

(1)区域:公路经过的主要区域;重要的集镇规划;主要的工厂、矿山、农场、水库;周围建筑物;名胜古迹;疗养区和旅游胜地等。

(2)风俗习惯:路线沿线居民特殊生活风俗;绿化喜好和忌讳习惯等。

(3)劳动力资源、工资、机具设备、运输力量等。

(4)组织:当地公路管理机构;公路养护组织;主要机具设备等。

(5)农田:旱田、水田、果园、菜地、大棚等分布及作物种类。

(6)公路现场周围地上和地下设施的分布情况,如电缆、电线、光缆、水管、气管等的深度和分布;绿化植物的栽植应与之保持适当距离。

(四)设计方案

1. 项目设计指导思想、原则

1)项目设计指导思想

由于公路绿化设计依附主体是公路,所以公路绿化必须满足公路在设计、施工、运营过程中的具体功能要求,因而公路绿化设计应与城市园林绿化、荒山绿化以及森林营造不同,它更强调功能性和生态性。

公路绿化的具体指导思想如下:

(1)设计必须贯彻因地制宜、就地取材的原则。

(2)结合我国经济、技术条件,吸取国内外先进经验,积极采取新技术、新材料、新设备、新工艺。

(3)重视环境保护,注意与农田水利及其他建设工程的协调和综合利用,使设计的工程建设项目取得经济、社会和环境的综合效益。

(4)公路基本建设项目进行分期修建时,应做好前期工程与后期工程的总体配套设计,即一次设计、分期实施并处理好前、后期工程相互衔接及用地的预留问题。

2)公路绿化设计的基本原则

公路绿化设计的基本原则如下:

(1)"三同时"原则

《中华人民共和国环境保护法》第 26 条规定:"建设项目中防治污染的措施,必须与主体工程同时设计、同时施工、同时投产使用。"即环保工程的"三同时"原则。因此,公路绿化工程设计应与公路主体工程同步设计,分步施工,同步投入运营。

(2)依附性原则

公路景观绿化美化设计不是一般园林意义上的美化设计,它是依附于公路主体工程而存在的。公路绿化景观设计必须满足高速公路设计、施工、运营阶段的具体功能要求,例如导向、视线通透、防眩、护土固坡、防治水土流失、降低噪声、净化空气、降低温度等。显然,在公路绿化景观设计中,要优先考虑公路的通视、导向、协调、绿化美化等功能要求,不能把园林上的手法完全应用到公路上来,不可一味强调“美”。

(3)综合性和整体性原则

综合性和整体性原则可以从以下两个方面探讨:

①公路绿化美化设计是一门交叉性强的边缘学科。公路绿化设计是属于景观设计学的范畴,而景观设计学本身就是一门复杂的综合学科。它涉及园林学、美学、生态学、植物学、地理学、气候学、历史学、民俗学、艺术、心理学、伦理学等众多学科领域。

公路绿化景观设计不仅要涉及上述领域,还要重点考虑高速公路的特点和生态恢复的要求。因此,在某种意义上说,它比一般的园林景观设计考虑的因素要多一些,综合性更强一些。

②公路绿化美化设计应把公路和路域看成一个整体考虑。公路绿化美化设计要与公路的可持续性发展相呼应,应把公路本身、附属构造物、用地及路域的环境作为一个整体来考虑;对公路本身、生态环境和社会经济应作全盘考虑,使高速公路绿化景观设计既符合公路跨越式发展的要求,又符合清洁生产的要求,同时兼顾经济效益。

(4)安全性原则

安全性原则可以从以下两个方面进行说明:

①公路绿化美化设计应优先满足公路安全要求。安全通畅是公路存在的价值,缺乏行车安全的公路绝无景观可言。任何辅助工程、配套工程等都不能以牺牲公路的安全和通畅为代价。在进行景观设计时,要严格按照相关的规范和标准进行设计,不能只要美观,不要安全。

②公路绿化美化设计应注意生态安全。公路绿化设计会涉及大量的植物,包括引种一些外来植物,这就可能引发生态问题,例如植物病虫害的传播和蔓延、生态入侵等。在进行植物设计时,必须慎重选用植物,最好采用因地制宜的选种方法,以避免造成生态污染。

(5)功能性原则

①公路绿化美化工程的作用

公路绿化工程的作用可以归纳为以下三类。

a. 提高安全系数

a)在弯道外侧种植树木、设置树木、路灯等诱导视线,可以使驾驶人员看清公路线形;

b)公路绿化有助于增强路的连续性和方向性,使驾驶人员产生距离感;

c)明暗栽植可以减少光线明暗变化对驾驶人员眼睛的刺激;

d)中央隔离带绿化可以防止眩光对驾驶人员眼睛的刺激;

e)在隔离栅种植刺篱,可有效防止人畜穿行;

f)公路两侧的绿化林带可以防风和防雪;

g)边坡的绿化有利于边坡的稳定,并减少水土流失。

b. 改善行车环境质量

a)净化空气:通过栽植抗性植物,可以适当吸收汽车排放的CO、NO和TSP等有害气体和固体颗粒物;

b)降低噪声:据日本的研究,40m宽的结构良好的林带可以降噪10~15dB,防噪的效果和林带的结构及与声源的距离有关；

c)降低路温：有关试验表明，中午树阴下的混凝土路面要比直射下低10℃左右；公路的绿化遮阴可以延长路面的使用寿命；

d)恢复植被：通过绿化可以迅速恢复公路建设中被破坏的植被，有利于生态平衡。

c.改善公路景观

景观工程可使公路与周围的景观更加和谐，使公路更具有亲切感和情趣。通过“佳则收之，俗则屏之”的手法，可以屏蔽路边令人不快的景观，例如垃圾站、坟场等。

②公路绿化美化设计必须满足的功能

从以上的分析可看出，高速公路景观绿化的功能很多，在设计中，不可能每一条都要满足，以下几个功能要求在设计中必须要给予正面解决。

a.必须考虑行车视距和行车净空的要求。

b.必须保证不对路基的稳定产生不利影响。

c.必须符合清洁生产的要求。

d.必须“美”。

(6)美学原则

高速公路的景观不能脱离社会审美的需求而独立存在，随着生活水平的提高，人们不仅要求高速公路安全快捷，还要求美观舒适的行车环境。应该说，美是高速公路总体质量的重要指标。

①统一与变化相结合

公路的线形很长，少则十几千米，多则上百千米，景观要有统一的主题才具有特色和韵味，但是如果景观过于单调，过长的线形和长时间的行车和乘车会使一切主题都变得枯燥乏味。而节奏、韵律、色彩、造型、时空的变化会产生美的感觉，从而使驾乘人员产生愉悦的心情，减缓疲劳，达到安全行驶的目的。

②调和原则

公路景观是一个复杂的多元整体，要想营造具有人工美和自然美的景观，公路景观设计应和谐处理好以下关系：公路与周围环境的关系；视觉与比例的关系；工程防护和生物防护的关系；经济利益和社会效益、环保效益、社会效益及生态效益的关系。

2.项目设计方案

进行可行性研究时必须充分地进行方案的比较选择，制订合理的方案。对难以取舍及投资有较大影响的路线、桥梁、互通式立体交叉、隧道、高速公路和一级公路的交通工程及沿线设施等方案，应以同等深度进行比较。

设计方案的确立，必须贯彻国家有关方针政策，按照基本建设程序和有关标准、规范，精心设计，保证设计方案的质量。确保设计单位应对设计质量负责。设计方案通过以后，如需变更，应按交通运输部现行的有关规定办理。

公路绿化项目的可行性报告需上报给政府主管部门及贷款银行，由其进行评估，然后需要对项目的可行性研究报告的不合理的地方加以补充和完善。

项目的可行性研究报告经过评估批准的过程称为项目的决策。

二、设计立项

1. 项目概要

工程概况是对拟建设路绿化工程的基本描述，目的是通过对路绿化工程的简要说明了解工程的基本情况，明确任务量、难易程度、质量要求等，以合理制定施工方法、施工进度计划和施工现场平面布置图。

工程概况内容包括：工程名称、地址、工程项目、占地范围、建设面积、技术要求、现场条件、质量标准、开竣工时间、对施工单位资质的等级要求等。

2. 设计的目的、意义和发展状况

设计立项时要说明公路绿化设计的目的、意义和该设计在国内外的发展现状。

3. 设计主要内容、技术路线、拟解决的问题

设计立项时要详细介绍公路绿化设计的具体地点、具体范围、拟建的项目规模、材料资源，生态环境保护、建设进度等；明确公路绿化建设中所采用的主要的技术手段，确定植被绿化种植中所走的主要的技术路线，以符合公路绿化建设的要求，达到公路绿化建设的目的，取得公路绿化建设的效益。

此外，在立项的过程中，还应该对已掌握资料进行全面缜密分析，拟定公路绿化建设中可能会出现的一些问题，并针对这些问题，提出具体科学的解决方案。

4. 设计经费预算

在公路绿化设计立项时，要对公路绿化设计的经费进行预算分析。为了提高公路绿化设计的预算的准确性，保证预算的质量，在编制预算时，应当严格依据相关的技术资料和有关法规。

设计人员应该充分了解设计委托方的具体设计目标，有哪些愿望，对设计造价经费的具体要求等内容。

5. 预期效益和应用前景

设计人员应当详细地对绿化工程设计项目未来的经济效益、社会效益、生态效益进行科学分析，对该绿化设计的前景进行展望。

6. 设计的创新点

作为一项设计，公路绿化，特别是具体到某段公路的绿化设计，应当有独特的设计创新点。

7. 设计进度安排

依据公路绿化设计的主要内容、技术路线等，对于公路绿化设计进行合理的进度安排，以配合整个公路绿化项目的高效率、高质量的进行。

设计进度安排是以项目工程为编制对象，用于指导工程设计的技术文件。它是依据具体的工程项目，对工程的设计顺序，各段设计的具体期限和日期的全局性的把握。

8. 设计组织体系

设计立项时,公路绿化主管部门应根据公路绿化设计的需要,建立完善合理的设计组织体系,明确各个组织的权责关系,为公路绿化建设提供强有力的组织保障,保证公路绿化的高效率、高质量地完成,避免了各部门之间不必要的冲突。

设计组织应以整个设计项目为编制对象,依照项目要求、文件规定等拟定总体的设计规划,是对设计项目全局性的把握。该体系应该由公路绿化管理部门编制,重点解决设计期限、设计顺序、设计方法等问题。

三、设计阶段

(一)设计招投标

此部分内容应严格依据招标文件有关要求及业主的书面要求并按编制格式完成。

工程建设项目招标投标是国际上通用的比较成熟而且科学合理的工程承发包方式。这是以建设单位作为建设工程的发包者,用招标方式择优选定单位;而设计单位为承包者,用投标方式承接设计任务。在公路工程项目建设中推行招标投标制,其目的是控制工期,确保工程质量,降低工程造价,提高经济效益,健全市场竞争机制。

1. 公路绿化工程设计招标

公路绿化工程设计招标,是指招标人将其拟发包的内容、要求等对外公布,招引和邀请多家承包单位参与承包工程设计任务的竞争,以便择优选择承包单位。

1)工程设计招标应具备的条件

公路绿化工程设计项目必须具备以下条件方能进行招标:

(1)项目概算已得到批准。

(2)建设项目已正式列入国家、部门或地方的年度计划。

(3)现场"三通一平"(水通、路通、电力通、平整场地)已经完成。

(4)所有设计资料已落实并经批准。

(5)建设资金和主要施工材料、设备已经落实。

(6)具有政府有关主管部门对工程项目招标的批文。

2)公路绿化工程设计招标方式

在公路绿化工程设计招标中,最为常用的是公开招标、邀请招标两种方式。

(1)公开招标:由招标单位公开发布广告或登报向外招标,公开招请承包人参加投标竞争。凡符合规定条件的承包人均可自愿参加投标,投标报名单位数量不受限制,具体参加投标单位由建设单位进行资格预审及抽签决定。招标单位不得以任何理由拒绝投标单位参与投标报名。

(2)邀请招标:邀请招标也称有限竞争性选择招标,由招标单位向符合本工程资质要求,具有良好信誉的设计单位发出参与投标的邀请,招标过程不公开。所邀请的投标单位一般5~10个,但不得少于3个。

3)绿化工程设计招标程序

(1)公路绿化工程设计招标一般可分为三个阶段,即招标准备阶段、招标投标阶段与定标成交阶段。

(2)公路绿化工程设计的招标程序:招标单位绿化工程招标条件→宣布招标公告→投标单位资格预审→发给招标标书文件→投标单位熟悉招标文件、现场调查、计算标价、编制投标文件→投标单位报送标书→开标→评标→定标→招标单位与中标单位签订合同。

(3)设计招标准备阶段,其主要内容包括:

①申请招标。建设单位应在工程项目立项文件审批后30天内,向主管部门或其授权机构领取工程建设项目报建表进行报建。报建手续办完后务必成立招标工作班子,并及时向招投标机构提出招标申请。申请书主要的内容有:招标单位资质,招标工程具备的条件,拟采用的招标方式及对投标单位的要求等。

②编制招标文件。招标文件是招标单位编制的工程招标的纲领性、实施性文件,是各投标单位进行投标的主要依据。招标文件一般由文字和设计图纸两部分组成,其内容为:

a. 工程综合说明包括工程名称、地址、招标项目、占地范围、建设面积、技术要求、现场条件、质量标准、招标方式、开竣工时间、设计单位资质等级等。

b. 设计图纸和技术说明书。

c. 工程量清单及单价表:这两部分内容是投标人计算标价和招标人评标的依据,也是签订承办合同的基础性资料,因而是标书重要组成部分。

d. 投标须知。

e. 合同主要条款和格式。

③编制标底。标底是招标单位将报建的工程项目估算出的全部造价,它是招标工程的预期价格。标底确定后必须严格保密,不得泄露。标底的确定主要以设计图预算为基础,有时也可用设计概算定额方法编制。标底的编制要切合实际,力求准确、客观。公正,不得超出工程投资总额,也不能低于工程的总成本价,对无标底招标可不编制标底。

④招标投标。建设单位的招标申请经批准后,即可开展该阶段的工作,工作内容主要包括:

a. 通过各种媒体,如报刊、电台、电视、互联网等发布招标公告或直接向有承包条件的单位发投标邀请函。

b. 对投标单位进行资格预审,预审一般采用评分法。筛选出投标单位;如通过预审单位较多,还应通过抽签确定参加投标单位。

c. 组织投标人进行现场考察及招标工程交底。

d. 招标单位召开招标预备会及答疑。

⑤定标成交。这一阶段的内容主要是开标、评标、定标和签订施工承包合同。

⑥开标。开标是指招标人依据文件规定的时间和地点,开启投标人提交的投标文件,公开宣读投标文件的主要内容。实质上开标就是把所有投标人递交的投标文件启封揭晓,所以又称揭标。

⑦评标。评标是指开标后招标单位根据招标文件的要求,对投标单位提出的投标文件

进行全面审查、分析和比较，从而择优评选出中标单位的过程。评标是审查中标人的必经程序，是保证招标成功的重要环节。因此，评标要做到客观公正、科学合理、规范合法。

⑧定标。定标又称中标、决标，是指招标人经过开标、评标等过程，最后择优选定中标单位。定标的期限按照国际惯例，一般是 90 ~ 120 天；我国规定大中型工程不得超过 30 天，小型工程不得超过 10 天。中标的方式最为常见的是采用最佳综合评价中标和合理最低投标价格中标两种。中标后，中标单位即与招标单位在规定的期限内正式签订工程承发包合同。

2. 公路绿化工程设计投标

公路绿化工程设计投标是指投标人愿意按照招标人规定的条件承包工程，编制投标标书，提出设计方案、工期进度安排、保证工程质量的措施和工程造价以及要求招投单位提供的配合条件等，在规定的期限内向招标人投函，请求承包工程建设任务。

1）投标资格

参加投标的单位必须按招标通知向招标人递交相关资料。

2）投标程序

（1）公路绿化工程设计投标的程序为：报告参加公路绿化工程设计的投标→办理资格预审→实行入围抽签→取得招标文件→研究招标文件→调查投标环境→确定投标策略→制订设计方案→编制投标书→投送标书。

（2）公路绿化工程设计投标必须按一定的程序进行，其主要内容如下：

①根据招标公告，分析招标工程的条件，再依据自身的能力，选择投标工程。

②在招标期限内提出投标申请，向招标人提交有关资料。

③接受招标单位的资格审查。

④从招标单位领取招标文件、图纸及必要的资料。

⑤熟悉招标文件，参加现场勘察。

⑥编制投标书，落实设计方案和标价。

⑦在规定的时间内，向招标人报送标书。

⑧开标、评标与定标。

⑨中标人与招标人签订承包合同。

（二）设计阶段的主要任务

公路绿化工程基本建设项目一般采用两阶段设计，即初步设计和施工图设计。对于技术简单、方案明确的小型建设项目，可采用一阶段设计，即一阶段施工图设计；技术上复杂、基础资料缺乏和不足的建设项目或建设项目绿化工程等，必要时应采用三阶段设计，即方案设计、初步设计和施工图设计。

1. 方案设计

方案设计被看作是公路绿化工程可行性报告中的组成部分之一，在该阶段应完成公路绿化设计基础资料的调查收集工作，并结合公路总体规划及沿线自然、人文景观的分布，提出公路景观绿化设计的总体原则、明确设计的范围等。

2. 初步设计

初步设计应根据批复的可行性研究报告、测设合同和初测、初勘或定测、详勘资料编制。公路绿化工程基本建设项目的设计文件,必须由具有相应等级的勘察、设计证书的单位编制。

本阶段与公路工程初步设计阶段相对应,是对总体方案的具体与细化,应在方案规划设计的基础上完成初步设计文件的编制。

初步设计文件应包括如下内容:

(1)总说明书。按有关设计编制要求及总体规划方案编制项目的总说明书,内容一般包括:项目概述、设计依据工程概况沿线环境概况绿化设计的指导思想与基本原则、具体设计模式说明、植物种的选择(并附植物选择表)、工程投资估算等内容。

(2)管理养护区、服务区及停车区等设施的绿化初步设计。这些区域应依据庭院园林绿化模式进行设计,视设计所需其设计文件中应包括绿化栽植花架、亭廊等园林小品、园路、场地铺装、花坛、桌凳等设施项目。

设计文件应包括如下内容:

①详细的设计说明一份。其中应写明设计原则、设计方法、植物配置方法等内容(此部分内容最后汇总至设计总说明编制者)。

②绿化总体布置图一份。图中应有绿化植物的配置图,植物品种、规格、数量的统计表,各种园林小品及设施的布置图。

③图纸比例尺与指北针。为便于图纸的拷贝与缩放,所有要求尺寸比例的图纸都应以"标尺比例尺"的形式给出比例尺。所有平面图均应给出指北针。

(3)互通立交区的绿化初步设计。该设计绿化视为一般园林绿地场地进行规划设计,一般仅进行植物种植设计(有特殊要求时做地形设计及主题雕塑设计),文件应包括如下内容:

①互通立交绿化设计说明一份。其中应写明设计原则、设计方法、植物配置方法等内容。

②总体绿化布置平面图一份(双喇叭互通应增加两张分区绿化图)。其中应随图给出植物种类、规格、数量统计表一份。

③互通立交绿化效果图。也可视情况单独要求。

④局部详图。对于能突出互通景观特色的重点区域(如图案栽植部分主题雕塑等),应给出局部详图,同时图中相应标出所采用植物的种类、规格及数量。雕塑应给出平立面图及效果图,而且应以图示方式标明本详图与总图的位置关系。

⑤场地规划图。图中应提出互通区内土方平衡调配的原则措施,在满足交通功能要求的基础上,依景观所需及绿化功能设计地形,标明地形的范围,高线间距等数据,并对土方工程数量进行估算。

⑥图纸比例尺与指北针。为便于图纸的拷贝与缩放,所有要求尺寸比例的图纸都应以"标尺比例尺"的形式给出比例尺。所有平面图均应给出指北针。

(4)中央分隔带、边坡、路侧绿化带及环保林带的设计。该项绿化视为一般园林绿地场地进行设计，一般仅做植物设计，对于上述区域的绿化方案应在“路基标准横断面图”中标示出相应位置关系。同时应附图给出植物种类、规格、数量统计表一份，边坡防护应单独给出较详细的工程量清单一份。

(5)灌溉系统工程设计。该部分工程作为总体绿化的附属工程，其文件包括以下内容：

①详细的设计说明一份。应写明绿化区域的自然地理、地貌特征，尤其应注明水源的形式及分布位置；采用推荐喷灌系统方式的理由；相关的水力计算等。

②浇灌系统管线布置图一份。图中应标明水源位置，管线布设方式，所采用管线的管径指标，出水口(喷头)的精确埋设位置及各节点之间的间距(如喷头与支管之间、喷头与喷头之间等)。

③随图或单独列出设备清单一份。清单中应明确各种设备的类型、型号、主要性能指标、数量、生产厂家等。

(6)投标文件编制。此部分内容应严格依据购买的招标文件有关要求，按投标文件编制格式完成(不含设计说明及设计图纸)。

(7)工程概算文件编制。该文件要按照有关工程概算文件的编制要求编制，内容一般包括：编制说明、概算汇总表、分项概算表等。

3. 施工图设计

施工图设计是指在已批复的初步设计(或技术设计)的框架下，利用取得实测数据，深入细致地对各项工程进行可操作性设计。如建设实体个体和群体的规格、数量、质量、色彩、外观与内部结构、配置位置和其他技术要求等，以便能依据施工图准确地计算工程量、制定量化图表资料、组织施工材料与器械、制作施工计划(包括人员组织安排、工程进度计划等)、编制施工图预算。

施工图设计阶段公路工程施工图设计阶段相对应，该阶段是对初步设计文件的具体化，使之具有可操作性，能作为景观绿化施工的依据，并应在初步设计的基础上完成景观绿化施工图设计文件的编制。本阶段在初步设计基础上应完成以下文件图表的制作。

1)管理养护区、服务区及停车区等设施的绿化施工图设计

在初步设计基础上，施工图文件应包括如下内容：

(1)主要园林小品、设施(如花架、园路、场地铺装、园凳、水池、山石)的结构详图。

(2)植物栽植总平面图(同初步设计图纸内容)。

(3)绿化分区示意图。对于植物栽植总平面图视实际情况可分成若干张，以达到能清晰表明植物的种植关系为目的，图中还应给出放线基准点(公路中心线上的某处桩号或跨线桥与主线的交点等)。

(4)植物种植分区详图。图中应标明每棵植物的种植点，同种植物之间以种植线连接，并注明相互之间的距离(规则式栽植的植物可仅标明一处，其余以文字说明方式注出)。图中还应以图示方式标明本图与总图的位置关系(参照绿化分区示意图)，并利用附图给出植物品种、规格、数量统计表。

(5)图纸比例尺与指北针。为便于图纸的拷贝与缩放，所有要求尺寸比例的图纸都应以“标尺比例尺”的形式给出比例尺。所有平面图均应给出指北针。

2)互通立交的景观绿化施工图设计

在初步设计基础上,施工图文件应包括如下内容:

(1)植物种植总平面图(同初步设计图纸内容)。

(2)绿化分区示意图。对于植物种植总平面图视实际情况可分成若干张,以达到能清晰表明植物的种植关系为目的,图中还应给出放线基准点(公路中心线上的某处桩号或跨线桥与主线的交点等)。

(3)植物种植分区详图。图中应标明每棵植物的种植点,同种之间以种植线连接,并注明相互之间的距离(规则式种植的植物可仅标明一处,其余以文字说明方式注出)。图中还应以图示方式标明本图与总图的位置关系(参照绿化分区示意图),并利用附图给出植物品种、规格、数量统计表。

(4)互通中图案造型。应单独给出大样图,图中注明放样基准点及放样的网格线,并随图给出植物品种、规格、数量统计表。

(5)雕塑。雕塑作为独立设计内容要求,图中应给出平、立、剖面图,结构图(节点及基础等关键部位)。图中还应标明详细的尺寸关系、拟采用的材料等有关内容,并附图给出材料的工程量清单一份。

(6)图纸比例尺与指北针。为便于图纸的拷贝与缩放,所有要求尺寸比例的图纸都应以"标尺比例尺"的形式给出比例尺。所有平面图均应给出指北针。

3)中央分隔带、边坡路侧绿化带及环保林带的设计

该项绿化设计文件初步设计阶段深度已可满足施工要求,可直接引用有关文件图纸。

4)浇灌系统工程设计

该部分工程设计深度及图纸内容基本同初步设计,可参考执行。

5)招标文件编制

该部分内容应严格依据招标文件有关要求及业主的书面要求并按编制格式完成(不含设计说明及设计图纸)。

6)工程预算文件编制

该文件要按照有关工程预算文件的编制要求编制,内容一般包括:编制说明、预算汇总表、分项工程预算表等。

另外,具体实施过程中因项目的不同其景观绿化设计文件的编制也有所不同,一般是按照以上程序完成文件的编制,有时做两阶段的初步设计及施工图设计,有时也会依据项目内容及时间要求仅做一阶段的施工图设计。

四、后评价阶段

(一)概述

公路绿化建设项目的后评价是公路绿化设计完成以后,再对立项决策、设计施工、竣工使用等全部设计进行系统评价的一项技术经济活动。目前,我国开展设计项目的后评价一般按三个阶段组织实施,即项目单位的自我评价、行业评价、主要投资方或各级计划部门的

评价。

公路建设项目的环境影响特点如下。

1. 影响形态

公路是一种带状的人工构造建筑物,相对其他建设项目而言,其污染宽度相对较窄,一般为公路两侧一定范围的宽度;单向污染距离大,一般为沿公路延伸方向从公路起点直至终点的范围。总之,其污染形态特点为一带状的污染排放源。

2. 影响时效

公路建设项目施工期的污染时效与其他建设项目基本相同,污染影响会集中在施工期这样一个短期的时间范围内,污染由施工伊始,随施工强度和施工阶段而发生强弱变化,施工结束后随即消失。

营运期的影响同样贯穿于营运期始末,就公路的营运特点来说,营运期的主要影响是一种流动性的影响,而且随着线路沿线车流量而变化。

(二)建设项目过程评价

建设项目过程评价是指评估专家根据公路绿化设计,明确公路绿化建设项目的进度,依据有关技术规范,针对公路绿化建设项目的每个过程进行仔细的审核评价,讨论其设计的优缺点,发现提出问题,针对具体的问题提出合理的解决方案。

公路绿化建设项目对于环境的影响可以分施工期和营运期两个阶段来考虑。其中对于水环境、环境空气的影响评价如下。

1. 对水环境的影响

(1)施工期:桥梁施工对水环境的影响,施工人员生活污水和生活垃圾的影响,施工工区污水的影响。

(2)营运期:路面径流水的影响,公路辅助设施内人员生活污水和生活垃圾的影响,危险品运输风险事故的影响。

2. 对环境空气质量的影响

(1)施工期:施工期扬尘影响;施工期沥青烟气的影响;施工人员日常生活燃料消耗的影响。

(2)营运期:公路运行车辆尾气排放的影响;公路运行车辆公路扬尘的影响;公路运营辅助设施内燃料消耗的影响。

公路建设和运营对声环境的影响,包括施工期施工机械对声环境的影响,以及营运期公路运行车辆噪声对声环境的影响。

(三)公路绿化建设项目效益评价

公路绿化建设项目设计的效益评价是后评价阶段的重点,建设项目的效益是多方面的,对其应当从社会效益、经济效益和环境效益三个方面进行综合的分析,以便使开发建设项目的论证更加充分可靠,项目的设计和实施更加完善。

(四)公路绿化建设项目影响评价

公路绿化建设项目对环境的影响,主要是对影响区域内环境要素的影响。所谓环境要素包括社会环境、水环境、环境空气、声环境和生态环境等。

公路绿化建设项目对社会环境的影响主要包括如下几个方面:对直接和间接影响区域社区发展的影响,对影响区域内居民质量和房屋拆迁的影响,对基础设施的影响,对影响区物质资源利用的影响。

对生态环境的影响主要包括:工程占地对农业生态的影响,取、弃土作业对生态环境的影响,水土流失的影响,对野生植物与动物及栖息地的影响,对沿线景观的影响。

(五)公路绿化建设项目目标持续性评价

公路绿化建设项目批准立项后,通过对设计线位的现场踏勘调查,确定拟建公路沿线评价范围内环境空气和声环境的主要保护目标,一般情况下将公路沿线两侧距路中线距离200m以内的村庄、学校、医院和疗养区等定为环境敏感目标加以重点保护是十分必要的。生态环境保护目标主要是指位于公路两侧评价范围内已有的自然保护区、风景名胜区、生态脆弱带、野生保护动物栖息地、野生保护植物、连片森林、草地、基本农田保护区等;水环境的保护目标主要指饮用水水源保护区、江、河源头区、集中养殖水域等;社会环境保护目标包括历史文化遗产、居民居住或出行的便利性和生活质量等。

(六)结论

根据国际通常的做法以及我国的有关规定,目前我国三级以上的公路建设项目,均要求进行项目环境影响评价,社会环境影响评价是其中的一项主要内容。

对拟建公路建设项目进行社会环境评价,全面估计拟建项目的社会经济效益,分析拟建项目对所在地区社会环境的影响,采取措施防止和减少拟建项目可能带来的不利的社会环境影响。公路建设项目对所在地区及其周围地区的自然环境影响是明显的,对社会环境产生的影响也相当显著。这些影响可能改变地区经济发展的方向,可能使社会结构产生变化,也会直接影响人民的生活。我国是一个发展中国家,公路建设处在蓬勃发展时期,因此在发展过程中一定要汲取发达国家和发展中国家的经验教训,在发展经济的同时,充分维护自然系统、生态系统和社会系统,使经济发展和环境保护协调统一,以利于可持续发展。

这就要求在进行公路基本建设时,正确处理经济效益、环境效益和社会效益的关系,使三者协调发展。

公路建设项目社会环境影响评价是对其社会环境质量的评价,是对社会环境质量的优劣以及拟建公路对社会环境的影响给予定量和定性的分析和描述。

社会环境影响评价的目的,就是通过分析项目对社会经济环境产生的各种影响,提出防止或减少项目在获取效益时可能出现的各种不利社会环境影响的途径或补偿措施,进行社会效益、经济效益和环境效益的综合分析,使开发建设项目的论证更加充分可靠,项目的设计和实施更加完善。

第三节　公路绿化设计步骤

一、现状调查分析

（一）资料的调查与整理

1. 高等级公路工程设计资料调查、收集

具体内容详见本章第二节“（二）现状调查分析”相关内容。

2. 高速公路沿线社会经济状况调研

具体内容详见本章第二节“（三）项目设计的条件”相关内容。

3. 公路沿线自然环境状况调查

具体内容详见本章第二节“（三）项目设计的条件”相关内容。

4. 公路沿线植物情况的综合调查

具体内容详见本章第二节“（三）项目设计的条件”相关内容。

（二）调查结果的分析与评价

调查是手段，分析才是目的。在主观评价的基础上，对绿化用地及其环境的各种因素作出综合性的分析与评价，是设计的必要过程。资料分析在整个设计过程中占有很重要的地位，深入细致地进行分析与评价，有助于公路绿化各项内容的详细设计，并且在分析过程中产生的一些设想也很有利于资料分析（包括在植物种类和生长情况调查资料基础上进行的植物选择与匹配分析、生态效益分析；在土壤资料的基础上进行土壤组成分析、侵蚀情况分析；在气象资料的基础上进行日照分析等）。当公路绿化路线较长及绿化内容较多时，资料调查是按分段、分区情况进行的，因此资料分析也应分段、分区进行，最后再综合。

二、方案设计

（一）一般要求

方案设计阶段可以看作是公路绿化工程可行性报告中的组成部分之一。

公路绿化设计对于方案设计的具体要求如下：

（1）在本阶段应完成公路绿化设计基础资料的调查收集工作。

（2）并结合公路总体规划及沿线自然、人文景观的分布，提出公路景观绿化设计的总体原则。

（3）明确设计的范围。

(二)设计说明书

方案设计的设计说明书应该包括以下内容。

1. 概述

这部分应当说明公路绿化对象所处地域的自然环境、地区的地质状况、植被特征、动物种群、气候特征、交通的区位分析、公路的红线范围、地区的经济状况等。

2. 背景的分析

这部分应当针对该公路绿化项目的上位所提出的具体要求,详细说明方案设计的具体的思路和办法,并且阐述其原理。同时,该部分应当详尽地将与该设计项目有关的国家规范、技术标准和地方性的法规等罗列出来。

3. 公路绿化设计的原则

在该部分,设计者应当将公路绿化设计的构思及理念详尽地表达出来,将设计的理念准确无误地表达出来。阐述的理念应当结合当前的时代背景,结合国内外相关领域的先进的设计理念,进行科学的整合,使之融于公路绿化的设计中。

公路绿化设计的构思应当有充分的依据,依据应该结合公路绿化的现状调查,具体分析与公路绿化相关的沿线社会环境状况以及自然环境状况等。

公路绿化的构思应当严格依照公路绿化设计的原则。

公路绿化设计的基本原则如下:

1)地域性原则

充分发掘利用周围自然、人文资源,选择特色地段重点绿化,以公路这一线形要素为载体,穿插其间。

2)立意创新原则

绿化风格的主题立意,力求推陈出新,绿化形式不落俗套,充分结合当地自然条件和人文条件,体现特色、突出个性,做到自然、和谐、生态、美观。

3)风格统一、特色分明原则

设计从整体着眼,宏观上确定基本格调,选定基调树种,同时着眼于丰富细部景观,体现细部特色,讲求变化有序、变而不乱,通过合理过渡建立有机联系,达到整体和谐自然的效果。

4)层次丰富原则

通过植物的高低、色彩以及不同特征的配置组合,同时充分利用原地形的错落变化,随形就势,层次清晰,重点突出,从而在视觉的空间感上创造丰富变化的绿色景观。

5)生态性原则

植物材料选择以乡土树种为主,乔木、灌木、地被及草坪相结合,速生树种和慢生树种相结合,因地制宜,体现当地特色,构建多树种、多结构、多功能的复层绿色生态廊道,保证四季景观效果和长远的景观效果。

6)艺术性原则

将公路绿地景观与周围田园风光相互渗透，相互融合。在植物的配置上，充分考虑体量大小，使景观带和周围环境融为一体。将现代园林的构成艺术与空间布置方法与当地的文化地形特点结合，创造出具有当地文化特色的公路绿地景观。

7）经济性原则

在满足四季景观的前提下，考虑苗木的价格以及绿地养护管理的成本，尽量降低造价，减少资金投入，用最少的钱办最多的事。

8）可操作性原则

重点和一般相结合，集中与分散相呼应，做到经济、实用、可行。

4. 具体设计

当公路绿化路线较长且绿化内容较多时，应该在方案设计之前先进行绿化分段、分区规划，然后再按分段、分区情况进行局部方案设计，将公路绿化的设计思路分区段具体进行说明。若范围较小，内容不复杂，则可以直接进行设计。

5. 重要节点的设计

在方案设计的具体分区段设计后，对于公路的重要节点应当进行全面详细的设计，内容应当包含植物的种植规划、布局等。

6. 植物规划

从宏观上对公路绿化范围以内的植被种植设计进行把握，对公路各个区段的种植设计进行总体上的规划设计。

7. 管线设计

该部分应对公路绿化范围内，结合具体的地形现状条件，对给排水管线规划布置做一个详尽的描述。

8. 微地形处理

公路绿化的整地不同于一般农业上的整地，它不仅包括常说的浅耕、耕地、耙地、镇压和中耕等 5 个步骤，在此之前的平整场地、削坡、换土等也作为其中一部分。

绿化工程场地平整多在路基工程完成之后进行，路基施工单位撤场后，遗留的场地多数凹凸不平，特别是在互通区面积比较大，若场地不平，雨后多余的水难于及时排除，将会影响场地内植物的生长；坡面过于粗糙，雨水过后易形成大量小水沟，导致大量水土流失。因此，在种植之前对场地进行平整是一项重要内容。场地不同采取的方法有差异，但是，公路绿化用地的整地必须依照绿化设计要求进行。

（1）互通立交区场地平整：依照绿化设计的要求先用推土机等机械设备将场地粗略平整之后进行灌水，把水浇透，使得土壤自然下沉并使坑洼的地方暴露出来，防止将来发生土壤塌陷，难于补救。待土壤干燥之后再用推土机等设备，直至达到绿化设计要求。

（2）边坡平整：路桥施工后产生的边坡，多为生土，植物在其上生长会非常困难，为了在边坡上种植绿化植物，可以采用换土，俗称“客土”。为此，在平整场地时，多采用人工平整。

9. 苗木表

苗木表的制订要建立在充分调查当地乡土植物种类的基础上，采取对当地环境具有很强的适应性，性状优良的乡土树种，并结合公路的类别、路段的位置、社会经济环境，通盘考虑整个区域公路网，考虑局部及地方的特色，结合实际，放眼未来打造生态美观的公路环境。

10. 投资概预算

为了提高公路绿化工程概预算的准确性，保证概预算的质量和精度，在编制概预算时，设计者应当依据详细的技术资料和相关法规，对公路绿化建设项目进行详细精确的概预算，确定建设项目的投资量。

工程概算文件要：按照有关工程概算文件编制要求编制。概算文件编制工作一般包括：编制说明、概算汇总表、分项工程概算表等项内容。

11. 结论

设计者要根据方案设计，结合具体的工程项目，对公路绿化工程项目进行全面的分析，得出该绿化项目设计的结论。

（三）设计图纸

方案设计常用的图纸有功能关系图、功能分析图、方案构思图和各类规划及分区平面图等。

设计图纸应当能够直观地体现公路绿化方案的设计者的总体思路，向方案设计的审核组织准确无误地传递设计者的设计理念。

三、初步设计

设计文件的编制，必须贯彻国家有关方针政策，按照基本建设程序和有关标准、规范，精心设计，保证设计文件的质量。设计单位应对设计质量负责。设计文件经批准后，如需变更设计，应按交通运输部现行的有关规定办理。

（一）一般要求

公路绿化工程设计文件是安排建设项目、控制投资、编制招标文件、组织施工和竣工验收的重要依据。

初步设计与高速公路工程初步设计阶段相对应，是对总体方案的具体与细化，应在方案规划设计的基础上，完成初步设计文件的编制。

初步设计是公路绿化设计的第一阶段，其主要任务是提出设计方案、选定植物品种、种植形式、说明设计意图，并提出概算书。

高速公路和一级公路应进行总体设计。一个建设项目由两个或两个以上单位设计时，建设单位或委托单位应指定一个设计单位，负责总体设计，协调统一文件的编制，编写总说明和汇编总概（预）算。

公路工程基本建设项目的设计文件，必须由具有相应等级的交通行业公路工程勘察、设计证书的单位编制。

(二)设计说明书

项目设计总说明书应按照有关设计编制要求及总体规划方案编制,内容一般包括:项目概述、设计依据、工程概况、沿线环境概况、绿化设计的指导思想与基本原则、具体设计模式说明、植物种的选择(附植物选择表)、工程投资估算说明等项内容。

初步设计包括管理养护区、服务区及停车区等设施的绿化初步设计。上述区域应依据庭院园林绿化模式进行设计,其设计文件也应包括绿化种植、花架、亭廊等园林小品、园路、场地铺装、花坛、座凳等设施项目的详细的设计及说明书。具体内容应涵盖设计原则、设计方法、植物配置方法等项内容(该部分内容最后汇总至设计总说明编制者)。

互通立交区的设计说明书应写明设计原则、设计方法、植物配置方法等项内容。

灌溉系统工程设计,该部分工程作为总体绿化的附属工程,其文件也应包括详细的设计说明一份。其中应写明绿化区域的自然地理、地貌特征,尤其应注明水源的形式及分布位置;采用推荐喷灌系统方式的理由;相关的水力计算等项内容。

(三)设计图纸

1. 设计图纸及内容

(1)绿化种植设计总平面图。图纸中应包括:①绿化植物的配置图;②植物品种、规格、数量的统计表。

(2)绿化种植分区平面图。

(3)详图(种植平面图中某些细部尺寸、材料和做法等需要用详图来说明)。

对于突出公路绿化重要节点绿化设计的重点区域(图案的栽植部分、主要雕塑等),应给出局部详图,同时还应在图中相应地标出所采用的植物种类、规格及数量;雕塑应给出平立面图及效果图,并应以图式的方式标明详图与总图的位置关系。

(4)场地规划图。图中要根据互通区内土方平衡调配的原则,在满足交通功能要求的基础上,依景观所需及绿化功能设计微地形,标明微地形的范围,等高线间距等数据,并对土方工程数量进行估算。

(5)设计说明书。具体内容应涵盖设计原则、设计方法、植物配置方法等项内容。

(6)工程数量图。其中包含各种园林小品及设施的布置图。

(7)绿化设计预算书。按有关工程概算文件编制要求完成项目的概算文件编制工作,一般包括:编制说明、概算汇总表、分项工程概算表等项内容。

其中,为了便于图纸的拷贝与缩放,所有要求尺寸比例的图纸都应以“标尺比例尺”的形式给出比例尺。所有平面图均应给出指北针。

2. 互通立交区的景观绿化初步设计文件

互通立交区的景观绿化作为一般园林绿地场地进行规划设计,一般仅作植物栽植设计(有特殊要求时做地形设计及主题雕塑设计),应包括如下文件:

(1)互通立交绿化设计说明一份。应写明设计原则、设计方法、植物配置方法等项内容。

(2)总体绿化布置平面图一份(对于双喇叭形互通立交应增加两张分区绿化图),同时随图给出植物种类、规格、数量统计表一份。

(3)互通立交绿化效果图。也可视情况单独要求。

(4)局部详图。对于能突出互通景观特色的重点区域(如图案栽植部分、主题雕塑等),应给出局部详图,同时图中应相应标出所采用植物的种类、规格及数量,雕塑应给出平立面图及效果图;应以图示方式标明本详图与总图的位置关系。

(5)场地规划图。提出互通区内土方平衡调配的原则措施,在满足交通功能要求的基础上,依景观所需及绿化功能设计微地形,标明微地形的范围,等高线间距等数据,并对土方工程数量进行估算。

(6)图纸比例尺与指北针。为便于图纸的拷贝与缩放,所有要求尺寸比例的图纸都应以"标尺比例尺"的形式给出比例尺。所有平面图均应给出指北针。

3. 中央分隔带、边坡、路侧绿化带及环保林带的设计

本项绿化作为一般园林绿地场地进行规划设计,且一般仅作植物栽植设计。对于上述区域的绿化方案应在"路基标准横断面图"中指出相应位置关系。同时应附图给出植物种类、规格、数量统计表一份,边坡防护应单独给出较详细的工程量清单一份。

四、施工图设计

(一)一般要求

本阶段与公路工程施工图设计阶段相对应,该阶段是对初步设计文件的具体化,使之具有可操作性,能作为景观绿化施工的依据;并应在初步设计的基础上完成景观绿化施工图设计文件的编制。

方案设计阶段对图件的要求如下:

(1)详细的设计说明一份。应写明设计原则、设计方法、植物配置方法等项内容。

(2)绿化总体布置图一份。图纸中应包括:绿化植物的配置图,植物品种、规格、数量的统计表,各种园林小品及设施的布置图。

(3)图纸比例尺与指北针。为便于图纸的拷贝与缩放,所有要求尺寸比例的图纸都应以"标尺比例尺"的形式给出比例尺。所有平面图均应给出指北针。

(二)设计说明书

详细的设计说明书一份。其中应写明设计原则、设计方法、植物配制方法等内容。

公路绿化施工设计说明书的内容一般是由工程项目的范围、性质、特点和施工条件、景观要求来确定的,由于编制过程中有编制深度上的不同,无疑反映在内容上也有所差异。但不论哪种类型的施工组织设计都应包括工程概况、施工方案、施工进度和施工现场平面布置图,即通常所称的"一图一表一案"。

1. 工程概况

(1)工程概况是对拟建路绿化工程的基本性描述,作用是通过对路绿化工程的简要说明,了解工程的基本情况,明确任务量、难易程度、质量要求等,以便合理制定施工方法、施工措施、施工进度计划和施工现场平面布置图。

(2)工程概况中应说明:

①工程的性质、规模、服务对象、建设地点、工期、承包方式、投资额及投资方式。

②承建施工和设计单位的名称、上级要求、图纸情况。

③施工现场的地质、土壤、水文、气象等因素。

④特殊施工措施、施工力量和施工条件,材料来源与供应情况。

⑤"三通一平"条件;机具准备、临时设施解决方法、劳动力组织及技术协作水平等。

2. 确定公路绿化施工的方案

1)拟定公路绿化施工方法的注意事项

(1)要求所拟定的施工方法重点要突出,施工技术要先进,成本消耗要合理。

(2)要特别注意利用和结合施工单位现有的技术力量、施工习惯、劳动组织特点等。

(3)要根据公路绿化工程面长的特点,能尽可能充分发挥机械作业的多样性和先进性。

(4)要对关键工程的重要工序或分项工程、特殊结构工程(如公路旁的古建筑、现代雕塑)及专业性强的工程(如大型的立体花坛工程、自控喷泉安装)等制订详细具体的施工方法。

2)制订公路绿化施工措施

在确定城市公路绿化施工方法时,首先要提出具体的操作方法和施工的注意事项,然后提出其质量要求及相应采取的技术措施。一般应包括:施工技术规范、操作规程,质量控制指标和相关检查标准,夜间与季节性施工措施,降低工程施工成本措施,施工安全与消防措施、现场文明施工及环境保护措施等。

3)施工方案技术经济比较

一般情况下,由于城市公路绿化工程的复杂性和多样性,某项分部工程或施工阶段可能有多种施工方法,构成多种施工方案。为了选择一个合理的施工方案,必须进行一次施工方案的技术经济比较。

对于城市公路绿化施工方案的技术经济分析,主要有定性分析和定量分析两种。

前者是结合经验进行一般的优缺点比较,例如是否符合工期要求,是否满足成本低、效益高的要求,方案是否切合实际,是否达到比较先进的技术水平,材料、设备是否满足要求,是否有利于保证工程质量和施工安全等。

公路绿化定量分析是通过计算出劳动力、材料消耗、工期长短及成本费用等经济指标进行比较,从而得出优选方案。

3. 制订施工进度计划

城市公路绿化的施工进度计划是在预定工期内以施工方案为基础编制的,要求以最低的施工成本合理安排施工顺序和工程进度。其主要作用是全面控制施工进度,为编制基层作业计划及各种资源供应提供依据。施工进度计划编制的步骤如下：

(1)将公路绿化工程项目分类及确定工程量，计算劳动量和机械台班数。

(2)确定公路绿化工程施工的工期，解决工程各工序间相互搭接问题。

(3)编排公路绿化工程施工进度。

(4)按照施工进度提出劳动力、材料和机具的需要计划。

按照上述编制步骤，将计算出的各因素填入表中，即成为最常见的施工进度计划，此种格式也称横道图或条形图。它由两部分组成：左边是工程量、人工、机械台班的计算数；右边是用线段表达工程进度的图样，可表明各项工程(或工序)的搭接关系。

在编制城市公路绿化施工进度计划时，必须确定如下因素：

(1)工程项目分类。将分部工程按施工顺序列出。分部工程划分不宜过多，要和预算定额内容一致，重点在于关键工序，并注意彼此间的搭接。一般公路绿化工程的分部工程项目较少且较为简单，通常分为：土方工程、绿化工程、雕塑工程、水景工程、小品工程、给水排水工程、立体花坛工程、绿化造景及其管线工程等。

(2)工程量计算。按施工图和工程量计算方法逐项计算。注意工程量计算单位的一致。

(3)劳动量和机械台班数确定。某项工程劳动量为该工程的工程量除以该工程的产量定额。

即　　　　　　　　劳动量 = 该项工程工程量 × 时间定额

或　　　　　　　　机械台班数 = 工程量 × 机械时间定额

(4)工期确定：所需工期为工程的劳动量(工日)除以工程每天工作的人数。

合理工期应满足三个条件，即最小劳动组合、最小工作面和最适宜的工作人数。最小劳动组合是指某个工序正常安全施工时的组合人数。最小工作面是指每个工作人员或班组进行施工时必须有足够的工作面，例如土方工程中人工挖土最佳作业面积为 $4 \sim 6m^2$/人。最适宜的工作人数即最可能安排的人数，可据需要而定。例如在一定工作面范围内依靠增加施工人员来缩短工期是有限的，但可采用轮班作业以达到缩短工期的目的。

(5)进度计划编制。施工进度计划的编制要满足总工期。但必须先确定消耗劳动力和工时最多的工序，如大型广场上的喷水池池底、池壁施工，公路两旁的移树栽树施工与立体花坛施工等。待关键工序确定后，其他工序适当配合、穿插或平行作业，做到施工的连续性、均衡性、衔接性。

(6)编排好进度计划初稿后，要认真检查调整，检查其是否满足总工期，各工序是否合理搭接，劳动力、机械、材料供应能否满足要求。如计划需要调整时，可通过改变工期或各工序开始和结束时间等方法调整。施工进度计划的编制方法最为常用的是条形图法和网络图法两种。

(7)劳动力、材料、机具需要量准备。施工进度计划编制后，要进行劳动资源的配置，组织劳动力，调配各种材料和机具，确定进场时间。

4. 施工图设计阶段

本阶段与公路工程施工图设计阶段相对应，是对初步设计文件的具体化，以使其具有可操作性，能作为景观绿化施工的依据，并应在初步设计的基础上完成景观绿化施工图设计文件的编制。

（三）设计图纸

施工图文件应包含以下内容。

1. 管理养护区、服务区及停车区等设施的景观绿化施工图设计

（1）主要园林小品、设施（如花架、园路、场地铺装、园凳、水池、山石）的结构详图。

（2）植物栽植总平面图（同初步设计图纸内容）。

（3）绿化分区示意图。对于植物栽植总平面图视实际情况可分成若干张，以达到能清晰表明植物的种植关系为目的，图中应给出施工放线基准点（明显的永久构筑物或公路中心线的某处桩号等）。

（4）植物栽植分区详图。图中应标明每棵植物的种植点，同种植物之间以种植线连接，并注明相互之间的距离；还应以图示方式标明本图与总图的位置关系（参照绿化分区示意图）。附图给出植物品种、规格、数量统计表。

（5）图纸比例尺与指北针。为便于图纸的拷贝与缩放，所有要求尺寸比例的图纸都应以“标尺比例尺”的形式给出比例尺。所有平面图均应给出指北针。

2. 互通立交的景观绿化施工图设计

（1）植物栽植总平面图（同初步设计图纸内容）。

（2）绿化分区示意图。对于植物栽植总平面图视实际情况可分成若干张，以达到能清晰表明植物的种植关系为目的，图中还应给出放线基准点（公路中心线上的某处桩号或跨线桥与主线的交点等）。

（3）植物栽植分区详图。图中应标明每棵植物的种植点，同种植物之间以种植线连接，并注明相互之间的距离（规则式栽植的植物可仅标明一处，其余以文字说明方式注出）。还应以图示方式标明本图与总图的位置关系（参照绿化分区示意图）。附图给出植物品种、规格、数量统计表。

（4）互通中图案造型。应单独给出大样图，图中注明放样基准点及放样的网格线，并随图给出植物品种、规格、数量统计表。

（5）雕塑。雕塑作为独立设计内容要求，图中应给出平、立、剖面图，结构图（节点及基础等关键部位），标明详细的尺寸关系、拟采用的材料等有关内容，并附图给出材料的工程量清单一份。

（6）图纸比例尺与指北针。为便于图纸的拷贝与缩放，所有要求尺寸比例的图纸都应以“标尺比例尺”的形式给出比例尺。所有平面图均应给出指北针。

3. 中央分隔带、边坡、路侧绿化带及环保林带的设计

本项绿化设计阶段可直接引用有关文件图纸。

4. 灌溉系统工程设计

该部分工程设计深度及图纸内容基本同初步设计。

5. 施工现场平面布置图

(1)公路绿化工程施工现场平面布置图是指导工程现场施工的平面布置简图,它主要是解决施工现场的合理工作面问题。其设计依据是工程施工图、施工方案和施工进度计划。所用图纸比例一般为1:200。

(2)施工现场平面布置图的主要内容如下:

①工程施工范围,建造临时性建筑的位置与范围。

②已有的建筑物和地下管道,施工公路、进出口位置,测量基线、控制点位置,材料、设备和机具堆放点,机械安装地点;供水供电线路、泵房及临时排水设施,消防设施位置。

(3)施工现场平面布置图设计的原则如下:

①在满足现场施工的前提下,尽量减少占用施工用地,平面空间合理有序。

②要尽可能减少临时设施和临时管线。最好利用工地周边原有建筑作临时用房,必要时临时用房最好沿周边布置;临时公路宜简单,且要合理布置进出口;供水供电线路应最短。

③要最大限度减少现场运输,尤其要避免场内多次搬运。为此,公路要做成环形设计,工序安排要合理,材料堆放点要利于施工,并做到按施工进度组织生产材料。

④要符合劳动保护、施工安全和消防的要求。场内各种设施不得有碍现场施工,各种易燃易爆和危险品存放要满足消防安全要求。对某些特殊地段,如易塌方的陡坡,要做好标记并提出防范措施。

(4)施工现场平面布置图设计的方法。

一个合理的施工现场布置图有利于顺序均衡地施工。设计时可参考以下方法:

①熟悉施工图,了解施工进度计划和施工方法。

②对施工现场进行实地踏勘。

③确定公路出入口,临时用路做环形布置,同时注意承载能力。

④选择大型机械安装点、材料堆放处。如景石吊装时,起重机械应选择适宜的停靠点;混凝土材料,如碎石、砂、水泥等要紧挨搅拌站;植物材料可直接按计划送到种植点,需假植的,应就近假植,减少二次搬运。

⑤选定管理和生活临时用房地点。施工业务管理房应靠近施工现场或设在现场内,并考虑全天候管理的需要。生活用房要和施工现场明显分开,最好能利用原有建筑,以减少占地。

⑥供水供电网布置:

a. 施工现场的给水排水是进行施工的重要保障,给水要满足正常施工、生活、消防需要,管网宜沿路埋设等。

b. 公路绿化施工现场最好采用原地形排水,也可修筑明沟排水,驳岸、护坡施工时还要考虑湖水排空问题。

c. 供电系统一般由当地电网接入,要配置临时配电箱,采用三相四线制供电。供电线路必须架设牢固、安全,不得影响交通运输和正常施工。

此外,在实际工作中,可根据需要设计出几个现场布置方案,经过分析比较,选择布置合理、技术可行、施工方便、经济安全的方案。

五、设计评审

（一）申请评审

公路绿化设计单位在设计完成后，必须以文件的形式向公路绿化主管单位提出绿化设计的申请评审，主管部门予以接受。

（二）材料初审

公路绿化设计单位将以图文材料为主的设计成果提交给绿化主管单位，主管单位应由相关负责人对材料进行详细的审查。

（三）实地考察

公路绿化主管部门组织专家人员，结合设计单位提供的设计材料对公路绿化实地进行考查。

（四）会议评审

主管部门召集专家对公路绿化设计进行会议评审，由专家组对绿化设计最终评审意见进行总结，针对绿化设计分析得出结论。

（五）批准实施

公路绿化设计的设计评审后，将评审的结果汇报给公路绿化的主管部门，由主管部门根据评审的结果，最终决定公路绿化项目的实施与否。

1. 公众参与的评价方法

公路的建设以及建成后营运对社会产生的影响是多方面的。在公路建设的前期工作阶段，对公路建设可能产生的影响，应充分听取公众的意见，这不仅是公众应尽的义务，也是维护公众利益，尊重公众权利的体现。公众的直接参与，可使直接或间接受项目影响的各群体和个体的意见得以考虑、利益有所补偿。公众参与应作为公路建设项目环境评价的一个重要组成部分。

2. 公众参与的目的和作用

公众参与可使建设项目的可行性研究、规划设计等决策过程更加科学民主，有助于环境保护措施和有关政策法规的有效落实。公众对项目的各种意见、看法和建议都能体现在公众参与的结论中。因此，公众参与能使项目的规划设计更加完善和合理，从而有利于最大限度发挥项目的综合和长远效益。

公众参与可使环境影响评价的质量得到显著提高。公众参与作为一种协调工程建设和社会影响的手段，在环境影响评价工作中可以弥补单纯技术研究的不足。尤其是对大型建设项目和对自然环境和社会环境影响大的项目，公众参与可使环境影响评价中的预测分析更加完善,提出的建议更加合理。

公众参与对提高人们环境意识等方面都起到相当大的促进作用,对于普及环保知识,端正环境态度,规范环境行为,进而提高国民的环境素质有着重要的教育和实践作用。

第四节　公路绿化设计内容

设计工作阶段是对拟建公路绿化工程实施在技术上和经济上所进行的全面而详尽的安排,是城市公路绿地建设的具体化。设计过程一般分为 3 个阶段,即初步设计、技术设计和施工图设计。但对城市公路绿地工程一般只需要进行初步设计和施工图设计即可。

与高速公路主体工程文件编制程序相适应,高速公路景观绿化设计文件的编制,一般分为以下 3 个步骤。

一、方案设计

总体方案规划阶段被看作是公路绿化工程可行性报告中的组成部分之一,在本阶段应完成公路绿化设计基础资料的调查收集工作,并结合公路总体规划及沿线自然、人文景观的分布,提出公路景观绿化设计的总体原则、明确设计范围等。

(一)目的与要求

方案设计必须贯彻节省造价和因地制宜、就地取材的原则;结合我国经济、技术条件,吸取国内外先进经验,积极采取新技术、新材料、新设备、新工艺;节约用地,重视环境保护,注意与农田水利及其他建设工程的协调和综合利用,使设计的工程建设项目取得经济、社会和环境的综合效益。

方案设计阶段被看作是公路绿化工程可行性报告中的组成部分之一,在本阶段应完成公路绿化设计基础资料的调查收集工作,并结合公路总体规划及沿线自然、人文景观的分布,提出公路景观绿化设计的总体原则、明确设计的范围等。

(二)组成与内容

本阶段是公路绿化工程可行性报告的组成部分,在此阶段应完成景观绿化设计基础资料的调查收集工作,并结合公路总体规划及沿线自然、人文景观的分布,提出公路景观绿化设计的总体原则、明确设计范围等。

二、初步设计

(一)目的与要求

初步设计中必须充分进行方案比选,确定合理的设计方案。

初步设计应根据批复的可行性研究报告、调查与整理的资料、调查结果的分析与评价、详勘资料来编制。

初步设计阶段与高速公路工程初步设计阶段相对应,是对总体方案的具体与细化,应在方案规划设计的基础上完成初步设计文件的编制。

初步设计阶段的目的是确定设计方案。必须根据批复的可行性研究报告、测设合同的要求,拟定修建原则,选定设计方案,计算工程数量及主要材料数量,提出施工方案的意见,编制设计概算,提供文字说明及图表资料。初步设计文件经审查批复后,则作为订购主要材料、机具、设备,安排重大科研试验项目,联系征用土地、拆迁,进行施工准备,编制施工图设计文件和控制建设项目投资等的依据。

采用三阶段设计时,经审查批复的初步设计也为编制技术设计文件的依据。

公路绿化工程的各部分的初步设计目的与要求如下。

1)服务区、停车区、管养工区、收费站等公路附属设施景观绿化工程

(1)目的:以美化高速公路两旁为主,创造优美、舒适的工作和生活空间,以及适宜的游憩、休闲环境。

(2)设计要求:服务区与收费站的建筑物及构造物一般都较新颖别致,外观美丽,设施先进,具有较强烈的现代感,视觉标志性极强,而且通常空间较大、绿化用地较充足,除周边的大块绿地需要与周围环境背景互相协调外,其建筑,广场、花坛、绿地主要采用庭院园林式绿化方法,加强美化效果,使整体环境舒适宜人,轻松活泼,起到良好的休闲目的。同时服务区也可根据各自所处的地域特征,通过绿化加以表达,突出地方文化氛围。

2)互通立交绿化美化工程

(1)目的:诱导视线,减少立交桥附近的水土流失,绿化美化环境,丰富公路景观。

(2)设计要求:互通立交区绿化以地被植草为主,适量配置灌木、乔木,以既不影响视线又对视线有诱导作用为原则。图案的设计应简洁明快,以形成大色块。依据互通所处的地理位置、城镇性质、社会发展水平,结合当地历史典故、人文景观、民俗风情等决定表现形式和植物配置,可将沿线互通分为以下三类。

①城郊型:地处城市近郊,或本身就是城市的组成部分。在吸纳当地人文历史等背景资料的前提下,可设计抽象或规则图案,表现此地区的综合文化内涵,同时注意城市建筑和公路绿化景观的统一与协调。图案设计体量宜大,简洁流畅,色彩艳丽丰富。

②田园型:地处农村郊野,距城镇较远。绿化形式以自然式为主,强调表现本地区的自然风光,突出绿化的层次感及立体效应,使互通景观充分融入周围原野中。

③中间型:距离大城镇较远,而又靠近小的乡镇,地处农田原野,是城郊和田园型的中间类型。绿化应兼顾双重性,强调表现个性,给游客以深刻印象。

3)边坡、土路肩、护坡道、隔离栅及内侧绿带等的防护及绿化工程

(1)目的:保护路基边坡,稳定路基,减少水土流失,丰富公路景观、隔离外界干扰。

(2)设计要求:

①高速公路的土质边坡应栽植多年生长、耐旱、耐瘠薄的草本植物与当地适应性强的低矮灌木相结合来固土护坡。

②高速公路挖方路堑路段的石质边坡应采用垂直绿化材料加以覆盖,以增加美观,可选

用抗性强的攀援植物。

③高速公路护坡道绿化应以防护、美化环境为目的，栽植一些适应性强、管理粗放的低矮灌木。

④边沟外侧绿地的绿化应以生态防护为主要目的，兼顾美化环境，可栽植浅根性的花灌木，种植间距可适当加大。

⑤隔离栅绿化应以隔离保护、丰富路域景观为主要目的。选择当地适应性强的藤本植物对公路隔离栅进行垂直绿化。

4）中央分隔带绿化美化

（1）目的：防眩为主，丰富公路景观。

（2）设计要求：中央分隔带防眩遮光角控制在8°～15°之间，常见中央分隔带绿化栽植形式主要有三种：常绿灌木为主的栽植，以花灌木为主的栽植，常绿灌木与花灌木相结合的栽植方式。

5）特殊路段的绿化防护带

（1）目的：减轻公路运营期所造成噪声及汽车排放的气体污染物超标造成的环境污染，保护公路免受不良环境条件影响。

（2）设计要求：特殊路段绿化防护林带设计应以环境保护及防护为主，设计前应详细查阅环境影响报告书、水土保持方案报告书、公路工程地质勘测报告书等相关资料，明确防护林带的位置、长度、宽度等事宜。同时在植物选择时应注意以下原则：

①以规则式栽植为主。

②以乔灌木栽植为主，结合植草，进行多层次防护。

③所选树种及草种应能对污染物有较强的抗性，并有适应不良环境条件的能力。

6）高速公路取弃土场绿化美化

（1）目的：主要是减少高速公路两旁的水土流失，恢复自然景观。

（2）设计要求：取弃土场绿化设计应以防护为主，尽量降低工程造价，设计方法可参照边坡防护工程有关内容。同时在植物选择时应注意以下原则：

①以自然式栽植为主。

②以植草为主，结合栽植乔灌木。

③草种及树种的选择应遵循“适地适树”的原则。

（二）组成与内容

本阶段应包括以下主要文件及图表。

（1）设计总说明书：按有关设计编制要求及总体规划方案编制项目的总说明书，内容一般包括：项目概述、设计依据、工程概况、沿线环境概况、绿化设计的指导思想与基本原则、具体设计模式说明、植物种的选择（并附植物选择表）、工程投资估算说明等。

（2）管理养护区、服务区及停车区等设施的景观绿化初步设计：该区域应依据庭院园林绿化模式进行设计，视设计所需其设计文件中应包括绿化栽植、花架、亭廊等园林小品、园路、场地铺装、花坛、桌凳等设施项目。文件应包括如下内容：

①详细的设计说明一份。应写明设计原则、设计方法、植物配置方法等项内容。

②绿化总体布置图一份。图纸中应包括：

a.绿化植物的配置图；

b.植物品种、规格、数量的统计表；

c.各种园林小品及设施的布置图。

③图纸比例尺与指北针。为便于图纸的拷贝与缩放，所有要求尺寸比例的图纸都应以"标尺比例尺"的形式给出比例尺。所有平面图均应给出指北针。

(3)互通立交区的景观绿化初步设计：本项绿化视为一般园林绿地场地进行规划设计，一般仅做植物栽植设计(有特殊要求时做地形设计及主题雕塑设计)，应包括如下文件：

①互通立交绿化设计说明一份。应写明设计原则、设计方法、植物配置方法等项内容。

②总体绿化布置平面图一份(双喇叭互通应增加两张分区绿化图)，同时随图给出植物种类、规格、数量统计表一份。

③互通立交绿化效果图(亦可视情况单独要求)。

④局部详图。对能突出互通景观特色的重点区域(如图案栽植部分、主题雕塑等)，应给出局部详图，同时图中相应标出所采用植物的种类、规格及数量；雕塑应给出平立面图及效果图；应以图示方式标明本详图与总图的位置关系。

⑤场地规划图。提出互通区内土方平衡调配的原则措施，在满足交通功能要求的基础上，依景观所需及绿化功能设计微地形，标明微地形的范围，等高线间距等数据，并对土方工程数量进行估算。

⑥图纸比例尺与指北针。为便于图纸的拷贝与缩放，所有要求尺寸比例的图纸都应以"标尺比例尺"的形式给出比例尺。所有平面图均应给出指北针。

(4)中央分隔带、边坡、路侧绿化带及环保林带的设计：本项绿化视为一般园林绿地场地进行规划设计，一般进行作植物栽植设计，对于上述区域的绿化方案应在"路基标准横断面图"中示出相应位置关系。同时应附图给出植物种类、规格、数量统计表一份，边坡防护应单独给出较详细的工程量清单一份。

(5)灌溉系统工程设计：该部分工程作为总体绿化的附属工程，其文件包括以下内容：

①详细的设计说明一份。应写明绿化区域的自然地理、地貌特征，尤其应注明水源的形式及分布位置；采用推荐喷灌系统方式的理由；相关的水力计算等。

②灌溉系统管线布置图一份。图中应标明水源位置、管线布设方式、所采用管线的管径指标、出水口(喷头)的精确埋设位置、各节点之间的间距(如喷头与支管之间、喷头与喷头之间等)。

③随图或单独列出设备清单一份。表中应明确各种设备的类型、型号、主要性能指标、数量、生产厂家等。

(6)投标文件编制：此部分内容应严格依据购买的招标文件有关要求按投标文件编制格式完成(不含设计说明及设计图纸)。

(7)工程概算文件编制：按有关工程概算文件编制要求完成。概算文件编制工作，内容一般包括：编制说明、概算汇总表、分项工程概算表等。

三、施工图设计

(一)目的与要求

本阶段与公路工程施工图设计阶段相对应,是对初步设计文件的具体化,使之具有可操作性,能作为景观绿化施工的依据;并应在初步设计的基础上完成景观绿化施工图设计文件的编制。

一阶段施工图设计应根据批复的可行性研究报告、测设合同和定测、详勘资料编制。

两阶段设计时,施工图设计应根据批复的初步设计、测设合同和定测、详勘(含补充定测、详勘)资料编制。

三阶段设计时,施工图设计应根据批复的初步设计、测设合同和定测、详勘资料编制;施工图设计应根据批复的技术设计、测设合同和补充定测、补充详勘资料编制。

(二)组成与内容

本阶段在初步设计基础上进行应包括以下工作:

(1)管理养护区、服务区及停车区等设施的景观绿化施工图设计(同上一节相关内容)。

(2)互通立交的景观绿化施工图设计(同上一节相关内容)。

(3)中央分隔带、边坡、路侧绿化带及环保林带的设计(可直接引用有关文件图纸)。

(4)灌溉系统工程设计。该部分工程设计深度及图纸内容基本同初步设计,可参考执行。

(5)招标文件编制。此部分内容应严格依据招标文件有关要求及业主的书面要求并按编制格式完成(不含设计说明及设计图纸)。

(6)工程预算文件编制。按照有关工程建设预算文件编制要求来完成项目的预算文件编制工作,一般包括如下内容:编制说明、预算汇总表、分项工程预算表等项内容;但具体实施过程中因项目的不同其景观绿化设计文件的编制也有所不同,一般是按以上程序完成文件的编制,有时作两阶段的初步设计及施工图设计,有时也会依据项目内容及时间要求仅做一阶段的施工设计。

第五节　公路绿化设计布局

高速公路被誉为一个国家通向现代化的桥梁,是构筑交通现代化的重要标志,是一个国家经济实力和科技水平的综合体现。近年来,我国的高速公路建设取得了巨大的成绩。山东作为我国的经济大省,其高速公路建设事业日新月异。

自“十五”起,山东省重点建设完善了“五纵连四横、一环绕山东”的高等级公路网络。

五纵:①京福高速公路山东段和京沪高速公路山东段,北起德州,经济南、泰安,京福高速公路由曲阜至枣庄张山子、京沪高速公路经临沂至红花埠与江苏相连。②北起滨州,经淄博莱芜在新泰市南接京沪高速公路,过临沂在红花埠与江苏相连。③同三线山东段,北起烟台，经莱西、胶州、胶南至日照，在汾水与江苏相连。④北起德州，经聊城、菏泽、在河南兰考与连云港至新疆霍尔果斯大动脉连接。⑤北起东营，经青州南接日竹高速公路。

四横：①青银线山东段，东起青岛，经潍坊、淄博、济南，从夏津出境与河北相连。②东起日照，经临沂竹园、曲阜、济宁、菏泽，在东明与河南相连。③东起威海，经烟台、龙口、莱州、新河、滨州，在德州与河北衡水相连。④东起青岛胶南，经莱芜、泰安、肥城、平阴至聊城。

一环：烟台—潍坊—东营—滨州—德州—聊城—菏泽—济宁—枣庄—临沂—日照—青岛—威海—烟台。

一、分区的方式

山东省共有 17 个地级市，根据地形地貌的情况，山东省公路绿化工程技术研究区域大体上可划分为平原区和山地丘陵区，其中平原区主要分布在山东西北部，由黄河冲积而成，山地丘陵区主要分布在中南部和东部半岛。因此根据地形分区，公路绿化又可以相应的分为山地丘陵公路绿化和平原公路绿化。

山东省地形复杂，立地条件多样，地形包括中山、低山、丘陵、台地、平原、盆地、河流、湖泊、海岸等多种类型，平原、盆地约占全省总面积的 63%；山地、丘陵约占 34%；河流、湖泊约占 3%，海拔最高的是泰山 1545m，黄河三角洲海拔仅 2 ~ 10m。立地条件决定植物资源分布，因此公路绿化植物分区以不同立地条件中的天然植物资源为依据，根据山东植物分区和山东省林业区划等，将全省公路绿化植物划分为四个区，分别为：鲁北滨海平原区、鲁西平原区、鲁中南低山丘陵区、鲁东丘陵区。

鲁北滨海平原区包含滨州市 1 市 3 县、东营市 2 区 3 县、潍坊市 2 市 4 区，共有 3 个城市的部分地区。鲁西平原区包含德州市、滨州市 1 县、淄博市 1 县、济南市 2 县、聊城市、济宁市 4 县、菏泽市，共有 7 个城市的全部区域或部分地区在内。鲁中南低山丘陵区包含济南大部分、泰安市、莱芜市、济宁市、枣庄市、临沂市、淄博市、潍坊市，该地区所包含的城市是最多的，共有 8 个城市在内，鲁东丘陵区包含烟台市、威海市、青岛市、日照市 4 个城市，这四个城市的所有市、区、县均被包含在内，如表 2-1 所示。

山东省公路绿化植物资源分区　　表 2-1

分区名称	城市	各市所辖县区
鲁北滨海平原区	滨州市	滨州市、无棣县、阳信县、博兴县
	东营市	河口区、利津县、垦利县、东营区、广饶县
	潍坊市	寿光市、寒亭区、昌邑市、坊子区、奎文区、潍城区
鲁西平原区	德州市	庆云县、乐陵县、宁津县、德城区、陵县、临邑县、武城县、夏津县、禹城县、齐河县、邹平县
	滨州市	惠民县
	淄博市	高青县
	济南市	商河县、济阳县
	聊城市	临清县、高唐县、茌平县、东昌府区、东阿县、冠县、莘县、阳谷县

续上表

分区名称	城市	各市所辖县区
鲁西平原区	济宁市	梁山县、嘉祥县、金乡县、鱼台县
	菏泽市	牡丹区、曹县、定陶县、成武县、单县、巨野县、郓城县、鄄城县、东明县
鲁中南低山丘陵区	济南市	历下区、市中区、槐荫区、历城区、章丘市、长清县
	泰安市	泰山区、市郊区、新泰区、肥城市、宁阳县、东平县
	莱芜市	莱城区、钢城区
	济宁市	济宁市中区、任城区、曲阜市、兖州市、邹城市、微山县、汶上县
	枣庄市	枣庄市中区、薛城区、峄城区、台儿庄区、山亭区、滕州市
	临沂市	兰山区、罗庄区、河东区、郯城县、莒南县、苍山县、沂水县、蒙阴县、平邑县、费县、沂南、临沭县
	淄博市	淄川区、张店区、博山区、临淄区、周村区、桓台县、沂源县
	潍坊市	青州市、昌乐县、临朐县、安丘县、诸城市、高密市
鲁东丘陵区	烟台市	芝罘区、福山区、牟平区、莱山区、龙口市、莱阳市、莱州市、招远市、栖霞市、海阳市、长岛县
	威海市	环翠区、高新技术开发区、经济开发区、文登市、荣成市、乳山市
	青岛市	城阳区、李沧区、黄岛区、崂山区、胶州市、即墨市、胶南市、莱西市、平度市
	日照市	岚山区、东港区、五莲县、莒县

由于在实际调查中,全面普查所要耗费的财力、物力、时间往往都是巨大的,因此可以采用能够将工作量减少的科学的调查方法,即聚类分析法。这种方法能够将复杂的问题中相似的部分归成一类,可以大大方便调查。通过对聚类结果的分析和评价,可以知道聚合情况与实际情况的吻合程度,虽然只是一种近似,但如果在实际应用中把类划分的更细一点,还是能够取得较好的效果。

二、具体分区及所含区域

(一)按地理区位分

1. 鲁东区

本区可包括青岛市、潍坊市、烟台市和威海市这4个地级市。鲁东区地形以山地丘陵为主,大都是起伏和缓的波状丘陵,有众多高速公路穿过均穿过山地丘陵区,山地丘陵地形复杂、落差大,土地瘠薄。

鲁东丘陵区主要路段如表2-2所示。

鲁东丘陵区主要路段 表 2-2

路线分级	路线编号	路线名称	所经区县
国道	G010	同江—三亚	芝罘区、福山区、莱阳市、栖霞市、胶州市、胶南市、莱西市、平度市、东港区
	G035	青岛—银川	城阳区、李沧区、崂山区、胶州市、即墨市
	G204	烟台—上海	芝罘区、福山区、莱阳市、栖霞市、海阳市、城阳区、胶州市、即墨市、胶南市、莱西市、东港区
	G206	烟台—汕头	龙口市、莱州市、招远市、平度市、五莲县、莒县
	G308	青岛—石家庄	城阳区、李沧区
	G309	荣成—兰州	莱阳市、海阳市、文登市、乳山市、莱西市、平度市
省道	S201	威海—石岛	环翠区、文登市、荣成市
	S202	威海—青岛	莱阳市、海阳市、环翠区、文登市、乳山市、城阳区、李沧区、即墨市
	S203	威海—即墨	莱阳市、海阳市、环翠区、文登市、乳山市、即墨市
	S204	初村—张家埠口	环翠区、文登市
	S205	上庄—泽头	牟平区、文登市
	S206	牟平—白沙滩	牟平区、乳山市
	S207	牟平—乳山口	牟平区、乳山市
	S208	烟台—乳山寨	芝罘区、牟平区、莱山区、乳山市
	S209	烟台—青岛	芝罘区、福山区、莱阳市、栖霞市、城阳区、即墨市、莱西市
	S210	烟台—凤城	芝罘区、福山区、栖霞市、海阳市
	S211	蓬莱—寨里	栖霞市
	S212	莱阳—青岛	莱阳市、崂山区、即墨市
	S213	蓬莱—水集	龙口市、莱阳市、招远市、栖霞市、莱西市
	S214	王哥庄—沙子口	城阳区、李沧区、崂山区、
	S215	黄河营—水集	龙口市、招远市、莱西市
	S216	青岛—薛家岛	城阳区、李沧区、胶州市、胶南市
	S217	朱桥—诸城	莱州市、胶州市、平度市
	S218	三山岛—城阳	莱州市、即墨市、平度市
	S219	平度—营房	胶州市、平度市
	S220	平度—日照	胶南市、平度市、东港区
	S222	央子—赣榆	东港区、五莲县
	S225	莒县—阿湖	莒县
	S263	长岛路	长岛县
	S264	国辅烟汕线	芝罘区、福山区、龙口市、莱州市、招远市、平度市
	S265	新河—潍莱连接线	平度市
	S301	石岛—烟台	芝罘区、福山区、牟平区、环翠区、荣成市
	S302	成山卫—龙口	芝罘区、福山区、牟平区、龙口市、环翠区、荣成市

续上表

路线分级	路线编号	路线名称	所经区县
省道	S303	俚岛—李格庄	牟平区、环翠区、文登市、荣成市
	S304	文登—三山岛	牟平区、莱州市、招远市、栖霞市、文登市
	S305	石岛—泽头	文登市、荣成市
	S306	海阳—莱州	莱州市、招远市、栖霞市、海阳市
	S307	小纪—莱州	莱阳市、莱州市、海阳市、莱西市
	S308	夏邱—土山	莱州市
	S309	鳌山卫—东大洋	即墨市
	S320	新河—海兴	平度市
	S325	胶州—王村	胶州市
	S328	黄岛—张家屯	胶州市、胶南市
	S329	薛家岛—馆陶	胶南市
	S334	泊里—李家坡	胶南市、五莲县
	S335	石臼所—兖州	胶南市、莒县
	S336	莒县—界牌	莒县
	S340	日照—东明	东港区、莒县
	S341	涛雒—坪上	东港区
	S342	岚山头—济宁	东港区
	S601	夏庄—双埠	城阳区
	S602	南墅—城阳	城阳区、即墨市、莱西市
	S603	王村—新河	即墨市、平度市
	S604	烟台—轸格庄	芝罘区、牟平区
	S608	G206 龙口连接线	龙口市
	S609	G206 莱州连接线	莱州市
	S613	同三线日照连接线	东港区
	S702	平度绕城线	平度市
	S704	环海路	环翠区
	S709	威海绕城路	环翠区
	S802	福山—栖霞	福山区、栖霞市
	S901	初张辅线	环翠区、文登市
	S908	威石辅线	环翠区、荣成市

2. 鲁中南区

本区可包括日照市、临沂市、枣庄市 3 个地级市。

鲁中南山地丘陵区山地地形为中部突起。境内山地约占陆地面积的 15.5%，丘陵占 13.2%，有京福高速公路等众多高速公路均穿过山地丘陵区，山地丘陵地形复杂、落差大，土地瘠薄。

鲁中南低山丘陵区主要路段具体情况如表 2-3 所示。

鲁中南低山丘陵区主要路段 表 2-3

路线分级	路线编号	路线名称	所经区县
国道	G020	北京—福州	槐荫区、长清区、岱岳区、宁阳县、曲阜市、邹城市、薛城区、峄城区、台儿庄区、滕州市
	G035	青岛—银川	济南市中区、章丘市、张店区、临淄区、周村区、青州市、昌乐县、高密市
	G104	北京—福州	济南市中区、长清区、泰山区、岱岳区、宁阳县、曲阜市、邹城市、微山县、滕州市
	G105	北京—珠海	东平县、任城区、汶上县
	G205	山海关—广州	新泰市、莱芜市、钢城区、兰山区、罗庄区、河东区、郯城县、蒙阴县、沂南县、淄川区、张店区、博山区、周村区、桓台县
	G206	烟台—汕头	枣庄市中区、峄城区、台儿庄区、兰山区、罗庄区、河东区、苍山县、莒南县、安丘市、诸城市
	G220	东营—郑州	济南市中区、长清区、东平县
	G309	荣成—兰州	济南市中区、章丘市、张店区、临淄区、周村区、青州市、昌乐县
	G310	连云港—天水	郯城县
	G327	连云港—菏泽	任城区、曲阜市、兖州市、兰山区、罗庄区、河东区、平邑县、费县、临沭县
	GB20	泰安—淮阴	泰山区、岱岳区、新泰市、兰山区、罗庄区、郯城县、苍山县、蒙阴县、费县、沂南县
省道	S102	济南—青州	历城区、章丘市、张店区、临淄区、周村区、青州市
	S103	济南—临沂	济南市中区、岱岳区、新泰市、蒙阴县、兰山区、沂南县
	S104	济南—微山	长清区、肥城市、宁阳县、兖州市、滕州市、微山县
	S217	朱桥—诸城	诸城市
	S220	平度—日照	诸城市、高密市
	S221	下营—小关	临朐县、安丘市
	S222	央子—赣榆	安丘市、诸城市
	S223	潍坊—九山	昌乐县、临朐县
	S224	大家洼—沂山	昌乐县、临朐县
	S225	莒县—阿湖	莒南县、临沭县
	S226	羊角沟—青州	青州市
	S227	东营港—红花埠	河东区、沂水县、沂南县、青州市、临朐县
	S229	沂水—邳县	苍山县、沂水县、费县、沂南县

续上表

路线分级	路线编号	路线名称	所 经 区 县
省道	S230	东营—青州	青州市
	S231	河口—辛店	临淄区
	S232	汤庄—郯城	罗庄区、郯城县、苍山县
	S233	博兴—临朐	青州市、临朐县
	S234	沂源—台儿庄	峄城区、台儿庄区、苍山县、蒙阴县、费县、沂源县
	S235	湖田—南庄	淄川区、张店区、博山区
	S236	博山—沂水	沂水县、博山区、沂源县
	S238	高青—淄博	张店区、桓台县
	S240	新泰—枣庄	新泰市、山亭区、平邑县、费县
	S241	平邑—滕州	山亭区、滕州市、平邑县
	S242	台子—莱城	章丘市、莱芜市
	S243	明水—泰安	章丘市、泰山区、岱岳区、莱芜市
	S244	枣园—徐州	章丘市、岱岳区、新泰市、莱芜市、邹城市、峄城区、台儿庄区、山亭区、平邑县
	S245	店子—韩庄	微山县、薛城区、山亭区
	S246	庆云—淄川	淄川区、周村区
	S250	肥城—梁山	肥城市、东平县
	S251	济宁—鱼台	任城区
	S252	汶上—金乡	汶上县
	S255	旧县—邹城	东平县、兖州市、邹城市、汶上县
	S321	寿光—济阳	章丘市、临淄区、桓台县、青州市
	S325	胶州—王村	淄川区、周村区、青州市、昌乐县、安丘市、诸城市、高密市
	S326	泉头—王村	淄川区、周村区
	S327	临朐—仲宫	章丘市、莱芜市、博山区、沂源县、临朐县
	S329	薛家岛—馆陶	泰山区、岱岳区、肥城市、莱芜市、沂水县、沂源县、临朐县、诸城市
	S330	莱芜—肥城殿	泰山区、岱岳区、肥城市、莱芜市
	S331	泰安—商老庄	泰山区、岱岳区、肥城市、东平县
	S332	韩旺—莱芜	莱芜市、钢城区、沂水县、蒙阴县、沂源县
	S333	蒙阴—馆陶	新泰市、宁阳县、汶上县、蒙阴县
	S335	石臼所—兖州	曲阜市、兖州市、沂水县、蒙阴县、平邑县
	S336	莒县—界牌	蒙阴县、沂南县
	S337	济宁—梁山	济宁市中区、汶上县
	S338	济宁—董口	任城区
	S340	日照—东明	任城区、曲阜市、兖州市、平邑县、费县、沂南县

续上表

路线分级	路线编号	路线名称	所经区县
省道	S341	涛雒—坪上	莒南县
	S342	岚山头—济宁	济宁市中区、邹城市、兰山区、河东区、苍山县、莒南县、平邑县、费县
	S343	北庄—留庄	山亭区、滕州市
	S344	木石—欢城	微山县、滕州市
	S345	枣庄—济宁	任城区、邹城市、枣庄市中区、薛城区、山亭区、滕州市
	S347	山家林—官桥	薛城区、滕州市
	S348	枣庄—曹县	微山县、枣庄市中区、薛城区、山亭区
	S352	郯城—薛城	薛城区、峄城区、苍山县
	S354	泰莱—博莱连接线	莱芜市
	S605	京福连接线	邹城市
	S607	京福枣木高速连接线	滕州市
	S612	济南顺河高架北延长线	济南市中区
	S701	张西线	曲阜市
	S703	张店绕城线	张店区
	S801	大官庄—河洼	泰山区、岱岳区、宁阳县
	S803	庆云—蒙阴	新泰市、莱芜市、钢城区、博山区
	S804	国辅 309 线	济南市中区
	S806		淄川区、张店区、博山区、桓台县
	S902	济宁—嘉祥	任城区
	S903	枣庄—木石	薛城区、峄城区、山亭区、滕州市
	S904	枣庄—薛城	枣庄市中区、薛城区、山亭区
	S907	博山—草埠	博山区、沂源县

3. 鲁西区

本区可包括聊城市、菏泽市、济宁市 3 个地级市。

鲁西平原区主要路段具体情况如表 2-4 所示。

鲁西平原区主要路段　　表 2-4

路线分级	路线编号	路线名称	所经区县
国道	G020	北京—福州	德城区、陵县、禹城市、齐河县
	G035	青岛—银川	邹平县
	G104	北京—福州	德城区、陵县、临邑县、济阳县
	G105	北京—珠海	德城区、高唐县、茌平县、东阿县、嘉祥县、金乡县、曹县、单县
	G106	北京—广州	东明县

续上表

路线分级	路线编号	路线名称	所 经 区 县
国道	G205	山海关—广州	庆云县、高青县
	G220	东营—郑州	惠民县、济阳县、梁山县、牡丹区、曹县、郓城县
	G308	青岛—石家庄	夏津县、齐河县、高唐县
	G309	荣成—兰州	齐河县、邹平县、茌平县、东昌府区
	G327	连云港—菏泽	嘉祥县、牡丹区、巨野县
省道	S101	济南—德州	禹城市、齐河县
	S238	高青—淄博	高青县
	S239	大口河—济阳	惠民县、济阳县
	S242	台子—莱城	邹平县
	S246	庆云—淄川	庆云县、邹平县、惠民县、高青县
	S247	乐陵—胡集	乐陵市、惠民县
	S248	盐山—济阳	乐陵市、商河县、济阳县
	S249	宁津—济阳	宁津县、陵县、临邑县、济阳县
	S250	肥城—梁山	梁山县
	S251	济宁—鱼台	鱼台县
	S252	汶上—金乡	嘉祥县、金乡县
	S254	德州—商丘	德城区、武城县、夏津县、临清市、茌平县、东昌府区、阳谷县、梁山县、曹县、成武县、巨野县、郓城县
	S256	单县—虞城	单县
	S257	临清—博平	临清市、茌平县
	S258	临清—邹城	临清市、东阿县、阳谷县
	S259	临清—商丘	临清市、冠县、莘县
	S260	临清—观城	临清市、冠县
	S261	刘口—民权	牡丹区、曹县、定陶县
	S262	东明—兰考	东明县
	S313	宁津—吴桥	宁津县
	S314	乐陵—德州	乐陵市、宁津县、德城区、陵县
	S315	永安—馆陶	庆云县、陵县、夏津县、临清市
	S316	永安—莘县	临邑县、禹城市、惠民县、商河县、高唐县、茌平县、东昌府区、莘县
	S318	临邑—武城	临邑县、武城县
	S319	广北农场—青城	高青县
	S321	寿光—济阳	邹平县
	S322	高唐—临清	临清市、高唐县
	S323	潍坊—高青	高青县

续上表

路线分级	路线编号	路线名称	所 经 区 县
省道	S324	齐河—南乐	齐河县、东阿县、莘县、阳谷县
	S329	薛家岛—馆陶	东昌府区、东阿县、冠县
	S333	蒙阴—馆陶	冠县、莘县、阳谷县、梁山县
	S337	济宁—梁山	梁山县
	S338	济宁—董口	嘉祥县、郓城县、鄄城县
	S339	巨野—鄄城	巨野县、郓城县、鄄城县
	S340	日照—东明	嘉祥县、牡丹区、郓城县、东明县
	S346	丰县—东明	金乡县、鱼台县、牡丹区、定陶县、成武县、东明县
	S348	枣庄—曹县	曹县
	S349	丰县—单县	单县
	S350	青固集—庄寨	曹县
	S351	砀山—定陶	定陶县、成武县、单县
	S353	德州—石家庄	德城区、陵县
	S356	邦均—宽城	德城区
	S706	聊城市外环路	东昌府区
	S804	国辅 309 线	齐河县、茌平县
	S902	济宁—嘉祥	嘉祥县
	S905	砀山—定陶	定陶县、成武县、单县

4. 鲁西北区

本区可包括济南市、德州市、东营市、淄博市、泰安市、莱芜市和滨州市这 8 个地级市。

1）鲁北滨海平原区主要路段

（1）鲁北滨海平原区主要国道如表 2-5 所示。

山东省鲁北滨海平原区主要国道　　表 2-5

路线编号	路 线 名 称	所 经 区 县
G035	青岛—银川	寿光市、寒亭区、奎文区、昌邑市
G205	山海关—广州	无棣县、滨城区、
G206	烟台—汕头	昌邑市、寒亭区、坊子市
G220	东营—郑州	东营区、利津县、滨城区
G309	荣成—兰州	昌邑市、坊子市

（2）鲁北滨海平原区主要省道如表 2-6 所示。

山东省鲁北滨海平原区主要省道　　表 2-6

路线编号	路线名称	所经区县
S221	下营—小关	昌邑市
S221	下营—小关	昌邑市
S222	央子—赣榆	寒亭区、坊子区、奎文区
S223	潍坊—九山	潍城区
S224	大家洼—沂山	寿光市
S226	羊角沟—青州	寿光市
S227	东营港—红花埠	河口区、利津县、垦利县、东营区、广饶县
S228	新安—博兴	垦利县、东营区、博兴县
S230	东营—青州	垦利县、东营区、广饶县
S231	河口—辛店	河口区、利津县、垦利县、东营区、广饶县
S233	博兴—临朐	博兴县
S237	东风港—滨城	无棣县
S239	大口河—济阳	无棣县、阳信县
S246	庆云—淄川	阳信县
S247	乐陵—胡集	阳信县
S310	东营港—滨州	河口区、利津县、滨城区
S311	东风港—张连普	无棣县
S312	孤东—滨城	垦利县、河口区、滨城区
S315	永安—馆陶	垦利县、利津县、无棣县
S316	永安—莘县	垦利县、利津县、滨城区、阳信县
S317	滨城—温店	滨城区、阳信县
S319	广北农场—青城	垦利县、东营区、广饶县、博兴县、滨城区
S320	新河—海兴	昌邑市、寒亭区、寿光市、广饶县、东营区、垦利县、利津县、无棣县
S321	寿光—济阳	寿光市
S323	潍坊—高青	维城区、寿光市、广饶县、博兴县
S806		滨城区、博兴县

2）鲁西平原区主要路段

鲁西平原区主要国道如表 2-7 所示。

山东省鲁西平原区主要国道　　表 2-7

路线分级	路线编号	路线名称	所经区县
国道	G020	北京—福州	德城区、陵县、禹城市、齐河县
	G035	青岛—银川	邹平县
	G104	北京—福州	德城区、陵县、临邑县、济阳县
	G105	北京—珠海	德城区、高唐县、茌平县、东阿县、嘉祥县、金乡县、曹县、单县

续上表

路线分级	路线编号	路 线 名 称	所 经 区 县
国道	G106	北京—广州	东明县
	G205	山海关—广州	庆云县、高青县
	G220	东营—郑州	惠民县、济阳县、梁山县、牡丹区、曹县、郓城县
	G308	青岛—石家庄	夏津县、齐河县、高唐县
	G309	荣成—兰州	齐河县、邹平县、茌平县、东昌府区
	G327	连云港—菏泽	嘉祥县、牡丹区、巨野县
省道	S101	济南—德州	禹城市、齐河县
	S238	高青—淄博	高青县
	S239	大口河—济阳	惠民县、济阳县
	S242	台子—莱城	邹平县
	S246	庆云—淄川	庆云县、邹平县、惠民县、高青县
	S247	乐陵—胡集	乐陵市、惠民县
	S248	盐山—济阳	乐陵市、商河县、济阳县
	S249	宁津—济阳	宁津县、陵县、临邑县、济阳县
	S250	肥城—梁山	梁山县
	S251	济宁—鱼台	鱼台县
	S252	汶上—金乡	嘉祥县、金乡县
	S254	德州—商丘	德城区、武城县、夏津县、临清市、茌平县、东昌府区、阳谷县、梁山县、曹县、成武县、巨野县、郓城县
	S256	单县—虞城	单县
	S257	临清—博平	临清市、茌平县
	S258	临清—邹城	临清市、东阿县、阳谷县
	S259	临清—商丘	临清市、冠县、莘县
	S260	临清—观城	临清市、冠县
	S261	刘口—民权	牡丹区、曹县、定陶县
	S262	东明—兰考	东明县
	S313	宁津—吴桥	宁津县
	S314	乐陵—德州	乐陵市、宁津县、德城区、陵县
	S315	永安—馆陶	庆云县、陵县、夏津县、临清市
	S316	永安—莘县	临邑县、禹城市、惠民县、商河县、高唐县、茌平县、东昌府区、莘县
	S318	临邑—武城	临邑县、武城县
	S319	广北农场—青城	高青县
	S321	寿光—济阳	邹平县
	S322	高唐—临清	临清市、高唐县

续上表

路线分级	路线编号	路 线 名 称	所 经 区 县
省道	S323	潍坊—高青	高青县
	S324	齐河—南乐	齐河县、东阿县、莘县、阳谷县
	S329	薛家岛—馆陶	东昌府区、东阿县、冠县
	S333	蒙阴—馆陶	冠县、莘县、阳谷县、梁山县
	S337	济宁—梁山	梁山县
	S338	济宁—董口	嘉祥县、郓城县、鄄城县
	S339	巨野—鄄城	巨野县、郓城县、鄄城县
	S340	日照—东明	嘉祥县、牡丹区、郓城县、东明县
	S346	丰县—东明	金乡县、鱼台县、牡丹区、定陶县、成武县、东明县
	S348	枣庄—曹县	曹县
	S349	丰县—单县	单县
	S350	青固集—庄寨	曹县
	S351	砀山—定陶	定陶县、成武县、单县
	S353	德州—石家庄	德城区、陵县
	S356	邦均—宽城	德城区
	S706	聊城市外环路	东昌府区
	S804	国辅 309 线	齐河县、茌平县
	S902	济宁—嘉祥	嘉祥县
	S905	砀山—定陶	定陶县、成武县、单县

(二)按立地条件分

山东省地形较为复杂,东部是半岛,西部及北部属黄泛平原,中南部为山地丘陵。地貌类型包括中山、低山、丘陵、台地、盆地、平原、湖泊等多种类型;其中山地和丘陵约占全省总面积的34%,其中约63%为平原。境内中部山地突起,西南、西北低洼平坦,东部缓丘起伏,形成以山地丘陵为骨架,平原盆地交错环列期间的地貌大势。泰山山脉雄踞中部,海拔1545m,为全省最高点。黄河三角洲一般海拔2~10m,为全省陆地最低处。根据地质、气候、水文、土壤、光照等的不同,把山东地区可分为山地区、丘陵区、平原区、盐碱地四大部分。

1. 山地

山地区集中在鲁中南山地丘陵区,鲁中南山地丘陵地势在全省最高,切割强烈,地貌类型较复杂。区内大部分地面海拔500m左右,仅有泰山(1545m)、沂山(1032m)、蒙山(1155m)、鲁山(1108m)等。少数中山兀立于群山之上,形成鲁南山地的中脊。

鲁中南山地丘陵区,其西部和北部分别以运河湖泊带和胶济铁路沿线为界。北部自青州,经安丘至胶州湾西岸,东南部沿黄海之滨抵海州湾畔。该区中间高、边缘低,泰山、鲁山、蒙山、沂山的主峰均在海拔1000m以上,构成该区脊部。丘陵外缘是山麓堆积平原,主要分布在胶济铁路沿线和运河湖泊湖东一带,海拔为40~70m。区内石灰岩分布广泛,喀斯特地貌发育,地下裂隙溶洞水受阻后一部分涌出地表,形成诸多泉群。

1)山地丘陵公路绿化特点

山地地形,中部突起,为鲁中南山地区,中南部大都是起伏和缓的波状山地区。境内山地约占陆地面积的15.5%,丘陵占13.2%,有京福高速公路等众多高速公路穿过均穿过山地区,山地地形复杂、落差大,土地瘠薄,近几年干旱缺水,对植被绿化带来了较大困难。

2)施工技术要点

(1)树种的选择

树种的选择以乡土树种为主。乡土树种是在长期的系统演化过程中,经过了严格的自然选择的优胜者,它们与当地的气候、土壤相适应,具有适应性广、抗病虫害能力高、抗逆性强等特点。在高速公路山区地段,最好选用优良的野生树种,可以使公路绿化与自然生态系统相协调,使公路融于森林之中。在使用乡土树种的基础上,也可以引用少量经过驯化的外来物种,以丰富绿化效果。由于山地丘陵区特殊的地理环境,树种选择时宜选择适应性强、耐干旱瘠薄、生长较快、水土保持能力好及管理粗放的当地乡土树种。

常绿乔木:常绿乔木四季常青,主要用于坡道绿化带两侧,可一行或多行栽种,也可以绿篱的方式布置于中央分隔带,常见的常绿乔木有:红皮云杉、沙松、红松、赤松、樟子松等。

落叶乔木:与常绿乔木相比,落叶乔木具有明显的季相,能给人以季节的变化,高大的落叶乔木与常绿乔木搭配栽植于坡道绿化带,有利于形成绿色长廊。在公路景点绿化中,落叶树种也是必不缺少的。常见的落叶乔木有:小青杨、垂柳、蒙古栎、胡桃楸、春榆、山杏等。

花灌木:没有明显的主干,植株丛生的观花观叶观果树种,是公路绿化的主体材料。在高速公路中,花灌木可植于中央分隔带,防眩遮光,并且可以通过分段栽植,使五颜六色的花卉与高低不同的花木结合,使驾乘人员有一种新鲜感,从而达到调节视觉与精神疲劳的目的,提高行车安全系数。在路堤坡面、公路景点的绿化中,花灌木更具有重要的作用。常见的花灌木有:连翘、珍珠梅、绣线菊、胡枝子、红瑞木等。

藤本植物:可用于垂直绿化。栽植于高速公路防护网下及路堤上,有利于遮挡不良建筑,保堤护坡。常见的藤本植物有:爬山虎、五叶地锦、山葡萄等。

(2)开水平沟、挖树穴

施工中,先开水平沟,然后根据施工设计图纸苗木种植位置挖树穴。山地丘陵区一般都比较干旱缺水,水是影响植物长势的一个重要因素,水平沟一般宽60cm,深40cm;树穴深度及其直径要根据所栽树种根系大小、土球直径及土壤环境而定,在山地丘陵区要超过正常标准,必要时应回填好土或施加土壤改良剂等,以改善植物生长环境。

(3)苗木的选择和处理

苗木的选择,除了满足设计的要求外,还必须注意选择长势健壮、无病虫害的苗木。苗木运输前注意用草绳、麻布或草包将树干、树枝包好,并对树木喷水,保持草绳、草包湿润,以减少运输途中蒸腾失水给苗木的生长带来影响。苗木树苗运至移栽场地后,要对树苗根、茎、叶进行修剪处理,减枝、减叶,降低茎叶蒸腾,便于树苗生根、存活。修剪处理的一般方法为:剪掉树苗全部枝叶的1/3~1/2,同时剪去枯枝和病虫损伤枝。另外,尽可能使树苗的土球保持完整,减少对树苗根系的损坏。

(4)栽植养护

苗木移栽时,运到场地后要及时栽植,不能及时栽植则要及时遮阳处理。栽植时将苗在坑中扶正,捣实回填土。移栽前,应先浇水湿润树坑,同时边栽树边浇水,一次浇透定根水,使根系与土壤达到紧密结合。苗木栽植后,还应浇水2~3次,促使根系发育,提高种植成活率。

2. 丘陵

鲁东丘陵区位于冰河以东,包括沭东丘陵和胶东丘陵,由古老的变质岩组成,海拔多200~300m,是典型的丘陵区。仅有崂山(1133m)、昆嵛山(923m)等少数中低山突出于群丘之上,构成山东半岛的中脊,这些中低山多由花岗岩或片麻岩组成。

胶东丘陵区主要包括烟台市、青岛市、威海市所辖地区,为山东半岛的主体。该区山丘基本由火成岩组成,除少数山峰海拔700m以上外,大部为海拔200~300m的波状丘陵。丘陵间被断陷盆地分隔,主要有莱阳盆地、桃村盆地等。丘陵外缘,散布着沿海平原,宽度自数千米至十余千米不等,该区东北部自西向东分布有大泽山、艾山、牙山、昆山、韦德山等较大山丘,它们构成半岛南北水的分水岭。

3. 平原

平原部分包括鲁西平原区、鲁北滨海平原区。鲁北、鲁西平原为全省地势最低处,属华北大平原的一部分,系由黄河冲积而成,海拔一般在50m以下。除黄河三角洲尚有一定面积的天然灌丛和草地外,其余地区多是农田。

胶莱平原区介于鲁中南山地丘陵区和胶东丘陵区之间,包括潍坊市辖区大部与青岛市辖区北部,系潍河、大沽河、胶莱河冲积而成,海拔多在50m左右。

鲁西南—鲁西北平原区由黄河泛滥冲积而成,是华北平原的组成部分,位于运河湖带以西,胶济铁路以北,形成一个半圆形环抱的鲁中南丘陵山地。海拔大多在50m以下,自西南向东北微倾,由于黄河多次改道和沉积,地表形成一系列高差不大的河道高地和河间洼地,彼此重叠,纵横交错。

现代黄河三角洲呈扇状,以利津以下的宁海为顶端,东南至小清河河口,西北到徒骇河入海口,前缘部分突出伸入渤海湾和莱州湾之间。黄河口堆积作用很强,三角洲每年向海延伸约2~3km。

4. 盐碱地(内陆、滨海)

山东省有盐碱土100多万公顷,多数为内陆盐碱土,主要分布在鲁西、鲁北平原中的洼地边缘、河间洼地和黄河沿岸;其次为滨海盐碱土,主要分布在渤海湾沿岸,构成距海10多千米的宽带。自胶莱河向西,包括潍坊市的北部、东营市及沾化、滨州、无棣等县市的大部分,所含盐类以氯化钠为主。目前绝大多数没有被开垦利用。经调查,山东省共有盐碱地野生植物39科88属129种。其中一些已被引种栽培并能在盐碱地正常生长。由于这些野生植物本来就生长在盐渍土中,盐渍土无需改良就可用来种植,如能开发利用,可获得较大的经济效益。

山东省盐碱地分布在聊城、德州、滨州、东营、潍坊、淄博、青岛等地,尤其以滨州和东营分布最多,程度最重。山东省气候属半干旱、半湿润气候,近年来,伴随着全球气候变暖、江河污染以及黄河断流等诸多因素,每年都会出现大面积和大范围内的旱灾,可用水源日趋枯竭。因此,盐碱和干旱是制约这些地区公路绿化发展和绿色通道建设的两大难题,需要对盐碱地区和干旱地区施工技术不断的研究、创新,从辅助材料、施工栽植技术、改良苗木和机具等方面改善绿化施工技术,尽快实现公路绿化景观的建成。

1)盐碱地对植物的伤害

盐碱地对植物的危害主要是由于土壤溶液浓度过高,导致植物根系吸水困难,造成生理干旱,进而气孔关闭,危害植物组织。一般植物可生长的土壤含盐量的范围应控制在0.2%以下,当土壤含盐量超过0.6%时,大多数植物不能生长,当土壤含盐量高于1.0%时,只有个别盐生植物才能生长。

2)盐碱地施工技术研究

盐碱地因特殊的立地条件,绿化难度大,栽植成活率低,为改善生态环境,绿化美化环境,目前已形成的应对措施主要有以下三种,分别从三个方面即耐盐碱树种的选择、改良土壤、特殊栽植技术提高苗木栽植的成活率,以最大可能克服盐碱土壤的危害。

(1)选择耐盐碱品种

①选择适应性强的乔木

选择适宜的乔木树种或品种作为骨干树种或基调树种,是盐碱地区公路绿化的重中之重。实践证明,在山东省盐碱地区,对盐碱土适应力较强的树种有绒毛白蜡、垂柳、柽柳、紫穗槐、172旱柳、沙枣、枸杞、臭椿、白刺;对盐碱土适应力中等树种有八里庄杨、刺槐、杜梨、木槿、小叶女贞、107杨。

②选择适应行强的灌木

各类花灌木对丰富公路绿化植物的品种和层次,提升公路绿化景观档次具有重要作用,对于盐碱地区更是如此。在山东省较为常用的丁香类、榆叶梅、毛樱桃、连翘等花灌木在盐碱地区的绿化中被普遍应用。同时应大量推广应用沙棘、紫穗槐、柽柳等抗性更强的灌木。

③选择耐盐碱的草坪地被植物

抗性草坪地被的选择是盐碱地区公路绿化的重要组成部分。鸢尾科的马蔺,早熟禾属中的一些草种及品种,羊茅属中的一些紫羊茅种及品种在盐碱地区的城市公路绿化中广泛应用。同时应大量筛选应用一些当地现有的抗盐碱草种资源,如极抗盐碱的碱茅(星星草),耐盐碱抗旱的碱草(羊草)、披碱草等草种,都是盐碱地区公路绿化的优良草种资源。

除上述乔、灌、草植物之外,对藤本和水生等植物品种也要精心筛选,最好是土生土长的植物品种,切忌一味追求新、奇、特。

选择耐盐碱的植物是一个很基本却很有成效的措施,它体现了适地适树的原则,并较成功地体现了这一原则的优势。经过多年的实践总结,已经确定了一些适合盐碱地的树种,可以在盐碱地公路两侧生长良好。能够生存下去是在盐碱地栽植首要具备的条件,仅仅是当前已确定的树种还远远不能满足盐碱地绿化的需要,需要不断的试验和研究,培养新品种,丰富公路绿化用耐盐碱品种,创造更好的绿化景观。

(2)改良土壤

改良土壤即在栽植苗木前对土壤进行一定的处理,使其形成良好的土壤结构、减少盐碱的存在、保证排水畅通。其中淋洗盐碱、降低 pH 值的具体措施有施入磷石膏,大约每 670m^2 施入 500kg 左右,通过灌溉排水,冲洗掉土壤中的 Na_2SO_4,并加快离子交换速度,这样可适当减少盐分,并降低 pH 值,同时增加土壤中磷的含量。

尽管在绿化前已经对局部做过一定的处理,但盐碱的大环境仍旧存在,在苗木生长过程中很有可能反冒,因此,为预防出现反冒,要在树穴内做部分处理,即先在挖好的树穴底部铺一层无纺布,在其上铺 20cm 厚的煤渣,同时在树穴铺设好排水管,在此基础上再铺设 30 ~ 40cm 的适宜植被生长的种植土。在地下每隔一定距离可砌窨井,与排水管道相接,并在窨井底部设滤水管,确保由排水系统排走。土壤内部做这样处理的同时,绿化地外观上也要有一定的坡度,不能出现洼处,以免造成盐碱成分的聚集。

在对盐碱成分做一定的处理后,还要通过施肥来改善土壤的结构,以便于根系与土壤粒子的充分接触。一般的方法是施入适量的有机肥,如饼肥,这对于草坪的建植有重要的意义。一般在播种前 2 ~ 3 周施入,饼肥要粉碎均匀后撒在土壤表面上,然后翻入土中,和土壤充分接触,并完成腐熟;也可以施用腐熟过的追肥,追肥可以采用堆肥和厩肥同时腐熟过的,还可施用油饼打碎后与焦泥灰混合堆积发酵过的。

(3)特殊栽植技术

特殊栽植技术在很多方面都是和客土技术结合在一起的,如设置隔离层、铺设排碱管、客土抬高地面等均有利于防止盐碱成分的反冒。此外,对苗木的处理、栽植过程中的特殊技术、栽植后的管理措施等均涉及绿化施工的每个环节。必要的工程技术措施,可以使绿化植物能够持久良好生长。采取什么样的工程技术措施,应根据不同的立地条件和绿化要求及资金情况而定。

①客土地面提升法

在盐碱化比较严重的区域,尤其是盐碱地低洼处,可结合修建高 60 ~ 100cm 的花坛、树池,内填优良客土来提升地面。具体做法是:先在建好的花坛、树池内取出 30 ~ 50cm 的盐碱土,再回填以 20 ~ 30cm 的粗砂和 10 ~ 20cm 的煤渣,用优良的客土将花坛、树池填满后种植花卉树木。此方法既可以防止积水,又可以降低此处地下水的相对高度,适用于绿化面积较小,要求较为严格的街道和一些重要景点的局部绿化。在较大面积的公路绿地建设中,可以在设计中有意识地创造微地形的变化,在地形凸起部添加客土,并种植不耐盐碱的植物,在凹处则种植较为耐盐碱植物。这样既可降低地下水位高度,又可丰富公路景观层次。

②加大种植穴规格,增加客土容量

在地势较高、排水良好、土壤含盐量较高的地段,植树前挖长、宽各 1.5m,深 1.0m 的大种植穴,先在下部垫 20cm 厚的碎石、煤渣、粗砂或珍珠岩等作排水层,然后填以优质种植土进行树木栽植。栽植完毕并浇水后,用粒径为 5cm 左右的中砂覆于表面,以减少蒸腾。这种方法适用于较大的乔木类种植。

③地下滤水管网排盐法

盐碱地的一大特点就是地下水位高,带有盐碱的水分通过土壤毛细管上升到地表,水分蒸发后,盐碱会滞留在地表,给绿化工作带来很大困难,因而布设合理的排水管网,降低地下水位,是开展好盐碱地绿化的治本措施。其具体方法是:在绿化地块 60 ~ 80cm 地下埋设一定密度的滤水管网进行地下排水。滤水管可采用直径为 30cm 的水泥管,管上每隔 10cm 留出直径为 1.5 ~ 2.0cm 的进水孔,要求管网密度为 5m,铺设坡度为 1.5% ~ 2.0%,以便排水顺畅,同时修建检查井,并与排水系统相连。每隔一定时间后,应将集中在检查井中的盐碱水排出。为更好地做好这些措施,可以提前一段时间进行,若在次年春季栽植,可在当年冬季提前挖坑、设置隔离层,这样做的好处是土壤经过冻融交替,既能促进淋盐,又能熟化土壤,而且坑内还能储存整个冬季的降水,提高整个技术效果。这一方法适用于绿化面积较大、土壤含盐量较大的绿化区域。

④封底式坑穴客土栽培法

在土壤含盐量较高,排水不畅的重点绿化区域,可采用此种方法。具体做法是:种植前挖深 60 ~ 80cm 的坑穴,底部夯实,用水泥砂浆做防水层,同时留一定的排水孔。坑穴周围则修建高出原地面 30cm 以上的挡土墙,坑底部填加 20cm 厚的碎石或煤渣,最后填满优质客土进行绿化种植。这种方法费用较高。

⑤隔离层防盐法

在绿化规模较小,但景观地位较为重要的绿化区域,如花坛、树池、花台、花镜等处,可设隔离层方法来减轻盐分对植物的损害。具体做法是:先将绿化区域挖深 100cm 左右,底部和周围用塑料膜封闭,底部铺设 20cm 厚的碎石或煤渣,然后填加 10cm 以上的有机肥,最后填满优质客土。通过隔离层的设置,可以明显降低土壤的次生盐渍化,为植物体的生长提供一个良好的环境。此种方法可有效地阻隔盐碱的侵蚀且造价较低。

苗木栽植前的选苗很重要,要提高苗木的标准,苗木的规格、长势、根系大小、抗盐碱性强弱都要考虑到。这样才能为提高植被栽植的成活率打下牢固的基础。除了选好苗木外,还要根据情况对苗木做一定的处理,如裸根苗栽植前的大水浸泡,其目的是使苗木根系充分吸收水分,为苗木后期的生长打下牢固的基础。这样不仅能够较大幅度提高成活率,还能促进发芽晚的一些苗木提前发芽。对于一些较难成活的大、中型乔灌木,可以采用生根粉等有利于树木成活的化学物质对树根进行处理;小乔灌木可直接栽植,填土时要填入经消毒过,并与有机肥混合后的栽植土。

树木栽植后培土的高度要高于周围土面,这样可以防止盐碱成分随水上泛,有利于根系的吸水和苗木的生长。除此之外还要浇水,而且一定要浇透,之后每隔 7 天浇水一次,每次浇水后要松土,直到浇水三次后再进行树池封堰,这样在提供水分的同时又能防止反盐反碱,对于后期的苗木生长打下很好的基础。后期浇水量和次数可根据树木生长具体情况合理确定,以保证树木的水分需求为前提。

在浇水提供水分的同时,可以采取一定的措施减少水分的蒸发,即对苗木根部的覆膜、覆草和地上部分进行套袋处理。这样处理可以明显提高苗木成活率,主要原因是:除了能减少水分的蒸发外,还能够提高地温,防止反盐。但这种处理一般只用于栽植初期,对后期苗木生长的促进作用不是很明显。

保水剂的应用可以提高灌木的发芽率和促进新梢生长,而且效果明显。使用时可在回填土内混入保水剂,混合均匀后施于根系周围,因保水剂见光易分解,需在回填土上部5cm覆盖不加保水剂的土壤,以避免紫外线破坏保水剂,同时防止水被阻挡在泥土表面。保水剂的抗旱节水作用显著,在干旱情况下,能明显促进林木的新梢生长,而且保水剂的作用是持续的,就好像一个微型水库,在干旱季节,仍能供给树木水分。在应用时要注意的是:要让保水剂起作用的前提条件是充分吸足水,否则其作用将得不到充分发挥,故苗木移栽后立即浇足量水。当土壤含水量高时,植物根系自土壤中吸水的速率及数量大于从保水剂中吸水,保水剂作用得不到充分发挥。土壤含水量较低时,保水剂作用明显。

(4)栽植施工时期的考虑

适时栽植是盐碱地苗木栽植过程中需注意的一个问题,因为在不同季节,土壤中盐碱含量是不同的,苗木栽植要尽量避开盐碱含量高的季节。一般春季盐碱含量处于强烈上升趋势,待初夏时有所稳定,夏季随着雨水增多而有所下降,秋季因降雨量减少又有所上升,直到冬季时土壤冻结稳定下来。因此,根据这些特点,利于栽植的时期有春季、雨季和冬季,其中雨季又是比较有利的时机,因其降雨多,水分足,温度较高而有利于苗木生根,提高成活率。

虽然山东公路绿化分为四个区域,但总体来看还是由平原区和山地丘陵区组成,由平原公路绿化和山地丘陵区公路绿化主要路段的列举(表2-8)可以看出,山东省公路绿化平原区与山地丘陵区所占比重相差不大,这与山东省的地形地貌的分布特点是分不开的。

山东省主要路段绿化养护管理考核报告 表2-8

序号	路线名称	调查路段	植物生长势	绿化养护考核
1	京沪高速	德州—禹城	中	合格
		禹城—济南	中	合格
2	京福高速	禹城—济南	强	优秀
		济南—泰安	中	合格
		泰安—曲阜	强	优秀
		曲阜—薛城	强	优秀
		薛城—张子山	中	合格
		泰安—蒙阴	中	合格
3	京沪高速	蒙阴—红花埠	强	优秀
		济南大桥路立交—邹平	强	优秀
4	济青高速	邹平—淄博	强	优秀
		淄博—青州	强	优秀
		青州—昌乐	强	优秀
		昌乐—潍坊	强	优秀
		潍坊—高密	中	合格
		高密—青岛城阳区流亭立交	中	合格
		济青高速潍坊立交—平度	强	优秀

续上表

序号	路线名称	调查路段	植物生长势	绿化养护考核
5	潍烟高速	平度—莱西	中	合格
		莱西—莱阳	强	优秀
		莱阳—栖霞	中	合格
		栖霞—烟台福山区	中	合格
		青岛城阳区流亭立交—即墨	强	优秀
6	青烟高速	即墨—莱西	中	合格
		莱西—莱阳	中	合格
		莱阳—烟台莱山区	强	优秀
		济南黄河二桥—馆陶县	中	合格
7	济聊高速	馆陶县—茌平	中	合格
		茌平—聊城	中	合格
		烟台福山区八角镇—牟平	强	优秀
8	烟威高速	牟平—威海市田村	强	优秀
		即墨立交—海阳	中	合格
9	青威高速	海阳—乳山	强	优秀
		乳山—文登	强	优秀
		文登—威海市蒿泊	中	合格
		同江—烟台	强	优秀
10	同三高速	烟台—莱西	强	优秀
		莱西—胶州	中	合格
		胶州—胶南	中	合格
		胶南—日照	强	优秀
		日照—三亚	强	优秀
		日照—临沂	强	优秀
11	日东高速	临沂—曲阜	强	优秀
		曲阜—济宁	中	合格
		济宁—东明	中	合格
		青银—潍坊	中	合格
12	青银高速	潍坊—淄博	强	优秀
		淄博—济南	强	优秀
		济南—夏津	中	合格

第六节　公路绿化设计分类设计

一、线路绿化设计

在我国,从一般的高速公路断面形式中可以看出,高速公路绿化的部分主要有:中央分隔带、边坡、路基、路堑、路肩、绿化平台、路缘空地、互通立交区和匝道、隧道口、路域可视范围;一般公路绿化组成部分包括:直线路段、平曲线路段、竖曲线路段、分隔带、两侧绿地(边坡、路基、路堑、路肩)、特大桥梁桥头、立体交叉口、平交道口及丁字路口等,不同类型公路的具体植物配置技术如下。

(一)一般公路绿化设计

根据我国现有的公路管理体制,各级公路管理部门负责的公路网络系统,主要是国道、省道和其他部分高等级公路(包括高速公路)。高等级公路一般多由专门公司负责建设和管理,除高等级公路外的国道、省道普通公路,当前仍然是我国公路的主体,其线路里程约占公路总里程的90%。因此一般公路绿化在现阶段公路绿化中占有重要地位。

从严格意义上讲,公路征地范围之内的可绿化场地均属于景观绿化设计的范围,按其不同特点,可分为以下几部分内容:公路沿线附属设施(服务区、停车区、管理所、养护工区、收费站等),互通立交,公路边坡及路侧隔离栅以内区域(含边坡、土路肩、护坡道、隔离栅、隔离栅内侧绿带),中央分隔带,特殊路段的绿化防护带(如防噪降噪林带、污染气体超标防护林带、戈壁沙漠区公路防护林),取弃土场的景观美化等。

公路建设新理念要求:坚持以人为本,全面、协调、可持续的科学发展观,按照"安全、环保、舒适、和谐、耐久"的设计理念,依据安全性、服务性、尊重地区特性、整体协调性、自然性原则进行设计。

1. 直线路段

一般公路直线路段多采用对称绿化,两侧路肩绿化带和边沟绿带植物配置相同,如图2-15所示。由于公路路段所处位置的条件不同,路肩宽度往往也有不同,宽路肩大3~5m,窄路肩1m左右。

图2-15　直线路段——省道242莱芜段

进行绿化设计时,既要结合一般公路特点,参照城市公路绿化手法,也要乔、灌、草结合,常绿植物与落叶植物结合,经济植物与观赏植物结合,以达到"三季有花,四季常青",经济效益、社会效益、生态效益和观赏效益俱佳的目的。

为了提高经济效益,可以通过选择用材植物、经济植物、药用植物的优良品种来改变过去植物种类单调、植物产品价值低下的状况。如北方地区增加楸树、梓树、栾树、合欢树、杜仲、雪松等,改变以杨树为主导的现象,就可以提高植物产品种类及其使用价值。

为了提高社会效益,可以通过公路绿化宣传教育,使群众加深对优良植物和植树造林重要意义的认识,增强群众植树、爱树、护树的积极性。

为了提高生态效益,可以通过乔、灌、草配置,保护野生植物群落,构建公路绿色通道与公路两侧农林作物及自然植被和谐共生的生态系统来改善公路交通和沿线人民生产、交通、经营和生活环境。

为了提高观赏效益,可以通过选用各种花木,改变公路景观单调现状来增加公路绿化带的色彩、香味,改变人们出行环境的观赏性。

直线路段在车辆行驶中具有测设简单、前进方向明确、路线短捷等优点。但长直线行驶易使驾驶员由于产生乏味疲劳心理而发生事故,因此,一般公路绿化应使不同路线有相宜的绿化特色,同一路线的不同路段有不同的植物配置。一般不同路线可按慢生植物或速生植物为主,也可以药用植物或其他经济植物为主等加以区别;同一路线的不同路段,可通过改变植物种类,即绿化中要尽量在树种、色彩、种类方面合理搭配,并采取富于变化的配置方式,形成统一而又富于变化的公路景观。为减缓单调乏味和疲劳的心理,应该每隔一段距离就改变一种绿化形式,大约以车辆行驶 5min 的时间为宜,这样不仅防止病虫害的大发生,还丰富了植物景观和减少了因一种苗源不足造成的困难。

2. 平曲线路段

平曲线路段的公路绿化(图 2-16)工程类型的选择和设计,因其所处特殊位置及行车特殊要求,所以平曲线路段绿化,不只对公路进行美化而首先要有利于行车安全,这就要求要有良好的视线条件并使绿化措施充分发挥交通标志的指导作用。

图 2-16　平曲线路段的公路绿化设计

带有缓和曲线的平曲线路段上较易发生交通事故，其主要原因是缺乏线形诱导，或诱导不能达到正确向导的作用。因此，平曲线路段公路绿化中不仅要满足行车视距的要求，还要采用具体较明显特点的种植模式，以起到对驾驶人员提示、向导的作用，提升安全性，尽量减少不利因素的存在。

3. 竖曲线路段

竖曲线是公路纵断面线形的基本要素之一，常采用圆曲线的形式，可分为凸形和凹形两种。在这一路段绿化（图 2-17）中，植物的选择与配置与其他路段有相似之处，但需对防眩问题重点考虑，在主线水平面段，防眩高度可基本不变，但在竖曲线路段，特别是凹曲线路段，为满足防眩要求，需要根据具体情况增加防眩高度。目前已有对凹曲线半径值与防眩高度之间关系的研究，根据推导出的回归方程可确定不同情况下的防眩高度。同时，还需要注意诱导栽植，在平曲线路段在其外侧栽植较高树木，诱导驾驶人员视线，及时转弯保证安全。凸形竖曲线的顶部种植树群可以起到大门的作用，使驾驶人员和乘客感受到景观的变化。

图 2-17　竖曲线路段的公路绿化设计

4. 中央分隔带

在干线公路上或是路面较宽、交通繁忙的路段，应在路面中心或行车分界线的位置建造分隔带，如图 2-18 所示。

图 2-18　国道 104 滕州段的中央分隔带绿化设计

一般公路分隔带的绿化对车辆行驶具有很重要的意义，其作用主要是：防止对向行驶车辆的碰撞，减轻夜间车灯眩光，引导驾驶人员视线，绿化美化公路景观。

1）设计原则

中央隔离带的绿化主要为功能性绿化，景观性较弱，应满足防眩功能，考虑与周边环境的融合感。

在植物选择上，应从防眩效果和植株色彩上考虑：采用枝叶细腻、植株厚实的植物，防眩效果好；植物色彩应与周边环境相协调，如周边主要为农田，植物色彩宜以浅绿或黄绿为主，周围为山岭，植物色彩宜以深绿为主。分隔带的景观绿化设计一般不考虑加入雕塑的设计，以防止过多吸引驾驶人员的注意力，影响驾驶行为；尤其是精细化雕塑、抽象雕塑更不宜在公路分隔带上使用。

2）长度设计

为了降低驾驶人员的疲劳感，每 5 ~ 10min 路程应为提供给驾驶人员设置新的视觉吸引点。取 10min，速度按 60km/h 计算，中央隔离带每 10km 需有景观变化，可采用层次色彩丰富的植物种植作为提示段。以 5s 视觉停留为依据，速度按 60km/h 计算，提示段长度应不小于 80m，一般取 100m。若中途有桥梁、隧道、互通，可不设提示段。

3）绿化设计

中央隔离带绿化设计需要确定合适的植株间距和植株高度，提示段种植应注意高低和色彩的多种搭配，以给驾驶人员在视觉上带来节奏感、变化感、减轻疲劳感。在隧道前区、互通前区、服务区前区、避险车道等重要部位，还可考虑通过中央隔离带的绿化设计，起到提示作用。

（1）植物选择

考虑到分隔带特殊的立地条件，例如地表温度相对较高、风速较大、空气相对湿度较低、土层薄、养分少，在树种选择上要以能耐高温、干旱、污染、大风，又适宜粗放管理、树形整齐的常绿树种为宜。

由于我国公路中央分隔带宽度一般为 3m 左右，因此，应以栽植灌木为主，基调应四季常绿，可间隔种植花卉，丰富公路景观。除常用的常绿灌木外，还应选用适应力强而又花期长、花色艳丽的植物，如丰花月季、连翘、丁香、紫薇、地被菊等。地被植物则应选用常绿或绿叶期较长、耐干旱、高温、免修剪的草种，如结缕草、黑麦草等。

（2）植株间距与冠径

植株间距与植株的正投影半径、车型、车灯扩散角、车速以及车辆的距离存在一定关系。通过科学分析、计算可知，其株距不宜大于冠幅的 5 倍。

在平曲线路段，车辆前照灯的光线沿着平曲线的切线方向射出，曲线内侧车辆的灯光对外侧车道车辆有较大影响。植株间距的大小受到植株正投影半径和公路平曲线半径的影响。树冠的直径主要根据中央分隔带的宽度来定，一般控制在 50 ~ 150cm，以不超出中央分隔带边缘，树冠不在路面上造成投影为宜，以免影响驾驶人员的视线。

（3）植株高度

植株高度与车辆前照灯高度、驾驶人员视线高度、公路状况和车型等诸因素有关。一般小型车驾驶人员的视线高度为100~120cm,载货汽车驾驶人员的视线高度为180~200cm,因此,植株高度不应低于120cm,以130~180cm为佳,分枝高度应在50cm以内。不同车辆组合时植株最低高度理论值,如表2-9所示。

不同车辆组合时植株最低高度的理论值　　表2-9

内侧车道	外侧车道	植株高度(m)	内侧车道	外侧车道	植株高度(m)
小型车	小型车	1.09	小型车	大型车	1.27
大型车	大型车	1.68	大型车	小型车	1.62

在凸形竖曲线路段,应加强植株下部空间的遮光作用,消除眩光的影响。其设置的范围至少为凸形竖曲线顶部两侧各120m。

在凹形竖曲线路段,根据类似几何关系分析,参照现行《公路工程技术标准》有关规定,可得到外侧车道上为小型车,内侧车道上位大型车时,不同半径情况下植株高度增加的极限值,如表2-10所示。

凹曲线半径与植株高度增量的关系　　表2-10

车 道 数	凹曲线最小极限半径(m)	中央分隔带植物应增高度值(cm)
4	6000	7
4	4500	9
4	3000	12
4	2000	21

(4)植物配置类型

中央隔离带绿化植物配置类型主要有灌木绿篱型、灌木+观赏小乔木型、灌木+花草型、乔灌草复层型等几种类型。

灌木绿篱型是指在一定距离内持续栽种同一种常绿植物,修剪为绿篱形式,防眩功能好、简洁。绿篱型是最为常用也是最为适用的形式,其余形式多用于提示段或特殊段。

灌木+观赏小乔木是间隔式(将两种或两种以上的植物按一定方式进行植物配置统称为间隔式)典型的配置形式,它在常绿灌木的基础上选择2~3种观花(或观叶)型小乔木,3~5m间植一株。

灌木+花草型是以常绿灌木为主调,不同花期、不同质地、不同叶色的花草及灌木为点缀。与灌木+观赏小乔木型相比,植物的色彩更为丰富,季相感更强。

乔灌草复层型是最复杂、丰富的中央隔离带形式,适用于中央隔离带宽度大于5m的情况,一般应用于分离式路基。

绿化植物色彩不宜太艳丽,以免分散驾驶员注意力。此外,也要避免不同树种、不同冠形频繁变化而导致驾驶员视觉上的混乱。在具体设计中,可采用重复渐变的手法,把不同植物按一定的节奏韵律分段设置,使景观丰富又不混乱。设计时还要注意水分条件、土壤特性,尤其是施工中可能将一些不适宜植物生长的土、料等填充其间,对植物生长不利;路面废料禁止应用其中。

5. 两侧绿地(边坡、路基、路堑、路肩)

公路两侧绿地设计,具体的绿化设计工作运用到路基、路面时,应对林木果树、花坛、草畦、绿篱、植树进行适当而合理的布置,如图 2-19a)所示为公路一侧绿地设计。

一般公路边坡绿化不同于其他绿化,要考虑到坡度、土壤的影响,使其植物配置绿化效果能完全发挥。目前其配置形式还是以对草种的搭配研究较多,但在条件适宜时,也可采用草地和灌木、乔木结合的形式,这样的生态效益、环境效益毕竟更大一些。随着以后对乔木和灌木在公路边坡绿化中增强环境效益程度的研究,会逐步形成更多的配置方式。

路基稳定对于整个公路的安全行驶有非常重要的作用,但是其稳定性不能只在砌筑、排水、水土保持、土壤改良等各个工程方面下工夫,还应有相应的绿化相配合,这样才能使人工痕迹与自然景观相融合,形成可持续发展的公路景观。为不影响交通安全,路面两侧一定范围内不应栽植高大乔木,但在绿化范围内可根据路基高度、乔木高度等因素进行绿化。对于路基较高的路段可种植小乔木,路基较低的路段可选择一些地被植物,以起到保护路基的作用。

路基按其填挖高度和所处地形的不同,有各种不同的横断面。其中高出地表面填筑而成的路基称为路堤,低于地面开挖而成的路基称为路堑。路堑设计首先要确定路堑边坡,边坡可分为岩石类路堑边坡、碎石土类路堑边坡、黏性土类路堑边坡。根据路堑类型不同,可采取不同的绿化形式。岩石类边坡主要是为绿化提供立地基础,可以通过在石面上预设一些草绳及铁丝网,支撑攀援植物在坡面的攀爬;碎石类边坡因含较多砂、石,不能直接用于绿化,需对坡面处理,如换土、将坡面垒砌划分成方格等,从而为植被创造生长条件,绿化坡面,如图 2-19b)所示,将坡面垒砌划分成方格后再绿化;黏性土类边坡主要需要处理的问题是固土护坡,防止水土流失,在坡面稳定的前提下,可采用液压喷草技术形成草坪,再以此为基础种植灌木,形成边坡景观。

a)

b)

图 2-19　公路两侧绿地设计

路肩是公路两侧行车道外缘和路基边缘之间的部分,呈带状结构,包括土路肩和硬路肩,其中硬路肩可以用于临时停车,土路肩可作为种植范围进行绿化,可以起到固着土壤、防止水土流失的作用,还能作为路侧绿化为驾驶人员提示路缘。植物选择宜选用灌木、小乔木等浅根系的树种,避免根系破坏路基。栽植方式也不宜太过复杂艳丽,以免过分吸引驾驶人员注意力,不利于行车安全。

6. 特大桥梁桥头

桥涵构造物,是公路的一个重要组成部分,这种路段在不同程度上都有安全防护要求,线路上的其他构造物(如砖石结构的挡土墙、护坡以及道班房、桥房、厕所等)也应采用绿化措施予以加固和美化;特大桥梁在交通上保证了车辆的顺利通行,但除了功能上的作用,为使其和周围环境相融合,特别是通向桥体的桥头部分,需通过绿化形成独特的景观,使其对车辆具有引导作用。

桥头绿化宜采用较开敞、简洁明快的手法,可选用灌木组成大方、吉祥的图案,不适宜种植较高大的乔木,以免给驾乘人员造成一种压抑的心理感受。植物选择最好是枝叶细嫩柔软的树种,质地粗糙坚硬会给人一种不舒服的感觉,如图 2-20 所示。

图 2-20 国道 104 德州开发区段的公路桥头绿化设计

7. 立体交叉口

立交桥主要是建造在重要干线公路的交会处,这种立体交叉结构的绿化工程设计比较复杂,地面垂直,高度变化悬殊,有些地方必须采用阶梯或花坛或树池,进行立体空间绿化,对绿化类型、绿化工程措施和树种的选择运用是比较多样化的。因此,要把立交桥及周围环境视为一个整体进行统筹布局设计。

交叉路口的绿化,也有它的特殊性,其布局要根据公路技术、等级、宽度、公路环境的自然条件和社会活动情况,以及政治经济意义来设计比较重要的线路和路段,特别是风景区旅游区线路,在交叉路口处应当配合设置雕塑、喷泉、假山、长椅、石凳、营建小型园林亭榭和停车场,以加强公路环境的绿化。

立体交叉以空间分隔车流的方式,使车流在交叉口顺利分开,保证交通安全,提高通行效率。立体交叉口的形式多种多样,根据其形式的不同,可以有不同的绿化部位。一般可在立交桥体的边缘预留狭窄的种植槽,填上种植土后,种植藤本植物,形成垂直绿化;也可采用攀爬式进行桥下种植,覆盖桥面。而立体交叉分割出来的绿岛和环岛,一般以开阔的草坪形式点缀常绿灌木和花类以及少量常绿乔木或小乔木,如图 2-21 所示。

图 2-21　立体交叉口绿地设计

总之，立体交叉的形式决定了其可绿化的部位不同于其他公路形式，应尽可能地发掘可绿化部位，形成绿化景观，尽可能地改善公路环境。

8. 平面交叉口

平面交叉口的类型包括十字路口、丁字路口及其演变而来的 X 形交叉、Y 形交叉、错位交叉、多路交叉、环形交叉，公路平面交叉口类型取决于道路网规划、交叉口地形、交通量、交通性质、交通组织等情况。平面交叉路线应为直线并尽量正交，当必须斜交时，交叉角应大于 45°。根据公路的等级不同，有的需要设转弯车道、变速车道、交通岛或加铺平缓的转角。平面交叉口前后公路的停车视距所构成的三角形范围内，应保证通视。

因此，路口处的绿化在布置合理的基础上，要特别注意为驾驶员留出足够的安全视线距离，同时需要选用较低矮的灌木、绿篱、花卉和草坪等搭配栽植，不宜种植高大乔木，避免给驾驶人员造成压抑和不安全感。一般公路与乡村主要生产公路平交叉口很多，车流量相对少，交叉弯道半径小，车祸发生几率也较高，在公路绿化时应给予高度重视，对每个交叉口都应栽植标志性植物，如图 2-22、图 2-23 所示。

图 2-22　丁字道口绿化设计

图 2-23　国道 309 潍坊段环形交叉道口绿化设计

9. 公路管理单位等块状绿地设计

这类绿地主要指公路管理局、公路管理站、收费管理站等用地范围内的可绿化地，具有庭院绿化特点，但是公路管理车辆进出量大的特性。所以，在进行绿化设计时，要充分考虑适度的停车场所，植物栽植要注意对车辆的遮阳作用，如图 2-24 所示。

图 2-24　公路收费管理站绿化设计

在应用园林布局要素设计游览休憩绿地时，要考虑公路管理人员长久乘车巡视造成的疲劳，以及公路带状绿地及沿途较开敞空间造成的视觉疲劳，从而有针对性地营造自然式园林曲隐意境，为工作人员提供散步、休憩的幽静空间。植物配置可应用果树、花木，达到对植物叶、花、果、树姿的综合观赏和享受植物芳香的效果。

(二)高速公路绿化设计

高速公路是指具有中央分车绿带隔离的、四个以上双向单行车道立体交叉的、完备的安全防护设施、专供车辆以车速为 80～120km/h 快速行驶的现代公路。其几何线形设计要求较高，工程技术比较复杂。

1. 高速公路绿化工程的概念及特点

1）高速公路绿化工程的概念

公路绿化工程是集草地学、草坪学、园林学、水土保持学、环境生态学等为一体的应用学科，它包括绿化设计、绿化施工和绿化管理。

高速公路绿化是指在高速公路用地范围内，以路为中心，通过相应的空间划分和绿化植物的合理配置，对路体各部位实施乔、灌、草、花的定位栽植。高速公路绿化是高标准的生态工程建设，具有多重效应和综合效益。高速公路绿化工程要求“功能”与“景观”相互协调统一，并贯穿于工程设计与施工的始终。

2）高速公路绿化设计的特点

在高速公路的养护管理工作中，必须高度重视高速公路的绿化和环保工作，通过绿化，保持自然环境与社会环境的协调，创造舒适的行车环境和生活环境。

由于所处地理位置和功能的不同，高速公路存在着它独有的特点，要熟悉它的特点，掌握它的规律，按照客观规律办事，才能做好高速公路绿化建设工程。

（1）高速公路绿化设计的观点和标准

重视绿色植物对公路环境的保护、改善和美化作用，把恢复和保护生态环境、保证行车安全作为现代化高速公路绿化的战略目标，重视绿地系统的分布格局与绿化覆盖的构成，建成“点、线、面”相结合、层次多样、结构合理、功能完备、艺术效果统一而各具特色的绿色长廊，使绿色通道与生态环境、城乡绿化、美化融为一体。

（2）公路绿化建设用地有限，条件恶劣

公路绿化建设依附的主体是公路，所以，高速公路征地范围之内的可绿化场地在公路两侧与中间，呈带状分布。其表面形状复杂，沿线气候多变，土壤条件较差，因高速公路施工过程中向土壤中遗弃了大量废弃物，或设有水泥混凝土拌和站等，导致部分土壤的 pH 值升高，一般绿化植物难以生长，有的土壤中还含有影响植物生长的有害物质。因此，在绿化植物栽植之前，必须对种植地土壤的理化性质进行较详细的测定，并进行土壤改良，之后方可栽植。

严格地节约土地，充分地利用土地，是绿化建设中的一项重要原则。高速公路的可绿化土地是有限的，因此，在绿化规划设计中，要坚持因地制宜、宜山则山、宜水则水、以植物造景为主的技术政策，不宜兴建过多的建筑物，防止减少绿化面积、削弱绿化功能。

（3）绿化设计强调简洁明了、大气美观

公路空间的形态特征是长远大于宽，并且具有明显的方向性和流动性。这点区别于城市绿地空间。

高速公路绿化设计服务的对象是处于高速行驶中的驾乘人员。由于车速的因素，高速公路上的观景除附属设施外，均属运动中景观，是瞬间的，是模糊的，但确是连续的动态景观序列。其间有抑扬顿挫、高低起伏、开合变化，这是因公路空间序列是由许多形态、性质、功能各异的空间组成。为此，在绿化设计上要求简洁明了、大气美观，同时还需富于变化，防止单调枯燥、千篇一律,要不断满足变化中的动态视觉要求,赋予新的内容和含义,给驾乘人员以新鲜感或情趣,达到调节视觉和缓解精神疲劳的目的,保证行车安全。

(4)公路绿化建设以有生命的绿色植物为主体

植物具有生长周期长、奏效慢的特点,一般每年只有一个最适宜的种植季节。绿地建成后,要经过多年的生长、养护才能发挥预期的环境功能和观赏效果。没有一定的绿量,既不能发挥绿化效果,也不能发挥环境和观赏功能。因此,要有全局观念和超前意识,把建设任务抓紧抓早。若待到路基建成以后再去规划和建设,去填补公路绿化,必然是事倍功半,难以弥补因绿化建设迟缓所酿成的恶果。因此,公路绿化建设应争取达到与高速公路建设同步发展的要求。

(5)公路绿化建设有两个紧密相连的阶段

建设阶段和养护阶段是不能分开的两个环节,建设工程的结束即是养护工程的开始。建设工程需要一个逐步调整、充实、完善的过程,不经过长时间的养护、抚育,不可能充分体现设计意图。建设要为养护打好基础,只有通过养护才能逐步使建设臻于完善。园林中的建筑,建成以后是不变的,而植物材料却随岁月而长大,需要不断地进行人工干预,以求得逐步完善的效果。建设工程交付使用是建设投资的结束,也是养护、管理投资的开始,两者必须密切结合,这样才能保证绿化成果的巩固和绿化质量的提高。

(6)公路绿化建设的工程质量有其独特要求

①应该符合设计文件中所规定的技术要求。

②必须满足高速公路在营运中的具体功能要求,如高速、安全、环保等。

③艺术质量要求,具体如下:

树木的种植、花卉的布置,除了满足成活、生长茂盛的要求外,必须注意品种配置、艺术布局,如色彩、造型、体量、对比、比例、风格和与周围环境的协调,与其他景观的联系等,以利于形成理想的艺术构图和景观特色,建成与自然景观更协调的环保路、生态路。

绿化质量不是一成不变的,而是随着时间的演进而变化的。质量的提高或者降低,甚至失败,是随着养护的技术质量和工艺而变化的。"三分栽七分养"的说法,体现了园林绿化质量管理的特性。另外,还应注意公路绿化质量的连续性。构成公路绿化质量的因素很多,上一道工序的产品往往就是下一道工序的原料,没有高质量的原料,就不可能产生高质量的产品;没有优良的种子,就不可能培育出优良的苗木;没有优良的苗木,就很难建成高质量的绿地。因此,加强全面质量管理是提高公路绿化质量的关键。

2. 高速公路绿化的范围、作用及组成

1)高速公路绿化的范围

高速公路征地范围之内的可绿化场地均属于景观绿化设计的范围,按其不同特点可分为:公路沿线附属设施(服务区、停车区、管理所、养护工区、收费站等),互通立交,公路边坡及路侧隔离栅以内区域(含边坡、土路肩、护坡道、隔离栅、隔离栅内侧绿带),中央分隔带,特殊路段的绿化防护带(防噪降噪林带、污染气体超标防护林带、戈壁沙漠区公路防护林),取弃土场的景观美化等。

2)高速公路绿化的作用

高速公路绿化具有多种功能和作用,它即可以美化高速公路环境,丰富公路景观,提高行车质量;又可以防风、防沙、防眩,避免和减少事故的发生;同时高速公路绿化还有减少雨水冲刷,防止水土流失,保护路基的作用。恶劣的土壤和气候等立地条件,使高速公路绿化在树种选择上必须选择抗性强的树种。高速公路绿化设计应做到因地制宜,在满足功能的前提下,既丰富多彩、又多样统一,对不同的绿化地带,采用不同的设计手法。在树种选择上还应选择花大、花密、叶色鲜艳的树种,提高绿化的观赏性。

3)高速公路绿化工程的组成

按照各部位绿化的形式与功能不同,我国的高速公路绿化工程划分为7个组成部分。

(1)中央分隔带防眩绿化:主要指中央分隔带。

(2)路堤边坡防护绿化:主要路堤两侧边坡。

(3)景观路栽植绿化:主要指边坡底部或顶部以及排水沟附近的绿化。

(4)刺篱植物封闭绿化:主要指排水沟至护网内的绿化。

(5)路堑土、石质坡面立体垂直绿化:主要指路基边坡坡面的绿化。

(6)立交区景观再造绿化:主要指立交区广场、匝道三角区和边坡。

(7)服务区、收费站环境绿化:主要指服务区、收费站、管理处等处的绿化。

4)高速公路绿化技术要求

根据高速公路绿化部位的功能要求,要有不同的技术指标。

(1)中央分隔带

中央分隔带是高速公路绿地景观中最重要的组成部分,它不仅能够减轻驾驶人员长途驾车产生的疲劳,防止过度紧张,更重要的是作为分割对向行驶车道的绿化带,它能有效地防止车灯眩光对驾驶人员的干扰,减轻对向车辆对驾驶人员造成的紧张和危险感。由于我国高速公路中央分隔带用地较窄,土层浅等特殊的立地条件,绿化景观一般以防眩的常绿灌木为主,同时有花灌木交替,常绿地被搭配,而不宜种植乔木,因白天太阳照射乔木投射的树阴较大,会影响驾驶人员的视觉,另外,其落叶也不利于车辆的快速行驶。

中央分隔带的功能是:隔离车辆分道行驶,减轻车辆高速行驶造成的眩晕和夜间行车车灯眩光,保障车辆高速行驶的安全,同时丰富公路景观。

中央分隔带绿化的主要技术指标是:中央分隔带防眩遮光角控制在8°~15°之间,常见中央分隔带绿化种植形式主要有以下三种:

①常绿灌木为主的种植;

②以花灌木为主的种植;

③常绿灌木与花灌木相结合的种植方式。

中央分隔带的绿化和美化直接体现着高速公路的美与舒适,是高速公路的主体组成部分(图2-25)。中央分隔带绿化的目的是遮光防眩、引导视线、美化环境、降低噪声、隔离车道、降低硬性防护成本等,给广大驾乘人员一种安全、舒适、自然的美感。

①中央分隔带的绿化

中央分隔带地表绿化应从美化路容和改善小气候出发,宜选择铺草坪和铺地植物为主,使地表得以有效覆盖,防止土层污染路面。

图 2-25　泰新高速(泰安段)中央分隔带绿化

高速公路横断面不同,中央分隔带的景观效果也不同。依据两条对行车道的关系的不同,可分为整体式和分离式,目前我国多采用整体式横断面高速公路,而且中央分隔带都较窄,一般宽度为 2 ~ 3m,当实际条件受到限制时,可以适当降低中央分隔带的宽度,其绿化方式也可以改变;可采用树种密植,并修剪成形的方式,这样可少生杂草,减少养护管理工作量。中央分隔带在一定距离需设开口,以解决高速公路维修时的通行问题,一般情况下每 2km 设一处开口。在开口处绿化应具有提示和诱导作用,可以通过整形修剪使分隔带树木形成一条坡线的方式为驾驶人员导向。

a. 树种选择

从中央分隔带绿化的目的不难看出,树种选择应“以人为本”,让绿化、让树种造景服务于驾乘人员。这就要求树种选择必须在经济实效的基础上选择那些感观美,对土壤要求不严、易成活,耐旱耐寒、抗废气污染、寿命长的常绿灌木或乔木。这样把不同形态,不同大小的树种、花木甚至地被植物有机地结合起来,才能配置形成多层次变化的植物景象,给驾乘人员以美而舒适的享受,有利于安全行车。这些树种植物要四季常青,低矮缓生,耐粗放管理。如:柏科的桧柏、龙柏、洒金柏等,卫矛科的大叶黄杨,黄杨科的瓜子黄杨、锦熟黄杨,木犀科的金叶女贞、小叶女贞等。可在防眩树种中间等距或不等距种植的花灌木主要有:紫薇、丁香、木槿、榆叶梅等,花卉可采用月季、地被菊、万寿菊等,草皮可用黑麦草、结缕草或野生杂草等。

b. 栽植方式

中央分隔带设计上强调整体感和连续性,突出绿色基调,根据山东省实情,中央分隔带一般较窄,多为 2 ~ 4m。其树种栽植方式有多种形式:单排单株、双排单株、单排三株四株组合、双排三株四株组合、单排篱形、双排篱形栽植为主要形式,双排单株形式为点缀,篱形栽植为大叶黄杨,单株栽植为桧柏、龙柏、木槿、紫薇等。

c. 树高控制

考虑车辆安全行驶,既要防眩又要开阔视野,中央分隔带树高便有一定的高度限制。经调查和研究,树高在直线或半径较大的曲线段不宜过高,过高会使小型车驾驶人员在超车道行驶时产生压抑感，中央分隔带树高确定在 1.5m 左右，篱高控制在 1.2m 较为合适。对于弯道半径较小，且带有纵坡的路段，中央分隔带树高确定在 1.8m 左右，宜采用较为瘦细的树种（蜀柏）既减少了驾乘人员的压抑感，又在夜间充分起到了防眩的作用。

d. 株距控制

防眩树种株距是在车辆高速行驶的线性环境下，依据车灯光的扩散角、行车速度和人的动视觉三者之间的关系来确定的。经计算，在中央分车绿带的中轴线上，防眩树株距为：树木冠径为 0.4m ±0.1m，株高为 1.3 ~1.5m 时；在直线路段上的防眩树株距为 2m ±0.5m；曲线路段则为 0.8m ±0.2m。

e. 中央分隔带的地表绿化

中央分隔带的美化作用强调的是"瞬间效果"，因此必须从经济实效的角度出发，进行绿化美化。以前以种草或栽草为主，美化效果明显，但投资大，难修剪，人和机械均无法整平，草坪病虫害较多。而高速公路绿化养护管理属粗放管理，要求在养护管理上与园林上的有所不同和突破。可采取隔段挖除家草、整平野草的措施，只要求中央隔离带内无高草、变野草为家草，结果一方面并未减少"瞬间美"的绿化效果，另一方面给高速作业的养护工作人员减轻了负担。

②中央分隔带绿化物的养护管理技术

a. 生长季管理

生长季管理的主要工作是及时浇水。因为隔离带内温度在夏季有阳光的白天常比正常气温高 2 ~3℃，水分蒸发快，在每年的 7 ~8 月底一旦发现树木缺水，应及时浇水。浇水前，最好安排养护人员在树根周围挖出浅蓄水坑，浇水后及时覆土保墒。基于高速公路施工困难和"安全、快速、高效"的特点，加之植物选种优良、抗旱力强等综合因素，雨水充足的年份可以不浇水，雨水偏少的年份儿其是夏季大叶黄杨需浇水 2 ~3 次，柏树类需浇水 1 ~2 次。

整形修剪中央分隔带绿化的目的之一就是美化，给驾乘人员以明快、又富节奏感的舒适的行车环境，在生长季节对植物及时修剪整形显得很重要。大叶黄杨未成篱形时每年在 5 ~6月和 9 ~10 月修剪两次；成篱后每年在 3 ~4 月和 9 ~10 月修剪两次。桧柏生长缓慢一年只需 9 ~10 月修剪一次，一般剪成水平状，每 50 ~100m 处留一个高出 20cm 的单株，以此调节驾驶人员的视力。龙柏树形奇特，小枝略扭曲上伸，且生长缓慢，一般根据需要仅将特别高出的枝条剪平，不做大的修整。应注意的是：伸出钢板外的任何枝条匀需及时修剪，个别树上的枯枝要及时清除，死树应及时更换，以确保高速公路安全、畅通、舒适的良好形象。

对于在建的中央隔离带，在栽植时需施适量的底肥来维持树木当年的生长需要，以后每年需根据实际情况不定期地进行施肥。一般在 11 ~12 月进行，有利于伤根愈合、诱发新根，还可提高地温，减少根部冻伤。对于已成型的中央隔离带，若生长状况良好，可不施肥或减少施肥，尽可能地降低养护费用，减少诸多不便。另外，结合灌溉可喷施一些微肥，以提高树木的抗性及养分的利用率。

b. 病虫鼠害防治

病害防治大叶黄杨常见病害有褐斑病和白粉病。多雨、春季天寒、不及时修剪，肥水不足时易发生。防治方法一般是清除病枝叶，发病季节或初期用 50% 多菌灵 500 倍液，或用

70% 托布津可湿性粉剂 1000 倍液,隔 10 ~ 15 天喷一次,共 2 ~ 5 次;桧柏、龙柏常见病害有柏梨锈病、柏苹果锈病等。春雨多,气温合适则发病率高。防治方法一般是每年 4 月下旬向柏树喷洒 160 ~ 240 倍波尔多液或 1 ~ 2 波美度石硫合剂。必要时 9 月份可再喷药一次。草坪常见病害有褐斑病、锈病。防治方法一般是在 4 月底到 5 月初可用百菌清,并常修剪草皮,而野草坪段则无需此项工作。

虫害防治大叶黄杨常见虫害有蚧虫、蚜虫害,多群集于叶背、花梗基部、嫩枝等处。中央隔离带的特定地理位置决定只能用化学防治措施:提前用 2.5% 功乳油 3000 倍液防治,严重时用 40% 的氧化乐果乳剂 1000 倍液,桧柏、龙柏常见害虫是柏树红蜘蛛(小爪螨)。可用 73% 克螨特乳油 2000 ~ 3000 倍液,或 34% 杀螨利果乳剂 2000 倍液防治红蜘蛛。喷药时要喷及植株的中下部及叶背等处,每 10 ~ 15 天喷一次,连续 2 ~ 3 次。草坪虫害主要有各种地老虎。土壤湿润最易发生,一般在春雨来前的 4 月份进行防治,用敌百虫 1000 倍液进行喷雾。

鼠害防治中央分隔带内有草坪,树木,常常会发生鼠害,树根被吃、树皮被啃拨、嫩叶被蚕食,草坪被破坏等状况时常发生,每年在 4 月采用化学药物灭鼠,秋末及时清理树下枯枝落叶和干草,既可消灭鼠害适宜栖息地,又可消除中央隔离带的火灾隐患。

c. 越冬管理

冬灌在 11 月下旬,树木已进入缓慢生长季,需灌冻水一次,提高树木的抗寒越冬能力。

对于树木堆埋防寒物可根据高速公路的特殊性,一般仅要求养护人员将中央分隔带内清除的高杂草撒到树根的周围,用土掩埋,这样既可防冻又可提高土壤肥力并解决杂草外运等困难,达到美化效果。

d. 典型工程实例

某公路中央分隔带以地面满铺草坪,中间间隔种植塔桧为设计框架。草坪不仅美观而且还起到了防尘防污的作用。笔直长绿的塔桧同时也起到了防眩的效果。但是由于具体路段位置的不同,这个基本框架和风格保持一致的前提下,在三类典型路段的植物配置和种植方式设计了一些变化,比如在收费站两侧,过往车辆集中,车速较慢,要求有很好的观赏效果。在收费站出口处,同样要求具有比较好的绿化效果。因此在塔桧的周围种一圈红叶小粟(高度为 20 ~ 30cm),在两棵塔桧的中间设置玫瑰丛,两侧为丰花月季群,这样既丰富了环境色彩,增加了这两路段的装饰气氛,又不破坏中央分隔带的整体风格。在地处平坦,周围多为农田和村庄,因此这一路段中央分隔带的植物配置比较简洁明快。在两株塔桧中间设置一长椭圆灌木丛,体量较大,高度为 1.0 ~ 1.2m,在碧绿的草坪、常绿整齐的塔桧这样一基调下,又有鲜艳的花朵和浓郁的香味,公路两旁是田野风光,在远处是依稀可见的群山,这种氛围营造出一种理想的行车环境,并且唤起埋藏在人们心中的一种对美好生活的热爱和对大自然亲近感。

(2)路侧绿化带

①边坡

公路建设过程中对周边环境造成了很大的破坏,公路的大挖大填造成了边坡裸露,特别是在气候干旱的地区,生态环境一旦遭到破坏,其恢复的难度是很大的。作为公路四大绿化之一的边坡绿化,因坡度、土质等因素,在挖方后多年都很难长出植被,这对公路行车安全是一个隐患,对公路景观的整体性是一种不足。即使有少量的植被存在,其结构也较简单,物质能量传输慢,对环境的依赖性强,系统本身的恢复力也较差,其生态恢复尤其是对边坡绿化和恢复来说尤为困难。

随着我国公路建设的飞速发展,高等级公路边坡防护系统研究日渐引起公路部门的重视。边坡综合防护设计是高等级公路设计的重要内容之一,需根据公路等级、降雨强度、地下水、地形、土质、材料来源等情况综合考虑,合理布局,因地制宜地选择实用、合理、经济、美观的工程措施,确保高等级公路的稳定和高速行车安全,同时达到与周围环境的协调,保持生态环境的相对平衡,美化高等级公路的效果,如图 2-26 所示。

a) b) c)

图 2-26 边坡绿化

边坡是高速公路重要的组成部分,主要指在路堑、路堤段填挖方的倾斜部分,有上边坡和下边坡之分。边坡绿地可以固结土壤,减缓径流,提高坡面的稳定性,从而避免落石影响行车安全。边坡绿化还可以尽快恢复公路建设过程中因大量土方工程而对自然植被造成的破坏,尽快改善生态环境,缓解环境压力,在形成高速公路景观的同时,在减少污染、净化空气等方面起到一定的作用。

a. 边坡条件

a)边坡的土质条件

边坡因其特殊性,在绿化前要做一系列的准备工作,首先要做的就是对边坡土质条件的考察。通过考察土质条件,根据边坡的地质、地形,所在区域的气候、水文等具体情况,测算出边坡的稳定性和安全性。若不能达到规定要求,可适当的采取抗滑挡墙、抗滑桩、锚固等措施处理,保证边坡的稳定。做好这一步后,开始清理坡面,将岩石结构的碎石清理掉,平整坡面后保证整体平滑,不平整部分高度不超过 20mm,局部最大不超过 50mm。对于岩石结构边坡,若岩面较光滑,在后期种植时会有种植土滑落现象,需要提前处理,可采取挖横沟,或局部加密锚杆、挂多层网等措施。这种坡体绿化时多采用植生袋技术、三维土工网技术、土工格室技术等客土的栽植方法,以克服立体条件差的恶劣条件。

对于全部为土层的坡体,因公路建设填挖的影响,绿化栽植后会有土层不实,陷落现象时有发生,这会导致植被立地条件的破坏,影响绿化整体效果。因此,需要提前浇水灌溉密实土壤,待局部土体下陷后,再次回填浇水密实,最终使整个坡面土体紧实。这种坡体因具有一定厚度的土层,可以采用播种或栽植的方法,但需要解决的问题是现有土层能否满足植物正常生长所需的营养、水分。若条件不允许,可施用草炭与现有土壤混合,厚度达到 5 ~ 20cm 即可满足植物体的水肥需求。该过程可由专用机械完成。

新建公路形成的边坡最易受雨水冲刷，造成水土流失、塌方或滑坡，对行驶车辆造成威胁，因此需要尽快采用大面积的覆盖性绿化进行有效防护，尽量减轻边坡面积的破坏和水土流失，减少杂草的侵入。这时一般选用草坪作为基础绿化，形成短期的边坡绿地；随后，在形成一定的植被基础上，再选择丛生的地被植物、灌木或适合的乔木，采用藤本、灌木、亚乔木等多物种因地制宜的配置方式，形成一种长期的景观效果。

b）边坡的坡度条件

边坡的坡度大小及坡向对植物的生长及最终的绿化效果都有影响。一般来说，公路建设中边坡都比较陡，路堑边坡的坡度要大一些，在1:0.5～1:1之间，路基边坡在1:1.5～1:1.75之间。对于坡度大的边坡，植被较难成活，特别是当坡度大于60°时，直根系植物体几乎很难存活，而且养护管理也有难度。因为植物根系受向地性的影响，会整体向下生长，植物根系不能垂直向边坡土层里面生长，多存在于坡面的表土层。这样就不容易吸收深层土壤里面的水分和营养，在外力的作用下很容易受影响，并逐渐导致植被的退化。边坡生态恢复过程中，除坡度对植物体造成的影响外，因坡度引起的还有降雨量、风向、坡向、蒸发量等多种因素对植物生长的影响。

在干旱地区，降雨量的多少是决定植被是否建成的关键因素；若在平地上，则植物受雨水灌溉是很平均也很充足的，植被灌溉量即是降雨量。然而，在坡面则不是如此，其坡面接受的雨量必会少于实际的降雨量，以60°的坡面为例，当在无风条件下，雨水垂直下落，那么坡面单位面积的降雨量只有平地的一半。因此，同样的苗木栽植，坡面往往很难达到平地的覆盖度，当苗木类型耐寒性较差时，还会导致一定的死亡。风向也会影响降雨量对坡度的影响，有研究数据显示，一般背风坡的降雨量会比迎风坡的降雨量少25%，这样两个坡向上就会形成绿化的不同效果。因此，根据这一影响因素，在绿化设计时要考虑到背风坡植物类型的选择和种植密度等问题，防止背风坡景观效果较差的现象发生。

除了降雨会影响不同边坡的绿化效果，阳光的照射也会因坡向不同产生不同的绿化效果。坡向可分为阳坡和阴坡，阳坡即向阳面，接受光照多，其受光辐射强度一般比阴坡高出3～5倍，坡度越大，差别越明显。这就导致了阳坡地蒸发量要大于阴坡。蒸发量导致水分的散失，这对干旱地区植被的生长是极为不利的。因此，相比较下，阳坡的植物体返青率较低，第一年的坡面覆盖率较低。待植物体较大时，蒸发量的影响可以少一些。

总之，由于坡面坡度的存在，导致了一系列不利因素，使边坡绿化、生态恢复的成为一个难点。

采用植物防护，就是利用植被对边坡的覆盖作用和植物根系对边坡的加固作用，保护路基边坡免受大气降水与地表径流的冲刷。

b. 植被的选择

在植被选择时，要以对边坡各种因素的分析和研究为依据，采用草灌结合的形式绿化边坡。单纯的地被植物已不能满足边坡绿化的需要，需要采用根系浅、抗旱性强的灌木快速形成绿化效果，加速植被的生长、演替，以更自然的植被系统稳定边坡、固着土壤。

通过实践经验总结得出，一些在平地生长较好的植被并不适宜在坡面生长，一般耐旱性强的植物体在坡面生长良好。选择植物时,可考虑相对于施工地区更为干旱地区的适宜植物,这样可以保证植被的正常生长。即树种要以实用为主,适地适树,以耐贫瘠干旱、管理粗放的苗木优先考虑,重点选择乡土树种和野生植物,在保证成活和正常生长的前提下,充分发挥其优势,达到绿化美化和生态恢复的效果。

c. 植被的播种、栽植

植被的播种、栽植过程包含整地、选苗、运输、修剪、栽植、养护等多重步骤。整地作为施工的第一步,是苗木种植成功的关键。挖种植穴时,种植穴尺寸要尽量大,开挖时一旦发现不适合植物生长的土层应立刻用适合的土替换,树穴大可以尽量为植物提供更多的营养丰富的土壤,利于植被的生长。整地结束后进行播种,常用方法为喷播技术。

喷播技术又分为液力喷播技术和客土喷播技术。

液力喷播技术是将草种、木纤维、保水剂、肥料、染色剂等与水的混合物通过专用喷播机喷射到预定区域建植成坪的高效绿化技术。在施工过程中,在坡面均匀分布液力喷播覆盖层,多余的水分从覆盖层中渗入土表,纤维通过黏合剂黏合形成物理强度,保水剂形成半渗透的保湿层,大大减少水分蒸发,为种子发芽提供水分、养分和荫蔽条件。

客土喷播生态护坡技术是采用专门的喷播设备,将植物种子、种植土壤、肥料、纤维、土壤改良剂、添加剂和水等按一定的比例充分混合均匀后,采用高压喷枪均匀地喷播到坡面而形成植被生长基础的一种边坡生态防护技术。该技术为石质边坡创造一种适宜植物快速生长的土壤营养层。土壤营养层的有机基材中采用高分子凝结剂,拌入泥炭土、纤维材料、本地肥土等构成“客土”,利用高次团粒剂使客土形成密实结构,植物纤维在其中起到类似植物根茎的网络作用,从而形成具有耐降雨侵蚀、牢固且透气、与自然表土相近的生长环境。

在干旱、半干旱地区,针对土质边坡(路堤和路堑边坡,强风化石质边坡,土石混合路堤边坡)可采用三维网植被护坡技术。三维网植草技术主要是利用一种具有三维结构的新型土工合成材料,覆盖在公路边坡坡面后,进行回填客土或喷播作业,使三维植被网与生长出的植物根系交织形成致密的覆盖层,在路基、路堑坡面形成连续和长期的保护,使坡面不因日晒雨淋而侵蚀剥落,最终达到固土的目的。在土壤贫瘠的山区、半干旱和干旱区,甚至黄土及沙漠地区,水土保持型植生带可得到广泛应用,以改善边坡水土流失,同时进行植被恢复。20 世纪 90 年代初,我国在吸收国外先进经验的基础上,开始了土工格室的研发,并在公路基床病害整治、固定松散介质的应用方面取得重大突破。这种特种土工合成材料能够防止表层塌方,整体防护效果较好,绿化边坡、恢复生态,施工简便。

这些技术可防止重力水的散失,提高土壤含水量。除此之外,还可应用 ABT 生根粉,在同样的土壤条件下,可促进苗木生根,明显提高苗木的成活率。选苗时要严把质量关,严格选用合格优质苗木,不允许生长势弱的苗木进场,为绿化工程打好基础。

值得注意的是,播种首要的是解决好草种量的问题。草种用量过低过高均不适于绿化效果的形成。播种量过低时,初期覆盖度低,不利于景观效果的形成。特别是在干旱地区,坡面覆盖每推迟一年,养护费用及成本都会提高。而草种量使用太大,虽然能加快初期景观的形成,在工程结束后的两年中能形成较好的景观,但初期密度过大会形成植物的竞争,竞争的结果是生长较弱的植物因没有足够的养料和生存空间逐渐死亡消失,竞争后生存下来的植株也因没有充足的养分生长较弱,抗性也差,这都不利于后期景观的延续,甚至引起退化。因此,为解决初期覆盖和后期延续的生长矛盾,用种量适宜每平方米1500粒左右,阴坡适当小一些,阳坡适量大一些。

d. 施工季节的选择

施工季节最好选择适宜植物生长的时期,遵循自然规律,保证苗木的成活率和种子的发芽率。在干旱地区,施工时期的选择更加重要。理论上来讲,干旱地区播种施工可在每年的5月下旬到8月上旬进行,但因为施工队伍、气候条件、植物生长情况等多方面的表现均有较大差别。根据施工的实践经验,综合考虑各种因素,干旱地区施工的最佳时间应该是6月中旬至7月中旬。这段时间内降雨量及温度都达到最佳的条件,最有利于植物的生长,可以提高植物的成活率。

e. 植被的养护

干旱地区水分条件是影响坡面植物生长状况的关键因素,在初期必须保证植物体的水分需求,在降雨较多的时期需求量会降低,在其他时期则要适当的补充水分,特别是在种植初期,还要有全面的养护方案和实施细则。待植物生长到一定高度,已具有一定抗逆性时,可以减缓养护的程度。

采用植物防护,增加植被面积,减少地表径流,可从根本上减少路基的水土流失。植物覆盖对于地表径流和水土冲刷有极大的减缓作用。枝叶繁茂的树冠能够截留一部分降水量,庞大的根系能直接吸收和涵蓄一部分水分,还可稳定地表土层。而在没有植被覆盖的地方,降水量全部落在地表面,形成径流,造成水土侵蚀和冲刷。植被的根系能与土层密切地结合,根系与根系的盘根错节,使地表层土壤形成不同深度的、牢固的稳定层,从而有效地稳定土层,固定沟坡,阻挡冲刷和塌陷,有机械的防护作用。

公路边坡宜以铺地植物为主,使其固坡能力强,抗逆性好,免修剪,提高草坪初期的抗冲刷能力,减少边坡水土流失,达到快速稳定边坡的效果。边坡绿化一般以草坪为主。草坪的生长好坏,与土质有很大关系。砂质土容易干燥,播种时不易发芽,但发芽后,由于土颗粒空隙多,空气容量大,根部容易吸收,致使根部发达,能够充分吸收下层的水分和养料,生长也就茂盛;黏性土则由于含水率高,发芽虽比砂质土容易,但根在地中难以深入,根部生长不良,对水分与养料吸收差,一般茎与叶的成长也受到影响。由于人工撒播草种的草坪很难获得成功,所以,边坡草坪应采用人工栽植或液压喷播的方法进行种植。在大多高速公路的路堑、路段边坡上,在适宜播种的路段种上爬山虎,给公路又增加一道绿色,给驾乘人员一个良好的心境。

边坡绿化的主要目的是固土护坡、防止冲刷。

边坡植被配置原则:边坡植物配置应以"自然天成地就势,不待人力虚假设"为造景宗旨,讲究适地适树的配置原则,取得"崇山峻岭、水态林姿、芳草古木,物有天成之趣,人有忘尘世之怀"的景观效果。

选择边坡植物总体遵循以下几个原则:

a)突出季相变化,春天花开之时香飘四野,夏暑则玲珑绿荫,时入秋季则落英缤纷,层林尽染,而当大雪纷飞时则树枝飘逸,始有枯木寒林的画意。一年四景,景色各异,人们的心灵感受亦随之沉淀升华。

b)体现色相变化,以绿色为基调,适当增加彩色叶树种,给人在行车途中带来愉悦的视觉享受。缤纷的色彩,蔚蓝的天空,如黛的远山,原始野性的乡村风光带来的视觉冲击是无与伦比的。

c)以乡土树种为主,挖掘和利用野生植物资源。

d)植物的种植以群落式为主,与大自然融为一体,形成天成地就之势,达到生态、环保、美化为一体的功能。

选择植物的原则:选择干旱、瘠薄、根系发达、覆盖度好、易于成活、便于管理、同时兼顾景观效果的草本或木本植物。

适宜边坡绿化的植物有草本和小灌木类,选用植物如下:

a)路堑边坡(上边坡),选用弯叶画眉草、假俭草、马尾松。弯叶画眉草与马尾松混栽,短效与长效搭配,弯叶画眉草播种后数月生长茂密,固土护坡、防止冲刷效果明显,但此草易退化衰老,3 年后草衰马尾松就能长起来。该树长寿,耐干旱瘠薄,四季常青,固土护坡及景观功能优于栽草。

b)路堤边坡(下边坡),选用大花金鸡菊、假俭草、狗牙根草。大花金鸡菊为多年生,性耐寒、耐旱、耐瘠薄,对土壤要求不严,生长势健壮,自播繁衍力强,枝叶密集,尤其是冬季幼叶萌生,鲜绿成片,春夏之间,花大色艳,鲜黄色,夺目绚丽。用大金鸡菊固土护坡及景观功能优于栽草,且成本低,这为高速公路绿化模式的创新。

②路基

路基是否有足够的强度和稳定性是公路交通是否安全的重要保证。路基不仅要保证行车道能承受行驶车辆的动力作用,还要确定路基边坡能长期稳定而不坍滑。行车道的稳定性要在施工过程中实现,而边坡、路肩等部位需要结合绿化加以稳定,一般挖方路基的边沟以内不植树,以免影响视线;填方路基的路肩不宜植高大乔木,以免破坏路基,可以种植一些小乔木、灌木、地被植物,固土护坡,加强路基的稳定性,同时也是公路景观的一部分。值得注意的是,植物种植的位置关系和疏密决定了视觉的开合关系和绿化的体块风貌,需要遵循以下两大原则。

a. 因景设计:遵循系统原则,绿化应支持绿化整体风貌的营造,如需要透景的路段减少种植量,取消乔木,透出风景;周围有不雅景观则加密种植,屏蔽视线。

b. 因境设计:应与周边的生态环境相协调,周边绿量较大时,公路也应加大绿量与之匹配;反之,若公路地处荒漠,周边植物稀薄,则可减少绿化,甚至不做绿化,而与周边环境相协调。

③路堑

高速公路路堑与一般公路路堑绿化配置技术相似,也主要分为岩石型路堑边坡景观绿化、砂石型路堑边坡景观绿化、黏土型路堑边坡景观绿化三种。

a. 岩石型路堑边坡景观绿化设计

它是指根据原有岩石质地、结构等各种因素,了解岩石的牢固程度后决定是否开挖原有的自然岩石;也可以为固土护坡,用新的片石在山坡上贴面。该类型边坡景观绿化有垂直绿化形式,即通过种植藤类植物使之爬满边坡,起到固土护坡和软化边坡的作用,也可采用喷混植生、三维网植草等方法来达到绿化目的。

b. 砂石型路堑边坡景观绿化设计

该类型边坡为砂、石、土混杂,不能直接植草绿化,需要进行边坡处理(如利用小块碎石在坡上砌出方格区并在区内清除石块后换土)后方可绿化,主要通过种植草坪绿化整个坡面,并以此为底色点缀一些小灌木和花卉,也可采用三维网植草。

c. 黏土型路堑边坡景观绿化设计

该类型边坡土质以砂土和黏土为主,易形成泥石流,特别需要植草绿化稳定边坡。在平整、清理场地后,边坡稳定的前提下,采用液压喷草的方式植草。在一些较特殊地段,可在草坪的基础上用灌木或硬质材料造景,形成特殊的边坡景观。

路堑边坡景观绿化设计中还有一种半堑半坡形式,平地部分比较宽敞,视野开阔,可与坡体部分相结合,采用多种处理方法组成多样的绿地景观。

④路肩

路肩是指公路两侧位于行车道外缘到路基边缘,具有一定宽度的带状结构部分(包括土路肩和硬路肩),其功能是保护路面和临时停车时使用。高速公路的路肩绿化能够分担车辆压力,保护路基,同时固着土壤,防止水土流失,对高速公路路面的景观也有一定的调节作用,在拐弯处,绿化模式需要对驾驶人员的视线有引导作用。在植物选择上,主要以浅根、低矮、生长缓慢的灌木为主,尽量不要种植深根、高大、速生的树种,避免大树根基影响公路路基的稳定性和行车安全。

⑤绿化平台

绿化平台是指位于路堑边坡上的平台,其绿化树种可与中央分隔带相衬,选择一些浅根、耐瘠薄的植物,也可在平台上砌槽种植垂枝植物,软化平台线条,打破边坡绿化过于单调的格局。不适宜种植有一定高度的植物,因为绿化平台上的植物需要仰视,一般是远距离观赏,若栽植较高大植物,会给驾乘人员不安全感。设计时,应本着绿化、美化的目的,从行车安全理念出发,例如:用低矮的景天、卫矛及水腊等进行绿化、美化,以木槿花为点缀,烘托绿化效果,从而形成景观绿篱,丰富绿化层次,美化公路两侧景观效果。

⑥路缘空地

路缘空地是指高速公路边缘绿化较为自由的空地,其绿化的主要作用是尽量形成生态群落,维护自然环境,美观已不是绿化的第一要求。在这一地段,应尽可能选择适应性强,生态效益高,管理粗放,价格低廉的植物,其搭配方式也多以复层结构为主,以求发挥最大的生态效益和环境效益。

路缘空地绿化(图 2-27)是建设绿化通道公路工程的主体,是景观环境再造,协调公路与周围环境关系的基本措施。这部分绿化需有一定的规模,才能形成一道壮观的绿化风景线。

绿化设计需要根据公路线形特征以及高速公路的特征,表现出一种韵律感。植物配置应以行列式为主,大块面组合。绿化以常绿乔灌木为主,尽量少种落叶乔木。

绿化物种类不宜过多,绿化观赏线应在一定距离上保持稳定、流畅。应摒弃以往的带状绿化,取消连续的行道树,减弱人工绿化带的“边缘强化效应”,结合地理环境条件进行绿化布置。例如:根据沿线水文、土质条件以及适宜树种的原则,地势低洼易积水路段,两侧预留带以植耐水湿的垂柳,保持这沿线绿化带的连续性。从预留带绿化的设置效果来看,上层林木与中层地被植物及下层草坪得到协调统一,相得益彰,并形成多层次、多色彩的主体线形,韵律感强,路线空间开阔,线形流畅,通视性好。在路缘空地上,还可以种一些经济类树木,比如石榴、梨树、核桃树、枣树等,形成"硕果累累"的意境,既可起到养路作用,又可创造经济效益。

图 2-27　路缘空地绿化

(3)互通立交区和匝道

互通立交区是高速公路的出入口,是高速公路整体结构中的节点,应成为公路绿化的标志性景观。它在公路景观设计中具有突出的有利条件,表现为场地较大、立地条件好、景观设置可塑性最强。因此,绿化设计时,应在满足交通功能的前提下,栽植要突出诱导和标志性作用,形成简洁明快、美观大方、经济实用和易于养护管理的景观,同时充分考虑周边环境,使立交区绿地与周边环境有机地结合。高速公路的出入口绿化以植草为主,辅以少量植物造景来点缀,创造一种自然、开阔的意境,使人一进入高速公路就能感受到其宏大气势。同时,大块面绿化草坪能缓和阳光辐射,减轻和消除驾乘人员的视觉疲劳。

立交区绿化要求在满足交通功能的前提下,突出诱导种植、标志性种植、时代特色种植、美化绿化功能等种植特点。当前立交区绿化模式有两种:一是大型模纹图案绿化模式(图 2-28);二是苗圃景观绿化模式(图 2-29),在满足绿化美化的要求同时,应考虑提高土地综合利用的水平,追求一定经济效益。

立交区绿化的模式主要有规则式栽植、自然式栽植、混合式栽植三种形式。规则式栽植通过透视变形、几何、视错觉等设计手法,给人以开朗明快、整齐划一的感觉。自然式栽植则常采取以草坪为底色,点缀多种植物品种,形成需错落有致的植物景观。

立交桥的进出道引道称为"匝道",在匝道两侧绿地的入口处,适当种植一些低矮的树丛、树球或小乔木以增强标志性和导向性。在匝道公路肩外侧,为形成引导作用,可栽植常绿灌木,如图 2-30 所示。匝道边坡是反映高速公路绿化水平的重要区域,应着重进行绿化。

图 2-28　大型模纹图案绿化模式

图 2-29　苗圃景观绿化模式

图 2-30　高速公路匝道口绿化

(4)隧道口

隧道口的中间绿化隔离带从隧道口起,有从宽到窄的变化,宜形成中间高,两侧低,乔灌草相结合的植物景观,并在逐渐靠近隧道口的过程中,植物栽植由疏到密,多配植常绿高大乔木,为使驾驶人员适应隧道内外光线的变化起到明暗过渡作用。另外,隧道的土建工程人工雕凿的痕迹较明显,与周围山地极不协调,可在隧道口上方等部位设计种植穴进行垂直绿化,软化线条,使其尽力与山景融为一体。隧道口绿化效果如图 2-31 所示。

a)

b)

图 2-31　隧道口绿化

(5)路域可视范围

路域可视范围一般指两侧隔离栅外的可视范围,要在保证最佳的通视条件下,进行重点绿化美化。

路域可视范围绿化要结合具体地形,采用最合理最稳定的搭配方式,创造最佳的公路景观,如图2-32所示。同时,在绿化的基础上,还要通过植树对公路沿线环境脏乱差的地段加以遮挡。另外,要对路域可视范围的环境进行整治,例如垃圾乱堆乱放,乱建坟墓和乱搭乱建等不良现象,沿线村容镇貌不整洁等问题,通过统一规划改造,建立和谐的公路景观。

图2-32　隔离栅外的可视范围绿化

二、环境绿化设计

在我国,路旁植树很早就开始了。早在西周时代,在“井田”制度下,公路被划分为城市和乡村两个体系,规定公路旁要植树。秦始皇统一中国后,大修驰道。驰道以秦都咸阳为中心,向全国各地延伸,从而构成了十线公路网。驰道宽广壮丽,公路两旁植树规模扩大,出现了贯通全国的林荫大道。在国外,尤其西欧一些发达国家,他们非常重视环境的绿化,把大地绿化作为改善环境和保持生态平衡的最主要措施,公路两侧到处可以看到苍松翠柏巍然挺立,奇花异草争鲜斗艳,乔木、灌木、草坪与周围的大环境融为一体,举目望去,给人以清新秀丽、心旷神怡的感觉。

没有调查就没有发言权,这句话同样适用于公路环境绿化。不同的地域有着不同的自然地理环境,适宜生长的植物各有不同,在公路施工建设过程中,对沿线周边地区的影响情况和破坏程度均有所不同,因此,在环境绿化过程中,需根据沿线具体情况对其进行绿化和恢复。在进行详细了解的基础上,还需考虑的是以具备地方文化特色的丰富的植物配置形式展现地方特点,给驾乘人员一个舒适愉快的行车氛围。

对于水体环境的恢复与绿化,首先要在公路两侧设置排水沟和管道,保证排水通畅,其次公路周边排水要设置好管道，对生活污水、生产污水采用正确的方式处理排出，而不能直接排入现有水体中；同时，将被破坏的水系尽量恢复，确认并净化已污染水源，清理水体中的污染物，使之重新形成良好的循环系统。还可以在水系两侧栽植各种乔木、灌木、地被植物，绿化岸边，防止水土流失，净化水源。

对于公路周边的社会环境，例如土地资源、建筑物、村镇居民区、农田水利设施等环境要素，需要采取不同的措施进行防护绿化，对于居民区最好栽植较密树林，以减轻对居民生活的干扰，或建造屏障来降低噪声。而对于风景名胜区或自然保护区也需要种植防护林带加以遮挡，以免暴露后影响驾驶人员视线，不利于安全行车。

对于山地、丘陵等地形较复杂多变的地段，更需要详细的勘查。受地形、地势影响，其立地条件（如土壤条件、小气候条件）共同调节影响植物生长。其中，土壤条件，如土壤透气性、土壤的水分状况、土壤的肥力状况等，小气候条件，如风速、光照、温度等，相互影响、共同作用，形成了对植物生长发育有影响的土壤和小气候环境。加之在公路修建过程中，由于路基较多地采用了石灰、沥青等材料，改变了土壤原有的结构，破坏了小气候的平衡状态，从而会严重破坏植物的生长条件。这就需要环境绿化中对施工过程中遗留的建筑垃圾正确及时处理，严密考虑施工程序，最大限度地减少破坏。

1. 办公场地（管理处）

办公场地（管理处）是驾乘人员和管理人员工作和休息的场所，因此进行细致的绿化是必要的。绿化必须与当地背景和景观特点相结合，如图 2-33 所示。可以利用树木和花卉来增强季节感，也可采用桌子、凳子、水池、喷泉以及娱乐设施等，为驾乘人员提供休息的空间。

2. 公路站

负责公路管理的部门一般有两个，一个是负责省道、国道养护的公路局（也称公路段、公路站）；另一个是县乡公路管理部门（也称地方公路管理处）。公路站是驾乘人员和管理、养护人员工作和休息的场所，应进行细致的绿化（图 2-34）。

图 2-33　办公场地（管理处）绿化

图 2-34　公路站绿化

3. 收费站

如图 2-35 所示，高速公路收费站上的绿化应注意要以建筑为主体，其路肩内绿化以草花、草地、盆景为主，路肩外绿化可选用乔、灌、花、草相结合的配置方式，布局要合理，尽量做到"四季常青、三季有花、错落有致、色彩丰富",创造出舒适宜人的环境,也为收费管理人员营造一种良好的工作环境。

a)　　　　b)

图2-35　高速公路收费站的绿化

4. 交调站

交调站点即交通量观测点,在这些站点均可实现交通流量数据实时上传,从而形成了省、市联网。

近年来,随着公路网的密度越来越大,而且节点数目越来越多,要想对其进行宏观管理,就必须获得各节点的交通流信息。"交通量自动观测管理系统"就是用于采集车型、交通量、占有率和车速等交通信息的系统。

5. 服务区

高速公路服务区是指设置在高速公路上,主要为车辆、驾乘人员和旅客提供服务的设施,它包括休息、停车和辅助设施,是专门为人、车服务的场所和建筑设施。它是伴随着高速公路的营运而产生的,其数量、规模和在高速公路上的分布,要根据公路使用者的生理、心理需求和机械性能的客观要求,并结合地理环境和公路景观而精心规划和设计(停车区与服务区的区别在于服务项目少,总体上也称其为服务区)。

服务区是公路附属设施,其功能、绿化要求和设计方法如下。

1)功能

公路附属设施景观绿地应以美化为主,创造优美、舒适的工作和生活空间,以及适宜的游憩、休闲环境。

在我国,高速公路作为国家重要的基础设施之一,在其附属设施服务区的空间环境设计上,从最初多考虑的是安全和经济方面的因素,后逐渐融入生态、景观方面的要求,从最初建筑功能的简单布局,到服务区全方位,多层次立体空间布局的规划设计上来;生态观念的渗透上,与周围环境的整合上都有一定的进步。但遗憾的是,由于在高速公路服务区空间环境的营造上缺乏景观与生态、环境整合和空间组合的研究,因此有时片面的局限于植树、种草的范围内,虽然高速公路服务区建成了,但是从场区选址、布局等规划设计合理性方面;从美感方面,与周围生态环境协调方面,或与地域文化的结合方面,同发达国家相比尚有一定的差距。

2)绿化要求

高速公路服务区提供的服务项目包括:休息、加油、修理以及驾乘人员的食宿。服务区的绿化应首先满足其功能要求,在停车场周围应栽植高大乔木,为停靠休息的车辆、人员提供荫凉。在面积较大的绿地或重点地段可建亭榭、花坛等园林小品,供驾乘人员休息和观赏,以解除他们的旅途疲劳。在树种选择上,可采用一些较高档的植物材料和常绿树种。其设计与一般公共绿地相同。高速公路生活服务区绿化可采用混合式布局,以大面积的缀花草坪为底色,通过植物造景,用花草树木柔软的线条去衬托建筑的形式美,如图2-36所示。

图2-36 高速公路服务区绿化

(1)中心大草坪喷泉区:以开敞草坪为主,并适当点缀宿根花卉及地被植物如地柏等,四周以草花花带镶边。

(2)宾馆、旅店区:周围适当点缀针叶树如云杉、丹东桧等及一些珍贵花灌木,并种植若干花卉带,如串红、矮牵牛等。

(3)餐馆区:后面设栅栏及铁丝网,种植攀援植物如葡萄、地锦等进行垂直绿化,以遮挡有碍观瞻的厨房设施等。

(4)加油站、管理站、游览区:周围以草坪为主,适当种植若干常绿树如云杉、黑皮油松等及一些花灌木如丁香、连翘等。

(5)防护绿地及预留地区:种植一排常绿树,以此界定服务区范围,并起防护作用,在预留地区种植山丁子、山楂等林木,形成富有特色的绿化区域。

3)具体设计

(1)服务区大型广场区景观绿化设计。大型广场区由于视觉的需要,景观绿化以开敞草坪为主,适当点缀灌木花草,如宿根花卉及地被植物如铺地柏等;也可适当孤植一两株有型的树种,如刺冬青、对节白蜡、木瓜等。对于特大型的空旷地段,也可在地形上予以处理,如人工造坡、设置假山石小品等,以丰富景观。

(2)宾馆、旅店区周围绿化设计。以草地绿化为主,适当点缀针、阔叶树如雪松、香柿、桂花、玉兰等及一些珍贵花灌木,并种植若干花卉带,如一串红、矮牵牛等,用于遮荫、休闲、赏景等,以满足旅客的视觉、味觉和参与的心理感受。

(3)餐馆区绿化设计。主要种植乔木类树木,以营造室外良好的自然环境氛围,在餐馆后面设栅栏及铁丝网上,可种植攀援植物如山葡萄、地锦等进行垂直绿化,并辅以雕塑、景石、小桥流水景观等以增加审美情趣。

(4)加油站、管理站绿化设计。周围以草坪为主,适当种植若干常绿树如法国冬青及一些花灌木如杜鹃、红木等组景,衬托建筑体,以简练、流畅、轻松的手法获得效果。

(5)防护绿地及预留地区绿化设计。在最边缘区,种植一排香樟或雪松,以界定服务区范围,并起防护作用;在预留地区种植龙爪槐、棕榈、苏铁、七里香等树种,以廉价的本地特色树种片植成林,形成富有地方特色的绿化区域,还可增加周围绿化率。

服务区的景观比其他地段要求高,选择植物时要优先考虑当地乡土特色植物,以较好的体现地方特色;也可以选择果树,春华秋实、季相变化明显。但一般偏重常绿阔叶树和花卉种类,将乔、灌、花、草有机的结合在一起,并利用植物枝条颜色和花色进行搭配,加之季节变化,以构成丰富多彩的四季景观。服务区与外界的隔离应采用自然的“软性隔离”,即用矮墙和栅栏,内侧种植乔木灌木,可选用刺槐等带刺植物,一般不采用“生硬的”高墙。

服务区绿化如颗颗“绿色明珠”,其绿化效果,直接影响到高等级公路的综合服务体系。高速公路服务区栽植的绿色植物可以通过光合作用吸收二氧化碳,产生氧气,使沿线空气保持清新,为驾乘人员创造一个良好的环境。同时植物的叶片还能有效吸收行驶车辆排放的有毒有害尾气、烟尘、飘尘,改善净化大气质量,有益驾乘人员身心健康。

近年来,山东省的公路绿化植物配置技术,不论是在植物的选择,还是种植方式、后期管理,都有了很大程度的提高,各种因素共同作用,提高了公路景观的整体性、生态性、观赏性,为人们出行提供了一个安全、舒适、愉悦的交通环境。但在进步的同时,也出现了一些问题,主要表现在以下两个方面。

(1)中央分隔带植物配置

防眩是中央分隔带绿化第一功能要求,而为了达到防眩效果,植物配置时就应多选用常绿灌木,以绿篱的形式栽植。但在满足功能要求的基础上,配置方式略显单一,观赏性有待提高。在植物选择和布局上可以深入研究,从多个角度入手,以更多的植物栽植和配置方式创造更好的景观。

公路沿线地形地势复杂多变,不同地段对防眩的要求有所不同,山东省目前对较复杂地段如对山区高速公路防眩高度的研究还不够彻底。山区地形起伏决定公路凹曲路段较多,中央分隔带也较窄,在凹曲线路段上车辆前照灯光束与防眩植株顶部之间的空间关系与直线路段相比有所改变。因此,为确保防眩效果,需要调整该地段防眩植株的高度。但在具体的绿化设计及施工中,需增加的具体高度还不能得出准确的结论,多是以一种较主观较模糊的认知处理,一般在公路凹路段适当提高防眩高度 10 ~ 20cm。这种较随意的处理导致与实际情况不完全相符,则在实际行车过程中不能充分满足各类使用者对防眩的要求。

(2)土质边坡植物配置

人们在研究植物配置时,往往习惯性的研究可选用的植物,及在现有植物条件下,搭配方式的多变性,往往忽略了对过去和现在的植物配置技术加以比较研究。通过比较,可以发现不同植物配置绿化效果的差异,以此对每种绿化方式进行改进,不断完善,尽量形成较为稳定、优美的绿化景观。土质边坡的绿化形式本来就较多,根据不同条件,可适当采用地被覆盖、草灌结合、草乔结合等形式,但通常认为在相同条件下多种植物的配置形式较单一形式具有更大的总体效益。但由于高速公路边坡绿地特殊的地形条件,一般的植物配置方式往往不能达到边坡绿化所需要的效果,而且灌木和乔木因坡度这一特殊立地条件,其种植后的效果也不能保证有很好的效果。

因此,今后需加大对灌木和乔木栽植可行性以及效果的研究,不能再停留在主观分析和宏观归纳上,要通过对各个影响因素的严格正确的实验、记录、比较,得出结论,作为绿化设计的理论支持和科学依据,逐渐改变边坡绿化的形式。另外,目前研究较多的是部分草种的配比,以不断增强单一草种种植的环境效益,今后也需要不断与灌木和乔木相结合进行研究,打破现有绿化模式的局限性,为边坡绿化设计出乔灌草相结合的多层绿化模式。

第七节　公路绿化设计前沿性探讨

一、国内外动态性、前沿性探讨

(一)国外动态性、前沿性探讨

1. 国外动态

1)世界高速公路的飞速发展

1932 年,德国建成通车的波恩—科隆高速公路是世界上第一条高速公路。截至 2008 年,德国全境的高速公路总长度已达到 12550km,居世界第四位,并连接成网,构成了欧洲最庞大的高速公路网。德国因其为高速公路的建设标准所作的贡献,无疑成为世界高速公路建设当之无愧的领导者,而且阿斯查芬堡—纽伦堡的高速公路由于其自由优美的线形,成为至今欧洲最美、最完整意义上的高速公路。

美国于 1937 年开始修筑高速公路。截至 2002 年底,总里程达 8.87 万 km,约占世界高速公路总里程的一半,形成了横贯东西、纵贯南北的美国公路主骨架。

到目前为止,全世界已有 80 多个国家拥有高速公路,其中拥有 1000km 以上的国家有 20 余个,除前述国家和中国外,还有俄罗斯、西班牙、荷兰、韩国、澳大利亚、南非等。高速公路的产生和发展,改变了世界交通运输的宏观格局,进一步显示了公路运输便捷灵活、速度快、门到门的优势,带来了巨大的经济效益和社会效益,十分有力地促进了世界各国经济和社会的迅速发展。

2)国外公路绿化发展概述

世界上发达国家都非常重视高速公路的绿化,强调遵循自然,相融于周围环境,尽可能恢复原有自然绿色景观,体现了强烈的生态和环保意识。早在 1965 年,美国就制定了公路美化规定，日本在 1975 年制定了公路建筑和景观设计规范等，丹麦于 1994 年制定了公路美化战略，把公路景观列为独立的课题进行研究，并制订详细的执行方案。

目前，公路建设已由普通绿化发展成为生态绿化和景观与生态相结合的景观生态绿化，向着自然、和谐、天人合一的方向发展。在总体设计上，充分体现环境保护和经济美观的设计理念。主要的设计原则是尽量避免破坏自然环境，减少深挖高填。在防护工程中，采取植物绿化和各类柔性支护，基本取消了砌石防护。路域带的生态保护上，因地制宜，分层次绿化，取、弃土场也要及时绿化覆盖，恢复到建设前的状态。

美国等发达国家从 20 世纪 30 年代起，就意识到保护公路生态环境平衡的重要性，开始在公路边坡开展植被恢复工作。例如，在饱尝了黑风暴等生态灾难后果之后，美国开始认识到了生态平衡和环境治理的重要性，开始在公路边坡开展植被恢复工作。美国在公路网规划初期就同步开展战略环境影响评价，通过项目环境影响评价、景观设计、环境恢复与治理，形成了一整套的公路环境保护和综合治理模式。在整个公路建设中充分体现“环保优先”原则，采取公路建设与环境保护统一规划、统一设计、统一施工，并且在公路规划、设计、施工和营运各阶段也都建立了相应的环境调查、环境治理和环境评价程序。

20 世纪 50 年代以后，随着公路的大量兴建，公路建设对环境的影响越来越受到社会的关注，为此，美国政府制定了相关法律规定要求新建公路必须进行生态恢复，必须进行绿化。机械化施工的喷播技术此时应运而生。

20 世纪 60 年代开始，美国、德国、法国等发达国家开始大规模修建高速公路。法国政府也明文规定，在建造公路的同时，必须有绿化的规则，公路景观绿化也随之完成，公路旁草坪连绵不断，树木郁郁葱葱，高大的树林一片连接一片，汽车就像行驶在森林地带。

喷播等绿化新技术在稳定边坡、防止土壤侵蚀和恢复植被等方面得到了广泛应用。德国公路坡面多采用植物护坡，根据公路所处的地理位置与气候环境，设计公路边坡的绿化方案。一般情况是在接近公路的边坡上种植草本植物，以防止乔、灌木枝叶对公路行车产生影响，在草本植物之上栽植灌木，这样可减少绿化植物的养护管理工作，可节省人力和物力的消耗。

日本在 1633 年采用铺草皮、栽树苗的方法治理荒坡，成为日本公路护坡的起源。目前，喷射绿化技术已成为日本应用最为广泛的生态护坡技术。喷射护坡绿化技术可以应用于软弱岩石边坡，还可以应用于中硬岩及强酸性（pH = 2 ~ 3）土质边坡等。目前，日本在公路岩石边坡绿化方面已形成一整套技术系统。此外，日本还提出了功能栽植的概念，对于公路绿化起到了重要作用。虽然日本在高速公路绿化方面起步比美国晚 20 ~ 30 年，但现在其公路绿化水平处于世界领先地位。日本公路绿化的大体思想可以归纳为以下两点：一是尊重自然；二是以人为本。

尊重自然、正视自然、顺应自然、保护自然。为了将公路对环境带来的不利影响控制在最小限度，日本在进行公路的选线、确定公路的车道构成、宽度、路面结构，进行线形设计、施工方法的研究以及树木的栽植等各个阶段，都充分考虑了环保措施。同时尽最大努力恢复到原来的自然群落，采取例如回填表土、移栽原有树木、建设动物专用通道等有效措施。

同时,日本公路绿化充分考虑人们的需求,尽量创造舒适宜人的人类活动空间。通过利用乡土植物,开花的树种、彩叶树种和草花卉等来创造与周围环境相融洽的景观绿化空间,使公路更具有亲切感和情趣,让使用者更感到身心舒适。

此外,日本对边坡的治理和绿化施工十分重视,目前边坡客土喷播绿化技术已开发20多种施工方法,为世界先进水平,被誉为“从种子到森林的再生技术”。日本常用的坡面防护法大致为植物和工程防护。植物防护是建植草木等植被进行坡面防护,又被称为生物防护方法。工程防护包括构造物、挡土墙、栅栏、锚固、喷浆等传统工程防护方式,除坡面必需的工程防护外,在边坡较为稳定的基础上主要采用生物防护方法作为防止雨水冲刷、抑制表土流失的措施,对环境、自然、生态和人类是较为理想的施工手段。日本坡面绿化技术已发展到工程措施与植物措施相结合的阶段,绿化方法不下十种,如客土喷播技术、植生袋技术等。

2. 国外动态性、前沿性探讨

1)新西兰公路环境规划

新西兰公路环境规划由新西兰交通部于2004年11月发布。该项环境规划响应了2003年的“陆上交通管理法案”和“新西兰交通战略”。它同时通过交通部的行动,体现了1991年“资源管理法案”和其他一些环境立法政策的要求。此外,该项环境规划还反映了2003年新西兰可持续发展行动项目所指明的“可持续发展理念和工作方式”。具体体现为:

①以人为本;

②长远眼光;

③全面考虑项目所涉及的社会、经济、环境和文化影响;

④鼓励参与合作。

(1)公路环境规划的政策依据

①新西兰的资源管理法案(RMA)旨在促进对国家公路系统中的自然资源和物质资源的可持续性管理。

②新西兰交通战略(NZTS)旨在使新西兰拥有一个经济上负担得起的、完整、安全、积极响应和可持续性的交通系统。

a. 新西兰交通战略的具体目标为:促进经济发展;保障人身安全;提高通达性和灵活性;保护和增进公共健康;保证环境可持续性。

b. 新西兰交通战略对运输部门的要求:降低运输系统对土地、空气、水、社区和生态系统的不良影响;运输部门必须更有效地利用资源,减少不可再生资源的使用,转向可再生能源的利用。

(2)公路环境规划的主要内容

新西兰交通部致力于:

①对社会和环境负责;

②提高国家公路对新西兰环境和社会良好状态的贡献。

这项环境规划与交通部战略计划的第五项目标对应,即“促进国家公路对新西兰环境与社会和谐的贡献,包括能源效率和公共健康”。这是一份对交通部社会环境责任的完整描述。

这项环境规划尤其关注交通部如何处理建设和管理国家公路网对环境产生影响的问题。不仅全面地阐述了交通部所从事的环保相关工作,而且在一个很高的层次上确立了交通部的目标。

①保护和提高适当的环境

管理国家公路网络为保护和提高自然环境提供了机会。交通部利用这些机会,在适当的地方,为当前和将来的几代人谋利益。新西兰交通部有责任和义务提高人们的生活质量,尤其在城市地区,并且打算与其他机构合作。

②避免合理情况下对区域的负面影响

建设和运行国家公路会对社区和环境施加负面影响。交通部避免在合理情况下对区域的负面影响,不能合理避免的负面的环境影响可以通过低冲突或更适宜的各种措施来减轻,以满足法律是最低的要求。与其他机构合作来鼓励人们旅行方式多样化,减少对私人汽车旅行的需求,有利于减少负面影响。

③有效使用和管理资源

原料和能量管理是交通部的业务中关键的组成部分,使用这些能源需承认能源供应的有限性和生命周期的耗费。要特别强调的是再利用和再循环。交通部认识到有效地使用能量的多重利益,并打算确保国家公路会促进运输效率的提高,减少新西兰的温室气体的排放。

④及早考虑环境问题

在公路网建设计划中越早考虑环境的限制和机会时,环境管理就越有效率。交通部认为应较早地考虑环境问题以及其他关键的目标,比如:安全,经济发展和综合计划,都是有效率的。

⑤通过和其他机构合作取得可持续效果

许多与可持续的陆上运输系统相关的因素在交通部的控制之外。在这些情况下,交通部旨在通过和中央政府、地方政府、社区、毛利人及供运商合作来影响可持续发展的效果。

⑥不断提高环境绩效

充分实现社会效益和环境效益是交通部业务中必不可少的有机组成部分。交通部的业务与相关的法律义务相统一,在此基础上,向承包人学习有益的经验,对不断促进工作很有必要。交通部鼓励应用新的提高环境的可持续能力和公众健康的方法。

其中涉及的环境政策是新西兰交通部的环境政策,依照交通部标准和方针手册,具有一定的政策地位。

(3)公路的景观规划

公路周边植被和硬件设施的外观能影响国家公路网络的安全性、环境状况和视觉印象。

对公路周边区域的处理要设法满足安全性、环境质量、景观质量的目标。可利用基金来提高公路网络的安全性、环境价值和景观质量。

建设公路的景观旨在增进新西兰优美的风光、美化廊道。除了提高景观质量外,还使公路具有独特的外观，给人别致的感觉，例如：

a. 通过让驾驶人欣赏路边风景、减少驾驶疲劳、隔离车行道和人行道，从而提供安全的驾驶环境；

b. 提高生物多样性；

c. 有助于实现城市设计的目标；

d. 柔化桥梁、挡土墙、声屏障等公路设施的外观；

e. 为公路排出的污染物提供过滤和疏导系统；

f. 提高坡面的稳定性，减少硬质工程结构的使用，尤其有助于控制公路腐蚀；

g. 通过减少割草、虫害控制；减少非法倾倒垃圾、故意破坏、乱涂乱画来降低资金和养护费用。

资源管理法案第六部分指出：保护自然景观免受不恰当的使用、开发和破坏，这对国家而言是相当重要的。

许多地方采用铺草皮的方式美化景观，这种方法视觉干扰小，初期建设费用低，是有标准化的管理方法。但是养护草坪要大量使用除草剂，要经常清理人们随手丢弃的垃圾，还要时常修整，导致长期费用高。

在新项目施工的同时，配合景观建设，满足多样化的目标，持续提高公路养护工作的质量，包括控制植被虫害、管理垃圾等将优化景观价值。设计公路结构时考虑外观的美学往往花费额外费用很少却能获得极大的视觉效果。

总而言之，对公路使用者、周边社区而言，公路的景观效果受以下因素影响：

a. 公路和周围地貌景观的融合程度；

b. 路边植被的视觉效果、协调性和管理状况；

c. 公路硬件设施与其周围环境的协调性；

d. 邻近区域的物体结构对公路走廊整体视觉效果的贡献。

①景观质量管理目标

a. 将多目标的景观设计融入新的公路建设项目中；

b. 提高现有国家公路网络的景观质量。

②景观规划绩效年度评价

a. 在对公路使用者的调查中，对国家公路景观“满意”或“非常满意”的比例；

b. 得益于新的景观改造的公路周边面积；

c. 已签署的养护合同中遵守植被和垃圾管理要求的比例。

③景观质量小结

a. 在对公路使用者的调查中表示对国家公路景观“满意”或“非常满意”的比例；

b. 得益于新的景观改造的公路周边面积；

c. 得益于公路畅通计划的现有公路面积；

d. 已签署的养护合同中遵守植被和垃圾管理要求的比例。

(4)生态资源保护

①生态资源管理绩效年度评价：

a. 根据 GIS 数据库确认的生态资源数量；

b. 已签署的养护合同中符合植被管理要求的比例。

②生态资源小结

a. 根据 GIS 数据库确认的生态资源数量；

b. 已签署的养护合同中符合植被管理要求的比例。

2）瑞典公路环境规划

该规划是瑞典国家公路管理局（Sweedish National Road Administration，简称 SNRA）制订的第二份国家环境规划，确定了 2002 ~ 2005 年总体环境目标和具体环境目标，并且提出了相应的对策措施、实施原则以及环境监测指标。它是国家公路管理局制订长期和短期规划的基础。

瑞典国家公路管理局在该规划中将“环境管理体系”引入了公路环境规划。

国家公路管理局引入环境管理体系，其中包括了环境项目。环境管理体系的建立，意味着以系统化的眼光看待环境管理工作，并把它有机地融入到所有活动中。这就保证了组织内部的所有活动都遵守各项法律法规，效果稳步提高。

环境管理体系由环境政策、规划、实施和运行、检验和更正与管理回顾五个部分组成。本规划涉及其中三个。“规划”指确定环境目标和措施；“实施和运行”中的目标和措施将与总体规划相协调；后续工作包含在“检验和更正”中。

（1）保留充足的农业用地

政府认为国家公路管理局应该继续保护公路周边地区的生物多样性。

（2）保护具有自然价值的环境

国家公路管理局将制定目标和评价因子，并采取相应措施保护城乡地区具有自然价值的环境。公路对自然环境影响很大。从 1998 年起，国家公路管理局就与自然环境保护机关合作，制定环境质量标准，使公路与环境和谐共存，全面开展工作，确定是否需要采取与这些标准相关的措施。

（3）排除公路障碍

移除野生动物迁移的障碍：瑞典国家公路管理局与其他相关的组织合作，对不正确摆放的管路和公路上野生动物迁移障碍列出调查清单，做相应的整改。这是实现水道生物多样性目标的必要之举。

3）澳大利亚公路环境管理

澳大利亚新南威尔士州公路交通管理局（Roadsand Ttraficc Authority New South Wales，以下简称 RTA）的《公路环境交通管理系统手册》（Environmental management System，以下简称 EMS）规划了 RTA 的环境管理方向和进程。它确保规划、执行、报告和评价机制得以落实，不断激励环境绩效的提高。

（1）明确环境职责

RTA 的公路环境管理系统的目标之一是确保员工们明确他们的环境职责。

对于各级行政部门管理层的环境职责，RTA 划分是非常明确的：

①首席行政长官：确保 RTA 的各项工作依照 RTA 的环境政策和环境管理系统开展，为

发展中的 RTA 环境管理系统提供许诺和支持,参照环境信息系统(EIS)做出项目决策。

②交通运输部主任:指导交通管理相关规章、政策、程序的制定和审核,包括对自行车和行人的相关要求,提高环境保护成效。

③公路网基础设施主任:在法律和社区规章允许的框架内,在考虑环境利益的基础上指导公路网络发展和养护。

④公路安全和公路使用主任:指导公路安全、公路使用管理相关规章的制定和审核,为提高环境质量提供建议。

⑤客户服务主任:指导项目、资产、交通管理相关规章的制定和审核,为提高环境质量提供建议。

⑥运营部经理:提供服务,包括建设、公路桥梁养护、交通服务、车队和工厂服务、调查、设计、试验室工作、机动车用户服务、车辆管理等,使所有法律法规和社区规章考虑到环境利益。

⑦财务部经理:为环境管理提供财政和资源上的保证。

⑧企业服务部经理:以官方名义制定、颁布政策、指导方针和实施方案,确保所有战略决策得以有效推行。

⑨环境和社区政策部经理:为不断提高 RTA 的环境管理和社区事务绩效,制定并提供一套执行、监管、评估机制,确保 RTA 符合社区的期望、履行法律义务。

(2)环境意识和培训

RTA 的合作环境政策要求 RTA 的雇员要"具备完成 RTA 的使命的技能、意识和领导力"。因此,所有可能对环境造成影响的在职员工需接受培训,以确保他们有执行环境相关任务的知识和技能。

环境和社区政策部门在考虑所有员工现有的知识和技能的基础上,确认是否有培训的必要,并建立了培训模式,发展了岗位环境培训项目,以满足他们对环境知识和技能的需要。

4)加拿大公路环境管理

公路上行驶的汽车会给沿线居民带来令人烦恼的噪声污染。加拿大从 20 世纪 50 年代以来采取多种技术,在噪声控制方面积累了宝贵的经验。

加拿大采取措施是修建隔声土堤。采用隔声土堤的设计,可以使房屋隐蔽在草堤之后,只露出屋顶,土堤既能阻挡住噪声,其上植草后还能提高地面的粗糙度,更有利于噪声的衰减。这种设计体现出较强的自然意识,努力避免公路两侧有碍景观的环保措施带来的不利影响,潜移默化中体现出沿线优雅的人文景观。

当不得不采取措施时,最普遍采用的是隔声屏障。隔声屏障的高度因地制宜进行设计,一般在 4m 以下。隔声屏障一般使用简洁协调的色彩,大都隐蔽在灌木花丛之后,能起到兼顾环保和美学效果。

从世界范围来看,减少公路建设对生态环境的影响以及对破坏后生态环境的恢复与景观再造技术已成为公路环保产业的核心技术。首先,创新设计需要空间技术的参与,如"3S"技术,即集遥感技术(RS)、地理信息系统(GIS)和全球定位系统(GPS)与三维地学模型分析技术(geosystem)于一体的现代三维空间技术将使传统公路勘测设计技术产生一次质的飞跃。其次,湿式喷播和客土喷播技术等会成为公路生物环境工程治理的重要手段。绿色植物特有的防灾减灾、净化大气、调节气温、消减噪声、水土保持和美化环境等方面的积极作用,对退化生态系统的恢复与重建具有极其重要的意义。半个多世纪以来,发达国家的高速公路建设和公路环境建设的发展历程也清楚地表明,公路植被恢复工程是公路环境治理工程的主体。而应用先进的绿化工程技术恢复与重建植被是公路生物环境工程的主要任务。目前,两种不同模式分别为:以欧美为典型的高养护型——湿式喷播快速植草技术和以日本为典型的高投入型——客土及厚层生长基础喷播技术。

(二)国内动态性、前沿性探讨

1. 国内动态

1)我国公路建设的发展概况

随着我国经济的迅猛发展,基础设施建设尤其是交通公路设施的建设正在飞速发展。目前国家级和省级交通公路网基本建成,而各省的县级、乡镇级交通网也正在加速建设过程中。

(1)交通建设需求大

21世纪,随着社会经济的发展,我国将继续保持对交通运输需求的稳定增长态势。在运输需求方面,我国还处于工业化中期,实现交通运输现代化的公路还很长。目前交通运输供给能力与交通运输量需求的平衡仍然处于较低水平。第一,随着经济的持续快速发展和社会的进步,对交通运输的绝对需求还具有较大的增长潜力,提高交通运输量仍存在一定的空间。第二,社会发展对交通运输量增长的相对需求。即使在现有的交通运输量不变的情况下,进一步提高和改善运输质量,如增加运输工具的班次密度,势必需要增加交通运输设施的供给能力,才能继续适应和满足国民经济和社会发展的需要。因此,提高交通运输能力仍然是21世纪的重要任务。

在交通运输总量方面,随着国民经济的平稳增长,即经济增长率的变动幅度趋于平稳,将影响到交通运输量的增长变化水平。改革开放以来,我国客货运输量增长率与经济增长率基本上符合正相关关系。21世纪,我国经济将保持较为稳定的增长率,经济波动幅度将进一步缩小。因此,运输量也将保持小幅度变动,基本上处于相对稳定的状态,并以增长为主要趋势,与交通运输量的增长相对应,对公路建设的需求也呈增长趋势。

(2)公路建设量增加

面对复杂的经济形势和艰巨繁重的改革发展任务,交通运输行业认真贯彻落实中央决策部署,坚持主题主线,坚持稳中求进,着力破解难题,努力推进交通运输科学发展。

全国公路建设量正在迅速增加,主要体现在以下几方面:

①公路技术等级和路面等级不断提高。

②高速公路里程增长迅速。

③县乡公路里程大幅增长,公路密度和通达深度进一步提高。

④中西部地区公路里程增长明显。

随着经济的发展,我国高速公路网会联结了所有省会级城市、计划单列市、83%的50万以上城镇人口大城市和74%的20万以上城镇人口中等城市。国家高速公路网采用放射线与纵横网格相结合布局方案,由7条首都放射线、9条南北纵线和18条东西横线组成,简称为“7918”网,总规模约8.5万km,其中主线6.8万km,地区环线、联络线等其他路线约1.7万km。

目前,我国正处在公路建设的高峰期,由于过多地重视发展速度和数量,工程设计和施工期被大大地压缩,以及施工阶段对环境管理的忽视,必然会造成超额破坏生态面积、环境污染和环境保护工程滞后等问题。目前,公路建设引发的环境破坏和污染主要在施工期和营运期。公路建设的环境问题主要表现为非污染型生态环境影响,一般为植被破坏、局部地貌破坏、土壤侵蚀、自然资源影响(土地、草场、森林、野生动物等)、景观影响及生态敏感区影响等(著名历史遗迹、自然保护区、风景名胜区和水源保护地等),同时在营运期还会造成一定的污染。

2)我国公路绿化的发展概况

我国的公路绿化起步较晚始于20世纪80年代,经历的时间较短,但发展较快,我国的公路绿化与国外相比,绿化工程阵线长、面积大,对生态环境的影响较大。

近年来,随着我国公路建设力度加大、环保意识的增强,公路绿化也越来越受到重视,绿化技术和水平有了显著提高,如中央分隔带防眩树种选择和立体配置;边坡、互通立交区的大面积草坪、地被、藤本和低矮灌木的应用,植物配置逐渐摒弃模纹式,向自然式转变,形成绿色廊道;在服务区和互通地段通过设置园林小品并结合植物造景,突出节点,表现地域特有历史文化;防护林的造林技术以及公路绿化造景艺术等诸多方面都取得了长足的发展,从而使得公路绿化在提高防护功能、美化公路景观、改善生态环境等方面的作用得到了更好的发挥。

除了对中央分隔带和边坡进行绿化外,我国还开始了公路两侧的林带建设。但也存在诸如中央分隔带过窄,植被建植仍处于绿化的目标阶段,植物景观普遍采用小区绿化和街头绿化方法思路,过分注重形式美,片面强调视觉刺激等问题。而没有考虑公路本身及周边环境等特点,忽略了以区域的尺度恢复沿线路域的自然景观等诸方面问题。而美国西欧等国的公路以及高速公路中央分隔带宽窄因地形、线形而定,绿化景观注重与周边环境协调,物种和景观效果与周围环境相融合,创造优美和谐的自然生态环境与景观效果。总之,与国际水平以及人们对环境质量的日益提高的要求相比,我国高速公路绿化水平还存在一定差距,这方面以后还是需要学习借鉴的。

我国公路绿化的落后状况目前主要表现在以下几个方面:

(1)绿化总体规划滞后、缺乏统一性,地区之间、线路之间绿化发展不平衡,整体景观效果差。

(2)绿化技术规范和技术标准不完善。

(3)绿化设计多属传统园林景观设计方法,人工痕迹浓重。

(4)片面注重路界内和近期的绿化效果,对整个路域范围内景观和生态效益考虑较少。

(5)植物品种贫乏,配置形式单一,忽视植物的异质性、地域性和适应性。

(6)绿化用地不足,绿化经费得不到保障,绿化质量和效益低。

(7)管理水平薄弱,注重建设,轻视养护。

目前结合公路的特点和功能要求,从可持续发展的理念出发,结合生态保护和重构,通过有效的绿化规划设计,使其具有良好的生态功能、防护功能、绿化效益、景观效益,尽量避免人工痕迹,将对自然植被和景观的破坏降低到最低限度,使绿化植物与周围生态环境相协调,保护沿线生活环境和自然环境,创造富含地域文化的景观环境,从而使得高速公路空间充满活力,是近年来研究的重点。

3)在公路建设植被恢复与重建中,仍存在很多的问题

纵观我国公路建设破坏植被的恢复与重建过程,尽管公路生态恢复取得了一些成绩,但是由于开展时间较短,还存在不少的问题,主要体现在生态恢复理念、设计、施工、管理以及技术措施等方面。

(1)生态恢复理念落后

①只注重路界内的生态恢复,强调短期效果,忽视长期效果。目前公路生态恢复中普遍存在着"强调短期效果,忽视长期效果"的倾向,这是与可持续性发展理念背道而驰的,也不符合我国质量型、效益型、功能型和可持续的高速公路跨越式发展思路。这种倾向直接导致"一年绿,两年黄,三年枯,四年死"的现象发生,对我国高速公路生态建设极为不利。公路建设形成的空裸露土壤的植被恢复需要2~10年甚至更长时间,裸露岩石的植被恢复就更难。据调查,石灰岩每成土1cm需要约40年的时间,即使在云南省的亚热带气候条件下,裸露岩石的植被自然演替也要在50年以上。因此,高速公路的生态保护是个长期而艰巨的任务,在时间上要历经高速公路建设和使用的所有阶段甚至更长,在空间上要考虑所影响的整个范围。对整个路域范围内物种的逐步恢复和自然演替考虑较少。高速公路的建设和营运所形成的污染带最宽可至几百米,影响带内的动植物及其他生物的生存状况可能产生巨大变化。因此,路域生态环境的保护必须包括影响范围内的所有区域。

②过分强调园林美观、观赏和绿化效果,忽略了植物的生态保护功能和公路养护的特殊要求。园林绿化工程是通过精心种植和精心养护,使植物形态优美,实现其观赏价值。其面积小,施工难度大,养护容易。

而公路的植物除满足行车所需动态观赏效果外,更要起到恢复自然、改善公路路域环境以及防止边坡受冲刷、减少水土流失等生态功能。同时,植物施水、施肥不易,操作只能实行粗放式管理,所以单纯追求园林美化效果的目的不适于公路植被恢复。在一些西部省区,尽管干旱少雨,甚至在沙漠地区,有的业主仍强调植被覆盖率,甚至要种树,这往往投入很大,而日效果不理想,既不科学也不经济。我国气候、土壤、植被、地形等差异太大,没有条件的地方,不宜过分强调绿化效果。

③对已建白色边坡的生态系统恢复和再造重视不够。传统的公路工程防护的主要类型包括挂网喷混凝土、石砌边坡等类型,这些刚性防护措施工程费用高,且干热季节热反射率大,导致了路面温度升高,对路面稳定性和行车心理都产生了不利影响。而且,刚性支护形式阻碍了生物和下面自然土层的联结,使生态恢复条件恶化。对刚性支护形成的白色边坡的生态恢复亟待研究解决。

(2)规范、标准设计缺乏

①缺乏规范和标准。在现行《公路工程技术标准》《公路养护技术规范》《公路路基设计规范》《公路路基施工技术规范》及《公路环保设计规范标准》中,均对公路绿化提出了相应的要求,但是这些规范或标准只是对大的原则、验收标准作了一些规定,并没有专门针对公路生态恢复的具体规范和标准做出说明。

②设计理念落后。与工程设计相比,公路生态设计的理念相对落后,很多还停留在"为绿化而绿化"的绿化理念上,往往照搬园林绿化的模式,一味强调覆盖度或者绿期等指标,忽视生态系统和植物的自然规律,导致了许多失败和教训。

(3)施工不规范

①与前序工程的衔接问题。按照"三同时"的要求,环保工程应与主体工程同时施工。在具体施工中,必然会遇到和前序工程的衔接问题,比如现场有没有清理干净、坡面有没有削到位、回填土有没有按要求填够、有没有作业面等。土建单位和绿化施工单位扯皮的现象时有发生,严重影响了工程进度。

②清洁生产问题。清洁生产主要指在生产过程中不产生新的污染和生态破坏。绿化施工更要讲究文明施工,清洁生产。在施工中,经常有绿化单位乱堆种植土,或者种植土溅落污染路面的情况发生,建议监理人员对不环保施工的单位重罚。

③植物材料问题。生态恢复需要大量的苗木和种子,一般种子的单价较为稳定,但是苗木的价格随市场的波动极大,一般苗木的单价一个季度就有一次调整,如遇大的园林工程同时开展,苗木的价格会很快上涨,甚至超过淡季单价的数倍,而苗木价格飞涨有时会影响工程进度和质量。

(4)管理落后

①没有有效的监督机制。公路环保的"三同时"原则得不到环评工作形同虚设,"环评报告"仅成了工程项目立项的"通行证"。

施工落实、监督检查重视不够,更没有开展工程环保项目的监理、后公路环保工作缺乏整体性、连续性。具体工作中临时性、突击性行为表现突出。

②公路环境保护工作的工作内容、工作程序、范围界定等均不明确,具体工作中多家部门相互制约。

③环保知识宣传不够。许多管理与工程技术人员对环保知识的了解十分浅显。

④专业人才缺乏。目前,各公路建设单位的人员主要是与公路专业相关的人才,很多单位都没有生态或环保方面的专业人才,监理单位也是如此。在公路绿化的实践中,技术人员大多在生态方面有所欠缺,由于这种知识结构的缺陷,许多问题的处理常常受到制约,管理上很被动。

⑤缺乏工程定额。目前,各条高速公路绿化的单价差异很大,这固然有地域、投资情况等各方面的原因,但是缺乏定额及统一的概预算编制办法是主要原因。在高速公路绿化招标中,经常出现报价差异太大的现象,给评标带来了相当的难度,从长远角度来看,不利于我国高速公路生态恢复的发展。

(5)种植技术有待进一步提高

①边坡植草退化。在公路、铁路等工程建设中,其在边坡绿化防护上投入的资金比例较低,在低投入、低养护或无养护情况下,边坡草坪处于自生自养状态,极易退化、死亡。因为人工种植草种生长较弱,品种单一,随着时间的增长,在养分、水分供应较差的边坡上都会呈现不同程度的草坡退化现象,这是一个十分突出和严重的问题,若草坡退化得不到解决,不仅造成重复建设、资金浪费,而且起不到边坡绿化防护的效果,最终可能会引起水土流失、坡面坍塌等许多不良后果。

②植物的选择和配置不合理植物品种单一,忽视了植物的异质性、地域性、适应性和多种植物的共生性。生态系统是在漫长的时间内不断演替进化而形成的,其中的植物和动物不仅适应了当地的自然条件,而且物种间也形成了很复杂的相互依存、和谐共生的关系,系统因此而稳定。所以,生态系统中的物种组成和比例不是随意的。目前的高速公路生态用一种或很少的几种植物,这样不仅会导致景观单调、呆板,更因为物种少,物种间缺少了空间上和时间上必要的补充和间隔,抗病能力差,一旦发生病、虫害,蔓延很快。高速公路里程长,跨域和许多环境因素区。土质和气候等植物生长条件不同,各区种子种类也会有差异,以往引用外生态系统的物种进行绿化的失败经验也说明这一点。所以高速公路的生态恢复和建设应尽可能由以前或邻近区物种组成来进行。另外,在较短的时间内把开挖的边坡恢复到自然状态,施工者将面临以下几方面问题:

a. 植物种子的配比如何确定;

b. 如何考虑当地自生优势群落的结构特点进行种子配比;

c. 如何确定喷播时的植物配比与最终形成的植物群落之间的动态关系。

一个相对稳定的植物群落的建立需要经过定居、竞争和相对平衡三个阶段。公路路域植被恢复中应以植物演替规律为参考,在满足公路交通安全的基础上,根据不同植物的适应性和生物多样性原理,选择乔、灌和草有机搭配,提高资源利用率和群落稳定性。只有对这些问题作详尽的调查研究分析,才能正确指导施工,否则边坡的植物生长将无法实现人工强制绿化向原始植物群落的顺利演替。这也是今后公路边坡植被恢复与重建研究的主要方向。

③干旱对坡面植物构成威胁。开挖后的岩石边坡,岩石层厚,整体性好,坡体高陡,对边坡进行植物绿化后,随着时间的变化,秋冬季干旱、夏伏季炎热,土体养分逐渐流失,土壤肥力降低。如何解决边坡呈现的无土、缺水、缺肥的状态及边坡植被面临的干、热威胁,将直接影响到边坡最终的绿化效果和生态效益。

2. 国内动态性、前沿性探讨

我国高等级公路绿化刚刚受到重视。尽管设计时采用的技术步骤与加拿大等公路绿化发达的国家几乎一样,但由于各种原因,施工中存在许多问题。比如原表土弃之不用,使草地建植时无营养土可以利用,养分先天不足,以后施肥以化肥为主,速效但短期。严重的是重建轻养,这使花很大成本培育的草地很快退化,造成了许多浪费。因而,在公路绿化的施工阶段,有很多细节是需要注意的,针对于这些细节问题,我国本来不完备的公路绿化相关规范和规章制度应当做进一步的补充和完善,制定相应的规定和原则,约束施工单位的行为,保证公路绿化科学合理地施工,达到公路绿化设计者对于公路绿化设计的原定目标,以符合公路使用者对于公路绿化环境的要求。

公路绿化作为国土绿化的一个重要内容,我国一直非常重视。但长期以来,由于我国公路等级低,绿化主要是行道树栽植。对坡体防护,以往通常采用单纯的工程防护,如浆(干)砌片石、喷锚防护等,这些工程措施都导致原有植被破坏、水土流失、滑坡、边坡失稳等一系列生态环境和工程问题的出现。直到20世纪90年代,随着高等级公路建设的发展和对于环境问题认识的提高,才开始开展系统的公路绿化。近年来,为了有效地保护环境,交通部门已做了大量工作,制定了"交通行业环境保护管理规定""交通建设项目环境保护管理办法";开展了"宜黄公路膨胀土边坡防护研究""西南地区高等级公路边坡防护技术研究""控制新建公路对环境有害研究"等;已完成150多项公路建设的环境影响评价,对新建公路提出了有效的环保措施,并在经费紧张的情况下实施一些环境保护项目。特别是在高等级公路上推广GBM工程,大大促进了公路环境保护和恢复治理工作,取得了较好的社会效益。

1)干线公路标准化与美化工程

交通运输部制定的GBM工程,其实施标准是结合我国实际情况为提高公路建设养护、管理和服务水平以及为社会提供良好的交通环境而采取的重大举措。

GBM工程实施标准包括总则(指导思想)、路基、路面、桥涵构造物、沿线设施绿化、管理等内容。对新建干线工程标准化、美化应该列入设计内容。设计文件也要有公路景观设计,对于改建或建成的干线公路也应按GBM工程实施标准来进行改造。

(1)标准化

标准化是强调路线、桥涵、路基、路面、交通设施都能满足设计、施工养护的技术标准、规范的要求,以形成交通流畅、安全、舒适、优美的公路交通环境。

线形要符合技术标准,这是美化的基本手段;路面设计要有与交通量相适应的结构形式,路面要有良好的平整度,汽车专用路应有足够的粗糙度。

同时路面与路肩分界要醒目,使路面、路肩边缘齐整与线形一致。路基宽度应符合标准、稳定坚实;路肩植草或硬化。

桥涵构造物承载能力与宽度要符合标准要求,防护工程设施与环境相协调,桥梁技术状况良好。

沿线标志、标线设置准确、完整、醒目美观,路肩逐步设置边线轮廓标志平原地区路基高于4m,山岭区堤高6m路段应在路肩埋示警桩,或按公路养护技术规范设置护栏、护柱、护墙。

(2)美化工程

强调线形达到技术标准,路肩植草或硬化,突出线形特点,这是美化的基本手段。因此整齐的划线,醒目的路缘带是美化路线的最有效措施。

绿化可以加强线形特征,同时对公路环境可以美化。绿化要突出地方特色,本着"因地制宜、因路制宜、宜乔则乔、宜灌则灌、宜花草则花草"的原则。绿化结构变化长度,一般路和汽车专用线为15km,普通二级路为10km,最短不少于5km,不宜变化频繁,大体可以与建筑小区划分相结合。

绿化要不影响变道内侧与交道口视距要求,纵断面竖曲线以及桥头行道、隧道洞口外均应按公路绿化原则进行绿化。中央分离带绿化以树篱式、群植式为主,空白地要植草。高速公路两侧应按“近草、中灌、远乔”的原则绿化,土路肩植草皮、地面植草皮灌木。有条件的话对路堑外边坡可种植攀缘植物。

(3)GBM 工程的重点是强调美观与功能相结合

GBM 工程的美化内容都是与交通功能有关的,美化不单纯是修饰,功能是第一位的。线形的美是强调达到技术标准,用美的手段突出线形特征,形成顺适、流畅、行车安全的良好路线。而美化的其他措施可以加强视线诱导,美化交通环境,提高行车安全性与舒适性。

我国的高速公路生态恢复工作起步较晚,虽然施工工艺简单、易于操作,但是效率低下,工人施工风险大,远不能满足快速植被恢复的要求。在对国外技术引进和消化的基础上,通过研究和工程实践,公路生态恢复的技术逐渐成熟。

近几年我国公路绿化技术有了长足的进步,既能起到良好的边坡防护作用,又能改善工程环境。体现自然环境美的边坡植物防护新技术,与传统的坡面工程防护措施共同形成了边坡工程植物防护体系。根据不同的边坡土质条件,采用不同的施工方法和施工工艺可将边坡植物防护技术分为:

①人工种草护坡;

②平铺草皮护坡;

③液压喷播植草护坡;

④土工网植草护坡;

⑤碱液植草护坡;

⑥行栽香根草护坡;

⑦蜂巢式网格植草护坡;

⑧客土植生植物护坡;

⑨喷混植生植物护坡。

2)“3S”集成概念

空间定位系统(主要是指 GPS 全球定位系统)、遥感(RS)和地理信息系统(GIS)是目前对地观测系统中空间信息获取、存储管理、更新、分析和应用的三大支撑技术,也是现代对环境保护、生态恢复等进行管理和监测的重要技术手段,由于其英文字首均为“S”,所以简称为“3S”。

这三大技术有着各自独立、平行的发展成就。GPS 是以卫星为基础的无线电测时定位、导航系统,可为航空、航天、陆地、海洋等方面的用户提供不同精度的在线或离线的空间定位数据;RS 是实施对地观测获取地面信息的主要数据源,在过去的 20 年中已在大面积资源调查、环境监测等方面发挥了重要作用,在未来数年之中还将会在空间分辨率、光谱分辨率和时间分辨率三个方面出现新的突破,因而在路域生态系统的恢复中的作用也将越来越大;GIS 技术则被各行各业用于建立各种不同尺度的空间数据库和决策支持系统,向用户提供着多种形式的空间查询、空间分析和辅助规划决策的功能。

随着“3S”研究和应用的不断深入,科学家们和应用部门逐渐地认识到单独地运用其中的一种技术往往不能满足一些工程的需要。事实上,许多应用工程或应用项目需要综合利用这三大技术的特长,方可形成和提供所需的对地观测、信息处理、分析模拟的能力。近年来,国际上“3S”的研究和应用开始向集成化(或综合化)方向发展。在这种集成启用中,GPS 主要被用于实时、快速地提供目标,包括种类传感器和运载平台的空间位置;RS 用于实时地或准时地提供目标及其环境的语义或非语义信息,发现地球表面上的各种变化,及时地对 GIS 进行数据更新;GIS 则是对多种来源的时空数据进行综合处理、集成管理、动态存取,作为新的集成系统的基础平台,并为智能化数据采集提供地学知识。

集成指的是一种有机的结合,在线联结、实时处理和系统的整体性。

3)公路生态恢复技术

(1)公路生态恢复技术简介

生态恢复技术是生态学与工程措施相结合的产物,是在充分考虑本地生态类型的基础上,以不同的生态类型为起点,科学的配置生态恢复的生物种类,力求在人工措施与自然恢复相结合的前提下,把公路建设成对生态环境带来的影响降低到最小值,使生态系统的演替向着原生态方向进行。

在生态恢复的过程中,首先应注意选用当地的植物类型,按本地生态的情况进行设计,遵循自然生态系统的规律,在人工辅助下降生态恢复到破坏前的原生态。其次应注意植被防护技术与工程措施相结合,发挥两者各自的优势,有效地解决工程防护与生态环境破坏的矛盾,既保证边坡的稳定,又实现坡面植被快速恢复,达到人类活动与自然和谐共处。

(2)生态恢复技术的作用

①生态恢复与重建功能

a. 土壤肥力恢复的作用

植物的恢复首先可以增加土壤有机质的年生成量,提高土壤养分含量,虽然土壤肥力的提高是肉眼看不到的,但是随着土壤肥力的不断提高,可以使生态系统向着原生态靠近,为目的植物的侵入提供良好的土壤条件,这对于受到强烈扰动的边坡及弃渣地的生土来说是十分重要的。

b. 微生物区系的恢复作用

任何一个生态系统实际上并不单指肉眼可见的植被,还包括了与其他生态系统相适应的微生物区系,随着原生态的植物类型越来越多,土壤肥力的不断提高,微生物区系也逐渐地恢复,这对于生态恢复的前期来讲也是非常重要的。

c. 生物群落的恢复作用

植物的存在为土壤肥力的恢复、各种小动物、微生物的生存繁殖提供了有利的环境,而当地植物类型的不断侵入与增加使原有的生物链又逐渐形成并趋于完整,被破坏的环境也慢慢地恢复到原有的自然状态。

d. 生态整体协调性的恢复作用

山区高速公路建设最终要实现经济效益、社会效益和环境效益的统一和综合的最大化目标。在公路规划、设计、施工、营运、管理各个阶段统一思想，把研究对象放在地球环境、生物、资源、污染等诸要素构成的“公路—自然—经济—社会”复合系统中进行全面考虑，把性质不同的生态环境系统与公路经济系统研究有机结合起来，把对技术、经济、环境综合考虑放在同等重要的地位，协调公路项目实施过程中遇到的各种关系和问题。

②护坡功能

a. 深根的锚固作用

植物的垂直根系穿过坡体浅层的松散风化层，锚固到深处较稳定的岩土层上，能起到预应力锚杆的作用。禾草、豆科植物和小灌木在地下 0.75 ~ 1.5m 深处有明显的土壤加强作用，树木根系的锚固作用可影响到地下更深的岩土层。

b. 浅根的加筋作用

植草的根系在土中盘根错节，使边坡土体成为土与草根的复合材料。草根可视为带预应力的三维加筋材料，使土体强度提高。

c. 降低坡体孔隙水压力

边坡的失稳与坡体水压力的大小有着密切关系。降雨是诱发滑坡的重要因素之一。植物通过吸收和蒸腾坡体内水分，降低土体的孔隙水压力，提高土体的抗剪强度，有利于边坡体的稳定。

d. 降雨截留，削弱溅蚀

一部分降雨在到达坡面之前就被植被截留，以后重新蒸发到大气或下落到坡面。植被能拦截高速下落的雨滴，减少能量及土粒的飞溅。

e. 控制土粒流失

地表径流带走已被滴溅分离的土粒，进一步可引起片蚀、沟蚀。植被能够抑制地表径流并削弱雨滴溅蚀，从而能控制土粒流失。

③改善环境的功能

a. 生态效益恢复

公路建设受到地质、地形、水文等自然条件的制约，又受到现有生产力水平、生产工艺、生产工具等技术条件制约，还受到社会经济水平的制约，使公路建设不可避免地对沿线的生态环境造成一定的影响，如植被破坏、水土流失、土地分割等。公路破坏植被后的恢复重建就是要在现存条件下综合运用各种工程措施、生物措施、农艺措施和管理措施，将公路建设的破坏限制在最小范围内，降低到最小程度。而对于已造成的破坏采取最大可能的恢复措施，重建新的生态系统，使其生态功能尽可能达到破坏前的水平。

目前在国内，不论湿式喷播技术还是人工播种技术，在植物选择上大都采用寿命较短、固土能力有限的外来草坪草种为主，这样，公路生物防护表现出了短期行为。即这些草本在几年后会出现退化、荒芜，使防护效果明显降低，这会给公路养护工作带来困难。同时，岩石边坡的生物防护和较短期的适宜施工季节仍然是阻碍公路生物工程应用和公路环境恢复的重要技术问题。针对新建公路路域生态环境的特殊性，采取生态恢复策略，要求生物多样性与布局的立体性，推行乔灌草种同时喷播，建立乔灌草多层立体生态模式。这种模式有以下几点好处：

多层利用水、光、热资源，生物量积累速率快；

根群立体分布深，不仅吸收养分面增加，且固坡能力增强，边坡稳定性提高；

乔灌草组合，各生物互利互补，提高了边坡草坪质量；

乔灌草模式为自然生态植被，可延续边坡绿化寿命；

多层植被形态可阻截雨水对坡面直接冲击，减少水土流失。

在坡面上应建立与当地环境相适应的禾、豆草本植物群落和灌木群落，突破草本护坡的单一模式。为此，在短时间内，需要加快研制出适合于不同地理、地质条件，经济而有效的植被恢复技术。

b. 降低噪声、光污染，保证行车安全

交通工程应用植被护坡，因植被能吸收刺耳的声音，多方位反射太阳光线及车辆光线，从而降低噪声、强光对行人及驾驶员的辐射干扰，减轻和消除大脑及眼睛的疲劳，提高路标、警示牌的可见度，让驾驶者轻松愉快地驾车，保证行车安全。据北京园林科学研究所测定，20m 宽的草坪，可减少噪声 2dB。

c. 促进有机污染物的降解，净化大气，调节小气候

来自大气、雨水及汽车等交通工具的废气，以及排放的废水、使用的农药、杀虫剂等，都含有大量的有机污染物，由于环境中的有机污染物种类繁多，成分复杂，因此，仅靠传统的微生物消除有机污染物是很困难的，而植物却具有修复功能，能降低环境负荷及污染循环。植物主要通过三种机制去除环境中的有机污染物，即植物直接吸收有机污染物、植物释放分泌物和酶刺激根区微生物的活性和生物转化作用、植物增强根区的矿化作用。

植物的光合作用吸收大气中的 CO_2，放出 O_2，能稀释分解、吸收和固定大气中有毒有害物质，并为植物生长所利用；另外，植物还能吸收大气中的 NH_3、H_2S、SO_2、NO、Cl_2 和 Hg、Pb 蒸气等，达到净化大气的作用。

高速行驶的车辆，由风流、摩擦、燃油等引起的能量转化过程，使环境的湿度降低，温度升高，从而使公路的小气候恶化。应用植被护坡，则能调节小环境的温度和湿度，创造一种温暖适宜、湿润舒适的行车环境。据试验. 炎热的夏天，当水泥地温度高达 38℃时，草坪面温度可保持在 24℃，太阳照射到地面的热量约 50% 被草坪草蒸腾所吸收，通常在夏季，草坪地表温度比裸地约低 8℃，高温时数可缩短 2～3h；冬季温度则高 1～4℃。

④景观功能

生态恢复的公路在景观层面上具有最直观、最易被人感知的特征。

通过合理选线和利用路线，对破坏的景观尽可能恢复原貌，实现景观多样化。通过科学的植被恢复重建来改善公路景观，一方面给行者带来美的感受，另一方面可维护自然生态系统的平衡。人类的眼睛能看到的是波长从 380～760nm 的光线，感觉最舒适的是波长为 553nm 的绿色，由绿色引起的紧张状态最小。绿色植物给予人们的美感效应，是通过植物固有的色彩、形态、风韵等个性特色和群体景观效应所体现出来的，季节的变化，光线、气温、风、雨、霜、雪等气象因子作用于植物，使植物呈现朝夕不同、四时互异、千变万化、丰富多彩的景色变化，丰富发展着植物的美。边坡植物的组合配置，据不同的地质状况、环境、气候条

件，优选乔、灌、藤、花、草相结合，有机地融入高速公路边坡中，车辆穿行在郁郁葱葱、生机盎然的绿色环境中，在人们的视野内更显示出立体的绿色画面，花团锦簇、苍翠葱茏、一片兴旺，使人体验到清新、凉爽、绿色、洁净、和谐、安定的美感，会心胸开阔、感情奔放、陶冶志趣，防止驾驶员的疲劳。

⑤安全性功能

随着我国高等级公路建设进程的推进，如何保证山岭重丘区高挖高填边坡的稳定性和行车安全已成为突出问题。传统的“先通后畅”和“出问题再补”已经不能满足公路对安全、快速、通达、优美的要求。

二、先进的设计理念和设计手段探讨

（一）先进的设计理念探讨

以下仅从两个方面列举一些国家的在公路绿化领域的一些先进的设计理念。

1. 平等对待环境、生物与人

1）美国公路环境管理的先进理念

（1）组织机构

组织机构是环境管理的重要保障。

美国交通部在公路管理局下设规划与环境保护处，直接负责项目规划和实施过程中资源环境保护（包括物理环境、生态环境、社会环境和生活环境等），拥有环境管理和监督职能，在环境管理上基本不受其他部门的干扰，从而能够有效地保证“环保优先”。

（2）公众参与

环境问题关系到千家万户，涉及每一个人。美国的公路环境保护，在公众参与方面的经验值得学习借鉴。

公路项目的立项，首先要发布消息并召开公众听证会。在拟建公路沿线二百英尺范围内的所有居民都要通知到。除了各级有关政府部门外，还要广泛吸收群众团体及一些对公路环保有兴趣的个人参加，让他们发表项目可能对环境产生影响及应该采取的措施的意见。而这些意见都要纳入报告书中，并有相应的答复。

让公众参与在项目中，可提高项目的整体效益。首先，让相关者提出意见和要求，可加强居民对项目的认同感和拥护感，减少公众对项目的抵触；其次，通过不断地沟通，可以改善公路设计，提高环境影响评价与决策的水平。

（3）生态保护与恢复

以“尊重自然、恢复自然”为理念。在设计、施工中，将对自然的扰动、破坏努力控制在最小的限度内，如在施工前先将树木或树桩移走，建成后搬回原地栽植；在动物出没的地段建设动物通道，避免对动物栖息地的分割；尽量避绕森林、湿地、草原等重要生态区域等。

采取一切措施，尽快地恢复原来的自然群落。尽量避免人工痕迹，使路域植被与周围环境融为一体。公路绿化以保护沿线生活环境和自然环境,提高行车安全性和舒适性,提供和谐的公路景观为根本目的,不“哗众取宠”。

2)加拿大生态环境保护措施

加拿大具有优美的自然风光,山清水秀,几乎每条河流都是鱼类的良好栖息地。为保护河流自然生态和水生生物,公路部门在公路建设中采取了很多简单或高成本的环保措施。当公路跨越溪河时,他们的做法是尽量保持水流的原始状态,如果要在弯曲的河流两岸架桥,必然加大桥梁的跨径,而不是将河流裁弯取直,然后根据洪水频率等技术指标,计算出桥梁的经济跨径。

对施工中影响到的河床和部分不得不改道的河段,施工单位会重新营造一个新的河流,他们运来大小不同的卵石铺在地下作为河床,用块石垒成弯曲的河岸,在岸边种植了重重的蒿草,还移植来大树,夏季浓荫成为鱼类躲避烈日的遮阳篷。这样就在重新规划的公路用地范围内创造了一个新的自然生态环境,看似浪漫自然,实则精心设计,处处体现着环境工作者的独具匠心。对于小溪或小型湖泊中的鱼类,他们有时采用电击的方式,将鱼群转移到新的生态环境中,从而保护了鱼类不受施工的影响。

在加拿大的一些国家公园中,经常可见到野生动物通道。环境工程师们首先调查大型动物季节性迁徙或为觅食而经常走过的路径,称为“兽道”。在兽道跨经公路的地方建设下穿通道或上跨桥跨过公路。在通道的沿线放一些盐或食物,引诱或引导动物的迁移行为,时间一长就形成并固定成为新的安全的动物通道。上跨桥宽阔,种植各种植物,使公路两侧的生态景观连成一体。

另外,为避免生态环境在公路建设和维护中遭破坏,加拿大的安大略省交通部在承包合同中明确规定承包商必须承担的环保义务。对施工中受影响的地区,事后要通过选种适宜的花草树木等措施使其恢复生态平衡。针对野生动物经常出没的路段,有针对性地设置了环保标志。

为保护野生动植物,加拿大对公路规划要求原则如下:

(1)交通规划应避免影响安大略省内列于国家环保局网站(www. cws-scf. ec. gc. ca/hww-fap/nwambs/nwamba. html)之上的迁徙鸟类庇护所和国家野生动植物保护区域。交通规划及公路的设计施工运营和维护活动,应对由国家环保局管理的国家公用土地上以及任何受保护的海洋区域内野生动植物进行保护。

(2)交通规划及公路的设计施工运营和维护活动,应避免对迁徙鸟类及其巢进行破坏。对于迁徙鸟类出没的任何水体和陆地,都应尽量减少石油物质、石油废物或者其他有害物质的排放。

(3)交通规划及公路的设计施工运营和维护活动,应避开列于为保护名单上的野生动植物提供特定栖息地的国有土地,除非是得到政府许可的特定区域。同时也应避开列于名单上的迁徙物种和水生生物的特定栖息地。

(4)交通规划及公路的设计施工运营和维护活动,应避开由安大略省濒危物种保护法规定的物种栖息地。

(5)交通规划及公路的设计施工运营和维护活动,应尽可能避免侵犯濒危物种栖息地中最重要的部分,除非经过环境评估程序认可。

(6)交通规划及公路的设计施工运营和维护活动,应明确在鱼类和野生动植物保护法案议程之内的其他野生动植物物种保护需要。

(7)未经环境评估程序认可,应避开由自然资源部颁布的《重要野生动植物栖息地技术指南》中所定义的野生动植物栖息地。当无法避开且已经过环境评估程序批准认可时,应使公路的设计施工运营和维护活动影响最小化。

(8)交通规划及公路的设计施工运营和维护活动,应保持特定区域内的野生动植物物种多样性以及它们之间的天然联系,除非另外经过环境评估程序认可。

(9)交通规划及公路的设计施工运营和维护活动,还应关注地区级的政策规划战略和程序所规定的其他具有地区重要性的野生动植物物种。这类物种及相应栖息地,可以由地区级规划单位(如市政府资源保护授权部)定义,也可由其他组织(如北美鸟类保护组织等)规定。对于这类资源,其处理优先级依次为:避开;影响最小化;缓解和恢复。

2. 注重景观设计师在公路的设计建造过程中的作用

加拿大公路环境管理在公路环境影响评价中强调,环境设计者的意见应当充分体现在设计中,使公路环境设计内容丰富,针对性强等。

加拿大公路环境管理强调自然景观的原生态,在公路绿化建设中重视监管设计师的作用,主张采取一切措施,尽快地恢复原来的自然群落。尽量避免人工痕迹,使路域植被与周围环境融为一体。公路绿化以保护沿线生活环境和自然环境,提高行车安全性和舒适性,提供和谐的公路景观为根本目的,不"哗众取宠"。因此,在其公路上见不到"行道树"等明显的人工绿化痕迹,而且,一般的立交也没有树木,一切回归自然。而我国的公路绿化采取了大量的人工种植植被,有较为明显的人工痕迹,很不自然,在这点上,我国公路绿化与加拿大有着有很大的区别。

(二)先进的设计手段探讨

1. 绿化植物材料的选择

1)以乡土植物材料为主

在公路规划、设计、建设中保护意义重大的生态资源是十分重要的。

交通部努力在公路内提高物种多样性。

生态资源,尤其是新西兰本土的物种多样性是重要的。这是因为它们提供了基因多样性、动物栖息地,而且有助于提高一个国家的认同感。因此,2000 年的新西兰物种多样性战略指出扭转本土物种多样性下降具有战略优先地位。

在英国奇特恩斯(Chilterns),公路管理相关人员对于更换植被的规定是这样的:

如果部分树篱被破坏或者移除,必须补上同样的树种,比如山楂、山毛榉、榛树、李树、角树、枫树、冬青等。优先使用本地树种,除非有特殊的环境需要,比如建立一个观赏树篱长廊。

鼓励树种自然新生。

栽种新的树篱补充缺失的部分，或提高受农业发展影响的景观。这些树篱通常必须采用当地常见的相同的树种，如山楂、山毛榉、榛树、李树等。

2）注重原生植被的保护和再利用

新西兰资源管理法案确认以下事项对于国家生态资源保护的重要性：

（1）保护海岸环境（包括近岸海域）、湿地、湖泊河流及其周边区域的自然特征，避免使用开发不当。

（2）保护对本土植被和动物群落意义重大的生态环境。

管理公路网络为保护和提高生态资源创造了机会，在那些具有特殊特征的交通部所有的土地上更是这样。然而，除非采取有效的管理措施，公路才可能有益于生态群落。而且，公路建设养护和车辆使用可能传播害虫。交通部的公路管理手册中有一份生态安全政策，限制害虫的传播。

其他组织和部门，比如新西兰渔业和野生动物管理局、资源保护部门等拥有丰富的生态知识和资源，将介入公路的设计和运行工作中。

（3）生态资源管理目标

①提高公路网络中的物种多样性。

②确认并保护公路网络中重要的生态区域。

③防止动植物病虫害传入公路周边地区。

加拿大的公路建设的理念是“尊重自然、恢复自然”。在设计、施工中，努力将对自然的扰动、破坏控制在最小的限度内。在施工前先将树木或树桩移走，建成后搬回原地栽植，以加强对原生植被的保护。

加拿大森林覆盖率很高，公路经过的地区树木多而农田少，因此公路建设主要是如何保护路侧的林地。在环境评价中，环境工程师们有充足的时间，详细调查几乎每一棵树木，尽可能地保护他们。路边10～20m之内是精心管理的草地，之外就是很少人为干扰的树林。公路总是非常协调地融合在自然之中。

湿地是全世界自然保护关注的重点之一，加拿大也有许多湿地保护区，其中比较典型的是水獭栖息湿地，往往处于山麓林缘，河流旁边连通一片沼泽。公路穿过河边的沼泽水塘，填筑的路基对水位产生了一定的影响，工程师们设计了调节水位的水泵，在公路边坡种了草地和许多灌木，基本保持了水獭原有的生活环境。在许多城市附近，一些民间环保人士甚至人为修建一些湿地。

加拿大湖泊众多，有许多公路经过湖滨，如果在湖滨公园附近施工，施工计划将制订得十分细致周到，夏季暴雨季节不进行可能产生严重水土流失的土方施工；为保护湖上栖息的鸟类，有关部门规定在春季鸟类繁殖、育雏的季节不能施工。公园公路的建设充分考虑保护湖水的水质，采用防水毡、绿化、沉淀池等诸多措施保护环境。

在英国的奇特恩斯，公路管理人员注重对原生植被的保护是非常严格的，例如，对于砍伐树木的规定如下：

一是征求树木培植家的意见才能砍伐。

二是砍伐任何一棵树都只能是不得已的最终解决方法。除非一棵树得了疾病、遭到破坏或构成长期的安全隐患，有限地修剪已无济于事时，才能砍伐。树龄长不是砍伐的理由。

三是如果某一树种对当地不合适，那么砍伐是可取的，比如对周围结构造成难以接受的破坏。

四是只有当一棵树造成难以接受的安全隐患时才可以砍伐。作出砍伐决定之前，一定要考虑其他方法降低安全隐患。

2. 绿化设计程序

(1)国外高速公路绿化景观的设计首先要经过详细的调查与评估(基础资料的收集、自然景观的调查评估、视觉质量的调查评估)。

(2)绿化景观设计首先关注沿线自然植被的保护恢复、行车过程中视线景观的组织，其次才是服务区等一些特殊区域的绿化景观设计。

加拿大公路规划中对于湿地和一般植被的保护非常重视。

(1)交通规划及公路的设计施工运营和维护活动，不应使功能已经损失到临界水平的湿地再产生任何净损失，这些湿地包括位于国有土地上的，或者交通规划需要政府批准的，或者得到国家基金支持的湿地。

(2)交通规划及公路的设计施工运营和维护活动，除非经环境评估程序认可，应避免造成湿地性质和功能的损害。

(3)交通规划及公路的设计施工运营和维护活动，应避开为国家濒危物种保护法中所列物种提供栖息地的国有土地。

(4)交通规划及公路的设计施工运营和维护活动，应避开安大略省濒危物种保护法所列的保护植被物种栖息地。

(5)交通规划及公路的设计施工运营和维护活动，除非经环境评估程序批准认可，应该保持区域内的原生植被多样性和它们之间的天然联系。

(6)交通规划及公路的设计，除非经过环境评估程序批准认可，应避开重要的森林和山谷，包括为地区敏感性物种提供栖息地的森林。

(7)交通规划及公路的设计施工运营和维护活动，应考虑地方森林管理目标和标准(森林法)。

(8)交通规划及公路的设计施工运营和维护活动，应关注地区级的政策规划战略和程序所规定的其他具有地区重要性的植被物种。这类植被资源及特定物种，可以由地区级规划单位，如市政府，资源保护授权部或其他资源部门定义。其处理优先级依次为：避开；影响最小化；缓解和恢复。

(9)公路的设计施工运营和维护活动，应尽可能保护保留植被区域的性质和功能。

(10)当公路穿过或从旁经过重要的野生动植物栖息地、林地、湿地或山谷时，应按环境评估要求之条件，利用陆地生态系统恢复原理对陆地生态系统进行必要和必需的恢复。

本章附录　国道204绿化植物配置图

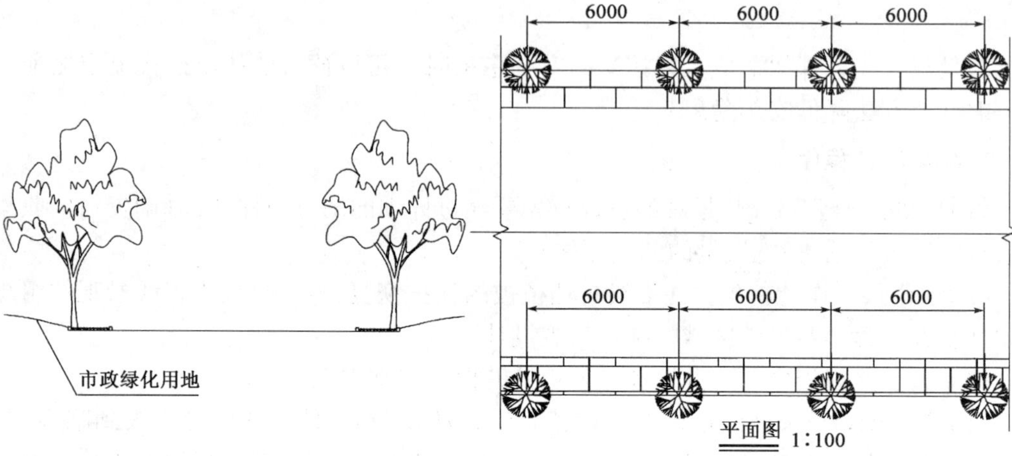

名称	株距	图例	备注
法桐	6m		
盖板			

附图 2-1　国道 204 绿化植物配置图(K7 +800 ~ K15 +400)(尺寸单位:mm)

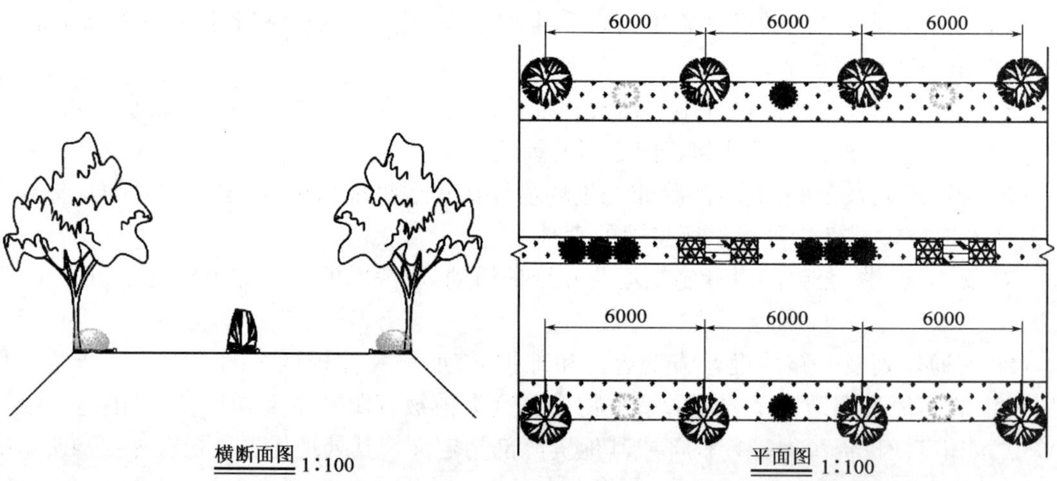

名称	株距	图例	备注	名称	株距	图例	备注
毛白杨	6m			龙柏、蜀桧			
龙柏、冬青球	12m			结缕草、马尼拉草坪			
金叶女贞球				金叶女贞球			

附图 2-2　国道 204 绿化植物配置图(K15 +400 ~ K24 +000)(尺寸单位:mm)

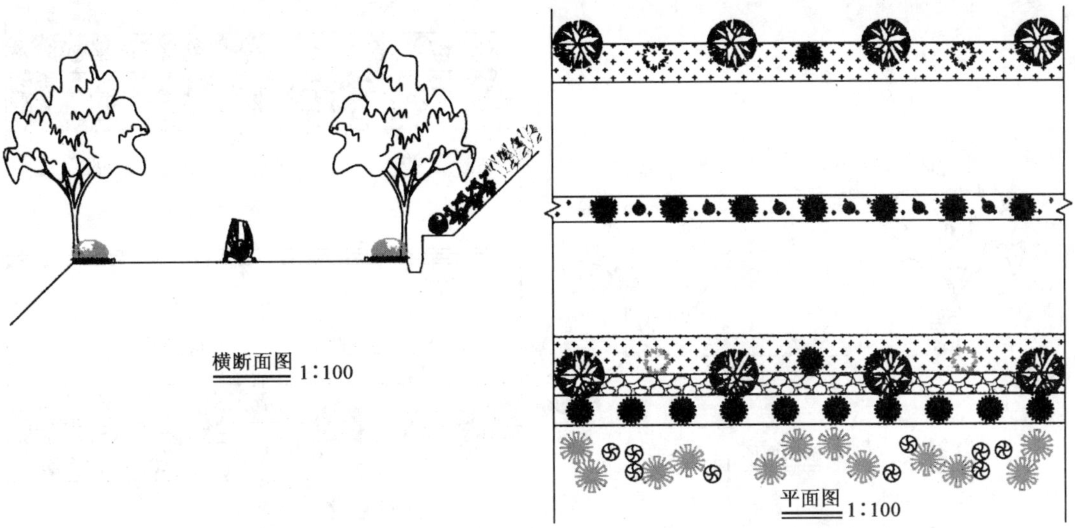

名称	株距	图例	备注	名称	株距	图例	备注
黑松	1m			冬青球	3m		
连翘、迎春等耐瘠薄、抗旱花灌木	1m			法桐、毛白杨	6m		
蜀桧	6m			黄金菊			
龙柏球	1.5m						

附图 2-3　国道 204 绿化植物配置图(K54 +000 ~ K58 +000)(尺寸单位:mm)

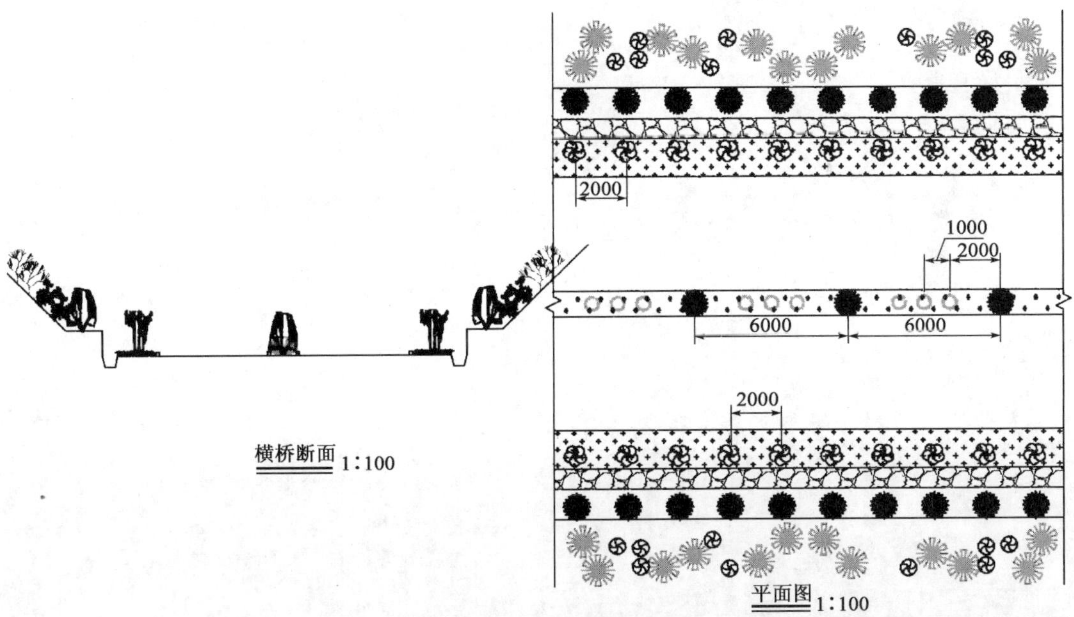

名称	株距	图例	备注	名称	株距	图例	备注
黑松	1m			蜀桧	6m		
连翘、迎春等耐瘠薄、抗旱花灌木	1m			黄金菊			

附图 2-4　国道 204 绿化植物配置图(K68 +000 ~ K69 +000)(尺寸单位:mm)

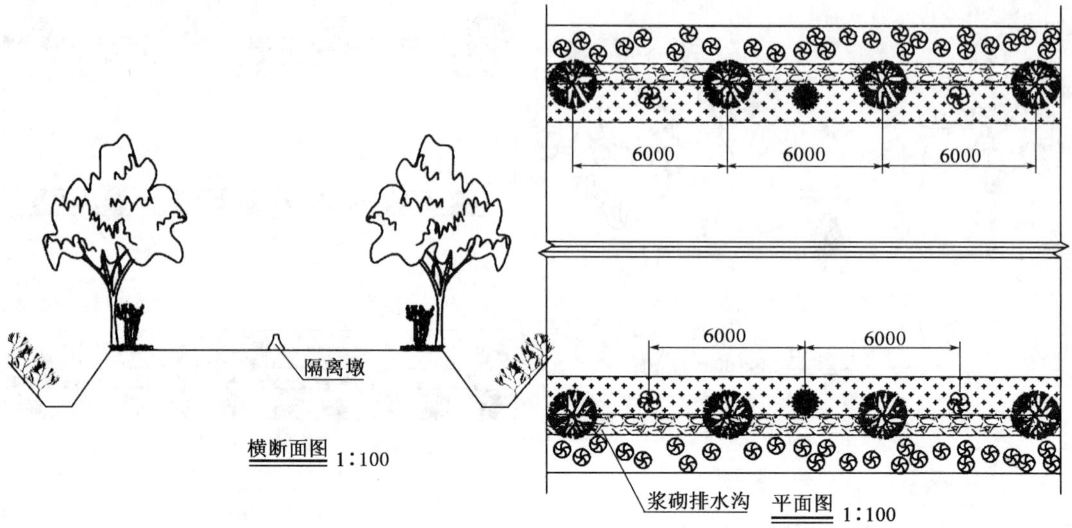

名称	株距	图例	备注	名称	株距	图例	备注
柳树	6m			蜀桧	6m		
黄金菊				木槿			
黑松							

附图 2-5 国道 204 绿化植物配置图(K106 +000 ~ K107 +700)(尺寸单位:mm)

第三章　绿化施工

第一节　绿化工程施工组织设计

公路绿化工程施工组织设计是有序进行施工管理的开始和基础,是公路绿化工程建设单位在组织施工前必须完成的一项法定的技术性工作。

一、公路绿化工程施工组织设计的含义

公路绿化工程施工组织设计是以公路绿化工程(整个工程或若干单项工程)为对象编写的用来指导工程施工的技术性文件,其核心内容是如何科学合理地安排好劳动力、材料、设备、资金和施工方法这五个主要的施工因素。根据公路绿化工程的特点和要求,以先进的、科学的施工方法与组织手段,将人力和物力、时间和空间、技术和经济、计划和组织等诸多因素进行合理优化配置,从而保证施工任务依据质量要求按时完成。

公路绿化工程施工组织设计是应用于公路绿化工程施工中的科学管理手段之一,是长期工程建设中实践经验的总结,是组织现场施工的基本文件和法定性文件。

因此,编制科学的、切合实际的、可操作的公路绿化工程施工组织设计,对指导现场施工、确保施工进度和工程质量、降低成本等,都具有重要意义。

公路绿化工程施工组织设计,首先要符合公路绿化工程的设计要求,体现公路绿化工程的特点,对现场施工具有指导性。在此基础上,要充分考虑施工的具体情况,完成以下四部分内容:一是依据施工条件,拟定合理施工方案,确定施工顺序、施工方法、劳动组织及技术措施等;二是按施工进度做好材料、机具、劳动力等资源配置;三是根据实际情况布置临时设施、材料堆置及进场实施;四是通过组织设计协调好各方面的关系,统筹安排各个施工环节,做好必要的准备和及时采取相应的措施确保工程顺利进行。

二、公路绿化工程施工组织设计的分类

公路绿化工程施工组织设计一般由以下五部分构成:

(1)叙述本项公路绿化工程设计的要求和特点,使其成为指导施工组织设计的指导思

想，贯穿于全部施工组织设计之中。

(2)在此基础上，充分结合施工企业和施工场地的条件，拟定合理的施工方案。在方案中要明确施工顺序、施工进度、施工方法、劳动组织及必要的技术措施等内容。

(3)在确定了施工方案后，在方案中按施工进度做好材料、机械、工具及劳动等资源的配置。

(4)根据场地实际情况，布置临时设施、材料堆置及进场实施方法和路线等。

(5)组织设计出协调好各方面关系的方法和要求，统筹安排好各个施工环节的连接，提出应做好的必要准备和及时采取的相应措施，以确保工程施工的顺利进行。

根据需要，在实际工作中，公路绿化工程施工组织设计一般可分为中标后施工组织设计和投标前施工组织设计两大类。

(一)投标前施工组织设计

投标前施工组织设计，是作为编制投标书的依据，其目的是为了中标。主要内容包括：

(1)施工方案、施工方法的选择；对关键部位、工序采用的新技术、新工艺、新机械、新材料，以及投入的人力、机械设备的决定等。

(2)施工进度计划，包括网络计划、开竣工日期及说明。

(3)施工平面布置，水、电、路、生产、生活用地及施工的布置，用以与建设单位协调用地。

(4)保证质量、进度、环保等项计划必须采取的措施。

(5)其他有关投标和签约的措施。施工难点、特殊绿化招标通用本。

(二)中标后施工组织设计

一般又可分为施工组织总设计、单位工程施工组织设计和分项工程作业设计三种。

1. 工程施工组织总设计

施工组织总设计是指以整个工程为编制对象，依据已审批的初步设计文件拟定的总体施工规划。一般由施工单位组织编制，目的是对整个工程的全面规划和有关具体内容的布置。其中，重点是解决施工期限、施工顺序、施工方法、临时设施、材料设备以及施工现场总体布局等关键问题。

2. 单位工程施工组织设计

单位工程施工组织设计是指根据经会审后的施工图，以单位工程为编制对象，由施工单位组织编制的技术文件。

(1)编制单位工程施工组织设计的要求

①单位工程施工组织设计编制的具体内容，不得与施工组织总设计中的指导思想和具体内容相抵触。

②按照施工要求，单位工程施工组织方案的编制深度，以达到工程施工阶段即可。

③应附有施工进度计划和现场施工平面图。

④编制时要做到简练、明确、实用,具有可操作性。

(2)编制单位工程施工组织设计的内容

其内容主要包括以下6个方面:

①说明工程概况和施工条件。

②说明实际劳动资源及组织状况。

③选择最有效的施工方案和方法。

④确定人、材、物等资源的最佳配置。

⑤制订科学可行的施工进度。

⑥设计出合理的施工现场平面图等。

3. 分项工程作业设计

分项工程作业设计多由最基层的施工单位编制,一般是对单位工程中某些特别重要部位或施工难度大、技术要求高,需采取特殊措施的工序,才要求编制出具有较强针对性的技术文件。例如公路绿化喷水池的防水工程,瀑布出水口工程,园路中健身路的铺装,护坡工程中的倒渗层,假山;工程中的拉底、收顶等。其设计应具体、科学、实用并具可操作性。

三、公路绿化工程施工组织设计的原则

公路绿化工程施工组织设计要做到科学、实用,这就要求在编制思路上应吸收多年来工程施工中积累的成功经验;在编制技术上要遵循施工规律、理论和方法;在编制方法上应集思广益,逐步完善。为此,公路绿化工程施工组织设计的编制应遵循下列基本原则。

1. 遵循国家法规、政策的原则

国家政策、法规对施工组织设计的编制有很大的影响,因此,在实际编制中,要分析这些政策对工程施工有哪些积极影响,并要遵守哪些法规,如《合同法》《环境保护法》《森林法》《公路绿化管理条例》《环境卫生实施细则》《自然保护法》及各种设计规范等。在建设工程承包合同及遵照经济合同法而形成的专业性合同中,都明确了双方的权利义务,特别是明确工程期限、工程质量保证等,在编制时应予以足够重视,以保证施工顺利进行,按时交付使用。

2. 符合公路绿化工程特点,体现公路绿化综合艺术的原则

公路绿化工程大多是综合性工程,并具有随着时间的推移其艺术特色才慢慢发挥和体现的特点。因此,组织设计的编制要密切配合设计图纸,要符合原设计要求,不得随意更改设计内容。同时还应对施工中可能出现的其他情况拟定防范措施。只有吃透图纸,熟识造绿手法,采取针对性措施,编制出的施工组织设计才能符合施工要求。

3. 采用先进的施工技术,合理选择施工方案的原则

公路绿化工程施工中,要提高劳动生产率、缩短工期、保证工程质量、降低施工成本、减少损耗,关键是采用先进的施工技术、合理选择施工方案以及利用科学的组织方法。因此,应视工程的实际情况、现有的技术力量、经济条件,吸纳先进的施工技术。目前,公路绿化工程建设中采用的先进技术多应用于设计和材料等方面。这些新材料、新技术的选择要切合

实际，不得生搬硬套，要以获得最优指标为目的，做到施工组织在技术上是先进的，经济上是合理的，操作上是安全可行的，指标上是优质高标准的。

施工方案应进行技术经济比较，比较时数据要准确，实事求是。要注意在不同的施工条件下拟定不同的施工方案，努力达“五优”标准，即做到所选择的施工方法和施工机械最优，施工进度和施工成本最优，劳动资源组织最优，施工现场调度组织最优和施工现场平面最优。

4. 周密而合理的施工计划、加强成本核算，做到均衡施工的原则

施工计划产生于施工方案确定后，根据工程特点和要求安排的，是施工组织设计中极其重要的组成部分。施工计划安排得好，能加快施工进度，保证工程质量，有利于各项施工环节的把关，消除窝工、停工等现象。

周密而合理的施工计划，应注意施工顺序的安排，避免工序重复或交叉，要按施工规律配置工程时间和空间上的次序，做到相互促进，紧密搭接；施工方式上可视实际需要适当组织交叉施工或平行施工，以加快速度，编制方法要注意应用横道流水作业和网络计划技术；要考虑施工的季节性，特别是雨季或供应情况，以节约为原则，充分利用固有设施，减少临时性设施的投入；正确合理的经济核算，强化成本意识。所有这些都是为了保证施工计划的合理有效，使施工保持连续均衡。

5. 确保施工质量和施工安全，重视公路绿化工程收尾工作的原则

施工质量直接影响工程质量，必须引起高度重视。在施工组织设计时，应针对工程的实际情况，制订出切实可行的保证措施。公路绿化工程是环境艺术工程，是设计者呕心沥血的艺术创造，完全凭借施工手段来体现。为此，要求施工必须一丝不苟，保质保量，并进行二度创作，使作品更具艺术魅力。

“安全为了生产，生产必须安全。”施工中必须切实注意安全，要制订施工安全操作规程及注意事项，搞好安全教育，加强安全生产意识，采取有效措施作为保证。同时应根据需要配备消防设备，做好防范工作。

公路绿化工程的收尾工作是施工管理的重要环节，但有时往往难以引起人们的注意，使收尾工作不能及时完成，而因公路绿化工程的艺术性和生物性特征，使得收尾工作中的艺术再创造与生物管护显得更为重要。这实际上将导致资金积压，增加成本，造成浪费。因此，应十分重视后期收尾工程，尽快竣工验收，交付使用。

四、公路绿化工程施工组织设计的主要内容

公路绿化施工组织设计的内容，一般是由工程项目的范围、性质、特点及施工条件、景观艺术、建筑艺术的需要来确定的。由于在编制过程中有深度上的不同，无疑反映在内容上也有所差异。但不论哪种类型的施工组织设计，都应包括工程概况、施工方案、施工进度计划和施工现场平面布置等，简称“一图一表一案”。

（一）工程概况

工程是对拟建工程的基本性描述，目的是通过对工程的简要说明了解工程的基本情况，

明确任务量、难易程度、质量要求等,以便合理制订施工方法、施工措施、施工进度计划和施工现场布置图。

(1)简要说明工程项目、施工单位、业主、监理机构、设计单位、质检单位名称、合同开工日期和竣工日期、合同价。

(2)简要介绍项目的地理位置、地形地貌、水文、气候、交通运输、水电供应等情况。

(3)介绍施工组织机构设置及职能部门之间的关系;说明工程结构、规模、主要工程量。

(4)说明合同特殊要求等。

(二)施工技术方案

施工方案是工程施工组织的重点内容,方案选择的正确与否,直接关系到施工、养护质量目标能否实现,影响到施工质量和经济效益。因此,必须制订出切实可行的施工方案,以方案指导施工,才能保证施工按期、按预定质量目标完成。

施工技术方案包括:主要分项工程的施工方案、施工程序、施工技术措施等,如测量施工方案、排盐工程施工方案、绿化栽植施工技术方案、喷灌方案、反季节栽植技术方案、大树移植技术方案、绿化养护施工方案等。

(二)施工进度计划

施工进度计划如图 3-1 所示。

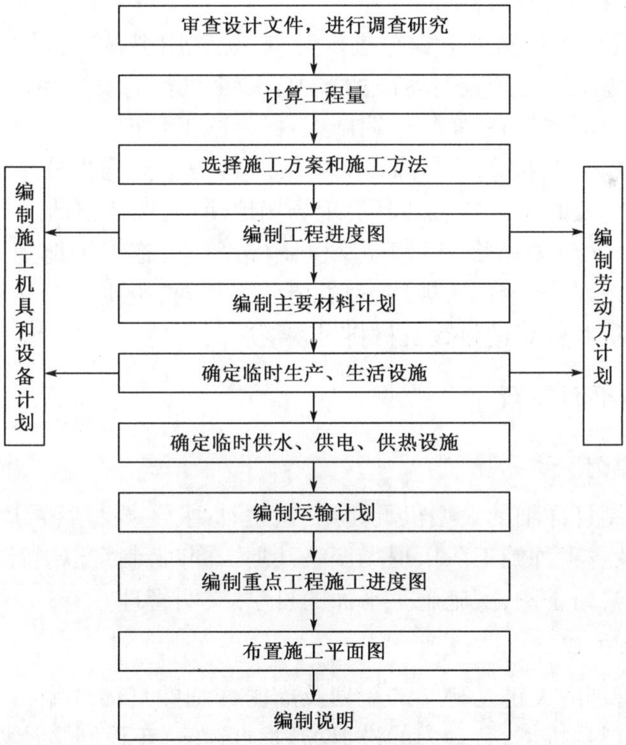

图 3-1 施工进度计划流程表

其主要是对施工顺序、开始和结束时间、搭接关系进行综和安排,包括以实物工程量和投资额表示的工程的总进度计划和分年度计划,以及所需要用的工日数和机械台班数。

(四)施工总体及部分工程平面图

根据设计图纸,结合现场勘查情况,对施工现场进行整体布置。现场的平面布置要考虑施工区域的划分,施工通道的布置、现场临时水电布置,办公区、生活区,料区、假植区,临时占用地等位置。

(五)施工管理人员配备

1. 总体安排

根据施工部署,现场设项目经理一名,领导组成本工程的管理机构。

2. 主要管理人员的职责

(1)项目经理:代表公司履行对业主合同的责任;代表公司执行对分项工程合同的责任;处理工程进行中的财务、材料、人事、机械、工程等日常事务;负责项目人事组织和调配;领导制订施工计划,并负责督促实施。

(2)预算员:负责编制每月向业主申请工程款;负责向业主、监理联络工作;负责编制每月、每期工程款报表;计算各种材料数量,提供订货依据,编排进场材料一览表;掌握市场人工、材料变化资料;拍摄工程进行中的照片。

(3)项目工程师:执行和推进工程总进度计划,统管用料,统管质量,统管安全,处理工程进度质量等问题;施工上必须及时解决的事项;施工机械的安排和调配;施工场地的规划及控制,务求做到场地清洁整齐,实行文明施工;做好施工日记。

(4)施工员:按图施工,按章工作,抓好进度、质量、安全;编排分项进度计划表;陪同业主检查人员进行检查,及时矫正错、漏问题;现场场地使用,保持整洁。

(5)材料员:按施工计划向物资部填写材料申请单;按施工场地规划平面图堆放材料;进场材料必须按样板验收,对数量、规格、种类要认真核对;负责保管贵重材料;对现场材料进行盘点;与公司物资部核对进料数及材料付款情况。

(六)施工现场平面布置

1. 平面管理总原则

在工程实施前,制订详细的大型机具使用、进退计划,主要材料及周转材料生产、加工、堆放、运输计划,以及各工种施工队伍退场调整计划。同时,制订以上计划的具体实施方案,严格依照执行标准、奖罚条例,实施施工平面的科学、文明管理。

2. 平面管理计划的确定

施工平面科学管理的关键是科学的规划及周密详细的具体计划,在工程进度网络计划的基础上形成主要材料、机械、劳动力的进退场,垂直运输,布设网络计划,以确保工程进度,充分、均衡的利用平面为目标,制订出符合实际情况的平面管理实施计划。施工时将该计划输入计算机,进行动态调控管理。

3. 平面管理计划的实施

根据工程进度计划的实施调整情况,分阶段发布平面管理实施计划,包含时间计划表、责任人、执行标准、奖罚标准。计划执行中,不定期召开调度会,经充分协调研究后,发布计划调整书。经理部负责组织阶段性的和不定期的检查监督,确保平面计划的实施。

地上结构施工重点保证项目:垂直运输安全管理;料具置场点有序的调整、管理;材料、机械进退场,使用的科学调度;施工作业工人区域化管理。

4. 平面管理办法

(1)施工平面管理由项目经理总负责,由项目工长、材料部门、机械管理部门、后勤组织部门实施,按平面分片包干管理措施进行管理。

(2)施工现场设置"三图七牌"。

(3)按照总体规划要求做好平面布置,主要包括:现场办公临时设施布置;材料堆放场地布置;洗车槽则由业主统一布置;现场排水、排污布置。施工现场要加强场容管理,做到整齐、干净、节约、安全,力求均衡生产。

(4)施工现场切实做到工完场清,施工垃圾要集中堆放,及时清运,以保持场容的整洁。

(5)办公区、场外生活区参见文明施工有关规定。

(七)编制机械设备及材料供应计划

(1)绿化施工任务主要有排盐、排水、地形构筑、苗木修剪、栽植、支撑、浇灌、打药、防寒等。根据施工工程量,在保证工程质量、工程进度的前提下,合理组织有效施工机械,并编制本项目主要投入使用的机械、设备的用清单,并应注明机械或设备名称、型号、产地、制造年份、规格、数量、额定功率、生产能力、施工的环节、进场日期等。

(2)根据设计苗本品种和数量,进行苗源调查和苗号,按设计要求选备合格苗木并编制苗木进场计划。

(八)施工进度计划及保证措施

对施工进度的控制,是施工质量控制的前提和必要保证。

1. 绘制施工横道图(施工进度计划表)

按照合同约定的施工工期,根据施工条件、施工季节、工程进度目标的需要,绘制工程进度计划横道图或网络图,以此作为编辑月、旬、周施工进度计划和控制各分项施工计划的依据。

2. 制订工期目标和保证措施

(1)制订组织管理保证措施,人员保证措施,施工机械保证措施,材料、苗木供应保证措施,资金保证措施等。

(2)制订雨期、冬期施工预案。

①在雨期、冬期到来之前集中几天时间,抓紧安排好大树栽植工作。

②认真收听天气预报,及时调整苗木调运和栽植计划等。

③做好雨井清理工作,雨后保证排水通畅,检查苗木受损情况,及时采取补救措施,为保障工期、保证工程质量提供有利条件。

3. 做好交叉作业协调工作

现场工作往往存在建设、电力、通信、热力等相关单位的交叉施工现象。交叉施工对绿化施工成果的损坏最大,如协调不好,将会造成反复施工,直接影响工程进度和施工质量,同时增加了工程造价。解决方案如下:

(1)对影响施工进度较大的交叉施工问题,应提前将施工条件、施工进度安排、交叉施工需协调的内容、时间要求及有关建议等,上报监理及建设单位,以便及时沟通,提前做出协调解决方案,确保施工工作顺利进行。

(2)随时掌握各施工单位的工程进度和下一步施工安排,以便与各施工单位直接协调,现场解决交叉施工问题。

4. 制订意外延误工期的赶补措施

对因天气等原因未能按进度计划完成施工任务的,应及时检查、分析原因,采取有效措施,及时调整日、周工作计划,将延误的时间能尽快补回来。在整个施工过程中,坚持"白天损失晚上补,雨天损失晴天补""以日保周,以周保月"的施工进度实施方案,确保工程如期完工。

(九)施工质量保证措施

控制好排盐工程质量、移植土质量、苗木质量、苗木栽植质量和养护质量,是保证绿化施工质量的关键。

1. 做好技术培训和交底工作

(1)向管理人员交底

关于该施工项目的工程范围、工程量、总工期进度计划、施工计划、施工顺序、主要施工方法、措施等,向项目部全体管理人员进行交底,以便各部门更好地协调配合。

(2)对施工人员交底

由于施工人员的不固定性和施工队伍级别及施工人员技术的差异性,做好施工技术交底和技术培训工作,是保证施工质量的重要措施之一。施工前或施工过程中,集中施工人员进行现场分项交底,是每个施工人员了解和掌握各工序中施工难点、技术要求和操作方法,如排盐、排水工程施工程序和技术要点,栽植槽穴挖掘的标准要求,苗木栽植深度,苗木支撑方向、高度、支撑方法,不同时施工时期各类苗木的修剪方法,剪口及伤口的处理,病虫害检查识别方法,农药使用注意事项,喷药技巧,苗木抢救措施及如何保证灌透水技术等,并以此作为施工质量控制标准,使每道工序都能按照质量标准要求进行。

2. 把好施工质量关,建立健全质量监督、检查制度

(1)技术人员每天必须坚守工地,进行技术指导和工程质量检测工作。对因责任不到位,或未按技术方案进行施工而出现的问题,应立即停止施工,并进行返工。当遇到不可预见施工条件下出现的问题时,应立即召集相关人员现场研究,并制订解决方案。

(2)技术总监或监工应每周检查巡视工地一次,随时掌握工程进度、施工质量存在问题,及时下达修改通知单,并对整改进度和结果进行督促和检查。

(3)项目部定期应组织相关人员对施工及养护工程进行检查,检查工作进度以及存在问题,并对检查项目进行评比和指导,以便掌握工程施工质量和养护水平,最终实现优质工程施工目标。

3. 把好苗木质量关

指派专人负责,严格执行苗木经验收制度。制订冬期施工技术和质量保证措施,预防苗木在起苗、运输、栽植中受冻害。

(十)安全文明施工管理措施

1. 安全管理目标

制订"六杜绝""三消灭""二创建"的安全施工管理目标。

"六杜绝":杜绝触电伤亡事故,杜绝机械伤害事故,杜绝重物坠落打击事故,杜绝人员高空坠落伤亡事故,杜绝农药使用伤亡事故,杜绝树木倒伏砸伤伤害事故。

"三消灭":消灭违章指挥,消灭违章作业,消灭故意破坏事故。

"二创建":创建优质工程,创建安全文明施工单位。

2. 安全检查制度

定期组织施工现场的安全生产检查,检查各种设备、设备使用情况,对施工中存在的不安全因素,提出整改意见,及时消除事故隐患。

3. 文明施工管理措施

(1)对施工人员进行文明施工管理和文明举止等内容的素质教育,做到文明施工。

(2)成立施工清洁队,负责厂区内外的卫生清理工作。

(3)加强施工过程中的防尘控制。出现 4 级以上大风天气时,应立即停止回填栽植土、土壤过筛施工等作业,防止扬尘发生。

(4)减少噪声污染。早 7 点前,晚 8 点后,不使用园林机械设备,最大限度地减少施工扰民现象。

4. 安全防护管理体系

(1)项目主要负责人与各专业施工单位负责人签订安全生产责任状,是安全生产责任到人,层层责任。

(2)设置专职或兼职安全员,负责施工人员的安全教育、安全施工检查及事故的抢救和处理工作。

第二节　公路绿化工程施工的准备工作

(一)施工准备工作的概念及分类

公路绿化工程施工准备工作是指对设计图纸和施工现场确认核实后,进行的施工准备。按准备工作范围,可分为全场性施工准备、单位(项)工程施工条件准备和分部(项)工程作业条件准备三种。

(二)施工准备工作的内容

1.技术准备

(1)认真做好扩大初步设计方案的审查工作

公路绿化工程施工任务确定以后,应提前与设计单位结合,掌握扩大初步设计方案的编制情况,使方案的设计,在质量、功能、艺术性等方面均能适应当前公路绿化建设发展水平,为其工程施工扫除障碍。

(2)熟悉和审查施工工程图纸

公路绿化建设工程在施工前,应组织有关人员研究熟悉设计图纸的详细内容,以便掌握设计意图,确认现场状况,以便编制施工组织设计,提供各项依据。审查工程施工图纸通常按图纸自审、会审和现场签证三个阶段进行。

①图纸自审由施工单位主持,并要求写出图纸自审记录。

②图纸会审由建设单位主持,设计和施工单位共同参加,并应形成“图纸会审纪要”,由建设单位正式行文、三方面共同会签并盖公章,作为指导施工和工程结算的依据。

③图纸现场签证是在工程施工中,依据技术核定和设计变更签证制度的原则,对所发现的问题进行现场签证,作为指导施工、竣工验收和结算的依据。在研究图纸时,特别需要注意的是特殊施工说明书的内容、施工方法、工期以及所确认的施工界限等。

(3)原始资料调查分析

原始资料调查分析,不仅要对工程施工现场所在地区的自然条件、社会条件、进行收集。整理分析和不足部分补充调查外,还包括工程技术条件的调查分析。调查分析的内容和详尽程度以满足工程施工要求为准。

(4)编制施工图预算和施工预算

①施工图预算应按照施工图纸所确定的工程量、施工组织设计拟定的施工方法、建设工程预算定额和有关费用定额,由施工单位编制。施工图预算是建设单位和施工单位签订工程合同的主要依据,是拨付工程价款和竣工决算的主要依据,是实行招投标和工程建设包干的主要依据,也是施工单位安排施工计划、考核工程成本的依据。

②施工预算是施工单位内部编制的一种预算,是在施工图预算的控制下,结合施工组织设计的平面布置、施工方法、技术组织措施以及现场施工条件等因素编制而成的。

(5)编制施工组织设计

拟建的公路绿化建设工程应根据其规模、特点和建设单位要求,编制指导该工程施工全过程的施工组织设计。

2. 物资准备

公路绿化建设工程物资准备工作内容包括土建材料准备、绿化材料准备、构(配)件及制品加工准备、公路绿化施工机具准备等四部分。

3. 劳动组织准备

劳动组织准备包括:

(1)确定的施工项目管理人员应是有实际工作经验和相应资质证书的专业人员。

(2)有能进行指导现场施工的专业技术人员。

(3)各工种应有熟练的技术工人,并应在进场前进行有关的技术培训和入场教育。

4. 施工现场准备

大中型的综合公路绿化工程建设项目应做好完善的施工现场准备工作。

(1)施工现场控制网测量。根据给定永久性坐标和高程,按照总平面图要求,进行施工场地控制网测量,设置场区永久性控制测量标桩。

(2)做好"四通一清",认真设置消火栓。确保施工现场水通、电通、道路、通讯畅通和场地清理;应按消防要求,设置足够数量的消火栓。公路绿化工程建筑中的场地平整要因地制宜,合理利用竖向条件,既要便于施工,减少土方搬运量,又要保留良好的地形景观,创造立体景观效果。

(3)建造施工设施。按照施工平面图和施工设施需要量计划,建造各项施工设施,为正式开工准备好用房。

(4)组织施工机具进场。根据施工机具需要量计划,按施工平面图要求,组织施工机械、设备和工具进场,按规定地点和方式存放,并应进行相应的保养和试运转等项准备工作。

(5)组织施工材料进场。根据各项材料需要量计划,组织其有序进场,按规定地点和方式存货堆放;植物材料一般应随到随栽,不需提前进场;若进场后不能立即栽植的,要选择好假植地点,严格按假植技术要求认真假植并做好养护工作。

(6)做好季节性施工准备。按照施工组织设计要求,认真落实雨季施工和高温季节施工项目的施工设施和技术组织措施。

5. 施工场外协调

(1)材料选购、加工和订货。根据各项材料需要量计划,同建材生产加工、设备设施制造、苗木生产单位取得联系,签订供货合同,保证按时供应;植物材料因为没有工业产品的整齐划一,所以要在去多家苗圃仔细号苗的基础上,选择符合设计要求的优质苗木。公路绿化中特殊的景观材料如山石等需事先根据设计需要进行选择,以作备用。

(2)施工机具租赁或订购。对于本单位缺少且需用的施工机具,应根据需要量计划,同有关单位签订租赁合同或订购合同。

(3)选定转、分包单位,并签订合同,理顺转、分、承包的关系,但应防止将整个工程全部转包的方式。

（三）栽植土准备

土壤是绿化栽植的基础，但一般土壤不能完全满足植物存活于生长的需求，应结合环境、植物习性、景观特点进行改良。在绿化工工程施工中，栽植土改良应与盐碱地改造、排盐工程措施结合进行。本节按园林绿化施工的要求，仅就一般绿化用土改良和盐碱土改良分别说明。

1. 栽植土质量标准要求

（1）土壤 pH 值：在 6.5 ~ 8.5 之间。

（2）土壤全盐含量：土壤全盐含量小于 0.3%。

（3）土壤密度：松柏类不大于 1.1g/cm^3；其他类不大于 1.4g/cm^3；花卉类的不大于1.2g/cm^3。

（4）土壤形状：土壤疏松不板结、土块易打碎、土壤密实度事宜，渗透系数应不小于 10^{-4}cm/s。

（5）土壤有机质含量不小于 2%。

2. 一般绿化用土改良

依据土壤质地的不同可大致分为沙质土、壤质土、黏质土、渣砾质土、吹填土等类，其类别和特点主要继承了土母质的类型和特点，又受到耕作、施肥、排灌、平整土地等人文因素的影响，使土壤之中十分稳定的一种自然属性，对绿化施工有直接影响。

（1）沙质土。易漏水漏肥，抗旱能力弱，保肥性能差，土壤养分、水分流失严重。栽植前应以提高土壤密度为重点，近地取材进行土壤改良。

①冬前深耕土地，翻淤压沙深土淤泥经冬冻处春化理后粉碎。

②近地取材添拌 25% 的黏土（15% 泥炭、30% 河泥等）、10% 有机肥等，提升土壤密度至 1.2 ~ 1.3g/cm^3，改良和配制栽植土。

③增施有机肥，适时追肥，并掌握勤浇薄施的原则。

④时间允许可先行栽种田菁、草苜蓿、紫花地丁等绿植，秋后深翻压肥。

⑤有条件的地方在有机肥中增施菌肥，提高土壤中微生物的含量和活性，恢复和创建植物根系和土壤微生物共生的生态体系，可较大幅度提高苗木成活率和景观效果。

（2）黏质土。土壤养分丰富，有机质含量较高，但遇雨或灌溉时，水分在土体中难以下渗导致排水困难，影响植物根系生长，阻碍了根系对土壤养分的吸收。应降低土壤密度为重点，利用本地废弃材料进行改良。

①在冲积母质中，黏土层下面有沙土层（腰沙）的，可采用翻沙压淤技术措施。

②施用膨化岩石类，如膨化页岩、浮石、硅藻土、珍珠岩、陶粒、煤矸石、岩棉材料等。

③近地取材添拌 20% 河沙（25% 沙土、15% 炉渣、20% 粉煤灰、25% 建筑废弃土等）、10% 有机肥等，降低土壤密度至 1.2 ~ 1.3g/cm^2，改良和配制栽植土。

④在施工时注意开沟排水，降低地下水位，避免或减轻沥涝。

（3）壤质土。兼有沙土和黏土的优点，是较理想的土壤，但一般绿化用地土壤较贫瘠，土性较生。应以熟化土体、提升肥力为重点进行土壤改良。

①深翻晾晒，反复锄划，熟化土壤。

②增施以秸秆类绿肥为主的有机肥，有条件的地方在有机肥中较大幅度地添加菌肥。

③蓄水保墒，减少水、肥流失。

(4)渣砾质土。成分较复杂，由山石风化土、工程废弃土与自然土壤混合而成。该类土质通透性好但漏水失肥；矿物质丰富但有机质缺乏；排水通畅但墒情较差；苗木成活容易但生长不良。应以保水保肥为重点进行土壤改良。

①渣砾超过50%时，植物生长困难，应掺土或采用换土的方法。

②渣砾含量小于30%时，可以不经改良，直接栽植耐旱的乔木、灌木类。

③大型景观绿地需清除直径10cm以上渣砾，精细绿化及草坪、花坛景区需清除直径2cm以上渣砾，必要时要过筛。

④普遍增施有机肥，适时追施长效复合肥。

3. 盐碱土的改良

盐碱土是盐土和盐化土壤、碱土和碱化土壤的总称。盐碱土不仅盐碱危害植物生长，而且养分贫乏(有机质、氮素含量低，有机磷奇缺)、地温低(尤其春季，植物根系极需温度)、土壤微生物稀少且活力差、土壤板结且通透性不良都阻碍着植物正常生长发育。因此，综合治理是改良盐碱土的重要途径。

(1)盐碱土区划

我国盐碱土分布区依据土壤类型和气候条件，分为滨海盐渍区、黄淮海平原盐渍区、荒漠及荒漠草原盐渍区、草原盐渍区四个大类型。

(2)盐碱土的形成条件

①气候。当蒸发量是降水量的3倍以上时，土壤易盐碱化，由于强烈的蒸发，潜水中的盐分被带至地表，并在土壤表层聚积形成返盐(碱)，经过多年的返盐—淋滤(压盐)—返盐作用，地表土壤盐碱含量不断增高，便形成了盐碱土。

②地形地貌。滨海、低海拔平原、河湖沉积、闭流洼地等地区，海水浸蚀，地势低平，排水不畅，径流滞缓，地下水位高，蒸发和植物蒸腾为排水主要方式，导致大量盐碱滞留于土壤内，形成盐碱土。

③水文地质条件。受地质条件影响地下水径流滞缓的，垂直蒸发排水造成土壤积盐，形成盐碱土；其次是潜水埋深条件，潜水埋深浅，毛细作用增强，地下潜水通过毛细管被大量蒸发，盐(碱)分被遗留于土壤表层，形成盐碱土；再者是潜水矿化度，潜水的矿化度决定了盐碱土的严重程度，潜水矿化度大于1.5g/L时，土壤多形成中、重度盐碱土。

(3)盐碱土的主要成分及分级标准

①盐渍化土主要成分及分级标准见表3-1。

盐渍化土主要成分及分级标准(含盐量)(单位:%)　　表3-1

盐分组成	轻度盐化土	中度盐化土	重度盐化土	盐土
氯化物和苏打	0.1 ~0.2	0.2~0.4	0.4~0.6	>0.6
硫酸盐	0.2~0.3	0.3~0.6	0.6~1.0	>1.0

②碱化土碱化程度分级标准见表3-2。

碱化土碱化程度分级标准(pH)　　表3-2

碱化程度	轻度碱化土	中度碱化土	强度碱化土	碱土
交换性Na(%)	<5	5~10	10~15	>15

(4)盐碱土的地表识别

①氯化物

a.盐卤($MgCl_2$、$CaCl_2$):地表呈暗褐色,油泽感(巧克力色泽)的潮湿盐碱土,俗称"黑油碱""卤碱"或"万年湿",用舌尖尝发苦。

b.食盐(NaCl):地表有一层厚薄不一的盐结皮或盐壳的盐碱土,人踩上去有破碎的响声,俗称"盐碱",用舌尖尝有咸味。重度盐碱和滨海盐土地表有盐霜及食盐结晶。

②硫酸盐

芒硝(Na_2SO_4):地表呈白色、蓬松粉末状的盐碱土,人踩上去有松软陷入感,俗称"水碱""白不咸"或"毛拉碱"。用舌尖尝有一种清凉感。NaCl与Na_2SO_4混合的氯化物一硫酸盐的结壳蓬松盐渍土,俗称"扑腾碱",人踩上去发出"噗噗"的声音,用舌尖尝有咸、凉感觉。

③碳酸盐

a.苏打(Na_2CO_3):苏打盐碱土地表呈浅黄色盐霜、盐壳,有的盐壳有浅黄褐色的渍印,用舌尖尝之味涩咸稍苦。雨后地面水呈黄色,似马尿,俗称"马尿碱"。

b.小苏打($NaHCO_3$):地表发白、无盐霜,但地表有一层板结的壳,干时有裂缝,极少有植被。雨后可行走。俗称"瓦碱""缸碱"或"牛皮碱";另一种地表呈有规律的龟裂纹理,裂隙2cm,结壳十分坚硬的龟裂碱土,称为"白僵土"或"碱巴拉"。

(5)盐碱土对植物的危害

①引起植物的生理干旱。盐土中含有过多的可溶性盐类,可提高土壤溶液的渗透压,从而引起植物的生理干旱,使植物根系及种子发芽时不能从土壤中吸收足够的水分,甚至还导致水分从根细胞外渗,使植物萎蔫甚至死亡。

②伤害植物组织。土壤含盐量过高,尤其在干旱季节,盐类集聚表土常伤胚轴,其伤害能力以碳酸钠、碳酸钾为最大。在高pH值下,还会导致氢氧根离子对植物的直接伤害。有的植物体内积聚过多的盐,而使原生质受害,蛋白质的合成受到严重阻碍,从而导致含氮的中间代谢物的积聚,造成细胞受害。

③影响植物正常营养。由于钠离子的竞争,使植物对钾、磷和其他营养元素的吸收减少,磷的转移也会受到抑制,从而影响植物的营养状况。

④影响植物的气孔关闭。在高浓度盐类作用下,气孔保卫细胞内的淀粉形成受到阻碍,致使细胞不能关闭,因此植物容易干旱枯萎。

⑤影响植物景观的营造。盐碱环境制约了植物的正常生长,植物的外部形态、色泽均发生了变化,制约了植物美感的展现。

(6)盐碱土传统改良方法

对栽植场地经过土壤化验测定,不适宜植物生长的土壤,应在栽植前进行土壤改良或更换客土。

①物理改良

a. 平整地面。留一定坡度,挖排水沟,以便灌水洗盐。

b. 深耕晒垡。凡质地黏重、透水性差、结构不良的土地,在雨季到来之前进行翻耕,能疏松表土,增强透水性,阻止水盐上升。

c. 及时松土。松土能保持良好墒情,控制土壤盐分上升。

d. 抬高地面。采取客土抬高地面,和提高大规格植物栽植面高程。

e. 微区改土、树穴改土。利用微地形栽植常绿、大乔木树种,植树时先将塑料薄膜隔离袋置树穴中,填以客土。也可在树穴内铺隔盐层(粗砂、炉灰渣、锯屑、碎树皮、马粪或麦糠等),然后填以客土。

②水利改良

a. 蓄淡压盐。在盐土周围筑堰存降水,促使土壤脱盐。

b. 灌水洗盐。降水条件较好的地区,在田内灌水洗盐,可加快土壤脱盐速度。

c. 地下排盐。地下设隔离层和渗管排盐,分为两种形式,一是用水泥渗漏管或塑料渗漏管,埋地下适宜深度排走溶盐;二是挖暗沟排盐,沟内先铺鹅卵石,然后盖粗砂与砾石,最后填土。

③化学改良

国内陆续研制出了一些有机和无机的盐碱土改良肥料,这些肥料主要利用酸碱中和离子吸附和转化盐类的化学反应原理,降低土壤的含盐量和酸碱度,进而改良各种盐碱化土壤,使土壤养分和营养变为可利用状态,而且这些肥料使用简便,按需要量在灌溉土地时灌入土壤中即可。

a. 对盐碱土增施化学酸性肥料(过磷酸钙、硫酸亚铁等),可使 pH 值降低,同时磷素能提高树木的抗性。施入适当的矿物性化肥,补充土壤中氮、磷、钾、铁等元素的含量,有明显的改土效果。

b. 施用大量有机质,如腐叶土、松针、木屑、树皮、马粪、草炭、醋渣及有机垃圾等。

④生物改良

栽植耐盐的绿肥和牧草,如田菁、草木樨、紫花苜蓿等,对盐土改良有积极作用。

(7)盐碱土改良的标准

①土壤全盐含量小于0.3%,pH 值小于8.5时,可用原土进行常规改良后整地施工。

②土壤全盐含量在0.3%~0.5%,pH 值小于8.5时,应采取更换栽植土,或铺设淋层排盐后,对原土进行常规改良整地施工。

③土壤全盐含量大于0.5%,pH 值大于8.5时,应实施地下排盐工程措施,更换栽植土或原土进行常规改良后整地施工。

(8)目前施工中关注的几种类型盐碱土的改良

①滨海盐土、盐滩

该类地区低洼,地表接近地下水位(海水),含盐总量高达2%以上,地表盐垢、碱斑化。

应以实施系统的地下排盐工程,抬高栽植层为重点,进行土壤改良。

a. 清除盐垢、碱斑,平整压实地面,回填建筑工程废弃土,至地下最高水位处。

b. 按回填土:草炭:盐碱地生物改良剂(或有机肥):磷石膏(石膏)=10:1:2:1 的比例充分混合,改良和配制栽植土。

②滨海滩涂、湿地

该类地区地表积水,土壤含盐总量高达 5% 以上。零星或整体覆盖有代表性的盐生植物群落。绿化工程用土来源于客土、湿地土,挖湖取土抬高地面后施工。应以改善土壤结构,提高土壤的活性、肥力为重点进行改良。

a. 工程基础的硬化处理,一般用建筑工程废弃土料、砖瓦石料、山石、渣石等抛入原始工地,每立方米投料按 15% ~20% 计。

b. 湿地土(水下土)普遍土质黏重,阴冷无活性,通透性差,缺少肥力,应晾晒及反复耕锄,提高土壤含氧量。

c. 按土:有机肥:盐碱地生物改良剂:磷石膏(石膏):山皮石 =10:2:1:1:2 的比例充分混合,改良和配制栽植土。

③含带黏土层的盐碱地

土壤含盐总量在 2% 左右,地下 1.5m 以外埋藏的黏土带,对绿化施工影响不大,而在地下 0.3 ~1m 处的黏土带易被忽视,灌水、雨水下渗困难,沥涝浸泡,导致苗木根系缺氧、生长衰弱甚至死亡,应以破坏黏土带结构为重点进行土壤改良。

a. 深翻至黏土层,与上层土壤混合搅拌,按混合土:有机肥(绿肥):盐碱地生物改良剂:磷石膏(石膏)=10:2:1:1 的比例充分混合,改良后配制栽植土。

b. 常规栽植后,在地表按 1 ~2 个/m^2 打孔(直径 0.05 ~0.06m),深至打穿黏土层,在孔内灌沙,提高土壤的通透性。

④围海造地吹填土

从严格意义上讲,吹填土不能称其为“土”,它有土壤的成分但没有土壤的结构;它有土壤的形态但没有土壤的性质,更类似于成土母质。在沿海大兴围海造地,创建各类经济区、商贸区、海景商住区、旅游区等大环境下,生态环境恢复与保护、绿化景观建设,受到前所未有的重视和发展。围海造地的吹填土改良,是在严格开展地下排盐工程基础上进行的,需要改造的吹填土依据质地的不同间距,可大致分为海沙质、淤泥质、黏土质、混合质等。

a. 海沙质:为近海海沙表层黏着以钙、钠为主的多种盐与海水有机质组成的络合体,含盐量 3% 以上。应以洗盐、创建土壤结构为重点进行改良。

a)海沙基础结构不稳定,易流失,绿化施工前一定要基础硬化处理。一般采取打水泥桩,抛入山石、工程废弃砖瓦石料,强排淋水,使其固化。

b)海沙上附着盐分不易淋洗(手触有黏着感),场地淋盐时需覆盖一层酸性物质(糠醛渣、草炭、磷石膏、醋渣等),做畦灌水淋盐。

c)按海沙:黏土:山皮石:有机质 =10:4:2:2 的比例充分混合,配置为改良栽植土。

b. 淤泥质:由内河冲积、海水浸蚀、泥沙淤积次生盐碱化而成,有水时泥泞,无水时板结,通透性差,肥力低下,含盐量为 2% ~3% 。应以抬高栽植层面、设置良好的给水排水管网为重点进行改良。

a)以最高地下水位为标准,覆土抬高地面(乔木种植层高度为1.2~1.5m,灌木为0.6~0.8m,宿根地被植物为0.4~0.6m)。

b)健全排水系统,顺排、强排(集水井)双配套。

c)按淤泥:沙土:山皮石(渣石、碎石、工程废弃土等):有机质=10:4:2:2的比例混合,配置为改良栽植土。

c.黏质土:近海床为深层未熟化黏性土,受海水及海基质浸蚀而盐碱化,含盐量为3%~5%。应以调整土壤结构为重点进行改良。

a)以最高地下水位为标准,覆土抬高地面至标准要求。

b)按黏质土:沙土(河沙、粉煤灰、碱渣等):山皮石:有机质=10:5:2:2的比例混合,配置为改良栽植土。

d.混合土质:为沿海滩涂、盐场、滨海湿地基质的混合物。地势低洼,地下水位(海水面)高,土壤结构混乱,成分复杂,含盐量3%左右,治理困难,需因地制宜采取措施。

a)清除地表盐碱皮层,埋入地下水位处(海水层);添加工程废弃土,固化软基础。

b)建立完善、可靠的排水(排盐)系统。

c)分析其主要成分,参照上述相类似的吹填土进行改良。

e.渣土及工程弃土:为较好的再生栽植土源,但多数已受海水及盐碱基质浸蚀而次生盐碱化,含盐量2%左右。应以控制次生盐碱化、恢复再生土肥力重点进行土壤改良。

a)设置防海水侧渗、底返的隔离设施,一般采用垂直防渗膜、底铺淋测层阻隔,防渗膜直达淋层,淋层高于最高水位。

b)清除渣土及工程弃土中的有害杂物、直径0.05m以上的固体材料。

c)按渣土及工程弃土:壤土或黏土(见沙掺黏或见黏掺沙):盐碱地生物改良剂:有机质=10:3:1:2的比例混合,配置为改良栽植土。

⑤中、强碱化土:在环渤海盐碱区、华北、西北内陆干旱~半干旱盐碱区、东北草甸荒区等地,不少地方土壤含盐总量处于中、下水平,但碱度却很高(pH值大于9,甚至高达15以上)。在以反复大水压盐、灌溉的环渤海等地区,出现"盐降碱升"现象,为碱化土的改良带来难度。

a.成因

a)土壤中存在过多的易溶性盐类或交换性钠离子。化学成分主要为$NaCl$、Na_2SO_4、$CaCl_2$、$MgCl_2$、Na_2CO_3、$NaHCO_3$,其中危害最大的是$NaCl$(盐)、Na_2CO_3(马尿碱)和Na_2SO_4(芒硝)。

b)土壤、地下水、补给水中含有一定量的重碳酸钠、碳酸钠时,尤其是CO_3^{2-}、HCO_3^-(苏打根、小苏打根)的存在,创造碱土环境。

c)土壤具团粒结构显胶体状况,具较强吸附能力,利于钠离子置换钙离子被土壤胶体表面所吸附,当交换性Na^+占交换量的5%~15%时,土壤轻度碱化;15%~25%时,土壤中度碱化;25%~35%时,土壤重度碱化;高于35%时,形成碱土。

d)具重复性、持续性给水状态,随着中性盐($NaCl$、Na_2SO_4、$CaCl_2$、$MgCl_2$)被淋洗后,碱性盐(Na_2CO_3、$NaHCO_3$)浓度增大,土壤加速演变为碱土或碱化土。

b. 碱性土壤的改良

a)挖渠排水,抬高栽植层,深翻晾晒土壤。

b)前期可栽植耐盐碱绿植(如田菁、苜蓿、紫花地丁、柽柳、紫穗槐等),后期加入糠醛渣等酸性有机物压肥治碱。

c)按碱性土壤:酸性有机物(糠醛渣、草炭、醋渣等):无机物(磷石膏、石膏、煤干石等):有机肥(绿肥、畜肥等) = 10:2:1:2 的比例,改良和配制栽植土。

d)在有条件的地方可在绿肥内加入 1% ~2% 的释酸菌液,以加速碱性土的改良。

4. 确定新土源、土方量

(1)客土土源

原土测定指标不符合栽植土的标准要求时,可寻找新土源。

①按栽植土的质量标准,根据土壤造价、运距等,选择土源地。

②对所选客土进行设点取样,对其理化性质进行测定和分析。经有资质的土壤测试中心或实验室进行测试,符合栽植土质量标准要求的,即可确定为土源地。

③根据规划要求和现有地形地貌确定土方量。

(2)再生土源

绿化施工中往往需要换土,但客土给生态环境造成极大破坏,客观上造成"一面建设生态环境的同时,一面却在严重破坏生态环境"的恶性循环局面。充分利用多种废弃物,通过人工的多项措施和生物作用,缩短形成自然土壤的时间,加速土壤的熟化过程,使其具备自然土壤的基本属性,一方面变废为宝,另一方面节约了宝贵的自然土地资源,是今后绿化用土的重要途径。可利用的废弃物约有以下几类。

①土壤母质类废弃物:海湾泥、河泥、坑泥、工程废弃土、城镇垃圾土等。

②有机质类废弃物:各种农作物秸秆、锯屑、碎树皮(枝条)、麦糠、稻糠、壳灰、畜肥、糠醛渣、醋渣、中药渣、腐叶土、有机垃圾等。

③无机矿渣类废弃物:工业除尘、废气(二氧化硫、氮氧化物、二氧化碳、工业粉尘等)所产生的废弃物、粉煤灰、碱渣土、风化煤、煤矸石、炉渣、氯化钙渣等。

④无机酸类废弃物:硫酸废液、黑矾渣、硫磺渣、脱硫石膏渣、硫酸铝渣、山皮石粉渣等。

依据工程的需要,将上述各类废弃物有机组合,经技术处理后,可代替栽植土使用。例如按海淤泥:河沙:山皮石:粉煤灰:碱渣:有机肥 = 10:2:1:2:1: 2 的比例混合,经排盐处理后,含盐量从 0.8% 下降到 0.35% ,pH 值降到 8.5,可供绿化施工使用。

(四)苗木准备

首先应对苗源地的立地条件、交通状况、土质情况、植物生长状况、植物检疫情况、当地林业部门的相关制度等,进行全面调查。

1. 苗源地选备原则

(1)苗源地位置

①以与施工现场气候、土壤条件相似地区的苗源为宜。

②苗源地应尽量靠近施工场地,尤其是反季节栽植苗木,新梢幼嫩、叶片纤细、质薄的品种,运输途中易失水萎蔫,短期内景观效果不佳;高温季节,较大数量黄杨类、龙柏等苗木的长途运输,常会发生“捂苗”现象,不仅影响苗木成活率,而且降低了观赏效果。因此,高温季节选备苗木时,应尽量在靠近施工现场的周边地区备苗。

(2)苗源地土质

应以能起带土球并在运输后不易散坨为标准。距离施工现场较远,沙质太重的圃地苗及河滩地苗,易散坨,因此不宜作土球苗的苗源地,此类苗木只在土壤未化冻前可以使用。对生长地土质情况不明的,应选 1 ~2 株进行试掘,以便决定是否选作工程用苗。

(3)草源

草源地应以选择地势平坦、土壤良好、草种纯正、杂草少、无病虫害、宜挖掘的草地为宜。

(4)病虫害发生状况

认真调查圃地苗木病虫害发生状况,凡有检疫病虫害(如美国白蛾、松材线虫、杨干象、杨花叶病毒病等)发生,或有蛀干害虫危害(如天牛、小蠹、吉丁虫、木蠹蛾、透翅蛾、豹蠹蛾、象鼻虫、沟眶象等),有干腐病、腐烂病、溃疡病及蚧虫危害严重的圃地苗,一律不在选备之中。

(5)起掘及运输条件

大规格苗木原生长地,必须具备起吊及运输机械能够操作的现场、道路条件,以方便苗木起掘和运输。

2. 选苗标准及要求

有些施工单位把苗木采购看得非常简单,只依靠电话通知进苗,既无苗木质量标准要求,又不派专人实地查看,致使进场苗木质量差,如根幅小、大根劈裂严重、土球小、土球厚度太薄、土球尖削度大、干皮损伤严重、假皮或假土球、病虫危害严重等。此类苗木是造成缓苗期长和苗木栽植后不久便死亡的重要原因。因此,把好苗木关是保证苗木栽植成活的重要环节。

(1)共性标准及要求

依据栽植设计、苗木质量、苗木规格、景观效果要求及栽植环境特点等,选定所需苗木。选苗数量可比实际用苗量多2% ~5%,以备补苗时使用。选定苗木必须用油漆做好树木朝向标志,以利栽植时苗木朝向和观赏面的识别。

①苗木品种必须准确无误。

②常绿树、名贵树、大规格乔灌木、反季节栽植苗木、不耐移植苗木及秋植带冠苗木,必须为土球苗。

③苗木生长健壮、枝叶繁茂、根系发达、树形美观、丰满均匀、树冠较完整。顶芽、腋芽充实饱满,无徒长,无冻害和梢条现象。

④无检疫对象病虫害或基本无病虫害。树木枝干无明显蛀孔、病斑、流胶、畸形、虫瘿、枯黄、枯死枝等;叶部无明显坏死斑、皱缩、卷曲、网幕、非正常变色和落叶等;根部无褐变、腐烂、癌肿等。

⑤嫁接苗木，嫁接时间应在3年以上，嫁接口愈合平整，未嫁接成活的苗木不得选用。

⑥大规格苗木移植是指胸径20cm以上的落叶乔木、胸径15cm以上或高度在6m以上的常绿乔木、冠幅3cm以上或高度4m以上的灌木、地径5cm以上或树龄超过20年的藤本。但市、区县登记在册的古树名木及重点保护的苗木一律不得用于工程移植。

⑦野生苗、山地苗均应在圃地养护培育3年以上，利于大规格苗木移植成活和尽早恢复其景观效果。已进入衰老期的大规格苗木不应再行移植。

⑧大规格苗木应是在圃养护3年以上，或提前2年进行断根缩坨处理的苗木。断根处理，可于休眠期以干基径的4～5倍为半径画圆，分次在不同两侧各垂直向下挖宽60～80cm、深60～120cm左右的1/4环形沟。遇有2cm以上粗根时，应使用手锯断根，用枝剪将断面剪平，断根处喷施10～20mg/kg生根粉，以利于伤口愈合和发根。回填疏松肥沃的土壤，填满土后踏实。树体高大的，需设支撑防止树木倒伏，随即浇灌一遍透水。第二年用同样的方法对树体另外两侧进行断根。因工程需要而又不能提前1～2年进行断根处理的，可提前2～3个月，按胸径7倍开沟断根。

⑨选备苗木高度不宜超过10m，且树冠枝条易捆拢。规格过大，体量超宽、超高，不便运输的苗木，不宜选用。以免造成大枝损伤，失去观赏价值。

⑩草种、花种必须注有产地、采集年份、种子纯度等检验说明。

（2）各类苗木质量标准

①落叶乔木类

a. 干径在7cm以上，有3～5个分枝均匀的主枝。具中央领导干的主枝应有完整的顶梢。

b. 有一定的分枝高度，孤植树及景观树分枝点高度宜为2.5m。

c. 主干通直不弯曲，树同一品种，树体高度和分枝点高度基本一致。

②常绿针叶乔木类

a. 树冠端正，大枝分布均匀，树干基部分枝点较低，雪松具有地表分枝，景观效果好。塔形及圆锥形树冠的种类，如雪松、云杉、桧柏等中央顶梢不缺损。

b. 特型树应按设计标准要求选苗，及时提供实物照片，交由设计人员审查确定。

③灌木类

a. 单干型灌木：基径在3cm以上，株高1.2m以上。具明显主干，侧枝分布均匀。

b. 丛生型灌木：主枝数不少于5个，冠丛丰满，主侧枝分布均匀，主枝平均高度在1.0m以上。

c. 匍匐型灌木：有3个以上主枝，主枝长度达到0.6m以上。

④绿篱、色块用灌木类

a. 苗龄3年以上或高度50cm以上，分枝均匀，冠丛丰满。分枝点低，无明显“脱裤”现象。

b. 苗木高度基本一致，苗高应比修剪后要求高度长10cm。

⑤藤本类

a. 具有3个以上分枝，主蔓直径不小于0.3cm，长度在1.0m以上。

b. 枝繁叶茂,覆盖效果明显。

⑥竹类

a. 苗龄为 2 ~5 年生带鞭母竹,根鞭健壮。

b. 大中型散生竹,如黄河竹,应具竹竿 1 ~2 个;早园竹等每坨竹竿 3 ~4 个。小型竹苗每坨竹竿数在 5 个以上。

c. 丛生竹,如箬竹每丛竹竿不少于 5 个。

⑦宿根地被类

a. 植株生长健壮,有 3 ~5 个壮芽或分蘖,根茎无腐烂、无损伤。

b. 球根、块茎饱满光泽,冬储无霉变,栽植当年能开花。

⑧一、二年生花卉

a. 根系完整、芽饱满、植株健壮,冠径不小于 15cm,分枝不少于 3 ~4 个。

b. 植株不徒长,下部不“脱裤”。

⑨草坪类

a. 生长健壮,草芯鲜活,颜色纯正,根系发育良好。

b. 草坪草叶色一致,疏密均匀,无草墩、无斑秃、无病虫害,杂草率不超过 1%。

c. 草坪植生带,厚度不超过 2mm,种子分布均匀,种粒饱满,发芽率超过 85%。

⑩水生植物类

植株健壮,根、茎、芽、叶发育良好,无腐烂、无损伤、无病虫害。

3. 制订苗木采购计划

根据工期要求、苗木适宜栽植时期、现场施工条件等,制订苗木采购计划。为施工备苗、组织运输提供依据,以确保绿化工期按时完成(表 3-3)。

苗木采购计划表　　表 3-3

品种	苗源地	进场日期	规格(cm)				计划数量		质量要求
			胸径	高度	冠幅	地径	株数	面积(m^2)	

第二节　施 工 工 序

一、土方工程

(一)土方施工的基本知识

公路绿化用地设计地形的实现必然要依靠土方施工来完成。

任何建筑物、构筑物、道路及广场等工程的修建,都要在地面作一定的基础,挖掘基坑,路槽等,这些工程都是从土方施工开始的。在公路绿化中地形的利用,改造或创造,如挖湖堆山,严整场地都要依靠动土方来完成。土方工程量,一般来说在公路绿化建设中是一项大工程,而且它又是先行的项目。它完成的速度和质量,直接影响着后继工程,所以它和整个建设工程的进度关系密切。土方工程的投资和工程量一般都很大，有的大工程施工期很长。如上海植物园，由于地势过低，需要普遍垫高，挖湖堆山，动土量近百万立方米，施工期从1974～1980年断断续续前后达六七年之久。为了使工程能多快好省地完成，必须做好土方工程的设计和施工的安排。

1. 土方工程的种类及其施工要求

土方工程据其使用期限和施工要求，可分为永久性和临时性两种。

不论是永久性还是临时性的土方工程，都要求具有足够的稳定性和密实度，使工程质量和艺术造型都符合原设计的要求。同时，在施工中还要遵守有关的技术规范和原设计的各项要求，以保证工程的稳定和持久。

2. 土壤的工程性质及工程分类

土壤的工程性质对土方工程的稳定性、施工方法、工程量及工程投资有很大关系，也涉及工程设计、施工技术和施工组织的安排。因此，对土壤的这些性质要进行研究并掌握它。以下是土壤的几种主要的工程性质。

(1) 土壤的密度

单位体积原状土壤干土的质量，单位为g/cm^3，土壤密度的大小直接影响着施工的难易程度，密度越大挖掘越难，在土方施工中把土壤分为松土、半坚土、坚土等类，所以施工中施工技术和定额应根据具体的土壤类别来制订。

(2) 土壤的自然倾斜角

土壤自然堆积，经沉落稳定后的表面与地平面所形成的夹角(图3-2、图3-3)，即为土壤的自然倾斜角，以α表示。在工程设计时，为了使工程稳定，其边坡坡度数值应参考相应土壤的自然倾斜角的数值，土壤自然倾斜角还受到其含水情况的影响，见表3-4。

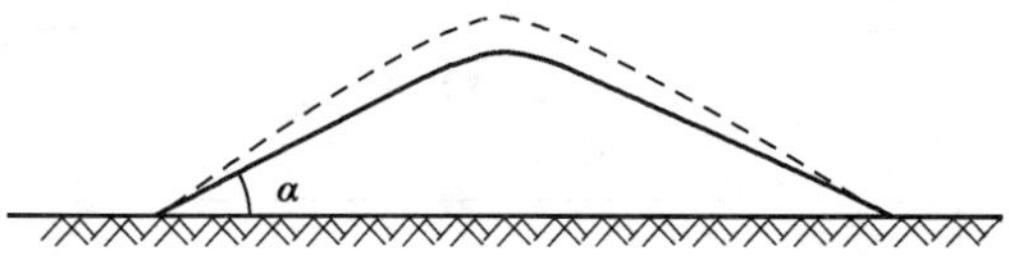

图3-2　土壤的自然倾斜角

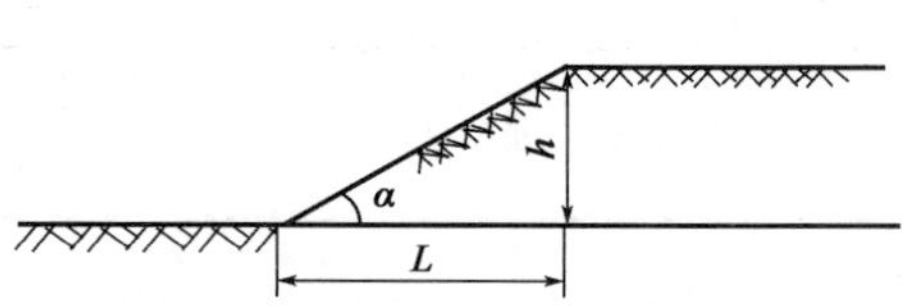

图3-3　土壤的自然倾斜角

土壤的自然倾斜角　　表3-4

土壤名称	土壤含水情况			土壤颗粒尺寸(mm)
	干的	潮的	湿的	
卵石	40°	40°	35°	2～20
砾石	35°	45°	25°	20～200
粗砂	30°	32°	27°	1～2
中砂	28°	35°	25°	0.5～1
细砂	25°	30°	20°	0.05～0.5
黏土	45°	35°	15°	< 0.001～0.05
壤土	50°	40°	30°	
腐殖土	40°	35°	25°	

土方工程不论是挖方或填方都要求有稳定的边坡。进行土方工程的设计或施工时,应结合工程本身的要求(如填方或挖方,永久性或临时性)以及当地的具体条件(如土壤的种类及分层情况、压力情况等),使挖方或填方的坡度合乎技术规范的要求,如情况在规范之外,则须进行实地测试来决定。

土方工程的边坡坡度以其高和水平距之比表示,如图 3-4 所示。

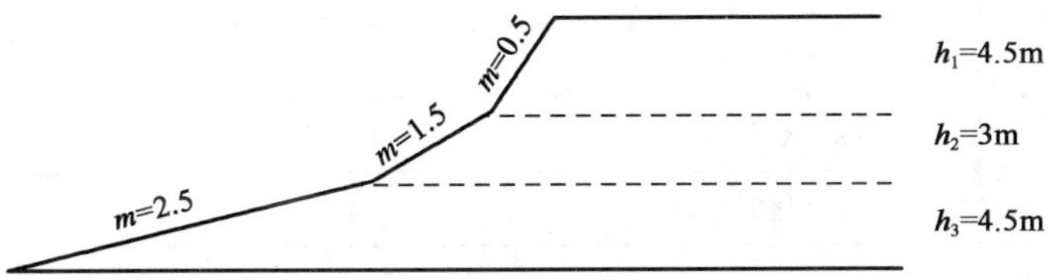

图 3-4　土方工程的边坡坡度

则:边坡坡度为 h/L。

工程界习惯以 $1:m$ 表示,m 为坡度系数。$1:m=1:h/L$,所以,坡度系数是边坡坡度的倒数,举例说:边坡坡度 1:3 的边坡,也可叫做坡度系数 $m=3$ 的边坡。

在高填或深挖时,应考虑土壤各层分布的土壤性质以及同一土层中土壤所受压力的变化,根据其压力变化采取相应的边坡坡度,挖方或填方的坡度是否合理,直接影响着土方工程的质量与数量,从而也影响到工程投资。关于边坡坡度的规定请见表 3-5 ~ 表 3-8。

永久性土工结构物挖方的边坡坡度　　表 3-5

项次	挖 方 性 质	边坡坡度
1	在天然湿度,层理均匀,不易膨胀的黏土,砂质黏土,黏质砂土和砂类土内挖方深度≤3m	1:1.25
2	土质同上,挖深 3 ~ 12m	1:1.5
3	在碎石土和泥炭岩土内挖方,深度为 12m 以下,根据土的性质、层理特性和边坡高度确定	1:1.5 ~ 1:0.5
4	在风化岩石内的挖方,根据岩石性质、风化程度、层理特性和挖方深度确定	1:1.5 ~ 1:0.2
5	在轻微风化岩石内的挖方,岩石无裂缝且无倾向挖方坡脚的岩层	1:0.1
6	在未风化的完整岩石内挖方	直立的

深度在 5m 之内的基坑基槽和管沟边坡的最大坡度　　表 3-6

项次	土 类 名 称	边 坡 坡 度		
		人工挖土并将土抛于坑、槽或沟的上面	机械施工	
			在坑、槽或沟底挖土	在坑、槽及沟的上边挖土
1	砂土	1:1.75	1:0.67	1:1
2	黏质砂土	1:0.67	1:0.5	1:0.75
3	砂质黏土	1:0.5	1:0.33	1:0.75
4	黏土	1:0.33	1:0.25	1:0.67
5	含砾石卵石土	1:0.67	1:0.5	1:0.75
6	泥灰岩白垩土	1:0.33	1:0.25	1:0.67
7	干黄土	1:0.25	1:0.1	1:0.33

永久性填方的边坡坡度 表 3-7

项　　次	土 的 种 类	填方高度(m)	边 坡 坡 度
1	黏土、粉土	6	1:1.5
2	砂质黏土、泥灰岩土	6~7	1:1.5
3	黏质砂土、细砂	6~8	1:1.5
4	中砂和粗砂	10	1:1.5
5	砾石和碎石块	10~12	1:1.5
6	易风化的岩石	12	1:1.5

临时性填方的边坡坡度 表 3-8

项　　次	土 的 种 类	填方高度(m)	边坡坡度
1	砾石土和粗砂土	12	1:1.25
2	天然湿度的黏土、砂质黏土和砂土	8	1:2.5
3	大石块	6	1:0.75
4	大石块(平整的)	5	1:0.5
5	黄土	3	1:1.5

注:如人工挖土不把土抛于坑、槽和沟的上边,而是随时把土运往弃土场时,则应采用机械在坑、槽沟底挖土时的坡度。

(3)土壤含水率

土壤的含水率是土壤孔隙中的水重和土壤颗粒重的比值。

土壤含水率在5%以内称干土,在30%以内称潮土,大于30%称湿土。土壤含水率的多少,对土方施工的难易也有直接的影响,土壤含水率过小,土质过于坚实,不易挖掘。含水率过大,土壤易泥泞,也不利施工,人力或机械施工,工效均降低。以黏土为例含水率在30%以内最易挖掘,若含水率过大时,则其本身性质发生很大变化,并丧失其稳定性,此时无论是填方或挖方其坡度都显著下降,因此含水率过大的土壤不宜用作回填之用。

(4)土壤的相对密实度

它是用来表示土壤在填筑后的密实程度。在填方工程中土壤的相对密实度是检查土壤施工中密实程度的标准。为了使土壤达到设计要求的密实度,可以采用人力夯实或机械夯实。一般采用机械压实,其密实度可达95%,人力夯实在87%左右。大面积填方如堆山等,通常不加夯压,而是借土壤的自重慢慢沉落,久而久之也可达到一定的密实度。土壤工程分类见表3-9。

(5)土壤的可松性

土壤经挖掘后,其原有紧密结构遭到破坏,土体松散而使体积增加的性质。这一性质与土方工程的挖土和填土量的计算以及运输等都有很大关系。各级土壤的可松性见表3-10。

土壤工程的分类　　表 3-9

级别	编号	名　　称	天然含水率状态下土壤的平均密度（kg/m^3）	使用直径 30mm 钻头钻入 1mm 所需时间	开挖方法工具
Ⅰ	1	砂	1500		用铁锹挖掘
	2	植物性土壤	1200		
	3	壤土	1600		
Ⅱ	1	黄土类黏土	1600		用锹和略用丁字镐翻松
	2	15mm 以内的中小砾石	1700		
	3	砂质黏土	1650		
	4	混有碎石与卵石的腐殖土	1750		
Ⅲ	1	稀软黏土	1800		用锹和镐局部采用撬棍开挖
	2	15 ~ 20mm 的碎石及卵石	1750		
	3	干黄土	1800		
Ⅳ	1	重质黏土	1950		用锹、镐、撬棍局部采用凿子和铁锹开挖
	2	含有 50kg 以下块石的黏土块石所占体积 < 10%	2000		
	3	含有 10kg 以下石块的粗卵石	1950		
Ⅴ	1	密实黄土	1800	小于 3.5	由人工用撬棍、镐或用爆破方法开挖
	2	软泥岩土	1900		
	3	各种不坚实的页岩	2000		
	4	石膏	2200		

各级土壤的可松性　　表 3-10

土壤的级别	体积增加（%）		可松性系数	
	最初	最后	K_p	K'_p
Ⅰ（植物性土壤除外）	8 ~ 17	1 ~ 2.5	1.08 ~ 1.17	1.01 ~ 1.025
Ⅰ（植物性土壤、泥炭、黑土）	20 ~ 30	3 ~ 4	1.20 ~ 1.30	1.03 ~ 1.04
Ⅱ	14 ~ 18	1.5 ~ 5	1.14 ~ 1.30	1.015 ~ 1.05
Ⅲ	24 ~ 30	4 ~ 7	1.24 ~ 1.30	1.04 ~ 1.07
Ⅳ（泥灰岩蛋白石除外）	26 ~ 32	6 ~ 9	1.26 ~ 1.32	1.06 ~ 1.09
Ⅳ（泥灰岩蛋白石）	33 ~ 37	11 ~ 15	1.33 ~ 1.37	1.11 ~ 1.15
Ⅴ ~ Ⅶ	30 ~ 45	10 ~ 20	1.30 ~ 1.45	1.10 ~ 1.20
Ⅷ ~ ⅩⅥ	45 ~ 50	20 ~ 30	1.45 ~ 1.50	1.20 ~ 1.30

（二）准备工作

在绿化施工中，由于土方工程是一项比较艰巨的工作，所以准备工作和组织工作不仅应该先行，而且要做得周全仔细，否则因为场地大或施工点分散，容易造成窝工甚至返工，而影响工效。土方施工的内容和步骤大致如下。

1. 清理场地

在施工地范围内，凡有碍工程的开展或影响工程稳定的地面物或地下物，都应该予以清理，例如不需要保留的树木、废旧建筑物或地下构筑物等。

(1)伐除树木。凡土方开挖深度不大于50cm，或填方高度较小的土方施工，现场及排水沟中的树木，必须连根拔除。清理树墩除用人工挖掘外，直径在50cm以上的大树墩可用推土机铲除或用爆破法清除。关于树木的伐除，尤其是大树应慎之又慎，凡能保留者尽量设法保留，因为老树大树特别难得。

(2)建筑物和地下构筑物的拆除，应根据其结构特点进行工作，并遵照现行《建筑工程安全技术规范》的规定进行操作。

(3)当施工场地内的地面地下或水下发现有管线通过或其他异常物体时，应事先请有关部协同查清；未查清前，不可动工，以免发生危险或造成其他损失。

2. 排水

场地积水不仅不便于施工，而且也影响工程质量，在施工之前，应该设法将施工场地范围内的积水或过高的地下水排走。

(1)地面积水的排除

在施工前，根据施工区地形特点，在场地周围挖好排水沟(在山地施工为防山洪，在山坡上方应做截洪沟)，使场地内排水通畅，而且场外的水也不致流入。

在低洼处或挖湖施工时，除挖好排水沟外，必要时还应加筑围堰或设防水堤。为了排水通畅，排水沟的纵坡不应小于0.2%，沟的边坡值宜为1:1.5，沟底宽及沟深不小于50cm。

(2)地下水的排除

排除地下水方法很多，但一般多采用明沟，引至集水井，并用水泵排出，这是因为明沟较简单经济。一般按排水面积和地下水位的高低来安排排水系统，先定出主干渠和集水井的位置，再定支渠的位置和数目，土壤含水率大的要求排水迅速的，支渠分布应密些，其间距约1.5m左右，反之可疏。

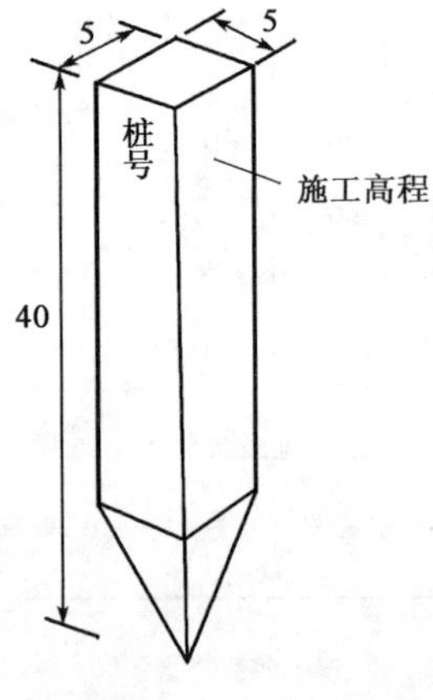

图3-5 木桩示意图
(尺寸单位:cm)

3. 定点放线

在清场之后，为了确定施工范围及挖土或填土的高程，应按设计图纸的要求，用测量仪器在施工现场进行定点放线工作，这一步工作很重要。为使施工充分表达设计意图，测设时应尽量精确。

(1)平整场地的放线

用经纬仪将图纸上的方格测设到地面上，并在每个交点处立桩木，边界上的桩木依图纸要求设置。桩木的规格及标记方法如图3-5所示。侧面须平滑，下端削尖，以便打入土中，桩上应表示出桩号(施工图上方格网的编号)和施工高程(挖土用“+”号，填土用“-”号)。

(2)自然地形的放线

挖湖堆山,首先确定堆山或挖湖的边界线,但将这样的自然地形放线到地面上去是较难的;特别是在缺乏永久性地面物的空旷地上,在这种情况下应先在施工图上方把格网,再将方格网放到线地面上,而后将设计地形等高线和方格网的交点,一一标到地面上并打桩(图3-6)。桩木上要标明桩号及施工高程,堆山时由于土层不断升高,桩木可能被土埋没,所以桩的长度应大于每层填土的高度;土山不高于5m的,可用长竹竿作高程桩,在桩上把每层的高程一切定好[图3-7a)],不同层可用不同颜色标志,以便识别,这样可省点。另放线工作一种方法分层放线设置高程桩[图3-7b)]。这种方法适用于较高的山体。

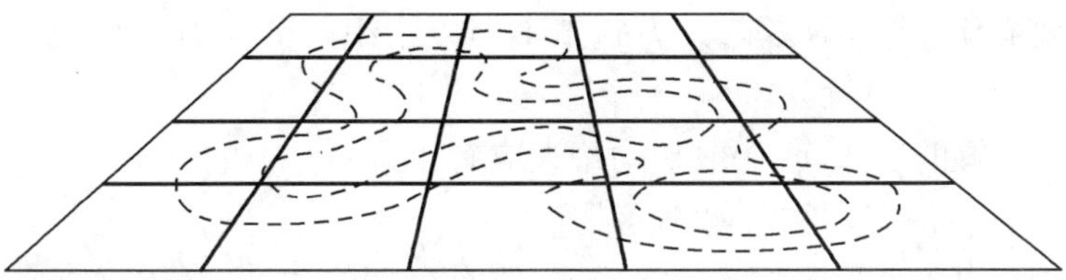

图3-6　自然地形的放线示意图

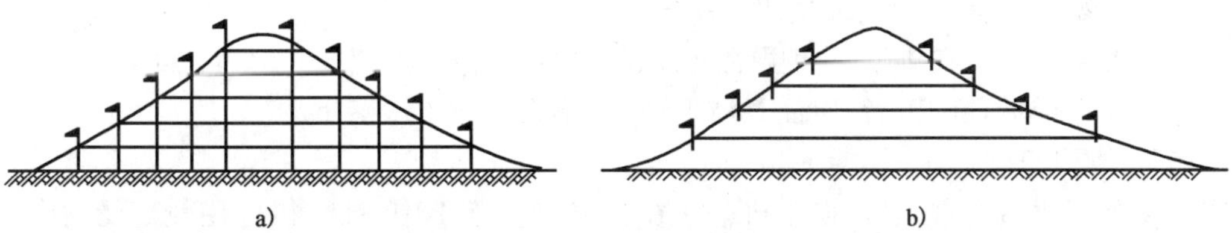

图3-7　山体高程桩示意图

挖湖工程的放线工作和山体的放线基本相同,但由于水体挖深一般较一致,而且池底常年隐没在水下放线可以粗放些,但水体底部应尽可能整平,不留土墩,这对养鱼捕鱼有利。岸线和岸坡的定点放线应该准确,这不仅因为它是水上部分,有关造景,而且与水体岸坡的稳定有很大关系,为了精确施工,可用边坡样板来控制边坡坡度(图3-8)。

开挖沟槽时,用打桩放线的方法,在施工中桩木容易被移动甚至被破坏,从而影响了校核工作。因此,应使用龙门板(图3-9)。龙门板构造简单,使用方便。每隔30~100m设龙门板一块,其间距视沟渠纵坡的变化情况而定。板上应标明沟渠中心线位置,沟上口、沟底的宽度等。板上还应设坡度板,以控制沟渠纵坡。

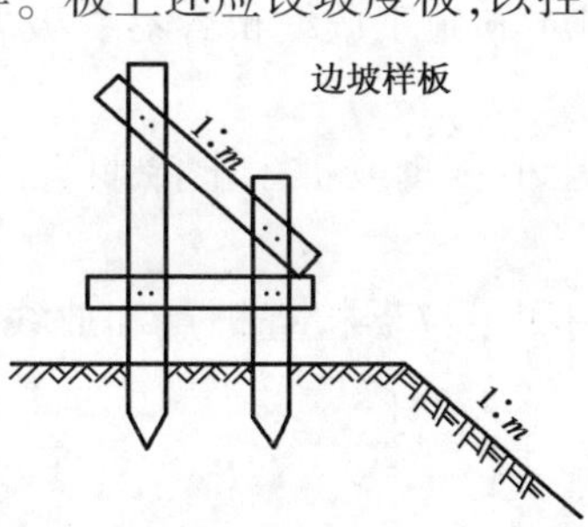

图3-8　边坡样板

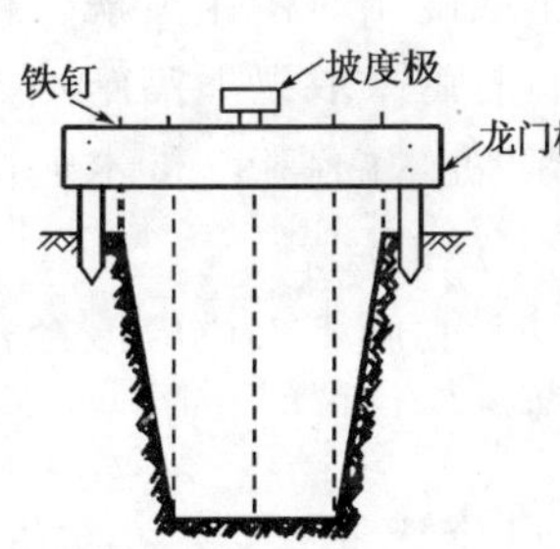

图3-9　龙门板

(三)土方施工

土方工程施工包括挖、运、填、压四项内容。其施工方法可采用人力施工,也可用机械化或半机械化施工。具体要根据场地条件、工程量和当地施工条件决定。在规模较大,土方较集中的工程中,采用机械化施工较经济;但对工程量不大,施工点较分散的工程或因受场地限制而不便采用机械施工的地段,应采用人力施工或半机械化施工。

1. 土方的挖掘

(1)人力施工

施工工具主要有锹、镐、钢钎等,人力施工不但以组织好劳动力,而且要注意安全和保证工程质量。

①施工者应有足够的工作面,一般平均每人应有 4 ~ $6m^2$。

②开挖土方附近不得有重物及易坍落物。

③在挖土过程中,随时注意观察土质情况,要有合理的边坡,必须垂直下挖者,松软土不得超过 0.7m,中等密度者不超过 1.25m,坚硬土不超过 2m;超过以上数值的须设支撑板或保留符合规定的边坡,边坡最大坡度参照表 3-6。

④挖方工人不得在土壁下向里挖土,以防坍塌。

⑤在披上或坡顶施工者,应注意坡下情况,不得向坡下滚落重物。

(2)机械施工

主要施工机械有推土机、挖土机等。在公路绿化施工中,推土机应用较广泛,例如在挖掘水池时,以推土机推挖,将推至水池四周,再行运走或堆置地形,最后岸坡用人工修整。

用推土机挖湖堆山,效率较高,但应注意以下几方面。

①推土机操作员应识图或了解施工对象的情况。在动工之前,应向推土机操作员介绍拟施工地段的地形情况及设计地形的特点,最好结合模型,使之一目了然。另外,施工前还要了解实地定点放线情况,如桩位、施工高程等。

②注意保护表土。在挖湖堆山时,先用推土机将施工地段的表层熟土(耕作层)推到施工场地外围,待地形整理完毕,再把表土铺回来,这样做虽较麻烦费工,但对绿化后公园的植物生长却有很大好处。有条件时应这样做。

③桩点和施工放线要明显。推土机施工进进退退,其活动范围较大,施工地面高低不平,加上进车或倒车时操作员视线存在某些死角,所以桩木和施工放线很容易受破坏。为了解决这一问题,可采取以下措施:

a. 应加高桩木的高度,桩木上可设置醒目标志(如挂小彩旗或桩木上涂明亮的颜色),以引起施工人员的注意。

b. 施工期间,施工人员应该经常到现场,随时随地用测量仪器检查桩点和放线情况,掌握全局,以免挖错(或堆错)位置。

2. 土方的运输

一般竖向设计都力求土方就地平衡,以减少土方的搬运量。土方运输是较艰巨的劳动,人工运土一般都是短途的小搬运。车运人挑，这在有些局部或小型施工中还经常采用。运输距离较长的，最好使用机械或半机械化运输。不论是车运还是人挑，运输路线的组织很重要，卸土地点要明确，施工人员随时指点，避免混乱和窝工。若使用外来土垫地堆山运土车辆，应设专人指挥，卸土的位置要准确，否则乱堆乱卸，必然会给下一步施工增加许多不必要的小搬运，从而浪费了人力物力。

3. 土方的填筑

填土应该满足工程的质量要求，土壤的质量要根据填方的用途和要求加以选择，在绿化地段土壤应满足种植植物的要求，而作为建筑用地则以要求将来地基的稳定为原则。利用外来土垫地堆山，对土质应该检定放行，劣土及受污染的土壤，不应放入园内以免将来影响植物的生长和妨害游人健康。

(1)大面积填方应该分层填筑，一般每层20～50cm，有条件的应分层压实。

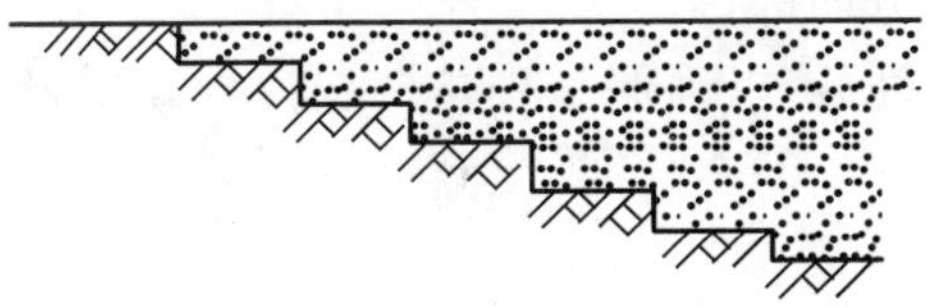

图3-10　斜坡填土示意图

(2)在斜坡上填土，为防止新填土方滑落，应先把土坡挖成台阶状，然后再填方(图3-10)，这样可保证新填土方的稳定。

(3)辇土或挑土堆山。土方的运输路线和下卸，应以设计的山头为中心结合来土方向进行安排。一般以环形线为宜，车辆或人挑满载上山，土卸在路两侧，空载的车(人)沿路线继续前行下山，车(人)不走回头路不交叉穿行，如图3-11a)所示，所以不会顶流拥挤。随着卸土，山势逐渐升高，运土路线也随之升高，这样既可组织人流，又使土山分层上升，部分土方边卸边压实，这不仅有利于山体的稳定，山体表面也较自然。若土源有几个来向，运土路线可根据设计地形特点安排几个小环路，如图3-11b)所示，小环路以人流车辆不相互干扰为原则。

a)　　b)

图3-11　堆山路线组织示意图

4. 土方的压实

人力夯压可用夯、硪、碾等工具；机械碾压可用碾压机或用拖拉机带动的铁碾。小型的夯压机械有内燃夯、蛙式夯等。为保证土壤的压实质量，土壤应该具有最佳含水率(表3-11)。

如土壤过分干燥，需先洒水湿润后再行压实。

在压实过程中应注意以下几点：

各种土壤最佳含水率 表3-11

土 壤 名 称	最佳含水率(%)	土 壤 名 称	最佳含水率(%)
粗砂	8～10	黏土质沙质黏土和黏土	20～30
细砂和黏质砂土	10～15	重黏土	30～35
砂质黏土	6～22		

(1)压实工作必须分层进行。

(2)压实工作要注意均匀。

(3)压实松土时夯压工具应先轻后重。

(4)压实工作应自边缘开始逐渐向中间收拢,否则边缘土方外挤易引起坍落。

土方工程由于施工面较宽,工程量大,因此施工组织工作很重要,大规模的工程应根据施工力量和条件决定,工程可全面铺开,也可以分区分期进行。

施工现场要有人指挥调度,各项工作要有专人负责,以确保工程按期按计划高质量地完成。

二、苗木种植工程

(一)公路种植的特点

种植是利用有生命的植物材料来构成空间,这些材料本身就具有"生物的生命现象"的特点,包括生长及其他功能。目前,生命现象还没有充分研究解释清楚,还不能充分地进行人工控制,因此,公路种植有其困难的一面。

植物材料在均一性、不变性、加工性等方面不如人工材料。相反地,由于它有萌芽、开花、结果、叶色变化、落叶等季节性变化,生长而引起的年复一年的变化以及形态、色彩、种类的多样性等特征,又是人工材料所不及的。充分了解植物材料生长发育变化规律,以达到人为控制,是可行的。例如,树木的生长度(生长的程度)依树种不同而不同,即使是同一树种,也要视树龄、当地条件、人为的情况如何,不能一概而论。但是,在栽植时了解树木固有的生长度是十分必要的。树木全年的生长度如图3-12所示,春芽的生长在5～6月份左右结束,某些树木(如橡树类),夏芽在5～6月份以后才生长。树木的地表上和地下部(根部)的生长期,多少有些不同。以上规律对种植期的确定以及在种植中应采取的技术措施均提供了理论依据。

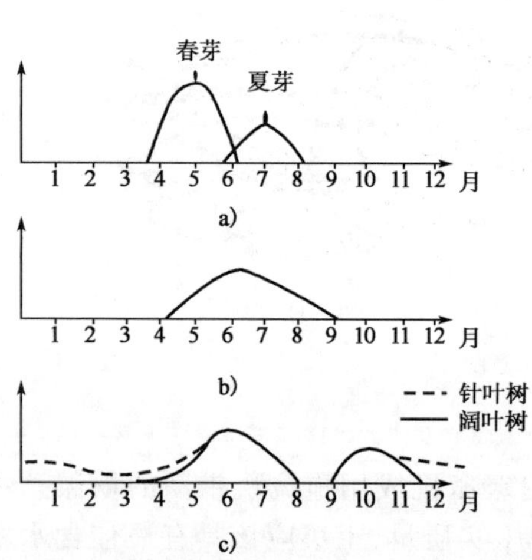

图3-12 树木全年的生长度示意图

a)地上部分的伸长生长量;b)地上部分的肥大生长量;c)地下部分的伸长生长量

(二)影响移植成活的因素

移植的时候,总会使根部受到不同程度的损伤,其结果造成植株地上部分和地下部分生理作用失去平衡,往往使移植不成功。

移植时植物枯死的最大原因,是由于根部不能充分吸收水分。茎、叶蒸腾甚大,水的收支失去平衡所致。植物体蒸腾的部位是叶的气孔、叶的表皮和枝干的皮孔。其中,叶的气孔的蒸腾量为全部的8/10～9/10,叶表皮的蒸腾量为全部的1/10以下,枝茎皮孔的蒸腾量不过数1/10。但是,当植物体处于缺水状态时,气孔呈封闭状态,叶的表皮和枝茎皮孔的蒸腾使会受到影响。

根部吸收水分的功能主要靠须根顶端的根毛,须根发达,根毛多、吸收能力强,移植前能经过多次断根处理,促使其原土内的须根发达,移植时由于带有充足的根土,就能保证成活。此外,当根部处于容易干燥的状态时,植物体内的水分由茎叶移向根部。若不能改变根部干燥的状态,便使茎叶日趋干燥。当茎叶水分损失超越水分生理补偿点后,枝茎干枯,树叶脱落,芽亦干缩。至此,植株死亡。再者,在移植的时候根被切断、根毛受损伤,树整体的吸收能力下降,这时,老根、粗根均会通过切口吸收水分,有利于水分收支平衡。

根的再生能力是靠消耗树干和树冠下部枝叶中储存物质产生的。所以,最好应在储存物质多的时期进行移植。

移植的成活率,依据根部有无再生力、树体内储存物质的多少、曾断根否、移植时及移植后的技术措施是否适当等而有所不同。

(三)移植时间

移植期是指栽植树木的时间,可以说,终年均可进行移植,特别是在科技发达的今天,更有充分把握做到这点。树木是有生命的机体,在一般情况下,夏季树木生命活动最旺盛,冬天其生命活动最微弱或近乎休眠状态,因此树木的种植是有很明显的季节性的。选择树木生命活动最微弱的时候进行移植,才能更好地保证树木的成活。

在寒冷地区以春季种植比较适宜,特别是在早春解冻以后到树木发芽以前,这个时期土壤内水分充足,新栽的树木容易发根。到了气候干燥和刮风的季节,或是气温突然上升的时候,由于新栽的树木已经长根成活,已具有抗旱、抗风的能力,可以正常成长。在气候比较温暖的地区以秋、初冬季种植比较相宜。这个时期的树木落叶后,对水分的需求量减少,而外界的气温还未显著下降,地温也比较高,树木的地下部分并没有完全休眠,被切断的根系能够尽早愈合,继续生长新根。到了春季,这批新根既能继续生长,又能吸收水分,可使树木更好地生长。

华北地区大部分落叶树和常绿树在3月上中旬至4月中下旬种植。常绿树、竹类和草皮等,在7月中旬左右进行雨季栽植。秋季落叶后可选择耐寒、耐旱的树种,用大规格苗木进行栽植。这样可以减轻春季植树的工作量。一般常绿树、果树不宜秋天栽植。

华东地区落叶树的种植,一般在2月中旬至3月下旬,在11月上旬至12月中下旬也可以。早春开花的树木,应在11～12月种植。常绿阔叶树以3月下旬最宜,霉季(6～7月)、秋冬季(9～10月)进行种植也可以。香樟、柑橘等以春季种植为好。针叶树春、秋都可以栽种,但以秋季为好。竹子一般在9～10月种植为好。

东北和西北北部严寒地区,在秋季树木落叶后,土地封冻前,种植成活更好。冬季采用带冻土移植大树,其成活率也很高。

由于某些工程的特殊需要,也常常在非植树季节栽植树木,这就需要采取特殊处理措施。随着科学技术的发展,大容器育苗和移植机械的推出,终年栽植已成现实。

(四)反季节栽植

反季节栽植以其不受时间限制来优化城市绿地的植物配植和空间结构,及时满足重点或大型工程的绿化美化要求、最大限度地发挥绿地的生态效益和景观效益的特点,近几年被广泛应用于绿化建设中,是绿化建设中经常采用的重要手段和技术措施。

1. 反季节栽植的含义及必要性

反季节栽植,是指在不适宜搞绿化工程,施工难度大的季节进行绿化施工。绿化施工主要是植物的栽植过程。种植成活的内部条件主要是生长势平衡,即在外部条件确定的情况下,植株根部吸收的供应水、肥和地上部分叶面光合、呼吸和蒸腾消耗平衡。种植枯死的最大原因是根部不能充分吸收水分,茎叶蒸腾量大,水分收支失衡所致。

随着城乡建设的飞速发展,人民生活水平的不断提高,人们对改善生态环境的要求越来越强烈。当前在全国普遍开展的绿化建设对改善生态环境。创造良好的人居条件,促进城乡的可持续发展都有着极其重要意义。

2. 反季节栽植的原则

(1)坚持依树种特性为依据的原则

树木的栽植方法,是依据树种的生长特性、树体的生长发育状态、树木栽植时期以及栽植地点的环境条件等,可分别采用裸根栽植和带土球栽植。裸根栽植法多用于常绿树小苗及大多落叶树种。裸根栽植的关键在于保护好根系的完整性,骨干根不可太长,侧根、须根尽量多带。从掘苗到栽植期间,应保持根部湿润,防止根系失水干枯。带土球移植常绿树种及某些裸根栽植难于成活的树种,如板栗、长山核桃、七叶树、玉兰等,多采用带土球移植;大树栽植和生长季栽植,亦要求带土球进行,以提高成活率。

(2)坚持适地适树为原则

在选择树种时,必须考虑那些能适应本地气候和土壤立地条件的树种,注重种植植物的生理特性。针对其特性,找出相应的适合生长环境空间和其他特定因素以及方法,确保在某种程度上缩小与原自然生长空间的环境差异,并了解其耐寒、耐湿、喜阳、喜阴等习性,有针对性地采取栽培措施以及进行植物配置;在不利气候条件下进行施工时,必须尽最大限度地提供有利于树木生长的生存环境,以满足树木生长的要求。

3. 反季节栽植技术

一般的绿化施工是在春秋季节进行,而在某些特殊情况下,为了赶工期和尽快见到绿化效果,就要求必须突破季节的限制进行施工,主要是夏冬两季,为了保证苗木栽植的成活率,应从以下几个方面进行。

(1)苗木选择

苗木选择时,除了满足设计要求的规格外,还应当选择生长健壮,树形良好的苗木。将反季节栽植的苗木带土球挖掘好,并适当重剪树冠,装于比土球稍大、略高出 20 ~ 30cm 的箩筐内(常用竹片、紫穗槐等材料所编)。苗木规格较大时,可改用木箱,埋于地下。待需要时,连筐一同挖起,种植时应去掉箩筐或木箱。这样,苗木根系基本不受伤害,树冠可以不修剪,保持原状,能达到某些临时特殊要求。对于用做色块的小檗、女贞、月季等小规格灌木,可在春季直接种植于塑料盆中,埋于地下,正常管理。待反季节种植时,连盆一同挖出,运至施工现场,撕开塑料盆,植于地下。这种方法能使苗木成型快,绿化效果好。

(2)运输前的修剪

为了使树冠的蒸腾作用减少,运输前即起苗前对苗进行粗修剪,一般要减掉全部枝叶的 1/3 ~ 1/2,同时剪去枯枝和病虫损伤枝,切勿将顶端优势明显的树木顶梢剪去。另外,对裸根苗的根,只需短截无须根的主根,促其发须根。植物在运输前的圃地中,应先进行疏枝摘叶,剪口需平滑,较大的伤口要用愈合剂涂抹防止感染。

(3)运输

植物的起运应注意天气的变化,一般应选择阴湿天起苗,最好是傍晚起苗,通过适当的药物处理连夜运至种植地。

如果苗木长途运输,裸根苗要做根部蘸泥浆处理,再用湿草包裹。大树在车上要冠向车尾倾斜放置,并在树与车帮接触处用柔软材料衬垫,防止磨伤树皮。

苗木的运输应选择有棚架、能遮荫挡风的车辆。大苗装车应前根后干,依次排列。小苗要求直立装置,打单包,中间设隔层,并分层装置。如运输时间超过 4h,应准备降温包,并在途中采取喷水增湿等措施。

(4)栽植

在苗木运到之前,要事先把地整好,树坑挖好,最好是随到随栽,来不及栽种的苗,也要及时假植好,并做遮荫处理。种植坑应比常规大,在坑底先回填加有基肥的好土。植物种植前,应分别用 1% ~3% 的消毒液和 5% ~8% 的生根剂进行浸穴。

植株入土前,应对植株进行整理、复查。种植时,先将苗在坑中扶直,确定位置后,可将土球的包扎物小心解除,土球经初步覆土捣实,随后填土分层捣实,待覆填土达到植株土球深度的 1/3 时,边填土边灌水,浇足第一次水,完成整个栽植填土工序,覆土层应高于种植地 2 ~3cm 成围堰。花灌木栽植时,应稍高于栽植土 10cm 左右,以便于排水。栽好后再根据整体对苗做精剪整形。

栽植时,水要随栽随浇并浇透,浇后扶一次苗。根据苗木胸径,确定苗木的土球规格,应将种植穴加大、加深(通常比土球要大 30cm 左右),并做好渗水层,以保证在高温期反复浇水、保湿,不积水。可用管径 10cm 的塑料管作好透气孔,其孔底部插入渗水层以下,若渗水层不能迅速渗水,可用微型潜水泵从透气孔中排除积水,保证苗木根系透气,防止在高温时产生乙醇损伤根系,尤其珍贵树木更要采用这一措施。

(5)栽后的养护与管理

①养护

植物栽后尽快浇水促发新根,还可灌一定浓度的生长素。树冠树叶用遮阴网适当遮阴10~15天,并用喷雾器向叶面喷水。

在土壤干旱的地区,可以在种植时使用保水剂,它能够吸收大于自身体积10倍,甚至数百倍的水分,将其储存起来,然后随着周围环境的变化而缓慢释放,以满足植物生长过程中所需水分。

在易日灼地区,应用草绳缠干,并在草绳上适当喷水。

②管理

反季节施工的管理,重要环节就是浇水,通常要紧跟"三水"才能确定成活。浇水次数要较正常栽植的树木多,枝叶根据不同品种进行不同程度的短截。通过喷洒发芽抑制剂和蒸发抑制剂,抑制发芽,减少叶面蒸发水分。灌水时可混入发根促进剂,以促进发根。对于老树、贵重的大树或生长不太好的树,如果时间允许最好做断根处理。最理想的断根时间为第一年春季,第二年春季或第三年春季进行移植,在阴天或遮光条件下移植有利成活。

为了保湿,在植株主干和较大的侧枝进行草绳缠绕,再用杀菌剂对所缠绕处喷施,最后用薄膜扎严。

根据天气情况当空气湿度较小时,应进行喷雾保湿;当土壤湿度不够时,应及时对根部进行浇水,做到"不干不浇,即浇则透"的原则。

在高温期,应时刻提防菌类生长,要相隔3~5天,根据实情喷施杀菌剂。

对植株要经常喷施叶面水,以进行保湿,并在水中添加0.2%的尿素和微量元素,保证叶面养分供应。

(五)栽植对环境的要求

1. 对温度的要求

植物的自然分布和气温有密切的关系,在不同的地区,应选用能适应该区域条件的树种。实践证明,当日平均温等于或略低于树木生物学最低温度时,栽植成活率较高。

2. 对光的要求

植物的同化作用是光反应,所以除二氧化碳和水以外,还需要波长为490~760nm的绿色和红色光,具体见表3-12。

光的波长对植物的影响 表3-12

光　线	波长(nm)	对植物的作用
紫外线	400以下	对许多合成过程有重要作用,过度则有害
紫-蓝色光	400~490	有折光性,光在形态形成上起作用
绿-红色光	490~760	光合作用
红外线	760以上	一般起温度的作用

一般光合作用的速度,随着光的强度的增加而加强。弱光时,光合作用吸收的二氧化碳

和其呼吸作用放出的二氧化碳是同一数值时,这个数值称为光饱和点。植物的种类不同,光饱和点也不同。光饱和点低的植物耐阴,在光线较弱的地方也可生长。反之,光饱和点高的植物喜阳,在光线强的情况下,光合作用强;反之,光合作用减弱,甚至不能生育。由此可知,阴天或遮光的条件对提高种植成活率有利。

3. 对土壤的要求

土壤是树木生长的基础,它是通过其中水分、肥分、空气、温度等来影响植物生长的。适宜植物生长的最佳土壤是(体积比):矿物质45%,有机质5%,空气20%,水30%。矿物质是由大小不同的土壤颗粒组成的。种植树木和草类的土质类型最佳质量百分比见表3-13。

树木和草的土质类型(质量比,单位:%) 表3-13

种 别	黏 土	黏 砂 土	砂
树木	15	15	70
草类	10	10	80

土壤中的土粒并非一一单独存在着,而是集合在一起,成为块状,最好是构成团粒结构。适宜植物生长的团粒大小为1~5mm,当孔隙小于0.01mm时,根毛不能侵入。

土壤水分和土壤的物理组成有密切的关系,对植物生长有很大影响,它是植物从根毛吸收土壤盐分的溶剂,是叶内发生光合作用时水分的源泉,同时还能从地表蒸发水分,调节地温。

根据土粒和水分的结合力,土壤中的水分可分为吸附水、毛细水、重力水三种,其中,毛细水可供植物利用。当土壤不能提供根系所需的水分时,植物就产生枯萎,达到永久枯萎点,植物便死亡,因此,在初期枯萎以前,必须开始浇水。在永久枯萎点时,不同土质的含水率见表3-14。掌握土壤含水率,即可及时补水。

永久枯萎点的含水率(%) 表3-14

土 质	含 水 率	土 质	含 水 率
砂土	0.88~1.11	黏土	9.9~12.4
壤土	2.7~3.6	重黏土	13.0~16.6
砂黏土	5.6~6.9		

地下水位的高低,对深层土壤的湿度影响很大,种植草类必须在-60cm以下,最理想在-100cm,树木则再深些更好。在水分多的湿地里,则要设置排水设施,使地下水下降到所要求值。

植物在生长过程中所必需的元素有16种之多,其中碳、氧、氢来自二氧化碳和水,其余的都是从土壤中吸收的。一般来说,养分的需要程度和光线的需要程度是相反的。当阳光充足时,光合作用可以充分进行,养分较少也无妨碍;当养分充足而阳光接近最小限度时,也可维持光合作用。

土壤养分充足对于种植的成活率、种植后植物的生长发育有很大影响。

树木有深根性和浅根性两种。种植深根性的树木有深厚的土壤,在移植大乔木时比小乔木、灌木需要更多的根土,所以栽植地要有较大的有效深度,具体可见表3-15。

植物生长所必需的最低限度土层厚度　　表 3-15

种　别	植物生存的最小厚度(cm)	植物培育的最小厚度(cm)
草类、地被	15	30
小灌木	30	45
大灌木	45	60
浅根性乔木	60	90
深根性乔木	90	150

(六)种植前的准备

乔灌木种植工程是绿化工程中十分重要的部分,其施工质量的好坏直接影响到景观及绿化效果,因而在施工前需作以下准备。

1. 明确设计意图及施工任务量

在接受施工任务后应通过工程主管部门及设计单位明确以下问题:

(1)工程范围及任务量。其中包括栽植乔灌木的规格和质量要求以及相应的建设工程,如土方、上下水、园路、灯、椅及公路小品等。

(2)工程的施工期限。包括工程总的进度和完工日期以及每种苗木要求栽植完成日期。

(3)工程投资及设计概(预)算。包括主管部门批准的投资数和设计预算的定额依据。

(4)设计意图。即绿化的目的、施工完成后所要达到的景观效果。

(5)了解施工地段的地上、地下情况。有关部门对地上物的保留和处理要求等;地下管线特别是要了解地下各种电缆及管线情况,和有关部门配合,以免施工时造成事故。

(6)定点防线的依据。一般以施工现场及附近水准点作定点放线的依据,如条件不具备,可与设计部门协商,确定一些永久性建筑物作为依据。

(7)工程材料来源。其中以苗木的出圃地点、时间、质量为主要内容。

(8)运输情况。质量为主要内容,行车道路、交通状况及车辆的安排。

2. 编制施工组织计划

(1)施工组织领导。

(2)施工程序及进度。

(3)制订劳动定额。

(4)制订工程所需的材料、工具及提供材料工具的进度表。

(5)制订机械及运输车辆使用计划及进度表。

(6)制订栽植工程的技术措施和安全、质量要求。

(7)绘出平面图,在图上应标有苗木假植位置、运输路线和灌溉设备等的位置。

(8)制订施工预算。

3. 施工现场准备

若施工现场有垃圾、渣土、废墟建筑垃圾等要进行清除,一些有碍施工的设施、房屋树木要进行拆迁和迁移，然后可按照设计图纸进行地形整理，主要使其与四周道路、广场的高程合理衔接，使绿地排水通畅。若用机械严整土地，则事先应了解是否有地下管线，以免机械施工时造成管线的损坏。

（七）定点放线

定点放线即是在现场测出苗木栽植位置和株行距。由于树木栽植方式各不相同，定点放线的方法也有很多种，常用的有以下三种。

1. 自然式配置乔、灌木放线法

（1）坐标定点法

根据植物配置的疏密度，先按一定的比例在设计图及现场分别打好方格，在图上用尺量出树木在某方格的纵横坐标尺寸，再按此位置用皮尺量在现场相应的方格内。

（2）仪器测放

用经纬仪或小平板仪，依据地上原有基点或建筑物、道路将树群或孤植树，按照设计图上的位置依次定出每株的位置。

（3）目测法

对于设计图上无固定点的绿化种植，如灌木丛、树群等，可用上述两种方法划出树群树丛的栽植范围，其中每株树木的位置和排列可根据设计要求在所定范围内用目测法进行定点。定点时，应注意植株的生态要求并注意自然美观。

定好点后，多采用白灰打点或打桩，标明树种，栽植数量（灌木丛树群）、坑径。

2. 整形式（行列式）放线法

对于成片整齐式种植或行道树的放线法，也可用仪器和皮尺定点放线。定点的方法是先将绿地的边界、园路广场和小建筑物等的平面位置作为依据，量出每株树木的位置，钉上木桩，桩上写明树种名称。

一般行道树的定点是以路缘石或道路的中心为依据，可用皮尺、测绳等，按设计的株距，每隔 10 株钉一根木桩作为定位和栽植的依据。定点时，如遇电杆、管道、涵洞、变压器等障碍物应躲开，不应拘泥于设计的尺寸，而应遵照与障碍物相距的有关规定距离。

3. 等距弧线的放线

若树木栽植为一弧线（如公路曲线转弯处的行道树），放线时可从弧的开始到末尾以路牙或中心线为准，每隔一定距离分别画出与路缘沿垂直的直线，在此直线上，按设计要求的树与路缘石的距离定点，将这些点连接起来，就成为近似道路弧度的弧线，在此线上再按株距要求定出各点来。

（八）起苗

1. 选苗

在掘苗之前，首先要进行选苗，除了根据设计提出对规格和树形的特殊要求外，还要注意选择生长健壮、无病虫害、无机械损伤、树形端正和根系发达的苗木。用作行道树种植的苗木分枝点应不低于2.5m,选苗时还应考虑起苗包装运输的方便。苗木选定后,要挂牌或在根基部位画出明显标记,以免挖错。

2. 掘苗前的准备工作

起苗时间最好是在秋天落叶后或土冻前、解冻后均可,因此时正值苗木休眠期,生理活动微弱,起苗对其影响不大,起苗时间和栽植时间最好能紧密配合,做到随起随栽。为了便于挖掘,起苗前1~3天可适当浇水使泥土松软,对起裸根苗来说也便于多带宿土,少伤根系。

3. 起苗方法

起苗时,要保证苗木根系完整,无根系及根系不好的不能装车,带土球的要严格保证土球的完好。装车时要注意装的顺序,不能压坏树根土球及树冠,不带土球的,根系应沾泥浆保水。

起苗时间和栽植时间最好能密切配合,做到随起随栽。为了挖掘方便,起苗前1~3天可适当浇水是土壤松软,对起裸根苗来说也便于多带宿土,少伤根系。

起苗的方法常有两种:裸根起苗法及土球起苗。裸根起苗的根系范围可比土球起苗稍大一些,并应尽量多保留较大根系,留些宿土。若掘出后不能及时运走,应埋土假植,并要求埋根的土壤湿润。

起苗时,裸根乔、灌木根系的大小,应根据掘苗现场的株行距及树木高度、干径而定。一般情况下,乔木根系可按灌木高度的1/3左右确定,掘土球苗木时,土球规格视各地气候及土壤条件不同而各异。而常绿树应当有完整的根团土球,土球散落的苗木成活率会降低,其土球的大小可按树木胸径的10倍左右确定。对于特别难成活的树种要考虑加大土球,土球高度一般可比宽度少5~10cm。一般的落叶树苗也多带土球,土球的形状可根据施工方便而挖成方形、圆形、长方的半球形等。但是应注意保证土球完好。土球要削光滑,包装要严,草绳要打紧不能松脱,土球底部要封严不能漏土。在秋季和早春起苗移栽时,也可裸根起苗。裸根苗木若运输距离比较远,需要用草绳缠牢土球,或外包塑料薄膜保湿,以免根系失水过多,影响栽植成活率。为了减少树苗水分蒸腾,提高移植成活率,掘苗后,装车前应进行适当的修剪。

(九)包装运输和假植

1. 苗木运输

(1)苗木运输是绿化工程的重要环节,必须与当日种植数量衔接,做到随起苗、随运输、随种植,以减少暴露时间。远程运输要盖篷布(必要时洒水),要根据天气情况保护树根、枝,减少水分蒸发。

(2)苗木在运输工程中容易受到损伤,因此,必须注意以下事项:

①落叶乔、灌木在掘苗后装车前,应进行粗略修剪,以便于装车运输和减少树木水分的蒸腾。

②苗木的装车、运输、卸车、假植等各项工序,都要保证树木的树冠、根系、土球的完好,

不应折断树枝、擦伤树皮和损伤根系。

③落叶乔木装车时，应排列整齐，使根部向前，树梢向后，注意树梢不要拖地。装运灌木可直立装车。凡远距离的裸根苗运送时，通常把树木的根部浸入事先调制好的泥浆中然后取出，用蒲包、稻草、草席等物包装，并在根部衬以青苔或水草，再用苫布或湿草袋盖好根部，以有效地保护根系而不致使树木干燥受损。

④装运高度在2m以下的土球苗木，可以立放，2m以上的应斜放。放置时，土球向前，树干向后，土球应放稳，垫牢挤严。

2. 苗木假植

苗木运到现场，如不能及时栽植，裸根苗木可以平放地面，覆土或盖湿草即可，也可在距栽植地较近的阴凉背风处，事先挖好宽1.5～2m、深0.4m的假植沟，将苗木码放整齐，逐层覆土，将根部埋严。如假植时间过长，则应适量浇水，以保持土壤湿润。带土球苗木临时假植时应尽量集中，将树直立，将土球垫稳、码严，周围用土培好。如时间较长，同样应适量喷水，以增加空气湿度，保持土球湿润。此外，在假植期还应注意防治病虫害。

（十）挖种植穴

1. 深坑深度

在栽苗木之前，应以所定的灰点为中心沿四周向下挖坑，坑之大小依土球规格及根系情况而定。带土球的坑应比土球大16～20cm，栽裸根苗的坑应保证根系充分舒展，坑的深度一般比土球高度稍深些（约10～20cm），坑的形状一般为圆形，但必须保证上下口大小一致。

2. 种植穴规格

挖种植穴、槽的大小，应根据苗木根系、土球直径和土壤情况而定。穴、槽必须垂直下挖，上口下底相等，规格应符合表3-16～表3-20的规定。

常绿乔木类种植穴规格（单位：cm）　　表3-16

树　高	土 球 直 径	种植穴深度	种植穴直径
150	40～50	50～60	80～90
150～250	70～80	80～90	100～110
250～400	80～100	90～110	120～130
400以上	140以上	120以上	180以上

落叶乔木类种植穴规格（单位：cm）　　表3-17

胸径	种植穴深度	种植穴直径	胸径	种植穴深度	种植穴直径
2～3	30～40	40～60	5～6	60～70	80～90
3～4	40～50	60～70	6～8	70～80	90～100
4～5	50～60	70～80	8～10	80～90	100～110

花灌木类种植穴规格(单位:cm) 表3-18

冠　径	种植穴深度	种植穴直径
200	70~90	90~110
100	60~70	70~90

竹类种植穴规格(单位:cm) 表3-19

种植穴深度	种植穴直径
盘根或土球深20~40	比盘根或土球大40~60

绿篱类种植槽规格(单位:cm) 表3-20

苗　高	种植方式	
	单行(深×宽)	双行(深×宽)
50~80	40×40	40×60
100~120	50×50	50×70
120~150	60×60	60×80

穴底的尺寸不得小于上口。树穴周围及穴底能自然渗水,否则必须采取措施达到渗水要求。树穴内挖出的栽植土及废土(包括砖石瓦砾),分别堆置于穴外侧,废土杂物应集中清运。穴内土质符合要求的,亦应将土球根部以下的土壤翻松10~20cm(此土不必取出)。挖穴后栽植前,应穴内施足腐熟的基肥。基肥上还应该铺一层壤土,厚度为5cm以上。若空穴过夜,必须设置警戒标志或采取其他安全措施。种植穴挖好后,可在坑内填些表土;若坑内土质差或瓦砾多,则要求清除瓦砾垃圾。

3. 刨坑的操作方法

(1)刨坑时,要找准位置,一所定位置为中心按规定坑径画一圆圈作为刨坑的范围。

(2)挖坑时,应将表土与底土分别放置,如土质有好有坏亦应分开堆放。对方位置以不影响苗木栽植为宜,刨坑到规定深度后在坑底堆土堆,以利根系舒展。

(3)刨坑时,如发现地下管道、电缆等地下设施应停止操作,并及时向有关领导报告及时解决。

(4)在斜坡上挖坑时,应先做成一个平台,平台应以坑径最低处为标准,然后在平台上再挖坑。

4. 挖坑挖槽的质量标准

(1)挖坑挖槽的位置要准确,坑应根据根系、土球大小、土质情况而定,刨坑刨槽要直上直下成桶形。

(2)坑径一般可按规定的根系或土球直径大于40cm。

(3)若土质含有有害物质,应进行换土并增施底肥。

(十一)施肥

施肥的原则为:适时、适地,少量多次、勤施、薄施。尤其是粉状化学肥料,加水稀释的倍数要适中,避免肥伤;肥料的施放位置应尽可能埋置盆缘或离根部较远的地方,避免与植株根部直接接触,不伤及根部;喜光植物对养分需求量大,光合作用强,需肥量多,而阴暗处植物需肥量小;植株生长快速,生长势强的需肥量多,生长势弱者需肥少;按照规定浓度,精确配制。

1. 施肥方法

一般可分为根部施肥和叶面喷施两种。

(1)根部施肥:可分为撒施、穴施、条施和环施。

撒施:将肥料均匀地撒布于种植区域的土面上,施用方便,但肥料容易流失,利用率低。

条施:在条植植物园中,于植物行间挖沟,将肥料施下后覆土。

穴施:在植株近旁挖穴,将肥料施入后覆土,此法适用于需肥较多或较集中的植物。

环施:适用于多年生果树,沿果树滴水线挖掘约30cm深的沟,施用后覆土。

(2)叶面施肥:将肥料溶于水,形成肥料溶液后喷洒于植物叶片上,使用的肥料应是易溶于水、不含有毒物质且不会灼伤叶片。

叶面施肥的优点:吸收迅速,及时补充养分;可提高叶片光合作用强度、提高叶片呼吸效能和酶的活性;避免养分的固定,利用率高,节约肥料;不受基质(土壤)环境、基质(土壤)条件的限制;及时矫正元素的缺乏症状。

叶面肥的要求:各元素之间的配比要合理,避免元素之间产生颉颃作用;pH值要控制在一个合理的范围(5.5~6.5);缓冲能力要强,施用后要保证不因生理反应而使基质的pH值有较大的变化;pH值较低,有较高的使用安全性;原料的纯度高,不含有害的盐离子(Na^+、Cl^-、SO_4^{2-}等);微量元素为螯合态,提高微量元素的吸收效果;氮素来源要多种(铵态氮、硝态氮、尿素态氮),配比要合理,保证植物不同时期的营养需求。

2. 肥料分类

通常分为有机肥和无机肥两大类。

有机肥肥料主要有人粪尿、畜禽粪及各种饼粕,例如豆饼、麻酱渣、棉籽饼等,含有丰富的氮、磷、钾及微量元素。氮肥具有促进植物枝叶繁茂的作用;磷肥主要来源于骨粉,有促进植物花色鲜艳,果实肥大的作用;钾肥是以草木灰为主的肥料,具有促进植物枝干及根系健壮的作用。施用有机肥一定要经过发酵,生肥容易损伤植物根系。

无机肥(俗称"化肥"),此种肥料养分含量高,元素单一,肥效快,清洁卫生,施用方便,但长期使用化肥容易造成土壤板结,最好与有机肥混合施用,效果更好。无机肥分为氮肥(例如尿素、碳酸铵、碳酸氢铵、氨水、氯化铵、硝酸铵等)、磷肥(例如过磷酸钙、钙镁磷、多用作基肥添加剂,肥效比较慢;磷酸二氢钾、磷酸铵为高浓度速效肥,且含氮和钾肥,可用作追肥)和钾肥(主要有氯化钾、硫酸钾、磷酸二氢钾、硝酸钾等,均为速效性肥料,可作追肥施用)。使用化肥一定要适量,浓度应控制在0.1%~0.3%,不可过浓,否则容易损伤植物根苗。其次,施用化肥后要立即灌水。

3. 施肥类别

肥料分为基肥和追肥两大类。

基肥：系指在种植植物前施入土壤中的肥料，露地栽种植物，先在土壤中拌入基肥，然后覆土栽苗；室内盆栽植物，可在盆土底层放入基肥，例如豆饼、鱼骨粉等。

追肥：系指在植物生长季节追施的肥料。露地植物可在植物四周施干肥，而后浇水，也可直接灌粪稀。盆栽植物可以在盆土表面洒干肥末，然后松土、浇水。追肥可分为肥水（用豆饼、麻酱渣或马蹄片、羊角等浸泡液，发酵后施用。肥水适用于花圃或露天摆放的大盆花）、矾肥水（系指在浸泡的肥水中加入0.1%的硫酸亚铁，此种肥适用于南方强酸性土壤植物，例如茶花、杜鹃、栀子、含笑、米兰、茉莉花等）、肥片（系指用化肥配制而成的固体肥料）、根外追肥（系指在植物地上部分喷洒磷酸二氢钾溶液，浓度为0.1%，可使植物叶色浓绿且具光泽，同时还可防止花卉植物落花、落果）。

4. 施肥原则

施肥时，要掌握适时、适量的原则，同时还要掌握好季节和时间。一般来说，植物生长季节施肥，尤其叶色淡黄，植株细弱时施肥最佳；苗期施全素肥料。花果期以施磷肥为主，处于休眠期的植物停止施肥。观叶植物以氮肥为主。

此外，还要掌握"薄肥勤施"的原则，即"少吃多餐"。花苗生长期最好10天左右施用一次稀薄肥水，傍晚施肥效果最佳，中午前后忌施肥，原因是土温高易伤根。

树木休眠期，需施基肥。树木生长期施追肥，可以按照植株的生长势进行（注：花灌木应在花前、花后进行。果木应按不同种类的养护技术要求进行）。

施用的肥料种类应按树种、生长期、土壤条件及观赏等不同要求定。早期欲扩大冠幅，宜施氮肥；观花观果树种应增施磷、钾肥。常绿针叶树在幼龄期间，不宜施用化肥。要注意应用微量元素根外施肥的技术，喷施时间以清晨和傍晚为宜，逐步推广应用复合肥料。

施肥量应根据树种、树龄、生长期、肥源以及土壤理化性状等条件决定。一般乔木干径在15cm以下的，每3cm干径应施堆肥1.0kg；干径在15cm以上的，每3cm干径应施堆肥1.0~2.0kg。树木青壮年欲扩大树冠的，以及观花、观果类植物，应适当增加施肥量。

乔木和灌木均应挖好施肥环沟，其外径应与树木的冠幅及新种泥球树穴大小相适用，深度应在根系密集层以上，宽度约为25~30cm。施肥后，应将环沟填平。栽植在草地上的树木，可采用穴施。

树木养护施用肥料，应以有机肥为主，不宜长期施用单一化肥。有机肥应腐熟后施用。施肥时机宜在晴天。除根外施肥，肥料不得触及树叶。

站房绿化不准施用未经过腐熟的人粪尿。如施用有异味的肥料，应在公园、景点闭园时进行。

（十二）苗木修剪

种植前，应进行苗木根系修剪，宜将劈裂根、病虫根、过长根剪除，并对树冠进行修剪，以保持地上地下平衡。

1. 乔木类修剪

乔木的修剪应符合下列规定：

(1)乔木的修剪具有明显主干的高大落叶乔木,应保持原有树形,适当疏枝,对保留的主侧枝应在健壮芽上短截,可剪去枝条1/5~1/3。

(2)无明显主干、枝条茂密的落叶乔木,对干径10cm以上树木,可疏枝保持原树形;对干径为5~10cm的苗木,可选留主干上的几个侧枝,保持原有树形进行短截。

(3)枝条茂密具圆头型树冠的常绿乔木,可适量疏枝。枝叶集生树干顶部的苗木可不修剪。具轮生侧枝的常绿乔木用作行道树时,可剪除基部2~3层轮生侧枝。

(4)常绿针叶树,不宜修剪,只剪除病虫枝、枯死枝、生长衰弱枝、过密的轮生枝和下垂枝。

(5)用作行道树的乔木,定干高度宜大于3m,第一分枝点以下枝条应全部剪除,分枝点以上枝条酌情疏剪或短截,并应保持树冠原型。

(6)珍贵树种的树冠宜做少量疏剪。

2. 灌木及藤蔓类修剪

灌木及藤蔓类植物的修剪应符合下列规定:

(1)带土球或湿润地区带宿土裸根苗木及上年花芽分化的开花灌木不宜作修剪;当有枯枝、病虫枝时应予剪除。

(2)枝条茂密的大灌木,可适量疏枝。

(3)对嫁接灌木,应将接口以下砧木萌生枝条剪除。

(4)分枝明显、新枝着生花芽的小灌木,应顺其树势适当强剪,促生新枝,更新老枝。

(5)用作绿篱的乔灌木,可在种植后按设计要求整形修剪;苗圃培育成型的绿篱,种植后应加以整修。

(6)对于攀缘类和蔓性苗木,可剪除过长部分;对于攀缘上架苗木,可剪除交错枝、横向生长枝。

3. 苗木修剪质量标准

苗木的修剪应符合下列质量规定:

(1)剪口应平滑,不得劈裂。

(2)枝条短截时应留外芽,剪口应距留芽位置以上1cm。

(3)修剪直径2cm以上大枝及粗根时,截口必须削平并涂防腐剂。

4. 修剪时间

(1)挖掘前修剪

树木在挖掘前可适当进行修剪,以减少蒸发量。树木运到栽植地要进行定形修剪,修剪应注意树形均衡。应剪除有病虫和损伤的枝、根、剪口截面直径大于8cm时应采取防腐处理。

(2)栽植时修剪

对绿化苗木栽植时的修剪,是为了减少苗木上部水分蒸发,提高成活率,使苗木树形尽量美观。如在起苗、运苗、栽植过程中伤及根系,会造成根系不能输送养分与水分,而使苗木死亡,因而需要合适的修剪。

修剪方法:先剪除衰老枝和病枯枝,及无用的纤细枝和徒长枝,使之节省养分;再依树木干径的主次强弱、分枝习性进行修剪。对干径为主的树木应削去其他枝干保留主干,主干延长枝可在饱满芽处短截,对其上的主枝剪去枝长 1/3 左右,对侧枝剪去 1/2 左右,无用枝条要疏剪。而无中干的树种,在其侧枝饱满芽处短截,使主枝优势保留。对萌芽力强的可重剪,反之较轻剪。如丛生的花木萌芽力强,外边相对密些。而常绿阔叶花木的修剪大于落叶花木,并合适疏剪枝条,适当摘叶,并在栽植前完成,栽后稍加调整,如一排的苗木中,对低矮的要进行修剪。对当年早春气温突然变暖而植株长萌芽,展叶的需修剪,这样可以使其根系生长愈合更好。为了减少常绿树蒸发量,种植前结合定形修剪,可摘除部分树叶,但应防止碰伤叶芽。

(十三)苗木种植

应根据树木的习性和当地的气候条件,选择最适宜的种植时期进行种植。

1. 种植的质量要求

苗木种植应符合下列规定:

(1)种植应按设计图纸要求核对苗木品种、规格及种植位置。

(2)规则式种植应保持对称平衡,行道树或行列种植树木应在一条线上,相邻植株规格应合理搭配,高度、干径、树形近似,种植的树木应保持直立,不得倾斜,应注意观赏面的合理朝向。

(3)种植绿篱的株行距应均匀。树形丰满的一面应向外,按苗木高度、树干大小搭配均匀。在苗圃修剪成型的绿篱,种植时应按造型拼栽,深浅一致。

(4)种植带土球树木时,不易腐烂的包装物必须拆除。

(5)珍贵树种应采取树冠喷雾、树干保湿和树根喷布生根激素等措施。

(6)种植时,根系必须舒展,填土应分层踏实,种植深度应与原种植线一致。竹类可比原种植线深 5 ~ 10cm。

2. 树木种植要求

树木种植应符合下列规定:

(1)树木置入种植穴前,应先检查种植穴大小及深度;不符合根系要求时,应修整种植穴。

(2)种植裸根树木时,应将种植穴底填土呈半圆土堆,置入树木填土至 1/3 时,应轻提树干使根系舒展,并充分接触土壤,随填土分层踏实。

(3)带土球树木必须踏实穴底土层,而后置入种植穴,填土踏实。

(4)绿篱成块种植或群植时,应由中心向外顺序退植。坡式种植时应由上向下种植。大型块植或不同彩色丛植时,宜分区分块种植。

(5)假山或岩缝间种植,应在种植土中掺入苔藓、泥炭等保湿透气材料。

3. 非种植季节种植

落叶乔木在非种植季节种植时,应根据不同情况,分别采取以下技术措施:

(1)苗木必须提前采取疏枝、环状断根或在适宜季节起苗用容器假植等处理措施。

(2)苗木应进行强修剪,剪除部分侧枝,保留的侧枝也应疏剪或短截,并应保留原树冠的三分之一,同时必须加大土球体积。

(3)可摘叶的应摘去部分叶片,但不得伤害幼芽。

(4)夏季可搭棚遮阴、树冠喷雾、树干保湿,保持空气湿润;冬季应防风防寒。

干旱地区或干旱季节,种植裸根树木应采取根部喷布生根激素、增加浇水次数等措施。针叶树可在树冠喷布聚乙烯树脂等抗蒸腾剂。

对排水不良的种植穴,可在穴底铺 10 ~ 15cm 砂砾或铺设渗水管、盲沟,以利排水。

4. 树木种植后的养护管理

浇水、支撑固定应符合下列规定:

(1)种植后应在略大于种植穴直径的周围,筑成高 10 ~ 15cm 的灌水土堰,堰应筑实不得漏水。坡地可采用鱼鳞穴式种植。

(2)新植树木应在当日浇透第一遍水,以后应根据当地情况及时补水。北方地区种植后浇水不少于 3 遍。

(3)黏性土壤,宜适量浇水,根系不发达树种,浇水量宜较多;肉质根系树种,浇水量宜少。

(4)秋季种植的树木,浇足水后可封穴越冬。

(5)干旱地区或遇干旱天气时,应增加浇水次数。干热风季节,应对新发芽放叶的树冠喷雾,宜在上午 10:00 前和下午 15:00 后进行。

(6)浇水时,应防止因水流过急冲刷裸露根系或冲毁围堰,造成跑漏水。浇水后出现土壤沉陷,致使树木倾斜时,应及时扶正、培土。

(7)浇水渗下后,应及时用围堰土封树穴。再筑堰时,不得损伤根系。

(8)对人员集散较多的广场、人行道,树木种植后,种植池应铺设透气护栅。

(9)种植胸径 5cm 以上的乔木,应设支柱固定。支柱应牢固,绑扎树木处应夹垫物,绑扎后的树干应保持直立,绑扎方法如图 3-13 所示。

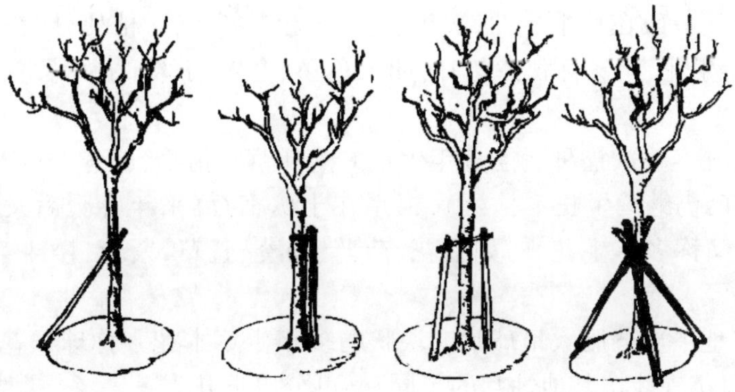

图 3-13　支柱的方法

(10)攀缘植物种植后,应根据植物生长需要,进行绑扎或牵引。

(11)栽植树木后 24h 内必须浇上第一遍水,水要浇透,使泥土充分吸收水分,树根紧密结合，以利根系发育。树木栽植后，每株每次浇水量可参考表3-21。

树木栽植后浇水量　　表3-21

乔木及常绿树胸径(cm)	灌木高度(m)	绿篱高度(m)	树堰直径(cm)	浇水量(kg)
	1.2～1.5	1～1.2	60	50
	1.5～1.8	1.2～1.5	70	75
3～5	1.8～2	1.5～2	80	100
5～7	2～2.5		90	200
7～10			110	250

(12)树木栽植后应时常注意树干四周泥土是否下沉或开裂，如有这种情况应及时加土填平踩实。此外，还应进行及时的中耕，扶直歪斜树木，并进行封堰，封堰时要使泥土略高于地面，要注意防寒，其措施应按树木的耐寒性及当地气候而定。

三、露地花卉的栽培与管理

露地栽培是花卉最基本的栽培方式。露地花卉种类繁多，这里主要指用于花坛、花境及公路绿地的草本花卉，包括一、二年生草本花卉，宿根花卉，球根花卉等。

(一)植物学分类

这种分类方法是依据花卉本身的生物学特性进行的分类，不受地区和自然环境条件的限制，应用最为广泛。

1. 草本花卉

露地草花在自然条件下，能正常生长开花结实的花卉，通常可分为以下几类：

(1)一年生草花一般在春天播种，夏秋开花结实，然后枯死，即在一年内完成其生活史的植物称一年生草花，又称春播花卉，如鸡冠花、百日草、半支莲、麦秆菊，紫茉莉、万寿菊等。

(2)二年生草花一般在秋季播种，次年春夏开花结实，然后枯死，即在两年内完成其生活史的植物称二年生花卉，又称秋播花卉，如三色堇、金盏菊、雏菊、紫罗兰、桂竹香、须苞石竹等。

(3)宿根花卉凡经一次播种后能多年生长的落叶草本植物，即冬季地上部分枯死(有些地区环境条件适宜，仍继续生长不枯死)，根系在土壤宿存，来年春暖后又重新萌发生长的花卉称宿根花卉，又称多年生花卉，如菊花、芍药、蜀葵、萱草、紫菀、耧斗菜、草坪及地被植物等。

(4)球根花卉地下部分肥大呈球状或块状的多年生草本花卉称球根花卉。依据地下部分形态特征和新疆花卉栽培其他性状的不同，又可分以下几类：

①按形态特征分球茎地下茎短缩肥大呈球状或扁球形，其外部有明显的节，在节上着生由叶子变形的皮膜和芽眼，内部实心，质地坚硬。如唐菖蒲等。鳞茎系由多数肥厚鳞片着生于盘状茎上形成。外被纸质外皮的叫做有皮鳞茎，如水仙、风信子、郁金香等；外面没有外皮

包被的叫做无皮鳞茎,如百合、贝母等。块茎地下茎肥大呈不定型的块状体,其顶端有发芽点着生。如白头翁、花毛茛等。块根主根肥大呈块状,外被革质厚皮,其上无芽眼着生,若失去根颈部,则块根无繁殖能力。如大丽花,其新芽着生块根与老茎基部交接处(称为根颈)。根茎地下茎肥大呈根状,上具明显的节,于节处生根。并有横生分枝,每个分枝的顶端为生长点。如美人蕉、鸢尾等。

②按生态习性分春植球根类春季将球根栽种后,夏秋开花,入冬地上部分枯死。如唐菖蒲、大丽花、美人蕉、鸢尾等。秋植球根类秋末栽种,春季开花,夏季休眠。如郁金香、风信子、水仙等。

(5)水生花卉。在水中或沼泽地生长的花卉,大部分属于多年生宿根落叶草本植物。如睡莲、荷花等。

(6)岩生花卉。适合在岩石园栽培的花卉,耐旱性强,株型矮小。如垂盆草、白头翁、石竹梅等。

2. 木本花卉

(1)露地木本

①落叶灌木类地上部无明显主干,多呈丛状生长,如牡丹、月季、迎春、贴梗海棠等。

②落叶乔木类地上部有明显的主干,植株生长高大,如碧桃、梅花、石榴、玉兰等。

③落叶藤本类,如紫藤、凌霄等。

(2)温室木本

①常绿亚灌木类地上主枝半木质化,髓部常中空,如天竺葵、倒挂金钟、八仙花等。

②常绿灌木类,如杜鹃、一品红、含笑、米兰等。

③常绿乔木类,如南洋杉、棕榈、椰子、变叶木、山茶、橡皮树、龙血树等。

④常绿藤本类,如喜林芋、绿萝、常春藤、白粉藤等。

(二)定点放线与图案放样

种植花卉的各种花坛(花带、花境、基础栽植等),应按照设计图定点放线,在地面准确画出位置、轮廓线。面积较大的花坛,可用方格线法,按比例放到地面。

放样时,若要等分花坛表面,可从花坛中心桩牵出几条细线,分别拉到花坛边缘各处,用量角器确定各线之间的角度,就能将花坛表面等分成若干份。以这些等分线为基准,就容易放出花坛面上对称、重复的图案纹样。

(三)栽植地准备

1. 整地作畦

播种或移植前,先要做好整地准备工作。整地质量好坏与花卉生长发育有着密切关系。整地可以改进土壤物理性质,使土壤松软,有利于水分保持和空气的流通,有利于种子发芽及根系伸展。秋天翻地时,大土块先不打碎,这样可将病菌、害虫暴露于空气中,利用日光和严寒将其杀灭之,以减少翌年病虫害的发生。

整地深度视花卉种类及土壤状况而定。宿根花卉定植后需要继续栽培数年至十余年，球根花卉因地下部分肥大，对土壤要求严格，因此，要求深耕土壤 40～50cm，同时施入大量有机质肥料。一、二年生花卉生长期短，根系入土不深，宜浅耕土壤 20～30cm。整地应先翻起土壤，打碎土块，清除一切石块、瓦片、残根及杂草等。整地必须在土壤干湿适度时进行。过湿则破坏团粒结构，使物理性质恶化而形成硬块（黏土），过干则土块不易击碎，浪费劳力。

作畦方式，以地区及地势不同而有差别。高畦用于南方的江南多雨地区及湿处，畦面高出地面，便于排水，畦面两侧为排水沟。北方地区因雨水少采用低畦，畦面两侧畦埂高出，以保留雨水便于灌溉。畦埂做好后用脚踏实或用锹拍实，防漏水。

2. 施足基肥

花坛内的土壤必须肥沃，以满足花卉生长发育的需要。所以在进行翻土作业时，若土质太差，应将劣质土全部清除掉，另换新土填入花坛中。在填土之前，最好先填进一层肥效较长的有机肥料为基肥，然后再进栽植土。

施肥量视土壤肥力情况而定，一般每 100m² 地面上可施用厩肥 200～300kg，或堆肥（干）200kg，或用饼肥 15～20kg 沤制的肥水，或硝酸铵 1.2kg、过磷酸钙 2.5kg、氯化钾 0.9kg。

3. 翻耕

翻耕 2～3 次，深度 20～30cm，使土壤与肥料充分混合。化学肥料作基肥时，可在翻耕后撒施，然后将床面耙匀、耙平，以备栽种花卉植物。喷洒杀虫剂防治地下害虫。

（四）花卉栽植

露地花卉，除去不宜移植而进行直播的花卉外，大都是先在苗床育苗，经分苗和移植后，最后定植于花坛、绿地或花圃中。

1. 起苗

起苗应在土壤湿润状态下进行，以防伤根，也使部分土壤附着在根群上。裸根移植的苗，起苗时将苗带土掘起，尽量多带根系，然后将根系附着的土块轻轻抖落，注意不要将须根拉断。带土球苗，先用手铲将苗四周铲开，然后从侧下方将苗掘起，保持完整的土坨，勿令破碎。无论带土坨或裸根苗，起出后均应迅速栽植，避免长时间的风吹、日晒，防止须根干缩，影响成活。

2. 栽植

栽植方法可分为沟植法与穴植法。沟植法是依一定的行距开沟栽植；穴植法是依一定的株行距挖穴或以移植器打孔栽植。裸根栽植，应将根系舒展于穴中，勿使卷曲，然后覆土，均匀镇压，注意不要用力压伤茎的基部。带土球苗栽植时，填土于土球四周并镇压之，不可压坏土球，影响成活和恢复生长。

栽植花苗时，一般的花坛都从中央开始栽，栽完中部图案纹样后再向边缘部分扩展栽下去。在单面观赏花坛中栽植时，则要从后边栽起，逐步栽到前边。宿根花卉与一、二年生花卉混植时，应先种植宿根花卉，后种植一、二年生花卉；大型花坛，宜分区、分块种植。若是模纹花坛和标题式花坛，则应先栽模纹、图线、字形，后栽底面的植物。在栽植同一模纹的花卉时，若植株稍有高矮不齐，应以矮植株为准，对较高的植株则栽得深一些，以保持顶面整齐。立体花坛制作模型后，按上述方法种植。

花苗的株行距应随植株大小高低而确定，以成苗后不露出地面为宜。植株小的，株行距可为 15cm×15cm；植株中等大小的，可为 20cm×20cm 锄至 40cm×40cm；对较大的植株，则可采用 50cm×50cm 的株行距，五色苋及草皮类植物是覆盖型的草类，可不考虑株行距，密集铺种即可。

栽植完成后要立即浇一次透水，使花苗根系与土壤密切接合，并应保护植株清洁。花苗种植时，种植深度宜为原种植深度，不得损伤茎叶，并保持根系完整。球茎花卉种植深度宜为球茎的 1～2 倍。块根、块茎、根茎类可覆土 3cm。

花苗应选用经过 1～2 次移植、根系发育良好的植株。起苗应符合下列规定：裸根苗，应随起苗随种植；带土球苗，应在圃地灌水渗透后起苗，保持土球完整不散；盆育花苗去盆时，应保持盆土不散。起苗后种植前，应注意保鲜，花苗不得萎蔫。模纹花坛种植时，应将不同品种分别置放，色彩不应混淆。花苗运到后，应即时栽种。栽植时间，在春、秋、冬三季基本没有限制，但夏季的栽种时间最好在上午 11 时之前和下午 16 时以后，要避开太阳曝晒。各类花卉种植时，在晴朗天气、春秋季节、最高气温 25℃以下时可全天种植；当气温高于 25℃时，应避开中午高温时间。

（五）后期管理

栽植完成后，要注意经常浇水保持土壤湿润，浇水宜在早晚时间进行。花苗长到一定高度，出现了杂草时，要进行中耕除草，并剪除黄叶和残花。若发现有病虫滋生，要立即喷药杀除。如花苗有缺株，应及时补栽。对模纹、图样、字形植物，要经常整形修剪，保持整齐的纹样，不使图案杂乱。修剪时，为了不踏坏花卉图案，可利用长条木板凳放入花坛，在长凳上进行操作。对多年生植物，每年要施肥 2～3 次；对一般的一、二年生草花，可不再施肥；如却有必要，也可以进行根外施肥，方法是将水、尿素、磷酸二氢钾、硼酸按 15000∶8∶5∶2 的比例配制成营养液，喷洒在花卉叶面上。当大部分花卉都将枯谢时，可按照设计中花卉轮替计划换种其他花卉。

四、草坪建植工程

空气中的尘土是由于环境中裸土比例过大所致。草坪致密的地表覆盖和在表土中有絮结的草根层，故具有良好的防止土壤侵蚀的作用。同时草坪能明显减少地表温差，有效地减轻土壤的“冻拔”作用，从而防止土壤崩落。草坪低矮，能开阔绿化地空间，提高建筑物间的通风透光能力。同时还能显著增加环境的大气温度和减缓地表温度的变幅。草坪地夏季地表温度比裸地低 8℃，冬季高 1～4℃，草坪地夏季空气湿度可比裸地高 10%～20%。可吸收近 50% 的太阳辐射。在规划设计时，把草坪与乔木、灌木和谐地结合起来相互协调，相互补充，形成绿色屏障，是降低噪声、光和视觉污染的最佳方案。草坪本身为一个有机的生态系统。为大量微生物(如细菌、真菌、蚯蚓、线虫等)提供了良好的生存环境,加速植物根、茎、叶等有机质的分解。从而有效改善土壤的物理结构和化学成分,使土壤有机质含量不断提高。草坪是极好的缓冲带,在机场和高速公路尤为重要,在地震、火灾等突发性灾害发生时,又是重要的安全岛和缓冲带。

(一)草坪草的特征及分类

1. 特征

(1)植株低矮,分枝力强,根系庞大,生长旺盛,形成以叶为主体的草坪层面。

(2)生长点位于基部,有坚韧叶鞘保护,耐修剪、践踏。

(3)一般多年生,寿命3年以上。

(4)繁殖力强,种子产量高,或匍匐茎、根状茎可无性繁殖,或兼而有之。

(5)适应性、抗逆性强,易于管理。

(6)弹性好,对人畜无害。

2. 草坪草的分类

根据一定的标准将众多的草坪草区别开来称为草坪草分类,目的在于帮助绿化单位正确合理地规划和选择草坪草种(品种)。草坪草是根据植物的生产属性从中区分出来的一个特殊化了的经济类群,因此在分类上无严格的体系。草坪草分类通常是在大经济类群的基础上,借助植物分类学或对环境条件的适应性等进行的多种分类,见表3-22。

草坪草分类表　　表3-22

分类依据	分　类	一般说明
依气候与地域	暖地型草坪草	最适生长温度26~32℃,主要分布于我国长江流域及江南地区
	冷地型草坪草	最适生长温度15~25℃,主要分布于我国华北、东北、西北等地区
依植物种类	禾本科草坪草	草坪草主体,分属于羊茅亚科、黍亚科、画眉草亚科,约几十个种
	其他草坪草	具有发达匍匐茎和耐践踏,易形成草皮的草类,如白三叶、多变小冠花、马蹄镏金、细叶苔、异穗苔等
依草叶宽度	宽叶草坪草	叶宽茎粗,生长强健,适应性强,适用于较大面积的草坪地,如结缕草、地毯草、假俭草、竹节草等
	细叶草坪草	茎叶纤细,可形成致密的草坪,但生长势较弱,要求光照充足、土质良好,如小糠草、细叶结缕草、早熟禾及野牛草等
依草种高低	低型草坪草	株高20cm以下,低矮致密,匍匐茎和根茎发达,耐践踏,管理方便,大多数适于高温多雨的气候条件;多行无性繁殖,形成草坪所需时间长,若铺装建坪则成本较高,不适于大面积和短期形成的草坪;常见种有结缕草、细叶结缕草、狗牙根、野牛草、地毯草、假俭草

续上表

分类依据	分 类	一般说明
依草种高低	高型草坪草	株高30~100cm,一般为种子繁殖速生,在短期内可形成草坪,适用大面积草坪设置;缺点是必须经常修剪方能形成平整的草坪。常见种有早熟禾、翦股颖、黑麦草等
依用途	观赏草坪草	具有特殊优美叶丛或叶面具有美丽的条纹的一些草种,如块式燕麦草、兰羊茅、匍匐委陵菜等
	固土护坡草坪草	根茎和匍匐茎十分发达的固土作用强的一些植物,如无芒雀麦、狗牙根、根茎型偃麦草、多枝赖草等
	主体草坪草	草坪的当家草种或骨干草种,适应性强,具有优良的坪用性和生长势,推广种植面积大,成为该地区的主体草种,如我国南方的细叶结缕草、地毯草、狗牙根方的草地早熟禾、白三叶、野牛草等
	点缀草坪草	具美丽的色彩,散植于草坪中用来陪衬和点缀的草坪植物,多用于观赏草坪,如小冠花、百脉根等
按亲缘关系	植物界→种子植物门→被子植物亚门→单子叶植物纲→颖花亚纲→禾本目→禾本科→早熟禾亚科→早熟禾属→草地早熟禾	

(二)草坪草种的选择

选择适宜当地气候、土壤条件的草坪草种,是建坪成败的重要关键。在满足草坪使用所需的前提下,依据草坪的生态环境条件,选择适应该环境的品种。

1. 草坪草种的选择依据

草坪草必须具有很好的坪用特性。如对环境的适应性:抗旱、抗寒、耐热、耐阴、耐瘠薄、抗病虫、抗盐碱的能力;再生性、持久性、栽植难易程度等。

(1)对草坪草的质量要求

由草坪草的使用目的决定,包括草坪的颜色、质地、均一性、绿色期、高度、密度、对外力的抵抗性——耐践踏性、耐磨性、耐修剪等。

(2)草坪草种的特性

了解满足建坪质量的候选草坪草种。

(3)环境适应性

各类草坪草不同的基因型特性,对外界环境表现出不同的适应性。外界环境主要是指气候和土壤。

气候主要指抗热、抗寒、抗旱、耐淹、耐阴等性能。温度和降雨是影响最大的气候因素。暖地型草适宜在南方生长;冷地型草适宜在北方生长。

土壤主要指耐瘠薄、耐盐碱、抗酸性等性能。

(4)对病虫害的抗性

(5)所需的养护管理强度及预算

2. 草坪草种的选择原则

(1)选择在特定区域已表现出抗主要病虫害的品种。

(2)当选择两个以上品种时,确保品种在外观方面基本相似。

(3)当选择两个以上品种时,至少有一个品种在当地条件下具有很强的适应性。

3. 草坪草选择要点

根据建坪要求,草坪草种类、品种的选择,可参考下述条件及标准:

(1)应适应当地气候、土壤条件(水分、pH 值、土性等)。

(2)灌溉设备的有无及水平。

(3)建坪成本及管理费用。

(4)种子或种苗获取的难易。

(5)建坪要求(草坪品质、美观及利用的品质)。

(6)草坪草的品质。

(7)抗逆性(抗旱性、抗寒性、耐热性)。

(8)抗病虫能力。

(9)寿命(一年生、越年生或多年生)。

(10)对外力的抵抗性(耐修剪性、耐践踏与耐磨性、对剪切的抗性)。

(11)持续性。

(三)草坪草种的播种

1. 单播

单播:由一个草坪草种组成的草坪。

优点:获得最高的纯度和一致性,造就美丽、均一的草坪外观;缺点:遗传背景单一,适应能力较差养护管理要求高。

2. 草坪草混播

混播是指包括两种以上草坪草种或相同草坪草种内不同品种混合播种。混播可适应差异较大的环境条件,更快地形成草坪,并可使草坪寿命延长,但不易获得颜色纯一的草坪。

(1)混播草坪草的选择原则

①目的性。选择在特定区域已表现出能抗最主要病害的品种;或疏林下在某一主导草种内加入耐阴草种。

②兼容性。确保所选择的品种在外观(色泽、质地、均一性)、竞争力(生长速度)方面基本相似。

③生物学一致性。混播草坪的生态习性(生长速度、扩繁方式、分生能力)基本相同。

④主导性。确定应该以何种草坪草为主,如对发芽难、管理难的主导草坪草种(早熟禾)用少量黑麦草混播,先出苗,速生,起保护作用,而最终成坪要以主导草坪草种占主要比例。混播时,混合草种包含主要草种和保护草种。保护草种一般是发芽迅速的草种,为生长缓慢和柔弱的主要草种遮荫及抑制杂草。混播常用于根茎不发达的草种。

(2)草坪混播的依据

①分生方式与竞争力。丛生型草坪草靠根茎分蘖,竞争力弱,需加大播种量;匍匐茎分蘖能力强,竞争力强,需减少播种量。

②叶片质地。混播草坪草叶片质地相接近。

③遗传色。老草坪草品种色调较浅,新草坪草品种色调较深,欧洲草坪草品种色调较浅,美国草坪草品种色调较深。色泽深浅不一不宜混播。

④耐阴性能。树下及背阴环境,宜用耐阴草坪草混播。

⑤其他。绿期、抗性耐践踏等近量接近。

(3)草坪混播中的问题

①高羊茅与其他草坪草混播。前者为冷季型、抗性较好的草种。

②早熟禾与黑麦草混播。黑麦草不宜超过20%,同时低修剪(2.5cm以下)以利于早熟禾正常生长。

③紫羊茅与黑麦草或早熟禾。紫羊茅耐阴,在无遮荫的场地不宜混播。

④翦股颖与其他草坪草混播。易产生斑块。

⑤暖季型草坪草与冷季型草坪草混播。一般较难,混播要求较高技术。

⑥暖季型草坪草间的混播。马尼拉、结缕草、狗牙根不易混播。

(4)混播组合举例

温带庭园草坪传统的混播组合是:草地早熟禾+紫羊茅+多年生黑麦草。多年生黑麦草主要是起迅速覆盖的保护作用。

南方温暖地区混播时,宜以狗牙根、地毯草或结缕草为主要草种,可混入多年生黑麦草种子10%为保护草种。

酸性大的土壤上,不宜混入早熟禾类及三叶草类,而以翦股颖类或紫羊茅为主要草种最适宜,并以小糠草或多年生黑麦草为保护草种。

碱性及中性土壤上,以小糠草和黑麦草为保护草种,草地早熟禾混播。

草地早熟禾(占80%)与匍茎翦股颖(占20%)混播。前者为主要草种,单播时生长慢,易为杂草所侵占,后者为保护草种,生长快,在混播草坪中可逐渐被前者挤出,但在早期可防止杂草发生。

草地早熟禾50%(喜肥及排水良好封土壤)+紫羊茅30%(耐干燥瘠薄,高修剪时生长繁茂)+普通早熟禾5%(喜湿润,在蔽阴处能忍耐低修剪)+细弱翦股颖5%(宜低修剪,需要灌溉)+匍茎翦股颖10%(宜湿润土壤,耐酸性土及瘠薄地)。

滚木球草坪是高质量草坪,一般需要两种或两种以上的草坪草,较合适的比例有:细羊茅(70%)+小糠草(30%);细羊茅(50%)+紫羊茅(20%)+小糠草(30%)。

观赏用草坪常采用的组合有:

细羊茅(45%)+紫羊茅(35%)+早熟禾(10%)+小糠草(10%);羊茅(40%)+紫羊茅(30%)+细羊茅(20%)+小糠草(10%);多年生黑麦草(30%)+紫羊茅(30%)+细羊茅(25%)+小糠草(15%)。

运动场草坪必须具有强的生命力和高的生长速度、耐践踏、有发达的根系,耐修剪的特点，适用的混合比例有：

细羊茅（75%）+小糠草（10%）+沙生狗尾草（15%）；细羊茅（45%）+多年生黑麦草（40%）+小糠草（15%）；细羊茅（60%）+小糠草（20%）+沙生狗尾草（20%）。冬季运动场要求的混合比例有：多年生黑麦草（50%）+紫羊茅（25%）+细羊茅（15%）+猫尾草（10%）；多年生黑麦草（30%）+紫羊茅（30%）+细羊茅（20%）+小糠草（10%）+沙生狗尾草（5%）+早熟禾（5%）。

上述混播组合只是某一局部地区的组合示例，在使用时应根据立地条件等因素调整。

3. 单一种植与混合种植

当前草坪混播已明显地表现出减少混播草种数量的趋势，避免草坪杂色外观，更多采用的单播。

（四）场地准备

1. 场地清理

指在建坪场地内有计划地消除和减少障碍物，便于建立草坪的作业。

（1）清除乔木和灌木以及倒木、树桩和树根等。

（2）清除地表20cm层内的岩石和石头块。

（3）建植前防治杂草。

蔓延性多年生杂草，特别是禾草和莎草，能引起新草坪的严重污染。残留的营养繁殖体（根状茎、匍匐枝、块茎）也将再度萌生，形成新的杂草侵染。杂草防除有物理方法与化学方法两种。

①物理防除。以手工或土壤翻耕机具，在翻挖土壤的同时清除杂草。具地下蔓生根茎的杂草，以土壤休闲法防除（指夏季坪床不种植任何植物时定期进行耙锄作业，清除杂草营养器官）。

②化学防除。用化学药剂杀灭杂草。

最有效的方法是使用熏杀剂和非选择性的内吸除莠剂。

常用有效的除莠剂有茅草枯，磷酸甘氨酸，草甘膦（$0.2 \sim 0.4 mL/m^2$）等。在杂草长到10余厘米高，坪床翻耕前7～30天施用，以便杂草吸收除莠剂并转移到地下器官。

熏蒸法是将高挥发性的农药施入土壤，以杀伤和抑制杂草种子、营养繁殖体、致病有机体、线虫和其他可能引起麻烦的有机体的正常生活过程。

熏杀剂有溴甲烷、氯化苦、棉隆和威百亩等。

2. 翻耕

耕地目的在于改善土壤通透性，提高持水能力，减少根系扎入土壤的阻力，增强抗侵蚀和践踏的表面稳定性。

犁地是用犁将土壤翻转，耙地是使土形成颗粒和平滑床面，为种植作准备。

翻耕作业最好在秋季和冬季较干燥时进行，使翻转的土壤在冷冻作用下碎裂，利于有机质分解。

3. 平整

(1)粗平整

指床面的等高处理(不是水平),挖掉突起部分和填平低洼部分。作业时应把标桩钉在固定的坡度水平之间,整个坪床应设一个理想的水平面。表面排水的适宜坡度约为2%,在建筑物附近,坡度应是离开房屋的方向。运动场应隆起,从场地中心向四周排水。

(2)细平整

指平滑土表为种植准备的操作。播种前进行,以防止表土板结,同时应土壤湿度。

4. 土壤改良

理想的草坪土壤应土层深厚,排水良好,结构适中,pH 值在 5.5 ~6.6 之间。

土壤改良主要是在土壤中掺入改良剂,以调节土壤通透性及保水、保肥能力。不宜掺入像沙那样的"单质"。在生产中常用大量合成的改良剂,如泥炭,在细质土壤中可降低土壤黏性,并能分散土粒。在粗质土壤中,可提高土壤保水、保肥能力,在已定植的草坪上,则能改良土壤的回弹力。锯屑等也能起到泥炭的作用。

某些特殊用途(运动场)的草坪,为了提供足够耐强烈践踏的能力,常将原有的土被铲除,重新铺上配制好的介质,这是真正的土壤。

5. 排灌系统

(1)土壤排水的优点

当新的场地基础平整好后,就可以配置排灌系统。灌溉设施主要是供给不足的水分,排水系统则是排走多余的水分。排水作用:排干过多的水分;改善土壤通气性;充分供给草坪草养料;利于草坪草根向深层扩展;夏季深层根系能获得更多的水分;可扩大运动场草坪的使用范围;早春使土壤升温快。

(2)排水类型

排水可分地表排水和非地表排水为两类。

砂槽地面排水系统:挖宽 6cm,深 25 ~ 37.5cm 的沟,沟间距 60cm 并与地下排水沟垂直。将细砂或中砂填满沟后,用拖拉机轮或碾磙压实。

排水管式排水系统:排水管铺设在草皮表面以下 40 ~90cm 处,间距 5 ~20m。

(3)施肥或施石灰

①施基肥

草坪草从土壤中获得的营养,是以硝酸盐存在的氮,磷酸盐存在的磷和钾盐存在的钾三种主要元素。磷肥有助于草坪草根系的生长发育,钾肥有助于草坪草越冬;土壤中若富含氮素,将产生多汁、色绿、叶茂的草坪草。

②施石灰

先在耕作层上施足石灰粉、氮、磷、钾复合肥及有机肥。松散的砂土,应渗入适当黏土。充分拌和,直到均匀为止。氮肥在最后一次平整前使用,不宜施得过深,以利新生根的充分利用和防止淋失。

(五)种植过程

1. 种子建植

(1)播种时间

冷地型禾草最适宜的播种时间是春初和夏末;暖地型草坪草则在春末和初夏。

(2)播种量

取决于种子质量、混合组成及土壤状态。种量过小会降低成坪速度和增大管理难度;种量过大、过厚,会促使真菌病的发生,也会增加建坪成本和造成浪费。从理论上讲,每 $1cm^2$ 有一株成活苗即可。

确定播种量的最终标准:以足够数量的活种子确保单位面积上幼苗的额定株数,即1万~2万株/m^2 幼苗。

影响播量的因素还有播种幼苗的活力和生长习性、希望定植的植株量、种子的成本、预期杂草的竞争力、病虫害的可能性、定植草坪的培育强度等。实际播种量远远高出理论量。

(3)播种前的准备

①把欲建坪地划分成若干等面积的块($1m^2$)或条(每2~3m一条)。

②把种子按划分的块数分开。

③把种子播在对应的地块。

④轻轻耙平,使种子与表土均匀混合。

⑤有时可加盖覆盖物。

(4)常用的播种方法

①喷播

把预先混合均匀的种子、黏结剂、覆盖材料、肥料、保湿剂、染色剂和水的浆状物高压喷到陡坡场地的草坪建坪方法。需覆盖,干旱时应及时喷水保湿。

②植生带

指把草坪草种子均匀固定在两层无纺布或纸布之间形成的草坪建植材料。具有无须专门播种机械、铺植方便、适宜不同坡度地形、种子固定均匀防止种子冲失、减少水分蒸发等优点,但成本较高,如厂家偷工减料,会使草坪基本苗数难以保证。

2. 营养体建植

营养器官繁殖草坪的方法包括铺草皮块、塞植、蔓植和匍匐枝植等。除铺草皮块外,其余的几种方法只适用于具强烈匍匐茎和根茎生长的草坪草种。

铺草皮块是成本最高的建坪方法,但它能在一年的任何有效时间内,形成“瞬时草坪”。草皮块应尽量薄,以利于迅速生根,避免过分的伸展和撕裂。

(1)铺植

①密铺法。用草皮将地面完全覆盖,当草皮铺于地面时,应使草皮缝处留有1~2cm的间距,然后用0.5~1.0t重的碾筒或木夯压紧和压平。铺草皮前后应充分浇水。有较低处,可覆以松土使之平整。

②间铺法。为节约草皮材料可用此铺法，且均用长方形草皮块。铺块式，各块间距3～6cm，铺设面积为总面积的1/3；梅花式，各块相间排列，所呈图案亦颇美观，铺设面积占总面积的1/2。

③条铺法。把草皮切成宽6～12cm的长条，以20～30cm的距离平行铺植。

(2)直栽法

塞柱的直径为5cm，高5cm的柱及$5cm^3$的塞块。将它们以30～40cm的间距插入坪床，顶部与土表平行。

(3)插枝条(蔓植)

草坪枝条基本不带土，在高温干燥的条件下极易脱水。小枝通常种在间距为15～30cm的沟内，深度为5～8cm。

(4)匍匐茎法(撒播式蔓植)

将植物材料均匀地撒播在湿润的土表，每$1m^2$通常需要0.2～0.4L。然后在坪床上表施土壤，部分地覆盖匍匐枝，或轻耙使部分插入土壤，然后尽快碾压和灌溉。

3. 覆盖

(1)覆盖是用外部的材料覆盖坪床的作业，为减少侵蚀和幼苗萌发、生长发育提供一个更适宜的小环境。

(2)覆盖作用。稳定土壤和种子，抗风和地表径流的侵蚀；调节地表温度的波动，保护已萌发的种子和幼苗免遭温度波动所引起的危害；减少土壤水分的蒸发，提供一个较湿润的小环境；减缓来自降雨和喷灌水滴的冲击能量，减少地面板结的形成，使土壤保持较高的渗透速度。

①覆盖材料。常用的秸秆，用量为0.4～0.5kg/m^2。合成的覆盖物有玻璃纤维、聚乙烯薄膜和弹性多聚乳胶等。

②使用方法。在小面积场地秸秆和干草均可人工铺盖，在多风场地则应用桩和绳十字交叉固定。

(六)植后管理

1. 修剪(轧草)

新建草坪应及时进行修剪管理，新枝条高达5cm时就可以开始修剪。新建的公共草坪修剪高度为3～4cm。

草坪修剪通常在土壤较硬时进行，修剪草机具的刀刃应锋利，避免将幼苗连根拔起和撕破、擦伤纤细的植物组织。无露水时，最好是在叶子不发生膨胀的下午进行修剪，避免使用过重的修剪机械。

2. 施肥

新建草坪在种植前如已适量施肥，不存在施肥问题。如果肥力明显不足，施以追肥。当幼苗呈淡绿色，接着老叶呈褐色，是缺肥的征兆。为了防止颗粒附于叶面而引起灼伤，应在叶子完全干燥时撒施。或事先溶于水中，用轻型喷灌机喷施。施肥主要是氮及其他养分，宜少量多次。草皮铺装的草坪,施肥量较高。第一次修剪后,应立即施肥。

3. 灌溉

干旱对种子的萌发是相当有害的。严重的板结可以阻止新芽钻出地面,使幼苗窒息死亡。新坪灌水应做到:

(1)使用喷灌强度较小的喷灌系统,以雾状喷灌为好。

(2)灌水速度不宜过快,灌水应持续到2.5~5cm深完全浸润为止。

(3)避免土壤过涝,特别是在床面产生积水小坑时,要排除积水。

随草坪草发育,灌水次数减少,但每次灌水量增大,以改善土壤的通气性。

4. 地表覆土

地表覆土是由匍匐茎型草坪草组成的新建草坪,维持在低修剪条件时的一种特殊养护措施,可促进匍匐枝节间的生长和地上枝条发育。

表施的土壤应与被施的草坪土壤质地相一致,否则将可能影响根际中的通透性。连续而有效地地表覆土,还能填平洼地,形成平整的草坪地面,但要避免过厚的覆盖,防止光照不足而产生不良后果。

5. 病虫及杂草控制

杂草通常是新建草坪危害最大的敌人,清除杂草的有效方法是使用除莠剂。大多数除莠剂对小的草坪草均有较强的毒害作用,常提前或推迟使用。草坪病害可用避免过多灌溉和增大幼苗密度的方法来防除,播前用杀菌剂处理种子。蝼蛄常打洞,连根拔起幼苗,可利用毒死蜱或二嗪农等农药防治。

6. 通气

即在草坪上打孔打洞,目前是改善根系通气状况,调节土壤水分含量,有利于提高施肥效果。一般要求50穴/m^2,穴间距15cm×15cm,穴径8cm左右,可用中空铁钎人工扎孔,亦可采用草坪打孔机施行。

(七)草坪更新

对草坪草群落组成的不良演替或表土介质理化性状的严重恶化而引起的退化草坪,进行低强度的改良更新叫"修复"。

1. 可修复改良的必要条件

(1)草坪植被由完全可用选择性除莠剂防治的杂草(夏季一年生禾草和阔叶型草)组成。

(2)草坪植被大部分由多年生杂草、禾草组成。

(3)由虫害、病害或其他原因严重损害的草坪。

(4)芜枝层过厚,土壤表层质地不均一,3~5cm层严重板结的草坪。

在修复实施之前,应弄清草坪退化的直接原因,对症下药,提出有效改良措施和正确的保养方案。

修复操作包括坪床准备、草种选择、种植和培育四项。

2. 坪床准备

首先要考虑杂草的防治,可采用施除莠剂的方法来完成。其次对芜枝层深层的表土,应进行深度的垂直刈割,清除芜根及残渣。当表土板结或场地严重不均一时,应进行强度地心土耕作。

3. 草种选择

可采用营养繁殖,用种子繁殖,应选择完全适应当地环境条件的草坪草种。

4. 种植方法

修补被破坏草坪的方法有两种:一是补播,二是铺装草皮。

(1)补播方法。首先将表土稍加松动,然后把种子均匀撒入土壤。所用种子应与原草坪草种一致,并应进行适当的催芽、拌肥、消毒等播前处理。

(2)修补方法。标出受害地块;铲去受害草皮;翻土、施肥(施过磷酸钙促进根系生长);紧实坪床;耙平土壤,用健康草坪铺装,草皮应高出坪面 6cm;施大体积表肥(50%) + 堆肥和砂(50%),使之填入草皮块的间隙;铺后确保 2 ~ 3 周内草皮湿润;如果地块较大,当草皮开始密接时,应进行适当压实。

5. 退化草坪的更新

草坪长期使用导致土壤板结,根系生长严重受阻,草坪严重退化;多年生杂草入侵,导致草坪群落组成不良更替;病虫害危害严重草坪产生大面积空秃;枯草层过厚等情形时,草坪无保留、养护价值而进行重新建植的过程叫“更新”。进行低强度的改良叫“修复”。

在更新、修复实施之前,应弄清草坪退化的直接原因,对症下药,提出有效改良措施和正确的保养方案。

如果原草坪地形设计好,表层以下 5cm 土壤结构良好,草坪等级又许可时,可不通过正常的栽培措施,不翻耕原有草坪,只进行部分或全部重新建植即可达到改良草坪的目的。

6. 更新、修复操作

技术要求同草坪建植。包括坪床准备、草种选择、种植和培育四项。

(八)草坪的修剪

1. 修剪目的

在特定的范围内控制草坪草顶端生长,促进分枝,维持一个适于观赏、游憩和运动的草坪表面。

草坪若不修剪,长高的草坪草将干扰运动的进行和改变草坪的外观,使草坪失去坪用功能,降低品质,进而失去其经济价值和观赏价值。适当地修剪可平滑草坪表面,促进草坪草的分枝,利于匍匐枝的伸长,增大草坪的密度。在一定范围内,修剪次数与枝叶密度成正比。同时,还能抑制杂草的入侵,提高草坪的美观性及其利用效率。

大部分草坪草忍受修剪的能力是有限的,一般的留茬高度为 4cm 左右。

草坪草的修剪一般都是短刈,即刈除枝叶的上半部分。

2. 修剪原理

修剪会去掉部分叶组织,对草坪来说是一个损伤,但它们又会因强的再生能力而得到恢复。

草坪草的再生部分主要有以下三个方面:

(1)剪去的上部老叶片可继续生长。

(2)未被伤害的幼叶尚能长大。

(3)基部的分蘖节可产生新的枝条。

由于根与留茬具有储藏营养物质的功能,能保障再生对养分的需要,所以草坪是可频繁修剪的。

3. 修剪的高度和频率

(1)确定修剪高度的原则

每次修剪时,剪掉的部分应少于草坪草茎叶片自然高度的1/3。

一般草坪草适宜的留茬高度为3~4cm,遮荫处留茬应高一些。当草坪草长到6cm时就应该修剪。

选择最适宜的修剪高度,一般受下列因子的影响:

①草坪草种及其品种。不同品种生长特性不同,适宜修剪的高度亦不同。根茎型草坪草略高,匍匐茎型略低。

②草坪质量要求。最重要因素之一,草坪质量要求越高,修剪高度就越低。

③环境条件。潮湿多雨季节、地下水位较高,宜留高茬,干旱少雨时低剪;夏季高温时对冷季型草宜高剪,早春晚秋低温时,对暖季型草宜高剪;病虫害、践踏等损害严重时,局部遮荫生长较弱者宜高剪。

④发育阶段。休眠期、开始生长时可强度低修剪。

⑤草坪利用强度。受强烈践踏的运动场草坪,宜高剪;轻型运动草坪稍低剪。

(2)修剪高度对草坪草的影响

①修剪过低的效应。首先是使草坪草根基受到伤害,大量生长点被剪除,使草坪草丧失再生力。其次是大量叶片组织被剪除后,植物的光合作用能力受到严重限制,草坪草处于亏供状态,结果导致根系减少,耗尽大部分储存养分,使草坪衰败。

②修剪过高的效应。将产生一种蓬乱、不整洁、浮肿的外观,同时也会因芜枝层密度的增加给管理上带来很多麻烦。嫩苗会枯萎而顶部变曲,叶片质地粗糙,也使草坪密度下降。

(3)修剪时间及频率

草坪草的生长时期,依草坪草的种类而异,可将其分为四种季节类型:

①春型。一年生,主要生长期在春季。

②夏型。一年生,主要生长期在夏季。

③冬型。越年生,主要生长期在冬季和春季。

④全年型。多年生,生长期在春、夏、秋季。

a. 草坪修剪时间。

就全年而论,标准的修剪时间在 5 ~ 6 月,温暖地区为 7 ~ 8 月,运动场等特殊用途草坪的修剪期可在 8 ~ 10 月。

b. 修剪频率。

指一定时间内草坪修剪的次数。草坪修剪次数决定于草坪草的生育状态、草坪的用途、草坪的质量及草坪的种类。草坪草的生育状态又由草坪草的生育时期、坪草种类、气候特点(特别是气温和降雨量),土壤养分及其他管理等条件决定。

在温度适宜、雨量充沛的春季,冷地型草坪草每周需要修剪 2 次,而在正常气候条件下的夏季,每周修剪 1 次。夏季,暖地型草坪草需要经常修剪。其他季节,因温度较低,草坪草生长变慢,修剪的间隔天数要适当增加。

当草坪草高度大于适宜修剪高度的 50% 时,遵照 1/3 原则应及时修剪。如果草长得过高,不应一次就修剪到标准高度,在频率间隔时间内,增加修剪次数,逐渐修剪到要求高度。

修剪的次数与修剪高度也密切相关。修剪高度越低,修剪次数就越多,反之,修剪的次数越少。总体来说,修剪应高度低,次数多。

4. 剪草机

(1)剪草机的类型

①滚刀式剪草机;

②旋刀式剪草机;

③连枷式剪草机;

④甩绳式剪草机;

(2)修剪的质量

根据不同的修剪质量要求,选择适宜的剪草机。当前,生产中使用的剪草机有滚筒式和旋转式两种基本类型,在达到草坪质量要求的提前下,应选择经济实用的机型。滚筒式剪草机较旋转式剪草机有更好的修剪性能,能将草坪修剪得十分平整。

(3)其他

①修剪样式

同一草坪,每次修剪应避免以同一种方式进行,要防止多次在同一地点、同一方向的多次重复修剪,否则,草坪草将趋于瘦弱和发生“纹理”现象(草叶趋于同一方向的定向生长)。

想要获得条纹效果,则需在中心大面积草坪上采用一定方向来回修剪,草坪草茎叶倾斜方向不同,对光线的反射方向发生变化,在视觉上产生明暗相间的条纹状,增加草坪美学外观。

②草屑处理

由剪草机修剪下的草坪草组织总体称草屑。如果草屑较短,最好是将其留在草坪内。如草屑较长,则应收集或耙积起来,运出草坪,以免破坏草坪的外观。厚覆盖将引起草坪草死亡或发生疾病。

③修剪作业注意事项

修剪前的准备工作;适宜的剪草作业时节;修剪后剪草机的保养;长期置放的剪草机的

处理。

(九)草坪施肥

1. 施肥量的确定

草坪的肥料施量,应按自然土壤肥力、生长季的长短和踏压程度而定。在贫瘠土壤上着生的草坪,需肥较多,生长季越长,需肥越多;在重度使用的草坪应施更多的肥料来促进它们的旺盛生长。就一般水平而论,草坪每年施肥两次。

肥料使用的频率和用量受许多因素决定,对草坪的质量要求、天气状况、生长季长短、土壤质地、灌溉数量、草屑的去留、草坪周围的环境条件等均影响施肥的安排。

草坪的种(品种)组成,是决定施肥计划的重要因素。匍茎翦股颖和改良的狗牙根,其健壮生长要求充足的养分,被认为是重肥草坪草;细叶羊茅、假俭草等生长较慢的草,对肥料的需要量则低。

2. 施肥时间

当温度和水分状况均适宜草坪草生长的初期或期间是施肥的最佳时间,当有环境胁迫或病害胁迫时应避免施肥。

冷地型草坪草最重要的施肥时间是晚夏,10 月和稍迟的晚秋施肥利于根径的生长和春季的早期返青。暖地型草坪草最重要的施肥时间是春末,第二次施肥宜安排在夏天。

3. 施肥次数

(1)低养护管理草坪(1 年只施 1 次肥)。冷季型草坪草秋季施用。暖季型草坪草初夏施用。

(2)中等养护管理草坪。冷季型草坪草春、秋季各施用 1 次。暖季型草坪草春季、仲夏、秋初各施用 1 次。

(3)高等养护管理草坪。在草坪草快速生长的季节,无论冷季型、暖季型草坪草最好每月施 1 次。

4. 施肥方法

(1)颗粒撒施;

(2)叶面喷施;

(3)灌溉施肥。

5. 肥料的选择

选择肥料要注意以下 10 个方面:

①养分含量与比例;②撒施性能;③水溶性;④灼烧潜力;⑤施后见效时间;⑥残效长短;⑦对土壤的影响(即酸碱性);⑧价格;⑨储藏运输性能;⑩安全性。

(十)草坪灌溉

1. 水源

草坪灌溉水源主要有地下水,静止地表水体(湖、水库和池塘)和流动地表水体(河流、溪水),正在变得重要的第四个水源是来自城市处理的污水。

在地下水丰富的地方,可以打井为草坪提供一个独立的灌溉水源。井水中不含杂草种子、病原物和各类有机成分,水质一致,盐分含量稳定,是理想的水源。

大河流是可靠的水源,但污染可能妨碍其利用。小河流和溪水能改造成小型水库而作为灌溉水源。

小湖泊或池塘是良好的灌溉水源。地址设置得当,其储备水可由泉水、地面排水、降雨和自来水补充。应注意不使静止水体污染或使藻类和水生杂草蔓延。

2. 草坪对灌水需要的确定

确定草坪对灌水需要的方法有:

(1)植株观察法。当草坪草缺水时,首先是出现膨压改变征兆,草坪草表现出不同程度的萎蔫,进而变为青绿色或灰绿色,此时需要灌水。

(2)土壤干湿法。用小刀或土钻分层取土,当土壤干至 10 ~ 15cm 深时,草坪就需要浇水。

(3)仪器测定法。张力计中填充着水并插入土壤中,随着土壤变干,水从张力计多孔的杯状底部向上而引起真空指数器指到较高的土壤水压,从而根据真空指数器的读数来确定灌水时间。

(4)蒸发皿法。除大风地区外,蒸发皿的失水量大体等于草坪因蒸散而失去的耗水量,当蒸发皿水降低 75% ~85% ,相当草坪灌水量失去的 75% ~85% 。

3. 灌水量及灌水频率

草坪每次灌水总量首先决定每两次灌水期间草坪的耗水量。在草坪草生长季的干旱期,为保持草坪草的鲜绿,大概每周需补充 3 ~4cm 水。在炎热而严重干旱的条件下,旺盛生长的草坪每周需补充 6cm 或更多的水。

当土壤湿润到 10 ~15cm 深时(有时会更深些,以根层的深度为度),草坪草就有充足的水分供给。

细质的黏土和粉砂土持水力大于砂土,水分易被保持在表层的根层内,而砂土中水分易向下层渗透。土壤质地越粗,渗透力越强,使额定深度土壤充水湿润所需水量越少,即使每次灌水量少,但灌水次数和总需水量则较大。

4. 灌水时间

有微风时是灌溉的最好时间。此时湿度高而温度低,较有效地减少蒸发损失,风还利于湿润叶面及组织的干燥。晚上或早晨浇水,蒸发损失最小,中午及下午浇灌水时喷灌水分的 50% 在到地面前就可能被蒸发掉。

就提高水的利用率而言,黄昏是浇水的最适时间,排水时间长,利于次日草坪草的利用。但草坪整夜处于潮湿状态下,因高温而引起的病害将成为草坪草管理的难题。故有许多管理者喜欢早上浇水。

对于宽敞通风良好的地方,适宜傍晚浇水;反之则适宜早晨浇水。

5. 叶面喷水

目的在于补充草坪草水分亏缺、降低茎叶温度、除去叶表面的有害附着物。

6. 草坪节水措施

草坪的节水措施主要有:①增加修剪高度;②减少修剪次数;③干旱时少施肥;④垂直刈割枯草层;⑤打孔通气;⑥少用除莠剂;⑦栽植耐旱品种;⑧看是否将要下雨;⑨适当施用湿润剂。

(十一)草坪杂草与防治

1. 草坪杂草及其危害

在人工种植的土地内除目的栽培植物以外的植物都是杂草,草坪上除栽培的草坪植物以外的植物都是草坪杂草,草坪杂草的危害:争夺光、水、肥;侵占生长空间;滋生病虫;影响观赏价值。

2. 草坪杂草的分类

(1)按生存环境

可分为水生型、湿生型、旱生型三类,以旱生型为主。

(2)按生育期

可分为一年生、二年生和多年生植物三种类型。

①一年生植物。从种子起在一年内完成生命周期。它包括冬型一年生植物(夏末或秋初萌发至下年夏季死亡)和夏型一年生植物(夏天萌发至秋季第一次严霜后死亡)。

②二年生植物。能活一年多,但不超过两年的植物。

③多年生植物。生长成活两年以上的植物。

(3)按分类学特点

可分为单子叶杂草和双子叶杂草两大类。

①单子叶草坪杂草多属禾本科,少数属莎草科。其形态特征是无主根、叶片细长、叶脉平行、无叶柄。

②双子叶杂草与单子叶杂草相比,叶片较宽。

3. 杂草的一般生物学特性

(1)杂草具有远缘亲和性和自交亲和性,利于杂草种群产生变异和生命力更强的变种。

(2)杂草可塑性强,个体大小、生长量、繁殖系数、生长周期差异极大,具有极大的生态适应性和抗逆性。

(3)杂草传播途径繁殖方式多样,种子寿命长,出苗持续不一。

(4)很多杂草具有 C_4 光合途径,生长发育迅速,竞争能力强。

(5)杂草繁殖特性。

①繁殖系数高。如马齿苋一年 2 ~3 代,每代产种 20 万 ~30 万粒。

②种子生命力强。马齿苋种子在土壤中 40 年仍具有活力。

③繁殖方式多样。有性繁殖(种子)、无性繁殖(茎、根、块茎)均可。

④适应性强。分布广,耐寒热、旱涝、盐碱、无光、贫瘠等。

4.草坪杂草发生特点

(1)春季发生型。主要以种子形式,2~3月萌发的杂草,为害较重,阔叶草、禾草均有发生。

(2)夏季发生型。温度升高并透雨后萌发,7~8月达高峰,8~9月开花结实后地上部分死亡。阔叶草、禾草均有大量发生。

(3)秋季发生型。9~10月萌发生长,11~12月达高峰期,12月至翌年2月花实后枯死。以阔叶草为主。

(4)冬季发生型11~12月萌发生长,幼苗越冬,翌春或夏季花、实后枯死。以阔叶草为主。

5.草坪杂草的防除方法

(1)减少杂草种子来源

①严格杂草检疫制度;

②选用无杂草的草坪种子;

③场地清理。

(2)诱杀杂草

播种前灌水,提供杂草萌发条件,待出苗后喷施灭生性除草剂杀灭。

(3)栽培措施

①适时播种。

如改春、夏播种为秋季播种,草坪苗期禾草的发生量极少,主要是阔叶草,而喷施阔叶除草剂就能防止杂草危害。

②适当提高播种量,应用保护播。

在混播配方中,加入一定比例的能快速出苗、生长的草种,抑制杂草生长的方式称为保护播。

③加强水肥管理。

在杂草放出后、早春杂草未出土时,进行灌溉、施肥,抑制杂草生长。

④加强病虫害防治。

⑤及时补播。

(4)人工除草或机械除草

手工拔草和锄草是一种古老的除草法,沿用至今,仍不失为有效的方法。拔除的时间是在大雨过后,将杂草连根拔除。

用人力或机动剪草机定期修剪,阻止杂草产生大量种子,并能抑制它们的营养生长和繁殖生长,减弱杂草的竞争能力,达到防除的目的。

建坪前的耕作措施常能有效地防除杂草。可在耕作前促进杂草萌生,以利清除坪床中的杂草,防止其种子的产生与入侵。

(5)化学防除

是指使用化学药剂引起杂草生理异常导致其死亡，以达到杀死杂草的目的。

6. 除草剂在草坪杂草防除上的作用

(1)除草剂类型

①依其杀灭作用与杂草生育期的关系，可分为萌前除草剂和萌后除草剂两种。

②在目标杂草萌发前使用才有效的除莠剂叫萌前除草剂。一般撒入土壤，药效较长。

③在杂草生长期使用的除莠剂叫萌后除草剂。一般表施(叶施)，药效较短。

④依据除莠机理，可分为接触性除草剂和内吸性除草剂。

⑤依据除莠范围，可分为灭生性除草剂和选择性除草剂。

⑥依使用方法，可分为土壤处理剂和茎叶处理剂。

(2)我国常用的草坪除草剂

①2,4-D 类。是典型的选择性除草剂，能杀死双子叶杂草，对单子叶植物安全。

②西玛津、扑草净、敌草隆类。主要是对土壤起封闭作用，当药液均匀分布于土表后，犹如在地表上罩上了一张毒网，可抑制杂草的萌生或杀死萌生的杂草幼苗。

③草甘膦、百草枯类。是一类灭生性除草剂，它们对任何植物均具杀伤作用。主要用于建坪前的坪床处理。

对一年生杂草，宜用萌前除草剂灭除。施药时间夏季为宜。

对多年生禾草类杂草，多采用非选择性除草剂，对杂草植株喷施杀灭。

对阔叶杂草，是除草剂杀灭的主要对象，易收效和不伤害草坪草。在生产中使用 2,4-D 和麦草畏等选择性除草剂施于杂草叶表。

(3)使用杀阔叶杂草除草剂遵循的规则

对幼小多汁植物作用最好；杂草应处于旺盛生长状态，气温在 18 ~ 29℃ 时施用最好。施药前灌溉，避免干旱季节施药。

施药期间不修剪，以保证有足够的叶面积接触除草剂；刮风时不能喷施，以免飘失。

施用颗粒状除草剂时，草叶面应湿润，施药后 8 ~ 24h 内不宜灌水。

杂草死亡需 1 ~ 4 周，因此第二次施药至少在第一次施药后的 2 周之后；禾草对除草剂很敏感，新建草坪应在草坪草开始修剪 2 ~ 3 次后方能施药；除草剂的残效期较长，土壤施药后至少一个月方能播种。

第四节　公路绿化植物的常见自然灾害及其防治

公路绿化树木在生长发育过程中常常会遭到各种自然灾害，因此必须摸清各种自然灾害的规律，积极地进行防治，以确保绿化树木正常生长。实际上，自然灾害的防治应从树种的规划设计就开始入手，在栽培过程中加强管理和保护，促进树木的健康生长，增强其抗灾能力。

一、日灼

日灼又称日烧，是由太阳辐射热引起的生理病害。日灼因发生时期不同，又分为冬春日灼和夏秋日灼两种。冬春日灼实际上是冻害的一种,多发生在寒冷地的树木主干和大枝上,而且常发生在日夜温差较大的树木向阳面。在冬春白天太阳照射树干的向阳面,使其温度升高,冻结的细胞解冻,并处于活跃状态,而夜间的温度又急剧下降,细胞又冻结,冻融交替使皮层细胞受破坏而造成日灼。开始受害多是枝条的阳面,树皮变色横裂成块斑状;危害严重时韧皮部与木质部脱离;急剧受害时,树皮凹陷,日灼部位逐渐干枯、裂开或脱落,枝条死亡。毛白杨、雪松、梨、桃等树种都易发生日灼。老树或树皮厚的树木几乎不发生冬季日灼。树干遮阴或涂白可减少伤害。

夏秋日灼与干旱和高温有关。由于温度高,水分不足,蒸腾作用减弱,致使树体温度难以调节,造成枝干的皮层或果实的表面局部温度过高而灼伤,严重者引起局部组织死亡。夏秋日灼常发生在桃、梨及葡萄等枝条和果实上,病弱树日灼更为严重。桃的枝干日灼常发生横裂,破坏了皮层,减低了枝条的负载量,易出现裂枝。葡萄等果实的日灼,先发生黑斑,而后逐渐扩大,甚至裂果,在树冠外围及西南面的果实常常发生日灼。

树木发生日灼与树种、树龄、环境条件及栽培措施有关,对高温敏感的树种、幼树易受日灼伤害;在硬质铺装附近生长的树木,受强烈辐射热和不透水铺装材料的影响,最易发生日灼;树木生长环境的突然变化和根系的损伤也易引起日灼,如新栽树木在未形成自我遮荫的树冠之前,或去冠栽培、主干及大枝突然失去庇荫保护,或习惯于密集丛生、侧方遮荫的树木移植在空旷地,都易发生日灼。防止或减少日灼对树木的伤害,首先选择耐高温、抗性好的树种或品种栽植,防止干旱,在此基础上,针对实际情况采取树干涂白、树干缚草等措施;对易受高温伤害的幼树,应注意向阳面保留枝条,有叶遮荫,降低日晒温度,避免日灼发生。

二、冻害

冻害是指树木在休眠期因受零摄氏度以下的低温,使树木组织内部结冰所引起的伤害。植物组织内形成冰晶以后,随着温度的继续降低,冰晶不断地扩大,致使细胞进一步失水,细胞液浓缩,细胞发生质壁分离现象。另一方面,随着压力的增加,促使细胞膜变性和细胞壁破裂,植物组织损伤,导致树木明显受害,其受害程度与组织内水的冻结和冰晶溶解速度紧密相关,速度越快,受害越重。

(一)冻害的表现

1. 花芽

花芽是抗冻能力较弱的器官,其花芽分化得越完善抗冻能力越弱,花芽受冻后其内部变褐色,初期从表面上只看到芽鳞松散现象,不易鉴定,到后期芽不萌发,干缩枯死。花芽冻害多发生在春季气候回暖时期,花芽比叶芽抗冻力差,顶花芽比腋花芽易受冻。

2. 枝条

在休眠期,成熟枝条的形成层最抗寒,皮层次之,相比之下木质部、髓部最不抗寒。所以,枝条的冻害与其成熟度有关。轻微冻害只表现髓部变色,中等冻害时,木质部变色,严重时才发生韧皮部冻伤。若形成层变色,枝条就失去了恢复能力。但在生长期,形成层对低温最敏感。

多年生枝发生冻害，常表现皮层局部冻伤，受冻部分最初稍变色下陷，不易发现，如用刀撬开，发现皮部已变褐色，则以后逐渐干枯死亡，树皮裂开和脱落。如果形成层未受冻，则可逐渐恢复。多年生的小短枝，常在低温时间长的年份受冻，枯死后其着生处周围形成一个凹陷圆圈，这里往往是腐烂病侵入的门户。

幼树在秋季因雨水过多贪青徒长，枝条生长不充实，易加重冻害，特别是成熟不良的先端对严寒敏感，常首先发生冻害，轻者髓部变色，较重时枝条脱水干缩，严重时枝条可能冻死。

3. 枝杈和基角

遇到低温或昼夜温度变化较大时，此处易引起冻害。其原因是此处进入休眠较晚，位置比较隐蔽，输导组织发育不好，通过抗寒锻炼较迟。

枝杈和基角冻害有各种表现：有的受冻后枝杈基角的皮层和形成层变褐色，而后干枯凹陷；有的树皮成块状冻坏；有的顺主干垂直冻裂形成劈枝。主枝与树干的基角越小，冻害越严重，但冻害的程度与树种和品种有关。

4. 主干

在气温低且变化又剧烈的冬季，树干受冻后有的形成纵裂，称为“冻裂”现象，树皮常沿裂缝与木质部脱离，严重时还向外翻；裂缝可沿半径方向扩展到树木中心。一般生长过旺的幼树，主干易受冻害，而伤口极易招致腐烂病的发生。

形成冻裂的原因是由于气温急剧降到0℃以下，树皮迅速冷却收缩，致使主干组织内外张力不均，因而由外向内开裂，或树皮脱离木质部。冻裂往往发生在树干的西南面，是因这一面白天受太阳的照射而升温快，随着夜间降温，温度变幅较大。树干的纵裂多发生在夜间，随着温度的下降，裂缝可能增大；但随着白天温度的升高，树干吸收较多的水分后又能闭合。开裂的心材不会完全闭合，由于愈伤组织的形成被封在树体内部。如此时不进行处理，则可能随着冬季低温的到来又会重新开裂。对于冻裂的树木，可按要求对裂缝进行消毒和涂漆，在裂缝闭合时，每隔30cm反向用螺钉或螺栓固定，以防再次开裂。

冻裂一般不会直接引起树木的死亡，但由于树皮开裂，木质部失去保护，容易招致病虫害，不但严重削弱树木的生长势，而且造成木材腐朽成洞。

一般落叶树木的冻裂比常绿树木严重，如悬铃木、鹅掌楸、柳树、杨树及七叶树等的某些种类受害较重；孤植树的冻裂比群植树严重；生长旺盛年龄阶段的树木比老树敏感；生长在排水不良的土壤上树木也易受害。

5. 根茎

在一年中根茎生长停止最迟，进入休眠期最晚，而在第二年的春天开始活动和解除休眠又较早，因此抗寒力较低。在温度骤然下降的情况下，根茎未能很好地通过抗寒锻炼，同时近地表处温度变化又剧烈，因而容易引起根茎的冻害。根茎受冻后，树皮先变色，以后干枯，可发生在局部，也可能呈环状。根茎冻害对植株危害很大，常引起树势衰弱或整株死亡。

6. 根系

根系无休眠期，所以树木的根系比其地上部分耐寒力差。但在冬季活动能力明显减弱，加之受到土壤的保护，故冬季的耐寒力较生长期略强，受害较少。根系受冻后变褐色，皮部易与木质部分离。一般粗根较细根耐寒力较强；近地面的根系由于地温低，而且变幅大，较下层的根系易受冻。新栽的树木及幼树由于根系还未很好的发育，根幅小而浅，易受冻害，而大树则相当抗寒。此外，土壤疏松、干燥时易受冻。

根系受冻后，因只靠树体储藏的营养和水分发芽和生长，故常表现发芽晚，生长不良，只有等新根发出后才能恢复正常生长。

（二）影响冻害的因素

影响冻害发生的因素很多，从内因来讲，与树种、品种、树龄、生长势及当年枝条的成熟度及休眠的时间和深度有密切的关系。从外因讲，与气候、地势、坡向、水体、土壤、栽植的时间与技术、养护管理等因素分不开。因此，当发生冻害时，应从多方面进行分析，找出发生冻害的主要原因，并采取相应的防治和处理措施。

1. 内因

（1）抗冻性与树种和品种的关系：不同的树种或同一树种中的不同品种其抗冻能力是不一样的，如分布在东北地区的樟子松比分布在华北地区的油松抗冻，而油松又比南方的马尾松抗冻。

（2）与枝条成熟度的关系：枝条越成熟其抗冻力越强。枝条充分成熟的主要标志是：木质化程度高；含水率减少，细胞液浓度增加，积累淀粉多；形成层活动能力减弱等。如枝条不成熟，在降温之前还未停止生长进行抗寒锻炼的树木，容易受冻害。

（3）与枝条休眠的关系：冻害的发生与树木的休眠和抗寒锻炼有关。一般处在休眠状态的植株，抗寒能力强，植株休眠越深，抗寒能力越强。植物抗寒性的获得是在秋天和初冬期间逐渐发展起来的，这个过程称为抗寒锻炼。一般的植物通过抗寒锻炼才能逐步获得抗寒性。到了春季气候转暖，枝芽开始生长，其抗寒力又逐渐消失，这一消失过程称为锻炼解除。

树木在秋季进入休眠的时间和春季解除休眠的早晚与冻害发生有密切关系。枝条能及时停止生长，进入休眠，不容易受到过早来临低温的危害；如果枝条不能及时停止生长，当低温突然来临时，枝条因组织不充实，又没有经过抗寒锻炼而会受冻。解除休眠早的树木，受早春低温威胁较大；解除休眠较晚的，可以避开早春低温的威胁。因此，冻害的发生，一般不在绝对温度最低的深冬，而常在秋末或春初。所以，越冬性不仅表现在对于低温的抵抗能力，而且表现在刚刚休眠和解除休眠时，树木对综合环境条件的适应能力。

2. 外因

（1）低温：冻害与低温到来的早晚，低温程度，及持续时间等有关。当低温来得早又突然，树木本身还未经过抗寒锻炼，人们对树木还没有采用防寒措施时，很容易发生冻害；日极端最低温度越低，树木受冻害越严重；低温持续的时间越长，树木受冻越严重；降温速度越快，树木受冻越严重。此外，树木受低温影响后，如果温度急剧回升，则比缓慢回升受害严重。

(2)水体：一般离水源较近的树木受冻害较远离水源的树木轻。

(3)栽植时间与养护管理水平：不耐寒的种类如果秋天栽植，栽植技术又不到位，冬季很容易遭受冻害，如石楠、蜀桧、龙柏等。所以不耐寒的树种在北方应该春季栽植，冬季还应做好防寒工作。

同一品种的实生苗较嫁接苗耐寒；管理得当，如浇过冻水的较不浇冻水的抗寒力强。

(三)冻害的防治

冻害对树木威胁很大，严重时常导致数十年生大枝或大树冻伤或冻死。树木局部受冻以后常常引起溃疡性寄生菌寄生的病害，使树势大大衰弱，从而造成这类病害与冻害恶性循环。据调查，柿树的柿斑病和角斑病等发生与冻害有关。有些树种虽然抗寒力较强，但花期如遇低温则容易受冻害，影响观赏效果。因此，防治冻害对充分发挥高速公路绿化树木的功能效益，具有重要意义。

北方高速公路绿化有些种类在栽植后 1～3 年内，冬季需要采取防寒措施，如石楠、枸骨等。

1. 预防冻害的主要措施

(1)选择抗寒的树种或品种。这是预防和减少冻害的根本措施。在高速公路种植设计时，一定要贯彻适地适树的原则，尽可能栽植在当地抗寒力强与较强的树种和品种。处于边缘分布区的树种，选择小气候条件较好、无明显冷空气聚积的地方栽植。新引进的树种，一定要经过试种，确实证明其有较强的适应能力和抗寒性后才能推广应用。

(2)加强养护管理，提高抗寒性。加强养护管理(尤其注意后期养护管理)有助于树体内营养物质的储备。经验证明，前期加强肥水管理，特别是春季肥水供应及时，合理运用施肥与灌、排措施，可以促使新梢生长和叶片增大，提高光合效能，增加有机物质的积累，保证树体健壮。后期控制灌水，及时排涝，适量施用磷、钾肥，勤锄深耕，可以促使枝条及早成熟，使组织充实，适时停止生长，并按时通过抗寒锻炼，非常有助于树木的抗寒越冬。正确的松土施肥，不但可以增加根量，而且可以促进根系深扎，有助于减少根部冻害。

此外，夏季适时摘心，可促使枝条成熟；冬季修剪，减少蒸腾面积等，可使其提早进入休眠，避免早期低温的危害。另外，在整个生长季还要注意病虫害的防治工作。

(3)加强树体保护，减少冻害。对树体的保护方法很多，传统而有效的做法是浇"冻水"和"春水"防寒。特别是给常绿树浇"冻水"，保证冬季有足够的水分供应，对防止冻害十分有效。

为了保护容易受冻的树种，还可采取全株埋土(如月季、葡萄等)、根茎培土(高约 30cm)、树干包扎、树干涂白、架风障、塑料拱棚覆盖等防寒措施。

2. 受冻树木的养护

(1)合理施肥。受冻后恢复生长的树木一般表现生长势弱，因此要保证前期水肥供应，以恢复树势。

(2)合理修剪。对树木受害部位采取晚剪或轻剪,给予枝条一定的恢复时间,对于明显受冻的枯死部分可及时剪除,以利于伤口愈合。对于一时看不准受冻部位的树木,不要急于修剪,待春天发芽后受冻部位看得很清楚了再剪。

(3)加强病虫害防治。树木受冻后,树势较弱,极易受病虫害的侵袭,应及时做好防治工作。此外,对于根颈受冻的树木要及时用桥接或根寄接恢复树势,树皮受冻后成块脱离木质部,要用钉子钉住或桥接补救。

三、霜害

由于温度急剧下降到0℃甚至更低,空气中的饱和水汽与树体表面接触,凝结成冰晶(霜),使幼嫩组织或器官受冻的现象称为霜害。多发生在生长期内。

1.霜冻的类型

根据霜冻发生的时间与特点不同,可分为辐射霜冻、平流霜冻和混合霜冻三种类型。辐射霜冻延续时间短,通常只是早上几个小时,一般温度降至-2~-1℃,较易预防。平流霜冻是寒流直接危害的结果,涉及范围广,延续时间长,有时可达数夜之久,降温剧烈,可降至-3℃以下,甚至达-10℃,一般防霜措施的效果不好,但不同小气候之间差异很大。有时平流霜冻和辐射霜冻同时混合发生,称为混合霜冻,其危害非常严重。

2.霜冻发生的规律

根据霜冻发生的时间及其对树木生长的关系,可分为早霜危害与晚霜危害。早霜又称秋霜,由于某种原因使树木枝条在秋季不能及时成熟和停止生长,其木质化程度低,往往会遭到秋季异常寒潮的袭击而导致早霜危害。晚霜又称春霜,在春季树木萌动以后,气温突然下降至0℃或更低,对树木造成的危害。我国幅员广阔,各地发生晚霜的时间不同,有的地区晚霜可在6~7月份发生。

霜冻会严重影响北方高速公路绿化树木的观赏效果,其晚霜较早霜具有更大的危害性。因此从萌芽到开花期,抗寒力越来越弱,甚至在极短暂的0℃以下温度也会给幼嫩组织带来致死的伤害。在此期,霜冻来得越晚受害越重;春季萌芽越早,霜冻威胁也越大。

南方树种引种到北方高速公路绿化,由于在南方生长季长,引到北方后,树木在秋季不能适时停止生长,易受到早霜的威胁。秋季枝条停止生长晚的树木,其组织生长的不充实,容易遭受早霜危害,所以生产中应特别注意后期的施肥与灌水养护,避免树木枝条贪青徒长,使其适时停长,进入休眠。特别是对从南方地区引进的树种和品种,应及早进行越冬防寒。

3.防霜冻的措施

防霜冻的措施应从以下几个方面考虑:推迟树木的萌芽与开花物候期,以增加对霜冻的抵抗能力;增加或保持树木周围的热量,促使上下层空气对流,避免冷空气积聚等。

(1)推迟萌动期,避免霜害。如果树木芽萌动和开花期较晚,可以躲避早春回寒的霜冻,所以可利用药剂、激素或其他的方法使树木萌动推迟,延长植株的休眠期,如B9、乙烯利、青鲜素、萘乙酸钾盐(250～500mg/kg)、顺丁烯二酰肼(MH0.1%～0.2%)溶液在萌芽前或秋末喷洒在树上,可以抑制树木萌动。树干涂白,可使早春减少对太阳辐射热的吸收,温度升高较慢,延迟芽的萌动期,据试验,一般树木可延迟萌芽开花2～3天,桃树可推迟5天。

(2)改变小气候条件以防霜护树。根据气象台的霜冻预报及时采取防霜冻措施,对保护树木具有重要作用。如喷水法是利用人工降雨和喷雾设备,在将发生霜冻的黎明,向树冠喷洒比树周围气温高的水,水遇冷凝结时放出潜热,防止急剧降温。同时,喷水还能提高近地表层的空气湿度,减少地面辐射热的散失,从而起到缓解降温防止霜冻的效果。

此外,利用塑料薄膜、苫布等遮盖树木,可防止霜害,但成本高、费工,一般只应用于珍贵树种。济青高速公路绿化树木特别是花灌木遭受霜冻后,要加强管理,以减少灾害造成的损失,可进行叶面喷肥以恢复树势,注意及时供应肥水。

四、风害

在多风地区,树木会出现偏冠和偏心现象,偏冠会给树木整形修剪带来困难,影响树木功能作用的发挥;偏心的树木易遭受冻害和日灼,影响树木的正常生长发育。济青高速公路冬季和早春的大风,易使树木枝梢抽干枯死;春季的旱风,常将新梢嫩叶吹焦,不利于授粉受精,并缩短花期。树木遇大风时,常使枝叶折损、大枝折断或树杈劈裂,严重时整树吹倒。

1. 影响风害的因素

(1)树种的生物学特性。不同树种抗风力不同,一般树高、冠大、叶密、根浅的树种,抗风力弱;相反,树矮、冠小、根深、枝叶稀疏而坚韧的树种抗风力较强。树木的抗风力与枝条结构也有关,一般髓心大,机械组织不发达,生长又很迅速,枝叶茂密的树种,受风害较重。一些易受虫害的树种最易发生风折,健壮的树木一般不会遭受风折。

(2)环境条件。行道树所处的路段如果与风向平行,风力汇集成风口,风压加大,风害会随之加大。地势低洼、排水不畅的绿地,雨后积水使土壤松软,如遇大风则加重风害。生长在土层薄、结构差、质地疏松土壤上的树木抗风性较差。

(3)栽培养护措施。苗木栽植时,特别是移植大树,如果根盘起的小,则因树身大而重而易遭风害,所以大树移栽时必须按规定要求起苗,不能使根盘小于规定的尺寸,还要立支柱,在多大风的地区栽植较大的苗木也应立支柱,以免被风吹歪。

树木栽植过密、栽植穴过小,都会造成根系生长不良,抗风能力则差。此外,不合理的修剪也会加重风害,如仅在树体的下半部修剪,而对树冠中上部的枝叶不行修剪,结果增强了树木的顶端优势,使树木的高度、冠幅与根系分布不相适应,头重脚轻,很容易遭受风害。

2. 防止或减轻风害的措施

(1)选择抗风树种。易遭风害的地方如风口、风道,尤应选择深根性、耐水湿、抗风力强的树种,如枫杨、悬铃木、柳树等。

(2)培育强大的根系。采取深耕改土、适当加大种植穴、合理密植及科学的肥水管理等正确的栽培措施,培育强大的根系,可防止或减轻风害。

(3)树体的支撑加固。大树定植后要立即立支柱;对结果多的树及早吊枝或顶枝,减少落果;在易受风害的地方,特别是大风、暴风来临前,在树木的背风面用竹竿、钢管、水泥柱等支撑物进行支撑,用铁丝、绳索扎绑固定。

(4)合理的整形修剪。合理疏枝,控制树形,做到树形、树冠不偏斜,冠幅体量不过大。对于遭受大风危害,折枝、损坏树冠或被风刮倒的树木,应根据受害情况,及时维护。首先对被风刮倒的树木及时顺势扶正,折断的根加以修剪填土压实,通常培土为馒头形,修去部分或大部分枝条,并立支柱。对裂枝要顶起或吊起,捆紧基部伤面,涂药膏促其愈合,并加强肥水管理,促进树势的恢复。对难以补救者应加以淘汰,秋后重新栽植新株。

第五节 重点、难点的施工措施

一、盐碱路段

1. 盐渍土的定义

盐渍土的定义有两个:①盐渍化程度不同的土壤系统,按盐分组成和含盐量不同可分为轻度、中度和强度盐渍化土壤;②盐土和碱土的统称。

中华人民共和国交通运输部颁标准中对盐渍土的定义是:“不同程度盐碱化土的总称。”在公路工程中一般只地表下1.0m内土中易溶盐含量平均大于0.3%的土。

中华人民共和国原铁道部发布的行业标准中对盐渍土的定义是:“当地表1m内土层易溶盐平均含量大于0.5%时,属于盐渍土场地。”

新疆维吾尔自治区公路行业技术规范中对盐渍土的定义是:“不同程度碱化土的总称。在公路工程中一般指地表下1.0m内土中易溶盐含量平均大于0.3%的土(在本规范中,对粗粒土的盐渍土单独予以界定)。”

农业中对盐渍土的定义为:当土壤表层或亚表层(即耕作层,一般厚度为20~30cm)中,水溶性盐类的累计含量超过0.1%(100g风干土中含0.1g水溶性盐类)或0.2%时(富含石膏情况下),或当土壤碱化层的碱化度(即交换性钠占整个交换性盐离子总量的百分数)超过5%时,就属于盐渍土范畴。

由上述各行业对盐渍土的不同定义可见,无论是何行业,对盐渍土定义的共性均指含有一定数量易溶盐的土体;不同点在于不同专业对本专业可能产生不可忽略影响的含盐量点的界定。比如说:当土体中含有0.1%的易溶盐时,通常不会对一般的土建工程产生影响,因此一般工程界均忽略其存在,而将其等同于常规土体(如建设部、交通运输部、原铁道部的规范均为此规定);但这一易溶盐的含量已会对生长于其上的植物产生较大影响,因此农业部门就将其归属于盐渍土的范围。

2. 盐渍土对公路路基、路面的影响及危害

(1)盐渍土作为路基基底及填料时的特殊性

盐渍土作为一种不同于一般土的特殊土,当在工程上被称为路基基底和填料时,具有诸多特殊性。比如:含氯化物盐渍土中所含氯化物溶解度较大,吸湿性强,氯化物盐渍土最忌淋溶湿化,一旦被水侵蚀,很快很快就会出现过度的黏附性和迅速坍塌现象,密度随之下降,强度降低,产生溶蚀现象;但氯化物盐渍土在结晶时,体积变化不大,因此对路基路面不会发生大的盐胀病害。硫酸盐的性质是在结晶时会结合一定数量的水分子,体积增大,脱水时体积又缩小,这个过程的反复作用就会破坏土体结构,导致发生冻胀、盐胀翻浆等病害,降低路面稳定性等,这些都是一般土所不具有的特性。碳酸盐盐渍土中存在大量的吸附性阳离子,具有较强的亲水性,遇水后很快的与胶体颗粒相互作用,在胶体颗粒与黏土颗粒周围形成稳固的结合水薄膜,从而减少了颗粒间的黏聚力引起土体膨胀,使土体结构破坏、变松。除此以外,盐渍土还具有如下特性:

①盐渍土的工程性质随外界条件变化的极易改变性

盐渍土中由于含有盐分,尤其是其中所含的易溶盐分,使得盐渍土的性质、结构都会随着外界环境的变化而发生变化。这里的外界条件包括温度、土中所含水分、荷载情况等。这些条件改变时,作为路基基底和填料的盐渍土的稳定性将会发生变化,而工程上,就是要设法保证路基基底和填料的稳定性,以达到设计目的,使车辆行驶安全。易溶盐溶于水后,形成盐溶液,正是这种盐溶液存在,对工程构造具有很多潜在威胁。比如,氯盐溶液对金属(钢筋)具有很大腐蚀性,硫酸盐对混凝土具有强腐蚀性,使其耐久性大为降低。所有这些,都是认为在盐渍土地区筑路难的重要原因,也是在盐渍地区修完路后,病害不断、事故不断的原因之一。

②工程病害出现后的难以处理性

盐渍土地区的工程病害及其对策研究,在我国起步晚,加之盐渍土分布地区广,工程病害具有多样性,所以,总的来说,无论从工程经验,还是从理论成果,我国在这方面都不是很成熟。出现病害后,我们所做的处理措施,一般很难做到彻底根治。

③工程病害重复性

导致这种现象的一个重要原因,就是路基填料的此生盐渍化。如果在盐渍土地区进行病害整治时,经常会出现处理溶洞,处理中一般用砂性土填充溶洞,进行压密,但过上一段时间后,由于这些砂土周围全是盐渍土,在次生盐渍化作用下,这些砂土也会变成盐渍土,同样会出现盐渍土经常出现的病害。

总之,盐渍土作为路基基底及填料的特殊性在于:相比一般土而言,他对外界条件的变化极具敏感性,进而导致其物理学性质也极具波动性,使其工程病害极难预测,这是对整个路基的长期稳定性造成极大危害的根本原因;正是它极易发生工程病害及其发生病害的不可预见性,所以,他往往会给国家带来巨大的经济损失。

(2)盐渍土作为路基基底及填料时存在的问题

正因为盐渍土具有与一般土比较而言的特殊性,所以,当其作为路基基底及填料时,就存在一般土不存在的问题,具体表现如下:

①松胀

硫酸盐盐渍土中的硫酸盐(通常指硫酸钠及硫酸镁)随着温度变化,其自身温度体积也在变化,因而引起土体积发生变化。由于昼夜温度升高、降低反复作用而产生硫酸盐盐渍土填筑的路基边层周期性体积变化,使这部分土地结构破坏而松胀。此外,夏季气候炎热,低温升高,土中含硫酸钠的溶液经土的毛细管上升至地面,继而水分蒸发后,留下无水的盐结晶,久而久之在土的表层形成一层污雪装的松散层,这一过程也会使路基表层土体处于松散状态。

松胀时路肩及边坡失稳,且易被风吹蚀;路肩上脚踏下陷,行走不便,给养路工作带来困难。

松胀程度与含硫酸盐的多少、土的类型及当地的气候、水文条件有关。此外深度还与路堤的阳坡和阴坡有关,例如同一地段阳坡松胀深度为0.1~0.2m,阴坡仅为0.05~0.10m。松胀程度也随地区差异而有所不同,一般在0.3m内。在南疆铁路上有些地段其松胀程度超过0.3m。

②盐胀

因碳酸具有遇水膨胀的特点,所以用碳酸盐盐渍土填筑的路堤,当进水或淋溶时,土将很快转成亲水性显著的柱状碱土,而这种碱土塑性强,渗透系数小,往往造成边坡溜塌、露肩泥泞等病害。

除了碳酸盐的膨胀性外,硫酸盐的膨胀性也不可轻视。硫酸盐盐渍土在昼夜间随温度的升高和降低而产生复杂的周期性的体积变化,使土体结构破坏、变松,这种现象仅限于路基的表层。硫酸盐盐渍土受季节性的变化影响,即秋后温度降低,因其较深范围土层中硫酸盐吸水结晶,体积增大,促使土体体积膨胀(即为盐胀现象)。硫酸盐盐渍土填筑的路基,由于季节性温度变化引起的体积变化,引起年复一年的盐胀,不仅使路基和路面基层胀松,强度下降,而且还是路面不均匀隆起,导致路面变性破坏和使用品质急剧下降,严重影响了公路交通和路面的使用年限,给地区造成了很大的经济损失和不良影响。公路由于盐胀的破坏作用,使路面周期性发生鼓包、波浪和开裂。盐胀伤害有如下特征:

a.路面产生不均匀变形,形成波浪、拥包,使路面平整度严重下降,这是道路盐胀病害的主要表现形式。

b.由于不均匀变形,导致路面网裂或裂缝,经行车荷载碾压、冲击的反复作用,加速了路面的破坏程度。

c.因盐胀力的反复作用使路基的主体结构遭到破坏,引起路基整体稳定性下降,产生不均匀沉陷。

d.由于高原极端干旱和蒸发量大的气候特点,诱发了土表强烈积盐作用,使得土体路肩和边坡表层在较短的时间内含盐量增高很多;在大自然中,盐土不断吸湿反复膨胀而形成一层松胀层。

e.由于下雨地表积水浸泡路肩、边坡或雨水从路面裂缝渗入公路盐渍土内,在淡水作用下,氯化物类易于溶解,引起路肩、路基、路面、边坡的湿陷、坍塌、溶洞。

③冻胀和翻浆

含盐的水比不含盐的水的冰点低,但冬季温度低于含盐水的冰点后,含盐水也将结冰,所以盐渍土仍然会产生冻结现象。当路堤在冬季受到结冰作用时,水分经常由温度较高的土层向温度较低的土层方向移动,以致在临界冻结深度聚冰层附近发生水分聚集的现象。聚集的水分一般来自基地的地下水,通过其毛细管作用而上升。形成冰冻的土层具有大小不同的冰粒或冰层,使其体积大大超过了土原有的孔隙和含水体积,此即为冻胀现象。

盐胀和冻胀的区别是:冻胀是水结成冰,产生体积膨胀,而盐胀是盐与水结晶析出产生的体积膨胀;冻胀必须在气温0℃以下才能出现,而盐胀在一定温度下当土中易容硫酸盐溶液达到饱和溶解度时即可发生。

对于翻浆,这类病害主要由于盐渍土中所含易溶盐晶体聚冰、脱水及吸湿潮化,使得土基饱水及承载能力下降,在外荷载反复作用下形成翻浆,使道路表面泥泞、湿滑,影响车辆正常运营。以氯盐渍土地区较为多见。

④溶蚀和退盐

盐渍土路基受雨水冲刷,表层盐分被溶解后随雨水下渗,造成退盐作用,结果使路基变松,土体由盐土变成碱土增加了土的膨胀性和不透水性,降低了路基的稳定性。降水量小的地区,路肩出现许多细小的冲沟,降雨量大的地区,路基结构体内形成空洞,小孔洞的直径约数十厘米,大的达到1.5~2.0m,这些空洞会导致路基严重下沉,危及行车安全。闻名于世的青海万丈盐桥位于青藏高原北端,青海柴达木盆地的中南部,属国道215线K563~K596路段,全长33km,公路跨越察尔汗盐湖中部,盐湖路基由岩盐或重盐渍土填筑而成,基底与淡水后极易发生盐溶,从而形成孔洞,孔洞出露地表成为明洞,否则称为暗洞。暗洞在车辆荷载的作用下,会产生突然的塌陷,危及行车安全。

⑤路基的次生盐渍化

路基的次生盐渍化是由于盐渍土地区地下水中含有较多的易溶盐类,通过毛细管作用,水分上升,如果路堤没有足够高度,则毛细管水就蒸发,盐留于土中,时间长了填土中的含盐量势必逐渐积累增大,而变成盐土。路基的次生盐渍化影响了路堤的密实度及稳定性,致使路基产生病害。这就是在盐渍土地区修筑路堤工程时,路堤的高度要高于最小高度的原因之一。

与常规建筑材料相比,盐渍土中由于含有一定比例的易溶盐,因此具有与常规土体不同的工程性质,从而引发了一些特殊病害。由于易溶盐的存在、盐的种类与盐的含量会改变土地体的基本工程性质,因此也就会对路基工程带来直接的危害,主要表现在:

a. 淋溶与湿陷

这类病害主要由于低矿化度的降雨或流动水体将土基中结晶的易溶盐结晶溶解,使土体中固相体积减少、孔隙比增大,从而在自重、流水或外荷载作用下形成土基局部雨沟、洞穴、沉陷或坍塌等伤害。

b. 翻浆

这类病害主要由于盐渍土中所含易溶盐晶体聚冰、脱水及吸湿潮化,使得土基饱水及承载能力下降,在外荷载反复作用下形成翻浆,使道路表面泥泞、湿滑,影响车辆正常运营。以氯盐渍土地区较为多见。

c. 盐胀

这类病害主要由于盐渍土中的盐分因结晶膨胀而造成的路面局部不平、鼓起、开裂;还会在昼夜温度变化所引起的盐胀反复作用下造成路基边坡及路肩表层的疏松、多孔;致使道路易遭风蚀,易于陷车。盐胀主要发生在硫酸盐渍土中。

d. 腐蚀

这类病害主要由于盐渍土中所含易溶盐与道路工程中所使用的金属材料、非金属制成品发生化学反应,致使这些材料或制成品的工程性发生劣化,最终导致道路的破坏。这种病害在道路工程中的表现为钢筋锈蚀、混凝土或黏土制成品粉化开裂,高等级路面结构层损坏。

3. 盐碱对植物危害的分析

盐碱土是盐土和碱土的统称,通常把含有大量盐碱的土壤称为盐碱土,把拥有大量盐碱土的地区称为盐碱地区。土壤盐渍化是指在自然或人为因素的影响下,盐碱成分在土体中积累,使得其他类型的土壤逐渐向盐渍土演变的成土过程。

经试验,土壤表层含盐量超过 0.6% 时,大多数植物不能生长;土壤中可溶性盐含量超过 1.0% 时,只有个别耐盐土植物才能生长;土壤含盐量控制在 0.2% 以下,才是大多数绿化植物正常生长的允许范围。盐碱对植物的危害主要表现在四个方面:易引起植物的生理干旱、危害植物组织、影响植物营养吸收、影响植物的气孔关闭。

4. 栽植技术措施

首先要选择那些较耐盐碱的公路植物;在条件允许的情况下,采取一定的工程技术措施;科学施肥并辅之于有效的养护管理措施。

(1)择应用较耐盐碱的绿化植物

①择适应性强的乔木

选择适宜的乔木树种或品种作为骨干树种或基调树种,是盐碱地区公路绿化的重中之重。实践证明,在山东省盐碱地区,对盐碱土适应力较强的树种有绒毛白蜡、垂柳、柽柳、紫穗槐、172 旱柳、沙枣、枸杞、臭椿、白刺;对盐碱上适应力中等树种有八里庄杨、刺槐、杜梨、木槿、小叶女贞、107 杨。

②选择适应行强的灌木

各类花灌木对丰富公路绿化植物的品种和层次,提升公路绿化景观档次具有重要作用,对于盐碱地区更是如此。在山东省较为常用的丁香类、榆叶梅、毛樱桃、连翘等花灌木在盐碱地区的绿化中被普遍应用。同时应大量推广应用沙棘、紫穗槐、柽柳等抗性更强的灌木。

③选择耐盐碱的草坪地被植物

抗性草坪地被的选择是盐碱地区公路绿化的重要组成部分。鸢尾科的马蔺,早熟禾属中的一些草种及品种,羊茅属中的一些紫羊茅种及品种在盐碱地区的城市公路绿化中广泛应用。同时应大量筛选应用一些当地现有的抗盐碱草种资源,如极抗盐碱的碱茅(星星草),耐盐碱抗旱的碱草(羊草)、披碱草等草种,都是盐碱地区公路绿化的优良草种资源。

除上述乔、灌、草植物之外,对藤本和水生等植物品种也要精心筛选,最好是土生土长的植物品种,切忌一味追求新、奇、特。

(2)采用合理的绿化工程技术措施

在盐碱地区进行公路绿化施工中,除选择好抗性强的植物品种之外,还要结合必要的工程技术措施,以使绿化植物能够持久良好生长。采取什么样的工程技术措施,要根据不同的立地条件和绿化要求及资金情况而定。

①客土地面提升法

在盐碱化比较严重的区域尤其是盐碱地低洼处，可结合修建高 60 ~ 100cm 的花坛、树池，内填优良客土来提升地面。具体做法是：先在建好的花坛、树池内取出 30 ~ 50cm 的盐碱土，再回填以 20 ~ 30cm 的粗砂和 10 ~ 20cm 的煤渣，用优良的客土将花坛、树池填满后种植花卉树木。此方法既可以防止积水，又可以降低此处地下水的相对高度，适用于绿化面积较小，要求较为严格的街道和一些重要景点的局部绿化。在较大面积的公路绿地建设中，可以在设计中有意识地创造微地形的变化，在地形凸起部添加客土，并种植不耐盐碱的植物，在凹处则种植较为耐盐碱植物。这样既相对降低了地下水位高度，又丰富了公路景观层次。

②加大种植穴规格增加客土容量

在地势较高、排水良好、土壤含盐量较高的地段，植树前挖长、宽各 1.5m，深 1.0m 的大种植穴，先在下部垫 20cm 厚的碎石、煤渣、粗砂或珍珠岩等作排水层，然后填以优质种植土进行树木栽植，栽完并浇水后，以 5cm 左右的中砂覆于表面，以减少蒸腾。这种方法适用于较大的乔木类种植。

③地下滤水管网排盐法

盐碱地的一大特点就是地下水位高，带有盐碱的水分通过土壤毛细管上升到地表，水分蒸发后，盐碱会滞留在地表，给绿化工作带来很大困难，因而布设合理的排水管网，降低地下水位，是搞好盐碱地绿化的治本措施。其具体方法是：在绿化地块 60 ~ 80cm 地下埋设一定密度的滤水管网进行地下排水。滤水管可采用直径为 30cm 的水泥管，管上每隔 10cm 留出直径为 1.5 ~ 2.0cm 的进水孔，要求管网密度为 5m，铺设坡度为 1.5% ~ 2.0%，以便排水顺畅，同时修建检查井，并与排水系统相连。每隔一定时间后，要将集中在检查井中的盐碱水排出。这一方法适用于绿化面积较大、土壤含盐量较大的绿化区域。

④封底式坑穴客土栽培法

在土壤含盐量较高，排水不畅的重点绿化区域，可采用此种方法。具体做法是：种植前挖深 60 ~ 80cm 的坑穴，底部夯实，用水泥沙浆做防水层，同时留一定的排水孔。坑穴周围则修建高出原地面 30cm 以上的挡土墙，坑底部填加 20cm 厚的碎石或煤渣，最后填满优质客土进行绿化种植。这种方法费用较高。

⑤隔离层防盐法

在绿化规模较小，但景观地位较为重要的绿化区域，如花坛、树池、花台、花镜等处，可设隔离层方法来减轻盐分对植物的损害，具体做法是：先将绿化区域挖深 100cm 左右，底部和周围用塑料膜封闭，底部铺设 20cm 厚的碎石或煤渣，然后填加 10cm 以上的有机肥，最后填满优质客土。此种方法可有效地阻隔盐碱的侵蚀且造价较低。

5. 科学养护管理

(1)科学浇灌

树木花草种植后首先要浇一次透水，之后每隔 7 ~ 10 天再分别浇两次透水，每次浇水后要及时松土，树穴浇三次水后要进行树池封堰，既能保水又能防止返盐返碱。后期的浇水则视天气和树木生长情况进行合理浇灌，每次浇水要浇透，但浇水次数不可太频繁。

(2)增施有机肥

盐碱地改良的一个重要方法就是施用有机肥,因有机肥不但能改善土壤结构,提供植物生长所需要的各种养分,同时,在有机肥腐化过程中还能产生酸性物质来中和盐碱,使植物的立地条件得到一定程度的改善。

(3)使用盐碱地改良剂

在盐碱地土壤中施加硫酸亚铁等酸性物质,可有效降低其 pH 值,但长期使用会造成土壤板结。

6. 公路盐胀病害防治措施

研究者用灌入氯盐的办法来抑制硫酸盐渍土的盐胀,并发现土中 Cl^-/SO_4^{2-} 的比值增大到 6 倍以上时,抑制盐胀的效果最为显著。在硫酸盐渍土中掺入氯盐之所以能减少盐胀,是因为硫酸钠在氯盐溶液中其溶解度随氯盐浓度增加而减小。这种方法对治理硫酸盐渍土路基的病害很有效,灌注氯盐的方法有人工和机械两种。实践表明,人工灌氯化钙,经济效益最为显著。

(1)隔断法

隔断法就是在路基某一层位置设置一定厚度的隔断层,其根本目的是隔断毛细水的上升,防止水分和盐分进入路基上部,从而避免路基或路面遭受破坏。隔断层类型按采用材料划分有土工布(膜)隔断层、风积沙或河沙隔断层、砾(碎)石隔断层和沥青砂、油毛毡等隔断层。砾石和风积砂属透水性隔断层,只可隔断毛细水的上升。水工膜、沥青砂、油毛毡属于不透水性隔断层,可隔断下层毛细水和水蒸气上升。

新疆目前推行采用 18 丝厚的高压聚乙烯防渗膜,这是铺水渠或大坝隔墙的水工材料,选用此材料应注意以下三点:①当地生产,料源不缺,价格便宜;②幅面宽 5.5 ~ 12.0m,可以按设计订货,铺盖路基宽搭接少,施工方便;③铺于路基顶以下 80 ~ 100cm,其柔塑性好,拉伸率达 300%,即使下部土盐胀也不会鼓破。它还具有抗老化、防腐蚀等性能。

(2)换土垫层法

盐渍土地区地表的盐壳及其下的松土都不能承受路基的荷载。盐壳被路基掩埋后,如仍然在毛细水上升作用范围内,盐壳的含盐成分被逐渐溶解而变成很疏松的土,往往造成路基沉陷、路面破坏,而且在毛细水作用下,容易使路基再次盐渍化。因此地表盐壳及其上超过允许含盐量的土均应清除,一般情况下把有效盐胀深度范围内的盐渍土挖掉,用一定厚度的非盐渍土、灰土或沙砾料回填,可从根本上消除由于盐渍土造成的盐胀、塌陷等病害。由试验资料可见,该段地表盐渍土含盐量极高,而 1m 以下含盐量渐少,此段工程采用了换填法,设计换填 1.2m 砾石土,基本上将盐渍土挖除,清除了危害。

(3)提高法

提高发即提高路基填筑高度,以使上部路床受盐渍影响变弱。在绿洲境内排水不良过湿地带,一般采用该法。其优点是施工简单方便;缺点是填土过高,行车不甚安全,如果填料控制不严,易使土基次生盐渍化。新疆奎赛高等级公路第六合同段 K367 + 450 ~ K369 + 750,K371 + 050 ~ K373 + 500 段,原地基盐渍化程度低,为氯盐弱盐渍土,表层含量为 0.954,

20cm 深度处为 0.556,50cm 深度处为 0.223。设计采用了提高路基法,路基填高为 4.1m。清表后就近采用砾石土填筑,效果明显。

(4)缓冲层法

缓冲层法是设一层一定厚度的不含砂的大粒径卵石,使盐胀变形得到缓冲,从减少对路面的破坏作用。缓冲层的设计应该满足两个基本要求:一是其强度要满足上部荷载的要求;二是缓冲层能基本消除盐胀变形。

(5)增设护坡

增设护坡方法是运用某种材料做成防护破,把路基边坡覆盖起来,以防止边坡松胀和雨淋冲刷等,同时起到保持土体温度的作用。防护层的厚度要根据所选材料和当地气候条件而定,此法综合效果较好且较为经济。

7. 盐胀病害防治设计原则

盐胀病害的防治设计原则主要包括以下几个方面:

(1)公路盐胀的防治应从改善路基的盐和水等环境条件入手。

(2)新建公路应重视路段填土的选择和盐水的隔断设计,防止路基土盐分再生与转移。

(3)老路盐胀治理,应加强对现有路段调查,根据路面病害程度的类别选择不同治理方法。

(4)对中度盐胀(路表最大平均胀量 $L=60\sim120$mm),可采用整修加固路面厚度补强治理。

(5)加强排水设施,有效地处理好节流导流,确保路基不受侵蚀。高于 1.5m 的路基两侧应设置护坡道。

二、反季节栽植

很多重要公路建设工程的配套绿化工程中,出于特殊时限的需要,绿化要打破季节限制,克服不利条件,进行非正常季节施工。按植物生存生长规律出发,传统的做法是从 3 月上旬开始至 5 月初结束或者是 10 月下旬至 11 月下旬。此间是正常施工季节。此外的时间,生长旺盛的夏季;冬季的极端低温与根系休眠缺乏再生能力;都造成移植成活比较困难。这与形势发展及特殊要求的矛盾形成了非正常季节施工的难点。

1. 栽植技术难点

栽植成活的内部条件主要是树势平衡,即外部条件确定的情况下(正常温、湿度),植株根部吸收供应水、肥能力和地上部分叶面光合、呼吸和蒸腾消耗平衡。移植枯死的最大原因,是根部不能充分吸收水分,茎叶蒸腾量大,水分收支失衡所致。在春季施工,由于植株未展叶,根系萌生、再生能力旺盛,树势不会出现严重失调,只需对未发芽的枝条进行适宜修剪,平衡树势即可。因此按植物生存生长规律出发,传统的做法是从 3 月中旬开始至 5 月初结束或者是 10 月中旬至 11 月下旬。此间是正常施工季节。此外的时间,生长旺盛的夏季;冬季的极端低温与根系休眠缺乏再生能力,都造成移植成活比较困难。这与形势发展及特殊要求的矛盾形成了反季节施工的难点。

2. 植物材料的选择

由于非栽植季节气候环境相对恶劣,对植物本身的要求就更高了,在选材上要尽可能的挑选长势旺盛、植株健壮的苗。种植材料应根系发达,生长茁壮,无病虫害,规格及形态应符合设计要求;大苗应做好断根、移栽措施;草块土层厚度宜为 3 ~ 5cm,草卷土层厚度宜为 1 ~ 3cm;植生带,厚度不宜超过 1mm,种子分布应均匀,种子饱满,发芽率应大于 95%。

3. 栽植前土壤处理

反季节的苗木种植土必须保证足够的厚度,保证土质肥沃疏松,透气性和排水性好。种植或播种前应对该地区的土壤理化性质进行化验分析,采取相应的消毒、施肥和客土等措施。

4. 植物材料的假植和运输

利用春季植树的黄金季节,可将不同规格、品种的乔木、大规格苗木带土球挖掘好,并适当重剪树冠,装于比球稍大、略高 20 ~ 30cm 的箩筐内(常用竹片、紫穗槐等材料所编)。苗木规格较大时,可改用木箱,埋于地下,正常管理。待需要时,连筐一同挖起,种植时去掉箩筐或木箱。这样,苗木根系基本不受伤害,树冠可以不修剪,保持原状,能达到某些临时特殊要求。对于用做色块的红叶小檗、金叶女贞、月季等小规格灌木,可在春季直接种植于塑料盆中,埋于地下,正常管理。待反季节种植时,连盆一同挖出,运至施工现场,撕开塑料盆,植于地下,成型快,绿化效果好。反季节种植苗木,要尽量缩短起、运、栽的时间,保湿护根。

5. 种植穴和土球直径

在反季节种植苗木时,土球大小以及种植穴尺寸必须要达到并尽可能超过标准的要求。对含有砂石、沥青废料、二灰等施工垃圾的有害物质均必须放大树穴,清除废土换上种植土,并及时填好回填土,在土层干燥地区应于种植前浸穴。挖穴、槽后,应施入腐熟的有机肥作为基肥。反季节栽植苗木,必须带土球。如果在运输或栽植过程中,土球散开,苗木很难成活。乔木、大规格花灌木必须带大土球移植,起挖时用草绳密密缠绕,草绳可以不剪开,直接植于土壤中,这样既能快速成型,又可减少水分蒸发。用做色块的小灌木,土球要用无纺布包裹。种植时不必解开无纺布,因为它可以透水、透气,过一段时间自行腐烂。这样解决了在解土球包装的过程中散土球的问题,减少了植物材料的损耗,降低了成本。

6. 种植前修剪

反季节的苗木种植前修剪应加大修剪量,减少叶面呼吸和蒸腾作用。种植前应进行苗木根系修剪,宜将劈裂根、病虫根、过长根剪除,并对树冠进行修剪,保持地上地下平衡。落叶树可抽稀后进行强截,多留生长枝和萌生的强枝,修剪量可达 6/10 ~ 9/10。常绿阔叶树,采取收缩树冠的方法,截去外围的枝条适当疏稀树冠内部不必要的弱枝,多留强的萌生枝,修剪量可达 1/3 ~ 3/5。针叶树以疏枝为主,修剪量可达 1/5 ~ 2/5。

7. 苗木种植

栽后尽快浇水促发新根,还可灌一定浓度的生长素。树冠树叶用遮阴网适当遮阴 10 ~ 15 天,并用喷雾器向叶面喷水,对新发芽放叶的树冠喷雾,宜在上午 10 时前和下午 15 时后进行。种植后应在略大于种植穴直径的周围,筑成高 10 ~ 15cm 的灌水土堰,堰应筑实不得漏水。冬季应防风防寒。作堰后应及时浇透水,待水渗完后复土,第二天再作堰浇水,封土,浇透三次水后可视泥土干燥情况及时补水。对排水不良的种植穴,可在穴底铺 10 ~ 15cm 沙砾或铺设渗水管、盲沟,以利排水。公路边坡可采用鱼鳞穴式种植。

三、大树移植

随着人们对改善生存环境认识的进一步提高,增进公路绿化,抵抗自然灾害,改善公路生态环境已成为人们的迫切需求。经过近几年的绿化实践,以小灌木为主的绿化功效明显低于大乔木,大乔木树种在美化公路环境、抵抗风沙、遮荫纳凉、增加绿化覆盖率等方面,越来越受到人们的重视,栽植大乔木、加强养护,可在短期内达到绿化效果,尽快改善公路的恶劣环境,造福于民。

1. 选树定形、定向

根据环境确定需要移植的树种。必须选择树形优美、规格一致、无病虫害。起挖前一定要按规格、按数量在起苗前先行定株标号,对死枝、不良枝进行修剪,保证树形完美整齐一致。在树的南向或北向做标记。

2. 起苗

(1)准备工作

为保证所起苗木的土坨完整,起苗地不宜选择沙土或砾质土,要选择土层深厚、石砾少、肥力较好的壤土和中壤较为理想,土壤含水率过低或过高均不易成坨,且操作困难,一般以土壤含水率 45% ~55% 为宜。如遇山地苗,尽量避开大石块,以免散坨或偏坨。可在头年上冻前将树按留坨的大小沿四周挖好沟,深度视根系深浅而定,然后灌水结冻,形成冰方块。

(2)起苗

①土坨规格。起苗所带土坨的规格,依据几年来的实践经验,土坨越大成活率越高,生长越旺盛,在实际操作中应根据具体情况而定。一般应为树灌直径的 1/3。

②起苗剪根。依据所带土坨的大小,起苗时在土坨直径的外围先向下直挖 20cm,然后斜向里挖,使土坨自上而下由大到小呈陀螺状,遇直径大于 1cm 的根要用剪枝剪剪断,不要以工具铲或刨,以防散坨裂根。在起苗过程中禁止用力推、搬的方式拉断根起苗。

③土坨捆绑。土坨捆绑是为了保证起运过程的土坨完整,减少植株失水,提高成活率和适应性。当土坨挖至陀螺状底部还有少部分连接时,由一人用支杆顶住树干慢慢倾斜,另一人将土坨底部与土壤连接处铲断,再开始对土坨缠绕草绳。首先将草绳在苗木根茎部绕一圈并打结,留出 30cm 的绳头,然后以垂直于树干向外的方向在土坨圆周上均匀分布地缠绕,每缠一圈过来在根茎处绕 90°再缠一圈,视土坨大小如此缠绕 4 ~8 圈,再滚动土坨水平缠绕 3 ~5 圈,将绳头打结于根茎处。土坨的捆绑密度视土质和土坨体积而定,一般来说,质地较软的土壤可少些;土坨体积较大的应多缠草绳子,以免搬运过程中散坨。

(3)运输

短途运输一般没有问题,主要是长途运输,应尽量选在阴天或夜间进行,运输时间不要超过24h,否则,会降低移植成活率。苗木装车时要按秩序排好,保护好树形,装车后要以草帘或篷布遮荫。途中每隔3~4h喷1次水。在搬运苗木时树高小于3.5m的树由人工抬,树高在3.5~5m时要用滑板车,树高在5m以上的应选在交通便利的地方用吊车上车。

3.栽植及栽后管理

(1)移植季节

大树一年四季均可移植,但以春季3~5月份、雨季7~8月份、秋季10~11月份为宜。移栽时间:落叶树以初冬栽植为宜,常绿树以早春芽萌动前半月为佳。在新梢旺生长期不宜移植,主要是此时树体需要大量的养分水分供应,根系受损伤会导致树体失水、新梢灼伤,降低成活率。

(2)栽植树木

运到目的地后,应及时栽植,栽植坑应提前按设计挖好,包装的草绳可解除也可一块埋入,按原树标记方向选好方向,扶正苗木后要层层填土踏实,使大树土坨与回填土密切接触,注意掌握栽植深度,要使土坨上的地表土与栽植地的设计地面相平,填平后在树坑周边做围堰,保证蓄水深度20cm左右,以便于浇水。激素喷根。植株移进移植穴后,依次解开包裹土球的包扎物,修整伤损根系,用10000倍ABT3号生根粉或吲哚丁酸、萘乙酸液喷根,以促进栽后快发多发新根,加速恢复树势。这三种激素都不溶于水而溶于酒精,所以配制时应先用酒精溶化后,再加水搅匀喷施。大苗移栽后要设置三角支架固定主干,以防大风和人为晃动,降低成活率。支架的高度、材料、形式要一致,保证整体布局美观。栽后当天浇1遍透水,在10天内浇2遍透水,之后的3~4个月内,每10天浇水1次。大风过后要及时检查地表裂缝,及时扶踩、浇水。

(3)栽后管理

①整形修剪。整形修剪是以保证树形优美、整齐一致、生长良好、不影响城市的公益设施建设和人们的生活为目的的必要管理技术。应采取哪些措施,要视绿化场所、位置、占用空间及艺术造型等具体目的而定。一般都离不开去除冗枝、病虫枝、疏除生长方向不合适的旺长枝。针叶树形属性一般来说适当保证中心领导干的顶端优势较低为合适,对于塑造工艺型枝还要采取拉枝、摘心等技术措施。

②肥的管理。肥水管理是保障植株正常生长、抵抗病虫害的重要措施。大穴施重底肥。移栽穴应根据所栽植株大小确定深度和宽度,一般树高5m以上、树冠4m以上、根系带的土球直径2.5m以上者,移植穴要挖深2m,直径4m以上,并用500kg腐熟优质厩肥或700kg堆肥,5.8kg过磷酸钙,与4~5倍疏松肥沃熟土拌匀,填入穴底和土球四周的根系分布区。施肥时,高3.5m以下的植株采取盘供肥,1年施肥2~3次,以早春土壤解冻后、春梢旺长期和秋梢生长期供肥较好;对于高3.5m以上植株在成活后1~2年内可采取以上施肥方式,之后以根外追肥较合适,施肥工具可用机动喷雾器,在生长季每月喷施1次即可。

③水的管理。在移植成活后的1年中,在生长季节平均每2个月浇水1次。移栽的大树尽管留有土球,但根系边缘的吸收根仍失去较多,留下的多是无吸收功能的老根,再生能力差,新根生长慢,吸收能力难以恢复,而树体仍在大量蒸腾,根系吸收供应的水分小于枝叶蒸腾消耗的水分,时间一长,就会导致植株脱水而皱皮萎蔫,最后干枯死亡。因此,除栽植时

浇透定根水、根盘盖膜或盖草保湿、经常浇水保持土壤湿润外,还应采用树体输液补充,以满足枝叶蒸腾所需的水分。

水液配制:用清洁的泉水、井水和河水,以提高水的活性。要加入适量激素和磷钾元素,以促进生根。比例为1000g水加生根粉0.1g,磷酸二氢钾0.5g。

钻输液孔:用铁钻在根颈、主干和中心干上,每隔80~100cm向下与主干成30°夹角交错钻一个输液孔,深达髓心。孔径与输液用的针头大小一致,孔数视植株大小而定,分布要均匀,孔中不能留有木屑和落入杂物。

输液方法:第一种方法为注射器注射,即将注射器针头插入输液孔中,把盛液瓶倒挂上方,理直输液管,打开开关,水液即慢慢注入孔中,输完后拔出针头,用胶布封贴孔口,以免落进杂物;第二种方法为喷雾器压输,即在喷雾器中装上配液,将喷管头上安装的锥形空心插头插入孔中,拉动手柄打气加压,待水液输满孔口后拔出针头,照前用胶布贴封孔口;第三种方法为挂瓶输液,即将装满配液的盛液瓶固定在孔口上方,把外套塑料管的棉芯线两头分别插入瓶底和孔底,使配液缓慢地通过棉芯线流入孔中,再输至树体全身。

④病虫害防治。对绿化移植树木病虫害防治应遵循"及时发现,积极防治、治小治了"的原则,在生长季发现病虫害后,要及时组织用药防治。冬季树干要涂白或喷石硫合剂,消灭树干虫卵及蛹。具体防治视树种和病而定。

四、路树的移植与补植

(一)移植

公路路树密度过大和公路工程建设需要时,可以用移植的方法代替采伐,取得的效果与采伐基本相同,同样可以降低林分密度,促进林木生长,不同的是采伐取得的一些经济用材,而移植法可以取得一些供其他绿化移植用的活树,更具经济效益与景观效益。

路树移植往往不能在适宜季节内进行,且移植时间安排上存在一定限制,由此造成了社会生态资源的浪费,对绿地建设的建植效果也起到了负面作用。因此,如何有效提升路树移植的成活率,是当前绿化工作者在绿化工程建设中面临的重要课题。

1.影响路树移植成活率提高的主要原因

(1)树木起挖时根系受损严重致使树木基本代谢过程中的平衡失调。

(2)树体在吊装运输过程中可能出现严重失水及根系二次损害的现象。

(3)路树移植后的养护管理。

2.提高路树移植成活率的技术要点

(1)路树移植前的工作准备

一是编制完善细化的移植方案;二是基本情况调查包含树种、病虫害情况、原土质与栽植地土壤对比等信息;三是分期分区交错的进行路树移植前的断根处理工作,时间许可的话,可选择立春后或秋季落叶前完成该项工作;四是树木修剪量应视树种及其根系分布状况而定,按操作规范将病枝、徒长枝及部分侧枝修剪掉,保留中部茎叶,以间隔法击打过密的树叶,减少叶面蒸腾,在修剪5cm以上大枝或2cm左右的粗根时,要注意保持截口表面平滑,并涂防腐剂;五是遵循树木本身的方向性,可对移植树木统一编号,并在树干面南处作明显标记以确保准确性。因此,土地平整及种植穴的挖掘也是不可忽视的重要环节。

(2)路树移植中相关注意事项

①加强路树移植起挖过程中的根系保护、枝叶疏剪及伤口处理工作。尽量采取带土球移植形式,并根据树木根系类型及胸径大小来判断土球挖掘的直径、高度。其中,须根系树木主根浅、须根发达,则土球不宜挖深、直径宜大,直根系树木则恰恰相反。此外,断根部位应选择粗侧根中部,须根较少易于再生,同时以草木灰、多菌灵粉剂等涂抹处理也是避免伤流外泄、感染腐烂的重要措施。

②应加强树木吊装运输环节中的树体及土球保护措施,可采取草绳、麻绳及棕绳三层加固缠绕的方式防止土球松散,当土球直径超过2.5m时,可采用钢箍加固,或缩小土球直径,以湿塑料薄膜双重缠绕的方式对其外留粗根进行保湿处理。同时,树体的干、皮、根茎处的保护也应得到有效的重视。

③提高非常规性技术措施掌握程度。针对树种、季节天气、树龄以及长势的差异,技术措施应区别对待,如高温天气移植路树应注意多留根系、增加枝叶修剪量,确保树体水分、养分的供求平衡。

(3)路树移植后的养护管理

树木定植后的养护管理是保障路树移植成活的最终环节。应注意以下事项:一是要成立专职养护队伍,完善加强日常树木养护工作;二是要根外追肥以恢复树势。可采用硫酸铵等速效肥配置约0.5% ~1%浓度的肥液,薄肥勤施,在早晚或阴雨天气进行叶面喷洒;三是要做好环境宣传工作,设置竹篱等障碍物防止人为破坏;四是要注意做好栽植后初期的树体保湿措施,维持树体正常的水分代谢平衡;五是防病治虫。鉴于新移植树木抗病虫害能力减弱,应根据地区病虫害发生规律,接树种特性做好防治工作,可分阶段的采用人工清除、化学施药的形式进行处理;六是做好非适宜季节养护管理。首先,6~9月气温多在28℃以上,湿度较小。应做好旱季养护工作。可根据树本体量差异决定是否全冠遮阴,荫棚应与树冠保持50cm以上距离,采用70%的遮荫网,在防止日灼危害的同时保证树体光合作用的正常进行;从预设的塑料管向根部灌水,避免"半截水现象";在树南侧架设简易喷灌装置,保持树体湿润、增加树周湿度,降低树体水分、养分消耗。其次,要加强抗寒、防冻措施。如是在秋冬季节移植树木,应用草绳绕于以包裹保暖;设立风障或搭建简易的塑料薄膜温室,其中,珍贵树种可考虑采用反光膜风障。再次,雨季管理。这主要指南方春季应注意加强对移植树木的抗涝工作,可适当施加有机肥或速效肥,若条件允许,可用潜水泵抽干穴内水。

路树移植的方法与一般大树移植方法基本相同,要注意的是施工公路改建需要进行移植的,除紧急工程外,可安排在树木移植季节进行移植。

(二)补植

《中华人民共和国公路法》第42条规定:公路用地上的树木,不得任意砍伐;需要更新砍伐的，应当经县级以上地方人民政府交通主管部门同意后，依照《中华人民共和国森林法》的规定办理审批手续，并完成更新补种任务。

在申请路树采伐（移植）许可证时必须提交更新计划、补植措施的相关资料；更新砍伐、补植时的健全的交通安全保障措施资料。具有采伐后的绿化更新补植计划或设计、协议是重要的前置条件；还必须有更新砍伐、补植时保障交通安全的措施。

首先要制定更新补种方案，在提出采伐申请的同时要提交更新施工计划，包括更新时间、苗木规格、栽培技术等详细计划。更新时间一般在采伐后第一个植树季节完成。

绿化养护部门要做一定的苗木储备工作，为及时更新，在采伐前事先做好苗木准备，以便随采伐随更新。最好就近育苗，培养大苗，自育自栽，随起随栽，以利成活。

采伐后、补种之前土壤处理也非常重要，采伐更新路段的原有树木采伐以后，为避免原有病虫害继续发生蔓延，必要时应进行土壤消毒。土壤消毒可采用二硫化碳或50%辛硫磷等药物处理。一般采伐迹地的土壤采用二硫化碳或50%辛硫磷等药物处理。一般采伐迹地的土壤肥力不足，应进行施肥，每一植树穴施入基肥量比初植时施肥量应加大1倍，即圈肥每穴10～20kg，或豆饼2～4kg，或复合肥1～2kg。施肥方法同新植树。

路树采伐后完成的更新幼树栽植，要规定进行检查验收。合格者记入公路绿化档案，不合格者要继续完成补植任务。在公路绿化施工中，再理想的管护措施也难免出现苗木死亡的现象，也需要补植。

1. 补植方法

补植方法与一般栽植基本相同，但由于种植时间上滞后，不在植物最适生长季节，而在公路不会允许一年以后再补植，因此需要采取部分特殊的措施。

夏季补植，主要针对春季栽植死亡的树木。由于发现死亡后正是植物生长旺季，此时不宜补植，但树木夏季有20天左右的生长比较缓慢的时期，此时春梢停滞生长，其他枝尚未发芽。如此时补植，选择春梢停止生长的苗，配合重剪和枝叶上喷水控制小气候，如果是裸根可以采用泥浆沾根或适当带部分原来的土壤，若养护得当基本可以保证成活。此外还可以用生长素处理根系，促使根的发生；对于土球苗木，可以加大土球量，并采用重剪、叶面喷水等措施。改善小气候条件，减少水分蒸发。

夏季种植的苗木主要为常绿树种，特别是桧柏类所占比重很大，发现死亡后多在秋季，如果种植所在地的冬季不是很冷，风不大，可以在秋末补植。

2. 高速公路补植特点

建成高速公路与普通公路路域内的补植相比一般量少、点多、面广、不易施工，造价比初植要高得多，所以应当通过各种方法尽量减少补植量，并全力保证补植的成活率。高速公路中央分隔带单株树木和边沟的乔木要求成活率100%。遗失、死亡树木补植是一项重要的日常养护工作，同时各种绿地树木衰老、下部枝叶干枯或达到成熟龄后，或树林和行道树密度过大时，应进行适当采伐更新。缺株断带路段的行道树要及时补植。补栽时应选择适宜的补栽时间，选择相同或略大于原有树木规格的树木进行补栽。特别是对补栽苗的带土应做规定，以保证成活率。

补植用苗木和新植苗木根系必须发达,是经过移栽的熟苗,根部带土要大而不散,土球直径在常规要求的基础上应增加10~20cm,与原有苗木的杆高和灌型基本一致。外地进苗必须检疫有无病虫害。在起苗、运输过程中干皮不能碰伤,不能断头折枝,不能伤损顶芽,这些对雪松、云杉、毛白杨的移栽极为重要。乔灌木的补植,如在大树附近、灌木丛内补植,植树坑应适当大一些,并适当切剪周围苗木的根,削弱原有树木与新植树木争水争肥能力,以利于新植树木成活。

从绿化养护效果来看,普遍存在补栽成活率低的特点,主要是因为补植苗木土球直径偏小和浇水管理不到位,造成反复补植、绿化效果不好和浪费养护经费。

五、大型挖方路段和石方路段的坡面绿化

岩石边坡工程中是十分常见的边坡。这种边坡一般陡峭,无植生条件,靠自然力量很难恢复原有生态平衡。裸露的岩石边坡会带来一系列问题,如食物链的破坏,局部小气候的恶化(夏天的热岛效应),公路沿线的岩石边坡还会因为边坡表面颜色灰暗、单调而造成视觉污染。采取工程措施,在保证边坡稳定的前提下,尽快让岩石边坡披上绿装,是减轻生态恶化,美化环境的需要。

1.挖方岩石边坡常规绿化方法

挖方岩石边坡绿化要解决的难题是如何在陡峭的坡面上固定植生条件,即客土,为植物提供水、肥,且能经受风吹雨打。

挖方岩石边坡绿化常规方法的分类如下:

(1)按固定植生条件的方法不同,可分为客土植生带绿化法、纤维绿化法、框格客土绿化法。

(2)按所用植物不同,可分为草本植物绿化、藤本植物绿化、草灌混合绿化、草卉混合绿化。

客土植生带绿化法是指人工制作一定宽度和厚度的带状物,其剖面结构一般为防护网+防水纤维层+(种子、肥料、土壤、改良剂、保水剂)+无纺布(从上而下)。施工时先清理边坡,再按一定间距铺设植生带,用铁丝等将其固定在边坡上,最后喷射一定厚度含肥料的泥土。覆盖无纺布或薄膜,植物种子长出覆盖坡面后除去(对于软边坡可挂网)。该工艺简单,成本低廉。但不具备护坡功能,坡面经受不起大雨或长时间降雨的冲刷,也不耐干旱,绿化效果差。

纤维绿化法是指用植物秸秆等粉碎后制成的纤维与肥料、种子等用有机胶胶结,喷射到边坡坡面的一种绿化方法。该法早期有一定的护坡功能,能经受暴雨袭击,缺点是不耐干旱,成本较高。

框格客土绿化法是指先在边坡上用预制框格或用石料、混凝土砌筑框格,再在框格内置土种植绿化植物。由于岩石边坡迎水面积小,浆砌框格是一般不设排水沟。为防止雨水冲刷土壤,可在其上覆盖稻草帘。该法成本低,工艺简单,绿化效果好,但对边坡的防护作用小,只适用于坡度小于30°的边坡。

2. 植被混凝土护坡绿化技术及配方

(1)植被混凝土护坡绿化技术简介

植被混凝土是采用特定的混凝土配方和种子配方,对岩石边坡进行防护和绿化的新技术,它是集岩石工程力学、生物学、土壤学、肥料学、硅酸盐化学、园艺学和环境生态等学科于一体的综合环保技术。植被混凝土是根据边坡地理位置、边坡角度、岩石性质、绿化要求等来确定水泥、土、腐殖质、保水剂、混凝土绿化添加剂及混合植绿种子的组成比例。混合植绿种子是采用冷季型草种和暖季型草种根据生物生长特性混合优选而成的。植被混凝土边坡防护绿化技术具体做法是:先在岩体上铺上铁丝或塑料网,并用锚钉和锚杆固定。将植被混凝土原料经搅拌后由常规喷锚设备喷射到岩石坡面,形成近 10cm 厚度的植被混凝土。喷射完毕后,覆盖一层无纺布防晒保墒,水泥使植被混凝土形成具有一定强度的防护层。经过一段时间洒水养护,青草就会覆盖坡面,揭去无纺布,茂密的青草自然生长。植被混凝土护坡绿化技术可以一劳永逸地解决岩坡防护与绿化问题。故此,又称工程绿化技术。

所用材料选择及其功能如下:

防护网可用塑料、铁丝、钢筋,网度和选材应根据边坡的防护要求和特征而定。防护网的功能为与锚杆一起护坡,同时构成植被混凝土的"骨架",增强其整体性,防止其从坡面脱落。

胶结材料,一般用 32.5 级水泥,它使植被混凝土拌和物具有黏聚性,使植被混凝土具有强度。

植生土选用沙壤土,沙壤土具有良好的水、养、气、热状况和协调能力,适于植物生长,在植被混凝土中,沙壤土是主要部分,是植被混凝土的"肌肉"。

有机质一般使用稻壳、锯末等,使用它们还可以增加混凝土拌和物的流动性,便于施工,另外,待腐烂后,为植物提供氮、磷、钾等养分,同时增加植被混凝土的空隙率。

腐殖质为稻壳、锯末、酒糟经腐烂制得,它能改善植被混凝土的物理性质——协调水、气、热状况和化学性质——增强保肥性与缓冲性能,同时向植被混凝土中引入大量微生物,改善植被混凝土的物理性质和化学性质,并和植物根系一起,使植被混凝土逐渐变成适于植物生长的土壤。

长效肥是为植物生长提供长期效力的复合肥,一般采用尿素、生物肥、化学复合肥;保水剂是水分丰裕时吸收水分,天气干燥时为植物提供水分,一般采用粒度 100 目的保水剂。

混凝土添加剂主要功能营造植物生长环境。混合植绿种子采用冷季型草种和暖季型草种,混合根据生物生长特性优选配制。

(2)植被混凝土的配方

确定植被混凝土的配方需考虑以下几个因素:

①保证拌和物具有良好的黏聚性、流动性及易施工性。

②植被混凝土的无侧限抗压强度不低于 15kPa,即能经受风吹雨打,不脱落。

③植被混凝土具有合适的密度及孔隙率,具体地讲孔隙率在 50% ~65%(体积比),密

度在1.3~1.7g/cm^3，这样的结构有利于植物生长。

④植被混凝土有良好的植生条件，如水肥供应良好，能保证植物多年的养分供应（植被混凝土能长期供应养料，植物也能自己补给，如枯叶及草根腐烂，细菌固氮等）。

胶结材料、植生土、有机质、腐殖质的总重量占植被混凝土的重量80%左右，因此，他们决定植被混凝土的主要性质。

水泥是影响强度、和易性的决定因素。试验表明，水泥用量大于10%（质量比，下同）时，就能保证植被混凝土的无侧限抗压强度不低15kPa，水泥用量一般不超过25%。

有机质、腐殖质合称有机物，它们的含量对植被混凝土的物理性质，即强度、密度及孔隙率，水肥供应有较大影响。其含量越大，密度越小，孔隙率越大，强度越低。有机物的含量过大会造成植被混凝土的强度偏小，孔隙率过大而不利于保持水分，同时还会降低拌和物的黏聚性，喷射施工时增加回弹损失。实践表明，有机物最适宜的含量为8%~16%。

混凝土绿化添加剂含量一般不大于2%。含量过大不利于降低成本，过少不能营造出植物所需的生长基质。一般而言，混凝土绿化添加剂由于配方科学合理，工程实践表明，其含量在1.0%~2.0%能很好地满足植物需求。

3. 挖方岩石边坡的卸荷及绿化时机的把握

岩石边坡的开挖过程，从力学本质上说就是卸荷。特别是深挖高边坡，地应力释放量大，卸荷量级高，卸荷范围宽，伴随卸荷，边坡产生卸荷裂隙和卸荷变形，有些开挖边坡的卸荷水平变形达到了米级，不可忽视。运用岩体力学理论，确定边坡防护的方法和时机，同时在开挖边坡上设置位移观测点，观测边坡的变形趋势，为确定边坡的支护和绿化选择合适时机提供依据。再者，岩石边坡开挖过程，改变或破坏了原有大自然的水、地气循环系统，这种改变或破坏循环系统，将随着裸露岩石的风吹暴晒时间的增加而加剧。故此，采用边开挖边支护边绿化，对岩石边坡防护质量、绿化效果都有十分关键的作用。

第六节 四新成果推广应用

公路景观绿化是公路环境保护的重要内容，是国土绿化的重要组成部分，搞好公路景观绿化工作对于国务院提出的"绿色大通道建设"战略决策的实施，具有非常重要的意义。

1. 生态设计（可持续发展）是公路景观绿化设计的发展趋势

公路景观绿化设计属于"景观设计学"的范畴，在西方景观设计史上，早期的发展一直以崇尚富装饰性的外来植物和规则式园林形式为特色，较东方传统景观设计的"天人合一"思想具有更强的征服自然的色彩。但是随着近年来环境的日益恶化，以研究人类与自然间的相互作用及动态平衡为出发点的生态设计思想开始形成并迅速发展。从19世纪下半叶至今，中西方景观设计领域涌现出众多设计理论和设计思想，我国将这些理论和思想消化吸收后，应用到公路景观绿化设计工作中，起到了良好的效果。

（1）自然式设计

自然设计与传统的规则式设计相对应，通过植物群落设计和地形起伏处理，从形式上表现自然，立足于将公路景观充分融入自然环境中，创造和谐、自然的新景观。

(2)乡土化设计

乡土化设计是通过对拟建公路及其周围环境中植被状况和自然史的调查研究，使设计切合当地的自然条件并反映当地的景观特色。反映在公路景观绿化设计中主要是在植物选择上遵循"乡土树种为主"、"适地适树"的原则。

(3)保护性设计

保护设计是指对公路路域内的生态因子和生态关系进行科学的研究分析，通过合理设计减少公路建设对自然的破坏，以保护现状良好的生态系统。

(4)恢复设计

恢复设计是指在公路景观绿化设计中运用多种科技手段来恢复已遭破坏的生态环境。公路建设所形成的取弃土场的绿化恢复即属于此范畴。在取、弃土场堆置达到设计高程后，为充分利用土地资源，恢复和改善土地生产力，可对其进行整治利用。整治后的土地可以通过种植树林和植草，改良土壤，复垦后可作为农业用地或林业用地。

将生态设计思想应用到公路规划设计领域最著名的例子是美国著名景观设计大师伊安·麦克哈格教授(1920～2001)在20世纪60年代所做的美国里士满林园大路(Park Way)路线选线与景观规划。

1969年，麦克哈格先生出版了《设计结合自然》(Design With Nature)一书，该书提出在尊重自然规律的基础上，建造与人共享的人造生态系统的思想，并进而提出生态规划的概念，发展了一整套的从土地适应性分析到土地利用的规划方法和技术，即计算机辅助叠图分析法("千层饼"模式)。这种规划以景观垂直生态过程的连续性为依据，使景观改变和土地利用方式适用于生态方式。

2. 延续历史文脉、弘扬民族文化是公路景观绿化设计的重要使命

可持续发展是人类文明史上的一个重要里程碑，它不仅体现在物质资源和自然资源的永续利用和可持续发展之上，也体现在人类精神文明与文化知识的持续发展之上，体现在如何保持、保护、弘扬民族精神与文化之上。人类在走向更高文明的过程中，文物古迹、民风、民俗等文化资源的保存、保护和永续利用同物质资源和自然资源的保护同样重要。它是现任留给后代的最珍贵的遗产。公路建设本身是人类创造出的人文景观，它同其周围的景观共同构成了一个四维的景观环境。它既有形、声、色、光等使用方面的物质环境，同时又有历史遗产、社会生活、视觉感受、场所特征、形象符号等精神方面的文化环境。公路建设要研究如何保护延续这种环境，并能很好的开发、利用和欣赏这种环境。

3. 公路边坡综合防护技术的研究为公路绿化设计注入新的活力

传统的公路边坡防护一般首先考虑采用工程防护措施，生物防护仅仅作为工程防护的附属，只起到点缀美化的作用，还存在为追求所谓的"景观效果"，盲目采取不合适的植物防护措施，建置单一外来景观草种群落，追求短期的景观效果，而时间稍长外来草种便被当地野草吞噬殆尽，给建设资金造成巨大的浪费的现象。

形成上述认识误区的根源在于没有认清公路边坡工程防护与植物防护相结合的辩证关

系及植物群落的自然演替规律。

首先,公路边坡工程防护与植物防护二者是相辅相成的,边坡防护离开工程措施最根本的稳定问题就无从谈起,但单纯依靠工程措施,又难以解决边坡水土流失加剧、景观效果欠佳的难题。只有在充分、科学分析边坡地质构造特点的基础上提出工程与植物相结合的措施才是唯一的解决途径。

其次,边坡防护植物的选择应按自然规律办事,遵循"适地适树(草)"、"生物多样性"的原则。尽量避免采用单一的草种进行绿化,应大力提倡草灌结合的立体防护措施,同时在草种的配比上以乡土草种为主,多种草种进行配比混播,在满足边坡防护的前提下,结合考虑景观效果。

4. 信息时代公路绿化设计技术的发展趋势

随着科学技术的发展,新技术及新的思想手法也在潜移默化地影响了公路绿化设计的发展趋势。

5. 新的施工工艺、新材料及新设备的使用显示出强大的生命力

科技发展日新月异,公路边坡防护的施工工艺及公路绿化的新材料不断涌现,为公路景观绿化设计人员提供了更多可以选择的设计方案。

一、新技术

下面介绍 GIS(地理信息系统)技术的应用。

(1)地理信息系统(GIS)的定义

地理信息系统(Geographic Information System,简称 GIS),是以地理空间数据库为基础,在计算机软件和硬件的支持下,运用系统工程和信息科学的理论,对整个或部分地球表面(包括大气层)与地理空间分布有关的数据进行采集、处理、存储管理、操作、分析、模拟和表达,为地理研究和地理决策服务提供多种空间地理信息的技术系统;简单地说,就是科学管理和综合分析地理数据的一种技术系统。

(2)GIS 的应用

20 世纪 80 年代,由于计算机行业推出了图形工作站和个人计算机等性价比大为提高的新一代计算机,为 GIS 普及和推广应用提供了硬件基础。GIS 软件的研制和开发也取得了很大成绩,涌现出一些有代表性的 GIS 软件(如 Are/Ifor、Genamap、NGE、Cicad、System9 等)。GIS 的普及和推广应用又使得其理论研究不断完善,使 GIS 理论、方法和技术趋于成熟,开始有效地解决全球性的难题。

GIS 是一门以应用为目的的信息产业,其应用广泛,形成诸如资源与环境 GIS,灾害监测与防治 GIS,农林牧副渔 GIS,以及工商经营管理,国民经济运营、交通管理和规划 GIS,城市管理、运行和规划 GIS,工矿生产管理 GIS 及各部门办公 GIS 等。据调查统计,美国有 84% 的联邦政府机构在办公室中正在使用和将要使用 GIS 技术,有 7 万个以上的地方和州政府部门使用 GIS 技术。是否具备和使用先进的地理信息系统,已成为衡量一个单位管理水平和投资环境的重要标志。在我国,沙市、常州、海口、深圳、北京、上海、天津、厦门等城市已建立具有一定规模的城市信息系统，一些 GIS 技术开发公司在一些城市的大街上设置了旅游线路查询信息系统，并已成为市政建设的一个内容。进入 20 世纪 90 年代，随着 GIS 产业的建立和数字化信息产品在全世界的普及，GIS 将逐渐成为信息产业的主流。

(3) GIS 在城市公路绿化中的应用

地理信息系统是以计算机为基础的新兴边缘学科，是管理和研究空间数据的技术系统。以 GIS 为基础，结合 RS 和 GPS 等技术，使得建立公路绿化的动态监测网络，全面监测、快速调查和定期发布公路的基本情况，实现公路绿化工作的信息化管理和科学决策成为可能。在公路绿化建设过程中，应用 GIS 的目的是结合公路绿化科学和可持续发展的理论，建立公路的评价模型和公路管理信息系统，促进公路绿化的信息化和现代化，提高公路绿化的经济效益、社会效益和生态效益。

为了实现改善和提高城市生态环境质量的战略目标，加快建设城郊一体化大绿化体系的进程，GIS 技术在公路绿化中的应用主要表现在以下几个方面：公路管理信息系统的建立；有关公路绿化定量评价模型系统的建立；定期快速清查公路绿化状况；公路绿化动态监测。

①建立公路绿化基本数据库

收集资源环境研究成果图件资料，园林绿化普查数据以及科学研究数据，建立园林基本数据库，为管理系统和评价模型建立奠定基础，为园林管理和研究部门提供信息支持。

②公路绿化管理信息系统

目前，GIS 技术多体现在公路管理信息系统方面，公路绿化管理系统的最终目标是以地理信息系统技术为核心，以计算机网络为传输载体，在建立绿化基础信息库的基础上，紧密结合公路绿化管理的业务流程，遵循先进性、实用性、可扩展性、安全性、前瞻性等原则，实现以下功能，保障公路绿化管理的科学化、规范化和自动化。

a. 能够快速、方便的查询、检索、分析所需要的公路绿化现状数据、历史数据。

b. 系统具有管理海量图库能力，可以提供高精度、高质量、高可靠性的空间与非空间数据。

c. 地理空间信息技术支撑的自动化办公，以地图的方式体现各种公路绿化数据，业务信息一目了然，大大减少重复性的公路绿化日常业务处理的工作量。

③建立公路绿化生态效益评价模型

由于公路绿化生态效益的复杂性，还没有相关模型的建立，园绿化生态效益评价模型应多空间尺度、多用途、多形式。

④公路绿化现状快速调查

以基本数据库和评价模型系统为基础，以地面监测和 RS 监测的成果为现实资料依据，实现绿化的快速调查。a. 绿化快速调查的 GIS 系统；b. 评价模型和 GIS 集成系统。

GIS 是一门综合性技术，由于 GIS 潜在的、巨大的科学与经济价值，而且应用领域极为广泛，随着计算机技术的发展和 GIS 数据处理与数据库技术的进步，GIS 将会在理论研究和应用开发方面得到更大的发展，也必将在公路绿化中广泛应用。

二、新工艺

1. 边坡植物防护施工新工艺

(1)公路边坡植物防护常用的绿化方法——喷播技术

喷播技术是从国外引进的一种先进的植被建植技术。目前在欧洲、北美和日本使用较为普遍,我国于1995年从国外引进,并迅速在全国公路绿化行业推广使用,现已成为高速公路边坡植被恢复,河堤、山坡等生物防护以及大规模绿地建植的一种行之有效的植被建植方法。

(2)喷播技术的分类

喷播技术又分为液力喷播技术和客土喷播技术

①液力喷播技术

液力喷播,在国际上称为水力播种(Hydroseeding),最初源于大面积快速种植草坪的方法。20世纪60年代初,美国、日本、西欧等发达国家便采用液力喷播植草技术绿化坡面,20世纪70年代末韩国、新加坡、我国香港也开始应用该技术。在国内,液压喷播植草技术于1987年被首次报道,并迅速进行了液力喷播植草技术对陡峭地形的植被快速人工恢复试验研究。在进入20世纪90年代后,该绿化技术开始在北京、深圳等地得到应用,并迅速在全国推广。从目前的实践应用情况来看,低矮的土坡适合采用直接液力喷播技术进行快速坡面植被防护。

液力喷播技术是将草种、木纤维、保水剂、肥料、染色剂等与水的混合物通过专用喷播机喷射到预定区域建植成坪的高效绿化技术。施工过程中,在坡面均匀分布液力喷播覆盖层,多余的水分从覆盖层中渗入土表,纤维通过黏合剂黏合形成物理强度,保水剂形成半渗透的保湿层,大大减少水分蒸发,为种子发芽提供水分、养分和荫蔽条件。由于所形成的纤维覆盖层有物理强度、吸水保湿及提供氧分等作用,故可遇风不吹失、遇降雨或浇水不冲失,有抗旱及固种保苗效果,从而达到恢复植被、改善景观、保护环境的目的。

液力喷播技术是集工程力学、生物学、土壤学、高分子化学、园艺学、生态学等学科于一体的综合环境治理技术,其核心是通过各种物质的科学配置,在治理坡面上营造一个既能让植物生长发育,而种植基质又不被冲刷的多孔稳定结构,使建植层固、液、气三相物质趋于平衡。植被喷播技术可以快速实现边坡防护和景观绿化两大功能的完美结合,适应坡度大、风雨大、较干旱地带等用传统方法难以种植的条件下种植植被。随着我国高速公路的迅速发展,人们对高速公路的建设质量提出了更高的要求,挖方路堑边坡和填方路基坡面都必须进行强制性防护,由于铺砌防护和封闭防护等措施复杂、造价昂贵,影响公路两侧的环境和生态景观已逐渐地被淘汰,液力喷播技术逐渐受到工程界的青睐。

液力喷播的技术特点如下:

a. 机械化程度高,可大面积快速植草。液压喷播机是一种高效的现代化的植草机械,一台液压喷草机日喷草可达上千平方米。

b. 适应性广,可在人工难以施工的陡坡、高坡建植植被。由于液压喷播机上装有可任意调节方向的高压喷料枪，其喷料扬程为 30 ~ 80m，此外，还配有 30 多米的喷料软管。

c. 在植物难以成活的地域建植植被。喷料枪高速喷出的种子混合液中溶有营养物及土壤等配料，可使植物在难以生存的场所生长成坪。特别是配料中含有的保水剂，可吸收相当于自身数十倍至数百倍的水分，且吸水后即使用力挤压水也不会流出；但将其混入土壤中，水分却能慢慢释放出来。因此，应用保水剂可改善土壤物理特性，有利于通风透气，蓄水排水，尤其可提高抗旱性。

d. 能建植高质量的草坪。液力喷植机所喷出的是事先经过催芽的草种，这样可以免去草种萌发所需的时间，再加上地表形成一层薄膜，能保温保水，因此，出苗快，生长迅速，能很快覆盖土表，而且密度均匀，郁闭度好。

e. 养护简单，喷播后基本不用浇水就能成坪，适合管理粗放的公路护坡和荒山护坡。

f. 可根据具体的自然条件或按设计要求，选择几种不同的草籽进行混播，以达到覆盖度、根系、生长期、抗逆性等方面优势互补的效果。

液力喷播技术具有许多传统技术无法比拟的优点，因此它不仅被应用在高速公路护坡（仅限以草本植物为主的植被护坡类型）上，而且可广泛应用在海塘防洪堤、机场、大型广场等大面积的草坪（地被）建植中，还可用于高尔夫球场、飞机场、铁路和城市绿化等草坪建植中，最大限度可达 90%，对土质要求较小，黄土、沙砾土、沙石、风化石等土壤均可施工。对于较平坦的地域可直接实施气力或液力喷播；对于坡面、坡度不大的地域，可酌情采取不同配方的混合液实施液力喷播；对于坡面、坡度较大的地域，需进行基础调整性施工，可酌情铺草帘或挂三维网后再实施液力喷播；对于坡面、坡度很大，且地质结构不稳定的地域，必须进行基础调整性施工，可酌情采取不同方式的斜面框架施工方法固坡后再挂网实施液力喷播；对于地表无土壤或土壤不适于植物生长的地域，应采取加垫层、移有机质客土、增加有机质高的植物纤维、埋长效缓释肥料包等方式改良土壤后再实施液力喷播。

喷播所采用的种子也不仅是草种，绿化景观要求较高的公路边坡可应用具有观赏价值又有较好水土保持作用的地被植物，如混合野花、二月兰等，甚至将生长快速的花灌木和攀援植物（如黄馨、爬墙虎等）通过喷播进行建植。

目前，液力喷播已针对部分低矮软质岩、土质缓坡进行简易的直接喷播植草技术，使技术难度和工程造价大幅降低，并在全国范围内得到大面积推广。

②客土喷播技术

客土所谓客土喷播生态护坡技术采用专门的喷播设备，将植物种子、种植土壤、肥料、纤维、土壤改良剂、添加剂和水等按一定的比例充分混合均匀后，采用高压喷枪均匀地喷播到坡面而形成植被生长基础的一种边坡生态防护技术。

客土喷播本身是为石质边坡营造一种适宜植物快速生长的土壤营养层，其有机基材中采用高分子凝结剂，拌入泥炭土、纤维材料、本地肥土等构成“客土”，利用高次团粒剂使客土形成密实结构，植物纤维在其中起到类似植物根茎的网络作用，造就具有耐降雨侵蚀、牢固且透气、与自然表土相近的生长基础。

客土喷播生态植被护坡技术主要针对石质边坡，采用打锚杆、挂铁丝网、喷播有机基材和植物种子、覆盖无纺布直至养护绿化的一套快速边坡生态防护工程技术。目前国内工程技术界和学术界出现的有关该类技术的专业术语还包括“喷混植生”、“厚层基材喷射”、“植生基质喷播”、“生态种植基喷射”，以及与之类似工艺流程的“喷混凝土植草”、“喷植混凝土”、“乳液喷播”等。

生态系统(Ecosystem)是英国生态学家 Tansley 于 1935 年首先提出来的，指在一定的空间内生物成分和非生物成分通过物质循环和能量流动相互作用、相互依存而构成的一个生态学功能单位。近几十年以来，随着人口急剧增长、社会经济发展和资源的高强度开发，人为干扰胁迫已成为了全球性的一个问题，直接或间接导致了生态系统的退化，其最明显的标志是生态系统初级和次级生产力降低、生物多样性减少或丧失、土壤养分维持能力和物质循环效率降低、外来物种入侵和非乡土固有种优势度的增加等。因此，公路生态系统的问题成为世界各国普遍面临的重要问题，并使得以公路挖填方边坡为代表的生态恢复重建成为当前各国重视的焦点，是当前学术界和工程界研究的热点问题之一。

公路生态系统就是一个围绕着人类建立起来的公路主体，具有多种组合，通过物质循环、能量流动和信息传递于主体，然后产生相互联系的复杂生态系统。从地域范围来看，公路生态系统是指在特定地段中的全部生物和公路环境相互作用的统一的整体，不仅与社会紧密结合在一起，而且与周围自然环境密切相连，与地形地貌、空气、河流、地下水、土地、农作物、森林植被、野生动物息息相关。在公路生态系统内，能量的流动导致形成一定的营养结构、生物多样性、物质循环和信息传递，当处于稳定和通畅状态时，被称为生态系统平衡。任何生态系统内部都具有自我调节(或自我恢复)能力，因此，公路生态系统也同样具有能保持平衡稳定状态的能力。同时，结构越复杂，物种数越多，自动调节能力越强，但当外力干扰超过限度就会引起生态平衡破坏，表现为结构破坏或功能衰退。

恢复生态学就是研究生态系统退化的原因、退化生态恢复与重建的技术与方法、生态学过程与机理的科学，主要涉及两个方面内容，一是生态系统退化与恢复的生态学过程，包括各类退化生态系统的成因和驱动力、退化过程、特点等；二是通过生态工程技术对各种退化生态系统恢复与重建模式的试验示范。公路边坡作为公路生态系统内的重要体现，客土喷播技术就是在公路边坡原生植被遭到破坏后，根据生态修复功能和工程防护力学原理，快速实现坡面植被恢复重建，通过长期自我调整、适应等演替过程，最终实现公路边坡生态修复的目的。

客土喷播技术特长为：客土客土喷播技术本身是为石质边坡营造一种适宜植物快速生长的土壤营养层，其有机基材中采用高分子凝结剂，拌入泥炭土、纤维材料、本地肥土等，组成“客土”，利用高次团粒剂使客土形成密实结构，植物纤维在其中起到类似植物根茎的网络作用，造就具有耐降雨侵蚀、牢固且透气、与自然表土相近的生长基础。在施工中，客土喷播技术采用专门的喷播设备，将植物种子、土壤稳定剂、肥料、覆盖料、土壤改良剂、添加剂和水等按一定的比例充分混合后，用高压喷枪均匀地喷播到土壤表面即可。只要条件合适，数天后植物即可出苗，一般一个多月就能完全覆盖地表。应用实践表明，客土喷播技术与传统的种植工艺相比，具有许多优越性。

一是该技术适用范围广，由于采用了覆盖料、稳定剂、改良剂和专用肥料等，它不仅能够在土质较好的地段应用，也能够在碎石边坡、荒地和矿区等贫瘠的地带建立很好的植被；对于土壤的平整度没有要求,适合在凹凸不平的地方应用;而且可以在人工方法难以实现的、既高又陡的坡地上种植植物;二是施工效率高,每台设备每天可喷播上千平方米,可满足大面积快速绿化的需要;三是绿化效果好,由于覆盖料、稳定剂等的共同作用,在土壤表面形成一层膜状的结构,能有效地防止雨水冲刷、避免种子流失,因此所建立的植被均匀整齐,效果好;四是机械化操作,所需人工少,成本较低。

客土喷播生态护坡技术可广泛地用于公路、铁路、水利、矿山等开发建设形成的各种边坡以及江河堤坝、城市园林绿化等植被恢复,尤其适用于石质边坡及贫瘠土质边坡的生态植被恢复,而且适用于矿区复垦,荒山、荒沟、荒丘、荒滩的治理以及各种需要进行水土保持与植被建植防护等,是我国生态恢复建设中值得大力推广的一项生态技术。

2. 节水灌溉技术的广泛应用

在水资源紧缺现状下,节水灌溉是全球关注的焦点。用现代节水灌溉代替传统的依靠水管引水浇灌和人工喷洒等落后方式势在必行。

"节水灌溉"的真正涵义是,在充分利用降水和土壤水的前提下高效利用灌溉用水,最大限度地满足植物需水,以获取最佳经济效益、社会效益、生态环境效益。

(1)节水灌溉优势

①节水。采用插件、滴灌、小管出流方式,可以提高浇灌均匀度,比人工浇灌省水50% ~ 70%。

②省工。节省劳动量最大可达90%以上。

③可改变种植结构。利用微灌与滴灌相结合技术推广立体绿化,成效显著。

④水肥一体化建设。水肥耦合是目前灌溉的一大热点,在灌水的同时,按花卉树木不同生长期的需要,将施肥、打药同步进行。

⑤改善小环境。对于不耐高湿环境的植物,可采用滴灌方式,对于喜欢湿度大的花卉采用微喷,喷灌还可以起到降温的作用,从改善植株局部小环境。

(2)水灌溉技术体系

在灌溉的各个环节采取相应的节水措施,组成一个完整的节水灌溉技术体系,包括水资源优化调配技术、节水灌溉工程技术、节水管理技术等。

①灌溉水资源优化调配技术

主要包括地表水与地下水联合调度技术、灌溉回归水利用技术、多水源综合利用技术、雨洪利用技术。

②水灌溉工程技术

主要包括渠道防渗技术、管道输水技术、喷灌技术、微灌技术、改进地面灌溉技术、节水灌溉技术及抗旱点浇技术。

渠道防渗技术:采用混凝土护面、浆砌石衬砌、塑料薄膜等多种方法进行防渗处理,与土渠相比,渠道防渗可减少渗漏损失60% ~90%,并加快了输水速度。

管道输水技术:用塑料或混凝土等管道输水代替土渠输水,可大大减少输水过程中的渗漏和蒸发损失,输配水的利用率可达到95%。另外还能有效提高输水速度,减少渠道占地。

喷灌技术:喷灌是一种机械化高效节水灌溉技术,具有节水、省劳、节地、增产、适应性强等特点,被世界各国广泛采用。喷灌几乎适用于所有圃地植被,对地形、土壤等条件适应性强。与地面灌溉相比,喷灌一般可节水 30% ~50%,增产 10% ~30%,但耗能多、投资大,不适宜在多风条件下使用。

微灌技术:包括微喷和滴灌,是一种现代化、精细高效的节水灌溉技术,具有省水、节能、适应性强等特点,灌水同时可兼施肥,灌溉效率能够达到 90% 以上。微灌的主要缺点是易于堵塞、投资较高。

改进地面灌溉技术:在今后相当长的时期内,地面灌溉仍将是我国主要灌溉方式。地面灌溉并非"大水漫灌",只要在土地平整的基础上,采用合理的灌溉技术并加强管理,其田间水利用率可以达到 70% 以上。

③节水灌溉管理技术

包括灌溉用水管理自动信息系统、输配水自动量测及监控技术,土壤墒情自动监测技术、节水灌溉制度等。其中,输配水自动量测及监控技术采用高标准的量测设备,及时准确地掌握灌区水情,如水库、河流、渠道的水位、流量以及抽水水泵运行情况等技术参数,通过数据采集、传输和计算机处理,实现科学配水,减少弃水。土壤墒情自动监测技术采用张力计、中子仪、TDR 等先进的土壤墒情监测仪器监测土壤墒情,以科学制定灌溉计划、实施适时适量的精细灌溉。

3. 三维网植被护坡技术

三维网植草技术主要利用一种具有三维结构的新型土工合成材料,覆盖在公路边坡坡面后,进行回填客土或喷播作业,使三维植被网与生长出的植物根系交织形成致密的覆盖层,在路基、路堑坡面形成连续和长期的持久保护,使坡面不受日晒雨淋而自然侵蚀剥落,最终达到固土的目的。

三维网植草技术主要针对土质边坡,包括路堤和路堑边坡,强风化石质边坡也可应用,土石混合路堤边坡经过处理后可用。适用于各类土质边坡,在干旱、半干旱地区应保证养护用水的供给。

4. 水土保持型植生带植被护坡技术

水土保持型绿化植生带技术是一种综合性的护坡和绿化方法,是在吸收国外先进技术,经过消化、改进、研制而成。其核心是采用 3 ~50 但尼尔、孔隙率高达 70% ~99.5% 的多功能过滤毯状纤维技术、绿化辅料(含草种、灌木种、培养料、保水剂、溶岩剂和肥料等)的配方技术,运用针刺法和喷胶法生产出各种不同类型的绿化植生带,可用于水土保持及护坡的一套严格的综合性施工工艺。

绿化植生带是一种以坡面水土保持和地表绿化为目的的抗冲击性能优越的一整套施工工艺产品,以毯状纤维带、无纺布及其他保水材料制成的植生带结构有着很好的抗雨水冲刷、防止水土流失的作用,在坡面土层的表面增加覆盖层,减少土壤中水分的蒸发,保持土壤中的湿度,遇到降雨时,水流不能直接冲击土层表面,在植物生长成坪之前,坡面仍能保持稳固。植物根系穿过植生带基层,扎根于土壤之中,使整个植生带覆盖层与坡面土层结合在一起,既能使坡面得到很好的保护,又得到美化的绿色景观。

植生带护坡具有以下技术特点：

(1)绿化植生带置种子与肥料于一体，具有播种施肥均匀、数量精确、种子肥料不易移动的特点。

(2)种子出苗率高，出苗整齐，建植成坪快。

(3)采用可自然腐烂的无纺布作为底布，与地表吸附作用强，腐烂后可转化为种子基肥。

(4)捆卷包装，便于交通运输和现场施工，施工简便，省时省工。

(5)绿化植生带不同于一般植生带产品最显著特点在于，绿化植生带不仅能绿化环境，而且还能有效地防止水土流失。

水土保持型植生带可广泛应用于土壤贫瘠的山区、半干旱和干旱区，甚至黄土及沙漠地区的各种土质边坡水土流失治理及植被恢复工程。

5. 土工格室护坡技术

土工格室是20世纪80年代开始应用的一种新型护坡合成材料，在国外已广泛用于坡面防护中。我国于20世纪90年代初在吸收国外先进经验的基础上，开始了土工格室的研发，并在道路基床病害整治，固定松散介质的应用方面取得重大突破。随着人们对土工格室特性的进一步了解，已经发现其具有其他土工材料(土工布、土工膜、土工格栅、土工模袋、土工网等)不可替代的优势，使其在诸多领域有着独特的应用前景。

土工格室是采用一种新型的高强度聚乙烯片材，经超声波焊接等方法连接，展开后呈蜂窝状的三维立体网格结构护坡产品，属于特种土工合成材料。能够防护表层塌方，整体防护效果较好，绿化边坡、恢复生态，施工简便。

三、新材料

1. 保水剂等节水绿化新材料的开发应用

(1)保水剂的含义

保水剂即高吸水性树脂(SAP)是一种含有强亲水性基团并具有一定交联度的水溶胀型高分子聚合物。它不溶于水，也不溶于有机溶剂，却有着奇特的吸水性能和保水能力，同时又具有高分子材料的优点。高吸水性树脂的吸水量大，可达自身重量的数百倍甚至上千倍，吸水速度可在数秒内生成凝胶，并且保水力强。即使在受热、加压条件下也不易失水。对光、热、酸、碱的稳定性好，具有良好的生物降解性能。

保水剂其实是一种高吸水性树脂，它的最大吸水力高达13～14kg/cm^2，并且这些被储存在保水剂中的水分可以为各种果树、花卉、林木等根系直接吸收，这一特性决定了保水剂在农林业抗旱节水中的广泛应用前景。作为土壤改良剂，将保水剂与栽培土按一定比例混合，可以改善团粒结构，提高土壤的保水性，透水性和透气性，缩小土壤昼夜温差变化，调节土壤的干湿度，减少灌溉次数，达到改良劣质土壤，抗旱保水的目的；作为种子培育促进剂和苗木移植保存剂可大大提高幼苗的成活率和移植存在时间；化肥缓释剂减少了肥料流失造成的浪费和对环境的污染；在农艺方面，可用于土壤培土，农药扩散剂，菌固定培养以及花艺等方面。

把草籽、缓释肥料等加入含高吸水性树脂的非织物布中，再将其固定在岩石上，进行斜面覆盖、植被，可以起到表土绿化的作用，高吸水性树脂用于防沙治沙有重要意义。

(2)保水剂的特点及功效

各类型高吸水树脂由于原料不同，生产工艺各异，形成了形态多样、品种众多保水剂大家族，被冠以各种名称，如抗旱保水剂、超吸水树脂、高吸水剂、水合土、塑料沙等名字。保水剂以粉末和颗粒状为主，颜色以白色和淡黄色居多，pH 值一般呈中性，无毒无臭无害，不溶解于水，但能吸水膨胀，是一种调节水分的极好制剂。具有吸水性强、保水力大、释水性好、有效期长的特点，决定了保水剂在农林业领域中应用的强大功效：

①抗旱保水；

②保肥增效；

③改良土壤；

④促进作植物生长发育，提高出苗率和成活率；

⑤提高植物品质。

(3)在绿化中的应用

目前保水剂已开始在公路绿化中得到应用，尤其是在沙漠地区公路绿化及盐渍土地区公路绿化中已显现出其出色的吸水、保水抗旱能力。

公路绿化工程中，在植树穴内将保水剂与土壤充分混合后再栽植苗木，当土壤中的保水剂遇到下渗水后，可以有效储蓄水分供苗木利用。适宜采用 0.22 ~2.0mm 粒径的大颗粒保水剂产品，增加土壤通透性，最好不使用粉状保水剂产品。保水剂施用量以占施入范围内(植树穴)干土重的 0.1% 为最佳。

具体使用方法如下：

①春季造林当土壤含水率不足 10% 时，施用保水剂前应将其投入大容器中充分浸泡，使之充分吸水呈饱和凝胶状后再与土壤混合使用。如条件允许，各造林季节尽量都使用浸泡吸水后的保水剂，效果会更好。

②2 ~3 年生针叶苗，植树穴规格为 30cm 深、30cm 穴底直径，保水剂合理用量为每株 25 克；1 ~2 年生阔叶树苗木，植树穴深 40cm、穴底直径 40cm，保水剂用量每株 40g；2 年生经济林苗木，采用 50cm 深、50cm 穴底直径植树穴，用量每株 50g。

③蘸根。与细土按 1:(5 ~10)混合均匀，加入约 100 ~150 倍水搅拌，形成胶状泥浆，便可用于蘸根。依树木根系大小，每公斤保水剂约处理 500 ~2000 棵树木。

(4)使用保水剂应注意的几个问题

①目的不同选用不同类型的保水剂

所有的保水剂都具有一定的广谱性，但这并不意味着可以任意使用。对施用于土壤和用于蓄纳雨水目的应选用颗粒状、凝胶强度高的保水剂；苗木蘸根、移栽、拌种等需要提高树木成活情况应选用粉状、凝胶强度不一定很高的保水剂，因为凝胶强度过高，吸水太多，造成土壤氧气少，容易使根系缺氧而死亡。

②应注意施用时间和土壤水分条件

保水剂不是造水剂，在土壤含水率高于出苗临界水分 3% ~5% 以上为最佳，否则会降低出苗率。应用保水剂主要是增加土壤蓄水能力,调节雨水与作物需水不同步的矛盾,此时能显示出明显的增产效果。但对植物生长中后期能时供水的地区,增产效果不太显著。所以应用时要“因地制宜”。

③选用标准

选用保水剂时,不能把保水剂吸水倍数高低作为质量评判的标准,而应以吸收有效水数量作为标准。使用中应看重产品的稳定性,不要苛求吸水倍数和速率,一般讲能吸收土壤水100倍以上即可。

④保管过程中注意防潮、防晒

保水剂能够吸收空气中的水分,在包装物内结块,给使用造成不便,但保水剂吸潮不影响其品质。保水剂遇强紫外线照射会很快降解,严重影响其使用寿命和效果,由此在运输、储藏过程中应尽量避免长时间日光照射。

2. 高倍短期速放保水剂

(1)作用原理

高倍短期速放保水剂是一种常规保水剂,最初用于提高耕地土壤短期植物生长季节内的水分含量,尤其保证植物在出苗等关键时节的水分供给,对半干旱区高速公路路堑边坡初期的生态护坡有明显的保障效果,可以直接确保如客土喷播后的土壤墒情和水分含量,以满足植物种子发芽、出苗和苗期生长的水分需求。

高倍短期速放保水剂在遇到水以后立即发生电解,离解为带正电和负电的离子,这种带正电和负电的离子和水有强烈的亲和作用,因而使其具有极强的吸水性和保水性,能迅速吸收比自身重数百倍的水。同时,在土壤水分含量低,水势下降时,吸水后的保水剂会快速释放出水分,以补充缺失的土壤水分,满足土壤颗粒间的交互性和土壤溶液的流通性,迅速满足植物苗期较大的需水量。此外,高倍短期速放保水剂能增强植物体内酶的活性,提高根系活力,促进植物生根。

(2)材料类型

目前国内外的高倍短期速放保水剂按照亲水基团的种类可分为三大系列,主要有阴离子系(如羧酸类、磺酸类、磷酸类等)、阳离子系(如叔胺类、季铵类等)、非离子系(如羟基类、酰胺基类等)三种类型。根据应用较多的高倍短期速放保水剂的材料来源,则主要有淀粉接枝丙烯酸盐和聚丙烯酸钠两种。

①淀粉接枝丙烯酸盐

淀粉接枝丙烯酸盐为白色或淡黄色颗粒状晶体,主要成分为:淀粉18%~27%+丙烯酸盐62%~71%+水10%+交联剂0.5%~1.0%。这种产品在用于造林地蓄水保墒时,有效期往往只有一月或数月,最长使用寿命一般不超过半年,但吸水倍率和吸水速度等性状较为理想。对山东省济莱高速K18+000右幅右侧土壤浸提液的吸水对比试验,该类保水剂在遇水后的15~20min内即可吸收自重80~130倍的水分。

②聚丙烯酸钠

聚丙烯酸钠为白色或浅灰色颗粒状晶体,主要成分有:聚丙烯酸钠88%(其中含钠24.5%)+水8%~10%+交联剂0.5%~1.0%。国内生产的保水剂大多是这种成分的产品。其主要特点是:吸水倍率高,吸水速度快,但保水性能只能保持1~3月。据试验观测,这类产品的吸水能力和吸水速率明显高于聚丙烯酰胺产品,在土壤中如充分给水,0.5~1.0h后,便迅速吸收自重的100~130倍的水分;但第二年的吸水倍率要降低60%左右。

(3)生态护坡的用量

高倍短期速放保水剂在生态护坡工程中的用量需以高速公路路堑边坡的施工时间和施工后连续三个月的降雨量为依据作出调整。

由于客土喷播工程受坡面立地条件的影响,局部应作出适当调整,如在受光面较大的阳坡,其阳光照射时间较长,土温相对于受光面较小的阴坡较高,风速较快,坡面水分蒸发速度较快,因此应适当加大高倍短期速放保水剂用量,增加幅度约为10%~30%。另外,受坡度和客土喷播的土层厚度影响也可作出调整,通常是坡度大、土层薄,就应当加大用量。

3. 高倍长期缓放保水剂

(1)作用原理

高倍长期缓放保水剂是一种长效性多功能保水剂。此类保水剂在吸水后膨胀为水凝胶状,并且吸取的水分只能缓慢释放出来,以供植物吸收利用,一次吸足水后可供植物吸收3个月左右。由于该保水剂具有反复吸水功能,在不受紫外线照射的情况下能在土壤中保存1~3年左右,因此其作用时期较长,完全满足以客土喷播为主的生态护坡工程,促进并保证长期的土壤结构稳定和植被自然演替。通过大量的实验和工程证明,高倍长期缓放保水剂应用于生态护坡工程中的功效相当明显,其作用包括良好的保水性能形成了有利于植物生长的“地下水库”,增强植物的抗旱抗逆功能,平衡供给植物生长所需养分,还能在一定程度上促进土壤保肥省肥,稳定土壤的壤性结构,为生态护坡创造极为优越的条件。

(2)材料类型

目前国内外的高倍长期缓放保水剂按照亲水基团的种类分为两大系列,主要有两性离子系(如羧酸—季铵类、磺酸—叔胺类等)和多种亲水基团系(如羟基—羧酸类、羟基—羧酸基—酰胺基、磺酸基—羧酸基类等)两种类型。根据应用较多的高倍长期缓放保水剂的材料来源则主要有聚丙烯酰胺。

聚丙烯酰胺呈白色颗粒晶体状,主要成分为:丙烯酰胺65%~66%+丙烯酸钾23%~24%+水8%~10%+交联剂0.5%~1.0%。在国际上,法国、德国、日本、美国和比利时等国所生产的保水剂大多属于这类成分的产品。该产品的特点是:使用周期和寿命较长,在土壤中的蓄水保墒能力可维持2~3年左右,但其吸水能力会逐年降低。据试验观察,该类保水剂使用当年吸水倍率维持在100~120倍,第2年吸水倍率降低20%~30%,第3年降低约40%~50%,第4年降低更多。

四、新设备

1. 种植设备

详见本书第八章。

2. 养护设备

种植养护工程机械设备可分为种植机械、整修机械、植保机械等。

(1)种植机械。包括挖坑机、开沟机、液压移植机、铺草坪机等。

(2)整修机械。包括油锯、电锯、剪绿篱机、割草机、割灌机、高树修剪机等。

(3)园林植物保护机械。液力喷雾机、气力喷雾机、超低量喷雾机、静电喷雾机等。

(4)浇灌机械。包括喷灌机、滴灌装置、浇水车等。

具体介绍见本书第八章。

第七节　施工管理与安全

绿化工程的建设管理就是采用科学的管理办法和手段使工程的实施在质量、安全、文明施工、立功竞赛及进度等各方面得到最佳的控制,以确保工程的顺利完成。

一、施工管理

1. 加强建设单位的管理规范性

建设单位作为绿化工程项目建设的"总管",其管理层的结构、管理的方式、方法、管理人员的素质、思路将直接影响项目管理的好坏,因此作为建设单位,在绿化项目管理中应做到以下几点:

(1)摆正管理者的位置,提高管理者的素质,理顺管理者的思路,统一管理者的思想,树立管理者的威信。

(2)明确规范章程,建立管理制度,使管理有据可依。

①实施绿化工程施工的报批手续。

任何单位进行绿化工程施工需向绿化主管部门申报,办理施工许可证。

绿化主管部门要审查其绿化工程的施工设计方案,从其景观性、生态性、功能性及其与周边环境的协调性全面考查。绿化主管部门批准后,方可按此施工。

②实施绿化施工市场的准入制。

绿化工程,必须实行招投标制,让具有一定绿化施工资质,有一定绿化施工业绩的施工单位参加,实行优胜劣汰制,让那些施工质量差,信誉不好的施工单位退出公路施工行业。

(3)分清职责,逐级考核,为各级管理者创造发挥的空间。作为建设单位的管理者,应明确该做什么,不该做什么,避免越俎代庖现象,从而调动设计、监理和施工单位管理者的积极性。

(4)加强培训和学习,掌握应有的绿化工程的基本知识,使绿化工程能够在建设单位的精心指导下顺利进行,从而能够最大限度地发挥其生态效益和景观效应。

2. 强化设计现场服务和操作流程

一份好的设计图纸是一个优质工程的先决条件,设计是否有新意、绿化配置是否合理将直接影响到工程建设的成败。因此,在设计方面着重于以下几个方面:

(1)集思广益,充分发挥设计者的潜力。设计并不是简单的制图,一个成功的项目设计应具备一定的主题和构思,并通过合理的手法加以体现。因此,在作好沟通的前提下,要充分发挥设计者的潜力,避免瞎指挥的现象。

(2)责任到位,强化现场服务。积极配合施工单位进行现场施工,根据现场实际情况,及时发现问题解决问题,使设计不仅仅局限于图纸,真正做到"化蓝图为现实"。

(3)严格图纸会审制度,牢牢把握事前控制。减少不必要的施工返工。

(4)设计变更有依有据。为作好投资控制,强调设计变更依据,确立相应的操作流程,避免随意变动图纸。

(5)共同参与质量检查,及时作好沟通。通过对现场的了解,及时找出存在的问题和不足,以便日后得以改进。

3. 加强监理的选择和管理,提高监理积极性

监理单位在工程的建设管理过程中,起着承上启下的的作用。监理的工作质量将直接影响到工程的质量、进度等诸多方面,因此在监理的管理上力求做到以下几点。

(1)组织好设计交底和图纸会审工作

绿化施工要严格按照图纸施工,图纸交底异常重要,要求设计单位详细介绍设计意图,施工单位要深刻领会工程整体的设计思想,以便在施工中灵活运用。如:树丛栽植时,哪株直,哪株斜,倾斜的角度,如何让其搭配和谐而又顾盼生姿,生动有趣。

(2)加强施工工序的质量管理

①重视土壤的处理工作

土壤的好坏直接关系到植物今后的生长,要对其进行理化性质化验分析,从酸碱度、孔隙度、透水透气性以及持水性等进行分析、测试,再采取相应的消毒、施基肥、客土等措施。尤其是土壤的翻挖深度、客土质量、基肥的腐熟程度及施入量、地形的平整度都要符合相关要求。

②定点放线的处理

一般要求位置准确,标记明显,种植穴标明中心点位置,种植槽标明边线。但特殊情况又需灵活处理,如分车带中栽植乔木,遇路灯灯柱时,因有与灯柱保持2m距离处理,适当调整株间距离。另还有行道树的定点,由于道路两侧地下管线、消防栓、商店等因素,时常要适当做些调整。

③种植穴、槽的挖掘

种植穴、槽的挖掘视苗木根系、土球直径、土壤情况来要求。尤其是土质较差的种植穴一定要挖深些,然后进行施基肥和客土,以创造有利于植物生长的小环境。

④把好苗木质量关

对苗木的品种、株型、冠幅、高度、干径、土球大小、根系发育情况等严格把关,选择符合设计要求、生长健壮、无机械损伤、无病虫害的优良苗木。

⑤苗木栽植

苗木栽植前应对苗木根系、树冠进行修剪,拆除带土球苗木根部的不易腐烂的包装物;带土球的乔木栽植时,种植穴底部要踏平,裸根的,种植穴底部要将土填成锥形;填土时要分层压实，最好用锄把捣实，不留空隙；注意观赏面的朝向。

⑥浇定根水

栽植后 24h 内必须浇定根水，且要浇透。

⑦固定支撑

5cm 以上的乔木应设支柱固定，固定物应整齐美观。

只有严格按施工工序操作，每道工序完工后，经监理检查认可签字后，方可移交下一道工序继续施工。逐道工序交接检查一环扣一环，才能保证施工质量。

4. 提高施工单位素质

规范施工单位行为施工单位作为绿化工程项目的具体操作者，既是管理的对象，也是建设单位服务的对象。

(1)树立“质量第一”的观念，使施工单位的认识统一到工程管理中来。

①组织培训。由于施工单位的素质不一，特别是项目经理的层次差异较大，建设单位通过培训的方式，如业内资料培训、施工技术培训等使参建人员素质得以提高。

②明确施工要求和计划。通过交底、例会、现场会、观摩会等形式，明确建设方的要求和计划，使施工单位能跟上建设单位的节奏，做到政令统一。

③制订详细的考核细则和办法。通过制定对人员、设备、土壤管理、水分管理、肥料管理、中耕除草、修剪工作、植保工作、防台防汛、成活率、景观效果、文明施工、技术措施等要求使施工程序和施工工艺科学规范。

④建立奖惩制度。将考核结果与工程款挂钩，做到奖优罚劣，给施工单位带来一定的促动。

(2)注重建设过程中的每个环节，从源头控制问题的发生。

①对土方采取一票否决制，建立土方监督员制度，通过合理的土壤改良和地形处理，确保土方质量，为植物提供良好的生长条件，保证根部能够充分伸长，维持活力，吸收养料和水分。

②建立苗木质量的三抽检制度。从苗源地开始把关，确保苗木质量和规格达到设计要求。

③制订苗木的种植及相关技术措施细则。通过制定《苗木种植技术要求》、《特殊苗木种植技术要求》等，确保苗木在采购、运输、种植、养护、绑扎等方面的规范运作，确保种植后的景观效果。

④制订养护管理要求及考核制度，使施工单位认清养护的重要性，加强苗木后期的养护工作。

⑤制订病虫害发生的预测预报制度，将病虫害的发生控制在早期，避免大规模病虫害发生带来的损失。

二、安全管理

1. 公路绿化施工的安全管理要求

公路绿化施工必须按临时定点或移动养护维修作业区布置。

(1)一级公路应按临时定点控制工作区,按规定布设警告区 S、上游过渡区 L_s、缓冲区 H、工作区 G、下游过渡区 L_x,并按简化方式参照现行《公路养护安全作业规程》(以下简称《规程》)附录三图 21 ~ 图 23 在距上游过渡区 1600m(1000m)、400m(250m)处顺序设置施工标志和窄路标志,按规定布设锥形交通路标,并应在上游过渡区内设置移动式标志车或配备交通指挥人员。二级公路应按要求布设锥形交通路标,并在上游过渡区内设置移动式标志车或配备交通指挥人员,参照《规程》附录三图 21 ~ 图 23 执行。

(2)若按移动作业控制工作区,一级公路须在工作控制区前 50 ~ 100m 处设置移动式车;其他等级公路可在工作控制区前配备交通指挥人员,参照《规程》附录三图 16、图 23 执行。

(3)二级及以上等级公路实施绿化机械修剪作业时,机械尾部必须安装发光可变标志牌或按移动养护维修作业控制区布置。人工高处修剪树枝时必须系安全带。

2. 绿化管护

绿化管护需占用车道时,必须按相应等级公路养护施工作业控制区布设要求设置有关标志,苗木和作业机具应按行车方向顺向摆放在作业控制区或不影响交通的区域。清除的杂草、树枝、树根等严禁就地焚烧,以防引发火灾。遇到大风、雨、雪、雾等特殊气候必须停止绿化管护作业。

3. 路树采伐现场的安全管理

(1)一级公路进行路树采伐作业时,必须设置移动式标志车,紧靠路肩的车道参照《规程》附录三图 21 ~ 图 23 布置养护维修作业控制区。

(2)二级公路进行路树采伐作业时,若设置移动式标志车,可不设置警告区和过渡区,可参照《规程》附录三图 21 ~ 图 23 布设锥形交通路标或其他渠化交通的安全设施。若没设置移动式标志车,则必须按规定设置警告区和过渡区,参照《规程》附录三图 21 ~ 图 23 布设锥形交通路标。

(3)三、四级公路可仅在工作控制区按规定布设锥形交通路标或其他渠化交通的安全设施,并安排专人指挥交通,养护维修作业控制区布置参照《规程》附录三图 21 ~ 图 23 执行。

(4)多组路树采伐必须制订周密的计划。采伐前应明确采伐范围,在采伐范围内设置专人警戒和疏导交通,严禁非工作人员逗留和接近采伐范围;采伐前应将周围有碍采伐作业的灌木和藤条清除,并选好安全躲避空间,对伐具特别是电锯设备的布置进行检查。

(5)采伐时应根据环境和风向选择树木倾倒方向,排除地面和空中危险物。树木不得倒向桥梁、护栏、行人和车辆行驶方向。为使路树按预定方向倾倒,应在树木下部倒树方向砍一剁口,深度为树干直径的 1/4,然后从剁口上边缘的对面开锯,剁口与锯口间应保留 2 ~ 3cm 的距离,再在保证人员安全的情况下使该树倒向预定方向。人工高处采伐树枝时必须系安全带,应先伐树枝,后伐树干。

(6)在山坡上严禁在同一地段的上下同时砍伐作业。在陡坡、悬崖处砍伐树木,应有防止树木伐倒后顺坡滑溜和撞落石块伤人的安全措施。

4. 浇水与治虫作业应按如下规定做好安全管理

(1)二级及以上等级公路实施绿化机械浇水和治虫作业时,凡机械行进速度低于50km/h,均应按临时定点或移动养护维修作业控制区布置,或应在机械设备尾部必须安装发光可变标志牌。

(2)三、四级公路实施绿化机械浇水和治虫作业时,机械设备尾部必须安装发光可变标志牌。

第四章 绿化监理

公路绿化监理是指具有相关资质的专业化、社会化绿化监理单位受建设业主的委托，依据国家批准的工程项目文件、有关公路绿化工程建设的法律法规、规章标准及绿化工程建设监理合同，代替建设单位对承建单位的绿化工程建设实施监控的一种专业化服务活动。绿化监理单位与项目法人之间是委托与被委托的合同关系；与被监理单位是监理与被监理关系。从事绿化工程建设监理活动，应当遵纪守法、诚实守信、公平公正、科学的准则。

第一节 绿化监理的目的和意义

近年来，我国公路建设事业蓬勃发展，绿化工程作为公路建设的重要组成部分，受到越来越多的关注。公路绿化工程也在不断提高，规模越来越大，档次越来越高，投资越来越多。为保证公路绿化建设的优质高效，引进绿化工程监理制度，加强公路绿化专业化监理，势在必行。

一、绿化监理的目的和意义

（一）绿化监理的必要性

1. 绿化工程引入市场竞争机制

随着公路绿化档次的不断提升和规模的不断扩大，公路绿化工程逐步引入竞争机制，进入市场竞争，实行招标投标。在招投标的合同管理体制中，引进工程监理制度，制约竞争中各方行为，保证工程质量和投资的最大优化。

2. 绿化投资的多元化发展

绿化建设资金已由过去单一的国家投资向多元化发展，采取多方集资、利用贷款等措施来扩大财源，从而形成了国家、企业、个人和外资的多元投资格局。引入工程监理制度，将进一步规范工程管理，提高工程效益，对工程建设的全过程实施监控，在保证工程质量的前提下，约束施工单位的随意操作行为，改善施工管理，合理高效的利用投资，以保证项目目标得以实施。

3. 绿化工程承包合同双方协作关系的亟待改善

在公路绿化工程中引入竞争机制后，施工单位逐步实行了自负盈亏、自主经营的企业化管理，施工企业不再是单纯从属于国家行政机关的“施工单位”，而是作为独立法人的企业，具有可能与国家长远利益不一致的企业利益。另一方面，习惯于传统管理方式的施工企业进入竞争市场后，立刻表现出诸多不适应的情况，竞争力下降，管理水平跟不上，工程中出现许多问题。

在逐步引入工程监理机制后，监理工程师拥有按照实际验收的工程质量和数量签署工程款支付等能力，可以严把材料关，约束施工单位的任意操作行为，同时减少了投资方的管理人员编制。在施工过程中，既保证了工程质量，又合理协调了工程承包双方的利益，改善了协作关系。

（二）绿化监理的目的和意义

1. 有利于提高建设工程投资决策科学化水平

根据我国有关规定，监理企业可直接从事咨询工作，为建设单位提供建设方案，而且可使项目投资更加符合市场需求。工程监理企业参与或承担项目决策阶段的监理工作，有利于提高项目投资决策的科学化水平，避免项目投资决策失误，也为实现建设工程项目投资综合效益最大化提供良好基础。

2. 有利于规范工程建设参与者的建设行为

工程建设参与各方的建设行为都应当符合法律、法规、规章和市场准则。而对参与各方的建设行为需要建立一种约束机制，建设工程监理制就是这样一种约束机制。在建设工程实施过程中，工程监理企业可依据委托监理合同和有关的建设工程合同对承建单位的建设行为进行监督管理。由于这种约束机制贯穿于工程建设的全过程，采用事前、事中和事后控制相结合的方式，因此可以有效地规范各承建单位的建设行为，最大限度地避免不当建设行为的发生。即使出现不当建设行为，也可以及时加以制止，最大限度地减少其不良后果。应当说，这是约束机制的根本目的。另一方面，由于建设单位不了解建设工程有关的法律、法规、规章、管理程序和市场行为准则，也可能发生不当建设行为。在这种情况下，工程监理单位可以向建设单位提出适当的建议，从而避免发生建设单位的不当建设行为，这对规范建设单位的建设行为也可起到一定的约束作用。当然，要发挥上述约束作用，工程监理企业首先必须规范自身的行为，并接受政府的监督管理。

3. 有利于促使承建单位保证工程质量和使用安全

监理人员是既懂工程技术又懂管理的工程专业人员，能及时发现建设工程实施过程中出现的问题，发现工程材料、设备以及阶段产品存在的问题，从而避免留下工程质量隐患。因此，实行建设工程监理制之后，在加强承建单位自身对工程质量管理的基础上，由工程监理企业介入建设工程生产过程的管理，对保证建设工程质量和使用安全有着重要作用。

4. 有利于实现建设工程投资效益最大化

在满足建设工程预定功能和质量标准的前提下达到：建设投资额最少；建设工程寿命周

期费用最少;建设工程本身的经济、生态、社会效益的综合效益最大化。

二、绿化监理的程序和任务

(一)绿化监理的程序

绿化监理程序是用来指导、约束监理工程师工作,协调监理和承包人工作关系的规范性文件,拟定的依据主要是合同文件和技术规范。绿化监理程序主要包括进度管理监理程序、质量监理工作程序、计量与支付程序、合同管理工作程序、信息管理工作程序、合同段工程交工验收程序等。

(二)绿化监理的任务

绿化监理分为施工准备阶段监理、施工阶段监理、竣工及缺陷责任期阶段监理。

1. 施工准备阶段监理

在正式开工前应熟悉合同文件的内容,了解现场用地占有权和使用权的解决情况,核查设计图纸,复核定线数据,制定监理程序,审查承包人的工程总进度计划、现金流动估算、临时用地计划,审查承包人自检系统,落实承包人的材料来源等。

2. 施工阶段监理

施工阶段监理的任务是监理工程师利用业主授予的权力,从组织、技术、合同和经济的角度采取措施,对绿化工程质量、安全、环境保护、进度、费用实施全面监理,并严格地进行合同管理,高效有序地进行信息管理,及时进行组织协调,以使工程建设的目标最合理地实现。

3. 竣工及缺陷责任期监理

竣工及缺陷责任期阶段的监理,主要是在竣工或部分竣工后签发交接证书,以及对未完成的工程进行监理和对工程缺陷的修补、修复及重建进行监理。

第二节　质 量 监 理

质量是工程建设的关键,影响公路绿化工程质量的因素很多,监理工程师应按照合同要求对影响工程质量的各个因素从原材料、施工方法都要进行监理。任一环节出现疏忽,都会给绿化工程最终质量带来严重的损害,因而监理工程师必须对整个工程实行施工全过程的监理。

一、质量监理的内容、任务及程序

(一)绿化工程质量监理的内容

绿化工程质量监理的内容是监理工作最重要的职责,主要内容包括栽植用的苗木、草坪用草、施工机具、测量放样等。此外,还包括施工工艺、施工方案和承包人施工组织管理及其质量保证体系的建立、运转情况等的控制。

(二)绿化工程质量控制的基本任务

通过对绿化施工的投入、施工过程、绿化效果进行全过程的控制,以及对施工人员的资质、施工材料、施工机具、施工方案和方法、施工环境实施全面的控制,以期达到预定的质量目标。

(三)绿化工程质量监理程序

在开工前,监理工程师应向承包人提出适用所有工程项目质量控制的程序及说明,以供所有监理人员、承包人的自检人员和施工人员共同遵循,使质量控制工作程序化。质量控制一般应按以下程序进行。

1. 开工报告

在各单位工程、分部工程或分项工程开工之前,监理工程师应要求承包人提交工程开工报告并进行审批。

2. 工序自检报告

监理工程师应要求承包人的自检人员按照监理工程师批准的工艺流程和提出的工序检查程序。在每道工序完工之后首先进行自检,自检合格后,报监理工程师进行检查认可。

3. 工序检查认可

监理工程师应在承包人的自检或承包人的自检同时,对每道工序完工后进行检查验收并签字认可,对不合格的工序指示承包人进行缺陷修补或返工。前道工序未经检查认可,后道工序不得进行。

4. 中间交工报告

当工程的单位、分部或分项工程完工后,承包人的自检人员应再进行一次系统的自检,归总各道工序的检查记录结果提出交工报告。自检资料不全的交工报告,监理工程师应拒绝验收。

5. 中间交工证书

监理工程师应对按工程量清单的分项完工的单项工程进行一次系统的检查验收。检查合格后,提请监理工程师签发"中间交工证书"。未经中间交工检验或检验不合格的工程,不得进行下一项工程项目的施工。

6. 中间计量

对填发了"中间交工证书"的工程,方可进行计量并由监理工程师签发"中间计量表"。完工项目的竣工资料不全可暂不计量支付。

为了保证工程质量,监理工程师在工程施工监理过程中应做到四不准:人力、材料、机械设备准备不足不准开工;未经检查认可的材料不准使用;施工工艺未经批准,施工中不准采用;前道工序未经验收,后道工序不准进行。

二、质量监理方法

(一)旁站

旁站,就是在工程施工过程中监理人员对工程的重要环节或关键部位实施全过程的现场察看监理。这是驻地监理人员的一种主要现场检查方式。对承包人施工的隐蔽工程、重要工程部位、重要工序及工艺,应由监理工程师或其助理人员实行全过程的旁站监督,及时清除影响工程质量的不利因素。

(二)巡视

监理人员对正在施工的部位或工序在现场进行的定期或不定期的监督活动。通过对重点部位和工序的巡视,可以随时掌握工程进度情况,及时发现存在的问题,以便更好地控制工程的质量、进度和安全管理。

(三)测量

测量是监理人员在质量监理中对几何尺寸控制和检查的重要手段。开工前监理人员要对施工放线及苗木规格进行检查测量,测量不合格不准开工。验收时,要对验收部位各项几何尺寸进行测量,不符合要求的要进行测量控制和检查。

(四)指令文件

指令文件也是监理的一种方法。监理过程中,监理工程师的各种指令都要有文字记载,并作为主要技术资料存档,使各项事情处理有根有据。这是按照 FIDIC 条款进行监理的一个特点,也是监理人员对工程施工过程实施控制和管理不可缺少的手段。如质量问题通知单、工作指令、工程变更令等,用以指出施工中各种问题,提请承包人注意,以达到控制的目的。

(五)抽查

抽查是指工程项目的高层监理机构为了支付所完成工程的费用,对工程质量进行复核的一种方式。通常情况下,工程项目总监代表处为保证重点工程和关键工程的质量,根据对各种报表、申请等分析结果,决定抽查密度。这种随机的抽查形式,也是工程施工质量得以保证的措施之一。

(六)工序控制

工序控制是监理工程师对施工质量进行有效控制的重要手段之一,必须按"质量控制程序流程"和质量控制的"四不准"原则进行严格控制,以确保工程质量达到要求。

三、绿化工程各个阶段的质量控制

(一)施工前的质量控制

1. 复核设计文件,参加技术交底工作

监理工程师在质量控制方面,首先要对设计文件、图纸进行审核。对有关数据资料进行核对,纠正差错,查漏补缺;调查现场的自然地理、地貌、水文地质条件是否适于设计中采用的植物,对设计与实际不符或有错误、遗漏的问题,及时报告业主,以便采取措施加以解决,并填写图纸会审报告单。

参加设计技术交底工作会议,由设计人员对绿化工程施工中的重点、难点、易发生的质量问题和病虫害防治予以交底,并回答施工单位提出的有关事宜。

2. 制订监理工作管理程序、监理规划、监理实施细则

(1)制订绿化工程监理工作管理程序

绿化工程在施工过程中,必须按照一定程序施工。监理工程师需对每道程工序的施工质量进行控制,方能控制住整体工程的质量,以达到最终的质量目标。

诸如,绿化工程施工组织设计审批工作程序;绿化苗木管理程序;绿化工程开工管理工作程序;施工过程控制管理工作程序;工程验收管理工作程序;工程量清单管理工作程序;工程支付管理工作程序;工程变更程序等。

(2)制订监理规划

①绿化工程监理规划的作用

监理规划是监理单位接受业主委托并签订委托监理合同之后,在项目总监理工程师的主持下,根据委托监理合同,在监理投标建议书的基础上,结合工程的具体情况,广泛收集工程信息和资料的情况下制定的。监理规划是用来指导绿化工程项目监理机构全面开展监理工作的指导性文件。

②监理规划内容

a. 绿化工程概况。绿化工程概况包括工程名称,工程地点,工程组成及规模,投资总额,设计工期及开、竣工日期,工程质量目标要求,绿化工程设计单位及施工单位名称等。

b. 监理工作范围。监理工作范围是指监理单位承担的监理任务的范围,是指承担监理全部绿化工程,还是承担总绿化工程中某一部分的监理任务。

(3)制订监理实施细则

绿化工程监理实施细则,是在监理规划的基础上编写的,是指导施工的实施性文件。如明确各分项工程的质量指标、检验频率、检验方法、易发生的质量事故及预防措施,施工中应注意事项等,须具有操作性。

3. 检查承包人的质量保证体系

(1)落实承包人质量保证体系

承包人应建立完善的质量保证体系,以强化质量管理,监理工程师在开工前进行检查落实。

①承包人的质量保证体系应健全有效。

②检查施工合同中的人员资质条件、机构设置、人员配备、责任分工是否与施工合同相同。如有变化，按规定办理调换手续。

(2)检查承包人机具进场情况及施工准备情况

监理工程师应实地检查以下内容：

①承包人的施工机具按承包合同中的承诺，按计划需要适时进入施工现场。包括机具数量、规格型号、完好率及维修措施，以保证需要。

②施工现场、临时设施的布局要满足施工需要。

③绿化用水、用电、通讯设置准备情况。

④安全、环境保护设施落实情况等。

(3)绿化用的材料检验及确认

在分项开工前，监理工程师要求施工单位提供各类绿化植物的生产厂家及产地。必要时连同业主、施工单位共同对厂家考查，经过考查确认合格可以使用，否则不准使用。苗木进场后，施工单位要自检，自检合格，报监理工程师确认。经监理工程师确认后，方可使用栽植，否则立即运出施工现场。

(4)审核施工组织设计

审核施工组织设计中与质量有关的内容，包括：

①施工计划与施工方案。

②施工质量目标与保证措施。

③反季节绿化施工的技术问题和具体措施。

④绿化养护措施和冬季苗木越冬防寒措施。

⑤新品种培育与栽植，外埠引进苗木栽植保证成活率的措施等。

(二)施工阶段的质量控制

1. 绿化用土

(1)土壤的试验

在公路绿化区内，由于公路施工过程产生部分施工垃圾，土壤环境遭受一定程度的破坏，使植物不能正常生长；另外，在路基边坡，由于压实度高，土壤极易板结，土壤孔隙度等物理指标发生变化，从而破坏土壤最适生长环境；路基建设过程中，挖方填方破坏了土壤表土层，挖方填方边坡土壤多为生土，土壤中有机质及微生物含量较低，土壤水肥条件差。因此，在栽种植物前应对栽种区内的土壤进行试验。特别是对土壤酸碱度、有机质含量、水分含量以及土壤孔隙度等理化指标进行测定，对土壤水肥状况进行综合评定，以决定是否对土壤进行更换或改良。

(2)土壤的改良

土壤改良是指针对不良形状的土壤或具有植物生长障碍因子的土壤，采取相应的物理或化学措施，改变土壤的理化性状，以改良土壤水肥条件的过程。土壤改良技术主要包括土壤结构改良、盐碱地改良、酸化土壤改良、土壤科学耕作和治理土壤污染。

公路建设过程中，挖方填方路段因施工表土层遭受破坏，且路肩边坡压实度较高，土壤极易板结。另外，黏质土壤、沙质土壤均需改良才能达到植物生长最佳效果。因此在绿化工程施工前，应对不适宜植物生长的土壤环境进行结构改良。

改造的主要措施有：

①增施有机肥，改变土壤颗粒之间的联结性质，以降低黏质土壤的黏结性；对于砂质土壤，则可通过有机质增强团聚，使之不至于过于松散。

②对黏质土壤进行掺沙处理，提高土壤孔隙度、增加土壤通透能力；对沙质土壤进行掺黏处理，增加土壤黏着力和黏结力，提高土壤保水、保肥能力。

③选择合适的整地时间，确保土壤墒情良好，防止土壤水分因整地过度散失。

盐碱地改良，主要是通过脱盐剂技术、盐碱地区旱田的井灌技术、生物改良技术进行土壤改良；对于酸性土壤或碱性土壤主要采用化学改良，常用的化学改良剂有石膏、石灰、磷石膏、氯化钙、硫酸亚铁、腐殖酸钙等；土壤污染主要通过生物或化学方法进行改良，重度污染应采取客土法，例如，土壤重金属污染主要是采取生物措施改良，通过植物的吸收、富集作用将土壤中的重金属萃取出来。

(3)土壤的选择

①表土应为松散土，土壤孔隙度适宜，具有良好的透水、透气性和含有丰富有机质的土，能有助于植物生长，且无有害物质以及大于25mm的石块、垃圾等。

②经过改良并达到使用标准的土壤。承包人应对所采用的土壤，进行试验检测，并填写土壤试验检测报告单，报告监理工程师，经审批后方可使用。

2. 草种和铺植草皮及花卉栽培

(1)材料选择

①草种的选择原则

应选择适合当地气候条件、易于生长的草种，或经监理工程师同意或批示的其他混合草种。混合草种应试验其萌芽情况，其纯度和萌发芽率均应到90%以上。

种子纯度及萌芽率计算公式为：

$$\text{种子纯度}(\%) = \frac{\text{本品种的种子数}}{\text{供检样本种子总数}} \times 100$$

$$\text{萌芽率}(\%) = \frac{\text{萌芽种子数}}{\text{种子总数}} \times 100$$

②草皮的选择原则

种植草皮应具有耐旱、耐涝、容易生长、蔓面大、根系发达、低矮强壮等特性的多年生草本植物。

(2)肥料选择

①应优先选择经过沤制的农家肥。

②使用化肥时，应为标准农用化肥并按袋装提供，化学肥料中氮、磷、钾的含量应根据植物类型、生长时期和土壤肥力状况选用。

③混合肥料由10%的有机肥、20%化肥、70%的表土均匀拌和而成。有效营养成分符合要求的液体化肥也可以使用。

(3)种植材料和播种材料

①种植材料应根系发达,个体强壮,无病虫害,规格及形态应符合设计要求。

②苗木挖掘、包装应符合现行行业标准《城市绿化和园林绿地用植物材料　木本苗》(CJ/T 34—2002)的规定。

③裸地栽培花卉应符合下列规定:

1~2年生花卉,株高应为10~40cm,冠径应为15~35cm,分枝不应少于3~4个,叶簇健壮,色泽明亮;宿根花卉,根系必须完整,无腐烂变质根;球根花卉,根茎应茁壮、无损伤,幼芽饱满;观叶植物,叶色应鲜艳,叶簇丰满。

④其他注意事项。

水生植物,根、茎发育应良好,植株健壮,无病虫害;铺栽草坪用的草块及草卷应规格一致,边缘平直,杂草不得超过5%,草块土层厚度宜为3~5cm,草卷土层厚度宜为1~3cm;植生带厚度不宜超过1mm,种子分布应均匀,种子饱满,发芽率应大于95%;播种用的草坪、草花、地被植物种子均应注明品种、品系、产地、生产单位、采收年份、纯净度及发芽率,不得有病虫害;自外地引进种子应有检疫合格证,发芽率达90%以上方可使用。

⑤种植材料和播种材料的质量控制。

承包人应在铺植工作前14天,向监理工程师提供有关草皮供应来源的全部资料,监理工程师随时考查现场。经考查确认后方可允许购置,否则不准使用。所有草皮应符合现行有关植物病害及昆虫传染检疫的法规,承包人应送交必要的全部检疫证明。

从采集场地运出前不少于7天,承包人以书面通知监理工程师到现场检查草皮,监理工程师同意挖移的草皮,并不意味着最后验收。

(4)草坪、花卉种植

①草坪种植应根据不同地区、不同地形选择播种、分株、茎枝繁殖、植生带、铺砌草块和草卷等方法。

种植的适宜季节和草种类型选择应符合下列规定:冷季型草播种宜在秋季进行,也可在春、夏季进行;冷季型草分株栽植宜在北方地区春、夏、秋季进行;茎枝栽植暖季型草宜在南方地区夏季和多雨季节。

植生带、铺砌草块或草卷,温暖地区四季均可进行;北方地区宜在春、夏、秋季进行。

②草坪播种应符合下列规定:

选择优良种籽,不得含有杂质,播种前应做发芽试验和催芽处理,确定合理的播种量。播种时应先浇水浸地,保持土壤湿润,稍干后将表层土或松或平,进行撒播,均匀覆土0.30~0.50cm后轻压,然后喷水。播种后应及时喷水,飞水点宜细密均匀,浸透土层8~10cm,除降雨天气,喷水不得间断。亦可用草帘覆盖保持湿度,至发芽时撤除。植生带铺设覆土、轻压、喷水,方法同播种。坡地和大面积草坪铺设可采用喷播法。

③草坪混播应符合下列规定:

选择两个以上草种应具有种间竞争小、生长良好、增加美观的功能;混播应根据植物生态习性、气候条件和设计配置比,确定草坪植物的种类和草坪比例;同一行混播应按确定比例混播在一行内,隔行混播应将主要草种播在一行内,另一种草播在另一行内。混合撒播应筑播种床育苗。

④分株种植应将草带根掘起,除去杂草后5~7株分为一束,按株距15~20cm,呈品字形种植于深6~7cm穴内,再踏实浇水。

⑤茎枝繁殖宜取茎枝或匍匐茎的3~5个节间,穴深应为6~7cm,埋入3~5枝,露出地面宜为3cm,并踏实,灌水。

⑥铺设草块应符合下列规定。草块应选择无杂草、生长势好的草源,在干旱地掘草块前应适量浇水,待渗透后掘取;草块运输宜用木板置放2~3层,装卸车时,应防止破碎;铺设草块可采取密铺或间铺,密铺应互相衔接不留缝,间铺间隙应均匀,并填以种植土,草块铺设后应滚压、灌水。

⑦种植花卉的各种花坛(花带、花境等),应按照设计图定点放线,在地面准确划出位置、轮廓线。面积较大的花坛,可用方格线法,按比例放大到地面。

⑧花卉用苗应选用经过1~2次移植,根系发育良好的植株。起苗应符合下列规定:裸根苗,应随起苗随种植;带土球苗,应在圃地灌水渗透后起苗,保持土球完整不散;盆育花苗去盆时,应保持盆土不散;起苗后种植前,应注意保鲜,花苗不得萎蔫。

⑨各类花卉种植时,在晴朗天气、春秋季节、最高气温25℃以下时可全天种植;当气温高于25℃时,应避开中午高温时间。

⑩模纹花坛种植时,应将不同品种分别置放,色彩不应混淆。

a. 花卉种植的顺序应符合下列规定:独立花坛,应由中心向外的顺序种植;坡式花坛,应由上向下种植;高矮不同品种的花苗混植时,应按先矮后高的顺序种植;宿根花卉与1~2年生花卉混植时,应先种植宿根花卉,后种1~2年生花卉;模纹花坛,应先种植图案的轮廓线,后种植内部填充部分;大型花坛,宜分区、分块种植。

b. 种植花苗的株行距,应按植株高低、分枝多少、冠径大小决定。以成苗后不露出地面为宜。

c. 花苗种植时,种植深度宜为原种植深度,不得损伤茎叶,并保持根系完整。球茎花卉种植深度宜为球茎的1~2倍。块根、块茎、根茎类可覆土3cm。

d. 花卉种植后,应及时浇水,并应保持植株清洁。

e. 水生花卉应根据不同种类、品种习性进行种植。为适合水深的要求,可砌筑栽植槽或用缸盆架设水中,种植时应牢固埋入泥中,防止浮起。

f. 对漂浮类水生花卉,可从产地捞起移入水面,任其漂浮繁殖。

3. 种植乔木、灌木和攀缘植物

(1)植物材料

①植物材料选择

树种选择优先选择乡土树种,其次,应根据公路沿线地区特点,选择适合当地气候条件、易于生长、并有丰满干枝体系和茁壮根系发达的植物。植物应无缺损树节、擦破树皮、受风冻伤害或其他损伤,外观应显示出正常健康状态,能承受上部及根部适当的修剪。无特殊规定或图纸标明，所有植物应在苗圃采集。

乔木应具有挺直的树干，发育良好的枝条，根据其自然习性对称生长。不应有大于直径2cm未愈合的伤痕。运到现场的乔木高度应符合图纸要求，其胸径（距地面1.3m处）应不小于3cm。按图纸所示，种在坡脚或沿边沟的灌木高度应不小于1.0m。

不允许采用代替品种，除非证实在承包期内的正常种植季节采集不到规定的植物。只有经监理工程师同意后，才允许种植代替品种。

②植物材料质量控制

承包人应在种植工作前14天，向监理工程师提供有关种植物供应来源的全部资料，监理工程师可随时前来检查。所有种植物应符合现行关于植物病害及昆虫传染检疫的法规，承包人应送交监理工程师必要的全部检疫证明。

从苗圃运出前不少于7天，承包人应以书面形式通知监理工程师，在苗圃挖移以前检查所有种植物。监理工程师同意挖移的植物，并不意味着最后验收。

（2）施工要求

①种植季节要求。各类植物应在公路所经地的最适宜季节进行种植，北方一般选择春季种植，尽量选取阴雨、无风、温度低于25℃的天气种植，除非图纸上另有标明或监理工程师指示，土壤条件不适合种植时不应种植。

②在运出植物前，应由苗圃技术人员按起苗、调运等技术要求负责将植物挖出、包扎、打捆，以备运输，任何时候，植物根系应保持潮湿、防冻、防止过热。落叶树在裸根情况下运输时，必须将根部包涂黏土浆，使根的全部带有泥土，然后包装在稻草袋内。所有常青树及灌木的根部，均应连同掘出的土球用草袋包装。运到工地及种植前，这些土球应结实，草包应完好。树冠应仔细捆扎以防止枝杈折断。

③植物以单株、成捆、大包或容器内装有一株或多株植物运到工地时，均应分别系有清楚的标签，标明植物名称、尺寸、树龄或其他详细资料，这对鉴别植物是否符合规定是必要的。当不能对各单株植物分别标明时，标签内应说明成捆、成包以及容器内的各种植物的数量及规格。

④储存和保护。

运到工地后，一天内种不完的植物，应存放在阴凉潮湿处或进行假植，以防苗木过度失水。裸根树种应将包打开，放在沟内，根部暂盖窒土，并保持湿润。带有土球及草袋包装的植物，应用土、稻草或其他适当材料加以保护并保持土、稻草等潮湿，以防根系干燥。

⑤种植准备。

承包人应按绿化工程布置的图纸标出种植地段、种植位置及品种的轮廓，并进行放样，在种植之前这些布置应得到监理工程师的检查认可。

种植地段应修整到符合监理工程师指示的线形和坡度，并具有舒畅的外形。在种植中所有大土块、石块、硬土及其他杂物和不适于种植的材料，均应由承包人自工地移走。处理好的表土和底土应分开，并得到监理工程师认可。

⑥刨坑。

a.刨坑、刨槽的规格要求：刨坑、刨槽位置要准确，坑径应根据根系、土球大小及土质情况而定，刨坑、刨槽要直上直下成桶形，不得上大下小或上小下大，以免造成窝根或填土不实。坑径一般可比植物的根系或土球直径大 0.2 ~ 0.3m。如遇土质过黏、过硬或含有有害物质如石灰、沥青等，则应适当加大坑径。具体规定见表 4-1、表 4-2。

乔、灌木胸径或高度相对应的树坑规格　　表 4-1

乔木胸径(mm)			30 ~ 50	50 ~ 70	70 ~ 100	
灌木高度(m)		1.2 ~ 1.5	1.5 ~ 1.8	1.8 ~ 2.0	2.0 ~ 2.5	
常绿树高度(m)	1.0 ~ 1.2	1.2 ~ 1.5	1.5 ~ 2.0	2.0 ~ 2.5	2.5 ~ 3.0	3.0 ~ 3.5
坑径(m)	0.5 × 0.3	0.6 × 0.4	0.7 × 0.5	0.8 × 0.6	1.0 × 0.7	1.2 × 0.8

绿篱高度与相对应的坑槽规格　　表 4-2

绿篱高度(m)	1.0 ~ 1.2	1.2 ~ 1.5	1.5 ~ 2.0
单行(槽:宽 × 深)(m)	0.5 × 0.3	0.6 × 0.4	0.7 × 0.4
双行(槽:宽 × 深)(m)	0.3 × 0.4	1.0 × 0.4	1.2 × 0.5

b. 刨坑的操作：刨坑时应以所定位置为中心，按规定坑径画一个圆圈作为刨坑的范围；挖坑时应将表土与底土分别置放，不同的土质亦应分开堆放，堆放位置以不影响栽植为宜，刨坑到规定深度后在坑底垫底土；挖抗的坑壁要随挖随修使其成直上直下形状，不要成锅底形；刨坑时如发现地下管道、电缆等地下设施应停止操作，并及时向监理工程师报告，请求处理办法；在斜坡处挖坑应先做成一平台，平台大小应以坑径最低规格为依据，做成后在平台上再挖坑。

(3) 种植前的修剪

①种植前应进行苗木根系修剪，宜将劈裂根、病虫根、过长根剪除，并对树冠进行修剪，保持地上地下平衡。

②乔木类修剪应符合下列规定：

具有明显主干的高大落叶乔木应保持原有树形，适当疏枝，对保留的主侧枝应在健壮芽上短截，可剪去枝条 1/30 ~ 1/5。

无明显主干、枝条茂密的落叶乔木，对干径 10cm 以上树木，可疏枝保持原树形；对干径为 5 ~ 10cm 的苗木，可选留主干上的几个侧枝，保持原有树形进行短截。

枝条茂密具圆头型树冠的常绿乔木可适量疏枝，枝叶集生树干顶部的苗木可不修剪，具有轮生侧枝的常绿乔木用作行道树时，可剪去基部 2 ~ 3 层轮生侧枝。

常绿针叶树，不宜修剪，只剪除病虫枝、枯死枝、生长衰弱枝、过密的轮生枝和下垂枝。

用作行道树的乔木，定干高度宜大于 3m，第一分枝点以下枝条应全部剪除，分枝点以上枝条酌情疏剪或短截，并应保持树冠原形。

珍贵树种的树冠宜作少量疏剪。

③灌木及藤蔓类修剪应符合下列规定：

带土球或湿润地区带宿土裸根苗木及上年花芽分化的开花灌木不宜作修剪，当有枯枝、病虫枝时应予剪除。

枝条茂密的大灌木，可适量疏枝。

对嫁接灌木,应将接口以下砧木萌生枝条剪除。

分枝明显、新枝着生花芽的小灌木,应顺其树势适当强剪,促生新枝,更新老枝。

用作绿篱的乔灌木,可在种植后按设计要求整形修剪。苗圃培育成型的绿篱,种植后应加以修整。

攀缘类和蔓性苗木可剪除过长部分。攀缘上架苗木可剪除交错枝、横向生长枝。

④苗木修剪质量应符合下列规定:

剪口应平滑,不得劈裂;枝条短截时应留外芽,剪口应距留芽位置1cm以上;修剪直径2cm以上大枝及粗根时,截口必须削平并涂抹油漆及蜡质防止水分过度散失。

(4)树木种植

①应根据树木的习性和当地的气候条件,选择最适宜的种植时期进行种植。

②种植的质量应符合下列规定:

种植应按设计图纸要求核对苗木品种、规格及种植位置。

规划式种植应保持对称平衡,行道树或行列种植树木应在一条线上,相邻植株规格应合理搭配,高度、干径、树形近似,种植的树木应保持直立,不得倾斜,应注意观赏面的合理朝向。有树弯时应掌握树尖与根部在一条垂直线上,树弯在顺路方向与路平行的原则。

种植绿篱的株行距应均匀,树形丰满的一面应向外,按苗木高度、树干大小搭配均匀。在苗圃修剪成型的绿篱,种植时应按造型拼栽,深浅一致。

种植带土球树木时,不易腐烂的包装物必须拆除。

珍贵树种应采取树冠喷雾、树干保湿和树根喷布生根激素等措施。

种植时,根系必须舒展,填土应分层踏实,种植深度应与原种植线一致。竹类可比原种植线深5~10cm。

③树木种植应符合下列规定:

树木置入种植穴前,应先检查种植穴大小及深度,不符合根系要求时,应修整种植穴。

种植裸根树木时,应将种植穴底填土呈半圆土堆,置入树木填土至1/3时,应轻提树干使根系舒展,并充分接触土壤,随填土分层踏实。

带土球树木必须踏实穴底土层,而后置入种植穴,填土踏实。

绿篱成块种植或群植时,应由中心向外顺序退植。坡式种植时应由上向下种植。大型块植或不同彩色丛植时,宜分区分块。

假山或岩缝间种植,应在种植土中掺入苔藓、泥炭等保湿透气材料。

④栽植。

修剪工作对高大乔木应在散苗前后进行,即在栽植前进行,高度3m以下无明显主尖的乔木和灌木为了保证栽后高矮一致、整齐美观,可在栽植后修剪,剪口应与树干平齐以免影响愈合;短截时注意留外芽,剪口距芽位置要合适,一般离芽1cm以上,剪口应稍斜成马蹄形;修剪直径2cm以上的大枝剪口应涂防腐剂或油漆等,可促进愈口和防止病虫、雨水侵害。

散苗、散裸根苗应随掘、随运、随散苗、随栽植,尽量缩短根部暴露时间,以利成活。散苗时要轻拿、轻放,行道树散苗要顺路的方向放树苗,不得横放于路上影响交通;散带土球树木时,要注意保护土球完整,搬运土球时不得只搬树干,尽量少滚动土球。

栽植前对裸根苗的根系要进行修剪,将断根、劈裂根、感染病虫害根、过长的根剪去,剪口要平滑,带土球的苗和灌木应将围拢树冠的草绳剪断。

栽植前应检查坑的大小、深度是否与根系、土球规格标准要求的坑径一致,不符时应进行修整。

应由有经验的工人,按照正常做法,进行种植和回填土,植物应垂直地栽好,比在苗圃的种植深度加深2~3cm,种植前的乔木和灌木应经监理工程师检查认可。

对裸根植物,先将表土放在坑底,其松散厚度约15cm,随即撒布适量(视表土性质而定)有机肥,在肥料上覆盖5~10cm回填土,使根系不接触肥料。随后将裸根植物放在树坑中央,以自然形态散开根系,所有折断或损坏的根系,应予截去,促使根部生长良好。在树坑四周及上部回填土后捣固并适当压紧,当回填到根系一半深度时,将植物稍提起,随即再按每层厚15cm回填土并压实。植物四周应由土围成与树坑大小相同的浅盆形凹穴(浅土盆)蓄水池,深约15cm。

栽行道、行列树必须横平竖直,栽植时可每隔10株或20株按规定位置准确的栽上一株作为前后植树对齐的依据,然后再分别栽植。

根部带有土球的植物,应同上述方法一样进行处理,并将表土及肥料放在穴内。随即将乔木或灌木垂直栽在坑底放稳,栽种深度应比此植物在苗圃时深2.5cm回填土随即填在植物土球周围并捣实。土球上部的麻(草)袋应割开并移去,将土球上部的土松开并摊平,然后将其余回填土填下,还应做好浅土盆状蓄水池。

栽植较大规格的常绿树和高大乔木时应在栽植的同时埋上支柱,支柱应埋深在0.3m以下,支柱要捆牢,并注意不要使支柱与树干直接接触以免磨伤树皮。立支柱方向应在下风口。

在种植后应按图纸要求,对乔木或灌木浇水,并要浇透,半月之内,再浇透水2~3次。其后每周一般浇水一次,视气候情况而定,直到植物成活为止。

对于在中央分隔带栽植起防眩作用的树木,其高度和株距应符合图纸要求,如图纸无规定,则树高宜1.60m,株距宜1.5m。

⑤落叶乔木反季节种植时,应采取以下措施:

苗木必须提前采取疏枝、环状断根或在适宜季节起苗,用容器假植等处理。

苗木应进行强修剪,剪除部分侧枝,保留的侧枝也应疏剪或短截,并应保留原树冠的三分之一,同时必须加大土球体积。

可摘叶的应摘去部分叶片,但不得伤害幼芽。

夏季可搭棚遮荫、树冠喷雾、树干保湿,保持空气湿润;冬季应防风防寒。

⑥植后浇水、支撑固定应符合下列要求:

种植后应在略大于种植穴直径的周围,筑成高10~15cm的灌水堰,土堰应筑实不得漏水。坡地可采用鱼鳞穴式种植。

新植苗木应在当日浇透第一遍水,以后应根据当地情况及时补水。北方地区种植后浇水不少于3遍。

黏性土壤,宜适量浇水,根系不发达树种,浇水量宜较多;肉质根系树种,浇水量宜少。

秋季种植的树木,浇足水后可封穴越冬。

干旱地区或遇干旱天气时,应增加浇水次数。干热风季节,应对新发芽放叶的树冠喷雾,宜在上午10时前和下午15时后进行。

浇水时应防止因水流过急冲刷裸露根系或冲毁围堰,造成跑漏水。浇水后出现土壤沉陷,致使树木倾斜时,应及时扶正、培土。

浇水渗下后,应及时用围堰土封树穴。再筑堰时,不得损伤根系。

⑦对人员集散较多的广场、人行道,树木种植后,种植池应铺设透气护栅。

⑧种植胸径5cm以上的乔木,应设支柱固定。支柱应牢固,绑扎树木处应夹垫物,绑扎后的树干应保持直立。

⑨攀缘植物种植后,应根据植物生长需要,进行绑扎或牵引。

(5)大树移植

①移植胸径在20cm以上的落叶乔木和胸径在15cm以上的常绿乔木,应属大树移植。

②大树移植前应对移植的大树生长情况、立地条件、周围环境、交通状况等进行调查研究,制订移植的技术方案。有条件的地区,可采用机械移植作业。

③当需移植大树时,移植时间宜一年前确定,移植前应分期断根,修剪,做好移植准备。

④大树移植应符合下列规定:

移植时对树木应标明主要观赏面和树木阴、阳面。

一般地区大树移植时,必须按树木胸径的6~8倍挖掘土球或方形土台装箱。

高寒地区可挖掘冻土台移植。

吊装和运输大树的机具必须具备承载能力。移植大树在装运过程中,应将树冠捆拢,并应固定树干,防止损伤树皮,不得损坏土球(土台)。操作中应注意安全。

大树移植卸车时,应将主要观赏面安排适当,土球(或箱)应直接吊放种植穴内,拆除包装,分层填土夯实。

大树移植后,必须设立支撑,防止树身摇动。

⑤大树移植后,两年内应配备专职技术人员做好修剪、剥芽、喷雾、叶面施肥、浇水、排水、设置风障、荫棚、包裹树干、防寒和病虫害防治等一系列养护管理工作,在确认大树成活后,方可进入正常养护管理。

⑥大树移植应建立技术档案,其内容应包括:实施方案、施工和竣工记录、图纸、照片或录像资料、养护管理技术措施和验收资料等。记录表内容应符合表4-3的规定。

大树移植记录表 表4-3

原栽地点	移植地点	树种	规格树龄(年)	移植日期	参加施工人员
技术措施					

（三）栽种植物养护与验收阶段的质量监理

1. 栽种植物的养护管理

（1）时间范围

公路工程绿化养护期限，从公路绿化工作开始种植到交工验收，及交工验收开始到质量缺陷责任期满为止，作为监理工作的养护管理期限。

（2）使用的化学物品的管理

使用农药、除草剂及其他农用化学物品，应由承包人按园艺要求的方法、季节及当地气候和所用物品的有关性质来选用。

在工作开始至少 7 天前，承包人应将各种化学物品的样品以及有关资料送交监理工程师批准。

（3）养护管理要求

①种植完工后 3 天内，承包人应向监理工程师提供管理和养护种植物的详细计划及日程，这个计划是种植计划的延续，将种植物养护到工程交工验收为止。对枯死植株应及时补植，应对补植植物进行至少一年的抚育管理，随时进行检查及时补植。

②植物栽植的成活率在规定的时间内应符合下述标准：公路处于平原区时应达 90% 以上；处于山区时应达 85% 以上；处于寒冷草原区及沙、碱、干旱区时应达 75% 以上。

成活率计算公式为：

$$\text{成活率}(\%)=\frac{\text{栽植后成活株数}}{\text{栽植总株数}}\times 100$$

③植物管理及养护计划应包括以下内容：

清除杂草；按照规范要求进行修剪、栽培；需要时经常浇水灌溉；每年施肥应不少于两次；及时进行病虫害防治；采取措施防范人为的破坏和牲畜的践踏、啃咬；枯死、损坏或丢失的树木花草应适时补植；保持种植区的清洁，及时清除垃圾、保护表土。

④在适宜的季节，对枯树、坏灌木以及其他不发芽或死去的植物和草进行更换补植，在监理工程师指示的期限内完成。

⑤承包人应提供并设置临时栅栏，以保护种植物不受损害，不需要时可拆除。

⑥承包人应提供、修建并维护植物必要的拉牵或桩木。

2. 绿化工程验收（招标文件有特殊要求的除外）

（1）种植材料、种植土和肥料等，均应在种植前由施工人员按其规格、质量分批进行验收。

（2）工程中间验收的工序应符合下列规定：

①种植植物的定点、放线应在挖穴、槽前进行。

②种植的穴、槽应在未换种植土和施基肥前进行。

③更换种植土和施肥，应在挖穴、槽后进行。

④草坪和花卉的整地，应在播种或花苗（含球根）种植前进行。

⑤工程中间验收,应分别填写验收记录并签字。

(3)工程竣工验收前,施工单位应于一周前向绿化质检部门提供下列有关文件。

土壤及水质化验报告;工程中间验收记录;设计变更文件;竣工图和工程决算;外地购进苗木检验报告;附属设施用材合格证或试验报告;施工总结报告。

(4)竣工验收时间应符合下列规定:

①新种植的乔木、灌木、攀缘植物,应在一个年生长周期满后方可验收。

②花坛种植的1~2年生花卉及观叶植物,应在种植15天后进行验收。

③春季种植的宿根花卉、球根花卉,应在当年发芽出土后进行验收。秋季种植的应在第二年春季发芽出土后验收。

(5)绿化工程质量验收应符合下列规定:

①乔灌木的成活率应达到95%以上,珍贵树种和孤植树应保证成活达到98%。

②强酸性土、强碱性土及干旱地区,各类树木成活率不应低于85%。

③花卉种植地应无杂草、无枯黄,各种花卉生长茂盛,种植成活率应达到95%。

④草坪无杂草、无枯黄,种植覆盖率应达到95%。

⑤绿地整洁,表面平整。

⑥种植的植物材料的整形修剪应符合设计要求。

⑦绿地附属设施工程的质量验收应符合现行《建筑安装工程质量检验评定统一标准》的有关规定。

(6)竣工验收后,填报竣工验收单(见本章附录4-1)。

第三节 进度监理

计划进度监理是指监理工程师通过有效的进度控制工作和具体的进度控制措施,在满足投资和质量要求的前提下,力求使工程实际工期不超过计划工期,使绿化工程总工期达到合同总工期的要求。

一、绿化工程进度监理职责

(1)制订进度计划编制要求、监理报批程序。

内容包括:各种进度计划的编报和报批时间、各级监理审批权限、进度计划内容和格式等。

(2)审批承包人在开工前提交的总体进度计划、现金流动计划以及在绿化施工阶段提交的详细的进度计划和变更计划。如进度计划不符合合同规定,应要求承包人进行调整或重新编制。

(3)审批承包人根据总体施工进度计划所编制年度计划、月度计划。

(4)控制承包人按批准的进度计划施工,并检查和监督计划的实施。当绿化工程未能按计划进行,且实际进度与计划进度偏差超过允许范围时,要求承包人调整或修改计划,并通知承包人采取措施加快施工进度。

(5)以提示、指令、检查、工地会议和合同规定的有效措施监督承包人的人员、设备、材料和资金投入,以满足工程进度需要。

(6)协调各承包人或各单位工程间的工程进度,解决施工中发生的相互干扰,及时提示业主按合同规定为承包人提供保证工期必需的施工用地、设计图纸及外部环境等属于业主应解决的问题。

(7)向业主报告工程进度情况。当承包人施工进度滞后严重,无视监理工程指令,不能有效地调整和加快进度,或者无力履约时,向业主提出撤换承包人项目主要负责人,或强制分包或终止合同。

(8)发生延误、延期或终止合同时,监理工程师对以上原因进行调查,并在规定的时间内按合同规定处理有关索赔和罚款事宜。

二、影响工程进度的因素

1. 承包人的原因

(1)承包人在合同规定的时间内,未按时向监理工程师提交符合监理工程师要求的施工进度计划。

(2)工程施工过程中,各种原因使得工程进度不符合工程施工进度计划时,承包人未按监理的要求,在规定的时间内提交修订的工程施工进度计划,使后续工作无章可循。

(3)承包人技术力量以及设备、材料的变化、工程承包合同以及施工工艺等不熟悉,造成承包人违约而引起的停工或缓慢施工,也是影响工程施工进度的原因之一。

(4)承包人的质检系统不完善和质量意识不强,将对工程施工进度造成严重影响。

2. 业主的原因

在工程施工过程中,除承包人的原因外,业主未能按工程承包合同的规定履行义务,也将影响工程施工进度,甚至造成承包人终止合同。

(1)监理工程师同意承包人提交的工程施工进度计划后,业主未按施工进度计划随工程进展向承包人提供施工所需的现场和通道。承包人的施工进度计划难以实现,容易导致工程延期和索赔事件的发生。

(2)由于业主的原因,监理工程师未能在合理的时间内向承包人提供图纸和指令,给工程施工带来困难;或承包人已进入施工现场并开始施工,而设计发生变更,变更设计图无法按时提交承包人,这都将严重影响工程施工的进度。

(3)工程施工过程中,业主未能按合同规定的期限支付承包人应得的款项,造成承包人暂停施工或缓慢施工,也是影响工程施工进度的一个主要因素。

3. 监理工程师的原因

由于监理工程师的失职,判断或指令错误以及未按程序办事等原因影响工程施工进度。

4. 其他特殊原因

额外或附加工程的工程量增加;工程施工中,承包人碰到异常恶劣的气候条件;有经验的承包人无法预测和防范的任何自然力的作用，以及特殊风险的出现，诸如战争、地震、暴乱等。

三、绿化工程进度计划的审查

(一) 进度计划审查内容

1. 总体进度计划

(1) 审核内容

工程项目的合同工期；完成各单位工程及各施工阶段所需要的工期、最早开始和最迟结束的时间；各单位工程及各施工阶段需要完成的工程量及现金流动估算，配备的人员及机械数量；各单位工程或分部工程的施工方案和施工方法等。

(2) 应提供的资料

①施工总体安排和施工总体布置(应附总体施工平面图)。

②工程进度计划以关键线路网络图和主要工作横道图形式分别绘制，并辅以文字说明，一般对总体进度计划和复杂的单位工程应采用网络图，对工序少、施工简单的单位工程采用横道图或斜条图，对工作量的进度计划的表示采用 S 曲线图。

③永久占地和临时占地计划。

④资金需求计划。

⑤苗木采购、设备调配和人员进场计划。

⑥主要工程施工方案。

⑦质量保证体系及质量保证措施(附施工组织机构图和质保体系图)。

⑧安全生产措施(附安全生产组织框图)和环境保护措施。

⑨反季节施工质量保证措施。

总体进度除满足基本要求外，还应注意以下事项：

a. 承包人对投标书中所拟施工方案的具体落实措施的可行性和可靠性；

b. 承包人进驻施工现场后，针对更详细掌握的现场情况和施工条件(如地形、地质、施工用地、拆迁、便道、设计变更等)，对工程进度和施工方案以及相应施工准备、施工力量和施工活动的补充和调整；

c. 对特别重要、复杂工程及不宜季节施工的工程和采用新工艺、新技术的施工安排和措施的可行性和可靠性。

2. 年度计划的审核

(1) 审核内容

本年度计划完成的工程项目、内容、工程数量及工作量；

施工队伍和主要施工设备、数量及调配顺序；

不同季节及气温条件下各项工程的时间安排；

在总体计划下对各分项工程进行局部调整或修改的详细说明等。

(2) 应提供的资料

本年度工程进度计划(计划完成的工程项目、内容、数量及投资);

计划进度图表,进度图表中各分项工程的进度均要细化到月;

资源投入计划,包括:主要施工设备投入、调配计划、主要技术和管理人员投入计划、劳力组织计划、资金投入计划(主要指承包人在合同中承诺的由承包人投入到本工程的资金);永久和临时占地计划;保证工期和质量的措施;特殊季节施工质量保证措施。

(3)年度计划审核

年度进度计划是在总体进度计划和各关键工程进度计划已获得监理工程师批复的基础上编制的,年度计划审核要注意以下事项:

①工期和进度必须符合总体进度计划的要求。

②工作量和形象进度计划应保持一致,以形象进度为主。

③人员、设备、材料等投入在数量、进场时间和分配上应进一步具体化,明确各分项工程所分配的具体数量,保证满足工程进展的需要。

④各分项工程的开工和完成日期以及各分项工程或各单位工程间的相互衔接关系进一步明确。

⑤根据实际进展情况,对单位工程或分项工程的完成所采取的工程措施和资源投入,进行局部调整或修改。

3. 月进度计划审核

月进度计划审核的基本要求和主要内容与年度计划审核基本相同,只是时间跨度更小,对各分项工程的控制更加具体,不再赘述。

4. 各级监理审批权限

各级监理审批进度计划的权限,由总监理工程师决定。一般情况下,总体进度和年度进度计划由总监理工程师批复,月进度计划由驻地工程师批复。当工程实际进度严重偏离计划进度,驻地监理工程师应指令承包人调整进度计划,由驻地工程师审查同意后报总监理工程师审批。重要或关键工程的总体进度计划,应经驻地监理工程师审查同意后报总监理工程师审批。

(二)进度计划的审批程序

1. 提交及审核时间

(1)总体进度计划

除另有规定外,承包人应在合同协议书签订之后的 14 天内,向驻地监理工程师提交 4 份格式和内容符合监理工程师规定的工程进度计划,以及为完成该计划而建议采用的实施性施工方案和说明。驻地监理工程师应在收到该计划的 7 天内审查同意或提出修改意见。如需修改则将进度计划退回承包人,承包人应在接到监理工程师指令后的 7 天内将修订后的进度计划提交给驻地监理工程师。

(2)年度进度计划

一般承包人应在总进度计划批复后,根据已同意的总体进度计划或其修订的进度计划,向驻地监理工程师提交4份格式和内容符合监理工程师规定的下一年度的施工计划供审查。该计划应包括本年度预计完成的和下一年度预计完成的分项工程数量和工程量,以及为实现此计划拟采取的措施。由总监理工程师和驻地监理工程师对年度进度计划进行审核与批复。

(3)月进度计划

承包人应在确保合同工期的前提下,每3个月对进度计划进行一次修订,一般应在前一个进度计划的最后一个月的25日前提交给监理工程师。施工过程中,如果监理工程师认为有必要或者工程的实际进度不符合经监理同意的进度计划,监理工程师可要求承包人每1个月提交一次工程进度修订计划,以确保工程在预定工期内完成。

实际工作中,为了加强对进度的监督与控制,也可要求承包人每月均提交进度计划,供驻地监理工程师审查,提交的时间一般为每月的25日之前,驻地工程师于28日之前批复给承包人。

2. 批复程序

所有的进度计划均先报驻地监理工程师,由驻地监理工程师组织监理人员进行初审,按照总监理工程师关于进度计划管理的授权进行批复,或转报总监理工程师批复。一般总体进度计划、年度计划、关键线路工程进度和复杂工程施工方案,由驻地监理工程师提出审查意见后报总监理工程师批复,报业主备案,其他计划由驻地工程师审查批复,向总监理工程师备案。

(三)进度计划的汇总

为便于工程进度管理,监理工程师要对已审定的进度计划进行汇总,即汇编监理用图(表)和上报业主图表,供日常进度监理工作使用,并报送业主备案。

1. 监理用图(表)

主要包括:

(1)全线施工计划进度总表。

(2)各合同段施工计划进度总表(横道图、S曲线图)。

(3)年度计划进度表。

(4)月度计划进度表。

(5)材料、设备、劳力进场计划表。

(6)现金流量估算表。

(7)施工机械框图和质量保证体系框图。

(8)总体工程形象进度图。

(9)永久占地和临时用地计划表。

驻地监理工程师处的图表应每日标记一次,总监理工程师处的图表应每月标记一次。

2. 上报业主图表

(1)全线和各合同段施工进度总表。

(2)年度进度计划表和月进度计划表。

(3)工程计划进度横道图。

(4)现金流量估算表。

(5)永久占地和临时用地计划表。

四、绿化工程进度计划调整

(一)计划进度的调整

由于绿化工程施工过程中,受外界各种因素的影响,其实际工程进度与原计划进度发生偏离是不可避免的。进度拖延或耽误超过允许的正常范围,阶段工期和总工期将难以实现,必然要对进度计划进行调整。

进度计划调整原因有两种:非承包人责任和承包人责任。

(1)根据合同的规定,因业主或其他非承包人责任引起的进度滞后,工期应合理延长,具体延长的时间由监理工程师根据实际情况决定,并报业主批准。这种调整实际是按新的合同工期要求重新编制进度计划。此种情况,如业主不同意延长工期,工程仍按原合同工期完成,实际是在压缩原合同工期的情况下的进度计划调整,承包人要加大人员和设备的投入,调整有关工程的工作关系和作业方法,以保证工程在合同规定的工期内完成。承包人可以根据压缩的工期长短,加大投入的损失情况,向业主提出工期索赔。

(2)由于承包人原因引发的工期延误,业主可以根据具体情况、延误造成的经济损失,对承包人进行罚款。

(二)进度计划调整方法

调整进度计划主要是调整关键线路上的施工安排和为实现这一安排所需要的技术、人力、物力的调整。

1. 获得合理延期的进度计划调整

经批准延长工期的进度计划调整,是按新规定的工期,重新编制进度计划,应在已完成工程的基础上,针对造成分项或分部工程进度延误的实际情况对施工安排和措施进行调整。

2. 压缩工期的进度计划调整

(1)调整单项工程计划、月计划,保证阶段计划和总体计划。

为保证阶段和总体计划的如期实现,在分析进度延误原因后,一般在重新确定有关工程的月进度计划时,应在一定的时限内,补偿已经滞后(耽误)的工作量(或工程量),以及与其相关的人员、设备、材料和资金的投入计划,使施工能力适应调整工程进度计划的需要。

(2)为压缩工期,应用网络计划,使工期优化,以选择和确定能有效缩短工期、成本较低、工艺先进的关键工作项目和工作时间,并采取措施保证其顺利实施在人力、物力、资金等方面的需要。

(3)调整非关键线路,保证关键线路工程计划。

经优化调整关键线路工程项目及所需的施工时间后，应视需要调整非关键路线工程，以集中力量保证关键线路工程的工期。具体的做法是，可把有机动时间的非关键线路的机械、人员调整至关键线路的关键工序上，增开工作面，展开平行作业，缩短关键线路工程所用时间。

(4)调整关键工作的组织关系，把顺序作业改为平行施工作业或流水施工作业。

3. 准确预测承包人履约能力，及时果断地采取补救措施

(1)预测承包人履约能力，应考虑以下因素：

①承包人施工管理能力与合同意识。

②施工过程中执行监理工程师提示、建议、指令的有效性。

③按调整计划调整施工组织、适时增加施工人员、机械设备、采备材料、改进工艺的可能性。

④预测承包人实际可能采取的措施落实后的实际施工能力。

(2)根据承包人履约能力的预测，在调整计划中可考虑如下措施：

承包人有能力履约，措施到位，仍由原来承包人完成调整进度计划；

承包人承诺可以完成调整进度，但因为种种原因(如承建工程项目多，人员、设备无法保证准时到位等)无法保证措施落实，对此除仍由原承包人完成调整计划外，应做临时增加其他承包人参加施工的准备，来完成预定的工期目标；

承包人虽已承诺，但实际已无力完成调整的计划，应建议业主采取分包措施补救。对承包人的能力预测和采取补救措施，要充分考虑选择其他承包人(包括相邻合同承包人的支援)及其进场、苗木的采购、运输、设备调运等施工准备所需时间和不利施工季节的影响，并按合同有关规定，与原承包人协商，明确采取措施后的各方义务和风险。

4. 承包人无力履约引起进度滞后的补救

若承包人的实际工程进度过慢，除另有规定外，在接到监理工程师通知要求，采取必要措施加快工程进度后 14 天内，承包人未能采取加快工程进度的措施，致使实际工程进度进一步滞后，或承包人虽采取了一些措施，仍无法按交工日期交工时，监理工程师应立即通知业主，并抄送承包人。业主在向承包人发出书面警告通知 14 天后，终止对承包人的雇用，可将本合同的一部分工作交给其他承包人或指定分包人完成，承包人应承担因此所增加的一切费用。

5. 进度监理中注意事项

(1)进度计划的执行和完成情况关系到施工投入、工程成本、投资效益及承包人和业主的经济利益和社会效益，监理工程师在履行监理职责时必须严肃认真、公正负责。

(2)必须严格履行工程合同和监理服务协议授予的监理权限和义务，执行有关程序、时限等规定，按总监理工程师根据上述文件制定的监理工程师管理程序、岗位分工、规范管理开展工作，不越权和违规操作。

(3)进度监理，既要控制正在进行的施工进度计划的执行，还要切实掌握实际情况，详尽记录、分析影响进度计划执行的因素，预测可能发生或即将发生事件对工程进展的影响，向有关方面及时提示预防和解决。

(4)不经业主书面授权,不得要求或指令承包人加速施工、压缩工期或赶工,也应避免监理工程师行为对承包人可能造成类似要求的误解,以防范监理风险。

第四节 费用监理

一、费用监理概论

(一)费用监理基本含义

绿化工程费用监理就是通过有效的投资控制工作和具体的投资控制措施,在满足进度和质量要求的前提下,力求使工程实际投资不超过计划投资。

工程费用监理在工程建设实施阶段,是工程项目施工、竣工直至质量缺陷责任期终止过程中,控制工程费用的措施之一,是控制工程质量、进度,强化工程管理的主要调控手段。在工程管理中,以经济为纽带,公正地维护业主和承包人的合法权益,保证实现工程项目的预期目标,并取得良好的经济效益。

(二)费用监理工程师的主要职责

(1)按施工合同规定,现场计量核实合同工程量清单规定的任何已完成工程的数量和价值。

(2)按施工合同规定审查、签发中期支付证书及完工后工程结算证书;对未经监理工程师验收及验收不合格工程项目,有权暂拒支付,直到达到要求并经过验收,方予以支付。

(3)按施工合同规定,在合同执行期间由于国家有关部门的有关价格的调整如人工、材料价格的涨落引起工程费用的变化,经监理工程师与业主、承包人协商后,计算确定新的合同价格或调整幅度,并予以确认。

(4)绿化工程在实施过程中所发生的一切变更诸如设计变更、变更设计、工程变更引发的工程量变化和费用变化的计量与支付的确认。

二、费用监理办法

(一)复核工程量

监理工程师应在准备阶段,根据设计文件和现场复测资料复核全部工程量。

(1)复核工程量应与工程量清单所列工程细目编号、项目名称、计量单位相一致,注意设计文件说明与招标文件计量项目内容的一致性。

(2)除复核全部工程费用的控制外,还应对按项目的阶段进度(如年、季、月)费用计划目标的费用控制,以进行阶段性费用支付校核。

(3)复核的工程量应与工程清单对比,查明差异原因,并报业主备案或澄清。

(二)费用监理办法

费用监理方法很多,按照采取监理措施的时间,监理方法可分事前监理、跟踪监理和事后监理。

1. 事前监理

事前监理(主动监理)是防止工程费用超出合同价或防止工程变更后工程费用超出批准工程预算额的措施,主要有:

(1)核对合同文件的各组成部分中关于工程计量与支付规定的一致性和有效性,正确按合同规定的工程范围、内容、方法、支付单价办理计量与支付。

(2)核对工程量清单和技术规范关于计量工程的内容和符合性,避免重复支付。

(3)分析工程量清单中单价构成,据此采取措施,确定低造价的工程变更方案。

(4)掌握工程进展动态,在工程开始前或施工中预测或发现可能发生或正在影响工程进展的因素,及时通知业主或承包人采取措施,如提示业主提供施工用地、筹措资金、变更设计等,避免停工、返工、索赔等情况发生。

2. 跟踪监理

跟踪监理是对施工过程中影响工程费用的施工活动的监理。其主要内容有:

(1)对符合工程合同要求的已完工程计量。

(2)准确掌握和记录对工程费用有影响的因素,如土质条件、土壤被污染情况;实际地形、地物(沟塘、坑穴、沼泽、地下光电缆、水利设施)与设计图纸的差异和非承包人原因的停工等对工程正常进行的影响。

(3)详细记录施工情况及其计量并绘图(如换填、边坡整修、原地面处理等)。

(4)调查和记录意外事件对工程进展和工程费用的影响。

3. 事后监理

事后监理是对已完工程计量与支付,实际完成工程费用与计划工程量、合同价的对比分析和情况反馈,以对工程实施指导和调控。主要内容有:

(1)根据实际完成工程的费用与合同规定的差异及原因,分析或纠正对合同理解和执行中存在的偏差。

(2)按施工阶段或工程项目复核工程量,分析工程继续进行时实际完成工程费用与合同规定差异进一步扩大的可能性,及其对整个工程的费用控制的影响,并报告业主。

(3)分析上述差异对合同的执行和承包人履约能力的影响。

三、工程计量

(一)工程计量的目的

(1)根据工程计量,掌握承包人已完合格工程的准确工程量,作为费用支付的依据。

(2)通过工程计量,及时掌握承包人工程动态,以调控工程进度。

(3)以工程计量、支付手段,控制工程质量,增强质量控制有效性。

(二)工程计量的条件

承包人已完工程满足合同文件规定要求是工程计量的条件:

(1)范围符合工程量清单中规定或经批准的工程变更。

(2)工程量达到合同规定的计量单位或数量。

(3)质量符合合同规定或监理工程师指令要求。

(4)按规定程序和内容向监理工程师提交中间交工证书及供其审查需要的试验数据、自检资料、施工记录、计量方法和附图等资料。

(三)工程计量依据

工程计量主要依据包括:

(1)工程量清单及说明。

(2)合同图纸。

(3)工程变更令及修订的工程量清单。

(4)合同条件。

(5)技术规范及监理工程师的有关指令。

(6)有关计量的补充协议。

(7)索赔申请审批决定。

(四)工程计量的原则

(1)不符合合同文件要求的工程,不得计量。

(2)按合同文件规定的方法、范围、内容、单位、程序计量。

(3)按监理工程师同意的方法计量。

(4)已完工程计量必须实地量测、计算。

(五)工程计量的方法

1. 实地测量计算法

此方法是采用符合规定的测量仪器,对已完成工程按合同有关规定进行实地测量并计算的一种工程计量方法。当监理工程师欲对工程的任何部位进行量测计量时,应先通知承包人,承包人必须立即派人协助监理工程师进行计量。量测工作按合同中有关规定进行,量测计算后双方签字确认。

如果承包人收到监理工程师发出的计量通知后,不参加或未派人参加实地量测计量工作,监理工程师自己量测或经监理工程师批准的测量结果,即为正确的计量,可作为支付的依据。

2. 记录、图纸计算法

此种方法是根据工程图纸和已完工程的记录进行工程计量的一种方法。如对模纹、草皮等,通常可采用此法计算工程量。

当采用记录和图纸计算法计量时,监理工程师应准备记录和图纸,并通知承包人。按照FIDIC条款,承包人应在通知发出14天内派人参加记录和图纸的确认,若承包人不参加或不派人参加记录和图纸的确认,而且在确认后14天内未提出异议,则监理工程师按记录和图纸计算的工程量应认为准确无误。若承包人在14天内对记录和图纸提出异议,监理工程师应复查这些记录和图纸,或予以确认或予以修改。无论采用何种方法,其结果必须经监理工程师和承包人双方同意,签字确认,方可进入费用支付环节。

(六)工程计量的要求

(1)工程计量方法在合同文件中"技术规范""计量与支付"一节中有详细规定,且计量范围、工程内容、计量单位和支付细目相对应。监理工程师根据合同的上述规定对承包人完成的实际工程量进行量测和计算,除合同另有规定外,工程计量以净值为准。

(2)工程计量无论是监理工程师或承包人分别独自计量或者两者联合计量,监理工程师均具有确认权。

(3)工程计量必须全面理解合同文件规定,防止多计、重计、错计。应注意:

①除合同文件另有说明,或新增或变更项目未列入工程量清单细目外,未列入工程量清单的支付细目或未填写单位(或总额)的工程,其费用视为已分摊到本工程有关工程细目的单价和总额价中,不另行计量。

②承包人用于本合同工程施工的各类装备的购置、调遣、安装、拆卸费用,已分摊在工程量清单的单价或总额价中,不另行计量。

③隐蔽工程如换填、原地面坑塘处理、地表造型用的不适于栽植土、土石方数量,监理人员必须详细、真实地记录,附以必要简图,必要时应由承包人签认或将记录副本抄送承包人,以供准确测量计算工程量使用,监理工程师应将隐蔽工程记录作为重点检查内容之一。

④防止分期计量内容重叠。

⑤防止计量方法与合同规定不符。

⑥复核和纠正计算错误。

⑦工程量清单中未填单价的项目、合同规定中工程量清单以外的包干项目和变更项目虽然不予支付,但仍应计量,以说明承包人完成合同要求的情况。

(4)工程计量复核

通过不同环节,采取多种方式对计量进行复核是保证工程计量质量的重要措施:

①建立工程计量复核制度,实行现场工程计量双人制、驻地工程师和总监理工程师办公室审核制和根据工程进度确定施工阶段对工程细目划分比例与实际工程计量分析比较的定期复核制。

②根据工程量自然增减幅度,及时对照工程量清单,核查变化原因,工程量变更应与工程变更令一致。

③如果承包人不同意监理工程师计量核实结果,应会同承包人对已完工程量重新量测,对照记录和图纸复查。

(七)工程计量程序

工程计量程序:承包人提交计量申请;现场监理员核实承包人的计量申请;驻地监理工程师审查;总监理工程师最后确认。

(1)承包人提交计量申请或监理工程师发出计量通知,承包人计量申请应包括:

①监理工程师已经签发的中间交工证书。

②申请计量工程部位的图纸、质量自检记录和有关资料。

③工程变更令。

(2)现场监理人员按合同规定对申请计量的工程,核实承包人计量资料和记录,实际测量计算工程量,以监理人员和承包人共同参与计量为宜。

(3)填写中间计量表,连同承包人计量申请资料,报送驻地监理工程师确认。

当承包人资料不全或计量不合理,难以计量时,可暂不计量。

承包人在合同规定时间(国内招标文件通用条件规定为 7 天)内,对计量结果提出申辩,应会同承包人复查,或予确认,或予修改。

(4)驻地监理工程师审查的主要内容如下:

①计量的工程质量达到合同要求,质量检测方法、频率、数据和成果均符合规范规定。

②计量方法符合合同规定,成果正确,应附的图纸、计算等资料齐全。

③现场监理与承包人对计量无争议,经办人签认手续完备。

④对有争议的计量,亲自参加复查计量。

(5)总监理工程师办公室对工程计量的确定:

①按规定频率抽查计量成果及计算依据。

②对已完的工程计量的项目质量、计算方法符合合同要求的予以签认,质量不合格者不予以计量,计量有错误或不符合规定者予以纠正。

③复查驻地监理工程师与承包人计量中的争议,并作出审查决定。

④批准合格计量项目,办理费用支付。

在实际工作中,对于需要计量的工程项目,多采用承包人、驻地监理工程师、总监办计量工程师及业主方有关人员,在施工现场进行实测实量,计算出工程量,由四方共同确认和签认。缺少一方人员计量确认无效。

四、绿化工程费用支付

(一)费用支付的目的和依据

1. 费用支付的目的

(1)按工程合同的约定,业主根据工程进度,分期付给承包人应得的已完工程价款,使承包人收回施工中已垫付的资金,便于资金周转,完成施工进度计划,以实现业主预期的工程标准。

(2)以费用支付协调业主和承包人共同履行合同约定的义务,实现各自的经济利益。

2. 工程支付的依据

工程合同规定的各方权利和义务、工程质量标准、工程范围、工程项目内容、施工程序、工程进度时限、工程计量等都是工程费用支付的依据。主要包括:

(1)监理工程师签认的工程计量。

(2)明确规定的计量支付工程范围、内容、质量标准、计量单位和方法。

(3)合同确定的工程量清单所列项目的支付单价(包括补遗书、招标澄清时的补充说明)。

(4)合同规定的支付时限。

(5)监理工程师根据合同的规定程序。

(二)工程费用支付的条件

1. 开工预付款

(1)承包人与业主签订合同协议书并提交了履约担保,同时提供了业主认可银行提供的预付款保函。

(2)开工预付款款额、提供担保银行和符合合同有效期要求的担保(一般在专用合同条件中规定)。

具备上述条件,除另有规定外,监理工程师应在承包人提交开工预付款担保 14 天内签发支付证书,并报业主审批。

2. 中期支付

除另有规定,监理工程师应于接到承包人月支付申请后 21 天内签发中期支付证书

(1)工程款

①工程已完成,“中间计量表”审查无误。

②本期完成工程应得工程款扣除各项预付款、保留金后不低于合同规定中期支付证书的最低金额。

(2)暂定金

①暂定金使用范围符合合同规定,用于实施本合同工程中的尚未最后确定的具体细节或可能增加的工程细目,或留作不可预见费用或用于计日工。

②使用暂定金的每项决定,均取得了业主批准。

③除合同文件列明的单价或总额外,承包人提交根据监理工程师审查同意的施工组织计划所需要的工费、材料、机械设备费用及计算说明,必要时,应出示有关暂定金支出的所有报价单、发票、凭证和收据。

④使用暂定金支付的工程、供应或不可预见费的工程质量、数量、内容符合合同要求。

(3)工程变更

①监理工程师签发的工程变更令及修改的工程量清单。

②工程已完成,"中间计量表"审查无误。

(4)索赔

①按合同规定的时限和内容向监理工程师提交索赔意向书及索赔事件当时记录及索赔证明。

②监理工程师对承包人提供索赔的证据和详细账目审查核实,经与承包人协商,并经业主同意。

(5)价格调整

如合同规定价格调整,应按合同规定办法或公式执行,如合同对调整办法或公式未做规定,监理工程师应与业主、承包人协商确定具体调价方法。

(6)迟付款利息

①业主、承包人共同确认迟付款日期,承包人结账单中附有业主的书面证明。

②合同规定未付款额的利率,当合同规定对未付款付息,而未规定利率时,应由业主和承包人协商确定利率,并书面通知监理工程师。

③除另有规定,迟付款不计复利。

(7)对指定分包人支付

①由承包人与指定分包人签订指定分包协议的工程,监理工程师通过承包人向指定分包人支付。

②承包人出示指定分包人的工程中间计量表或得到的承包人付款证明。

③承包人无正当理由拒绝向指定分包人付款时,监理工程师应直接向指定分包人支付。

(8)合同终止后的支付

①特殊风险导致合同终止的支付

经调查协商,业主、承包人共同书面确认;合同终止之日前,承包人已按合同完成的工程的全部费用,以及业主已支付给承包人的细目、款额;承包人依照合同为该合同合理订购的材料、设备及货物的费用;承包人为本工程实施雇用的所有从事工程施工人员,因合同终止的合理遣返费;承包人机械设备撤离费;未包括在其他各项支付中的承包人为完成整个工程而合理发生的费用(包括工程量清单中100章,驻地建设等总额支付款的应付款中,已经工作或服务的全部或部分款项);承包人应偿还业主的有关设备、材料和工程预付款余额,以及合同终止之日,按合同规定业主应向承包人收回的任何其他款项。

②承包人违约导致的合同终止

业主进驻现场和终止本合同后,监理工程师通过调查和协商确认;合同终止时,承包人根据合同实际完成的工程,已经合理地得到或理应得到的款额;未使用或部分用过的材料、承包人装备和临时工程价值;由终止本合同至缺陷责任期止,为继续完成本工程引起业主所有费用的增加和承包人拖期违约偿金;监理工程师对于合同终止前承包人应得到实际完成工程款,未使用材料、装备和临时工程(价值)款扣除应扣款后的差额,签发支付证书。

③业主违约导致的合同终止

经监理工程师调查、澄清,同业主与承包人协商确认;与特殊风险原因导致终止合同相同全部款项内容;因业主违约合同终止引起的或涉及的对承包人损失或损害的款额。

(9)工程交工支付

①审查合同规定日期完成的全部工程最终价值无误。

②业主应支付的任何追加款审核无误。

3. 最终支付

除另有规定外,监理工程师在收到承包人最后结账单和结账书14天之后,经审查无误签发最后支付证书。

最后支付应具备的条件是:

(1)有关工程和合同方面的遗留事宜处理完毕,主要有:

①完成遗留工程和缺陷修复,达到合同要求,签发了该工程的支付证书。

②承包人已获得全部工程的"工程缺陷责任期终止证书"、解除承包人履约担保责任及退回或解除承包人剩余保留金或银行保函的证明。

③符合合同规定的索赔、价格调整等事宜清理、审定完毕,并签发了有关支付证明。

④经检查复核,工程施工中各阶段的工程支付细目无重复、漏项,工程数量与费用计算无误,有争议的项目与计算方法已与业主、承包人协商解决。

(2)承包人提交的最后结账单已经审查批准。

(3)收到承包人抄送给监理工程师的书面结账单。

(三)工程支付的程序

除专用条件另有规定,工程支付应按如下程序进行:

(1)承包人按合同规定或监理工程师根据合同制定的支付表格、内容、时限、程序等,向监理工程师提交各种工程结账单(或支付中请),并附相应报表。

(2)驻地监理工程师,根据岗位分工职责,核查承包人提交的工程结账单,核查无误或修改签认后,报总监理工程师办公室(如有此分级管理形式)审查,审查无误或修改(在合同规定的时间,完成全部审核),并经总监理工程师签认,报业主审批后,抄送承包人。

(四)工程支付的方法

(1)审核承包人工程支付申请的条件,承包人工程支付申请条件必须符合各种申请的相应要求,手续完备、资料齐全,表式符合监理工程师要求。

(2)结合监理记录和文件,审查承包人工程支付申请所附资料、数据的正确性,提供证明的有效性,逐项核算和分析支付项目的支付金额。

(3)对所附资料不全,手续不完备,证明失效等支付申请应要求承包人补充,错误应核实修正。对有争议的支付可暂缓支付或者根据合同确定暂付款。

(4)核定工程的应得金额后,应按合同规定增加或减少工程变更、价格调整、迟付利息、索赔、奖金等费用,扣回开工预付款、材料预付款,扣回保留金,按余额(如为中期支付,应不低于合同规定的支付最低金额)签发工程支付证书。

(5)本期可调整或纠正上期工程支付的差错。

（五）各种款项的支付

1. 工程进度款的支付

国际惯例 FIDIC 管理模式规定，工程进度款根据工程完成量按月支付。因此，监理工程师在接到承包人月报表后，应立即审查并核实，在合同规定时间内向业主证明到期应付给承包人的具体金额，业主在合同规定时间内向承包人付款。

如果承包人应得款额小于投标书附件中规定的每月最小付款金额，则监理工程师不应向业主签发支付证书，该月承包人应得款额移到下月支付。

2. 动员预付款的支付和扣回

动员预付款是业主提供承包人用于支付施工初期各种费用的一笔无息款额。监理工程师在确认承包人已提供相当于动员预付款金额的银行担保或保函后，向业主签发合同规定的动员预付款支付证书，业主应按监理工程师签发的支付证书向承包人付款。监理工程师应根据合同规定，在工程进度款的支付证书中逐月扣回动员预付款。

3. 缺陷责任期费用的支付

工程缺陷责任期内，如果发现任何工程缺陷或工程质量不合格，监理工程师应查明原因和责任。以责任确定费用的支付。

如果责任属承包人，则一切费用由承包人承担，并应按监理工程师的指示进行修补。若承包人没有执行监理工程师的指示，业主有权安排修补缺陷，监理工程师应确定费用并签发给业主，业主可在支付承包人的款项中扣除。

如果责任不属承包人，监理工程师按合同要求应与业主、承包人共同协商确定费用。若意见不一致，监理工程师有权决定，并通知承包人和向业主呈交一副本。

4. 保留金的支付

保留金是业主为了使承包人履行合同而在承包人应得款额中扣留的部分金额。一旦承包人未履行合同中的责任，则保留金归业主所有，业主可用此金额雇用其他承包人完成工程。保留金的数额及扣留标准合同中应给予明确。

按合同规定，保留金分两次支付（退回）给承包人。当工程移交证书签发后支付全部保留金的一半，缺陷责任终止证书签发后支付另一半。

（六）计量支付核查内容

计量部分主要核查计算原始数据、计算公式、成果汇总的正确性，开工申请是否得到批准，验收质量是否合格，清单单价中包含的其他工作是否完成。如：树坑的开挖项目，其内容中已包括了树坑的回填工作，在未完成回填工作时就不该予以计量。是否存在超前计量的现象，如花坛种植的 1 ~ 2 年生花卉及观叶植物，应在种植 15 天后进行验收，验收合格后支付。

支付部分核查重点是工程支付月报，核查其中间计量表的真实性，监理工程师签认齐全，无私自涂改等。清单单价的使用计算正确，按合同规定应扣回的款项已经扣回等。

(七)工程支付工作中应注意的事项

工程费用支付是关系到按合同规定,承包人应获得的工程费用,业主合理支付工程资金,而得到预期的工程质量、进度和双方经济利益的重要环节。对工程费用的支付管理,监理工程师应细致、准确、谨慎、公正,并在工作中注意如下事项:

(1)全面、系统、正确掌握合同规定的支付范围、条件、方式、时限等要求,防止重计或多计或超规定时限支付,违约或超前支付等造成的业主经济损失。

(2)支付的依据正确和有效。各支付依据资料齐全,计算方法正确,单据、保险、保函等证明文件出具单位资质和时间有效,避免因资料等支付依据不准确或证明失效或无效导致的风险。

(3)严格岗位责任,加强工程支付的计算复核,每项支付均应实行计算、复核双人制,驻地监理工程师审核、总监理工程师审定制度和定期(如每季、年或每单项工程结束)阶段性全面复核制度。

(4)监督承包人按合同规定使用预付款。承包人不得将预付款用于与本工程无关的支出,如经查实承包人滥用预付款,应通知业主收回。

(5)保证按规定时限要求审查和签发承包人工程支付申请的同时,按规定比例和时间办理扣回开工预付款、材料设备预付款、保留金和其他合同规定的费用。

(6)不以任何理由或方式办理代扣、代罚、代交、代付等没有合同规定依据的费用支付,也不应执行这类任何指示和规定。

第五节 施工安全监理

一、审查安全技术措施和专项施工方案

工程开工前,监理工程师应审查施工单位编制的施工组织设计中的安全技术措施或专项施工方案是否符合强制性标准,审查合格后方可同意工程开工。审查重点是:

(1)安全管理和安全保证体系的组织机构,包括项目经理、专职安全管理人员、特种作业人员配备的数量及安全资格培训持证上岗情况。

(2)是否制定了施工安全生产责任制、安全管理规章制度、安全操作规程。

(3)施工单位的安全防护用具、机械设备、施工机具是否符合国家有关安全规定。

(4)是否制订施工现场临时用电方案的安全技术措施和电气防火措施。

(5)施工场地布置是否符合有关安全要求。

(6)生产安全事故应急救预案的制订情况,针对重点部位和重点环节制订的工程项目危险源监控措施和应急预案。

(7)施工人员安全教育计划、安全交底安排。

(8)安全技术措施费用的使用计划。

二、审查分包合同中各方安全责任

监理工程师应审查分包合同中是否明确了施工单位与分包单位各自在安全生产方面的责任。

三、按强制标准进行施工

(1)监理工程师在巡视、旁站过程中应监督施工单位按专项安全施工方案组织施工,若发现施工单位未按有关安全法律、法规和工程强制性标准施工,违规作业时,应予制止。对危险性较大的工程作业等要定期巡视检查,如发现安全事故隐患,应立即书面指令施工单位整改;情况严重的应签发《工程暂停令》要求施工单位暂停施工,并及时报告建设单位。施工单位拒不整改或者不停止施工的,监理工程师应及时向有关主管部门报告。

(2)督促施工单位进行安全生产自查工作、落实施工生产安全技术措施,参加施工现场的安全生产检查。

(3)分项、分部工程交工验收时,如安全事故的现场处理未完成,不得签发《中间交工证书》。

四、建立施工安全监理台账

监理机构应建立施工安全监理台账,并由专人负责。监理人员应将每次巡视、检查、旁站中,发现的涉及施工安全的情况、存在的问题、监理的指令及施工单位处理的措施和结果及时记入台账。总监理工程师和驻地监理工程师应定期检查施工安全监理台账记录情况。

第六节　环境保护监理

一、审查施工组织设计

监理工程师应审查施工组织设计是否按设计文件和环境影响评价报告的有关要求制订了施工环境保护措施,审查合格后方可同意工程开工。

二、检查落实环境保护措施

监理工程师在巡视、旁站中,应随时检查施工单位制订的环境保护措施的落实情况,检查的主要内容有:

(1)是否落实了施工环境保护责任人。

(2)是否对施工人员进行了环保教育。

(3)施工场地的布设是否符合相关环保要求。

(4)职业危害的防护措施是否健全。

(5)施工现场(含临时便道、拌和站、预制场等)和料场等是否洒水防尘。

(6)是否按有关要求采取降噪措施。

(7)材料堆场设置环境的合理性及采取措施减少运输漏撒情况。

(8)施工废水、渣土、生活污水、垃圾的处置是否合理。

(9)是否按照在批准的场地取弃土,取弃土结束后是否采取了有效的排水防护和植被恢复措施。

三、按规定进行环保监理

(1)如发现施工中存在违反有关环保规定、未按合同要求落实环保措施的情况,监理工程师应书面指令施工单位整改;情况严重的应签发《工程暂停令》要求施工单位暂时停工,并及时报告建设单位。

(2)施工中发现文物时,监理工程师应要求施工单位依法保护现场,并报有关部门和建设单位。

(3)监理工程师应要求施工单位依法取得采伐许可后,方可按照采伐许可的里程、面积、树种、株数进行采伐,并注意保护野生动物、植物。

第七节　交工验收和缺陷责任期内的监理

一、交工验收的监理工作

(一)交工验收的定义

(1)交工验收是业主于工程进入接收管养和投入使用前,对承包人申请交工的工程项目完成情况的全面检查,评价承包人按合同约定的工程项目内容、工程质量和施工工期完成情况,决定是否接受管养、进入缺陷责任期,并提出未完工程和遗留问题的处理意见。交工验收是绿化工程建设管理的重要环节。

交工验收要按绿化工程管理部门交工验收办法的规定执行。由业主主持,质量监督、绿化设计、施工单位、管养单位、监理单位等有关部门组成交工验收小组,对工程进行验收。

(2)交工验收应具备的条件

①本合同工程或单项工程已按合同要求建成,具有独立使用价值。

②通过所规定的各项交工检测、检验的绿化工程项目已经合格。

③已按绿化工程竣工验收办法规定,完成了竣工资料的编制。

④承包人必须向监理工程师提交交工申请,并附有详细的未完工程和遗留问题清单及在缺陷责任期内要完成所应采取的措施。

⑤监理工程师已审查并通过承包人的交工申请,并报业主。

(二)交工验收的监理工作

督促承包人做好如下交工验收的准备工作:

(1)根据绿化工程的实际情况,在预定工期结束前的适当时机,向承包人提示工程交工验收应具备的条件,做好验收前的准备工作。

(2)协助承包人全面检查应完成的交工验收工程项目,对未完工程督促按期完成。

(3)督促承包人编报交工申请资料,拟在缺陷责任期内完成的未完工程项目和处理遗留问题清单以及完成质量缺陷工程的实施措施。

(4)根据档案管理的有关规定编制竣工资料,所有资料均应达到分类归档要求。

(5)进一步检查、复核工程计量的准确性,有无多计或漏计的工程量。

(三)整理监理档案、编制竣工资料

(1)监理文件与资料的内容

①监理管理文件与资料:包括监理计划、监理细则等。

②质量监理文件与资料:包括质量监理措施、规定及往来文件、试验检测资料、监理抽检资料、交工验收工程质量评定资料。

③施工安全监理与环保监理文件:包括安全管理的规章制度、措施、会议记录、检查结果、安全事故的有关文件及施工环境保护规划、环境保护措施、环境保护检查等。

④费用监理文件与资料:包括工程支付文件、工程变更有关费用审核工作、工程竣工决算审核意见书等。

⑤进度监理文件与资料:包括进度计划审批、检查、调整的有关文件;工程开工/复工令及工程暂停令等。

⑥合同管理文件与资料:包括施工单位办理保险的有关文件、延期索赔申请、分包资质资料、延期和索赔的批准文件、价格调整申请及批准文件。

⑦工程监理月报:监理工程师应每月向建设单位和上级监理机构报送工程监理月报,其内容包括:本月工程概述,工程质量、进度、安全、环保、支付、合同管理的其他事项,合同执行情况,存在的问题,本月监理工作小结等。

⑧监理工作报告:工程结束时,监理工程师应提交监理工作报告,其内容包括:工程基本情况,监理机构及工作起止时间,投入的监理人员、设备和设施。关于工程质量、安全、环保、费用、进度监理及合同管理执行情况,分项、分部、单位工程质量评估,工程费用分析,工程建设中存在问题的处理意见和建议。

(2)按档案管理规定整理监理资料

①归档的文件、资料应按档案管理规定分类、排序、全面整理存档。

②上述规定外的监理文件、资料、记录、纪要等应在分类整理、排序、编卷后,由监理单位或业主暂存,以备用。

③编写监理工作总结应注意如下问题:

a. 工程概况部分与建设、设计单位总结内容重复,应尽可能压缩,重点从工程规模、内

容、工期、工程复杂程度方面,说明监理机构设置、人员配备与赋予监理机构任务的适应性、合理性;

b. 进度、质量、费用监理和合同管理部分,着重说明针对本合同工程内容和特点采取的监理方法、控制重点和施工中发生的疑难问题处理原则、方法和效果;

c. 工程变更中应概括工程变更的类型、原因、规模,对工程质量、费用、工期的影响以及采取的监理方法和处理原则。

(四)审查承包人竣工资料

承包人的竣工资料经监理工程师审查确认后,作为竣工申请内容的组成部分,提交交工验收。

按合同规定、原交通部《公路工程竣(交)工验收办法》及档案管理的有关规定,核查承包人的竣工资料。

(1)竣工资料编制符合合同有关要求,真实、齐全,按档案管理规定分项装订。

(2)竣工图与实际已完成工程相符。

(3)施工原始资料齐全、完整、无涂改现象。分部、分项、单位工程划分正确,质量评定和苗木外观情况相符,并符合工程质量检验评定标准。

(4)案卷内文件排列顺序参考《公路工程竣工资料编制要求》中与绿化工程相对应内容排序。

(5)照片及声像资料档案采用专用档案盒。

经监理工程师审查合格的竣工资料应予签认,不合格或待补充的资料应退返承包人修改补充后再进行审查。

(五)审查承包人交工申请报告

承包人应于合同期满或业主确定交工验收前,向监理工程师提交申请报告及其附件。

1. 审查主要内容

(1)合同范围内的全部绿化工程,或工程某主要部分,或剩余工程量很少并可在缺陷责任期内完成。

(2)申请交工绿化工程经全面检查,工程质量全部符合合同及规范要求,各项资料齐全。

(3)监理工程师经检查确认申请交工工程的施工现场已清理完毕。

(4)交工资料已按规定完成,准确齐全。交工资料主要有:

①交工验收申请报告。

②竣工资料。

③施工总结。

④未完或遗留工程清单。

⑤承包人质量缺陷责任期剩余工程实施计划(有关施工组织、技术措施、施工方案、工艺安排及所用设备)。

2. 审查方法

(1)内业审查由监理人员按交工验收资料编制要求全面检查核对。

(2)现场逐项检查工程完成情况,核实所列未完或遗留工程的位置、苗木种类、数量。

(3)审查未完或遗留工程的费用。

(4)建立审查责任制,经综合审查分析后写出审查结论。对不符合交工验收条件,但能在交工验收前改善的工程缺陷、场地清理和完善、补充的交工资料应通知承包人抓紧完成,对剩余工程记录不全的应予增列。不能在交工验收前修复或完成的工程均应列入剩余或待处理工程。对工程实际已经完成,交工资料编制过慢,难以短时间满足交工验收要求的工程,应在审查意见中说明,提交业主研究决定是否办理交工验收。

3. 提交审查报告

监理工程师应在接到承包人交工验收申请报告后 14 天内,对交工验收申请审核完毕,并把审查意见提交业主。

(六)配合业主处理交工验收事宜

(1)若交工检验认为绿化工程没能达到验收标准,监理工程师应根据交工验收小组意见,在验收后 7 天内向承包人发出指令,要求承包人对不合格工程采取返工或其他补救措施,处理完成后并自检合格,应重新申报交工申请。

(2)对交工验收可能出现的例外情况,做如下处理:

①如果业主发给交工证书的工程不能立即移交管养时,承包人仍继续负责工程护管和养护,监理工程师在与业主协商后,应确定与此相关的工程护管与养护费用金额加到合同价格上,并通知承包人抄送业主。

②经交工检验认为工程质量合格,同意验收,但从苗木的外观质量上需进一步修剪、整形,且又不同于缺陷责任期内的缺陷修复,则应缓发交工证书,限期修整。待整修和完善后,监理工程师复查认可,达到质量要求,并报请交工验收小组核批后,再发给交工证书。

二、缺陷责任期的监理工作

(一)质量缺陷责任期的定义

(1)质量缺陷责任期,是招标文件中规定的时期,起始时间自交工验收小组签发交工证书之日起算。

(2)质量缺陷责任期内,承包人应尽快完成在交工证书中写明的未完工程,并完成工程质量缺陷,诸如植物的成活率、发芽率、覆盖率,苗木的枯死、毁坏等,病虫害及其他质量不合格的修复及养护或监理工程师指令需进一步补植的苗木和草坪等。

(二)缺陷责任期监理工程师的职责

(1)履行监理服务协议和监理合同规定的监理工程师的责任和义务。

(2)督促承包人尽快完成交工证书中未完成的工作;与承包人(邀请业主参加)共同调查本工程缺陷责任期内所发生的工程缺陷,如苗木被损伤、枯死,覆盖率、成活率、发芽率达不到质量标准以及病虫害发生等。分析原因和责任,研究修复办法,予以修复。

(3)监理对缺陷责任期内发生工程变更的处理与实施。

(4)按合同规定办理工程计量与支付,并签发终期支付证书。

(5)审查承包人补充、完善后的竣工资料。

(6)汇编监理资料档案及监理工作报告。

(7)参加业主主持的竣工验收。

(三)缺陷责任期监理工作

(1)监督、检查承包人剩余工程和修复工程的完成情况,确保按计划完成。

(2)调查分析缺陷责任期内,发生的任何质量缺陷和病虫害造成的原因。如确认是承包人的责任,应指令承包人根据有关规定自费修复。若不属于承包人的责任,监理工程师同业主、承包人协商,由业主委托承包人或另请其他人进行修复,费用由业主承担,监理工程师办理计量支付。

(3)在缺陷责任期满,承包人不能完成质量的缺陷修复或未能达到质量要求的标准,监理工程师可根据业主的指示,雇用其他人来完成。支付给他人的费用,在支付酬金时,从退还给承包人的保留金中扣除。

(4)在缺陷责任期内,下述原因造成缺陷修复费用应由承包人自行负责:

①承包人所用的材料如乔、灌、花卉、草坪草及生长剂、杀虫剂、保水剂等施工设备及物资或植栽方法不符合要求。

②承包人的疏忽或未遵守合同中规定的条款。

(5)根据原交通部《公路工程竣(交)工验收办法》审核承包人的支付申请及缺陷责任期的资料。

(6)签发最终支付,在最后结账单和清账单收到14天内,监理工程师审核同意后签发一份最后支付证书,报业主审批,并抄送给承包人。

(7)编制缺陷责任期监理工作报告,内容包括工程概况、缺陷责任期起止时间、剩余工程完成及缺陷工程和新发现的工程病害修复情况、资料整理情况、缺陷计划实施情况、监理检查工作情况、工程变更、计量支付、质量控制和养护管理工作应注意的事项和建议等。

(8)移交缺陷责任期全部竣工资料,包括缺陷责任期监理工作报告、缺陷责任期工程修复资料、计量支付资料、工程变更资料等。

本 章 附 录

附录 4-1 绿化工程竣工验收单

绿化工程竣工验收单

<table>
<tr><td colspan="3">工程名称：</td><td colspan="3">工程地址：</td></tr>
<tr><td colspan="3">绿地面积(m^2)</td><td colspan="3"></td></tr>
<tr><td>开工日期</td><td></td><td>竣工日期</td><td></td><td>验收日期</td><td></td></tr>
<tr><td colspan="2">树木成活率(%)</td><td colspan="4"></td></tr>
<tr><td colspan="2">花卉成活率(%)</td><td colspan="4"></td></tr>
<tr><td colspan="2">草坪覆盖率(%)</td><td colspan="4"></td></tr>
<tr><td colspan="2">整洁及平整</td><td colspan="4"></td></tr>
<tr><td colspan="2">整形修剪</td><td colspan="4"></td></tr>
<tr><td colspan="2">附属设施评定意见</td><td colspan="4"></td></tr>
<tr><td colspan="2">全部工程质量评定及结论</td><td colspan="4"></td></tr>
<tr><td colspan="2">验收意见</td><td colspan="4"></td></tr>
<tr><td colspan="2">施工单位</td><td colspan="2">建设单位</td><td colspan="2">绿化质检部门</td></tr>
<tr><td colspan="2">签字：
公章</td><td colspan="2">签字：
公章</td><td colspan="2">签字：
公章</td></tr>
</table>

附录 4-2　常用施工监理用表

监表 1　分项工程开工申请批复单

监表 2　监理日志[参见《公路工程施工监理规范》(JTG G10—2006)]

监表 3　旁站记录[参见《公路工程施工监理规范》(JTG G10—2006)]

监表 4　巡视记录[参见《公路工程施工监理规范》(JTG G10—2006)]

监表 5　分包申请报告单(参见《公路工程施工监理手册》)

监表 6　监理指令单[参见《公路工程施工监理规范》(JTG G10—2006)]

监表 7　监理指令回复单(参见《公路工程施工监理手册》)

监表 8　工地会议纪要(参见《公路工程施工监理手册》)

监表 9　材料进场检验申请批复单(参见《公路工程施工监理手册》)

监表 10　工程变更令(参见《公路工程施工监理手册》)

监表 11　绿化工程设计问题处理意见备忘录(参见《公路工程施工监理手册》)

监表 12　工程暂时停工指令(参见《公路工程施工监理手册》)

监表 13　复工指令(参见《公路工程施工监理手册》)

监表 14　工程质量事故处理报告单(参见《公路工程施工监理手册》)

监表 15　索赔申请单(参见《公路工程施工监理手册》)

监表 16　索赔时间/金额审批表(参见《公路工程施工监理手册》)

监表 17-1　中间交工证书(施工方)

监表 17-2　中间交工证书(承包方)[参见《公路工程施工监理规范》(JTG G10—2006)]

监表 18　工程交工证书(参见《公路工程施工监理手册》)

监表 19　工程缺陷责任期终止证书(参见《公路工程施工监理手册》)

监表 1

________________工程项目

分项工程开工申请批复单

承包单位：　　　　　　　　　　　　　　　　合同号：

监理单位：　　　　　　　　　　　　　　　　编　号：

<table>
<tr><td>上一步工程检验结果（如果有）：</td></tr>
<tr><td>工程项目：</td></tr>
<tr><td>桩号：　　　　线路绿化
位置：　　　　环境绿化、互通立交、服务区、管理处、收费站、弃土场、公路站等</td></tr>
<tr><td>建议开工日期：</td></tr>
<tr><td>计划完工日期：</td></tr>
<tr><td>承包人意见：

（签字并盖章）：　　　　　　年　　月　　日</td></tr>
<tr><td>驻地监理工程师意见：

（签字并盖章）：　　　　　　年　　月　　日</td></tr>
<tr><td>附件：
一、施工放样报告；
二、施工计划、主要工程数量；
三、投入的人员、机械及组织机构图和供料机安排；
四、施工工艺；
五、土、水的化验报告；
六、抚育管理</td></tr>
</table>

注：工程分项为：1. 开挖并铺设表土；2. 铺设利用表土；3. 栽植；4. 抚育管理。

监表 2

________________工程项目

中 间 交 工 证 书

承包单位： 合同号：

监理单位： 编 号：

<table>
<tr><td colspan="6">下列工程已完，申请验收，以便进行下一步________________作业。
工程内容：(1)开挖并铺设表土；(2)栽植；(3)其他。</td></tr>
<tr><td>桩号</td><td></td><td>承包人</td><td></td><td>日 期</td><td></td></tr>
<tr><td colspan="6">监理工程师收件日期： 签字：</td></tr>
<tr><td colspan="6">监理机构评述意见及结论：

驻地监理工程师： 日期：</td></tr>
<tr><td colspan="6">承包人收件日期：

签字：</td></tr>
</table>

附录 4-3　常用支付表

支表 1　支付证书
支表 1-1　支付申请
支表 2　工程进度表
支表 3　中期支付证书
支表 4　清单支付报表
支表 5　工程变更一览表
支表 6　单价变更一览表
支表 7　永久性工程材料到达现场计量表
支表 8　扣回材料设备预付款一览表
支表 9　扣回开工预付款一览表
支表 10　中间计量明细表
支表 11　工程量确认单
支表 12　中间计量表

以上支付表详见《公路工程施工监理手册》。

第五章　绿化工程招投标

绿化工程招投标是在绿化工程建设过程中，招标人通过事先公布的绿化工程建设的具体要求，吸引众多的投标人在同等条件下进行公平竞争，并按照招投标规定程序组织相关技术、经济和法律等方面专家对众多的投标人进行综合评审，从中择优选定绿化工程的中标人的行为过程。绿化工程招标投标活动应当遵循公开、公平、公正和诚实信用的原则。公路绿化工程作为公路建设事业的重要组成部分，其不仅能美化道路环境、净化空气，更是公路安全通行的重要条件之一，在公路建设中得到越来越多的关注和重视。

第一节　一 般 规 定

为进一步规范公路绿化工程招投标工作，提高公路绿化水平，依据《中华人民共和国招标投标法》、《招投标法实施条例》、交通运输部《公路工程标准施工招标文件》(2009年版)、交通运输部《公路工程施工招标投标管理办法》、交通运输部《公路工程施工监理招标投标管理办法》、国家计委《关于进一步贯彻〈中华人民共和国招标投标法〉的通知》、国家计委、交通运输部等七部委令《评标委员会和评标办法暂行规定》、《中华人民共和国公路法》、《中华人民共和国森林法》及交通运输部关于加强公路绿化工作的若干规定，结合山东省实际情况，编制本章——绿化工程招投标。

绿化工程招投标活动应遵循公开、公平、公正和诚实信用的原则。招投标活动由招标人上级主管部门(单位)和地方纪检检察部门负责监督管理。

一、招投标条件

除因涉及国家安全、国家秘密、抢险救灾或者属于利用扶贫资金实行以工代赈、需要使用农民工等特殊情况不适宜招投标的项目外，绿化工程建设项目施工、采购、勘察、设计、监理服务费或总项目投资额达到一定额度时必须进行公开招投标。

符合以下条件的公路绿化工程必须进行招投标：

(1)绿化工程投资在20万元人民币以上的公路绿化工程应该按有关规定在交通、公路系统内部进行招标或议标。

(2)绿化工程投资在50万元人民币以上的公路绿化工程按照《中华人民共和国招标投标法》、交通运输部《公路工程施工招标与评标管理办法》的有关规定进行公开招标。

二、招投标原则

1. 公开原则

首先要求招标信息公开。依据《招标投标法》规定,依法必须进行招标的项目的招标公告,应当通过国家指定的报刊、信息网络或者其他媒介发布。招标公告、资格预审公告及投标邀请书,都应当载明招标人的名称和地址、招标项目的性质、数量、实施地点和时间以及获取招标文件的办法等事项。其次,公开原则还要求招标投标过程要公开。《招标投标法》规定,开标时招标人应当邀请所有投标人参加,招标人在招标文件要求提交截止时间前收到的所有投标文件,开标时都应当当众予以拆封、宣读。中标人确定后,招标人应当在向中标人发出中标通知书的同时,将中标结果通知所有未中标的投标人。

2. 公平原则

公平原则,要求给予所有投标人平等的机会,使其享有同等的权利,履行同等的义务。《招标投标法》第6条规定:"依法必须进行招标的项目,其招标投标活动不受地区或者部门的限制,任何单位和个人不得违法限制或者排斥本地区、本系统以外的法人或者其他组织参加投标,不得以任何方式非法干涉招标投标活动。"

3. 公正原则

公正原则,要求招标人在招标投标活动中应当按照统一的标准衡量每一个投标人的优劣。进行资格审查时,招标人应当按照资格预审文件或招标文件中载明的资格审查的条件、标准和方法对潜在投标人或者投标人进行资格审查,不得改变载明的条件或者以没有载明的资格条件进行资格审查。《招标投标法》还规定评标委员会应当按照招标文件确定的评标标准和方法,对投标文件进行评审和比较。评标委员会成员应当客观、公正地履行职务,遵守职业道德。

4. 诚实守信原则

诚实信用原则,是我国民事活动所应当遵循的一项重要基本原则。招标投标活动作为订立合同的一种特殊方式,同样应当遵循诚实信用原则。在招标过程中,招标人不得发布虚假的招标信息,不得擅自终止招标。在投标过程中,投标人不得以他人名义投标,不得与招标人或其他投标人串通投标。中标通知书发出后,招标人不得擅自改变中标结果,中标人不得擅自放弃中标项目。

第二节　资 格 预 审

资格预审是招标人在发出投标邀请前,对投标申请人资格进行的审查。只有通过资格预审的投标申请人,方可取得投标资格。资格预审按下列程序进行:

(1)招标人(招标代理人)准备资格预审文件。

(2)公开发布资格预审公告。

(3)发售资格预审文件。

(4)投标申请人编写资格预审申请文件,送交资格预审申请文件。

(5)对投标申请人进行必要的调查,对资格预审申请文件进行评审。

(6)编制资格预审评审报告,报上一级交通运输主管部门审定。

(7)向通过资格预审的投标申请人发出投标邀请。

一、招标人(招标代理人)准备资格预审文件

资格预审文件包括资格预审公告、申请人须知、资格审查办法、资格预审申请文件格式、项目建设概况,以及根据对资格预审文件的澄清和对资格预审文件的修改。

当资格预审文件、资格预审文件的澄清或修改等在同一内容的表述上不一致时,以最后发出的书面文件为准。

二、资格预审公告

资格预审公告的组成及格式如下:

1. 招标条件

本招标项目__________(项目名称)已由________(项目审批、核准或备案机关名称)以________(批文名称及编号)批准建设,项目业主为________,建设资金来自__________(资金来源),项目出资比例为________,招标人为________。项目已具备招标条件,现对该项目的施工进行公开招标。特邀请有兴趣的潜在投标人(以下简称“申请人”)提出资格预审申请。

2. 项目概况与招标范围

______________(说明本次招标项目的建设地点、规模、计划工期、招标范围、标段划分等)。

3. 投标人资格要求

(1)本次招标要求投标人须具备______资质,______业绩,并在人员、设备、资金等方面具有相应的施工能力。

(2)本次招标________(接受或不接受)联合体投标。联合体投标的,应满足下列要求:________。

(3)每个投标人最多可对____(最多数量)个标段投标,且允许中____个标;被招标项目所在地省级交通运输主管部门评为最高信用等级的投标人,最多可对____(具体数量)个标段投标,且允许中______个标。

(4)具有投资参股关系的关联企业,或具有直接管理和被管理关系的母子公司,或同一母公司的子公司,或法定代表人为同一个人的两个及两个以上法人不得同时对同一标段投

标,否则均按废标处理。

4. 资格预审方法

本次资格预审采用________(合格制、有限数量制)。

5. 资格预审文件的获取

凡有意参加投标者,请于____年__月__日至____年__月__日(法定公休日、法定节假日除外),每日上午____时至____时,下午____时至____时(北京时间,下同),在________(详细地址)持企业法人营业执照副本原件、企业资质证书副本原件、企业安全生产许可证副本原件、单位介绍信、经办人身份证及上述资料复印件一套购买招标文件。参加多个标段投标的投标人必须分别购买相应标段的招标文件,并对每个标段单独递交投标文件。

招标文件每套售价________元,图纸每套售价________元,招标人根据对本合同工程勘察所取得的水文、地质、气象和料场分布、取土场、弃土场位置等资料编制的参考资料每套售价____元,售后不退。

6. 资格预审文件的递交

(1)招标人将于下列时间和地点组织进行工程现场踏勘并召开投标预备会。

踏勘现场时间:____年____月____日____时,集中地点:____________;

投标预备会时间:____年____月____日____时,地点:____________。

(2)____年____月____日____时____分,投标人应于当日____时至____时____分将投标文件递交至________________。

(3)逾期送达的或者未送达指定地点的投标文件,招标人不予受理。

7. 发布公告的媒体

本次招标公告同时在____________(发布公告的媒介名称)上发布。

8. 联系方式

招 标 人:____________________	招标代理机构:______________
地　　址:____________________	地　　址:__________________
邮政编码:____________________	邮政编码:__________________
联 系 人:____________________	联 系 人:__________________
电　　话:____________________	电　　话:__________________
传　　真:____________________	传　　真:__________________

三、资格预审须知

资格预审须知包括工程概况、工程项目资金来源、确定参加投标人的个数以及参加资格预审单位所具备的条件等。投标人须知前附表详见《公路工程标准施工招标文件》(2009 年版)。

四、资格预审申请文件的编制

(一)资格预审申请文件的组成

1. 资格预审申请文件所含内容

(1)资格预审申请函;

(2)法定代表人身份证明及附有法定代表人身份证明的授权委托书;

(3)联合体协议书;

(4)申请人基本情况表;

(5)近年财务状况表;

(6)近年完成的类似项目情况表;

(7)正在施工和新承接的项目情况表;

(8)近年发生的诉讼及仲裁情况;

(9)初步施工组织计划。

2. 申请人须知

前附表规定不接受联合体资格预审申请的或申请人没有组成联合体的,资格预审申请文件不包括上面所指的联合体协议书。

(二)资格预审申请文件的编制要求

(1)资格预审申请文件的编写。资格预审申请文件应按“资格预审申请文件格式”进行编写,如有必要,可以增加附页,并作为资格预审申请文件的组成部分。申请人须知前附表规定接受联合体资格预审申请的,(3)~(7)项规定的表格和资料应包括联合体各方相关情况。

(2)法定代表人授权委托书必须由法定代表人及授权委托代理人签署。

(3)“申请人基本情况表”应附申请人营业执照副本及其年检合格的证明材料、资质证书副本和安全生产许可证等材料的复印件,并加盖单位公章。

(4)“近年财务状况表”应附经会计师事务所或审计机构审计的财务会计报表,包括资产负债表、现金流量表、利润表和财务情况说明书的复印件,具体年份要求见申请人须知前附表。

(5)“近年完成的类似项目情况表”应附中标通知书和(或)合同协议书、工程接收证书(工程竣工验收证书)的复印件,具体年份要求见申请人须知前附表。每张表格只填写一个项目,并标明序号。

(6)“正在施工和新承接的项目情况表”应附中标通知书和(或)合同协议书复印件。每张表格只填写一个项目,并标明序号。

(7)“近年发生的诉讼及仲裁情况”应说明相关情况,并附法院或仲裁机构作出的判决、裁决等有关法律文书复印件,具体年份要求见申请人须知前附表。

五、资格预审申请文件的递交

资格预审申请文件的递交应符合资格预审文件中资格预审申请书的递交及相关事宜的规定,否则不予受理。

六、资格预审申请文件的评审

资格预审文件的评审办法有合格制和有限数量制两种[注:本小节以下内容所述章、节、条、款、项等详见《公路工程标准施工招标资格预审文件》(2009 年版)]。

1. 合格制

(1)审查方法

本次资格预审采用合格制。凡符合第三章第 2.1 款和第 2.2 款规定审查标准的申请人均通过资格预审。

(2)审查标准

初步审查标准、详细审查标准见“资格审查办法前附表”。

(3)审查程序

①初步审查

审查委员会依据第三章第 2.1 款规定的标准,对资格预审申请文件进行初步审查。有一项因素不符合审查标准的,不能通过资格预审。

审查委员会可以要求申请人提交第二章“申请人须知”第 3.2.3 项至第 3.2.7 项规定的有关证明和证件的原件,以便核验。

②详细审查

审查委员会依据第三章第 2.2 款规定的标准,对通过初步审查的资格预审申请文件进行详细审查。有一项因素不符合审查标准的,不能通过资格预审。

通过资格预审的申请人除应满足第三章第 2.1 款、第 2.2 款规定的审查标准外,还不得存在下列任何一种情形:不按审查委员会要求澄清或说明的;有第二章“申请人须知”第 1.4.3 项规定的任何一种情形的;在资格预审过程中弄虚作假、行贿或有其他违法违规行为的。

③资格预审申请文件的澄清

在审查过程中,审查委员会可以书面形式,要求申请人对所提交的资格预审申请文件中不明确的内容进行必要的澄清或说明。申请人的澄清或说明应采用书面形式,并不得改变资格预审申请文件的实质性内容。申请人的澄清和说明内容属于资格预审申请文件的组成部分。招标人和审查委员会不接受申请人主动提出的澄清或说明。

(4)审查结果

①提交审查报告

审查委员会按照第三章第 3 条规定的程序对资格预审申请文件完成审查后,确定通过资格预审的申请人名单,并向招标人提交书面审查报告。

②重新进行资格预审或招标

通过资格预审申请人的数量不足3个的,招标人重新组织资格预审或不再组织资格预审而直接招标。

2.有限数量制

(1)审查方法

本次资格预审采用有限数量制。审查委员会依据第三章规定的审查标准和程序,对通过初步审查和详细审查的资格预审申请文件进行量化打分,按得分由高到低的顺序确定通过资格预审的申请人。通过资格预审的申请人不超过资格审查办法前附表规定的数量。

(2)审查标准

初步审查标准、详细审查标准及评分标准见"资格审查办法前附表"。

(3)审查程序

①初步审查

审查委员会依据第三章第2.1款规定的标准,对资格预审申请文件进行初步审查。有一项因素不符合审查标准的,不能通过资格预审。

审查委员会可以要求申请人提交第二章"申请人须知"第3.2.3项至第3.2.7项规定的有关证明和证件的原件,以便核验。

②详细审查

审查委员会依据第三章第2.2款规定的标准,对通过初步审查的资格预审申请文件进行详细审查。有一项因素不符合审查标准的,不能通过资格预审。

通过详细审查的申请人,除应满足第三章第2.1款、第2.2款规定的审查标准外,还不得存在下列任何一种情形:不按审查委员会要求澄清或说明的;有第二章"申请人须知"第1.4.3项规定的任何一种情形的;在资格预审过程中弄虚作假、行贿或有其他违法违规行为的。

③资格预审申请文件的澄清

在审查过程中,审查委员会可以书面形式,要求申请人对所提交的资格预审申请文件中不明确的内容进行必要的澄清或说明。申请人的澄清或说明采用书面形式,并不得改变资格预审申请文件的实质性内容。申请人的澄清和说明内容属于资格预审申请文件的组成部分。招标人和审查委员会不接受申请人主动提出的澄清或说明。

④评分

通过详细审查的申请人不少于3个且没有超过第三章第1条规定数量的,均通过资格预审,不再进行评分。

通过详细审查的申请人数量超过第三章第1条规定数量的,审查委员会依据第三章第2.3款评分标准进行评分,按得分由高到低的顺序进行排序。

(4)审查结果

①提交审查报告

审查委员会按照第三章第3条规定的程序对资格预审申请文件完成审查后,确定通过资格预审的申请人名单,并向招标人提交书面审查报告。

②重新进行资格预审或招标

通过详细审查申请人的数量不足 3 个的,招标人重新组织资格预审或不再组织资格预审而直接招标。

(5)编写提交资格评审报告(详见资格预审文件的评审)

(6)资格预审结果的通知

招标人在申请人须知前附表规定的时间内以书面形式将资格预审结果通知申请人,并向通过资格预审的申请人发出投标邀请书。

第三节　招　　标

一、招标范围

(1)公路绿化工程的招标范围一般包括苗木采购、种植、管护、地形调整、土壤改良等。

(2)高速公路及一些较大型的公路绿化工程还包括种植土的外购、更换、转运、垃圾清运、树木砍伐、土方回填、广场及小品建设、道路及配电系统建设、灌溉系统建设等。

二、资金来源

本招标项目经______批准立项,已列入______省(区、市)基本建设计划,资金来源为______(____投资或筹集,或由____贷款)。投标报价和中标后的工程价款均以人民币结算和支付。

三、费用分担

投标人在准备投标和投标活动过程中产生的一切费用,不论中标与否,均由投标人自负。

四、踏勘现场

(1)投标人须知前附表规定组织踏勘现场的,招标人按投标人须知前附表规定的时间、地点组织投标人踏勘项目现场。

(2)投标人踏勘现场发生的费用自理。

(3)除招标人的原因外,投标人自行负责在踏勘现场中所发生的人员伤亡和财产损失。

(4)现场考察期间的交通、食宿由投标人自行安排,费用自理。

(5)招标人提供的本合同工程的水文、地质、气象和料场分布、取土场、弃土场位置等参考资料,并不构成合同文件的组成部分,投标人应对自己对上述资料的解释、推论和应用负责,招标人不对投标人据此作出的判断和决策承担任何责任。

(6)作为公路绿化工程,招标人或其委托的设计单位应重点介绍工程的地形、地貌、水文、地质、气象条件资料,力求准确翔实,便于投标人编标。

五、投标预备会

(1)投标人须知前附表规定召开投标预备会的,招标人按投标人须知前附表规定的时间和地点召开投标预备会,澄清投标人提出的问题。

(2)投标人应在投标前附表规定的时间前,以书面形式将提出的问题送达招标人,以便招标人在会议期间澄清。

(3)投标预备会后,招标人在投标人须知前附表规定的时间内,将对投标人所提问题的澄清,以书面方式通知所有购买招标文件的投标人。该澄清内容为招标文件的组成部分。

六、招标文件的内容

(1)本招标文件包括:

①投标邀请书;

②投标人须知;

③评标办法;

④合同条款及格式;

⑤工程量清单;

⑥图纸;

⑦技术规范;

⑧投标文件格式;

⑨投标人须知前附表规定的其他材料。

根据招标预备会对所提问题的澄清以及对招标文件所作的澄清、修改,构成招标文件的组成部分。

当招标文件、招标文件的澄清或修改等在同一内容的表述上不一致时,以最后发出的书面文件为准。

招标文件及招标文件的澄清和修改的具体格式详见《公路工程标准施工招标文件》(2009 年版)。

(2)投标人在取得招标文件后应认真检查招标文件是否完整,若发现有缺页或附件不全时,应及时向招标人提出,以便补齐。

七、招标文件的澄清和解答

(1)投标人应仔细阅读和检查招标文件的全部内容。如发现缺页或附件不全,应及时向招标人提出,以便补齐。如有疑问,应在投标人须知前附表规定的时间前以书面形式(包括信函、电报、传真等可以有形地表现所载内容的形式,下同),要求招标人对招标文件予以澄清。

(2)招标文件的澄清将在投标人须知前附表规定的投标截止时间 15 天前以书面形式发给所有购买招标文件的投标人,但不指明澄清问题的来源。如果澄清发出的时间距投标截止时间不足 15 天,相应延长投标截止时间。投标人有责任保证所有购买招标文件的投标人收到招标文件的澄清。

(3)投标人在收到澄清后,应在投标人须知前附表规定的时间内以书面形式通知招标人,确认已收到该澄清。

八、招标文件的修改

(1)在投标截止时间 15 天前,招标人可以书面形式修改招标文件,并通知所有已购买招标文件的投标人。如果修改招标文件的时间距投标截止时间不足 15 天,相应延长投标截止时间。招标人有责任保证所有购买招标文件的投标人收到招标文件的修改。

(2)投标人收到修改内容后,应在投标人须知前附表规定的时间内以书面形式通知招标人,确认已收到该修改。

九、重新招标和不再招标

1. 重新招标

有下列情形之一的,招标人将重新招标:

(1)投标截止时间止,投标人少于 3 个的。

(2)经评标委员会评审后否决所有投标的。

(3)中标候选人均未与招标人签订合同的。

(4)法律规定的其他情形。

2. 不再招标

重新招标后投标人仍少于 3 个或者所有投标被否决的,属于必须审批或核准的工程建设项目,经原审批或核准部门批准后不再进行招标。

第四节　投　　标

一、投标文件的组成

投标文件应包括下列内容:

(1)投标函及投标函附录;

(2)法定代表人身份证明或附有法定代表人身份证明的授权委托书;

(3)联合体协议书;

(4)投标保证金;

(5)已标价工程量清单;

(6)施工组织设计;

(7)项目管理机构;

(8)拟分包项目情况表；

(9)资格审查资料；

(10)承诺函；

(11)调价函及调价后的工程量清单(如有)；

(12)投标人须知前附表规定的其他材料。

若采用双信封形式，投标文件内容采用以下条款：

(1)第一个信封(商务及技术文件)：

①投标函及投标函附录；

②法定代表人身份证明或附有法定代表人身份证明的授权委托书；

③联合体协议书；

④投标保证金；

⑤施工组织设计；

⑥项目管理机构；

⑦拟分包项目情况表；

⑧资格审查资料；

⑨承诺函；

⑩投标人须知前附表规定的其他材料。

(2)第二个信封(投标报价和工程量清单)

①投标函；

②已标价工程量清单；

③调价函及调价后的工程量清单。

投标人须知前附表规定不接受联合体投标的，或投标人没有组成联合体的，投标文件不包括联合体协议书。

施工组织设计应满足招标文件合同条款、技术规范、计划工期的要求，并作为对投标文件进行详细评审的重要依据。

二、投标报价

(1)投标人应按《公路工程标准施工招标文件》(2009 年版)第五章“工程量清单”的要求填写相应表格。

工程量清单的填写分下列两种方式。投标人应按投标人须知前附表规定的方式填写工程量清单。

①项目招标采用工程量固化清单，招标人在出售招标文件的同时向投标人提供工程量固化清单电子文件(光盘或 U 盘)。

投标人填写工程量清单中的单价及总额价，即可完成投标工程量清单的编制，确定投标报价，并打印出投标工程量清单，编入投标文件。投标人未在工程量清单中填入单价或总额价的工程子目，将被认为其已包含在工程量清单其他子目的单价和总额价中，招标人将不予支付。

投标人必须严格遵循工程量固化清单电子文件中的数据、格式及运算定义,并将已填写完毕的投标工程量清单电子文件单独拷入招标人提供的光盘(或U盘)中,密封在投标文件正本内一并交回。严禁投标人修改工程量固化清单电子文件中的数据、格式及运算定义。

投标人根据招标人提供的工程量固化清单电子文件填报完成并打印的投标文件工程量清单中的投标报价和投标函大写金额报价应一致,如果报价金额出现差异时,则以投标函大写金额报价为准。

②项目招标由招标人提供书面工程量清单,由投标人按照招标人提供的工程量清单填写本合同各工程子目的单价、合价和总额价。评标委员会将按照“评标办法”有关规定对投标价进行算术性错误修正及其他错误修正。

(2)投标人在投标截止时间前修改投标函中的投标总报价,应同时修改“工程量清单”中的相应报价。此修改须符合投标文件的修改和撤回的有关要求。

(3)投标人如果发现工程量清单中的数量与图纸中数量不一致时,应立即通知招标人核查,除非招标人以书面方式予以更正,否则,应以工程量清单中列出的数量为准。

(4)投标人应根据《公路水运工程安全生产监督管理办法》,在投标总价中计入安全生产费用,安全生产费用应符合合同条款的有关规定。工程量清单100章内列有上述安全生产费的支付子目,由投标人按招标文件的规定填写总额价。

(5)除投标人须知前附表另有规定外,招标人不接受调价函。若招标人接受调价函,则应在招标文件中给出调价函的格式。投标人若有调价函则应遵循如下规定:

①调价函必须采用招标文件规定的格式;调价函应说明调价后的最终报价,并以最终报价为准,而且投标人只能有一次调价的机会。

②工程量清单中招标人指定的报价不允许调价。

③调价函必须附有调价后的工程量清单;调价函必须粘贴或机械装订在投标文件正本首页,与投标文件一起密封提交。

若投标人未提交调价后的工程量清单,或调价函未装在投标文件正本首页,调价函均视为无效,仍以原报价作为最终报价,若投标人提交的调价函多于一个,或对不允许调价的内容进行了调价,或调价函有附加条件,投标文件作为废标处理。

④若招标人接受调价函,投标人调价后的工程量清单和有效调价函的大写金额报价应保持一致,如果报价金额出现差异时,则以有效调价函的大写金额报价为准。

(6)在合同实施期间,投标人填写的单价、合价和总额价是否由于物价波动进行价格调整按照合同条款第16.1款的规定处理。如果按照合同条款第16.1.1项的规定采用价格调整公式进行价格调整,由招标人根据项目实际情况测算确定价格调整公式中的变值权重范围,并在投标函附录价格指数和权重表中约定范围;投标人在此范围内填写各可调因子的权重,合同实施期间将按此权重进行调价。

三、投标有效期

(1)在投标人须知前附表规定的投标有效期内,投标人不得要求撤销或修改其投标文件。

(2)出现特殊情况需要延长投标有效期的,招标人以书面形式通知所有投标人延长投标有效期。投标人同意延长的,应相应延长其投标保证金的有效期,但不得要求或被允许修改或撤销其投标文件;投标人拒绝延长的,其投标失效,但投标人有权收回其投标保证金。

四、投标担保

(1)投标人在递交投标文件的同时,应按投标人须知前附表规定的金额、担保形式和“投标文件格式”规定的投标保证金格式递交投标保证金,并作为其投标文件的组成部分。联合体投标的,其投标保证金由牵头人递交,并应符合投标人须知前附表的规定。

投标保证金必须选择下列任一种形式:电汇、银行保函或招标人规定的其他形式。

①若采用电汇,投标人应在投标人须知前附表规定的投标保证金递交截止时间之前,将投标保证金由投标人的基本账户一次性汇入招标人指定账户,否则视为投标保证金无效。招标人的开户银行及账号见投标人须知前附表。

②若采用银行保函,则应由投标人开立基本账户的银行开具。银行保函应采用招标文件提供的格式,且应在投标有效期满后30天内保持有效,招标人如果按有关规定延长了投标有效期,则投标保证金的有效期也相应延长。银行保函原件应装订在投标文件的正本之中。

(2)投标人不按要求提交投标保证金的,其投标文件作废标处理。

(3)招标人与中标人签订合同后5个工作日内,向未中标的投标人和中标人退还投标保证金。

(4)有下列情形之一的,投标保证金将不予退还:

①投标人在规定的投标有效期内撤销或修改其投标文件。

②中标人在收到中标通知书后,无正当理由拒签合同协议书或未按招标文件规定提交履约担保。

③投标人不接受依据评标办法的规定对其投标文件中细微偏差进行澄清和补正。

④投标人提交了虚假资料。

五、投标文件的签署和装订

(1)投标文件应按“投标文件格式”进行编写,如有必要,可以增加附页,作为投标文件的组成部分。其中,投标函附录在满足招标文件实质性要求的基础上,可以提出比招标文件要求更有利于招标人的承诺。

(2)投标文件应当对招标文件有关工期、投标有效期、质量要求、技术标准和要求、招标范围等实质性内容作出响应。

(3)投标文件应用不褪色的材料书写或打印,投标函及投标函附录、承诺函、已标价工程量清单(包括工程量清单说明、投标报价说明、计日工说明、其他说明及工程量清单各项表格)、调价函及调价后的工程量清单(如有)的内容应由投标人的法定代表人或其委托代理人逐页签署姓名(本页正文内容已由投标人的法定代表人或其委托代理人签署姓名的可不签署)并逐页加盖投标人单位章(本页正文内容已加盖单位章的除外)。

如果投标文件由委托代理人签署,则投标人需提交附有法定代表人身份证明的授权委托书,授权委托书应按规定的书面方式出具,并由法定代表人和委托代理人亲笔签名,不得使用印章、签名章或其他电子制版签名。经公证机关对授权委托书中投标人法定代表人的签名、委托代理人的签名、投标人的单位章的真实性做出有效公证后,原件应装订在投标文件的正本之中。投标人无须再对法定代表人身份证明进行公证。公证书出具的日期应与授权委托书出具的日期同日或在其之后。

如果由投标人的法定代表人亲自签署投标文件,则不需提交授权委托书,但应经公证机关对法定代表人身份证明中法定代表人的签名、投标人的单位章的真实性做出有效公证后,将原件装订在投标文件的正本之中。公证书出具的日期应与法定代表人身份证明出具的日期同日或在其之后。

以联合体形式参与投标的,投标文件由联合体牵头人的法定代表人或其委托代理人按上述规定出具并公证。

投标文件应尽量避免涂改、行间插字或删除。如果出现上述情况,改动之处应加盖单位章或由投标人的法定代表人或其授权的代理人签字确认。

签字或盖章的其他要求见投标人须知前附表。

(4)投标文件正本一份,副本份数见投标人须知前附表。正本和副本的封面上应清楚地标记“正本”或“副本”的字样。当副本和正本不一致时,以正本为准。

(5)投标文件的正本与副本应分别装订成册(A4 纸幅),并编制目录、且逐页标注连续页码。投标文件不得采用活页夹装订,否则,招标人对由于投标文件装订松散而造成的丢失或其他后果不承担任何责任。装订的其他要求见投标人须知前附表。

六、投标文件的密封和标记

(1)投标文件的正本与副本应分别包装在内层封套里,投标文件电子文件(如需要)以及填写完毕的工程量固化清单电子文件(若采用工程量固化清单形式)应与正本包在同一个内层封套里,然后统一密封在一个外层封套中。内层和外层封套均应加贴封条,内层封套的封口处应加盖投标人单位章。外层封套中不应有任何投标人的识别标志。

(2)投标文件的封套上应清楚地标记“正本”或“副本”字样,内、外层封套上应写明的其他内容见投标人须知前附表。

若采用双信封形式,第 1 项和 2 项采用以下条款:

第 1 项　本次招标采用双信封形式,投标文件第一个信封(商务及技术文件)以及第二个信封(投标报价和工程量清单)应单独密封包装。第一个信封(商务及技术文件)的正本与副本应分别包装在相应的内层封套里,然后统一密封在一个外层封套中。第二个信封(投标报价和工程量清单)的正本与副本应分别包装在相应的内层封套里,投标文件电子文件(如需要)以及填写完毕的工程量固化清单电子文件(若采用工程量固化清单形式)应与第二个信封(投标报价和工程量清单)正本包在同一个内层封套里,然后统一密封在一个外层封套中。内层和外层封套应加贴封条,内层封套的封口处应加盖投标人单位章。外层封套上不应有任何投标人的识别标志。

第 2 项　投标文件的封套上应清楚地标记“正本”或“副本”字样,投标文件第一个信封(商务及技术文件)以及第二个信封(投标报价和工程量清单)封套上应写明的其他内容见投标人须知前附表。

(3)未按有关要求密封和加写标记的投标文件,招标人不予受理。

(4)在外层封套上应写明(具体资料见投标人须知资料表):

①收件人(招标人)的全称和详细地址;

②＿＿＿＿＿项目＿＿＿＿合同段投标文件;

③在＿＿＿年＿＿＿月＿＿＿日＿＿＿时(即开标时间)前不得开封。

外层封套上不应有任何投标人的识别标志。

(5)内层封套上应写明投标人的全称和详细地址,以便因投标文件迟到或其他原因宣布不能接受该投标文件时,得以原封退回。书写方法是:

投标人　　邮编:＿＿＿＿＿

　　　　　地址:＿＿＿＿＿

　　　　　名称:＿＿＿＿＿

招标人地址及名称:＿＿＿＿＿＿＿(寄)

(6)如果因投递地点未写清楚而使投标文件迟到或遗失;或因密封不严、标记不明而造成过早启封、失密等情况,招标人概不负责。

七、送交投标文件截止期

(1)投标人应在投标人须知规定的投标截止时间前递交投标文件。

(2)在特殊情况下,招标人如果决定延后递交投标截止时间,应在投标人须知前附表规定的时间前,以书面形式通知送达所有投标人延后投标截止时间。在此情况下,招标人和投标人的权利和义务相应延后至新的投标截止时间。

八、迟到的投标文件

逾期送达的或者未送达指定地点的投标文件,招标人不予受理。

九、投标文件的更改与撤回

(1)在投标人须知规定的投标截止时间前,投标人可以修改或撤回已递交的投标文件,但应以书面形式通知招标人。

(2)投标人修改或撤回已递交投标文件的书面通知应按照有关要求签字或盖章。招标人收到书面通知后,向投标人出具签收凭证。

(3)修改的内容为投标文件的组成部分。修改的投标文件应按照本节规定进行编制、密封、标记和递交,并标明“修改”字样。

第五节　开标、评标

一、开标

本小节具体内容请参照《公路工程标准施工招标文件》(2009 年版)。

二、评标

1. 评标委员会

(1)评标由招标人依法组建的评标委员会负责。评标委员会由招标人或其委托的招标代理机构熟悉相关业务的代表和公路绿化方面的专家及相关专家组成,专家人数不得少于成员总数的三分之二,公路绿化方面专家人数不得少于专家总数的五分之四。评标委员会成员人数的确定方式见投标人须知前附表。

(2)评标委员会成员有下列情形之一的,应当回避:

①招标人或投标人的主要负责人的近亲属;

②项目主管部门或者行政监督部门的人员;

③与投标人有经济利益关系,可能影响对投标公正评审的;

④曾因在招标、评标以及其他与招标投标有关活动中从事违法行为而受过行政处罚或刑事处罚的。

2. 评标原则

评标活动遵循公平、公正、科学和择优的原则。

3. 评标

评标委员会按照第三章“评标办法”规定的方法、评审因素、标准和程序对投标文件进行评审。第三章“评标办法”没有规定的方法、评审因素和标准,不作为评标依据。

三、评标方法

本小节具体内容请参照《公路工程标准施工招标文件》(2009 年版)

第六节　合 同 签 订

一、合同授予

1. 定标方式

除投标人须知前附表规定评标委员会直接确定中标人外,招标人依据评标委员会推荐的中标候选人确定中标人,评标委员会推荐中标候选人的人数见投标人须知前附表。

2. 中标通知

在规定的投标有效期内，招标人以书面形式向中标人发出中标通知书，同时将中标结果通知未中标的投标人。

3. 履约担保

(1)在签订合同前，中标人应按投标人须知前附表规定的金额、担保形式和招标文件中"合同条款及格式"规定的履约担保格式向招标人提交履约担保。联合体中标的，其履约担保由牵头人递交，并应符合投标人须知前附表规定的金额、担保形式和招标文件中"合同条款及格式"规定的履约担保格式要求。

(2)采用银行保函时，出具银行保函的银行级别在投标人须知前附表中说明，所需的费用由中标人承担，中标人应保证银行保函有效。

(3)若采用经评审的最低投标价法评标，当$(A-B)/A>15\%$时，履约担保为10%签约合同价的银行保函加5%签约合同价的现金(电汇或银行汇票形式)。

其中：A为招标人标底或所有投标人评标价的平均值(除按《公路工程标准施工招标文件》(2009年版)第二章第5.2.2项规定在开标现场被宣布为废标的投标报价之外)；B为中标候选人的评标价。

(4)中标人不能按要求提交履约担保的，视为放弃中标，其投标保证金不予退还，给招标人造成的损失超过投标保证金数额的，中标人还应当对超过部分予以赔偿。

4. 签订合同

(1)招标人和中标人应当自中标通知书发出之日起30天内，根据招标文件和中标人的投标文件订立书面合同。中标人无正当理由拒签合同的，招标人取消其中标资格，其投标保证金不予退还；给招标人造成的损失超过投标保证金数额的，中标人还应当对超过部分予以赔偿。

(2)发出中标通知书后，招标人无正当理由拒签合同的，招标人向中标人退还投标保证金；给中标人造成损失的，还应当赔偿损失。

(3)签约合同价的确定原则如下：

①按照评标办法规定对投标报价进行修正后，若修正后的最终投标报价小于开标时的投标函文字报价，则签订合同时以修正后的最终投标为准；

②按照评标办法规定对投标报价进行修正后，若修正后的最终投标报价大于开标时的投标函文字报价，则签订合同时以开标时的投标函文字报价为准，同时按比例修正相应子目的单价或合价。

(4)合同协议书经双方法定代表人或其授权的代理人签署并加盖单位章后生效。若为联合体投标，则联合体各成员的法定代表人或其授权的代理人都应在合同协议书上签署并加盖单位章。发包人和中标人在签订合同协议书的同时需按照本招标文件规定的格式和要求签订廉政合同及安全生产合同，明确双方在廉政建设安全生产方面的权利和义务以及应承担的违约责任。

(5)如果根据有关规定，招标人取消了中标人的中标资格，在此情况下，招标人可将合同授予下一个中标候选人，或者按规定重新组织招标。

二、纪律和监督

1. 对招标人的纪律要求

招标人不得泄露招标投标活动中应当保密的情况和资料，不得与投标人串通损害国家利益、社会公共利益或者他人合法权益。

2. 对投标人的纪律要求

投标人不得相互串通投标或者与招标人串通投标，不得向招标人或者评标委员会成员行贿谋取中标，不得以他人名义投标或者以其他方式弄虚作假骗取中标；投标人不得以任何方式干扰、影响评标工作。

3. 对评标委员会成员的纪律要求

评标委员会成员不得收受他人的财物或者其他好处，不得向他人透漏对投标文件的评审和比较、中标候选人的推荐情况以及评标有关的其他情况。在评标活动中，评标委员会成员不得擅离职守，影响评标程序正常进行，不得使用《公路工程标准施工招标文件》(2009 年版)第三章“评标办法”没有规定的评审因素和标准进行评标。

4. 对与评标活动有关的工作人员的纪律要求

与评标活动有关的工作人员不得收受他人的财物或者其他好处，不得向他人透漏对投标文件的评审和比较、中标候选人的推荐情况以及评标有关的其他情况。在评标活动中，与评标活动有关的工作人员不得擅离职守，影响评标程序正常进行。

5. 投诉

投标人和其他利害关系人认为本次招标活动违反法律、法规和规章规定的，有权向有关行政监督部门投诉。

监督部门的联系方式见投标人须知前附表。

三、需要补充的其他内容

自购买招标文件之日起，投标人应保证其提供的联系方式(电话、传真、电子邮件)一直有效，以保证往来函件(招标文件的澄清、修改等)能及时通知投标人，并能及时反馈信息，否则招标人不承担由此引起的一切后果。

需要补充的其他内容：见投标人须知前附表。

第七节　合 同 管 理

一、发包人义务

1. 遵守法律

发包人在履行合同过程中应遵守法律，并保证承包人免于承担因发包人违反法律而引起的任何责任。

2. 发出开工通知

发包人应委托监理人按开工约定向承包人发出开工通知。

3. 提供施工场地

发包人应按专用合同条款约定向承包人提供施工场地，以及施工场地内地下管线和地下设施等有关资料，并保证资料的真实、准确、完整。

4. 协助承包人办理证件和批件

发包人应协助承包人办理法律规定的有关施工证件和批件。

5. 组织设计交底

发包人应根据合同进度计划，组织设计单位向承包人进行设计交底。

6. 支付合同价款

发包人应按合同约定向承包人及时支付合同价款。

7. 组织竣工验收

发包人应按合同约定及时组织竣工验收。

8. 其他义务

发包人应履行合同约定的其他义务。

二、监理人

1. 监理人的职责和权力

(1)监理人受发包人委托，享有合同约定的权力。监理人在行使某项权力前需要经发包人事先批准而通用合同条款没有指明的，应在专用合同条款中指明。

(2)监理人发出的任何指示应视为已得到发包人的批准，但监理人无权免除或变更合同约定的发包人和承包人的权利、义务和责任。

(3)合同约定应由承包人承担的义务和责任，不因监理人对承包人提交文件的审查或批准，对工程、材料和设备的检查和检验，以及为实施监理作出的指示等职务行为而减轻或解除。

2. 总监理工程师

发包人应在发出开工通知前将总监理工程师的任命通知承包人。总监理工程师更换时，应在调离 14 天前通知承包人。总监理工程师短期离开施工场地的，应委派代表代行其职责，并通知承包人。

3. 监理人员

(1)总监理工程师可以授权其他监理人员负责执行其指派的一项或多项监理工作。总监理工程师应将被授权监理人员的姓名及其授权范围通知承包人。被授权的监理人员在授权范围内发出的指示视为已得到总监理工程师的同意,与总监理工程师发出的指示具有同等效力。总监理工程师撤销某项授权时,应将撤销授权的决定及时通知承包人。

(2)监理人员对承包人的任何工作、工程或其采用的材料和工程设备未在约定的或合理的期限内提出否定意见的,视为已获批准,但不影响监理人在以后拒绝该项工作、工程、材料或工程设备的权利。

(3)承包人对总监理工程师授权的监理人员发出的指示有疑问的,可向总监理工程师提出书面异议,总监理工程师应在48小时内对该指示予以确认、更改或撤销。

(4)除专用合同条款另有约定外,总监理工程师不应将商定或确定应由总监理工程师作出确定的权力授权或委托给其他监理人员。

4. 监理人的指示

(1)监理人应按有关约定向承包人发出指示,监理人的指示应盖有监理人授权的施工场地机构章,并由总监理工程师或总监理工程师按约定授权的监理人员签字。

(2)承包人收到监理人作出的指示后应遵照执行。指示构成变更的,应按变更处理。

(3)在紧急情况下,总监理工程师或被授权的监理人员可以当场签发临时书面指示,承包人应遵照执行。承包人应在收到上述临时书面指示后24小时内,向监理人发出书面确认函。监理人在收到书面确认函后24小时内未予答复的,该书面确认函应被视为监理人的正式指示。

(4)除合同另有约定外,承包人只从总监理工程师或被授权的监理人员处取得指示。

(5)由于监理人未能按合同约定发出指示、指示延误或指示错误而导致承包人费用增加和(或)工期延误的,由发包人承担赔偿责任。

5. 商定或确定

(1)合同约定总监理工程师应按照本款对任何事项进行商定或确定时,总监理工程师应与合同当事人协商,尽量达成一致。不能达成一致的,总监理工程师应认真研究后审慎确定。

(2)总监理工程师应将商定或确定的事项通知合同当事人,并附详细依据。对总监理工程师的确定有异议的,构成争议,按照有关约定处理。在争议解决前,双方应暂按总监理工程师的确定执行,按照约定对总监理工程师的确定作出修改的,按修改后的结果执行。

三、承包人

(一)承包人的一般义务

1. 遵守法律

承包人在履行合同过程中应遵守法律,并保证发包人免于承担因承包人违反法律而引起的任何责任。

2. 依法纳税

承包人应按有关法律规定纳税，应缴纳的税金包括在合同价格内。

3. 完成各项承包工作

承包人应按合同约定以及监理人根据作出的指示，实施、完成全部工程，并修补工程中的任何缺陷。除专用合同条款另有约定外，承包人应提供为完成合同工作所需的劳务、材料、施工设备、工程设备和其他物品，并按合同约定负责临时设施的设计、建造、运行、维护、管理和拆除。

4. 对施工作业和施工方法的完备性负责

承包人应按合同约定的工作内容和施工进度要求，编制施工组织设计和施工措施计划，并对所有施工作业和施工方法的完备性和安全可靠性负责。

5. 保证工程施工和人员的安全

承包人应按有关约定采取施工安全措施，确保工程及其人员、材料、设备和设施的安全，防止因工程施工造成的人身伤害和财产损失。

6. 负责施工场地及其周边环境与生态的保护工作

承包人应按照约定负责施工场地及其周边环境与生态的保护工作。

7. 避免施工对公众与他人的利益造成损害

承包人在进行合同约定的各项工作时，不得侵害发包人与他人使用公用道路、水源、市政管网等公共设施的权利，避免对邻近的公共设施产生干扰。承包人占用或使用他人的施工场地，影响他人作业或生活的，应承担相应责任。

8. 为他人提供方便

承包人应按监理人的指示为他人在施工场地或附近实施与工程有关的其他各项工作提供可能的条件。除合同另有约定外，提供有关条件的内容和可能发生的费用，由监理人按有关条款商定或确定。

9. 工程的维护和照管

工程接收证书颁发前，承包人应负责照管和维护工程。工程接收证书颁发时尚有部分未竣工工程的，承包人还应负责该未竣工工程的照管和维护工作，直至竣工后移交给发包人为止。

10. 其他义务

承包人应履行合同约定的其他义务。

（二）履约担保

承包人应保证其履约担保在发包人颁发工程接收证书前一直有效。发包人应在工程接收证书颁发后 28 天内把履约担保退还给承包人。

(三)分包

(1)承包人不得将其承包的全部工程转包给第三人,或将其承包的全部工程肢解后以分包的名义转包给第三人。

(2)承包人不得将工程主体、关键性工作分包给第三人。除专用合同条款另有约定外,未经发包人同意,承包人不得将工程的其他部分或工作分包给第三人。

(3)分包人的资格能力应与其分包工程的标准和规模相适应。

(4)按投标函附录约定分包工程的,承包人应向发包人和监理人提交分包合同副本。

(5)承包人应与分包人就分包工程向发包人承担连带责任。

(四)联合体

(1)联合体各方应共同与发包人签订合同协议书。联合体各方应为履行合同承担连带责任。

(2)联合体协议经发包人确认后作为合同附件。在履行合同过程中,未经发包人同意,不得修改联合体协议。

(3)联合体牵头人负责与发包人和监理人联系,并接受指示,负责组织联合体各成员全面履行合同。

(五)承包人项目经理

(1)承包人应按合同约定指派项目经理,并在约定的期限内到职。承包人更换项目经理应事先征得发包人同意,并应在更换14天前通知发包人和监理人。承包人项目经理短期离开施工场地,应事先征得监理人同意,并委派代表代行其职责。

(2)承包人项目经理应按合同约定以及监理人作出的指示,负责组织合同工程的实施。在情况紧急且无法与监理人取得联系时,可采取保证工程和人员生命财产安全的紧急措施,并在采取措施后24小时内向监理人提交书面报告。

(3)承包人为履行合同发出的一切函件均应盖有承包人授权的施工场地管理机构章,并由承包人项目经理或其授权代表签字。

(4)承包人项目经理可以授权其下属人员履行其某项职责,但事先应将这些人员的姓名和授权范围通知监理人。

(六)承包人的管理

(1)承包人应在接到开工通知后28天内,向监理人提交承包人在施工场地的管理机构以及人员安排的报告,其内容应包括管理机构的设置、各主要岗位的技术和管理人员名单及其资格,以及各工种技术工人的安排状况。承包人应向监理人提交施工场地人员变动情况的报告。

(2)为完成合同约定的各项工作,承包人应向施工场地派遣或雇佣足够数量的下列人员:

①具有相应资格的专业技工和合格的普工；

②具有相应施工经验的技术人员；

③具有相应岗位资格的各级管理人员。

(3)承包人安排在施工场地的主要管理人员和技术骨干应相对稳定。承包人更换主要管理人员和技术骨干时，应取得监理人的同意。

(4)特殊岗位的工作人员均应持有相应的资格证明，监理人有权随时检查。监理人认为有必要时，可进行现场考核。

(七)撤换承包人项目经理和其他人员

承包人应对其项目经理和其他人员进行有效管理。监理人要求撤换不能胜任本职工作、行为不端或玩忽职守的承包人项目经理和其他人员的，承包人应予以撤换。

(八)保障承包人的合法权益

(1)承包人应与其雇佣的人员签订劳动合同，并按时发放工资。

(2)承包人应按劳动法的规定安排工作时间，保证其雇佣人员享有休息和休假的权利。因工程施工的特殊需要占用休假日或延长工作时间的，应不超过法律规定的限度，并按法律规定给予补休或付酬。

(3)承包人应为其雇佣人员提供必要的食宿条件，以及符合环境保护和卫生要求的生活环境，在远离城镇的施工场地，还应配备必要的伤病防治和急救的医务人员与医疗设施。

(4)承包人应按国家有关劳动保护的规定，采取有效的防止粉尘、降低噪声、控制有害气体和保障高温、高寒、高空作业安全等劳动保护措施。其雇佣人员在施工中受到伤害的，承包人应立即采取有效措施进行抢救和治疗。

(5)承包人应按有关法律规定和合同约定，为其雇佣人员办理保险。

(6)承包人应负责处理其雇佣人员因工伤亡事故的善后事宜。

(九)工程价款应专款专用

发包人按合同约定支付给承包人的各项价款应专用于合同工程。

(十)承包人现场查勘

(1)发包人应将其持有的现场地质勘探资料、水文气象资料提供给承包人，并对其准确性负责。但承包人应对其阅读上述有关资料后所作出的解释和推断负责。

(2)承包人应对施工场地和周围环境进行查勘，并收集有关地质、水文、气象条件、交通条件、风俗习惯以及其他为完成合同工作有关的当地资料。在全部合同工作中，应视为承包人已充分估计了应承担的责任和风险。

(十一)不利物质条件

(1)不利物质条件，除专用合同条款另有约定外，是指承包人在施工场地遇到的不可预见的自然物质条件、非自然的物质障碍和污染物,包括地下和水文条件,但不包括气候条件。

(2)承包人遇到不利物质条件时,应采取适应不利物质条件的合理措施继续施工,并及时通知监理人。监理人应当及时发出指示,指示构成变更的,按变更约定办理。监理人没有发出指示的,承包人因采取合理措施而增加的费用和(或)工期延误,由发包人承担。

四、材料和工程设备

1. 承包人提供的材料和工程设备

(1)除专用合同条款另有约定外,承包人提供的材料和工程设备均由承包人负责采购、运输和保管。承包人应对其采购的材料和工程设备负责。

(2)承包人应按专用合同条款的约定,将各项材料和工程设备的供货人及品种、规格、数量和供货时间等报送监理人审批。承包人应向监理人提交其负责提供的材料和工程设备的质量证明文件,并满足合同约定的质量标准。

(3)对承包人提供的材料和工程设备,承包人应会同监理人进行检验和交货验收,查验材料合格证明和产品合格证书,并按合同约定和监理人指示,进行材料的抽样检验和工程设备的检验测试,检验和测试结果应提交监理人,所需费用由承包人承担。

2. 发包人提供的材料和工程设备

(1)发包人提供的材料和工程设备,应在专用合同条款中写明材料和工程设备的名称、规格、数量、价格、交货方式、交货地点和计划交货日期等。

(2)承包人应根据合同进度计划的安排,向监理人报送要求发包人交货的日期计划。发包人应按照监理人与合同双方当事人商定的交货日期,向承包人提交材料和工程设备。

(3)发包人应在材料和工程设备到货 7 天前通知承包人,承包人应会同监理人在约定的时间内,赴交货地点共同进行验收。除专用合同条款另有约定外,发包人提供的材料和工程设备验收后,由承包人负责接收、运输和保管。

(4)发包人要求向承包人提前交货的,承包人不得拒绝,但发包人应承担承包人由此增加的费用。

(5)承包人要求更改交货日期或地点的,应事先报请监理人批准。由于承包人要求更改交货时间或地点所增加的费用和(或)工期延误由承包人承担。

(6)发包人提供的材料和工程设备的规格、数量或质量不符合合同要求,或由于发包人原因发生交货日期延误及交货地点变更等情况的,发包人应承担由此增加的费用和(或)工期延误,并向承包人支付合理利润。

3. 材料和工程设备专用于合同工程

(1)运入施工场地的材料、工程设备,包括备品备件、安装专用工器具与随机资料,必须专用于合同工程,未经监理人同意,承包人不得运出施工场地或挪作他用。

(2)随同工程设备运入施工场地的备品备件、专用工器具与随机资料,应由承包人会同监理人按供货人的装箱单清点后共同封存,未经监理人同意不得启用。承包人因合同工作需要使用上述物品时,应向监理人提出申请。

4. 禁止使用不合格的材料和工程设备

(1)监理人有权拒绝承包人提供的不合格材料或工程设备,并要求承包人立即进行更换。监理人应在更换后再次进行检查和检验,由此增加的费用和(或)工期延误由承包人承担。

(2)监理人发现承包人使用了不合格的材料和工程设备,应即时发出指示要求承包人立即改正,并禁止在工程中继续使用不合格的材料和工程设备。

(3)发包人提供的材料或工程设备不符合合同要求的,承包人有权拒绝,并可要求发包人更换,由此增加的费用和(或)工期延误由发包人承担。

五、施工设备和临时设施

1. 承包人提供的施工设备和临时设施

(1)承包人应按合同进度计划的要求,及时配置施工设备和修建临时设施。进入施工场地的承包人设备需经监理人核查后才能投入使用。承包人更换合同约定的承包人设备的,应报监理人批准。

(2)除专用合同条款另有约定外,承包人应自行承担修建临时设施的费用,需要临时占地的,应由发包人办理申请手续并承担相应费用。

2. 发包人提供的施工设备和临时设施

发包人提供的施工设备或临时设施在专用合同条款中约定。

3. 要求承包人增加或更换施工设备

承包人使用的施工设备不能满足合同进度计划和(或)质量要求时,监理人有权要求承包人增加或更换施工设备,承包人应及时增加或更换,由此增加的费用和(或)工期延误由承包人承担。

4. 施工设备和临时设施专用于合同工程

(1)除合同另有约定外,运入施工场地的所有施工设备以及在施工场地建设的临时设施应专用于合同工程。未经监理人同意,不得将上述施工设备和临时设施中的任何部分运出施工场地或挪作他用。

(2)经监理人同意,承包人可根据合同进度计划撤走闲置的施工设备。

六、交通运输

1. 道路通行权和场外设施

除专用合同条款另有约定外,发包人应根据合同工程的施工需要,负责办理取得出入施工场地的专用和临时道路的通行权,以及取得为工程建设所需修建场外设施的权利,并承担有关费用。承包人应协助发包人办理上述手续。

2. 场内施工道路

(1)除专用合同条款另有约定外,承包人应负责修建、维修、养护和管理施工所需的临时道路和交通设施,包括维修、养护和管理发包人提供的道路和交通设施,并承担相应费用。

(2)除专用合同条款另有约定外,承包人修建的临时道路和交通设施应免费提供发包人和监理人使用。

3. 场外交通

(1)承包人车辆外出行驶所需的场外公共道路的通行费、养路费和税款等由承包人承担。

(2)承包人应遵守有关交通法规,严格按照道路和桥梁的限制荷重安全行驶,并服从交通管理部门的检查和监督。

4. 超大件和超重件的运输

由承包人负责运输的超大件或超重件,应由承包人负责向交通运输管理部门办理申请手续,发包人给予协助。运输超大件或超重件所需的道路和桥梁临时加固改造费用和其他有关费用,由承包人承担,但专用合同条款另有约定除外。

5. 道路和桥梁的损坏责任

因承包人运输造成施工场地内外公共道路和桥梁损坏的,由承包人承担修复损坏的全部费用和可能引起的赔偿。

6. 水路和航空运输

本条上述各款的内容适用于水路运输和航空运输,其中"道路"一词的涵义包括河道、航线、船闸、机场、码头、堤防以及水路或航空运输中其他相似结构物;"车辆"一词的涵义包括船舶和飞机等。

七、测量放线

1. 施工控制网

(1)发包人应在专用合同条款约定的期限内,通过监理人向承包人提供测量基准点、基准线和水准点及其书面资料。除专用合同条款另有约定外,承包人应根据国家测绘基准、测绘系统和工程测量技术规范,按上述基准点(线)以及合同工程精度要求,测设施工控制网,并在专用合同条款约定的期限内,将施工控制网资料报送监理人审批。

(2)承包人应负责管理施工控制网点。施工控制网点丢失或损坏的,承包人应及时修复。承包人应承担施工控制网点的管理与修复费用,并在工程竣工后将施工控制网点移交发包人。

2. 施工测量

(1)承包人应负责施工过程中的全部施工测量放线工作,并配置合格的人员、仪器、设备和其他物品。

(2)监理人可以指示承包人进行抽样复测,当复测中发现错误或出现超过合同约定的误差时,承包人应按监理人指示进行修正或补测,并承担相应的复测费用。

3. 基准资料错误的责任

发包人应对其提供的测量基准点、基准线和水准点及其书面资料的真实性、准确性和完整性负责。发包人提供上述基准资料错误导致承包人测量放线工作的返工或造成工程损失的,发包人应当承担由此增加的费用和(或)工期延误,并向承包人支付合理利润。承包人发现发包人提供的上述基准资料存在明显错误或疏忽的,应及时通知监理人。

4. 监理人使用施工控制网

监理人需要使用施工控制网的,承包人应提供必要的协助,发包人不再为此支付费用。

八、施工安全、治安保卫和环境保护

1. 发包人的施工安全责任

(1)发包人应按合同约定履行安全职责,授权监理人按合同约定的安全工作内容监督、检查承包人安全工作的实施,组织承包人和有关单位进行安全检查。

(2)发包人应对其现场机构雇佣的全部人员的工伤事故承担责任,但由于承包人原因造成发包人人员工伤的,应由承包人承担责任。

(3)发包人应负责赔偿以下各种情况造成的第三者人身伤亡和财产损失:

①工程或工程的任何部分对土地的占用所造成的第三者财产损失。

②由于发包人原因在施工场地及其毗邻地带造成的第三者人身伤亡和财产损失。

2. 承包人的施工安全责任

(1)承包人应按合同约定履行安全职责,执行监理人有关安全工作的指示,并在专用合同条款约定的期限内,按合同约定的安全工作内容,编制施工安全措施计划报送监理人审批。

(2)承包人应加强施工作业安全管理,特别应加强易燃、易爆材料、火工器材、有毒与腐蚀性材料和其他危险品的管理,以及对爆破作业和地下工程施工等危险作业的管理。

(3)承包人应严格按照国家安全标准制定施工安全操作规程,配备必要的安全生产和劳动保护设施,加强对承包人人员的安全教育,并发放安全工作手册和劳动保护用具。

(4)承包人应按监理人的指示制定应对灾害的紧急预案,报送监理人审批。承包人还应按预案做好安全检查,配置必要的救助物资和器材,切实保护好有关人员的人身和财产安全。

(5)合同约定的安全作业环境及安全施工措施所需费用应遵守有关规定,并包括在相关工作的合同价格中。因采取合同未约定的安全作业环境及安全施工措施增加的费用,由监理人商定或确定。

(6)承包人应对其履行合同所雇佣的全部人员,包括分包人人员的工伤事故承担责任,但由于发包人原因造成承包人人员工伤事故的,应由发包人承担责任。

(7)由于承包人原因在施工场地内及其毗邻地带造成的第三者人员伤亡和财产损失，由承包人负责赔偿。

3. 治安保卫

(1)除合同另有约定外，发包人应与当地公安部门协商，在现场建立治安管理机构或联防组织，统一管理施工场地的治安保卫事项，履行合同工程的治安保卫职责。

(2)发包人和承包人除应协助现场治安管理机构或联防组织维护施工场地的社会治安外，还应做好包括生活区在内的各自管辖区的治安保卫工作。

(3)除合同另有约定外，发包人和承包人应在工程开工后，共同编制施工场地治安管理计划，并制定应对突发治安事件的紧急预案。在工程施工过程中，发生暴乱、爆炸等恐怖事件，以及群殴、械斗等群体性突发治安事件的，发包人和承包人应立即向当地政府报告。发包人和承包人应积极协助当地有关部门采取措施平息事态，防止事态扩大，尽量减少财产损失和避免人员伤亡。

4. 环境保护

(1)承包人在施工过程中，应遵守有关环境保护的法律，履行合同约定的环境保护义务，并对违反法律和合同约定义务所造成的环境破坏、人身伤害和财产损失负责。

(2)承包人应按合同约定的环保工作内容，编制施工环保措施计划，报送监理人审批。

(3)承包人应按照批准的施工环保措施计划有序地堆放和处理施工废弃物，避免对环境造成破坏。因承包人任意堆放或弃置施工废弃物造成妨碍公共交通、影响城镇居民生活、降低河流行洪能力、危及居民安全、破坏周边环境，或者影响其他承包人施工等后果的，承包人应承担责任。

(4)承包人应按合同约定采取有效措施，对施工开挖的边坡及时进行支护，维护排水设施，并进行水土保护，避免因施工造成的地质灾害。

(5)承包人应按国家饮用水管理标准定期对饮用水源进行监测，防止施工活动污染饮用水源。

(6)承包人应按合同约定，加强对噪声、粉尘、废气、废水和废油的控制，努力降低噪声，控制粉尘和废气浓度，做好废水和废油的治理和排放。

5. 事故处理

工程施工过程中发生事故的，承包人应立即通知监理人，监理人应立即通知发包人。发包人和承包人应立即组织人员和设备进行紧急抢救和抢修，减少人员伤亡和财产损失，防止事故扩大，并保护事故现场。需要移动现场物品时，应作出标记和书面记录，妥善保管有关证据。发包人和承包人应按国家有关规定，及时如实地向有关部门报告事故发生的情况，以及正在采取的紧急措施等。

九、进度计划

1. 合同进度计划

承包人应按专用合同条款约定的内容和期限，编制详细的施工进度计划和施工方案说明报送监理人。监理人应在专用合同条款约定的期限内批复或提出修改意见,否则该进度计划视为已得到批准。经监理人批准的施工进度计划称合同进度计划,是控制合同工程进度的依据。承包人还应根据合同进度计划,编制更为详细的分阶段或分项进度计划,报监理人审批。

2. 合同进度计划的修订

不论何种原因造成工程的实际进度与合同进度计划不符时,承包人可以在专用合同条款约定的期限内向监理人提交修订合同进度计划的申请报告,并附有关措施和相关资料,报监理人审批;监理人也可以直接向承包人作出修订合同进度计划的指示,承包人应按该指示修订合同进度计划,报监理人审批。监理人应在专用合同条款约定的期限内批复。监理人在批复前应获得发包人同意。

十、开工和竣工

1. 开工

(1)监理人应在开工日期7天前向承包人发出开工通知。监理人在发出开工通知前应获得发包人同意。工期自监理人发出的开工通知中载明的开工日期起计算。承包人应在开工日期后尽快施工。

(2)承包人应按约定的合同进度计划,向监理人提交工程开工报审表,经监理人审批后执行。开工报审表应详细说明按合同进度计划正常施工所需的施工道路、临时设施、材料设备、施工人员等施工组织措施的落实情况以及工程的进度安排。

2. 竣工

承包人应在约定的期限内完成合同工程。实际竣工日期在接收证书中写明。

3. 发包人的工期延误

在履行合同过程中,由于发包人的下列原因造成工期延误的,承包人有权要求发包人延长工期和(或)增加费用,并支付合理利润。需要修订合同进度计划的,按照约定办理。

(1)增加合同工作内容。

(2)改变合同中任何一项工作的质量要求或其他特性。

(3)发包人迟延提供材料、工程设备或变更交货地点的。

(4)因发包人原因导致的暂停施工。

(5)提供图纸延误。

(6)未按合同约定及时支付预付款、进度款。

(7)发包人造成工期延误的其他原因。

4. 异常恶劣的气候条件

由于出现专用合同条款规定的异常恶劣气候的条件导致工期延误的,承包人有权要求发包人延长工期。

5. 承包人的工期延误

由于承包人原因,未能按合同进度计划完成工作,或监理人认为承包人施工进度不能满足合同工期要求的,承包人应采取措施加快进度,并承担加快进度所增加的费用。由于承包人原因造成工期延误,承包人应支付逾期竣工违约金。逾期竣工违约金的计算方法在专用合同条款中约定。承包人支付逾期竣工违约金,不免除承包人完成工程及修补缺陷的义务。

6. 工期提前

发包人要求承包人提前竣工,或承包人提出提前竣工的建议能够给发包人带来效益的,应由监理人与承包人共同协商采取加快工程进度的措施和修订合同进度计划。发包人应承担承包人由此增加的费用,并向承包人支付专用合同条款约定的相应奖金。

十一、暂停施工

1. 承包人暂停施工的责任

因下列暂停施工增加的费用和(或)工期延误由承包人承担:

(1)承包人违约引起的暂停施工。

(2)由于承包人原因为工程合理施工和安全保障所必需的暂停施工。

(3)承包人擅自暂停施工。

(4)承包人其他原因引起的暂停施工。

(5)专用合同条款约定由承包人承担的其他暂停施工。

2. 发包人暂停施工的责任

由于发包人原因引起的暂停施工造成工期延误的,承包人有权要求发包人延长工期和(或)增加费用,并支付合理利润。

3. 监理人暂停施工指示

(1)监理人认为有必要时,可向承包人做出暂停施工的指示,承包人应按监理人指示暂停施工。不论由于何种原因引起的暂停施工,暂停施工期间承包人应负责妥善保护工程并提供安全保障。

(2)由于发包人的原因发生暂停施工的紧急情况,且监理人未及时下达暂停施工指示的,承包人可先暂停施工,并及时向监理人提出暂停施工的书面请求。监理人应在接到书面请求后的24小时内予以答复,逾期未答复的,视为同意承包人的暂停施工请求。

4. 暂停施工后的复工

(1)暂停施工后,监理人应与发包人和承包人协商,采取有效措施积极消除暂停施工的影响。当工程具备复工条件时,监理人应立即向承包人发出复工通知。承包人收到复工通知后,应在监理人指定的期限内复工。

(2)承包人无故拖延和拒绝复工的,由此增加的费用和工期延误由承包人承担;因发包人原因无法按时复工的,承包人有权要求发包人延长工期和(或)增加费用,并支付合理利润。

5. 暂停施工持续 56 天以上

(1)监理人发出暂停施工指示后 56 天内未向承包人发出复工通知,除了该项停工属于承包人暂停施工的责任情况外,承包人可向监理人提交书面通知,要求监理人在收到书面通知后 28 天准许已暂停施工的工程或其中一部分工程继续施工。如监理人逾期不予批准,则承包人可以通知监理人,将工程受影响的部分视为按变更取消项的可取消工作。如暂停施工影响到整个工程,可视为发包人违约,应按第 22.2 款的规定办理。

(2)由于承包人责任引起的暂停施工,如承包人在收到监理人暂停施工指示后 56 天内不认真采取有效的复工措施,造成工期延误,可视为承包人违约,应按承包人违约的规定办理。

十二、工程质量

(一)工程质量要求

(1)工程质量验收按合同约定验收标准执行。

(2)因承包人原因造成工程质量达不到合同约定验收标准的,监理人有权要求承包人返工直至符合合同要求为止,由此造成的费用增加和(或)工期延误由承包人承担。

(3)因发包人原因造成工程质量达不到合同约定验收标准的,发包人应承担由于承包人返工造成的费用增加和(或)工期延误,并支付承包人合理利润。

(二)承包人的质量管理

(1)承包人应在施工场地设置专门的质量检查机构,配备专职质量检查人员,建立完善的质量检查制度。承包人应在合同约定的期限内,提交工程质量保证措施文件,包括质量检查机构的组织和岗位责任、质检人员的组成、质量检查程序和实施细则等,报送监理人审批。

(2)承包人应加强对施工人员的质量教育和技术培训,定期考核施工人员的劳动技能,严格执行规范和操作规程。

(三)承包人的质量检查

承包人应按合同约定对材料、工程设备以及工程的所有部位及其施工工艺进行全过程的质量检查和检验,并作详细记录,编制工程质量报表,报送监理人审查。

(四)监理人的质量检查

监理人有权对工程的所有部位及其施工工艺、材料和工程设备进行检查和检验。承包人应为监理人的检查和检验提供方便,包括监理人到施工场地,或制造、加工地点,或合同约定的其他地方进行察看和查阅施工原始记录。承包人还应按监理人指示,进行施工场地取样试验、工程复核测量和设备性能检测,提供试验样品、提交试验报告和测量成果以及监理人要求进行的其他工作。监理人的检查和检验,不免除承包人按合同约定应负的责任。

（五）工程隐蔽部位覆盖前的检查

1. 通知监理人检查

经承包人自检确认的工程隐蔽部位具备覆盖条件后，承包人应通知监理人在约定的期限内检查。承包人的通知应附有自检记录和必要的检查资料。监理人应按时到场检查。经监理人检查确认质量符合隐蔽要求，并在检查记录上签字后，承包人才能进行覆盖。监理人检查确认质量不合格的，承包人应在监理人指示的时间内修整返工后，由监理人重新检查。

2. 监理人未到场检查

监理人未按约定的时间进行检查的，除监理人另有指示外，承包人可自行完成覆盖工作，并作相应记录报送监理人，监理人应签字确认。监理人事后对检查记录有疑问的，可按约定重新检查。

3. 监理人重新检查

承包人覆盖工程隐蔽部位后，监理人对质量有疑问的，可要求承包人对已覆盖的部位进行钻孔探测或揭开重新检验，承包人应遵照执行，并在检验后重新覆盖恢复原状。经检验证明工程质量符合合同要求的，由发包人承担由此增加的费用和（或）工期延误，并支付承包人合理利润；经检验证明工程质量不符合合同要求的，由此增加的费用和（或）工期延误由承包人承担。

4. 承包人私自覆盖

承包人未通知监理人到场检查，私自将工程隐蔽部位覆盖的，监理人有权指示承包人钻孔探测或揭开检查，由此增加的费用和（或）工期延误由承包人承担。

（六）清除不合格工程

（1）承包人使用不合格材料、工程设备，或采用不适当的施工工艺，或施工不当，造成工程不合格的，监理人可以随时发出指示，要求承包人立即采取措施进行补救，直至达到合同要求的质量标准，由此增加的费用和（或）工期延误由承包人承担。

（2）由于发包人提供的材料或工程设备不合格造成的工程不合格，需要承包人采取措施补救的，发包人应承担由此增加的费用和（或）工期延误，并支付承包人合理利润。

十三、试验和检验

1. 材料、工程设备和工程的试验和检验

（1）承包人应按合同约定进行材料、工程设备和工程的试验和检验，并为监理人对上述材料、工程设备和工程的质量检查提供必要的试验资料和原始记录。按合同约定应由监理人与承包人共同进行试验和检验的，由承包人负责提供必要的试验资料和原始记录。

（2）监理人未按合同约定派员参加试验和检验的，除监理人另有指示外，承包人可自行试验和检验，并应立即将试验和检验结果报送监理人，监理人应签字确认。

(3)监理人对承包人的试验和检验结果有疑问的,或为查清承包人试验和检验成果的可靠性要求承包人重新试验和检验的,可按合同约定由监理人与承包人共同进行。重新试验和检验的结果证明该项材料、工程设备或工程的质量不符合合同要求的,由此增加的费用和(或)工期延误由承包人承担;重新试验和检验结果证明该项材料、工程设备和工程符合合同要求,由发包人承担由此增加的费用和(或)工期延误,并支付承包人合理利润。

2. 现场材料试验

(1)承包人根据合同约定或监理人指示进行的现场材料试验,应由承包人提供试验场所、试验人员、试验设备器材以及其他必要的试验条件。

(2)监理人在必要时可以使用承包人的试验场所、试验设备器材以及其他试验条件,进行以工程质量检查为目的的复核性材料试验,承包人应予以协助。

3. 现场工艺试验

承包人应按合同约定或监理人指示进行现场工艺试验。对大型的现场工艺试验,监理人认为必要时,应由承包人根据监理人提出的工艺试验要求,编制工艺试验措施计划,报送监理人审批。

十四、变更

(一)变更的范围和内容

除专用合同条款另有约定外,在履行合同中发生以下情形之一,应按照本条规定进行变更:

(1)取消合同中任何一项工作,但被取消的工作不能转由发包人或其他人实施。

(2)改变合同中任何一项工作的质量或其他特性。

(3)改变合同工程的基线、高程、位置或尺寸。

(4)改变合同中任何一项工作的施工时间或改变已批准的施工工艺或顺序。

(5)为完成工程需要追加的额外工作。

(二)变更权

在履行合同过程中,经发包人同意,监理人可按约定的变更程序向承包人做出变更指示,承包人应遵照执行。没有监理人的变更指示,承包人不得擅自变更。

(三)变更程序

1. 变更的提出

(1)在合同履行过程中,可能发生变更的范围和内容约定情形的,监理人可向承包人发出变更意向书。变更意向书应说明变更的具体内容和发包人对变更的时间要求,并附必要的图纸和相关资料。变更意向书应要求承包人提交包括拟实施变更工作的计划、措施和竣工时间等内容的实施方案。发包人同意承包人根据变更意向书要求提交的变更实施方案的，由监理人按约定发出变更指示。

(2)在合同履行过程中，发生变更的范围和内容约定情形的，监理人应按照约定向承包人发出变更指示。

(3)承包人收到监理人按合同约定发出的图纸和文件，经检查认为其中存在变更的范围和内容约定情形的，可向监理人提出书面变更建议。变更建议应阐明要求变更的依据，并附必要的图纸和说明。监理人收到承包人书面建议后，应与发包人共同研究，确认存在变更的，应在收到承包人书面建议后的14天内做出变更指示。经研究后不同意作为变更的，应由监理人书面答复承包人。

(4)若承包人收到监理人的变更意向书后认为难以实施此项变更，应立即通知监理人，说明原因并附详细依据。监理人与承包人和发包人协商后确定撤销、改变或不改变原变更意向书。

2. 变更估价

(1)除专用合同条款对期限另有约定外，承包人应在收到变更指示或变更意向书后的14天内，向监理人提交变更报价书，报价内容应根据约定的估价原则，详细开列变更工作的价格组成及其依据，并附必要的施工方法说明和有关图纸。

(2)变更工作影响工期的，承包人应提出调整工期的具体细节。监理人认为有必要时，可要求承包人提交要求提前或延长工期的施工进度计划及相应施工措施等详细资料。

(3)除专用合同条款对期限另有约定外，监理人收到承包人变更报价书后的14天内，根据约定的估价原则，按照商定或确定变更价格。

3. 变更指示

(1)变更指示只能由监理人发出。

(2)变更指示应说明变更的目的、范围、变更内容以及变更的工程量及其进度和技术要求，并附有关图纸和文件。承包人收到变更指示后，应按变更指示进行变更工作。

(四)变更的估价原则

除专用合同条款另有约定外，因变更引起的价格调整按照本款约定处理。

(1)已标价工程量清单中有适用于变更工作子目的，采用该子目的单价。

(2)已标价工程量清单中无适用于变更工作子目的，但有类似子目的，可在合理范围内参照类似子目的单价，由监理人按商定或确定变更工作的单价。

(3)已标价工程量清单中无适用或类似子目的单价，可按照成本加利润的原则，由监理人按商定或确定变更工作的单价。

(五)承包人的合理化建议

(1)在履行合同过程中，承包人对发包人提供的图纸、技术要求以及其他方面提出的合理化建议，均应以书面形式提交监理人。合理化建议书的内容应包括建议工作的详细说明、进度计划和效益以及与其他工作的协调等，并附必要的设计文件。监理人应与发包人协商是否采纳建议。建议被采纳并构成变更的，应按约定向承包人发出变更指示。

(2)承包人提出的合理化建议降低了合同价格、缩短了工期或者提高了工程经济效益的，发包人可按国家有关规定在专用合同条款中约定给予奖励。

(六)暂列金额

暂列金额只能按照监理人的指示使用，并对合同价格进行相应调整。

(七)计日工

(1)发包人认为有必要时，由监理人通知承包人以计日工方式实施变更的零星工作。其价款按列入已标价工程量清单中的计日工计价子目及其单价进行计算。

(2)采用计日工计价的任何一项变更工作，应从暂列金额中支付，承包人应在该项变更的实施过程中，每天提交以下报表和有关凭证报送监理人审批：

①工作名称、内容和数量；

②投入该工作所有人员的姓名、工种、级别和耗用工时；

③投入该工作的材料类别和数量；

④投入该工作的施工设备型号、台数和耗用台时；

⑤监理人要求提交的其他资料和凭证。

(3)计日工由承包人汇总后，按约定列入进度付款申请单，由监理人复核并经发包人同意后列入进度付款。

(八)暂估价

(1)发包人在工程量清单中给定暂估价的材料、工程设备和专业工程属于依法必须招标的范围并达到规定的规模标准的，由发包人和承包人以招标的方式选择供应商或分包人。发包人和承包人的权利义务关系在专用合同条款中约定。中标金额与工程量清单中所列的暂估价的金额差以及相应的税金等其他费用列入合同价格。

(2)发包人在工程量清单中给定暂估价的材料和工程设备不属于依法必须招标的范围或未达到规定的规模标准的，应由承包人按有关约定提供。经监理人确认的材料、工程设备的价格与工程量清单中所列的暂估价的金额差以及相应的税金等其他费用列入合同价格。

(3)发包人在工程量清单中给定暂估价的专业工程不属于依法必须招标的范围或未达到规定的规模标准的，由监理人按照有关条款进行估价，但专用合同条款另有约定的除外。经估价的专业工程与工程量清单中所列的暂估价的金额差以及相应的税金等其他费用列入合同价格。

十五、价格调整

(一)物价波动引起的价格调整

除专用合同条款另有约定外，因物价波动引起的价格调整按照本款约定处理。

1. 采用价格指数调整价格差额

(1)价格调整公式

因人工、材料和设备等价格波动影响合同价格时,根据投标函附录中的价格指数和权重表约定的数据,按有关公式计算差额并调整合同价格。

(2)暂时确定调整差额

在计算调整差额时得不到现行价格指数的,可暂用上一次价格指数计算,并在以后的付款中再按实际价格指数进行调整。

(3)权重的调整

按《公路工程施工标准招标文件》(2009 年版)第 15.1 款约定的变更导致原定合同中的权重不合理时,由监理人与承包人和发包人协商后进行调整。

(4)承包人工期延误后的价格调整

由于承包人原因未在约定的工期内竣工的,则对原约定竣工日期后继续施工的工程,在使用价格调整公式时,应采用原约定竣工日期与实际竣工日期的两个价格指数中较低的一个作为现行价格指数。

2. 采用造价信息调整价格差额

施工期内,因人工、材料、设备和机械台班价格波动影响合同价格时,人工、机械使用费按照国家或省、自治区、直辖市建设行政管理部门,行业建设管理部门或其授权的工程造价管理机构发布的人工成本信息、机械台班单价或机械使用费系数进行调整;需要进行价格调整的材料,其单价和采购数应由监理人复核,监理人确认需调整的材料单价及数量,作为调整工程合同价格差额的依据。

(二)法律变化引起的价格调整

在基准日后,因法律变化导致承包人在合同履行中所需要的工程费用发生除价格波动引起的价格调整以外的增减时,监理人应根据法律,国家或省、自治区、直辖市有关部门的规定,按商定或确定需调整的合同价款。

十六、计量与支付

(一)计量

1. 计量单位

计量采用国家法定的计量单位。

2. 计量方法

工程量清单中的工程量计算规则应按有关国家标准、行业标准的规定,并在合同中约定执行。

3. 计量周期

除专用合同条款另有约定外,单价子目已完成工程量按月计量,总价子目的计量周期按批准的支付分解报告确定。

4. 单价子目的计量

(1)已标价工程量清单中的单价子目工程量为估算工程量。结算工程量是承包人实际完成的,并按合同约定的计量方法进行计量的工程量。

(2)承包人对已完成的工程进行计量,向监理人提交进度付款申请单、已完成工程量报表和有关计量资料。

(3)监理人对承包人提交的工程量报表进行复核,以确定实际完成的工程量。对数量有异议的,可要求承包人按约定进行共同复核和抽样复测。承包人应协助监理人进行复核并按监理人要求提供补充计量资料。承包人未按监理人要求参加复核,监理人复核或修正的工程量视为承包人实际完成的工程量。

(4)监理人认为有必要时,可通知承包人共同进行联合测量、计量,承包人应遵照执行。

(5)承包人完成工程量清单中每个子目的工程量后,监理人应要求承包人派员共同对每个子目的历次计量报表进行汇总,以核实最终结算工程量。监理人可要求承包人提供补充计量资料,以确定最后一次进度付款的准确工程量。承包人未按监理人要求派员参加的,监理人最终核实的工程量视为承包人完成该子目的准确工程量。

(6)监理人应在收到承包人提交的工程量报表后的 7 天内进行复核,监理人未在约定时间内复核的,承包人提交的工程量报表中的工程量视为承包人实际完成的工程量,据此计算工程价款。

5. 总价子目的计量

除专用合同条款另有约定外,总价子目的分解和计量按照下述约定进行。

(1)总价子目的计量和支付应以总价为基础,不因物价波动引起价格调整的因素而进行调整。承包人实际完成的工程量,是进行工程目标管理和控制进度支付的依据。

(2)承包人在合同约定的每个计量周期内,对已完成的工程进行计量,并向监理人提交进度付款申请单、专用合同条款约定的合同总价支付分解表所表示的阶段性或分项计量的支持性资料,以及所达到工程形象目标或分阶段需完成的工程量和有关计量资料。

(3)监理人对承包人提交的上述资料进行复核,以确定分阶段实际完成的工程量和工程形象目标。对其有异议的,可要求承包人按约定进行共同复核和抽样复测。

(4)除按照约定的变更外,总价子目的工程量是承包人用于结算的最终工程量。

(二)预付款

1. 预付款

预付款用于承包人为合同工程施工购置材料、工程设备、施工设备、修建临时设施以及组织施工队伍进场等。预付款的额度和预付办法在专用合同条款中约定。预付款必须专用于合同工程。

2. 预付款保函

除专用合同条款另有约定外,承包人应在收到预付款的同时向发包人提交预付款保函,预付款保函的担保金额应与预付款金额相同。保函的担保金额可根据预付款扣回的金额相应递减。

3. 预付款的扣回与还清

预付款在进度付款中扣回，扣回办法在专用合同条款中约定。在颁发工程接收证书前，由于不可抗力或其他原因解除合同时，预付款尚未扣清的，尚未扣清的预付款余额应作为承包人的到期应付款。

(三)工程进度付款

1. 付款周期

付款周期同计量周期。

2. 进度付款申请单

承包人应在每个付款周期末，按监理人批准的格式和专用合同条款约定的份数，向监理人提交进度付款申请单，并附相应的支持性证明文件。除专用合同条款另有约定外，进度付款申请单应包括下列内容：

(1)截至本次付款周期末已实施工程的价款。

(2)根据有关条款应增加和扣减的变更金额。

(3)根据有关条款应增加和扣减的索赔金额。

(4)根据有关约定应支付的预付款和扣减的返还预付款。

(5)根据有关约定应扣减的质量保证金。

(6)根据合同应增加和扣减的其他金额。

3. 进度付款证书和支付时间

(1)监理人在收到承包人进度付款申请单以及相应的支持性证明文件后的 14 天内完成核查，提出发包人到期应支付给承包人的金额以及相应的支持性材料，经发包人审查同意后，由监理人向承包人出具经发包人签认的进度付款证书。监理人有权扣发承包人未能按照合同要求履行任何工作或义务的相应金额。

(2)发包人应在监理人收到进度付款申请单后的 28 天内，将进度应付款支付给承包人。发包人不按期支付的，按专用合同条款的约定支付逾期付款违约金。

(3)监理人出具进度付款证书，不应视为监理人已同意、批准或接受了承包人完成的该部分工作。

(4)进度付款涉及政府投资资金的，按照国库集中支付等国家相关规定和专用合同条款的约定办理。

4. 工程进度付款的修正

在对以往历次已签发的进度付款证书进行汇总和复核中发现错、漏或重复的，监理人有权予以修正，承包人也有权提出修正申请。经双方复核同意的修正，应在本次进度付款中支付或扣除。

（四）质量保证金

（1）监理人应从第一个付款周期开始，在发包人的进度付款中，按专用合同条款的约定扣留质量保证金，直至扣留的质量保证金总额达到专用合同条款约定的金额或比例为止。质量保证金的计算额度不包括预付款的支付、扣回以及价格调整的金额。

（2）在约定的缺陷责任期满时，承包人向发包人申请到期应返还承包人剩余的质量保证金金额，发包人应在 14 天内会同承包人按照合同约定的内容核实承包人是否完成缺陷责任。如无异议，发包人应当在核实后将剩余保证金返还承包人。

（3）在约定的缺陷责任期满时，承包人没有完成缺陷责任的，发包人有权扣留与未履行责任剩余工作所需金额相应的质量保证金余额，并有权根据约定要求延长缺陷责任期，直至完成剩余工作为止。

（五）竣工结算

1. 竣工付款申请单

（1）工程接收证书颁发后，承包人应按专用合同条款约定的份数和期限向监理人提交竣工付款申请单，并提供相关证明材料。除专用合同条款另有约定外，竣工付款申请单应包括下列内容：竣工结算合同总价、发包人已支付承包人的工程价款、应扣留的质量保证金、应支付的竣工付款金额。

（2）监理人对竣工付款申请单有异议的，有权要求承包人进行修正和提供补充资料。经监理人和承包人协商后，由承包人向监理人提交修正后的竣工付款申请单。

2. 竣工付款证书及支付时间

（1）监理人在收到承包人提交的竣工付款申请单后的 14 天内完成核查，提出发包人到期应支付给承包人的价款送发包人审核并抄送承包人。发包人应在收到后 14 天内审核完毕，由监理人向承包人出具经发包人签认的竣工付款证书。监理人未在约定时间内核查，又未提出具体意见的，视为承包人提交的竣工付款申请单已经监理人核查同意；发包人未在约定时间内审核又未提出具体意见的，监理人提出发包人到期应支付给承包人的价款视为已经发包人同意。

（2）发包人应在监理人出具竣工付款证书后的 14 天内，将应支付款支付给承包人。发包人不按期支付的，按有关约定，将逾期付款违约金支付给承包人。

（3）承包人对发包人签认的竣工付款证书有异议的，发包人可出具竣工付款申请单中承包人已同意部分的临时付款证书。存在争议的部分，按第 24 条的约定办理。

（4）竣工付款涉及政府投资资金的，按有关约定办理。

（六）最终结清

1. 最终结清申请单

（1）缺陷责任期终止证书签发后，承包人可按专用合同条款约定的份数和期限向监理人提交最终结清申请单,并提供相关证明材料。

(2)发包人对最终结清申请单内容有异议的,有权要求承包人进行修正和提供补充资料,由承包人向监理人提交修正后的最终结清申请单。

2. 最终结清证书和支付时间

(1)监理人收到承包人提交的最终结清申请单后的14天内,提出发包人应支付给承包人的价款送发包人审核并抄送承包人。发包人应在收到后14天内审核完毕,由监理人向承包人出具经发包人签认的最终结清证书。监理人未在约定时间内核查,又未提出具体意见的,视为承包人提交的最终结清申请已经监理人核查同意;发包人未在约定时间内审核又未提出具体意见的,监理人提出应支付给承包人的价款视为已经发包人同意。

(2)发包人应在监理人出具最终结清证书后的14天内,将应支付款支付给承包人。发包人不按期支付的,按有关约定,将逾期付款违约金支付给承包人。

(3)承包人对发包人签认的最终结清证书有异议的,按约定办理。

(4)最终结清付款涉及政府投资资金的,按有关约定办理。

十七、竣工验收

1. 竣工验收的含义

(1)竣工验收指承包人完成了全部合同工作后,发包人按合同要求进行的验收。

(2)国家验收是政府有关部门根据法律、规范、规程和政策要求,针对发包人全面组织实施的整个工程正式交付投运前的验收。

(3)需要进行国家验收的,竣工验收是国家验收的一部分。竣工验收所采用的各项验收和评定标准应符合国家验收标准。发包人和承包人为竣工验收提供的各项竣工验收资料应符合国家验收的要求。

2. 竣工验收申请报告

当工程具备以下条件时,承包人即可向监理人报送竣工验收申请报告:

(1)除监理人同意列入缺陷责任期内完成的尾工(甩项)工程和缺陷修补工作外,合同范围内的全部单位工程以及有关工作,包括合同要求的试验、试运行以及检验和验收均已完成,并符合合同要求。

(2)已按合同约定的内容和份数备齐了符合要求的竣工资料。

(3)已按监理人的要求编制了在缺陷责任期内完成的尾工(甩项)工程和缺陷修补工作清单以及相应施工计划。

(4)监理人要求在竣工验收前应完成的其他工作。

(5)监理人要求提交的竣工验收资料清单。

3. 验收

监理人收到承包人约定提交的竣工验收申请报告后,应审查申请报告的各项内容,并按以下不同情况进行处理:

(1)监理人审查后认为尚不具备竣工验收条件的,应在收到竣工验收申请报告后的 28 天内通知承包人,指出在颁发接收证书前承包人还需进行的工作内容。承包人完成监理人通知的全部工作内容后,应再次提交竣工验收申请报告,直至监理人同意为止。

(2)监理人审查后认为已具备竣工验收条件的,应在收到竣工验收申请报告后的 28 天内提请发包人进行工程验收。

(3)发包人经过验收后同意接收工程的,应在监理人收到竣工验收申请报告后的 56 天内,由监理人向承包人出具经发包人签认的工程接收证书。发包人验收后同意接收工程但提出整修和完善要求的,限期修好,并缓发工程接收证书。整修和完善工作完成后,监理人复查达到要求的,经发包人同意后,再向承包人出具工程接收证书。

(4)发包人验收后不同意接收工程的,监理人应按照发包人的验收意见发出指示,要求承包人对不合格工程认真返工重做或进行补救处理,并承担由此产生的费用。承包人在完成不合格工程的返工重做或补救工作后,应重新提交竣工验收申请报告,按有关约定进行。

(5)除专用合同条款另有约定外,经验收合格工程的实际竣工日期,以提交竣工验收申请报告的日期为准,并在工程接收证书中写明。

(6)发包人在收到承包人竣工验收申请报告 56 天后未进行验收的,视为验收合格,实际竣工日期以提交竣工验收申请报告的日期为准,但发包人由于不可抗力不能进行验收的除外。

4. 单位工程验收

(1)发包人根据合同进度计划安排,在全部工程竣工前需要使用已经竣工的单位工程时,或承包人提出经发包人同意时,可进行单位工程验收。验收的程序可参照有关条款约定进行。验收合格后,由监理人向承包人出具经发包人签认的单位工程验收证书。已签发单位工程接收证书的单位工程由发包人负责照管。单位工程的验收成果和结论作为全部工程竣工验收申请报告的附件。

(2)发包人在全部工程竣工前,使用已接收的单位工程导致承包人费用增加的,发包人应承担由此增加的费用和(或)工期延误,并支付承包人合理利润。

5. 施工期运行

(1)施工期运行是指合同工程尚未全部竣工,其中某项或某几项单位工程或工程设备安装已竣工,根据专用合同条款约定,需要投入施工期运行的,经发包人按单位工程验收的约定验收合格,证明能确保安全后,才能在施工期投入运行。

(2)在施工期运行中发现工程或工程设备损坏或存在缺陷的,由承包人按缺陷责任约定进行修复。

6. 试运行

(1)除专用合同条款另有约定外,承包人应按专用合同条款约定进行工程及工程设备试运行,负责提供试运行所需的人员、器材和必要的条件,并承担全部试运行费用。

(2)由于承包人的原因导致试运行失败的,承包人应采取措施保证试运行合格,并承担相应费用。由于发包人的原因导致试运行失败的,承包人应当采取措施保证试运行合格,发包人应承担由此产生的费用,并支付承包人合理利润。

7. 竣工清场

(1)除合同另有约定外,工程接收证书颁发后,承包人应按以下要求对施工场地进行清理,直至监理人检验合格为止。竣工清场费用由承包人承担。

①施工场地内残留的垃圾已全部清除出场;

②临时工程已拆除,场地已按合同要求进行清理、平整或复原;

③按合同约定应撤离的承包人设备和剩余的材料,包括废弃的施工设备和材料,已按计划撤离施工场地;

④工程建筑物周边及其附近道路、河道的施工堆积物,已按监理人指示全部清理;

⑤监理人指示的其他场地清理工作已全部完成。

(2)承包人未按监理人的要求恢复临时占地,或者场地清理未达到合同约定的,发包人有权委托其他人恢复或清理,所发生的金额从拟支付给承包人的款项中扣除。

8. 施工队伍的撤离

工程接收证书颁发后的56天内,除了经监理人同意需在缺陷责任期内继续工作和使用的人员、施工设备和临时工程外,其余的人员、施工设备和临时工程均应撤离施工场地或拆除。除合同另有约定外,缺陷责任期满时,承包人的人员和施工设备应全部撤离施工场地。

十八、缺陷责任与保修责任

1. 缺陷责任期的起算时间

缺陷责任期自实际竣工日期起计算。在全部工程竣工验收前,已经发包人提前验收的单位工程,其缺陷责任期的起算日期相应提前。

2. 缺陷责任

(1)承包人应在缺陷责任期内对已交付使用的工程承担缺陷责任。

(2)缺陷责任期内,发包人对已接收使用的工程负责日常维护工作。发包人在使用过程中,发现已接收的工程存在新的缺陷或已修复的缺陷部位或部件又遭损坏的,承包人应负责修复,直至检验合格为止。

(3)监理人和承包人应共同查清缺陷和(或)损坏的原因。经查明属承包人原因造成的,应由承包人承担修复和查验的费用。经查验属发包人原因造成的,发包人应承担修复和查验的费用,并支付承包人合理利润。

(4)承包人不能在合理时间内修复缺陷的,发包人可自行修复或委托其他人修复,所需费用和利润的承担,按约定办理。

3. 缺陷责任期的延长

由于承包人原因造成某项缺陷或损坏使某项工程或工程设备不能按原定目标使用而需要再次检查、检验和修复的,发包人有权要求承包人相应延长缺陷责任期,但缺陷责任期最长不超过两年。

4. 进一步试验和试运行

任何一项缺陷或损坏修复后，经检查证明其影响了工程或工程设备的使用性能，承包人应重新进行合同约定的试验和试运行，试验和试运行的全部费用应由责任方承担。

5. 承包人的进入权

缺陷责任期内承包人为缺陷修复工作需要，有权进入工程现场，但应遵守发包人的保安和保密规定。

6. 缺陷责任期终止证书

在约定的缺陷责任期，包括根据有关条款延长的期限终止后 14 天内，由监理人向承包人出具经发包人签认的缺陷责任期终止证书，并退还剩余的质量保证金。

7. 保修责任

合同当事人根据有关法律规定，在专用合同条款中约定工程质量保修范围、期限和责任。保修期自实际竣工日期起计算。在全部工程竣工验收前，已经发包人提前验收的单位工程，其保修期的起算日期相应提前。

十九、保险

（一）工程保险

除专用合同条款另有约定外，承包人应以发包人和承包人的共同名义向双方同意的保险人投保建筑工程一切险、安装工程一切险。其具体的投保内容、保险金额、保险费率、保险期限等有关内容在专用合同条款中约定。

（二）人员工伤事故的保险

1. 承包人员工伤事故的保险

承包人应依照有关法律规定参加工伤保险，为其履行合同所雇佣的全部人员，缴纳工伤保险费，并要求其分包人也进行此项保险。

2. 发包人员工伤事故的保险

发包人应依照有关法律规定参加工伤保险，为其现场机构雇佣的全部人员，缴纳工伤保险费，并要求其监理人也进行此项保险。

（三）人身意外伤害险

（1）发包人应在整个施工期间为其现场机构雇用的全部人员，投保人身意外伤害险，缴纳保险费，并要求其监理人也进行此项保险。

（2）承包人应在整个施工期间为其现场机构雇用的全部人员，投保人身意外伤害险，缴纳保险费，并要求其分包人也进行此项保险。

（四）第三者责任险

（1）第三者责任系指在保险期内，对因工程意外事故造成的、依法应由被保险人负责的工地上及毗邻地区的第三者人身伤亡、疾病或财产损失（本工程除外），以及被保险人因此而支付的诉讼费用和事先经保险人书面同意支付的其他费用等赔偿责任。

（2）在缺陷责任期终止证书颁发前，承包人应以承包人和发包人的共同名义，投保约定的第三者责任险，其保险费率、保险金额等有关内容在专用合同条款中约定。

（五）其他保险

除专用合同条款另有约定外，承包人应为其施工设备、进场的材料和工程设备等办理保险。

（六）对各项保险的一般要求

1. 保险凭证

承包人应在专用合同条款约定的期限内向发包人提交各项保险生效的证据和保险单副本，保险单必须与专用合同条款约定的条件保持一致。

2. 保险合同条款的变动

承包人需要变动保险合同条款时，应事先征得发包人同意，并通知监理人。保险人做出变动的，承包人应在收到保险人通知后立即通知发包人和监理人。

3. 持续保险

承包人应与保险人保持联系，使保险人能够随时了解工程实施中的变动，并确保按保险合同条款要求持续保险。

4. 保险金不足的补偿

保险金不足以补偿损失的，应由承包人和（或）发包人按合同约定负责补偿。

5. 未按约定投保的补救

（1）由于负有投保义务的一方当事人未按合同约定办理保险，或未能使保险持续有效的，另一方当事人可代为办理，所需费用由对方当事人承担。

（2）由于负有投保义务的一方当事人未按合同约定办理某项保险，导致受益人未能得到保险人的赔偿，原应从该项保险得到的保险金应由负有投保义务的一方当事人支付。

6. 报告义务

当保险事故发生时，投保人应按照保险单规定的条件和期限及时向保险人报告。

二十、不可抗力

（一）不可抗力的确认

（1）不可抗力是指承包人和发包人在订立合同时不可预见，在工程施工过程中不可避免发生并不能克服的自然灾害和社会性突发事件，如地震、海啸、瘟疫、水灾、骚乱、暴动、战争和专用合同条款约定的其他情形。

(2)不可抗力发生后，发包人和承包人应及时认真统计所造成的损失，收集不可抗力造成损失的证据。合同双方对是否属于不可抗力或其损失的意见不一致的，由监理人商定或确定。发生争议时，按约定办理。

(二)不可抗力的通知

(1)合同一方当事人遇到不可抗力事件，使其履行合同义务受到阻碍时，应立即通知合同另一方当事人和监理人，书面说明不可抗力和受阻碍的详细情况，并提供必要的证明。

(2)如不可抗力持续发生，合同一方当事人应及时向合同另一方当事人和监理人提交中间报告，说明不可抗力和履行合同受阻的情况，并于不可抗力事件结束后28天内提交最终报告及有关资料。

(三)不可抗力后果及其处理

1. 不可抗力造成损害的责任

除专用合同条款另有约定外，不可抗力导致的人员伤亡、财产损失、费用增加和(或)工期延误等后果，由合同双方按以下原则承担：

(1)永久工程，包括已运至施工场地的材料和工程设备的损害，以及因工程损害造成的第三者人员伤亡和财产损失由发包人承担。

(2)承包人设备的损坏由承包人承担。

(3)发包人和承包人各自承担其人员伤亡和其他财产损失及其相关费用。

(4)承包人的停工损失由承包人承担，但停工期间应监理人要求照管工程和清理、修复工程的金额由发包人承担。

(5)不能按期竣工的，应合理延长工期，承包人不需支付逾期竣工违约金。发包人要求赶工的，承包人应采取赶工措施，赶工费用由发包人承担。

2. 延迟履行期间发生的不可抗力

合同一方当事人延迟履行，在延迟履行期间发生不可抗力的，不免除其责任。

3. 避免和减少不可抗力损失

不可抗力发生后，发包人和承包人均应采取措施尽量避免和减少损失的扩大，任何一方没有采取有效措施导致损失扩大的，应对扩大的损失承担责任。

4. 因不可抗力解除合同

合同一方当事人因不可抗力不能履行合同的，应当及时通知对方解除合同。合同解除后，承包人应按照约定撤离施工场地。已经订货的材料、设备由订货方负责退货或解除订货合同，不能退还的货款和因退货、解除订货合同发生的费用，由发包人承担，因未及时退货造成的损失由责任方承担。合同解除后的付款，参照有关约定，由监理人商定或确定。

二十一、违约

(一)承包人违约

1. 承包人违约的情形

在履行合同过程中发生的下列情况属承包人违约:

(1)承包人违反约定,私自将合同的全部或部分权利转让给其他人,或私自将合同的全部或部分义务转移给其他人。

(2)承包人违反约定,未经监理人批准,私自将已按合同约定进入施工场地的施工设备、临时设施或材料撤离施工场地。

(3)承包人违反约定使用了不合格材料或工程设备,工程质量达不到标准要求,又拒绝清除不合格工程。

(4)承包人未能按合同进度计划及时完成合同约定的工作,已造成或预期造成工期延误。

(5)承包人在缺陷责任期内,未能对工程接收证书所列的缺陷清单的内容或缺陷责任期内发生的缺陷进行修复,而又拒绝按监理人指示再进行修补。

(6)承包人无法继续履行或明确表示不履行或实质上已停止履行合同。

(7)承包人不按合同约定履行义务的其他情况。

2. 对承包人违约的处理

(1)承包人发生承包人无法继续履行或明确表示不履行或实质上已停止履行合同时,发包人可通知承包人立即解除合同,并按有关法律规定处理。

(2)承包人发生其他违约情况时,监理人可向承包人发出整改通知,要求其在指定的期限内改正。承包人应承担其违约所引起的费用增加和(或)工期延误。

(3)经检查证明承包人已采取了有效措施纠正违约行为,具备复工条件的,可由监理人签发复工通知复工。

3. 承包人违约解除合同

监理人发出整改通知28天后,承包人仍不纠正违约行为的,发包人可向承包人发出解除合同通知。合同解除后,发包人可派员进驻施工场地,另行组织人员或委托其他承包人施工。发包人因继续完成该工程的需要,有权扣留使用承包人在现场的材料、设备和临时设施。但发包人的这一行动不免除承包人应承担的违约责任,也不影响发包人根据合同约定享有的索赔权利。

4. 合同解除后的估价、付款和结清

(1)合同解除后,监理人商定或确定承包人实际完成工作的价值,以及承包人已提供的材料、施工设备、工程设备和临时工程等的价值。

(2)合同解除后,发包人应暂停对承包人的一切付款,查清各项付款和已扣款金额,包

括承包人应支付的违约金。

(3)合同解除后,发包人应按约定向承包人索赔由于解除合同给发包人造成的损失。

(4)合同双方确认上述往来款项后,出具最终结清付款证书,结清全部合同款项。

(5)发包人和承包人未能就解除合同后的结清达成一致而形成争议的,按约定办理。

5. 协议利益的转让

因承包人违约解除合同的,发包人有权要求承包人将其为实施合同而签订的材料和设备的订货协议或任何服务协议利益转让给发包人,并在解除合同后的 14 天内,依法办理转让手续。

6. 紧急情况下无能力或不愿进行抢救

在工程实施期间或缺陷责任期内发生危及工程安全的事件,监理人通知承包人进行抢救,承包人声明无能力或不愿立即执行的,发包人有权雇佣其他人员进行抢救。此类抢救按合同约定属于承包人义务的,由此发生的金额和(或)工期延误由承包人承担。

(二)发包人违约

1. 发包人违约的情形

在履行合同过程中发生的下列情形,属发包人违约:

(1)发包人未能按合同约定支付预付款或合同价款,或拖延、拒绝批准付款申请和支付凭证,导致付款延误的。

(2)发包人原因造成停工的。

(3)监理人无正当理由没有在约定期限内发出复工指示,导致承包人无法复工的。

(4)发包人无法继续履行或明确表示不履行或实质上已停止履行合同的。

(5)发包人不履行合同约定其他义务的。

2. 承包人有权暂停施工

发包人发生除发包人无法履约以外的违约情况时,承包人可向发包人发出通知,要求发包人采取有效措施纠正违约行为。发包人收到承包人通知后的 28 天内仍不履行合同义务,承包人有权暂停施工,并通知监理人,发包人应承担由此增加的费用和(或)工期延误,并支付承包人合理利润。

3. 发包人违约解除合同

(1)发生发包人无法继续履行或明确表示不履行或实质上已停止履行合同的违约情况时,承包人可书面通知发包人解除合同。

(2)承包人暂停施工 28 天后,发包人仍不纠正违约行为的,承包人可向发包人发出解除合同通知。但承包人的这一行动不免除发包人承担的违约责任,也不影响承包人根据合同约定享有的索赔权利。

4. 解除合同后的付款

因发包人违约解除合同的,发包人应在解除合同后 28 天内向承包人支付下列金额,承包人应在此期限内及时向发包人提交要求支付下列金额的有关资料和凭证：

(1)合同解除日以前所完成工作的价款。

(2)承包人为该工程施工订购并已付款的材料、工程设备和其他物品的金额。发包人付款后，该材料、工程设备和其他物品归发包人所有。

(3)承包人为完成工程所发生的，而发包人未支付的金额。

(4)承包人撤离施工场地以及遣散承包人人员的金额。

(5)由于解除合同应赔偿的承包人损失。

(6)按合同约定在合同解除日前应支付给承包人的其他金额。

发包人应按本项约定支付上述金额并退还质量保证金和履约担保，但有权要求承包人支付应偿还给发包人的各项金额。

5. 解除合同后的承包人撤离

因发包人违约而解除合同后，承包人应妥善做好已竣工工程和已购材料、设备的保护和移交工作，按发包人要求将承包人设备和人员撤出施工场地。承包人撤出施工场地应遵守有关约定，发包人应为承包人撤出提供必要条件。

(三)第三人造成的违约

在履行合同过程中，一方当事人因第三人的原因造成违约的，应当向对方当事人承担违约责任。一方当事人和第三人之间的纠纷，依照法律规定或者按照约定解决。

二十二、索赔

1. 承包人索赔的提出

根据合同约定，承包人认为有权得到追加付款和(或)延长工期的，应按以下程序向发包人提出索赔：

(1)承包人应在知道或应当知道索赔事件发生后 28 天内，向监理人递交索赔意向通知书，并说明发生索赔事件的事由。承包人未在前述 28 天内发出索赔意向通知书的，丧失要求追加付款和(或)延长工期的权利。

(2)承包人应在发出索赔意向通知书后 28 天内，向监理人正式递交索赔通知书。索赔通知书应详细说明索赔理由以及要求追加的付款金额和(或)延长的工期，并附必要的记录和证明材料。

(3)索赔事件具有连续影响的，承包人应按合理时间间隔继续递交延续索赔通知，说明连续影响的实际情况和记录，列出累计的追加付款金额和(或)工期延长天数。

(4)在索赔事件影响结束后的 28 天内，承包人应向监理人递交最终索赔通知书，说明最终要求索赔的追加付款金额和延长的工期，并附必要的记录和证明材料。

2. 承包人索赔处理程序

(1)监理人收到承包人提交的索赔通知书后，应及时审查索赔通知书的内容、查验承包人的记录和证明材料，必要时监理人可要求承包人提交全部原始记录副本。

(2)监理人应按商定或确定追加的付款和(或)延长的工期,并在收到上述索赔通知书或有关索赔的进一步证明材料后的42天内,将索赔处理结果答复承包人。

(3)承包人接受索赔处理结果的,发包人应在作出索赔处理结果答复后28天内完成赔付。承包人不接受索赔处理结果的,按约定办理。

3. 承包人提出索赔的期限

(1)承包人按约定接受了竣工付款证书后,应被认为已无权再提出在合同工程接收证书颁发前所发生的任何索赔。

(2)承包人按约定提交的最终结清申请单中,只限于提出工程接收证书颁发后发生的索赔。提出索赔的期限自接受最终结清证书时终止。

4. 发包人的索赔

(1)发生索赔事件后,监理人应及时书面通知承包人,详细说明发包人有权得到的索赔金额和(或)延长缺陷责任期的细节和依据。发包人提出索赔的期限和要求与约定相同,延长缺陷责任期的通知应在缺陷责任期届满前发出。

(2)监理人按商定或确定发包人从承包人处得到赔付的金额和(或)缺陷责任期的延长期。承包人应付给发包人的金额可从拟支付给承包人的合同价款中扣除,或由承包人以其他方式支付给发包人。

二十三、争议的解决

1. 争议的解决方式

发包人和承包人在履行合同中发生争议的,可以友好协商解决或者提请争议评审组评审。合同当事人友好协商解决不成、不愿提请争议评审或者不接受争议评审组意见的,可在专用合同条款中约定下列一种方式解决:

(1)向约定的仲裁委员会申请仲裁。

(2)向有管辖权的人民法院提起诉讼。

2. 友好解决

在提请争议评审、仲裁或者诉讼前,以及在争议评审、仲裁或诉讼过程中,发包人和承包人均可共同努力友好协商解决争议。

3. 争议评审

(1)采用争议评审的,发包人和承包人应在开工日后的28天内或在争议发生后,协商成立争议评审组。争议评审组由有合同管理和工程实践经验的专家组成。

(2)合同双方的争议,应首先由申请人向争议评审组提交一份详细的评审申请报告,并附必要的文件、图纸和证明材料,申请人还应将上述报告的副本同时提交给被申请人和监理人。

(3)被申请人在收到申请人评审申请报告副本后的28天内,向争议评审组提交一份答辩报告,并附证明材料。被申请人应将答辩报告的副本同时提交给申请人和监理人。

(4)除专用合同条款另有约定外,争议评审组在收到合同双方报告后的14天内,邀请双方代表和有关人员举行调查会,向双方调查争议细节;必要时争议评审组可要求双方进一步提供补充材料。

(5)除专用合同条款另有约定外,在调查会结束后的14天内,争议评审组应在不受任何干扰的情况下进行独立、公正的评审,作出书面评审意见,并说明理由。在争议评审期间,争议双方暂按总监理工程师的确定执行。

(6)发包人和承包人接受评审意见的,由监理人根据评审意见拟定执行协议,经争议双方签字后作为合同的补充文件,并遵照执行。

(7)发包人或承包人不接受评审意见,并要求提交仲裁或提起诉讼的,应在收到评审意见后的14天内将仲裁或起诉意向书面通知另一方,并抄送监理人,但在仲裁或诉讼结束前应暂按总监理工程师的确定执行。

第六章 交竣工验收与资料编制

交竣工验收和内业资料的编制、归档、存储是公路工程的主要工作内容之一，是对工程建设项目的记录备案和重要查询审核依据。公路绿化工程作为公路工程的一部分，虽然近年来也在不断地规范、完善、提高，但受各种因素制约，其交竣工验收和内业资料的编制、归档、存储等环节都还有欠缺，公路绿化工程交竣工验收、内业资料的内在质量和归档质量亟待提高和规范，从而才能不断提高公路绿化工程综合管理水平。

第一节 工程交竣工及决算管理制度

一、交竣工验收办法

公路绿化工程交竣工验收是对工程建设成果的全面考核和评价，通过交竣工评定建设质量等级，做好施工期、缺陷责任期和交接养护程序，总结经验教训，对工程建设成果做好保障，所以绿化工程交、竣工验收工作应当做到公正、真实、科学。

公路绿化工程应按照批准的设计文件和技术要求完成后进行验收，验收分为交工验收和竣工验收两个阶段。交工验收由项目法人组织，在施工单位全面自检控制的前提下，按照监理抽查资料，对合同段工程质量进行评定，评价工程质量是否符合技术标准及设计要求，是否可以移交下一阶段施工或是否满足通车要求，对各参建单位工作进行初步评价。竣工验收由政府主管部门组织，在试运营考验的基础上，以质量监督机构的关键实测指标为主，对工程作出评价，对工程最终是否合格作出结论，对参建单位进行综合评价。

交工验收阶段，其主要工作是：检查施工合同的执行情况，评价工程质量，对各参建单位工作进行初步评价。

竣工验收阶段，其主要工作是：对工程质量、参建单位和建设项目进行综合评价，并对工程建设项目作出整体性综合评价。

验收的依据是：批准的项目建议书、工程可行性研究报告；批准的工程初步设计、施工图设计及设计变更文件；施工许可；招标文件及合同文本；行政主管部门的有关批复、批示文件；公路工程技术标准、规范、规程及国家有关部门的相关规定。

(一)交工验收

交工验收即检查施工合同的执行情况,评价工程质量是否符合技术标准及设计要求,是否可以移交下一阶段施工或者是否满足通车要求,对各参建单位工作进行初步评价。交工验收由建设单位主持,设计、监理、接管养护、质量监督、造价管理等有关部门参加,组成交工验收小组,按照《公路绿化工程交工验收办法》,对施工合同的执行情况和监理工作情况进行检查,提出工程质量等级建议,对合格工程及通过工程竣工资料验收的单位及时签发交工证书。

在交工验收阶段,建设项目的各合同段符合交工验收条件后,首先由承包人向项目法人提出申请,然后由项目法人组织监理单位按现行《公路工程质量检验评定标准》的要求对各合同段的工程质量进行评定。

(1)绿化工程(合同段)进行交工验收应具备以下条件:

①合同约定的各项内容已全部完成,各方就合同变更的内容达成书面一致意见。

②施工单位按《公路工程质量检验评定标准》及相关规定对工程质量自检合格。

③监理工程师对工程质量评定合格。

④质量监督机构按"公路工程质量鉴定办法"对工程质量进行检测,并出具检测意见。检测意见中需整改的问题已经处理完毕。

⑤竣工文件按公路工程档案管理的有关要求,完成"公路工程项目文件归档范围"第三、四、五部分(不含缺陷责任期资料)内容的收集、整理及归档工作。

⑥施工单位、监理单位完成本合同段的工作总结报告。

(2)交工验收程序如下:

①施工单位完成合同约定的全部工程内容,且经施工自检和监理检验评定均合格后,提出合同段交工验收申请报监理单位审查。交工验收申请应附自检评定资料和施工总结报告。

②监理单位根据工程实际情况、抽检资料以及对合同段工程质量评定结果,对施工单位交工验收申请及其所附资料进行审查并签署意见。监理单位审查同意后,应同时向项目法人提交独立抽检资料、质量评定资料和监理工作报告。

③项目法人对施工单位的交工验收申请、监理单位的质量评定资料进行核查,必要时可委托有相应资质的检测机构进行重点抽查检测,认为合同段满足交工验收条件时应及时组织交工验收。

④对若干合同段完工时间相近的,项目法人可合并组织交工验收。对分段通车的项目,项目法人可按合同约定分段组织交工验收。

⑤通过交工验收的合同段,项目法人应及时颁发"公路绿化工程交工验收证书"。

⑥各合同段全部验收合格后,项目法人应及时完成"公路绿化工程交工验收报告"。

(3)交工验收的主要工作内容如下:

①检查合同执行情况。

②检查施工自检报告、施工总结报告及施工资料。

③检查监理单位独立抽检资料、监理工作报告及质量评定资料。

④检查工程实体，审查有关资料，包括主要产品质量的抽(检)测报告。

⑤核查工程完工数量是否与批准的设计文件相符，是否与工程计量数量一致。

⑥对合同是否全面执行、工程质量是否合格做出结论。

⑦按合同段分别对设计、监理、施工等单位进行初步评价。

(4)绿化工程各合同段的设计、施工、监理等单位参加交工验收工作，由项目法人负责组织。

拟交付使用的绿化工程，应邀请运营、养护管理等相关单位参加。

(5)合同段绿化工程质量评分采用所含各单位工程质量评分的加权平均值。即：

工程各合同段交工验收结束后，由项目法人对整个工程项目进行工程质量评定，工程质量评分采用各合同段工程质量评分的加权平均值。即：

投资额原则使用结算价，当结算价暂时未确定时，可使用招标合同价，但在评分计算时应统一。

(6)交工验收工程质量等级评定分为合格和不合格，工程质量评分值大于等于 75 分的为合格，小于 75 分的为不合格。

(7)交工验收不合格的工程应返工整改，直至合格。

交工验收提出的工程质量缺陷等遗留问题，由项目法人责成施工单位限期完成整改。

(8)对通过交工验收工程，应及时安排养护管理。

(二)竣工验收

竣工验收即综合评价绿化工程建设成果，对工程质量、参建单位和建设项目进行综合评价。竣工验收属于成品检验的范畴，绿化工程缺陷责任期终止后，由验收主持单位、建设单位、交工验收代表、接管养护、质量监督、土地管理、环境保护等单位代表组成竣工验收委员会，对建设成果进行全面考核和评价，确定绿化工程质量等级，总结经验教训，签发竣工证书，进入养护管理期。

按照公路工程管理权限，各级交通运输主管部门应于年初制订年度竣工验收计划，并按计划组织竣工验收工作。列入竣工验收计划的项目，项目法人应提前完成竣工验收前的准备工作。

(1)公路绿化工程竣工验收应具备以下条件：

①通车试运营 2 年以上。

②交工验收提出的工程质量缺陷等遗留问题已全部处理完毕，并经项目法人验收合格。

③工程决算已编制完成，竣工决算已经审计，并经交通运输主管部门或其授权单位认定。

④竣工文件已完成“公路工程项目文件归档范围”的全部内容。

⑤档案、环保等单项验收合格，土地使用手续已办理。

⑥各参建单位完成工作总结报告。

⑦质量监督机构对工程质量检测鉴定合格，并形成工程质量鉴定报告。

(2)竣工验收准备工作程序如下：

①公路工程符合竣工验收条件后，项目法人应按照公路工程管理权限及时向相关交通运输主管部门提出验收申请，其主要内容包括：交工验收报告；项目执行报告、设计工作报告、施工总结报告和监理工作报告；项目基本建设程序的有关批复文件；档案、环保等单项验收意见；土地使用证或建设用地批复文件；竣工决算的核备意见、审计报告及认定意见。

②相关交通运输主管部门对验收申请进行审查，必要时可组织现场核查。审查同意后报负责竣工验收的交通运输主管部门。

③以上文件齐全且符合条件的项目，由负责竣工验收的交通运输主管部门通知所属的质量监督机构开展质量鉴定工作。

④质量监督机构按要求完成质量鉴定工作，出具工程质量鉴定报告，并审核交工验收对设计、施工、监理初步评价结果，报送交通运输主管部门。

⑤工程质量鉴定等级为合格及以上的项目，负责竣工验收的交通运输主管部门及时组织竣工验收。

(3)竣工验收的主要工作内容如下：

①成立竣工验收委员会。

②听取公路工程项目执行报告、设计工作报告、施工总结报告、监理工作报告及接管养护单位项目使用情况报告。

③听取公路绿化工程质量监督报告及工程质量鉴定报告。

④竣工验收委员会成立专业检查组检查工程实体质量，审阅有关资料，形成书面检查意见。

⑤对项目法人建设管理工作进行综合评价。审定交工验收对设计单位、施工单位、监理单位的初步评价。

⑥对工程质量进行评分，确定工程质量等级，并综合评价建设项目。

⑦形成并通过《公路绿化工程竣工验收鉴定书》。

⑧负责竣工验收的交通运输主管部门印发《公路绿化工程竣工验收鉴定书》。

⑨质量监督机构依据竣工验收结论，对各参建单位签发“公路工程参建单位工作综合评价等级证书”。

(4)竣工验收委员会由交通运输主管部门、公路管理机构、质量监督机构、造价管理机构等单位代表组成。国防公路应邀请军队代表参加。大中型项目及技术复杂工程，应邀请有关专家参加。

项目法人、设计、施工、监理、接管养护等单位代表参加竣工验收工作，但不作为竣工验收委员会成员。

(5)参加竣工验收工作各方的主要职责如下：

竣工验收委员会负责对工程实体质量及建设情况进行全面检查。对工程质量进行评分，对各参建单位及建设项目进行综合评价，确定工程质量和建设项目等级，形成工程竣工验收鉴定书。

项目法人负责提交项目执行报告及验收工作所需资料，协助竣工验收委员会开展工作。

设计单位负责提交设计工作报告,配合竣工验收检查工作。

施工单位负责提交施工总结报告,提供各种资料,配合竣工验收检查工作。

监理单位负责提交监理工作报告,提供工程监理资料,配合竣工验收检查工作。

接管养护单位负责提交项目使用情况报告,配合竣工验收检查工作。

公路建设项目设计、施工、监理、接管养护等有多家单位的,项目法人应组织汇总设计工作报告、施工总结报告、监理工作报告、项目使用情况报告。竣工验收时选派代表向竣工验收委员会汇报。

(6)竣工验收工程质量评分采取加权平均法计算,其中交工验收工程质量得分权值为0.2,质量监督机构工程质量鉴定得分权值为0.6,竣工验收委员会对工程质量的评分权值为0.2。

对于交工验收和竣工验收合并进行的小型项目,质量监督机构工程质量鉴定得分权值为0.6,监理单位对工程质量评定得分权值为0.1,竣工验收委员会对工程质量的评分权值为0.3。

工程质量评分大于或等于90分为优良,小于90分且大于或等于75分为合格,小于75分为不合格。

(7)竣工验收委员会对项目法人及设计、施工、监理单位工作进行综合评价。评定得分大于或等于90分且工程质量等级优良的为好,小于90分且大于或等于75分为中,小于75分为差。

(8)竣工验收建设项目综合评分采取加权平均法计算,其中竣工验收工程质量得分权值为0.7,参建单位工作评价得分权值为0.3(项目法人占0.15,设计、施工、监理各占0.05)。

评定得分大于或等于90分且工程质量等级优良的为优良,小于90分且大于或等于75分为合格,小于75分为不合格。

(9)负责组织竣工验收的交通运输主管部门对通过验收的建设项目按交通运输部规定的要求签发《公路绿化工程竣工验收鉴定书》。

(10)对通过验收的绿化工程,由建设单位按照国家规定,分别向档案管理部门和公路管理机构、接管养护单位办理有关移交手续。

(11)对于规模较小、等级较低的绿化项目,可将交工验收和竣工验收合并进行。

(三)验收阶段

如前所述,公路工程项目验收可分为两个阶段,即交工验收和竣工验收。交工验收可以进一步细化为合同段交工验收和整个项目交工验收。

合同段交工验收可细化为三个步骤,即:施工单位自检、监理工程师评定、项目法人组织验收。

所有合同段交工验收完成(即整个工程项目交工验收完成)后工程将进入试运营期。在进入试运营期前,质量监督机构要进行质量检测,所以整个项目的交工验收还可以再细化为质量监督机构检测和项目法人验收两个步骤。

竣工验收也可以进一步细化为交通运输主管部门运营审查、环保、档案等专项工程验收和质量监督机构检测鉴定、竣工验收委员会验收等步骤。

因此,一个公路工程项目的验收可以分为两个阶段,细化为10个步骤,如表6-1所示。

公路工程项目验收工作的阶段、步骤 表6-1

阶　段	步　骤	
1.交工验收	施工单位自检	步骤1
	监理工程师评定	步骤2
	质量监督机构质量量检测	步骤3
	项目法人合同段交工验收	步骤4
	项目法人完成项目交工验收报告并报备	步骤5
2.竣工验收	交通运输主管部门运营审查	步骤6
	环保、档案等专项工程验收	步骤7
	项目法人自查	步骤8
	质量监督机构质量检测鉴定	步骤9
	竣工验收委员会竣工验收	步骤10

(四)交竣工合并验收

对于建设规模较小、等级较低的公路绿化建设项目,可将交工验收和竣工验收合并进行。具体标准由交通运输主管部门结合本地区的具体情况制订。合并验收具体标准的确定要考虑多种情况,主要包括道路等级、工程项目的性质、建设程序、资金来源、投资额大小等。根据工程验收各个阶段的任务和作用,结合上述一般小型工程项目的特点及工程管理的实际,小型工程项目合并验收可按以下步骤进行。

步骤一:施工单位自检;

步骤二:监理、项目法人工程质量评定;

步骤三:质量监督机构质量检测鉴定;

步骤四:竣工验收委员会竣工验收。

(五)验收工作的衔接

公路工程验收工作历时长、内容复杂、参加单位多,验收各阶段的依据、内容、责任主体、要求等均不同,验收工作又环环相扣,上一个环节会影响到下一个环节的工作,任何环节出现问题都会影响整个验收工作。因此,做好各方面的验收工作具有很重要的作用。因此,在工作衔接方面,组织验收工作的项目法人单位、交通运输主管部门及质量监督机构应发挥主导作用。

1.时间衔接

验收工作的每个步骤都要有必要的工作时间,安排验收工作时要充分考虑各阶段都必须有足够的工作时间。如确定合同段验收时间时,要考虑工程完成后施工单位自检资料的汇总评价、监理工程师的汇总评价的工作时间,要考虑施工单位、监理工程师及项目法人单位的申报、审查、审定的工作时间;如确定试运营的时间时,要考虑质量监督机构的检测工作时间,项目法人申请及交通运输主管部门的审查时间等;竣工验收时间的确定,要考虑质量监督机构的检测鉴定、项目法人申报、交通运输主管部门审查的工作时间等。

2. 程序衔接

验收工作的各个阶段、每个步骤都有规定的程序,上一个程序完不成就会影响下一个程序的进行。交通运输主管部门、项目法人单位安排验收工作时,需要根据验收办法的规定,进一步细化每一个阶段、每个步骤的程序,落实各个程序的具体承办单位和承办人,验收工作过程要及时协调,确保各阶段规定程序之间的衔接。

3. 内容衔接

验收工作的每个阶段、每个步骤都有相应的工作内容,根据验收办法规定,相应的工作内容要落实到位,确保完成,才能确保验收工作顺利进行。

4. 单位之间、人员之间的工作衔接

参加验收工作的单位和人员众多,在不同阶段各个单位有不同的工作职责,每个单位不同人员的工作内容有所不同,验收中的许多工作要单位之间、人员之间共同配合才能完成。因此,参加验收工作的单位和各单位工作人员之间要很好地协调、衔接。

二、工程竣(交)工验收程序、重点环节

(一)交工申请书

交工申请书见本章附表6-1~附表6-4。

(二)工程质量鉴定办法

1. 质量鉴定要求

(1)基本要求

①公路绿化工程质量鉴定由该建设项目的质量监督机构或竣工验收单位指定的质量监督机构负责组织。

②公路绿化工程质量鉴定工作包括:工程实体检测、外观检查和内业资料审查。

③公路绿化工程质量鉴定依据质量监督机构在交工验收前和竣工验收前的工程质量检测资料,同时可结合监督过程中的检查资料进行评定(必要时工程质量检测工作可委托有相应资质的检测机构承担)。

④质量监督机构的工程质量鉴定报告应在竣工验收前完成。

(2)单位工程和分部工程的划分

①单位工程:每个合同段范围内的绿化工程、附属设施分别作为一个单位工程;互通式立体交叉的绿化、附属设施按合同段纳入相应单位工程。

②分部工程:每个合同段的路基土石方、排水、道路等分别作为一个分部工程。

(3)鉴定方法

分部工程质量鉴定方法:工程实体检测以本办法规定的抽查项目及频率为基础,按抽查项目的合格率加权平均计算分部工程的合格率,乘 100 作为分部工程实测得分;对于外观检查存在的缺陷,在分部工程实测得分的基础上采用扣分制,扣分累计不得超过 15 分;内业资料审查时资料中存在的问题,在合同段工程质量得分的基础上采用扣分制,扣分累计不得超过 5 分。

分部工程得分 = 分部工程实测得分 - 外观扣分

$$分部工程实测得分 = \frac{\sum(抽查项目合格率 \times 权值)}{\sum 权值} \times 100$$

单位工程、合同段建设项目工程质量鉴定方法:根据分部工程得分采用加权平均值计算单位工程得分,再逐级加权计算合同段工程质量得分。合同段工程质量得分减去内业资料扣分即为该合同段工程质量鉴定得分,采用加权平均值计算建设项目工程质量鉴定得分。

$$单位工程得分 = \frac{\sum(分部工程得分 \times 权值)}{\sum 权值}$$

$$合同段工程质量得分 = \frac{\sum(单位工程得分 \times 单位工程投资额)}{\sum 单位工程投资额}$$

合同段工程质量鉴定得分 = 合同段工程质量得分 - 内业资料扣分

$$建设项目工程质量鉴定得分 = \frac{\sum(合同段工程质量鉴定得分 \times 合同段工程投资额)}{\sum 合同段工程投资额}$$

(4)工程质量等级鉴定

总体要求:绿化设计合理,按照"适地适树"的原则,以抗性强、观赏价值高的乡土树种作为主要绿化树种,同时充分考虑乔、灌、花、草的结合,使公路绿化达到层次美、观赏美和生态美的要求,绿化效果好;品种配置得当,苗木达到设计要求,长势旺盛,满足功能需要;乔木类生长旺盛、树干通直、冠形饱满、根系齐全、无病虫害和机械损伤;花灌类冠形饱满、枝条健壮;场地、线路平整度良好,满足排水功能;检查评定以路树成活率和保存率为衡量指标,满足招投标文件规定要求。只有上述要求得到满足后,方可对工程量进行鉴定。

工程质量等级划分:应按分部工程、单位工程、合同段、建设项目逐级进行评定,分部工程质量等级分为合格、不合格两个等级;单位工程、合同段、建设项目工程质量等级分为优良、合格、不合格三个等级。分部工程得分大于或等于 75 分,则分部工程质量为合格,否则为不合格。单位工程所含各分部工程均合格,且单位工程得分大于或等于 90 分,质量等级为优良;所含各分部工程均合格且得分大于或等于 75 分小于 90 分,质量等级为合格;否则为不合格。合同段(建设项目)所含单位工程(合同段)均合格,且工程质量鉴定得分大于或等于 90 分,工程质量鉴定等级为优良;所含单位工程均合格,且得分大于或等于 75 分小于 90 分,工程质量鉴定等级为合格;否则为不合格。不合格分部工程经整修、补植或返工后,可重新进行鉴定。

2. 工程实体检测

（1）竣工验收检测频率：苗木抽检频率不低于10%；土方抽检频率不低于5%；排水工程、附属设施抽检不低于15%。

（2）苗木抽查项目见表6-2。

苗 木 抽 查 项 目　　表6-2

分部工程		抽 查 项 目	权	备　注	权值
苗木质量	乔木	成活率			2
		胸径、干枝			
		长势			
	灌木	成活率			1.5
		灌幅、高度、分枝点			
		长势			
	花	成活率			0.5
		灌幅、高度、分枝			
		长势			
	草坪	场地平整度			1
		营养枝活节数、盖度			
		杂草率			
苗木栽植		放线定点			1
苗木抚育管理		水肥管理			3
		补植标准			
		修剪整形			
		保存率			

注：本表规定的抽检项目均应在交工验收前完成检测。

（3）外观检查。

基本要求：由该项目工程质量鉴定的质量监督机构或其委托的有资质的检测单位负责在交工验收前和竣工验收前对工程外观进行全面检查。工程外观存在严重缺陷和安全隐患或已降低服务水平的建设项目不予验收，经整修达到设计要求后方可组织验收。工程相关等级标准见表6-3～表6-6。

草营养枝等级标准　　表6-3

检测指标 \ 等级	一　级	二　级	三　级
草坪草营养枝活节数（个）	>4	3或4	2
新鲜度	新鲜，含水率>70%	叶微卷，60%<含水率≤70%	叶稍卷，45%<含水率≤60%

草皮等级标准 表6-4

等级 检测指标	一级	二级	三级
盖度(%) ≥	96	90	85
病虫侵害度(%) ≤	1	3	5
杂草率(%) ≤	1	3	5
新鲜度	新鲜,含水率>70%	叶微卷,60%<含水率≤70%	叶稍卷,45%<含水率≤60%

路线绿化草坪等级标准 表6-5

等级 检测指标	一级	二级	三级
盖度(%) ≥	95	90	85
草坪高度(cm) ≤	4	7	10
均一性	叶片生长整齐一致,每个草种在草坪中出现频率≥95%	叶片生长基本整齐一致,每个草种在草坪中出现频率≥90%	有少数叶片生长不齐,每个草种在草坪中出现频率≥85%
色泽	颜色均匀一致,色墨绿或深绿	颜色欠均匀一致,色浅绿或淡绿	颜色不均一,色黄绿,黄色<20%
病虫侵害度(%) ≤	2	3	5
杂草率(%) ≤	2	3	5

环境绿化草坪等级标准 表6-6

等级 检测指标	一级	二级	三级
盖度(%) ≥	98	95	90
草坪高度(cm) ≤	4	7	10
均一性	叶片生长整齐一致,每个草种在草坪中出现频率≥98%	叶片生长基本整齐一致,每个草种在草坪中出现频率≥95%	有少数叶片生长不齐,每个草种在草坪中出现频率≥90%
色泽	颜色均匀一致,色墨绿或深绿	颜色欠均匀一致,色浅绿或淡绿	颜色不均一,色黄绿,黄色<20%
病虫侵害度(%) ≤	1	2	3
杂草率(%) ≤	1	2	3

(4)内业资料审查。

质量监督机构应按公路绿化工程竣工档案管理的有关规定,对监理资料、施工资料、科研和新技术应用资料进行审查,主要要求如下:

①内业资料未按要求整理或检查项目不全、频率不足或缺少必要的数据,不能有效证明工程所用的原材料、施工工艺及工程质量符合规范要求,或资料反映出的工程质量达不到合格标准,不能保证安全运营及正常使用时工程不予验收。再对内业资料重新整理,达到要求后方可组织验收。

②内业资料应是原始资料,是施工过程中的原件,不符合要求扣1~3分。

③内业资料应字迹清晰、工整,表格内容应填写完整,签字齐全,并按要求分类编排. 装订整齐,不符合要求时扣1~3分。

④按施工工序、工艺的要求所有资料应齐全、完整,资料反映出的抽查频率、质量指标应满足有关标准、规范规定的要求,不符合要求时扣2~4分。

(三)工程竣工档案目录

1. 综合文件

(1)竣(交)工验收文件

竣(交)工验收文件包括:

①竣工验收文件,交工验收文件,各参建单位总结报告。

②单项工程验收文件,档案验收文件。

③建设依据及上级有关指示:项目建议书及批准文件;工程可行性研究报告及批准文件;水土保持批准文件。

④环境影响评价及批准文件:文物调查、保护等文件;初步设计文件及审批文件;施工图设计文件及审批文件;设计变更文件及批准文件;设计中重大技术问题来往文件、会议纪要;上级单位有关指示。

(2)征地拆迁资料

包括:征地拆迁合同协议;征地批文;征用土地数量一览表;占地图及土地使用证;拆迁数量一览表。

(3)绿化工程管理文件

包括:招标文件;投标文件、评标报告;合同书、协议书;技术文件及补允文件;建设单位往来文件;其他文件及资料。

2. 决算和审计文件

(1)支付报表;

(2)财务决算文件;

(3)工程决算文件;

(4)项目审计文件;

(5)其他文件。

(四)交工验收证书

交工验收证书见本章附表6-5。

(五)交工验收报告

交工验收报告见本章附表6-6、附表6-7。

(六)工程项目执行报告

工程项目执行报告的主要内容如下。

1. 公路绿化工程项目执行报告

(1)概况
①建设依据;
②建设规模及主要技术指标;
③工程进度;
④项目投资及来源;
⑤主要工程数量;
⑥主要参建单位,包括设计、施工、监理、监督、检测等单位一览表。
(2)建设管理情况
①前期工作
a. 设计单位招标情况;
b. 施工单位招标情况;
c. 监理单位招标情况。
②征地拆迁情况
③项目管理情况
a. 项目管理机构设置及职能;
b. 质量控制措施与效果;
c. 进度管理情况;
d. 工程造价控制情况(工程决算);
e. 其他情况。
(3)交工验收及相关问题
①各合同段交工验收情况及主要存在问题;
②缺陷责任期出现的质量问题及处理结果;
③出现重大安全事故情况;
④试运营期间的养管情况。
(4)科研和新技术应用情况
(5)对各参与单位的总体评价
①对设计单位的总体评价;
②对施工单位的总体评价;
③对监理单位的总体评价。
(6)对工程质量的总体评价

(7)项目管理体会

2. 工程设计工作报告

(1)概况

①任务来源及依据；

②沿线自然地理概况；

③主要技术指标的运用情况。

(2)设计要点

①主题绿化设计；

②路基及附属绿化工程设计；

③环保、景观等工程设计；

④其他绿化设计。

(3)施工期间设计服务情况

(4)设计变更情况

①重大设计变更理由；

②设计中存在问题的变更；

③设计变更一览表(与原设计工程量和造价比较)。

(5)设计体会

3. 工程质量监督报告

(1)质量监督概况

(2)建设程序的监督情况

(3)试验室的认证情况

(4)监理人员的检查情况

(5)施工过程中质量监督情况

①检查项目及结果；

②存在问题的处理结果；

③对各合同段工程质量的意见。

(6)交工验收前的工程质量检测意见

(7)竣工验收前的工程质量鉴定意见

(8)对设计单位、施工单位、监理单位的评价

(9)建设单位管理情况的评价

(10)监督工作体会

4. 工程监理工作报告

(1)监理工作概况

包括：合同段监理组织形式、管理结构、人员投入情况。

(2)工程质量管理

包括：质量管理措施；施工过程中质量检查情况汇总；质量问题和事故处理情况总结；工

程质量评定情况。

(3)计量支付、工程进度和合同管理情况

(4)设计变更情况

(5)交工验收中存在问题及处理情况

(6)对设计单位、施工单位和建设单位的评价

(7)监理工作体会

5. 工程施工总结报告

(1)工程概况

包括:合同段工程起止时间,主要工程内容。

(2)机构组成

包括:主要人员,设备投入情况,管理机构设置。

(3)质量管理情况

包括:质量控制措施,施工中工程质量自检情况及工程质量问题的处理情况,对完工质量的评价。

(4)施工进度控制

(5)施工安全与文明施工情况

(6)环境保护与节约措施

(7)施工中新技术、新材料、新工艺的应用情况

(8)对建设单位、设计单位和监理单位的评价

(9)施工体会

(七)工程建设管理综合评价表

工程建设管理综合评价表见本章附表6-8 ~ 附表6-11。

(八) 竣工验收鉴定书

竣工验收鉴定书见本章附表6-12 ~ 附表6-15。

(九) 项目参建单位工作综合评价等级证书

项目参建单位工作综合评价等级证书见本章附表6-16。

第二节　工程内业资料编制

公路绿化工程内业资料是直接反映施工过程中工程质量控制的重要载体,是今后绿化管理养护的重要依据。加强和规范施工阶段的内业资料整理,是当前公路绿化工程施工管理的一项重要内容,也是反映公路绿化工程施工管理水平的主要方面。

内业资料的管理要做到“全”“准”“严”。“全”就是在内业资料齐全上下功夫,做到文件、资料项目齐全,不出现缺少文件和频率不足等现象。“准”就是内业资料填写的内容和

数据准确,并经得起推敲和检查。“严”就是在格式和组卷上严禁不合格的内业资料进入档案。

一、内业资料的构成和管理

(一)内业资料构成

1. 合同文件

施工合同协议书(含问题澄清)、投标书、招标文件(含补遗书)以及施工招标、施工合同有关资料。

2. 日常资料分类

(1)质量控制资料:检验、试验,以及有关质量文件。

(2)进度控制资料:总体进度计划,旬、月度计划及其完成情况,进度计划调整,以及有关计划的文件。

(3)费用控制资料:工程量统计、核定、计量与支付,工程费用变更资料,以及有关费用控制文件。

(4)合同管理资料:有关工程分包、变更、索赔、延期的往来文件。

(5)项目部内部管理资料(廉政建设资料):规章制度、工程费用、工作考核、奖惩等。

(6)安全生产资料:包括各种安全生产活动实施及机械设备检验检测记录。

(7)环境保护资料:文明施工方案、环境保护措施。

3. 竣工文件

如前所述,此处不再赘述。

(二)内业资料的管理

1. 明确职责、协调配合

项目办、驻地办及项目部应制定资料、文件管理制度,明确内业资料的管理目标要求,设立资料、文件管理岗位,配备专职人员,承担全部工程资料档案的管理工作,定期督促检查内业资料的整理,提交工程竣工文件资料。各单位、各部门管理职责范围内的资料应独立存档。部门之间资料的借阅应建立记录台账。

2. 加强督促检查,规范档案管理

通过检查、考核、交流等办法,加强各单位内业档案的监督和管理。定期按照内业资料、文件管理的统一要求,对文件资料整理的及时性、准确性、完整性和外观质量等方面进行检查评价,发现问题及时提示和整改,不断规范管理。

3. 学习业务、提高管理水平

公路绿化工程内业管理是一项专业性较强的技术工作,要组织人员不断学习内业档案管理的新知识,改进工作方法,以提高管理水平。

二、文函管理

(一)发文字号、单位名称及印章刻制、管理的规定

1. 发文字号

发文字号一般包括行政区域代字、单位代字、项目代字、施工过程中单位代字、年份、序号。发文字号置于文头之下、横线中央之上。

行政区域代字、单位代字应使用规范的简称。在项目建设过程中本单位简称可能与其他单位简称相混淆,可由双方商定各自单位代字。

正式文件年号一律用公元纪年全长,括于“〔　〕”内,如“××线××合同施申字〔××××〕××号”。

2. 相关规定

在施工过程中使用的单位名称、印章中刻制内容、公文文头要求一致。

单位名称拟写:例 1. 规范的原单位名称简称××公路××段绿化×合同段项目经理部。

发文字号、单位名称、印章刻制内容,原样拟写,报业主审批后使用。对于一个具体的工程项目,发文字号一经确定,直至项目结束。

3. 印章管理的有关规定

(1)工程开工前,由各项目驻地办根据规定的格式组织各单位刻制印章、印制红头文件,使用前报总监办审批使用。

(2)在工程建设期间启用的各种印章(项目办、驻地办印章),应在工程交工后一周内,封存于项目办。确因处理工程遗留问题需要使用的,应通过项目办同意,并做好相应的人员、地点、时间、事项使用记录。

(3)在工程决算、财务决算通过审计后,除执行审计决定事宜外,印章不得使用。

(二)文函的一般规定

为使公路绿化建设公文处理工作规范化、制度化、科学化,根据《国务院关于发布〈国家行政机关公文处理办法〉的通知》(国发〔2000〕23 号)的有关规定,结合工程建设实际,对公路绿化工程中公文处理工作做如下规定。

1. 公文用纸幅面及版面尺寸

(1)公文用纸采用 GB/T 148 中规定的 A4 型纸,其成品幅面尺寸为:210mm×297mm,左侧装订。

(2)公文页边与版心尺寸。

公文用纸天头(上白边)为:37mm±1mm;

公文用纸订口(左白边)为:28mm±1mm;

版心尺寸为：156mm×225mm（不含页码）。

2. 排版规格与印制装订要求

（1）排版规格

正文用3号仿宋体字，文中如有小标题可用3号小标宋体字或黑体字，一般每面排22行，每行排28个字。

（2）印刷要求

双面印刷；号码套正，两面误差不得超过2mm。尺寸标准，版心不斜，误差不超过1mm。黑色油墨应达到色谱所标BL100%，红色油墨应达到色谱所标Y80%，M80%。印品着墨实、均匀；版面干净无底灰，字面不花、不白、无断画。

（3）装订要求

公文应左侧装订，不掉页。包本公文的封面与书芯不脱落，后背平整、不空。两页页码之间误差不超过4mm。骑马订或平订的订位为两钉钉锯处订眼距书芯上下各1/4处，允许误差±4mm。平订订距与书脊间的距离为3～5mm；无坏钉、漏订、重订，钉脚平伏牢固；后背不可散页明订。裁切成品尺寸误差±1mm，四角成90°，无毛茬或缺损。

3. 公文中各要素标识规则

公文的各要素划分为眉首、主体、版记三部分。置于公文首页红色反线（宽度同版心，即156mm）以上的各要素统称眉首；置于红色反线（不含）以下至主题词（不含）之间的各要素统称主体；置于主题词以下的各要素统称版记。

（1）眉首

①公文份数序号

公文份数序号是将同一文稿印制若干份时每份公文的顺序编号。如需标识公文份数序号，用阿拉伯数码顶格标识在版心左上角第一行。

②秘密等级和保密期限

如需标识秘密等级，用3号黑体字，顶格标识在版心右上角第一行，两字之间空一字；如需同时标识秘密等级和保密期限，用3号黑体字，顶格标识在版心右上角第1行，秘密等级和保密期限之间用"★"隔开。

③紧急程度

如需标识紧急程度，用3号黑体字，顶格标识在版心右上角第一行，两字之间空一字；如需同时标识秘密等级与紧急程度，秘密等级顶格标识在版心右上角第1行，紧急程度顶格标识在版心右上角第二行。

④发文机关标识

由发文机关全称或规范化简称后加"文件"组成；对一些特定的公文可只标识发文机关全称或规范化简称。发文机关标识上边缘至版心上边缘为25mm。对于上报的公文，发文机关标识上边缘至版心上边缘为80mm。如需标识公文份数序号、秘密等级和保密期限以及紧急程度，可在发文机关标识上空两行向下依次标识。

发文机关标识推荐使用小标宋体字，用红色标识。字号由发文机关以醒目美观为原则酌定,但一般应小于22mm×15mm(高×宽)。

联合行文时应使主办机关名称在前,“文件”两个字置于发文机关名称右侧,上下居中排布;如联合行文机关过多,必须保证公文首页显示正文。

⑤发文字号

发文字号由发文机关代字、年份和序号组成。发文机关标识下空两行,用3号仿宋体字,居中排布;年份、序号用阿拉伯数码标识;年份应标全称,用六角括号“〔 〕”括入;序号不编虚位(即1不编为001),不加“第”字;发文字号之下4mm处印一条与版心等宽的红色反线。

⑥签发人

上报的公文需标识签发人姓名,平行排列于发文字号右侧。发文字号居左空一字,签发人姓名居右空一字;签发人用3号仿宋体字,签发人后标全角冒号,冒号后用2号楷体字标识签发人姓名。

如有多个签发人,主办单位签发人姓名置于第一行,其他签发人姓名从第二行起在主办单位签发人姓名之下按发文机关顺序依次排,下移红色反线,应使发文字号与最后一个签发人姓名处在同一行并使红色反线与之距离为4mm。

(2)主体

①公文标题

红色反线下空两行,用2号小标宋体字,可分一行或多行居中排布;回行时,要做到词意完整,排列对称,间距恰当。

②主送机关

标题下空一行,左侧顶格用3号仿宋体字标识,回行时仍顶格;最后一个主送机关名称后标全角冒号。如主送机关名称过多而使公文首页不能显示正文时,应将主送机关名称移至版记中的主题词下、抄送机关上,标识方法同抄送。

③公文正文

主送机关名称下一行,每自然段左空两个字,回行顶格。数字、年份不能回行。

④附件

公文如有附件,在正文下空一行左空两个字用3号仿宋体字标识“附件”,后标全角冒号和名称。附件如有序号使用阿拉伯数码(如“附件:1. ××××”);附件名称后不加标点符号。附件应与公文正文一起装订,并在附件左上角第一行顶格标识“附件”,有序号时标识序号;附件的序号和名称前后标识应一致。如附件与公文正文不能一起装订,应在附件左上角第一行顶格标识公文的发文字号并在其后标识附件(或带序号)。

⑤成文日期

用汉字将年、月、日标全;“零”写为“0”;成文日期的标识位置准确。

⑥公文生效标识

公文生效标识是证明公文效力的表现形式。它包括发文机关印章或签署人姓名。公文生效标识有以下两种情况:一种是单一发文机关如何表示公文生效标识;另一种是联合行文机关如何标识公文生效标识。

a. 单一发文印章

单一机关发的公文落款处不签发文机关名称，只标识成文日期。成文日期右空 4 字；加盖印章应上距正文 2 ~ 4mm，端正、居中下压成文时间，印章用红色。

当印章下弧无文字时，采用下套方式，即仅以下弧压在成文时间上。

当印章下弧有文字时，采用中套方式，即印章中心线压在成文日期上。

b. 特殊情况说明

当公文排版所剩空白处不能容下印章位置时，应采取调整行距、字距的措施加以解决，务使印章与正文同处一面，不得采取标识"此页无正文"的方法解决。

⑦附注

公文如有附注，用 3 号仿宋字体，居左空两个字加圆括号标识在成文日期下一行。

(3) 版记

①主题词

"主题词"用 3 号黑体字，居左顶格标识，后标全角冒号；词目用 3 号小标宋体字；词目之间空一个字。

②抄送机关

公文如有抄送机关，在主题词下一行；左空一个字，用 3 号仿宋体字标识"抄送"，后标全角冒号；抄送机关间用逗号隔开，回行时与冒号后的抄送机关对齐；在最后一个抄送机关后标上句号。如主送机关移至主题词之下，标识方法同抄送机关。

③印发机关和印发日期

位于抄送机关之下（无抄送机关在主题词之下）占一行位置；用 3 号仿宋体字。印发机关左空一个字，印发日期右空一个字。印发日期以公文付印的日期为准，用阿拉伯数码标识。

④版记中的反线

版记中各要素之下均加一条反线，宽度同版心。

⑤版记的位置

版记应置于公文最后一面（封四），版记的最后一个要素置于最后一行。

(4) 页码

用 4 号半角白体阿拉伯数码标识，置于版心下边缘之下一行，数码左右各放一条 4 号一字线，一字线距版心下边缘 7mm。单页码居右空一个字，双页码居左空一个字。空白页和空白页以后的页不标识页码。

(5) 公文中的表格

公文如需附表，对横排 A4 纸型表格，应将页码放在横表的左侧，单页码置于表的左下角，双页码置于表的左上角，单页码表头在订口一边，双页码表头在切口一边。

公文如需附 A3 纸型表格，且当最后一页为 A3 纸型表格时，封三、封四（可放分送，不放页码）应为空白，将 A3 纸型表格贴在封三前，不应贴在文件最后一页（封四）上。

(6) 会议纪要格式

会议纪要标识由"××××会议纪要"组成。用红色小标宋体字，字号由发文机关酌定。会议纪要不加盖印章。其他要素从本标准规定。

(三)文函的管理制度

1. 一般规定

(1)项目部行文、用印由项目经理负责,发出的各种报告必须书面化、专业化。

(2)文档管理必须由专人负责,发文和转发文件要亲手交给收件人,并做好签收记录。

(3)收文应做好登记,应及时送交负责人批阅处理,并及时归档。

(4)上级部门下发的与工程施工有关的文件、通知等资料,应建立"文件读知"制度,并传阅、签认。

(5)文档管理者应认真记录文档处理过程和结果,并做好分类,整理归档。

2. 函件传递程序

根据合同规定,在合同实施过程中,凡是任何单位和个人发布的任何通知,表示同意、批准、确认、否定、任命、证明、决定、要求和意见都应是书面的,都不应被无理扣押和延误,为此确定一般文函的传递程序,见表6-7。

函件传递程序 表6-7

收件人 制件人	业主	总监办	驻地办	施工单位
业主	—	○●	○●	○●
总监办	○●	—	○●	○●
驻地办	○●	○●	—	○●
施工单位	●	○	○●	—

注:●主送;○抄送。

3. 注意事项

(1)健全文函阅办制度,一是对项目部所有来文必须建立详细的登记传阅制度;二是项目经理对文件的批阅必须清楚明了,该阅处的阅处,该阅知的阅知,该指定谁处理的要列明。

(2)及时进行文函的处理,具体负责处理文函的技术人员要提高工作效率,特别是对有时限要求的文件要抓紧拿出处理意见供项目经理裁定。

(3)要严肃纪律、明确责任,对文函处理需要保密的要绝对保密,需要传达的要传达到位,做到每份文件要有详细的处理结果,并对处理完的文件及时存档、备查。

(4)建立严格的文件拟稿、核稿、签发制度。

三、施工资料的整理与注意事项

(一)施工资料的特点

施工文件和竣工图表、竣(交)工验收文件等施工资料由施工单位编制,监理单位负责检查审核。

公路工程项目多、工程量大、施工工期长，从施工准备开始至竣工验收，凡是与工程有关的活动都需要按规范、规程、标准的规定同步记录下来，形成施工资料。其中有各种试验资料，有开工前的准备资料，还有路基、路面、桥梁等工程项目工序质量控制的施工资料和路基、路面、桥涵等工程项目交工验收的施工资料等，总之内容很多，涉及面广，主要特点如下。

1. 原始性、真实性

施工资料是在施工过程中形成的，它是施工过程中的原始记录，应随工程进展同步进行整理，使施工资料的具体形成过程与外业施工过程同步进行，保证达到原始、真实、准确、有效的效果。绝对不可对原始资料的一些数据随意进行剔除或更改，更不能在工程完工后再填写"回忆录"。所以施工资料应与外业同步，完成的资料应规范、标准，并在工程竣(交)工验收前，将施工资料按要求组卷、装订成册。

2. 技术性、专业性

规范、规程、标准、设计文件等是施工资料编制的依据。施工资料的形成应符合国家及地方相应的法律、法规、规范、规程，同时还应符合工程合同与设计文件等规定。在进行施工资料编制时，每一张表、每一个数据都要按相应的规范、规程、标准中的具体要求认真地检查和填写，保证施工资料的编制质量。

3. 完整性、时效性

从施工资料编制的重要意义可以看出，施工资料不齐全、不完整，就不能指导施工，更不能反映所完工程的质量状况，工程也无法进行验收。所以施工资料必须齐全、完整。

确定施工资料的时限很重要，只有保证时限，才能达到时效。施工资料必须做到随工程进展同步整理，以确定所进材料是否合格，避免不合格材料进入施工现场。标准试验的时间限制更重要。一旦试验不符合规范要求，施工单位和监理工程师还有时间重新试验，用取得的准确数据指导施工。否则，因试验未完成而无法指导施工和控制施工质量，既耽误了工期，又造成经济上的损失。同样，监理对施工资料的审批也必须在规定的最短时间内完成，如工序的检查验收试验，监理工程师必须及时进行签认，以免耽误下道工序的施工。另外，工程的竣工验收也必须在施工资料的整理、汇总完成后，经过有关单位验收合格才可进行。所以施工资料的形成、报验、审批一定要有时限要求。

(二)表格的编制及使用说明

1. 编制要求

公路绿化工程所用表格应根据交竣工验收有关要求编制。编制的指导思想和要求是：统一规范，责任明确，指标剥离，便于操作和检索。

(1)统一规范

以往在使用表格的过程中，各工程项目均根据实际情况对有关表格进行增减或修改，在增减修改过程中，其风格和内容，如表头、签认人、签认日期等各有不同，且功能和责任也不够明确。作为一个工程项目表格的编制应首先要统一格式，做到风格一致，统一规范。

(2)责任明确

检验表格由施工现场负责人(自检部分)和相应的现场监理或专业监理工程师(抽检部分)填写并签认。分项工程各项技术指标的检验汇总表,由项目施工单位项目经理、总工(自检部分)及各相关专业监理工程师和驻地监理工程师(抽检部分)填写并签认,所列项次与公路绿化工程质量检验评定标准相对应。这样首先是为工程的评定打下了基础。其次是资料的签认和整理责任明确,权限分明,便于管理。

(3)指标剥离

根据上道工序不经监理确认(包括先口头后书面确认),下道工序不得进行的原则,在现场监理确认时,存在责任不明、权限不清的问题。需将现场测取指标与需经费时较长的指标剥离,能够便于操作和确认。

(4)便于操作

从总体功能上讲,检验汇总表是分项工程完成后对各项技术指标的汇总,由各专业工程师和驻地工程师进行签认,是为分项工程评定奠定基础;检验表为施工和管理活动的原始记录表,由现场监理签认,以便真实反映工程实体情况。但应注意的是:因施工时间、段落划分、构造物间隔等特殊情况而形成的段落,应单独填写。

(5)维护计量的严肃性

各项目工程师应对所负责专业检验数据的真实性进行监督和抽查。分项工程完成后,必须经相关专业监理工程师确认方能计量,避免暗箱操作。

(6)分章编号

在工程实施过程中,难免会遇到新情况、新问题,根据工程实际情况,有时需要增加一些表格,如果现有表格紧密排序,后增加表格不是加长序号,就是在总的表格后再加新的序号,但从编号上看不到分属哪个章节,不利检索。本次表格采用了分章编号的形式。编号的原则是,专业性比较强的表格列入相应章节。

2. 一般填制要求

(1)检、试表填写必须满足施工技术规范的检测、试验频率,表格填写要准确、认真、完备、整洁;真实反映施工原始记录。

(2)表格一律用碳素笔(中性笔)填写。

(3)承包单位、监理单位分别填写法人单位的全称(可以采用计算机统一打印方式)。

(4)合同号:填写“合同段代号”,如路面一合同为“路面一合同”。

(5)编号:暂不填写。

(6)表格中的“工程名称”填“招标时工程的全称”。

(7)检、试表格中“试验人或检验人”应由施工单位现场技术人员签字,“监理”由现场监理签字,日期应填写试验或检测发生日期;汇总表“监理”由项目工程师签字。

(8)评语:施工单位分项工程评定表中“监理意见”填写“评定属实”,单位、分部工程评定表中“评定意见”填写“符合公路绿化工程质量检验评定标准的要求”。检、试表中自检说明、监理评语应简明扼要,如实反映工程质量状况,对施工单位自检资料中“自检说明”填写“经自检符合规范及设计要求”;“监理评语”填写“符合规范及设计要求”。若被检项目质量不合格,应如实填写,并写明处理意见。

(9)检、试表中规定值或设计值栏填写相同数字时,不可用"—"代替,实测值按实际值填写;分项工程评定表中"规定值或允许偏差"中内容应按公路绿化工程质量检验评定标准进行填写,对于"在合格标准内"等类似内容,则按照所属建设工程项目招标文件相关要求更换为具体数值。

(10)监理抽检表格填写内容:监理单位、合同号;在"监理评语"中填写"经抽检符合规范及设计要求"。若被检项目质量不合格,应如实填写,并写明处理意见。监理抽检资料评定:分项工程评定表中"监理意见"及单位、分部工程评定表中"评定意见"填写"符合公路绿化工程质量检验评定标准的要求"。

(11)表格内检测值单位是"m"保留三位小数,"cm"保留两位小数。

(12)分项工程开工申请批复单。

(13)工序交接单。

(14)监理抽检资料在采用所有表格时,检表中最后一栏去掉"自检说明","监理评语"改为"检验说明";评定表改由监理工程师和项目工程师等签字,格式参考附表。

(15)评定表格中如需附表,计算公式及结果填在附表中最后一栏。

3. 表格填写要求

(1)施工单位委托试验必须经驻地办正式文件批复,并附委托合同。

(2)工程名称:填写招标时工程的全称。

(3)承包单位:填写法人单位的全称。

(4)监理单位:填写法人单位的全称。

(5)合同编号:统一写为"绿化××合同"。

(6)分项工程:根据公路绿化工程质量检验评定标准。

(7)表格中不需要填写的栏目,如委托单位、委托单编号等一律填"—",资料中不允许栏目空填。

(8)试验者与校核者为同一人时,试验者必须两人以上。

(9)试验者、计算者、校核者、技术负责人意见,监理工程师意见栏必须手写,不允许打印。

(三)存在问题及注意事项

(1)签字人员不统一,字迹不一致。

①同一负责人在各种资料中的签字字迹不一致。

②不同负责人所填写的资料内容字迹一致。

(2)自检资料、抽检资料、试验资料之间不对应。

①自检资料中的各种检验未按根据施工工序的顺序来填写。

②自检、抽检、试验资料对同一施工工序而言,时间、内容上不对应。

(3)资料数据间的逻辑关系经不起推敲。

(4)填写内容不符合图纸及规范。

对每一分项工程中的重要指标必须全部合格。不仅单值合格,而且评定值也必须合格。

弄清表格中是填写规定值还是偏差值,要根据情况和要求去填写,表格中的数据来自施工现场,但应满足设计和规范要求。

(5)表格的顺序及种类,应根据各分项工程的工序来定,一般情况,每个工序都要做记录和检验,不得漏项。

(6)资料中存在明显的数据错误、涂改、漏填现象。

(7)填写字迹潦草、纸面污染、纸张大小、重量、格式不统一。

(四)施工组织设计、报告、工程日志、总结的编制要求

1. 施工组织设计的编制要求

(1)真实、准确地反映出单位工程的可行性施工方案。

(2)对人工、材料、机械的使用计划,施工进度计划安排要科学、合理。

(3)施工进度计划的编制要配有横道图和网络图并附说明,准确反映出主要工期。

(4)编制内容如下。

①工程概况;

②主要工程数量;

③主要材料及材料标准;

④工程进度计划;

⑤劳动计划、材料计划、机械计划;

⑥施工工艺及技术要求;

⑦施工管理:技术管理,质量管理,安全生产,机械管理;财务管理,材料管理;

⑧质量保证体系框架图;

横道图、施工进度图(包括劳动力计划安排)及网络图;施工设备统计表及主要材料计划表(包括型号、规格及数量);施工放样;施工图;场地布置图:临时工程场地布置图:绘出仓库、工棚、运输路线、材料堆放场地等工程和生活设施的位置。各种试验报告。

⑨说明:

初步设计(或技术设计)审批意见的执行情况;

施工组织、施工期限,主要工程的施工方法、工期、进度及措施;

劳动力计划及主要施工机具的使用安排;

主要材料供应、运输方案及临时工程安排;

对缺水、风沙、雨季施工所采取的措施;

施工准备工作的意见(如用地、临时房屋、架设临时电力线路等)。

2. 工程日志的编制

"工程日志"是施工、监理中一项十分重要的原始资料,它不仅是施工、监理活动的真实记录,也是研究、分析及总结施工、监理工作的宝贵资料。

(1)"工程日志"填写和整理的要求

①"施工日志""监理日志"表格使用统一用表见本章附表 6-17、附表 6-18。

②“工程日志”填写应认真及时、字迹清楚、项目齐全、记录准确、用词规范、完整真实。

③“工程日志”应从进场开始逐日记录，连续编号不得间断，每月一本，并有封面，日志单独组卷。

④“工程日志”签名必须真实、及时，不得代签。

⑤“工程日志”不得任意涂改、伪造，随意抽撤、损毁。

⑥“工程日志”填写内容必须完整，未发生项填写“未发生”。

(2)“工程日志”填写的内容

①“监理日志”填写的主要内容包括：

a. 日期、天气情况；

b. 现场施工内容及进度情况；

c. 施工单位人员动态、施工机械情况；

d. 现场巡视发现问题及处理情况(见本章附表 6-19、附表 6-20)；

e. 工程质量情况：检查情况，存在的质量问题及处理情况，工程验收情况，对以往出现问题的复检情况；

f. 工程材料、大型机械进退场检查情况，材料试验见证取样送检情况；

g. 安全、文明施工情况，存在问题及建议和要求；

h. 重要人员往来、指示或通知；

i. 监理主要工作、活动(会议、指令、文件、检查等)、存在问题；

j. 其他重要事项。

②“施工日志”填写的主要内容包括：

a. 施工内容、进度情况及作业人员人数；

b. 机具、材料调配及使用情况；

c. 材料、试件送检情况；

d. 预检情况(包括质量自检、互检和交接检存在问题及改进措施等)；

e. 验收情况(参加单位、人员、检查部位、存在问题、验收结论等)；

f. 设计变更、图纸修改及工程洽商等情况；

g. 现场质量、安全状况；

h. 质量、安全事故的分析处理情况；

i. 重要人员往来、指示或通知；

j. 外部、内部会议记录；

k. 其他特殊情况(停电、停水、停工、窝工等)；

l. 其他重要事项。

③建设日志(见本章附表 6-21)。

(五)施工资料的报验程序

施工资料的报验程序，应根据《公路工程施工监理规范》(JTG G10—2006)中的质量控制程序要求同步进行。

1. 开工报告

各合同段在工程开工前及相应的单位工程、分部工程或分项工程开工前,高级驻地监理工程师均应要求承包人提交工程开工报告并进行审批。工程开工报告应提出工程实施计划和施工方案;依据技术规范的要求,列明工程的质量控制指标及检验频率和方法;说明材料、设备、劳动力及现场管理人员等资源的准备情况及阶段性配置计划;提供施工测量、标准试验、施工图等必要的基础资料。

2. 工序自检

监理工程师应要求承包人的自检人员应按照专业监理工程师批准的工艺流程和提出的工序检查程序,在每道工序完工后首先进行自检;自检合格后,申报专业监理工程师进行检查认可。

3. 工序检查认可

每道工序完成后,专业监理工程师应紧接着承包人的自检或在承包人的自检的同时检查验收并签认,对不合格的工序应要求承包人进行缺陷修补或返工。前道工序未经检查认可,后道工序不得进行施工。

4. 中间交工报告

当单位工程、分部工程或分项工程完成后,承包人的自检人员应再进行一次系统的自检,汇总各道工序的检查记录以及测量和抽样试验的结果,提出交工报告。

5. 中间交工证书

专业监理工程师应按照工程量清单对已完工的工程进行一次系统的检查验收,必要时应进行测量或抽样试验。检查合格后,提请高级驻地监理工程师签发"中间交工证书"。未经中间交工检验或交工检验不合格的工程,不得进行下道工序的施工。

6. 中间计量

签发了"中间交工证书"的工程可以进行计量,由高级驻地监理工程师签发"中间计量表",但竣工资料不全时应暂缓计量支付。

(六)施工总结

1. 概述

(1)简要说明承包工程的依据、施工许可证、施工过程、开工日期、竣工日期,以及执行计划、合同情况。

(2)工程规模:起讫点、全长、全宽等概况。

(3)主要设计方案、标准。

(4)工程项目完成情况。

(5)施工组织、计划及落实情况。

(6)施工工艺、方法、技术措施,雨季施工情况,新技术、新工艺、新材料的应用情况。

(7)工程地质、地形、水文、特殊路段的处理情况。

(8)工程测量放样和质量自检体系等情况。

(9)索赔报告的编写情况。

(10)工程事故处理情况。

(11)工程质量目标及达标情况。

(12)工程设计、设计变更执行情况。

(13)工程遗留问题及养护建议事项。

(14)施工组织机构及人员(法人代表,现场负责人姓名,技术干部、技术工人职称和人数,施工管理组织机构框图及普通工人人数)。

(15)其他需要说明的问题。

(16)对监理工程师指令的执行情况,技术规范执行情况,是否都达到了技术规范的要求。

(17)经济技术指标完成情况。

(18)分包情况:分包单位,分包工程项目、工程量及质量情况,分包单位法人代表,现场技术负责人及施工人员职称、人数。

2. 工程接受申请报告

(1)污泥、土、集料、石头、草、废料等,排水沟、管道、涵洞、边坡、边沟等及用地范围清理工作完成情况。

(2)完成工程情况。

(3)合同总价完成情况。

(4)所有剩余工作拟在缺陷责任期内完成的详细计划,以及未完成计划在人员、设备、机构、试验室等方面的保证措施。

(七)监理总结

1. 简要说明工程概况(以合同段为单位)

2. 工程监理机构概述

(1)总监理工程师授权书。

(2)进驻、退出工地日期,驻地监理组织机构人员配备名单及每年调整变动情况。

(3)驻地办有哪些规章制度,本合同段执行合同、规范情况,监理程序执行情况。

(4)项目工程师及其以上人员的监理范围,助理及监理员的配备情况。

(5)现场监理、监理范围、任务、专业分工及其交通工具、通信设备。

(6)驻地工程师是如何组织、指导本合同段的监理人员开展工程全面监理的。

(7)简述工地会议情况。

(8)监理报告情况。

3. 工程质量管理

(1)测量放样、放线。

(2)监理工程师对工程质量的监督及评价。

①开工前审查及对开工报告、开工申请单的审批，监理工程师对承包人提供的施工组织设计、工艺计划、机械设备、技术人员及技术工人数量、材料等的审批情况，承包人是否都有开工报告。

②施工过程中监理旁站、监督、指令情况。在本合同段，承包人在合同、技术规范方面执行情况如何（工程质量），如何对承包人进行监督，发现问题怎么解决，本合同旁站情况如何。

③对工程进行检查测量及工序、成品、材料检测验收：本合同段的中间工序检查验收制度执行情况，每个工程最终成品是否都经过检查、测量验收、记录，有无不合格拒绝验收的情况。

④对隐蔽工程各项的检查：本合同（段）承包人的隐蔽工程在其将完工之前，是否每处都通知监理工程师现场检查。监理工程师是否每处都在现场做了检查记录、鉴认、验收。

（3）监理试验情况（根据规范规定所承担的）：工地现场试验室和驻地试验室能否起到指导、控制施工的作用，试验成功与不成功的百分比。

（4）各分项工程质量检验，中间工序检查，验收记录执行情况，项目工程师是否对各分项工程质量检验单签认，本合同（段）是否按质量验收流程及中间交工验收流程的程序来监理工程。

（5）工程质量事故处理情况。

4. 工程进度管理

（1）如何严格审核施工单位所报月、季、年施工进度计划。

（2）如何定期检查施工计划的落实情况。

（3）对未能很好落实的工程计划是否采取有效措施弥补。

5. 计量支付

（1）计量支付：概述计量支付的工作程序，计量方法，支付表填报情况，本合同的工程款支付情况（不包括工程变更、价格调整和索赔等费用）。

（2）价格调整：说明调价的方法、依据、指数的来源及结果情况。

（3）索赔费用：索赔的支付情况及费用。

（4）工程变更费用：简述工程变更的支付情况，变更数量和单价是如何计算和采用的，共发生多少项，计多少费用。

6. 合同管理

（1）工程变更：简述合同对变更的要求，本合同是如何依据合同条款进行变更的，做了哪些技术性变更和合同变更。

（2）工程延期和索赔：说明工程延期和索赔的审批情况，共发出了多少项工程延期和索赔报告，批准了多少项。

（八）工程施工期间内业资料整理提纲

在近几年的工程管理过程中发现，在进行内业管理工作方面存在较大的随意性，这样往往导致内业资料出现不完整、不统一、逻辑性差、不系统等缺陷。鉴于此，为更好地做好内业资料管理工作，全面、系统、规范地进行内业资料的整理归档，下面重点针对工程施工期间内业资料管理的内容给出提纲如下。

1. 安全生产卷

(1)安全管理有关文件(上级来文)。

(2)安全文件(单位发文)。

(3)安全管理机构及安全保证体系。

建设单位、监理处、施工单位领导组织机构、安全员以文件形式的确认表、登记表及上岗证等。

(4)安全专项施工预案(防洪、防汛、防火等)。

(5)安全生产责任制及责任状(包括招标文件中的合同)。

(6)安全教育、安全检查记录、安全会议记录、安全技术交底记录，包括：安全教育培训制度、安全例会会议记录、安全生产检查记录、安全检查通知单及整改单、年度安全教育培训计划等。

2. 工程质量卷

(1)上级有关质量文件(省厅、省局、市局、项目办、监理处)。

(2)组织机构、质保体系、管理制度、控制措施。

(3)施工组织设计。

(4)解决质量通病。

(5)各种通知、指令、文件、检查通报。

(6)影像资料。

(7)各种抽检、自检资料，评定资料。

(8)计量、变更批复文件。

3. 工程进度卷

(1)上级有关工程进度的文件(省厅、省局、市局、项目办、监理处)。

(2)施工旬、月报表，工程日报。

(3)进度形象图。

(4)进度管理文件、指令、通知、会议记录。

4. 廉政建设卷

(1)组织机构

①组织建设体系及责任分工，建设单位，监理、施工单位领导小组。

②廉政建设有关文件(包括共同预防网络机构)。

③廉政负责人档案。

(2)制度建设

①廉政建设制度及检查，包括：工作制度、教育制度、检查制度、材料供应、设计变更制度、纪检信访制度、民工工资制度、重大事故报告制度等。

②廉政建设责任状(包括招标文件中的廉政合同)。

③信访资料,包括:纪检信访活动记录、纪检信访活动领导小组通知、信访工作实施意见、信访案例、意见箱开启记录表、群众来信来访事项回访单、群众来信来访事项督办单等。

5. 上墙图表

(1)驻地办(总监办)上墙图表

①安全生产领导小组;

②各项目工程师职责;

③各项目工程师助理职责;

④廉政宣传栏;

⑤内部管理制度;

⑥组织机构框图;

⑦监理人员行为规范;

⑧天气晴雨表。

(2)施工单位上墙图表

①安全生产领导小组;

②各项目工程师职责;

③各项目工程师助理职责;

④组织机构框图;

⑤主要人员职责;

⑥施工人员行为规范;

⑦天气晴雨表等。

四、工程竣工资料的整理与归档

竣工文件是全面反映工程建设的全过程,真实地记录各种施工情况的技术文件,是直接反映施工过程中工程质量控制地重要载体,是业主代表、设计、监理、施工等部门的工作总结,是对工程进行验收及日后通车运营管理、改造的依据,是国家的重要技术档案。

(一)工程竣工资料案卷构成及质量要求

1. 术语

(1)案卷:由互相联系的若干文件材料组成的一种档案保存单位。

(2)立卷:按照一定的原则和方法,将文件分门别类整理成案卷,亦称组卷。

(3)卷内目录:案卷内登记文件材料及其排列次序的目录。

(4)卷内备考表:说明案卷内文件材料状况的表格。

(5)档号:档案的编号,其中包括项目代号、案卷分类号和案卷号。

(6)建设工程文件:在工程建设过程中形成的各种形式的信息记录,包括:工程准备阶段文件、监理文件、施工文件、竣工图和竣工验收文件,也可简称为工程文件。

(7)工程准备阶段文件:工程开工以前,在立项、审批、征地、勘察、设计、招投标等工程准备阶段形成的文件。

(8)监理文件:监理单位在工程施工和缺陷责任期监理过程中形成的文件。

(9)施工文件:施工单位在工程施工过程中形成的文件。

(10)竣工图:工程竣工验收后,真实反映建设工程项目施工结果的图样。

(11)竣工验收文件:建设工程项目竣工验收活动中形成的文件。

(12)建设工程档案:在工程建设活动中直接形成的具有归档保存价值的文字、图表、声像等各种形式的历史记录,也可简称为工程档案。

2. 组卷要求

(1)组卷应遵循文件材料的自然形成规律和项目档案的成套性、连续性、系统性原则,便于档案查找利用及保管。

(2)案卷内科技文件材料所反映的工程项目情况和有关管理活动内容,必须做到"真实、完整、准确、系统"。

(3)案卷内科技文件材料的制作和书写材料,必须利于长期保存。书写材料必须用碳素墨水,禁止使用纯蓝墨水、圆珠笔、铅笔和复写。凡属易褪色书写材料(如复写纸、传真件),应复印保存。

(4)案卷内不应有重份文件,件内不应有重页文件,但卷与卷之间互有关联的文件,在归档过程中允许有一定数量的重复。

(5)竣工资料的标准尺寸为 A4(210mm × 297mm),卷内不同尺寸的文件材料均折叠为标准尺寸,按 A4 规格折叠成手风琴式;小于 A4 的文件材料(出厂报告等)贴在 A4 纸上。

3. 文件材料的排列

(1)按路线统一的里程桩号,由小到大依次排列。

(2)管理性科技文件材料按建设程序、问题、时间或重要程度排列。

①项目技术文件材料按来往文件、质量评定、原材料试验文件、施工原始记录等顺序排列。材料合格证明及各种试验报告单按内容排列。

②设备文件材料按依据性、设备开箱验收、随机图样、设备安装和运行维修等顺序排列。

③科研项目文件材料按课题准备立项、研究试验、总结鉴定、成果申报奖励和推广应用等阶段排列。

④图纸部分按里程、专业、图号排列。

(3)档案盒内文件材料要按照一定的顺序以件为单位排列,一般文字材料在前,图样在后。

(4)声像(照片)按《照片档案管理规范》(GB/T 11812—89)的要求组卷。一般以一组照片为单位填写文字说明(分组说明),表示一组照片的内容基本上反映同一组题材。录像材料要将文字说明(包括录制说明、录制单位、录制人)贴在背面上,并在卷脊处逐件编号,标明带长及年、月、日,并逐张编号,填写卷内目录。

4. 案卷的编制

（1）编写案卷页号

①卷内科技文件材料均以有书写内容的页面编写页号，有封面的文件应从封面开始编写页号，页号为小流水号。

②页号的位置：无论纵、横向打印的单面书写的科技文件材料，在右下角编写页号；双面书写的科技文件材料，正面在右下角、背面在左下角编写页号（此处所说的文件左、右下角均为装订成册后的左、右下角）。

③借阅守则、卷内文件目录、备考表不编页号，不装订。

④案卷的页号，要求以件为单位编写小流水号。如所归的文件属符合档案保管要求的成本成册的材料，已编有页号的在卷内文件目录页数中填写每册的页数，并在备考表中注明合计页数的总页数。若一卷内只有一件，则只填写终止页号。

⑤页号要求用铅笔编写。

（2）案卷封面的编写

①填写案卷封面内容时，打印在与卷盒颜色相近的牛皮纸上，贴在对应位置。

②案卷题名：

案卷题名应简明扼要、准确地揭示卷内文件材料的内容；应包括公路工程项目的名称、起讫桩号、单位工程（含分部、分项工程）名称及文件名称。

项目技术文件案卷题名的表示形式：××公路××段绿化工程××桩号××工程××名称。

例：××公路××段绿化工程××桩号苗木检验表。

管理性文件案卷题名的表示形式：××公路××段＋责任者＋问题＋名称

例：××公路××段绿化工程项目建设办公室关于加强安全生产管理的通知函。

指令、决定、会议纪要、通报、通告、报告、意见、请示、批复、通告、函。（如果文件形式形成的文种太多，最多写三个文种，后面加等即可）

禁止出现不同材料组成，而案卷题目相同的案卷。

③编制单位：填写卷内文件材料的形成单位或主要责任者（《中标通知书》中写的单位全称）。如果编制单位较多，可选择两个主要的编制单位填写。

④编制日期：填写卷内文件材料的起止日期。

⑤保管期限：填写其规定的保管期限。参见本章附表 6-22“工程竣工文件材料归档范围和保管期限”。

⑥密级：按保密规定填写（暂不填写）。

⑦档号：填写档案的分类号和案卷顺序号。

公路绿化工程竣工文件材料分为五级类目。一～二级类目的代号固定不变；三级类目 1 为道路、2 为独立桥梁；四级类目为工程项目代号；五级类目根据工程项目竣工文件材料形成的先后，按照公路建设文件材料归档范围划分。

⑧档案馆号、缩微号：暂不填写。

5. 案卷脊背的编制(详见本章附录 6-2)

卷脊的填写项目有档号、案卷题名。档号用 4 号宋体,分两行横排打印,第一行是分类号到四级类目,第二行是五级类目和五级类目案卷顺序号。

案卷题名从右至左竖行排列,首行空两个字,根据卷脊的厚度用 3 号或 4 号宋体字打印。桩号打印要横排,字头向右。卷脊内容统一打印在与卷盒颜色相近的牛皮纸上,再粘贴在卷脊对应位置。

6. 卷内文件目录的编制

(1)件号

形成一种类型的文件或一个独立文件及汇总文件,序号为件号的细分,独立文件不能细分不填序号;用阿拉伯数字从 1 起依次顺排,如:××批复文件为一件,其中的附件有几项在序号下依次填写至几;路面工程中 1～3km 各结构层汇总表为一件,每件中的检测项目在序号下依次填写。

(2)文件编号

发文机关文书部门的发文号或图样的图号。若文件上有发文编号则填上,没有则不填。

(3)责任者

填写文件材料的直接编制部门名称。

(4)文件题名

①填写文件材料标题的全称,没有标题或标题不能说明文件材料内容的(如会议纪要、通知等),应重新拟写一个符合科技文件材料内容的标题,外加“[　]”号,并在其前注明会议纪要或通知。

②每份文件材料的标题,在填写时开头空两格,以段落式填写,横格内不能超过 3 行字。

③文件题名要完整地拟写在卷内目录内。

(5)日期

填写文件的形成时间,填写时可省略“年、月、日”字样,单月单日用 0 补充。如 2007 年 6 月 6 日可填写为 20070606。

(6)页数

应填写每份文件的总页数。如有附件的文件,填写每份文件题名所在的页号,最后一份文件填写题名页号至最后页数首页上标准的页号。如果是一件为一卷填写文件,标注文件起止号。如所归档文件属符合档案保管要求的成本成册的材料,已编有页号的在卷内文件目录页数中填写每册的页数,并在备考表中注明合计件数的总页数。

(7)备注

留待对卷内文件变化时作说明用(如果有与科技材料内容相关的特殊载体的档案,要求在此栏标注 *,具体载体档案的档号在卷内备考表中具体写明)。

(8)件内目录

若每卷材料内有多个文件,则根据要求在每卷文件材料内分件内目录。

卷内目录排列在卷内文件材料的首页之前,不装订。

7. 文件封面的编制

(1)原文件资料有封面(封皮)(包括设计、竣工图纸)的,采用原样不动。

(2)施工监理过程中的同类文件,应编制文件封面,封面上填写文件题名,日期等(见本章附录6-2)。

(3)管理性文件材料以每份文件为一件,不加封面只需在文件的首页左上角加盖档号章。

8. 卷内备考表的编制

(1)卷内备考表:要标明案卷内文件材料的件数、页数以及在组卷和案卷使用过程中需要说明的问题。页数要求填写卷内每件页数相加之总和。

(2)立卷人:由档案整理组卷者签名,即谁立卷谁签名。

(3)审核人:由组卷单位负责人审查签名。

(4)立卷时间:填写完成立卷的日期,如20080606。

(5)审核时间:审核案卷完成的日期,如20080808。

(6)备考表排列在卷内文件材料的尾页之后。

9. 案卷内各部分内容的排列顺序

封面—借阅守则—卷内文件目录—科技文件材料—备考表。

10. 案卷装订的要求

(1)卷内文件应根据组卷要求,以件为单位进行装订。

(2)每份文件在装订前要求取掉金属物。薄的文件用胶水粘贴或采用缝纫机装订;也可采用3孔一线方法,用档案专用线装订,孔距80mm,装订线距左纸边10mm。

(3)文件材料装订边和下边一定取齐,横表格的文件材料,应把表头向左装订。对批示、签注意见写在文件装订线上的,予以粘贴补宽,对用纸欠规范的文件要进行补贴或折叠。

11. 案卷质量标准

(1)归档文件,齐全完整;

(2)分类清楚,保持联系;

(3)题名确切,容易查找;

(4)卷内排列,系统条理;

(5)保管期限准确;

(6)密级划分恰当;

(7)案卷装订整齐美观;

(8)声像资料清楚清晰。

12. 卷盒、卷内表格的制作

(1)档案盒市局要求统一配备,卷盒的外表规格为305mm×220mm,厚度分别为10mm、20mm、30mm、40mm、50mm、60mm六种。应尽量根据卷内文件材料的多少选择使用不同厚度的卷盒。

(2)卷内表格的规格：借阅守则、卷内文件目录、文件材料、备考表、案卷目录、档案移交表的尺寸统一为 210mm×297mm（部分图纸为 A3 复印纸大小）。采用 70g 白色复印纸制作。

13. 竣工资料的归档套数

按照合同文件规定提交归档套数。

14. 竣工资料的交接

上报竣工资料时要填写“案卷目录”，交接双方签字。要求一式 3 份，业主两份，施工单位一份。

竣工图章（80mm×60mm）、抽检章（60mm×20mm）要按给定的格式定做，并使用不易褪色的红色印泥。抽检章盖在文件的右上角，距上边缘 10mm、右边缘 20mm 的位置。竣工图章（图 6-1）盖在设计图右下方、设计图标栏上方，或盖在不压图形和文字的空白处。图章字体用 4 号仿宋体刻制。

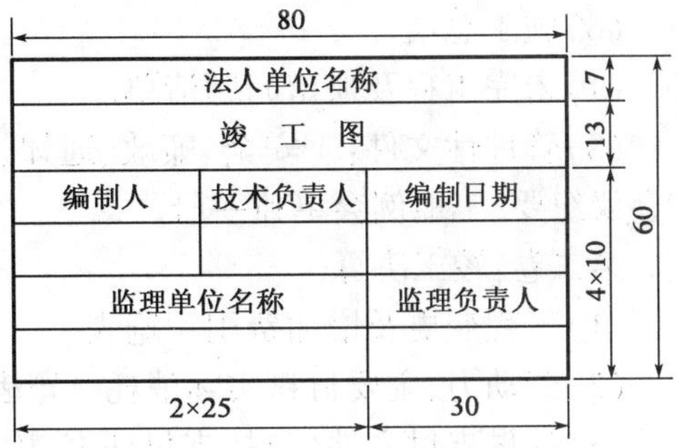

图 6-1　竣工图章样式（尺寸单位：mm）

（二）工程竣工资料编制

1. 一般要求

(1)竣工文件应全面正确反映工程过程和竣工的实际情况。

(2)竣工文件除原始记录资料及单位名称、建设项目工程名称、合同段等采用碳素墨水钢笔填写外，其余文字说明、表格均应打印。

(3)竣工文件所有线条、字迹、图表、数据等必须工整、清楚、干净、无涂改，标注、签名完整。

(4)竣工资料验交期限：施工单位及驻地办、总监办竣工资料每年验交一次，各单位全部竣工文件要在工程交工验收前完成，全线汇总资料在工程竣工验收前完成。

(5)竣工文件验交程序：承包单位按规定编制好竣工文件，并由监理工程师审查、签字后，及时通知业主代表组织有关人员进行验收，承包单位按验收意见修改合格后装订成册，按验交期限送交改建办备查，待竣工资料全部齐全后，统一编好档号，由项目办按规定送交有关部门存档。

(6)除声像资料不装订外，其余所有资料全部采用 3 孔一线方式装订，装盒，档案盒封面和脊背均用铅笔填写，最后根据有关规定统一填写。

2. 组卷内容

施工单位

每单位工程共分五卷，每卷可分为若干册。册数由第一卷的第一册顺排至第五卷的第×册。

第一卷:综合文件

(1)工程竣工报告。

施工概况主要内容:①工程概况及技术标准;②工程决算造价及主要材料用量;③工程概况总结;④提出给予验收。

(2)工程交工验收申请书。

(3)合同协议书或计划任务书。

(4)单位工程开工报告及批复。

(5)工程质量自检及评定结果。

(6)施工总结。

(7)未完工程及遗留问题清单。

(8)管理性文件:①安全、廉政、通知、制度等或往来文件,按重要程度或时间先后排列;②会议纪要、工地例会单独一册。

第二卷:竣工决算

(1)工程变更及增加费用一览表。

(2)劳动力、主要材料实际消耗一览表。

(3)计量支付文件(包括支付证书、确认单、核定资料)。

(4)批复预算与工程实际造价比较,合同价与工程实际造价比较。

第三卷:竣工图

(1)竣工图应全面、准确地反映工程竣工的实际情况,各项数据如长度、宽度、厚度、高程、坡度、角度、地质情况等应与竣工部位的实际完成情况一致,特别是隐蔽工程。

(2)竣工图一定要与工程实际相吻合,要完整,应根据工程变更设计情况,及时调整、完善,对变化较大的要附有详细说明,杜绝不加审核将施工图直接作为竣工图。

(3)竣工图章加盖位置要注意,不能出现压字、影响字迹辨认的现象,应盖在竣工图纸的右下方、设计图标栏上方,或盖在不压图形和文字的空白处。

(4)重复使用的标准图、通用图可不编入竣工图中,但必须在图纸目录中列出图号,指明该图所在位置并在编制说明中注明。

(5)竣工图、表的编号方法,参照原设计图纸按实际竣工图纸的数量重新编图号和页码号。

(6)图纸按297mm×420mm(A3号纸)规格装订成册对折入盒;对某些大的或结构复杂的结构物图纸,应逐张按手风琴式折叠成210mm×297mm(A4号纸)规格,图标外露;图纸目录中图号与页号对应的不编页号,不能对应的需重新编制页号。

(7)竣工图的格式详见图6-2;竣工图应附有竣工图说明。

第四卷:设计、施工文件

(1)审批的施工组织设计及有关文件,审批的各分项工程开工报告及有关文件。

(2)审批的设计变更及有关文件:变更申请报告、批复文件、必要的设计变更备忘录等,按里程桩号、分项工程排列。

(3)设计施工中重大技术问题的往来文件。

(4)审批的试验路段施工方案、施工总结及检测资料。

(5)技术交底记录:技术交底记录内容有工程名称、日期、内容、交底人、职务;接收单位、签名、职务。

(6)分项工程开工申请批复单。

(7)工序交接单。

(8)施工自检资料。

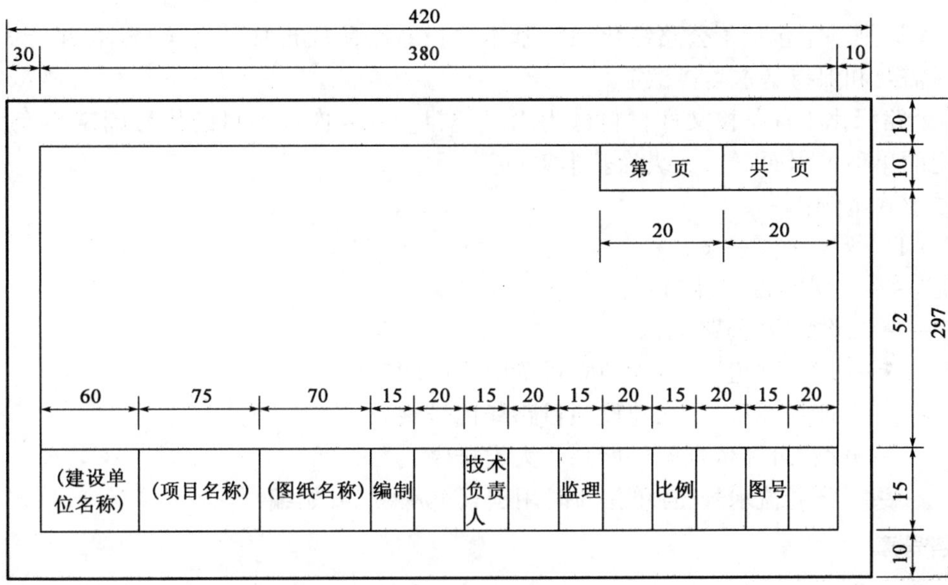

图 6-2　竣工图样式(尺寸单位:mm)

第五卷:试验、检验资料

(1)各种苗木检验检疫资料。

(2)各种建筑材料试验检测资料齐全,包括厂家的质量报告单以及施工单位按规范频率抽检的资料和委托检验的资料报告。

监理单位

组卷要求参照施工单位要求组卷。

第一卷:综合文件

(1)监理总结。

(2)批复的开工报告、施工组织设计、计量支付、工程变更。

(3)往来文件、会议纪要、月报、通知、制度等。

(4)隐蔽工程检查记录。

(5)工地会议纪要:概述工地会议的准备工作情况,工地会议解决哪些问题,工地会议有哪些议程等,工程技术调查报告。

(6)批复的各种试验文件。

第二卷：抽检资料

监理抽检资料按规定要求进行抽检，由现场监理填表并签字，其他要求同施工单位。

第三卷：试验资料

主要工程必做的平行试验、旁站的试验记录，其他要求同施工单位。

（三）工程竣工档案分类编号

1. 编号原则

（1）本原则基本包括了公路绿化项目基本建设各个阶段形成的各类档案，并考虑到今后的发展需要和保持基本类目稳定。

（2）公路绿化工程科技文件材料分为六级类目。一～四级类目的代号固定不变（指对一个确定的单项工程而言），五级为基本类目。

档号形式举例：

GL5·1·××·×—××

“GL”——一级类目（公路）；

“5”——二级类目（公路工程）；

“1”——三级类目（道路，若为独立桥梁则采用“2”）；

“××”——四级类目（所属建设项目路线代号）；

“×”——五级类目（依据附件所列八大类排序）；

“××”——案卷流水号，各单位暂时用碳素笔从“1”开始编写。

2. 档号章

档号章的位置在每件文件封面的左上角（盒内科技文件超过一件时，才需加盖档号章），距文件上边缘 1cm，距左边缘 2cm。

档号章格式与尺寸见图 6-3，档号章内的“档号、件号、页数”采用 4 号仿宋字体刻制，其内容用碳素墨水钢笔填写。

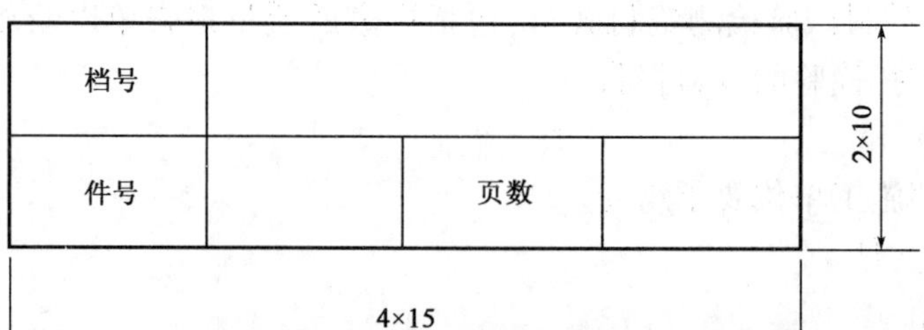

图 6-3　档号章格式与尺寸（尺寸单位：mm）

第三节　公路绿化工程竣工资料相关表格

公路绿化工程竣工资料相关表格见表 6-8～表 6-70。

建设项目质量检验评定表　　　　表 6-8

项目名称：　　　　　　　　路线名称：

起讫桩号：　　　　　　　　完工日期：

合同段	实得分	投资额(万元)	实得分×投资额(万元)	质量等级	备注
合计					
鉴定得分			质量等级		

检验负责人：　　　　　计算：　　　　　复核：　　　　　年　　月　　日

合同段工程质量检验评定表 表 6-9

合同段名称： 所属建设项目：

施工单位： 监理单位：

起讫桩号： 完工日期：

单位工程名称	实得分	投资额(万元)	实得分×投资额(万元)	质量等级	备注
合计					
合同段实测得分			内业资料扣分		
合同段鉴定得分			质 量 等 级		

检验负责人： 计算： 监理： 年 月 日

单位工程质量检验评定表　　表 6-10

单位工程名称：　　所属建设工程：

所属路线：　　工程部位：

　　（桩号）

施工单位：　　监理单位：

施工单位	分 部 工 程					备注
	工程名称	质量评定				
		实得分	权值	加权得分	等级	
	合计					
加权平均分				质量等级		
评定意见						

检验负责人：　　计算：　　监理：　　年　月　日

分部工程质量检验评定表　　表 6-11

分部工程名称：　　所属单位工程：

所属建设项目：　　工程部位：

（桩号）

施工单位：　　监理单位：

<table>
<tr><td rowspan="3">施工单位</td><td colspan="5">分 部 工 程</td><td rowspan="3">备注</td></tr>
<tr><td rowspan="2">工 程 名 称</td><td colspan="4">质 量 评 定</td></tr>
<tr><td>实得分</td><td>权值</td><td>加权得分</td><td>等级</td></tr>
<tr><td rowspan="15"></td><td></td><td></td><td></td><td></td><td></td><td></td></tr>
<tr><td></td><td></td><td></td><td></td><td></td><td></td></tr>
<tr><td></td><td></td><td></td><td></td><td></td><td></td></tr>
<tr><td></td><td></td><td></td><td></td><td></td><td></td></tr>
<tr><td></td><td></td><td></td><td></td><td></td><td></td></tr>
<tr><td></td><td></td><td></td><td></td><td></td><td></td></tr>
<tr><td></td><td></td><td></td><td></td><td></td><td></td></tr>
<tr><td></td><td></td><td></td><td></td><td></td><td></td></tr>
<tr><td></td><td></td><td></td><td></td><td></td><td></td></tr>
<tr><td></td><td></td><td></td><td></td><td></td><td></td></tr>
<tr><td></td><td></td><td></td><td></td><td></td><td></td></tr>
<tr><td></td><td></td><td></td><td></td><td></td><td></td></tr>
<tr><td></td><td></td><td></td><td></td><td></td><td></td></tr>
<tr><td></td><td></td><td></td><td></td><td></td><td></td></tr>
<tr><td colspan="2">合计</td><td></td><td></td><td></td><td></td></tr>
<tr><td>加权平均分</td><td colspan="3"></td><td colspan="2">质量等级</td><td></td></tr>
<tr><td>评定意见</td><td colspan="6"></td></tr>
</table>

检验负责人：　　计算：　　监理：　　年　月　日

分项工程质量检验评定表

表 6-12

分项工程名称:土方路基　　所属分部工程名称:乔木　　所属建设项目:

工程部位:　　施工单位:　　监理单位:

(桩号)

桩号、位置:　　品种:

	序号	检查项目	设计值(cm)	实测值(cm)																				质量评定	
				1	2	3	4	5	6	7	8	9	10	11	12	13	14	15	16	17	18	19	20	合格率(%)	实得分
实测项目	1	胸径																							
	2	高度																							
	3	株(行)距																							
	4	树穴	深度																						
	5		直径																						
	6																								
	7																								
	8																								
	9																								
	10																								
	11																								
	12																								
景观效果																									
抚育管理																									

监理工程师:　　项目工程师:　　填表:　　年　　月　　日

分项工程质量检验评定表

表 6-13

分项工程名称:土方路基　　所属分部工程名称:灌木　　所属建设项目:

工程部位:（桩号）　　施工单位:　　监理单位:

桩号、位置:　　品种:

	序号	检查项目		设计值（cm）	实测值（cm）																				质量评定	
					1	2	3	4	5	6	7	8	9	10	11	12	13	14	15	16	17	18	19	20	合格率（%）	实得分
实测项目	1	灌幅																								
	2	高度																								
	3	株（行）距																								
	4	树穴	深度																							
	5		直径																							
	6																									
	7																									
	8																									
	9																									
	10																									
	11																									
	12																									
景观效果																										
抚育管理																										

监理工程师:　　项目工程师:　　填表:　　年　月　日

分项工程质量检验评定表

表 6-14

分项工程名称：土方路基　　所属分部工程名称：草坪　　所属建设项目：

工程部位：　　施工单位：　　监理单位：

（桩号）

桩号、位置：　　品种：

	序号	检查项目	设计值（cm）	实测值（cm）																				质量评定	
				1	2	3	4	5	6	7	8	9	10	11	12	13	14	15	16	17	18	19	20	合格率（%）	实得分
实测项目	1	盖度																							
	2	营养枝点																							
	3	高度																							
	4	场地平整度																							
	5	覆土厚度																							
	6																								
	7																								
	8																								
	9																								
	10																								
	11																								
	12																								
景观效果																									
抚育管理																									

监理工程师：　　项目工程师：　　填表：　　年　月　日

监表 1

施工放样报验单 表 6-15

承包单位： 合同号：

监理单位： 编 号：

至(监理工程师)：

根据合同要求，业已完成________________施工放样工作，清单如下，请予查验。

承包人： 年 月 日

桩号或位置	工程或部位名称	放样内容	备注

附件：测量及放样资料

监理员意见：

监理工程师结论：

监理工程师： 年 月 日

监表 2

工程分项开工申请批复单

表 6-16

承包单位：　　　　　　　　　　　　　　　合同号：

监理单位：　　　　　　　　　　　　　　　编　号：

<table>
<tr><td colspan="3">开工项目：</td></tr>
<tr><td colspan="3">桩号：</td></tr>
<tr><td colspan="3">建议开工日期：</td></tr>
<tr><td colspan="3">计划完工日期：</td></tr>
<tr><td colspan="3">此项工程负责人：</td></tr>
<tr><td colspan="3">附件：

承包人：　　　　年　　月　　日</td></tr>
<tr><td colspan="3">监理员意见</td></tr>
<tr><td>项目工程师：
（签名）
年　　月　　日</td><td>试验工程师：
（签名）
年　　月　　日</td><td>测量工程师：
（签名）
年　　月　　日</td></tr>
<tr><td colspan="3">驻地工程师：　　　　　　监理工程师：
年　　月　　日</td></tr>
</table>

监表 3

检验申请批复单

表 6-17

承包单位：　　　　　　　　　　　　　　　　　合同号：

监理单位：　　　　　　　　　　　　　　　　　编　号：

<table>
<tr><td>工程项目：</td><td></td></tr>
<tr><td>工程地点及桩号：</td><td></td></tr>
<tr><td>具体部位：</td><td></td></tr>
<tr><td>检验内容：</td><td></td></tr>
<tr><td colspan="2">要求到现场检验时间：</td></tr>
<tr><td colspan="2">承包人递交日期、时间和签字：</td></tr>
<tr><td colspan="2">监理员收件日期、时间和签字：</td></tr>
<tr><td colspan="2">监理员评论和签字：</td></tr>
<tr><td>本项目能否继续进行</td><td>质量证明附件：</td></tr>
<tr><td>监理工程签字：

年　　月　　日</td><td>承包人收到日期、时间签字：</td></tr>
</table>

监表 4

监 理 指 令 单

表 6-18

编　号：

<table>
<tr><td>施工单位</td><td></td><td>合同号</td><td></td></tr>
<tr><td>监理单位</td><td></td><td>监理机构</td><td></td></tr>
<tr><td>签发人</td><td></td><td>日期</td><td></td></tr>
<tr><td colspan="4">致：________________

（阐述指令依据、施工单位不符合规定的事实及整改要求等）

请于________年______月______日前回复。

抄报(送)：</td></tr>
<tr><td colspan="2">签收人：</td><td>日期</td><td></td></tr>
</table>

监表 5

工程设计变更问题处理意见备忘录

表 6-19

承包单位：　　　　　　　　　　　　　　合同号：

监理单位：　　　　　　　　　　　　　　编　号：

桩号或部位	
变更问题、原因、数量、金额	（详细图例、计算书附后）　　　年　月　日
驻地办复核意见	年　月　日
总监办复核意见	年　月　日
改建办审批意见	年　月　日

注：该备忘录一式六份，由施工单位填报，有关各方签署。

监表 6

工 地 会 议 纪 要　　　　表 6-20

承包单位：　　　　　　　　合同号：

监理单位：　　　　　　　　编　号：

<table>
<tr><td colspan="4">时间：

地点：

主持人：</td></tr>
<tr><td colspan="4">参加者</td></tr>
<tr><td>监理人员</td><td>承包人</td><td>业主或业主代表</td><td>其他人员</td></tr>
<tr><td></td><td></td><td></td><td></td></tr>
<tr><td colspan="4">记录整理人：　　　　本次会议要共　页</td></tr>
<tr><td colspan="4">抄送：</td></tr>
<tr><td colspan="4">监理工程师：　　　　日期：</td></tr>
<tr><td colspan="4">承包人：　　　　日期：</td></tr>
</table>

监表7

中间交工证书

表6-21

编　号：

施工单位		合同号	
监理单位		监理机构	
中间交工内容（桩号、项目划分、工程项目、工程数量）			
施工单位签字		申请日期	
监理接收人		接收日期	
监理机构对施工单位中间交工申请的评述意见及其结论			
监理机构签字		日期	
施工单位签字		日期	

监表 8

分包申请报告单

表 6-22

承包单位：　　　　　　　　　　　　　　合同号：

监理单位：　　　　　　　　　　　　　　编　号：

<table>
<tr><td colspan="7">分包理由：

附件：分包人资质、经验、能力、质量、信誉、财务、设备、主要人员经历等资料纳入填表说明。

承包人：　　　　　　　　　　　　日期：</td></tr>
<tr><td colspan="5">分包单位名称；</td><td colspan="2">分包单位负责人：</td></tr>
<tr><td>项目号</td><td>分包工程名称</td><td>单位</td><td>数量</td><td>单价</td><td>分包金额</td><td>占合同总金额的比例(%)</td></tr>
<tr><td></td><td></td><td></td><td></td><td></td><td></td><td></td></tr>
<tr><td></td><td></td><td></td><td></td><td></td><td></td><td></td></tr>
<tr><td></td><td></td><td></td><td></td><td></td><td></td><td></td></tr>
<tr><td></td><td></td><td></td><td></td><td></td><td></td><td></td></tr>
<tr><td colspan="5">合计</td><td colspan="2"></td></tr>
<tr><td colspan="5">分包工程开工日期：</td><td colspan="2"></td></tr>
<tr><td colspan="5">分包工程竣工日期：</td><td colspan="2"></td></tr>
<tr><td colspan="7">监理工程师审批意见：
日期：</td></tr>
</table>

监表 9

工程暂时停工指令 表 6-23

承包单位： 合同号：

监理单位： 编 号：

停工依据：
停工范围：
停工原因：
停工日期： 年 月 日 时
停工后应做如下处理：
驻地监理工程师： 日期：
承包人： 日期：

监表 10

复 工 指 令

表 6-24

承包单位：　　　　　　　　　　　　　　合同号：

监理单位：　　　　　　　　　　　　　　编　号：

复工依据：
复工范围：
复工原因：
复工日期： 年　月　日　时
复工后应做如下处理：
驻地监理工程师： 日期：
承包人： 日期：

监表 11

工程质量事故处理报告单

表 6-25

承包单位：　　　　　　　　　　　　　　合同号：

监理单位：　　　　　　　　　　　　　　编　号：

<table>
<tr><td>工程名称：

时间：

桩号：

原因：</td></tr>
<tr><td>性质：</td></tr>
<tr><td>造成损失：</td></tr>
<tr><td>应急措施：</td></tr>
<tr><td>处理意见：</td></tr>
<tr><td>承包人：　　　　　　　　　　　　　　年　　月　　日

监理工程师：　　　　　　　　　　　　年　　月　　日</td></tr>
</table>

监表 12

工程缺陷责任期终止证书　　表 6-26

承包单位：　　　　合同号：

监理单位：　　　　编　号：

<table>
<tr><td colspan="4">本证书包括的工程：</td></tr>
<tr><td colspan="4">检查人(单位)：</td></tr>
<tr><td>合同缺陷责任
证明签发日期</td><td>年　月　日</td><td>实际缺陷责任
证明签发日期</td><td>年　月　日</td></tr>
<tr><td colspan="4">承包人：

年　月　日</td></tr>
<tr><td colspan="4">监理工程师：

年　月　日</td></tr>
<tr><td colspan="4">业主：

年　月　日</td></tr>
</table>

检表 1

平 整 度 检 验 表

表 6-27

承包单位：　　　　合同号：

监理单位：　　　　编　号：

桩　号	侧别	3m 直尺尺底缝隙(mm)										
		1	2	3	4	5	6	7	8	9	10	最大值
自检说明：					监理评语：							

检验人：　　　　监理：　　　　年　　月　　日

检表 2

施工放样检验表

表 6-28

承包单位：　　　　　　　　　　　　合同号：

监理单位：　　　　　　　　　　　　编　号：

<table>
<tr><td>桩号及工程名称</td><td></td><td>放样内容</td><td></td></tr>
<tr><td colspan="2">原始基点</td><td colspan="2">放样点</td></tr>
<tr><td></td><td></td><td></td><td></td></tr>
<tr><td></td><td></td><td></td><td></td></tr>
<tr><td></td><td></td><td></td><td></td></tr>
<tr><td colspan="4">放样草图</td></tr>
<tr><td colspan="2">自检说明：</td><td colspan="2">监理评语：</td></tr>
</table>

检验人：　　　　　　　　　　监理：　　　　　　　　　　年　　月　　日

检表 3

清理场地与表土清除检验表

表 6-29

承包单位：　　　　　　　　　　　　　　　合同号：

监理单位：　　　　　　　　　　　　　　　编　号：

<table>
<tr><td>桩号</td><td></td><td>清理项目</td><td></td></tr>
<tr><td colspan="4">说明：</td></tr>
<tr><td colspan="2">自检说明：</td><td colspan="2">监理评语：</td></tr>
<tr><td>备注</td><td colspan="3">回填井、洞穴、坟坑情况附表</td></tr>
</table>

检验人：　　　　　　　　　　　　监理：　　　　　　　　　　年　　月　　日

支表 1

中 期 支 付 证 书

表 6-30

承包单位：　　　　合同号：

监理单位：　　　　截止日期：　　　　编　号：　　　　第　页　共　页

业主：

清单号	项目名称	合同价及变更金额（元）			到本期末完成		到上期末完成	本期完成	
		原有金额	变更金额（+/-）	变更后总金额	金额（元）	占合同价（%）	金额（元）	金额（元）	占合同价（%）
100 章	总 则								
200 章	路基								
300 章	路 面								
400 章	桥梁、涵洞								
500 章	隧道								
600 章	安全设施及预埋管线								
700 章	绿化及环境保护								
暂定金额									
小计									
索赔金额									
违约罚金									
迟付款利息									
合计									
开工预付款									
扣回 开工预付款									
材料预付款									
扣回材料预付款									
拖期损失偿金									
保留金									
支付									

承包人：　　　　计量工程师：　　　　监理工程师：

支表2

清 单 支 付 报 表

表6-31

承包单位：　　　　　　　　　　　　　　　　合同号：

监理单位：　　　　　　截止日期：　　　　　　编　号：　　　　　　第　页　共　页

清单号	项目名称	单位	单价	合同数量			到本期末完成		到上期末完成		本期完成		本年完成占计划(%)
				原合同数量	变更(+/-)	变更后数量	数量	金额(元)	数量	金额(元)	数量	金额(元)	

承包人：　　　　　　　　　　计量工程师：　　　　　　　　　　监理工程师：

支表 3

工程变更一览表

表 6-32

承包单位：　　　　　　　　　　　　　　　　合同号：

监理单位：　　　　截止日期：　　　　　　　编　号：　　　　　　　第　页　共　页

清单号	变更内容	单位	合同数量	单价（元）	工程量增减（+/-）		工程量增减金额（+/-）						批准文号
							到本期末完成		到上期末完成		本期完成		
					本期末完成	本期完成	数量	金额（元）	数量	金额（元）	数量	金额（元）	
合计													

承包人：　　　　　　　　计量工程师：　　　　　　　　监理工程师：

支表4

单价变更一览表

表6-33

承包单位：　　　　　　　　　　　　合同号：

监理单位：　　　　截止日期：　　　　编　号：　　　　第　页　共　页

清单号	项目名称	单位	调整前单价（元）	调整后单价（元）	单价变更增减金额					批准文号
					单价增减（元）	本期末完成		本期完成		
						数量	金额（元）	数量	金额（元）	
合计										
说明：										

承包人：　　　　　　　　计量工程师：　　　　　　　　监理工程师：

支表 5

永久性工程材料到达现场计量表

表 6-34

承包单位：　　　　合同号：

监理单位：　　　　截止日期：　　　　编　号：　　　　第　页　共　页

序号	材料名称	单位	数量	单价(元)	合计价(元)	材料来源	单据号	到场日期	存放地点	备注
本页合计										

承包人：　　　　计量工程师：　　　　监理工程师：

支表6

材料预付款扣回一览表

表6-35

承包单位：　　　　　　　　　　　　合同号：

监理单位：　　　　截止日期：　　　　编　号：　　　　第　页　共　页

时间		支付材料预付款（万元）	材料预付款扣回（万元）												本月扣回预付款（万元）	本月实际支付（万元）	时间	
			1	2	3	4	5	6	7	8	9	10	11	12				
××××	1																	1
	2																	2
	3																	3
	4																	4
	5																	5
	6																	6
	7																	7
	8																	8
	9																	9
	10																	10
	11																	11
	12																	12
合计																		

承包人：　　　　　　　　计量工程师：　　　　　　　　监理工程师：

支表7

中间计量支付明细表

表6-36

承包单位：

监理单位：　　　　　　　　截止日期：　　　　　　　　第　页　共　页

清单号	项目名称	确认单编号	单位	数量	单价	金额
合计						

承包人：　　　　　　　　计量工程师：　　　　　　　　监理工程师：

支表8

工程量确认单

表6-37

承包单位：　　　　　　　　　　　　合同号：

监理单位：　　　　　　　　　　　　编　号：

清单号：　　　　　　　　　　　　　　　　　　　　　第　页　共　页

<table>
<tr><td rowspan="2">承包人：</td><td>工程类别：</td></tr>
<tr><td>地点（桩号）：</td></tr>
<tr><td colspan="2"></td></tr>
<tr><td colspan="2">监理意见：（监理情况说明，需采取的措施意见）</td></tr>
<tr><td rowspan="2">需要采取措施：</td><td>项目工程师签字：
年　月　日</td></tr>
<tr><td>试验工程师签字：
年　月　日</td></tr>
<tr><td>发给承包人日期：　年　月　日</td><td></td></tr>
<tr><td>变更说明：</td><td></td></tr>
</table>

承包人：　　　　　　　　　　计量工程师：　　　　　　　　　　监理工程师：

公路绿化单位工程感观质量评定表　　表 6-38

承包单位：　　　　合同号：

监理单位：　　　　编　号：

<table>
<tr><td colspan="2">工程名称</td><td colspan="3"></td><td colspan="2">施工时间</td><td colspan="2"></td></tr>
<tr><td colspan="2">桩号及部位</td><td colspan="3"></td><td colspan="2">检验时间</td><td colspan="2"></td></tr>
<tr><td rowspan="2">序号</td><td rowspan="2">项目名称</td><td rowspan="2">标准分</td><td colspan="5">评定等级</td><td rowspan="2">备注</td></tr>
<tr><td>一级(%)</td><td>二级(%)</td><td>三级(%)</td><td>四级(%)</td><td>五级(%)</td></tr>
<tr><td>一</td><td>种植基面平顺度</td><td>20</td><td></td><td></td><td></td><td></td><td></td><td></td></tr>
<tr><td>二</td><td>树木</td><td>50</td><td></td><td></td><td></td><td></td><td></td><td></td></tr>
<tr><td>1</td><td>姿态和生长势</td><td>15</td><td></td><td></td><td></td><td></td><td></td><td></td></tr>
<tr><td>2</td><td>病虫害</td><td>5</td><td></td><td></td><td></td><td></td><td></td><td></td></tr>
<tr><td>3</td><td>定向排列</td><td>7</td><td></td><td></td><td></td><td></td><td></td><td></td></tr>
<tr><td>4</td><td>栽植定位</td><td>5</td><td></td><td></td><td></td><td></td><td></td><td></td></tr>
<tr><td>5</td><td>垂直度</td><td>8</td><td></td><td></td><td></td><td></td><td></td><td></td></tr>
<tr><td>6</td><td>修剪</td><td>10</td><td></td><td></td><td></td><td></td><td></td><td></td></tr>
<tr><td>三</td><td>草坪</td><td>15</td><td></td><td></td><td></td><td></td><td></td><td></td></tr>
<tr><td>1</td><td>平整度</td><td>11</td><td></td><td></td><td></td><td></td><td></td><td></td></tr>
<tr><td>2</td><td>切草边</td><td>4</td><td></td><td></td><td></td><td></td><td></td><td></td></tr>
<tr><td>四</td><td>花坛</td><td>5</td><td></td><td></td><td></td><td></td><td></td><td></td></tr>
<tr><td>五</td><td>地被</td><td>10</td><td></td><td></td><td></td><td></td><td></td><td></td></tr>
<tr><td>合计</td><td colspan="8">应得 100 分，实得　　分，得分率　　%</td></tr>
<tr><td>自检意见</td><td colspan="8">承包人：　　　　日期：</td></tr>
<tr><td>检查意见</td><td colspan="8">监理工程师：　　　　日期：</td></tr>
</table>

注：现场照片应能反映工程全景及细部。

公路绿化单位工程质量综合评定表　　表 6-39

承包单位：　　　　合同号：

监理单位：　　　　编　号：

<table>
<tr><td colspan="2">工程名称</td><td colspan="2"></td><td>施工时间</td><td colspan="2"></td></tr>
<tr><td colspan="2">桩号及部位</td><td colspan="2"></td><td>检验时间</td><td colspan="2"></td></tr>
<tr><td>项次</td><td>检测项目</td><td colspan="4">评定情况</td><td>核定情况</td></tr>
<tr><td rowspan="7">1</td><td rowspan="7">分项工程质量评定汇总</td><td colspan="2" rowspan="2">评定项目</td><td colspan="2">评定情况</td><td rowspan="7"></td></tr>
<tr><td>合格</td><td>优良</td></tr>
<tr><td>1</td><td>栽植土方工程</td><td></td><td></td></tr>
<tr><td>2</td><td>植物材料工程</td><td></td><td></td></tr>
<tr><td>3</td><td>树木栽植工程</td><td></td><td></td></tr>
<tr><td>4</td><td>草坪、花坛、地被栽植工程</td><td></td><td></td></tr>
<tr><td>5</td><td>评定等级</td><td></td><td></td></tr>
<tr><td>2</td><td>感观质量评定</td><td colspan="4">应得　　分，实得　　分，得分率　　%</td><td></td></tr>
<tr><td colspan="2">自检意见</td><td colspan="5">承包人：　　　　日期：</td></tr>
<tr><td colspan="2">检查意见</td><td colspan="5">监理工程师：　　　　日期：</td></tr>
</table>

栽植土壤现场质量检验报告单 表 6-40

承包单位： 合同号：

监理单位： 编　号：

<table>
<tr><td colspan="2">工程名称</td><td colspan="2"></td><td>施工时间</td><td></td></tr>
<tr><td colspan="2">桩号及部位</td><td colspan="2"></td><td>检验时间</td><td></td></tr>
<tr><td>项次</td><td colspan="2">检查项目</td><td>规定值或允许偏差</td><td>检查结果</td><td>检查方法和频率</td></tr>
<tr><td rowspan="3">1</td><td rowspan="3">栽植土块块径（mm）</td><td>大、中乔木</td><td>≤60</td><td></td><td rowspan="5">观察或尺量检查</td></tr>
<tr><td>小乔木和大、中灌木</td><td>≤50</td><td></td></tr>
<tr><td>小灌木</td><td>≤40</td><td></td></tr>
<tr><td rowspan="2">2</td><td rowspan="2">石砾、瓦砾等杂物块径（mm）</td><td>树木</td><td>≤20</td><td></td></tr>
<tr><td>草坪、地被、花卉</td><td>≤10</td><td></td></tr>
<tr><td rowspan="3">3</td><td rowspan="3">地形（cm）</td><td><100cm</td><td>±10</td><td></td><td rowspan="3">水准仪检查</td></tr>
<tr><td>100～300cm</td><td>±15</td><td></td></tr>
<tr><td>>300cm</td><td>±30</td><td></td></tr>
<tr><td>自检意见</td><td colspan="5">承包人：　　　　日期：</td></tr>
<tr><td>检查意见</td><td colspan="5">监理工程师：　　　　日期：</td></tr>
</table>

公路绿化植物材料工程基本项目表　　　表 6-41

承包单位：　　　　　　　　　　合同号：

监理单位：　　　　　　　　　　编　号：

<table>
<tr><td colspan="2">工程名称</td><td colspan="2"></td><td>施工时间</td><td colspan="2"></td></tr>
<tr><td colspan="2">桩号及部位</td><td colspan="2"></td><td>检验时间</td><td colspan="2"></td></tr>
<tr><td>项次</td><td colspan="2">检查项目</td><td>等级</td><td>质量要求</td><td>检查结果</td><td>检查结论</td></tr>
<tr><td rowspan="6">1</td><td rowspan="6">树木</td><td rowspan="2">姿态和生长势</td><td>合格</td><td>树干基本挺直,树冠基本完整;生长基本健壮,根系发育良好</td><td></td><td></td></tr>
<tr><td>优良</td><td>树干挺直,树冠完整;生长健壮,根系茂盛</td><td></td><td></td></tr>
<tr><td rowspan="2">病虫害</td><td>合格</td><td>乔木、大灌木应无病虫害;其他树木有病虫害的植株不得超过 1%,且不得影响树木生长与外观</td><td></td><td></td></tr>
<tr><td>优良</td><td>无病虫害,树木不破相</td><td></td><td></td></tr>
<tr><td rowspan="2">土球和裸根根系</td><td>合格</td><td>土球基本完整,无裸出土球的根系;裸根树木主根无劈裂,根系基本完整,无损伤,切口平整</td><td></td><td></td></tr>
<tr><td>优良</td><td>在合格基础上,土球完整,包扎正确牢固,裸根树木根系完整</td><td></td><td></td></tr>
<tr><td rowspan="4">2</td><td colspan="2" rowspan="2">草根茎和草块</td><td>合格</td><td>草块的尺寸基本一致,土层厚度不小于 0.8cm,杂草不得超过 0.5%,草根茎中的杂草不得超过 0.5%;过长草修建;无马那瓜县病虫害;生长势基本良好</td><td></td><td rowspan="2"></td></tr>
<tr><td>优良</td><td>在合格的基础上草块大小相等,边缘平直;无病虫害,生长势基本良好</td><td></td></tr>
<tr><td colspan="2" rowspan="2">花苗、地被</td><td>合格</td><td>生长基本健壮,发育基本匀齐,根系基本良好,无损伤和病虫害</td><td></td><td></td></tr>
<tr><td>优良</td><td>生长健壮,发育匀齐,根系发达,无损伤和病虫害</td><td></td><td></td></tr>
<tr><td>自检意见</td><td colspan="6">

承包人：　　　　　　　　　　日期：</td></tr>
<tr><td>检查意见</td><td colspan="6">

监理工程师：　　　　　　　　　　日期：</td></tr>
</table>

公路绿化植物材料检验报告单

表 6-42

承包单位：　　　　　　　　　　　　合同号：

监理单位：　　　　　　　　　　　　编　号：

<table>
<tr><td colspan="3">工程名称</td><td colspan="2"></td><td>施工时间</td><td></td></tr>
<tr><td colspan="3">桩号及部位</td><td colspan="2"></td><td>检验时间</td><td></td></tr>
<tr><td>项次</td><td colspan="3">检查项目</td><td>规定值或允许偏差</td><td>检查结果</td><td>检查方法和频率</td></tr>
<tr><td rowspan="5">1</td><td rowspan="5">乔木</td><td rowspan="3">胸径（mm）</td><td>5～10cm</td><td>-10</td><td></td><td rowspan="14">观察或尺量检验，每 1km 检查 1 处，每处不少于 10 株</td></tr>
<tr><td>10～20cm</td><td>-20</td><td></td></tr>
<tr><td>>20cm</td><td>-30</td><td></td></tr>
<tr><td colspan="2">高度（mm）</td><td>+300，-200</td><td></td></tr>
<tr><td colspan="2">冠幅（mm）</td><td>-200</td><td></td></tr>
<tr><td rowspan="3">2</td><td rowspan="3">灌木</td><td colspan="2">高度（mm）</td><td>+200，-100，且树高不小于 1.0m</td><td></td></tr>
<tr><td colspan="2">冠幅（mm）</td><td>-100</td><td></td></tr>
<tr><td colspan="2">主枝（枝）</td><td>≥5</td><td></td></tr>
<tr><td rowspan="6">3</td><td rowspan="6">形态</td><td rowspan="3">冠幅</td><td><80cm</td><td></td><td></td></tr>
<tr><td>80～150cm</td><td></td><td></td></tr>
<tr><td>>150cm</td><td></td><td></td></tr>
<tr><td rowspan="3">高度</td><td><80cm</td><td></td><td></td></tr>
<tr><td>80～150cm</td><td></td><td></td></tr>
<tr><td>>150cm</td><td></td><td></td></tr>
<tr><td>自检意见</td><td colspan="6">承包人：　　　　　　　　　　日期：</td></tr>
<tr><td>检查意见</td><td colspan="6">监理工程师：　　　　　　　　日期：</td></tr>
</table>

树木、苗木栽植现场质量检验报告单　　表 6-43

承包单位：　　合同号：

监理单位：　　编　号：

<table>
<tr><td colspan="3">工程名称</td><td></td><td>施工时间</td><td></td></tr>
<tr><td colspan="3">桩号及部位</td><td></td><td>检验时间</td><td></td></tr>
<tr><td>项次</td><td colspan="2">检查项目</td><td>规定值或允许偏差</td><td>检查结果</td><td>检查方法和频率</td></tr>
<tr><td rowspan="2">1</td><td rowspan="2">苗木成活率(%)</td><td>分隔带、立交区、服务区</td><td>≥95</td><td></td><td rowspan="2">目测法，每 1km 测 1 处，1 处不少于 20 株</td></tr>
<tr><td>取、弃土场</td><td>≥85</td><td></td></tr>
<tr><td rowspan="2">2</td><td rowspan="2">数量</td><td>乔木、小灌木</td><td>不小于设计值</td><td rowspan="2"></td><td rowspan="2">观察和用尺测量，每 1km 检查 1 处</td></tr>
<tr><td>大灌木</td><td>±2%</td></tr>
<tr><td>3</td><td colspan="2">放样定点(%)</td><td>±8</td><td></td><td>经纬仪测量，每 10 株检查 1 株</td></tr>
<tr><td>4</td><td colspan="2">垂直度(%)</td><td>±1</td><td></td><td>吊垂线检验，每 1km 检查 1 处，每处不少于 10 株</td></tr>
<tr><td>自检意见</td><td colspan="5">承包人：　　日期：</td></tr>
<tr><td>检查意见</td><td colspan="5">监理工程师：　　日期：</td></tr>
</table>

苗木种植现场质量检验报告单　　表 6-44

承包单位：　　合同号：

监理单位：　　编　号：

工程名称		施工时间		
桩号及部位		检验时间		
项次	检查项目	规定值或允许偏差	检查结果	检查方法和频率
1	苗木成活率(%)			
2	苗木间距(cm)	±20		每 100 株检查 10 株
3	高度(cm)	≥150，高差不超过 10，邻株差不超过 5		每 100 株检查 10 株
4	冠幅(cm)	≥50×50		每 100 株检查 10 株
5	施肥量(g/m^2)	不低于设计或规范要求		每 100 株检查 10 株
自检意见	承包人：　　日期：			
检查意见	监理工程师：　　日期：			

草坪、地被栽植现场质量检验报告单 表6-45

承包单位： 合同号：

监理单位： 编　号：

<table>
<tr><td colspan="2">工程名称</td><td colspan="2"></td><td>施工时间</td><td></td></tr>
<tr><td colspan="2">桩号及部位</td><td colspan="2"></td><td>检验时间</td><td></td></tr>
<tr><td>项次</td><td colspan="2">检查项目</td><td>规定值或允许偏差</td><td>检查结果</td><td>检查方法和频率</td></tr>
<tr><td>1</td><td colspan="2">土层厚度(mm)</td><td>不小于设计且≥150</td><td></td><td>每200m² 检查1处</td></tr>
<tr><td>2</td><td colspan="2">成活率(%)</td><td>不小于设计且≥95</td><td></td><td>抽查20%</td></tr>
<tr><td rowspan="2">3</td><td rowspan="2">种植覆盖率(%)</td><td>分隔带、立交区、服务区</td><td>≥95</td><td></td><td rowspan="2">根据试验资料结合实际观察抽查20%</td></tr>
<tr><td>取、弃土场</td><td>≥85</td><td></td></tr>
<tr><td>4</td><td colspan="2">其他地被发芽率(%)</td><td>≥90</td><td></td><td>根据试验资料结合实际观察填写</td></tr>
<tr><td>自检意见</td><td colspan="5">承包人： 日期：</td></tr>
<tr><td>检查意见</td><td colspan="5">监理工程师： 日期：</td></tr>
</table>

种植灌木现场质量检验报告单 表 6-46

承包单位： 合同号：

监理单位： 编 号：

<table>
<tr><td colspan="2">工程名称</td><td colspan="2"></td><td>施工时间</td><td></td></tr>
<tr><td colspan="2">桩号及部位</td><td colspan="2"></td><td>检验时间</td><td></td></tr>
<tr><td>项次</td><td colspan="2">检查项目</td><td>规定值或允许偏差</td><td>检查结果</td><td>检查方法和频率</td></tr>
<tr><td>1</td><td colspan="2">土层厚度(cm)</td><td>不小于设计值</td><td></td><td>每 200m² 检查 1 处</td></tr>
<tr><td>2</td><td colspan="2">成活率(%)</td><td>不小于设计值</td><td></td><td>抽查 20%</td></tr>
<tr><td>3</td><td colspan="2">种植穴规格(cm)</td><td>不小于设计值</td><td></td><td>用尺量，抽查 20%</td></tr>
<tr><td rowspan="2">4</td><td rowspan="2">种植穴定位(cm)</td><td>乔木</td><td>±20</td><td rowspan="2"></td><td rowspan="2">用尺量，抽查 20%</td></tr>
<tr><td>灌木</td><td>±10</td></tr>
<tr><td>5</td><td colspan="2">苗木种植数量(株)</td><td>不小于设计值</td><td></td><td>抽查 20%</td></tr>
<tr><td>6</td><td colspan="2">蓬径(cm)</td><td>不小于设计值</td><td></td><td>用尺量，抽查 20%</td></tr>
<tr><td>自检意见</td><td colspan="5">
承包人： 日期：</td></tr>
<tr><td>检查意见</td><td colspan="5">
监理工程师： 日期：</td></tr>
</table>

常绿乔木种植现场质量检验报告单 表 6-47

承包单位： 合同号：

监理单位： 编 号：

工程名称				施工时间	
桩号及部位				检验时间	
项次	检查项目		规定值或允许偏差	检查结果	检查方法和频率
1	土层厚度（cm）	浅根乔木	≥90		每 $200m^2$ 检查 1 处
		深根乔木	≥150		
2	成活率（%）		≥95		抽查 20%
3	种植穴深度（cm）	（1）	≥50		用尺量，抽查 20%
		（2）	≥80		
		（3）	≥90		
		（4）	≥120		
4	种植穴直径（cm）	（1）	≥80		用尺量，抽查 20%
		（2）	≥100		
		（3）	≥120		
		（4）	≥180		
5	树 高（cm）	（1）	≤150		用尺量，抽查 20%
		（2）	≥150		
		（3）	≥250		
		（4）	≥400		
6	土球直径（cm）	（1）	≥40		用尺量，抽查 20%
		（2）	≥70		
		（3）	≥80		
		（4）	≥140		
6	苗木数量（棵）		不小于设计值		用尺量，抽查 20%
7	间距（cm）		不小于设计值		用尺量，抽查 20%
自检意见	承包人： 日期：				
检查意见	监理工程师： 日期：				

注：种植穴深度"（1）"对应种植穴直径、树高、土球直径的"（1）"，其余类同。

落叶乔木种植现场质量检验报告单(一)　　　　表 6-48

承包单位：　　　　　　　　　　合同号：

监理单位：　　　　　　　　　　编　号：

工程名称				施工时间	
桩号及部位				检验时间	
项次	检查项目		规定值或允许偏差	检查结果	检查方法和频率
1	土层厚度(cm)	浅根乔木	≥90		每 $200m^2$ 检查 1 处
		深根乔木	≥150		
2	成活率(%)		≥95		抽查 20%
3	种植穴深度(cm)	(1)	≥30		用尺量,抽查 20%
		(2)	≥40		
		(3)	≥50		
4	种植穴直径(cm)	(1)	≥40		用尺量,抽查 20%
		(2)	≥60		
		(3)	≥70		
5	胸径(cm)	(1)	≥2		用尺量,抽查 20%
		(2)	≥3		
		(3)	≥4		
6	苗木数量(棵)		不小于设计值		用尺量,抽查 20%
7	间距(cm)		不小于设计值		用尺量,抽查 20%
自检意见	承包人：　　　　日期：				
检查意见	监理工程师：　　　　日期：				

注：种植穴深度“(1)”对应种植穴直径、胸径的“(1)”,其余类同。

落叶乔木种植现场质量检验报告单(二)

表 6-49

承包单位：　　　　　　　　　　　　合同号：

监理单位：　　　　　　　　　　　　编　号：

<table>
<tr><td colspan="3">工程名称</td><td></td><td>施工时间</td><td></td></tr>
<tr><td colspan="3">桩号及部位</td><td></td><td>检验时间</td><td></td></tr>
<tr><td>项次</td><td colspan="2">检查项目</td><td>规定值或允许偏差</td><td>检查结果</td><td>检查方法和频率</td></tr>
<tr><td rowspan="2">1</td><td rowspan="2">土层厚度(cm)</td><td>浅根乔木</td><td>≥90</td><td></td><td rowspan="2">每 200m² 检查 1 处</td></tr>
<tr><td>深根乔木</td><td>≥150</td><td></td></tr>
<tr><td>2</td><td colspan="2">成活率(%)</td><td>≥95</td><td></td><td>抽查 20%</td></tr>
<tr><td rowspan="3">3</td><td rowspan="3">种植穴深度(cm)</td><td>(1)</td><td>≥60</td><td></td><td rowspan="3">用尺量,抽查 20%</td></tr>
<tr><td>(2)</td><td>≥70</td><td></td></tr>
<tr><td>(3)</td><td>≥80</td><td></td></tr>
<tr><td rowspan="3">4</td><td rowspan="3">种植穴直径(cm)</td><td>(1)</td><td>≥80</td><td></td><td rowspan="3">用尺量,抽查 20%</td></tr>
<tr><td>(2)</td><td>≥90</td><td></td></tr>
<tr><td>(3)</td><td>≥100</td><td></td></tr>
<tr><td rowspan="3">5</td><td rowspan="3">胸径(cm)</td><td>(1)</td><td>≥5</td><td></td><td rowspan="3">用尺量,抽查 20%</td></tr>
<tr><td>(2)</td><td>≥6</td><td></td></tr>
<tr><td>(3)</td><td>≥8</td><td></td></tr>
<tr><td>6</td><td colspan="2">苗木数量(棵)</td><td>不小于设计值</td><td></td><td>用尺量,抽查 20%</td></tr>
<tr><td>7</td><td colspan="2">间距(cm)</td><td>不小于设计值</td><td></td><td>用尺量,抽查 20%</td></tr>
<tr><td>自检意见</td><td colspan="5">承包人：　　　　　　日期：</td></tr>
<tr><td>检查意见</td><td colspan="5">监理工程师：　　　　　　日期：</td></tr>
</table>

注：种植穴深度“(1)”对应种植穴直径、胸径的“(1)”,其余类同。

种植花卉现场质量检验报告单　　表 6-50

承包单位：　　合同号：

监理单位：　　编　号：

工程名称			施工时间	
桩号及部位			检验时间	
项次	检查项目	规定值或允许偏差	检查结果	检查方法和频率
1	土层厚度(cm)	≥30		每 $200m^2$ 检查 1 处
2	成活率(%)	≥95		抽查 20%
3	种植穴深度(cm)	不小于设计值		用尺量,抽查 20%
4	种植穴直径(cm)	不小于设计值		用尺量,抽查 20%
5	花卉数量或花卉种植密度	不小于设计值		抽查 20%
自检意见	承包人：　　日期：			
检查意见	监理工程师：　　日期：			

种植攀藤植物现场质量检验报告单　　表 6-51

承包单位：　　　　　　　　合同号：

监理单位：　　　　　　　　编　号：

<table>
<tr><td colspan="2">工程名称</td><td colspan="2"></td><td>施工时间</td><td></td></tr>
<tr><td colspan="2">桩号及部位</td><td colspan="2"></td><td>检验时间</td><td></td></tr>
<tr><td>项次</td><td colspan="2">检查项目</td><td>规定值或允许偏差</td><td>检查结果</td><td>检查方法和频率</td></tr>
<tr><td>1</td><td colspan="2">成活率(%)</td><td>不小于设计值且≥95</td><td></td><td>每 200m² 检查 1 处</td></tr>
<tr><td>2</td><td colspan="2">间距(mm)</td><td>不小于设计值</td><td></td><td>用尺量，抽查 20%</td></tr>
<tr><td>3</td><td colspan="2">基径(cm)</td><td>不小于设计值</td><td></td><td>用尺量，抽查 20%</td></tr>
<tr><td>自检意见</td><td colspan="5">承包人：　　　　　　　　日期：</td></tr>
<tr><td>检查意见</td><td colspan="5">监理工程师：　　　　　　　　日期：</td></tr>
</table>

撒(喷)播草种(籽)现场质量检验报告单　　表6-52

承包单位：　　合同号：

监理单位：　　编　号：

工程名称			施工时间	
桩号及部位			检验时间	
项次	检查项目	规定值或允许偏差	检查结果	检查方法和频率
1	草籽播种量(g/m^2)	不小于设计值		抽查20%
2	施肥量(g/m^2)	不小于设计值		抽查20%
3	覆盖率(%)	不小于设计值		抽查20%
自检意见	承包人：　　日期：			
检查意见	监理工程师：　　日期：			

铺设表土现场质量检验报告单

表 6-53

承包单位：　　　　　　　　　　　合同号：

监理单位：　　　　　　　　　　　编　号：

<table>
<tr><td colspan="2">工程名称</td><td colspan="2"></td><td>施工时间</td><td></td></tr>
<tr><td colspan="2">桩号及部位</td><td colspan="2"></td><td>检验时间</td><td></td></tr>
<tr><td>项次</td><td colspan="2">检查项目</td><td>规定值或允许偏差</td><td>检查结果</td><td>检查方法和频率</td></tr>
<tr><td>1</td><td colspan="2">铺设表土的 pH 值</td><td>符合设计要求</td><td></td><td>用酸度仪测定</td></tr>
<tr><td>2</td><td colspan="2">铺设表土厚度(mm)</td><td>不小于设计值</td><td></td><td>抽查 20%</td></tr>
<tr><td>3</td><td colspan="2">有机物含量(%)</td><td>不小于设计值</td><td></td><td>重铬酸法试验，抽查 20%</td></tr>
<tr><td>自检意见</td><td colspan="5">承包人：　　　　　　　　日期：</td></tr>
<tr><td>检查意见</td><td colspan="5">监理工程师：　　　　　　　　日期：</td></tr>
</table>

铺植草皮现场质量检验报告单　　表 6-54

承包单位：　　合同号：

监理单位：　　编　号：

工程名称			施工时间	
桩号及部位			检验时间	
项次	检查项目	规定值或允许偏差	检查结果	检查方法和频率
1	覆盖率(%)	不小于设计值		抽查 20%
2	草高(mm)	不小于设计值		抽查 20%
自检意见	承包人：　　日期：			
检查意见	监理工程师：　　日期：			

生物防护路堑边坡平面网现场质量检验报告单 表 6-55

承包单位： 合同号：

监理单位： 编 号：

<table>
<tr><td colspan="2">工程名称</td><td></td><td>施工时间</td><td></td></tr>
<tr><td colspan="2">桩号及部位</td><td></td><td>检验时间</td><td></td></tr>
<tr><td>项次</td><td>检查项目</td><td>规定值或允许偏差</td><td>检查结果</td><td>检查方法和频率</td></tr>
<tr><td>1</td><td>平行槽</td><td>符合设计要求</td><td></td><td>直尺，每 5 道检验 1 个</td></tr>
<tr><td>2</td><td>锚杆长度</td><td>不小于设计长度</td><td></td><td>直尺，每 50 根检验 5 根</td></tr>
<tr><td>3</td><td>锚杆间距(cm)</td><td>≤2</td><td></td><td>每 10m 检验 1 处</td></tr>
<tr><td>4</td><td>搭接长度(cm)</td><td>≥40</td><td></td><td>每 100m 检验 30m</td></tr>
<tr><td>5</td><td>径向抗拉强度(kN/m)</td><td>≥6.0 ±0.6</td><td></td><td>每批货</td></tr>
<tr><td>6</td><td>反压覆土厚度(cm)</td><td>≥20</td><td></td><td>每 200m 检验 30m</td></tr>
<tr><td>自检意见</td><td colspan="4">承包人： 日期：</td></tr>
<tr><td>检查意见</td><td colspan="4">监理工程师： 日期：</td></tr>
</table>

生物防护路堑边坡三维网、拉伸网现场质量检验报告单　　表 6-56

承包单位：　　　　　　　　　　　　合同号：

监理单位：　　　　　　　　　　　　编　号：

工程名称		施工时间	
桩号及部位		检验时间	

<table>
<tr><th>项次</th><th>检查项目</th><th colspan="2">规定值或允许偏差</th><th>检查结果</th><th>检查方法和频率</th></tr>
<tr><td>1</td><td>锚杆长度</td><td colspan="2">不小于设计长度</td><td></td><td>直尺，每 50 根检查 4 根</td></tr>
<tr><td>2</td><td>锚杆间距（cm）</td><td colspan="2">≤2</td><td></td><td>每 10m 检查 1 处</td></tr>
<tr><td>3</td><td>网搭接宽度（cm）</td><td colspan="2">5 ~ 8</td><td></td><td>每 100m 检查 30m</td></tr>
<tr><td>4</td><td>网眼尺寸（mm）</td><td colspan="2">±5</td><td></td><td></td></tr>
<tr><td>5</td><td>经向抗拉强度（kN/m）</td><td colspan="2">≥2.0 ±0.4</td><td></td><td>每批货</td></tr>
<tr><td>6</td><td>客土厚度（cm）</td><td colspan="2">≥20</td><td></td><td>每 1000m² 检查 5 处</td></tr>
<tr><td rowspan="3">7</td><td rowspan="3">植物种籽比例（填写植物名称及比例）</td><td rowspan="3">配合比</td><td colspan="2">植物种 1</td><td rowspan="3">每 100m² 检查 20m²</td></tr>
<tr><td colspan="2">植物种 2</td></tr>
<tr><td colspan="2">植物种 3</td></tr>
<tr><td>8</td><td>无纺布搭接宽度（cm）</td><td colspan="2">≥10</td><td></td><td>每 10m 检查 1m</td></tr>
<tr><td>自检意见</td><td colspan="5">

承包人：　　　　　　日期：</td></tr>
<tr><td>检查意见</td><td colspan="5">

监理工程师：　　　　　　日期：</td></tr>
</table>

生物防护边坡总体现场质量检验报告单　　表 6-57

承包单位：　　　　　　　　　　合同号：

监理单位：　　　　　　　　　　编　号：

<table>
<tr><td colspan="2">工程名称</td><td colspan="2"></td><td>施工时间</td><td></td></tr>
<tr><td colspan="2">桩号及部位</td><td colspan="2"></td><td>检验时间</td><td></td></tr>
<tr><td>项次</td><td colspan="2">检查项目</td><td>规定值或允许偏差</td><td>检查结果</td><td>检查方法和频率</td></tr>
<tr><td>1</td><td colspan="2">植草成活率(%)</td><td>≥95</td><td></td><td>每 100m² 检查 40m²</td></tr>
<tr><td>2</td><td colspan="2">苗木成活率(%)</td><td>≥95</td><td></td><td>每 100 株检查 40 株</td></tr>
<tr><td>3</td><td colspan="2">覆盖率(%)</td><td>≥95</td><td></td><td>每 100m² 检查 50m²</td></tr>
<tr><td></td><td colspan="2"></td><td></td><td></td><td></td></tr>
<tr><td></td><td colspan="2"></td><td></td><td></td><td></td></tr>
<tr><td></td><td colspan="2"></td><td></td><td></td><td></td></tr>
<tr><td></td><td colspan="2"></td><td></td><td></td><td></td></tr>
<tr><td></td><td colspan="2"></td><td></td><td></td><td></td></tr>
<tr><td>自检意见</td><td colspan="5">承包人：　　　　　　日期：</td></tr>
<tr><td>检查意见</td><td colspan="5">监理工程师：　　　　　　日期：</td></tr>
</table>

声屏障现场质量检验报告单　　表 6-58

承包单位：　　合同号：

监理单位：　　编　号：

工程名称			施工时间	
桩号及部位			检验时间	
项次	检查项目	规定值或允许偏差	检查结果	检查方法和频率
1	混凝土或砂浆强度(MPa)	在合格标准内		按 JTG F80/1—2004 附录 D 或 F 检查
2	轴线偏位(mm)	10		每 20m 用经纬仪检验 3 处
3	顶面高程(mm)	±10		每 20m 用水准仪检验 3 点
4	屏障(墙面)竖直度(mm)	5		每 20m 用吊垂线检验 3 处
5	表面平整度(mm)	5		每 20m 用 2m 直尺检验 3 处
6	底板、承台、基础顶面高程(mm)	±10		每 20m 用水准仪检验 3 点
7	水平灰缝平直度(mm)	10		拉 20m 线和尺检验 3 点
自检意见	承包人：　　日期：			
检查意见	监理工程师：　　日期：			

公路绿化栽植土壤检验评定表

表 6-59

编号：

工程名称		所属分部工程名称		合同号	
桩号及工程部位		施工单位		监理单位	

基本要求：

项次	检查项目		规定值或允许偏差	实际值或实测偏差值										平均值或代表值	质量评定		
				1	2	3	4	5	6	7	8	9	10		规定分	合格率	实得分
1	栽植土块块径（mm）	大、中乔木	≤60												35		
		小乔木和大、中灌木	≤50														
		小灌木	≤40														
2	石砾、瓦砾等杂物块径（mm）	树木	≤20												35		
		草坪、地被、花卉	≤10														
3	地形（cm）	<100cm	±10												30		
		100～300cm	±15														
		>300cm	±30														
合计															100		

外观鉴定		减分		监理意见	签字：
质量保证资料	按 JTG F80/1—2004 所列条款逐项检验，视资料不全情况，每款扣 1～3 分	减分			
工程质量等级评定	得分：	质量等级：			

检验负责人：　　检测：　　记录：　　复核：　　年　月　日

表 6-60

公路绿化植物材料质量检验评定表

编号：

工程名称		所属分部工程名称		合同号	
桩号及工程部位		施工单位		监理单位	

基本要求：1. 植物材料树木树杆基本挺直，树冠基本完整，生长基本健壮，根系发育良好。乔木、大灌木应无病虫害，其他树木有病虫害的植株不得超过1%，且不得影响树木生长外观。2. 土球基本完整，无裸出土球根系，裸根树木主根无劈，根系基本完整，要素无损伤，切口平整。3. 草块尺寸基本一致，土层厚度不小于0.8cm，杂草不超过0.5%，草根径中的杂草不得超过0.5%，过长草修剪，无病虫害，生长势基本良好。4. 花苗、地被生长基本健壮，发育基本匀齐，根系基本良好，无损伤及育病虫害

项次	检查项目			规定值或允许偏差	实际值或实测偏差值										平均值或代表值	质量评定		
					1	2	3	4	5	6	7	8	9	10		规定分	合格率	实得分
1	乔木	胸径（mm）	5～10cm	－10												35		
			10～20cm	－20														
			＞20cm	30														
		高度（mm）		＋300，－200														
		冠幅（mm）		－200														
2	灌木	高度（mm）		＋200，－100												35		
		冠幅（mm）		－100														
		主枝（枝）		≥5														
3	间距			±4%设计间距												30		
合计																100		

外观鉴定	1. 树木姿态及生长势较好，不符合要求时减3～5分。2. 苗木病虫害小于1%时，根据病虫害程度减3～5分。3. 草块覆盖率应达到设计要求，有缺块及明显病虫害处减3～5分	减分		监理意见	签字：
质量保证资料	按 JTG F80/1—2004 所列条款逐项检验，视资料不全情况，每款扣1～3分	减分			
工程质量等级评定	得分：		质量等级：		

检验负责人：　　　　检测：　　　　记录：　　　　复核：　　　　年　　月　　日

公路绿化树木、苗木质量检验评定表

表 6-61

编号：

<table>
<tr><td colspan="4">工程名称</td><td colspan="4"></td><td colspan="4">所属分部工程名称</td><td colspan="3"></td><td colspan="2">合同号</td><td colspan="2"></td></tr>
<tr><td colspan="4">桩号及工程部位</td><td colspan="4"></td><td colspan="4">施工单位</td><td colspan="3"></td><td colspan="2">监理单位</td><td colspan="2"></td></tr>
<tr><td colspan="19">基本要求：1. 植物图案的定点准确，基误差率不得超过 ±5%；2. 树木种植应与行车道保持一定距离，不得影响汽车的安全视距；3. 种植穴、槽的宽度和深度应按设计要求；满足植物正常生长的需要；栽植土壤必须符合植物的生长要求。4. 土地基本平整，排水坡度基本恰当，无明显的低洼积水处</td></tr>
<tr><td rowspan="2">项次</td><td colspan="3" rowspan="2">检查项目</td><td rowspan="2">规定值或允许偏差</td><td colspan="10">实际值或实测偏差值</td><td rowspan="2">平均值或代表值</td><td colspan="3">质量评定</td></tr>
<tr><td>1</td><td>2</td><td>3</td><td>4</td><td>5</td><td>6</td><td>7</td><td>8</td><td>9</td><td>10</td><td>规定分</td><td>合格率</td><td>实得分</td></tr>
<tr><td rowspan="2">1</td><td rowspan="2">乔木</td><td rowspan="2">苗木成活率（%）</td><td>分隔带、立交区、服务区</td><td>≥95</td><td></td><td></td><td></td><td></td><td></td><td></td><td></td><td></td><td></td><td></td><td></td><td rowspan="2">35</td><td rowspan="2"></td><td rowspan="2"></td></tr>
<tr><td>取、弃土场</td><td>≥85</td><td></td><td></td><td></td><td></td><td></td><td></td><td></td><td></td><td></td><td></td><td></td></tr>
<tr><td>2</td><td colspan="3">数量高度</td><td>乔木，小灌木不小于设计值，大灌木 ±2%</td><td></td><td></td><td></td><td></td><td></td><td></td><td></td><td></td><td></td><td></td><td></td><td>25</td><td></td><td></td></tr>
<tr><td>3</td><td colspan="3">放样定点（%）</td><td>±8</td><td></td><td></td><td></td><td></td><td></td><td></td><td></td><td></td><td></td><td></td><td></td><td>25</td><td></td><td></td></tr>
<tr><td>4</td><td colspan="3">垂直度（%）</td><td>±1</td><td></td><td></td><td></td><td></td><td></td><td></td><td></td><td></td><td></td><td></td><td></td><td>15</td><td></td><td></td></tr>
<tr><td colspan="5">合计</td><td></td><td></td><td></td><td></td><td></td><td></td><td></td><td></td><td></td><td></td><td></td><td>100</td><td></td><td></td></tr>
<tr><td colspan="3">外观鉴定</td><td colspan="10">1. 树木朝向的主要视线基本丰满完整，生长好、姿态美、树木排列的林缘、林冠线基本符合设计要求；不符合要求时减 3 ~ 5 分。2. 树杆或树木重心与地面垂直，不符合要求减 2 ~ 3 分。3. 修除损伤折断的数值、枯枝烂头等，规则式种植、绿篱、球类修剪切口基本平整，树形基本匀称，不符合要求减 3 ~ 5 分</td><td>减分</td><td></td><td rowspan="2">监理意见</td><td colspan="3" rowspan="2">签字：</td></tr>
<tr><td colspan="3">质量保证资料</td><td colspan="10">按 JTG F80/1—2004 所列条款逐项检验，视资料不全情况，每款扣 1 ~ 3 分</td><td>减分</td><td></td></tr>
<tr><td colspan="4">工程质量等级评定</td><td colspan="8">得分：</td><td colspan="7">质量等级：</td></tr>
</table>

检验负责人：　　　　检测：　　　　记录：　　　　复核：　　　　年　　月　　日

公路绿化树木、苗木质量检验评定表

表 6-62

编号：

<table>
<tr><td colspan="3">工程名称</td><td colspan="2"></td><td colspan="4">所属分部工程名称</td><td colspan="4"></td><td colspan="3">合同号</td><td colspan="3"></td></tr>
<tr><td colspan="3">桩号及工程部位</td><td colspan="2"></td><td colspan="4">施工单位</td><td colspan="4"></td><td colspan="3">监理单位</td><td colspan="3"></td></tr>
<tr><td colspan="19">基本要求：1. 草坪的播种覆土厚度应满足要求。2. 绿化辅助材料盖物如无纺布等材料应符合相应质量检验评定标准</td></tr>
<tr><td rowspan="2">项次</td><td colspan="3" rowspan="2">检查项目</td><td rowspan="2">规定值或允许偏差</td><td colspan="10">实际值或实测偏差值</td><td rowspan="2">平均值或代表值</td><td colspan="3">质量评定</td></tr>
<tr><td>1</td><td>2</td><td>3</td><td>4</td><td>5</td><td>6</td><td>7</td><td>8</td><td>9</td><td>10</td><td>规定分</td><td>合格率</td><td>实得分</td></tr>
<tr><td rowspan="2">1</td><td rowspan="2">乔木</td><td rowspan="2">苗木成活率（%）</td><td>分隔带、立交区、服务区</td><td>≥95</td><td></td><td></td><td></td><td></td><td></td><td></td><td></td><td></td><td></td><td></td><td></td><td rowspan="2">75</td><td rowspan="2"></td><td rowspan="2"></td></tr>
<tr><td>取、弃土场</td><td>≥85</td><td></td><td></td><td></td><td></td><td></td><td></td><td></td><td></td><td></td><td></td><td></td></tr>
<tr><td>2</td><td colspan="3">其他地被发芽率（%）</td><td>≥90</td><td></td><td></td><td></td><td></td><td></td><td></td><td></td><td></td><td></td><td></td><td></td><td>25</td><td></td><td></td></tr>
<tr><td colspan="5">合计</td><td></td><td></td><td></td><td></td><td></td><td></td><td></td><td></td><td></td><td></td><td></td><td>100</td><td></td><td></td></tr>
<tr><td colspan="3">外观鉴定</td><td colspan="10">1. 草坪应无枯黄，杂草不得超过 5%，出苗基本均匀整齐，疏密基本恰当，空秃面积并没有小于 2%，每处面积不应超过 25%；不符合要求时减 3 ~ 5 分。2. 草坪与土壤基本密实，草坪基本平整基本符合设计要求，高低搭配基本恰当，种植浓度基本适当，基肥符合设计要求，地被不得沾污土壤，浇足水；不符合要求减 3 ~ 5 分</td><td>减分</td><td></td><td rowspan="2">监理意见</td><td colspan="3" rowspan="2">签字：</td></tr>
<tr><td colspan="3">质量保证资料</td><td colspan="10">按 JTG F80/1—2004 所列条款逐项检验，视资料不全情况，每款扣 1 ~ 3 分</td><td>减分</td><td></td></tr>
<tr><td colspan="4">工程质量等级评定</td><td colspan="15">得分：　　　　质量等级：</td></tr>
</table>

检验负责人：　　　检测：　　　记录：　　　复核：　　　年　月　日

生物防护路堑边坡及种植穴现场质量检验评定表

表 6-63

编号：

工程名称		所属分部工程名称		合同号	
桩号及工程部位		施工单位		监理单位	

基本要求：1. 草坪的播种覆土厚度应满足要求。2. 绿化辅助材料盖物如无纺布等材料应符合相应质量检验评定标准

项次	检查项目	规定值或允许偏差	实际值或实测偏差值										平均值或代表值	质量评定		
			1	2	3	4	5	6	7	8	9	10		规定分	合格率	实得分
1	植穴深度(cm)	≥40												20		
2	种植穴宽度(cm)	≥40												20		
3	边坡坡度	不大于设计值												20		
4	边坡平整度($cm/2m^2$)	5～8												20		
5	边坡顺直度(cm)	前后坡面交错不超过10，同一级平台高差不超过20												20		
合计														100		100

外观鉴定	1. 草坪应无枯黄，出苗基本均匀整齐，疏密基本恰当，空秃面积并没有小于2%，每处面积不应超过25%；不符合要求时减3～5分。2. 草坪与土壤基本密实，草坪基本平整基本符合设计要求，高低搭配基本恰当，种植浓度基本适当，基肥符合设计要求，地被不得沾污土壤，浇足水；不符合要求减3～5分	减分		监理意见	签字：
质量保证资料	按 JTG F80/1—2004 所列条款逐项检验，视资料不全情况，每款扣1～3分	减分			
工程质量等级评定	得分：		质量等级：		

检验负责人：　　检测：　　记录：　　复核：　　年　月　日

表 6-64

生物防护路堑边坡平面网现现场质量检验评定表

编号：

<table>
<tr><td colspan="2">工程名称</td><td colspan="2"></td><td colspan="4">所属分部工程名称</td><td colspan="4"></td><td colspan="3">合同号</td><td colspan="2"></td></tr>
<tr><td colspan="2">桩号及工程部位</td><td colspan="2"></td><td colspan="4">施工单位</td><td colspan="4"></td><td colspan="3">监理单位</td><td colspan="2"></td></tr>
<tr><td colspan="17">基本要求：</td></tr>
<tr><td rowspan="2">项次</td><td rowspan="2">检查项目</td><td rowspan="2">规定值或允许偏差</td><td colspan="10">实际值或实测偏差值</td><td rowspan="2">平均值或代表值</td><td rowspan="2">规定分</td><td rowspan="2">合格率</td><td rowspan="2">实得分</td></tr>
<tr><td>1</td><td>2</td><td>3</td><td>4</td><td>5</td><td>6</td><td>7</td><td>8</td><td>9</td><td>10</td></tr>
<tr><td>1</td><td>平行槽</td><td>符合设计要求</td><td></td><td></td><td></td><td></td><td></td><td></td><td></td><td></td><td></td><td></td><td></td><td>10</td><td></td><td></td></tr>
<tr><td>2</td><td>锚杆长度</td><td>不小于设计长度</td><td></td><td></td><td></td><td></td><td></td><td></td><td></td><td></td><td></td><td></td><td></td><td>20</td><td></td><td></td></tr>
<tr><td>3</td><td>锚杆间距(cm)</td><td>≤2</td><td></td><td></td><td></td><td></td><td></td><td></td><td></td><td></td><td></td><td></td><td></td><td>20</td><td></td><td></td></tr>
<tr><td>4</td><td>搭接长度(cm)</td><td>≥40</td><td></td><td></td><td></td><td></td><td></td><td></td><td></td><td></td><td></td><td></td><td></td><td>20</td><td></td><td></td></tr>
<tr><td>5</td><td>径向抗位强度(kN/m)</td><td>≥6.0±0.6</td><td></td><td></td><td></td><td></td><td></td><td></td><td></td><td></td><td></td><td></td><td></td><td>20</td><td></td><td></td></tr>
<tr><td>6</td><td>反压覆土厚度(cm)</td><td>≥20</td><td></td><td></td><td></td><td></td><td></td><td></td><td></td><td></td><td></td><td></td><td></td><td>10</td><td></td><td></td></tr>
<tr><td colspan="3">合计</td><td></td><td></td><td></td><td></td><td></td><td></td><td></td><td></td><td></td><td></td><td></td><td>100</td><td></td><td></td></tr>
<tr><td colspan="2">外观鉴定</td><td colspan="10"></td><td>减分</td><td></td><td rowspan="2">监理意见</td><td colspan="3" rowspan="2">签字：</td></tr>
<tr><td colspan="2">质量保证资料</td><td colspan="10">按 JTG F80/1—2004 所列条款逐项检验，视资料不全情况，每款扣 1～3 分</td><td>减分</td><td></td></tr>
<tr><td colspan="2">工程质量等级评定</td><td colspan="8">得分：</td><td colspan="7">质量等级：</td></tr>
</table>

检验负责人：　　　　检测：　　　　记录：　　　　复核：　　　　年　　月　　日

生物防护路堑边坡三维网、拉伸网现现场质量检验评定表

表 6-65

编号：

工程名称		所属分部工程名称		合同号	
桩号及工程部位		施工单位		监理单位	
基本要求：					

项次	检查项目	规定值或允许偏差	实际值或实测偏差值										平均值或代表值	规定分	合格率	实得分
			1	2	3	4	5	6	7	8	9	10				
1	锚杆长度	不小于设计长度												15		
2	锚杆间距(cm)	≤2												15		
3	网搭接宽度(cm)	5～8												15		
4	径向抗位强度(kN/m)	≥2.0±0.4												25		
5	客土厚度(cm)	≥20												5		
6	植物种籽比例（填写植物名称及比例）	配合比 植物种1												15		
		植物种2														
		植物种3														
7	无纺布搭接宽度(cm)	≥10												10		
合计														100		
外观鉴定											减分		监理意见	签字：		
质量保证资料	按 JTG F80/1—2004 所列条款逐项检验，视资料不全情况，每款扣 1～3										减分					
工程质量等级评定	得分：							质量等级：								

检验负责人：　　　　检测：　　　　记录：　　　　复核：　　　　年　　月　　日

生物防护路堑边坡苗木种植现场质量检验报告单

表 6-66

编号：

工程名称		所属分部工程名称		合同号	
桩号及工程部位		施工单位		监理单位	

基本要求：

项次	检查项目	规定值或允许偏差	实际值或实测偏差值										平均值或代表值	规定分	合格率	实得分
			1	2	3	4	5	6	7	8	9	10				
1	苗木间距(cm)	±20														
2	高度(cm)	≥150,高差不超过 10,邻株差不超过 5														
3	冠幅(cm)	≥50×50														
4	施肥量	不低于设计或规范要求值														
合计														100		
外观鉴定											减分		监理意见	签字：		
质量保证资料	按 JTG F80/1—2004 所列条款逐项检验，视资料不全情况，每款扣 1 ~3 分										减分					
工程质量等级评定		得分：								质量等级：						

检验负责人：　　　　记录：　　　　复核：　　　　年　　月　　日

表 6-67

生物防护路堑边坡总体现场质量检验报告单

编号：

工程名称		所属分部工程名称		合同号	
桩号及工程部位		施工单位		监理单位	

基本要求：

项次	检查项目	规定值或允许偏差	实际值或实测偏差值										平均值或代表值	规定分	合格率	实得分
			1	2	3	4	5	6	7	8	9	10				
1	植草成活率(%)	≥95												35		
2	苗木成活率(%)	≥95												35		
3	覆盖率(%)	≥95												30		
合计														100		

外观鉴定		减分		监理意见	签字：
质量保证资料	按 JTG F80/1—2004 所列条款逐项检验，视资料不全情况，每款扣 1～3 分	减分			
工程质量等级评定	得分：	质量等级：			

检验负责人：　　　　记录：　　　　复核：　　　　年　　月　　日

表 6-68

路堑边坡混凝土网钢筋检验表

承包单位：　　　　　　　　　　　　　　　　　　　　合同号：
监理单位：　　　　　　　　　　　　　　　　　　　　编号：

工程名称		施工日期			
桩号及工程部位		检验日期			
检查项目	允许值或允许偏差	检验点数	合格点数	合格率	平均偏差
检查层距					
受力钢筋间距					
箍筋间距					
保护层厚度					
钢筋在模板固定情况					
备注	填表说明：钢筋检验如不符合要求，必须更换调整，更换或调整后另行检验填表				

检验意见： 承包人： 质检工程师：	检验意见： 现场监理工程师：	检验意见： 驻地监理工程师：	备注：

表 6-69

路堑边坡预制构件现质量检验评定表

编号：

<table>
<tr><td colspan="2">工程名称</td><td colspan="4"></td><td colspan="5">所属分部工程名称</td><td colspan="3"></td><td colspan="2">合同号</td><td colspan="3"></td></tr>
<tr><td colspan="2">桩号及工程部位</td><td colspan="4"></td><td colspan="5">施工单位</td><td colspan="3"></td><td colspan="2">监理单位</td><td colspan="3"></td></tr>
<tr><td colspan="19">基本要求：</td></tr>
<tr><td rowspan="2">项次</td><td colspan="2" rowspan="2">检查项目</td><td rowspan="2">规定值或允许偏差</td><td colspan="10">实际值或实测偏差值</td><td rowspan="2">平均值或代表值</td><td rowspan="2">规定分</td><td rowspan="2">合格率</td><td rowspan="2">实得分</td></tr>
<tr><td>1</td><td>2</td><td>3</td><td>4</td><td>5</td><td>6</td><td>7</td><td>8</td><td>9</td><td>10</td></tr>
<tr><td>1</td><td colspan="2">混凝土强度(MPa)</td><td>在合格标准内</td><td></td><td></td><td></td><td></td><td></td><td></td><td></td><td></td><td></td><td></td><td></td><td>20</td><td></td><td></td></tr>
<tr><td rowspan="2">2</td><td rowspan="2">断面尺寸(mm)</td><td>≤80</td><td>±5</td><td></td><td></td><td></td><td></td><td></td><td></td><td></td><td></td><td></td><td></td><td></td><td rowspan="2">15</td><td rowspan="2"></td><td rowspan="2"></td></tr>
<tr><td>>80</td><td>±10</td><td></td><td></td><td></td><td></td><td></td><td></td><td></td><td></td><td></td><td></td><td></td></tr>
<tr><td>3</td><td colspan="2">粗糙度</td><td>主要面不允许有麻面</td><td></td><td></td><td></td><td></td><td></td><td></td><td></td><td></td><td></td><td></td><td></td><td>10</td><td></td><td></td></tr>
<tr><td>4</td><td colspan="2">长度(mm)</td><td>+5、-10</td><td></td><td></td><td></td><td></td><td></td><td></td><td></td><td></td><td></td><td></td><td></td><td>10</td><td></td><td></td></tr>
<tr><td>5</td><td colspan="2">网格坡面坡度</td><td>不大于设计值</td><td></td><td></td><td></td><td></td><td></td><td></td><td></td><td></td><td></td><td></td><td></td><td>10</td><td></td><td></td></tr>
<tr><td>6</td><td colspan="2">顺直度(mm)</td><td>符合设计要求</td><td></td><td></td><td></td><td></td><td></td><td></td><td></td><td></td><td></td><td></td><td></td><td>10</td><td></td><td></td></tr>
<tr><td>7</td><td colspan="2">骨架尺寸(mm)</td><td>±10</td><td></td><td></td><td></td><td></td><td></td><td></td><td></td><td></td><td></td><td></td><td></td><td>15</td><td></td><td></td></tr>
<tr><td>8</td><td colspan="2">骨架嵌入深度(mm)</td><td>±20</td><td></td><td></td><td></td><td></td><td></td><td></td><td></td><td></td><td></td><td></td><td></td><td>10</td><td></td><td></td></tr>
<tr><td colspan="4">合计</td><td></td><td></td><td></td><td></td><td></td><td></td><td></td><td></td><td></td><td></td><td></td><td>100</td><td></td><td></td></tr>
<tr><td colspan="2">外观鉴定</td><td colspan="10"></td><td>减分</td><td></td><td rowspan="2">监理意见</td><td colspan="3" rowspan="2">签字：</td></tr>
<tr><td colspan="2">质量保证资料</td><td colspan="10">按 JTG F80/1—2004 所列条款逐项检验，视资料不全情况，每款扣 1 ~ 3 分</td><td>减分</td><td></td></tr>
<tr><td colspan="3">工程质量等级评定</td><td colspan="16">得分：　　　　质量等级：</td></tr>
</table>

检验负责人：　　　　检测：　　　　记录：　　　　复核：　　　　年　　月　　日

绿化工程接管验收标准表

绿化工程竣工验收单(表一)　　表 6-70(a)

工程名称	工程地址	
绿地面积(m^2)		
开工日期	竣工日期	验收日期
树木成活率(%)		
花卉成活率(%)		
草坪覆盖率(%)		
整洁及平整		
整形修剪		
附属设施评定意见		
全部工程质量		
评定及结论		
需要整改的问题描述		
施工单位	建设单位	接养单位
签字： 公章：	签字： 公章：	签字： 公章：

绿化工程竣工验收品项清单(表二)　　表 6-70(b)

序号	类别	品项名称	规格	数量	备注
1	常绿乔木				
2	落叶乔木				
3	花灌木				
4	竹类				
6	绿篱类				
7	水生花卉				
8	绿化地				

变更部分说明：

建设单位签字： 公章：	施工单位签字： 公章：	接养单位签字： 公章：

栽植土工程的尺寸要求、允许偏差和检验方法(表三)　　表 6-70(c)

<table>
<tr><th>项次</th><th colspan="3">项　　目</th><th>尺寸要求
(cm)</th><th>允许偏差
(cm)</th><th>检验方法</th><th>检验结果</th></tr>
<tr><td rowspan="8">1</td><td rowspan="8">有效土层厚度</td><td rowspan="2">大、中乔木</td><td>深根性</td><td>120</td><td>-0</td><td rowspan="8">挖样洞,观察或尺量检查</td><td></td></tr>
<tr><td>浅根性</td><td>90</td><td>-0</td><td></td></tr>
<tr><td colspan="2">小乔木和大、中灌木、大藤本</td><td>60</td><td>-0</td><td></td></tr>
<tr><td colspan="2">小灌木、宿根花卉、小藤本</td><td>40</td><td>-0</td><td></td></tr>
<tr><td rowspan="2">竹类</td><td>中、小径</td><td>50</td><td>-0</td><td></td></tr>
<tr><td>大径</td><td>80</td><td>-0</td><td></td></tr>
<tr><td colspan="2">草坪、花苗、地被</td><td>30</td><td>-0</td><td></td></tr>
<tr><td colspan="6"></td></tr>
<tr><td rowspan="4">2</td><td rowspan="4">栽植土块径</td><td colspan="2">大、中乔木</td><td>8</td><td>+0</td><td rowspan="4">观察或尺量检查</td><td></td></tr>
<tr><td colspan="2">小乔木、大中灌木、大藤本、竹类</td><td>6</td><td>+0</td><td></td></tr>
<tr><td colspan="2">竹类、小灌木、宿根花卉、小藤本</td><td>4</td><td>+0</td><td></td></tr>
<tr><td colspan="2">草坪、花苗、地被</td><td>2</td><td>+0</td><td></td></tr>
<tr><td rowspan="4">3</td><td rowspan="4">地形相对高程</td><td rowspan="4">全高</td><td>≤100cm</td><td rowspan="4">回填土方自然沉降后</td><td>±5</td><td rowspan="4">用水准仪测量或尺量检查</td><td></td></tr>
<tr><td>100~200cm</td><td>±10</td><td></td></tr>
<tr><td>200~300cm</td><td>±20</td><td></td></tr>
<tr><td>300~500cm</td><td>±30</td><td></td></tr>
<tr><td colspan="3">建设单位签字:

公章:</td><td colspan="3">施工单位签字:

公章:</td><td colspan="2">接养单位签字:

公章:</td></tr>
</table>

植物材料基本质量表(表四)　　表 6-70(d)

<table>
<tr><th rowspan="2">项次</th><th colspan="2" rowspan="2">项　目</th><th colspan="4">质量要求</th><th rowspan="2">验收结果</th></tr>
<tr><th>树干</th><th>树冠</th><th>根系</th><th>病虫害</th></tr>
<tr><td rowspan="2">1</td><td rowspan="2">乔木</td><td>主干道、广场、公园、附属绿地主干道(含中心绿地)等绿地</td><td>主干挺直或按设计要求</td><td>枝叶茂密、层次分明、冠形匀称</td><td>土球符合要求,根系完整</td><td>无病虫害</td><td></td></tr>
<tr><td>次干道及除上述绿地和林地外的其他绿地</td><td>主干不应有明显弯曲或按设计要求</td><td>冠形匀称、无明显损伤</td><td>土球符合要求,根系完整</td><td>无明显病虫害</td><td></td></tr>
<tr><td rowspan="2">2</td><td rowspan="2">灌木</td><td>自然式</td><td colspan="4">植株姿态自然、优美,分枝不少于3根,且生长均匀,无明显病虫害,树龄一般以3年左右为宜</td><td></td></tr>
<tr><td>整形式</td><td colspan="4">冠形呈规则式,分枝不少于3根,根系完好,土球符合要求,无明显病虫害</td><td></td></tr>
<tr><td>3</td><td>藤本</td><td>地径1cm以上</td><td colspan="4">树干已具有攀援性,根系发达,枝叶茂密,无明显病虫害,树龄一般以2~3年生为宜</td><td></td></tr>
<tr><td>4</td><td>草块</td><td>不含运动型草坪</td><td colspan="4">草块的尺寸基本一致,厚薄均匀,泥厚应不少于2cm,杂草不得超过5%,过长草应修剪,基本无病虫害,生长良好。在干旱地掘草块前应适量浇水,待渗透后掘取;草块运输时宜用木板置放2~3层,装卸车时应防止破碎</td><td></td></tr>
<tr><td>5</td><td>草茎种子</td><td>不含运动型草坪</td><td colspan="4">选择茎枝长的匍匐型草种,草茎中的杂草不得超过2%,草茎基本无病虫害,长势良好。种子要求纯净,千粒重符合有关标准,播种前应做发芽试验和催芽处理,确定合理的播种量</td><td></td></tr>
<tr><td>6</td><td>花苗</td><td>花坛、花境</td><td colspan="4">花坛用花品种要求:主干矮壮,分枝(分蘖)强健、株型整齐,抗病力强的1~2年生或多年生草本、球宿根花卉及低矮色叶花植物。花境用花宜以花期长、观赏效果佳的球(宿)根花卉和多年生草花。花卉应统一规格,同一品种株高、花色、冠径、花期等无明显差异。花卉生长健壮,无明显病虫害,无枯黄叶,根系完好,无严重损伤。地栽花苗起掘应带宿土,用盛器运输,防止机械损伤,保持湿润状态</td><td></td></tr>
<tr><td>7</td><td colspan="2">地被</td><td colspan="4">所有植株同一品种时,规格大小应无明显差异。植株根系完好,生长旺盛。植株无明显病虫害和较严重的机械损伤。植株运输过程及运到栽植地后必须采取有效措施,以保证其维持湿润状态</td><td></td></tr>
<tr><td>8</td><td>竹类</td><td>散生竹、丛生竹、混生竹</td><td colspan="4">选生长健壮、边芽饱满、鞭根健全、分枝较低、枝叶繁茂、无明显病虫害及开花迹象、土球不合要求、树龄一般选2~4年生的母竹。散生竹1~2支/株。混生竹2~4支/株,丛生竹可挖起后分成3~5株/丛</td><td></td></tr>
<tr><td colspan="3">建设单位签字:
公章:</td><td colspan="3">施工单位签字:
公章:</td><td colspan="2">接养单位签字:
公章:</td></tr>
</table>

植物材料的允许偏差和检验方法(表五)　　表 6-70(e)

<table>
<tr><th>项次</th><th colspan="4">项　　目</th><th>允许偏差(cm)</th><th>检验方法</th><th>验收结果</th></tr>
<tr><td rowspan="10">1</td><td rowspan="10">乔木</td><td colspan="2" rowspan="2">胸径
(离地 1.3m 处)</td><td>≤10cm</td><td>-0.5</td><td rowspan="20">观察和尺量检查</td><td></td></tr>
<tr><td>10~20cm</td><td>-1</td><td></td></tr>
<tr><td rowspan="5">高度</td><td rowspan="2">针叶类</td><td>≤3m</td><td>+50
-30</td><td></td></tr>
<tr><td>>3m</td><td>-50</td><td></td></tr>
<tr><td rowspan="3">阔叶类</td><td>≤2.5m</td><td>+50
-20</td><td></td></tr>
<tr><td>2.5~4.5m</td><td>+50
-30</td><td></td></tr>
<tr><td>>4.5m</td><td>-10</td><td></td></tr>
<tr><td rowspan="3">冠幅</td><td colspan="2">≤2.0m</td><td>-10</td><td></td></tr>
<tr><td colspan="2">2.0~3m</td><td>-20</td><td></td></tr>
<tr><td colspan="2">>3m</td><td>-30</td><td></td></tr>
<tr><td rowspan="8">2</td><td rowspan="8">灌木
(包括
球类
灌木)</td><td colspan="2" rowspan="4">冠幅</td><td>≤50cm</td><td>-5</td><td></td></tr>
<tr><td>50~100cm</td><td>-10</td><td></td></tr>
<tr><td>100~200cm</td><td>-15</td><td></td></tr>
<tr><td>>200cm</td><td>-20</td><td></td></tr>
<tr><td colspan="2" rowspan="4">高度</td><td>≤50cm</td><td>-5</td><td></td></tr>
<tr><td>50~100cm</td><td>-10</td><td></td></tr>
<tr><td>100~200cm</td><td>-15</td><td></td></tr>
<tr><td>>200m</td><td>-20</td><td></td></tr>
<tr><td rowspan="2">3</td><td rowspan="2">藤本</td><td colspan="2">主蔓地径</td><td>≥1m</td><td>-0</td><td></td></tr>
<tr><td colspan="2">主蔓长度</td><td>≥1.5cm</td><td>-10</td><td></td></tr>
<tr><td colspan="5">建设单位签字:

公章:</td><td colspan="2">施工单位签字:

公章:</td><td>接养单位签字:

公章:</td></tr>
</table>

树木栽植工程基本项目表(表六)　　　表 6-70(f)

项次	项　目	质 量 要 求	验收结果
1	放样定位	符合设计要求	
2	树穴	穴径应符合要求;翻松底土;树穴上下基本垂直	
3	定向及排列	树木的主要观赏朝向应丰满完整、生长好、姿态美;孤植树木冠幅应基本完整;群植树木的林缘线、林冠线符合设计要求	
4	栽植深度	栽植深度符合生长要求,根颈与土壤沉降后的地表面等高或略高	
5	土球包装物、培土、浇水	清除土球包装物,分层捣实,培土高度恰当;及时浇足水且不积水	
6	垂直度、支撑和卷干	树干或树干重心与地面基本垂直;支撑设施应因树因地设桩或拉绳,树木绑扎处应夹衬软垫,不伤树木,稳定牢固;树木卷干或扎缚紧密牢固	
7	修剪(剥芽)	应修除损伤的断枝、枯枝、严重病虫枝等;规则式种植、绿篱、球类的修剪应基本整齐,线条分明;造形树的造形基本正确;修剪部位恰当,不留短桩,切口基本平整,留枝、留梢、留叶正确,树形匀称;景观效果好。大的切口处要做防腐处理	

建设单位签字: 公章:	施工单位签字: 公章:	接养单位签字: 公章:

草坪栽植工程基本项目表(表七)　　表 6-70(g)

<table>
<tr><th>项次</th><th colspan="2">项　目</th><th>质 量 要 求</th><th>验收结果</th></tr>
<tr><td>1</td><td colspan="2">栽植放样</td><td>符合设计要求</td><td></td></tr>
<tr><td rowspan="3">2</td><td rowspan="3">草坪</td><td>籽播或植生带</td><td>播种时应先浇水浸地,保持土壤湿润,稍干后将表层土耙细、耙平,进行撒播,均匀覆土 0.3～0.5cm 后轻压,并及时喷水,水点应细密均匀,浸透土层 8～10cm,亦可用草帘覆盖保持湿度,至发芽时撤除。植生带铺设后覆土 2～3cm,滚压后及时浇透水。出苗应均匀,疏密恰当,空秃面积不应超过 5%,一处空秃不应超过 $40cm^2$,生长势基本良好,修剪基本恰当</td><td></td></tr>
<tr><td>草块移植</td><td>密铺草坪留缝间隙应 1～2cm,冷季型不留缝;间铺和点铺草坪,草块大小基本一致,间隙基本均匀,铺草面积应超过 30%;草块的间隙应用疏松土填平,草块与土壤滚压密结;草坪基本平整;生长势良好,修剪恰当</td><td></td></tr>
<tr><td>茎铺(散铺)</td><td>将草茎剪为 2～3cm 小段均匀撒铺于种植地上,表层均匀覆盖 1～2cm 的良质疏松土;草茎疏密基本恰当;草茎与土壤滚压密结;草坪基本平整;生长势良好,修剪基本恰当</td><td></td></tr>
<tr><td>3</td><td colspan="2">切草边</td><td>草坪与树坛、花坛、地被的边缘应切草边,草坪边的边坡角成 45°,深度应为 10～15cm,线条平顺自然</td><td></td></tr>
</table>

建设单位签字: 公章:	施工单位签字: 公章:	接养单位签字: 公章:

本 章 附 录

附录 6-1　工程常见用表

× ×公路 × ×合同段交工申请书　　附表 6-1

承包单位：　　桩号：

监理单位：

<table>
<tr><td>由 × ×承担的下述工程已达到基本竣工条件，并进行了全面地自检工作，根据合同条款第 × 条，特此提出交工接收申请。我们将保证在缺陷责任期内按期完成本申请附件所列工程计划，维修缺陷或不合格之处（由我方责任所致），履行合同有关的责任和义务。</td></tr>
<tr><td>本证书申请的工程：（填入工程范围或区段名称）</td></tr>
<tr><td>本证书未包括的工程：</td></tr>
<tr><td>在交工前的检查中驻地工程师提出的问题的执行或完成情况：</td></tr>
<tr><td>附件：
（一）未完工程及遗留问题清单①、工程计划
（二）缺陷责任期人员、设备配备情况②
（三）竣工文件</td></tr>
<tr><td>单位/公司名称：（加盖公章）

承包人（签字）：

年　　月　　日</td></tr>
</table>

注：①表格样式参见附表 6-2；

②表格样式参见附表 6-3、附表 6-4。

未完工程及遗留问题清单　　附表 6-2

序号	未完工程项目及遗留问题	完成时间	扣留费用(千元)
1			
2			
3			
4			
5			
6			
7			
8			
9			
10			
11			
12			
小计			

承包人(项目经理)：　　驻地工程师：　　总监：

缺陷责任期人员配备情况表 附表 6-3

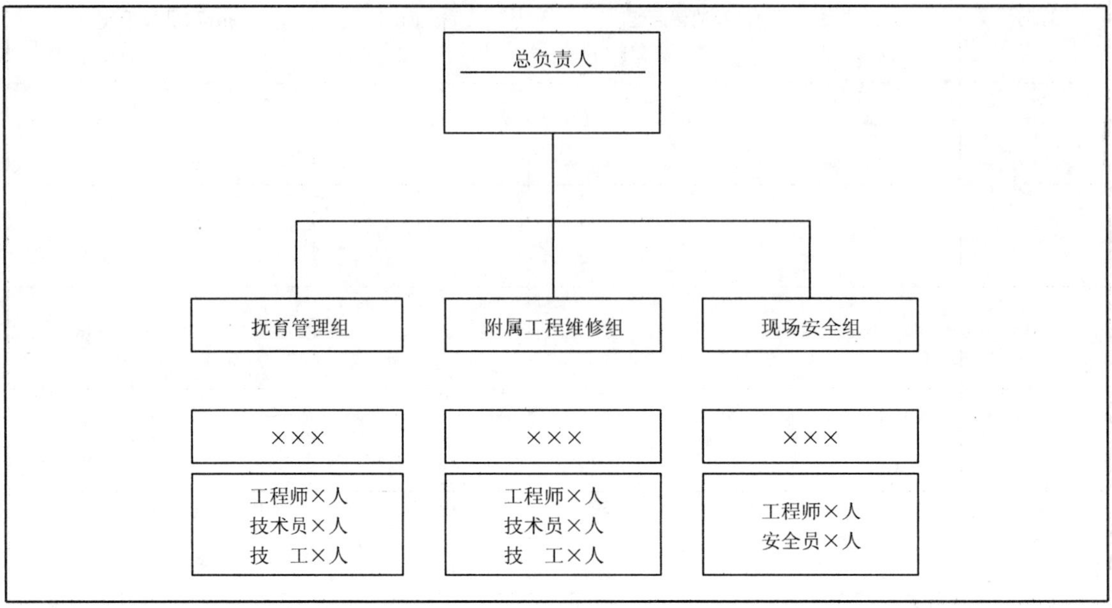

缺陷责任期设备配备情况表 附表 6-4

设 备 名 称	单　　位	数　　量	设备来源情况

公路绿化工程(合同段)交工验收证书 附表 6-5

交工验收时间： 合同段交工验收证书第 号

<table>
<tr><td colspan="3">工程名称：</td><td colspan="2">合同段名称及编号：</td></tr>
<tr><td colspan="3">项目法人：</td><td colspan="2">设计单位：</td></tr>
<tr><td colspan="3">施工单位：</td><td colspan="2">监理单位：</td></tr>
<tr><td colspan="5">本合同段主要工程量：</td></tr>
<tr><td>本合同段价款</td><td>原合同</td><td></td><td>实际</td><td></td></tr>
<tr><td>本合同段工期</td><td>原合同</td><td></td><td>实际</td><td></td></tr>
<tr><td colspan="5">对工程质量、合同执行情况的评价，遗留问题、缺陷的处理意见及有关决定(内容较多时，可用附件)</td></tr>
<tr><td colspan="5">(施工单位的意见)

施工单位法人代表或授权人(签字) 单位盖章

年 月 日</td></tr>
</table>

续上表

<table>
<tr><td>（合同段监理单位对有关问题的意见）

合同段监理单位法人代表或授权人（签字）　　　　单位盖章

年　　月　　日</td></tr>
<tr><td>（设计单位的意见）

设计单位法人代表或授权人（签字）　　　　单位盖章

年　　月　　日</td></tr>
<tr><td>（项目法人的意见）

项目法人代表或授权人（签字）　　　　单位盖章

年　　月　　日</td></tr>
</table>

注：表中内容较多时，可用附件。

公路绿化工程交工验收报告　　附表 6-6

一	工程名称	
二	工程地点及主要控制点	
三	建设依据	
四	技术标准与主要指标	
五	建设规模及性质	
六	开工日期	年　月　日
	交工日期	年　月　日
七	批准概算	
八	工程建设主要内容	
九	实际征用土地数(亩)	
十	工程质量 交工验收结论	
十一	存在问题处理措施	
十二	附件	1. 各合同段工程质量评分一览表； 2. 各合同段交工验收证书

交工验收各合同段工程质量评分一览表 附表 6-7

项目名称：

合 同 段	实 得 分	备 注
合同段 1		
合同段 2		
…		
合同段 n		

公路绿化工程建设管理工作综合评价表　　附表 6-8

工程项目名称：　　　　项目法人：

序号	项目	评定方法	应得分	实得分
一	建设程序	应依法办理的项目建议书、可行性研究、初步设计、施工图设计、施工许可等批复情况，每缺一项扣2分	10	
二	执行法规	未按规定招标选择设计、施工、监理单位，一个方面有问题扣2分；未按规定申请质量监督扣2分；未落实质量与安全责任扣2分；未按批准规模、标准组织建设扣2分；其他方面未执行有关法规的，每一项扣2分	10	
三	履行合同	拖欠应支付款时，按合同约定每欠一个单位一期计量工程款扣1分，其他方面视情节轻重酌情扣分	10	
四	工程进度	按合同工期每拖延一个月扣2分；随意提前工期每三个月扣2分	10	
五	投资控制	每超概算（或批准的调整概算）1%扣1分	10	
六	安全环保	每发生一起发生重大安全事故扣5分；每发生一起较大安全事故扣3分；每发生一起一般安全事故扣1分。 环境保护出现问题的扣1～5分	10	
七	廉政建设	措施不健全扣2分；有廉政问题的扣5分；有被起诉的扣10分	10	
八	工程质量	以工程质量鉴定得分乘以30%，作为本项得分	30	
合计			100	
评定等级				

注：1. 本表在竣工验收时评分；

2. 每项的应得分扣完为止；

3. 本表一～七项由竣工委员会根据汇报和有关资料评价，取每个委员每项得分平均值；第八项竣工验收工程质量得分乘以30%计算。

公路绿化工程设计工作综合评价表

附表 6-9

工程名称：　　　　　　　　　　　　　设计单位：

序号	项　　目	评 定 方 法	应得分	实得分
一	设计方案	1. 总体方案是否经济合理，存在不足扣 2 ~ 10 分； 2. 不符合有关标准、规范，每处问题扣 2 ~ 5 分； 3. 设计深度不足，设计变更较多的扣 2 ~ 5 分	20	
二	设计文件	1. 未按编制办法编制扣 2 ~ 10 分； 2. 错、漏严重的扣 10 分，一般扣 2 ~ 5 分； 3. 因设计失误造成质量安全事故，较大事故扣 30 分，一般事故每起扣 2 ~ 10 分； 4. 因设计原因造成环境问题的扣 2 ~ 10 分； 5. 设计变更造成工程费用的变化，每增加合同价的 1% 扣 2 分	30	
三	设计服务	1. 未按合同协议派驻设计代表，每缺 1 人或 1 人不称职扣 1 ~ 5 分。 2. 服务不及时扣 2 ~ 5 分	20	
四	工程质量	以所设计的各施工合同段工程质量鉴定得分按合同段投资额加权平均后，乘以 30%，作为本项得分	30	
合计			100	
质量监督机构审查意见				
竣工验收委员会审定意见			评定等级：	

注：交工验收时，项目法人按照本表内容（工程质量除外）对设计单位进行初步评价，不定等级；竣工验收时，项目法人填写完善表格，经质量监督机构审查后提交验收委员会审定。

公路绿化工程监理工作综合评价表　　附表 6-10

工程名称：

监理段编号：　　　　　　　　监理单位：

序号	项目	评 定 方 法	应得分	实得分
一	人员机构	监理工程师未按要求持证上岗，每 1 人扣 1 分； 监理工程师未按合同进场，每 1 人扣 1 分，其他人员未按合同进场，每 1 人扣 0.5 分； 监理工程师自行更换，每 1 人扣 1 分； 监理工程师被清退，每 1 人扣 2 分； 内部管理制度不健全、工作责任不明确，或落实不到位扣 3 ~ 5 分； 试验仪器、交通工具、办公设备未按合同要求配备扣 1 ~ 3 分	10	
二	质量控制	独立抽检频率达不到合同要求的扣 1 ~ 5 分；工地巡查、重要工序旁站不足扣 2 ~ 5 分；资料签认不规范扣 1 ~ 3 分；发生重大质量事故扣 5 分；每发生一起较大质量事故扣 3 分；每发生一起一般质量事故扣 1 分。扣完为止	10	
三	进度控制	拖延工期每月扣 1 分	5	
四	投资控制	根据计量支付和设计变更工作情况酌情扣分	5	
五	安全生产	发生重大安全事故扣 5 分；每发生一起较大安全事故扣 3 分；每发生一起一般安全事故扣 1 分	5	
六	环境保护	出现环境保护问题的扣 1 ~ 5 分	5	
七	监理资料	不符合竣工验收要求时扣 1 ~ 5 分	5	
八	廉政建设	措施不健全扣 2 分；因不廉政被清退或处分，每人次扣 5 分；有被起诉的，每人次扣 5 分	5	
九	工程质量	以所监理的各施工合同段工程质量鉴定得分按合同段投资额加权平均后，乘以 50%，作为本项得分	50	
合计			100	
质量监督机构审查意见				
竣工验收委员会审定意见			评定等级	

注：本表一 ~ 六项由项目法人、施工单位在交工验收时评价，不向被评价单位公开，取项目法人、施工单位评价分的平均值为最终得分，提交质量监督机构审定，作为竣工验收委员会评价的依据。

公路绿化工程施工管理综合评价表　　附表 6-11

工程名称：

合同段编号：　　　　施工单位：

序号	项目	评定方法	应得分	实得分
一	工期进度	每拖延一个月扣2分；生产组织不均衡扣1分	10	
二	履行合同	项目经理、总工程师每更换1人次或1人不称职扣2分；专业工程师每更换1人次扣1分；主要机械不足或性能不良扣1分；进场不及时或未经许可撤离，扣0.5分；试验室达不到要求扣2～5分；有拖欠分包人工程款和劳务人员工资的，扣2～5分	10	
三	竣工文件	竣工图与竣工工程不符每处扣1分；施工原始记录、自检资料不齐全扣2～4分；资料的真实可信度有问题扣2～4分	5	
四	安全生产	每发生一起重大安全事故扣5分；每发生一起一般安全事故扣2分	5	
五	文明施工	规章制度不健全扣1～2分；文明工地建设差扣2～3分；破坏环境和乱占土地的，扣3～5分	5	
六	廉政建设	措施不健全扣1分；因不廉政被清退或处分每人次扣2分；有被起诉的，每人次扣5分	5	
七	工程质量	以下两项得分之和作为该合同段工程质量评分： (1)该合同段交工验收工程质量得分的平均值乘以30%； (2)竣工验收工程质量得分乘以30%	60	
合计			100	
审定意见				

注：本表一～六项由项目法人、监理单位在交工验收时分别评价，不向被评价单位公开，取项目法人、监理单位评价分的平均值为最终得分，提交质量监督机构审定，作为竣工验收委员会评价的依据。

公路绿化工程竣工验收鉴定书　　附表 6-12

一	工程名称	
二	工程地点及主要控制点	
三	建设依据	
四	技术标准与主要指标	
五	建设规模及性质	
六	开工日期	年　月　日
	竣工日期	年　月　日
七	批准概算	
	竣工决算	
八	工程建设主要内容	
九	主要材料实际消耗	
十	实际征用土地数(亩)	

续上表

十一	建设项目工程质量鉴定结论	
十二	对建设、设计、施工、 监理单位的综合评价	
十三	建设项目管理 综合评价及等级	
十四	有关问题的决定和建议	

附表:1. 竣工验收委员会名单及代表名单;

2. 工程交接单位代表签名表。

竣工验收委员会名单

类别	姓 名	所 在 单 位	职务或职称	签 名
主任委员				
副主任委员				
委员				

竣工验收代表名单

序号	姓 名	所 在 单 位	职务或职称	签 名

工程交接单位代表签名表

<table>
<tr><th>类别</th><th>姓 名</th><th>所 在 单 位</th><th>职务或职称</th><th>签 名</th></tr>
<tr><td>主管部门</td><td></td><td></td><td></td><td></td></tr>
<tr><td>监督单位</td><td></td><td></td><td></td><td></td></tr>
<tr><td>项目法人</td><td></td><td></td><td></td><td></td></tr>
<tr><td rowspan="2">设计单位</td><td></td><td></td><td></td><td></td></tr>
<tr><td></td><td></td><td></td><td></td></tr>
<tr><td rowspan="4">监理单位</td><td></td><td></td><td></td><td></td></tr>
<tr><td></td><td></td><td></td><td></td></tr>
<tr><td></td><td></td><td></td><td></td></tr>
<tr><td></td><td></td><td></td><td></td></tr>
<tr><td rowspan="6">施工单位</td><td></td><td></td><td></td><td></td></tr>
<tr><td></td><td></td><td></td><td></td></tr>
<tr><td></td><td></td><td></td><td></td></tr>
<tr><td></td><td></td><td></td><td></td></tr>
<tr><td></td><td></td><td></td><td></td></tr>
<tr><td></td><td></td><td></td><td></td></tr>
<tr><td rowspan="4">接养单位</td><td></td><td></td><td></td><td></td></tr>
<tr><td></td><td></td><td></td><td></td></tr>
<tr><td></td><td></td><td></td><td></td></tr>
<tr><td></td><td></td><td></td><td></td></tr>
</table>

竣工验收工程质量评分表　　附表 6-13

项目名称：

名　称	实得分数	权　值	加权得分	备　注
交工验收工程质量		0.2		
质量监督机构 工程质量鉴定		0.6		
竣工验收委员会 工程质量		0.2		
合计		1.0		
加权平均分			质量等级	

计算：　　复核：　　年　月　日

竣工验收委员会工程质量评分表　　附表 6-14

项目名称：

序号	项目	评 定 内 容	分值	实得分
一	主体工程质量	苗木成活率、保存率、郁闭度、长势情况、苗木配置合理性、绿化设计、园林小品、场地整理、排水设施的完善与否、综合绿化效果等(结合公路绿化评定办法)	70	
二	沿线服务设施	房屋及机电系统等功能和外观	10	
三	环境保护工程	绿化工程等是否符合设计要求。施工现场清理及还耕情况。与自然环境、景观的协调情况	10	
四	竣工图表	内容齐全,书写打印清晰、装订整齐,符合相关要求	10	
合计			100	

注:1. 缺二、三项时,应得分仍按 100 分计。例如:缺项目二时,实得分应除以 0.9;项目二、三均缺时,实得分应除以 0.8,依次类推。

2. 主体工程评定内容缺项时,其应得分仍按 70 分计。

竣工验收建设项目综合评定表　　附表6-15

项目名称：

名　称	实得分数	权　值	加权得分	备　注
竣工验收工程质量		0.7		
项目建设管理综合评价		0.15		
项目设计工作综合评价		0.05		
项目监理工作综合评价		0.05		
项目施工管理综合评价		0.05		
合计		1.0		
加权平均分			建设项目综合评价等级	

计算：　　复核：　　年　月　日

项目参建单位工作综合评价等级证书 附表 6-16

<table>
<tr><td>工程名称：</td></tr>
<tr><td>单位名称：</td></tr>
<tr><td>承担工程的内容：</td></tr>
<tr><td>竣工验收结论：

项目质量监督机构或授权人(签字)　　　　盖章(项目质量监督机构)

年　月　日</td></tr>
</table>

注：1. 项目参建单位包括项目法人、设计单位、监理单位、施工单位。

2. 竣工验收完成时，项目质量监督机构分别对项目各参建单位填写工作综合评价等级证书。

3. 竣工验收结论根据对各参建单位工作的综合评价结果填写综合评价评语(包括评分和评价等级)。

施 工 日 志

附表 6-17

<table>
<tr><td>日　期</td><td></td><td>施工部位</td><td colspan="3"></td></tr>
<tr><td>天气状况</td><td></td><td>风力</td><td></td><td>最高/最低温度</td><td></td></tr>
<tr><td colspan="6">生产情况记录：(具体施工项目内容、机械作业、班组工作、生产存在问题等)</td></tr>
<tr><td colspan="6">质量、安全工作记录：(技术质量安全活动、技术质量安全问题、检查验收情况等)</td></tr>
<tr><td>工程负责人</td><td colspan="2"></td><td>记录人</td><td colspan="2"></td></tr>
</table>

监 理 日 志

附表 6-18

编号：____________

监理机构		合同号	
记录人		日期	
审核人		日期	
天气			
各合同段主要施工项目简述			
监理机构主要工作简述（审批、验收、旁站、指令、会议等）			
就有关问题与建设单位、施工单位等进行澄清或处理情况简述			

说明：本表由监理机构指定专人填写，按月装订成册。

巡　视　记　录

附表 6-19

编号：____________

施工单位		合同号	
巡视监理		日期	
起始时间		终止时间	
巡视范围、主要部位、工序			
施工单位主要施工项目、人员到位、工艺合规性简述			
巡视人员主要巡视数据记录			
巡视人员发现的问题及处理情况简述			

旁 站 记 录

附表 6-20

编号：____________

施工单位		合同号	
旁站监理		日期	
到场时间		离场时间	
质检人员		部位或桩号	
天气			
旁站工序或 主要工作内容			
施工过程简述			
监理工作简述			
主要数据记录			
发现问题及处理结果			

建 设 日 志

附表 6-21

日期：　　年　　月　　日

记录人		整理人	
天气			
施工单位主要情况			
监理单位主要情况			
业主有关工作或其他事项			

说明：本表由各线路专人分别填写，统一汇总，按月装订成册。

工程竣工文件材料归档范围和保管期限 附表 6-22

序号	归档文件	保管单位	保管期限
一	**可行性研究(GL5·1·××·1—××)**		
1	项目建议书及批复	交通运输主管部门 设计单位 建设单位	永久
2	工程可行性研究报告及批复		
3	项目评估意见		
4	环境评价报告书及批复		
5	地质灾害评价及批复		
6	压矿报告及批复		
二	**设计文件(GL5·1·××·2—××)**		
1	工程地质、水文地质、勘察设计、勘察报告、重要土岩说明	建设单位	永久或长期
2	水文、气象等其他设计基础材料		
3	总体规划设计	交通运输部档案馆 交通运输主管单位 设计单位 建设单位	永久
4	审批的各阶段设计及有关文件		永久
5	公路用地图		长期
三	**工程管理文件(GL5·1·××·3—××)**		
1	征用土地批准文件及红线图	建设单位	永久
2	公路建设用地呈报表	建设单位	永久
3	征地数量明细表	建设单位	永久
4	征地拆迁合同、协议、补偿协议书及土地证	建设单位	永久
5	承、发包及委托合同,协议书,招标,投标,定标及招标会议纪要,租赁文件	建设单位	永久
6	技术规范的补充文件和修改文件	建设单位	永久
7	施工执照(施工许可证)	建设单位	永久
8	审计、档案、环保、劳动安全卫生、消防、规划、工程交工等验收文件	建设单位、使用单位	永久
9	电、暖、煤气等供应协议书	建设单位、使用单位	永久

续上表

序号	归 档 文 件	保 管 单 位	保管期限
10	工程总结及工程交接表(工程名称、主要工程数量、固定资产价值)	交通运输部档案馆 交通运输主管单位 建设单位	永久
11	工程管理过程中形成的声像档案		
(1)	国家、部级领导人视察公路工程	交通运输部 交通运输主管部门 建设单位	永久
(2)	省、市及行业主管部门的领导人视察公路工程	交通运输主管部门、建设单位	
(3)	招投标仪式及工程项目重要会议声像材料	建设单位	
四	**施工文件(GL5·1·××·4—××)**		
1	开工报告、工程技术要求、技术交底、图纸会审纪要	建设单位、使用单位	永久或长期
2	施工组织设计、施工方案、施工计划、重要会审纪要	建设单位、使用单位	永久
3	分项工程开工申请单及附件	建设单位	永久
4	原材料及构件出厂证明、质量鉴定报告	建设单位、使用单位	长期
5	原材料试验报告	建设单位、使用单位	长期
6	设计变更、工程更改洽商单、材料代用审批手续	建设单位、使用单位	永久
7	施工原始资料	建设单位、使用单位	长期
8	试验材料汇总表	建设单位、使用单位	长期
9	中间检验报验单及试验资料	建设单位	长期
10	隐蔽工程验收记录	建设单位、使用单位	永久
11	工程记录及测试、沉降观测记录、事故处理报告	建设单位、使用单位	长期
12	单位工程、分项、分部质量检验评定报告	建设单位、使用单位	永久
13	机电安装及调试记录	建设单位、使用单位	长期
14	专项检测及监控材料	建设单位、使用单位	长期
15	施工总结、技术总结	建设单位	长期

续上表

序号	归 档 文 件	保 管 单 位	保管期限
16	工程施工声像资料	建设单位、 使用单位	重要永久 或长期
五	**监理文件(GL5·1·××·5—××)**		
1	监理规划、监理实施细则	建设单位	长期
2	合同管理文件	建设单位	长期
3	计划进度管理文件	建设单位	长期
4	工程技术规范及管理文件	建设单位	长期
5	工程质量控制文件	建设单位	长期
6	工程计量与支付	建设单位	长期
7	监理通知、开(停、复)工令许可证	建设单位	永久
8	备忘录、会议纪要	建设单位	长期
9	施工质量检验分析	建设单位、使用单位	永久
10	监理工作会议纪录或纪要	建设单位	长期
11	与各单位的来往文件	建设单位	长期
12	监理声像资料	建设单位	长期
六	**竣工文件(GL5·1·××·6—××)**		
1	竣工图		
(1)	总说明书	交通运输部档案馆 交通运输主管部门 建设单位 使用单位	永久
(2)	路线平、纵面竣工图	交通运输主管部门 建设单位 使用单位	永久
(3)	绿化竣工图		
2	参建各方工程总结汇总(建设、设计、施工、监理)	建设单位	永久
3	工程审计文件材料	建设单位	永久

续上表

序号	归 档 文 件	保 管 单 位	保管期限
4	财务决算、工程决算、支付报表	建设单位	永久
5	工程竣工申请报告	建设单位	永久
6	工程竣工验收报告	交通运输部档案馆 交通运输主管部门 建设单位 使用单位	永久
7	竣工验收鉴定书、验收委员会名册		
8	工程竣工验收会议文件		
9	工程竣工验收会议声像资料		
七	**沿线房建文件(GL5·1·××·7—××)**		
	参照此表内容收集归档		
八	**科研(GL5·1·××·8—××)**		
1	课题报告、任务书、批准书	交通运输主管部门 建设单位	永久
2	协议书、委托书、合同		永久
3	研究方案、计划、调查研究报告		长期
4	试验记录	交通运输主管部门 建设单位 使用单位	永久
5	试验分析、计算、整理数据		
6	阶段报告、科研报告、技术鉴定		

注:1. 参建单位形成的文件如需保存,由各自单位复制归档。

2. 参建单位形成的声像档案暂不编档号,由接收单位统一编写。

附录 6-2　密卷格式

案卷封面

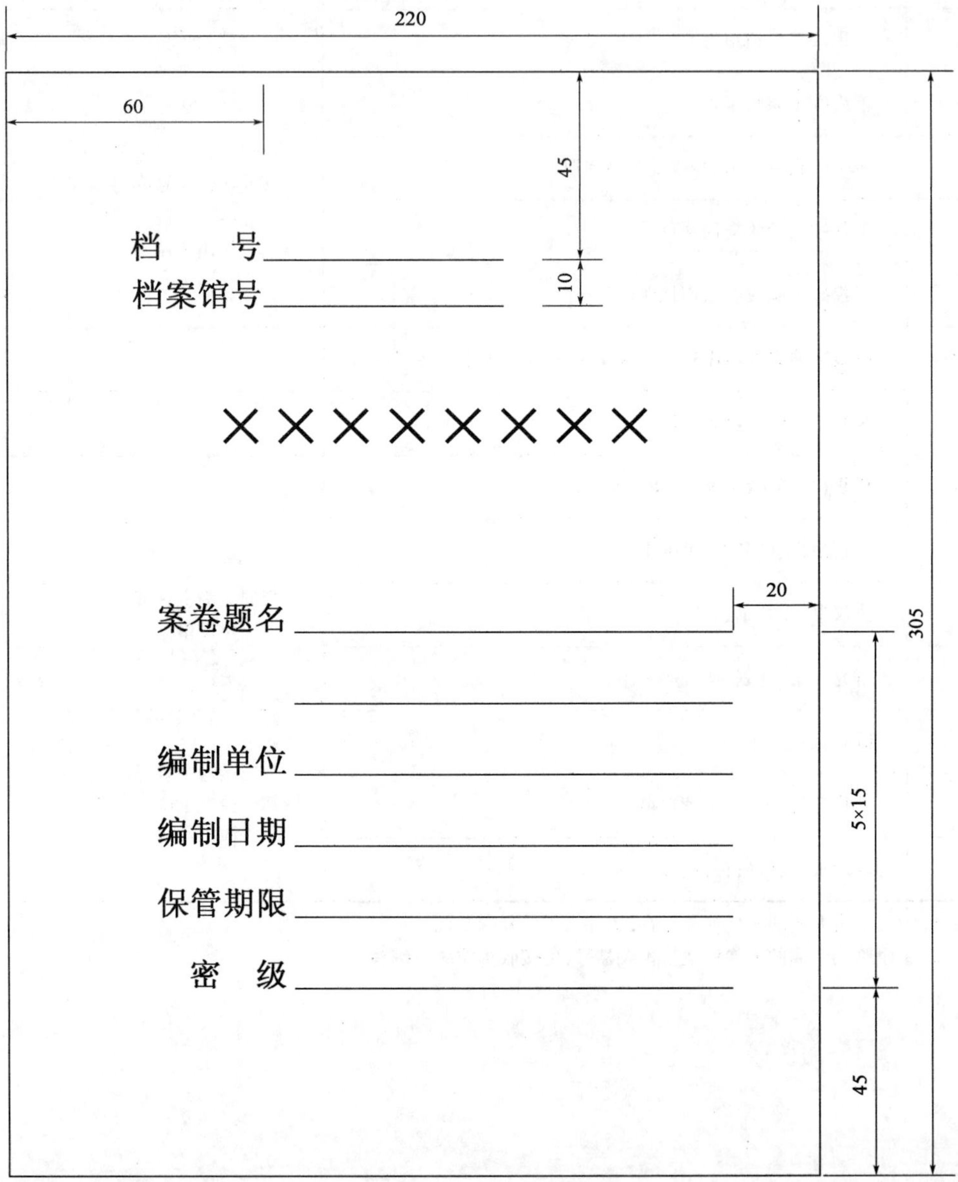

注：1. 单位统一为毫米。

2. 案卷盒尺寸为 220mm × 305mm。

3. 外封面印刷字体："档号、档案馆号"用三号仿宋体字体加粗。

4. "案卷题名、编制单位、编制日期、保管期限、密级"用二号仿宋体字加粗，直线用细直线。

5. 工程项目名称用大粗号宋体字体一行排列，印制在档案盒中央部位。

案卷里脊

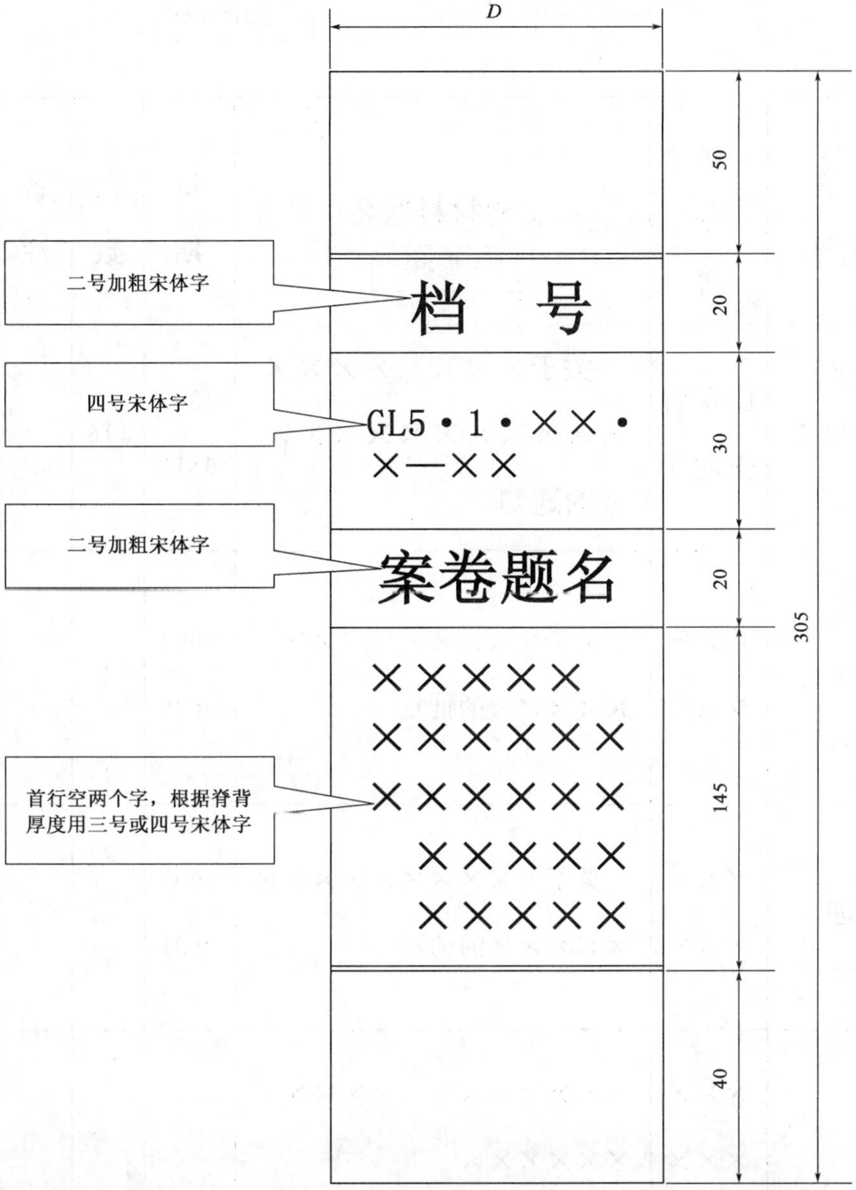

注：1. 尺寸单位统一为毫米。

2. $D=10、20、30、40、50、60$（mm）

卷内目录 三号加粗仿宋体

二号加粗宋体字

四号仿宋体

件号	文件编号	责任者	文件材料题名	日期	页数	备注
1	鲁交×〔2001〕12号	山东省交通厅	关于×××××××××××××××××××××的通知	20020511	116	
2	鲁交×〔2001〕12号	山东省交通厅	关于××××××××××××××××的批复	20020608	1	
3	×××〔2001〕2号	××××××	关于××××××××××××××××的请示	20020601	16	
4		××××××	×××××××××××××××××××			
5	鲁交×〔2001〕72号	山东省交通厅	关于××××××××××××××××××××××××的通知	20020615	18	

总共6格

工程项目名称用二号加粗宋体

××××××××××××

案卷目录

单位：

三号加粗仿宋

三号加粗仿宋

序号	档　号	题　　名	日期	页数	期限	备注
		内容用四号仿宋				

总共9格

工程项目名称用二号加粗宋体

××××××××××××

三号加粗仿宋

档案移交清册

案卷目录号	案卷目录题名或组织机构名称	所属年度	移交（接收）原因	移交（接收）日期	案卷数量			备注
					小计	其中		
						永久	长期	

内容用四号仿宋

总共5格

归档单位：	负责人：	移交人：
接收单位：	负责人：	接收人：
接收日期：　　年　　月　　日		

第七章 绿化养护

第一节 绿化养护的目的和意义

一、绿化养护的目的和意义

常言道“三分种植，七分养护”，其中道出了绿化养护管理的重要性。人们常常感叹美国、日本等发达国家拥有大面积优良观赏效果的草坪，却不知道其中的投入。据有关资料介绍，进入20世纪90年代以后，美国专门从事草坪养护的草坪养护公司约为5500个，每年用于草坪养护管理的费用都超过几百亿美元。

加强绿化工程后期养护管理是绿化工程质量管理与控制的保证。目前，一般的绿化工程施工期不超过半年，但绿化工程合同规定从工程施工到工程移交需两年，即绿化养护期规定为苗木两个生长季节，目的就是确保绿化苗木成活，生长良好。绿化工程后期养护管理是苗木成活的关键，如果绿化工程施工优良，但绿化养护管理不到位，将严重影响绿化工程景观效果，影响工程质量。如浇水不及时，导致树木成活率低；树木支架不牢，导致栽植树木歪斜；除草不及时，导致绿地杂草丛生；打药治虫不及时，导致病虫害严重等质量问题。因此，必须加强公路绿化工程后期养护管理工作，确保工程质量。

绿化的养护管理，在公路绿化建设中占有极其重要的地位。绿化树木的种植施工和公路绿地的初步建成，用不了很长时间，而施工以后随之而来的则是长期的养护管理工作。在绿化养护管理上，要了解种植类型和种植品种的特征与特性，关键抓好肥、水、病、虫、剪五个方面的养护管理工作。养护内容主要包括浇水、开窝培土、修剪、施肥、除草、修剪抹芽、病虫害防治、扶正、补苗等整套过程。

需要的管理工具主要有：

(1)花剪、长剪、高空剪、铲草机、剪草机。

(2)喷雾器、桶、斗车、竹箕。

(3)铲、锄、锯子、电锯、梯子。

(4)燃料。

(5)有机肥、复合肥、氮肥、鳞肥、钾肥。

(6)各种农药。

(一)常规养护

常规养护主要为灌溉排涝、中耕除草、施肥、整形修剪、病虫害防治。

1. 灌溉排涝

水是树木生命活动不可缺少的。若树木短期水分亏缺,会造成"临时性萎蔫",表现为树叶下垂、萎蔫等现象,及时补充水分,树叶又会恢复过来,而长期缺水,超过树木所能忍耐的限度,就会造成"永久性萎蔫",即缺水死亡。因此在养护管理中,应随时观察土壤干旱程度,及时浇水保持土壤湿润,以确保苗木生产必需的土壤含水率。看天、看地、看树掌握灌水的适度,避免出现结块、冲蚀、植物松动、根部外露现象,如有则应及时修整;大规格苗木还应根据情况采用树干、叶面喷水的措施进行抗旱养护。若树木衰弱或长势不佳的可浇灌稀释的活力素。水是树木生命的基础,但水分太多,会使土壤中空气减少,根系呼吸受阻,严重的还会使根系窒息、腐烂死亡。因此除了在种植时做好排水沟外,养护中更要做好排水防涝工作。

2. 中耕除草

杂草丛生影响观瞻,且会与树木争夺水分与养分,影响树木的正常生长发育,特别是新种的乔灌木。因此要及时除草、中耕,提高土壤透气性,保证苗木的正常生长。除草要坚持除早、除小、除净的原则,对于不能根除的寄生性杂草,必须进行喷药防治,控制其蔓延;锄地松土在土壤黏重、盐碱地尤为重要,可以有效地防止返盐、控碱。

3. 施肥

宜根据土壤状况,树木生长需要,及时补充树木生长所需的氮肥,开花结果所需的磷、钾肥以及其他微量元素。施肥追肥的方法主要有土壤施肥和根外施肥两种。春季施肥加速返青,早秋施肥延长绿色期,生长期内根据树木生长情况适当追肥。基肥可采用沟施、穴施、放射状沟施的办法。行道树施肥可采用钢钎打洞后灌肥。追肥一般采用撒施的办法,但应注意浓度不能高,施后及时浇水,最好于早晚喷施。根外施肥主要用于防治树木的"缺素症"。将无机肥料配成溶液用喷雾器喷洒在叶片、花、果、幼嫩组织上,特别是叶片背面,但应注意浓度,宁低不高,最好选无风的傍晚。

现在市场上的植物活力素对树木衰弱、生长势不强等现象有较好的作用,且使用方便,无副作用。

4. 整形修剪

良好的整形修剪可改造树体良好的形态结构,调节平衡树势,调节营养生长和生殖生长的矛盾,提高树木的观赏和经济价值。整形修剪分为休眠期修剪(冬剪)和生长期修剪。休眠期修剪可增强树木顶端优势,减少分枝,促进营养生长,生长期修剪则对生殖生长有促进作用。整形修剪的形式根据不同树种、不同分枝习性而有所不同。对于乔木,顶端优势强的树种应尽量保护中央领导枝,若领导枝枯死折断,应于领导枝上部选一强的侧生嫩枝,扶直,培养成新领导枝。如雪松等。对广玉兰等中心组织强的树种,可采用主干分层形。顶端优势弱的树种,如香樟等采用多主枝圆头形。对于灌木,绿篱类灌木下部主干明显、上部丛生的可通过不断短截,使之形成密枝。观花类灌木多在休眠期修剪,修剪时侧枝与侧枝间留有一定空间,以便让中上部枝条形成更多花芽。乔木大枝修剪时应注意到剪口的度,有条件的可用伤口涂补剂封口,促进伤口愈合。

5. 病虫害防治

做好病虫害的防治工作,首先要识别病虫形态,了解病虫害症状、病虫发生规律和农药的使用,对症下药以防为主,要防早、治小,除了要慎重对待,科学防治,同时还要保护环境,减少农药污染。

(二)特别养护

1. 防台防汛

台风来临前要将树冠适当抽稀、疏枝;支撑加固;地势低、易积水处开排水沟;对风口处的大树重点加固。

2. 防寒防冻

在泥球表面覆盖树皮或草包,树干绕绳或麻片。还可以适当浇灌封冻水,灌足、灌透,有效地提高苗木的抗旱能力。对于杨、柳、槐等落叶乔木,可以采用树木涂白防冻的方法。当大叶黄杨为色带造型时,可以用竹、木杆和绿色无纺布搭成保温棚,保证苗木安全过冬。

3. 发生水涝,及时处理

可贴近泥球边用钢钎打洞,使水渗入地下。如遇到树木倒伏影响交通的情况,应及时对树木进行扶正或砍伐,确保交通的畅通。

4. 一旦发现苗木衰弱,应立即抢救

树叶只是苗木衰弱的表现。传统上极其重视叶面衰弱,采取的方式主要是截枝截干。如果发生此种情况,应立即查看根系是否腐烂,可用锹在泥球边打洞,洞的深度以泥球底部处为宜,若有腐烂现象立即修剪,以创面没有腐烂点为准。之后用表层农田土重新种植。用稀释100倍的活力素浇灌,需要时可同时用树干注入液。

5. 死树及时清理

因树木衰老、病虫侵袭、人为破坏、自然灾害等造成的枯死树,影响整体景观,应及时清理枯死的苗木,并做好统计工作、补植工作,第二年春季补植同种同规格苗木,恢复绿化景观效果。

6. 树木倾斜及时扶正加固

在多风的地带或者雨水较多的季节,树木经常遭受风害和洪涝灾害,应及时对其扶正培土,必要时设立支架,必要时加强水肥管理,确保树木正常生长。

(三)养护内容

1. 从树木分类的角度看

(1)乔木。每年施有机肥料一次,每株施饼肥0.25kg,追肥一次,每棵施复合肥、混尿素0.1kg,采用穴施、喷洒、水肥等,然后用土覆盖,浇水透彻,水渗透深度10cm以上,及时防治病虫害,保持树木自然生长状态,无须造型修剪,及时剪除黄枝、病虫枝、荫蔽徒长枝及阻碍车辆通行的下垂枝,及时清理干净修剪物。每周清除树根周围杂草一次,确保无杂草。

(2)灌木、绿篱、袋苗。每季度施肥一次,每1亩(约667m^2)施尿素混复合肥10kg,采用撒施及水肥等,施后3h内浇水一次,每天淋水一次(雨天除外),水渗透深度10cm以上,及时防治病虫害,修剪成圆形、方行或锥行的,每周小修一次,每月大修一次,剪口平滑、美观,及时清除修剪物,及时剪除枯枝、病虫枝,及时补种老、病死植株,每周清除杂草一次。

(3)草本类。每季度施肥一次,每1亩(约667m^2)施尿素混复合肥10kg,采用撒施及水肥等,施后3h内浇水一次,每天浇水一次(雨天除外),水渗透深度10cm以上,及时防治病虫害,每周剪除残花一次、清除杂草一次,及时剪除枯枝、黄枝。

2. 从养护和管理来看

包括两个方面的内容:一是"养护"。根据不同树木的生长需要和某些特定的要求,及时对树木采取如施肥、灌水、中耕除草、修剪、防治病虫害等技术措施。另一方面是"管理"。维护、绿地的清扫保洁等管理工作。对于绿化养护管理工作的要求,目前各地已有可行的公路绿化养护质量标准。

3. 从绿地的养护管理等级来看

根据绿地所处位置的重要程度和养护管理水平的高低可将绿地的养护管理分成不同等级,由高到低分为特级养护管理、一级养护管理、二级养护管理三个等级。

(1)特级养护质量标准

①绿化养护技术措施完善,管理得当,植物配置科学合理,达到黄土不露天。

②植物方面:

a. 生长健壮。新建绿地各种植物两年内达到正常形态。

b. 树木树冠完整美观,分枝点合适,枝条粗壮,无枯枝死杈;主侧枝分布匀称、数量适宜、修剪科学合理;内膛不乱,通风透光。花灌木开花及时,株形丰满,花后修剪及时合理。绿篱、色块等修剪及时,枝叶茂密,整齐一致,整型树木造型雅观。行道树无缺株,绿地内无死树。

c. 落叶树新梢生长健壮,叶片大小、颜色正常。在一般条件下,无黄叶、焦叶、卷叶,正常叶片保存率在95%以上。针叶树针叶宿存3年以上,结果枝条在10%以下。

d. 花坛、花带轮廓清晰,整齐美观,色彩艳丽,无残缺,无残花败叶。

e. 草坪及地被植物整齐,覆盖率99%以上,草坪内无杂草。草坪绿色期:冷季型草不得少于300天;暖季型草不得少于210天。

f. 病虫害控制及时,树木无蛀干害虫的活卵、活虫;在树木主干、主枝上平均每100m^2介壳虫的活虫数不得超过 1 头,较细枝条上平均每 30cm 不得超过 2 头,且平均被害株数不得超过 1% 。叶片上无虫粪、虫网。被虫咬的叶片每株不得超过 2% 。

③垂直绿化应根据不同植物的攀缘特点,及时采取相应的牵引、设置网架等技术措施,视攀缘植物生长习性,覆盖率不得低于 90% 。开花的攀缘植物应适时开花,且花繁色艳。

④绿地整洁,无杂物、无白色污染(树挂),对绿化生产垃圾(如树枝、树叶、草屑等)、绿地内水面杂物,重点地区随产随清,其他地区日产日清,做到巡视保洁。

⑤栏杆、园路、桌椅、路灯、井盖和牌示等公路设施完整、安全,维护及时。

⑥绿地完整,无堆物、堆料、搭棚,树干上无钉拴刻划等现象。行道树下距树干 2m 范围内无堆物、堆料、圈栏或搭棚设摊等影响树木生长和养护管理的现象。

(2)一级养护质量标准

①绿化养护技术措施比较完善,管理基本得当,植物配置合理,基本达到黄土不露天。

②植物方面:

a. 生长正常。新建绿地各种植物 3 年内达到正常形态。

b. 树木树冠基本完整,主侧枝分布均称、数量适宜、修剪合理,内膛不乱,通风透光。花灌木开花及时、正常,花后修剪及时。绿篱、色块枝叶正常,整齐一致。行道树无缺株,绿地内无死树。

c. 落叶树新梢生长正常,叶片大小、颜色正常,在一般条件下,黄叶、焦叶、卷叶和带虫尿、虫网的叶片不得超过 5% ,正常叶片保存率在 90% 以上。针叶树针叶宿存 2 年以上,结果枝条不超过 20% 。

d. 花坛、花带轮廓清晰,整齐美观,适时开花,无残缺。

e. 草坪及地被植物整齐一致,覆盖率 95% 以上,除缀花草坪外草坪内杂草率不得超过 2% 。草坪绿色期:冷季型草不得少于 270 天,暖季型草不得少于 180 天。

f. 病虫害控制及时,园林树木有蛀干害虫危害的株数不得超过 1% ;园林树木的主干、主枝上平均每 $100m^2$ 介壳虫的活虫数不得超过 2 头,较细枝条上平均每 30cm 不得超过 5 头,且平均被害株数不得超过 3% 。叶上无虫粪,被虫咬的叶片每株不得超过 5% 。

③垂直绿化应根据不同植物的攀缘特点,采取相应的牵引、设置网架等技术措施,视攀缘植物生长习性,覆盖率不得低于 80% ,开花的攀缘植物能适时开花。

④绿地整洁,无杂物、无白色污染(树挂),绿化生产垃圾(如树枝、树叶、草屑等)、绿地内水面杂物应日产日清,做到保洁及时。

⑤栏杆、园路、桌椅、路灯、井盖和牌示等园林设施完整、安全,基本做到维护及时。

⑥绿地完整,无堆物、堆料、搭棚,树干上无钉拴刻划等现象。行道树下距树干 2m 范围内无堆物、堆料、搭棚设摊、圈栏等影响树木生长和养护管理的现象。

(3)二级养护质量标准

①绿化养护技术措施基本完善,植物配置基本合理,裸露土地不明显。

②植物方面:

a. 生长正常。新建绿地各种植物四年内达到正常形态。

b. 园林树木树冠基本正常,修剪及时,无明显枯枝死叉。分枝点合适,枝条粗壮,行道树缺株率不超过1%,绿地内无死树。

c. 落叶树新梢生长基本正常,叶片大小、颜色正常,在正常条件下,有黄叶、焦叶、卷叶和带虫尿、虫网叶片的株数不得超过10%,正常叶片保存率在85%以上。针叶树针叶宿存1年以上,结果枝条不超过50%。

d. 花坛、花带轮廓基本清晰、整齐美观,无残缺。

e. 草坪及地被植物整齐一致,覆盖率90%以上,除缀花草坪外草坪内杂草率不得超过5%。草坪绿色期:冷季型草不得少于240天,暖季型草不得少于160天。

f. 病虫害控制比较及时,树木有蛀干害虫危害的株数不得超过3%;在树木主干、主枝上平均每100m^2介壳虫的活虫数不得超过3头,较细枝条上平均每30cm不得超过8头,且平均被害株数不得超过5%。被虫咬的叶片每株不得超过8%。

③垂直绿化能根据不同植物的攀缘特点,采取相应的技术措施,视攀缘植物生长习性,覆盖率不得低于70%。开花的攀缘植物能适时开花。

④绿地基本整洁,无明显杂物,无白色污染(树挂),绿化生产垃圾(如树枝、树叶、草屑等)、绿地内水面杂物能日产日清,能做到保洁及时。

⑤栏杆、园路、桌椅、路灯、井盖和牌示等园林设施基本完整,能进行维护。

⑥绿地基本完整,无明显堆物、堆料、搭棚、树干上无钉拴刻划等现象。行道树下距树干2m范围内无明显的堆物、堆料、圈栏或搭棚设摊等影响树木生长和养护管理的现象。

公路绿化中,树木种植面积并不是最大,但其所占的绿化空间最大,草地、鲜花、灌木、乔木合理搭配,体现了立体绿化的效果。俗话讲:"绿树成荫,鲜花盛开。"创造了良好的小气候和优美的环境。另外,许多灌木树种植后可以通过修剪造型,亭亭屹立在草地和景点中,甚至可产生立体动感。

二、阶段划分和任务

(一)一年中养护管理工作阶段划分

(1)冬季阶段。12月及次年1、2月份、冰封大地,树木休眠期。

(2)春季阶段。3、4月份,大地回春,各种树木陆续发芽,展叶开始生长。

(3)初夏阶段。5、6月份,气温迅速上升,树木大量生长。

(4)盛夏阶段。7~9月份,气候高温多雨,正是树木生长的旺盛时期。

(5)秋季阶段。10、11月份,气温较低,树木准备休眠。

(二)各阶段树木养护管理工作的主要项目

1.12月及1、2月份

(1)整形修剪。各种树木除常绿树木和一些冬季不宜修剪的树木,应在休眠期做一次修剪。

(2)防治虫病。用挖蛹虫、刮树皮等方法消灭各种越冬虫源。有一些农药(如石硫合剂)可在冬季自己制作。

(3)积肥。利用冬闲时期应多积肥。

(4)积雪。下雪后,及时堆雪于树根处,以增加土壤水封,安全越冬和次年生长大有好处。但必须注意千万不可堆放施过盐水的雪。

(5)维护巡查。加强树木的看管保护,以减少人为的破坏。

(6)检修机械。冬季时期要把一年内树木养护管理工作中所需要用的机械、车辆、工具检修、保养完备,以便来年使用。

2.3、4 月份

2 月中旬开始修剪草坪,同时搂去枯草,疏根松土,并撒草坪复合肥,随后草坪和连续浇灌返青水。3 月份草坪及模纹喷洒 3 ~ 5 波美度的石硫合剂或波尔多液杀菌、杀虫卵;早春对花灌木进行梳理,大树疏枝修剪;树木灌水的同时施有机肥,促进树木发芽。4 月初清除绿地杂草,清除大叶黄杨模纹里的枯枝、黄叶,结合草坪生长情况做一次修剪。4 月中旬,陆续在原栽花地段栽草花,迎接"五一"劳动节。4 月下旬,拆除防寒设施,草坪追肥,平均 5 天浇一次透水。

(1)灌水。北方地区春季干旱多风沙,蒸发量很大,而树木发芽需要大量的水分,因此要在土壤解冻后及时大量的灌水,满足树木生长的需要。

(2)施肥。凡有条件的应于冬、春两季陆续轮流给树木施用有机肥料,以改善土壤的营养条件,保证树木的生长需要。

(3)病虫防治。

(4)修剪。在冬季整形修剪的基础上进行复剪,并适时进行剥芽、去蘖。

(5)拆除防寒物。

(6)补植缺株。

(7)维护巡查。

3.5、6 月份

5 月上旬 ~ 中旬,连续 3 次喷洒杀菌剂"甲基托布津"或"百菌清",600 ~ 800 倍防治褐斑病、枯萎病。随后喷洒杀菌剂"敌敌畏"或"1605",1200 ~ 1500 倍,防治黄杨卷叶螟。修剪及浇水等工作同步进行。5 月下旬,主要清除大树的萌蘖枝、枯死枝,同时防治大树的蛀干害虫。6 月份由于高温少雨,是草坪粘虫以及大树美国白蛾多发期,用药物及人工方法集中消灭害虫。对区域内的模纹进行整形修剪。加大施肥频率,同时加强浇水及修剪工作。

(1)灌水。

(2)病虫防治。

(3)施肥。根据需要追施氮素肥料,可以根灌,也可以叶面喷肥。

(4)修剪。以剥芽、去蘖为主。

(5)除草。

(6)维护巡查。

4.7～9 月份

7、8 月份进入高温、多雨季节，病虫害频繁发生，要加强药物喷洒次数。在管理方面，首先必须修剪及时，草坪高度不得超过 8cm。其次，浇水要避开中午，在早晚进行。尽量不施肥，加强草坪疏根松土工作。8 月中下旬，连续 3～5 次喷洒 600 倍“粉锈宁”，防止锈病的大面积发生。9 月份草坪进入旺盛生长期，应多施磷肥、钾肥，少施氮肥。同时加大浇水量及浇水频率，促进草坪生长健壮，以利越冬。逐步更换枯败草花，迎接“十一”国庆节。

(1)病虫防治。

(2)中耕除草。

(3)施肥。除氮肥外，根据需要追施磷、钾肥料。

(4)汛期排水防涝。必要时组织抢险队及时处理可能发生的紧急情况。

(5)修剪。雨季前，将过于高大的树冠，适时疏稀、截短，可增强抗风能力。

(6)扶直。汛期对发生倒歪倾斜的树木及时扶正。必要时应设支撑。

(7)维护巡查。

(8)补植常绿树。利用雨季补植常绿树、竹子等的缺株。

5.10、11 月份

10 月份加强对草坪浇水、施肥，延长绿期；对模纹、大树普遍施一次有机肥；根据气温情况，大树灌防冻水，随后封坑。11 月上旬准备材料，对应防寒苗木，打防风障，同时原有大树加固支架；注意防火工作；备土，备肥。

(1)灌冻水。落叶后到土壤封冻前灌足水，水后及时封高堰。

(2)防寒。不耐寒树种，冬季需采取不同措施防寒，以保安全越冬。

(3)施底肥。落叶后，封冻前施有机肥作底肥。

(4)病虫防治。

(5)补植缺株。以耐寒树种为主。

(6)维护巡查。

另外，全年对绿地进行保洁，及时清除绿地、模纹内的石块、枯枝落叶等杂物。

(三)草坪植物管护工作月历

随着公路绿化建设的发展，草坪植物越来越为人们所重视。各地的栽培品种和养护管理方法也各不相同，北京等北方城市以野牛草为主，上海等华东城市则以假俭草、结缕草、绊根草为主，而华南城市又以台湾草、地毯草为主。虽然近年来开始从国外引入四季常绿的耐阴草种栽培，但尚缺少经验，这里仍以冬季枯黄的落叶休眠草种为主，现简要介绍如下。

1.1 月份

(1)这个月气温较低，降水量少，应对 10 月份新播草坪、草坪铺栽过晚及土壤表层干土层达到 5cm 草坪地，在本月下旬，选择温暖天气的中午进行一次冬灌养护，冬灌能增强草坪抗旱和防冻能力。

(2)冬末春初对各类草坪应加施一次堆肥，每亩草坪的施肥量为 650kg 左右，平均每平方米施用量1kg。堆肥应在半年前用壤土、腐叶(或木屑),厩肥各1份层积腐熟而成。它不仅能改良土壤结构、物理性状,还能提高肥力,促进根系的良好发育,使草坪的抗病、耐踏能力大大增强。

(3)对黏性较重的草坪,应加施一次沙子(一般要求能通过0.5mm筛孔,但通不过0.12mm筛孔的含有沙砾的粗沙)、并以刺孔的耙,拉松草坪表层。此法能大大增强草坪的透气性能。

2.2月份

(1)早春土壤解冻后,各类草坪均应进行一次刺孔性的耕耙和滚压,它对加速养分分解和复苏根系有较好的作用。

(2)对草坪的低洼处,应在本月内加垫已发酵的木屑泥或含腐殖质的堆肥,它能使草坪恢复平整美观。上海等城市常习惯以河泥风干后,代替堆肥使用。

(3)早春气候干燥少雨,月底至3月初,开始浇灌返青水。灌水是促进植物返青的必要措施,因此返青水要灌足灌透,土壤层应湿达15~20cm。未灌透处应进行补灌。坡地是土壤干旱最严重的地区,灌水时可将水管至于坡顶,小水慢灌,防治水量流失。

(4)月底对小环境绿地中开始返青的草坪适当地进行一次低修剪,留茬高度控制在2~3cm。

(5)草坪低修剪后,普遍喷洒波尔多液或者800倍石硫合剂,以利杀死越冬病原体及虫、卵等,有利于减少当年病虫害的发生。

3.3月份

(1)本月中、下旬各类草坪植物开始返青,在返青的幼嫩初期,应加强对草坪的保养,最好能停止使用一个阶段,或轮流开放。总之,要使草坪植物在早春获得较好的"休养生息"机会,这对全年草坪的质量影响很大。

(2)气候干燥或雨量不足时,本月内应继续进行1~2次草坪春灌养护工作。

(3)对草坪致密和踩踏板结严重地段及三年生以上草坪,使用草坪专用打孔机、手提式土钻或钢叉进行打孔松土,土壤太干或太湿时都不宜打孔。打孔时叉头应垂直叉入,每平方米刺孔50~70个,孔径2cm,打孔深度8~10cm。

(4)对活动性的开放草坪,每次春灌后的第2天或第3天上午,在土壤不湿不干的情况下,及时进行滚压。

(5)对开始返青的草坪适当地进行一次低修剪,留茬高度控制在2~3cm。

(6)当温度达到15℃时,草坪普遍施一次返青肥。施肥量尿素$10g/m^2$,磷酸二氢铵$10\sim15g/m^2$,混合施用为宜。踩踏过的草坪应施复合肥$20\sim30g/m^2$。如施用腐熟粉碎的有机肥,施肥量$50\sim150g/m^2$。施肥要撒施均匀,防止出现草墩或斑秃,施肥后及时灌一遍水。

4.4月份

(1)本月气温逐渐升高,草坪地下害虫开始活动,通过检查摸清情况,对蚯蚓、蝼蛄、地老虎、蚂蚁等害虫进行防治。驱除蚂蚁,可用棒插入蚁穴,泄入1~2汤匙二硫化碳来熏杀,蚯蚓可用清石灰水或1:6的茶饼水灌浇,还可用50%马拉松乳剂2000倍液或辛硫磷1000

倍液喷杀;还可用青虫菌液灌浇蚯蚓和地老虎,均有较好的效果。

(2)本月起每周进行一次草坪灌溉,灌水深度以土壤湿润10~12cm为宜,最好采用喷灌,不仅省工、省水,而且均匀、迅速,能取得良好的浇水效果。

(3)本月中、下旬应对草坪杂草为害进行一次检查。对草坪中的一、二年生杂草,可采用物理机械法防除,如用装有滚刀的机械,切除其花茎和嫩头,使草坪中的杂草丧失开花结籽、繁殖后代的能力等。此法只要能认真坚持数年,一、二年生杂草会自然从草皮上消失。对草坪上的多年生阔叶杂草和香附子(上海称回头青),过去依靠人工挑除,现在改用化学除草剂来杀除。如上海动物园在草坪上喷洒2,4-滴丁酯(东北产品)化学除草剂,收到了良好效果。

(4)本月中旬,草坪已经完全返青,待草坪草生长高度超过10~12cm时,开始对草坪进行第一次修剪。早熟禾草坪的修剪,应比高羊茅与黑麦草混播草坪修剪时间稍晚。一般留茬高度为4~6cm。本月冷季型草坪可半月修剪一次,避免在早晨有露水时和雨后草叶未干时进行。对于生长过高的草坪,不可一步修剪到位,每次修剪应遵循1/3原则,要求无漏剪。

(5)对观赏性草坪和夹生在花坛中的草坪,要求增加一次剪、切草边,使用半圆形的切边铲以人工进行切草边。

5.5月份

(1)本月份气温升高,各类草坪植物生长加快,一般每隔15天应进行一次轧草。细叶结缕草由于生长较慢,本月内只需轧草一次。各地在进行轧草养护时,通常按照草坪养护标准进行。

(2)本月份草坪的活动量增加,为了有利于草坪踩踏后迅速复苏,草坪的浇水应增加为每周2次,喷灌的时间最好安排在下午4时以后进行。经常浇水草叶不易折断,而且能增强弹性。

(3)对生长衰老或空秃较多的草坪,可以在本月内进行一次"添播草籽",每亩草坪播种量约为4~5kg。撒播前应先用刺孔耙耕松草坪,将草籽混入木屑泥或堆肥中撒播。播后勤喷水,约8~10天即可萌芽。

(4)上旬结合灌水,适当追施磷酸二铵等氮肥,以促进草坪旺盛生长。施肥量15~20g/m^2。中、下旬气温升高,草坪病害已发生,喷洒0.3%硫铵,可提高其抗病能力。本月野牛草全年首次施肥,尿素10g/m^2。施肥应均匀,避免叶面潮湿时撒施,施肥后应及时灌水。

(5)本月为蛴螬和小地老虎幼虫危害期,抓住1~3龄幼虫最佳药物防治时期,用毒饵诱杀,或喷施50%辛硫磷防治。

6.6月份

(1)本月份草坪的轧草次数仍为2次,即每隔15天轧一次草。观赏草坪可以根据需要适当增加,为了防止细叶结缕草丛状生长,可根据实际需要进行一次轧草。

(2)踩踏较多的草坪,喷灌次数可增至每周3次,并应在损坏(指磨损)当天晚上浇水。

(3)本月下旬起,由于气温升高,应停止使用化学除草剂。

(4)本月份对生长欠佳或缺肥的草坪,应增施夏季追肥一次,每次每亩施用硫酸铵4~

5kg,过磷酸钙 2.5kg,撒后应立即浇水。或施用完全肥料(通常氮、磷、钾三要素按 10:6:4比例配制)7.5kg。

(5)本月初应对草坪锈病进行一次检查,如发现草坪叶子上有金黄色的真菌孢子,应喷洒 500 倍敌锈钠液,每隔 10 天喷一次,连喷 3 次,防止其蔓延为害。此病在上海细叶结缕草坪受害较重。

(6)本月进入雨季,应做好排涝准备。大雨过后,坪地低洼处必须在 12h 内排出积水。

7.7 月份

(1)由于草坪植物生长量不断增加,7、8 两个月的草坪轧草次数可以增加为每月 3 次,国外常绿草坪,夏季的轧草为 4 次。

(2)本月进入多雨时节,应严格控制灌水,掌握不干不灌、灌则灌透的原则,尤其是不能频繁浇灌浅层水,这种灌水方式在高温、高湿条件下更有利于病害的发生,内如雨水不足,应适当增加草坪的夜间浇水次数。

(3)本月已进入高温多雨季节,是冷季型草坪病虫害多发季节,应高度重视,养护工作重点以控制和防治病虫害发生为主。已发生病害蔓延,已发生的病害主要有白粉病、锈病、霉菌枯萎病、斑枯病、立枯病等,病害发生时,剪草后应对剪草机的刀片进行消毒处理,以减少病害蔓延,每次剪草后,及时喷洒粉锈宁、多菌灵、甲基托布津、代森锰锌、百菌清等,杀菌剂交替使用,可减少病害的发生和蔓延。连续喷药 2~3 次。

(4)消除斑秃地块草坪残草,做好草坪修补和补播工作。因草坪病害造成斑秃地块的土壤,必须经杀菌消毒或更换栽植土后,再行栽植。

8.8 月份

(1)本月份草坪的轧草次数仍应为 3 次,即每隔 10 天浇水一次。

(2)气温高,草坪植物叶子容易干脆,经不住踩踏,应根据实际需要增多夜间浇水次数,提高夏季草坪养护质量。

(3)沿海城市本月份起,应随时注意和做好台风、暴雨的草地排涝。

(4)结缕草、两耳草、绊根草的草籽,6~7 月大部分成熟,采收后,可于本月份进行秋播新草坪,每亩新草坪播种量 5~6kg。由于草籽细小,可掺入适量的堆肥和木屑泥播种,撒后再覆盖一些松软的土屑泥。为了减少日晒,提高发芽率,也可用稻草薄盖一层。浇后每天早晚浇水,约 10 天左右,幼苗即出土。此时应即除去覆盖稻草。待新生幼草至 7cm 高时,进行一次轧草,越低越好,则能促进新植株的发棵。

(5)本月是淡剑夜蛾、斜纹夜蛾、草地螟、黏虫、金龟子幼虫危害期,应抓紧喷药防治。菟丝子开花结籽,要彻底适时消除。

9.9 月份

(1)9 月份起气温下降,应对生长欠佳的草坪,进行一次秋季追肥,肥料同上所述。

(2)本月轧草应由上月的 3 次减为 2 次,即每隔 15 天轧草一次。上旬野牛草做最后一次修剪。

(3)本月起除运动场草坪外,其他各类草坪的浇水则应减少。

(4)国庆节前夕,应对观赏草坪及花坛中的草坪,进行一次切边养护工作。也可使用多效唑类生长抑制剂,控制草坪高度。

(5)草坪施肥应以磷肥为主,以促进根系的发育,增强其抗病及越冬能力。中旬,对暖季型草做全年最后一次施肥,施肥量15~20g/m^2,可将磷肥二胺、尿素单独或混合施用。为避免草叶发生灼伤,应在坪草相对干时进行撒施,施肥后应立即灌浅水。下旬冷季型草坪进行最后一次施肥,施肥量15g/m^2,磷酸二铵、尿素单独施用或混合施用,有利于延长草坪绿色生长期、安全越冬及来年增加分蘖。

(6)剪股颖草坪分栽应于下旬结束。

10.10 月份

(1)本月份气温继续下降,草坪植物生长逐渐缓慢,轧草一般减为1~2次。

(2)9月底、10月初,当年新播的草坪,容易发生立枯病(即猝倒病),它会使大片的新植株枯黄而死亡。对此病目前尚无防治方法,但可喷布硫酸亚铁液,制止其蔓延。

(3)对夏秋被踩踏而空秃的草坪,由于气温下降,可以从他处移来同类草坪补种。采用特制的草皮铲,将草坪切成厚2~3cm、长30cm、宽30cm的块状,然后平铺、浇水、滚压,约经一个多月养护,空秃即消失。

(4)暖季型草应在本月中旬做最后一次修剪,留茬高度一般不低于8cm,下旬冷季型草做最后一次修剪,留茬高度可控制在8~10cm,以利草坪草安全越冬。本月进行全年最后一次草坪修边工作。

11.11 月份

(1)本月气温继续下降,各类草坪受气温影响相继停止生长,因此轧草从这个月起全部停止。

(2)运动场草坪的浇水灌溉不能中断,但可以减少浇水次数。新铺、新播种的由于匍匐茎生命力较强。浇水仍需继续进行。

(3)草坪周围的树木经不起秋风霜打,飘落到草坪上,应扫除作为制作堆肥的腐叶材料。

(4)月底气温在10℃左右时,即为“夜冻日消、冬灌正好”。此时草坪开始灌封冻水,灌水深度应达15~20cm,新栽或新铺草坪可湿润至10~12cm。

12.12 月份

(1)年末前后,有几种草坪种,经不起霜冻,枯黄休眠,也有能经受霜冻的(如假俭草)。本月内都应进行1~2次冬灌,则有利其完全越冬。

(2)草坪在越冬前,喷施一次辛硫磷或石硫合剂,有利杀病菌和越冬虫卵。

(3)由于草坪生长停止,本月份的草坪养护已经很少,各种机具基本上不再使用,对各种机具设备,进行一年一度的保养和维修,并安全入库。

(4)年度结束,不仅要总结经验,还需要做好下一年的计划安排,以利及早准备明年草坪养护所需要的物质材料。

注:草坪养护标准可参考各地有关资料拟定。

无空秃、无积水、无低洼、无大型野草、无严重病虫害。休憩活动的草坪,高度一般不超过8cm,观赏性草坪一般不超过6cm。

第二节　检查与补植

一、检查

检查是公路绿化养护管理工作过程中必要的环节,检查的工作内容也繁多,检查的过程要从细微处入手,加大巡查力度,不仅要对绿地内设施设备进行检查、维修,加强卫生保洁,对卫生死角进行全面清理,而且病枝、枯枝及养护修剪后的树枝及杂草、自然落叶等,未经处理直接将其随意留在植株上或堆放在树根下、灌木丛中,既影响公路景观,又容易造成病虫害的滋生。秋季绿化检查养护重点是做好落叶树及一些多年生花卉的修剪工作,做好常绿树种一些内膛枝、下垂枝等枝条的修剪,并提高部分行道树枝下高度的控制性修剪,以满足植株的观赏价值;同时减轻来年树木养护的工作量,降低病虫害的发生几率,为保证来年树木能更好地生长打下基础。在日常修剪中未能很好的控制植株的生长,导致球形植物、绿篱和色块过大、过高,且发散、变形,促使其提早老化。

由于检查力度不足或其他原因导致检查过后仍然会遗留一些问题,需要特别注意以下事项。

1. 杂草问题

由于杂草生命力比一般植物强,当春天来临,万物复苏后,杂草生长比其他植物快,也是养护行业中的一大难点。虽然付出了一定的努力,但由于对绿化养护中杂草生长情况的规律认识不足,仍然导致某些区域杂草较多,要求养护单位对杂草做到"拔早拔小"。

2. 养护修剪不及时

由于养护单位投入的人力少,造成修剪不及时,球类、绿篱已出现窜头现象,枝条木质化后容易造成脚叶脱落,影响植物景观效果。个别无专职养护人员的单位为应付检查,临时租用养护管理人员进行突击养护、修剪,养护景观效果较差。

3. 病虫害现象较为严重

春天是病虫害的高发期,特别是蚜虫。在红叶李、海桐球、栾树上已多次出现。特别是栾树、合欢,若出现蚜虫,厉害时所产生的排泄物就会像油污一样落在地上,污染环境,影响路容路貌。有些养护单位疏于对病虫害的监测和预防,有的单位根本没有开展这项工作。

4. 滥用杀草剂

当出现大面积阔叶杂草时,有些养护单位不是首先采用人工刁草、挑草的方法进行除草作业,而是滥用杀草剂,如二甲四氯、草甘灵等,这样既污染环境,影响空气质量,又对其他要求正常养护的草坪造成药害(草坪枯黄现象)。

5. 养护不到位,力度不够

有些养护单位,养护力度不够,投入的人力不够;重补植工程,轻补植后的后期养护工作。特别是有些区域补种下去的苗木出现死亡现象,今后必须杜绝此类现象的发生。

6. 养护巡查的力度不够

某些地段的绿化受意外破坏,3～4 天甚至一个多星期,植株都已发黄、枯萎,但还在那里没有处理,更没有进行补植,说明养护人员巡查不到位。

认真到位的检查工作就是做到:植物生长茂盛,无明显枯枝败叶和病虫害,无缺株断行,整形植物和草坪修剪及时;绿地内清洁卫生,绿地内无烟蒂、无纸屑、无垃圾、无果皮、无塑料袋、无堆积物、无积水、无明显杂草、无宠物粪便,树池和绿地无裸露土;绿化设施完好,并做到按时维护。

二、补植与改植

补植与改植是在检查这一环节后根据检查的实际情况进行的,主要是根据检查中的缺株断行情况及时清理死树,补植回原来的树种并力求规格与原来树木接近,以保证优良的景观效果。补植要按照树木种植规范进行,施足基肥并加强管养措施,保证成活率达 95%,对已呈老化或明显与周围环境景观不协调的树木应及时进行改植。

(一)容器苗在补植造林上的应用

1. 实例分析

宽甸县 1991 年开始利用世界银行贷款,先后营造日本落叶松速生丰产林 12956.4hm^2。这个项目最重要的指标是要求当年造林成活率达 95% 以上,对大面积的落叶松造林,这个指标实现的难度很大。一般造林成活率仅在 85% 左右,如果第 2 年用三年生同龄大苗补植,效果往往不够理想,成活率较低;而用二年生移植苗补植,虽然成活率能够达到标准,但形成的林分往往参差不齐,分化较重,影响生长。由此可见,在当年提高造林成活率至关重要,是项目造林要解决的首要问题。几年来,他们通过采用容器苗进行当年补植造林,实现了造林成活率达到 95% 以上的指标。

2. 容器育苗技术要点

(1)营养土配制

营养土由黄黏土、腐殖土、有机肥组成,其比例依次为 30%～40%,40%～50%,10%～20%,磷肥 0.5%。混合前要全部过筛、清除石块等,并用硫酸亚铁消毒。混合时要搅拌均匀。在营养土的配制过程中,要严格掌握比例,不可过大或过小。

(2)容器袋的制作

用 0.1～0.2mm 厚的聚乙烯塑料制作,容器规格为 20cm×20cm。为使容器通气,在塑料袋底及周围打 12～16 个孔。

(3)植苗

苗木选择:选择苗高 40cm 左右,地径 0.6cm,根系发达的二年生健壮苗,并适度修剪根系。

栽植时间:4～5 月份。

栽植方法:营养土装 1/3 左右时,将袋放倒放入苗木,然后再立起来继续填装营养土;要使苗木放在容器中心,根系舒展,装土至 4/5 时,再用手轻轻提苗;装营养土时,要边装边摁,摁实为好。

(4)育苗地点选择及容器苗的摆置方式

育苗地点应就地就近,最好选择在造林地一角,排水良好的地段,避免异地育苗。容器苗在摆放时要首先将地面整平,将装好的营养袋苗沿长方形垂直摆放,袋与袋要紧密靠拢。为了便于管理作业,将营养袋摆放成 1.0～1.5m,长度依据苗木数量而定的苗床,然后将袋的周围培成土埂,并踩实,最后用细土将袋与袋之间的空隙填满,并适度压实,灌足底水。

(5)苗期管理

要经常浇水,保持营养土湿润,但不宜过湿,防止烂根。在补植前 4～5 天要停止浇水,促使营养土干固,移栽时不易破碎,提高成活率,保证补植质量。苗期要及时除草。

(6)补植造林

一般每个造林地块配备 15%～20% 容器苗,补植最好在雨季进行。补植时要注意保护好营养块,防止相互碰撞造成破碎,植苗时要将塑料薄膜袋剥离,严禁连袋一起栽植。

3. 效果分析

(1)保存率、林木生长和分化情况比较

1993 年,分别进行了容器苗、二年生移植苗和三年生移植苗补植造林的对比试验,试验地的立地条件、造林技术措施、幼林抚育、管护等均相同。用容器苗补植是当年造林、当年进行;用二年生和三年生移植苗补植在翌春进行。补植当年调查成活率,1996 年秋,对林木生长和分化情况进行了调查,如表 7-1 所示。

补植造林林木生长和分化情况　　　　表 7-1

补植用苗木	平均成活率(%)	平均树高(cm)	标准差(cm)	离 散 度
容器苗	96.7	273	17.63	6.5
二年生移植苗	95.1	233	28.31	12.2
三年生移植苗	86.3	261	18.27	7.0

从表 7-1 可以看出,容器苗补植造林成活率高,林相整齐,并且提前 1 年郁闭;用二年生移植苗补植虽然成活率能够达到标准,但林木分化严重,而用三年生苗补植造林,成活率偏低,达不到要求。1999 年秋对林木生长情况进行再次调查,结果表明,用容器苗补植造林的林分,其林分生长因子均高于其他补植造林的林分。

(2)经济效益分析

运用容器苗补植造林每公顷补植用苗 500 株,每株按 0.35 元计算,需 175 元,补植劳务费用 90 元,计 265 元,比用其他苗木补植造林增加成本 105 元/hm^2,但用容器苗补植造林可使幼林提前 1 年郁闭,节省一次抚育费用 300 元/hm^2,因而降低成本 195 元/hm^2。8 年来,宽甸县采用容器苗补植造林 8807.4hm^2,共节省营林费 17.17 万元。

运用容器苗补植造林,造林成活率可达 96.7%,每公顷降低营林成本 195 元,形成的林分林相整齐，结构合理，林木生长迅速。

4. 容器育苗提高中央分隔带补植成活率试验

中央分隔带的绿化是高速公路绿化中的重要组成部分，具有绿化环境、增加景观效果和防眩保障行车安全的双重作用。然而，中央分隔带恶劣的生态环境和交通事故造成了一定数量的苗木死亡，必须不分季节，随时补植，补植的树种规格要符合原设计要求。采用一般苗木及栽植方法补植，苗木成活率不高，调查数据显示补植成活率小于60%，影响了景观和防眩效果。为了解决这一难题，山东省高速公路集团有限公司鲁西分公司泰安管理处开展了培育容器苗，用容器苗补植的试验，提高了补植成活率。现将试验情况总结如下。

(1)试验区概况

山东省高速公路集团有限公司鲁西分公司泰安管理处负责京福高速公路泰安境内的养护任务，辖区内中央分隔带的主线总长58.272km。其中：京沪方向K157+797～K174+839；京福方向K172+000～K211+730；泰肥连接线1.5km。中央分隔带可绿化宽度2.6m，土层厚度0.6m，下设通信电缆。绿化模式有两种组合：①蜀桧(3棵一组横向)、木槿(2棵一组纵向)、紫薇、木槿(2棵一组纵向)，树下满铺中华结缕草；②蜀桧(3棵一组横向)、紫叶李(2棵一组纵向)、紫薇、紫叶李(2棵一组纵向)，树下满铺中华结缕草。组合间距8m，苗木间距1.33m。每年因干旱、冻害和交通事故造成相当数量苗木的损伤。

(2)试验材料与方法

①容器材料

a. 容器的选择。选用的容器为紫穗槐条编织的圆柱形筐，直径60cm，高60cm，紫穗槐容器易分解，有利于补植后的苗木生长，不会造成土壤污染。

b. 选择合格的苗木。春季苗木萌芽前，选择与中央分隔带内树种、规格一致、生长旺盛、无病虫害的蜀桧、紫叶李、紫薇、木槿等树种的苗木为试验苗进行移植培养，蜀桧苗高2m、1.8m处冠径30cm，土球直径35cm，紫叶李、紫薇、木槿等胸径3cm、苗高1.6～1.8m，根幅25～30cm。土球和根系保留不要过大，以免影响容器内的新根发育。

②试验方法

a. 圃地栽植。选择地势平坦、排灌条件良好、土层深厚、肥沃、湿润的轻壤土为苗木培育基地，深耕、细耙整平后以株行距1m×1m的密度挖穴，栽植穴深45cm，直径60cm。挖好穴后，将容器植入穴内，使容器的上沿高出地平面15cm，在容器底部放置一层防水土工布，以防苗木的根系向下发展，造成起苗难和补植成活率的降低。将带土球的苗木放入容器内，扶正、填土、踩实。栽植蜀桧时先向容器内垫入一层5～10cm厚的土，然后栽入苗木，待苗木栽植完毕，再沿行的方向起垄，垄的高度和宽度以将容器上沿全部埋入垄内为准，浇足定植水。

b. 育苗圃地的管理要点如下。

浇水：在确保苗木不受旱害的前提下，要尽量减少浇水的次数，以提高苗木的抗旱能力，防止枝条徒长，具体根据天气情况和苗木的外观表现来确定浇水与否。雨季要及时排水、防涝。

施肥：以复合肥和有机肥为主，避免使用单纯氮元素肥料，以防苗木徒长，降低苗木抗逆能力。施肥采用“少量多次”的施肥方法,将肥料直接施入容器内,利用根的向肥性,促进容器内的新根生长。

修剪:适当修剪,以控制苗木的高度和冠幅,使外观形态与中央分隔带苗木相似,以提高补植的景观效果,结合修剪去除苗木的病虫害枝,增强苗木的抗病虫害能力。

补植:容器苗在育苗基地内培育一个生长季后,容器内的根系已发育良好,且有一定数量的根从容器壁的缝隙延伸到容器外的土壤中,此时的苗木可用于中央隔离带的补植。补植时间为 2004 年,为了探索不同季节补植对成活率的影响,又分别在 4 月、6 月、10 月 3 个时间进行了 4 个树种的补植试验。补植穴深 60cm,直径 70cm,将苗木带容器栽植穴内,在回填土内拌入 20g 尿素,回填后可加速容器的分解并能提高苗木的生长势,浇足栽植水,用缆风绳将苗木固定以防风倒。

(二)幼林的检查和补植技术

1. 幼林检查的意义

幼林检查的目的在于查清造林后的苗木数量和质量,也就是成活率和保存率。同时要总结造林工作中存在的问题,及时推广和交流经验,提出改进办法,拟定必要的抚育管理措施。

2. 幼林检查的方法

幼林检查工作,包括造林施工验收和造林后最初几年的幼林清查工作。

(1)造林施工验收

造林施工完后 1 个月内,组织有关人员,按造林设计要求,对全部造林工作进行检查验收。验收时,进行全面踏查,用适应的方法确定造林面积,对实际造林密度,必须用全面踏查结合抽样实测的方法来确定;对造林质量可根据目测法评定,必要时可少量实测,如苗木是否踏实,覆土的深浅是否适当,石块是否拣尽,是否窝根等。对检查中发现有问题的,均应尽早纠正。对于合乎规程和施工设计要求的,应填写验收单,并由全体验收人员签字。

(2)幼林清查

幼林清查在秋季幼树生长期结束时进行,以判定造林成活率,林木生长情况,评定造林质量,拟定经营抚育措施,对成活率过低的地带重新造林。

①造林成活率的调查方法、成活林地采用标准行方法,面积在 6.7hm^2 以下,标准地(行)应占 5%;6.7 ~ 33.3hm^2,应占 3%;33.3hm^2 以上,应占 2%。标准地(行)的选择要随机抽样,山地的幼林调查要包括不同部位和坡向,防护林带每隔 100m 检查 10 ~ 20m,力求调查结果符合实际。

②成活率的计算公式如下:

$$\text{标准地成活率}=\frac{\text{标准地(行)成活株(穴)数}}{\text{标准地(行)种植株(穴)数}}\times 100\%$$

$$\text{平均成活率}=\frac{\text{1 号绿化面积}\times\text{成活率}+\text{2 号绿化面积}\times\text{成活率}+\cdots\cdots}{(\text{1 号绿化面积}+\text{2 号绿化面积}+\cdots\cdots)}\times 100\%$$

在计算平均成活率时要注意:不要把成活率低的绿化面积扣减出去。不论成活率高低,有一块算一块。造林成活率不达标，要从统计的绿化面积中注销，不计入绿化完成面积，而列入宜林地，重新整地绿化。幼林清查后，要根据评定结果，总结经验，并对各项技术措施作出评价，提出改善幼林现状应采取的措施。

3. 幼林补植如何应用容器育苗

补植是一项费工费事的作业，其效果往往又不好。要避免补植和减少补植工作量，应努力提高造林技术水平，争取达到较高的造林成活率。

要提高造林成活率，容器育苗是提高造林成活率和保存率可取的办法。建议采用容器育苗，在造林后进行补植，效果好。因此，在绿化工作中应抓好以下两点。

(1)转换观念，提高认识，实施科学造林

造林是林业职工非常熟悉的一项工程，但是怎样造好林，科学培育苗木，有的地方人们还没有深刻认识到，以旧的观念、老方式进行育苗造林和补植造林。虽然造上林，但是成活率达不到要求，补救措施不当，管理粗放，造成了"第一年绿油油，第二年黄澄澄，第三年见阎王"的恶性循环。造林不见林，其主要原因是人们在思想上没有深刻认识到社会在不断前进，先进的科学技术不断在发展，公路绿化也是同样要改变旧观念，科学育苗造林。采用容器育苗在造林后进行补植，保证了造林的成活率和保存率，这种措施应全面推广适用，真正认识到科学造林是恢复森林资源的关键举措。

(2)如何做好容器育苗在造林补植上的充分应用

由于过去育苗很少采用容器育苗机新技术，在造林上更没有先例。随着国家天保工程的实施，造林工程拿到议事日程上来，怎样才能保证造林成活率和保存率被摆在首要位置，所以必须改革创新，采用容器育苗新技术，才是解决造林成活率的唯一出路，也是从上到下要解决的关键问题。容器育苗优点很多，虽培育造价高。但对提高造林后补植成活率高，抗旱性强，采取了用容器育苗对造林后进行雨季补植的办法。经过对照，容器育苗补植后成活率高达98.5%以上，过去补植用移栽苗进行雨季补植成活率在40%左右，比容器育苗成活率减少一倍。由于移栽苗起苗时新生根损伤造成缓苗时间长，扎根困难，所以不能及时成活。雨水不调合很容易死亡，年年补植不见效，浪费人力、物力、财力。每两株苗成本相等于容器育苗一株，但效果没有容器育苗造林后补植的高。而容器育苗上山造林，补植营养土壤没有破坏直接移在造林地，缓苗短，易扎根，耐干旱性强，成活率高。最好是雨季移栽效果更佳，有条件的地方可浇水保证成活。但缺点是成本高，工作效率低，用于全部造林，经济上负担重，对造林后进行补植还是切实可行的。

使用容器育苗进行补植，应做到以下几点：

①根据苗木大小选定塑料容器规格，并且要选择不易腐烂，成本低廉的塑料薄膜。

②营养盒内装好土底肥，土壤最好是腐殖土。

③容器育苗应当选择的苗木一定要根系发达，无病虫害和损伤，有培养价值的苗木，最高在20～25cm，地径在0.2～0.3cm。也可用上山苗，苗高15～20cm的优质壮苗，缩小造林用苗的差距。

④运输容器育苗时一定注意不要碰碎容器盒，保持完整，苗木不要碰掉树梢。

⑤要及时栽植，坑栽树苗的深度一般在15～18cm左右，将幼苗放入穴的正中，同时舒

展苗根,先培表土,后培心土,然后踏实。

⑥在有一定条件的下可浇水保证树苗成活。

⑦做到及时抚育管理。容器育苗造林和进行补植是提高造林成活率切实可行的措施。

综上所述,容器育苗进行造林和补植是提高造林成活率和保存率的关键措施,随着社会的发展而不断进步,现代林业的理论、观念也不断地变化、更新。现代林业的科学发展必将为中国乃至世界人类生存环境的改善做出新的贡献。

4."备补苗"补植技术在造林中的推广与应用

(1)备补苗补植技术概述

①备补行。造林时间隔一定距离每穴植双株苗木的苗行。

②备补苗补植技术。在立地条件基本相似的情况下,以林龄1~2年的造林地的苗木保存率为依据,如表7-2所示。在新造林地中间隔一定的行数,设"备补行"(2株/穴),1年以后的雨季补植时,将备补行内每穴多余的苗木补植到附近其他行死苗空穴内。

依苗木保存率确定间隔行设备补行对照(试行) 表7-2

苗木保存率(%)	实际保存株树(株/hm^2)	间隔行数(行)	需补植苗数(株/hm^2)	补植后株树(株/hm^2)	补植后成活率(%)
84	4200	9	555	4755	95.1
83	4140	8	624	4770	95.5
82	4095	7	413	4815	96.2
81	4050	6	833	4875	97.7
76~80	379~3990	5	999	4800~4995	96~99.9
61~75	3045~3750	4	1248	4290~4980	85.9~99.9
52~60	2595~2700	3	1665	4260~4665	85.3~93.3
40~51	1995~2505	2	2498	3450~4995	90~99.9

注:造林时保存率查此表确定间隔几行确定备补行,但出现同一造林地块的土壤、气象、水肥等立地条件好坏不同时,施工人员可依具体情况灵活增加或减少行的间隔行。

(2)备补苗补植技术的注意事项

在造林过程中备补行应安排2人植树作业,以利于与其他植树人员进度相一致。双株穴中的苗木间隔应在30cm以上,以便起苗时互相不伤根。新造林地块的备补行设置应根据与其立地条件相似的造林地块保存率,查表来确定间隔几行设备补行。注意在开始造林时沿一边甩出一半的间隔行设备补行。

(3)备补苗补植技术推广与应用的意义

应用此技术后,减少了苗木假植、苗木管护、起苗、运苗等工序(相当于把苗木假植在山上),缓解了育苗用地紧张问题,又节约了大量管理资金;另外此技术推广后,栽植时用的备补苗首先适应野外的立地条件,其次是带土坨移栽,所以比以前用营养杯苗补植和裸根苗补植的造林成活率和保存率均高。

(三)补植苗木的水分管理

在公路绿化中,由于多种原因,绿地中苗木缺棵现象非常普遍,为了保持原有设计风格及绿化效果,重要措施就是重新修整、补植苗木。在实践中发现,在整路段零星补植的苗木成活率或保存率比成片种植的苗木成活率和保存率较低。这中间除去其生存环境(局部小环境)及其所处具体区段原因外,水分管理不到位是重要原因之一。

1. 导致苗木缺水的主要原因

(1)定根水不足会造成苗木根系(土球)与周边土壤不密实。由于根系吸收水分是通过根毛与土壤中土壤溶液接触而进行的,如果定根水不足,造成根系与土壤(或土球与周边土壤)空隙过多过大,苗木的根系或土球无法在周边土壤中吸收足够的水分,苗木的恢复就会变缓,出现半死不活现象,甚至死亡。

(2)苗木定植并浇定根水后,未能根据需要及时补水。苗木定植后,虽然浇灌了定根水,但此时根系尚未恢复(移植时附有大量根毛的须根受损),苗木的水分代谢平衡因移植而受到破坏尚未建立起新的平衡,因此,必须进行人工叶面补水,并根据季节和天气情况调整洒水量和频次,尤其是木质化程度较低的小苗更是如此;对于乔木,除确保土壤保持一定湿度外,还应采取相应措施,保持树干的湿度,以确保树体水分代谢平衡,正常发芽抽枝。

(3)春季定植的树木,到当年夏季根系尚未完全恢复,抗旱能力极弱,一旦土壤偏干,在蒸腾量极大的旱季,苗木就会因得不到足够的水分而出现萎蔫,直至死亡。

(4)有些苗木定植后,虽渡过了当年道道生死关口,却于次年春季悄然失绿而死,如桧柏类就常出现这种情况。根据观察,主要是由于这些苗木在其原定植时的土球外侧土壤中尚未发生足够量的新生根,春季萌芽抽枝时,需耗用大量水分,此时如不及时对定植地补充水分,苗木就会出现因缺水失绿而死亡的现象。

2. 补植苗木的水分管理措施

(1)浇足浇透定根水是确保苗木成活的前提。补足的苗木,尤其是道路绿化中补植的苗木,往往是断断续续,东补 2 株,西补 2 株,这给浇定根水带来很大难度,但不管是采取停车灌溉还是其他方法,都必须将定植苗木土球及周边土壤浸透,以达到土壤与土球(根系)相互密实,在充分固定苗木的同时,有利于根系的生长和从土壤中吸收水分。

(2)苗木定植后的后期洒水,主要是为了保持土壤湿度和叶面湿度,维持苗木的水分代谢的平衡。此时浇水应采取小水细洒,并根据实际情况确定浇水间隔时间和浇水量。

(3)春季定植的苗木进入夏季后,苗木自身水分代谢平衡体系虽已初步建立,在土壤水分充足的情况下,能满足自身基本水分代谢需要。但由于其根系尚不足够发达,抵御干旱能力极弱,故在蒸腾量极大的干旱夏季,要确保树木成活,在一定深度范围内的土壤必须保持一定湿润度,这样也有利于根系向下生长,增强苗木的抗旱能力。

(4)树木有根系和枝干交替生长的现象,而且是春季地下部(根系)先于地上部(枝干)生长,故此,春季保持土壤充足水分,有利于促发新根,形成大量须根和根毛,为苗木发芽时吸收大量水分提供了必备条件;同时充足的水分也为随后而至的抽枝发芽而准备了丰富的水源。故此,春季补水对于根系尚不非常发达的补植苗木来说,是使其真正成活的必不可少的措施。

3. 开展雨季补植是提高造林成活率与保存率的有效措施

(1)开展雨季补植的意义

更新造林都集中在春季进行,但是由于近年来森林生态环境的恶劣,使不少气候湿润风调雨顺的林区,也出现了十年九春旱的现象,降低了造林成活率。黑龙江省大海林林业局为解决春季造林任务大、时间短、劳力紧张的矛盾,开展了一部分雨季造林试验,收到了良好效果。1999 年 7 月 23 日在深山区海浪林场一季度伐区 9 林班,海拔 1100m,利用本场圃地 4 年生红皮云杉,进行了 $1hm^2$ 雨季造林试验。

根据当年秋季调查,成活率达 100%,第二年春季调查保存率 98%,并且生长良好,高生长平均达到 43.7cm,根径 1.2cm,为今后雨季造林和补植提供了可靠依据。

(2)雨季补植的具体做法

①掌握雨季补植的时机。"春栽早,雨栽巧,贵在时机掌握好。"由于 8 月份气温明显降低,也正是雨季补植的最佳时期,各苗圃都做好起苗的准备,随起随造,当日苗木当日栽完决不过夜,缩短了苗木与空气接触时间,减少了苗木本身水分的消耗,有效地保持了苗木生活力。

②把好苗木关。雨季正是苗木生长旺季,皮质好,苗梢嫩弱,木质化程度不好。一是要把好起苗关,深挖不硬拔。打包、运输、假植时要浇足水,严防苗根风吹日晒,要特别注意轻拿轻放,以免碰断嫩梢和顶芽,苗木出圃后,尽量做到分散保管,装入苗木罐内和植苗人员一同上山,有利于保护好苗木不受损伤。

③抓好栽植关。雨季补植的穴面要求不宜过大,直径 30 ~ 35cm,以避免晴天烈日暴晒,减少水分蒸发,栽植时用窄面平镐或植苗铲采用窄缝栽植,刨穴和栽植密切配合,深浅适中,不窝根,培土密实不透风。

(3)雨季补植成果调查

通过重点调查,大海林林业局 2000 年平均成活率由补植前的 90.7%,提高到 96.3%,1999 年株数保存率由补植前的 85.6%,提高到 91.5%,可见效果是明显的,办法是可行的,大海林局这次大面积的雨季补植,从调查材料来分析,雨季补植有以下几点体会:

①红皮云杉对光照、土壤、水分要求都有较大的可塑性,成活率较高,是雨季补植的最佳树种。但是栽植质量和苗木管护是一项不可忽视的技术措施,如果苗木管理不当,苗木不能当天栽植,经过高温日照、风吹,苗木水分蒸腾,栽植质量再好,苗木也难以成活。

②补植的苗木是春造时用造林地附近的苗木好于外调苗木,主要缩短苗木日晒和水分蒸腾时间,对苗木成活起着决定作用。

③补植苗木最好选用 S1 -2 型红皮云杉,红松、樟子松、水曲柳。S2 -2 型红松雨季补植成活率较低,因为苗木过大,栽后地上部分在高温下水分大量蒸腾,地下部分处于休眠缓解状态,造成生理失调,生命力降低,保证不了成活。

④雨季补植,可解决春季劳动力紧张矛盾,遇到干旱又不易成活地块,在干旱季节可以不造,把苗木运到山场适宜地址假植,进行雨季造林,是提高造林"两率"的有效措施。

4. 干旱丘陵地区大面积建造经济林的同步补植技术

近年来，各地都在进行山区综合开发和经济林基地建设，一年治理一个流域，秋冬挖大沟整梯田春季栽植经济林苗木。但由于冬季雨水偏少、土壤透风、春季干旱时间长、雨季推迟、苗木远距离运输、假植时间长和建林后人畜损坏等原因造成成活率和保存率降低，整个基地缺株断条。按常规方法只能等到来年休眠期补植，造成树龄不一致，林相不整齐，还延长了产前期，影响了经济林基地建设水平和群体效益。

从 1996 年开始，山东省临朐县杨家河乡林果站在兴龙流域板栗基地建设中，除了加强常规栽培技术措施和适时抗旱浇水外，进行了同步补植方法试验，取得了成功，达到了当年建园，当年成功，树龄一致，林相整齐的效果，树木保存率 100%。1997 ~ 2000 年又先后在朱家峪流域大枣基地、庚黄流域柿子基地、张黄流域板栗基地、鸡冠山流域桃树基地推广应用，效果明显，5 年共建成经济林基地 $720hm^2$，当年保存率均达 100%。

兴龙流域板栗基地位于杨家河乡西部丘陵地带，属沙壤土，坡度 28°以上，土层厚度 45cm 以下，年降雨量 630mm，其中 10 月至次年 2 月份降雨量 80mm，3 ~ 6 月份降雨量不到 90mm，多集中在 7 ~ 9 月份。1995 年 10 月 10 日至 11 月 20 日进行爆破式整地，面积 $73hm^2$，1996 年 3 月 10 ~ 15 日进行统一建林。按行距 5m、深 1m、宽 1.5m 开挖水平沟，栽植株距 4m，每公顷定植 495 株，$73hm^2$ 为 3.63 万株，同时按照 15% 的比例留出 5445 株预备苗用于补植。

用普通化肥袋（或相应材料）制成 0.4m × 0.5m 的袋子，盛满定植土（基地内较好地块的土壤），将预备苗植于袋中央，再将这些袋植苗分片集中在水源条件较好的地段置于 0.5m 深的沟内，单行排列，整成畦，浇透水，管理措施随定植苗木同步进行。

建林后从 3 月底开始检查成活率，发现有未成活株或死株，可随时补植，即在缺株部位挖穴，把袋植苗整体挖出（将袋子底部割开），整体植于穴内，填平后灌水，将袋子从土中提出。只要有缺苗的，全年随时都可如此补植。

（四）不同种类植物的补植

定期开展苗木的发芽、生长及病虫害发生情况的调查，认真做好调查记录，发现问题应及时分析原因，采取积极补救措施。对因病虫危害、人为破坏、机械损伤、灾害性天气等原因，而造成的枯死、损坏、丢失的苗木，应尽快落实苗源，确保补植工作的顺利进行。

1. 草坪修补、补播

对因施工破坏、人为践踏、病虫危害、施肥浓度过大、恶性杂草侵害、除草剂使用不当等原因，造成的地表明显裸露、局部枯死或斑秃，面积直径达 10cm 以上者，应随时进行修补。斑秃率达 10% 以上时，应集中修补或补播。对生长势较差、杂草丛生、已失去观赏价值的草坪，应进行彻底清除，重新进行播种和补栽。

（1）清除残留枯草

将斑秃草坪切块起出，并清理干净。去土的厚度要和草坪卷的土层厚度一致。清除斑秃地残草时，应将边缘切整齐。

(2)土壤消毒

对因病害或地下害虫造成的斑秃地块草坪,土壤必须进行消毒、杀虫后再进行补植、补播。土壤消毒可喷施辛硫磷或杀菌剂。

(3)土地整理

人为踩踏和车辆碾压硬实地块,土壤必须翻耙疏松、平整后再进行补植、补播。

(4)草坪补植、补播

应选用原草种,新补草块要与草坪紧密相接,尽量减小缝隙,修补后草坪平整、美观。暖季型草种补播工作,应在7月底前后完成。冷季型草种、二月兰补播工作,应在10月中旬左右结束。

2.乔、灌木类补植

病虫害发生严重、失去观赏价值、已枯死及损坏严重的苗木,应及时拔除,挖好树穴适时进行补植。

(1)品种要求

补植苗木品种、规格,应与原栽植苗木相同。

(2)栽植要求

补植苗木的栽植,必须符合苗木栽植的各项要求。

(3)土壤消毒

因患根头癌肿病(如樱花、桃树、紫叶李、海棠类、刺槐、香椿、杨树等)、黄萎病、枯萎病(如合欢、黄栌、丁香、紫荆、红枫等)、立枯病(如小叶黄杨、小叶女贞、水蜡等)、根腐病(如雪松、白皮松、柳树等)、白(紫)纹羽病(如杨树、柳树、白蜡、国槐、悬铃木等)等土传病害而死亡的苗木,补植前树穴或栽植槽必须更换栽植土,或土壤消毒后方可进行补植,补植苗木根部或土球可喷施杀菌剂保护。补植养护中密切关注土传病害是否再发生,并做好防治预案。

(4)支撑、灌水

①大型乔灌木,补植后先用支撑将树体支撑牢固,支撑必须符合要求。

②补植苗木必须灌好三水,不可漏灌。为防止苗木漏灌,应将补植苗木品种、补植时间、补植位置、一、二、三遍水的已浇灌时间,进行列表,及时填写。绿篱补植后最好先不修剪,待二、三水后再剪,以免因漏灌而造成苗木死亡。

3.花坛、花境苗木补植

花坛、花境内人为踩踏、折损或死亡苗木应随时拔除,及时进行补栽。自播繁殖的一、二年生花卉地面裸露处需撒种补播,出苗密度较大时,应适时进行间苗,防止花苗倒伏。

(五)公路改扩建工程绿化补植技术对策

1.高速公路扩建工程对绿化补植的影响

高速公路扩建工程项目作为一种在原有工程基础上实施的工程行为,不同于新建项目,有其自身的特点和规律,尤其是对原有绿化的影响,更是不容忽视。归纳起来,高速公路扩建对绿化补植系统影响有如下特点和规律。

(1)分离式扩建绿化对原有绿化系统的影响不同

分离式扩建绿化相对于中央分隔带绿化有其自身的特点。相对而言,中央分隔带绿化主要考虑防眩效果,绝大部分采用的都是规则式种植。而分离式扩建绿化在路域较宽的情况下多数采用自然式种植或补植,打破传统的常绿小灌木间植部分花灌木的绿化带式,在满足正常的防眩前提下,更多的采用高度错落有致的乔灌木相结合的片植效果,使之更好地达到分隔空间、变化过渡、衬托景物、美化环境的景观效果。

(2)工程施工使原有绿化树木遭到严重破坏

无论何种工程施工都会对公路原有绿化系统造成一定程度的破坏。一是由于工程施工过程中的人为破坏,使原有树木遭遇灭顶之灾;二是由于工程施工过程中较多的使用石灰、粉煤灰、矿渣和石砾等材料,特别是回填了大量的建筑垃圾,给以后的绿化工作带来困难。

(3)公路等级及技术指标的提高对绿化工程的功能提出了更高要求

高速公路等级及技术指标的提高,尤其是非高速公路扩建成高速公路后,势必对绿化系统的功能提出更高的要求,原来的绿化系统往往不能满足要求,需要通过一定的技术、工程措施提高绿化系统的功能。如防眩功能、视线诱导功能等往往会因为公路技术指标的提高而对其提出更高的要求。

2. 科学地保护好原有树木的措施与对策

(1)做好前期规划设计

前期规划是解决问题的关键所在。在高速公路规划之初科学地计算交通量并结合道路远景规划一次性完成基础工程的施工,路面中央预留一定车道数不摊铺面层,使其与中央分隔带一起构成绿化用地,这样一来只会对局部造成一定的影响,而不会影响到整体绿化系统。高速公路建设初期最好能配套路线两侧一定宽度的绿化带,以保证在扩建时不破坏原有绿化带树木。

(2)对原有树木的保存

对于路线必经地区现有树木的留植或砍伐均应有妥善的保存措施。

①现有的树木如非必要,就不应该为施工方便而予以砍伐或毁灭,应极力予以保存加以维护。

②选择性的砍伐,不但有助于幼树的生长,并可造成眺望空间,更能起到造景目的,形成较自然的景观。

③有纪念意义或生长良好的树木,非为必砍,更应保留。

④一些原有花木可在公路施工前移植于暂设的培育区域内予以培养,待进行公路绿化施工时,再适当利用这些本地的植被材料,快速建植成良好的景观效果和防护效果,缩短绿化成效时间,并将可获得最经济有效的绿化目的。

(3)科学合理地组织工程施工

科学合理地预留一定数量的车道,减少了人车穿越旧路侧绿化用地的范围。合理地组织土木工程施工,严格要求施工过程中产生的建筑垃圾、废料等集中后清运,严禁施工人员将其堆置或抛洒到绿化场地中。施工完后应尽快予以恢复,对先前的施工必经之地进行换土、施肥。以保证补植苗木的成活率。

(4)合理选择配置绿化苗木

前期苗木的合理选择是制约是否适合高速公路扩建的至关重要元素,乔木与灌木相结合、深根性与浅根性相接合的原则。在受扩建工程施工干扰的绿化区域内可侧重速生、浅根性的树种并结合旧路原有树木进行选苗,使其景观效果协调统一。绿化材料多样性是高等级公路绿化的一个基本原则,用多种绿化材料进行绿化和景观营造,容易形成一个自然规律环境协调的生态群落。当然多样植物混合绿化是有一定要求的。

(5)养护管理技术

植物种植成活后,生长情况的不同,直接影响到整个绿化工程的效果,这就对绿化养护提出了较高的要求。公路绿化工程的施工养护工作受自然条件的约束较大,而后期的养护工作更是需要投入较大的人力、物力才能维持路域生态系统的长期稳定。首先要选准恰当的种植时间,力保成活率。其次是既要注意抗旱和防冻,又要注意防病虫害。最后,道路绿化的养护管理还必须防止人为破坏,要加强宣传工作,公路绿化美化是一项功在当代、利在千秋的公益事业,要增强群众爱护花草树木的环境意识。

研究公路改扩建工程中对原有公路绿化系统造成的影响及措施对策是一个新的课题,基本无经验可循,设计中也没有固定的模式可参考,而公路绿化设计总的原则是实现公路景观与环境景观的协调统一,与当地风土人情、历史环境相协调、与时代感相协调、与社会发展相协调,从而最终实现公路交通事业的可持续发展。

公路绿化养护检查考核标准

(一)绿地整理(共15分)

1. 绿地切边、松土、除草到位,树穴按要求整修及切边,得8分。

2. 绿地内沟系整洁,水系连通无积水,得4分。

3. 绿地整洁、干净,无枯枝落叶和垃圾,得3分。

(二)树木(共15分)

1. 生长旺盛,树冠整齐,主侧枝分枝均匀,数量适宜,内膛通风透光,得4分。

2. 叶色正常,无卷叶、黄叶(生长季节),得2分。

3. 枝干健壮,无枯、死枝,得3分。

4. 缺株在≤2%以内,不得有连续2棵缺株,补植树木与原树木径级不超过30%,得4分。

5. 树穴内无垃圾杂草、土壤松疏,得2分。

(三)草坪(共15分)

1. 生长旺盛,草根不裸露,得4分。

2. 生长季节不枯黄,杂草率≤15%,覆盖率达95%以上,得4分。

3. 修剪及时,修剪高度符合要求,无垃圾及堆料、堆物,得4分。

4. 草坪空秃面积不超过$0.1m^2$,得3分。

(四)花卉(共15分)

1. 全年换花6次,得4分。

2. 花卉生长正常,无枯枝残花(残花量≤10%),无缺株、倒伏,得4分。

3. 花坛图案清晰,色彩鲜艳,花朵繁茂,花期一致,覆盖面积85%以上,得4分。
4. 花径花卉层次分明,高矮有序,得3分。
(五)绿篱及地被(共15分)
1. 生长茂盛,枝条茂密,得6分。
2. 修剪成形,完整无缺,得5分。
3. 无垃圾杂物,得4分。
(六)浇水(共10分)
1. 浇水及时,得5分。
2. 浇水质量达标,得5分。
(七)病虫害防治(共10分)
1. 病虫害防治措施到位,得5分。
2. 无发生病虫害,无造成严重后果,得5分。
(八)人员、设备、服装(共5分)
1. 养护人员,设备到位,得3分。
2. 养护人员,统一制服,得2分。

第三节 整形与修剪

在公路绿化时,对任何一种树木,都要根据它的功能要求,将其整形修剪成一定的形状,使之与周围环境协调,更好地发挥其观赏效果。因此,整形修剪是树木栽植及养护中日常工作之一,它是调节树体结构、恢复树木生机、促进生长平衡的重要措施。

绿化工程是通过精细种植和精心养护,使植物形态优美,来实现其观赏价值的。其特点是绿化面积小,施工难度低,养护容易。而公路绿化除满足行车所需动态观赏效果外,更需要起到恢复自然、改善道路路域环境,以及防止边坡受冲刷、减少水土流失等作用。植物的栽植施工及养护难度大,生长环境恶劣,植物洒水、施肥不易操作,只能实行粗放管理,所以单纯追求美化效果的目的不适于高速公路,采用节约型养护技术进行管理才是公路建设与发展的必然要求与趋势。

公路绿化应根据“因地制宜、因路制宜、适地适树”的原则,在公路绿化实施前,对绿化路段进行现状和自然情况的调查,进行路段绿化总体设计,使之具有目的性、整体性、稳定性和艺术性,充分满足公路绿化功能要求。

高速公路因其车速高、流量大,进行绿化时,公路两侧土路肩、边坡以种植人工草为主,中央分隔带宜种植不同颜色的灌木、花卉和草皮,不应栽植乔木。

一级公路绿化应以乔木为主,可配植一些灌木和花草。平原路段应以人工造景为主,采用不同的绿化植物品种,以不同高度、不同株距分段组合方式进行;山区路段应以自然景观与人工造景相结合的方式绿化,并尽量利用自然景观;位于城市郊区的路段,有中央分隔带或分道行驶隔离带的,可栽植绿篱和花草。绿篱的高度以60~120cm为宜,在平曲线处可适当高些，可起防眩作用。其两侧按平原路段标准绿化。

二级公路绿化应尽量采用乔木与灌木相结合的方式进行，避免单一品种长距离栽植形式，并充分体现当地特色。

三、四级公路车速较慢，可采用行列对称式的栽植方式绿化。为增大两侧透视度，应加大株距，以4～6m为宜。在平面交叉、立体交叉以及隧道进出口等地，应根据地形条件进行绿化，并在平面交叉处应按设计要求留出规定的视距。在设计视距影响范围以内，不应种植乔木。

一、树木整形修剪的目的与原则

整形是指树木生长前期（幼树时期）为构成一定的理想树形而进行的树体生长的调整工作，是对树木植株施行一定的技术措施，使之形成栽培者所需要的树体结构形态。

修剪是指成型后实施的技术措施，目的是维持和发展这一既定的树形，是对植株的某些器官（如芽、干、枝、叶、花、果、根等）进行修剪或删除的操作。

整形是目的，修剪是手段，整形是通过一定的修剪措施来完成，而修剪又是在整形的基础上，根据某种树形的要求而施行的技术措施，二者紧密相关，统一于一定的栽培管理的目的要求下。整形修剪一定要在土、肥、水管理的基础上进行，它是提高公路绿化艺术水平不可缺少的一项技术环节。同时，对于公路树木强调“三分种、七分管”，其中整形修剪技术，就是一项极为重要的管理养护措施。

（一）树木整形修剪的主要目的

1. 调节树木生长和发育

（1）促进树体水分平衡，保证移栽成活

在挖掘苗（树）木时，由于切断了主根、侧根和许多须根，丧失了大量根系，必然会造成树体的地上、地下部分平衡破坏。因此，在苗（树）木起挖之前或以后应立即进行修剪，以减少蒸腾量，缓解根部吸水功能下降的矛盾，使地上和地下两部分保持相对平衡，否则必将降低移栽成活率。

（2）调节生长与开花结果

对于观花、观果树种，可以调节树木养分的分配，促使一些部位的养分积累，调节营养生长与花芽分化，使新梢生长充实，促进大部分短枝和辅养枝成为花果枝，形成较多的花芽，提高观赏效果。在观花观果树木中、生长与结果之间的矛盾，在树木一生中同时存在，贯穿始终。通过修剪打破树木原来营养生长与生殖生长之间的平衡，调节树体内的营养分配，协调营养生长与生殖生长，使双方达到相对均衡，为花果丰硕、优质创造条件。

（3）调节同类器官间的平衡

一株树上的同类器官之间也存在着矛盾，需要通过修剪加以调节，以有利于生长和结果。修剪调节时要注意器官的数量、质量和类型。有的要抑强扶弱，使生长适中，有利于结果；有的要选优去劣，集中营养供应，提高器官质量。对于不同类型的枝条，不仅要有一定的数量，而且要有长、中、短各类枝的比例，使多数枝条健康生长。

2. 保证树木的健康

放任生长或修剪不当的树木，往往树冠郁闭，致使树冠内部相对湿度增加，为喜欢阴湿环境的病虫繁殖提供了条件。如果枝条过密，内膛枝得不到足够的光照，内膛小枝光合产物减少，致使枝条下部光秃形成天棚型的叶幕，开花部位也随之外移，呈现表面化。通过适当修剪，去掉部分枝条，使树冠内空气流通、光线充足，则会减少病虫害的发生。而且内膛小枝得到充足的阳光，光合作用加强，促使其形成大量的花芽，为全树立体化开花创造了条件。

3. 控制树体结构，培养良好树形，提高观赏效果

自然状态下生长的树木，由于没有人的干涉，在其自然生长过程中，在生态环境的作用下形成一定的树形，应当说，自然的树形是美的，有较强的观赏效果。但是公路绿化中由于受地上、地下管线限制和建筑的局限以及其他环境因子的影响，树木需要修剪、整形才能既提高观赏效果又能适应所处环境。

比如行道树要不受车辆和行人的影响或树木不影响车辆和行人，分枝高度要有保证，这就要依靠修剪来解决这个矛盾；输电线路旁边树木，如果不修剪，将会影响电路和人身安全。

另外，从公路景观的要求来讲，单纯自然树形还不能满足观赏要求，通过修剪使树木在自然美的基础上，使之与周围的环境形成和谐统一的景观，更符合人们的观赏特点；从树冠结构来说，经过按形修剪，树枝的分布和排列就会更合理，使各层的主枝在主干上分布有序、错落有致、层次分明、树形美观。对开花树木修剪可促进花芽形成；对于结果树木修剪可提高果实产量和品质。多年生长的园林树木枝条密集，逐渐可能出现枯枝、死枝以及病虫枝，影响树木外形美观。树木的配置要与周围的房屋、亭台、假山、水面、草坪等空间相协调，形成各类景观。

因此，栽植养护中要通过不断的适度修剪来控制与调整树体的大小，以免过于拥挤，影响公路景观效果。

4. 调节树木与环境的关系

修剪可以调节树木个体与群体结构，提高有效叶面积指数和改善光照条件，提高光能利用率；有利于通风，调节温度与湿度，创造良好的微域气候，使树冠扩展快，枝量多，分布合理，能更有效地利用空间。树上的死枝、劈裂和折断枝，如不及时处理，将给人们的生命财产造成威胁。同样，为了防止树木对房屋等建筑的损害，通过修剪根系或将树木移走来解决。

5. 促进老树的复壮更新

树体进入衰老阶段后，树冠出现秃裸，生长势减弱，而对一棵衰老的树木进行强修剪，剪掉树冠上的主枝或部分侧枝，可刺激隐芽长出新枝，选留其中一些有培养前途的代替原有老枝，进而可以形成新的树冠，达到恢复树势、更新复壮的目的。通过修剪使树更新复壮，在一般情况下要比定植新苗的生长速度快得多。因为它们具有很深很广的根系，可为更新后的树体提供充足的水分和营养。例如，对许多大花型的月季品种，在每年秋季落叶后，将植株上的绝大部分枝条修剪掉，仅仅保留基部主茎和重剪后的短侧枝，让他们在翌年更新萌发新枝。这样对树冠年年进行更新，反而会比保留老枝生长旺盛，开花数目也会逐年增加。

6. 改善透光条件

自然状态下,树木枝条容易过密,形成树冠郁闭,内膛枝细弱老化,影响树木的生长发育和观赏。通过修剪、疏枝,使树冠内通风透光,光合作用得以加强,同时可减少病虫害的发生。

7. 控制树的大小比例

公路景观是由建筑、山、水、道路和树木共同组成的,其中只有树木易于控制调整。树木如果不加以控制,任其自然生长,树体高大、树形松散、互相遮挡、埋没建筑、没有层次,会降低景观的观赏效果。适当地加以修剪,控制树木的大小、形状,使其与建筑等景观相得益彰、交相辉映,提高公路的质量和观赏效果。

(二)整形修剪的原则

修剪是指对植株的某些器官(如干、枝、叶、花、果、芽、根等)进行短截或去除的措施。整形是对植株施行一定的修剪、绑扎和支撑措施而形成某种树体结构和形状。整形是通过一定的修剪手段来完成的,而修剪又必须结合整形,两者紧密相关。

树木整形修剪的基本原则如下。

1. 根据公路绿化中的用途

应明确该树木在绿化中的目的要求,是作庭荫树还是作片林,是作观赏树还是作绿篱,不同树木之间、同种树木的不同目的要求不相同,应采用不同的修剪方法。桧柏作乔木栽植与作绿篱树体树形差别非常大,而修剪、整形措施会造成不同的后果。在台地上的花木,如碧桃、榆叶梅等,要使处于低处的游人有更好的观赏角度,可能采取远高、近低的处理方式,树形因地势而成为有倾斜面的形状,这与一般绿地栽植的树形有很大的区别,也与果树修剪有很大的区别,它增强了观赏效果。

因此,修剪、整形要根据公路绿化的要求,采取适当的修剪、整形措施。不同的整形修剪措施造成不同的结果,不同的绿化目的各有其特殊的整剪要求,因此整形修剪必须明确该树的栽培目的要求。

2. 根据生长地的环境条件

生态环境不同则整剪方式不同。生长在土壤瘠薄和地下水位较高处的花木,主干很低,树冠也相应的小;在风口或多风地区也采用低干矮冠,枝条要相对的稀疏;盐碱地区地下水位向、土层薄,加之大部分盐碱地区在种植树木时都经过换土(因换土的数量有限,所以土层相应较薄)更加采用低干矮冠,不然适得其反,起不到很好的观赏效果。

不同的配置环境,整剪方式也不同。如果花木少长得很开阔,空间较大,在不影响周围配置的情况下,可使分枝尽可能地开张,以最大限度地扩大树冠;如果空间较小,则应通过修剪控制植株的体量,以防拥挤不堪,降低观赏效果。

同一种树种植在不同的配置环境,则整剪方式也应不同。北京市榆叶梅有以下 3 种不同的整剪方式:梅桩式整形,适合配置在建筑、山石旁;有主干圆头形,配置在常绿树丛前面和国路两旁;扁圆形,最好种植在山坡和草坪上。

3. 根据树木的生物学特性

在确定目的要求后,具体整形修剪时还必须根据该树种自身的生物学特性,法桐是大乔木,萌芽性较强,但它不能作绿篱栽培,如违背其生长发育规律,将其修剪成绿篱状,将会事与愿违。白玉兰萌芽力较弱,修剪不当,将会造成树形的破坏。

不同树种的生长习性有很大差异,有些树种顶芽长势强、顶端优势明显,自然生长成尖塔形、圆锥形树冠,如钻天杨、毛白杨、桧柏、银杏等;而有些树种顶芽优势不明显,侧枝生长能力很强,自然生长形成圆球形、半球形、倒伞形树冠,如馒头柳、国槐等。因此要根据不同的习性采用不同的修剪整形措施。顶芽生长势强、形成明显的主干并与主侧枝形成从属关系,这些树种应采用保留中央领导干的整形方式,而形成圆柱形、圆锥形树冠。对于一些顶端优势不强,但发枝力却很强、易于形成丛状树冠的,可修剪整形成圆球形、半球形等形状。喜阳光的树种,如梅、桃、樱、李等,可采用自然开心形的修剪整形方式。而龙爪槐、垂枝榆等具有曲枝或垂枝,则应采用盘扎主枝为水平圆盘状的方式,以便使树冠呈开张的伞形。

一些树木萌芽发枝能力很强,耐修剪,可以修剪成多种形状并可多次修剪,如桧柏、侧柏、悬铃木、大叶黄杨、女贞、小檗等,而另一些树种(如玉兰等)萌芽力很弱,不能进行重修剪或只可作轻度修剪。

树木的生长发育年龄也是确定修剪的重要依据。幼年期、青年期、成年期的树木均应进行修剪。幼年期的树木,生长势旺盛,不宜高强度修剪,否则会影响树木的生长发育。青年期和成年期的树木正处于旺盛的开花结实阶段,此间的树木具有完整优美的树冠,这个时期的修剪整形目的在于保持植株的健壮完美,使开花结实活动能长期保持繁茂和丰产、稳产,同时要配合其他管理措施综合运用各种修剪方法以达到调节均衡营养和长势的目的。衰老期树木,因其生长势衰弱,修剪时应以强剪为主以刺激其恢复生长势,进行复壮。对于大的枯枝、死枝应及时锯除,防止掉落砸伤行人砸坏建筑和其他设施。

(1)生长发育时期。不向年龄时期的树木,由于生长势和发育阶段上的差异,应采用不同的整形修剪的方法和强度。

(2)幼年阶段,应以整形为主,为整个生命周期的生长和充分发挥其园林功能效益打下牢固的基础。整形的主要任务是配备好主侧枝,扩大树冠,形成良好的形体结构。花果类树木还应通过适当修剪促进早熟。

(3)中年阶段,具有完整优美的树冠,其修剪整形的目的在于保持植株的完美健壮状态,延缓衰老阶段的到来,调节生长与开花结果的矛盾,稳定丰花硕果时间。

(4)衰老树木,因生长势弱,生长量逐年减小,树冠处于向心更新阶段,修剪时以强剪为主,以刺激隐芽萌发,更新复壮充实内膛,恢复其生长势,并应利用徒长枝达到更新复壮的目的。

4. 芽着生的部位

(1)花芽的性质及开花时期

春季开花的花木,花芽通常在夏秋进行分化,着生在一年枝上。因此在休眠季修剪时必须注意到花芽着生的部位。花芽着生在枝条顶端的称为顶花芽,具有顶花芽的花木(如玉兰、黄刺玫等)在休眠季节或者说在花前绝不能短截(除为了更新枝势)。如花芽着生在引腋里,称为腋花芽。根据需要可以在此前短截枝条(如榆叶梅、桃花等)。

具有腋生的纯花芽的树木(如连翘、桃花等)在短截枝条时应注意剪口不能留花芽。因为纯花芽只能开花,不能抽生枝叶。花开过后,在此会留下一段很短的干枝,这种干枝如果出现过多,则影响观赏效果。对于观果树木由于花上面没有枝叶,作为有机营养的来源,则花后不能坐果,致使结果量减少。夏秋开花的种类,花芽在当年抽生的新梢会形成,如紫薇、木槿等,因此,应在秋季落叶后至早春萌芽前进行修剪。北京由于冬季寒冷,春季干旱,修剪应推迟到早春气温回升即将萌芽时进行,将一年生枝基部留 3 ~4 个(对)饱满芽进行短截,剪后可萌发出茁壮的枝条,虽然花枝可能会少些,但由于营养集中,会开出较大的花朵。有些花木如希望当年开两次花,可在花后将残花剪除,加强肥水管理,可二次开花。紫薇又称百日红,就是因为去残花后可开花达百日,故此得名。

(2)分枝特性

对于具有主轴分枝的树种,修剪时要注意控制侧枝,剪除竞争枝,促进主枝的发育,如钻天杨、毛白杨、银杏等树冠尖塔形或圆锥形的乔木,顶端生长势强具有明显的主干,适合采用保留中央领导干的整形方式。而具有合轴分枝的树种,易形成几个势力相当的侧枝,呈现多叉树干,如为培养主干可采用摘除其他侧枝的顶芽来削弱其顶端优势,或将顶枝短截,剪口留壮芽,同时疏去剪口下 3 ~4 个侧枝,促其加速生长。具有假二叉分枝(二歧分枝)的树种,由于树干顶梢在生长后不能形成顶芽,下面的对侧芽优势均衡,影响主干的形成,可采用剥除其中数个芽的方法来培养主干。对于具有多歧分枝的树种,可采用抹芽法或用短截主枝方法重新培养中心主枝。修剪中应充分了解各类分枝的特性,注意各类枝之间的平衡,应掌握强主枝强剪、弱主枝弱剪的原则,因为强主枝一般长势粗壮,具有较多的新梢,叶面积大,制造的有机营养多,促使其生长更加粗壮;反之,弱主枝新梢少,营养条件差面生长衰弱。因此,修剪能平衡各种枝条之间的生长势。侧枝是开花结实的基础,生长过强或过弱均不易形成花芽,所以,对强树枝要弱剪,目的是促使侧芽萌发,增加分枝,缓和生长势,促进形成花芽。同时花果的生长与发育对强侧枝的生长势产生抑制作用。对弱枝要强剪,使其萌发较强的枝条,这种枝条形成的花芽少,消耗的营养少,则产生促进侧枝生长的效果。

(三)整形修剪时期

树木的整形修剪,因树种不同、修剪目的不同和修剪性质的不同,各有其相宜的修剪季节。因此,要根据具体要求选择适宜季节修剪,方能达到目的。

一般说来,落叶树木自晚秋至早春,即在树木休眠期的任何时段皆可进行修剪。但从伤口愈合速度上来考虑,则以早春树液开始流动,生育机能即将开始时进行修剪为佳。

常绿树木,尤其是常绿花果树,如桂花、山茶、柑橘之类,不存在真正意义的休眠期,根与枝叶终年活动、代谢不止。故叶片制造的养分不完全用于储藏,当剪去枝叶时,其中所含养分也同时丢失,且对日后树木生长发育及营养状况也有较大影响。因此,修剪除了要控制强度,尽可能使树木多保留叶片外,还要选择好修剪时期,力求让修剪给树木带来的不良影响降至最低。通常认为在晚春,树木即将发芽萌动之前是常绿树修剪的适宜期。

有些落叶阔叶树，如枫杨、薄壳山核桃、杨树等，冬春修剪伤流不止，极易引发病害。所以说此类树木的整形修剪宜于在生长旺盛季节进行，伤流能很快停止。绿篱、球形树的整形修剪，通常也应在晚春和生长季节的前期或后期进行。

一般花木如月季等，除更新修剪外，通常是结合嫩枝扦插在生长初期或花后进行修剪。为培养合轴分枝类树木的高干树形，要经常控制竞争枝生长而对它重度短截，最好在6～7月份新梢生长旺盛时期进行。

为了促进某些花果树新梢生长充实，形成混合芽或花芽，则应在树木生长后期进行修剪。具体修剪时期选择合宜，既能避免二次枝的发生，又能使剪口及时愈合。

常绿针叶树类的修剪，早春进行可获得部分扦插材料。6～7月份生长期内进行的短截修剪，则可培养紧密丰满的圆柱形、圆锥形或尖塔形树冠，同时剪下的嫩枝尚可用于嫩枝扦插。至于树冠内的细密枝、干枯枝、病虫枝等的修剪，则在一年四季中的任何时候都可进行。

不同树种的抗寒性、生长特性及物候期，总的说来，整形修剪大体上可分为休眠期修剪（又称冬季修剪）和生长期修剪（又称春季或夏季修剪）两个时期。前者视各地气候而异，大抵自土地结冻树木休眠后至翌春季树液开始流动前进行。抗寒力差的种类最好安排在早春修剪，以免伤口遭受风寒伤害。对伤流特别旺盛的种类，如桦木、葡萄、核桃、悬铃木、四照花等，不可修剪过晚，否则会自伤口流出大量树液而使植株受到伤害。后者（生长期修剪）是自萌芽后至新梢或副梢延长生长停止前这一段时期内所进行的修剪，具体日期会因当地气候及树种而异，但勿过迟，否则容易促发新的副梢，不但消耗养分，而且不利于当年新梢的充分成熟。

二、整形修剪的技术与方法

（一）整形修剪的时期

树木种类很多，习性与功能各异，由于修剪目的与性质的不同，虽然各有其相适宜的修剪季节，但从总体上看，一年中的任何时候都可对树木进行修剪，而具体时间的选择应从实际出发。

树木的修剪时期，一般分为休眠期（冬季）修剪和生长季（夏季）修剪。休眠期指树木落叶后至第二年早春树液开始流动前（一般在12月至第二年2月）；生长期指自萌芽后至新梢或副梢生长停止前（一般放在4月至10月）。

在休眠期，树体储藏的养分充足，地上部分修剪后，枝芽减少，可集中利用储藏的营养。因此新梢生长加强，剪口附近的芽长期处于优势。对于生长正常的落叶果树来说，一般要求在落叶后一个月左右修剪，不宜过迟。春季萌芽后修剪，储藏养分已被萌动的枝芽消耗一部分，一旦已萌动的枝被剪去，下部芽重新萌动，生长推迟，长势明显减弱。整个冬季修剪，应先剪幼树、先剪效益好的树，先剪越冬能力差的树，先剪干旱地块的树。从时间安排上讲，还应首先保证技术难度较大树木的修剪。对于一些有伤流现象的树种（如葡萄等），在伤流开始前修剪。伤流是树木体内的养分与水分在树木伤口处外流的现象，流失过多会造成树势衰弱，甚至枝条枯死，因此，最好在夏季着叶丰富、伤流少且容易停止时进行，另一些伤流严重的树种则可在休眠季节无伤流时进行。

生长期修剪,可在春季萌芽后至秋季落叶后的整个生长季内进行。此期修剪的主要目的是改善树冠的通风、透光性能,一般采用轻剪,以免因剪除大量的枝叶而对树木造成不良的影响。树木在夏季着叶丰富时修剪,容易调节光照和枝梢密度,容易判断病虫、枯死与衰弱的枝条,也最便于把树冠修整成理想的形状。幼树整形和控制生长,更应重视夏季修剪。

常绿树种,在修剪期间,除过于寒冷和炎热的天气外,大多数的修剪终年都可进行,但以早春萌芽前后至初秋以前最好。因为新修剪的伤口大都可以在生长季结束之前愈合,同时可以促进芽的萌动和新梢的生长。

(二)树体形态

1. 树体形态结构

构成树木的主要部分包括:树冠、主干、中干、主枝、侧枝、花枝组、延长枝,如图7-1所示。

(1)树冠。主干以上枝叶部分的统称。

(2)主干。第一个分枝点至地面的部分。

(3)中干。主干在树冠中的延长部分。

(4)主枝。着生在中干上面的主要枝条。

(5)侧枝。着生在主枝上面的主要枝条。

(6)花枝组。由开花枝和生长枝组成的一组枝条。

(7)枝组。自侧枝分生出许多小枝而形成的枝群。

(8)延长枝。各级骨干枝先端的延长部分。

(9)骨干枝。组成树冠骨架永久性枝的统称,如主干、中干、主枝、侧枝等。

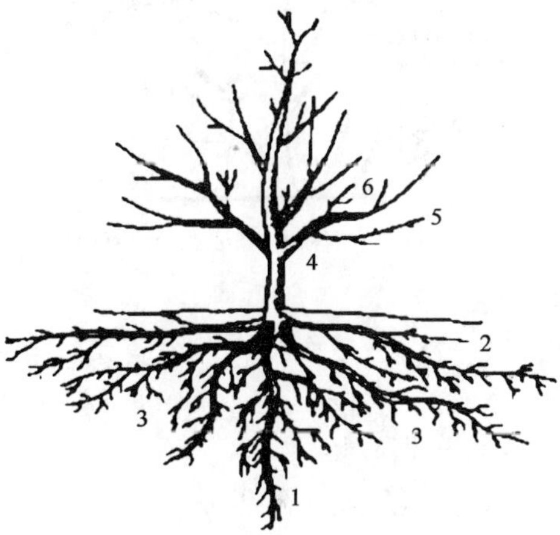

图7-1　树木形态结构图

1-主根;2-侧根;3-须根;4-主枝;5-侧枝;6-枝组

2. 枝条的类型

归纳起来,在整形修剪方面,大致可从以下几个方面研究分析枝条的类型,如图7-2所示。

(1)根据枝条在树体上的位置

可分为主干、中干、主枝、侧枝、延长枝等。

(2)根据枝条的姿势及其相互关系

可分为直立枝、斜生枝、水平枝、下垂枝、重叠枝、平行枝、轮生枝、交叉枝、并生枝等。

①直立枝、斜生枝、水平枝、下垂枝、逆向枝。凡直立生长垂直地面的枝条,称直立枝;与水平线成一定角度的枝条,称斜生枝;与水平线平行即水平生长的枝条,称水平枝;先端向下生长的枝条称下垂枝;倒逆姿势的枝条,称逆向枝。

②内向枝。向树冠内生长的枝条,称内向枝。

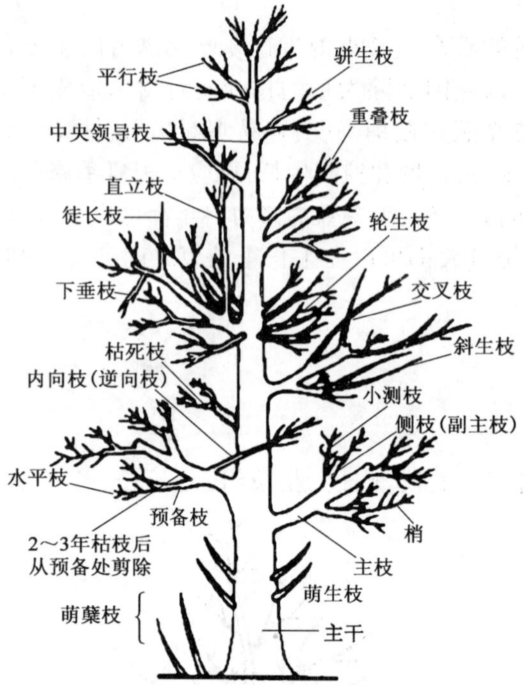

图 7-2　各种枝条姿态及示意图

③重叠枝。两枝同在一个垂直面上,上下相互重叠,称重叠枝。

④平行枝。两枝同在一个水平面上,互相平行生长的枝,称平行枝。

⑤轮生枝。多个枝的着生点相距很近,好似多个枝从一点抽生,并向四周呈放射性伸展,称轮生枝。

⑥交叉枝。两个枝条相互交叉,称交叉枝。

⑦并生枝。自节位的某一点或一个芽并生两个或两个以上的枝,称并生枝。

(3)根据在生长季内抽生的时期及先后顺序

分为春梢、夏梢和秋梢;一次枝、二次枝等。

①春梢、夏梢和秋梢。早春休眠芽萌发抽生的枝梢,称春梢;7～8 月抽生的枝梢,称夏梢;秋季抽生的枝梢称秋梢;在落叶之前三者统称为新梢。

②一次枝、二次枝。春季萌芽后第一次抽生的枝条,称一次枝;春季萌芽后第二次抽生的枝条,称二次枝。

(4)根据枝龄

可分为新梢、一年生枝、二年生枝等。

①新梢。落叶树木,凡有叶的枝或落叶以前的当年生枝,称新梢;常绿树木由春至秋当年抽生的部分称新梢。

②一年生枝、二年生枝。当年抽生的枝自落叶以后至翌春萌芽以前,称一年生枝;一年生枝自萌芽后到第二年春为止,称二年生枝。

(5)根据性质和用途

可分为营养枝、徒长枝、叶丛枝、开花枝(结果枝)、更新枝与辅养枝。

①营养枝。所有生长枝的总称,包括长、中、短三类生长枝、叶丛枝、徒长枝等。

②徒长枝。生长特别旺盛、枝粗叶大、节间长、芽小、含水分多、组织充实、往往直立生长的枝条,称徒长枝。

③叶丛枝。枝条节间短、叶片密集、常呈莲座状的短枝,称叶丛枝。

④开花枝(结果枝)。着生花芽的枝条,花木称开花枝,果树上称结果枝。根据枝条的长短,又分为长花枝(长果枝)、中花枝(中果枝)、短花枝(短果枝)及花束状枝。不同的树种划分标准不同。

⑤更新枝。用来替换衰老枝的新枝,称更新枝。

⑥辅养枝。协助树体制造营养的枝条，如幼树主干上保留较弱的枝条，使其制造养分，促使树干充实，这种暂时保留的枝条，称辅养枝。

三、整形

树木的整形方式因栽培目的、配置方式和环境状况不同而有很大的不同，在实际应用中主要有以下几种方式。

1. 自然式整形

这种树形是在树木本身特有的自然树形基础上，按照树木本身的生长发育习性，稍加人工调整和干预而形成的自然树形。这不仅体现树木的自然美，同时也符合树木自身的生长发育习性，有利于树木的养护管理。行道树、庭荫树及一般风景树等基本上都采用自然式整形。长圆形如玉兰、海棠；圆球形如黄刺玫、榆叶梅；扁圆形如槐树、桃花；伞形如合欢、垂枝桃；卵圆形如苹果、紫叶李；拱形如连翘、迎春。

2. 人工式整形

由于公路绿化的特殊要求，有时将树木整剪成有规则的几何形体，如方形、圆形、多边形等，或整剪成非规则的各种形体，如乌龟等。这类整形是违背树木生长发育的自然规律，抑制强度较大；所采用的植物材料又要求萌芽力和成枝力均强的种类，如侧柏、黄杨、六月花、紫杉、白蜡等，并且只要见有枯死的枝条就要立即剪除，有死的植株还要马上换掉，才能保持整齐一致，所以往往为满足特殊的观赏要求才采用此种方式。

3. 几何形体的整形方式

按照几何形体的构成标准进行修剪整形，如球形、半球形、蘑菇形、圆锥形、圆柱形、正方体、长方体、葫芦形、城堡式等。

(1)垣壁式

在庭园及建筑物附近为达到垂直绿化墙壁的目的而进行的整形。在欧洲的古典式庭园中常可见到此式。常见的形式有 U 字形、叉字形、肋骨形等。这种方式的整形方法是使主干低矮，在干上向左右两侧呈对称或放射状配列主枝，并使之保持在同一垂直面上。

(2)雕塑式

根据整形者的意图，创造出各种各样的形体，但应注意树木的形体要与四周园景谐调，线条不宜过于烦琐，以轮廓鲜明简练为佳。

4. 自然与人工混合式整形

(1)中央领导干形

有强大的中央领导干，在其上配列疏散的主枝，多呈半圆形树冠。如果主枝分层着生，则称为疏散分层形。第一层由比较邻近的 3 ~ 4 个主枝组成；第二层出 2 ~ 3 个主枝组成；第三层也有 2 ~ 3 个主枝，以后每层留 1 ~ 2 个主枝，直至到 6 ~ 10 个主枝为止。各层主枝之间的距离，依次向上间隔缩小。这种树形，中央领导枝的生长优势较强，能向外和向上扩大树冠，主侧枝分布均匀，透风透光良好，进入开花结果期较早而丰产。

(2)杯形

即是常讲的“三股六叉十二枝”,没有中心干,但在主干一定高度处留三主枝向三方伸展。各主枝与主干的夹角约为45°,三主枝间的夹角约为120°。在各主枝上又留两根一级侧枝,在各一级侧枝上又再保留二根二级侧枝,依次类推,即形成类似假二叉分枝的杯状树冠这种整形方法、多用于干性较弱的树种。

(3)自然开心形

由杯形改进而来,它没有明显的中心干,中心没有杯形空,分枝比较低,三个主枝错落分布,有一定间隔,主枝向四周放射伸出,直线延伸,中心开展,但主枝分生的侧枝不以假二叉分枝,而是左右错落分布,因此树冠不完全平面化。这种树形的开花结果面积较大,生长枝结构较牢,能较好地利用空间,树冠内阳光通透,有利于开花结果,因此常为园林中的桃、梅、石榴等观花树木整形修剪时采用。

(4)多领导干形

留2~4个领导干,在其上分层配列侧生主枝,形成匀整的树冠。此树形适用于生长较旺盛的树种,最适宜观花乔木、庭荫树的整形。其树冠优美,并可提早开花,延长小枝条寿命。

(5)丛球形

此种整形只是主干较短,分生多个侧枝排列成丛状,叶层厚,绿化美化效果较好。本形多用于小乔木及灌木的整形,如黄杨类、杨梅、海桐等。

(6)伞形

这种整形式常用于建筑物出入口两侧或规则式绿地的出入口,两两对植,起导游提示作用,在池边、路角等处也可点缀取景,效果很好。它的特点是有一明显主干,所有侧枝均下弯倒垂,逐年出上方芽继续向外延伸扩大树冠,形成伞形,如龙爪槐、垂枝樱、垂枝三角枫、垂枝榆、垂枝梅和垂枝桃等。

(7)篱架形

这种整形式主要应用公路绿地中的蔓生植物。凡有卷须(葡萄)、吸盘或具缠绕习性的植物(紫藤),均可依靠各种形式的棚架、廊亭等支架攀缘生长;不具备这些特性的藤本植物如木香、爬藤月季等则靠人工搭架引缚,即便于它们延长、扩展,形成一定的遮荫面积,供游人休息观赏,其形状往往随人们搭架形式而定。

总结以上所述的4类整形方式,在公路绿地中以自然式应用最多,既省人力、物力又易成功。其次为自然与人工混合式整形,这是使花朵硕大、繁密或果丰多肥美等目的而进行的整形方式,它比较费工,亦需适当配合其他栽培技术措施。关于人工形体式整形,一般言之,由于很费人工,且需有较熟练技术水平的人员,故常只在公路局部或在要求特殊美化处应用。

四、修剪

(一)修剪方法

1. 短截

又称短剪,指剪去一年生枝条的一部分。短截对枝条的生长有局部刺激作用。短截是调节枝条生长势的一种重要方法。在一定范围内，短截越重，局部发芽越旺。根据短截程度可为轻短截、中短截、重短截、极重短截，如图 7-3 所示。

(1)轻短截

约剪去枝梢的 1/4 ~ 1/3 点，即轻打梢。由于剪裁轻，留芽多，剪后反应是在剪口下发生几个不太强的中长枝，再向下发出许多短枝。一般生长势缓和，有利于形成果枝，促进花芽分化。

(2)中短截

在枝条饱满芽处剪截，一般剪去枝条全长的 1/2 左右。剪后反应是剪口下萌发几个较旺的枝，再向下发出几个中短枝，短枝量比轻短截少，因此剪截后能促进分枝，增强枝势，连续中短截能延缓花芽的形成。

(3)重短截

在枝条饱满芽以下剪截，约剪去枝条的 2/3 以上。剪截后由于留芽少，成枝力低而生长较强，有缓和生长势的作用。

(4)极重短截

剪至轮痕处或在枝条基部留 2 ~ 3 个芽剪截，剪后只能抽出 1 ~ 3 个较弱枝条，可降低枝的位置，削弱旺枝、徒长枝、直立枝的生长，以缓和枝势，促进花芽的形成，如图 7-4 所示。

图 7-3　短截(1)

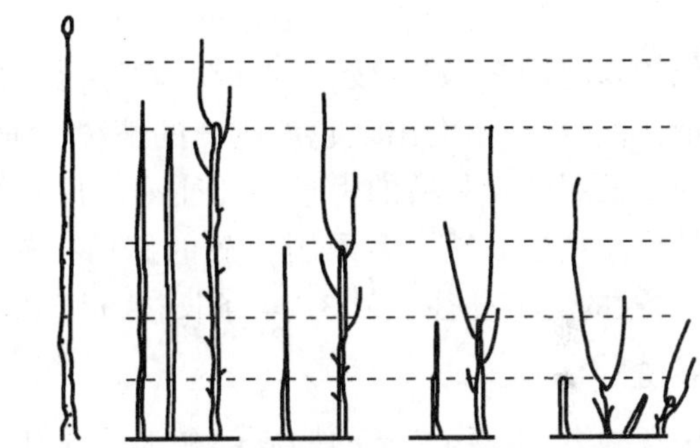

图 7-4　短截(2)

2. 回缩

回缩又称缩剪，是指对两年或两年以上的枝条进行剪截。一般修剪量大，刺激较重，有更新复壮的作用。多用于枝组或骨干枝更新以及控制树冠辅养枝等。其反应与缩剪程度、留枝强弱、伤口大小等有关。如缩剪时留强枝、直立枝，伤口较小，缩剪适度可促进生长；反之则抑制生长。前者多用于更新复壮，后者多用于控制树冠或辅养枝，如图 7-5 所示。

3. 疏删

指从分生处剪去枝条。一般用于疏除枯枝、病虫枝、过密枝、徒长枝、竞争枝、下垂枝、交

图7-5　回缩

叉枝、重叠枝及并生枝等，是减少树冠内部枝条数量的修剪方法。

不仅一年生枝从基部减去称疏剪，而且二年生以上的枝条，只要是从其分生处剪除，都称为疏剪。

疏删修剪时，对将来有妨碍或遮蔽作用的作目的枝条。虽然最终也会除去，但在幼树时期，宜暂时保留，以便使树体营养良好。为了使这类枝条不至于生长过旺，可放任不剪。尤其是同一树上的下部枝比上部枝停止生长早，消耗的养分少，供给根及其他必要部分生长的营养较多，因此宜留则留，切勿过早疏除。

疏剪的应用要适量，尤其是幼树一定不能疏剪过量，否则会打乱树形，给以后的修剪带来麻烦。枝条过密的植株应逐年进行，不能急于求成。

4. 放

营养枝不剪称甩放或长放。

放是利用单枝生长势逐年递减的自然规律。长放的枝条留芽多，抽生的枝条也相对增多，致使生长前期养分分散，而多形成中短枝；生长后期积累养分较多，能促进花芽分化和结果。但是营养枝长放后，枝条增粗较快，特别是背上的直立枝，越放越粗，运用不当会出现长树的现象，必须注意防止。一般情况下，对背上的直立枝不采用甩放，如果甩放也应结合运用其他的修剪措施，如弯枝、扭伤或环剥等；长放一般多应用于长势不等的枝条，促使形成花芽的把握性较大，不会出现越放越旺的情况。通常，对桃花、海棠等花木，为了平衡树势，为了增强生长弱的骨干枝的生长势往往采取长放的措施，使该枝条迅速增粗，赶上其他骨干枝的生长势。丛生的灌木多采用长放的修剪措施，如在整剪连翘时，为了形成潇洒飘逸的树形，在树冠的上方往往甩放3～4条长枝，远远地观赏。长枝随风摆动，效果极佳。

5. 伤

用各种方法损伤枝条的韧皮部和木质部，以达到削弱枝条的生长势、缓和树势的方法称为伤。伤枝多在生长期内进行，对局部影响较大，而对整个树木的生长影响较小，是整形修剪的辅助措施之一。主要方法如下。

(1)环状剥皮(环剥)

用刀在枝干或枝条基部的适当部位环状剥去一定宽度的树皮，在一段时期内阻止枝梢碳水化合物向下输送，有利于环状剥皮上方枝条营养物质的积累和花芽分化。这适用于发育盛期开花结果量小的枝条。实施时应注意，剥皮宽度要根据枝条的粗细和树种的愈伤能力而定，约为枝直径的1/10左右(2～10mm)，过宽，伤口不易愈合，过窄愈合过早而不能达到目的。环剥深度以达到木质部为宜，过深伤及木质部会造成环剥枝梢折断或死亡，过浅则韧皮部残留，环剥效果不明显。实施环剥的枝条上方需留有足够的枝叶量，以供正常光合作用之需。

环剥是在生长季应用的临时性修剪措施，通常在开完花或结完果进行。在冬剪时要将环剥以上的部分逐渐剪除。所以在主干、中干、主枝上不采用。伤流过旺、易流胶的树一般不用。

(2)刻伤

用刀在芽(或枝)的上(或下)方横切(或纵切)而深及木质部的方法。刻伤常在休眠期结合其他修剪方法施用。主要方法有:

①目伤。在芽或枝的上方行刻伤,伤口形状似眼睛,伤及木质部以阻止水分和矿质养分继续向上输送,以在理想的部位萌芽抽枝;反之,在芽或枝的下方行刻伤时,可使该芽或该枝生长势减弱,但因有机营养物质的积累,有利于花芽的形成。

②纵伤。指在枝干上用刀纵切而深达木质部的方法,目的是为了减小树皮的机械束缚力,促进枝条的加粗生长。纵伤宜在春季树木开始生长前进行,实施时应选树皮硬化部分,小枝可行一条纵伤,粗枝可纵伤数条。

③横伤。指对树干或粗大主枝横切数刀的刻伤方法。其作用是阻滞有机养分的向下输送。促使枝条充实,有利于花芽分化达到促进开花下结实的目的。作用机理同环剥,只是强度较低而已。

(3)折裂

为曲折枝条使之形成各种艺术造型。常在早春芽萌动期进行。先用刀斜向切入,深达枝条直径的1/3~2/3处,然后小心地将枝弯折,并利用木质部折裂处的斜面支撑定位,为防止伤口水分损失过多,往往在伤口处进行包裹。

(4)扭梢和折梢(枝)

多用于生长期内生长过旺的枝条,特别是着生在枝背上的徒长枝,扭转弯曲而未伤者称扭梢;折伤而未断者则成折梢。扭梢和折梢均是部分损伤传导组织为了阻碍水分、养分向生长点输送,达到削弱枝条长势以利于短花枝形成的日的。

(5)变

是为了变更枝条生长方向和角度,以调节顶端优势为目的整形措施。为改变树冠结构,有屈枝、弯枝、拉枝、抬枝等形式,通常结合生长季修剪进行,对枝梢施行屈曲、缚扎或扶立、支撑等技术措施。直立诱引可增强生长势;水平诱引具有中等强度的抑制作用,使组织充实易形成花芽;向下屈曲诱引则有较强的抑制作用,但枝条背上部易萌发强健新植,须及时去除,以免适得其反。

6. 其他方法

(1)摘心

是指摘除新梢顶端生长部位的措施。摘心后削弱了枝条的顶端优势,改变营养物质的输送方向,有利于花芽分化和结果。摘除顶芽可促使侧芽萌发,从而增加了分枝促使树冠早日形成。而适时摘心,可使枝、芽得到足够的营养,充实饱满,提高抗寒力,如图7-6所示。

(2)抹芽

把多余的芽从基部抹除称抹芽或除芽。此措施可改善留存芽的养分供应状况,增强其生长势。如行道树每年夏季对主干上萌发的隐芽进行抹除,一方面为了使行道树主干通直,不发分枝,以免影响交通;另一方面为了减少不必要的营养消耗,保证行道树健康的成长。

图 7-6　摘心

又如芍药通常在花前疏去侧蕾,使养分集中于顶芽,以使顶端的花开得大而且色饱。有的为了抑制顶端过强的生长势或为了延迟发芽期,将主芽抹除,而促使副芽或隐芽萌发。

(3)摘叶

摘叶可改善树冠内的通风透光条件,对观果的树木,可使果实充分见光,且着色好,增加果实的美观程度,从而提高观赏效果;对枝叶过密的树冠,进行摘叶有防止病虫害发生的作用。

(4)去蘖(又称除萌)

榆叶梅、月季等易生根蘖的公路树木,生长季期间应随时除去萌蘖,以免扰乱树形,并可减少树体养分的无效消耗。嫁接繁殖树,则须及时去除其上的萌蘖,防止干扰树形,影响接穗树冠的正常生长。

(5)摘蕾

实质上为早期进行的疏花、疏果措施,可有效调节花果量,提高存留花果的质量。如杂种香水月季,通常在花前摘除侧蕾,使主蕾得到充足养分,长出漂亮而肥硕的花朵;聚花月季往往要摘除侧蕾或过密的小蕾,使花期集中,花朵大而整齐,观赏效果增强。

(6)断根

将植株的根系在一定范围内全部切断或部分切断的措施,断根后可刺激根部发生新的须根,所以在移栽珍贵的大树或移栽山野自生树时,往往在移栽前 1 ~ 2 年进行断根,在一定的范围内促发新的须根,有利于移栽成活。

(二)修剪技术问题

1. 剪口状态

剪口向侧芽对面微倾斜,使斜面上端与芽端基本平齐或略高于芽尖 6mm 左右,下端与芽的基部基本持平。这样的剪口面积小,伤面不致过大,很易愈合;而芽的生长也较好,如果剪口倾斜过大,伤痕面积大,水分蒸发多,并且影响对剪口芽的养分和水分的供给,会抑制剪口芽的生长,而下面一个芽的生长势则得到加强。这种切口一般只在削弱树的生长势时采用,而剪口芽的上方留一小段桩,这种剪口因养分不宜流入小桩,剪口很难愈合,常常导致干枯,影响观赏效果,一般不宜采用。

2. 剪口芽的选择

剪口芽的强弱和选留位置不同,生长出来的枝条强弱和选留位置不同,生长出来的枝条强弱和姿势也不一样,剪口芽留壮芽,则发壮枝,剪口芽留弱芽,则发弱枝。

背上芽易发强旺枝,背下芽发枝中庸。剪口芽留在枝条外侧可向外扩张树冠,而剪口芽方向朝内则可填补内膛空位。为抑制生长过旺的枝条,应选留弱芽为剪口芽;而欲弱枝转强,剪口则需选留饱满的背上壮芽。

3. 大枝剪除

将枯枝或无用的老枝、病虫枝等全部剪除时，为了尽量缩小伤口，应自分枝点的上部斜向下部剪下，残留分枝点下部凸起的部分伤口不大，很易愈合，隐芽萌发也不多；如果残留其枝的一部分，将来留下的一段残桩枯朽，随其母枝的长大，渐渐陷入其组织内，致伤口迟迟不愈合，很可能成为病虫的巢穴。

回缩多年生大枝时，往往会萌生徒长枝，为防止徒长枝大量抽生，可先行疏枝和重短截，削弱其长势后再回缩。同时剪口下留弱枝当头，有助于生长势缓和，则可减少徒长枝的发生。如果多年生枝较粗必须用锯子锈除，则可先从下方浅锯伤，然后再从上方锯下，可避免锯到半途，因枝自身的重量向下而折裂，造成伤口过大，不易愈合。由于这样锯断的树枝，伤口大而表面粗糙，因此还要用刀修削平整，以利愈合。为防止伤口的水分蒸发或因病虫侵入而引起伤口腐烂，应涂保护剂或用塑料布包扎。

4. 剪口保护剂

树干上因修剪造成太大的伤口，特别是珍贵的树种，在树体主要部分的伤口应用保护剂保护。目前应用较多的保护剂如下两种。

（1）固体保护剂

取松香 4 份、蜂焙 2 份、动物油 1 份（按质量）。先把动物油放在锅里加火熔化，然后将旺火撤掉，立即加入松香和蜂蜡，再用文火加热并充分搅拌，待冷凝后取出，装在塑料袋密封备用。使用时，只要稍微加热令其软化，然后用油灰刀将其抹在伤口上即可。一般用来封抹大型伤口。

（2）液体保护剂

原料为松香 10 份、动物油 2 份、酒精 6 份、松节油 1 份（按质量）。先把松香和动物油 · 起放入锅内加温，待熔化后立即停火，稍冷却后再倒入酒精和松节油，同时随着搅拌均匀，倒入瓶内密封储藏，以防酒精和松节油挥发。使用时用毛刷涂抹即可。这种液体保护剂适用于小型伤口。

5. 常用修剪工具及机械

常用的整形修剪工具主要有：修枝剪、修枝锯、刀具、斧头、梯子等修枝剪，如图 7-7 所示。

（1）普通修枝剪。一般剪截入 3cm 以下的枝条，只要能够含入剪口内，都能被剪断。操作时，用右手捏剪，左手将粗枝向剪刀小片方向猛推，就能迎刃而解，不要左右扭动剪刀，否则影响正常使用。

（2）长把修枝剪。其剪刀呈月牙形，没有弹簧，手柄精良，能轻快地修剪直径 1cm 以内的树枝，适用于高灌木丛的修剪。

（3）高枝剪。装有一根能够伸缩的铝合金长柄，使用时可根据修剪的高度要求来调整，用以剪裁高处的细枝。

（4）太平剪。又称绿篱剪、长刃剪，适用于绿篱、球形树和造型树木的修剪，它的条形刀片很长，刀片很薄，易形成平整的修剪面，但只能用来平剪嫩梢。

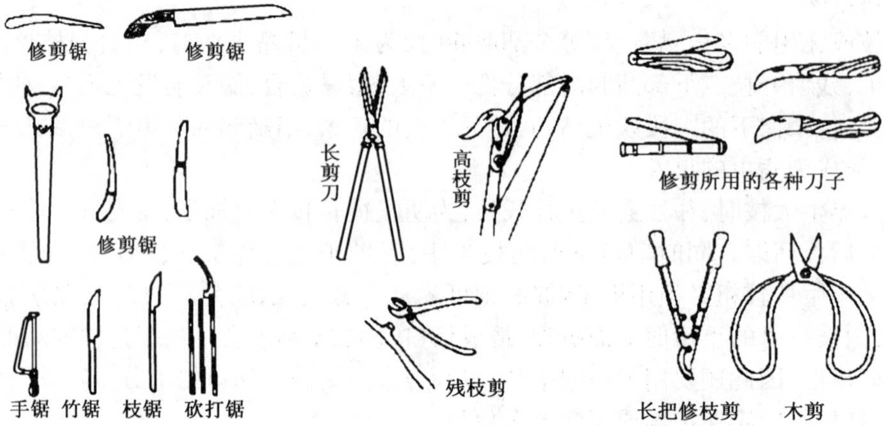

图 7-7 修剪工具

(5)修拉锯。适用于粗枝后树干的剪截。

常用的有 5 种锯:手锯、单面修枝锯、双面修拉锯、高枝锯和电动锯。

①手锯。常用于花木、果木、幼树枝条的修剪。

②单面修枝锯。适用于截断树冠内中等粗度的枝条。弓形的单面细齿手锯锯片很窄,可以伸入到树丛当中去锯截,使用起来非常灵活。

③双面修枝锯。适用于锯除粗大的枝干,其锯片两侧都有锈齿,一边是细齿,另是由身前两层锯齿组成的粗齿。在锯除枯死的大枝时用粗齿,锯截活枝时用细齿,外锯把上有一个很大的椭圆形孔洞,可以用双手握住来增加锯的拉力。

④高枝锯。适用于修剪树冠亡部大枝。

⑤电动锯。适用于大枝的快速锯截。

(6)刀具。为在一定位置抽生枝条,以解决大枝下部光秃及培养主枝等,使用的刀具有芽接刀、电工刀或其他刃口锋利的刀具。

(7)斧头。砍树或是撑枝、拉链钉木桩用。

(8)梯子。修剪较高大的树木时,必须借助于梯子或升降车,不然无法作业。

6. 修剪程序

(1)制订方案

修剪时切不可不加思考,漫无次序,不按树体构成规律地乱剪。应根据被修剪树木的树冠结构、树势,主侧枝的生长等情况进行观察分析,根据修剪目的及要求,制订具体的修剪方案。

(2)具体实施

从事修剪的人员,要懂得树木的生物学特性,以及技术规范、安全操作等。

修剪树木时,首先要观察分析树势是否平衡。如果不平衡,分析是上强(弱)下弱(强),还是主枝之间不平衡,并要分析造成的原因,以便采用相应的修剪技术措施。如果是因为枝条多,特别是大枝多造成生长势强,则要进行疏枝。在疏枝前先应决定选留的大枝数及其在骨干枝上的位置,将无用的大枝剪掉,如果只剪小枝和中小枝,最后从树形要求一看,发现这条大枝是多余的、无用的,留下妨碍其他枝条的生长,又有碍树形。这时再锯除大枝,前面的工作等于无效。待大枝调整好以后再修剪小枝,宜从各主枝或各侧枝的上部起,向下依次进行。这时特别要注意各主枝或各侧枝的延长枝的短截高度,通过与各级同类型延长枝长度呼应,可使枝势互相平衡最后达到平衡树势的目的。对于一棵树,一定要按技术修剪,应先剪下部,后剪上部;先剪内膛枝,后剪外围枝,几个人同时修剪一棵树,更应注意按照制订的修剪方案分工负责。如果树体高大,则应有一个人负责指挥,其他人要积极配合绝不能各行其是。

修剪时要注意安全,一方面是修剪人员本身对空中电线及梯子、锯、剪子等的使用要注意,另一方面要注意过往行人及车辆的安全。

清理现场:要及时清理修剪下来的枝条,确保安全和环境整治。过去一般采用把残枝等运走的办法,现在则经常应用移动式削片机在作业现场就地把树枝粉碎成木片,可节约运输量并可再利用。

(三)不同时期的修剪整形技术方法

1.休眠期的修剪整形

(1)截干

对干茎或粗大的主枝、骨干枝等进行截断的措施称为截干。截干有促进树木更新复壮的作用,在培育次生萌芽林以及对树木实施去顶的“头状作业”时均采用本法。

在截除粗大的侧生枝干时,应先用锯在粗枝基部的下方,由下向上锯入1/3~2/5,然后再自上方基部略前方处从上向下锯下,这样可以避免劈裂。最后再用利刃将伤口沿枝条基部切削平滑,并涂上护伤剂,以免病虫侵害和水分散失。

平滑的伤口有利于愈伤组织的发展和伤口的愈合。护伤剂可以甩接蜡、白涂剂、桐油或油漆,以及专用伤口涂补剂等。

(2)剪枝

这是修剪中最常应用的措施。依修剪的方式可分为“疏剪”(也称“疏删”)及“剪截”两类。前者是将整个枝条自基部完全剪除,不保留基桩和芽,林业上的“打枝”和园艺上的“疏枝”均系应用此法。后者则是仅将枝条剪去一部分而保留基部几个芽。剪截又依程度不同而分为“短剪”(又称“重剪”或“强剪”)和“长剪”(又称“轻剪”或“弱剪”)。“短剪”即剪除整个枝条长度的1/2以上;“长剪”即剪除的部分不足全长的1/2。

疏剪可使邻近的其他枝条生长势加强,并有改善通风透光的效果。强剪可使所保留下的芽得到较强的生长势,弱剪后生长势的加强作用较强剪为小。

当然这种刺激生长的影响是仅就一根枝条而言的。实际上,各芽所表现出的生长势的强与弱还受着邻近枝以及上一级枝条和环境条件的影响。剪枝是修剪中的主要技术措施,应用广泛,除少数情况外,大抵在休眠期进行。

剪枝措施对树木生长发育的影响表现在以下两个方面:

①对局部的影响。剪枝后,生长点减少,翌春发芽时可使留存下来的芽得到更多养分和

水分供应，因而新梢的长势会得到加强。又由于剪枝的方法和强弱程度的不同，可以有效地调节各枝间的长势。实行剪截的植株，由于生长点降低，故前级枝与新梢间的距离缩短，故有避免树冠内部空虚的作用。

②对全株的影响。对同一种树木进行修剪与不行修剪的对比试验结果表明，修剪量的大小对全株的生长发育影响很大，但反应的程度则因树种而异。

那些长期进行较多量修剪的树木（如果园中的果树）均会产生树体容积减少的效果，又由于地上部分与地下部分生长的平衡关系，所以枝梢及根系的总生长量要比不修剪者为少，而对幼树来讲更易产生矮化的倾向。

从生产果实角度来看，成年树年年修剪后虽树高不如未经修剪的树，但能达到年年开花繁茂、果实丰产及延长结果年限和保持树冠完整等目的。对施行自然式整形的庭荫树而言，适当疏去冗枝等的轻度修剪可促进树木的生长。对衰老树的修剪，尤其是进行重度修剪，能收到更新复壮的效果。

2. 生长期的修剪整形

（1）折裂

为防止枝条生长过旺，或为了曲折枝条使其形成各种苍劲的艺术造型时，常在早春芽略萌动时，对枝条施行折裂处理。较粗放的方法是用手将枝折裂，但对珍贵的树木进行艺术造型处理时，应先用刀斜向切入，深及枝条直径的1/2～2/3，然后小心地将枝弯折，并利用木质部折裂处的斜面互相顶住。要精细管理并对切口处涂泥，以免伤口蒸散水分过多。

（2）除芽（抹芽）

把多余的芽除掉称为除芽。此项措施可改善其他留存芽的养分状况而加强其生长势。其中也有将主芽除去而使副芽或隐芽萌发的，这样可抑制过强的生长势或延迟发芽期。如国内某地花农为了延长腊梅的嫁接时期，常将母本枝条上的主芽除去，使其再生新芽后才采作接穗用。

（3）摘心

将新梢顶端摘除的措施称为摘心。摘除部分长约2～5cm。摘心可抑制新梢生长，使养分转移至芽、果或枝条，有利于花芽的分化、果实的肥大或枝条的充实。但摘心后，新梢上部的芽易萌发成二次梢，可待其生出数片叶后再行摘心。

（4）捻梢

将新梢屈曲而扭转但不使其断离母枝的措施称捻梢。此法多在新梢生长过长时应用。用捻梢法所产生的刺激作用较小，不易促发副梢，缺点是扭转处不易愈合，以后尚需再行一次剪平工作。此外，亦有用“折梢”法，即折伤新梢而不折断的方法代替捻梢的。

（5）屈枝（弯枝、缚枝、盘扎）

是指将枝条或新梢施行屈曲、缚扎或扶立等诱引措施。由于芽、梢的生长存在顶端优势，故运用屈枝法可以控制该枝梢或其上的芽的萌发作用。直立诱引可增强生长势；水平诱引则有中等的抑制作用；向下方屈曲诱引，则有较强的抑制作用。在一些绿地中，重点园景配植时常用此法，将树木盘扎成各种艺术性姿态。

(6)摘叶(打叶)

适当摘除过多的叶片,称之为摘叶。摘叶有改善通风透光的作用。在果实生产上尚有使果实充分见光而着色良好的效果。在密植的群体中施行该措施,有防止病虫孳生等作用。

(7)摘蕾

凡是为了获得肥硕的花朵,如牡丹、月季等,常可采用摘除侧蕾的措施而使主蕾更能充分生长。对一些观花树木,在花谢后常进行摘除枯花工作,不但能改善观赏价值,又可避免因结实消耗过多养分。

(8)摘果

为使枝条生长充实,避免养分过度消耗,常将幼果摘除。如对月季、紫薇等,为使其连续开花,必须时时剪除果实。当以采收果实为目的时,为使果实肥大、提高品质或避免出现"大、小年"现象,亦常常摘除适量果实。

3. 休眠期或生长期皆可施行的修剪整形措施

(1)去蘖

是除去植株基部附近的根蘖或砧木上萌蘖的措施。这样做可使养分集中供应植株,促进生长发育。

(2)切刻

是在芽或枝的附近施行刻伤的措施。以深达木质部为度。当在芽或枝的上方进行切刻时,由于养分、水分受伤口的阻隔而集中于该芽或该枝条,可使其生长势得到加强。当在芽或枝的下方切刻时,则使其生长势减弱,但由于有机营养物质的积累,能使枝、芽更加充实,有利于加粗生长和花芽的形成。切刻越深越宽,其作用亦越强。

(3)纵伤

在枝干上用刀纵切,深及木质部的措施。作用是减少树皮的束缚力,有利于枝条的加粗生长。细枝可纵伤一条,粗枝可纵伤数条。

(4)横伤

对树干或粗大主枝用刀横砍数处,深及木质部。作用是阻滞有机养分下运,可使枝干充实,有利于花芽的分化,能达到促进开花结实和丰产的目的。此法在枣树上常常应用。

(5)环剥(环状剥皮)

在干枝或新梢上,用刀或环剥器切剥掉一圈皮层组织的措施。其功能同于横伤,但作用要强大得多。环剥的宽度一般为 2 ~ 10mm,视枝干的粗细和树种的愈伤能力、生长速度而定。但切忌过宽,否则长期不能愈合会对树木生长不利。应注意的是对伤流过旺或易流胶的树种,不宜应用此项措施。

(6)断根

将植株的根系在一定范围内全部或部分切断的措施。本法有抑制树冠生长过旺之特效。断根后可刺激根部发生新的须根,所以有利于移植成活。因此,在珍贵苗木出圃前或进行大树移植前,常应用断根措施。此外,亦可利用对根系的上部或下部的断根,促使根部分别向土壤深层或浅层发展。

(四)修剪的注意事项

(1)有伤流现象树种及植被的修剪,如核桃、元宝枫、枫杨、红枫、常绿针叶树、葡萄、火炬花等伤流现象严重的树种及植被,应避开伤流期。修剪的最佳时期,核桃在采果后至落叶前;枫杨6月中旬是修剪最佳时期;红枫宜在早春修剪,尤其是幼苗期,更不能在冬季剪枝。疏剪时,最好留3~5cm桩;常绿针叶乔木,旺盛生长期应尽量减少修剪量,以免造成伤流,影响生长势;火炬花秋季尽量不剪,以免造成伤流;元宝枫在展叶后修剪。

(2)不耐修剪、愈伤能力较差、发枝能力弱的树种(如马褂木、七叶树、梧桐、樱桃等),一般不行重剪,应以抹芽、摘叶为主,可适当疏剪过密小枝。

(3)丁香混合芽顶生,故花前不修剪,花后是修剪的最佳时期,此时伤口易于愈合。

(4)在苗圃中,未按标准树形进行定型培养的苗木,如碧桃、榆叶梅等,定植时不可强行按开心形进行修剪。应在现有树形的基础上,兼顾观赏性进行整形修剪,以后逐渐修剪到位。

(5)修剪大枝时,应先自枝条下部锯开枝条粗度的1/3,再从枝的上部将枝锯断,防止修剪时大枝劈裂,然后修平锯口。修剪银杏大枝时,应避免修剪对口枝。

(6)剪口及伤口的处理,剪口和伤口较大及伤口不易愈合的树种,应用利刀削平。易感染腐烂病、溃疡病、干腐病的树种,如合欢、杨树、柳树、悬铃木、楸树、梨树、苹果树、山里红、樱花、海棠花、八棱海棠、碧桃、红瑞木等,剪口及伤口应涂防护剂,如杀菌剂、果腐康、梳理剂或石硫合剂原液等,5cm以上剪口处均需用蜡或涂油漆保护,防止水分流失。雪松、白皮松、华山松等常绿针叶树种,剪口及枝干损伤处,需涂四川国光生产的愈伤涂膜剂,或北京名木成森生产的绿色伤口涂补剂等,防止因伤口流胶导致树势衰弱或死亡。药剂必须涂抹到位,不留白茬。

(五)修剪的安全要求

(1)应选有修剪技术经验的工人或经过培训后的人员上岗操作。

(2)使用电动机械一定认真阅读说明书,严格遵守使用此机械应注意的事项,按要求进行操作。

(3)在不同的情况下作业,应配有相应的工具。修剪前,需对所使用工具做认真检查,严禁高空修剪机械设备带病作业。高枝剪要绑扎牢固,防止脱落伤人。各种工具必须锋利、安全可靠。

(4)修剪时一定要注意安全,树梯要制作坚固,不松动。梯子要放稳,支撑牢固后可上树作业。修剪大树时必须配戴安全帽,系牢安全带后方可上树操作。

(5)患心脏病、高血压或刚喝过酒的人员,一律不允许上树操作。

(6)5级以上大风时,应立即停止作业。

(7)修剪行道树时,必须派专人维护施工现场,注意过往车辆及行人安全,以免树枝或修剪工具掉落时砸伤行人或车辆。

(8)在高压线和其他架空线路附近进行修剪作业时,必须遵守有关安全规定,严防触电或损伤线路。

(9)修剪时不准拿着修剪工具随意打逗,以免发生意想不到的事故。

(六)修剪的质量要求

苗木修剪前,应制订修剪技术方案,按照技术方案进行整剪。应在保证苗木成活的前提下,兼顾公路景观效果。

(1)修剪后,苗木规格达到设计要求。全冠移植苗木应以疏枝和摘叶为主,不可短截大枝,应注意保持自然、完整树形。

(2)无病枝、枯死枝、影响冠形整齐的徒长枝、嫁接砧木萌蘖枝。

(3)无劈裂根、劈裂枝,剪口平滑。

(4)落叶树疏剪时,剪口应与枝干平齐,不留橛。枝条短截时,剪口应位于留芽位置上方0.5cm处,剪口芽的方向就是未来新枝伸展方向。

(5)常绿针叶乔木疏剪时,剪口下应留1~2cm的小橛。回缩和短截劈裂枝时,应剪至分生枝处。

(6)正确处理剪口和伤口。

五、不同树木的整形与修剪

(一)苗木的整形修剪

苗木在圃期间主要根据将来的不同用途和树种的生物学特性进行整形修剪。此期间的整形修剪工作非常重要,且在苗期的重点是整形。苗木如果经过整形,后期的修剪就有了基础,容易培养成理想的树形,如果从未修剪任其生长的树木,后期想要调整、培养成优美的树形就很难。因此,必须注意在苗圃期间的整形修剪。

1. 乔木大苗的整形培育

在生产实际中,乔木类大苗一般用于行道树、庭荫树等。

落叶乔木行道树大苗培育的最后规格:一是具有高大通直的树干,树干高2.5~3.5m,胸径5~10cm;二是有完整、紧凑、匀称的树冠;三是有强大的根系。庭荫树则依周围环境条件而定,一般干高1m左右,主干要求通直向上并延伸成中干,主侧枝从属关系鲜明且均匀分布。

(1)对于乔木树种,特别是顶端优势强的树种,如杨树类、水杉苗木,要注意及时疏去根蘖条和主干1.8m以下的侧枝,以后随着树干的不断增加,逐年疏去中干下部的分枝,同时疏去树冠内的过密枝及扰乱树形的枝条。

(2)顶端优势较弱、萌芽力较强的树种,如槐树作行道树、播种苗当年达不到2.5m以上的主干高度,而第二年侧枝又大量萌生且分枝角度较大,很难找到主干延长枝,为此常采用截干法培养主干。

具体方法是:在秋季落叶后,将一年生的播种苗按60cm×60cm株行距进行移栽,第二年春加强肥水管理,促进苗木快长,并要注意中耕除草和病虫害防治,养成较强的根系。当苗高到1.5m,地际直径1.5m时,于秋季在距地面5~10cm处将地上部分全部剪除(平茬),然后施有机肥准备越冬;第三年春季萌芽生长后,随时注意去除多余萌蘖条,选取其中一个最健壮最直立的枝条作为目的枝条进行培养。在风害较严重地方可选留两个,到5月底枝条木质化后可去一留一。在培育期间注意土、肥、水管理及病虫害防治,并注意保护主干延长枝,对侧枝摘心以促进主干延长枝生长。这样到秋季苗木高度可达2.5~3m,达到行道树的定干高度;第4年不动;第5年结合第二次移栽,变成120cm×120cm株行距,选留3~5个向四周分布均匀的枝条作主枝,翌年在主枝30~40cm处短截,促使侧枝生长,形成基本树形;至第7年或第8年即可长成大苗。

2. 常绿乔木大苗的整形培育

常绿乔木大苗的规格,要求具有该树种本来的冠形特征,如尖塔形、圆锥形、团头形等。树高3~6m,枝下高应为2m,冠形匀称。

(1)对于轮生枝明显的常绿乔木树种,如黑松、油松、华山松、云杉等干性强有明显的中央领导枝的树种,每年向上长一节,分生一轮分枝,幼苗期生长速度很慢。每节只有几厘米、十几厘米,随苗龄增大,生长度逐渐加快。每年可达40~50cm,培育一株大苗(高3~6m)需15~20年时间,其至更长。这类树种有明显主梢,而一旦遭到损坏,整株苗木将失去培养价值,因此要特别注意主梢。一年播种苗一般留床保养一年,第3年开始移植,苗高约15~20cm,株行距定为50cm×50cm。第6年苗高约50~80cm,第7年以120cm×120cm株行距移植,至第10年苗木高度约在1.5~2m,第11年以4m×5m株行距进行第三次移植,至第15年苗木高可达3.5~4m左右。注意从第11年开始,每年从基部剪除一轮分枝,以促进高生长。

(2)轮生枝不明显的常绿树种(如侧柏、圆柏、雪松、铅笔柏等),幼期的生长速度较轮生枝常绿树稍快,因此在培育大苗时有所不同。一年生播种苗或扦插苗可留床保养一年(侧柏等也可不留床),第3年移植时苗高20cm左右,株行距可定60cm×60cm,至第5年时苗高约为1.5~2m,第6年进行第二次移植,株行距定为130cm×150cm,至第8年苗高可达3.5~4m。在培育过程中要注意及时处理主梢竞争枝(剪梢或摘心)。培育单干苗,同时还要加强肥水管理,防治病虫害。在乔木树种培育大苗期间,应注意疏除过密的主枝,疏除或回缩扰乱树形的主侧枝。

3. 花灌木大苗的整形培育

对于顶端优势很弱的丛生灌木要培养成小乔木状,一般需要3年以上时间。第一年选留中央一根最粗而直的枝条进行培养,剪除其余丛生枝;第二年保留该枝条上部3~5个枝条作主枝,以中央一个直立向上的枝条作中干,将该枝条下部的新生分枝和所有根蘖剪除;第三年修剪方法类似第二年。这样基本上就修剪成一棵株形规整、层次分明的小乔木。对于丛生花灌木,通常不将其整剪成小乔木状,而是培养成丰满、匀称的灌木丛。苗期可通过平茬或重截留3~5个芽促进多萌条的方法培育多主枝的灌丛。

花灌木在修剪时间上应注意,凡先开花后出叶的(如榆叶梅、紫荆等),应在春季花后压缩修剪老枝,适当疏剪弱枝,以促发壮枝,利于次年开花。乔灌木的修剪主要是为了提高成活率和注意培养树形,同时减少自然伤害。因此,应在树冠不影响美观的前提下适当重剪,其生长期修剪一般在 5~6 月份进行,休眠期修剪一般在 10~11 月份进行。但注意中央分隔带的刺柏、龙柏类由于生长相对比较缓慢,一般每年在 10~11 月修剪一次;黄杨每年在生长期和休眠期均要进行修剪。

中央分隔带黄杨、龙柏的修剪,必须保持水平面一条线相平而两侧面应略有一定倾斜度,即横断面是梯形(即上窄下宽),这样有利于进行光合作用,不出现下面光秃等现象;而刺柏树形较好,仅修剪顶部保持水平。若有病虫枝、干枯枝和伸出钢板下侧的枝条等均应及时修剪。同时清除杂树及缠绕物。绿化平台树木的修剪,除松、柏等常绿树种一般不动剪外,其余树种均应按其自然生长形式人为进行修剪,如红叶李采用除主干上的萌蘖枝芽、龙爪槐采用除顶部直立枝和修剪下垂枝、对影响行车的小叶女贞采用休眠期重剪造型等,但所有苗木应除病虫枝、干枯枝等。立交区、院落、收费广场等树木的整形修剪,要本着"造型各异,美观大方"的原则,根据环境中的建筑物、地形地貌确定方法,还应保持原有设计图案形状,描绘出具有不同风格的园林艺术图案(图 7-8)。修剪时尽可能添枝着色。

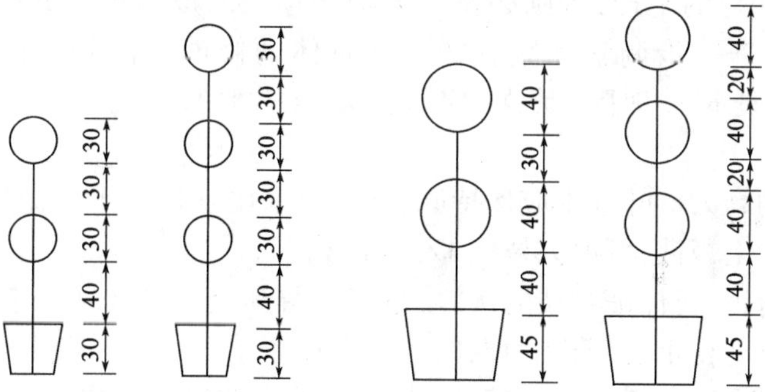

图 7-8 球形整枝(尺寸单位:cm)

4. 藤木大苗的整形培育

藤条类如紫藤、凌霄、蔓生蔷薇和木香等,苗圃整形修剪的主要任务是养好根系,通过平茬或重截培养一至数条健壮的主蔓。

5. 绿篱及特殊造型苗木的整形培育

绿篱的苗木要求分枝多,特别要注意从基部培养出大量分枝,以便定植后进行任何形式的修剪,因此至少要重剪两次,通过调节树体上下的平衡关系控制根系的生长,便于以后密植操作。此外,为使公路绿化丰富多彩,除采用自然树型外,还可以利用树木的发枝特点,通过整形及以后的修剪,养成各种不同的形状,如梯形、球形、仿生形等,如图 7-9 所示。

(二) 苗木栽植时的修剪

苗木栽植前后修剪的目的,主要是为了减少运输与栽植成本,提高栽植成活率和进一步培养树形,同时减少自然伤害。因此,在不影响树形美观的前提下,可对树冠进行适度的修剪。

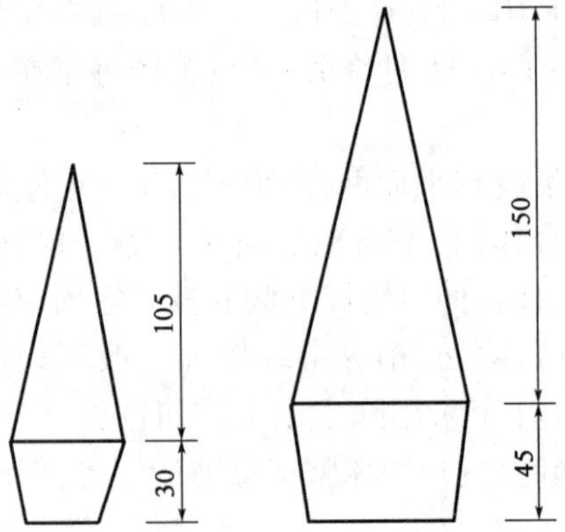

图7-9　圆锥形整枝(尺寸单位:cm)

在起苗、运苗、栽植的过程中,不可避免地要伤害根系,由于根系的大量损失,吸收的水分和无机盐相对减少,供给地上部分的水分和营养也相应减少。而此时,地上部分枝叶照常生长和蒸发,如果根的功能不能迅速恢复,则会造成地上与地下部分在水分代谢等方面的平衡受到破坏,植株会因为地下供应的水分和营养不够生长和消耗之用,饥饿而死亡,造成移植不成功。虽然有些种类在移栽完成以后,顶芽和一部分侧芽能够萌发,但当叶片全部展开后常常发生凋萎,以致造成苗木死亡,这种萌芽展叶以后又凋萎死亡的现象称为"假活"。因此,在起苗之前或起苗后应立即进行重剪,使地上和地下两部分保持相对的平衡,否则必将大大降低移栽的成活率。此时的修剪应在苗圃整形的基础上进行,进一步调整和完善树形。具体的修剪方法是:首先,将无用的衰老枝、病枯枝、纤细枝、徒长枝剪除;其次,应根据栽植树木的干性强弱及分枝习性进行修剪,具体如下:

具有明显主干的高大落叶乔木应保持原有树形,采用削枝保干的做法,适当疏枝,对保留的主侧枝在健壮芽上短截,可剪去枝条1/5~1/3。

对于无中干的树种,要保证主枝的优势,适当保留其上的侧枝并在饱满芽处进行短截。通常对萌芽力强的可剪得重些,萌芽力弱的可剪得轻些。

带土球移植的常绿阔叶树,对树冠轻剪或不剪,只剪除断裂和损伤的枝条。枝叶过于浓密的,在保持原有树形的情况下,可适量疏枝摘叶。

长绿针叶树由于萌芽力较差,只剪除病虫枝、枯死枝、过密的轮生枝和下垂枝,一般不宜过多修剪。

对萌芽力较强的部分阔叶树(如槐树、香樟等),为提高种植成活率,减轻栽植后的管理难度,可以重剪甚至去冠栽植。

对灌木多进行短截和疏枝,为了尽快起到绿化效果,往往修剪稍轻,做到树冠内高外低,内疏外密。经过出圃修剪的苗木在其运输和栽植过程中可能出现新的损伤,应根据具体情况进行补充修剪。种植前对苗木根系的修剪,主要是剪除劈裂根、病虫根和过长根。

(三)各类树木的整形修剪

1.行道树

行道树是城市绿化的骨架,它将城市中分散的绿地联系起来,能反映出城市的特有面貌和地方色彩。行道树主要以美化公路,改善小气候、夏季降低温度、滞尘、遮荫为主要功能。

行道树修剪需扩大树冠,优美树形,调整纸条的伸展方向,调节营养物质的合理分配,抑制徒长等为目的,同时也是老树复壮,增加保温遮荫的效果,防治病虫害的发生,增加通风透光主要手段之一。

行道树的主要修剪时间一般在冬季。冬季修剪的方法主要有截、疏、除蘖。行道树修剪是要设有专人维护现场,防止大枝砸伤行人和过往车辆。高压线附近作业要注意安全,必要时要请供电部门配合。行道树有典型的三叉、六股、十二枝的冠型。分布均匀,夹角的枝条作主枝,其余分期剥芽、或疏枝。冬季对主枝留 40 ~ 80cm。剪口芽留在侧面,经 3 ~ 5 年反复修剪即可形成杯状树冠。如国槐大树对树木的内膛枝和过密的枝进行疏剪,达到通风透光,防止病虫害调整整个树形,并能阶梯式。保留上树枝,方便修剪作业,也使树形美观。

在日常的养护生产中,树木与高压线的距离以及路口的交通设施的配合直接关系到行人和车辆的安全。每年进行安全排查。对高压线范围内的高大树木进行修剪,同时应对妨碍驾驶员视线的交通标志信号灯位置的树木进行修剪。修剪过程中要保证交通标志安全信号清楚显现,保护行人和车辆的安全。

行道树一般为具有通自主干、树体高大的乔木树种,主干高度与形状,最好能与周围的环境要求相适应,要求它们的高度和分枝点基本一致。树冠要整齐,富有装饰性。栽在道路两侧的行道树注意不要妨碍车辆的通行,园路树或林荫路上的树木主干高度以不影响游人行走为原则。

行道树除要求具有直立的主干以外,一般不做特别的选形,采用中干疏散型为好,有较强中干的行道树一般栽植在道路比较宽、上面没有高架线的道路上,中干不强或无明显的行道树一般栽植在较窄或架有高压线的公路上。行道树的基本主干和主枝在苗圃阶段就已养成,成型后不需要大量的修剪,而只要进行疏除病枝、衰老枝等,就能够保持较理想的树形。如悬铃木的修剪,悬铃木是目前我国很多地区公路绿化的常用树种,但绿化中参差不齐的现象普遍存在,其主要原因在于植栽时选择苗木不整齐,只求植栽成活率,忽视中后期管理(如整形修剪等),使悬铃木树姿的特点未能充分体现。悬铃木的整形修剪要点如下。

(1)在圃整形修剪

在圃整形修剪必须在苗木合理密植的基础上进行。培育杯状行道树大苗时,扦插的株行距为 60cm × 60cm。选择速生少球悬铃木品种,当年株高可达到 2.5 ~ 3.5m,待秋后或初春按“隔行去行,隔株去株,留大去小,保强去弱”的原则定苗,使留苗株行距基本达到 1.2m × 1.2m。第二年继续生长,冬季定干,在对高 3.5 ~ 4.0m 处去梢,将分枝点以下主干上的侧枝剪去。第三年待苗木萌芽后,选留 3 ~ 5 个分支点附近分布均匀、与主干成 45°左右夹角、生长粗壮的枝条作为主枝,其余分批剪去。冬季主枝留 50 ~ 80cm 短截,剪口芽留在侧面,尽量使其处于同一水平面上,翌春萌发后各选留 2 个 3 级侧枝斜向生长,形成“3 股 6 杈 12 枝”的造型,经以上 3 ~ 4 年培育的大苗胸径在 7 ~ 8cm,已初具杯状冠形,符合行道树标准,可出圃。

(2)植栽后整形修剪

杯状行道树栽植后,4 ~ 5 年内应继续修剪,方法与苗期相同,直至树冠具备 4 ~ 5 级侧枝时为止。以后每年休眠期对当年生枝条短截,保留 15 ~ 20cm,称小回头,使萌条位置逐年提高,当枝条顶端将触及线路时,应回缩降低高度,称大回头。大小回头交替进行,使树冠维持在一定高度。

(3)其他情况整形修剪

如果苗木出圃定植时未形成杯状树冠,栽植后再造型,可将定植后的苗木按理想高度定干,等萌发后留 3 个分布均匀、生长粗壮的枝条作为主枝,冬季短截,以后也按上述修剪方法进行。

如果道路不是很宽,上方又无电线通过,可采用开心型树冠。在栽植定干后,选留 4 ~ 6 根主枝,每年冬季短截后,选留 1 个略向斜上方生长的枝条作为主枝延长枝,使树冠逐年上升,即可形成椭圆形内膛中空的冠形。修剪时应强枝弱剪,弱枝强剪,使树冠均衡发展。另外,悬铃木除作为行道树栽植外,还可作为庭荫树、孤植树。作为庭荫树、孤植树栽植时,以自然冠形为宜。

2. 庭荫树

在公路绿化中,庭荫树多用于服务站。

庭荫树应具有庞大的树冠,树干定植后,尽早把 1 ~ 1.5m 以下的枝条全部剪除,以后再逐年疏掉树冠下部的分生侧枝。庭荫树的枝下高以 3m 左右为好,树冠大小及树高的比例,以冠高比 2/3 以上为宜。

庭荫树的整形大多采用自然形,培养健康、挺拔的树木姿态,条件许可的,特过密枝、伤残枝、病枯枝及扰乱属性的枝条疏除。如雪松的整形修剪,雪松主干挺拔、气势雄伟,在公路绿化中应用广泛。但很多人认为,雪松树姿优美,在栽培过程中不必进行整形修剪。其实,这种说法是不妥的。一般来说,雪松实生苗可以不必修剪而自然成型,但我国目前种源不足,大部分雪松都是扦插苗,很难自然形成优美树形。下面简单介绍优质雪松。

1)雪松的生长习性

雪松为阳性树,有一定的耐阴能力,但最好顶端有充足的光热,否则生长不良;幼苗期耐阴力较强。喜温凉气候,有一定的耐寒能力,大苗可耐短期的 -25℃低温;选背风处栽植为佳。耐旱力较强,年雨量 600 ~ 1200mm 最好。喜土层深厚而排水良好的土壤,能生长于微酸性及微碱性土壤中,亦能生于瘠薄地和黏土地,但忌积水地点。性畏烟,含二氧化硫气体会使嫩叶迅速枯萎。雪松系浅根性树种,侧根系大体在土壤 40 ~ 60cm 深处为多。生长速度较快,属速生树种,平均每年高生长达 50 ~ 80cm,而需视生境和管理条件而异。

2)雪松的栽植养护

在用雪松大树进行定植时,雪松大树的移栽期以在 4 ~ 5 月为宜,应带土球进行移植,定植后必须立支架以防被风吹歪。壮年雪松生长迅速,中央领导枝质地柔软,常呈弯垂状,最易被风吹折而破坏树形,故应及时用细竹竿缚直为妥。雪松树冠下的大枝小枝均应保留,使之自然的贴近地面才显整齐美观,不可剪除下部枝条。

扶架完毕后浇水,第一次浇水应浇透,并在 3 天后浇第 2 遍水,10 天后浇第 3 遍水为保证成活率,栽植的第 4 天结合浇水用 100ppm 的 ABT 生根粉 3 号作灌根处理。3 次浇水之后即可封穴,用地膜覆盖树穴并整出一定的排水坡度,防止因后期养护时喷雾造成根部积水。

地膜可长期覆盖，以达到防寒和防止水分蒸发的目的。

配合苗木整形疏枝处理。先去除病枝、重叠枝、内膛枝及个别影响树形的大枝，然后再修剪小枝。修剪过程中应勤看、分多次修剪，且勿一次修剪成形，以免错剪枝条。修剪完成后及时用石蜡或防锈漆涂抹伤口，防伤口遇水腐烂。

苗木栽植之后应立即用喷灌机做喷雾养护，以保证树冠所需的水分和空气湿度。吊装过程中，若有绳子勒坏树干，趁树皮内黏膜层未干，及时用1cm长的小钉子将脱落的树皮按原位钉住，并在伤口处均匀的涂抹黄泥，用草绳缠绕将其裹紧，再用厚一点的塑料薄膜紧密包扎，保持湿润。并经常注意松土、除草。第二年支架撤去，进入正常管理。移栽成活率高，成活后的秋季施以有机肥，促其发根，生长期可施2～3次追肥。雪松顶梢被毁后，可在顶端生长点附近，选一生长强健的侧枝，扶直绑以竹竿，并适当地减去被扶直枝条周围的侧枝，加大顶端优势，经过2～3年，树冠可回复如初，并出去竹竿。

3）雪松正常优美的树形

优质雪松具有明显的中心领导干，生长旺盛，大侧枝不规则轮生，向外平行伸出，四周均衡、丰满，小枝微下垂。下部的侧枝长，渐至上部依次缩短，疏密匀称，形成塔形树冠。

4）雪松的整形修剪

（1）不正常树形的修剪方法

①主干弯曲应扶正。雪松为乔木，主干直立不分叉，因此必须保持中心领导干向上生长的优势。有些苗木的主干头弯曲或软弱，势必影响植株正常生长。可用细竹竿绑扎主干嫩梢，充分发挥其顶端优势，绑扎工作每年进行一次。若主干上出现竞争枝，应选留一强枝为中心领导干，另一个短截回缩，于第二年短截。

②大侧枝的选留。雪松侧枝在主干上呈不规则轮生，数量很多。如果间隔距离过小，则会导致树冠郁闭、养分分配不均、长势不均衡。修剪目的就是使各侧枝在主干上分层排列，每层有侧枝4～6个，并向不同方向伸展，层间距离30～50cm。凡被选定为侧枝者均保留，并注意保护其新梢。对于层内未被选作侧枝的较粗壮枝条，应先短截，辅养一段时间后再做处理，其余枝条适当疏除。

（2）平衡树势树体

各部分因所处条件不同，其生长速度不一致，所以生长势也有强弱之分。优质雪松要求下部侧枝长，向上渐次缩短，而同一层的侧枝其长势必须平衡，才能形成优美的树形。所以在整形修剪时，要注意使各侧枝平衡生长。平衡树势时，对生长势强的枝条可进行回缩剪截，并选留生长弱的平行枝或下垂枝替代。

（3）调整“下强上弱”的树势

有些雪松下部侧枝生长过旺，上部侧枝则很弱，形成下强上弱的树冠，很不美观。其原因是幼苗时未能把顶梢扶正，使营养分散在下部大侧枝上，以致长大后上部侧枝不伸展，下部长势旺盛，影响观赏价值。解决办法，对下部的强壮枝、重叠枝、平行枝进行回缩修剪；对上部的植株，用40～50ppm赤霉素（GA）溶液喷洒，每隔20天喷一次，以促其生长。

（4）偏形树的改造

雪松因扦插时插穗选择不当或在生长过程中伸展空间受到制约等原因，常形成树冠偏向生长。这种树的改造方法是引枝补空，即将附近的大侧枝用绳子或铁丝牵引过来。也可以嫁接新枝，即在空隙大而无枝的地方，用腹接法嫁接一健壮的芽，令其萌发出新枝。

3. 灌木（或小乔木）的修剪

绿篱是萌芽力和成枝力强、耐修剪的树种、密集成带状栽植、具有分隔的功能和优美的造型。如大叶黄杨、金叶女贞、红叶小檗、桧柏篱、小叶黄杨是常用的绿篱造型树种。

近年来，随着彩叶植物的增加，使用彩叶树种组成的色块，如紫叶矮樱、迎春、连翘、棣棠等，都是大环境绿化常用运用的树种。但在修剪上有着不同的修剪方法。道路中央分隔带修剪，以能挡住人的视线 1 ~ 1.2m 高为宜，要修剪的横平竖直，整齐美观。为使绿篱生长茂盛，由于植物的生长高度不同，采用不同的修剪方式。

花灌木修剪是绿化抚育管理工作的重要内容之一，是保持树木健壮和协调的生长以提高绿化景观水平的关键技术措施。其主要内容是对公路树木在生长期内进行整形和修剪。

1）修剪的方法和频率

（1）为确保移栽成活而修剪

在公路绿化施工过程中，起苗、运输、搬运乃至栽植甚至回填等环节都可能弄伤一些根系，尤其在大苗挖掘和大树用机械起苗吊装时散坨、断根的风险就会更大。在非正常植树季节的夏季，花灌木移栽后出现假活更是时常发生。

为确保成活，在起苗前或起苗后应该立即进行重剪。对于从外地起运的苗木，在起苗时大多不带土球，可以把裸根沾上泥浆，再用湿草和草袋包裹，并在装车之前进行重剪。如果早春气温回升很快，就会出现土温大大低于气温的现象，于是萌芽展叶和抽生新梢的速度就会比新根生长的速度快得多，这时根部吸水满足不了水分的消耗，就得将树苗上过早萌发的嫩梢抹掉，即进行补偿修剪。对于造型优美的珍贵引进树种，则可以采用草帘单独包装或用木箱假植后运输，定植后只需修去衰老的枝条和枯黄的叶片，不要进行重剪。

花灌木定植后的修剪，苗木定植后，首先用修剪进行树冠整形，对于过长和过密的丛生枝进行短截和疏剪。对于即将用于重点部位进行细致观赏的一些灌木，如文冠果、火炬树等，应该根据造型的需要，将丛生枝剔除，保留侧枝匀称，主干光滑的主枝，通过修剪短截甚至牵拉把树形调整成圆整的小乔木状。在树苗定植后，还可以通过绳拉和木棍支撑等方法矫正下垂倾斜和平行的侧主枝和侧枝，还应剪掉接近地面的枝条以及树膛内的直上枝交叉枝等。

（2）为控制树体大小而修剪

公路花灌木不能像自然界的树木一样任其生长，恣意蔓延。因为它们多是房屋、亭台、假山、塑像以及其他园林建筑、小品或水面的衬景，过于高大、粗犷，就会影响景观的整体效果。即便是草坪中或疏林下的花灌木，如果不经修剪，树丛会不断扩大，相互拥挤在一起，使规整的园林布局变成乱树丛，影响通风，导致病虫害发生，最终加速衰老，缩短景观的观赏寿命。所以在我国北方，建议至少进行 3 次修剪。第 1 次，早春树叶萌发之前，将病枝、残枝、徒长枝、有冻害、虫卵寄生的枝条删除或短截，但是不要打掉花枝；按照计划进行重剪，促使今后整体回缩与更新；第 2 次，花谢后 3 周至一月，剪掉残花，疏除新生萌蘖和过密处的小枝，增强通风透光，预防病虫害发生；进行整体的短截和修形；第 3 次，立秋后落叶前，将果实剪除(冬果宿存观赏性强的除外)。

(3)因树势(健康)而修剪与整形

当幼树生长旺盛时,以整形为主,宜轻剪。严格控制直立枝,斜生枝的上位芽冬剪时应剥掉,防止生长直立枝。一切病虫枝、干枯枝、人为破坏枝、徒长枝等用疏剪方法剪去。丛生花灌木的直立枝,选生长健壮的加以摘心,促其早开花。壮年树应充分利用立体空间,促使多开花。于休眠期修剪时,在秋梢以下适当部位进行短截,同时逐年选留部分根蘖,并疏掉部分老枝,以保证枝条不断更新,保持丰满株形。老弱树木以更新复壮为主,采用重短截的方法,使营养集中于少数腋芽,萌发壮枝,及时疏删细弱枝、病虫枝、枯死枝。

(4)根据花灌木生长开花或结果的栽培目的进行修剪与整形

春季开花,花芽(或混合芽)着生在两年生枝条上的花灌木。如连翘、榆叶梅、毛樱桃等灌木是在前一年的夏季高温时进行花芽分化,经过冬季低温阶段于第二年春季开花。因此,应在花残后叶芽开始膨大尚未萌发时进行修剪。修剪的部位依植物种类及纯花芽或混合芽的不同而有所不同。连翘、榆叶梅、丁香等可在开花枝条基部留2~4个饱满芽进行短截。牡丹则仅将残花剪除即可。

夏秋季开花,花芽(或混合芽)着生在当年生枝条上的花灌木。如红玫瑰、黄刺玫、珍珠梅等是在当年萌发枝上形成花芽,因此应在休眠期进行修剪。将二年生枝基部留2~3个饱满芽或一对对生的芽进行重剪,剪后可萌发出一些茁壮的枝条,花枝会少些,但由于营养集成会产生较大的花朵。而对于需要结果观赏或食用的果树,则要根据着果的特点进行修剪并兼顾树势的平衡,使侧枝尤其是果枝粗壮,层次分明,既丰硕又美观。

(5)为达到设计的树形而修剪

虽然作为公路绿化重要设计元素的灌木,以其自然的形式和质感就可以使人赏心悦目,但是设计人员通过对其实施造型,使其达到与建筑之间、与其他不同形式的树木之间的协调和特有的意蕴,简言之,装饰性、符号功能越来越受到追捧和效仿,公路绿化中的灌木被用来做成拱门、拱洞、墙垣、长廊、棚架等功能性的实体,更为普遍的塑成花鸟兽、几何体等纯粹的装饰作用。在城市用地日益稀缺的今天,立体绿化、空中花园的设计以及生态景观的模仿(如室内的椰风海前、南国风情等)都成了现实,在有限的空间里塑造深远的绿境、胜景,此中的植材都要经过精心的修剪。

(6)为树木的复壮更新而修剪

对已经进入衰老的植株进行强修剪,剪掉大部分侧枝和衰老的主枝,甚至把主枝也分次锯掉,选留有培养前途的新枝作为培养的主干,用以形成新的树冠。这种做法称作更新复壮。通过更新复壮,较之新建植的新苗生长速度较快,能够延续理想的景观效果。为了达到理想的复壮效果,应该提早做以规划,一般在早春第一次修剪时即留好备用的更新枝,通过多次的一年半至两年的时间即可完成。

2)花灌木的修剪与整形

首先要观察植株生长的周围环境、光照条件、植物种类、长势强弱及其在公路中所起的作用,做到心中有数,然后再进行修剪与整形。

(1)因树势修剪与整形

幼树生长旺盛，以整形为主，宜轻剪。严格控制直立枝，斜生枝的上位芽有冬剪时应剥掉，防止生长直立枝。一切病虫枝、干枯枝、人为破坏枝、徒长枝等用疏剪方法剪去。丛生花灌木的直立枝，选生长健壮的加以摘心，促其早开花。壮年树应充分利用立体空间，促使多开花。于休眠期修剪时，在秋梢以下适当部位进行短截，同时逐年选留部分根蘖，并疏掉部分老枝，以保证枝条不断更新，保持丰满株形。老弱树木以更新复壮为主，采用重短截的方法，使营养集中于少数腋芽，萌发壮枝，及时疏删细弱枝、病虫枝、枯死枝。

(2)因时修剪与整形

落叶花灌木依修剪时期可分冬季修剪(休眠期修剪)和夏季修剪(花后修剪)。冬季修剪一般在休眠期进行。夏季修剪在花落后进行，目的是抑制营养生长，增加全株光照，促进花芽分化，保证来年开花。夏季修剪宜早不宜迟，这样有利于控制徒长枝的生长。若修剪时间稍晚，直立徒长枝已经形成。如空间条件允许，可用摘心办法使生出二次枝，增加开花枝的数量。

(3)根据树木生长习性和开花习性进行修剪与整形

春季开花，花芽(或混合芽)着生在二年生枝条上的花灌木。如连翘、榆叶梅、碧桃、迎春、牡丹等灌木是在前一年的夏季高温时进行花芽分化，经过冬季低温阶段于第二年春季开花。因此，应在花残后叶芽开始膨大尚未萌发时进行修剪。修剪的部位依植物种类及纯花芽或混合芽的不同而有所不同。连翘、榆叶梅、碧桃、迎春等可在开花枝条基部留 2 ~4 个饱满芽进行短截。牡丹则仅将残花剪除即可。

夏秋季开花，花芽(或混合芽)着生在当年生枝条上的花灌木。如紫薇、木槿、珍珠梅等是在当年萌发枝上形成花芽，因此应在休眠期进行修剪。将二年生枝基部留 2 ~3 个饱满芽或一对对生的芽进行重剪，剪后可萌发出一些茁壮的枝条，花枝会少些，但由于营养集成会产生较大的花朵。一些灌木如希望当年开两次花的，可在花后将残花及其下的 2 ~3 芽剪除，刺激二次枝条的发生，适当增加肥水则可二次开花。花芽(或混合芽)着生在多年生枝上的花灌木。如紫荆、贴梗海棠等，虽然花芽大部分着生在二年生枝上，但当营养条件适合时多年生的老干亦可分化花芽。对于这类灌木中进入开花年龄的植株，修剪量应较小，在早春可将枝条先端枯干部分剪除，在生长季节为防止当年生枝条过旺而影响花芽分化时可进行摘心，使营养集中于多年生枝干上。花芽(或混合芽)着生在开花短枝上的花灌木，如西府海棠等，这类灌木早期生长势较强，每年自基部发生多数萌芽，自主枝上发生直立枝，当植株进入开花年龄时。多数枝条形成开花短枝，在短枝上连年开花，这类灌木一般不大进行修剪，可在花后剪除残花，夏季生长旺时，将生长进行适当摘心，抑制其生长，并将过多的直立枝，徒长枝进行疏剪。

一年多次抽梢，多次开花的花灌木。如月季，可于休眠期对当年生枝条进行短剪或回缩强枝，同时剪除交叉枝、病虫枝、并生枝、弱枝及内膛过密枝。寒冷地区可进行强剪，必要时进行埋土防寒。生长期可多次修剪，可于花后在新梢饱满芽处短剪(通常在花梗下方第 2 芽、第 3 芽处)剪口芽很快萌发抽梢，形成花蕾开花，花谢后再剪，如此重复。

3)修剪原理

观赏花木整形修剪应遵循的基本原理大致有以下几方面。

(1)整形修剪要与生态环境条件相统一。

调整植物各器官之间的比例关系,使之趋于平衡。调整叶片养分的关系,使增高生长与增粗生长保持一定比例。

(2)整形修剪要和观赏花木的分枝规律相统一。

主轴分枝的花木应抑强扶弱,以形成高大通直的树冠。

合轴分枝式(如樱花、紫薇等)应采用"摘除顶端优势"的方法,把一年生顶枝短截。剪口下要留壮芽,去掉3~4个侧芽,保证壮芽生长良好。这种修剪方法要以扩大树冠为主,增加花枝数量,促进植株内外开花。但幼树期应以培养中心枝为主,合理选择和安排侧枝,达到骨干枝明显。

假二叉分枝式的花木,顶端生长末期不能形成顶芽,侧芽对生。应除去一个,保留壮芽,以培养高的树干。

多歧分枝式(如夹竹桃、瑞香等)花木,由于顶芽生长不充实,整形修剪应采用"扶芽法",重新培养中心主枝。此类花木的花芽数量与其着生角度有关,角度适中时,开花多,结果多。

(3)遵循顶端优势的原则,控制树形,以促进开花。树种不同顶端优势的强弱不同,主要表现为:

①针叶树。顶端优势强,可对主枝附近的竞争枝进行短截,控制其生长,保证中心枝的顶端优势。

②阔叶树。顶端优势弱,树冠圆球状,一般通过短截、回缩和束枝来调整主侧枝的关系,促进花木生长,使整体树形良好。此类花木的幼树顶端优势强于老树,所以幼树应轻剪,使之快速成形;老树应重剪,使其萌发新枝,增强树势。

(4)整形修剪应考虑光能的利用。剪去枝条顶端,使侧芽萌发,多形成中、短枝,增加叶面积,以提高光能利用率。

(5)整形修剪要符合树体内营养分配与积累的规律。

例如,花卉一般在7~8月份进行花芽分化,这时营养中心会转移到中短枝上,以保证开花结果的数量,应对旺枝进行短截、摘心,促进养分集中到中短枝上。另外,应重点剪去重叠枝、交错枝和过密枝,使树冠内外叶片都能见光,增加光合产物。

(6)必须遵循树木的生长发育规律。通过整形修剪,调节植物生长发育的关系,使养分供应到所需的部位。由于花木的用途不同,其整形修剪的目的和方式也不同。

①行道树类。幼年期以快生长、高树干,促进旺长为目的。成形后保证骨干枝的增高生长,重剪可促进生长。

②花果树类。幼树时防早衰,重视夏季修剪,以轻剪为主。成形后,扩大树冠的同时又要保证开花,还要培育各级骨干枝,维持树体平衡。应严格控制徒长枝、竞争枝和扰乱枝。成年后,应培养永久性枝组,并留足预备枝,使成年枝和预备枝交替开花,增加观赏价值。对于老衰树,应在促进根系生长的基础上剪干更新。剪梢、摘心可使枝条的伸长得到抑制,促使营养向中、短枝运输,达到开花多的目的。

屋顶花园和盆栽用树:为达到美观的效果,要控制生长、促进矮化。修剪前期,以促进成形为主。后期要抑制生长，通过重剪使树干产生大伤口，起苍老的作用。主、侧枝的延长枝是形成树体的骨干，树体形成后则要控制其生长。

③常绿树类。各个季节的修剪应遵循一定的规律，修剪的强度也应有所不同。一般原则是：轻剪剪去枝条的1/4，中剪剪去枝条的1/2，重剪剪去枝条的3/4。在旺盛生长以前要重剪，进入旺盛生长期后依据树形需要适当修剪。

为使观赏花木达到理想的要求，在整形修剪过程中，还应遵循美学原理，其中比例与尺度原理较为重要。观赏花木的冠宽与树体高的比例不同，产生的美观效果相差很大，当宽：高等于1∶1时，给人以端正的感觉；当宽：高等于1∶1.414时，给人一种豪华感；当二者之比为1∶1.732时，给人一种轻快感；当为1∶2时，有种俊俏感；二者之比为1∶2.36时，给人以向上感。均衡与稳定也是美学原理中较为重要的部分，它分为对称式均衡和非对称式均衡两种。在体量上，如果上大下小，则有种不稳重的感觉。从质感上，上方细致，下方粗犷式的修剪，给人以稳定的感觉。

4）具体种类的修剪分析

（1）观花类。以观花为主要目的的树木的修剪，必须考虑其开花习性、着花部位及花芽的性质。

①早春开花树种。如连翘、迎春、榆叶梅、碧桃等先花后叶的树种，在前一年的枝条上形成花芽，第二年春天开花。修剪时以休眠期为主，修剪方法以裁、疏为主，结合其他方法。具有顶生花芽的树木，在休眠期修剪，绝不能对着生花芽的枝条进行短裁；而具有腋花芽的种类，可以对生花芽的枝条进行短截。对具有混合芽的枝条，剪口芽不能留花芽。

②夏秋开花树种。如珍珠梅、木槿、紫薇等，花芽在当年春天发出的新梢上形成，修剪应在休眠期进行，主要是短截和疏剪相结合，但不能在开花前进行重短裁，因为花芽大部分着生在枝条上部和顶端，有的花后还应去残花，使花期延长。对于一年开两次花的灌木，更应在花后将残花及其下方的2～3芽剪除，促使新枝萌发和二次开花。

在这里介绍牡丹的修剪方法，这是我国牡丹栽培管理中一项技术性很强的重要措施。它在很大程度上决定着植株生长热的强弱、开花品质的优劣、株形的观赏效果以及生命周期的长短。因此合理整形，因材修剪，至关重要。应当及时除去繁枝赘芽、枯枝、病虫枝、维持植株有均衡适量的枝条和美观的株形，使其通风透光，养分集中，才能生长旺盛，开花繁茂一致。

主要措施包括如下几项：

一是选留枝干。牡丹定植后，第一年任期生长，可以根颈处萌发出许多新芽（俗称土芽）；第二年春天时，待新芽长至10cm左右时，可从中挑选几个生长健壮、充实、分布均匀者保留下来，作为主要枝干（俗称定股），余者全部除掉。以后每年或隔年继续选留1～2个新芽作为枝干培养，以使株丛逐年扩大和丰满。每年选留枝干数量常因品种、株龄及应用目的而异。生长势旺的品种每株可选留5～7枝；生长势弱、发枝力不强的品种，可任其生长，多选留几枝；株龄大者以及为采收繁殖材料（接芽及插穗）者，也应适当选留，而观赏用植株可少选留。

二是酌情利用新芽。为使牡丹花大艳丽，常结合修剪进行疏芽、标芽工作，使每枝上保留1个芽,余芽除掉,并将老枝干上发出的不定芽全部清除,以使养分集中,开花硕大。每枝上所保留的芽应以充实健壮为佳。有些品种生长势强,发枝力强且成花率高,每枝上常有1~2个甚至3个芽均可萌发成枝并正常开花,对于这些品种每枝上可适当多留些芽,以使增加着花量和适当延长花期;而某些生长势弱、发枝力弱并且成花率低的品种则应坚持1枝留1芽的修剪措施,否则就会造成养分分散,不易开花或开花品质低下的结果。

三是开过花的植株,如不作留种,应及时剪去残花,不使其结实,以免徒耗养分。入冬前或早春还应当剪去每枝上部枯死部分的枝梗。

(2)观果类。观果类的树木,如金银木等,其修剪时间及方法与早春开花的种类基本相同。生长期要注意疏除过密枝,以利通风透光,减少病虫害,利于果实着色,提高观赏效果。在夏季,统统采用环剥、缚溢或疏花、疏果等技术措施,以增加果实的数量和质量。

(3)观枝类。观枝类的如红瑞木等,为了延长各季观赏期多在早春芽萌动前进行修剪,以利冬季充分发挥观赏作用。由于这类树木的嫩枝最鲜艳,观赏价值高,因此,年年需要重剪,促发更多的新枝,同时要逐步去掉老冠促进树冠更新。

(4)观形类。这类树木有龙爪愧、垂枝梅等修剪时根据种类的不同而不同,如龙爪槐、垂枝梅短截时不留下芽,而留上芽,以诱发壮枝;而对合欢树,成形后只进行常规疏剪,通常不再进行短截修剪。

(5)观叶类。以自然整形为主,一般只进行常规修剪,不要求进行细致的修剪和特殊的选形,主要观其自然美。苗木形状,而要遵从因枝修剪,随树做形的原则,逐年分批进行修剪与更新。对于抽生萌生枝强的种类,可从齐地面全部剪除,令其重新发枝。

4.绿篱的修剪

绿篱又称植篱、生篱,是由萌芽、成枝力、强耐修剪的树种密植而成,以绿篱的高度不同。可分为矮绿篱(50cm左右)、中绿篱(100cm左右)和高绿篱(200~300cm)。常见的绿篱整形方式有规则式和自然式两种。

1)绿篱的修剪与整形

绿篱是萌芽力、成枝力强、耐修剪的树种,密集呈带状栽植而成,起防范、美化、组织交通和分隔功能区的作用。适宜作绿篱的植物很多,如女贞、大叶黄杨、小叶黄杨、桧柏、侧柏、冬青、野蔷薇等。绿篱的高度依其防范对象来决定,有绿墙(160cm以上)、高篱(120~160cm),中篱(50~120cm)和矮篱(50cm以下)。绿篱进行修剪,既为了整齐美观,增添园景,也为了使篱体生长茂盛,长久不衰,高度不同的绿篱,采用不同的整形方式。

绿墙、高篱和花篱采用较多。适当控制高度,并疏剪病虫枝、干枯枝,任枝条生长,使其枝叶相接紧密成片提高阻隔效果。用于防范的绿篱和玫瑰、蔷薇、木香等花篱,也以自然式修剪为主。开花后略加修剪使之继续开花,冬季修去枯枝、病虫枝。对蔷薇等萌发力强的树种,盛花后进行重剪,新枝粗壮,篱体高大美观。

中篱和矮篱常用于草地、花坛镶边,或组织人流的走向。这类绿篱低矮,为了美观和丰富园景,多采用几何图案式的修剪整形,如矩形、梯形、倒梯形、篱面波浪形等。绿篱种植后剪去高度的1/3~1/2,修去平侧枝,统一高度和侧萌发成枝条,形成紧枝密叶的矮墙,显示立体美。绿篱每年最好修剪 2 ~ 4 次,使新枝不断发生,更新和替换老枝。整形绿篱修剪时,顶面与侧面兼顾,不应只修顶面不修侧面,这样会造成顶部枝条旺长,侧枝斜出生长。从篱体横断而看,以矩形和基大上小的梯形较好,下面和侧面枝叶采光充足,通风逼真,不能任枝条随意生长而破坏造型,应每年多次修剪。

2)修剪时期

绿篱定植以后,最好任其自然生长一年,以免因修剪过早而妨碍地下根系的生长。从第二年开始、再按照所确定的绿篱高度进行短截,修剪时要依照苗木大小,分别截生苗高的 1/3 ~ 1/2,然后在生长期内对所有新梢进行 2 ~ 3 次修剪,这样可降低分枝高度、多发分枝,提早郁闭。

(1)整形方式

①自然式绿篱。这种类型的绿篱一般不进行专门的整形,在栽培的过程中仅做一般修剪,剔除老、枯、病枝。自然式绿篱多用于高篱或绿墙。一些小乔木在密植的情况下,如果不进行规则式修剪,常长成自然式绿篱,因为栽植密度较大,侧枝相互拥挤、相互控制其生长,不会过分杂乱无章,但应选择生长较慢、萌芽力弱的树种。

②整形式绿篱。这种类型的绿篱是通过修剪,将篱体整成各种几何形体或装饰形体。为了保持绿篱应有的高度和平整而匀称的外形,应经常将突出轮廓线的新梢整平剪齐,并列两面的侧枝进行适当的修剪,以防分枝侧向伸展太远,影响行人来往或妨碍其他花木的生长。修剪时最好不要使篱体上大下小,否则不但会给人以头重脚轻的感觉,还会造成下部枝叶的枯死和脱落。

(2)绿篱的更新

绿篱更新是指通过强度修剪来更换绿篱大部分树冠的过程,一般需要 3 年。

第 1 年,首先疏除过多的老干。因为绿篱经过多年的生长,内部萌生了许多主干,加之每年短截新枝而促生许多小枝,从而造成整个绿篱内部整体通风、透光不良,主枝下部的叶片枯萎脱落。因此,必须根据合理的密度要求,疏除过多的老主干使内部具备良好的通风速光条件。然后,短截主干上的枝条,并对保留下来的主干逐个回缩修剪,保留高度一般为 30cm;对主干下部所保留的侧枝。先行疏除过密枝,再回缩修剪,通常每枝留 10 ~ 15cm 长度即可。常绿树的更新修剪时间以 5 月下旬至 6 月底为宜,落叶树宜在休眠期进行,剪后要加强肥水管理和病虫害防治工作。

第 2 年,对新生枝条进行多次轻短截,促发分枝。

第 3 年,再将顶部剪至略低于所需要的高度,以后每年进行重复修剪。对于萌芽能力较强的种类可采用平茬的方法进行更新,仅保留一段很矮的主干。平茬后的植株可在 1 ~ 2 年中形成绿篱的雏形,3 年以后恢复成形。

5. 藤本类的整形修剪

1)棚架式

卷须类及缠绕类藤本植物多用这种方式。整形时,应在近地面处重剪,使发生数条强壮主蔓,然后将主蔓垂直引至棚架顶部,使侧蔓在架上均匀分布,可很快形成荫棚。在华北、东北各地,对不耐寒的树种(如葡萄),需每年下架,将病弱衰老枝剪除,均匀地选留结果母枝,经盆卷扎缚后埋于土中，翌年再去土上架；至于耐寒的树种，如紫藤等则不必下架埋土防寒，除隔数年将病老或过密枝疏剪外，一般不必年年修剪。

2）凉廊式

常用于卷须类及缠绕类植物，亦偶尔用于吸附类植物。因凉廊有侧方阁架，所以主蔓勿过早引至廊顶，否则侧面容易空虚。

3）篱垣式

多用于卷须类及缠绕类植物，将侧蔓水平引缚，每年对侧枝短截，形成整齐的篱垣形式。

4）附壁式

这种形式多用于吸附类植物，如地锦、凌霄、常春藤、扶芳藤等。做的方法很简单，只需将藤蔓引于墙面即可，自行依靠吸盘或吸附根逐渐布满墙面。修剪时主要采用截以及回缩促发分枝，防止基部空虚，同时要进行常规疏剪。

5）直立式

此形式主要用于茎蔓粗壮的种类，如紫藤等。主要方法是对主蔓进行多次短截，将主蔓培养成直立的主干，从而形成直立的多干式的灌木丛。此整形方式如用在河岸边、山石旁、园路边、草坪上，均可以收到良好的观赏效果。

6. 模纹的整形修剪

近年来，模纹栽植成为城市绿化中一种常用的栽植模式，做好模纹植物的整形、修剪应注意以下几点。

1）适时造型

模纹植物的造型可在植物栽植完毕后，依设计图纸或所需形状及时进行修整，一般可结合缓苗一次修剪成型，其后依此形状定期做适当修剪，使之保持形态即可。对于已成型的模纹造型，如果想进行大幅度修剪或调整造型，一般应在冬季先进行适当修剪，然后在春季植物萌动之前，再按所需造型进行大幅度调整。如果等不到冬、春季节，可采取少量多次的办法逐步达到调整造型的目的，避免一次修剪量过大，对植物造成伤害。

2）适当修剪

模纹图案一般由 2 ~ 3 种植物依层次、色彩搭配组成，不同的植物生长速度不同、发枝力强弱不同。对于生长速度较快，发枝力较强的植物，修剪量可相对较大些，修剪周期相对较短些；而对于生长速度较慢，发枝力较弱的植物，修剪量宜小，修剪周期宜长。

3）肥水控制

用于模纹栽植的植物一般抗性较强，发枝力较强，在植物生长季节，应适当控制水、肥，以免植物生长过快。这样，一方面可减少修剪的工作量；另一方面，可避免植物由于生长过快，而引起的植株早衰和病虫害发生，从而延长园林植物的使用寿命。

需要提醒的是，在气温较高的夏季，不宜在晴朗无云的中午进行修剪，或一次修剪量过大，否则植物极易受害。

7. 片林的修剪与整形

有主干轴的树种（如杨树等）组成片林，修剪时注意保留顶梢。当出现竞争枝（双头现象)只选留一个;如果领导枝枯死折断。应扶立一侧枝代替主干延长生长,培养成新的中央领导枝。

适时修剪主干下部侧生枝,逐步提高分枝点。分枝点的高度应根据不同树种、树龄而定。

对于一些主干很短,但树已长大,不能再培养成独干的树木,也可以把分生的主枝当作主干培养,逐年提高分枝,呈多干式。

应保留林下的树木,地被和野生花草,增加野趣和幽深感。

(四)草坪的修剪

修剪、灌溉、施肥是三项最主要的草坪管理措施。合理运用这些管理措施是获得优质草坪的有效途径。其中,修剪是草坪管理中工作量最大的一项作业,修剪的高度及频率直接影响施肥、灌溉的频率与强度。

修剪,又称剪草、轧草,是指为了维护草坪的美观或者为了特定的目的使草坪保持一定高度而进行的定期剪除草坪多余枝条的工作,它是保证草坪质量的重要措施。

通常情况下,草坪应定期值剪。在草坪草能忍受的修剪范围内,草坪修剪得越短,草坪越显得均一,平整和美观。草坪若不修剪,长高的草坪草将干扰运动的进行,使草坪失去坪用功能,降低品质,进而失去其经济价值和观赏价值。草坪草的修剪一般都是剪去枝叶的上半部分。修剪会去掉部分叶组织,对草坪草是一种伤害,但它们又会因很强的再生能力而得到恢复。如矮生百慕大在生长季节里,草高 4cm,修剪到 2cm,经过 3 ~4 天的生长就可以恢复。

适当的修剪,可抑制草坪的生殖生长,从而获得平坦均一的草坪表面。促进草坪的分枝,利于匍匐枝的伸长,增大草坪的密度。据测定,一年未修剪的草坪,翌年返青时每 $100m^2$ 有 8 片叶子,盖度仅有 10%,而经过 8 次修剪的则有 50 片叶,盖度达 80%。在一定范围内,修剪次数与枝叶密度成正比。修剪会使叶片的宽度变窄,提高草坪的质地,使草坪更加美观。如在运动场经过定期修剪的高羊茅叶片宽度只有 2 ~4mm,而在一般的绿化地不常修剪的高羊茅叶片可宽达 6mm。

另外,定期修剪,还能抑制杂草的入侵,提高草坪的美观性及其利用效率。因为一般双子叶杂草的生长点都位于植株的顶部,通过修剪可以占除杂草的顶部生长点,使其经常处于受抑制状态,最终就会被消除。单子叶杂草的生长点虽剪不掉,但由于修剪后其叶面积减少,从而降低其竞争能力。多次修剪还可能防止杂草种子的形成,减少杂草的种源。任何事物都有两面性,同样修剪也存在不利的影响。对草坪草而言,修剪毕竟是被强加的外力伤害。修剪改变了草坪草的生长习性,由于分蘖增多,使地上部分密度大大增加,却减少了根和茎的生长。

草坪所处的环境条件是决定草坪修剪高度的重要因子。潮湿多雨季节或地下水位较高的地方,留茬宜高,以便加强蒸腾耗水;干旱少雨季节应低修剪,以节约用水和提高植物的抗旱性。当草坪在某一时期处于逆境时,应提高修剪高度,如在夏季高温时期,对冷季型草坪提高修剪高度,有利于增强其耐热、抗旱性;而早春或晚秋的低温阶段,提高暖季型草坪的修剪高度,同样可以增强其抗寒性,对病虫害和践踏等损害较重的草坪,可延缓修剪或提高留茬;局部遮阴的草坪生长较弱,修剪高度提高有利于复壮生长。草坪发育阶段的特性是确定修剪高度的重要因子之一。在休眠期和生长期开始之前,可剪得很低,并及时清除修剪物,对草坪进行全面清理,以减少土表遮荫,达到提高土壤温度、降低病虫害等寄生物宿存侵染的机会,促进草坪快速返育和健康生长。

利用强度也是影响草坪修剪高度的要素之一。此时首先应考虑草坪承受的创伤破坏力,其次考虑草坪高频率利用时的美观和使用要求。像足球场、受强烈践踏的运动场草坪,修剪高度可适当提高。像高尔大球场、保龄球场等轻型运动场草坪,为保证运动成绩,必须严格控制修剪高度,以形成光滑的坪面质量。

1. 修剪高度对草坪草的影响

草坪草的修剪是有限度的,大多数草坪管理者喜欢把草坪剪到品种能忍受的最低限度。因为修剪低矮的草坪比较美观,不过草坪被修剪得太低,将会产生不良影响。首先是使草坪草根茎受到损伤,大量生长点被剪掉,从而损伤草坪草的再生力。其次是大量叶组织被剪除,减弱了植物的光合作用,导致根系变浅,从而降低了草坪草从土壤中吸收营养和水分的能力,消耗了大部分储存养分,致使草坪逐渐衰退。草坪管理者把极度去叶的现象称为“脱皮”或“剃头”。草坪严重“脱皮”后,草坪只留下褐色的残茬和裸露的土壤。许多人常喜欢把自己的草坪剪得像高尔夫球场果领区那样短,但是多数草坪不耐这种修剪,这样做会导致草坪过早退化。

2. 修剪时间和频率

草坪草的修剪时期与草坪草的生育期直接相关,因此,必须掌握草坪季节的生长变化规律,为获得优质草坪,在草坪草生长旺盛时期高频率修剪时必要的。如暖季型草坪草日本结缕草在气温 25 ~ 30℃时生长量最高,15℃时生长量显著下降。而冷季型草坪草的剪股颖和草地早熟禾在 20 ~ 25℃时生长量最大。

一般来说,为了维持良好的草坪质量,在草坪草的整个生长季节都需要修剪。对于冷季型草坪而言,修剪主要集中在生长旺盛的春(4 ~ 6 月份)、秋(8 ~ 10 月份)两季;而暖季型草坪则主要在夏季(6 ~ 9 月份)。新建植的草坪初次修剪在草高达到计划留茬高度的 1.5 倍时进行,例如留茬高度为 6cm,当草坪长到 9cm 时就应该修剪。

草坪修剪的频率是指一定时期内草坪修剪的次数。草坪修剪频率决定于草坪草的种类、生长速度、草坪的用途、质量、养护水平等因素。多年生黑麦草、高羊茅等生长量较大,修剪频率高,一些生长较缓慢的草种(如假俭草、细羊茅等),则需要较低的修剪频率;草坪草的生长速度快,修剪频率高,反之则低;用于运动场和观赏的草坪,质量要求高,修剪高度低,修剪频率高,而一般绿化和水土保持草坪质量要求低,修剪高度高,修剪频率低;大量施肥、灌溉多的草坪生长较快,修剪频率比粗放养护的草坪要高,如图 7-10 所示。

春季温度适宜、雨量充沛,冷季型草坪草每周需要修剪 2 次,而在夏季,气候条件对冷季型草生长不利,每 2 周只剪 1 次即可;暖季型草夏季生长旺盛,需要经常修剪,其他季节,气温较低,草坪草生长缓慢,修剪的频率要适当降低。

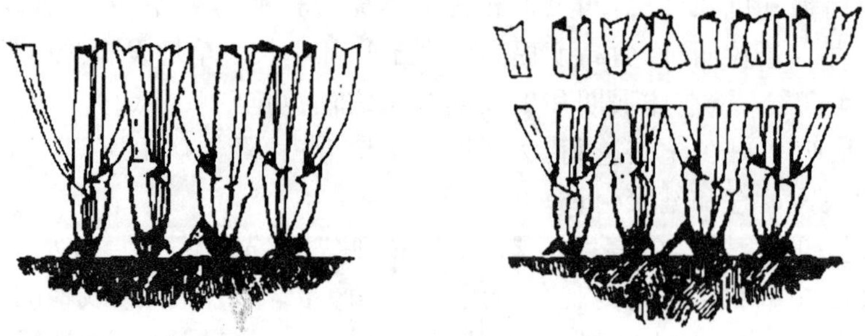

a)　　　　　　　　b)

图 7-10　每次剪草剪去茎叶顶端 1/3

在草坪管理中,常用前面所述的 1/3 原则确定修剪频率。草坪应经常修剪,以便保证适当的留茬高度,而每次剪下的茎叶不超过草高的 1/3,如果多于这个量,将会由于叶面积的大量损失而导致草坪草光合作用的能力急剧下降,进而因仅存有效碳水化合物全部被用于产生新茎叶组织,使大量根系无足够养分维持而受损。为了遵守 1/3 原则,当草坪草高度达到修剪高度的 1.5 倍时,就应该修剪。例如,修剪高度为 2cm,那么当草长到 3cm 时就修剪,剪去 1cm 的顶端为整个草高的 1/3。草坪修剪得越低,剪草的频率就越高,如果草坪假定每天生长 0.25cm,留茬高度为 1cm,草高 1.5cm 时就要修剪,即平均每 2 天剪 1 次。如果留茬高度为 3cm 时,当草高长到 4.5cm 时才需要修剪,也就是大约每 6 天剪 1 次。如果草坪草长得过高,不要一次性将草坪修剪到正常的留茬高度,否则将使草坪草的根系在一定时期内生长停止。正确的做法是,定期间隔剪草,增加修剪次数,逐渐将草坪降到要求的高度。例如,草坪高度为 12cm,要求修剪到 4cm,首先把草修剪到 8cm,经过几次修剪后,降到 6cm,最后再过一段时间剪到 4cm。这样做显然比较费时、费工,但能够保持良好的草坪质量。在粗放管理的草坪上,无所谓逐次修剪。

频繁的修剪,致使每次剪除的顶端部分远少于 1/3 时,也会出现许多问题。在草坪草生长到适宜高度之前修剪,常会增加修剪次数。过分频繁修剪将会影响根系、根茎、幼叶的减少,营养物质储存量降低,叶组织汁液增加,同时出于修剪伤口的增加,也给病原菌的侵入增加了机会,间接增加管理费用的投入。通常,草坪应定期修剪,如普通草坪,1 个月修剪 1 次即可获得比较满意的草坪。

3. 剪草机简介

草坪剪草机,主要用于草坪的定期修剪,是草坪养护管理的常用设备。自 1830 年布厂发明了第一台剪草机以来,随着草坪业的发展,剪草机的技术也得到了长足的发展。目前草坪管理中应用的剪草机根据工作装置、剪草方式不同,可分为滚刀式(滚筒式)、旋刀式、连枷式和甩绳式,每种类型的剪草机所适应的草坪和草坪立地环境不尽相同。滚刀式剪草机的剪草装置由带有刀片的滚筒和固定的底刀组成,滚筒的形状像一个圆柱形鼠笼,切割刀呈螺旋形安装在圆柱表面上。滚筒旋转时,把叶片推向底刀,产生一个逐渐切割的滑动剪切而将叶片剪断,剪下的草屑被甩进集草斗。由于该剪草机的工作原理类似于剪刀的剪切,只要保持刀片锋利、剪草机调整适当,其剪草质量是几种剪草机中最佳的。滚刀式剪草机主要有手推式、车式、牵引式等。

4. 修剪质量

修剪质量的好坏决定于剪草机的选择以及修剪时的草坪状况。当草坪处于不良状态时,即使使用最好的剪草机也难以获得较好的剪草效果。若草坪状况良好,剪草机的选择与使用成为影响修剪质量的关键因素。

对于一块具体的草坪来说,想要选择最佳剪草机的类型往往要考虑许多因素,如草坪质量、修剪高度、草坪草的种类及品种、可利用的刀刃设备、修剪宽度从配套动力等。总的原则是在保证修剪草坪质量要求的前提下,选择经济实用的机型。通常观赏草坪质量要求较高,修剪高度在2cm左右,应选择滚刀式剪草机。选择滚刀剪草机时还应注意,其滚刀上的刀片数和滚刀的转速也影响修剪质量,滚刀上刀片数越多,单位长度比行进切割的次数越多,切下的草叶就越细,滚刀的转速越高,切下的草叶也越细。一般绿化景观的草坪(如广场、公园、学校、工厂等),修剪高度控制在4~15cm,常选用旋刀剪草机。而管理极为粗放的护坡地,草坪质量要求很低,则采用连枷式剪草机。甩绳式剪草机一般配合其他类则剪草机一起使用,修剪草坪的边缘和障碍物周围的草坪。选择了最佳的剪草机,还要会正确使用,充分发挥其性能才能得到良好的修剪质量。首先刀片要保持锋利,对于滚刀剪草机像前而所述那样正确调整;其次剪草机每次使用前后要保养,是剪草机经常保持在最佳状态。

5. 修剪的样式

草坪的修剪应按照一定的模式来操作,以保证不漏剪并能创造良好的外观。由于修剪方向的不同,草坪草茎叶倾斜方向也不同,导致茎叶对光线的反射方向发生变化,在视觉上就产生了明暗相间的条形纹,这可以增加草坪美学外观。

同一草坪,每次修剪应变换行进方向,要避免在同一地点,同一方向的多次重复修剪,否则草坪将趋于瘦弱和形成纹理现象。变换修剪方向还可避免剪草机轮子在同一方向上对草坪的重压,形成压槽和土壤板结。

6. 生长调节剂

在草坪养护管理的费用开支上,修剪所占的比重最大。如果使用某种生长调节剂来抑制草坪草的生长,减少草坪修剪的次数,从而降低养护成本。植物生长调节剂可通过阻止细胞分裂来抑制植物生长,但是它在抑制草坪茎叶生长的同时,也抑制了根系、根茎的生长以及分蘖的形成,当草坪草的所有生长都减弱或停止后,它的抗逆能力也大大降低,草坪受损伤后恢复时间也将延长,最终导致草坪品质下降,这个问题有待于进一步解决。

目前,生长调节剂主要用于粗放管理的草坪(如高尔夫球场障碍区等)和剪草困难(如高速公路绿化地)的地方。生长调节剂使用1次可使草坪草生长延缓5~10周,使用生长调节剂可使修剪次数比平时减少一半。因此,某些地方恰当地使用生长调节剂可能是一种良好的选择。但是某些阔叶杂草对生长调节剂不敏感,所以,在施用生长调节剂的同时还应注意杂草的防除。

第四节　浇水与施肥

一、浇水

树木的水分管理，就是根据各类树木的生态学特性，通过多种技术措施和管理手段，来满足树木对水分的合理需求，保障水分的有效供给，达到树木健康生长和节约水资源的目的，它包括树木的灌溉与排水方面的内容。树木水分科学管理的意义体现在以下三方面。

1. 确保树木的健康生长及功能的正常发挥

树木的生存离不开水分，水分缺乏会使树木处于萎蔫状态，轻者叶色暗浅，边无光泽，叶面出现枯焦斑点，新芽、幼蕾、幼花叶尖早期脱落，重者新梢停止生长，往往自下而上发黄变枯、落叶，甚至整株干枯死亡。但水分过多会造成植株徒长，引起倒伏，抑制花芽分化，延迟开花，花期易出现烂花、落花、落果现象。特别是当土壤水分过多时，土壤缺氧而引起厌氧细菌活动，由此产生大量有毒物质的积累，导致根系发霉腐烂，窒息死亡。

2. 改善树木的生长环境

水分不但对绿地的土壤和气候环境有良好的调节作用，而且还与植物病虫害的发生密切相关。例如，在高温季节进行喷灌可降低土温，同时树木还可借助蒸腾作用来调节温度，提高空气湿度，使叶片和花果不致因强光的照射而引起“日灼”，避免了强光、高温对树木的伤害；在干旱的土壤上灌水，可以改善微生物的生活状况，促进土壤有机质的分解。然而，不合理的灌溉，可能会造成绿地的地面侵蚀，土壤结构遭到破坏，营养物质淋失，土壤盐渍化加剧等不良后果，不利于树木的生长。

3. 节约水资源，降低养护成本

我国是缺水国家，水资源十分有限，节约并合理利用每一滴水都显得十分重要。因此，制订科学合理的树木水分管理方案，实施先进的灌排技术，确保树木的水分需求，减少水资源的损失浪费，降低绿地的养护管理费用。

养护管理是公路绿化工作的重要内容，对于保持公路绿化生态效能，保障行车安全等具有重要作用。由于公路特定的环境条件，栽植的各种花草树木要实现正常生长，体现绿化效果，必须加强养护管理工作，否则不论选种、栽植多好，也达不到美化效果。因此，在公路绿化越来越受到重视的情况下，进一步重视和研究绿化养护的管理技术，进而建立一整套行之有效的措施，水分管理生态效能，保障行车安全等具有重要作用。目前高速公路绿化带尤其是中央分隔带的绿化养护管理，由于战线长、数量多，又无自然喷灌系统设施，土壤持水量小，土质多为修建公路时遗留的杂质土，中央分隔带的花草树木所需水分主要靠人工补给于高速公路特定的环境条件，栽植的各种花草在日常养管中，浇水次数多少，依天气状况和旱情而定，以能保证各种植物正常生长为原则。在自然降雨量少的情况下，特别易出现旱情，必须掌握好生长期的浇水即4～10月的浇水次数，休眠期的浇水，即11月上、中旬的封冻水，2月中、下旬至3月上旬的解冻水，每次灌水量水深15～20cm，单株植每穴灌水0.15～

0.2m,如因坑小,水量不足可连浇两次,不可水量过小,不能只浇表皮。浇水应依次进行,以防漏浇。浇水必须适时,不能等旱情特重的时候进行。如有条件的情况下,浇水后要适时松土除草,既减少土壤水分蒸发,又减少杂草与树木争水争肥,以利于保墒、通气和根系发达。院落、立交草坪应见干即浇,而中央分隔带的草皮一般随浇树时进行。

土壤水分不但是树木生长的物质条件,它对土壤通气性质,热力性质,理化性质及土壤中微生物的活动起到重要的作用。水分的供给状况还影响到开花植物的花芽分化和开花。过旱会促使树木枝条停止加长生长,使营养物质向花芽转移,因而在栽培中常采用减水、断水等措施来促进花芽分化,在营养生长期即将结束时适当扣水,少浇或停浇几次水,能提早并促进花芽的形成和发育,从而达到开花繁茂的效果。

(一)树木的需水特性

正确全面地认识树木的需水特性,是制订科学的水分管理方案、合理安排混排工作、适时适量满足树木水分需求、确保树木健康生长、充分有效地利用水资源的重要依据。树木需水特性主要与以下因素有关。

1. 树木种类与需水

树木是绿化的主体,数量大,种类多,但由于不同树种、品种在水分需求上有较大差异,所以应区别对待。一般来说,生长速度快,生长期长,花、果、叶量大的种类需水量较大,反之,需水量较小。因此,通常乔木比灌木,常绿树种比落叶树种,阳性树种比阴性树种,浅根性树种比深根性树种,中生、湿生树种比旱生树种需要较多的水分。但值得注意的是,需水量大的种类不一定需常湿,需水量小的也不一定可常干,而公路绿化树木的耐旱力与耐湿力并不完全呈负相关关系。如最抗旱的紫穗槐,其耐湿力也很强,而刺槐同样耐旱,但却不耐水湿。

2. 生长发育阶段与需水

就生命周期而言,种子萌发时,必须吸足水分,以便种皮膨胀软化,需水量较大,在幼苗时期,树木的根系弱小,在土层中分布较浅,抗旱力差,虽然植株个体较小,总需水量不大,但也必须经常保持表土适度湿润;随着植株个体的增大,总需水量应有所增加,个体对水分的适应能力也有所增强。

在年生长周期中,生长季的需水量大于休眠期。秋冬季气温降低,大多数公路绿化树木处于休眠或半休眠状态,即使常绿树种的生长也极为缓慢,这时应少浇或不浇水,以防烂根;春季气温上升,随着树木大量抽枝展叶,需水量也逐渐增大。由于早春气温回升快于土温,根系尚处于休眠状态,吸收功能弱,树木地上部分已开始蒸腾耗水。因此,对于一些常绿树种应进行适当的叶面喷雾。

在生长过程中,许多树木都有一个对水分需求特别敏感的时期,即需水临界期,此时如果缺水,将严重影响树木枝梢生长和花的发育,以后即使更多的水分供给也难以补偿。需水临界期因各地气候及树种而不同,就目前研究的结果来看,呼吸、蒸腾作用最旺盛时期以及观果类树种果实迅速生长期都要求充足的水分。由于相对干旱会促使树木枝条停止加长生长，使营养物质向花芽转移，因而在栽培上常采用减水、断水等措施来促进花芽分化。如对梅花、桃花、紫薇、紫荆等花灌木，在营养生长期即将结束时适当扣水，少浇或停浇几次水，能提早促进花芽的形成和发育，从而达到开花繁茂的观赏效果。

3. 树木栽植年限与需水

刚刚栽植的树木，根系损伤大吸收功能弱，根系在短期内难与土壤密切接触，常常需要连续多次反复灌木，方能保证成活。如果是常绿树种，还有必要对枝叶进行喷雾。树木定植经过一定年限后，进入正常生长阶段，地上部分与地下部分间建立起了新的平衡，需水的迫切性会逐渐下降，不必经常灌水。

4. 树木用途与需水

生产上，因受水源、灌溉设施、人力、财力等因素限制，常常难以对全部树木进行同等的灌溉，而要根据树木的用途来确定灌溉的重点。一般需水的优先对象是观花灌木、珍贵树种、孤植树、古树、大树等观赏价值高的树木以及新栽树木。

5. 立地条件与需水

生长在不同地区的树木，受当地气候、地形、土壤等条件的影响，其需水状况有较大差异。在气温高、日照强、空气干燥、风大的地区，叶面蒸腾和株间蒸发均会加强，树木的需水量就大，反之则小。由于上述因素直接影响水面蒸发量的大小，因此在许多灌溉试验中，大多以水面蒸发量作为反映各气候因素的综合指标，而以树木需水量和同期水面蒸发量的比值反映需水量与气候条件之间的关系。土壤的质地、结构与灌水密切相关。如沙土，保水性较差，应“小水勤浇”，较熟重土壤保水力强，灌溉次数和灌水量均应适当减少。若种植地面经过铺装或游人践踏严重时，应给予树木经常性的地上喷雾，以补充土壤水分的不足。

6. 管理技术措施与需水

管理技术措施对树木的需水情况有较大影响。一般来说，经过合理的深翻、中耕并经常施用有机肥料的土壤，其结构性能好，蓄水保墒能力强，土壤水分的有效性高，能及时满足树木对水分的需求。因而灌水量较小。在全年的栽培养护工作中，灌水应与其他技术措施密切结合，以便在相互影响下更好地发挥每个措施的积极作用。如灌溉结合施肥，特别是施化肥的前后烧水，既避免肥力过大、过猛，影响根系吸收，又可满足树木对水分的正常要求。此外，灌水应与中耕除草、培土、覆盖等土壤管理措施相结合，因为灌水利保墒是一个问题的两个方面。做好保墒工作可以减少土壤水分的消耗，满足树木对水分的要求，减少经常灌水之烦。

（二）树木的灌溉

1. 灌溉水的质量

灌溉水的好坏直接影响树木的生长。用于绿地树木灌溉的水源有雨水、河水、地表径流、自来水、井水及泉水等。这些水中的可溶性物质、悬浮物质以及水温等各有差异，对树木生长有不同影响。如雨水含有较多的二氧化硫和硝酸，自来水含有氯，这些物质不利于树木生长；地表径流含有较多树木可利用的有机质及矿质元素；河水中常含有泥沙和藻类植物，若用于喷、滴灌时，容易堵塞喷头和滴头，井水和泉水温度较低，伤害树木根系，需储于蓄水池中，经短期增温充气后方可利用。总之，树本灌溉用水以软水为宜。不能含有过多的对树木生长有害的有机、无机盐类和有毒元素及其化合物，一般有毒可溶性盐类含量不超过1.8g/L，水温与气温或地温接近。

2. 灌水时期

正确的灌水时期对灌溉效果以及水资源的合理利用有很大影响。理论上讲，科学的灌水是适时灌溉，也就是说在树木最需要水的时候及时灌溉，根据生产管理实际。可将树木灌水时期分为以下两种类型。

(1)干旱性灌溉

干旱性灌溉指在发生土壤、大气严重干旱，土壤水分难以满足树木需要时进行的灌水。

在我国这种灌溉大多在久旱无雨、高温的夏季和早春等缺水时节，此时若不及时供水就有可能导致树木死亡。早春灌水，不仅有利于新梢和叶片的生长，而且有利于开花和坐果，促使树木健壮生长，是花繁、叶茂、果丰的关键性措施。根据土壤含水率和树木的萎蔫系数确定的灌水时间是较可靠的方法。一般认为，当土壤含水率为最大持水量的60% ~80%时，土壤中的空气与水分状况符合大多数树木生长需要，因此，当土壤含水率低于最大持水量60%时，就应根据具体情况决定是否需要灌水。用土壤水分张力计可以简便、快速、准确地测出土壤水分状况，从而确定科学的灌水时间。也可通过测定植物萎蔫系数来确定是否需要灌溉。萎蔫系数是指因干旱而导致树木外观出现明显伤害症状时的树木体内含水率，因树种和生长环境不同而异，可以通过栽培观察试验，简单地测定各种树木的萎蔫系数，为确定灌水时间提供依据。

(2)管理性灌溉

管理性灌溉是根据公路树木生长发育的需要，在某个特殊阶段进行的灌水，即在树木需水临界期的灌水。例如，在栽植树木时要浇大量的定根水；在我国北方地区，树木休眠前要灌“冻水”或“封冻水”许多树木在生长期间要浇展叶水、抽梢水、花芽分化水、花蕾水、花前水、花后水等。管理性灌溉的时间主要根据树木的生长发育规律而定。

总之，灌水的时期应根据树种以及气候、土壤等条件而定，具体灌溉时间则因季节而异。夏季灌溉多在清晨和傍晚，此时水温与地温接近，对根系生长影响小；冬季因晨夕气温较低，灌溉宜在中午前后。此外，还值得注意的是，不能等到树木已从形态上显露出缺水受害症状时才灌溉，而要在树木从生理上受到缺水影响时就开始灌水。

(三)水分管理原则

1. 不同气候和不同时期对灌水的要求不同

干旱季节，雨水较少，若此时是树木发育的旺盛时期，需水量大，这个时期则需灌水，灌水次数应根据树种和气候条件决定。如月季、牡丹等名贵花木在此时期只要土壤见干就应浇水。而对于其他花木可稍粗放些，对于大的乔木在此时期就应根据条件决定。总的来说，这个时期是干旱转入少雨时期,树木又是从开始生长逐渐快达到最旺盛,所以土壤应保持湿润。在江南地区梅雨季节不应多灌水。对于某些花木,如梅花、碧桃等在6月底以后形成花芽,所以在6月份应短时间浇水,借以促进花芽的形成。

7~8月份为梅雨季节,本期降水较多,空气湿度大,不需要多灌水,遇雨水过多时应注意排水。但在遇大旱之年,此期也应灌水。秋季,为使树木组织生长更充实,充分木质化,增长性强,准备越冬,一般不再灌水,以免引起徒长。如过度干旱,也应适量灌水,特别是对新栽植的树木和名贵树种及重点布置区的树木,以免树木因为过度缺水而萎蔫。

秋末冬初树木已经停止生长,为了使树木很好地越冬,不会因为冬春干旱受害,所以此期在北方应灌封冻水,特别是在华北地区越冬尚有一定困难的边缘树种一定要灌封冻水。

地区不同,气候不同,则灌水时期也不同。如华北灌冻水宜在土地封冻前,但不可太早,因为9~10月灌水会影响枝条成熟,不利于安全越冬,但在江南,9~10月常有秋旱,故在当地为安全越冬起见在此时亦应灌水。

2. 树种不同、栽植年限不同则灌水和排水要求不同

树木是绿化的主体,数量大,种类多,加上目前机械化水平不高,人力不足,全面普遍灌水不易。因此应区别对待,例如观花树种,特别是花灌木的灌水量和灌水次数均比一般的树种要多。对于耐干旱的树种则灌水次数和灌水量应少,或不灌水。而对于水曲柳、枫杨、水杉、垂柳等喜欢湿润土壤的树种,则应注意灌水。不同栽植年限灌水次数不同,刚刚栽植的树木一定要灌足一次水,并及时补充水分方可保证成活。新栽乔木需要连续灌水3~5年(灌木最少5年),土质不好的地方或树木因缺水而生长不良以及干旱年份,均应延长灌水年限,直到树木深扎根后为止。对于新栽的常绿树木,尤其常绿阔叶树,常常在早晨向树上喷水,有利于树木成活。一般对于定植多年,正常生长开花的树木,除非遇上大旱,树木表现出迫切需水时才灌水。从排水的角度来看,也要根据树木的习性和耐涝的能力决定,如玉兰、梅花、梧桐在北方均为名贵树种中耐水力最弱的,若遇水涝,必需尽快排出积水,否则不过3~5天会死亡。对于柽柳、榔榆、垂柳、旱柳、紫穗槐等,均能耐3个月深水淹没,是耐水力最强的树种,即使被淹,短时间内不排水也问题不大。

3. 根据不同的土壤情况进行灌水和排水

灌水和排水除应根据气候、树种外,还应根据土壤种类、质地、结构以及肥力等而定。盐碱地灌水需要与中耕除草相结合,最好用河水灌溉。沙地的树种,因沙地易漏水,保水力差,灌水次数应当增加,应小水勤灌,并增加有机肥利于保水保肥。低洼地要"小水勤浇",注意不要积水、并应注意排水防碱。黏重的土壤保水力较强,灌水宜少,并施入有机肥和河沙,增加通透性。

4. 灌水应与施肥、土壤管理等相结合

在全年的栽培养护工作中,灌水与其他措施相结合,以便更好地发挥每个措施的积极作用。例如,灌溉与施肥结合,施化肥前后,应浇透水,既可避免肥力过大、过猛,影响根系吸收或遭毒害。又可以满足树木对水分的正常要求,肥料也可随水面运入树木体内。此外,灌水应与中耕除草、培土、覆盖等土壤措施相结合。

(四)树木的灌水

1. 灌水排水原则

(1)气候对灌水和排水的要求

以北京为例,4～6 月份是干旱季节,雨水较少,也正值树木生长发育的旺盛时期,需水量较大。在这个时期一般都需要灌水,灌水次数应根据树种和气候条件决定。如月季、牡丹等名贵花木,在此期间只要见土干就应灌水,而对于其他花灌木则可以相对粗放些。对于乔木来说,此时应根据条件和情况做出决定,总的来看,这个时期是由冬春干旱转入少雨时节,而树木又是从开始生长逐渐加快达到旺盛期,所以土壤应保持湿润。

在江南地区因有梅雨季节,此期不宜多灌水。对于某些花灌木,如梅花、碧桃等于 6 月底以后形成花芽,所以在 6 月份应短时间灌水,借以促进花芽的形成。

7～8 月份为北京地区的雨季,本期降水较多,空气湿度大,故不需要多灌水,遇雨水过多时还应注意排水。但在遇大旱之年,在此期也应灌水。

9～10 月份是北京的秋季,在秋季应该让树木组织生长更充实,充分木质化,增强抗性,准备越冬。因此,在一般情况下,不应再灌水,以免引起徒长。但如过于干旱,也可酌情适量灌水。特别是对新栽的苗木和名贵树种及重点布置区的树木,适量灌水可以避免树木因为过于缺水而萎蔫。

11～12 月份树木已经停止生长,为了使树木很好越冬,不会因为冬春干旱而受害,故此期在北京应灌封冻水,尤其是在华北地区越冬尚有一定困难的“边缘树种”,一定要灌封冻水。

地区不同,气候不同,灌水也有不同。如在华北灌冻水宜在土地将封冻前进行,但不可太早,因为 9～10 月灌大水会影响枝条成熟,不利于安全越冬。但在江南地区,9～10 月常有秋旱,故为安全越冬起见,在当地在此时亦应灌水。

(2)不同树种对灌水和排水的要求

树木是绿化的主体,数量大,种类多,加上目前机械化水平不很高,资金、人力不足,普遍灌水是不容易做到的,因此应区别对待。例如观花树种,特别是花灌木的灌水量和灌水次数均比一般的树种要多。对于樟子松、锦鸡儿等耐干旱的树种,则灌水量和次数均可少些,甚至有很多地方因为水源不足、劳力不够,基本不灌水。而对于水曲柳、枫杨、垂柳、赤杨、水松、水杉等喜欢湿润土壤的树种,则应注意适时灌水。

需要指出的是,耐干旱的不一定常干,喜湿者也不一定常湿,应根据四季气候不同,随机应变。对于不同树种各方面的抗性情况皆应掌握,如最抗旱的紫穗槐,其耐水力也是很强;而刺槐同样耐旱,但却不耐水湿。总之,应根据树种的习性浇灌水。

不同栽植年限灌水次数也不同。刚刚栽种的树一定要灌 3 次水,方可保证成活。新栽乔木需要连续灌水 3～5 年(灌木至少 5 年),土质不好的地方或树木因缺水而生长不良以及干旱年份,均应延长灌水年限,直到树木扎根较深后,不灌水也能正常生长时为止。

对于新栽常绿树种,尤其常绿阔叶树,常常在旱季向树上喷水,有利于树木成活。对于一般定植多年,正常生长开花的树木,除非遇上大旱,树木表现迫切需水时才灌水,一般情况下基本无需灌水。

此外,树木是否缺水,需不需要灌水,比较科学的方法是进行土壤含水率的测定。很多绿化技术人员凭多年的经验即可做出判断。例如,早晨看树叶上翘或下垂,中午看叶片萎蔫与否及其萎蔫程度,傍晚看恢复的快慢等。

还可以根据树木生长状况来判断。例如,是否徒长或新梢长短,叶色、大小与厚薄等。许多花农对落叶现象有这样的经验总结:认为落青叶是由于水分过少,落黄叶则由于水分过多。这一经验也可供栽培露地树木时参考。

名贵树木如紫红鸡爪槭(红枫)、红叶鸡爪槭(羽毛枫)、杜鹃等,略现萎蔫或叶尖焦干时,即应灌水并对树冠喷水,否则将产生旱害。有的虽遇干旱即现萎蔫,但长时不下雨,也不至于死亡。又如丁香类及腊梅等,在灌水条件差时,亦可以延期灌溉。

在排水方面,也要根据树木的生态习性、忍耐水涝的能力来做决定。如玉兰、梅花、梧桐在北方均为名贵树种中耐水力最弱的,若遇水涝淹没地表,必须尽快排出积水,否则不过3~5天即可死亡。对于柽柳、榔榆、垂柳、旱柳、紫穗槐等均系能耐3个月以上深水淹浸,是耐水力最强的树种,即使被淹,短时期内不排水也无大碍。

(3)根据不同的土壤情况进行灌水和排水

灌水和排水除应根据气候、树种决定外,还应根据土壤种类、质地、结构以及肥力等综合决策。盐碱地,就要"明水大浇""灌耕结合",即灌水与中耕松土相结合,最好用河水灌溉。

对砂地种的树木灌水时,因沙土容易漏水,保水力差,灌水次数应当增加,应小水勤浇,并施有机肥增加保水保肥性。低洼地也要小水勤浇,注意不要积水,并应注意排水防碱。

较黏重的土壤保水力强,灌水次数和灌水量应当减少,并施入有机肥和河沙,增加土壤通透性。

(4)灌水应与施肥、土壤管理等相结合

在全年的栽培养护工作中,灌水应与其他技术措施密切结合,以便在互相影响下更好地发挥每个措施的积极作用。例如,灌溉与施肥做到"水肥结合"这是十分重要的。特别是施化肥前后应该浇水,既可避免肥力过大、过猛,影响根系吸收遭毒害,又可满足树木对水分的正常要求。

此外,灌水应与中耕除草、培土、覆盖等土壤管理措施相结合。因为灌水和保墒是一个问题的两个方面,保墒做得好可以减少土壤水分的消耗,满足树木对水分的要求并减少经常灌水之烦恼。如山东菏泽花农栽培牡丹时就非常注意中耕,并有"湿地锄干,干地锄湿"和"春锄深一犁,夏锄刮破皮"等经验。当地常遇春旱和夏涝,但因花农加强了土壤管理,勤于锄地保墒,从而保证了牡丹的正常生长发育,减少了旱涝灾害与其他不良影响。

2. 灌水的时期

灌水时期由树木在一年中各个物候期对水分的要求,气候特点和土壤水分的变化规律等决定,除定植时要大量的定根水外,大体上可以分休眠期灌水和生长期灌水两种。

(1)休眠期灌水

休眠期灌水是在秋冬季和早春进行。我国的东北、西北和华北等地降雨量较少,冬春又严寒干旱,因此休眠期灌水非常重要。秋末或冬初的灌水(北京11月上、中旬)一般称为灌

“冻水”或“封冻”水，冬季结冻，有提高树木越冬能力，并可防止早春干旱，故在北方地区，这次灌水是不可缺少的；对于处于适栽边缘地带的树种、越冬困难的树种以及幼年树木等，浇灌水更为重要。早春灌水不但有利于新梢和叶片的生长，并且有利于开花和坐果，早春灌水会促使树木健壮生长，是花繁果茂的一个关键。

(2)生长期灌水

生长期灌水分为花前灌水、花后灌水和花芽分化期灌水。

①花前灌水。是解决树木萌芽、开花、新梢生长和提高坐果率的有效措施。同时还可以防止春寒和晚霜的危害。花前水可在萌芽后结合花前追肥进行，具体时间，因地因树种而异。

②花后灌水。多数树木在花谢后半个月左右是新梢迅速生长期，如果水分不足，则抑制新梢生长。观果树木此时如缺水则大量落果。此时进行灌水可促进新梢和叶片生长，扩大同化面积，提高坐果率和增大果实，同时，对后期的花芽分化有一定的促进作用。没有灌水条件的地区，也应积极做好盖草、盖沙等工作，尽量保持土壤墒情。

③花芽分化期灌水。此次灌水对观花、观果的树木非常重要，因为树木多在新梢生长缓慢或停止生长时，花芽开始形态分化。此时也是果实迅速生长期，都需要较多的水分与养分。若水分不足，则影响果实生长和花芽分化。因此在新梢停止生长前及时而适量的灌水，可促进春梢生长而抑制秋梢生长，利于花芽分化及果实发育。

3. 灌水量

灌水量同样受多方面的因素影响。不同树种、品种、砧木以及不同的土质、不同的气候条件、不同的植株大小，不同的生长状况等，都与灌水量有关。灌水时要求灌足，切忌表土打湿而底土仍干燥。一般已达花龄的乔木，浇水应令其渗透到 80～100cm 深处。适宜的灌水量一般以达到土壤持水的 60%～80% 为宜。目前根据不同土壤的持水量、灌溉前的土壤湿度、土壤密度、要求土壤浸湿的深度确定面积的溜灌水量：

灌水量 = 灌溉面积 × 土壤浸湿深度 × 土壤密度 ×（田间持水量 − 灌溉前土壤湿度）

灌溉前的土壤湿度，每次灌水前均需测定，土壤浸湿深度、土壤密度、田间持水量等可数年测一次。应用此公式计算出的灌水量，还可根据树种、品种、不同生命周期、物候期以及日照、温度、风、干旱持续的长短等因素进行调整，酌增酌减，以便更符合实际需要。如果在树木生长地安置张力计，则不必计算灌水量，灌水量和灌水时间均由真空计器的读数表示出来。

4. 灌水的方式和方法

灌水方法正确与否，不但关系到灌水效果好坏，而且还影响土壤的结构。正确的灌水方法，要有利水分在土壤中均匀分布，充分发挥水效，节约用水量，降低油水成本，减少土壤冲刷，保持土壤的良好结构。随着科学技术的发展，灌水方法也在不断改进，正朝着机械化、自动化方向发展，使灌水效率和灌水效果均大幅度提高。根据供水方式的不同，将树木的灌水方法分为以下几种：

(1)人工浇水。浇水前应先松土，并做好水穴和水盘，大小视树龄而定。

(2)地面灌水。地上灌水包括人工浇灌、机械喷灌和移动式喷灌。

虽然人工浇灌费工多、效率低，但在交通不便、水源较远、设施条件较差的情况下，仍不失为一种有效的灌水方法。人工浇灌大多采用树盘灌水形式，灌溉时以树干为圆心，在树冠边缘投影处用土壤围成圆形树堰，潜水在树堰中缓慢渗入地下。人工浇灌属于局部灌溉，灌水前应疏松树堰内土壤，使水容易渗透，灌溉后耙松表土以减少水分是效率较高的常用方式，可灌溉大面积的树木。可分为畦灌、沟灌、漫灌等。

机械喷灌是固定或拆卸式的管道输送和喷灌系统，一般由水源、动力、水泵道及喷头等组成，是一种比较先进的灌水技术，目前已广泛用于苗圃坪以及重要的绿地系统。机械喷灌的优点是灌溉水首先以雾化状洒落在树体上，然后再通过树木枝叶逐渐下渗至地表，避免了对土壤的直接打击、冲刷，基本不产生深层渗漏和地表径流，既节约用水又减少了对土壤结构的破坏，可保持原有土壤的疏松状态；同时机械喷灌还能迅速提高树木周围的空气湿度、控制局部环境温度的急剧变化，为树木生长创造良好条件。此外，机械喷灌对土地的平整度要求不高，可以节约劳力，提高工作效率。机械喷灌的缺点主要有：可能加重某些树木感染白粉病和其他真菌病害的程度；灌水的均匀性受风的影响很大，风力过大，还会增加水量损失；同时，喷灌的设备价格和管理维护费用较高，使其应用范围受到一定限制。但总体上讲，机械喷灌还是一种发展潜力巨大的灌溉技术，值得大力推广应用。

移动式喷灌一般由城市洒水车改建而成，在汽车上安装储水箱、水泵、水管及喷头组成一个完整的喷灌系统，灌溉的效果与机械喷灌相似。

（3）地下灌水。地下灌水是借助于地下的管道系统，使灌溉水在土壤毛细管作用下，向周围扩散浸润植物根区土壤的灌溉方法。地下灌水具有蒸发量小、节省灌溉用水、不破坏土壤结构、地下管道系统在雨季还可用于排水等优点。

地下灌水分为沟灌与渗灌两种。沟灌是用高畦低沟方法，引水沿沟底流动来浸润周围土壤。灌溉沟有明沟与暗沟、土沟与石沟之分，石沟的沟壁没有小型渗漏孔。渗灌是采用地下管道系统的一种地下灌水方式，整个系统包括输水管道和渗水管道两大部分，通过输水管道将灌溉水输送至灌溉地的渗水管道，它做成暗渠和明渠均可，但应是利用埋没在地下的管道输水，水从水管的孔道渗出，浸润管道周围的土壤，用此法不致引起水分流失和土壤板结，便于耕作，用水量少，但要求设备条件较高，在碱土中则需注意避免“反碱”。渗水管道的作用在于通过管道上的小孔，使灌水渗入土壤中，目前常用的有专门烧制的多孔瓦管、多孔水泥管、竹管以及波纹塑料管等，生产上市用较多的多孔瓦管。

（4）空中灌水。包括人工降雨及对树冠喷水等，又称喷灌。喷灌可减少对土壤结构的破坏，可调节公园及绿化区的小气候，减轻低温、高温、干风对树木的危害等，但有可能加重树木感染白粉病和其他真菌伤害。

（5）滴灌。这是最能节约水量的办法。安装滴灌装置进行灌溉，需要一定的设备投资。

（五）树木的排水

排水是为了减少土壤中多余的水分以增加土壤空气的含量，促进土壤空气与大气的交流，提高土壤温度，激发好气性微生物活动，加快有机物质的分解，改善树木营养状况，使土壤的理化性状得到全面改善。排水不良的土壤经常发生水分过多而缺乏空气，迫使树根进行无氧呼吸并积累乙醇造成蛋白质凝固,引起根系生长衰弱以至死亡;土壤通气不良造成嫌气微生物活动促使反硝化作用发生,从而降低土壤肥力;而有些土壤,如黏土中,在大量施用硫酸铵等化肥或未腐熟的有机肥后,若遇土壤排水不良,这些肥料将进行无氧分解,从而产生大量的一氧化碳、甲烷、硫化氢等还原性物质,严重影响树木地下部分与地上部分的生长发育。因此排水与灌水同等重要。

排水是防涝保树的主要措施。土壤水分过多,则氧气不足,抑制根系呼吸,减退吸收机能,严重缺氧时,根系进行无氧呼吸,容易积累酒精使植物蛋白质凝固,引起根系死亡。特别是对耐水力差的树种更应抓紧时间及时排水。

1. 排水条件

在有下列情况之一时,就需要进行排水:

(1)树木生长在低洼地,降雨强度大时汇集大量地表径流成季节性涝湿地。

(2)土壤结构不良,渗水性差,特别是有坚实不透水层的土壤,水分下渗困难,形成过高的假地下水位。

(3)绿地邻近江河湖海,地下水位高或雨季易遭淹没,形成周期性的土壤过湿。

(4)平原或山地城市,在洪水季节有可能因排水不畅,形成大量积水。

(5)在一些盐碱地区,土壤下层含盐量高,不及时排水洗盐,盐分会随水位的上升而到达表层,造成土壤次生盐渍化,对树木生长很不利。

2. 排水的方法

应该说,绿地的排水是一项专业性基础工程,在规划及土建施工时就应统筹安排,建好畅通的排水系统。树木的排水通常有以下几种:

(1)明沟排水。明沟排水是在地面上挖掘明沟,排除径流。它常由小排水沟、支排水沟以及主排水沟等组成一个完整的排水系统。在地势最低处设置总排水沟。这种排水系统的布局多与道路走向一致,各级排水沟的走向最好相互垂直,但在两沟相交处成锐角相交(45°~60°),以利水流畅,防止相交处沟道淤塞,且各级排水沟的纵向比例应大小有别。在国内及树旁纵横开浅沟,内外连通,以排积水。

(2)暗沟排水。暗沟排水是在地下埋设管道形成地下排水系统,将地下水降到要求的深度。暗沟排水系统与明沟排水系统基本相同,也有干管、支管和排水管之别。暗沟在地下铺设暗管或用砖石砌沟,借以排除积水,其优点是不占地面,但设备费用高,使用较少。排水的管道多由塑料管、混凝土管或瓦管做成。建设时,各级管道需按水力学要求的指标组合施工,以确保水流畅通,防止淤塞。

(3)地面排水。这是目前使用最广泛、最经济的一种排水方法。它是通过道路、广场等地面,汇聚雨水,然后集中到排水沟,从而避免树木遭受水淹。不过,地面排水方法需要设计者经过精心设计安排,才能达到预期效果。

(六)草坪的水管理

草坪管理的目的之一是要使草坪在生长季内保持稳定的生长,这意味着草坪必须定期得到水分供应。在我国,只有极少数地区的天然降水量比较充足,分布也比较适中,可以基本满足草坪对水分的需求,而大部分地区则必须进行灌溉,同时,我国淡水资源比较匮乏,加之历来以种植业为主的生产经营方式,农业灌水的消耗是很大的,因此,淡水不足的矛盾在植物生长中表现得十分突出。草坪管理人员必须了解水、土壤、植物三者间的关系,以便有效利用水资源,达到预期的管理效果。

1. 草坪的水分需求

水是植物的重要组成部分,草坪草生长发育的各种生理代谢过程中水起着非常重要的作用。草坪草主要通过根系从土壤中获得水分,水进入植物体后在蒸腾拉力的作用下经木质部向上运输,满足草坪草植物体生理代谢的需要并通过叶片的气孔散失到外部环境中,蒸腾耗水体现了草坪草对水分的需求量,如图 7-11 所示。相关的内容在本书第三章已做阐释,在此不再赘述。

植物所能利用的水分主要存在于微孔隙中。土壤质地对水分移动、储存和有效性具有重要的影响。粗质地的土壤排水好,但持水虽有限。黏土排水较慢,但持水量多。壤土的排水和持水量均属中等。土壤吸收水分的速率通常用渗透率来表示,它是指单位时间内渗入土壤中的水量。由于砂土有许多大孔隙 7.6mm 的水 1h 就可以渗入粗沙中。而黏土大孔隙少,其渗透率通常为每小时 0.25cm。土壤结构对水渗透的快慢也有很大影响。紧实的土壤,土壤颗粒紧紧地压在一起。大孔隙的数量变少,渗透率将减少。渗漏是指水经过土壤向下移动。一般来讲,粗质地土壤的渗漏速度快,而细质地土壤则慢。水在砂质壤土中 30min 可渗入 0.6m 深,但在黏质壤土少,水渗到同样深度则需要 4h,如图 7-12 所示。

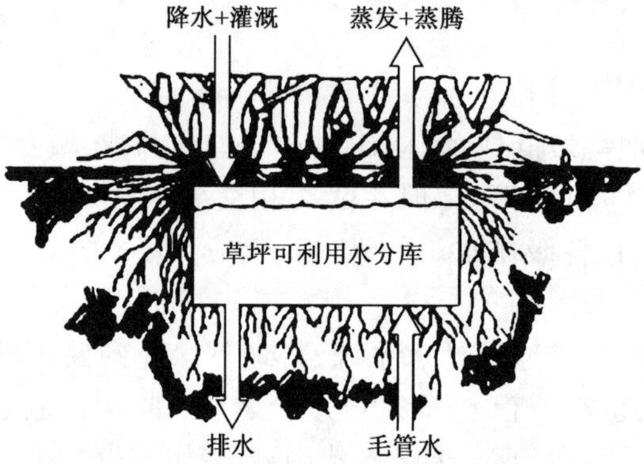

图 7-11　草坪水分平衡示意图

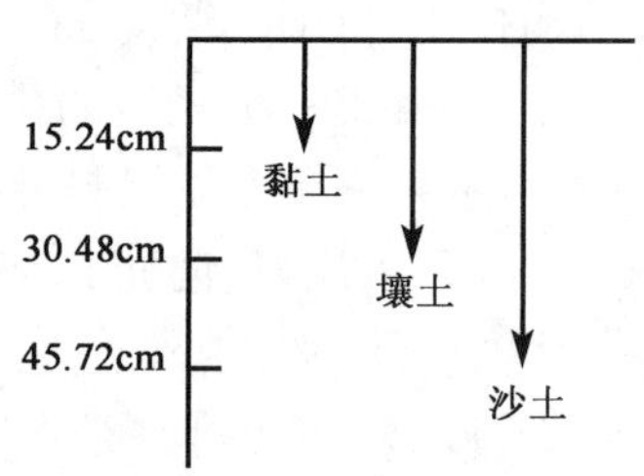

图 7-12　2.5cm 的水在黏土、壤土、沙土的渗透深度

土壤持水能力和质地也有直接的关系。作为一般的规律,黏土的持水量约为壤土的 2 倍,沙土的 4 倍或更多。各种质地土壤的持水能力是可以测试的。其方法是把各种土壤都湿润到同一深度,然后比较需水量。如湿润 30cm 深,黏土需水 7.6cm,壤土为 3.8cm,沙土为 1.9cm。另外,也可以通过测量同样多的水在各种土壤中的渗透深度比较粗质地和细质地土壤的持水量。在生长季节,生长在粗质地土壤上的草坪比细质地土壤上的需水量大,因为它排水和蒸发失水都比较多。了解大雨,灌溉期间及其后水的运动变化,对于指导灌溉是非常有用的。如果土壤质地细或结构紧实,渗透作用不好,水就会流失掉或形成积水。如果

是斜坡,不能渗入土壤的水会形成地表径流流失并侵蚀土壤。在平坦或者较低的地方,水聚集在土壤表面,形成泥坑,会妨碍养护工作和行人往来,并会导致土壤紧实。在阳光辐射强、炎热的中午,积水会使草坪草灼伤焦枯。

大雨或灌溉后,土壤表层所有的空隙都充满了水,这时的土壤水分达到饱和状态。但土壤仅在较短时间内维持饱和,不久大孔隙内的重力水就会向下移动排入深层。重力水从上层土壤完全渗漏后,土壤含水率达到田间持水量。此时,水不再向下移动。土壤上层的水保留在小孔隙里,成为土壤颗粒周围的水膜。此时土壤含有植物可以利用的最大量水分。随后由于蒸散作用土壤含水率下降到田间持水量以下。土壤水分85%的损失是由于蒸散引起的。由于这些损失,可利用的水量连续减少,直到下雨或灌溉后,土壤含水率再增加为止。

根系层的水不能完全被植物利用。这是因为土壤中的水有不同的存在状态。仅毛管水和部分膜状水可被植物利用。土壤水分张力的大小表明了土壤中水的可利用状态。土壤颗粒与水分子之间的吸引力越大,土壤水分张力就越高。含水率多的土壤比含水率少的土壤对水的吸引力小;水趋向于从含水率高的地方向含水率低的地方移动,这是由于含水率少的土壤产生的水分张力或吸引力大的缘故。

毛细管作用对土壤中水分的移动有很重要的意义。土壤中小孔隙内的水能够依靠毛细管作用向上输送到比较干燥的地方。当土壤表面变干后,由于毛细管水不断被输送到表面,保证了土壤表层的湿润。根系的吸水过程中也利用了毛细管作用。当根细胞产生的水分张力比土壤颗粒的持水力高时,水进入根系,导致根系周围的土壤水分张力增高,毛细管作用使水从邻近土壤向根区移动,这时的水才能为根系所吸收。但是水的毛细管移动是缓慢的,因此根系主要靠伸入含水率较大的地区,而不是靠毛细管长距离输送来吸收水的。

2. 草坪耗水

草坪可利用水分主要存在于根系分布区中。灌溉和降水后,根层的水部分经由地表蒸发、植物蒸腾散失到大气中,一部分从土壤的大孔隙中排入土壤深层。随着根层土壤水分的不断减少,根层以下的土壤水分会补充上来。但这部分水运移的很慢,不足以满足草坪的水分需求。由此可见,草坪水分的消耗主要在地表蒸发、植物蒸腾和土壤大孔隙排水三个方面。一般情况下,深层排水的量很少,所以地表蒸发和植物蒸腾是草坪水分消耗的主要部分。草坪的地表蒸发和植物蒸腾合称为草坪蒸散。不同草坪草的草坪在一定的环境条件下蒸散量有很大差别。草坪的蒸散除与草坪草种和品种相关外,还受诸多外部因素的影响,如空气温度、湿度、风速、土壤含水率、养护管理水平等。

当盛夏太阳辐射最强时,草坪蒸散以最大速度进行。根层的深度决定了作为“水分库”的表层土壤体积的大小。根层深的草坪比根层浅的草坪对灌溉需求要低,但草根层厚的草坪每次灌溉的需水量大于草根层薄的草坪,浅根草坪需要比深根草坪强度小但很频繁的灌溉,如图7-13所示。

许多环境和遗传因素影响根的入土深度。紧实和渍涝造成土壤通气性差,低茬修剪,过量施肥和频繁灌溉等常使草坪草根系变浅。夏季不良的环境,也会使冷季型草坪草失去很多活根。生长季内草坪群落和其环境在不断变化,草坪灌溉也要相应变动。因此,草坪灌水不可能有一个固定的模式。但大体遵循如下原则:在条件适宜草坪新根生长时,灌溉必须利于草坪根向深层发育;当环境条件不良时,灌溉应尽可能保持良好发育的根系。

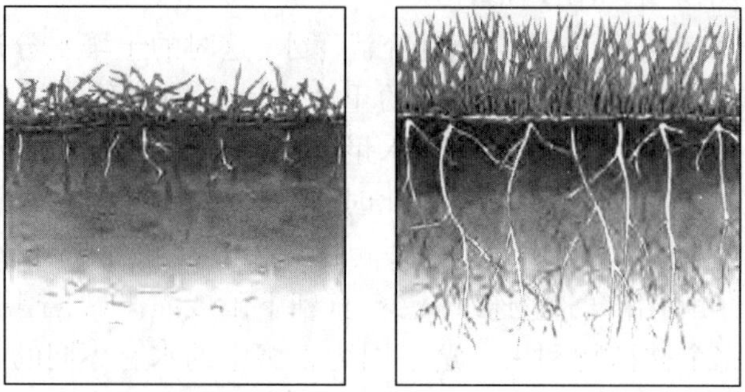

a)　　　　b)

图 7-13　灌水频率与根系深浅关系图

a)频繁少量浇水使草坪根系变浅;b)间隔较长足量灌溉条件下,根系深

3. 灌溉水的选择

(1)水源

草坪的水源应在整个生长季能供给草坪草充足的水量,这是确定供水源的先决条件。草坪灌溉水源主要是水井的地下水、静止的地表水体和流动的地表水体,第四个变得越来越重要的水源是城市处理的污水。

大河流是可靠的水源,但污染程度可能妨碍其利用。小河流和溪水可以改造成小型水库而作为灌溉源。用作灌溉源的小河及溪流,其年流量必须大于灌溉的需水量。流水常携带颗粒物质,使用时必须进行必要的净化处理以防止阻塞灌溉系统。

让人工草坪生长良好,正常的养护浇水是十分必要的,它能及时解除草坪植物因干旱出现的"旱象",促进其正常生长发育。一般说来,浇水能提高茎叶的韧度,使草的茎叶经得起人们踩踏,如果茎叶缺水干燥,就容易断裂破碎。草坪施肥后,及时浇水,会促进养分的分解和吸收。

(2)水质

灌溉水的质量决定于溶解或悬浮在水中的物质类型及浓度。过高浓度的盐分、颗粒物质、微生物及其他最终直接危害草坪草或通过对土壤的作用间接危害草坪草的物质对草坪是不利的。决定水质量的因素是盐浓度、钠和其他阳离子的相对浓度。总的盐分(含盐量)可通过水的电导率(EC)来确定。按 EC 值通常可将水分为 4 级:当 EC $<250\mu$mhos/cm 时,表明盐分含量偏低。EC $=250\sim750\mu$mhos/cm 时,在有适当量淋溶作用的条件下可被利用;EC $=750\sim2250\mu$mhos/cm 时,这种水在限制排水的土壤或排水良好的土壤但具有盐敏感性草种的草坪要避免使用,EC $>2250\mu$mhos/cm 时,这种水一般不适宜灌溉。

植物吸收水比吸收离子要快很多,饱和土壤溶液的 EC 值常比灌溉水高 2~10 倍。因此,土壤溶液的盐浓度常比灌溉水高很多。草坪草种对盐化土塘的敏感性是不同的。普通早熟禾、紫羊茅对盐性反应敏感,高羊茅、多年生黑麦草则不太敏感,狗牙根、钝叶草某些品种则十分耐盐。

土壤中高含量钠离子对草坪是有害的。钠和镁、钙一样,是灌溉水中主要的阳离子,这些阳离子的相对浓度影响草坪灌溉用水的质量。灌溉水中在有高浓度碳酸氢盐离子存在的条件下,钙和镁都有沉淀的趋势,结果增加了土壤溶液中钠的吸收率。如果剩余碳酸氢钠的浓度大于 2.5mEq/L 时,这种水不宜用于草坪灌溉,如用低于 1.25mEq/L 则灌溉水是安全的。

硼是一种重要的微量元素养分,但在灌溉水中浓度超出 1mg/kg 时,它对草坪将造成毒害。

在水源中,可能引起草坪毒害的还包括高浓度的各种微量元素及其离子,如铬、镍、汞和硒等。各类有机和无机颗粒可能悬浮在水流中,特别是那些流动的水,如溪水和河水。在可能的情况下,应过滤后使用以避免对灌溉系统的危害。

4. 灌溉方案的确定

确定灌溉方案就是确定供水间隔和每次供水量。理想的灌溉方案应使水分供应恰到好处,充足而不过量,保持草坪草始终处于良好的水分状态。

(1)确定草坪需要灌溉的时间

草坪管理者可通过不同的方法来确定何时需要灌溉,主要有以下几种方法:

①观察草坪草缺水征兆。当土壤水分不足以补充草坪蒸散时,草坪草体内的水分含量减少,细胞膨压降低,叶子萎蔫,草变成蓝绿色或灰绿色,失去弹性。人走过或机器驶过草坪后,若能看到脚印或轨道痕迹,则表明草坪草已遭受缺水的影响。但是这种办法对践踏强度大的草坪是不适宜的,如高尔夫球场果岭,因为草坪出现缺水征兆时耐践踏的能力大大降低,高强度的使用会损伤草坪。

②检查土壤干湿程度。用一把小刀或土壤探测器检查土壤。如果 10 ~ 15cm 深处的土壤是干燥的,就应该浇水。多数草坪草的根系位于土壤上层 10 ~ 15cm 处。干土壤色淡,湿土壤颜色较深陷。

③测量土壤含水率。主要使用张力计来测量土壤的水势,确定土壤中草坪草可利用的水分含量。张力计下部是一个多孔的陶器杯,连接一段金属管,另一端是一个能指示出土壤持水张力的真空水压表。张力计中装满水,插入土壤中,当土壤干燥时,水从多孔杯里吸出,张力计指示较高的水分张力(即土壤水势变低)。草坪管理者能根据测量的数据,决定灌溉的恰当时间。

也可用装有电极板的石膏块、尼龙和玻璃纤维块测量土壤不可利用水分含量。方法是通过测量这些材料电极之间的电阻,来决定可用水的百分数。多孔材料埋在土壤里,水在孔内或孔外移动,取决于土壤水分张力的大小。这些材料连接在水分计量器上,田间持水量的读数为 100%,萎蔫点的读数为 0%。

④测量草坪的耗水量。在光照充足的开阔地,可安置蒸发皿来粗略判断土壤中损失的水分。除大风天气外,蒸发皿的失水量大体等于充分灌溉的草坪因蒸散而失去的水量。草坪管理者可以找出蒸发皿损失的水量同草坪缺水所呈现的征兆之间相关性。通常,蒸发器皿内损失水深的 75% ~ 85% 相当于草坪的实际耗水量。

(2)灌水量及灌水频率

每次灌水量应根据土质、生长期、草种等因素而确定。一般草坪生长季节的干旱期内，每周约需补水20~40mm；旺盛生长的草坪在炎热和严重干旱的情况下，每周需补水50~60mm或更多。通常，不论何种灌溉方式，都应多灌溉几次，每次水量少些，最大到地面刚刚发生径流。

草坪每次灌水的总量取决于每2次灌水期间草坪的耗水量。它受草种和品种、土壤类型、养护水平、降雨次数和降雨量，以及天气条件(如湿度和温度等)多个因子的影响。

作为一般规律，在较早的生长季节，每周的灌溉量应为3~4cm，以保持草坪鲜绿；在炎热而干旱的地区，每周必需的灌溉量为6cm或更多。最好是每周大水灌溉1~2次。如果土壤能在根系层储存很多的水，可以按每周的总需水量一次灌溉。沙土每周应浇水2次，每3~4天浇每周需水量的一半。如果1次灌溉2.5cm或更多的水，大量的水则可能渗漏到根层下面，造成浪费。

通常不能每天浇水。如果土壤表面经常潮湿，根系会靠近表土生长。在每次灌溉之间，如果使上层的土壤干燥，可使根系向土壤深处生长，去寻找水分。浅根性草坪草较弱，易遭受各种因素的伤害，受害后也不像深根性草坪草那样容易恢复。灌溉次数太多，也会引起较大的病害和杂草问题。

某些高养护水平的草坪需要每天灌溉，如高尔夫球场果岭。这些草坪往往修剪得很低，致使根系仅分布于土壤表层。而土壤上部仅几厘米的表层干燥得很快，如果不经常灌溉，草坪草就会萎蔫。

检查土壤充水的深度是确定实际灌水量的有效方法。当土壤湿润到10~15cm深时(有时会更深些，以根层的深度为准)，草坪草可获得充足的水分供给。

在实践中，草坪管理人员可在已定的灌溉系统下，测定灌溉水渗入土壤额定深度所需时间，从而用控制灌水时间的长短来控制灌水量。

草坪灌溉中需水量的大小，在很大程度上决定于草坪草床土壤的性质。细质的黏土和粉沙土持水力大于沙土，水分易被保持在土层的根层内，而沙土中水分则易向下层移动。一般而言，土壤质地越粗，渗透力越强，使额定深度土壤充水湿润所需水量越少。但是，一个较粗质地的土壤在生长季节内，欲维持草坪草生长所消耗的总需水量是很大的。因为与细质土壤相比，粗质土壤具有大的孔隙，高排水量和蒸发蒸腾量，使之比细质土壤失水更多。当土壤质地变粗时，每次灌水量应减少，但需要较多的灌水次数和较多的总水量才能满足草坪草的生长需要。

(3)灌水时间

生长季节，根据不同时期的降水量及不同的草种适时灌水是极为重要的。一般可分为三个时期：返青到雨季前。这一阶段气温高，蒸腾量大，需水量大，是一年中最关键的灌水时期，根据土壤保水性能的强弱及雨季来临的时期可灌水2~4次，雨季基本停止灌水。这一时期空气湿度较大，草的蒸腾量下降，而土壤含水量已提高到足以满足草坪生长需要的水平。

雨季后至枯黄前这一时期降水量少，蒸发量较大，而草坪仍处于生命活动较旺盛阶段，与前两个时期相比,这一阶段草坪需水量显著提高,如不能及时灌水,不但影响草坪生长,还会引起提前枯黄进入休眠。在这一阶段,可根据情况灌水 4 ~ 5 次。此外,在返青时灌返青水,在北方封冻前灌封冻水也都是必要的。总之,草种不同,对水分的要求不同,不同地区的降水量也有差异。因而,必须根据气候条件与草坪植物的种类来确定灌水时期。

一天之中,何时实施灌溉为好,首先要看怎样灌溉。理论上讲,只要灌溉水的量小于同期土壤的渗透能力,一天中任何时候都能灌溉。其次得看灌溉方式。如果应用间歇喷雾或间歇喷灌(雾化度较高),顶着太阳灌溉最好。不仅能补充水分,而且能明显地改善小气候,有利于蒸腾作用、气体交换和光合作用等,有助于协调土壤水、气、肥、热,有利于根系及地下部营养器官的扩展,同时可以带动整个植株物质的转运储存,调整呼吸,促进草坪的繁茂。若用浇灌、漫灌等,需看季节,早春、晚秋均以中午前后为好,其余则以晨昏为多。

确定了灌溉方案之后,只要草坪需要灌溉,在 1 天的任何时候都能进行灌溉。然而,根据草坪和天气状况,选择 1 天中的某一特定时间灌水是比较实用,湿度高、温度低又有微风时是灌溉的最好时机。此时,可有效地减少蒸发损失,风还利于湿润叶面及组织的干燥。晚上或早晨浇水,蒸发损失最小,中午及下午大约喷灌水分的 50% 在到地面前就被蒸发掉。另外,中午浇水还容易使草坪草受到灼伤,进而影响草坪的使用和其他管理操作。

就提高水的利用率而言,黄昏是浇水的最适时间。但草坪整夜处于潮湿状态下,因高湿而引起的病害将成为草坪草管理的难题。当草坪草的叶和茎保持几小时以上潮湿状态时,细菌和微生物就能发展并侵染草坪草组织、引起草坪草病害。因而许多草坪管理者喜欢早上浇灌。

有些地区或场地由于水或其他条件的限制,不可能在早晨灌水。因此,在采用诸如经常向草坪喷施杀真菌剂的预防措施情况下,施行晚上浇水。晚上浇水除具灌水蒸发损失量小的优点外,还为排水提供了较长的时间,有利于第 2 天草坪草的利用。各类草坪浇水要求,如表 7-3 所示。

各类草坪浇水要求　　表 7-3

草 坪 类 型	生长期内每月浇水次数	浇 水 时 间	湿润深度(cm)	冬灌深度(cm)
观赏草坪	1 ~ 2	早晨下午	6 ~ 10	30
休息草坪	1 ~ 3	早晨下午	5 ~ 8	20
活动性草坪	2 ~ 3	傍晚	6 ~ 10	20
护坡草坪	不定期	下午	10 以上	20
南方冷地型草坪	每日傍晚 1 次	下午	3 ~ 4	—

5. 草坪灌溉系统

(1)灌溉系统的分类

灌溉系统分为自动灌溉系统和人工灌溉系统。

①自动灌溉系统由水源、水泵、分水管道、阀门、喷头和控制器组成。控制器通过一个遥

控控制阀,在预定时间使喷水器自动喷水。当阀门打开时,水压使喷头高出地面,开始喷水,当预定的时间结束时,阀门关闭,喷头会回缩到地下。

②人工系统没有自动控制器,而是由人工开关。这两个系统还有一个主要的差别,即人工系统的喷头不是永久设置在地上,而是灌溉前必须将喷头插进一个水阀,灌溉后去掉。

③自动系统与人工系统的对比。人工系统的唯一好处是设置价钱便宜,自动系统初期很贵,但可通过节省劳力费用,大大补偿昂贵的安装费。自动系统比人工系统的效率高,用水量少,因此也节省了水费。自动系统的另一个好处是能使管理者完全控制灌溉。管理者可为控制器编制程序,是灌溉独立运行而且必依赖灌溉管理人员。

自动系统也不是完全不要劳力。设备需要保养,为防止出故障要经常检查,有问题时需要修理。

有些灌溉系统,一部分设备是自动化的,一部分是人工的,这两种类型结合的系统称为半自动系统。例如,向上喷射型喷水器和人工控制阀结合的灌溉系统,或由自动控制器操纵的快速耦合器喷头的灌溉系统。高尔夫球场球穴区草坪用自动系统控制,而球道是由人工系统控制的。如果安装全自动系统经费不足,妥当的办法是先安装半自动系统,随后再换成全自动系统。

自动系统由于节省劳动力,用水效率高以及由管理者控制灌溉等条件,远远优于其他类型的系统。

(2)灌溉系统的设计

设计灌溉系统要考虑许多问题,因此应该请有经验的专业人员承担。根据可用的水量和水压决定草坪片数和每片的喷头数量。喷头间隔取决于其覆盖面积(覆盖面积由水压、喷嘴大小、喷嘴孔径和风势等因素决定)。当风成为问题时,通常喷头间距应更近些。

喷头的喷水面必须相交。随着喷水器覆盖半径的增加,水的分布面也增大,而喷头喷水量并未增加。因此,对单个喷头而言,距离喷头越远,喷洒到草坪上的水量越少。叠盖喷水器的洒布面有助于水的均匀分布。通常设计的系统应叠盖 70% ~100% 。间距呈三角形的覆盖最均匀,但也可以使用正方形间距。一般安装喷头相距 6m,但旋转型喷头之间合适的距离一般为 20.0 ~21.3m,如图 7-14 所示。

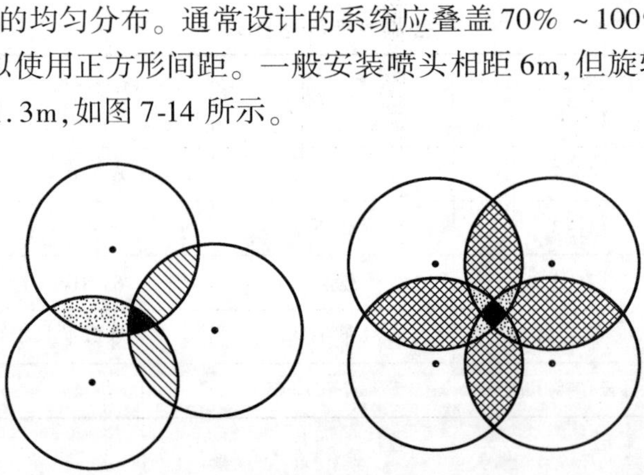

图 7-14 喷头的位置设计

在北方冬季干旱少雪、春季又缺少雨水的地区,入冬前浇一次冬水,能使禾草根部吸收充足的水分,增强抗旱越冬能力。南方草坪进行春灌,能促进其提早返青。草坪人工浇水的操作要求：草坪浇水，最重要的是一次浇足浇透，避免只浇表土，至少应该达到湿透土层5cm以上；如草坪过分干旱，土层的湿润度则应增至8cm以上，否则就难以解除旱象。

如草坪踩踏严重，表层土壤已干硬坚实，浇水一时难以渗透，则应于浇水前先用滚齿耙使草坪表面增添许多刺孔，然后再浇水。草坪浇水最忌在中午阳光暴晒下进行，应尽可能安排在早上与傍晚前后进行。为了使浇水喷洒均匀，免于遗漏，可将大面积的草坪区分为若干小区或长条状进行，设有移动喷灌设备者，可根据情况控制速度。

（七）花卉类的灌水

此类植物根系较浅，生长季节应注意适时适度灌水。灌水时不可用水管直接对着苗根，以免造成苗木倾斜和根系外露。草本花卉茎叶不可溅上泥土。芍药全年的返青水、4月底的花前水、5月中下旬的花后水、11月中旬的封冻水，4次水必须灌足灌透。与其他宿根花卉不同的是花期严禁灌水，此时灌水会导致花朵过早凋谢，使观赏期缩短。

（八）灌水的注意事项

（1）尽量避免高温、烈日下进行喷灌。

（2）灌水一般应掌握见湿见干原则，灌则灌足、灌透，但树穴及坪地内不可积水。盐碱地返盐季节，严禁频繁浇灌小水，应掌握不灌半截水，“灌则必透，小雨必灌”的原则。

（3）对补植苗木灌水时不可有遗漏，必须保证灌好三水。特别是色带或绿篱植物，往往补植后死苗率较高，其主要原因是一遍水后将补栽苗剪平，分不清哪些是刚补植的苗木，再不注意灌水，缓苗期缺水则造成苗木死亡。解决方法是，苗木浇灌三水后再将苗木剪平，确保补植苗不会漏灌。

（4）牡丹、桂花开花期，应适当控水，以免提前落花，缩短花期。葡萄果实近成熟期、枣成熟期、石榴果实采摘前20天左右，要适当保持土壤干燥，防止裂果发生。景天类、凤仙类、四季海棠及银叶菊等，雨季应适当控制灌水量，以免根茎发生腐烂，造成苗木死亡。

（5）在正常灌水情况下，如发现落叶、新梢或叶片发生萎蔫时，应检查灌水围堰的大小、高度是否符合标准要求。有无跑水、漏水，土球是否灌透，树穴有无积水等。

①扒开树穴检查土壤过干时，说明苗木缺水，应及时补灌，且必须灌透。

②因灌水过多而造成土壤过湿时，应扒开树穴将土球晾半天至一天后，再回填栽植土并踏实。扒穴晾坨应避开下雨天、大风天时进行，如突遇降雨时，树穴应架设木棍，上面用彩条布苫盖，严禁树穴内积水。

③因土壤透水性差而造成穴土过湿的，应采取打眼灌沙或增设通气管等措施，以增加通透性。造成部分根系腐烂的，应将烂根剪去，以创面没有腐烂点为准。采取根部喷洒杀菌剂消毒，更换栽植土，同时用100倍液的活力素灌根等措施。

（6）秋季应适当控制灌水，以免造成枝条徒长，不利越冬。

（7）秋植大苗木，除浇灌封冻水、返青水外，还应在第二年清明前后，浇灌一次生长水，以保证苗木的正常生长。

（8）草坪地刚灌完水或冬季封冻后，应禁止任何人进入践踏。

(9)常见有人每次浇草,在草坪地内栽植的乔灌木类必灌一遍,这是沿海地区盐碱地绿化养护的大忌,对于在土壤黏重、盐碱土栽植的苗木极为不利,是导致苗木生长势衰弱、病害发生严重和烂根死亡的重要原因之一。小水常灌,在返盐季节也会把盐碱"斗弄"上来,对苗木造成伤害。对于草坪内栽植的乔灌木类,应掌握不旱不灌水、灌则灌透原则。

二、施肥

营养是树木生长的物质基础,树木的营养管理是通过合理施肥来改善与调节树木营养状况的经营活动。公路树木多为根深体大的木本植物,生长期和寿命,生长发育需要的养分数量很大,加之树木长期生长于一地,根系不断从土壤中选择性吸收某些,造成某些营养元素贫乏。此外,公路绿地土壤密实度大,密封度高,水气矛盾突出,使得土壤养分的有效性大大降低。同时城市公路绿地中的枯枝落时常被彻底清除,中断了营养物质的循环,故极易造成养分的枯竭。因此,只有通过合理施肥,才能确保公路树木的健康生长,增强树本抗逆性,延缓树木衰老,达到花繁叶茂的目的。

(一)树体营养元素及其功能

树木的正常生长发育需要从土壤、大气中吸收碳、氢、氧、氮、磷、钾、钙、镁、硫、铁、铜、锌、硼、铜、锰、氯等几十种化学元素作为养料,尽管树木对各种营养元素需要且差异很大,但对树木生长发芽来说它们都是同等重要,而不可缺少的。碳、氢、氧是组成植物体的主要成分,主要从空气和土壤中获得,一般情况下不会缺乏。氮、磷、钾被称为植物的营养三要素,树木的需要且远远超过土壤的供应量。其他营养元素由于受土壤条件、降雨、温度等影响也常不能满足树木需要。由此,必须根据实际情况对这些元素给予适当补充。

维持树木生长所必需的大量元素,一般认为有10种,其中构成有机物的元素有4种,即碳、氢、氧、氮,占植物干重的93%以上;形成灰分的矿质元素有6种,钾、硫、磷、钙、镁、铁等,一般占干重的千分之几。植物生活所必需的微量元素,如硼、锰、铜、锌、钼等,在植物体内含量很少,占万分之几至十万分之几。以上不同元素对树木生长各有重要作用,缺乏时植株会出现相应症状,严重时会影响其生长栽培中主要大量元素是以施肥方式供给,而土壤微量元素含量已经充足,不需要另外添加。常见元素对树木的影响如下。

1.氮

氮肥促进树木的营养生长,增加蛋白质合成,促进叶绿素的产生,使叶面积增加,植株生长旺盛。氮素缺乏时出现叶色淡绿甚至发黄,尤以老叶更为严重,叶片变小,严重时黄化干枯,但少有脱落。但如果氮肥施用过多,尤其是在磷、钾供应不足时,会使茎叶徒长,使组织幼嫩,抗病虫能力下降,花芽分化和开花延迟等,造成徒长、贪青、迟熟、易倒伏、感染病虫害等,特别是一次性用量过多时会引起烧苗。所以一定要注意合理施肥。

不同种类的公路树种对氮的需求有差异,一般观叶树种、绿篱、行道树在整个生长期中都需要较多的氮肥,以便在较长的时期内保持美观的叶丛、翠绿的叶色;而对观花种类来说,只是在营养生长阶段需要较多的氮肥,进入生殖生长阶段以后,应该控制使用氮肥,否则将延迟开花期。

2. 磷

磷肥能促进种子发芽，提早开花结实期，这一功能正好与氮肥相反。此外磷肥还使茎发育坚韧小易倒伏，增强根系的发育，特别是在苗期能使根系早生快发，弥补氮肥施用过多时产生的缺点，增强植株对于不良环境及病虫害的抵抗力。因此，树木不仅在幼年或前期营养生长阶段需要适量的磷肥，而且进入开花期以后磷肥需要量也是很大的。总之有促使花芽分化，提早开花结实，使茎发育坚韧，不易倒伏，增强根系发育的缺点，增强对不良环境和病害的抗性。缺磷时，叶色暗绿，生长迟缓而叶小且老叶叶脉间易黄化，常常紫色，叶早落。

3. 钾

钾肥能使树木生长强健，增强茎的坚韧性，并促进叶绿素的形成和光合作用的进行，同时钾还能促进根系的扩大，使花色鲜艳，提高树木的抗寒性和抵抗病虫害的能力。但过量的钾肥使植株生长低矮，节间缩短，叶片变黄，继而变成褐色而皱缩，甚至可能使树木短时间内枯萎。调整氮肥过多而产生首先在老叶上表现，促使生长健壮，增加茎的韧性，不易倒伏；促进叶绿素的形成和光合作用进行；促进根系扩大，提高抗性等。缺钾时，老叶上首先出现病斑，叶尖及边缘出现褐色枯死，严重时老叶脱落，茎干柔软，易倒伏。如钾过量则使植株低矮，节间缩短，叶发黄、变褐皱缩，严重时整株枯萎。

4. 钙

用于细胞壁、原生质及蛋白质形成，促进根系发育；使植物组织坚固，增强抗性力；降低土壤酸度，改善土质。缺钙时，嫩叶失绿，尖端和边缘腐败，叶尖卷曲成钩状。

5. 硫

硫为树木体内蛋白质成分之一，能促进根系的生长，并与叶绿素的形成有关，硫还可能促进土壤中微生物的活动，不过硫在树体内移动性较差，很少从衰老组织中向幼嫩组织运转，所以利用率较低。

6. 铁

铁在叶绿素的形成过程中起着重要的作用。当缺铁时，叶绿素不能形成，因而树木的光合作用将受到严重影响。铁在树木体内的流动性也很弱，老叶中的铁很难向新生组织中转移，因而它不能被再度利用。在通常情况下，树木不会发生缺铁现象，但在石灰质土或碱性土中，由于铁易转变为不可给态，虽土壤中有大量铁元素，树木仍然会发生缺铁现象而造成“缺绿症”。缺铁时，叶片尤其是新叶首先黄化失绿，严重时叶缘及叶尖干枯，甚至全株死亡。

（二）树木营养诊断

树木营养诊断是指导树木施肥的理论基础。根据树木营养诊断进行施肥，是实现树木养护管理科学化的一个重要标志。营养诊断是将树木矿质营养原理运用到施肥措施中的一个关键环节，它能使树木施肥达到合理化、指标化和规范化。

树木营养诊断的方法很多,包括土壤分析、叶样分析、外观诊断等,其中外观诊断是行之有效的方法,它是通过园林树木在生长发育过程中,当缺少某种元素时,在植株的形态上呈现一定的症状来判断树体缺元素的种类和程度,此法具有简单易行、快速的优点,在生产中有一定的实用价值。

引起树木营养贫乏的具体原因很多,常见的有以下几个方面。

1. 土壤营养元素缺乏

这是引起贫乏症的主要原因。但某种营养元素缺乏到什么程度会发生贫乏症却是个复杂的问题,因为树种不同,即使同一树种的不同品种、不同生长期或不同气候条件都会有差异,所以不能一概而论,理论上说,各个树种都有其对某种营养元素要求的最低限值。

2. 土壤酸碱度不适

土壤 pH 值影响营养元素的溶解度,即有效性。有些元素在酸性条件下易溶解,有效性高,如铁、硼、锌、铜等,其有效性随 pH 值降低而迅速增加;另一些元素则相反,当土壤 pH 值趋于中性或碱性时有效性降低,如铜,其有效性会随 pH 值提高而增加。

3. 营养成分的平衡

树木体内的正常代谢要求各营养元素含量保持相对的平衡,否则会导致代谢紊乱,出现生理障碍。一种元素的过量存在常会抑制另一种元素的吸收与利用,这就是所谓元素间的"拮抗"现象。这种拮抗现象是相当普遍的,当其作用比较强烈时就会导致树木营养贫乏症的发生。生产中,较常见的拮抗现象有磷—锌、磷—铁、钾—镁、氮—钾、氮—硼、铁—锰等。因此在施肥时需注意肥料的选择搭配,避免一种元素过多而影响其他元素作用的发挥。

4. 土壤理化性质不良

这里所说的理化性质,主要是指与养分吸收有关的因素。正常而旺盛的地上部生长有利于根系的良好发育,而根系分布越广,吸收的养分数目就越多,可能吸收到的养分种类也越多。但若土壤坚实、底层有漂白层、地下水位高、盆栽容器太小等都限制根系的伸展,从而加剧或引发营养贫乏。

5. 不良的气候条件

主要是低温的影响。低温一方面减慢土壤养分的转化,另一方面削弱树木对养分的吸收能力,故低温容易促发缺素症。雨量多少对营养缺乏症的发生也有明显的影响,主要表现为土壤过旱或过湿而影响营养元素的释放、淋失及固定等,如干旱促进缺硒、钾;多雨容易促发缺镁。此外,光照也影响营养元素吸收,光照不足对营养元素吸收的影响以磷最严重,因而在多雨少光照而寒冷的天气条件下,施磷肥的效果特别明显。

(三)树木施肥原理

1. 根据树种合理施肥

树木的氮肥与树种及其生长习性有关。如泡桐、杨树、重阳木、香樟、月季等树种生长迅速、生长量大,就比小叶黄杨等慢生耐瘠树种需肥量要大,因此应根据不同的树种调整施肥用量。

2. 根据生长发育阶段合理施肥

总体上讲，随着树木生长旺盛期的到来需肥量逐渐增加，生长旺盛期以前或以后需肥量相对较少，在休眠期甚至就不需要施肥；在抽枝展叶的营养生长阶段，树木对氮素的需求量大，而生殖生长阶段则以磷、钾及其他微量元素为主。根据树木物候期差异，施肥方案上有萌芽肥、抽枝肥、花前肥、壮花稳果肥以及花后肥等。如柑橘类几乎全年都能吸收氮素，但吸收好均在温度较高的仲夏，确实主要在枝梢和根系生长旺盛的高温季节吸收，冬季显著减少。钾的吸收主要在5～11月份；而栗树从发芽即开始吸收氮素，在新梢停止生长后，果实肥大期吸收最多，磷素在开花后至9月下旬吸收虽较稳定，11月以后几乎停止吸收，钾在花前很少吸收，开花后（6月间）迅速增加，果实肥大期达到吸收高峰。10月以后急剧减少。就生命周期而言，一般处于幼年期的树种，尤其是幼年的针叶树生长需要大量的化肥，到成年阶段对氮素的需要量减少；对古树、大树供给更多的微量元素，有助于增强对不良环境因子的抵抗力。

3. 根据树木用途合理施肥

树木的观赏特性以及用途影响其施肥方案。一般说来，观叶、观形树种需要较多的氮肥，而观花、观果树种对磷、钾肥的需求量大。

4. 根据土壤条件合理施肥

土壤厚度、土壤水分与有机质含量、酸碱度高低、土壤结构以及三相比等均对树木的施肥有很大影响。土壤水分含量和土壤酸碱度及肥效直接相关，土壤水分缺乏时施肥，可能因肥分浓度过高树木不能吸收利用而遭毒害；积水或多雨时养分容易被淋洗流失，降低肥料利用率。另外，土壤酸碱度直接影响营养元素的溶解度，这些都是施用肥料时需仔细考虑的问题。

5. 根据气候条件合理施肥

气温和降雨量是影响施肥的主要气候因子。如低温，一方面减慢土壤养分的转化，另一方面削弱树木对养分的吸收功能。试验表明，在各种元素中磷是受低温抑制最大的一种元素；干旱常导致发生缺硼、钾及磷，多雨则容易促发缺镁。

6. 根据营养诊断合理施肥

根据营养诊断结果进行施肥，能使树木的施肥达到合理化、指标化和规范化，完全做到树木缺什么就施什么，缺多少就施多少。

7. 根据养分性质合理施肥

养分性质不同，不但影响施肥的时期、方法、施肥量，而且还关系到土壤的理化性状。一些易流失挥发的速效性肥料，如碳酸氢铵、过磷酸钙等，宜在树木需肥期稍前施入；而迟效性的有机肥料，待腐烂分解后才能被树木吸收利用，故应提前施入。氮肥在土壤中移动性强，即使浅施也能渗透到根系分布层内供树木吸收利用；而磷、钾肥移动性差，故宜深施，尤其磷肥带施在根系分布层内才有利于根系吸收。化肥的施肥用量应本着宜淡不宜浓的原则,否则容易烧伤树木根系。事实上任何一种肥料都不是十全十美的,因此,实践中应将有机与无机、速效性与缓效性、酸性与碱性、大量元素与微量元素等结合施用,提倡复合配方施肥。

(四)肥料种类及施肥方式方法

1. 根据肥料的性质及使用效果

树木用肥大致包括化学肥料、有机肥料及微生物肥料3大类。

(1)化学肥料

化学肥料又称为化肥、矿质肥料、无机肥料,是用物理或化学工业方法制成的,其养分形态为无机盐或化合物。某些有肥料价值的无机物质,如草木灰,虽然不同于商品性化肥,但习惯也列为化学肥料。还有些有机化合物及其缔结产品,如尿素等,也常被称为化肥。

化学肥料种类很多,按植物生长所需要的营养元素种类,可分为氮肥、磷肥、钾肥、钙肥、镁肥、硫肥、微量元素肥料、复合肥料、草木灰、农用盐等。化学肥料大多属于速效性肥料,供肥快,能及时满足树木生长需要,化学肥料还有养分含量高施用量少的优点。但化学肥料只能供给植物矿质养分,一般无固土作用,养分种类也比较单一,肥效不能持久,而且容易挥发、流失或发生强烈的固定,降低肥料的利用率。所以,生产上一般以追肥形式使用,不宜长期单一施用化学肥料,应以化学肥料和有机肥料配合施用,否则,对树木、土壤都是不利的。

(2)有机肥料

有机肥料是指含有丰富有机质,既能提供植物多种无机养分和有机养分,又能培肥改土的一类肥料,其中绝大部分为就地取材自行积制的。

有机肥料来源广泛、种类繁多,常用的有粪尿肥、堆沤肥、饼肥、泥炭、绿肥、腐殖酸类肥料等。虽然不同种类有机肥的成分、性质及肥效各不相同,但有机肥大多有机质含量高,有显著的改土作用,含有多种养分,有完全肥料之称,既能促进树木生长,又能保水保肥;而且其养分大多为有机态,供肥时间较长。不过,大多数有机肥养分含量有限,尤其是氮含量低,肥效来得慢,施用量也相当大,因而需要较多的劳力和运输力量。此外,有机肥施用时对环境卫生也有一定不利影响。针对以上特点,有机肥一般以基肥形式施用,施用前必须采取堆积方式使之腐熟,其目的是为快速释放养分,提高肥料质量及肥效,避免肥料在土壤中腐熟时产生某些对树木不利的影响。

(3)微生物肥料

微生物肥料也称生物肥、菌肥、细菌肥及接种剂等。确切地说,微生物肥料是菌而不是肥,因为它本身并不含有植物需要的营养元素,而是通过含有大量微生物的生命活动来改善植物的营养条件。

依据生产菌株的种类和性能,微生物肥料大致有根瘤菌肥料、固氮菌肥料、磷细菌肥料及复合微生物肥料等几大类。

根据微生物肥料的特点,使用时应注意:一是使用菌肥需具备一定的条件,才能确保菌种的生命活力和菌肥的功效,而强光照射、高温、接触农药等都有可能杀死微生物;二是固定菌肥要在土壤通气条件好、水分充足、有机质含量稍高的条件下才能保证细菌的生长和繁殖;三是微生物肥料一般不宜单施,一定要与化学肥料、有机肥料配合施用,才能充分发挥其应有作用,而且微生物生长、繁殖也需要一定的营养物质。

2. 根据肥料的性质以及施用时期

树木的施肥方式主要有基肥和追肥两种类型。

(1)基肥

基肥施用时期要早,追肥要巧。基肥以有机肥为主,是在较长时期段内供给树木多种养分的基础性肥料,所以宜施迟效性有机肥料,如腐殖酸类肥料、堆肥、厩肥、粪肥、骨粉、血肥、复合肥、长效肥以及植物枯枝落叶、作物秸秆等。

基肥通常分成栽植前基肥、春季基肥和秋季基肥。在此时施入基肥,不但有利于提高土壤孔隙度,疏松土壤、改善土壤中水、肥、气、热状况,促进微生物的活动,而且还能在相当长的一段时间内源源不断地供给树木所需的大量元素和微量元素,基肥在春季与秋季结合土壤深翻施用,一般施用的次数较少,但用量较大。虽然基肥肥效发挥平稳缓慢,但当树木需肥急迫时就必须及时补充肥料,以满足树木生长发育的需要。

(2)追肥

追肥一般多用速效性无机肥,并根据树木一年中各物候期特点来施用。

在生产上分前期追肥和后期追肥。前期追肥又分为开花前追肥、落花后追肥和花芽分化期追肥。具体追肥时间与树种、品种习性以及气候、树龄、用途等有关。如对观花、观果树木,花芽分化期和花后的追肥尤为重要,而对大多数树木来说,一年中生长旺期的抽梢追肥常常是必不可少的。与基肥相比,追肥施用的次数较多,但一次性用肥量却较少。对于观花灌木、庭荫树、行道树以及重点观赏树种,应在每年的生长期进行 2~3 次追肥,且土壤追肥与根外追肥均可。

根据施肥部位的不同,树木施肥主要有土壤施肥和根外施肥两大类。土壤施肥就是将肥料直接施入土壤中,然后通过树木根系进行吸收的施肥,是树木主要的施肥方法。土壤施肥必须根据根系分布特点,将肥料施在吸收根集中分布区附近,才能被根系吸收利用,充分发挥肥效,并引导根系向外扩展。理论上讲,在正常情况下,树木的多数根集中分布在地下 10~60cm 深范围内。根系的水平分布范围,多数与树木的冠幅大小相一致,即主要分布在树冠外围边缘的圆周内,故可在树冠外围于地面的水平投影处附近挖掘施肥沟或施肥坑。由于许多树木常常经过造型修剪,树冠冠幅大大缩小,这就给确定施肥范围带来困难。有人建议,在这种情况下,可以将地面 30cm 高处的树干直径值扩大 10 倍,以此数据为半径、树干为圆心,在地面作出的圆周边即为吸收根的分布区,也就是说该圆周附近处即为施肥范围。

事实上,具体的施肥深度和范围还与树种、树龄、土壤和肥料种类等有关。深根性树种、沙地、基肥以及移动性差的肥料等,施肥时,宜深不宜浅,相反,可适当浅施;随着树龄增加,施肥时要逐年加深,并扩大施肥范围,以满足树木根系不断扩大的需要。

3. 土壤施肥方法

目前生产上常见的土壤施肥方法主要有全面施肥、沟状施肥和穴状施肥。

(1)全面施肥

分撒施与水施两种。前者是将肥料均匀地撒布于树木生长的地面,然后再翻入土中。这种施肥的优点是:方法简单,操作方便,肥效均匀,但施入较浅,养分流失严重,用肥量大,并诱导根系上浮而降低根系抗性。此法若与其他方法交替使用则可取长补短,发挥肥料的重大功效。水施供肥及时,肥效分布均匀,既不伤根系又保护耕作层土壤结构,节省劳力,肥料利用率高,是一种很有发展潜力的施肥方法。

(2)沟状施肥

沟状施肥包括环状沟施、放射状沟施和条状沟施,其中以环状沟施较为普遍。环状沟施是在树冠外围稍远处挖环状沟施肥,一般施肥沟宽30~40cm,深30~60cm。环状沟施具有操作简便、用肥经济的优点,但易伤水平根,多适用于孤植树;放射状沟施较环状沟施伤根要少,但施肥部位也有一定局限性;条状沟施是仅树木行间或株间开沟施肥,其多适合苗圃里的树木或呈行列式的树木。

(3)穴状施肥

穴状施肥与沟状施肥很相似,若将沟状施肥中的施肥沟变为施肥穴或坑就成了穴状施肥。栽植树木时的基肥施入就是穴状施肥。生产上,以环状穴施居多。施肥时,施肥穴同样沿树冠在地面投影线附近分布,不过,施肥穴可为2~4圈,呈同心圆环状。目前国外穴状施肥已实现机械化操作,把配制好的肥料装入特制容器内,依靠空气压缩机通过钢钻直接将肥料送入到土壤中,供树木根系吸收利用。这种方法快速省工,对地面破坏小,特别适合铺装地面中树木的施肥。

4. 根外施肥方法

目前生产上常见的根外施肥方法有叶面施肥和枝干施肥。

(1)叶面施肥

叶面施肥是用机械的方法,将一定浓度配制好的肥料溶液,直接喷雾到树木的叶面上,通过叶面气孔和角质层的吸收,转移运输到树体的各个器官的施肥方法。

叶面施肥具有简单易行、用肥量小、吸收见效快、可满足树木急需等优点,避免营养元素在土壤中的化学或生物固定。因此,在早春树木根系恢复吸收功能前,在缺水季节或缺水地区以及不便土壤施肥的地方,均可采用叶面施肥,同时,该方法还特别适合于微量元素的施用以及对树体高大、根系吸收能力衰竭的古树、大树的施肥。

叶面施肥的效果与叶龄、叶面结构、肥料性质、气温、湿度、风速等密切相关。幼叶生理机能旺盛,气孔所占比重较大,较老叶吸收速度快,效率高;叶背较叶面气孔多,且表皮层下具有较疏松的海绵组织,细胞间隙大而多,利于渗透和吸收。因此,应对树叶正反两面进行喷雾。肥料种类不同、进入叶内的速度有差异。如硝态氮喷后15s进入叶内,而硫酸镁需30s,氯化钾30min,硝酸钾1h,铵态氮2h才进入叶内。许多试验表明,叶面施肥最适温度为18~25℃,湿度大些效果好,因而夏季最好在上午10时以前和下午4时以后喷雾,以免气温高,溶液很快浓缩,影响喷肥效果或导致药害。叶面施肥多作追肥施用,生产上常与病虫害的防治结合进行,因而药液浓度至关重要。在没有足够把握的情况下,应宁淡勿浓。喷之前需做小型试验,确定不能引起药害,方可再大面积喷。

(2)枝干施肥

枝干施肥就是通过树木枝、茎的韧皮部来吸收肥料营养,它吸肥的机理和效果与叶面施肥基本相似。

枝干施肥又大致有枝干涂抹和枝干注射两种方法,前者是先将树木枝干刻伤,然后在刻伤处加上固体药棉;后者是用专门的仪器来注射枝干,目前国内已有专用的树干注射器。枝干施肥主要用于衰老古大树、珍稀树种、树枝盆景以及观花树木和大树移栽时的营养供给。例如,有人分别用浓度2%的柠檬酸铁溶液注射和用浓度1%的硫酸亚铁加尿素药棉涂抹栀子花枝干,在短期内就扭转了栀子花的缺绿症,效果十分明显。

美国在20世纪80年代中生产出埋入树干的长效固体肥料,通过树液洒润药物缓慢的释放有效成分,有效期可保持3~5年,主要用于行道树的缺锌、缺铁、缺锰的营养缺素症。

(五)施肥时期

同一种类、同一数量的肥料,给同一种植物施肥时,因施入的时期不同而收到的效果也不同。只有在植物生长最需要营养物质时施入,才能取得事半功倍的效果。

1. 施肥期应扣紧植物的年生育期

一年内植物生长历经不同的物候期,即根系活动、萌芽抽梢、开花结果和落叶休眠。每个物候期来临时,这个物候期就是树木当时的生长中心,树体内营养物质的分配,也是以当时的生长中心为重心的,因此在每个物候期即将到来之前,施入当时生长所需要的营养元素,才能使肥效充分发挥作用,树木才能生长良好。如果施肥不当,肥效不大甚至还将造成损失。对苹果、杏等施用速效氮肥的试验表明,施用时期处于树木年生育时期和养料分配中心时,即使以大量的超常规的施肥水平施入氮肥量,仍能提高开花坐果的效果,但施氮肥期晚于这个分配中心时,即使少量施入,也会加剧生理效果。

一年之内,根系于地上部分萌发之前及秋末落叶之后均在快长,在早春根系生长之前及快落叶时施入基肥和磷肥,对根系生长极为有利。早春施速效性肥料不应过早,过早根系尚未恢复生长不能吸收,肥水易流失。萌芽抽枝发叶期,需吸收较多的氮肥,于3~4月份时施以氮为主的肥料,保证营养生长旺盛进行,使树木体量不断增大。6月份后树木陆续进入花芽分化、开花结果期,6月份前后应控氮并及时施入以磷为主的肥料,保证花芽顺利分化。非观花、观果树可适当多施些氮肥以减缓营养生长向生殖生长的转化速度。总之,掌握树木生长中心的转移和养料分配的规律,适期施肥才能取得理想的效果。

2. 施肥期与树种及其用途有关

绿地上栽植的树木种类很多,又有观叶、观花、观果及行道树等之分,它们对营养元素的要求在种类、时期上是不同的。行道树、庭荫树和针叶树等以观赏枝叶树形为主,应从早春开始就施入以氮为主的肥料,促其枝叶迅速增长,叶色浓绿光亮,遮阴效果好,就是夏季也可多施无妨,只需保证枝条安全越冬即可。

若属于前期生长型的树木,如油松、黑松、银杏等,枝叶生长和树冠迅速扩大期在3~6月份,冬季施基肥及早春施肥非常重要,能保证枝叶及时获得必需的养料,为树木全年的体量增长打下了基础，如榆树、雪松、悬铃木等，枝条全年生长，这类树木除休眠季施基肥外，在5～6月份枝叶速生期还应追肥，这样才能保证养料的充分供应，使树木全年生长良好。如春季施肥不足，可在6月份左右速生期以追肥形式补充养料，在一定程度上弥补施肥不足。对树木的全年生长不致带来过大的影响。

早春开花的乔、灌木，如白玉兰、海棠、梅、桃、迎春等，为使春季开花量多、色艳、朵大，应于花前半月施肥或在冬季施基肥。花后树木进入营养生长旺期，于4～5月份施以氮为主的肥料，当枝干骨架形成后，即7月份左右要控氮增磷肥，使植物顺利通过花芽分化期。对夏花植物，各种元素的施肥时期应有不同，春季前施以氮为主的基肥，使枝叶生长茂盛，为开花打下基础，5月初左右应多施磷肥，使花芽正常分化。一年多次抽梢开花的植物，如月季、紫薇、白兰等，除休眠期施基肥外，每次开花后应及时补充因抽梢、开花消耗掉的养料，才能保持不断的抽梢开花，否则会因消耗太大引起开花不良、植株早衰。一般是花后立即施以氮、磷为主的肥料，既促枝叶生长又促开花。

总之，应根据不同的树木用途及观赏目的，适时地施入恰当的肥料，从而达到理想的效果。

（六）施肥量

对施肥量含义的全面理解应包括：肥料中各种营养元素元素的比例、一次性施肥的最初浓度以及全年施肥的次数等数量指标。施肥受树种习性、物候期、树体大小、树龄、土壤与气候条件、肥料的种类、施肥时间与方法、管理技术等诸多因素，难以制定统一的施肥量标准。施肥量过大或不足，对树木均有不利影响。施肥过多树木不能吸收，既造成肥料的浪费，又可能使树木遭受肥害。而肥料用量小则达不到施肥目的。

目前，关于施肥指标还有许多不同的观点。在我国一些地方，有以树木每厘米胸高直径0.5kg的标准作为计算施肥量依据的。就一树木而言，一般化学肥料，追肥、根外施肥的施肥浓度分别较有机肥料、基肥和土壤施肥要低，而且要求更严格。化学肥料的施用浓度一般不宜超过1%～3%，而在进行叶面施肥时，多为0.1%～0.3%，对一些微量元素，浓度应更低。

施肥量受树种、土壤、肥料的种类以及各个物候期的需肥情况等多方面因素的影响。因此很难有统一的施肥量，以下几点原则，可供参考。

近年来，国内外已开始应用计算机技术、营养诊断技术等先进手段，在对肥料成分、土壤及植株营养状况等进行综合分析判断的基础上，控制施肥量，实行科学施肥。

1. 根据不同树种确定施肥量

树种不同，对养分的要求也不同，如梧桐、梅花、牡丹等树种喜肥沃土壤；而刺槐、悬铃木、油松、臭椿等生长的土壤比较耐瘠薄。开花结果多的大树应较开花结果少的小树需肥多，树势弱的也应多施肥。不同的树种施用的肥料种类不同，如观花观果树种应增施磷肥；喜酸性土壤的花木如杜鹃、山茶、栀子花、八仙花等应多施酸性肥，绝不能施石灰、草木灰等；幼龄针叶树不宜施用化肥。施肥量过多或不足，对树木生长发育均有不良影响。施肥量既要符合树体要求，又要以经济用肥为原则。

2. 根据对叶片的分析而定施肥量

树叶所含的营养元素量可反映树体的营养状况，所以近20年来，广泛应用叶片分析法来确定树木的施肥量。用此法不仅能查出肉眼见不到的症状，还能分析出多种应用元素的不足或过剩，以及能分辨两种不同元素引起的相似症状，而且能在病症出现前及早测知。此外，进行土壤分析对于确定施肥量的依据更为科学和可靠。

随着电子技术的发展，目前用如下公式精确计算树木施肥量，在计算前先要测出树木各器官每年从土壤中吸收各应用元素量，减去土壤中供应量，同时要考虑肥料的损失。

施肥量＝(树木吸收肥料元素量－土壤供给量)/肥料利用率

(七)施肥方法

1. 土壤施肥

施肥的效果与施肥方法有密切关系，而土壤施肥方法要与树木的根系分布特点相适应。把肥料施在距根系集中分布稍深、稍远的地方，以利于根系向纵深扩展，形成强大的根系，扩大吸收面积，提高吸收能力。

具体的施肥深度和范围与树种、树龄、砧木、土壤和肥料性质有关。如银杏根系大，分布深远，施肥宜深，范围也要大一些。根系浅的悬铃木、洋槐及矮化砧木施肥应较浅。幼树根系浅，根分布范围小，一般施肥范围小而浅，并随树龄增大，应逐年加深和扩大施肥范围，以满足树木根系不断扩大的需要。砂地等易导致养分流失，施基肥要深些，追肥一般在树木的关键时期及时施入，薄肥勤施，既可满足树木的需要，又减少了肥料的流失，各种肥料元素在土壤中移动的情况不同，施肥深度也不同，如氮肥在土壤中移动性较强，既可浅施也可施到根系分布层，被树木吸收。钾肥的移动性较差，磷肥的移动性更差，所以，宜深施至根系分布最多处。同时，由于磷在土壤中易被固定，为了充分发挥肥效，将过磷酸钙或骨粉与圈肥、厩肥、人粪肥等混合堆积腐熟后施用，效果较好。基肥因发挥肥效较慢应深施。追肥肥效快，则宜浅施，供树木及时吸收。

具体施肥方法有环状施肥、放射沟施肥、条沟状施肥、穴施、撒施、水施等。

2. 根外施肥

根外施肥即叶面喷施，我国各地早已广泛采用，大大促进了叶面喷肥技术的广泛应用。

叶面施肥，简单易行，用肥量小，发挥作用快。近年来由于喷灌机械的使用及时满足了树木的急需，并可避免某些肥料在土壤中化学和生物固定。

叶面施肥主要是通过叶片上的气孔和角质层进入叶片，而后运送到树体内各个器官。一般在喷施后的15min或2h即可被树木的叶片吸收利用。氮吸收强度和速度则与叶片叶龄、肥料成分、溶液浓度等有关。由于幼叶生理机能旺盛，气孔所占面积较老叶大，因此较老叶吸收快。叶背的气孔多，且叶背较叶面吸水快，吸收度高，所以在实际喷布时一定要把叶背喷匀、喷足。

同一元素的不同化合物，进入叶片的速度不同；溶液的酸碱度也可影响渗入速度；此外，溶液浓度浓缩快慢以及气温、湿度、风速和植物体内的含水量等条件都与喷施的效果有关。

施肥时间最好在上午 10 时前和下午 4 时以后,以免气温过高,溶液浓缩快而影响喷施效果,甚至造成药害。

3. 叶面追肥

大树移植初期,未经提前断根处理及不耐移植的苗木,生长势较弱的落叶大乔木和常绿阔叶树,进入盛果期的果树类树种,如杏树、樱桃、八棱海棠、石榴、枣树等,多采用叶面追肥。

对于乔灌木类喷施磷酸二氢钾、磷酸二铵等,浓度宜为 0.1% ~0.3%,尿素宜为 0.2% ~0.5%。牡丹开花前和花芽分化期可叶面喷施 0.2% ~0.5% 的磷酸二氢钾肥液。对于果树类营养生长期适量喷施氮肥、钾肥。花后以氮肥为主,磷肥为辅。果实膨大期和花芽分化期以氮肥、磷钾肥混合使用。施入量视树种、树龄、土壤肥力而定。对于宿根、地被类一般喷洒磷酸二氢钾的浓度不超过 0.1% ~0.2%。对于常绿针叶树喷洒 0.1% ~0.2% 硫酸铜。对于草坪、草叶面追肥,尿素的浓度宜在 0.3% 左右,过磷酸钙浓度宜为 0.3% ~0.5%。

4. 输营养液

(1)输液对象

对未经提前断根处理的山苗,树高 6m 以上、树龄在 50 年以上、胸径 20cm 以上、生长势较弱的大型苗木及散坨苗,均可使用树干输液措施,及时输入营养液,有利于促进生根、发芽和增强树势,加快大树成活和古树名木复壮。

但营养液不是万能剂,目前有些施工单位不分树种,不分析导致树木栽植后迟迟不发芽或发芽后枝叶干枯及树势衰弱的原因而盲目使用,如曾见因栽植过深迟迟不发芽的白蜡树、紫荆,患干腐病叶片发黄的八棱海棠、樱花,臭椿沟眶象危害严重的千头椿等树种,挂袋输液现象,却往往收不到理想的效果。

(2)营养液种类及配制

目前市场上销售的专业用产品很多,如上海丽景、四川国光、名木成森、神润等公司生产的产品等。也可自行配制营养液,配方为磷酸二氢钾: ABT3号: 水 =15: 1: 50。先将生根粉用酒精溶解,然后加入磷酸二氢钾均匀搅拌,确保无杂质。加水稀释至 800 倍,灌入输液瓶内待用。

(3)树干打孔

①使用钻头孔径 5 ~6mm 的电钻,在根颈、树干或一级分枝处的上、下方,向下倾斜 45°打吊注钻孔,钻孔深度至木质部 5 ~6cm。

②一般胸径 10 ~20cm 钻两个孔。胸径 20cm 以上的大树,可钻孔 2 ~3 个孔。各钻孔应避免在同一水平或同一垂直线上。

③钻孔时,钻头应沿孔的方向来回操作,以便将木屑带出。清除钻孔内的木屑,将针头细管深入树干孔内底部,向树干孔内输水,将孔内空气完全排出。

(4)输液方法

根据树体胸径大小,确定用药瓶数量。

①使用成品型吊袋输液。打开封口盖,用输液管插入营养液袋,将封口拧紧,提高液袋使管内空气排出,把针管塞入钻孔内插紧,以营养液不外流为准。将营养液袋固定在树

干上。

②使用大树吊针原液,稀释前需将原液摇匀,用纯净水按说明要求将原液稀释,打开空吊带出口的盖子,把稀释好的肥液灌入袋中,将吊带固定在树上,用输液管连接输液袋,排出输液管中的空气,另一端插入钻孔。

③使用输液插瓶时,应旋下其中一个瓶盖,刺破封口,换上插头,旋紧后将插头紧插在孔内。旋下输液瓶后盖,刺破封口,拧上瓶盖并调节松紧,控制输液速度,以肥液不外溢,24h输完一瓶为宜。

④自行配制营养液时,可使用医用输液瓶作容器。打孔后,选择与孔径等粗的金银木(空心)枝条,插入孔内3cm,外露2cm,枝条与孔间应无空隙。输液管针头携带细管一起拔除后,搏破立滤器中的滤纸,把针头插入金银木髓心处,将输液瓶挂在输液口上方1m以上处,输液速度的快慢根据挂在树干的高度或由调速伐来控制。难生根乔木树种移植后,可同时在所输营养液中,每千克加入0.1gABT5号生根粉。

(5)输液次数

输液次数视树势及缓苗情况而定,一般2~4次。营养液输完只将瓶内及时灌入洁净水继续输水,每天1瓶,至苗木完全恢复长势为止。

(6)输液注意事项

①枝干胸径小于10cm的乔木树种,尽量不输营养液。

②营养液必须用洁净水稀释,且现配现用。

③输液孔水平分布要均匀,垂直分布应上下错开。避免输液孔打在同一水平面或同一垂直线上。钻孔深度不得超过主干直径的2/3,但也不宜过浅,过浅使药液无法输入。

④输送营养液速度不可过快,以24~30h输送500mL为宜,以免造成营养液大量外溢流失。发现营养液流失时,应适当控制营养液流速。

⑤严禁超浓度、超剂量使用营养液。

⑥输液瓶或输液袋尽量挂在树干北侧,高温季节输液时,输液瓶或翕液袋应用遮阳网遮盖,避免液体温度上升,对树体造成不利影响。

⑦易流胶树种,如雪松、华山松、白皮松等,宜3~4月份或9~10月份使用。

⑧输液期间,应加强巡视,发现液量不足时要及时补充,不能出现空瓶、空袋现象。出现输液管或通水道堵塞、营养液外渗时,应及时拔掉输液管,把孔内空气用细管注水排出,然后将输液管插好,恢复输液。注意输液管不得脱离输液瓶、输液袋和输液孔。

⑨输液结束后,立即撤除全部输液装置,将插入孔内的枝条取出,向孔内注入600倍液多菌灵、甲基托布津等内吸式杀菌剂,选择与孔大小等同的本树种枝条,沾果腐康原液插入孔内,枝端与树皮平齐并用油漆封堵。雪松、白皮松、华山松等苗木的伤口,必须涂抹保护剂。输液瓶等输液装置应注意及时回收,可再次利用。

(八)草坪的肥效管理

1.草坪营养概述

与其他植物一样,草坪草也需要营养才能生存。在草坪草的生长发育过程中,有16种元素被认为是完成其生命周期所必需的，称为草坪草必需的营养元素。它们分别是碳(C)、氢(H)、氧(O)、氮(N)、磷(P)、钾(K)、钙(Ca)、镁(Mg)、硫(S)、铁(Fe)、锰(Mn)、铜(Cu)、锌(Zn)、硼(B)、钼(Mo)、氯(Cl)，如表7-4所示。

草坪生长所需营养元素

表7-4

分类	元素名称	化学符号	有效形态
大量元素	氮	N	NH_4^+，NO_3^-
	磷	P	HPO_4^{2-}，H_2PO4^-
	钾	K	K^+
中量元素	钙	Ca	Ca^{2+}
	镁	Mg	Mg^{2+}
	硫	S	SO_4^{2-}
微量元素	铁	Fe	Fe^{2+}，Fe^{3+}
	锰	Mn	Mn^{2+}
	铜	Cu	Cu^{2+}
	锌	Zn	Zn^{2+}
	钼	Mo	MoO_4^{2-}
	氯	Cl	Cl^-
	硼	B	H_2BO^{3-}

旺盛生长的草坪植株含有75%～85%的水分，其余15%～25%的矿物质主要由这16种营养元素组成的有机化合物构成。

草坪草的生长对每一种元素的需求虽有较大差异，通常按植物对每种元素需求量的多少，将营养元素分为3组，即大量元素、中量元素和微量元素。

这16种必需营养元素中，碳、氢、氧来源于空气和水，其他13种元素由草坪草根系从土壤中吸收。其中，对氮、磷、钾的需求量比其他10种元素要大，它们是草坪草生长的重要矿质养分，故称为大量元素。这些大量元素必需随肥料定期加入到土壤中，以满足草坪草生长的需要。在氮、磷、钾3种元素中，草坪草生长需要量最大的是氮，其次是钾，磷列第三。氮可以促进草坪草快速生长并表现出健康的色泽。可是氮在土壤中最易损失，因此，推荐草坪施肥时，氮的施用量最大，并且施肥量多少通常以氮的用量为基础。磷、钾养分的丰缺常与草坪质量、发病率及草坪外在胁迫条件下的抗性有关。

钙、镁、硫为中量元素，草坪草生长对它们的需求量低于大量元素。而铁、锰、铜、锌、硼、钼、氯为微量元素，尽管草坪草对它们的需求量很低，但微量元素对草坪草的生长与大量元素和中量元素同等重要。对于大多数土壤来说，一般不需要施用微量元素(铁除外)，只有当土壤测试或草坪表现出微量元素缺乏时才施用。否则，盲目施用即使是较低水平的微量元素也易产生伤害。

无论是大量、中量还是微量营养元索，只有在适宜的含量和适宜的比例时才能保证草坪草的正常生长发育。根据草坪草的生长发育特性，进行科学、合理的养分供应，即按需施肥，才能保证草坪各种功能的正常发挥。

各种营养元素无论在草坪组织中的含量高低，对草坪草生长均是同等重要的。任何一种元素的缺乏都会对草坪草生长造成不利影响，并在草坪草外观上表现出特有的缺素症状，极大地影响草坪质量。目前，在草坪草养分缺乏问题的快速诊断中，常常以缺素症状为依据。但值得注意的是，有时草坪草失绿等一些不正常的特征出现并非是源自养分的缺乏，而是由于病害或其他一些不相关的外部因素（如环境胁迫）所致。因此，应将外观诊断、草坪组织养分测定和土壤测试结合起来方可作为草坪草营养水平的判断。掌握必需元素的作用和缺素症状对在草坪管理中正确地选择肥料，合理施肥是十分重要的。

（1）氮

氮是草坪草生长除碳、氢、氧需求量最多的元素。对于健康生长的草坪植株，其含量通常为3%～5%，在草坪草生长发育中，氮作为草坪草叶绿素、氨基酸、蛋白质、核酸及其他物质的构成成分，对草坪草的生长发育至关重要。氮也是施肥项目中最关键且施用量最大的养分。在草坪草生长过程中，氮的丰缺不但直接影响根、茎的生长，草坪色泽和草的密度，而且对抗高温、抗寒、抗旱和抗病性的大小，草坪草受损后恢复潜力的高低以及草坪群体构成等产生重大影响。当氮供应不足时草坪草的生长会受到抑制，草坪草色泽褪绿转黄，草的密度下降，使草坪变得稀疏、细弱、抗性下降，这时的草坪不但易被杂草侵占，还易感染某些草坪病害，如斑病、锈病、红丝病等。

但是，草坪过量施氮有时比氮素缺乏带来的弊病更大。施氮过量会引起草坪草的一些变化，如细胞壁变薄、茎叶组织多汁、养分储存减少等，这些变化常使草坪抗性和耐践踏性下降、感病性增强，易导致叶斑病、褐斑病、镰刀霉病、叶瘟病等病害的发生。草坪施氮过多也常导致地上部生长过旺、修剪次数增多，给管理上带来麻烦；并且草坪草的根及根茎生长也会受到抑制，使根系下扎深度和扩展范围缩小，影响水分和养分的吸收。因此缺氮和氮过量均对草坪产生不利影响。

氮的营养水平也影响草坪草的群体构成。例如草地早熟禾和紫羊茅组成的草坪，在高氮水平下草坪中以草地早熟禾为主，而在低氮营养下则以紫羊茅为主。同一草种不同品种混播的草坪也出现同样的情况。如不同品种混播的草地早熟禾草坪，较喜欢高氮肥力，在高氮水平下表现突出，而在低氮水平下表现更佳。因此保持适宜的氮素营养水平十分必要。

氮素吸收：对于多数草坪来说，草坪草吸收的氮虽部分来自土壤有机质分解，但更主要的是来自肥料的施用。在土壤溶液中，氮是以 NH_4^+ 和 NO_3^- 形式被草坪草吸收，并直接进入有机氮库。其他形式的氮在被吸收之前需转化为 NH_4^+ 和 NO_3^-。通常情况下，氮素较其他15种元素更易缺乏。这一方面由于土壤中含量不丰富，另外当施用氮肥后还常发生由于 NO_3^- 淋溶和氮挥发造成的氮素损失。因此，在进行大量灌水的沙壤土草坪，如将修剪掉的草屑带出草坪，则氮肥供应不及时极易导致缺氮。

缺氮症状：当氮素缺乏时，草坪草首先表现为生长受阻，叶长和分蘖的减少使单个植株长势变弱，草的密度明显下降。叶色表现为草坪草老叶首先褪绿，进而变黄。对于狗牙根草坪，缺氮首先表现出茎叶生长缓慢，接着变为金黄，如果氮素继续缺乏，叶色变为淡紫色，随之坏死。而且氮素缺乏，狗牙根易于结穗，极大影响草坪质量。在草坪草组织中，磷含量一般为0.15%～0.55%，平均0.3%～0.4%，草坪草利用磷的量低于氮和钾，但不同草坪草在磷吸收上差异较大，草地早熟禾含量最高，而地毯草、狗牙根相对较低。据报道，结缕草叶片中含0.05%～0.1%的磷为正常含量。

(2)磷

磷在植物体内起着重要的作用。它不但是细胞质遗传物质的组成元素，在植物新陈代谢过程中，磷还起到能量的传递(以ATP形式)和储存作用。大量的磷集中在幼芽、新叶以及根顶端生长点等代谢活动旺盛的部位。因此，在草坪草生长过程中，有效磷供应充分会促进草坪草根和根茎的生长，使草坪草生长迅速，分蘖增多，提高草坪的抗寒、抗旱和抗践踏能力。磷能促进根系的早期形成和健康生长，对于新建植草坪来说显得更为重要。因此，在建植草坪时应施足磷肥，且应施在离种子较近的土层，以保证草坪的快速建植成坪。

磷的吸收：植物对磷的吸收主要是以$H_2PO_4^-$形式，其吸收过程受环境pH值影响较大，一般在土壤pH值为6～7和草坪草快速生长阶段吸收最快。与在植物体内正好相反，磷在土壤中移动性较差，不易从根层中淋失。但是，当磷肥施入土壤后极易转化为难溶形态使其有效性降低。不过，可溶性磷与难溶性磷之间存在动态平衡，当有效磷因植物吸收而降低时，一些难溶性磷则以相当的速度转化成可溶性磷来维持作物的正常生长。有研究表明，如剪下草屑不移出草坪的话，只要前一次磷肥施用充足，可以在较长时期内不再增施磷肥。如果连续施用大量磷肥，磷可以在土壤中积累到较高水平，但也不致影响草坪草生长。如紫羊茅和草地早熟禾的生长可在土壤磷水平高达1700kg/hm^{2}时也未受伤害。但研究表明，当土壤中磷含量过高时，对杂草的防除效果有影响。因为在利用无机砷制剂防除一年生杂草的地方，随土壤有效磷浓度的提高，杂草根系吸收砷的量会下降。有效磷水平越高，就需要更高量的砷才能得到理想的除草效果。因此，土壤中有效磷含量不应过高，以便在较低的砷水平下得到较好的杂草控制效果，节省开支。

缺磷症状：在草坪建植过程中，如果土壤基质含磷量低(一般认为<5mg/kg)时，草坪草在苗期即可表现出缺素症状。对于大多数成熟草坪，当草坪草叶片组织中磷含量为0.08%时，植株缺磷症状已相当明显。由于磷和钾一样，是植物体内易于移动的物质，当磷供应不足时，磷由老叶向新叶移动，使磷缺乏症首先在草坪草的老叶出现，老叶片变成深绿色，接着变成暗绿色，叶脉基部和整个叶缘变成紫色。从外形看，植株矮小，叶片窄细，分蘖少。但磷素缺乏时，不同草坪反应略有差异。对草地早熟禾草坪(品种Merion)，会出现叶尖内紫色→暗红色→整个叶片变红→叶尖死亡→整个叶片死亡。而对于狗牙根草坪，草坪草叶片表现是由深绿色变为灰绿色，但茎生长受阻较轻。

(3)钾

草坪草对钾的需求仅低于氮，草坪组织中含量为0.9%～4.0%，多为2%～3%。在生长快速的幼嫩部位含量会更高，但当植物接近成熟时，含量显著降低。钾虽不是活细胞的构成成分，但钾在大量化合物合成(如氨基酸、蛋白质、碳水化合物等的合成)中起重要作用，在许多生理过程中起到了调节与催化剂的作用(如调节植物呼吸、蒸腾、催化大量酶促反应)。因此，尽管从草坪色泽、密度上肉眼难以看出钾对草坪的影响，但实际上钾是维持草坪健康生长必不可少的养分。尤其在促进根与根茎的生长发育，提高草坪抗旱、抗寒、抗热能力和增强草坪草抗病性与耐践踏能力等方面，钾的作用相当重要。钾供给不足时，草坪草的氮代谢和碳水化合物的平衡被打破，蛋白质合成受阻，氨基酸等水溶性含氮化合物含量上升；水分含量提高，淀粉等高分子碳水化合物的合成停止，易溶于水的低分子糖类含量增高，这样就为病原菌活动提供了适宜的寄主。

此外，缺钾可导致细胞壁变薄和易损，使草坪在修剪后更易为病原菌提供理想的侵入场所。当钾在植物体内浓度增加时，植物的吸水保水等功能得以合理的协调，植物细胞壁增厚，叶片挺拔，减少萎蔫，从而增加草坪的耐践踏性。同时，在较高的钾含量下，草坪草还减少了褐斑病、红线病、镰刀霉斑病、斑点病等病害的发生。有研究表明，草坪草叶片组织内氮∶钾比例为2∶1时是适宜含量水平。过多的钾也会影响植物对钙、镁及其他养分的吸收。

钾的吸收：钾通常以 K^+ 形式被草坪草吸收，并以离子态水溶性无机盐的方式存在于细胞及组织中。当土壤中钾含量高时，植物可吸收高于自身需求量很多的过量钾，并储存在草坪草组织中，这种现象通常被称做钾的“奢侈吸收”。在这种情况下，如将草屑移出草坪，那么，同时也会有大量的钾随之带出。在土壤中，钾含量变化较大。虽然土壤中含钾量较高，但多为黏土矿物固定态钾，对植物生长是无效的，仅有少部分存在于土壤溶液中的有效钾才可被草坪草吸收利用。由于在土壤中由无效钾向有效钾的转换是一个缓慢的过程，而钾盐又易溶于水，也易于从土壤中淋失，尤其是在砂性土壤中，其淋溶较熟重土壤更为严重。因此，在草坪生长季节施入钾肥时也应本着少量多次的原则，特别是在砂性土壤上更应如此。

缺钾症状：钾素缺乏在紫羊茅的最初表现为叶片下垂，倾斜方向更加水平。用手摸时叶片发软，且下部老叶片的叶尖和叶片脉间变黄，接下来叶尖卷曲、枯萎。如钾继续缺乏，叶脉也变黄。当狗牙根缺钾时，最初特征是茎变细，随之老叶叶尖坏死，如继续缺钾，狗牙根和结缕草表现出生长缓慢，叶片变为棕色。

(4)钙

在草坪草组织中，钙含量多为0.2%～0.5%，含量较高，仅次于氮和钾。钙主要存在于草坪草的叶片和茎中，是细胞壁的重要组成成分，并大量存在于分生组织中。有资料表明，充足的钙供应可促进根的生长，尤其是根毛的生长和发育。钙还具有中和细胞内毒素的功能，对钾和镁的吸收也有影响。缺钙常易导致草坪草感染红丝病和枯萎病。

钙的吸收：草坪草对钙的吸收通常以钙离子的形式。在不同母质、不同质地土壤中钙含量变化很大。质地粗、渗漏强的土壤中钙的含量偏低。钙对土壤酸度和土壤结构有强烈的影响，它可改善土壤结构，增强土壤通透性与持水性能，由于钙是石灰的主要成分，可使土壤pH 值升高，从而影响其他养分的有效性。

缺钙症状：钙在植物体内难以移动，当钙缺乏时，首先出现在幼嫩叶片，叶片边缘变为红棕色，并逐渐延伸到中脉。但缺钙常随植株年龄而异，在较老的植株上，首先是脉间部分变为红棕色，接着变为淡红色，再变为玫瑰红色，最后叶尖枯萎。对于狗牙根草坪，缺钙表现出生长受阻，接下来新叶坏死、根茎的生长受阻。

(5)镁

在草坪草组织中，镁含量一般为0.11%～0.7%，不同草坪草镁含量有差异。草地早熟禾为0.4%,紫羊茅则为0.29%。在草坪草生长过程中,镁是叶绿素分子的重要组成成分,因此,它是草坪草生长和绿色保持所必需的。镁还作为许多酶系统的辅酶并参与植物体内磷的转运,有助于对磷的吸收。镁在植物体内活动性相对较强,可以由老叶移到幼嫩组织再被利用。尽管在茎尖和根尖部位有镁的累积,但通常镁在叶片中的含量是最高的。

镁的吸收:镁在土壤中以镁离子的形式被草坪草吸收。它在土壤中不如钙离子含量高,也不如钙离子对土壤的理化性状影响大。镁离子虽然被土壤胶体吸附,但并不增加土壤的凝聚性;相反浓度过高还会引起凝聚作用下降。

缺镁症状:缺镁后草坪草的色泽变化有点像缺钙,但缺镁是发生在下部的老叶,叶片呈带状樱桃红色,最后叶片坏死。狗牙根缺镁时表现出叶片灰绿,茎生长减慢,如镁继续缺乏,则老叶片变黄、坏死。

(6)硫

在草坪草组织中,硫的含量与磷较为接近,但硫在植物体内多均匀分布。在草坪草生长过程中,硫是合成蛋白质某些氨基酸的组成成分,没有硫,植物则不能利用氮。因此土壤缺硫蛋白质合成受阻,会直接影响草坪草生长。对于草地早熟禾来讲会增加粉酶病的发生。

硫的吸收:硫被草坪根系主要以硫酸根离子形式吸收,少量以气体二氧化硫的形式通过叶片吸收进入植物体。虽同为中量元素,硫在土壤中的数量较钙、镁要低得多。大多数的土壤硫含在有机质中,有机质分解后硫才有效。因此,表层土壤含硫量较底层高。

缺硫症状:在紫羊茅草坪中,缺硫与缺氮症状相似。也是由下部的老叶首先出现,叶片由灰绿转为黄绿,叶缘枯萎,最后整个叶片枯死。

微量元素主要包括铁、锰、铜、锌、硼、钼、氯7种。“微量”一词并非意味着这些元素不重要,只表明植物所需要的量相对较少。由于植物需求量低,大多数土壤中一般不缺乏。但某些元素易受环境条件的影响,在土壤中的溶解性下降,对植物有效性降低,从而导致一种或几种元素的缺乏。这些因素主要包括:土壤磷水平、土壤有机质含量过高,枯草层积累过厚及土壤紧实、排水条件太差等。但是,如土壤中微量元素浓度过高,对草坪生长也会造成毒害,尤其是锰、铜、锌、硼。

(7)铁

在植物体内铁的含量不高,且难以移动。因此,在所有的微量元素中,草坪最易表现缺乏的是铁,尤其是假俭草。虽然铁不是叶绿体组成成分,但却是合成叶绿素所必需的。因此,草坪色泽受组织中有效铁水平的影响,当铁缺乏时最初表现是生长旺盛的叶片和幼嫩叶片脉间变黄(这与缺氮症状很相似,但缺铁首先出现在幼叶上)。如继续缺铁,叶片变成白色或象牙白色,并扩展到老叶片,但一般叶片不坏死。

(8)锰

草坪草组织中锰的含量相当低。锰不但参与叶绿素合成,还参与植物体内的一些氧化还原反应。在土壤中锰的有效性受溶解度制约,在酸性、排水性差或紧实的土壤中有效锰的含量较高,碱性或渗漏的土壤易发生缺锰。缺锰导致草坪草叶子下垂,叶片脉间失绿(似缺铁),并有些小的坏死斑点布满叶片,继续缺锰,整个叶片将失绿、萎蔫、卷曲。

(9)锌

草坪草组织中锌的含量极低,高含量则会产生毒害(尤其对匍匐茎)。锌在表层土壤中含量较高,但在板结、频繁灌溉及碱性土壤条件下有效性降低。由于锌参与植物中某些生长促进物质的合成,因此,生长受阻是缺锌的首要症状,缺锌伴随着幼叶变薄、皱褶,同时叶片色泽变暗、脱水。在狗牙根草坪中,由于渗出液结晶,草坪草叶片上常出现白斑。

(10)钼

草坪草对钼的需求量极低。在植物叶片和生长旺盛的部位含量较高。在土壤中上层较下层含量高。碱性土壤条件下,钼的移动性增大,有效性提高。钼作为某些酶的辅酶,对草坪草生长有一定影响。当钼缺乏时,下部的老叶褪绿变灰,脉间有黄色斑点,最后叶片坏死,生长受阻。

(11)硼

在植物体内硼是难移动元素。在土壤中,硼的有效性受土壤反应影响很大,强淋溶的酸性土壤和在碱性土壤条件下,硼的有效性均较低。缺硼时草坪草生长点的发育受阻,叶片脉间失绿、变红。在狗牙根草坪中出现过缺硼现象,但在草地早熟禾中很少发生。

(12)氯

虽然草坪草对氯的需求量较低,但在植物体内氯的含量却是很丰富的,很难发现植物缺氯。

2. 草坪肥料

草坪肥料是指那些含有一种或多种草坪草生长所必需的养分,将其施入到土壤后可增加有效的养分供应,以保证草坪理想质量的物质材料。由于草坪草对氮、磷、钾需求量最大,多数草坪肥料主要含有这三种养分。下面将肥料中养分的常用表达方式和各种肥料的特性介绍如下。

养分含量是指肥料中某种养分的质量百分比。传统上以元素氮的质量百分比(N%)来表示肥料的含氮量,用 $P_2O_5\%$ 表示有效磷的含量,用 $K_2O\%$ 表示有效钾的含量。

(1)氮肥

氮肥是草坪管理中应用最多的肥料,按照肥料释放氮的速度快慢,常将氮肥分为速效氮肥和缓效氮肥。速效氮肥是指速效和可溶性氮肥,主要包括无机氮源硫酸铵、硝酸铵、磷酸铵、硝酸钾、氯化铵等和有机氮源尿素等。它们多数是由大气中的氨与其他化合物反应而成。

速效氮肥具有以下特点:

①高水溶性;

②施用后草坪草反应迅速;

③养分的有效性受温度影响较小;

④可以溶解在水中,作为叶面喷施;

⑤施用后残效较短;

⑥易于以硝酸根离子的形式淋失;

⑦易产生烧苗;

⑧每单位纯氮的价格较低。

由此可以看出,速效氮肥有优点也有缺点。其高水溶性可以快速有效地被草坪草根系吸收(只要土壤水分适宜),但施用后易造成草坪草徒长,肥效的持续期也短。因此,如想利用速效肥来获得均匀一致的草坪草生长,最好采用少量多次施肥。

缓效氮肥指在此类肥料中有一定比例的氮可不立即溶解于水,释放氮的时间相对较长的一类肥料。释放要经过微生物的分解或一些物理化学过程才能供给植物需要。缓效氮肥包括天然有机物和合成的缓释氮肥两大类。天然有机物主要有活性废弃物、饼肥、有机肥,发酵后的残渣等;合成的缓释氮肥,如 UF(尿甲醛)、SCU(硫包衣尿素)、PCU(塑膜包衣尿素)等。这类氮肥的共同特点是:

①释放氮的速度缓慢;

②水溶性较低;

③叶片灼烧力低;

④每单位纯氮的成本较高;

⑤氮素渗漏损失较低;

⑥残效持久。

天然有机氮源中的氮包含在复杂的有机化合物中,在水中不易溶解,其氮的释放依赖于微生物对有机化合物的分解以及温度的变化。因此,在温度适宜微生物活动的条件下,某些氮源氮素释放较快,但当温度低于 10℃ 时分解受到抑制。所以,在春季希望草坪快速返青时,应用此类肥料效果不太理想。此种肥料除含氮以外,还常含有一定量的磷和钾及微量元素。

合成的缓释氮肥是由尿素与其他物质经过化学合成或物理合成过程形成的缓慢释放氮素的肥料。例如,UF 是由尿素与甲醛类化合而成的有机氮化物。其可溶性氮的高低受 U∶F 比例(尿素与甲醛类之比)的控制。UF 中氮的释放主要依赖于土壤微生物的水解酶活性,而土壤微生物受土温、土壤 pH 值、养分供应水平等影响,因此也影响 UF 中氮的有效性。

IBDU 的溶解度与 UF 相似,但其中氮的释放不是依赖微生物的分解。IBDU 的颗粒大小对溶解度有较大影响,小颗粒比大颗粒的溶解和氮素释放更快。因此,在应用中常根据草坪草需要,将不同粒径的 IBDU 混在一起以形成均匀供氮的肥料。SCU 为水溶性的尿素颗粒被硫和蜡包衣所形成的肥料。目前也有用天然合成树脂、聚合物或塑料包衣的氮肥。当水分扩散至里面的尿素颗粒并将其溶解后,氮才可能释放。通过膜的厚度与膜上细孔的数量可以控制氮的释放和残效时间长短。因此,常将包膜厚度不一的颗粒混合起来达到氮的均匀释放。

(2)钾肥

钾肥不如氮肥应用广泛。用于草坪的钾肥多数是通过钾盐开发后再经过处理所得。目前常用的钾肥有氯化钾、硫酸钾和硝酸钾等。氯化钾由于价格相对较低,应用更为广泛,但一次用量过高可对植物产生灼烧。硫酸钾是草坪施肥的最理想钾源,不但供钾更为平稳,在钾施入的同时还可增加土壤硫的含量,但较氯化钾价格高。硝酸钾含有 13% 的氮,水溶性高,由于其运输和储藏不如前两者方便,应用不太广泛。由于钾较易淋失以及植株的"奢侈吸收”,钾的施用也不可一次用量过高。目前,有报道将钾做成胶囊来减缓钾的释放,但未见生产上的应用效果报道。

(3)磷肥

大多数磷肥源于磷矿石。矿石经磨碎、分选,再用酸处理后则成磷肥,如过磷酸钙、重过磷酸钙等。肥料中不但含有磷,还含有大量的可溶性钙和一定量的镁、硫等元素。磷酸二氢铵、磷酸二氢钾也是常用的化学磷肥。骨粉是商业上常用的有机磷源,其中磷的释放依赖于对有机物质的分解。由于磷肥施入土壤后有效磷易被固定且在土壤中难以移动,为提高磷肥的施用效率,不宜于建坪前过早施入磷肥或施到离根层较远的地方。有条件的地方可于草坪施入磷肥前先打孔后施用,以利于磷肥进入根层。

(4)钙、镁、硫肥

钙是许多化合物的主要组成成分。白云质石灰岩中含有钙也含有镁,但在土壤中镁的溶解性较低。一般情况下,钙、镁、硫肥很少单独施入,在氮、磷、钾肥施用时,常顺便加入土壤中。如过磷酸钙(含0.3% Mg)、硫酸钾(含0.66% Mg)、硝酸钙(含1.5% Mg),许多复混肥虽未在标签中注明,但常含有一定量的镁和硫。

在常用的草坪肥中含有大量的硫,如硫酸钾、硫酸铵、普通过磷酸钙。在城区因大量燃料燃烧,大气中的二氧化硫也可被草坪草直接吸收或被土壤吸附。

(5)微量元素肥料

多数情况下,微肥的施用是不必要的。一方面土壤中的含量虽然少,但亦足够;另一方面,这些元素常伴随其他肥料的施用进入土壤。只要草坪草未表现出缺乏症状,过多的微肥施用常常是有害而无益的。目前,在市场上见到的草坪肥多为混合肥料。理想的草坪专用肥不单是按照草坪草生长的不同需求合理地调整氮、磷、钾等元素的比例,还会含有适量的水溶性氮与一定量的非水溶性氮,合理控制氮素的释放,以保证草坪既有较快的肥效反应,也有较长的肥效。如需添加微量元素,在混合肥料中,Fe、Mn、Cu、Zn可以硫酸盐的形式加入。有的还将杀虫剂、杀菌剂等掺入肥料中,使得非专业草坪管理人员在应用上更为方便。

3. 土壤管理与增加肥力

施肥加土是保持人工草坪生命力强、叶色优美、生长茂盛的重要养护措施。一是由于长期生长,土壤肥力不足;二是由于修剪次数增多,消耗养分必须补充,另外加土不仅能改良土壤,保护草根安全越冬,且能防止水土流失。

(1)草坪施肥

草坪施肥的肥源有化学肥料与有机肥料两种。化学肥料施用时期因地区不同而异,一般南方地区由于气温高,多在秋季施用,其中长江流域各地,则以梅雨季节为宜。北方寒冷地区施用期应在春季。施用化肥多以氮素肥料为主,以促进其茎叶繁茂。施用磷、钾肥则能增加草坪的抗病与防病能力。氮、磷、钾3种化肥的施用比例,通常应该控制在5:3:2为宜。化肥的施用量,通常在华中地区,冬季为$4kg/m^2$。如部分地区草坪缺肥,一般在5~6月份,可以增施$3kg/m^2$。

施用化肥应在阴天或在雨前撒于草坪场地,或与草坪灌溉浇水密切结合进行,以防施用不当损坏禾苗。目前我国在草坪养护中常用的氮素化肥主要有:硫酸铵、尿素、碳酸氢铵等;

磷肥有过磷酸钙、磷酸铵等；钾肥有硫酸钾、氯化钾等。各类化肥性状不同，应在施用前查阅肥料基础知识，以防止施用不当造成损失。有机肥料过去在我国常用原肥与堆肥两种。近年来由于草坪施用厩肥有碍观瞻，且容易散发臭气，并发现施用后，会给草坪增添杂草种子，因此扩大了施用堆肥的范围。增施堆肥多在秋、冬草坪休眠期进行，它不仅能促进草坪植物根基土壤疏松，且对草坪草越冬有利。堆肥施用量一般为15～22.5t/hm^2，堆肥每隔2～3年施用一次。草坪施肥常与加土结合进行。华东以南地区，因池塘、河道较多，人们均可因地制宜地将河池的疏挖肥泥，经过风化成粉状后，均匀撒入草坪表面土层，或用它填垫坑洼不平。

(2)草坪打孔、加土与滚压

这项养护操作常被人们忽视，希望能引起注意。打孔不仅能促进水分渗透，还能使土壤内部空气流通。草坪经过践踏使用之后，应在秋、冬季使用打孔机在草坪上打孔。草坪面积不大的可以使用叉上的叉子在草坪上扎洞眼。进口的打孔机，装有空心的刺孔器，能将洞孔内的泥土取出，以便将疏松的泥炭肥土或沙粒放入洞孔之内。早春草坪土壤解冻以后，土壤含水率适中，不干不湿，应抓紧进行滚压。滚压不仅能使松动的禾草根茎与下层的土壤密切结合起来，而且又能提高草坪场地的平整度。在滚压前检查一次，必须将低洼不平之处先用堆肥垫平，然后滚压。

疏草能将草叶连同幼小的野草除掉。疏草也能使草坪土壤空气疏通透气，保持湿度，促使土层中养分分解。

据国外调查，凡是实行打孔和疏草草坪的，其草坪均较抗旱，降雨时雨水也容易下渗，对草坪植物根系生长发育十分有利，许多新的根须通常在叉土的孔道周围形成。如草坪土质为黏性土，可在打孔和疏草前适当在草坪场地上撒入一些沙，促使水粒落下，则有利于改良土壤。

4. 草坪施肥理论与实践

草坪施肥是草坪养护管理的重要环节。通过科学施肥，不但为草坪草生长提供所需的营养物质，还可增强草坪草的抗逆性，延长绿色期，维持草坪应有的功能。修剪、灌溉和施肥等是改善和保持草坪质量的几大决定因素，并且施肥是草坪管理中维护理想草坪质量最省钱、省时的措施之一。长期以来，国外草坪研究和管理人员为肥料的推荐与施用做了大量的试验和研究(包括肥料种类、施肥量、施肥时间等)，积累了丰富的经验。近年来，我国草坪施肥研究也有了一定的发展。但由于草坪施肥受诸多因素的影响，没有一种肥料是万能的，能够适合各种条件下的草坪应用。这就要求在掌握草坪草生长发育规律和养分需求特性的同时，还要掌握草坪施肥的基本理论，在具体条件下做具体分析，并根据日常的草坪管理经验对草坪施肥计划作适当的调整。只有这样，草坪施肥实践才会变得更科学、更简便易行。一般说来，草坪施肥是否合理以及效果的好坏，不但取决于肥料本身，更主要的是取决于肥料的应用技术，如何进行草坪合理施肥应全面考虑以下几项因素。

(1)养分的供求状况

主要是指草坪草对养分的需求和土壤可供给养分的状况，这是判断草坪草是否需要肥料和施用何种肥料的基础。主要包括：植株诊断；组织测试；土壤测试。实践中，常将这3项或其中的两项结合起来应用。植株诊断在氮肥的应用上是非常重要的技术。上文中已经对氮的缺素症状作了详细的叙述。然而,在应用中还必须了解有些特征并非总是由于养分缺乏所致,不可忽略一些相关因素的可能性,如病害、虫害、土壤紧实或积水、盐害以及其他一些不适宜生长的环境条件,如温度、水分胁迫等。将这些因素排除之后,才可根据植株的表现症状来判断某种养分的丰缺。

组织测试的优点在于可以直接测定到草坪草实际吸收与转化的养分量,尤其对衡量草坪草微量元素的营养状况时采用更多。

土壤测试对草坪管理者在确定肥料的某些养分构成、元素间的适宜比例的肥料施用量时常起决定作用。尤其是磷、钾肥料的施用,主要取决于土壤中的有效水平。但当与氮肥同时施用或组合含3种元素的混合肥料时,保证营养元素间适宜的比例和平衡至关重要。这样可保证所施用养分的最大限度吸收和在草坪可达到最理想的效果,尤其是氮和钾之间的平衡。因此,定期进行土壤测试可帮助草坪管理者逐步完善其施肥计划。

(2)草坪草对养分的需求特性

草坪草种类或品种不同时养分需求也常存在一定的差异,此差异尤其表现在对氮素的需求上。在保持理想草坪质量时,有的草种需氮量中等或较高,也有一些草种可耐受的肥力水平较宽。例如,紫羊茅对氮需求较低,高氮水平下草坪密度和质量反而下降。结缕草虽然在高肥力下表现更好,但也能够耐受低肥力。狗牙根尤其是一些改良品种,对氮需求较高,而假俭草、地毯草、巴哈雀稗生长量较低,对肥力要求也低。同一草种的不同品种间也存在同样差异。对于需肥少的品种,如过量施肥则不但会影响草坪质量,还会使肥料投入成本以及草坪管理费用提高(如修剪、灌溉、杀菌剂的增加等)。此外,草坪草品种间在根系深度、根生长特性和根分布范围等方面的差异,也会影响到它们从土壤中吸收各种养分的能力。

(3)具体的环境条件

当环境条件适宜草坪草快速生长时,要有充足的养分供应满足其生长需要。此时,充足的氮、磷、钾供应对植株的抗旱、抗寒、抗胁迫十分必要。但在胁迫到来之前或胁迫期间,要控制肥料的施用或谨慎施用。当环境胁迫除去之后,应该保证一定的养分供应,以利于伤害后的草坪草迅速恢复。如夏季高温来临前冷季型草坪的氮肥施用要相当小心。氮素促进草坪草生长、组织含水率增加,却降低了对高温、干旱的胁迫和抗病能力,夏季氮肥用量过高常伴随严重的草坪病害发生。

(4)要求的草坪质量

对草坪质量的要求决定肥料的施用量和施用次数。如高尔夫球场的草坪和作为观赏用草坪,对质量要求和施肥水平均比一般绿地要高很多。

(5)肥料成本

在考虑肥料成本时,人们不应该仅看购买每吨肥料的价格,还要核算一下每单位养分的价格,另外也要考虑其他相关因素。如肥料对草坪草叶片的灼烧力大小、残效期长短、造粒特性吸收是否易于撒施等,这几项因素对于没有太多施肥经验的草坪管理人员来说更应注意。

(6)要求草坪草的生长速度

在选择供肥水平时，尤其是氮肥水平，主要取决于当时的目的是为了维持现有高质量的草坪，还是为促进草坪生长改善其质量，或是为受损后的草坪快速恢复。如是前者，则更喜欢选择较低的供氮水平。相反，如若使密度较低、长势较弱或由于环境胁迫、病虫侵害的草坪尽快得到改善，则需要较高的氮水平。此外，新建草坪所需要的氮较成坪的草坪往往要高。

（7）土壤的物理性状

土壤的质地和结构对施入养分的保持影响很大，也直接影响肥料的施用。颗粒粗的砂质土壤持肥能力差，易于通过渗漏淋失。施肥时应该采用少量多次的方式或施用缓释肥料，以提高肥料的利用效率。

（8）采用的栽培管理措施

这主要包括草屑是否移出草坪以及草坪灌溉量的大小。有报道表明，草屑的残留可减少草坪30%的施肥量。对于草屑移出的草地早熟禾草坪，在草坪生长季内氮需求量每月要增加0.9～1.5g/m^2，频繁的灌溉也会增加草坪对肥料的需求。

5. 肥料选择的一般常识

合适的肥料选择是制订高效施肥计划所要考虑的重要内容之一。一般说来，选择肥料要注意以下几个方面：

（1）养分含量与比例；

（2）撒施性能；

（3）水溶性；

（4）灼烧潜力；

（5）施入后见效时间；

（6）残效长短；

（7）对土壤的影响；

（8）肥料价格；

（9）储藏运输性能；

（10）安全性。

例如，肥料的物理特性好，容易施均匀。肥料水溶性大小对产生叶片灼烧的可能性高低和施用后草坪反应的快慢也影响很大。缓释肥（包括天然的与合成的）残效较长，每单位氮的成本较高，然而高出的成本往往可以通过减少肥料施用次数以节约用工费用和保持平稳的草坪质量效果来得以补偿。因此，随着人们对草坪质量要求的提高，缓效肥在草坪上的应用越加广阔。此外，在进行草坪施肥时，肥料对土壤产生的影响不容忽视，尤其对土壤pH值、养分有效性和土壤微生物群体的影响等。有些肥料长期施用后会使土壤pH值降低或提高，从而影响土壤中其他养分的有效性和草坪草根系的生长发育等。综上所述，在具体情况下选择肥料时，必须将肥料各特性综合起来考虑，才能达到高效施肥的目的。

6. 施肥计划的制订

一个理想的施肥计划应该在整个生长季保证草坪草均匀一致的生长。尽管这一理想会由于温度和水分的波动难以达到，但是人们可以通过合理地选择肥料类型，制订适宜的施肥量和施用次数、施肥时间，采用正确的施肥方法等关键技术，使计划趋向于理想施肥。

（1）施肥量的确定

施肥就像给人用药一样，剂量适宜是非常有益的，过量服用或不经心的应用均会导致一系列问题。确定草坪肥料施用量应主要考虑下列因素：

①草种类型和所要求的质量水平；

②气候状况（如温度、降雨等）；

③生长季长短；

④土壤特性（如质地、结构、紧实度、pH 值、有效养分等）；

⑤提供的灌溉量；

⑥草屑是否移出；

⑦草坪用途等。

氮是草坪施肥首要考虑的营养元素。氮肥施用量常根据草坪色泽、密度和草屑的积累量来定。色泽褪绿转黄且生长稀疏、长满杂草的草坪；生长缓慢、草屑量很少的草坪是要补氮的征兆。一般说来，每个生长季，冷季型草坪草的需氮量为 20 ~ 30g/m^2，改良的草地早熟禾品种与多年生黑麦草需氮量较此值稍高，而高羊茅和细羊茅略低些。暖季型草坪草较冷季型草坪草的需氮范围要宽。改良狗牙根需氮数最高，通常为 20 ~ 43g/m^2，而假俭草、地毯草和巴哈雀稗平均需要 10 ~ 20g/m^2，结缕草和钝叶草居中。施肥时如选用的是速效氮肥，一般每次用量以不超过 5g/m^2为宜，并且要在施肥后立即灌水。但如果选用缓效氮肥，一次用量则可高达 15g/m^2。

草坪使用目的和强度也会影响施用量。运动场草坪较庭院草坪需要更多的肥料，尤其是高尔夫球场的狗牙根等需求量更高，如高质量的狗牙根草坪施肥量可高达 50 ~ 80g/m^2；对于低要求养护管理的草坪，每年施肥量要低得多，有的草坪每年仅施肥 5g/m^2。

在草坪施肥中，钾肥和磷肥的施用量常根据土壤测试来确定。在一般情况下，推荐施肥量 N∶K_2O 经常用 2∶1的比例，除非测试结果表明土壤富钾。也有一些管理者为了增强草坪草抗性，有时甚至采用 1∶1的比例。磷肥（以 P_2O_5计）的施用对于众多成熟草坪来说，每年施入 5g/m^2即可满足需要。但是对于即将建植草坪的土壤来说，可根据土壤测试结果适当提高磷肥用量，以满足草坪草苗期根系生长发育的需要，以利于快速成坪。微量元素肥料在草坪草组织测试未发现缺乏时很少施用（除铁外），但在碱性、沙性或有机质含量高的土壤土易发生缺铁。草坪缺铁可以喷 3% 硫酸亚铁溶液，每 1 ~ 2 周喷施 3 次；如滥用微量元素化肥，即使用量不大也会引起毒害，因为施用过多会影响其他营养元素的吸收和活性的大小。通常，防止微量元素缺乏的较好方式是保持适宜的土壤 pH 值范围，合理掌握石灰、磷酸盐的施用量等措施，至今为止，还没有一种肥料具有草坪需要的所有理想特性。它们往往具有某些优点，同时又有某些不足。这就需要草坪管理人员在草坪生长季制订施肥计划时，要根据草坪养护管理中的经验和肥料用量的几项影响因素，将几种不同类型的肥料或不同肥源结合起来，这样才能达到满意的效果。这就是为什么草外施肥需要专业知识的原因。

(2)施肥时间

对于草坪适宜的施肥时间,有人说是春天,也有人推荐秋天,还有人认为在草坪草生长季内每个月均可。究竟哪个确切,可以说这几种说法都对也都不对。因为合理的施肥时间与许多因素相关联,例如草坪草生长的具体环境条件、草种类型以及以何种质量的草坪为目的等,在实际中未有一个统一的模式可循。

根据草坪管理者多年的实践经验认为,当温度和水分状况均适宜时,草坪草生长的初期或期间是最佳的施肥时间,而当有环境胁迫或病害胁迫时应避免施肥。因此,对于暖季型草坪草来说,在打破春季休眠之后,以晚春和仲夏时节施肥较为适宜。第一次施肥可选用速效肥,但夏末秋初施肥要小心,以防止寒冷来临时草坪草受到冻害。对于冷季型草坪草而言,春、秋季施肥较为适宜,仲夏应少施肥或干脆不施。晚春施用速效肥应十分小心,这时速效氮肥虽促进了草坪草的快速生长,但有时会导致草坪抗性下降而不利于越夏。这时如选用适宜释放速度的缓效肥可能会帮助草坪草经受住夏季的胁迫。

(3)施肥次数

理想的施肥方案应该是在草坪的整个生长季节根据草坪对施肥的反应,及时调整肥料的施用。实践中,草坪施肥的次数或频率常取决于草坪养护管理水平。

①对于每年只施用一次肥料的低养护管理草坪,冷季型草坪草于每年秋季施用;暖季型草坪草在初夏施用。

②对于中等养护管理的草坪,冷季型草坪在春季与秋季各施肥一次,暖季型草坪草在春季、仲夏、秋初各施用一次即可。

③对于高养护管理的草坪,在草坪草快速生长的季节,无论是冷季型草坪草还是暖季型草坪草,最好每月施肥一次。

(4)施肥方法

由于单株草坪草的根系占地面积较小,所以施肥均匀才能达到草坪理想的施肥效果。目前草坪施肥方法主要有颗粒撒施、叶面喷施和灌溉施肥 3 种方式。

①颗粒撒施。一些有机或无机的复混肥是常见的颗粒肥,可以用下落式或旋转式施肥机进行撒施。在使用下落式施肥机时,料斗中的化肥颗粒可以通过基部一列小孔下落到草坪上,孔的大小可根据施用量的大小来调整。对于颗粒大小不匀的肥料应用此机具较为理想,并能很好控制用量,但由于机具的施肥宽度受限,因而工作效率较低。旋转式施肥机的操作是随着人员行走,肥料下落到料斗下面的小盘上,通过离心力将肥料扫到半圆范围内,在控制好来回重复的范围时,此方式可以得到满意的效果,尤其对于大面积草坪,工作效率较高。但当施用颗粒不匀的肥料时,较重和较轻的颗粒被甩出的距离远近不一致,将会影响施肥效果。

②叶面施肥。将可溶性好的一些肥料制成浓度较低的肥料溶液,或将肥料与农药一起混施时,可采用叶面喷施的方法,既可节省肥料,又可提高效率。但溶解性差的肥料或缓释肥料则不宜采用。

③灌溉施肥。经过灌溉系统将肥料与灌溉水同时经过喷头喷施到草坪上。目前仅在高养护管理水平下,如高尔夫球场上有时用到。

(九)不同种植物的施肥

1. 乔木类

绿地内大树及景区内不便采用穴施和沟施的,可采用打孔施肥和树穴透气管灌施。在树冠投影位置,打4~6个深度50~70cm的孔,将肥料灌入孔内,然后灌水。

2. 花灌木类

施好花前肥和花后肥,以促进花芽健康分化、开出大花、开出标准花。如牡丹,全年要施好“花肥”、“芽肥”、“冬肥”,入冬前施用充分腐熟的堆肥或厩肥;在开花前一个月左右时,施一次磷酸二氢钾速效肥;落花后半个月内施一次磷、钾复合肥。也可追施腐熟的有机肥,或将动物尸体埋于树体外围,即为民间流传的“酒芍药、肉牡丹”。又如月季每年3月底、6月初、8月、封冻前各施一次肥。

3. 果树类

10月中旬,苹果树、梨树、桃树、杏树等果树,每株应施入40kg的腐熟有机肥、0.5kg的碳酸氢铵混合肥;枣树于秋冬季节,采用环状沟施有机肥30kg/株、磷肥0.5kg/株;栗子、核桃宜在果实采收后至落叶前,结合深翻施入腐熟有机肥;柿树施肥宜在3月份或10月份,以果实采摘前施入有机、无机混合肥为最好。

4. 竹类

3~4月份的竹笋发育期及秋季,应施好基肥,施肥量10~15kg/亩。施肥后及时灌水。竹类在4月份的笋发育期、5~6月份的拔节期、7~9月份的育笋期,每月应结合灌水施一次氮、磷、钾比例为5∶2∶4的速效复合肥,以满足旺盛时期的生长需要。

5. 宿根地被类

花形较大或花期较长的宿根花卉类必须做好施肥工作。如芍药全年需施4次肥。第一次是在萌芽后,施氮、磷、钾复合肥,同时掺入适量麻酱渣,此肥有利于植株和花蕾生长。第二次施肥是在花前,以磷、钾肥为主,可促进花蕾生长,延长花期。花后肥施用氮、磷、钾复合肥。越冬肥以厩肥为主。大丽花自7月份开始,每30~40天施一次腐熟稀薄有机液肥。

6. 草坪类

(1)施肥注意事项

①避免叶面潮湿时撒施。肥应撒施均匀,保持施肥的均一性。

②速效氮肥不宜在烈日下施用,不可过量使用。

③根系分蘖期和越冬前,施用磷肥。

④夏季是冷季型草坪休眠期,施肥后根系不吸收,因此高温时不宜施肥,尽量不施用氮肥,只有在草坪出现缺绿症时,才可少量施用。避免施肥后造成富养环境,导致提供真菌繁衍环境而引发病害。

⑤施肥后必须及时灌水,冲掉叶片上的化肥,避免烧伤叶片。但不宜灌大水,以免淋灌至土壤深层,从而降低肥效。

（2）施肥时间及施肥量

①低养护管理水平的草坪，每年可施一次肥，暖季型草坪在初夏施用，冷季型草坪秋季施入。中等养护管理水平的草坪，冷季型草坪应在春、秋季节各施一次肥，暖季型草坪分别在春、仲夏、初秋，各施一次肥。高养护管理水平的草坪，在快速生长季节，最好每月施肥一次。

②草坪返青前，即2月下旬至3月上旬，结合施肥浇灌返青水。膨化鸡粪施肥量不超过250g/m^2。速效肥以尿素10g/（m^2·次）、磷酸二氢铵15g/m^2。混合施用为宜。生长季节以增施磷、钾肥为主，施肥量15～20g/m^2，夏季宜施复合肥（10～15g/m^2），晚秋施氮、磷、钾复合肥（15～20g/m^2），或氮肥2～3次，每次10～15g/m^2。野牛草可于5、8月份各施一次尿素，施肥量10g/m^2。9月中旬暖季型草进行全年最后一次施肥，施肥量为15g/m^2（磷酸二氢铵、尿素可单独施用或混合施用）。冷季型草最后一次施肥时间为10月初，施肥量同暖季型草。早熟禾后期施肥时间为10月中旬至11月中旬。

③冷季型草坪，春季两次施肥及8、9月份两次施肥，一般间隔时间为30～40天。冷季型草坪应轻施春肥，巧施夏肥，重施秋肥。暖季型草坪最佳施肥时间是早春和仲夏。

（十）施肥注意事项

（1）不过量施肥，不施用未经腐熟的有机肥，以免对植物发生肥害，减少地下害虫的危害。

（2）施肥范围和深度，应根据肥料的性质、树龄及树木根系分布特点而定。有机肥应埋施在距根系集中分布层稍深、稍远的地方，过近施肥会造成“烧根”。

①根据根系水平分布而定。树木根系发达，分布较深远的银杏、油松、核桃等树种，施肥宜深，范围也要大。

②根据树木根系垂直分布而定。深根性树种易深施；根系较浅的，如樱花、刺槐、合欢及花灌木类等宜浅施。一般施肥深度30～50cm。

③根据树龄而定。大树宜深施，幼树应浅施。

（3）施肥应与深翻、灌水相结合，施肥后必须及时灌水。

（4）树木生长后期应控制灌水和施肥量，以免造成枝条徒长，降低抗寒能力。乔灌木类土壤施速效肥，最晚应在8月上旬前结束。石榴树应在10月上旬结束秋施基肥，切忌冬季施肥。

（5）碱性土不可施用草木灰。

第五节　病虫害防治

一、苗木病害防治概述

（一）苗木病害发生的特点

苗木的病害，几乎都见于大树，或者说成年植物的病害往往是幼苗病害的继续。但是，同样的病害，当发生在苗木上的时候，所造成的损失往往要严重得多。例如杨黑斑病和锈病,在大树上通常是无足轻重的。可是如发生在幼苗上则会严重妨碍生长,甚至造成死亡。

目前发生最普遍且危害最大的病害仍然是苗木猝倒病。虽然这种病害在世界上已有长期的研究历史和大量的防治经验,但由于引起病害的病原菌种类繁多,而且基本上都是些土墩习居菌,对环境适应性强,分布地区广泛,很不容易根除。其他如茎腐病、根癌病、线虫病、叶斑病、锈病、白粉病,以及某些生理性病害,在不同的场合下也可能引起严重损失。

(二)苗木病害防治的基本原则

公路绿化植物的病害防治,要在“预防为主,科学防控,依法治理,促进健康”的方针指导下,根据公路绿化植物的生长状况和景观要求,以及病害发生发展的特点,综合运用人工、生物、物理、化学等各种方法,将其危害控制在允许的范围内,即不妨碍绿色景观效益发挥的范围内。

苗木病害防治应遵循“预防为主”的原则,把“防”放在最重要的位置上,“治”只是一种补救措施,其根本途径在于正确执行育苗技术措施,选择适当苗圃地;及时催芽、播种、除草;合理施肥、灌溉和轮作;适时遮荫和除去覆盖物;做好苗圃卫生等。育苗技术措施对于苗木病害的发生和发展都有密切关系。如夏季温度很高的地区,若不及时遮荫,不仅会直接使苗木受灼伤,而且易于诱发茎腐病和立枯病等传染性病害。

我国目前生产力管理水平不高,病害防治是必要的。但在采用化学防治方法时,必须注意适时、适量。有些病害如苗木猝倒病,其防治措施必须是在播种前或播种时,用药剂处理种子或土壤。否则,一旦发病后再采用药剂防治,其收效往往甚微。药剂的用量必须适当。幼苗的耐药力一般比大树差,过量用药特别易于引起药害。

由于化学防治方法的局限性,生物防治方法在植物防治病害方面将发挥越来越重要的作用。生物防治实际上是一种早期预防,适宜于植物病害,特别是根病发生的特点。如用绿色木霉、绿粘帚孢霉的菌粉制剂,可有效防治多种植物的苗木猝倒病。哈茨木雷对茉莉白绢病的防治也有良好的效果。

二、植物苗木病害及其防治

(一)苗木猝倒病(立枯病)

猝倒病也称立枯病,具有普遍性、多寄主、严重性的特点,主要危害森林植物中的杉属、松属、落叶松属等针叶树幼苗,在针叶树种中,除柏类较抗病外,都是感病的。此外,也危害经济林植物和观赏植物,如棕木、香椿、臭椿、榆树、枫杨、银杏、杨树、桑树、木荷、刺槐等阔叶树种的幼苗。这是一种全球性病害。我国各地的针叶树普遍发生,幼苗死亡率很高。幼苗在不同的发病时期,表现出不同的症状,如图7-15所示。

1. 症状

病害多在4~6月份发生。因发病时期不同,可出现4种症状类型。典型症状如下:①种芽腐烂型。播种后土壤潮湿板结,种芽出土前被病菌侵入,破坏种芽的组织引起腐烂,

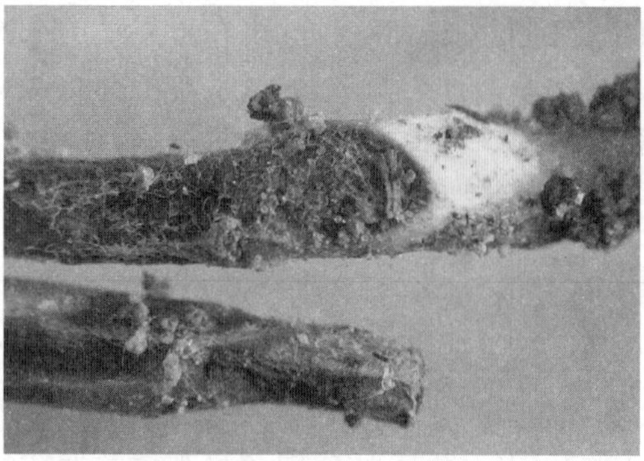

图 7-15　苗木立枯病

地面表现缺苗。②茎叶腐烂型。幼苗出土期若湿度大或播种量多，苗木密集被病菌侵染，使茎叶腐烂。③幼苗猝倒型。幼苗出土后，扎根时期，由于苗木幼嫩、茎部未木质化，外表未形成角质层和木栓层，病菌自根部侵入，产生褐色斑点。病斑扩大，呈水渍状。病菌在茎部蔓延，破坏苗茎组织，使幼苗迅速倒伏，引起典型的局部猝倒症状。④苗木立枯型。苗木茎部木质化后，病菌难从根茎侵入，若土壤中病菌较多，或环境条件对病菌有利，病菌从根部侵入，使根部腐烂，病苗枯死。

2. 病原

引起苗木猝倒病的病原有非侵染性和侵染性两类。非侵染性病原主要由于积水，覆土过厚，土表板结；或地表温度过高，灼伤根茎。侵染性病原主要是真菌中的镰刀菌、丝核菌和腐霉菌，偶尔也可由交链孢菌引起。

腐霉菌、丝核菌、镰刀菌都有较强的腐生习性，平时能在土壤的植物残体中腐生。一旦遇到合适的寄主和潮湿的环境，便侵染为害。腐霉菌和丝核菌的生长温度为 4 ~ 28℃。腐霉菌多在土温 12 ~ 23℃时为害严重；丝核菌生长适宜温度为 24 ~ 28℃，但温度稍低时危害严重。镰刀菌的生长适宜温度为 10 ~ 32℃，以土温 20 ~ 30℃时较易致病。

3. 发生发展规律

(1)越冬与传播

猝倒病为土传根病，侵染循环不明显；镰孢菌、丝核菌、腐霉菌都有较强的腐生习性，平时能在土壤的植物残体上腐生。它们分别以厚垣孢子、丝核和卵孢子度过不良环境，一旦遇到合适的寄主和潮湿的环境，便侵染危害。

(2)侵入途径

直接侵入伤口。三种菌可单独侵染，亦可同时侵染，主要由当时的空气和土壤中的温度、湿度而定。

(3)影响病害发生和流行的因素

引起幼苗猝倒和立枯病的病原菌腐生性很强，可在土壤中长期存活，所以土壤带菌是最重要的侵染来源。病原菌可借雨水、灌溉水传播，在适宜条件下进行再侵染。而且病害主要发生在一年生以下的幼苗上，特别是自出土至一个月以内的苗木受害最重。

病害的发展和以下情况有关：①前作感病。前作物若是棉花、瓜类和茄科等感病植物，土壤中病株残体多，病菌繁殖多，容易使苗木感病。②雨天操作。无论是整地、做畦或播种，若在雨天进行，土地潮湿，容易板结，土壤中好气性微生物受到抑制，厌气性微生物活动加剧，不利于种芽和幼苗的呼吸和生长，种芽易窒息腐烂。③地粗糙。土壤黏重，苗床太低，土块太粗，床面不平，圃地积水，有利于病菌繁殖，不利于苗木生长，苗木易发病。④肥料未腐熟。施用未经腐熟的有机肥料,常常混有病株残体,病菌蔓延危害苗木。⑤播种不及时。在我国南方,播种过迟,幼苗出土较晚,出土后又遇到梅雨季节,湿度大,有利于病菌生长;苗茎幼嫩,木质化前,抗病性能差,病害容易流行。在北方地区,播种晚,苗后也易发病。但播种太早,幼苗出土时期延长,易发生种芽腐烂型猝倒病。⑥种子和幼苗的质量差。种子质量差,发芽势弱,发芽率低,幼苗木质化程度差,抗病力低,都会促进苗木猝倒病的发生。

4. 防治方法

(1)选好圃地

在南方可推广山地育苗。用新垦山地育苗,苗木不连作,土中病菌少,苗木发病轻。若无新垦山地,可采用熟土或梯田育苗。但前作以豆类苗木为好。前作若是茄科好感病植物,则不宜作针叶树苗圃,或经消毒后再播种。地下水位过高或排水不良的地方不要用作苗圃。若在排水较差的圃地育苗,应开好排水沟,适当作高苗床,床面要求平整,避免积水。

(2)细致整地

地经过犁耙后,要细致平整,整地要在土壤干爽和天气晴朗时进行,以免板结。播种前,在条播沟里垫一层1cm厚的心土或火烧土,播种后,用心土或火烧土覆盖种子。因为心土和火烧土不带菌,种子播在上面,使种子与病土隔离,可以预防种芽腐烂。心土垫在幼苗根颈处,又可以保护苗木根茎不受病菌侵害,避免幼苗发生猝倒病。虽然后来也有根腐发生,但因苗木已长大,韧皮部和木质部有明显的分化,角质层和木栓层也已形成,抗病性能增加,病害不致蔓延成灾。心土因在雨后易板结,旱季易龟裂,不能垫盖太厚,以不超过1.5cm为宜。在播种期多雨的地区,覆土厚度以种子似隐似现为宜。

(3)土壤和种子消毒

由于猝倒病病菌主要来源于土壤,故在播种前利用化学或物理方法处理土壤以抑制或杀死病菌,是防治猝倒病的有效方法。用药剂处理种子时,如果药剂能随种子进入土壤,也能起到类似的作用。目前,效果较好的土壤和种子消毒剂及其用法如下:①五氯硝基苯为主的混合剂。五氯硝基苯对丝核菌有良好的杀伤效果,且持效期长。在以丝核苗为主要病原的地区,用此种药剂做土壤处理效果好,但它对镰孢菌及腐霉菌无效。所以最好与其他杀菌剂,如代森锌、敌克松等一起用。其混合比例一般为五氯硝基苯75%,其他药剂25%,施用量为4~6g/m^2。先将药品称好,然后与细沙土混匀即成药土。播种前将药土在播种行内垫1cm厚,然后播种,并用药土覆盖,药土的量以满足上述用途为度。②黑矾。一般浓度为2%~3%的水液,每平方米用药液9L,雨天或土壤湿度大时用细干土混2%~3%的黑矾粉,每亩地用100~150kg药土。③在南方酸性土壤上,结合整地,每亩地撒20~25kg生石灰,对抑制土壤中的病菌,相促进植物残体的腐烂有一定的作用。

(4)合理施肥

肥料应以有机的农家肥料为主,无机的化学肥料为辅。施肥方式应以基肥为主,追肥为辅。垃圾肥和堆肥可能带菌,应堆置发酵,腐熟后才能使用。

(5)精选良种,及时播种

成熟度高、品质优良的种子,生命力、抵抗力强;适时播种,种子发芽顺利,苗木生长健壮,抗病性能强。

(6)药剂防治

幼苗发病后,来势很快,必须立即采取措施。立即用上述药土施于苗木根茎部,如苗床较干,则配成液剂施用于苗木根茎部。可以用1%硫酸亚铁或70%敌克松500倍稀释液,无论哪种药剂,施用之后都要随即用清水喷洗苗木,以防茎、叶部分受药害。如发现茎、叶腐烂型立枯病,要立即喷1:1:(120~170)的波尔多液,每隔10~15天喷一次。

(7)生物防治

将木霉菌粉或枯草芽孢杆菌液剂施入圃地表层10cm,混合均匀,一周后播种,或用芽孢杆菌、假单孢杆菌进行"种子细菌化",不仅能有效防治苗木猝倒病,而且可促进幼苗生长。

(二)松、杉苗落针病

1. 症状

松苗落针病一般多危害当年生的松针,有时也危害两年生松针。早期症状,因树种不同有些差别,后期症状基本相同。7月下旬松针尖部变成浅褐色,或在针叶两面产生淡黄色绿斑,逐渐发展变成黄褐色病斑。病斑常出现流脂现象。8月中、下旬在干枯的松针上产生小突起,为病原菌的分生孢子器,有时出现未成熟的梭形子囊盘。次年春季冬储苗或在苗床上越冬的幼苗上的病斑和顶芽,常常增多流脂形成脂块。随着分生孢子器的减少,子囊盘便逐渐增多,于是干枯病针便提早脱落。两年生的病针上常有紫红色或红褐色条斑,该病也易在杉苗上发生,如图7-16所示。

图7-16　松落针病

2. 病原

由子囊菌亚门的扰乱散斑壳菌[*Lophodermium seditiosum* Minter,Staiey et Millar]引起。扰乱散斑壳的子囊盘呈椭圆形,表面灰色,遇湿显黑色。周边线明显,稍突出松针表面。自子囊盘中间作纵切标本时,可见子囊盘为全表皮下生。基壁线为黑色,子囊盘顶部开口处有唇状细胞结构,多无色,有时为灰色。子囊呈圆筒形,子囊孢子呈线形,单胞,无色。侧丝较直,顶端膨大不明显,有时弯曲。

3. 发生发展规律

(1)越冬与传播

病菌以菌丝或子囊盘在松针上越冬,次年春季在松针上产生大量的分生孢子器和子囊盘。在阴雨天或潮湿的条件下,子囊盘和分生孢子器吸水膨胀而张开,溢出乳白色的内含物,即子囊孢子和分生孢子,它们借雨滴反溅作用和气流传播。

(2)侵入与发生

孢子萌发产生的芽管由气孔侵入松针,也可由微伤侵入。潜育期一个月左右,繁殖期

2～4个月。于6～8月份均能释放子囊孢子,以7月份的放散量最多。分生孢子于5～9月份放散,但以6～7月份的放散量最多。

(3)影响病害发生与流行的因素

病菌孢子的成熟、放散及侵染,均与湿度密切相关,当降雨量大、湿度高时,病害就严重。苗木长势与病害的发生与流行密切相关,一般认为松针细胞内膨压的降低,有利于病害的发生,因此一切可以影响苗木水分供应平衡和降低松针细胞膨压的因素,都能促使病害的发生。

4. 防治措施

(1)轮作育苗

苗圃育苗要坚持于第二年换床作业,缓苗期,以提高苗木的抗病力。

(2)减少侵染来源

病菌是在病落叶上越冬,应在秋、冬、早春收集落地的病针集中烧毁,减少传染源,是最安全有效的方法。苗木造林时,应严格检查,防止将病苗带入现场,造成松(杉木)林分落针病的发生。

(3)药剂防治

向苗木喷射75%百菌清可湿性粉剂的500～700倍液或1%波尔多液,隔15天喷　次,共喷2～3次,药剂防治效果的关键在于喷药期应与子囊孢子散发期吻合。在春夏子囊包子散发高峰期之前喷洒1:1:100波尔多液或50%退菌特可湿性粉剂500～800倍液、70%敌克松可湿性粉剂500～800倍液、65%代森锌可湿性粉剂500倍液、45%代森铵可湿性粉剂200～300倍液。

(4)提高树势

当松针细胞内膨压降低时有利于病原菌的侵染;而一切影响水分供应平衡和降低针叶细胞膨压的因素,如干旱、土壤瘠薄,病害虫害侵害等都有利于松落针病的发生。所以对重点地段应加强肥水管理,特别是古松更应加强肥水管理,提高树势,增强抗病力。

(5)松土除草,合理施肥

对10年以下的发病树木,采取除草松土、施复合肥等措施,促进松、杉树健壮生长,提高抗病力。

(三)松苗叶枯病

1. 症状

病菌侵害苗木的针叶,在植株下部的针叶出现症状,渐向上蔓延,严重的全株干枯死亡。受害的针叶从尖端开始一段一段地发黄,以后变成深褐色,病叶干枯后下垂、扭曲,但不脱落,沿气孔纵行排列有许多的黑色霉点,即病菌的分生孢子梗和分生孢子,如图7-17所示。

2. 病原

(1)分类地位及形态特征

半知菌亚门的赤松尾孢引起该病。病菌只形成分生孢子。分生孢子梗丛生,色暗,稍弯曲,有1~2个隔膜。分生孢子单生,成熟后脱落,略呈淡黄色,长棍棒状或鞭状,稍弯曲,有2~5个隔膜。

图7-17　松苗叶枯病

(2)病菌的生态特性

温度在18℃以下孢子萌发迟缓,24~28℃萌发率最高。病叶经两个月后检查,其上分生孢子的发芽率开始降低。在21℃时,孢子在水滴中经3h开始萌发,若去掉水滴,芽管即停止伸长,干涸24h后,重加水滴,芽管仍能继续延长,说明孢子萌发遇旱后若环境条件适合,仍有侵染能力。分生孢子在空气干燥时发芽很少,但空气湿度达到饱和或近饱和后即大量萌发。

3. 发生发展规律

(1)越冬与传播

病菌以菌丝体在寄土内或随病叶在土壤中越冬,病菌的存活率随着埋藏深度增加而减小。当环境条件适宜时即产生分生孢子,孢子随气流传播。

(2)扩展与蔓延

当年播种松苗在7月中旬开始发生,8~10月份为流行期,11月份以后逐渐停止蔓延。在第二年的病苗上,5月上旬就有分生孢子产生,是重要的侵染来源。

(3)影响病害发生和流行的因素

高温高湿环境最利于病菌的侵染。耕地过浅,土壤保水保肥差,苗木生长纤弱,易发病。连作松苗时,若未清除病叶、病苗,则发病重而传播快。播种量过多,苗木生长过密,通风透气性差,病害容易蔓延扩大。由于树种、年龄不同,感病程度也不同。加勒比松、马尾松、黑松感病最重;湿地松、火炬松、赤松最轻。苗期或造林后1~2年内发病较重,3~4年生林木病害逐渐减少。菌根的生长情况影响林木病害发生的轻重,一般健康植株或病株都有菌根生长。若生势较好,苗根较多,植株干物质较重的则病轻;反之,生势较差,菌根较少,植株干物质较轻的则病重。

4. 防治方法

(1)圃地选择

应在没有叶枯病发生、土壤疏松、肥沃,利于排水的地方选择苗圃地。

(2)加强幼苗管理

避免苗木过密,适时进行间苗和灌溉,若发生病害,要及时喷药保护,拔除病苗,防止形成发病中心。

(3)坚持轮作

松苗应避免重茬,以防止圃地积下的病原菌而发病。

(4)清除病菌

发现病苗要及时拔除烧毁,以防止病菌蔓延。

(5)药剂防治

发病期间应及早摘除病叶,集中烧毁。然后用1∶1000倍高锰酸钾液,或1∶700六氯苯,或1∶500的退菌特等药剂喷洒或隔15天喷1∶1∶100波尔多液,或0.2～0.3波美度的石硫合剂,每次喷60～100kg,有较好的效果。

(四)杉木赤枯病(杉苗尖枯病)

1.症状

赤枯病是杉苗后期病害,也是杉木幼林时期的病害。有三种症状类型:杉苗尖枯型、树冠基枯型、杉木顶枯型,如图7-18所示。

2.病原

(1)分类地位及形态

半知菌亚门的顶枯拟多毛孢[*Pestalotiopsis apiculatus*(Huang)]引起该病。分生孢子盘生表皮下,成熟后突破表皮向外散放孢子。分生孢子盘直径约200μm,分生孢子呈长梭形,有4个分隔,分隔处稍缢缩,两端细胞无色透明,中部3个细胞淡棕色。顶部有2～4根(绝大多数为3根)细长而又透明无色的鞭毛;基部有无色透明的分生孢子梗。

图7-18　杉苗尖枯病

(2)病菌的培养及生态特性

菌丝体和分生孢子的生长适宜温度为26～30℃,孢子萌发的温度为10～40℃,最适温度为28℃,24h内就有50%的孢子萌发。在人工培养基上,初带红色菌落,5～6天后,在菌丝体中间产生数颗黑色粒状物,即病菌的分生孢子盘。

3.发展规律

(1)越冬与传播

病菌以菌丝体和分生孢子在被害针叶组织内越冬,借风雨传播。

(2)侵入途径

病菌由灼伤组织或垂死组织侵入。

(3)影响病害发生和流行的因素

地下水位过高,沙土或重黏土,氮肥过多,苗木太嫩,苗床未及时遮荫,或遮阳时期太久。苗木生长慢,抗病能力减弱,这些情况下,苗木均易发病,且以盛夏季节发病最重。

4.防治方法

(1)圃地选择

以适宜杉木生长的肥润和排水良好的土壤育苗为宜。

(2)加强林地管理

对1～3年的幼树林，采用勤翻耕土壤，促根保湿，提高水杉的根系活性，促进水杉的正常生长，提高抗逆性。在3月底前后采用小型机械在株、行间翻耕30～40cm深，8月上中旬再进行呈十字形方向的同样翻耕一次，同时再经过两次药剂防治。

(3)重修剪

对公路两侧不能翻耕的水杉林地，采用修剪方法进行小环境调节，将枯死、重病的株、枝叶进行清理和修剪，每清理和修剪一次之后用药剂防治一次，采用清除和药剂相结合的方法，基本可以控制水杉赤枯病循环侵染，减少扩散，防治效果十分显著。

(4)药剂防治

在杉木生长初期的每年4月中下旬，待树木完全展开叶片后，进行杉木赤枯病的农药防治，按间隔期连续防治2～3次。再在8月上旬(立秋)后，进行农药防治1～2次。杉木赤枯病的防治农药主要选用80%多菌灵、72%甲基托布津、25%三唑酮等，单独使用或混合使用，按600倍液喷雾防治。但用水量要按树冠大小而定。做到喷雾基本上能全湿透叶片，3～5年树龄的用水量1.5～1.8kg。采用高压三柱塞泵喷雾器。对发病的苗圃，可用1%波尔多液，也可用70%百菌清500～600倍稀释液，或50%可湿性退菌特500～800倍稀释液。

(5)幼苗管理

5～6月份，杉苗要及时灌溉或遮荫，促进杉苗健壮生长。

(五)柳杉赤枯病

柳杉栽植越来越广，近年来由于赤枯病的危害，有些地区造成苗木大量死亡，已成为我国严重的林木病害之一。如四川退耕还林地区，据2000年调查，1～3年生苗全部发病，枯死苗达50万株以上，病苗出圃造林后也易枯死。

1. 症状

柳杉赤枯病主要危害1～4年生苗木的枝叶。一般是要苗木下部首先发病，初为褐色小斑点，后扩大并变成暗褐色。病害逐渐发展蔓延到上部枝叶，常使苗木局部枝条或全株呈暗褐色枯死。在潮湿的条件下，病斑上会产生许多稍突起的黑色小霉点，这便是病菌的子座及着生在上面的分生孢子梗及分生孢子，如图7-19所示。

图7-19 柳杉叶枯病

病害也可直接危害绿色主茎或小枝、叶，扩展到绿色主茎上，形成暗褐色或赤褐色稍下陷的溃疡斑，如果发展包围主茎一周，则其上部即枯死。有时主茎上的溃疡斑扩展不快，但也不易愈合，随着树干的直径生长渐渐陷入树干中，形成沟状病株。这种病株虽不一定枯死，但易遭风折。

2. 病原

(1)分类地位及形态

柳杉赤枯病由真菌中半知菌亚门尾孢属[*Cercospora sequoiae* Ev.(C. crypto - meriae Shirai)]所引起,分生孢子梗聚生于子座上,稍弯曲,呈黄褐色。分生孢子呈鞭状,但先端较钝,有3~5个分隔(少数有6~9个分隔)。淡褐色,表面有微小的疣状突起。

(2)病菌生态学待性

孢子于15~30℃发芽良好,25℃为发芽最适宜温度,在92%~100%的相对湿度下才能萌发。

3.发生发展规律

(1)越冬、传播与侵染

病菌主要以菌丝在病组织内越冬,第二年春约4月下旬至5月上旬产生分生孢子,由风雨传播,萌发后经气孔侵入,约3周后出现新的症状,再经7~10天病部即产生孢子进行再次侵染。

(2)影响病害发生和流行的因素

柳杉赤枯病发展快慢除和温度有一定的关系外,主要和当年大气湿度和阵雨情况密切相关。春夏之间降雨持续时间长的年份,发病常较重。在梅雨期和台风期最有利于病菌的侵染。另外,苗木过密,通风透光差,湿度大或氮肥偏多等,都易促使苗木发病。柳杉赤枯病在1~4年生的实生苗上最易发生。随着树龄的增长,发病逐渐减轻,7~10年生以上便很少发病。扦插苗一般较实生苗抗病力强。

4.防治措施

(1)清除侵染来源

如果是连作或邻近有病株,必须尽可能彻底清除和烧毁原有病株(枝),或冬春深耕把病株(枝)叶埋入土中,新区发现病苗,应立即烧毁,减少初次侵染来源,严格禁止病苗外调。

(2)合理施肥,培育无病状苗

施肥要合理,氮肥不宜偏多,提高苗木抗性,培育无病状苗。

(3)药剂防治

发病初期喷洒36%甲基硫菌灵悬浮剂500倍液,或50%多菌灵可湿性粉剂800倍液、抗菌剂401水剂800倍液、78%利博可湿性粉剂600倍液。每隔15天喷一次,连喷2~3次。发病中后期用0.5%的波尔多液、401抗菌剂800倍液及25%的多菌灵200倍液,每两周喷一次。

(六)苗木茎腐病

这种病危害多种针阔叶树苗,常见的有银杏、松、柏、香榧、水杉、柳杉、金钱松、杜仲、枫香、刺槐、板栗、桑、乌桕、槭树、大叶黄杨等。其中以银杏、香榧、杜仲、日本花柏、鸡爪槭等易感病。其他树种在气候条件有利于病害发生的年份,或在寄主生长不良时受害也重。各种寄主被害后所表现的症状不完全一致,但在树苗上一般表现为茎腐。该病在夏季高温炎热的地区常发生,死亡率可达90%以上。

图 7-20　苗木茎腐病

1. 症状

以银杏为例，一年生苗的初期症状是茎基变褐色，叶片失去正常绿色，稍向下垂。受病部位迅速向上发展，直至全株枯死。叶片下垂不脱落。病苗茎部皮层稍皱缩，内皮组织腐烂呈海绵状或粉末状，灰白色，其中生有许多细小的黑色小菌核。病菌也侵入木质部。变成褐色中空的髓部中也有小菌核产生。以后病菌也扩展至根部，使根部皮层腐烂。或拔起病苗，则根部皮层脱落留在土壤中，仅拔出木质部。两年生苗木在病害猖獗时也常感病。两年生病苗地上部分死亡后，有的尚能于当年自根颈处萌出新芽。一年生苗发病轻的偶尔也有这种现象，如图 7-20 所示。

2. 病原

（1）分类地位及形态

半知菌亚门，无孢菌目，小核菌属的甘薯小菌核菌（*Sclerotium bataticola Taub*）引起苗木茎腐病。菌核呈黑褐色，扁球形或椭圆形，细小如粉末状；分生孢子器（在桉树苗上产生，但在银杏等树苗上并不产生）有孔口，埋生于寄主组织中，孔口开于表皮外；分生孢子呈长椭圆形，无色，单细胞。

（2）病菌的生态学特征

病菌喜好高温，在马铃薯、琼脂培养基上生长，最适宜温度为 30 ~ 32℃，对酸碱度的要求不严，pH 值 4 ~ 9 均生长良好。

3. 发展规律

（1）越冬与传播

茎腐病菌平时在土壤中营腐生生活，以菌核在土壤中越冬，靠流水传播。

（2）侵入途径

树苗受害主要是由于夏季炎热，土壤温度升高，苗木茎基部受高温的损伤，造成病菌侵入的途径。

（3）影响病害发生和流行的因素

病害的发生与寄主状态和环境条件有密切关系。苗木茎腐病主要发生在春末和夏季高温炎热季节，地表温度过高，幼嫩苗木基部受高温灼伤或遭虫害、机械伤害，病菌自伤口处侵入，感染病害，尤其是低洼积水处，苗木生长势弱，发病率增高。据一些地区的观察记载，苗木一般在梅雨期结束后 10 ~ 15 天开始发病，以后发病率逐渐增加，至 9 月中旬停止。一般可根据每年梅雨期结束的日期来预测茎腐病开始发病的时间，也可根据 6 ~ 8 月份的气温变化来预测当年病害的严重程度。这对茎腐病的防治具有重要意义。

4. 防治方法

在我国南方培育银杏、香榧、杜仲等苗木时，必须先做好防治茎腐病的准备，因为这一病害在炎热的夏季几乎是不可避免地要发生。

(1)改善栽培环境

提高苗木抵抗力是防治茎腐病的关键。一般以施有机肥促进苗木健壮生长,增强抗病力及在夏季降低苗床土温为主。根据试验,施用足量厩肥或棉籽饼作基肥,可以降低发病率达50%左右。在苗木上搭架荫棚降低土壤温度对防病效果最好。遮荫时间自每日上午10时至下午4时即可,以免遮盖过度影响苗木生长。至9月份以后可以撤除荫棚。在夏季苗木行间遮盖也可降低土温,达到防病的目的。效果虽不及遮荫,但苗木生长较遮荫的好。也可在苗木行间间植其他抗病的树苗或农作物及施绿肥等,以达到遮荫降低土温的作用。但间作种类、方式、株行距等关系较为复杂,有待进一步研究。

(2)加强苗木管理

播种前普施硫酸亚铁进行土壤消毒。提早催芽、播种,延长苗木生长期,提高幼茎木质化程度。适当加大育苗密度,使其相互遮荫,降低地表温度,可以提高苗木抗性。

(3)药剂防治

发病初期用25%多菌灵500倍液或50%多菌灵700~800倍液防治,一般7~10天喷洒一次,连续喷3~4次。发病高峰期用70%甲基托布津800~1000倍液喷雾防治,或用2%~3%硫酸亚铁水喷施。在发病期也可用70%甲基托布律800~1000倍液、0.3~0.5波美度石硫合剂喷施茎部治疗。

(4)浇水及排水

浇水是防止茎腐病发生的重要措施。在雨季来临前的高温干旱季节,应注意经常浇水,保持土壤湿润,一般每隔3天左右浇水一次。雨季如雨水过多时,应注意排水。

(5)修剪截干方法

修剪截干除截面要平滑外,对伤口用硫酸铜0.5kg、生石灰1.5kg、水30kg和少量的大豆粉配制成波尔多浆涂抹伤口,防止病菌侵入。一旦发病,及时将腐烂部分用刀刮除,刮除面应呈长条形,露出木质业。臃肿、腐烂皱缩碎部,但不能环树干或枝一周,再用毛笔蘸50%多菌灵可湿性粉剂200倍液涂浸,防止蔓延。

(七)杨褐斑病

褐斑病,也称黑斑病,主要发生在叶上,引起早期落叶。以当年的杨实生苗感病最重,常造成大量幼苗枯死,使育苗完全失败。黑斑病菌能危害多种杨树,在东北、内蒙古等地以小叶杨、小青杨和苦杨最易感病;在江苏一带以毛白杨、响叶杨及加杨等发病较重。其他各种杨树也常感病,感病程度各有差异。

1. 症状

黑斑病一般危害叶片,某些杨树的嫩梢和果穗也能感病。主要由两种病原引起,病菌不同,其症状也有差异。

(1)杨褐斑病的症状

该病主要发生在毛白杨、响叶杨和加杨上,其病斑主要在叶的正面出现,呈圆形,初很小,后虽有扩大,但直径一般不超过0.5mm。在嫩叶上初为红色,边缘较深,后变黑褐色,中间有乳白色胶粘状分生孢子堆。老叶上病斑开始即为黑褐色。病斑数量多时,可连成不规

图 7-21　杨苗黑斑病

则斑块。严重时叶大部分变黑枯死。在加杨上，叶背随后也出现病斑和乳白色的孢子堆。毛白杨及响叶杨只有在发病重时，后期叶背才产生病斑。在叶柄上，病斑为红棕色或黑褐色小点，后成梭形，中间也生有乳白色孢子堆；病斑多时可使叶柄发黑，叶脱落。在嫩梢上，病斑呈梭形，长 2～5cm，黑褐色，稍隆起，中间产生微带红色的孢子堆。嫩梢木质化后，病斑常开裂成溃疡状。病重的嫩梢冬季常枯死。响叶杨蒴果上的病斑与叶片上相似，但孢子堆常较大。果穗轴上的病斑与嫩梢上相似，但较小，且孢子堆不带红色。在新疆的阿勒泰地区曾发现病斑可大至 1cm 左右，呈褐色或红褐色。在某些杨树种叶片上引起的病，主要现叶片正面。严重时，全树叶片变成红褐色，如图 7-21 所示。

(2)褐盘二孢的症状

这种的病斑多先出现在叶背面，以后正面也有；初为针刺状发亮的小点，后扩大成黑色直径 0.2～1.0mm 的病斑，中间生有乳白色的分生孢子堆；病斑多时可汇合成大的圆形或多圆形或不规则形斑块，甚至全叶发黑枯死。在实生幼苗的子叶及第一对真叶期，病叶变成红色。

2. 病原

杨黑斑病是由半知菌亚门的盘二孢属真菌引起的。这个属的真菌寄生在杨树上的有很多种，我国已发现两个种。

(1)杨盘二孢[*Marssonina populi* (Lib.) Magn.]

该病菌在江苏、上海、河南、陕西、新疆等地有发现，分生孢子分隔处稍缢束，大小(12.8～22.4)μm×(3.2～8.0)μm。

(2)杨褐盘二孢[*M. Brunnea*(Ell. Et Ev.) Sacc.]

该病菌在东北、内蒙古、陕西、河南、江苏等地有发现，分生孢子分隔处不缢束，大小(15.7～20.9)μm×(6.4～7.4)μm。

两种菌的相同点是病菌的分生孢子盘生于寄主的角质层下，后突破外露；分生孢子梗短，不分枝；分生孢子无色，双细胞，卵圆形或近卵圆形。

3. 发生发展规律

(1)越冬与侵染

病菌以菌丝体在落叶中或枝梢的病斑中越冬，次年春产生新的分生孢子作为初侵染来源。对于实生苗来说，当幼苗出土后，邻近的两年生苗木和幼、成年树上早已发病，这些侵染来源，较先年有病落叶更为重要。在江苏，响叶杨的蒴果是感病的，病果脱粒后，种子上带有病菌孢子。但试验证明，种子带菌对实生幼苗发病无影响。病菌孢子萌发的适宜温度为 20～28℃，与水滴接触时萌发率较高，芽管生长较快，否则不易达到侵染的要求。病菌侵染寄主后,潜育期为 2 ~ 8 天。在气温和降雨适宜时很快就产生分生孢子堆,孢子又能进行新的侵染,因此病害的发展是极为迅速的。据 1963 年在南京观察,响叶杨试验地上实生幼苗从无病发展到 69% ~85% 的病苗只经过 8 天。

(2)传播途径

病菌的孢子堆具有胶黏性,所以孢子主要通过雨水的稀释后,随水滴飞溅或飘扬而传播。

(3)影响病害发生和流行的因素

病害发生季节与病菌要求的温湿度基本一致,但也因地区和树种不同而有差异。在南京,毛白杨、响叶杨黑斑病 4 月初开始发病,5 月发病最重。炎热的 7 ~ 9 月份基本停止发展,未脱落的病叶上也找不到分生孢子堆,9 月上旬病害又有新的发生,并逐渐加重至落叶为止。但加杨不同,常于 6 月中旬开始发病,以后逐渐加重直至全部落叶。东北地区,一般 6 月下旬开始发病,7 ~ 8 月份发病最重,以后逐渐减缓。据各地报道,病害的发生与发病季节的雨量和雨日的多少关系最密切。雨多发病重,雨少发病轻。地表潮湿、邻近沟渠或排水不良地段,发病常较重。

4. 防治方法

(1)精选圃地,避免连作

杨黑斑病是实生苗前期的重要病害,应选排水良好的圃地育苗,如需连作,要彻底清除落叶。苗圃附近要尽可能没有感病的杨树。

(2)选用抗病品种育苗

选育和推广速生抗病的杨树是预防杨黑斑病的有效途径。不同杨树品种抗病性也有差异,如大官杨、沙兰杨较抗病。可在适宜的地方栽培推广。

(3)加强苗木管理

幼苗出齐后要及时间苗,加强抚育管理,适当增施速效肥,促进苗木初期生长,并喷药保护。在苗木调运时,应注意检查枝梢有无病斑,如有则应剪除烧掉。

(4)药剂防治

当苗木生出 1 ~2 个真叶时开始喷药,以后每隔 10 天喷一次,至病害流行期基本结束为止,一般要喷 5 ~7 次。据各地试验,65% 的代森锌 400 ~500 倍液、10% 的二硝 200 倍液、1∶1∶(200 ~300)的波尔多液、菲美铁 100 ~253 倍液及 0.6% 硫酸锌等均有防病效果。雨季喷药时,药水中加 0.3% 明胶(或豆粉汁,豆浆),以增加黏性,防止药物冲洗。

(八)杨灰斑病

杨灰斑病从小苗、幼树到老龄树都能发生,但以苗期危害严重,常造成多顶苗,不合造林要求。

1. 症状

病害发生在叶片及幼梢上。病叶上初生水渍斑,很快变褐色,最后变白色,周边褐色。以后灰斑上生许多小黑点,上生黑绿色霉。叶背面病斑界限不明显,边缘绿褐色,斑内叶脉变紫黑色。嫩梢病后死亡变黑,常称这种病状为"黑脖子"。其以上部分叶片全部死亡变黑,刮风时小枝易由病部折断,以后由邻近叶柄的休眠芽生几条小梢,小梢长成小枝,结果病苗

图 7-22　杨灰斑病

成为一个多杈无顶的小苗。

灰斑病在不同树种上的表现稍有差异。在加拿大杨病叶上，多数只有褐色多边形病斑，无灰白色表皮，如图 7-22所示。

2. 病原

（1）分类地位及形态

子囊菌亚门的东北球腔菌（*Mycosphaerella mandshurica* Miura.）引起该病。病菌子囊孢子时代，在自然界很少看到，只在培养条件下才产生。无性型为半知菌纲黑盘孢目的杨棒盘孢（*Coryneum populinum* Bres.），分生孢子由 4 个细胞构成，上数第 3 个细胞最大且自此稍弯。

（2）病菌的生态学

孢子在落叶上越冬。孢子在水滴中易萌发，相对湿度在 95% 以下时，萌发率显著下降，至 30% 时，孢子不萌发。萌发温度为 23 ~ 38℃，以 23 ~ 27℃ 为最适宜。

3. 发生发展规律

（1）越冬与侵染

越冬后的分生孢子是初次侵染来源，萌发后小芽管及附着胞由气孔侵入寄主组织，在少数情况下也能直接穿透表皮侵入。潜育期 5 ~ 10 天，发病后两天即可形成新的分生孢子进行再次侵染。病叶随落叶在地上越冬，次年春天湿气后萌发，生出芽管再进行侵染。在东北地区，每年 7 月份发病、8 月份进入发病盛期。先出现叶斑病状，雨后发生枯枝病状，有的地区 9 月时病情更重，9 月末基本停止发病。

（2）影响病害发生和流行的因素

病害发生与降雨、空气湿度关系很大，连阴雨之后，病害往往随之流行。苗床上一年生苗发病最重，两年生和三年生苗及萌发条也经常发病，幼树发病较轻，老龄树虽然发病，但受害不大。不同树种的感病性也存在差异，小叶杨、小青杨、钻天杨、青杨、山杨等易感病，黑杨次之，加拿大杨虽发病但极轻。

4. 防治方法

（1）选用抗病品种

在发病严重地区，选栽抗病杨树品种，不要连种某一易感病品种。

（2）合理布局圃地

苗圃周围大树下的萌条要及时除掉，以免病菌大量繁殖，培育幼苗的苗床要远离大苗区。

（3）合理密植

播种苗不要过密，当叶片密集时，可适当间苗，低叶 3 ~ 5 片，以通风降湿。

（4）修剪病枝

对幼树及时剪除病枝，集中深埋。清除大树上的萌蘖条，秋后将落叶和病枝清理深埋。

(5)药剂防治

在发病初期的 5 月份和 6 月份喷洒 80% 代森锌可湿性粉剂 500 ~ 700 倍液或 1∶1∶(125 ~ 170)波尔多液，每 15 天喷一次，连喷 3 ~ 4 次；或喷洒 70% 甲基硫菌灵可湿性粉剂 600 倍液、50% 多菌灵可湿性粉剂 600 倍液、10% 双效灵可湿性粉剂 100 倍液等，每 15 天喷一次，连喷 3 ~ 4 次。如用消石灰加赛力散(10∶1)粉剂，效果好。

(九)杨叶枯病

杨树叶枯病可危害毛白杨、小叶杨、小青杨、银白杨、北京杨等多种杨树，对杨树苗木及幼林造成严重危害，是近年来引起人们重视的病害，如北京市东北旺苗圃的毛白杨连年受此病的危害，1981 年叶片感病率达 100%，叶片大量提前脱落；四川省天全县的杨树苗圃，2000 年感病率达 85% 以上。

1. 症状

病斑产生于毛白杨锈病的夏孢子堆的对面(叶正面)或直接产生于叶面上。病斑多为圆形、椭圆形或不规则形状，初为灰褐色，后为灰白色，中部产生黑褐色霉状物，病斑直径一般为 1 ~ 5mm。

2. 病原

(1)分类地位及形态

病原为半知菌亚门的链格孢菌(*Alternaria tenuis Nees*)，分生孢子梗多数丛生，少数单生，暗橄榄黄至淡橄榄褐色，有隔直立或弯曲，分枝或不分枝；分生孢子通常形成链，一般由 10 个或 10 个以上孢子组成，孢子具多型性，有卵圆形、球形、长卵形、长圆锥形、圆筒形等多种。暗橄榄色、淡黄橄榄色至橄榄褐色，有 1 ~ 9 个横隔，0 ~ 6 个纵隔。

(2)病菌的生态学特性

叶枯病菌的分生孢子萌发适宜温度为 26 ~ 28℃，萌发速度快，12h 就有 80% 的孢子萌发，18h 有 92% 的孢子萌发。

3. 发生发展规律

(1)越冬、初侵染与传播

病落叶上的分生孢子越冬后的萌发率近 40%。20% 的越冬芽内具有菌丝和分生孢子。由此说明，该病菌以分生孢子和菌丝在病落叶及芽中越冬。作为翌年的除侵染来源，借风传播，从 4 月下旬至 9 月份均有孢子飞散，5 月份出现小高峰，7 月下旬出现孢子飞散高峰。

(2)侵入途径与潜育期

病菌由伤口侵入，潜育期很短。在温度、湿度适宜时，两天就出现新病斑，一般是四天左右。在北京地区，5 月中旬出现病斑，7 月份已很普遍，8 ~ 9 月份达到高峰，大量落叶。

(3)影响病害发生和流行的因素

高温多雨、高湿环境有利于病害的发生；苗木过密，通风透光不良会促进病害的扩展。

4. 防治方法

(1)选用抗病品种，轮作育苗

选用抗病品种,不要连种某一易感病品种。

(2)加强苗木管理,清除病落叶

锈病严重的地方,及时防治毛白杨锈病的发生和蔓延,以减少叶枯病菌的侵染。

(3)药剂防治

7～8月发病初期喷洒1∶2∶200波尔多液、25%络氨铜水剂、65%代森锌可湿性粉剂500倍液等,每15天喷一次,视病情,连喷2～3次。在发病高峰期前喷65%可湿性代森锌600倍液,可有效防治病害的扩展与蔓延。

(十)毛白杨锈病

毛白杨锈病主要危害幼苗及幼树,严重时使病叶和病芽枯死,影响杨树的生长。因此,该病是毛白杨苗木生产中的一个重要问题。它除危害毛白杨外,还能危害新疆杨、苏联塔形杨、河北杨、山杨、银白杨等。

1.症状

春天杨树展叶期,即可看到树上满布黄色粉堆,形似一束黄色绣球花的畸形病芽。严重受侵的病芽经三周左右便干枯,正常芽展出的叶片受侵后,形成黄色小斑点,以后在叶背面可见到散生的黄色粉堆,即病菌的夏孢子堆。严重时夏孢子堆可以联合成大块,且叶背病部隆起。受侵叶片提前落叶,严重时形成大型枯斑,直至叶片枯死。在较冷地区,早春可在病落叶上见到锗色,近圆形或多角形的疣状物,即为病菌的冬孢子堆。病菌也危害嫩梢,形成溃疡斑,如图7-23、图7-24所示。

图7-23　毛白杨锈病(背面)

图7-24　毛白杨锈病(正面)

2.病原

病原菌为马格栅锈菌(*Melampsora manguni-ana Wanger*)和杨栅锈菌(*M. rostrupii Wanger*),属担子菌亚门、锈菌目、栅锈菌科。

目前在我国普遍承认的主要是前两种。这两种菌在夏孢子和冬孢子以及侧丝的形态和大小上差异不大。夏孢子堆为黄色,散生或聚生。夏孢子呈橘黄色,圆形或椭圆形,表面有刺,壁厚。侧丝呈头状或勺形,淡黄色或无色。冬孢子堆寄于主表皮下,冬孢子近枝形。该菌的转主寄主在我国尚未弄清楚。据国外报道,马格栅锈菌的转主寄主应为紫堇属和白屈菜属植物。杨栅锈菌的转主寄主应为山靛属植物。据记载,我国河北省曾在紫堇属植物上发现过马格栅锈菌的性孢子器和锈孢子器世代,但是否与毛白杨锈菌有关需进一步研究。

3. 发生发展规律

(1)越冬与侵染

病菌可以菌丝状态在冬芽中越冬。随着春季温度升高,冬芽开始活动,越冬的菌丝也逐渐发育,并形成夏孢子堆。受侵冬芽不能正常展开,形成满覆夏孢子的绣球状畸形。这些病芽成为田间初侵染的中心。枝梢溃疡斑内的苗丝也可越冬。病落叶上的夏孢子经过冬天后虽有一部分具有萌发和侵染能力。但随着春季气温逐渐升高,其萌发率迅速丧失,因此在初侵染中的作用远不如带病的冬芽重要。在自然条件下,虽然也形成冬孢子,但数量不多,而且其转主寄主至今并未弄清楚。所以从田间发病实际情况可以肯定,冬孢子在侵染中并无重要作用。

(2)影响病害发生和流行的因素

温湿度与病害的关系:在北京地区,于 4 月上旬气温升高到 13℃左右时病芽便陆续出现。一般病芽比健康芽早 1 ~2 天展丌,经 3 个星期左右便干枯。病芽在枝条上部为多。病芽陆续出现的时期为 4 个星期左右,但大量出现时期主要在 4 月中下旬。由于夏孢子的重复侵染,5 ~6 月份为发病高峰。至 7 ~8 月份,由于气温不断升高,不利于夏孢子的萌发侵染,故病害进入平缓期。8 月下旬以后,气温逐渐下降,随着枝叶的二次抽发,病害又进入发展阶段,形成第二个发病高峰期。至 10 月下旬,由于温度不断降低,病害便停止发展。病害潜育期的长短与温度和叶龄有密切关系。夏孢子萌发温度为 7 ~30℃。当日平均温度为 12.9℃时潜育期为 18 天,15 ~17℃时为 13 天,20℃时为 7 天。在同样温度下,展叶 7 天的幼叶潜育期为 10 天,展叶 22 天的成长叶为 12 天,而展叶 50 天的老叶为 17 天。

苗龄或树龄与感病的关系:1 ~4 年生苗木与 9 ~10 年生以上的树木对此病菌感染程度有明显差异。幼叶受感染后不但潜育期短,而且发病严重。这在田间表现十分明显。这种抗病性的差异除了与幼叶气孔分化少,角质层发育弱,以及细胞壁薄等特性有关外,还与抗坏血酸、酚类物质的含量有关,也与胱氢酶的活性有关。

树种与感病的关系为:该菌虽然除危害毛白杨、新疆杨、银白杨等外,还能侵染响叶杨、河北杨、山杨及苏联塔形杨等白杨树种,但树种间的抗病毛白杨和新疆杨发病重。

4. 防治方法

(1)摘除病芽,喷药保护

在初春病芽出现时,可以利用病芽颜色鲜艳和形状特殊的特点及时发现并摘除。摘除病芽要早、要彻底,并随摘随装入塑料袋中,以免夏孢子扬散。由于白杨对粉锈宁过敏,所以也可以在该时期喷洒粉锈宁 800 倍液,消灭病芽。但喷此药时只能喷病芽,不可喷及正常叶,免生药害。目前生产上在毛白杨移栽时,常进行修剪,去除顶梢和枝梢,这对减少病芽是有积极作用的。如果辅以摘病芽或喷药措施,可以有效地控制病害的发生。

(2)减少再侵染来源

清除田间落叶,减少病菌的可能来源。由于夏孢子降落在离其产生处的300m范围内,故育苗区应尽可能远离发病的大苗区。

(3)药剂治疗

三唑酮易对毛白杨产生药害,可用石硫合剂、烯唑醇、世高、甲基硫菌灵等药剂防治。早春,对前年已发病的毛白杨用2~3波美度的石硫合剂喷施枝干冬芽,铲除越冬的病源菌。发病初期,结合摘除病芽喷施12.5%烯唑醇可湿性粉剂3000~4000倍液,或0.2~0.3波美度的石硫合剂,也可用10%世高可湿性粉剂1500~2000倍液,或70%甲基硫菌灵可湿性粉剂1000倍液,或50%多菌灵可湿性粉剂1000倍液等喷施,均可收到较好的效果。对于发病重的苗木,用上述药剂交替喷施2~3次,基本可控制病害的发生。

(4)生物防治

真菌对夏孢子有消解作用。这些真菌在毛白杨感病叶片上经常发生,但离实际应用尚有一段距离。

(十一)落叶松杨锈病

1. 症状

落叶松杨锈病从小苗到成年大树都能发病。但以小苗和幼树受害较为严重,是苗圃和幼林中的常见病害之一。在落叶松上,起初针叶上出现短段淡绿斑,病斑渐变淡黄绿色,并有肿起的小疤。叶斑下表面长出黄色粉堆。严重时针叶死亡。在杨树叶片背面初生淡绿色小斑点,很快便出现橘黄色小疮,疮破后散出黄粉。秋初于叶正面出现多角形的锈红色斑,有时锈斑连接成片。病害一般在下部叶片先发病,逐渐向上蔓延,如图7-25所示。

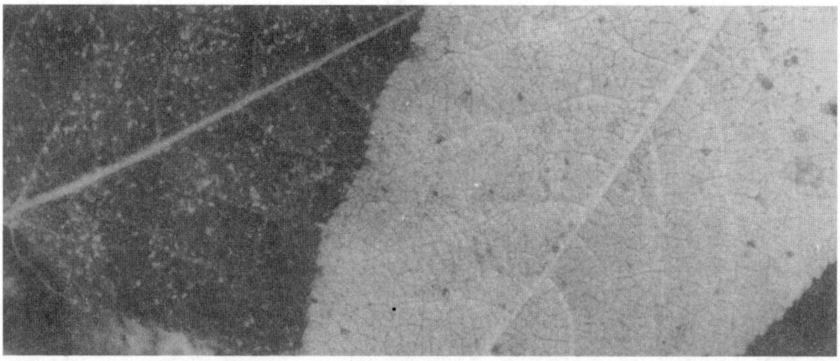

图7-25 落叶松杨锈病

2. 病原

病原为松杨栅锈菌(*Melampsora larici-populina*),是一种转主寄生菌。性孢子和锈孢子阶段在落叶松上,夏孢子和冬孢子阶段在杨树上。性孢子很小,圆形;锈孢子球形,黄色,表面有小刺;夏孢子椭圆形,表面有刺;冬孢子长筒形,棕褐色。

3. 发生发展规律

(1)传播与侵染

早春,先年杨树病落叶上的冬孢子,在温水或潮气作用下萌发并产生担孢子,并由气流传播到落叶松上,芽管由气孔侵入,经3～5天潜育后,在叶背面产生黄色锈孢子堆。锈孢子不侵染落叶松,由气流传播到转主寄主杨树上萌发,由气孔侵入叶内,经7～14天潜育后在叶正面产生黄绿色斑点,然后在叶背面形成黄色夏孢子堆。夏孢子可以反复多次侵染杨树,故7～8月份锈病往往非常猖獗。到8月末以后,杨树病叶上便形成冬孢子堆,病叶落地越冬。夏孢子过冬后,只有0.3%的萌发率,故在侵染中并无实际应用。

(2)树种抗病性与病害发生

兴安落叶松和长白落叶松都可发病,但不严重。中东杨、小青杨、大青杨感病重;马氏杨、合作杨、北京杨等中等感病;加杨、健杨、新生杨等有一定抗病能力;山杨、新疆杨、格尔黑杨等最抗病。幼树比大树易感病。幼树叶片易发病。据研究,杨树叶片中含糖的改变与感病有关,葡萄糖与葡萄糖+蔗糖的比例高则植物易感病。受病叶中,丙氨酸的含量显著减少,而天门冬氨酸的含量显著增高。

4. 防治方法

(1)选育抗病树种。

(2)科学修枝和施肥。增加林木通透性和生长势,提高林木本身的抗病能力。

(3)减少病原。秋冬季清扫病落叶,集中处理,减少越冬菌的数量,防治落叶松杨锈病的发生和蔓延。

(4)药剂防治。于4月末用波尔多液喷落叶松幼苗,夏季用波尔多液喷洒杨树苗。常用的喷洒药剂还有0.3波美度的石硫合剂,65%可湿性代森锌500倍液,敌锈钠200倍液等。国外用二碘苯酰替苯胺防治此病,效果良好。

(十二)胡杨锈病

胡杨是盐渍化土壤上造林的理想树种,杨锈病是胡杨幼苗、幼林的重要病害之一,死亡率达25%以上。

1. 症状

受害叶片上最初显黄绿色圆点,逐渐扩大变黄白色,中央呈褐色、橘褐色,不久表皮破裂,夏孢子堆最初小,渐渐长大,直径0.5～1mm。夏孢子堆周围有黄晕圈,不久沿黄晕边缘产生夏孢子堆,严重时数十个夏孢子堆或数百个夏孢子堆联合成片,叶片则变黄枯死。生长后期,在夏孢子堆外部或附近形成棕褐色蜡质的冬孢子堆。老叶上的病斑因受叶脉的限制而呈多角形。越冬芽发病时,所放的嫩叶皱缩。嫩叶上夏孢子堆大而明显,整个病芽外观似一朵黄花。嫩枝受病可变弯曲,如图7-26所示。

2. 病原

病原菌是担子菌亚门中锈菌目的粉被栅锈菌(*Melampsora pruinosae Tranz*)。夏孢子堆生于病斑上,叶背面较多,橙黄色,夏孢子呈圆球形至卵圆形,壁较厚,壁上密生小瘤,橙黄

图 7-26　胡杨锈病

色，侧丝棍棒状，顶端球状膨大，无色透明。冬孢子堆生于叶两面，形状不规则，深褐色，蜡质状，冬孢子圆柱形，尚未发现转主寄主。

3. 发生发展规律

病菌以菌丝体在芽内越冬，第二年冬芽放叶后，在病叶、嫩枝上就出现橙黄色的夏孢子堆。苗期发病严重，幼林次之，成林大树受害轻。苗木密度大时，发病重。

4. 防治方法

（1）合理密植与合理施肥

幼苗过密或徒长时发病重，故植株不应过密，也不要过多施用氮肥。

（2）苗木管理

当年苗，自第一片真叶起，经常检查，及时拔除病、弱苗，适当间苗。以上两年生苗，增施磷、钾肥，及时修剪苗木下部枝条，保持苗床通风透光。适量浇水，绿化区不积水。早春展叶后摘除病芽，并将其装入塑料袋中集中深埋，不要边摘边丢。

（3）药剂防治

喷洒 15% 或 25% 粉锈宁可湿性粉剂 2500 ~ 3000 倍液，效果较为理想。可在出现病芽后喷药，选用 15% 粉锈宁 300 倍液、萎锈灵 200 倍液、敌锈钠 50 ~ 100 倍液、羟锈宁有效成分 $450g/hm^2$ 等，每 7 ~ 10 天喷药一次，视病情连喷 3 ~ 4 次。

（十三）柚木锈病

1. 症状

柚木锈病危害苗木和幼树，导致严重落叶，对林木的生长有严重影响。受害叶片的上表面呈灰褐色，下表面形成无数细小的夏孢子堆和冬孢子堆，呈亮黄色至橙黄色，如图 7-27、图 7-28 所示。

图 7-27　柚木锈病（一）

图 7-28　柚木锈病（二）

2. 病原

病原为锈菌目柄锈科的柚木周丝单胞锈菌(*Olivea tectonae* Thirun.)。锈菌的冬孢子呈棍棒状或拟纺锤形棍棒状,内含物橙黄色,细胞壁无色,或与夏孢子混生在一起,或者生于独立的冬孢子堆中。成熟后立即萌发,产生具有4个隔膜的光菌丝,从光菌丝产生孢子和球形的担孢子。夏孢子橙黄色,卵形至长椭圆形,具无数小刺。侧丝生于夏孢子或冬孢子堆的边缘,圆柱状,向内弯曲,橙黄色,壁厚。

3. 发展规律

在南方林区,柚木的叶片从9月份至次年5月份普遍受锈菌危害。温暖和干燥的气候有利于此病的发生。

4. 防治方法

(1)物理防治合理密植、修除病枝叶,并适时间苗,控制灌水和施肥量,增强苗木抗病性。

(2)药物防治。应适时早防,自发病初期喷0.3~0.5波美度石硫合剂或敌锈钠200倍液,用20%粉锈宁乳剂200mg/kg防治效果显著,施药间隔在为25~30天。一般施药3次可有效控制锈病危害。

(十四)苗木白绢病

苗木白绢病又称"根腐病"和"留核性苗枯病"。该病可危害多种植物,在木本植物中有楠木、花椒、竹、油茶、青桐、楸树、锌树、柑橘、苹果等苗木,其他如豆类、麻、花生、红薯、番茄、黄瓜等幼苗均可能受害。四川省有些地方竹类发病率达60%,花椒发病率达40%左右,严重影响苗木生产。

1. 症状

感病根颈部皮层逐渐变成褐色坏死,严重的皮层腐烂,苗木受害后,影响水分和养分的吸收,以致生长不良,地上部叶片变小、变黄,枝梢节间缩短,严重时枝叶凋萎,当病斑环茎一周后会导致全株枯死。在潮湿条件下,受害的根颈表面或近地表土覆有白色绢丝状菌丝体,后期在菌丝体内形成很多油菜籽状的小菌核,初为白色,后渐变为淡黄色至黄褐色,以后变成茶褐色。菌丝逐渐向下延伸及根部,引起根腐,有些树种叶片也可感病,在病叶上出现轮纹状褐色病斑,病斑上长出小菌核,如图7-29所示。

图7-29　茉莉花白绢病

2. 病原

病原菌为半知菌亚门的齐整小菌核(*Sclerotium rolfsii* Sacc)。菌丝呈白色棉絮状,菌核球形,直径1~3mm,与油菜籽相似,棕褐色至茶褐色，光滑，易与菌丝分离，内部白色。

3. 发生发展规律

（1）越冬

病菌以菌丝或菌核在病株残体上、杂草上或土壤中存活。其菌核在土壤中能够存活4～5年。

（2）传播与侵染

菌核借苗木或水流传播，以菌丝体在土壤中蔓延，侵入苗木根须或根部。据报道，苗木抗病性的强弱与感病组织中聚半乳糖醛酶的活性有关。当聚半乳糖醛酶的活性增加时，苗木抗病力减低；相反，苗木抗病力增强。

（3）影响病害发生和流行的因素

病菌生长的适宜温度为30℃左右（一般为29～32℃），病害在高温地区发病严重，在积水地方的苗木和衰弱的苗木上也易发病。如在土壤板结、透水性差的地方育椒苗，病害发生较重。

4. 防治措施

（1）圃地轮作

发病严重的圃地，应提倡轮作，轮作年限在4年以上。

（2）清除侵染来源

进行深耕，挖除病菌及其附近的带菌土，清除侵染来源，特别在菌核形成前，拔除病株，并仔细掘起其周围病土，加入新土，防治效果显著。

（3）加强苗圃管理

注意苗圃排水，消灭杂草，促进苗木旺盛生长。

（4）土壤处理和药剂防治

用石灰进行土壤消毒，或用0.2%升汞水喷洒苗木根颈部。据国外报道，用土菌清液剂、抑菌灵可湿性粉剂和有效激素液剂防治本病效果好，前两者尤为显著。在内吸杀菌剂中，萎锈灵可减少出苗前后的死亡，代森锰锌也有同样的效果。敌菌丹、硫酸铜在田间单独使用，或硫酸铜和苯菌灵混合使用，效果较好。

（5）生物防治

采用绿色木霉菌制剂与培养土混合后育苗，茉莉花白绢病防治效果可达90%以上，花椒菌核性苗枯病防治效果达40%左右。

（十五）根癌病

根癌病是一种世界性病害。寄主约有59科142属300余种。主要危害森林植物、经济林植物（包括果树）、公路植物。如在杨树上（毛白杨、加杨、大青杨）发病，则更为严重。3年生毛白杨最高发病率可达28%。四川的桃树幼苗，近年来发现有些幼苗感染率达90%。

1. 症状

病害主要发生在干基部，通常是在嫁接处，但有时在根颈上或侧根上，有时也能发生在植物的地上部分。受害处形成大小不等、形状不同的瘤。初生的小瘤，呈灰白色或肉色，质地柔软，表面光滑，后渐变成褐色至深褐色，质地坚硬，表面粗糙并龟裂，瘤内部组织紊乱，如图 7-30 所示。

2. 病原

由根瘤细菌［*Agro bacterium tumefactions*（Smith at Towns.）Conn.］所致。

（1）分类地位及形态

通常具几根周生短鞭毛，但有些菌丝则没有鞭毛。具荚膜，在液体培养基表面形成较厚的白色或浅黄色菌膜，在固体培养基表面菌落小而呈圆形，稍凸起，半透明。该菌瘤内细菌很少，往往不易从肿瘤组织内分离到。菌体少的原因尚未清楚。有人从实验中证明了癌肿组织内有噬菌体存在，可能是菌体少的原因。

（2）病菌生态特性

细菌发育的最适宜温度为 22℃，最高温度 34℃，最低温度 10℃，一般在 14 ~ 30℃发育良好。pII 值为 5.7 ~ 9.2，以 pH 值为 7.3 最适合。

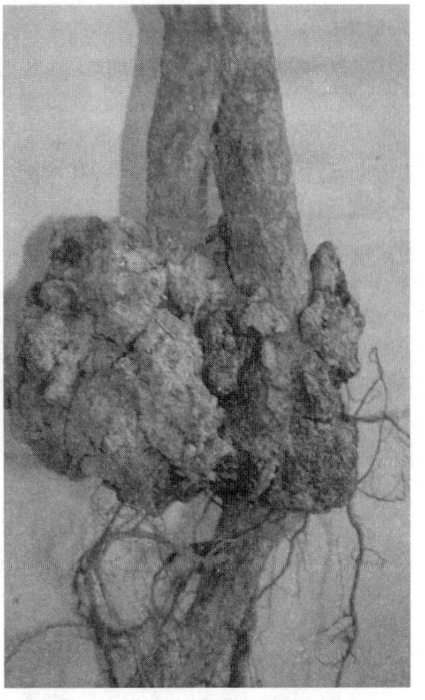

图 7-30　樱花根瘤病

3. 发生发展规律

（1）病菌存活与越冬

根癌细菌主要存活在疡瘤的表层和土壤中。该菌在土壤中存活的时间因土内寄土残体存在与否而定，有时可存活几个月甚至一年以上，但在两年内若遇不到侵染寄主的机会时，病菌往往失去生活力。如果是单纯的细菌而不伴随寄主组织进入土壤中，只能存活很短的时间。

（2）传播

病菌主要借灌溉水或雨水进行传播。此外，嫁接用的工具、机具以及切根等也能传播病菌，苗木的远距离运输往往能帮助病菌的传播。

（3）侵入途径

病菌通过伤口侵入寄主组织，如机械伤、虫伤、嫁接伤口等。在与土壤接触处都易遭受侵染，病菌侵入后开始在皮层组织内繁殖，刺激附近细胞快速分裂，细胞迅速增生并逐渐形成癌瘤，而且细菌在培养基上能产生异生长素，其浓度可使在琼脂上培养的寄主细胞增生。有些学者认为，这种植物细胞的病理变化是许多生理因素受扰乱失去平衡而开始的。这是由根癌细菌制造的肿瘤诱发素使细胞转化的结果。还有报道认为，寄主癌细胞的产生是由于病菌的致癌基因组进入寄主细胞的结果。自细菌侵入，到显现症状的时间从几周至一年以上，因气候及其他因素的影响而异。

（4）影响病害发生和流行的因素

土壤湿度直接影响发病率的高低，通常在湿度大的土壤中发病率较高。土壤酸碱性也直接影响根癌病的发生,微碱性和疏松的土壤有助于病害的扩展和蔓延,而酸性、黏性大的土壤则不利于病害的发生。嫁接方式也与发病多有关系。

4. 防治措施

(1)加强苗木检查措施

如发现病苗应及时销毁,对可疑的苗木在栽植前进行消毒,如用1%硫酸铜浸5min后用水冲洗干净,然后栽植。

(2)精选圃地,避免连作

选择未感染根癌病的地区建立苗圃,如果苗圃地已被污染,需进行3年以上的轮作,以减少病菌的存活数量。

(3)加强苗圃管理与园艺操作

病圃土壤可施硫黄粉或硫酸亚铁每亩10~30kg,作土壤消毒;同时注意苗圃地卫生,防止苗木产生各种伤口,选用健康的苗木嫁接,嫁接刀要在高锰酸钾或在变性酒精中进行消毒。

(4)外科治疗

对于初起病株,用刀切除病瘤,然后用石灰乳或波尔多液涂抹伤口,或用甲冰碘液(甲醇50份,冰醋酸25份,碘片12份),或用二硝基邻甲酚钠20份、木醇80份混合涂瘤,能治好病患。

(5)抗生素治疗

国外报道,用秋水仙碱、链霉素、金霉素、土霉素作皮下注射或浸泡病根,对该病有治疗作用。

(6)生物防治

据报道,苗木预先在含有无毒菌系的液体中浸泡,然后栽植,幼苗可抵抗此菌毒性菌系的侵染。

对苗木根癌病而言,前三种措施操作性较强;而"外科治疗"在苗木上无实际意义,"抗生素治疗"、"生物防治"尚未完全进入实用阶段。

(十六)根结线虫病

根结线虫病的分布广泛,寄主范围宽。据报道,根结线虫可寄生在1700多种植物上,如杨、槐、梓、柳、赤杨、山核桃、朴、核桃、榆、桑、苹果、梨、山楂、卫矛、槭、鼠李、枣、水曲柳、象耳豆、泡桐、美登木、油榄等。一旦发生此病,不仅苗木根部严重受害,而且地上部分将凋萎、枯死,在经济上造成很大损失。

1. 症状

木根部受害后,在主根和侧根上形成大小不等的虫,有的直径达1cm或1cm以上;有的直径2mm左右,切开虫可见白色粒状物,在显微镜下可观察到梨形的线虫雌虫。严重感病的根比未感病的根短,侧根和根毛少,由于输导组织被破坏而呈畸形。植物水分和养分的运输受阻,植物的正常生理活动受干扰,因而地上部分生长衰弱。严重发病植株大部分当年枯死，个别的至次年春季死亡，如图 7-31 所示。

2. 病原

该病由根结线虫属（*Meloidogyne Goeld.*）的一些种引起。至 1976 年止，根结线虫属被命名的至少有 36 个种。世界上分布最广和最常见的根结线虫有：北方根结线虫，南方根结线虫，爪哇根结线虫，花生根结线虫。不同种的根结线虫有其不同的寄主范围。发生在我国浙江茶苗上的根结线虫主要是南方根结线虫与花生根结线虫。危害象耳豆树的象耳豆根结线虫，寄生在一球悬铃木根部的为悬铃木根结线虫。根结线虫的形态、大小，生活史、致病作用、生态特性见第一章生物性病原的相关部分。

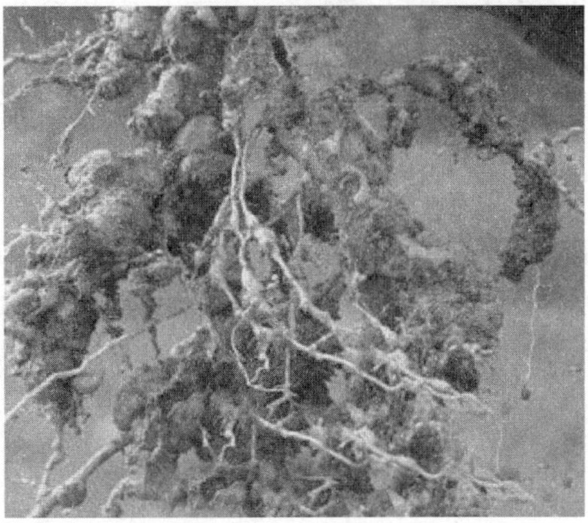

图 7-31　核桃根结线虫病

3. 发生发展规律

（1）越冬、传播与侵染

根结线虫的传播主要依靠种苗、肥料、农具和水流，以及线虫本身的移动。因具本身移动能力很小，所以其传播范围很难超过 30 ~ 70cm 的距离。雌虫在寄生植物根内或在土壤中产卵。大多数线虫是在土表面下 5 ~ 30cm 处，1m 以下线虫就很少了。但在种植多年生植物的土壤中，线虫分布可达 5m 或更深。卵在卵壳中可发育成两龄幼虫。两龄幼虫侵入合适寄生植物的根或其他地下部分，口针穿透细胞壁，从食道腺注入分泌液，引起植物导管细胞的膨胀，使其周围的细胞分裂加快，形成巨型细胞，并导致细胞壁的分解、细胞核扩大以及细胞质组成的变化。由于根细胞的过度增长而形成明显的虫瘿。

（2）影响病害发生发展的因素

线虫生存的最重要因素是土壤温度，其次是湿度。土壤结构对线虫的虫口密度也有重要影响。北方根结线虫适宜温度为 15 ~ 25℃，而爪哇根结线虫的最适宜温度为 25 ~ 30℃。超过 40℃或低于 5℃时，任何种的根结线虫都缩短其活动时间或失去侵染能力。当土壤干燥时，卵和幼虫即死亡。当土壤中有足够的水分并在土壤颗粒上形成水膜时，卵则迅速孵化。

不同植物对根结线虫的抗性存在明显差异。有的树种如栓皮栎、桃、紫穗槐、马尾松及杉等，对根结线虫有较强的抵抗能力，而梓树则易感病；在油橄榄品种中，佛朗多诺、贝拉特、卡林、希马拉长果、白橄榄最易感病。

4. 检疫防治方法

（1）检疫

加强检疫措施，防止病害蔓延。

（2）选好圃地和轮作

选用无根瘤线虫的土壤进行育苗。对曾发病的苗圃，根据根结线虫对寄主的专化性，选择合适的树种进行轮作。

(3)土壤消毒处理

用浪溴甲烷或氯化苦喷洒土壤,以杀死土壤中的线虫。用甲醛水处理土壤或用杀线虫剂(如威百亩、呋喃丹)等处理土壤,也能取得良好的防治效果。由于根结线虫的死亡温度为45℃,所以温室土壤或病苗用45℃蒸汽处理30~60min后,线虫存活数目显著减少。

(4)化学防治

在根结线虫的各项防治措施中,化学防治可达到立竿见影的效果。根结线虫的化学防治药剂包括化学杀虫剂和熏蒸剂。化学杀线虫剂主要有10%力满库颗粒剂、万强、威百亩、克线丹、胺线磷、1.8%爱福丁乳油等,杀线虫较有效,但易污染环境。熏蒸剂主要包括溴甲烷、碘甲烷和氧硫化碳。溴甲烷对大气臭氧层具有破坏作用,国际上已被禁用。

(5)生物防治

目前,生物防治已越来越被人们所重视。国内外利用细菌、真菌和放线菌防治根结线虫的研究很多,并取得了较好的防治效果。近年来,有大量研究表明,一些植物的提取物对根结线虫具有较强的控制作用。

(十七)沙枣褐斑病

1. 症状

沙枣是西北荒漠区造林的优良树种之一。大沙枣的果实又可食用,叶是很好的饲料。沙枣褐斑病是沙枣幼苗、幼林的重要病害之一,常引起提早落叶,植株生长衰弱,再加上白粉病的危害,常造成幼苗枯死。褐斑病的症状是病叶正面形成褐色或枯黄色,圆形或不规则形病斑。病斑常相互愈合,病斑上散生黑褐色的小点,埋于寄主组织中,此即分生孢子器。叶背面因密生白色丛毛,显褐斑,如图7-32所示。

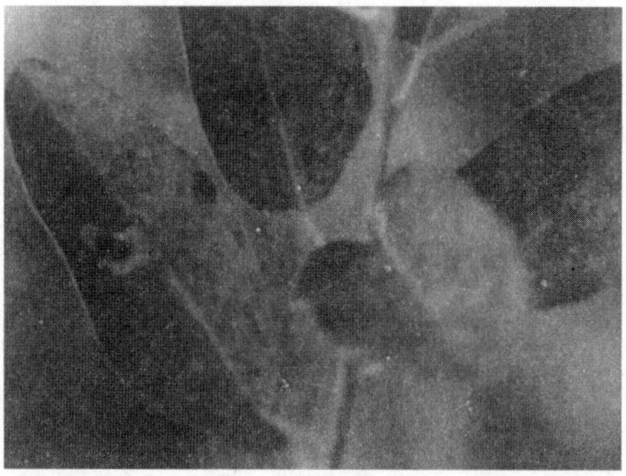

图7-32　沙枣褐斑病

2. 病原

此病由半知菌类沙枣壳针孢(*Septoria argyraea* Sacc)引起。分生孢子器埋于组织中,孔口稍突起并外露,分生孢子器呈球形或近球形。分生孢子梗不明显,分生孢子无色,柱形,有的不规则状弯曲,两端钝圆者较多,不缢缩。

3. 发生发展规律

病菌主要以分生孢子器在病落叶上越冬,翌年新叶萌发不久开始释放分生孢子,借风雨传播,侵染危害。7~8月份为发病盛期。以新疆灌溉农业的玛纳斯县为例,越冬后的分生孢子在新叶萌发不久就开始释放,每次灌水后就出现一次侵染。凡苗木密度大、不通风、灌溉次数多的发病就重。一年生苗距沙枣林带近或有两年以上生的留床苗,往往发病早而严重。

4. 防治方法

(1)圃地选择

苗圃地四周不要用沙枣做林带，不要在苗旁边育苗。

(2)增强树势

注意选栽抗病、抗寒、耐旱品系。不在坡梁沙地、盐碱地栽杨树。栽后及时浇水，防止干旱。修枝做到勤、弱、合理、适时，剪口平滑。

(3)减少侵染来源

及时清除生长弱的树木及重病株，修下的树枝要清理运出绿化区。

(4)药剂防治

发病前喷1:1:100波尔多液或50%代森锌可湿性粉剂250倍加水稀释液，75%百菌清可湿性粉剂600倍液或迟菌特500～800倍加水稀释液，每隔10～15天喷一次，共喷3次可减轻危害。

(十八)大叶黄杨白粉病

该病主要危害大叶黄杨、丝棉木、金边卫矛等，发病后，叶片和嫩梢布满白粉，降低了观赏价值。

1. 症状

初发病时，多为嫩叶的正面或嫩梢上散生白色小圆斑，边缘呈放射状，后病斑逐渐扩大，互相连接成不规则形，严重时整个叶片正面或背面形成边缘不清晰的白色粉层，呈毡状物，擦去白色粉层，可见黄色圆形斑。嫩梢染病，布满白粉并扭曲萎缩，不能正常展叶，如图7-33所示。

2. 病原

真菌，黄杨粉孢[*Oidium euonymijaponicae* (Arc) Sacc.]，属半知菌亚门、丛梗孢目、粉孢属。

3. 发病规律

病菌潜伏在芽内，或在温暖场所的病株上越冬。随风雨传播。连阴雨天湿度大的、背阴、潮湿、阴凉处，有利于该病的发生。夏季30℃以上高温，以及向阳处不利于该病的发生。栽植过密、修剪管理不善的绿篱发病较重，反之则轻。

图7-33　大叶黄杨白粉病

4. 防治方法

(1)管理措施

及时剪除落叶及受害枝梢，清扫落叶，将其集中深埋。定植时，注意密度合理，不要过大。合理浇水，注意通风除湿，防止湿度过大，减少发病的环境条件。

(2)药物防治

发病初期，用25%的粉锈宁可湿性粉剂500～1500倍、50%多菌灵可湿性500～800倍液或0.2～0.3波美度石硫合剂或70%甲基硫菌灵可湿性粉剂1000倍液等喷洒，10天喷

2～3 次，效果较好。

（十九）木麻黄白粉病

1. 症状

病菌侵害苗木的幼嫩小枝叶和嫩梢，病部上铺满白色粉状物，使小枝逐渐失绿变黄，严重感病的幼嫩部分扭曲、萎蔫或枯死，如图 7-34 所示。

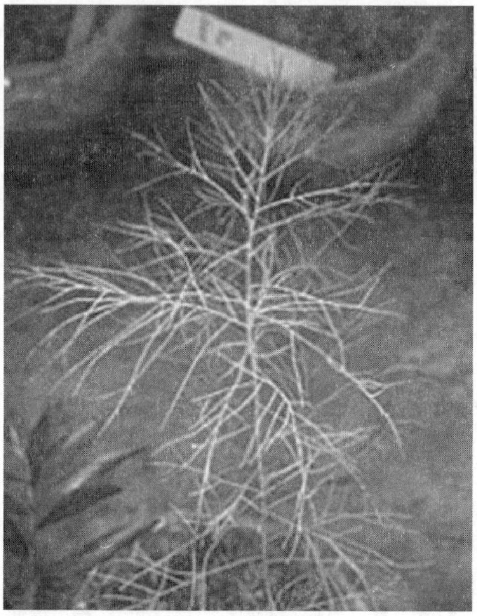

图 7-34　木麻黄白粉病

2. 病原及发病特点

木麻黄白粉病原菌属半知菌亚门丝孢纲丝孢目。病害主要危害 50cm 的苗木，大树则危害下部的萌芽条。一般春到夏初较常见，阴冷干旱的天气发病较严重。分生孢子借气流传播。移植苗栽植过密或通风不良，发病最重。

3. 防治方法

（1）加强圃地管理，合理密植

苗木不能过密，适时间苗。

（2）药剂防治

苗木发病前或发病后喷 30～50 倍液胶体硫，每隔 10 天喷一次，连续喷 2～3 次有较好的效果。

（二十）木麻黄青枯病

木麻黄是我国南方沿海各省重要造林树种，近年来由于青枯病的猖獗为害，大量枯死，不仅影响了当地人民的生活，对海防建设和气候条件的改善，也有一定的影响。本病在木麻黄整个生长期间都能为害，但成林的木麻黄经台风强烈的袭击后受害尤为严重。广东省惠来和潮阳两县在 1969 年的损失面积就达 4 万亩以上。枯病为木麻黄病害中亟待解决的问题。除木麻黄外，此病还发生在桉树、蝴蝶果、油橄榄和柚木等树种上。木麻黄不同的品种中，其抗病性也有一定的差异。

1. 症状

青枯病是一种维管束病害，发病症状可以分为青枯、半枯、黄萎、枝枯类型。植株感病后小枝退绿黄化凋落，枯枝枯梢多，树冠稀疏，根系腐烂，木质部变褐色；重病株树干出现黑褐色条斑，树皮常纵裂成溃疡状，病株显著矮化，坏死的根有水浸臭味。横切病根病茎之后，不久即有乳白色或黄褐色的细菌黏液溢出，这是诊断本病的重要依据，如图 7-35 所示。

2. 病原

（1）分类地位及形态

木麻黄青枯病菌为真细菌纲假单胞细菌目的青枯极毛杆菌（*Pseudomonas so-lanceayum*

E. F. Smith)。菌体短杆状,两端钝圆,大小为(1.0~2.2)μm×(0.5~1.0)μm,极端有鞭毛1~3根,革兰氏染色呈阴性反应,用石炭酸性品红染色,细菌两端着色,中间不着色。培养菌落初为乳白色黏液状,后渐变为黄褐色。

(2)病菌生态学特性

病菌生长发育温度为8~44℃,最适宜温度为37℃,致死温度为52℃下15min,pH值为5.9~8.8,最适宜pH值为6.6。

图7-35　木麻黄青枯病

3. 发生发展规律

试验证明,花生、烟草等作物的青枯病和木麻黄青枯病可以互相传染,因此,木麻黄青枯病的初次侵染来源,大都是带有细菌的花生、烟草、番茄和茄子等的病株。此外,老病株、伐株、农家肥料以及人为活动也会成为侵染来源之一。

病菌侵入的途径是伤口和气孔、水孔、皮孔等自然孔口。侵入后便在细胞间或维管束内扩展,一般向上比向下扩展快,经过一段时间后便出现症状。在潜育期中,细菌借分泌的酶来破坏细胞间的中胶层,使受病的细胞组织分离融解;或者借所产生的毒素,使受病组织的细胞质壁分离,引起组织坏死变色。病菌主要借风吹和水溅来传播。在台风暴雨后,病害往往随之流行而造成大量树木死亡,因强风不仅能将带菌雨滴传送到较远的距离,而且给树木造成许多伤口,增加了病菌入侵的机会。此外,木麻黄有根际连生现象,以致病菌可以从病株蔓延到健株上。青枯病细菌可以在土壤中存活10个月以上。在发生过青枯病的苗圃或林地,10~100cm深度的土壤中,均有病菌分布。有些病树伐后一年,残留在土壤中的病根尚未腐烂,仍有细菌溢脓。因此,在疫区重新种木麻黄,极易再度发病。病害主要发生在干旱的季节里。高湿虽有利于病菌的繁殖和积累,但“台风旱”使林木长势更为衰弱,构成病害流行的条件。一般病情最重的是干旱的沙丘地和保持水分能力差的粗砂地。

木麻黄品种不同,发病程度也不同,一般短枝木麻黄易感病,中长枝木麻黄较抗病。根据绿洲林场调查,中长枝木麻黄死亡率为9%,短枝木麻黄死亡率为24%。

4. 防治方法

(1)圃地选择

不宜在发生过木麻黄棚菊花、大丽花、花生等青枯病的地方育苗。如果必须在这些地方育苗,播种前将土壤翻晒数次,或用药剂如漂白粉或福尔马林进行消毒。

(2)加强抚育管理

适量施入粪尿和土杂肥、化肥等,以改善病株长势,增强抗病能力。在多雨季节,对病株的根颈部进行1/3环状剥皮(即剥去根颈的1/3环),宽2~4cm,待伤口干后即培土,可促进病株多长新根。

(3)淋海水防治

以上两年生木麻黄,每病株淋海水1~2担,淋后培土,淋2~3次对轻病株较有效,雨前和雨后淋效果更佳。沿海地势较低的地区,可以开沟引水灌溉,或利用海水涨潮筑坝储水灌溉。有电力条件的地方,可以抽水灌溉。

(4)加强苗木检疫

加强苗木检疫,严禁病苗出圃传入无病区。

(5)选育抗病品种

一般中枝木麻黄比普通木麻黄抗病,故栽植时选健壮苗木。

(二十一)泡桐炭疽病

1. 症状

泡桐炭疽病在泡桐是幼苗期较为严重的病害,常使泡桐播种育苗遭受毁灭性的损失。病菌主要危害叶、叶柄和嫩梢。叶片上,病斑为点状失绿,后扩大为圆形,褐色,周围黄绿色,直径约1mm,后期病斑中间常破裂,病叶早落。嫩叶叶脉受病,常使叶片皱缩成畸形。叶柄、叶脉及嫩梢上病斑初为淡褐色圆形小点,后纵向延伸,呈椭圆形或不规则形,中央凹陷。发病严重时,病斑连成片,常引起嫩梢和叶片枯死。在雨后或高温环境条件下,病斑上。尤其是叶柄和嫩梢上的病斑上,产生粉红色分生孢子堆或黑色小点。实生幼苗木质化前(2~4个叶片)被害,初期被害苗叶片变暗绿色,后倒伏死亡。若木质化后(有6个以上叶片)被害,茎叶上病斑发生多时,常呈黑色枯死,但不倒伏,如图7-36所示。

图7-36 泡桐炭疽病

2. 病原

(1)分类地位及形态

盘长孢刺盘孢引起本病。分生孢子盘,黄褐色,其分生孢子堆中混有刚毛,刚毛基部略膨大,向顶部渐细,有核隔,呈褐色。分生孢子梗一般为棒状,无色。分生孢子呈长椭圆形,微弯,单胞,无色,成时呈粉红色,孢子内有颗粒状内含物。

(2)病菌生态学持性

分生孢子萌发的最适宜温度是25℃,在35℃以上分生孢子仍有一定萌芽力;分生孢子在相对湿度80%以上时,方能萌发,最适宜萌发湿度在90%以上。病菌在苗木生长季节对泡桐幼嫩苗木具有高度的致病力。

3. 发生发展规律

(1)越冬、传播与侵染

病菌主要以菌丝在寄主病组织内越冬。第二年春,在温度适宜时产生分生孢子,通过风雨传播,成为初次侵染的来源。在生长季节中,病菌可反复多次侵染。病害一般在5~6月份开始发生,7月盛发。

(2)影响病害发生和流行的因素

病害流行与雨水多少关系密切,在发病季节,如高温多雨,排水不良,病害蔓延很快。苗木过密,通风透气不良也易发病。育苗技术和苗圃管理粗放,苗木生长瘦弱也会促进病害的发生。

4. 防治方法

(1)精选园地,避免连作

苗圃地应选择在距泡桐林较远的地方,要避免连作,如必须连作时,应彻底清除和烧毁病苗及病枝叶。

(2)减少初侵染来源

冬季要深翻土壤,以减少初次侵染来源。

(3)提高育苗技术

提高育苗技术,促进苗木旺盛生长,提高抗病力。

(4)药剂防治

发病初及时拔除病株,并喷1:1:(150~200)倍的波尔多液、65%代森锌500倍液或50%退菌特800~1000倍液,每隔10天左右喷一次。

(二十二)泡桐丛枝病

泡桐丛枝病是一种发生普遍,严重危害泡桐生长的病害,分布极广,一般发病率在20%~40%,严重地区达80%以上。感病的幼苗、幼枝常于当年枯死;大树感病后,常引起树势衰退,材积生长量大幅度下降,甚至造成死亡。

1. 症状

丛枝病是泡桐生长过程中最严重的一种病害。根据其症状可分为丛枝型和花变枝叶型。丛枝型为泡桐开始发病时,个别枝条上大量萌发腋芽(又称侧芽)和不定芽(除腋芽和顶芽外生长在其他部位的芽),抽生很多的小枝,小枝上又抽生小枝,抽生的小枝细弱,节间变短,叶序紊乱,病叶黄化,至秋季簇生成团,呈扫帚状(外观形似鸟窝),冬季小枝不脱落,发病的当年或第二年后小枝枯死,当大部分枝条枯死后会引起全株枯死。花变枝叶型为花蕾生长后变化为小枝小叶,其具体变化是花瓣变成小叶状,花蕊形成小枝,小枝腋芽继续抽生形成丛枝,花萼明显变薄,色淡无毛,花托分裂,花蕾变形,有越季开花现象,如图7-37、图7-38所示。

2. 病原

M10称类菌质体。在病树叶脉筛管中见到类菌原体质粒,大小为100~670nm,形多样。

3. 发生发展规律

类菌质体在泡桐的病株上,大量存在于韧皮部输导组织的筛管内,在病株内类菌质体主要通过筛板孔移动,而传染到全株。据观察,类菌质体在寄主体内运行,有秋季随树液流到根部，春季又会随树液流到上部的规律，现已证明烟草忙蝽和茶翅蝽是传染病害的介质昆虫。带病种根和苗木的调运是病害远程传播的主要途径。

图 7-37　泡桐丛枝病（一）

图 7-38　泡桐丛枝病（二）

4. 防治方法

（1）加强苗木管理

改善水肥条件，促进泡桐健壮生长，以提高泡桐的抗病能力。适当增施磷肥，少施钾肥。据试验观察，土壤中磷含量越高，丛枝病发病率越低，钾含量越高，发病越重。在生长季节不要损伤树根、树皮和枝条。

（2）修除病枝和环状剥皮

秋季发病停止后，树液回流前修除病枝；或春季树液流动前进行环剥，环剥宽度为被剥病枝处的径长。每年修枝一次，以 10 月中下旬为宜。

（3）药剂防治

用盐酸四环素治疗，疗效明显。取四环素（25 万单位）4 片，研成粉状，放入 1mL 盐酸和 10mL 水中溶解，溶化后再加入 90mL 水。对当年生苗木，应用注射法。用注射器将此药液注入树干基部髓心，苗高 0.5 ~ 1m，注药量为 10 ~ 20mL；苗高 1.5 ~ 2m 的，注药量为 20 ~ 30mL；平茬后苗高达 2m 的，注药量为 40 ~ 60mL。对 1 ~ 8 年生的幼树，应用根吸法。扒开与树枝对应的树根，选 2 ~ 3cm 粗的根剪断，插入药瓶口，封土，经 1 ~ 2 天即可。每株用药 100 ~ 200mL。施药时间以 5 ~ 6 月份为宜。如未愈，可重复施药 2 ~ 3 次。采插根的母树如患隐症，可将插根放入含四环素 1000 单位的 100mL 药液内浸泡 12h，取出晾干，两天后再插，5 年内有防治作用。

（二十三）金银花白粉病

20 世纪 60 年代开始由野生转为家种，现在从南到北，许多市县都有种植。白粉病是金银花上常见病害，全国各种植区广泛发生，危害严重。

1. 症状

白粉病主要危害叶片，有时也危害茎和花。叶病斑初为白色小点，后扩展为白色粉状斑，后期整叶布满白粉层，严重时发黄变形甚至落叶；茎部病斑褐色，不规则形，上生有白粉；

花扭曲，严重时脱落。生长在山丘地带的金银花，白粉病时有发生，主要危害新梢和嫩叶，严重时影响花枝新梢生长，削弱墩势，降低产量。被害后表面覆盖一层白色粉状物，即病原菌的菌丝和分生孢子。越冬病芽瘦小，芽鳞松散，先端鳞片张开，萌发较晚，新梢抽出慢，生长细弱，嫩叶瘦长，叶缘向上卷曲，布满白色粉状病菌，如图7-39所示。

图7-39　金银花白粉病

2. 病原

病原是[*Microsphaera lonicerae* (Dc.) Wint. in Rabenh.]又属于囊菌亚门真菌，子囊果散生，球形，深褐色，大小65~100μm；5~15根附属丝，长55~140μm，是子囊果直径的0.7~2.1倍，无色，无隔或具一隔膜，3~5次双分叉。子囊3~7个，卵形或椭圆形，大小(34~58)μm×(29~49)μm。子囊孢子2~5个，椭圆形，大小(16.3~25)μm×(8.8~16.3)μm。无性态为*Oidium* sp.菌丝体，叶两面表生，分生孢子梗直立，大小(50~94)μm×(7~10)μm，分生孢子2~3个串生，少数单生，椭圆形、筒形，向基型产生，大小(28~49)μm×(12~20)μm。

3. 发生发展规律

病菌以子囊壳在病残体上越冬，次年子囊释放子囊孢子进行初侵染，发病后病部又产生分生孢子进行再侵染。温暖干燥或株间荫蔽易发病。施用氮肥过多，干湿交替发病重。据植保站调查，4月28日在钟灵开始出现，5月18日白粉病病株率平均为8.9%，最高40.0%，5月30日平均为17.0%，最高为20%。

早春金银花发芽时，越冬菌丝随着嫩芽生长，迅速蔓延到新梢、嫩叶上。发病后菌丝体不断产生大量分生孢子，随风传播蔓延，直到秋末停止发展。该病在多雨潮湿季节或通风不良、低湿背阴、光照不足时发生。

4. 防治方法

(1)加强栽培管理

合理确定栽植密度，不要过密。注意修剪，增加通风透光性。增施农家肥，防止偏施氮肥。

(2)药物防治

用50%多菌灵可湿性粉剂500倍液、15%粉锈宁可湿性粉剂1500倍液喷雾，用50%胶体硫100g，加90%敌百虫100g或50%乐果乳油15g，兑水20kg，可兼治炭疽病。每隔7~10天喷一次，共喷雾2~3次。

(二十四)金银花斑点落叶病

1. 症状

感病叶片，初期在叶尖、叶缘，有时在叶面上出现数个失绿的淡黄色小点，并逐渐增多，相互联结,进而自叶缘变为褐色,外圈为黄色,并逐渐扩大,数个褐斑相连,整个叶片很快变为黄褐色脱落,如图 7-40、图 7-41 所示。

图 7-40　金银花斑点落叶病(一)

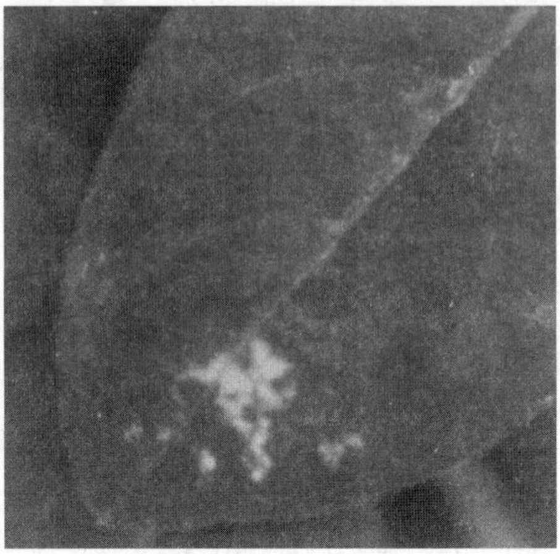

图 7-41　金银花斑点落叶病(二)

2. 病原

真菌,半知菌类链格孢(*Aitemana sp*)。

3. 发生发展规律

病菌以菌丝体在病落叶上或植病叶株上越冬,次年春天温湿度适宜时产生分生孢子,借雨水、气流传播,从气孔侵入,在生长季节植株上都可见到不同发病阶段的病叶,10 月下旬仍可造成落叶。春季雨水多,夏季阴雨连绵,秋季阴湿,发病常教重。

4. 防治方法

(1)管理措施

及时清除落叶,发病轻时摘除植株上的病叶,集中深埋。每年清扫落叶的次数视发病情况而定,但每年至少在初冬应清扫一次。

(2)药剂防控

发病初期喷洒 1∶2∶200 波尔多液或绿得保胶悬剂、77% 可杀得、75% 百菌清可湿性粉剂 800 倍液、36% 甲基硫菌灵悬浮剂 600 倍液等,每 15 天喷一次,视病情共喷 2 ~3 次。应于花后喷药。

(二十五)枸杞炭疽病

炭疽病在我国枸杞(*Lycium chinense*)产区有不同程度的发生。宁夏、甘肃一带,因属干旱地区,常年发病轻,损失不明显,病果率一般在 0.3% 以下。炭疽病流行年都发生在温暖且雨水偏多的年份,尤其在 4 ~6 月份异常多雨的年份,发病重,减产 3% ~20% ,感病品种可达 40% 以上。在山东、河北、吉林等引种区,炭疽病常大面积发生,常年减产 50% 左右,严重地区达 80% 以上。

1. 症状

枸杞叶、嫩枝、花、蕾和青果等部位均可受害,其中以果实为最重。早春受侵的叶尖或叶

图 7-42　枸杞炭疽病

缘出现半圆形的褐色斑，后扩大变黑，在潮湿情况下，病斑呈湿腐状，表面出现橘红色粘滴状小点，即病原菌的分生孢子堆。蕾、花和青果染病后，共同特点是初期都出现小黑点或不规则黑斑，严重时，病斑扩展，使整个蕾、花和果变黑坏死。在晴天或大气干燥情况下，病斑扩展较慢，有的直径仅 1 ~ 3mm。后失水凹陷，其上生有不明显的小突起，周围健康部位尚可变红，但质量降低。在阴雨天，或田间湿度大的条件下，病斑扩展迅速，2 ~ 3 天即可蔓延全果，表面出现无数胶状橘红色小点，即病原菌的分子孢子堆，如图 7-42 所示。

2. 病原

炭疽病[*Glomerella cingulata*(Stonem.)Spauld. et Schrenk]属于囊菌门真菌，称为小丛壳。无性态炭疽[*Colletotrichum gloeosporioides*(Penz.)Sacc.]称为胶胞炭疽菌，属半知菌类真菌。分生孢子盘生在病果表皮下，菌丝体在皮下组织的细胞间隙中集结，形成黑褐色的分生孢子盘，圆盘状，中间凸起，大小 100 ~ 300μm，刚毛少，后孢子盘顶开果皮及角质层，盘上生分生孢子梗棍棒状，大小(12 ~ 21)μm × (4 ~ 5)μm；分生孢子圆筒状，大小(11 ~ 18)μm × (4 ~ 6)μm。分生孢子萌发适宜相对湿度为 100%，湿度低于 75% 不萌发，在水中 24h 后大量萌发。

3. 发生发展规律

炭疽以菌丝体和分生孢子在枸杞树上和地面病残果上越冬。翌年春季主要靠雨水把黏结在一起的分生孢子溅击开后传播到幼果、花及蕾上，经伤口或直接侵入，潜育期 4 ~ 6 天。该病在多雨年份、多雨季节扩展快，呈大雨大高峰、小雨小高峰的态势。果面有水膜利于孢子萌发，无雨时孢子在夜间果面有水膜或露滴时萌发，干旱年份或干旱无雨季节发病轻、扩展慢。5 月中旬至 6 月上旬开始发病，7 月中旬至 8 月中旬暴发，危害严重时，病果率高达 80%。

山东北部在 5 ~ 6 月份，当日平均气温在 17℃ 以上，相对湿度在 60% 左右，每旬有 2 ~ 3 天降雨的条件下，田间即可发病。7 ~ 9 月份，日平均气温 17.8 ~ 28.5℃，旬降雨日大于 4 天，连续两旬的平均湿度大于 80% 时，田间的病果率猛增，出现第一次危害高峰。全年的发病高峰，在年最高旬降雨量时期。10 月份至初霜期，旬平均气温 9.2 ~ 14.5℃，此时为果实成熟期，但只要雨日大于一天，被害率仍会出现小高峰。

4. 防治方法

(1)加强栽培管理，增强抗病性

枸杞喜光，喜充足的肥水，较耐寒、耐旱、耐盐碱，萌蘖力强。要科学管理，合理修剪和排灌。冬季剪除病枝、病果，清除地面病残体，集中深埋，并结合深翻园地，增施腐熟的有机肥。6 月份雨季到来之前再清理一次树体和地面的病残体。夏季控制肥水，雨季及时排水降湿。发病期禁止大水漫灌，防止积水。栽植不要过密，疏除过密枝条，注意通风透光。

(2)药物防治

发病初期和雨季前,可喷杀菌剂。防治效果较好的药剂有:50%可湿性炭疽福镁,65%可湿性代森锌或45%复方百菌清的500倍液,50%可湿性退菌特1000倍液,45%代森铵水剂700倍液,40%可湿性灭菌丹300倍液,波尔多液(1∶1∶120)。以上药剂轮换使用,视病情轻重须连续喷药2~4次,间隔期7~10天。

(二十六)柳烂皮病

柳树烂皮病是一种毁灭性病害,又称腐烂病、臭皮病、出诊子,是枝干病害的一种。主要分布在我国东北、西北和华北地区。危害杨、柳属各树种,常引起幼树大量枯死。

1.症状

此病主要发生在树干及枝条上,表现干腐和枯枝两种类型。尤其是树杈和易受各种伤害的干皮最易发病。柳树受害后,初期病状在粗皮上不明显,在光皮上表现浅褐色微微肿起的块斑,斑稍软,含水多,病斑干缩下凹,有时边缘裂开。后期在病斑上生有小黑点,枝干皮层腐烂,遇雨由里边挤出乳白色黏稠液,遇空气渐变琥珀色,干后为橘黄色,先挤出的变干,后出的也渐渐干燥。边挤边干,形状似成卷须,或堆成大块,这卷须与大块是分生孢子堆。春季死皮层上布满这种橘黄色丝状物或橘黄色胶块,又称为分生孢子角。病后皮烂易与木质部分离。若枝条芽处环形腐烂时就产生枯枝,若树干环状烂皮就产生干腐症状。常造成枝枯,严重时整株死亡。翌年春季患病轻的杨、柳树比健株发叶迟一周多,发叶少或不发叶,发叶后也会因烂皮病加重而逐渐枯死,如图7-43、图7-44所示。

图7-43　柳烂皮病(近景)

图7-44　柳烂皮病(远景)

2.病原

柳树烂皮病是柳腐皮壳菌(*valsa salicina*)引起的真菌病害,分类归囊菌纲,球壳菌目,间座壳菌科,腐皮壳菌属的真菌,是林内习居菌,在一定条件下,初步获得弱寄生能力之后,才成为病原菌。平时它是最易见到的腐生菌。菌丝在树皮里过冬,来年继续生长。分生孢子器原系一个菌丝座,后在座中开腔,腔内多室互相通连,分生孢子呈香肠形,混在黏液中。当分生孢子器吸水膨胀产生压力时,即将分生孢子挤出,初为白色,氧化后为橘黄色,边挤边干逐渐形成一条卷须,称为孢子角。子囊壳是一个带颈的烧瓶状容器,埋生在菌丝与树皮组成的不完整的子座中,有的子囊壳就直接生在树皮中。子囊无柄,棱形,内有8个香蕉形的单孢子囊孢子,无色,两种孢子和菌丝都能在病树上过冬。

3. 发生发展规律

病原菌以菌丝和分生孢子器及子囊壳在病残体中越冬。翌年条件适宜时,成熟孢子借风雨传播,从伤口或死亡组织侵入寄主,病菌有一定的潜伏性,通常在皮层内能潜育6～10天。5～6月份是分生孢子器产生盛期,所以5、6月份发病多,病斑扩展迅速,7月份后病势渐缓,9月份基本停止。分生孢子和子囊孢子萌发的适宜温度为25～30℃。病菌孢子在雨后大量散放,过冬后显症状。病害的发生与树种、树龄、植株密度、方位等密切相关。植株长势弱易染病。品种中唐柳易感病。移植后返苗慢的受害重。

4. 防治方法

(1)选择抗病品种

培养健壮苗木,提高抗病能力。育苗时插条应储存在阴冷处,防止病菌侵染插条。营造半透风式林带,在迎风面行外栽小灌木保护。

(2)缩短假植期

加强幼树抚育管理,在移栽时减少伤根,移栽后及时灌足水,保证成活。加强栽培管理,科学修剪。春季干旱时,注意灌水,增强树势,提高树体抵抗力。

(3)病枝处理

对重病幼树应及时拔除,集中焚烧;对刮除的带病树皮进行深埋或焚烧,以清除病害侵染源;冬、夏两季对主干用生石灰加硫黄粉涂白;尽量减少伤口,对伤口封蜡或涂漆。

(4)药物防治

发病初期刮除病疤或对病斑部纵向划痕后,用治腐灵原液或石硫合剂晶体和"107"强力胶配成的30倍液涂刷病斑,或用50%多菌灵100倍液,或70%代森锰锌100倍液,或70%甲基托布津200倍液涂抹病斑,涂前先用小刀将病组织划破或刮除老病皮。涂药5天后,再用50～100ppm赤霉素涂于病斑周围,可促进产生愈合组织,防止复发。也可用10%双效灵10倍液喷干或涂干。每隔一周防治一次,连续防治2～3次。

(5)其他方法

也可用佰明98灵原液,10%特效杀菌王100倍液和石硫合剂涂抹。方法是:选择胸径10～15cm的柳树,树势中等,采取刮划包扎法,确定病树,找好病斑后刮去病皮或将病皮划成0.5cm宽纵条,再将健皮刮划1cm宽涂药。待药液干后,用黄泥覆在病斑上,厚度为5～6cm,超出病斑边缘5～10cm,贴紧树干,然后用塑料条缠紧绑牢。佰明98灵和特效杀菌王对腐烂病菌有良好的抑制作用,在生产中防治腐烂病可应用。另外,对腐烂病较轻的树木可用佰明98灵喷剂直接喷洒,效果也较好。

(二十七)核桃白粉病

1. 症状

受害叶片在叶背出现明显的块状白粉层,即病菌的菌丝,分生孢子梗及分生孢子。秋后，在白粉层上产生初为黄白色，后成黄褐色，最后变成黑褐色的小颗粒，即病菌的有性阶段闭囊壳，如图 7-45、图 7-46 所示。

图 7-45　核桃白粉病

图 7-46　核桃白粉病

2. 病原

引起核桃白粉病的有如下两种病原。

（1）棒球针壳（*Phyllactinia juglan-dis* Tao et Qin）

该病菌属子囊菌亚门不整囊菌纲，白粉菌目，白粉菌科，球针壳属。病菌的分生孢子呈倒卵形，单生于分生孢子梗的顶端。闭囊壳黑褐色，球形。闭囊壳外具有 5 ~ 18 根球针状附属丝。闭囊壳内有 5 ~ 45 个近圆形或长圆形的子囊，具短柄。子囊孢子 2 个，少有 3 个，呈椭圆形。

（2）木通叉丝壳属（*Microsphaera akebiae Saw.*）

该病菌属子囊菌亚门不整囊菌纲，白粉菌目，白粉菌科，叉丝壳属。其白粉层分布于叶面正反两面，但以叶背较多。闭囊壳球形，黑褐色，直径 94 ~ 126μm；附属丝呈叉丝状，5 ~ 14 根，分叉 2 ~ 4 次，子囊卵圆形或椭圆形，具短柄；子囊孢子椭圆形，4 ~ 8 个。

3. 发生发展规律

病菌以闭经壳在落叶上越冬，次春放出子囊孢子，借气流传播，进行初次侵染。在北方地区 6 ~ 7 月份开始发病，以分生孢子进行多次侵染，于 8 ~ 9 月份开始形成子囊壳，至 9 ~ 10 月份闭囊壳逐渐成熟，随病叶脱落，进入越冬阶段。温暖而干燥的气候条件下。常有利于病害的发展。氮肥过多，组织柔嫩，以及夏末秋初的新叶最易受害。苗木往往比大树发病严重。

4. 防治方法

（1）清除侵染来源

及时收集病落叶烧掉，以减少菌源。

（2）加强苗木管理

合理施肥，适量灌溉，防止苗木贪青徒长，减轻病害发生。

（3）药剂防治

在发病初期可用 0.2 ~ 0.3 波美度石硫合剂，或 50% 甲基托布津 1000 倍液，或 50% 退菌特可湿性粉剂 600 ~ 800 倍液进行防治，或用 25% 粉锈宁可湿性粉剂 1500 倍液，可获较好防治效果,特别对发病严重的单株要及时药剂治疗。

(二十八)苗木紫纹羽病

紫纹羽病又称紫色根腐病,可危害多种植物(森林植物、经济林植物、公路观赏绿化植物),如板栗、油桐、漆树、松、杉、柏、柳、杨、橡胶等,是农、林、果树上一种常见的病害。苗木受害,枯死很快,大树受害,生机渐衰,重病植株,根茎腐烂。

1. 症状

以板栗为例,紫纹羽病病状、病症都十分明显。该病主要发生在板栗的根和根茎部。发病初期,先危害须根,渐蔓延至侧根和主根,病部表面出现淡紫色疏松棉絮状菌丝体。以后菌丝又集成网状及绒膜状。前者为根状菌索,后者为菌丝膜。病根皮层先失去原有的颜色,呈现出黄褐色不定型斑状,直至变黑软化腐朽,皮层腐烂,易与木质部剥离。病根木质部开始表现为湿腐,先黄褐色,后变为紫色。病株地上部分呈现的症状表现为顶梢不抽芽,叶形变小、发黄、皱缩卷曲,最终枝条干枯死去。幼苗发病,有的在 2 ~ 3 个月内死去,大树染病需 1 ~ 10 年才能枯死,如图 7-47 所示。

图 7-47　紫纹羽病

2. 病原

紫纹羽病由担子菌亚门中的眷担子菌(*Helicobasidium inompa* Tanaka. Jacz.)所致。子实果平状,深褐色,松软,子实层平滑,淡红色;担子无色,圆筒形或棍棒状,向一方卷曲,有 3 个隔膜,担孢子无色,近圆形或肾脏形,顶端圆,基部细。病根表面的紫色菌丝集结为菌核,在没有发现有性阶段时,曾有人称菌核世代为紫纹羽丝核菌。

3. 发生发展规律

紫纹羽病是土传根病,浸染循环不明显。病菌以菌丝体、根状菌素或菌核随病根在土壤里越冬。菌核能抵抗不良环境,能较长期地存活于土壤内,待环境条件适宜时,菌核萌发产生菌丝体。菌丝集结组成的菌丝束能沿土壤缝隙或土表蔓延,遇林木根部可直接侵入。本病可通过病株的病根与健株无病根的接触而传播。此外,灌溉和农具等也可传播病害。病菌有时虽能产生孢子,但传播病害的作用不大。

紫纹羽病在整个生长季节虽能发病,但 7 ~ 8 月份是发病盛期。若土壤潮湿,排水不良,发病常较严重。

4. 防治方法

(1)加强管理

(2)清除侵染来源

进行消毒;注意排水,促进苗木生长;发现病株应及时挖出并烧毁。

(3)加强苗木管理

栽植或引进苗木时要严格检查,防止感病苗木通过运输而传播。对可疑的苗木要进行消毒处理。以1%波尔多液浸渍根部1h,或用1%硫酸铜液浸渍3h,或以20%石灰水浸0.5h,处理后要用清水冲洗根部,洗净后进行栽植。

(4)药物防治

病树的治疗处理,对于发病较轻的植株,可扒开根部土壤,找出发病部位,并仔细查清病根,然后用50%的代森铵水剂400~500倍液或1%硫酸铜溶液进行伤口消毒,最后涂波尔多液等保护剂。对于已经腐烂的根,把烂根切除,再施药液或撒施药粉。刮除的病斑、切除的霉根及病根周围扒出的土壤,都要带出绿化区,并换上无菌新土。应用的药剂种类依其浓度为:①五氯酚钠。用五氯酚钠的250倍液,大树每病株灌注50~75kg(紫纹羽病发病部位常较广,故用药量要多些)。②五氯硝基苯。70%五氯硝基苯以1:(50~100)的比例,与换入的新土混合,均匀地分层撒施于病根分布到的土壤,8~10年生大树,每株用药量为0.5kg左右;2~3年生小树,每株用药量为50~150g。对将要死亡的树木,挖出树木并集中消除残根,病穴土壤可浇灌150倍五氯酚钠或者撒施石灰粉消毒。

(二十九)白纹羽病

白纹羽病是许多针阔叶树种(包括森林植物、经济林植物、公路观赏绿化植物)上常见的一种重要根病。被害寄主种类有:板栗、榆、核、云杉、冷杉、落叶松、银杏、苹果、泡桐、垂柳、腊梅、雪松、五针松、大叶黄杨等,草本植物有芍药、风信子、马铃薯、蚕豆、芋等。白纹羽病能侵染苗木和成年树木,被害植株常因病枯萎死亡,对苗木的危害更为严重。该病菌能长期潜伏在土壤内,一旦发生很难根除。

图7-48 白纹羽病

1.症状

白纹羽病病状、病症都十分明显。该病发生在根部,最初须根腐烂,以后扩展到侧根和主根。被害部位的表层缠绕有白色或灰白色的丝网状物,即网状菌索。病根皮层极易剥落,皮层内有时见到黑色细小菌核。在潮湿地区,菌丝体可蔓延至地表,里内色蛛网状,有时在根部死亡后,在皮层表面出现暗色粗糙斑块,上面长出刚毛状分生孢子。病株地上部分症状,初期表现为叶片变黄、早落,接着枝条枯萎,最后全株死亡。苗木发病后,几周内即枯死。大树受害后可持续存活较长时间,如不及时处理,数年内终将死亡,如图7-48所示。

2.病原

白羽病的病原为褐座坚壳[*Rosellinia necatrix*(Hart.)Berl.],属子囊菌亚门核菌纲,球壳菌目,座坚壳属。病菌的无性态形成孢梗束,具横隔膜,上部分枝,顶生或侧生1~3个分生孢子;分生孢子无色、单泡、卵圆形,易自孢子梗上脱落。老热菌丝在分节的一端膨大,以后形成圆形的厚垣孢子。菌核黑色,近圆形,有性态形成子囊壳,但不常见。子囊壳黑色,球形,顶端具有乳头状突起;子囊圆柱形,有长柄;子囊内有 8 个子囊孢子,排成一列;子囊孢子呈单孢,暗褐色,纺锤形。繁殖器官要在植株全部腐朽后才产生。

3. 发生发展规律

白纹羽为土传根病,侵染循环不明显。病菌以菌核和菌索在土壤中或病株残体上越冬。在生长季节,最先侵害植株的细根,使其腐朽,以至消失,以后逐渐侵染粗大的根。传播的主要方式是靠病根、健根的相互接触。病原菌虽能产生孢子,但在病害传播中的作用不大。土壤潮湿的环境条件对病害发生有利,所以土壤黏重、排水不良、低洼积水的地段,发病较重。此外,栽培管理不良,植株生长衰弱也有利于病害发生。

4. 防治措施

(1)苗圃地选择

避免选择低洼潮湿或排水不良土壤作圃地。

(2)合理施肥

苗木施肥时,应避免氮肥施用过多。

(3)轮作育苗

发病严重的苗圃地,应休闲或改种禾本科作物或豆科植物,5 ~6 年后再进行育苗。如经济条件许可,也可在消除病苗后用土壤消毒剂进行土壤处理,继续育苗。

(4)药剂消毒

引进苗木时,选择健壮无病的苗木栽植,对可疑苗木,可用 20% 石灰水或 1% 硫酸铜溶液浸渍 1h,进行消毒后栽植。

(5)药物防治

药剂防治必须要早,间隔 6 ~7 天,连续 3 ~4 次,防治效果达 60% 以上,在根部土壤灌注 70% 五氯酚钠可湿性粉剂 250 ~300 倍液,防治效果为 60%;也可以在病根周围洒 40% 五氯硝苯基 8 ~9g/m^2,防治效果为 68%;或者在病根周围洒 70% 甲基托布津可湿粉剂原粉每株 8g,防治效果达 62%。严重病株(一般指 1/2 以上死亡的植株),及时挖出并及时烧毁。周围土壤用 50% 代森铵水剂 100 ~150 倍液或 40% 五氯硝基苯粉剂 50 ~100 倍或 70% 甲基托布津可湿性粉剂 800 ~1000 倍液,或用石灰粉消毒,防治效果达 60%。

(三十)杨柳树水泡溃烂病

杨树溃疡病是杨树上的重要枝干病害,该病危害苗木和幼树,也能危害大树。轻则影响生长,重则引起枯梢,甚至整株死亡。

1. 症状

病害主要发生在树干和主枝上,病斑多发生在树干基部 0.2 ~2.5m 高度范围内。感病植株多在皮孔边缘形成近圆形水泡状溃疡斑,直径 0.5 ~1.5cm。泡内充满淡褐色液体,水泡破裂,液体流出后遇空气变为黑褐色,并残留在病斑处。最后病斑干缩下陷,中央有一纵裂小缝。后期病斑上长出许多针头状黑色小点,为病菌分生孢子器。受害严重的植株,树干上病斑密集,并相互连片,病部皮层变褐腐烂,植株逐渐枯死,如图 7-49、图 7-50 所示。

图 7-49 杨发病初期症状

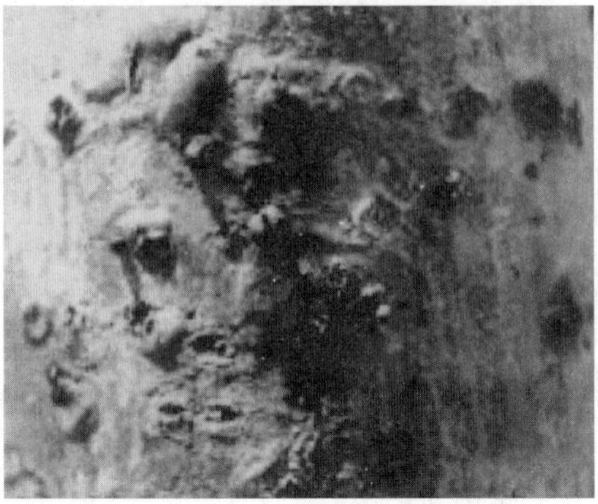

图 7-50 毛白杨中期症状

2. 病原

病原菌为群生小穴壳菌[*Dothiorella gregaria* Sacc.],属半知菌亚门球壳孢目,小穴壳属。有一生态为茶藨子葡萄座腔菌[*Botwosphaerio ribis* (Tode) Gross et Dugg.],属子囊菌亚门葡萄座腔菌属。

3. 发生发展规律

病菌以菌丝在寄主体内越冬,翌年春天气温升到10℃以上,菌丝开始活动,杨树表皮出现明显的病斑。分生孢子及子囊孢子也可在病组织内越冬。孢子借风雨传播,主要通过伤口侵入,也可由皮孔或自表皮直接侵入。病害潜育期为一个月左右。4 月上旬开始发病,5 月中下旬至 6 月初达到发病高峰,7 ~ 8 月份病势减弱,9 月中旬至 10 月中旬再次出现高峰,10 月下旬逐渐停止发展。

病菌具有潜伏侵染的特性,在 2 ~ 3 年生枝条上潜伏侵染最多。春季移栽的苗木和幼树不久即发生溃疡病,这并非为移栽定植后受当年侵染所致,而是苗木上年在苗圃生长期中已被侵染带菌之故。春季造林,正是树木开始生长、树液流动时期,此时树木本身需要大量水分和养分,而杨苗从起苗、运输、假植到定植过程中会失掉大量水分,如果定植后不及时灌水和管理,必然导致生理机能失调,树势衰弱,抗病能力降低,诱发潜伏的病菌活动,致使苗木表现症状而发病。

杨树树皮含水量越小,发病率越高。在假植、运输、移栽过程中,树皮失水越多,移栽后灌水不及时,往往发病越重。树势衰弱的植株易发病,生长健壮的发病少。

4. 防治方法

(1)管理措施

适地适树,随起苗随栽植,避免假植时间过长。在起苗、假植、运输和定植过程中,应避免伤根和损伤干部皮层。定植后,应及时浇水,以促进苗木成活。可用塑料薄膜覆盖,或用吸水剂保持土壤水分,保证成活率,减少发病。苗木和种条是重要传播途径,带病苗木应严禁出圃,插条可用多菌灵 100 倍液浸泡 2 ~ 3h,进行消毒处理。

(2)药剂防治

发病期间可喷洒50%多菌灵可湿性粉剂200倍液,或70%甲基硫菌灵可湿性剂200倍液。或80%抗菌素“402”200倍液,或5%菌毒清水剂100倍液,若用以上药剂涂刷病部效果更好。秋季防治效果好于春季,应以秋季防治为主,秋、春结合防治以提高防治效果。

(三十一)银杏叶枯病

此病在广西、浙江、江苏、山东等银杏集中产区有不同程度的发生。一般在老产区发病严重。凡靠近水杉树栽培的银杏植株发病较为严重,而且雌株的发病率高于雄株。感病的植株,轻者部分叶片提前枯死脱落;重者叶片全部脱光,从而导致树势衰弱,生长发育不良。

1. 症状

发病初期常见叶片先端变黄,6月份黄色部位逐渐变褐枯死,并由局部扩展到整个叶缘,呈褐色至红褐色的叶缘病斑。其后,病斑逐渐向叶片基部蔓延,直至整个叶片变成褐色或灰褐色,枯焦脱落为止。7～8月份病斑与健康组织的交界明显,病斑边缘呈波纹状,颜色较深,其外缘部分还可见较窄或较宽的鲜黄色线带。9月份起,病斑明显增大,扩散边缘出现参差不齐的现象,病健组织的界限也渐不明显。此外,9～10月份在苗木或大树基部萌条的叶片在不定部位上产生若干不规则的褪色斑点,中心呈褐色,这些斑点虽不明显扩大,但常与延伸的叶缘斑相连合,如图7-51所示。

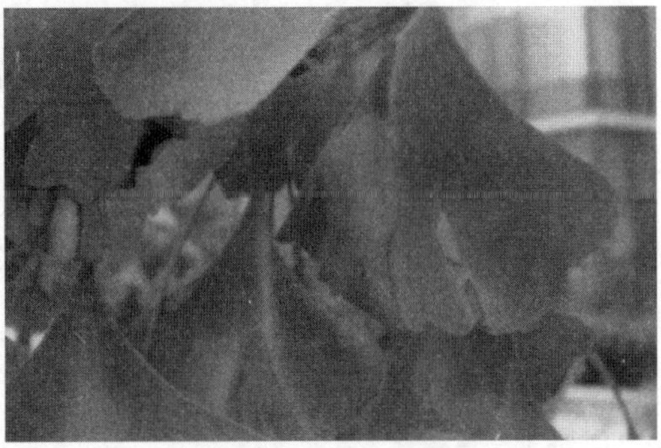

图7-51　银杏叶枯病

2. 病原

银杏叶枯病病原菌比较复杂。银杏叶枯病是由3种病原真菌侵染引起的。但是它们在寄生性、致病性以及出现时间、数量等方面皆存在着一定差异。链格孢病菌[*Alternaria alternata*(Fr.) Keissl.]对银杏健康叶或黄化叶都有明显的致病性。并且不论在那一个发病时期,它在病叶上出现的数量均占绝对优势,因此,可以认为链格孢是该病害的主要病原菌。围小丛壳[*Glomerella cingulata*(Stonem.)Spauld. et Schrenk]对健康叶、黄化叶也都具有较强的致病性。但是,从整个发病时间段来看,该病菌仅在9月份较多出现,其他月份较少。为此,可将它视为次要的病原菌。银杏盘多毛孢(*Pestalotia ginkgo* Hori)只能危害黄化叶。就出现的数量而言,它比围小丛壳病菌还要少,至10月份才明显增加。

3. 发生发展规律

银杏叶枯病的发生与多种因素有关,如树龄、立地条件、栽培管理措施等。在苗木上,病害多半于6月上旬开始出现,而在幼树和大树上,通常发生较迟。病害的盛发期为8～9月份,10月分逐渐停止。但也有个别特殊情况,如1988年在江苏丹阳市内所见,数百年生古银杏两株,5月份明显感病,6月中旬已大量落叶,冠部枝条裸露。在土层浅薄、下土板结、低凹易积水的地段上栽植;或在基肥不足、地下害虫危害猖獗的圃地上育苗;当起苗伤根、定植窝根等情况下,则叶枯病发生均较严重。据田间普遍调查认为,凡出现上述因素的地方,都可能导致银杏根系发育不良,生长受阻,甚至根腐。这类植株在春季展叶一个月后,就会表现为早期黄化。不久,黄化株大多首先感病。而叶色正常、长势好的植株,一般较迟感病,并且受害程度亦相对轻微。另外,在野外调查中还发现,凡与感染赤枯病的水杉林或行道树相邻近的银杏,常常较远离水杉的银杏植株感病重,其原因可能是两种病害在不同寄主上能够相互感染,以致加重了对各自的危害。经室内显微观察和接种试验,银杏叶枯病菌链格孢和水杉赤枯病菌链格孢形态基本一致,应属于同一个种。它们对水杉(*Metasequoia glyptostroboides*)、银杏(*Gingko biloba*)两种寄主都有明显的致病性。大树较苗木抗病,另外根部积水造成根系腐烂或树势衰弱也能导致发病早而严重。一般来说,施基肥的较施追肥的感病轻;冬季施肥的较春季施肥的发病率低。

4. 防治方法

(1)加强管理,增强树势

对于结果大树要提倡冬季施肥,防止积水,适时修剪,通风透光。防止银杏与松树、水杉间作。提高苗木质量,减少缓苗期,增强苗木的抗逆性。

(2)化学防治

发病前喷施托布津等广谱性杀菌剂,或6月上旬起喷施40%多菌灵胶悬剂500倍液,或90%疫霜灵1000倍液,每隔20天喷一次,共喷6次,可有效地防止此病发生。

(三十二)竹叶锈病

1. 症状

竹叶锈病在竹产区各种竹种均有发生,特别近年来在四川的杂交竹幼苗上发生严重。可侵染成竹、幼苗,叶上不产生坏死性病斑,而在叶背面产生黄褐色突起的孢子堆;叶褐色、失绿,严重时叶片萎蔫、卷曲、下垂,生长不良,如图7-52所示。

图7-52　竹叶锈病

2. 病原

该病由担子菌亚门冬孢菌纲锈菌目的柄锈属的锈菌(*Puccinia spp.*)引起。性孢子器球形,生在表皮细胞下,锈孢子堆破皮而出,有杯状或圆柱形的包被;锈孢子串生,球形或椭圆形,壁无色,有小孔。夏孢子堆周围有侧丝或无侧丝,成熟后破皮而出为褐粉状;夏孢子单生于柄上,近球形、椭圆形或倒卵形,有小刺。冬孢子堆生寄主表皮下,熟后破皮而出,冬孢子双细胞,每个细胞有一芽孔。

3. 发生发展规律

竹叶锈病是四川杂交竹引种区较严重的病害,但转主寄主不详,通常在5~8月份发病,竹苗密集、湿度大的圃地发病较严重。竹叶锈病的苗圃往往伴随黑痣病、煤污病的发生。成年竹叶锈病的发生往往是幼苗锈病的继续。

4. 防治方法

(1)加强苗圃管理

适当密植,改善植株通风条件。

(2)清除侵染来源

及时收集病落叶烧掉,以减少菌源。

(3)喷药保护和治疗

在生长季节喷 1:1:100 倍波尔多液或 0.1～0.2 波美度石硫合剂或 15% 粉锈宁 800～1000 倍液 2～3 次,可控制锈病的发展。严重时可喷洒 20% 粉锈宁可湿性粉剂 2000 粉剂,95% 敌锈钠 300～500 倍液等,每 10 天喷一次,视病情连喷 2～3 次。

(三十三)菟丝子害

1. 病原

菟丝子又名无根藤、金丝藤,属于旋花科,菟丝子属于一种攀援的草本植物,没有根,不能从土壤中吸收水分及养分,其叶退化为鳞片,细胞中没有叶绿素,全靠寄生生活。菟丝子主要危害栽培和野生植物的幼苗及幼树,如图 7-53所示。

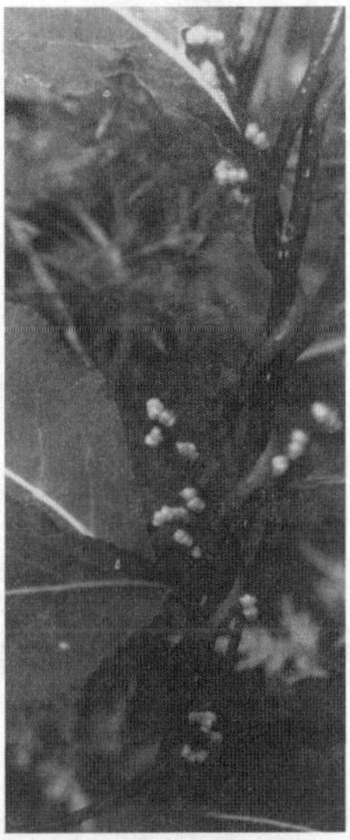

图 7-53 菟丝子害

常见的菟丝子有以下两种:

(1)日本菟丝子

茎粗状达 2mm,分枝多,具黄白色而有突起的紫斑;尖端及其下面 3 个节上有退化成鳞片状的叶;花萼碗状,有红紫色瘤状斑点;花冠管状,白色,3～5mm,有裂片;蒴果卵圆形。种子 1～2 粒,平滑,微绿色至微红色。

(2)中国菟丝子

茎较日本菟丝子纤细,直径 1mm 以下,黄色。果内种子 2～4 粒,寄主以草本植物为主,但也能危害木本植物的幼苗。

2. 分布与危害

菟丝子以其茎蔓缠绕在寄主植物(如小叶榕、一串红等)的茎、叶上,不断产生吸器固定并伸入茎、叶的细胞内吸取营养,造成寄主植物矮小、衰弱、叶片黄化以致枯萎。

菟丝子危害具有普遍性、广泛性和持久性,其主要为危害植物的幼苗和幼树,全国各地均有分布,常寄生在多种公路绿化植物上。危害轻时,则使花木生长不良,危害行道树、绿篱和花坛中植物,影响观赏。危害重时,花木和幼树可被缠绕致死。1～2 年生花卉及宿根花卉中,一串红、金鱼草、早菊、菊花等在天津、呼和浩特、乌鲁木齐、济南等地受害严重,扶桑、榆叶梅、玫瑰、珍珠梅、紫丁香等花灌木在个别地区受害亦严重。我国广西壮族自治区南部有12科22种树木被菟丝子寄生，其中台湾地区相思树、千年桐、木麻黄、小叶女贞、人面果及红花羊蹄角等16个树种受害严重，受害率一般达30%。20世纪70年代中期，新疆玛纳斯平原林场的榆树幼年林，受害率达80%以上，致使榆树大片死亡，而不得不毁林改种其他作物。2012年，四川省遂宁市、内江市等地亦发现菟丝子害，主要危害植物有小叶榕、小叶女贞、蔷薇等，因发现及时，防控处理得当，危害较轻。

3. 发生发展规律

在自然条件下，种子成熟后蒴果开裂落入土中或随风吹到远处，过冬后到次年夏初时才萌发。日本菟丝子菌发时胚根伸入土中，胚芽脱种壳而伸出地面，有时将种壳顶出地面。根端呈圆棒状，不分枝，周生许多细短的绒毛，状如一般植物的根毛。地上部分生长极快，每天可伸长1～2cm。在与寄主建立寄生关系之前不分枝。伸长以后尖端3～4cm的一段带有显著的绿色，具有明显的向光性。迅速伸长的幼茎自由地旋转，而且触物敏感，当碰到植物茎叶时就绕茎2～3圈。并在与寄主接触处形成吸根，此时茎的伸长暂时停止。当吸根形成后，茎的顶端继续迅速伸长，并在先端与寄主接触处再次形成吸根。当幼茎与寄主植物建立寄生关系后，下面部分便湿腐或干枯。菟丝子吸根的维管束细胞在寄主组织中发展，并借以获得必需的有机物质。茎不断分枝迅速缠绕植物，以至满覆整个树冠，似黄色的“狮子头”。菟丝子的断茎在生长季节中可起传播作用，如果断颈具有腋芽，可发育成新的植株。

4. 防治方法

(1)林业技术防治

受害严重的苗床每年播种前进行深翻，以深埋菟丝子的种子，使之不能发芽。在春末夏初检查田地，发现菟丝子立即清除，以免扩展。

(2)物理防治

①深翻。对已发病地区的花圃、苗床必须在播种前进行深翻，使菟丝子种子深埋土中，使其来年不能发芽。

②减少“桥梁寄主”。清除地面杂草及攀缘性寄生植物，减少中间的“桥梁寄主”。

③清除。在管理过程中，无论是园林工作者，还是群众，一经发现菟丝子应立即向园林管理部门报告，同时积极参与到清除菟丝子的行动中来，将清除下来的菟丝子进行焚烧深埋，春末夏初时节尤其是防止菟丝子危害扩展蔓延。

④种苗检疫。因菟丝子的种子可随花木种子和苗木的调运远距离传播，因此加强植物检疫也是不可忽视的防治手段之一。

(3)化学防治方法

①在菟丝子种子萌发高峰期，喷洒1.5%五氯酚钠和2%扑草净，或二硝基铵盐均有效，间隔25天喷一次，共喷3次。

②在危害期喷生物制剂“鲁保1号”50倍液，在喷药时要注意尽量避开雨天，于雨后阴天喷洒效果更好。

(4)生物防治

“鲁保1号”生物制剂是一种毛炭疽菌制品，每亩用量1.5～2.5kg，雨后阴天边行边喷洒,特别是喷药前打断蔓茎,造成伤口效果更好。

(三十四)毛白杨皱叶病

毛白杨皱叶病分布于山东、河南、河北、北京、山西、陕西、甘肃、新疆等地。主要危害毛白杨,也可危害山杨、青杨。从苗木到大树均可受害。

1. 症状

叶片被害后,皱缩变形,肿胀变厚,卷曲成团,呈紫红色,形成大小球状,似鸡冠,故名皱叶病。在一个芽中几乎所有叶片常都受害。春季当冬芽开始舒展后,即表现出病状,一般被害芽较健康芽展叶较早。以后随着叶片的生长,皱叶亦不断增大。直到 6 月份以后,被害叶片逐渐干枯,呈"锈球"状,悬挂在树上,若遇大风,则大量脱落,如图 7-54 所示。

图 7-54　毛白杨皱叶病

2. 病原

该病是由节肢动物门、蛛形纲、蜱螨目、瘿螨科、瘿螨属的一种四足螨(*Eriophyes dispar* Nal.)引起。成螨黄褐色,体圆锥形,长 125μm,宽 27.5μm,具有多数环纹。近头部有两对软足。腹部细长,尾部两侧各生有一根细长的刚毛。卵椭圆形,光滑,无色透明,直径 40 ~ 50μm。幼螨体形比成螨小,体色浅,环纹不明显。若螨形似成螨,体色浅,呈乳白色至浅黄色,体壁环纹不明显。

3. 发生发展规律

四足螨在毛白杨冬芽鳞片间越冬。据调查,由顶芽向下数第 1 ~ 11 个芽受害最多,占被害芽总数的 89.7%,尤其集中在第 5 ~ 8 个芽中;第 19 个芽以上,已基本无被害芽。调查中还发现,绝大多数枝条上只有一个冬芽被害,少数枝条为 2 ~ 3 个。由于四足螨在冬芽内越冬,因此病害可随苗木的调运作远距离传播。风能否作为传播媒介,尚需继续研究。定期镜检皱叶病,当皱叶刚一出现,即可见到越冬的成螨,5 月中旬可见到大量四足螨,肉眼观察,在病叶上像一层土黄色的粉状物。不同类型的毛白杨单株受害程度则不相同。发芽较迟、枝条细长或弯曲的植株,被害严重。雄株普遍受害,雌株尚未发现被害者。

4. 防治方法

(1)管理措施

幼树发芽后,摘除病芽,集中烧毁或埋入土中,可收到良好的防治效果。

(2)药物防治

在发芽前喷 5 波美度的石硫合剂。5 月中旬至 6 月上旬,当四足螨大量出现时,喷一次 0.2 波美度的石硫合剂,或 50% 久效磷 1000 ~ 1500 倍液。

(三十五)杨柳树腐烂病

杨柳树腐烂病又称杨柳树烂皮病,是公园、绿地、行道树和苗圃杨柳树的常见病和多发病。常引起行道树大量枯死,新移栽的杨柳树发病尤重。该病主要危害杨树、柳树,也能危害榆、槭、樱、桑树、接骨木、花楸和木槿等。

1. 症状

杨柳树腐烂病主要发生在树干及枝条上,表现为干腐及枯梢两种类型。干腐型主要发生在主干、大枝及树干分杈处。发病初期病部呈暗褐色水渍状病斑,略为肿胀,病部皮层组织腐烂变软,用手压之有水渗出。之后病斑失水,树皮干缩下陷,有时呈龟裂状。病斑边缘明显,在病斑上长出许多针头状小突起(病菌分生孢子器),潮湿或雨后自针头状小突起中挤出橘红色胶质卷丝状物,此即病菌的分生孢子角。得病组织皮层变成暗褐色,糟烂,纤维细胞分离,并易与木质部分开。腐烂部位有时可深达木质部。当病斑迅速扩展并绕枝干一周时,由于输导组织被破坏,因而导致病部以上枝条枯死。病斑在粗皮树种上表现不明显。枯梢型主要发生在1~4年幼树或大树枝条上。发病初期呈灰暗色,病部迅速扩展,环绕枝干一周后枝条便死亡,如图7-55、图7-56所示。

图7-55 杨柳树腐烂病(一)

图7-56 杨柳树腐烂病(二)

2. 病原及发病特点

病原菌为污黑腐皮壳菌(*Valsa sordida* Nit.),属子囊菌亚门,球壳菌目,黑腐皮壳属。无性态为金黄壳囊孢菌[*Cytospora chrysosperma* (Pers.) Fr],属半知菌亚门,球壳孢目,壳囊孢属。

病菌以菌丝、分生孢子器及子囊壳在病组织内越冬。翌年春天,越冬孢子借风、雨和昆虫等媒介传播,自伤口侵入。每年3~4月份开始发生,5~6月份为发病盛期,7月份后病势渐趋缓和,至9月份基本停止发展。

腐烂病的病原菌是死养生物,只能侵染生长不良、树势衰弱的树木,因此,树木移植后腐烂病发生最严重。树体内的含水量与病害有密切关系,树皮含水量越高,发病就越少。土壤瘠薄、春季干旱、夏季发生日灼伤、冬季受冻害等均易诱发此病。

3. 防治方法

(1)栽培管理

实行合理的栽培管理措施,促进树木生长,增强树势,提高抗病力,是防治本病的有效途径。①因地制宜选用适应性强的杨树品系用于绿化和造林;②移栽时避免伤根太多或碰伤树干,栽后及时浇水,保证及时成活;③科学整枝,修剪应在冬季进行,剪口要平滑,对病枝、枯枝要特别注意清除。春、夏季随时检查,发现病株、病枝及时清除;④对风景区及行道树,春、秋时节进行树干涂白,以防灼伤和冻伤,减少虫伤。

(2)药剂防治

发病初期,可用27%灭腐灵可湿性粉剂20倍液,5%菌毒清水剂50倍液,843康复剂或腐必清原液涂干,涂药前先用小刀将病斑彻底刮除或将病斑组织划破,然后再涂药消毒杀菌。涂药后5天,再用50~100g赤霉素涂于病斑周围,可促进产生愈合组织,阻止病斑复发。

(三十六)石竹枯萎病

1. 症状

感病部位变黄褐或褐色干腐,很快向上蔓延,茎干收缩,剖视木质部可见黄褐或紫褐色腐烂。病株地上部分叶片失去光泽,变软,靠根颈处的叶片首先枯黄下垂。病情发展迅速,植株很快枯萎。病菌若从植株一边侵入,则先表现半边枯萎。环境潮湿时.在根茎腐烂处可见色丝状物,此为病菌的子实体,如图7-57所示。

图7-57　石竹枯萎病

2. 病原

病原菌为半知菌亚门丝孢纲,瘤座孢目(*Fusarium dianthi* Prill. et Del.),子座呈苍白色或紫色,大型分生袍,呈镰刀形,无色,一端较直,一端稍弯曲。多数有3个隔膜或5个隔膜;小型分生孢子卵圆形或椭圆形,单胞,无色;厚垣孢子顶生或间生,球形。

3. 发生发展规律

该病属于真菌性病害。病菌在病株上或随病残体在土壤中越冬,除带菌土壤外,田间带病的插条及分根苗也是该病的重要初侵染源。常发生于4~6月,病菌在植株残体或土壤中营腐生生活,当气候条件适宜时,便产生分生孢子,以风雨、灌溉水传播,多从伤口侵入危害。病菌可在扦插时由伤口侵入或从根部直接侵入,然后进入维管束,引起地上部症状。发病呈点片状分布。病菌借灌溉水和土壤、扦插转移传播。在高温、高湿环境条件下病情扩展迅速而且严重。幼株比老株抗性差,植株施氮肥过多、生长嫩弱容易感病,春夏间阴雨连绵、土温较高、植株盆内积水,环境荫蔽,则发病较重。

4. 防治方法

(1)土壤消毒

栽植前消毒土壤,用20%甲基立枯磷乳油1200倍液或95%绿亨1号精品3000倍液。

(2)清除侵染来源

重病株应即拔除,轻病株可将感病茎枝用分株法除去,并彻底清除残根,换盆换土。

(3)药剂防治

发病初期浇灌70%甲基硫菌灵湿性粉剂800倍液加50%福美双可湿性粉剂800倍液,20%甲基立枯磷乳油1000倍液,50%溶菌灵可湿性粉剂800倍液,绿亨2号3000倍液。也可在原盆花中淋灌0.5%高锰酸钾,或3%硫酸亚铁,或70%敌克松500倍液。

(三十七)紫荆角斑病

1. 症状

叶上病斑初为褐色,圆形,多集于边缘,随后病斑连片扩展成不规则大斑,严重时叶片大部分甚至全部变为褐色枯死。后期病部组织上产生黑色小点,如图7-58、图7-59所示。

图7-58 紫荆角斑病(一)

图7-59 紫荆角斑病(二)

2. 病原

病原为紫荆尾孢(*Cercospora chionea Ell.* et Ev.),属半知菌亚门尾孢属真菌。病菌以菌丝体或分生孢子在残落的病叶中越冬,翌年5月份温、湿度适宜时产生分生孢子进行初始侵染,并不断引起再侵染。一般植株下部叶片先发病,逐渐向上部叶片蔓延。植株生长不良时易发病,秋季多雨时发病严重。

3. 发生发展规律

病原菌以菌丝体或分生孢子器在病落叶上越冬。次年春天产生分生孢子,借风雨传播,侵染紫荆新叶。植株过密,通风不良时,发病常较重。

4. 防治方法

(1)管理措施

秋后彻底清扫落叶,集中深埋,是治本措施。

(2)药剂防治

于发病初期喷洒 1:1:200 波尔多液,或 77% 可杀得可湿性粉剂等,每 10~15 天喷一次,共喷 2~3 次。或选喷 50% 甲基硫菌灵可湿性粉剂 1000 倍液,50% 多菌灵可湿性粉剂 1000 倍液,65% 代森锌可湿性粉剂 500 倍液等,视情况喷洒 2~3 次,每次相隔 10 天。

(三十八)山茶褐斑病

1. 症状

该病主要危害叶片、叶芽和花蕾。病菌多从叶片和苞片边缘侵入,初期病斑呈黄褐色,在扩大过程中颜色逐渐转深,最后为赤褐色的不规则大斑。花芽的苞片色较浅。病斑内缘有深褐色的隆起线,与健部界限明显。后期病斑表面散生许多清晰的灰暗色小粒点。严重受害的叶片、花蕾脱落。

2. 病原

该病由半知菌亚门腔孢纲球壳孢目(*Phyllosticta camelliaecola Brun*)引起。病斑上的灰暗色小粒点是病菌的分生孢子器。分生孢子器呈球形或扁球形,埋生于病组织上突破表皮而外露;分生孢子呈纺锤形或长椭圆形,无色,单胞,大小长 5~6μm,宽 2~3μm。

3. 发生发展规律

病菌以菌丝体及分生孢子器在山茶花病叶或落叶上越冬。第二年产生分生孢子,分生孢子借风雨、浇水等传播。此病在天津多发生在 6~9 月份,在广州多发生在 3~10 月份,高温干燥的气候条件有利于病害的发生。

4. 防治方法

(1)清除侵染来源

及时清除病叶、落叶,消除越冬病原。

(2)加强栽培管理

合理增施肥料,适当增施磷、钾肥,促使植株旺盛生长,以增强抗病力。

(3)喷药防治

在花蕾形成期间,应加强喷药保护,用 600~800 倍的百菌清效果较好,也可用 1:1:100 波尔多液喷洒,70% 甲基托布津可湿性粉剂 1000~1500 倍液,或 65% 代森锌可湿性粉剂 600 倍液。每隔 10~15 天喷一次。

(三十九)杜鹃花褐斑病

杜鹃花褐斑病是杜鹃花的常见病,在我国各地发生较为普遍,尤以广州、武汉、南京、沈阳、合肥、苏州等地发病严重。

1. 症状

病叶上初生红褐色小点,逐渐扩展成近圆形,或受叶脉限制为多角形病斑,直径 1~5mm,黑褐色;中央有时灰白色,边缘不明显。病斑叶表面色深而背面色浅,叶缘的病斑可以相互联结,潮湿时多在病部表面生灰黑色霉点,如图 7-60 所示。

2. 病原

杜鹃花褐斑病原菌为丝孢纲丝孢目的杜鹃壳针孢。病斑上的灰黑色霉点是病菌的子座和分生孢子。分生孢子呈淡褐色,1～4个隔膜。分生孢子着生于分生孢子梗顶端,鞭状,顶端较尖,稍弯曲,成熟后多分隔。

图7-60　杜鹃花褐斑病

3. 发生发展规律

该病为杜鹃花的一种主要病害,危害叶片,由杜鹃尾孢菌引起。病菌以菌丝块在病叶或植株残体上越冬,第二年温度适宜即生成分生孢子,借雨水或风传播,孢子飘落叶上,遇露水或水滴便产生芽管,侵入叶片组织,一般4～7月发生较重。露天栽培的杜鹃一般从4～5月份开始发病,至12月份病害才停止蔓延,高温、潮湿、多雨的环境易导致病害的发生和流行,梅雨季节发病较重。杜鹃花喜酸性土壤,在微碱性和排水不良的黏质土壤地区,杜鹃长势弱,易于发病。

4. 防治方法

(1)加强圃地管理

摘除病叶,通风透光,避免湿度过大,清除地下或盆内落叶,集中烧毁。注意植株通风透光,控制湿度,并增施有机肥及氮磷钾混合肥,增强植株抗侵染能力。应适当加施硫酸亚铁,尤其是对偏碱性土壤。需保持土壤湿润、疏松,忌积水。

(2)药物预防

植株展叶时,喷洒波尔多液每半月一次,连续喷3～4次。杜鹃开花前后用70%甲托1000倍液,50%多菌灵可湿粉剂500～800倍液喷洒预防,每周一次,连续2～3次。

(3)药剂治理

发病期间喷50%多菌灵可湿性粉剂500～800倍液,或50%托布津800～1000倍液,也可用1:1:100波尔多液喷洒。

(4)选择优良品种

选用抗病品种,这是防治该病的有效途径,因为杜鹃花对该病的抗性与其品种密切相关。一般说来,西鹃较易感病,如"天惠""锦凤"极易感病;"贺之祝""白御幸锦"抗病中等;而"南极""欢天喜地""五宝绿珠"则相当抗病。

(四十)石楠黑斑病

1. 症状

病菌主要侵染石楠叶片,病害严重时病叶干枯脱落,造成树势衰弱。初期病斑褐色,扩展病斑半圆形或不规则形,灰褐色,边缘暗褐色;后期病斑干枯,着生黑色粒状物(病原菌子实体)。一般植株下部叶发病重,如图7-61所示。

2. 病原及发病特点

病原来自半知菌类盘多毛孢,病原菌以分生孢子、菌丝在寄主植物病残体上越冬。病菌可直接从伤口、虫口及皮孔处侵入。6 月份开始发病,8 ~9 月份为发病盛期,发病严重时 10 月份叶片大量脱落。栽植密度大,通透性差,树势弱发病重。

图 7-61 石楠黑斑病

3. 防治方法

(1)栽培技术防治

加强栽培管理,及时清理和销毁病残体,清除落叶,减少病源。

(2)药剂防治

发病初期开始,选用保护剂 80% 大生 M-45 可湿性粉剂 600 ~800 倍液,70% 百菌清可湿性粉剂 800 倍液,1∶1∶200 的波尔多液,与治疗剂 70% 甲基硫菌灵可湿性粉剂 1000 倍液,12.5% 腈菌唑乳油 4000 倍液,25% 戊唑醇乳剂 2000 ~2500 倍液等交替喷雾防治。

(四十一)紫薇褐斑病

褐斑病也是公路绿化植物上广泛发生的一种病害,在紫薇生长季节常常发生。褐斑病发生严重时常常会导致植物叶片大量枯黄、脱落,影响观赏和开花。

图 7-62 紫薇褐斑病

1. 症状

叶片感病初期出现针头状小突起,渐扩大为圆形斑点,直径 2 ~8mm,紫褐色至褐色,病斑外围渐褪绿,但中央附近仍为深色,如出现多个病斑,全叶很快变黄脱落。病部两面着生丛状小霉点,如图 7-62 所示。

2. 病原

紫薇褐斑病原菌属丝孢纲丝孢目。病斑两面长出的丛状小霉点,即病菌的分生孢子梗和分生孢子。分生孢子梗束状,色淡,无横隔,不分枝;分生孢子呈倒棍棒形或圆筒倒棍棒形,常弯曲,色极淡,有隔膜,但不甚明显。

3. 发生发展规律

病菌以分生孢子梗或菌丝块在病叶上或随病落叶在土壤中越冬,次年通过分生孢子进行初始浸染和再浸染,并借气流或风雨传播蔓延。高温、高湿气候环境有利于发病,6 ~11 月份均有发生,树木下部比上部受害重。温度高、湿度大的 7 ~8 月份有利于病害的发生和流行。在高温多雨,尤其是暴风雨频繁的年份或季节易暴发此病,通常下层叶片比上层叶片易感染。

4. 防治方法

(1)加强栽培管理,增强抗病性

紫薇喜光,喜温暖气候,有一定耐旱力,不甚耐寒。宜栽植于肥沃、湿润而排水良好的石灰性土壤中,不宜长时间渍水。大苗移栽需带土球。在生长期要经常保持土壤湿润,早春施基肥,5～6 月份施追肥,以促进花芽膨大,以保证后秋多开花。冬季整形修剪,剪除徒长枝,重叠过密枝,使枝条分布均匀,冠形完整。栽植不宜过密,注意通风透光。

(2)药剂防治

发病初期喷洒 1% 波尔多液,或 75% 百菌清可湿性粉剂 600 倍液,50% 多菌灵可湿性粉剂 500 倍,灰锰氧 1500 倍液或用 0.3～0.5 波美度石硫合剂。大面积发生时喷药防控,可选用 1∶1∶100 波尔多液,75% 百菌清可湿性粉剂 600～800 倍液,50% 多菌灵可湿性粉剂 500 倍,65% 代森锌可湿性粉剂 500 倍液等,每隔 10～15 天施药一次,连施 2～3 次。

(3)减少侵染来源

摘除病叶,烧毁或深埋土中,减少初始侵染来源。

(四十二)紫薇白粉病

白粉病是一种世界性病害,寄主十分广泛,紫薇是它的一个重要侵害对象。紫薇白粉病在我国栽有紫薇的省份普遍都会发生,发病后常使紫薇叶片枯黄、脱落,直接影响树势和观赏效果。

1. 症状

白粉病是一种真菌性病害,主要危害叶片,并且嫩叶比老叶容易被侵染。该病也危害枝条、嫩梢、花芽及花蕾。发病初期,叶片上出现白色小粉斑,扩大后呈圆形或不规则褪色斑块,上面覆盖一层白色粉状霉层,后期白粉状霉层会变为灰色。花受侵染后,表面被覆白粉层,花穗畸形,失去观赏价值。受白粉病侵害的植株会变得矮小,嫩叶扭曲、畸形、枯萎,叶片不开展、变小,枝条畸形等,严重时整个植株都会死亡,如图 7-63 所示。

图 7-63　紫薇白粉病

2. 病原

半知菌亚门丝孢纲丝孢目引起紫薇白粉病,未见有性世代。叶片上白色粉层即为病菌的分生孢子梗和分生孢子。分生孢子单个顶生,第一孢子成活后第二孢子才开始发生,孢子呈长圆形。

3. 发生发展规律

病原菌以菌丝体在病株休眠芽内或以子囊壳在病部越冬,翌春产生分生孢子或子囊孢子,借气流传播,侵染新梢和新叶,再侵染花器。一般4～5月份间开始发病,6月中下旬较重,高温的7～8月份较轻,入秋后又趋严重。秋季白粉层中产生黑色小点粒。栽植地闷热、湿度大、植株过密、通风透光不良时有利于发病,组织幼嫩时发病常较重。一般下部萌生的新条易感病,嫩叶较老叶易感病。每年秋末至翌年夏初此病发生,湿冷、闷热的天气,栽植过密,通风不良的环境发病较重。高温季节病害便停止发生。

4. 防治方法

(1)药剂防治

冬季喷洒1～3波美度石硫合剂,以消灭越冬病原。发病后喷0.2～0.3波美度石硫合剂或1%波尔多液、胶体硫30～50倍. 每10天喷1次,共2～3次。病重地区,于早春树液开始流动前喷洒1～3波美度石硫合剂1次。发病初期选喷:1∶1∶100波尔多液,77%可杀得可湿性粉剂,15%粉锈宁可湿性粉剂1000倍液,70%甲基硫菌灵可湿性粉剂1000倍液,80%代森锌可湿性粉剂500倍液等,每10～15天喷一次,视病情喷洒2～3次。

(2)加强管理

加强管理,栽植密度适当,不宜过密,以利于通风透光,剪除成树基部萌蘖条。盆栽紫薇应及时摘除病叶,并将盆花放置于通风透光处。对病叶勤喷洒清水,洗掉表面部分病菌,可收到一定防病效果。

(四十三)紫薇煤污病

煤污病又称煤烟病,在我国各地公路绿化植物上普遍发生。不仅影响紫薇的观赏价值,而且会影响叶片的光合作用,导致植株生长衰弱,提早落叶。

1. 症状

侵害紫薇主要是在其遭受紫薇绒蚧和紫薇长斑蚜危害以后,以它们排泄出的黏液为营养,诱发煤污病菌的大量繁殖。发病后病株叶面布满黑色霉层,不仅影响紫薇的观赏价值,而且会影响叶片的光合作用,导致植株生长衰弱,提早落叶。紫薇煤污病的病原菌也是属于真菌类,不过煤污病的病原菌种类很多,同一植物上可染上多种病菌,其各自症状也略有差异,但黑色霉层或黑色煤粉层是该病的重要特征。煤污病主要侵害叶片和枝条,病害先是在叶片正面沿主脉产生,后逐渐覆盖整个叶面,严重时叶片表面、枝条甚至叶柄上都会布满黑色煤粉状物;这些黑色粉状物会阻塞叶片气孔,妨碍正常的光合作用,如图7-64所示。

图7-64　紫薇煤污病

2. 病原及发病特点

真菌，常以无性型出现，无性阶段为半知菌亚门的散播烟霉。菌丝暗褐色，串珠状，蒲伏于叶面。分生孢子形态多样，单胞、双胞或砖格状。分生孢子器竖立，长棍棒状，淡褐色，单胞，长3～4μm，宽2～3μm。分生孢子器也有近球形的，直径为49～70μm。

病原菌以菌丝、分生孢子在病叶、病枝上越冬，借风雨、气流、昆虫传播。以紫薇绒蚧及紫薇长斑蚜排泄物为营养，此两种虫害大发生后，易诱发煤污菌大量繁殖。高温高湿、通风透光差易于流行。紫薇栽培区普遍发生，尤其是近几年紫薇绒蚧为害重，导致紫薇煤污病发生严重。感病后，叶片和枝梢表面覆盖一层煤烟状物，阻碍光合作用，导致叶片早落，影响生长、开花和观赏。该病还危害瓜叶菊、牡丹、绣球、玉兰、苏铁、山楂等。

3. 防治方法

(1)药物防治

及时防治紫薇绒蚧及紫薇长斑蚜，是预防该病发生的关键。可选喷50%杀螟松乳油1200倍液，40%氧化乐果乳油1000倍液，80%敌敌畏乳油1500倍液，50%三硫磷乳油1500倍液等，还可用松脂合剂15倍液防控蚧虫。

(2)加强管理

栽植不要过密，尤其是不要将紫薇栽植紧邻其他大树或大树阴下，摘除病叶烧毁或深埋土中，减少初侵染来源。

(四十四)月季叶斑病

1. 症状

病菌多从叶尖、叶缘侵入。发病初期出现紫红色小点，逐渐扩大为圆形或不规则斑块。病部呈轮纹状突起，褐色，中心灰白色，边缘较红褐色，后期病部两面散生一些丛状小霉点，如图7-65、图7-66所示。

图7-65　月季叶斑病(一)

图7-66　月季叶斑病(二)

2. 病原

夹竹桃褐斑病菌(*Cercosporaneriella Sacc.*)，属半知菌亚门丝孢纲丝孢目。病部上丛状小霉点即病原菌的子座，分生孢子梗和孢子。子座深褐色，直径33～150μm；分生孢子梗聚成密束,色淡,有 0 ~3 个隔膜;分生孢子圆筒形,有 1 ~5 个隔膜。

3. 发生发展规律

病菌以菌丝体在病叶上越冬,次年条件适宜,产生新的分生孢子,靠风雨传播。孢子萌发后多从伤口侵入危害。一般每年 2 ~6 月发生。苗木生长过密和纤弱、留床苗缺乏管理等情况下发病较重。

4. 防治方法

(1)加强管理

栽植不宜过密,注意排除积水,清除地上落叶,减少侵染来源。

(2)药剂防治

发病初期用多菌灵 800 ~1000 倍液或 50% 甲基托布津 500 ~800 倍液喷雾,连续 2 ~3 次或用 0.3 ~0.5 波美度的石硫合剂,有良好效果。

(四十五)日本樱花花叶病

1. 症状

樱花感病后,新梢较健株的为短,尤以秋梢明显,表现为新梢短缩。叶部症状因寄主种类、品种、病毒种类、感病程度不同而异,叶片上出现花叶、斑驳、扭曲、卷叶、丛生等。常见的有:①网纹型。病叶沿叶脉失绿黄化,整叶呈网纹状;②镶边型,病叶的边缘锯齿及其附近组织黄化;③斑驳型。病叶上出现大小不等,形状不定、边缘清晰的鲜黄色病斑,后期病斑都常坏死;④花叶型。病叶上出现较大块的深绿、浅绿色变,边缘不甚清晰;⑤环斑型。病叶上生鲜黄色环状或近环状纹,环内仍呈绿色。

在自然状态下,各类型症状常在同一株上、甚至同一叶上混合发生,重病株叶片变褐坏死、扭曲、皱缩,甚至早落。植株矮小、花少而小、坐果少、果小、成熟期参差不齐等,造成减产,严重时主枝或整株死亡,如图 7-67、图 7-68 所示。

图 7-67　日本樱花花叶病(正面)

图 7-68　日本樱花花叶病(背面)

2. 病原及发生特点

病毒种类多,主要有樱桃叶斑驳病毒(*Cherry mottle leaf virus*)、苹果褪绿叶斑病毒(*Ap-*

plechlorotis leaf spot virus)、樱桃锉叶病毒(*Cherry rasp leaf virus*)、樱桃扭叶病毒(*Cherry twisted leaf virus*)、樱桃小果病毒(*Cherry little cherry virus*)、樱桃锈斑驳病毒(*Cherry rusty mome virus group*)、核果坏死环斑病毒(*Prunus necrotic ringspot virus*)等。

该病为全株性病害,病毒主要靠嫁接传播,接穗或砧木带毒,都可形成新的病株。病毒常混合侵染,靠蚜虫、叶蝉、线虫、花粉、种子、嫁接传毒。具有前期潜伏、潜伏侵染及高温隐症等特性。

3. 防治方法

(1)加强病树管理

对成年发病较轻的植株加强水肥管理,增施农家肥,适当重剪,增强树势。对丧失开花能力的重病树和未结果的病幼树,及时刨除,改植健树。

(2)加强检疫

拔除病苗、病树销毁。每年至少在苗圃地检查 2 次(5 月、9 月),发现病苗随时拔除,严防病苗调运并进入造林地。不调运、不栽植病株。

(3)防控虫害

及时防控蚜虫、叶蝉等,并可喷洒花保水剂 100 ~ 150 倍液等。

(4)药剂防控

春季发病初期,喷洒 1.5% 植病灵乳剂 l000 倍液或 20% 盐酸吗啉胍 · 铜可湿性粉剂(毒克星,原名病毒 A)4000 倍液,Ts 制剂,83 增抗剂 1000 倍液,7.5% 克毒灵水剂 700 倍液,10% 病毒王水剂 500 倍液,3.85% 病毒必克可湿性粉剂 700 倍液等,每隔 10 ~ 15 天一次,连喷 2 ~ 3 次。

(四十六)垂柳锈病

垂柳锈病分布于内蒙古、河北、河南、辽宁、吉林、黑龙江等省(区),台湾地区也有发病的报道。此病主要危害幼苗及幼树,导致生长期大量落叶,严重时引起嫩枝枯死,对幼苗、幼树生长影响很大。1988 年在呼和浩特地区,2 年生垂柳发病严重,发病率达 100% 。除垂柳(*Salix babylonia*)外,病菌还侵染旱柳。

1. 症状

病菌主要危害叶片和嫩枝,叶背面开始出现直径 0.2 ~ 0.3mm 的小斑点,以手触之,即有大量鲜黄色粉末附在手上,这是夏孢子堆。嫩梢上的斑点长形,较大。秋末,鲜黄色斑点逐渐转为黄褐色,即冬孢子堆,病斑也较大。严重的病叶卷曲,早枯脱落,如图 7-69、图 7-70 所示。

2. 病原

病原菌是拟鞘锈栅锈菌(*Melampsora coleosporioides* Diet.)为转主寄生的长循环型锈菌,在紫槿上产生性孢子和锈孢子,在垂柳上产生夏孢子、冬孢子和担孢子。性孢子器扁平或球形,埋生于寄主表皮下,(18.6 ~ 43.5)μm × (11.4 ~ 21)μm。性孢子椭圆形或球形,无色,(1.7 ~ 2.3)μm × (1 ~ 2)μm。病部上有黄色的粉状物即病菌的夏孢子堆和冬孢子堆,夏孢子椭圆形，壁粗糙；冬孢子圆柱形，赤褐色、壁顶部增厚，多发生在6～11月，以秋季最普遍。实生苗及插条苗栽植过密时则发病较重。

图7-69　垂柳锈病(一)

图7-70　垂柳锈病(二)

3. 发生发展规律

在内蒙古地区越冬的冬孢子，于4月下旬遇雨水或潮气萌发产生担子和担孢子，东北地区则稍晚。借风力传播到紫槿上，萌发产生芽管由气孔侵入，7～10天后形成性孢子和锈孢子。锈孢子借助风力传播到垂柳叶片上，萌发后由气孔侵入叶内，7～13天产生夏孢子堆。夏孢子可以反复多次侵染垂柳。8月下旬，垂柳病叶上形成冬孢子堆，以后随病叶落地越冬。越冬后的夏孢子不能萌发。

垂柳锈病发生的早晚、轻重与当年的湿度有很大关系。在呼和浩特，5～6月间开始发病。空气湿度高的年份发病早而严重。所以，苗木密度大、通风透光不良、浇水次数太多或降雨多的年份，病害发生严重。另外，凡是距转主寄主较近的垂柳，发病也较重。

1～2年生苗木最易受害。幼叶受侵染后不但潜育期短，而且发病也重。在同样条件下，展叶6天的幼叶接种夏孢子后，潜育期为7天，展叶30天的潜育期达13天。随着苗木年龄的增大，其抗病性会增强。

4. 防治方法

(1)合理密植

播种育苗或插条育苗时，栽植不宜过密。要结合锄草松土，铲除林内外的转主寄主，及时间伐和剔除长势不良的植株，使群体结构保持合理的生态配置。

(2)药剂防治

发病初期喷1:3:200倍波尔多液1～2次保护。发病盛期喷0.2～0.3波美度的石硫合剂，或0.3%～0.4%氨基苯磺酸钠，或25%萎锈灵可湿性粉剂200～400倍液1～2次，可减轻病情。

（四十七）木棉斑点病

1. 症状

1～3年生苗木受害较重，造成叶片穿孔、早落。病菌危害叶片，发病初期叶片出现褐色小点、渐扩展为圆形、近圆形或相互连成不规则的病斑，直径1～20mm，中部褐黄色至淡灰色，有时出现不甚明显的云纹，边缘黑褐色。病部两面着生橄榄至灰色绒毛状物，即病菌的子实体，后期有些病斑穿孔，叶脱落，如图7-71所示。

图7-71　木棉斑点病

2. 病原

半知菌亚门丝孢纲丝孢目引起木棉斑点病，子座埋生于寄主表皮下，呈褐色，由少数细胞构成，直径28～56μm；分生孢子梗束生，褐色，末端色淡，有分隔、直或屈曲成膝状；分生孢子无色，针状平截，多分隔，但不甚明显。

3. 发生发展规律

此病严重发生在4月下旬至6月下旬，以后逐渐减弱。病菌以子座和菌丝在病落叶中度过不良环境，次年产生分生孢子进行初次侵染，在病叶上不断产生孢子，借风雨传播，扩大危害，温暖潮湿的天气有利于病害蔓延，生长势纤弱的苗木，有利于病菌的侵入。

4. 防治方法

（1）选择圃地

避免在发生过此病的地方育苗。

（2）合理疏植，增施磷肥

适当疏植，以利于通风透光施磷肥，可提高植株抗病力。

（3）药剂防治

发病期间喷洒1%波尔多液或0.5%代森锌，或0.01%～0.05%苯莱特液，效果较好。

（四十八）黄栌白粉病

黄栌白粉病是危害黄栌的主要病害之一，该病主要发生于在北京、山东、河北、河南、陕西、四川等地，其中北京、西安的黄栌发病最严重。黄栌受害后，叶片褪绿，花青素受破坏，因而叶片不变红而呈灰黄色或污白色，失去观赏性，引起早落叶，这是该病对黄栌最大的危害。发病严重时，嫩梢也受害，连年发生树势削弱。

1. 症状

主要危害叶片，也危害嫩枝。叶片被害后，初期在叶面上出现白色小斑点，后逐渐扩大为近圆形白色粉霉斑，严重时霉斑相连成片，叶正面布满白粉。8月底以后白粉层上陆续生出先变黄、后变黄褐、最后变为黑褐色的颗粒状子实体(闭囊壳)。秋季叶片焦枯,不但影响树木生长,而且受害叶片秋天不能变红,影响观赏红叶,如图7-72所示。

图7-72　黄栌白粉病

2. 病原

病原为真菌,漆树钩丝壳(*Uncinulavericiferae*),属子囊菌亚门、白粉菌目、钩丝白粉菌属。

3. 发生发展规律

病原菌以闭囊壳在落叶上或枝条上越冬,亦可以菌丝形式在芽内越冬。翌年夏初闭囊壳吸水开裂放出子囊孢子,菌丝体直接产生分生孢子进行初传染,生长季节以分生孢子进行再传染。一般5～6月降雨早,发病亦早,反之则延迟。7～8月降雨量的多少,决定当年病害的轻重,黄栌白粉病多从植株下部叶片开始发病,之后逐渐向上蔓延。发病初期至8月上旬,病情发展缓慢,8月中旬至9月上、中旬,病情发展迅速。

黄栌白粉病由下而上发生。病斑首先出现在1m以下枝条的叶片上,之后逐渐向树冠蔓延。黄栌植株根部往往萌生许多分蘖,幼嫩组织多,下部叶片离越冬菌源最近。植株密度大,通风不良发病重;生长在山顶的树比生长在窝风的山谷中的树发病轻;黄栌生长不良发病重;分蘖多的树发病重。

4. 防治方法

(1)加强管理

秋季彻底清除落叶,剪除有病枯枝,就地销毁或运离病区,地面喷撒硫黄粉,以消灭越冬病原。加强肥水管理,增强树势,以增加抗病力;清除近地面和根际周围的分蘖小枝,能减轻或延缓病害发生。

(2)药剂防治

发病初期喷洒1次20%粉锈宁800～1000倍液,有效期可达两个月,或喷洒70%甲基托布津1000～1500倍液数次。4月中旬在地面上撒硫黄粉,黄栌发芽前在树冠上喷洒3波美度石硫合剂。

(四十九)樱花褐斑穿孔病

樱花褐斑穿孔病发生普遍,除危害樱花外,还侵染梅花、樱桃、碧桃等核果类观赏树木。发生严重者,受害叶片孔洞密集,叶片残缺不全,提早脱落,影响植株正常生长和观赏。

1. 症状

该病主要为害叶片,也侵染嫩梢和果实。通常树冠较下层老叶先发病,逐渐向树冠上部扩展。叶片发病,初期在叶正面出现针尖大小的紫褐色小斑点,逐渐扩大形成1～5mm的圆形或近圆形坏死斑,褐色至灰白色,外围多呈紫色或红褐色。后期病斑两面产生灰褐霉状物,以叶背较多,此时病斑穿孔脱落,穿孔边缘整齐,当几个病斑重叠或叶缘受害,常形成不

图 7-73 樱花褐斑穿孔病

规则状穿孔，如图 7-73 所示。

2. 病原

病原菌为核果尾孢菌（*Cercospora circumscissa* Sacc.），属半知菌亚门丛梗孢目尾孢菌属。

3. 发生发展规律

病原菌以菌丝体潜伏在病枝及病叶上越冬，次年春产生分生孢子进行初侵染，分生孢子由风雨传樱花褐斑穿孔病播，皮孔侵入，易侵染较弱衰老叶片。6 月份开始发病，8 ~ 9 月份为发病盛期。春末夏初，少雨干旱，树势衰弱发病重，夏秋多雨、大风的年份易于流行。

4. 防治方法

（1）栽培管理

秋冬季节结合清除和修剪，彻底剪除枯枝及落叶集中烧毁，减少越冬病原；合理修剪，以利通风透光；低洼地注意排湿；增施有机肥料，避免偏施氮肥，促使植株生长健壮，提高抗病能力。

（2）药剂防治

发芽前喷施 3 ~ 4 波美度的石硫合剂杀死越冬病原菌。发病初及发病期用 80% 喷克可湿性粉剂 1000 倍液，或 50% 多霉清可湿性粉剂 1200 倍液，或 25% 戊唑醇乳剂 2000 ~ 2500 倍液，或 1 : 1 : 100 波尔多液等喷雾进行保护和治疗。

（五十）樟树炭疽病

樟树炭疽病自 1919 年在我国台湾地区北部发现后，至今在广东、广西、海南、湖南、云南和福建等地常有发生。

1. 症状

该病危害叶片、侧枝和果实，在枝条上主要表现为枯梢；幼茎上的病斑圆形或椭圆形，大小不一，初为紫褐色，渐变黑褐色，病部下陷，以后互相融合，枝条变黑枯死。重病上的病斑沿主干向下蔓延，最后整株死亡；叶片、果实上的病斑圆形，融合后成不规则形，暗褐色至黑色；嫩枝往往皱缩变形。遇到湿天气，在嫩枝、叶片的病斑上可看到桃红色的分生孢子团，在春夏之交，病部上有时有性世代子囊壳，感病植株生长势衰弱，枯枝，枯梢多。1 ~ 2 年生幼苗多从顶梢起逐渐干枯至基部，严重的整株死亡，如图 7-74 所示。

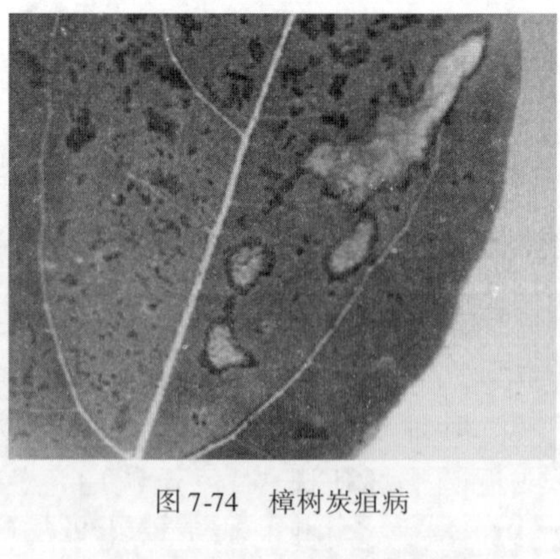

图 7-74 樟树炭疽病

2. 病原

樟树炭疽病病原菌属子囊菌亚门核菌纲球壳菌目。子囊壳球形或扁球形，顶端有孔口；子囊棍棒状，无柄；子囊孢子长椭圆形或梭形，无色，稍弯曲，排成不规则两列。在培养基形成的子囊壳、子囊、子囊孢子较大。无性世代的分生孢子盘埋生于寄主表皮下，后突出表皮；刚毛暗褐色，有分隔；分生孢子梗无色，少有分枝；分生孢子椭圆形至长椭圆形或卵形，单胞，无色。

3. 发生发展规律

病菌的适宜发育温度22～25℃，12℃以下或38℃以上停止萌发。以分生孢子盘或子囊壳在病株组织或落叶上越冬。高温、高湿有利于本病的发生，春、夏、秋季发病较多，冬季发病较轻，土壤干旱贫瘠的地方发病较多，幼树比老树种植密度小比种植密度大发病重。

4. 防治方法

(1)适地适树

适当密植，减少发病。

(2)清除侵染源与保护伤口

剪除病株、病叶，集中烧毁，并用波尔多液涂封枝干伤口。

(3)药剂保护与治疗

在新叶、新梢期内可喷洒1%波尔多液保护。发病期可用75%百菌清可湿性粉剂500～600倍液喷洒治疗。

(五十一)月季枯枝病

1. 症状

月季枯枝病仅限于侵染枝条、茎干部位，多发生在修剪枝条伤口及嫁接处的茎上。此病发生于枝条上，初期为红紫色小斑点，而后逐渐扩大成大的病斑，病斑中央为深褐色，边缘红褐色或紫褐色，稍向上突起，病斑周围褐色和紫色的边缘与茎的绿色对比明显。后期病斑呈深褐色，表面纵裂，上生黑褐色小粒点，即分生袍子器，这种裂缝是月季枝枯病的重要特征。严重发病时，病斑迅速环绕枝干，致使病部以上部分萎缩枯死。枯枝变黑褐色向下蔓延，病部与健部交界处稍下陷，最终枯枝变黄褐色，其上散生黑褐色小粒点，此即为病菌的分生孢子器，如图7-75所示。

图7-75 月季枯枝病

2. 病原

病原为蔷薇盾壳霉(*Coniothyrium fucklii* Sacc.)，属半知菌亚门、球壳孢目、盾克霉属。

3. 发生发展规律

此病以分生孢子器和菌丝在病株或病残体上越冬,有些地方以子囊壳越冬。翌春产生分生孢子或子囊孢子借风雨传播,自伤口或休眠芽侵入,尤其是修剪伤、嫁接伤、摩擦伤和虫伤等部位侵入致病,极少通过无伤害表皮侵入。因此,管理不善、过度修剪的植株,茎部受伤或树势衰弱的植株发病重。

4. 防治方法

(1)加强管理

加强管理,增强树势,尽量避免造成伤口。结合修剪,及时剪除病枝,并集中烧毁。修剪应在晴天进行,以利于伤口愈合,修剪口可用1%硫酸铜消毒,再涂 1∶1∶150 波尔多浆或其他药剂保护伤口。选用有机肥,避免偏施氮肥。

(2)药剂防治

发病初期,及时喷施70%代森锰锌可湿性粉剂800 倍液,或75%百菌清可湿性粉剂700 倍液,或 50%多菌灵可湿性粉剂 1000 倍液,或 70%甲基托布津可湿性粉剂 1000 倍液等。休眠期喷施 5 波美度石硫合剂,5 ~6 月喷施 25%多菌灵可湿性粉剂 600 倍液,50%退菌特可湿性粉剂 1000 倍液,75%百菌清可湿性粉剂 700 倍液。

(五十二)丁香叶斑病

丁香叶片上有多种叶斑病,常见的有丁香褐斑病、黑斑病及斑枯病 3 种。近年来,3 种叶斑病在各区有不同程度的发生,造成丁香叶片枯死、早落,植株生长不良。

1. 症状

(1)丁香褐斑病

发病初期,叶片上形成黄色小斑点,逐渐扩大为近圆形或不规则形的病斑,直径 5 ~10mm,褐色,中部色浅边缘色深。发病后期,病部背面产生暗灰色的霉点,病害发生严重时,病斑占满面全叶,其正面也有少量霉点,叶片枯萎脱落。

(2)丁香黑斑病

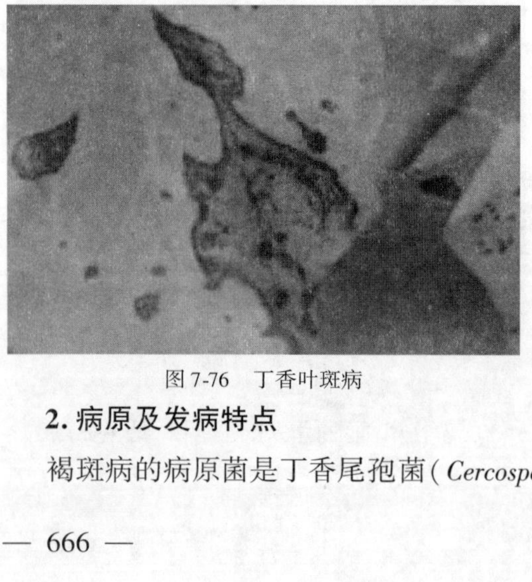

图 7-76　丁香叶斑病

发病初期,叶片上有褪绿斑,渐扩大形成近圆形病斑,直径 3 ~10mm,褐色或暗褐色,有不明显轮纹。后期病斑变为灰褐色,其上密生黑色霉点。病叶褐黄色枯死,皱缩,破碎。

(3)丁香斑枯病

发病初期,叶片两面散生近圆形、角形或不规则形病斑,病斑边缘褐色,中央灰褐色。发病后丁香斑枯病症状期,病斑中央部分生出少量黑色小点,如图 7-76 所示。

2. 病原及发病特点

褐斑病的病原菌是丁香尾孢菌(*Cercospora lilacis* Desmaz.),属半知菌亚门丛梗孢目尾孢菌属。黑斑病的病原菌是链格孢属中的一种真菌 Alternar。斑枯病的病原菌是丁香针孢菌(*Septoria syringae* Sacc.),属半知菌亚门球壳孢目壳针孢属。

3 种叶斑病原菌以菌丝体、分生孢子器或子座等在病落叶上越冬。分生孢子借风雨传播,侵染叶片。夏末秋初高温多雨易于发病,种植密度过大、通风不良、树势衰弱发病重。

3. 防治方法

(1)选择抗病品种

丁香的品种很多,各品种抗病能力不同。一般来说紫花丁香和白花丁香较抗病,朝鲜丁香较不抗病。

(2)管理措施

丁香在生长旺盛时,要采用根外追肥和叶面喷施等方式增施氮磷钾肥,多施有机肥和钾肥,控制氮肥的施用,提高植株的抗病能力。冬季适度修剪,剪掉病枯梢,清除病落叶,在发病重的地区在休眠期喷施 3 ~5 波美度石硫合剂或在早春萌芽前喷施 50% 多菌灵可湿性粉剂 600 倍液,以减少来年侵染源;加强栽培管理,增强树势,提高抗病性。

(3)药剂防治

发病初期,喷施 1∶1∶160 波尔多液,或 70% 代森锰锌可湿性粉剂 600 倍液,每隔 10 ~15 天一次,或 70% 甲基硫菌灵可湿性粉剂 1000 倍液,连喷 2 ~3 次效果较好。

(五十三)月季黑斑病

月季黑斑病是盆栽和露地栽培的常发病害。除危害月季外,还危害金樱子、玫瑰、黄刺梅等蔷薇属中的多种植物。受害植株叶片枯黄、早落,使月季呈"光杆"状,引起当年第二次发叶,严重削弱了植株的生长势,影响观赏和切花产量。

1. 症状

主要危害叶片,也侵染叶柄、嫩梢等部位。发病初期,叶片正面出现褐色小斑点,逐渐扩大成为圆形、近圆形或不规则形病斑,直径为 2 ~12mm,黑紫色,病斑边缘呈放射状,这是该病的特征性症状。后期病斑中央组织变为灰白色,其上着生许多黑色小点粒,即为病原菌的分生孢子盘。有的月季品种病斑周围组织变黄,有的品种在黄色组织上与病斑之间有绿色组织,称为"绿岛"。病斑之间相互连接使叶片变黄、脱落,如图 7-77 所示。

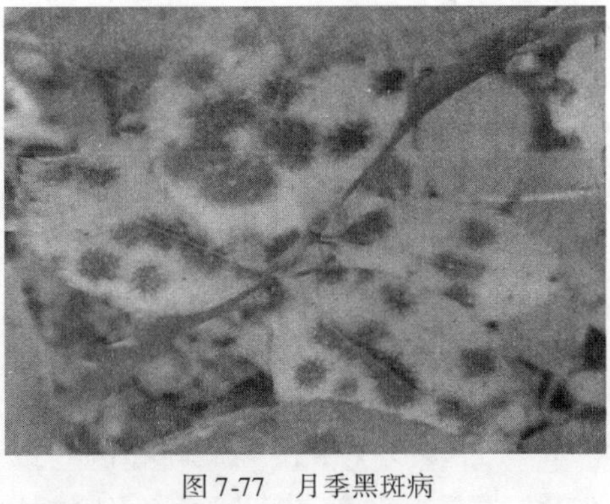

图 7-77 月季黑斑病

2. 病原

月季黑斑病的病原菌是蔷薇放线孢菌,属半知菌亚门黑盘孢目放线孢属。

3. 发生发展规律

病原菌主要以菌丝体在寄主的病茎、芽鳞、病落叶上越冬,以分生孢子在病落叶上越冬。

翌春,菌丝体产生的分生孢子和病落叶上的分生孢子为主要初侵染源。分生孢子主要借风雨和灌溉水的溅泼传播,昆虫和园艺工具亦可传播。病害的远距离传播主要靠病苗的调运。侵染的最适条件为19~21℃,叶面连续保持水滴。病菌可直接侵入。在北方,当雨季到来早,降雨量大而次数多,空气湿度大时,发病时间则早,而且蔓延快;反之则轻。在石家庄地区,一般5月中下旬开始发病,6月下旬至9月为发病盛期,11月上中旬停止发展。晴天多雾,有露水、相对湿度在85%以上;以上的地区和年份,潮湿冷凉地,雨后闷热,植株过密,偏施氮肥、植株生长嫩弱,多次连续采用上方喷淋水灌溉等,发病往往严重。多雨地区,如冬季严寒,夏季炎热,可抑制病害流行。嫩叶较老叶易感病。我国现有栽培品种虽抗病性有差异,但几乎全部感病。感病严重的品种有红旗、春、南海、香看、洛神、十全十美等;较抗病的有天粉纳、伊斯贝尔、葵花向阳、蓝月、黑千层、明星等;高度抗病的有粉太平、白骑士、青连学士等。国外报道,高亢品种有大卫汤姆森、巴巴刘尼、克罗纳多、光叶月季等;易感品种有香水月季及其杂种、杂种长春月季、得克萨斯黄等。

4. 防治方法

(1)管理措施

一是秋季彻底清除枯枝落叶,并结合冬季修剪剪除有病枝条;早春发芽前喷施3~4波美度的石硫合剂,或2000倍五氯酚钠水溶液,或1%硫酸铜溶液铲除病残体上的越冬病菌。二是改善环境条件,控制病害发生。栽植密度、花盆摆放密度要适宜,以利通风透气。多施有机肥料和磷、钾肥,忌氮肥过量,增施底肥,叶面喷洒0.1%硼酸钠或0.1%硫酸锌等使植株生长健壮,提高抗病性。三是浇灌最好采用滴灌、沟灌或沿盆边浇水,切忌喷灌,浇灌时间最好在晴天的上午,以便使叶片保持干燥,防止病菌孢子萌发侵入。

(2)药剂防治

对常年发病的重病区,应在新叶生长展叶后10天左右进行喷药保护,可用80%喷克可湿性粉剂800~1000倍液,或1:0.3:160的波尔多液喷雾。对已发病的植株应选择具保护和治疗作用的杀菌剂及混剂进行防治,可选用50%多菌灵可湿性粉剂800~1000倍液,或70%甲基硫菌灵可湿性粉剂1000倍液,或12.5%腈菌唑乳油4000倍液,或50%绿亨杀菌王1000~1500倍液,或25%双菌清1000倍液等喷雾。

(五十四)合欢枯萎病

1. 症状

该病害多发生于长势较弱和被病虫害为害过的植株。症状多在雨季出现,病枝叶片首先发黄,萎蔫下垂变干并萎缩,一般先从枝条基部的叶片变黄,最后脱落,树干一侧或全树发生病变而枯死。将树干横切,边材成褐色环斑,树干的纵切面木质部变成褐色。夏初秋末树干或枝条上的皮孔肿胀并破裂,其中产生分生孢子座及大量粉末状分生孢子,病皮后期变干,病斑加深为黑褐色并下陷,病部的分生孢子堆突破皮缝,出现成堆的粉色分生孢子堆,如图7-78、图7-79所示。

2. 病原

病原为尖孢镰刀菌合欢专化型[*Fusarium oxysporwm* f. sp. perncioslum(Hept) Toole.],属半知菌亚门镰孢霉属。

图 7-78　合欢枯萎病(一)

图 7-79　合欢枯萎病(二)

3. 发生发展规律

病原菌可在土壤病残组织和带菌土壤中存留。由地下根直接侵入或通过伤口、剪口侵入,并顺导管向树上蔓延,毒害和堵塞导管,切断水分运输,最终导致植株萎蔫至死。而且会以较快的速度传染给周边树木,如果防治不利,可造成大面积死亡,尤其是一些弱树,一旦被感染后,发病率较高。该病属系统侵染性病害,整个生长季均能发生,5 月出现症状,6 ~8 月为发病盛期,病害可一直延续到 10 月,1 ~2 年生苗木发病轻,4 ~5 年生苗木发病重。高温高湿有利于病原菌增殖和侵染,暴雨和灌溉有利于病原菌传播,浇水次数多、湿度大、洼地、冻害、连作地块发病重。

4. 防治方法

该病是系统性病害,通过土壤传播,侵染期较长,初期染病难以发现,一旦出现病状,难以控制。因此,要以预防为主,并采取综合防治,才能达到最佳防治效果。

(1)绿化技术措施

一是以栽培措施为基础,以土壤处理和种子消毒为主,选用抗病品种和无病壮苗,换茬轮作,在排水良好和沙壤土栽培。二是加强抚育管理,定期松土,增加土壤通透性,注意防旱排涝,控制浇水次数,尽量少剪枝,剪后伤口要涂保护剂。三是发现病株,及时剪除病枝或涂药治疗,对重病株要带根拔除,并用内吸杀菌剂浇灌病株树穴,以减少侵染源。

(2)化学防治

一是在移植时用 1% 硫酸铜溶液蘸根,或用 200 倍 50% 多菌灵液蘸泥浆移植,枝干处的伤口涂保护剂,以防病菌侵染。二是生长季节未出现症状前,开穴浇灌内吸性药剂,如 50% 甲基托布津可湿性粉剂 800 倍液,50% 多菌灵悬浮剂 800 倍液,每 30 天喷一次,连续 3 ~4 次。同时,喷洒或涂抹植株枝干,每半月一次,连喷 3 ~4 次。

（五十五）桃褐腐病

桃褐腐病是桃树的重要病害之一，辽宁、河北、河南、山东、四川、云南、湖南、湖北、安徽、江苏、浙江等地均有分布，尤以浙江、山东沿海地区和长江流域的桃区发生最重。病害发生状况与虫害关系密切。果实生长后期，倘若果园虫害严重，又碰上多雨潮湿年份，褐腐病常流行成灾，引起大量烂果、落果，受害果实会在树木间相互传染危害，造成很大损失。褐腐病除危害桃外，还能侵害李、杏、樱桃等核果类果树。

1. 症状

桃褐腐病能危害桃树的花、叶、枝梢及果实，其中以果实受害最重，如图 7-80 所示。在低温高湿时，花易被害。花部受害常自雄蕊及花瓣先端开始，先发生褐色水渍状斑点后逐渐延至全花，随后变褐而枯萎。天气潮湿时，病花迅速腐烂，表面丛生灰霉，若天气干燥时则萎垂于枯残留枝上，长久不脱落。嫩叶受害，自叶缘开始，病部变相萎垂，侵害花和叶片的病菌菌丝，可通过花梗与叶柄逐步蔓延到果梗和新梢上，形成溃疡斑。病斑长团形，中央稍凹陷，灰褐色，边缘紫褐色，常发生流胶，当溃疡斑扩展环割一周时，上部枝条即枯死。气候潮湿时，溃疡斑上也常生出灰色霉丛。

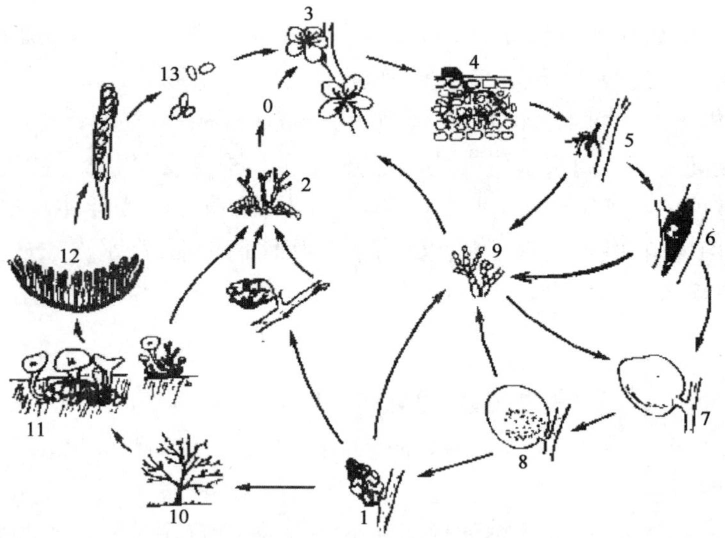

图 7-80　褐腐病循环侵染图

1-树上越冬的僵果；2-从僵果和溃疡处产生的分生孢子；3-花感染；4-形成孢子，引起感染；5-花凋萎；6-枝凋萎；7-果感染；8-病菌形成孢子；9-产生的分生孢子；10-僵果；11-地面僵果产生子囊盘；12-子囊盘内的子囊；13-子囊孢子

果实自幼果至成熟期均可受害，但以近成熟期受害最重。最初在果面上产生褐色圆形病斑，如环境适宜，病斑在数日内便可扩及全果，果肉也随之变褐软腐。继后在病斑表面生出灰褐色绒状霉丛，即病菌的分生孢子层。孢子层常呈同心轮纹状排列，病果腐烂后易脱落，但不少失水后变僵果，悬挂枝上经久不落。病果为一个大的假菌核，是褐腐病菌越冬的重要场所，如图 7-81 所示。

2. 病原

该病原属子囊菌亚门。病部长出的霉丛,即病菌的分生孢子梗和分生孢子。分生孢子无色,单胞,柠檬形或卵圆形,在梗上连续成串生长。分生孢子梗较短,分枝或不分枝。病菌有性阶段形成子囊盘,一般情况下不常见。子囊盘产生僵果,漏斗状,盘径 1 ~ 1.5cm,紫褐色具暗褐色柄,柄长 20 ~ 20mm。僵果萌发可产生 1 ~ 20 个子囊盘,盘内表生一层子囊,子囊圆筒形,内生 8 个子囊孢子,单列,子囊间有侧丝,丝状,无色,有隔膜,分枝或不分枝。子囊孢无色,单胞,椭圆形或卵形。

图 7-81 桃褐腐病

3. 发生发展规律

病菌主要以菌丝体在僵果或枝梢的溃疡部越冬。悬挂于树上的假果或落于地面的僵果,翌春都能产生大量的分生孢子,借风、雨及昆虫传播,引起初次侵染。春季低温多雨易引起花腐,夏季高温多雨易引起烂果。管理不善,通风透光差,虫害严重,地势低洼积水,树势衰弱等均有利发病,果实成熟后质地柔嫩,汁多,味甜,反薄的品种较感病,反之皮厚,汁少,质地坚硬的品种较抗病。

4. 防治方法

(1)结合修剪彻底清除病株上的病残体。

(2)桃树发芽前喷布 5 波美度的石硫合剂,初花期和落花后各喷 1 次 50% 速克灵 1000 倍液或 70% 的甲基托布津 1000 倍液。采果前 30 天采用上述药剂或 65% 代森锌可湿性粉剂 500 倍液,50% 多菌灵 1000 倍液喷雾,每隔 10 ~ 15 天喷一次,连续喷 2 ~ 3 次。

(3)生长季节加强害虫防治,采收和运输间避免伤口,以防感染。

(五十六)桃缩叶病

桃缩叶病在辽宁、吉林、河北、河南、山东、山西、四川、云南、湖南、江苏、浙江等地发生较重,桃树早期发病后,引起初夏的早期落叶,不仅影响当年的产量,而且还严重影响第二年的花芽形成。如连年严重落叶,则树势削弱,导致过早衰亡。

1. 症状

该病主要危害桃梢幼嫩部分,以侵害叶片为主,严重时也可危害花、嫩梢和幼果。春季嫩梢刚抽出时就显现卷曲状,颜色发红。随叶片逐渐展开,卷曲皱缩程度也随之加剧,叶片增厚变脆,并呈红褐色,严重时全株叶片变形,枝梢枯死。春末夏初花叶表面生出一层灰白色粉状物,即病菌的子囊层,最后病叶变相,焦枯脱落,叶片脱落后,腋芽萌发抽出新梢,新叶不再受害。枝梢受害后呈灰绿色或黄色,较正常的枝条行间短,而且略为粗肿,其上叶片常丛生,严重时整枝枯死。花、果实受害后多半脱落,花瓣肥大变长,病果畸形,果面常龟裂,如图 7-82 所示。

图 7-82　桃缩叶病

2. 病原

病原属子囊菌亚门，病菌有性阶段子囊和子囊孢子。子囊裸露无包被，排列成层，生于叶片角质层下。子囊圆筒形，上宽下窄，顶端平削，无色。子囊内含有 4～8 个子囊孢子。子囊孢子单胞，无色，梯圆形或圆形，子囊孢子还可以在子囊内或子囊外芽殖产生芽孢子，有薄壁和厚壁两种。

3. 发生发展规律

病菌主要以厚壁芽孢子在桃芽鳞片上越冬，也可在枝干的树皮上越冬，到翌年春季，当桃芽萌发时，芽孢子即萌发，由芽管直接穿透表皮或由气孔侵入嫩叶（成熟组织不受侵害）。在幼叶展开前由叶背侵入，展叶后也可以从叶正面侵入。病菌侵入后，菌丝在表皮细胞下及栅栏组织细胞间蔓延，刺激中层细胞大量分裂，胞壁加厚，叶片生长不均而发生皱缩并变红。初夏则形成子囊层、产生子囊孢子和芽孢子。芽孢子在芽鳞或树皮上越夏，在条件适宜时，继续繁殖，但由于夏季温度高，不适宜孢子的萌发和侵染，即或偶有侵入，危害也不重，所以该菌一般没有再次侵染。桃缩叶病的发生与早春的气候条件有密切关系。早春桃芽萌发时如气温低（10～16℃），持续时间长，湿度又大，桃树易受害；温度在 21℃以上，病害则停止发展。总之，凡是早春低温，多雨的地区，桃缩叶病往往较重，早春干旱则发病较轻。病害一般在 4 月上旬开始发生，4 月中下旬至 5 月上旬为发病盛期，6 月份气温升高，发病渐趋停止，品种间以早熟品种发病较重。

4. 防治方法

（1）在病叶初见而尚未形成灰色粉状物之前及时摘除病叶，集中烧毁，减少病菌侵染来源。

（2）发病较重的果园，及时增施肥料，加强管理，促使树势恢复。

（3）桃花芽刚露但尚未完全展开时喷 2～3 波美度的石硫合剂或 1∶1∶100 的波尔多液。桃树发芽后，一般不需喷药，但病害如遇冷凉多雨天气可再喷 1～2 次药，可选用 25% 多菌灵可湿性粉剂 300 倍液，或 80% 敌菌丹可湿性粉剂 1200 倍液。

（五十七）桃树流胶病

桃树流胶病，又称疣皮病，是危害碧桃（桃花）、核果类果树的一种常见病，可引起树势早衰，叶变黄，碧桃、桃花、桃、李的主干和主枝均可发生。

1. 症状

桃花生理性流胶病主要发生在主干、主枝上，以主干发病最突出，发病初期病部肿胀，并不断流出树胶，3～4 个流胶珠连在一起，形成直径 3～10mm 圆形不规则流胶病斑，树胶初时为透明或褐色，时间一长，柔软树胶变成硬胶块。此病会造成树皮与木质部腐烂，树势日趋衰弱，叶片变黄，变小，严重时，全株树干枯死，如图 7-83 所示。

2. 病原

图 7-83 桃流胶病

引起流胶病的原因较多,有生理性的病原,也有侵染性病原。侵染性病原主要是真菌,茶藨子葡萄座腔菌(*Botryrosphaeria ribis* Tode Griss Dugg)属子囊菌亚门、格孢腔菌目、葡萄座腔菌属。无性阶段为 *Dothiorellagregaria* Sacc 属半知菌亚门、球壳孢属。

3. 发生发展规律

该病菌以菌丝体和分生孢子器在被害枝条里越冬,翌年 3 月下旬至 4 月中旬弹射出分生孢子,通过风、雨传播。雨天从病部溢出大量病菌,顺枝干流下或溅附到新梢上,从皮孔、伤口及侧芽侵入,进行初侵染。随气温的上升,病部开始渗出胶液,并流胶点增多,病情逐渐加重。一年中此病有两个发病高峰,分别在 5 月下旬至 6 月上旬与 8 月上旬至 9 月上旬。一般 6 ~ 7 月扩展缓慢。

从生理因素来看,冻害、水分过多或不足、施肥不当、修剪过度、栽植过深、土壤黏重、土壤酸性太强、树冠郁闭都能引起桃树流胶,而树体上的伤口,更易引起桃树流胶的发生。特别是长期干旱后逢暴雨,流胶病有加重趋势,树龄大的桃树发病重,幼龄树发病轻。

4. 防治方法

(1)加强桃树养护管理

桃树耐干旱,适宜在砂质散松土壤中种植。增施有机质腐熟肥料,改良土壤,黏土应掺入粗沙,排渍水,增强树势,提高抗病能力,减少不必要机械损伤。

(2)冬季修剪清园

冬季时需剪除病枯枝干,集中烧毁,喷施 29% 石硫合剂 150 倍液及树体消毒,减少菌源;树干涂白(涂刷石灰水)20% ~25% 石灰乳涂刷杀菌消毒,预防冻害和日灼树干;加强对桃蚜、桃瘤蚜、蛀食性害虫防治,减少虫伤危害树皮。

(3)刮疤涂药

发芽前后刮除病斑,然后涂抹杀菌剂,在萌芽前或春季用抗菌剂 402 的 100 倍液涂抹病斑,用 1∶1∶100 波尔多液,或 50% 退菌特可湿粉剂 800 倍液,50% 多菌灵 500 倍液喷杀或涂抹病株,杀灭病菌,减少侵染源。

(4)冬春树干涂白

防冻害白涂剂的配比为:生石灰∶食盐∶动物油∶植物油∶水 =5∶2∶0.1∶0.1∶20。

(5)药物防治

早春萌动前喷 5 波美度石硫合剂或 50% 退菌特可湿粉剂 800 倍波,杀死越冬后的病菌。每 10 天喷一次,连喷 3 次。在 3 月下旬在至 4 月上旬发病初期喷 72% 农用硫酸链霉素 4000 ~5000 倍液,每 7 天喷一次,连喷 2 ~3 次,也可用 5% 退菌特可湿粉剂 800 倍液或 50%

多菌灵 800 ~ 1000 倍液、505 甲基托布津 1000 ~ 1500 倍液，每 10 天喷一次，连喷 3 ~ 4 次。在桃花生长旺盛期 5 ~ 6 月间，正值高温高湿季节，病害发生严重，应采用 25% 施宝克乳油 500 ~ 800 倍液，50% 施宝功可湿性粉剂 1000 ~ 1500 倍液，50% 退菌特可湿粉 800 倍液，70% 代森锰锌可湿粉剂 500 倍液或 80% 炭疽福美可湿粉剂 800 倍液喷杀，每 7 ~ 10 天喷一次，连喷 3 ~ 4 次，上述农药最好交替使用。3 月下旬至 4 月上旬桃蚜、桃瘤蚜大量孵化时，应喷施 50% 辛硫磷乳剂 2000 倍液，或 80% 敌敌畏乳油 1000 倍液，喷 1 ~ 2 次；在桃蚜、桃瘤蚜孵化后，及时喷施 50% 抗蚜威 2000 倍液，10% 吡虫啉可湿性粉剂 2000 ~ 4000 倍液，20% 杀灭菊酯 3000 倍液，防治效果较好。

（五十八）君迁子角斑病

此病危害君迁子和柿树，引起落叶、落果，造成树势衰弱。

1. 症状

该病侵染叶片，初期叶正面出现不规则黄绿色晕斑，很快变黑色，扩大后中部变为深褐色，边缘黑褐色，病斑呈多角形，后期病斑中部变浅褐色，其上散生黑色小点粒。病斑背面由淡黄色渐变为褐色，边缘黑色，不如正面明显，如图 7-84、图 7-85 所示。

图 7-84　君迁子角斑病（一）

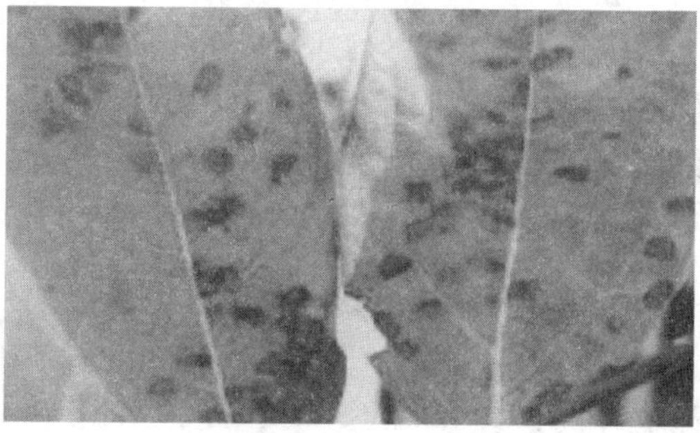

图 7-85　君迁子角斑病（二）

2. 病原

病原菌为柿尾孢菌（*Cercospora kaki Ell.* et Ev），属半知菌亚门、丝孢目、尾孢属。

3. 发病规律

病菌以子座和菌丝在病落叶上越冬，次年 6 ~ 7 月产生分生孢子，借风雨传播，从自然孔口侵入，8 月中旬为发病盛期，9 月大量落叶。若 5 ~ 8 月份雨水多，发病严重。

4. 防治方法

（1）晚秋和早春彻底清除枯枝落叶，减少侵染源。

（2）发病初期开始交替喷施 1 : 1 : 200 的波尔多液和 70% 甲基硫菌灵可湿性粉剂 800 ~ 1000 倍液。

（五十九）草坪草禾苗锈病

主要危害草地早熟禾、多年生黑麦草、狗牙根、高羊茅、马蹄金等，其中尤以草地早熟禾、黑麦苹受害严重。草坪草受锈病危害后,会生长不良,叶片和茎变成不正常的颜色,光合作用下降,严重时叶片枯黄甚至枯死,草坪变稀疏,严重影响草坪景观。

1. 症状

锈病主要包括条锈病、叶锈病、秆锈病。

发病初期在叶和茎上出现浅黄色斑点,随着病害的发展,病斑数日增多,叶、茎表皮破裂;散发出黄色、橙色、棕黄色或粉红色的夏孢子堆。夏孢子堆成熟后突破表皮裸露,呈粉堆状,橙黄色。草坪感染锈病后,叶片变黄枯死,被锈菌侵染的草坪远看是黄色的,严重影响观赏性,如图7-86所示。

图 7-86 草坪锈病

2. 病原

3 种锈病的病原都属于担子菌亚门柄锈菌属的不同种。条锈菌(*Puccinia striiformis* West),秆锈病(*P. graminis* Pers),锈菌(*P. recondita Rob.* Exdesm)。

3. 发生发展规律

病原菌为专性寄生菌,主要以夏孢子在草坪禾草或其他禾本科寄主上存活,完成周年循环,而性孢子、锈孢子、冬孢子、担孢子在侵染中作用不大。在禾草周年存活地区,锈菌的菌丝体和夏孢子在禾草病部越冬。在禾草不能周年存活地区,锈菌不能越冬,只能翌春由越冬地区随气流传来的夏孢子而引起新的侵染。在发病区,气流、雨滴迸溅草坪作业等都可传播。在气温 20~30℃、叶面有水膜的条件下,夏孢子方能萌发,由气孔或直接穿透表皮侵入,潜伏期约 6~10 天,在生长期内,夏孢子可多次进行再侵染,从而扩大病情。每年 5~11 月锈病都有不同程度的发生,不同草坪禾草对不同锈病的抗病性不同,水肥充足、管理得当、生长健壮的草坪对锈病的抗性较强,而草坪草过密、降水多而频繁、光照不足、偏施氮肥、土壤碱性大、修剪过度过频等遭受逆境而致草坪衰弱生长不良时,则易感染锈病并造成重大损失。

4. 防治方法

(1)管理措施

选择抗病草种、品种,草地早熟禾、结缕草、狗牙根、多年生黑麦草等品种具有较强的抗病性。改良型品种锈病发生严重,而一些普遍型草坪草,如普通狗牙根、普通多年生黑麦草、普通草地早熟禾等,则不发病或发病较轻。可将几种改良型品种混合种植;加强养护管理,增施磷、钾肥,适量施用氮肥;合理灌水,降低田间温度,发病后适时剪草,减少菌源数量。

(2)化学防治

播种时选用 15% 三唑酮可湿性粉剂拌种,用药量为种子量的 0.2%~0.3%;在发病早期,选用 15% 三唑酮可湿性粉剂 1000~1500 倍液,或 12.5% 烯唑醇可湿性粉剂 3000~4000 倍液进行喷雾。

(六十)草坪白粉病

草坪白粉病为草坪禾草常见病害。可侵染早熟禾、细羊茅和狗牙根等多种禾草,受侵染的草皮呈灰白色,草叶布满一层面粉。严重者叶片变黄,早枯死亡,严重影响草坪景观。

1. 症状

该病发生在多种草坪植物上。病叶两面均有病斑,最初是单个白色病斑,最后全叶覆盖一层白粉,偶尔在叶柄和芒上也有。病害进一步发展时病斑融合,叶片褪色,出现褐至黑色颗粒(闭囊壳),如图 7-87 所示。

图 7-87　草坪白粉病

2. 病原

病原为子囊菌门禾本科布氏白粉菌。

3. 发生发展规律

病原菌以菌丝体或子囊壳在病株体内或体表越冬,亦可以子囊壳在病残体中越冬。翌春,菌丝体产生分生孢子,子囊壳释放出子囊孢子,借气流传播,在春夏之交侵染禾草,并不断引起再侵染,扩大病情。当感病草种种植在荫蔽或空气流通不畅的地方,凉爽(15 ~ 22℃)、潮湿以及多云、阴天的气象条件,则有利于病害的发生和流行,偏施氮肥则加重病情。同一草种或品种,生长在光照充足的地方比荫蔽、低光照的地方,发病明显较轻。粗茎早熟禾、多年生黑麦草、早熟禾及草地早熟禾的 *NIigget* 和 *Bensun* 两个品种比较抗病。

4. 防治方法

(1)选择抗病草种和品种混合种植

常用草坪草中,一早熟禾、细叶羊茅、狗牙根最易感病,在发病严重地区应避免选用。

(2)科学管理

控制合理的种植密度,不宜过密;适时修剪,不要留茬过高;增施磷钾肥,控制氮肥的施用量;合理灌水,不宜过湿过干、忽干忽湿;注意草坪周围乔、灌木的选择和修剪,保证草坪冠层的通风透光。

(3)药物防治

一是在草坪生长季节可以使用坪安 21 号——夏坪康,20g 兑水 25 ~ 30kg 对草坪草叶面进行喷雾。重复使用需间隔 10 天以上。提高草坪草健康水平,增强草坪草抗病和抗逆能力,对草坪的多种病害均有防治。使冷季型草坪安全越夏。二是可选用 25% 粉锈宁可湿性粉剂 1500 倍液,12.5% 速保利可湿性粉剂 2000 倍液,50% 退菌特可湿性粉剂 1000 倍液,70% 甲基硫菌灵可湿性粉剂 1300 倍液,25% 多菌灵可湿性粉剂 500 倍液等,发病初期开始喷洒,每 10 ~ 15 天喷药一次,连喷 2 ~ 3 次。

三、植物苗木虫害的发生及其防治特点

(一)苗木虫害的发生特点

苗木虫害指生活在土地中,主要危害森林植物、经济林、公路植物苗木、刚发芽的种子和幼苗的根部、嫩茎及幼芽等部分的害虫,能造成严重的缺苗断垄,给培植苗木和植物培育带来严重损害。据记载,在我国约有50余种。常见种类包括鳞翅目的地老虎(切根夜蛾幼虫)、鞘翅目的蛴螬(金龟子幼虫)、金针虫(叩头虫幼虫)、直翅目的蝼蛄、蟋蟀和双翅目的种蝇等。

害虫的组成及其分布发生与环境条件,包括土壤的质地、含水率、酸碱度以及地的前作、附近的农作物、林木、杂灌等有密切的关系。如地老虎多发生在较潮湿的黏壤土地;蛴螬适于中性或微酸性土壤;蝼蛄则多生活在温暖潮湿且富于有机质的沙漠中。此外,道路绿化时,采伐迹地或荒地上更新造林,则易诱来金龟子危害。

(二)苗木虫害防治的特点

植物根部害虫种类多、分布广,危害虫态主要栖居于土壤中,给防治带来一定的困难,往往失去早期诊断和防治的机会。因此,在规划前应调查了解主要地下害虫的分布、种类及其发生量,因地制宜地选择植物种类,在种植前进行土壤消毒,切实贯彻“预防为主、综合治理”的治虫方针,将植物的危害控制在经济忍受的最低水平。

四、植物苗木常见虫害

(一)白蚁类

白蚁是属于等翅目的一类世界性的重要害虫,国际昆虫生理生态研究中心(简称 ICTPE)将其列为5大害虫之一。

1. 白蚁类形态特征

危害苗圃苗木的白蚁有等翅目的家白蚁(属鼻白蚁科)、黑翅土白蚁和黄翅大白蚁(属白蚁科)。

2. 发生发展规律

(1)家白蚁

家白蚁营群体生活,属土、木两栖白蚁,性喜阴暗潮湿,在室内或野外筑巢,巢的位置大多在树干内、夹墙内、屋梁上或猪圈内、锅灶下,也可筑巢土地下1.3~2m深的土壤内。主要取食木材、木材加工品及树木,在木材上顺木纹穿行呈平行排列的沟纹。通常沿墙角、门框边缘蔓延。蚁道的标志是路上有水湿痕迹,木材上油漆变色,沿途有一些针尖大小的透气孔,或木材表面有泥被。一般是找到透气孔即已接近蚁巢,巢有主巢和副巢,主巢体积较大,为蚁王、蚁后所栖居,巢一般都在接近水源地方和阴暗处,巢内空气中,二氧化碳比例很高,

氧气相对较少。一个庞大的巢群可以包括几十万头白蚁个体。家白蚁繁殖飞翔季节为4～6月，多在傍晚成群飞翔，尤其是在大雨前后闷热时更为显著。有翅成虫有强烈趋光性，此时可用灯光诱杀。

捕食白蚁的天敌有蜗螟、青蛙、壁虎、蚂蚁等。家白蚁巢中常有一些螨类寄生在白蚁上，另外有些真菌、细菌也在寄生于白蚁而导致白蚁死亡。

（2）黄翅大白蚁

①分飞。分飞是黄翅大白蚁群体扩散移殖的主要形式。每个蚁巢的群体数量随巢龄的大小而不同，从数百头到数百万头不等。分飞时间随地区和气候条件而异。黄翅大白蚁纷飞往往出现在大雨前后或细雨中，一个巢群一般需5～10次才能飞完。兴盛的巢群一年可飞出2000～9000头有翅繁殖蚁。

②筑巢。繁殖蚁分飞后，追逐脱翅配对，寻找适宜场所入土室筑巢，约6天后开始产卵，第一批每雌产卵一般40粒，以后每天产4～6粒。幼蚁发育到兵蚁需经过5个龄期。发育到有翅成虫需经过7个龄期，历时7～8个月。建巢体入土深度：头100天为15～30cm，巢体只有一个底平上供的小空腔，发展很慢，当年只有几十头工蚁和少数兵蚁，以后逐渐扩大并迁移至深土层。建巢后4～5年，主巢定位于适宜的环境和深度后，一般不再迁移。

③危害。黄翅大白蚁对苗木的危害有一定的选择性，一般对含纤维素丰富且糖分和淀粉较多的苗木危害严重，对含脂肪的植物危害较轻。黄翅大白蚁危害与寄主体内含单宁、树脂和酸碱化合物的状况以及寄主本身生长势好坏有密切的关系。即使是白蚁嗜好的树苗，若生长健壮，白蚁危害较轻。但当苗木未能运地适树栽植，植后管理不良，或干旱等引起生理失调，从而失去保护机制，黄翅大白蚁即乘机侵入造成严重危害。

（3）黑翅土白蚁

①分飞。黑翅土白蚁的移植分飞，标志着巢体和个体的生理成熟期，也是白蚁繁殖后代的一种重要的生物学特征。每当繁殖蚁羽化成熟时，就要进行移植分飞，也称为分群。黑翅土白蚁当年羽化，当年即分飞。从全国范围说，分飞多数在4～6月份；纬度越低，分飞时间越早。

a. 分飞始期。由工蚁先在巢穴附近衔土粒于地面筑分飞突，突高约3～4cm，底径4～8cm，呈不规则的小土堆，可见少量成虫作试探性飞。

b. 分飞盛期。绝大多数有羽化成虫的巢体都筑起分飞突，每个群体所筑分飞突的数量不等。通常几个至几十个，多的可达百多个，如气候适宜，大部分有翅成虫都进行分飞。

c. 分飞末期。所有群体都已分飞，但有少数已羽化的成虫仍在继续分飞，成虫分飞完后，工蚁将其孔口封闭不再打开。

②初期群体的建立。有翅成虫分飞后落地，追逐中翅膀脱落，雌雄配对后，寻找适宜的栖息场所，入土打洞、营巢；把泥土搬出洞外，垒成高于地面约0.5cm的突起，为初龄巢的外表特征。入洞后约7天，雌蚁开始产卵，每天产卵4～5粒，第一批为30～40天，卵历期约40天。据广东昆虫研究所观察，脱翅后雌蚁在6天后开始产卵，卵历期约20天。自卵孵化至出现工蚁需经3次蜕皮，但由于兵蚁各龄历期较长，所以兵蚁出现在工蚁之后。工蚁出现后，不立即出巢取食，约再经10～15天，具有一定数量的工蚁后，才筑蚁路离巢外出取食。

黑翅土白蚁的初建群体中，各类型的比例为兵蚁 1.6% ~10.2%，幼蚁 65.3% ~74.7%。

③群体的发展。黑翅土白蚁的巢位，是土栖性的白蚁种类中巢位最深的一种，群体的形成、发展与壮大需经几次巢位的转移。切建群体时，巢位很浅，深度一般只有几厘米，经数日后可深达 10 ~15cm；而一些成熟的老巢可深入地下 2 ~4m，所以其巢位的发展是由浅入深。据广东观察，群体的发展可分为以下 6 个时期：

a. 半龄巢期。从繁殖蚁配对入土打洞开始约经半年。这时蚁巢只是长 1 ~2cm，高约 lcm 的一个简陋小室；此期尚无发育完整的菌圃，只有一些菌圃的雏形，整个群体的成员只有几十至一百多头。巢位多在土表下 20cm 处。

b. 龄巢。这时的腔室仍很简陋，但比半龄巢要大，腔室长 5 ~20cm，高 2 ~3cm。巢位深度通常可达 30 ~40cm，出现了完整的菌圃。

c. 龄巢。巢的长径 13 ~35cm，有半球形菌圃或块状菌圃，深度可达 40 ~65cm。

d. 龄巢。巢长径可达 35 ~50cm，有泥质但很薄的小王室，有成无泥骨。此时巢内有少数有翅成虫。巢位深入土下在 1m 以内，有几个分群孔。

e. 多龄巢。需经 3 年以上建成，群体趋于成熟。此时“王室”的泥质较厚，较牢固，大小腔室较多，菌圃数量由几十个至上百个，外表有较多的群孔。蚁巢深度可达 2 ~3m，产生大量的有翅成虫；此时群体最为旺盛，蚁巢已定型。一个大的多龄巢，个体数可达 200 万头以上。

f. 老龄巢。群体逐渐衰老，菌圃逐渐萎缩，顶部空腔增多蚁后产卵减少，群体数量下降。

④黑翅土白蚁活动与温湿度的关系。黑翅土白蚁的蚁巢为地下分散型。有“王室”和菌圃的地方即为主巢；主巢与菌圃，菌圃之间以隧道相连，以泥路、泥被与地面寄主植物相通。黑翅上白蚁的活动与温度的关系极为密切，在冬季几乎全群集中在主巢内。据湖北报道，3 月间当 20cm 深处的平均土温达 12.5℃时，工蚁开始活动；4 ~5 月土温升至 18 ~25℃时，外出活动旺盛；7 ~8 月土温高达 30.6 ~32.3℃时，活动减少；9 月间土温至 27.7℃时，外出活动又趋旺盛 11 月以后，多停止活动。据广东研究，土壤含水率在 12% 以下时，对蚁后的正常活动引起严重影响；含水率在 12% ~14% 的土壤不利繁殖蚁入土营巢，同时导致产卵量降低，幼蚁死亡率增高，群体显得衰弱。土壤含水率在 22% ~26% 时，适宜于繁殖蚁活动营巢及正常繁殖和群体的建立。黑翅土白蚁活动有明显的季节性，一般雨季较轻、旱季严重，衰弱木较健康木受害重。巢群中工蚁为上要成分约占 90%，兵蚁司防卫以外的所有筑巢、修路、觅食、饲育等活动均由其承担。

3. 白蚁的防治方法

(1)灯光诱杀

白蚁有较强的趋光性，每年 4 ~6 月，是有翅繁殖蚁的分飞期，在蚁害地区可采用黑光灯诱杀。

(2)毒饵诱杀

在白蚁发生时，于被害处附近控长 30cm，宽 20 ~30cm，深 20cm 的土坑，坑内放白蚁喜食的饵料，并喷洒灭蚁灵，或将饵料经 1∶5 的亚砷酸液浸渍后，放在白蚁危害地块；白蚁食后回巢,通过喂食等接触,引起全巢死亡。或用蔗渣粉或桉树皮粉、食糖、灭蚁灵粉按4:1:1比例拌匀,4g 装成一袋,在白蚁活动地点,铲去一层表土,铺一层其富食植物,放置毒饵后仍以杂草等覆盖,广覆一层细土,每公顷毒饵 900g,防治效果显著。

(3)挖巢灭蚁

根据泥被、泥线、分飞窦或地面等地表特征,判断蚁巢位置,进行挖巢杀灭或向巢内灌氯化苦 50～100mL,并敌敌畏 1:500 倍液毒杀。

(4)压烟灭蚁

根据地表特征,确定蚁巢位置,并探测、确定白蚁主道,在通向主巢的蚁道下方,点燃 1～1.5kg的敌敌畏插管烟剂,当发浓烟时,用动力机将烟压入主巢内,然后,密封进烟道。一般冬天经 12h 即可使全巢白蚁致死;夏季则约需 48h。

(二)蝼蛄类

1. 蝼蛄类形态特征

蝼蛄属直翅目、蝼蛄科,俗称拉拉蛄、土狗子。蝼蛄行为较活跃,食性很杂,主要以幼虫、若虫危害,喜食害刚播下的林木种子和幼苗嫩茎及其根系,常造成严重的缺苗断行,同时成虫、若虫常在表土层活动,钻筑坑道,造成播种苗根土分离,干枯死亡,清晨在苗床上可见大量不规则隧道,虚土隆起,如图 7-88 所示。

2. 发生发展规律

(1)东方蝼蛄

在华北以南地区 1 年发生 1 代,陕西中部和陕北 1～2 年 1 代,东北 2 年 1 代,以成、若虫越冬。据在陕西观察:越冬成虫 3～4 月上升危害,4 月中、下旬开始抱卵,5 月中旬产卵,5 月下旬至 6 月上旬为产卵盛期。雌虫产卵前先在 5～10cm 深处作扁圆形卵室,一室产卵 30～50 粒,每雌可产卵 60～80 粒。5 月下旬至 7 月上旬为若虫孵化期,6 月中旬为盛孵期;孵化后 3 天若虫即能跳动,并逐渐分散危害。若虫共 6 龄,秋后逐渐羽化为成虫。蝼蛄有较强的趋光性,并对香、甜的食物及新鲜马粪等有明显的趋向。多适生于砂质壤土和盐碱地。黏重土地因不利于其栖息繁殖,故发生稀少。

图 7-88　蝼蛄成虫

(2)华北蝼蛄

华北蝼蛄在陕西约 3 年完成 1 代,以成虫和若虫在地下 60～120cm 深处越冬。翌年 3～4 月10cm 土温达 8℃左右时,上升危害。越冬成虫于 6～7 月交尾产卵,产卵时先在 10～15cm 土层作椭圆形卵室,一室产卵 50～85 粒,卵历期 20～25 天。初孵若虫群聚一处,约 3 天后分散危害,至秋季达 8～9 龄时,潜入土壤深处越冬;第二年初春,越冬若虫又上升危害,到秋季达 12～13 龄时,又钻入土壤深处越冬;第三年春季,越冬若虫再次上升危害,8 月上中旬羽化为成虫,秋末以成虫在土壤深处越冬。华北蝼蛄亦有趋光性,但由于体形大、飞翔力差,在灯下的诱杀效果不如东方蝼蛄。华北蝼蛄和东方蝼蛄一年中的活动情况,在北方大致可以分为以下6个阶段：

①越冬阶段。9～10月下旬至翌年3月上、中旬，多以成虫和若虫在1～1.5m土层越冬。越冬深度决定于冻土层的深度和地下水位的高低，一般在地下水位之上和冻土层以下越冬。

②春季苏醒阶段。3～4月中旬，为越冬蝼蛄苏醒期，清明后进入表土层活动，洞口有一堆新鲜的虚土，可根据表土的隧道特征，调查虫口密度和挖洞灭虫。

③出窝迁移阶段。4月中旬至5月上旬，地表出现大量弯曲的虚土隧道，即标志蝼蛄已出窝危害。

④危害猖獗阶段。5月下旬至6月中旬越冬蝼蛄大量取食，对播种苗造成严重危害。

⑤越夏产卵阶段。6月下旬至8月下旬，天气炎热，20cm深土温达24℃时，若虫即潜入30～40cm以下的土层越夏，此时成虫多处于交尾产卵末期。越夏产卵是人工挖窝毁卵和预防着虫的有利时机。

⑥秋季危害阶段。9月上旬至下旬，越夏相当年孵化的若虫急需取食，因苗木已木质化，土要对冬季作物造成危害。9月下旬至10月中旬以后，随着气温下降，即陆续入土越冬。

(3)非洲蝼蛄

非洲蝼蛄生活史短，若虫6龄，在南方地区1年完成1代，在北方地区2年完成1代。非洲蝼蛄在一年中的活动情况，在北方地区大致分为6个阶段(参见华北蝼蛄)。蝼蛄昼伏夜出，21:00～23:00时为活动取食高峰。有以下几种习性：

①趋光性。趋光性很强，当湿度大，风速小，无月光的天气，灯下诱集量更大。

②喜香味。对香甜物质特别嗜食，喜食煮至半熟的谷子、豆饼及鼓糠等。

③喜粪土。对马粪等腐烂有机质粪肥也有趋性。因此也可用毒粪土诱杀。

④趋湿性。“蝼蛄跑湿不跑干”，因此潮湿土壤蝼蛄的数量较多。

3.蝼蛄类防治方法

(1)灯光诱杀

蝼蛄趋光性较强，可于成虫羽化期用灯光诱杀，晴朗无风且闷热的夜晚，效果尤好。

(2)毒饵诱杀

发生危害期采用毒饵诱杀。毒饵配方如下：40%乐果乳油或90%敌百虫0.5kg加水5kg拌饵料50kg(饵料可用麦麸、谷糠、稗子等煮至半热或炒香)。傍晚将毒饵均匀撒在苗床上，注意防止家畜、禽误食中毒。

(3)马粪鲜草诱杀

每隔20cm挖一小坑，将马粪或带水的鲜草放入坑内，蝼蛄诱入后，集中捕杀，也可置入毒饵。

(4)招引益鸟，以鸟治虫

可在地周围栽植杨、刺槐等林木，招引利用。

(5)人工捕杀

越夏产卵期，人工挖窝毁卵，可收到良好效果。

(三)蟋蟀类

蟋蟀以若虫和成虫危害苗木及幼林的嫩茎和顶芽。国内分布的主要有大蟋蟀和南方油葫芦、北京油葫芦,如图7-89、图7-90所示。

图7-89 蟋蟀(一)

图7-90 蟋蟀(二)

1. 大蟋蟀

(1)分布、寄主与危害

大蟋蟀亦称大头蟋蟀、土猴。成、若虫均有危害,食性杂,几乎危害所有农林植物,包括松、杉、樟、相思、橡胶、金鸡纳、柑橘等。大蟋蟀常咬断苗茎基部,有时还爬上1~2m高的幼树和苗木上部咬断顶梢和例梢,造成严重缺苗或断梢现象。

(2)形态待征

成虫体长40~50mm,体大形,赤褐色,粗壮。头较前胸宽。触角丝状,体稍长。前脚背板中央有一纵线,其两侧各有一横向圆锥形斑纹。后足脚节强大,节粗,具两排刺,各排有刺4~5个。雄虫前翅纵脉粗、曲、隆起;雌虫的较细、直、平滑。产卵器管状,长约5~8mm。卵圆筒形,淡黄色,长4.6mm。若虫与成虫相似、体较小、色较浅。1龄体长5.4~6.1mm;2龄体长6.5~10.1mm,翅芽开始微露;3龄体长11.1~11.5mm,翅芽略显,稍向下方伸展,色稍加深;4龄12~21.2mm,翅芽较显著,前翅芽乳头状,后翅芽略呈三角形;5龄体长17~29mm,前翅芽略向后斜,后缘基部有显著凹陷;6龄体长28~33mm,翅芽后伸于胸部背面、前翅芽略呈心脏形,长达后胸,后翅芽三角形,长达第一腹节;7龄体长35~38mm,两前翅芽左右相遇,伸达第一腹节,后翅芽三角形,伸达第三腹节。

(3)发生发展规律

大蟋蟀1年发生1代,以若虫在土洞中越冬,但在冬季温暖的夜晚也可外出觅食。有些地方越冬若虫于3月初开始活动,6月中旬见成虫,7月为羽化盛期,9月下旬新若虫出现,11月进入越冬期;而另一些地区于5月中旬至6月初见成虫,6月上、中旬为危害盛期,7~8月间交尾产卵。大蟋蟀为穴居性昆虫,昼伏夜出,有自相残杀习性。除初孵若虫外,成、若虫各自掘洞穴居,1虫1洞,雌雄交尾期才同居一穴,蟋蟀的穴道弯曲,挖掘深度与若虫龄期及当时气温和土壤质地等条件有关。一般成虫的穴道较若虫为深,特别是低温季节掘洞较深。砂质土且土层厚的地段洞深,可达1.5m。喜干燥,每逢雨后,多移居接近土表的孔道,如久雨不晴,地下水位上升时,常能用土将孔道分隔,转至上层栖居。大蟋蟀出洞后,一般常在洞口附近觅食,有时还将苗株墩茎切断拖回穴中啃食或储备。通常 5 ~7 天才出穴一次,但 7 ~8月交尾盛期,外出比较频繁。并多在傍晚 19:00 ~20:00 时出穴。晴天闷热无风或久雨初晴的温暖夜晚,出穴最多。阴雨及风凉的夜晚甚少出穴。出穴后,甩后足将洞内以泥土推塞,因此在大蟋蟀生活的地段,地面出现松土堆,是它潜居穴内的标志。大蟋蟀多发生于低洼、土质疏松、植被稀少的搁荒沙坡地,以及山腰下的苗圃,全是林地和沿海台地等,特别当旱秋和暖冬,有利于若虫的发育、活动时,常给秋播、冬作及苗圃幼苗造成严重灾害。3 ~6 月如遇干旱,即有利于越冬若虫活动,对春播幼苗造成严重灾害。

2. 油葫芦

(1)形态待征

常见的有北京油葫芦和南方油葫芦两种。为中形蟋蟀、体背褐色至黑褐色头顶和头的后半部黑色,前胸背板有两个月牙形纹,中胸腹板后缘中央凹入如三角形,后翅发达,伸出腹末以外。

(2)发生规律

1 年发生 1 代,以卵在土壤内越冬,翌年 4 月下旬开始孵化。6 月中旬至 8 月上旬为若、成虫活动期。成虫白天多躲于杂草丛内及洞穴中,一般适生于湿润而疏松的土壤中。成虫有互相残杀习性,雄虫善鸣好斗。8 ~9 月间交尾产卵,卵多产于杂草丛生且向阳的土地中。一雌可产卵 34 ~14 粒,成虫寿命约 145 天。

3. 蟋蟀类的防治方法

(1)毒饵诱杀

用炒过的麦麸、米糠或炒后捣碎的花生壳或切碎的蔬菜残叶作饵料,掺拌 90% 敌百虫 10 倍液制成毒饵,于傍晚在有松土堆的洞口附近放 1 ~2 团如花生米大的毒饵,或直接放在株行间诱杀,遇雨应重新施药。

(2)地面毒杀

秋播耕地后,可参考防治新增用药,地面施用毒杀幼龄若虫。

(3)药液灌洞毒杀

找到大蟋蟀洞穴后,扒去封土,灌入 80% 敌敌畏 1000 倍液或其他类似药剂毒杀。

(四)金龟类

金龟类的幼虫总称蛴螬,俗称地蚕。金龟是对成虫的总称,属鞘翅目金龟科。这类害虫除少数腐食性种类外,大部分为植食性,约占 60%。害虫的幼虫——蛴螬,是对苗木、幼树等的根部造成严重危害的重要种类,如图 7-91、图 7-92 所示。

1. 铜绿丽金龟

(1)成虫生物学

铜绿丽金龟 1 年发生 1 代,以 3 龄幼虫在土内越冬,翌年 5 月中旬化蛹,6 月上旬成虫羽化,6 月中旬至 7 月中旬为高蜂期,羽化持续至 9 月上旬。6 月上旬见卵,6 月下旬至 7 月中旬为产卵盛期;7 月中旬幼虫孵化,11 月上旬开始越冬;幼虫共 3 龄。

图 7-91　铜绿丽金龟(幼虫)

图 7-92　铜绿丽金龟(成虫)

(2)羽化与环境条件

成虫羽化出土与降雨量有密切关系,如雨量充沛,出土较早盛发期提前。成虫白天多隐伏于灌木丛、草皮下或表土内,傍晚出土活动;要求适温 25℃以上,相对湿度 70% ~80%;低温和降雨天不适于成虫活动,闷热无雨的夜晚活动最盛;具有假死性和强趋光性,对黑光灯尤为敏感,能从远处飞趋光源。成虫交尾多在寄主树的枝叶上进行,每晚先交尾后取食,食性较杂,食量大。夜间 21:00 ~22:00 时为活动高峰期,后半夜逐渐趋弱,凌晨潜回土中。成虫一生交尾多次,平均寿命为 30 天。卵多产在林地 5 ~6cm 深的土层中或附近农作物根系旁的土壤内;卵散产,每头雌虫平均产卵 40 粒。卵历期 10 天,在土壤含水率适宜的情况下,孵化率近 100%。

(3)危害

金龟子以幼虫危害植物根系。1 ~2 龄幼虫多出现在 7 ~8 月份,食量小。9 月份以后、3 龄幼虫盛发,食量猛增。幼虫越冬后继续危害,一般在清晨和黄昏由土壤深处移到表土层食害苗木近地面的茎、根部。

2. 红脚绿丽金龟

在南方,1 年完成 1 代,以 3 龄幼虫在约 30cm 深土层越冬。翌年 3 ~4 月上升危害,3 龄幼虫在 20 ~30cm 处作蛹室化蛹。4 ~5 月成虫羽化出土,6 ~7 月为出土盛期,9 月渐趋稀少。成虫出土后昼夜取食嫩叶和花蕊,约一月后交尾产卵;卵多散产于土内,也有选择在未腐熟的堆肥中产卵的,一头成虫可产卵 60 ~80 粒。卵历期 11 ~16 天;幼虫历期:1 龄 30 ~40 天,2 龄 40 ~66 天,3 龄 200 ~300 天;蛹历期 9 ~21 天;成虫寿命 50 ~80 天。

3. 东北大黑鳃金龟

在东北及华北地区 2 年完成 1 代,成、幼虫均能越冬,仅少数发育晚的个体有世代重叠现象。在东北地区其种群数量变动有“大年”“小年”的现象,因此出现奇数年成虫发生量大,偶数字成虫发生量少,此一规律有利于适期采取防治措施。

成虫出土活动从 17:00 开始,20:00 ~21:00 最盛,至 2:00 相继入土,拂晓前全部潜入土中。成虫有趋光性,但雌虫很少扑灯,初羽化成虫 15 天左右不扑灯。夜间活动时先觅偶交尾后取食。卵期15～22天，孵化盛期在7月中、下旬。幼虫取食根茎地下部分及播下的种子，造成严重的缺苗和死苗。秋末当10cm深土温降至12℃以下时，2～3龄幼虫下潜至56～149cm土层中作土室越冬。次春4月上开始上移，当4月下旬10cm土温达10.2℃以上时，幼虫已全部迁至耕作层危害，此期幼虫食量大，危害也严重，造成5～6月春播作物及苗圃大量死苗。老熟幼虫于6月下旬迁至20～38cm土层作土室化蛹，蛹期平均23～25天，盛期在7月末至8月中，末期为9月下旬。羽化后的成虫在原土室中越冬。

此虫以山地荒坡杂草中发生最多，其次为种植大豆、花生、玉米、高粱的地块。地势平坦、土层厚、排水良好的耕地发生效量多，施未腐熟的厩肥的地虫量也增加。

4. 黑绒鳃金龟

1年完成1个世代。东北辽宁地区以成虫在土壤中越冬，河北沧州地区以成虫和幼虫越冬，苏北则以幼虫越冬。据辽宁观察：越冬成虫于4月中旬出土活动，4月下旬至6月上旬为出土危害盛期，6月末成虫出土趋少。

成虫喜夜出活动，飞翔力强，傍晚多围绕树冠飞翔，有时下落取食。交尾时成虫结合呈直角形，时间约30min。雌虫产卵于10～20cm深的土壤中，散产，多10余粒集于一处；产卵量与雌虫取食寄主有关，以危害榆树的产卵量最大，一头雌虫可产卵29～110粒。卵历期5～10天，孵化率达90%以上。

幼虫多聚集在林地土壤内，以嫩根和腐殖质为食。据河北沧州观察，幼虫共3龄，1龄历期41天，2龄21天，3龄18天；老熟幼虫在20～30cm土壤中化蛹，预蛹期7天左右，蛹历期11天。成虫羽化盛期在8月中、下旬，当年羽化成虫除极少数出土取食外，大部分都开始蛰伏土中越冬。

成虫活动适温为20～25℃；日均温达10℃以上，且降雨量大，湿度高即有利于越冬成虫出土活动；因此成虫出土盛期如伴随降雨，即形成连续几个出土峰期。

5. 苹毛丽金龟

在东北1年发生1代，以成虫在土壤内越冬；越冬成虫出有两个高峰：7月下旬为第一个高峰期，出土成虫约占总量的30%；5月中旬为第二个高峰期，约占总量的65%。成虫活动与温度及降雨有密切关系，当地表温度达12℃，平均气温达10℃以上，常在雨后成虫大量出土，多在向阳地段沿地面成群飞舞，觅偶交尾，14h后潜入土中。为白天活动种类，不趋光，但有假死习性。活动取食在白天温度升高后进行，当中午炎热时则趋避叶背成叶丛间。喜食花、嫩叶及未成熟的种实，并随寄主植物物候转移危害。遇惊扰时坠落，以低于18℃时表现最明显，高于22℃以上则极不明显，即使坠落也于中途飞逸。5月上旬见卵，卵散产于植被稀少，土质疏松的表土中，5月中、下旬为产卵盛期。5月下旬幼虫始孵，老熟幼虫于8月中旬下蛰至80～120cm（东北）或40～50cm（河南、山东）深处的土层筑土室化蛹。9月上旬成虫羽化并在蛹室中越冬。

6. 毛黄鳃金龟与茶色金龟

毛黄鳃金龟1年1代以成虫少数以蛹或幼虫在土下越冬，在湖南茶色金龟每年均发生2代。金龟子幼虫营地下生活，初孵幼虫都以腐殖质为食，此后随身体的长大才逐渐咬食植物根系。幼虫在土壤内活动深度随季节、温度的差异而变化，一般春季温暖时上升至土表，一年中当土温平均约13~18℃时，是其最适活动温度。土温低于10℃开始上升活动，超过23℃时，即开始向土中深处移动，当土温低于10℃时，则向深处土层蛰伏，5℃以下全部越冬。当10cm深土温达到15℃以上，蛴螬上升至土表活动，此时种子萌发、幼苗生长，危害严重。夏季气温高土壤干燥，蛴螬较深土中，秋季温度渐降，再次上升表土层活动。10月以后天气较冷，又潜入深层土壤越冬。温度越低潜土越深，土壤深处温差变幅较小，老熟幼虫在其中筑一土室化蛹，经过蛹期羽化为成虫。

7. 灰粉鳃金龟

3~4年完成1个世代，以成虫和幼虫在土中越冬。黑龙江省西部，幼虫越冬深度达1.5~2.0m。次年5月末到30cm左右的土表活动危害苗根。据辽宁的观察，5月底或6月初成虫出土活动，当年孵化的幼虫在深35cm左右的土中化蛹。在砂质壤土，裸露开阔的岗地和坡地，杂草茂密幼林地发生较多。

8. 华北大黑鳃金龟

华北大黑鳃金龟在黄淮地区2年1代，以成虫和幼虫隔年交替在30~46cm深土层内越冬。越冬成虫4月初开始出土，交尾后4~5天产卵。卵产于5~12cm土层内，每雌产卵5~6次，总计产卵20~30粒，最多达70余粒，产卵期长达2个月。卵历期一般10~15天，最长26天，幼虫孵化后，危害幼林及苗木根系，10月以后向深土层下蛰伏越冬。

河北沧州越冬幼虫翌春上升危害直至6月下旬，幼虫老熟后多在15cm深土层中筑蛹室化蛹，蛹历期20~22天，5~6月为化蛹盛期。成虫一般在4月中旬开始出土活动，5~7月上旬为活动盛期。5月中旬出土成虫多为上午早期羽化的个体，为成虫出土活动的第一个高峰期；第二个高峰期在6月上旬至7月上旬，多为上年后期羽化的成虫。

成虫每日出土时间，一船在黄昏时开始，20:00~21:00时呈现出土高峰，以后逐渐减少，后半夜成虫多相继潜入土中。成虫具弱趋光性，飞翔力也不强，一般出土后先在地面爬行，后作短距飞翔觅食；且多喜在灌木丛中或杂草较多的地段聚集取食交尾，交尾历期长达两个月。雌虫交尾后4~5天产卵，一般在第一次交尾后30~60天是产卵盛期，雌虫产卵后约经27天死去。卵历期13~18天，当土壤含水率在18%情况下，孵化率达90%以上，幼虫有互相残杀习性、随土温升降而在土壤内上下移动，春季10cm土温达10℃左右时，幼虫即由土壤深处向上移动；20℃左右时，则开始在10cm以上的土层中危害；秋季土温下降至10℃以下时，幼虫则又移向土壤深处。幼虫共3龄，1龄平均历期25.8天；2龄28.1天；3龄307天。老热幼虫多在土深约20cm处筑长椭圆形蛹室化蛹。预蛹期平均22.9天，蛹期平均19.5天。华北大黑鳃金龟喜在保水力较强的乳土中生活。因此，低洼黏土地区均是华北大黑鳃金龟发生危害严重的区域。

9. 棕色鳃金龟

在陕西2年多发生1代，以成虫和幼虫在30~70cm深土层中越冬。越冬成虫于3月下旬开始出土活动，4月下旬产卵，5月中下旬幼虫孵化，11月中旬2龄或3龄末期幼虫潜入深土层越冬。翌年3月中旬越冬幼虫回升到表土层危害，6月末老熟幼虫下潜至30cm土层筑蛹室化蛹。蛹期约30天,7月底8月初羽化,成虫静伏原蛹室内,直到第3年3月中旬才出土活动。成虫出土活动与温度有密切关系,一般当气温达10.3℃以上时,成虫开始于傍晚出土,沿地面低飞觅偶交尾,此时约20~30min,天黑以后又潜入土中。雄虫交尾后即死亡。雌虫喜取食植物叶片补充营养,交尾后约30天开始产卵,卵历期24~30天。幼虫在土壤中的活动也与土壤温度有关,春季土温上升,幼虫即迁至表土层危害;夏季若遇闷热天气,表土层干燥,幼虫活动期约400天。

卵和幼虫的生长发育对土壤湿度条件极为敏感,以土壤含水率达15%~20%最为适宜,低至5%以下时即不能维持其正常生活,以致大量死亡。初龄幼虫对土壤湿度也特别敏感,过干过湿均能造成死亡。幼虫多喜生活于疏松较湿润的土壤中,一般砂质土地、滩地或黏土地、棕色鳃金龟很少发生。

10. 暗黑鳃金龟

1年发生1代,以老熟幼虫和少数当年羽化的成虫在约15cm的土层中越冬;翌年5月中旬幼虫筑蛹室化蛹,6月初成虫羽化,7月中旬至8月上旬为成虫羽化高峰期;7月下旬至8月中旬为成虫产卵期,8月上旬始见幼虫,10月中旬老熟幼虫越冬。成虫交尾后5~7天产卵,卵历期8~10天;1龄幼虫平均历期20天,2龄19.3天,3龄27天;蛹历期约30天,成虫寿命100~150天。

成虫活动的适宜气温为25~28℃,相对湿度为80%以上,7~8月闷热天气或雨后虫量常猛增,危害愈烈。食性杂、食量大,有集中取食习性,故常可将某一地段或某些树木叶片吃光。1公顷苗圃内有虫可高达数10万头之多。食性虽杂,但对树种也有明显的嗜食性,如以杨、柳、榆等比较,则偏嗜榆树,取食的虫数可相差10倍以上。

成虫有强烈的假死性和趋光性,遇惊扰则迅速坠地,对黑光灯的趋向尤为强烈,有隔日上灯的现象,上灯虫口可相差10~30倍以上。成虫傍晚出土活动,黎明前飞回田间或林下土中潜伏。对苗木危害严重,可造成大量死苗。

11. 大栗鳃金龟

大栗鳃金龟可多年发生1代,如6年发生1代的地区,幼虫越冬5次,成虫越冬1次;5年发生1代的地区,幼虫越冬4次,成虫越冬1次。虽世代重叠,但却有一定数量占绝对优势的虫态。当成虫越冬数量占优势时,次年成虫猖獗则林木严重受害,若幼虫占优势,则苗木、农作物和牧草受害严重,呈现明显的周期性。

大栗鳃金龟以幼虫和成虫在土壤内越冬。越冬成虫于5月上旬出土活动,5月中旬为盛期;5月下旬产卵,卵历期35~50天,7~8月幼虫出现,10月下旬潜至40cm以下深土层越冬,次年3月下旬上升到表土层取食危害。如此反复4年,第5年6月下旬幼虫逐渐老熟,并继续越冬。第6年6月中旬至7月上旬在15~20cm土层化蛹,历期约72天;8月上旬至9月上旬成虫羽化,并于20cm深土层越冬。

成虫多于傍晚出土活动,喜在寄主树冠上取食叶片,白天可见雄成虫飞翔觅偶,交尾以16:00~22:00时最盛,退雨或气温下降,即停止。交尾后,雌虫一般在13~26cm土层内产卵,雌虫入土处表土层里明显的起伏。每头雌虫约产卵33粒,最高达47粒。

卵的发育与土壤的湿度有密切关系,在最适土壤含水率为20%条件下,卵孵化率可达90%以上。初龄幼虫主要取食苗木根系及腐殖质,危害较轻;幼虫第3次越冬后进入暴食阶段,虫口密度高的年份,往往造成严重灾害;第4次越冬后,基本不再取食;第5次越冬后,在20~30cm的土层中筑椭圆形蛹室化蛹。

12. 大云鳃金龟

幼虫危害苗木及幼林的根部,成虫取食幼芽和嫩叶,是常见害虫之一。

在辽宁3~4年1代,以幼虫在25~50cm处的土层内越冬。春季20cm深土温达10~20℃时幼虫开始活动,6月中旬老熟幼虫上升至约10cm处筑土室化蛹。成虫发生于7~8月,是金龟类成虫出现最晚的一种。成虫白天潜伏土中,傍晚出土活动,雄虫常发出鸣声,诱至雌虫交配。成虫多在沙壤土地、沿河地、林间空地产卵。卵散产于土内10~30cm深处,每雌产卵10余粒至数十粒,卵历期约21天。

13. 四纹丽金龟

(1)发生规律

1年发生1代,以3龄幼虫在深土层中越冬,翌年4月当20cm处平均土温达10℃时上升危害;6月上旬幼虫老熟,在5~8cm深土中筑蛹室化蛹,预蛹期4~14天,蜗期8~17天。6月下旬成虫羽化,7月上旬为羽化盛期;成虫羽化后,在蛹室内静伏2~3天,当10cm深平均土温达23℃时,多于9:00~15:00时出土活动。成虫无趋光性,夜间潜伏土中,有假死性;成虫出土2~3天后即开始交尾。成虫产卵盛期在出土盛期后15天左右。一头雌虫产卵20~65粒,卵历期8~15天。初孵幼虫多以苗木根部和腐殖质为食、8月中旬幼虫进入3龄。当10cm平均土温下降到9.5℃以下时即开始下蛰;东北地区下蛰至60~70cm的土层,陕西关中下蛰至30cm深的土层越冬。四纹丽金龟多发生在地势低湿但又排水良好,腐殖质含水率较高的山地。

(2)金龟类害虫防治方法

①林业防治

a. 适时整地、深耕多耙、适时灌水。在蛴螬分布密度大的苗圃地,种植前应先适时整地,以降低虫口密度。要求深耕多耙,可借机械作用控制一部分地下虫口,同时也可破坏蛹室引起蛹体死亡;利用金龟子幼虫不耐水淹的特性,适时灌水,对初龄幼虫有一定的防治效果。

b. 清除杂草。金龟成虫多取食农林作物和田间杂草的叶片,并在其附近交尾产卵。凡是杂草丛生管理粗放的地块,蛴螬密度较大;及时清除杂草,可以降低苗圃地虫口数量。

②化学防治

a. 除治成虫。不仅可以减免其危害,保证林木正常生长,并可减少林间蛴螬的种群密度,主要方法如下:

喷粉。如用1.5%乐果粉剂或2.5%乙敌粉剂(1%乙基对硫磷粉剂混合3%敌百虫),每亩1~2kg,不但可用于防治地面活动的成虫,且可用于叶面。

喷雾。40%乐果或氧化乐果800倍液,防治东北大黑鳃金龟和暗黑鳃金龟,效果达100%,药效持续期达40天;50%辛硫磷乳油,50%杀螟松乳油,60%双硫磷乳油2000倍液可获较好效果。对食花金龟,寄主树叶、开花前喷40%乐果乳油1000倍液,75%辛硫磷乳油,50%马拉硫磷油1500倍液,50%对硫磷1300倍液都较有效。

药剂诱杀:20~30cm长杨、榆、刺槐枝,浸于40%氧化乐果30倍液中,傍晚每亩插10~15枝;或用加杨、刺槐等树叶,每亩10~15小枝,喷40%氧化乐果乳油800倍液,诱杀效果较好。50~100cm长的榴、杨等树枝放入40%久效磷乳油50倍液,浸泡10h,于晚前插入田间,每亩5把,对暗黑鳃金龟、铜绿丽金龟诱杀效果良好。

b.防治幼虫。主要方法如下:

拌种。农业上采用辛硫磷拌种,种子上药剂含量达0.05%~0.1%,保苗效果显著。甲基异柳磷拌种,含量达0.02%~0.08%,保苗达95%左右。辛硫磷微胶囊按有效成分0.05%~0.1%防治蛴螬效果达如90%以上,残效期达52~70天。

土壤处理。每公顷用50%辛硫磷乳油250~4500mL,结合灌水施入土中,有良好的灭虫保苗效果。50%辛硫磷乳油250g,加水1000~1500kg,顺垄浇灌,如浇后浅锄,可延长药效。每公顷用50%辛硫磷乳油3000~4700mL,加细土25~30kg(约10倍水稀释药液,喷洒细土并拌匀),顺垄条施,撒后随即浅锄。2%甲基异柳磷粉剂每亩2~3kg,对土25~30kg拌匀顺垄撒施后覆土或浅锄。

施用颗粒剂。用3%甲基异柳磷颗粒剂防治花生、大豆蛴螬效果良好。呋喃丹颗粒剂每亩2.5kg,细土拌匀撒施后覆土制作苗床。河北沧州用50%辛硫磷加水5kg,拌炉渣25kg制成颗粒剂,每亩25kg混合种子播种,防治东北大黑鳃金龟,30天后效果达84.1%~94.6%。

浇灌药剂。如前述,50%辛硫磷乳油250g,加水1000~1500kg顺灌;20%甲基异柳磷乳油、40%乙酰甲胺磷250g对水1000~1500kg;50%对硫磷乳油、90%敌百虫原药加水1000倍浇灌苗木。另移栽小苗木、扦插苗,用25%对硫磷微胶囊剂0.03~0.04浓度蘸附有良好的防护作用。

③其他措施

a.灯光诱杀。不少种类的金龟有强烈或较强的趋光性,诱杀效果理想。以无风、无月亮、闷热的夜间效果更佳。

b.人工捕杀。利用金龟受惊坠落的习性,可突然振动树干使其坠落,应及时收集处理以防逃逸。种群密度大的土地,翻耕时及时收集蛴螬,也有一定效果。

c.生物防治。金龟类的天敌甚多,如各种食虫鸟、捕食及寄生性昆虫,病原微生物等,对控制其危害有一定的作用。如日本金龟芽孢杆菌国外研究较多,每亩地用每克含10亿活孢子的菌粉100g,均匀撒入土中,使蛴螬接触感染发生乳状病致死,由于病菌能重复感染,病菌在土壤中可保持较长时期。绿僵菌也是有前途的虫生真菌。

(五)红蜘蛛(螨类)

近些年来,红蜘蛛已成为危害公路花卉树木的重要害虫之一。它主要危害植物的叶、茎、花等,刺吸植物的茎叶,使受害部位水分减少,表现失绿变白,叶表面呈现密集苍白的小斑点,卷曲发黄。严重时植株发生黄叶、焦叶、卷叶、落叶和死亡等现象。同时,红蜘蛛还是病毒病的传播介体。

1. 种类和形态

据初步观察发现,危害公路绿化植物的红蜘蛛属于叶螨总科,主要有山楂叶螨、全爪螨、朱砂叶螨、果苔螨、针叶小爪螨、短须螨等。螨类个体较小,一般体长不到1mm,若螨可在0.2mm以下。成螨体型为圆形或长圆形,多半为红色或暗红色。越冬螨橙红色,卵球形,直径在0.1~0.2mm之间。幼螨体近圆形,长0.14mm左右,淡黄色。若螨形态和成螨相似,黄褐色。卵为圆球形,橙色至黄白色,如图7-93、图7-94所示。

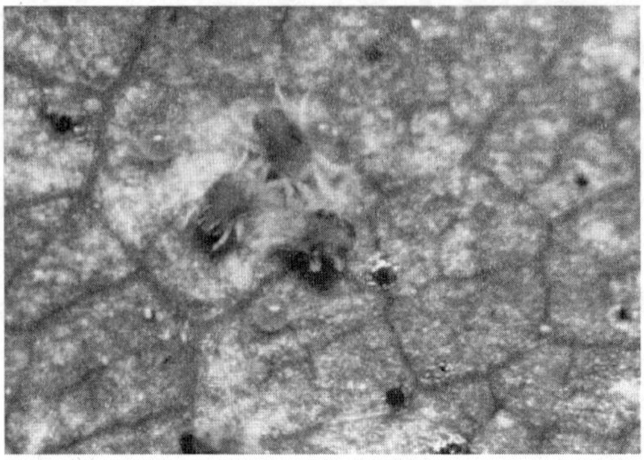

图7-93 朱砂叶螨

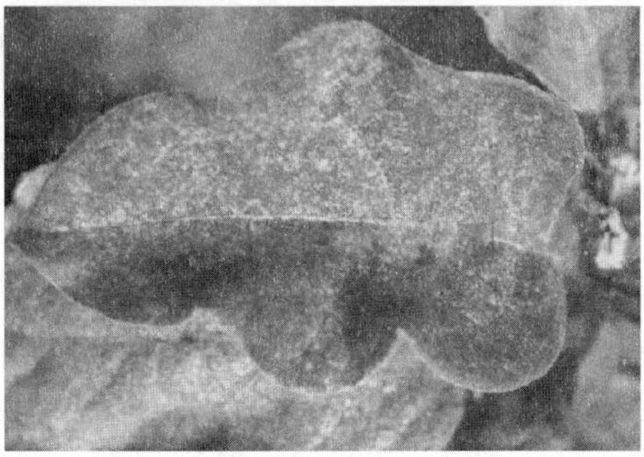

图7-94 螨类植物被害状

2. 发生发展规律

红蜘蛛主要以卵或受精雌成螨在植物枝干裂缝、落叶以及根际周围浅土层土缝等处越冬。第二年春天气温回升,植物开始发芽生长时,越冬雌成螨开始活动危害。展叶以后转到叶片上为害,先在叶片背面主脉两侧为害,从若干个小群逐渐遍布整个叶片。发生量大时,在植株表面拉丝爬行,借风传播。一般情况下,在5月中旬达到盛发期,7~8月是全年的发生高峰期,尤以6月下旬到7月上旬危害最为严重。常使全树叶片枯黄泛白。该螨完成一代平均需要10~15天,既可营两性生殖,又可营孤雌生殖,雌螨一生只交配一次,雄螨可交配多次。

越冬代雌成螨出现时间的早晚,与寄主本身的营养状况的好坏密切相关。寄主受害越重,营养状况越坏,越冬螨出现的越早;反之,到11月上旬仍有个体危害。

3. 环境因子的影响

当前,红蜘蛛在各地发生较普遍,寄主植物广泛,危害严重。总之,红蜘蛛猖獗发生的原因是多种因子综合作用的结果,概括起来,主要有以下几个方面。

(1)本身的生活习性决定

红蜘蛛繁殖力强,一年发生多代,发育速度快,周期短,两性、孤雌均可繁殖,适应性强,传播方式广。

(2)气候

对大多数红蜘蛛来说,均属于高温活动型。温度的高低决定了红蜘蛛各虫态的发育周期、繁殖速度和产量的多少。干旱炎热的气候条件往往会导致其大发生。因此,一定在高温干旱季节来临之前及时防治。

(3)天敌

害虫的自然天敌种类和数量很多,主要有深点食螨瓢虫,束管食螨瓢虫,异色瓢虫,大、小草蛉,小花蝽,植绥螨等,它们对控制害虫种群数量起到积极作用。因而,在防治害虫时勿伤天敌。

(4)化学农药

农药易使害虫产生抗药性,给防治带来难度。故在防治害虫时,一定要轮换用药,不要任意加大用药浓度和施药次数。多选择高效安全农药,抓住害虫的薄弱环节。

4. 检查方法

红蜘蛛体形较小。在一般情况下,用肉眼用解剖镜或放大镜来观察,也可以先取一张白纸,再摘取受害叶片或枝梢,在纸面上连续拍打几下,检查纸面上是否有“小黑点”在移动,即可辨明。另外,还观察叶片上是否有受害的小斑点。平均每片叶上有虫在10头以上,就会对植物的生长和绿化效果产生影响,应着手进行防治。

5. 防治手段

红蜘蛛的防治,应因地制宜,坚持“预防为主,综合防治”的原则,以化学防治为主,辅以物理防治。同时注意,充分利用天敌资源,可收到较理想的防治效果。

(1)加强栽培管理措施

对植株增施有机肥,减少氮肥的使用,增强树势,提高植株抵抗害虫入侵的能力。在高温干旱季节,及时开穴浇水,补偿植株的水分损失。加强修剪,改变植株生长的小气候,增强植株的通风透光性,提高了树势,减少了害虫的发生机会。对当年红蜘蛛发生较严重的植株,结合清园,刮除翘皮,清除枝丫上的枯叶、落叶以及杂草等越冬场所,消灭过冬雌成虫、卵等,降低虫源基数。

(2)化学防治

应根据红蜘蛛的种类、药剂性能,掌握施药的关键时期,彻底消灭早期危害,控制后期再度猖獗发生。在早春或冬季,向植株上喷布3~5波美度的石硫合剂,并按0.2%~0.3%加入洗衣粉,以增强药剂展着性。可杀死越冬卵或成螨,降低虫口基数。在4月下旬至5月上旬,越冬卵孵化盛期,用40%氧化乐果乳油5~10倍液、18%高渗氧化乐果乳油30倍液,根际涂抹或涂干。在红蜘蛛为害期,对盆栽花卉、盆景,根施涕灭威、辛硫磷等颗粒剂,用药量随植株的大小而定。埋施后,要浇足水,以提高药效,或直接浇灌氧化乐果乳油等内吸性药剂。但都要远离水源,避免污染。大发生期,可喷20%三氯杀螨醇乳油500~600倍,20%灭扫利乳油2000倍,5%尼索朗乳油1500倍,50%久效磷乳油1500倍,40%水胺硫磷乳油1500倍,40%氧化乐果乳油1500倍,10%天王星乳油3000倍等,可大大降低虫口密度。为了避免害虫产生抗药性,应交替用药或混合施药。

(3)保护和利用天敌

注意保护和利用瓢虫、草蛉等天敌,来控制红蜘蛛的发生量,协调化学防治与其他防治之间的矛盾。在天敌大发生时,应停止施药。为了延长农药对红蜘蛛产生抗药性,最好与有机磷以及其他杀螨剂交替使用，施药必须力求全面、周到，叶片正反面都着药才能确保防治效果。

(六)金针虫类及象虫

1. 金针虫类

在国内分布的金针虫约有10多种。对农林作物苗期造成危害的主要有沟金针虫和细胸金针虫，如图7-95、图7-96所示。

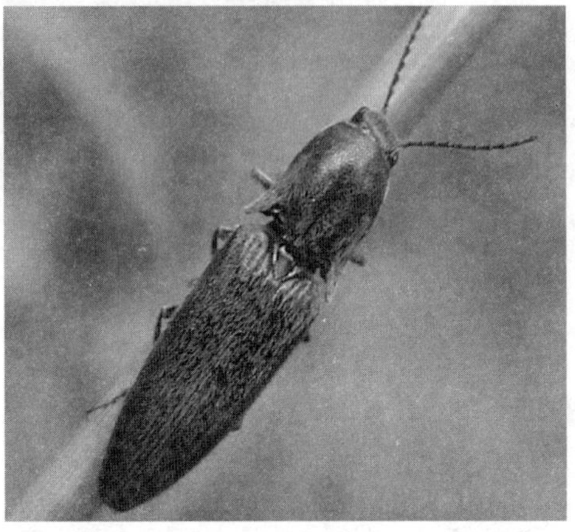

图7-95 金针虫

图7-96 竹象虫

(1)金针虫类形态特征

由于幼虫体多为金黄色，体形似针，故通称金针虫，成虫固有弹跳习性，故名叩头虫。危害苗木的金针虫主要有细胸金针虫、沟金针虫。

(2)发生发展规律

①细胸金针虫。在东北地区3年完成1代。内蒙古河套平原6月上旬可在7～10cm深的土层查到蛹。6月中、下旬成虫羽化，6月下旬至7月上旬为产卵盛期，卵产于表土内；成虫活动能力较强，对禾本科草类刚腐烂发酵时的气味有趋性。在黑龙江克山地区，卵历期为8～12天。幼虫要求偏高的土壤湿度，耐低温能力较强，在河北4月平均气温0℃时，即开始上升到表土层危害，一般10cm土温7～13℃时，危害严重。细胸金针虫适生于潮湿环境，灌区和湿度大、有机质多的黏壤或黏土地区有利于其繁殖和发生。

②沟金针虫。沟金针虫生活史较长，完成1个世代需2～3年以上，以幼虫和成虫在土中越冬。河南省南部越冬成虫于2月下旬开始出蛰。3月中旬至4月中旬为活动盛期。成虫白天多潜伏于表土内，夜间交配产卵。卵产于土中，以3～7cm处居多，一雌产卵近百粒，卵历期约35天。雌成虫无飞翔能力，雄虫善飞，有趋光性。5月上旬幼虫瞬化，第3年8月下旬，老熟幼虫于16～20cm深的土层内筑土室化蛹，蛹历期为16天；9月中旬成虫羽化，当年在原蛹室内越冬。在北京地区，3月中旬10cm深平均土温达6.7℃时，幼虫即开始活动；4月上、中旬土温升至15.1～16.6℃时危害最烈；6月间土温高达28℃以上时，幼虫多下移到深土层越夏。9月下旬至10月上旬，土温下降到18℃左右时，幼虫又回升到表土层危害；11

月下旬土温下降到1.5℃时,幼虫下蛰到27~33cm深的土层越冬。由于沟金针虫雌成虫活动能力弱,一般多在原地交尾产卵。扩散受到限制,因此虫口多的地段一次防治后,在短期内种群密度不易回升。

(3)金针虫防治方法

①因地制宜,精耕细作。对适生地,特别对刚开垦的荒地,要测查土壤。根据各地经验,每亩有金针虫1000头以上或每平方米有虫2~3头的地块即须防治。精耕细作,以便通过机械损伤及将虫体翻出土面让鸟类捕食,以降低金针虫密度。此外,加强管理,避免施用未成熟的草粪等,抑制金针虫繁殖。

②消毒。用3%呋喃丹颗粒剂施入床面表土层内,每平方米用药10kg,效果良好。也可用辛硫磷拌种或用辛硫磷炉渣颗粒剂与种子混合播种。

2. 象虫类

危害苗木的象虫主要有大灰象、蒙古象。

(1)大灰象

①大灰象成虫习性。成虫不能飞翔,4月下旬温度较低时,成虫很少活动,多潜伏在土缝中或植物残体下面。随气温升高活动也增多,以日均温20℃以上最为活跃,但在6~7月也惧高温,常在10:00前及15:00后活动,地面匍匐植物叶下常有成虫潜藏,甚至离开地面爬到叶背或枝干荫蔽处。成虫有隐蔽性和假死性。成虫喜取食幼苗、幼芽,尤以早春早期出土的幼苗受害最重,常由于成虫聚集危害,几乎很难保存而不受害。在温度较低季节,成虫常在气温较高时外出取食,否则在10:00以后及16:00~22:00取食为多。成虫交尾的时间长,产卵时用足将叶片正向合拢,在叶缝中产卵并用分泌物黏合,卵成块,以30~50粒为多,每雌产卵可达374~1172粒,卵期10~11天。雌虫寿命较长。

②大灰象幼虫习性。幼虫孵出后,迅速潜入松土中,仅取食腐殖质及微细的根,不造成大的损害。9月下旬幼虫开始移向深土层,以60~80cm深处越冬最多。翌年6月上旬开始化蛹,新羽化的成虫当年蛰伏土中不外出。

③世代情况。在辽宁南部2年发生1代,以幼虫和成虫在土壤中越冬。4月中、下旬成虫出土活动,5月下旬产卵,6月上幼虫开始陆续孵化,9月下旬幼虫筑土室越冬;翌年春暖后继续取食,6月下旬化蛹;蛹历期约15天,7月中旬成虫羽化即在原处越冬。

(2)蒙古象

在辽宁、吉林地区2年1代,以成虫和幼虫在土中越冬。4月中旬日平均气温达10℃左右时成虫即出土活动,5月上旬产卵,下旬幼虫孵化,9月下旬幼虫作土窝休眠,继而越冬;翌年6月中旬化蛹,7月上旬成虫羽化,在原处越冬。成虫有假死和群集取食习性。卵散产于表土中,每雌产卵80~90粒。卵历期约13天,幼虫孵化后钻入土中取食腐殖质及植物根系。蛹历期17~20天,蛹成虫寿命57~157天,雄成虫46~96天。成虫活动习性与大灰象类似。

(3)大灰象、蒙古象防治方法

①人工捕杀。可利用其中早春集中危害初出土的幼苗;不活动而在田间植物附近土块、近地面叶下,匍匐植物叶下集中潜伏及假死习性,可人工捕杀。

②药剂防治。成虫活动盛期,可选用90%敌百虫晶体、80%敌敌畏乳油、40%氧化乐果乳油、75%辛硫磷、50%马拉硫磷、50%杀螟松等乳油1000倍液;2.5%溴氰菊酯10000倍液喷雾。特别注意的是:由于大灰象、蒙古象成虫出现早、寿命长,危害严重,应集中防治成虫。

(七)地老虎类

地老虎是鳞翅目夜蛾科切根虫亚科一些种类的幼虫总称,俗称地蚕、切根虫和土蚕等。危害农林植物幼苗,切断根茎部,造成缺苗断行,是一类危害严重的地下害虫。危害苗木的地老虎主要有小地老虎、大地老虎和黄地老虎,如图7-97、图7-98所示。

图7-97　地老虎(幼虫)

图7-98　地老虎(成虫)

1.发生发展规律

(1)小地老虎

①发生代数。小地老虎发生代数随各地气候不同而异。大致为长城以北,1年2~3代;长城以南,黄河以北1年3代;黄河以南至长江沿岸,1年4代;长江以南1年4~5代;南部亚热带地区包括广东、广西、云南南部,1年6~7代。据各地发生情况表明,无论年发生代数多少,造成严重危害的均为第一代幼虫。因此,了解小地老虎越冬场所及虫态,对于做好第一代幼虫发生量的测报具有重要意义。在长江流域及其以南地区,小地老虎以蛹及幼虫在土壤及枯枝落叶层中越冬。南部亚热带地区,由于气候温暖,冬季无休眠现象,各虫态都能正常活动;如南宁12月至翌年2月黑光灯下还能诱到较多成虫,3月间能见到卵。

小地老虎越冬代成虫在南方最早于2月间出现,全国大部分地区发蛾盛期在3月下旬至4月上、中旬;宁夏、内蒙古地区则在4月上旬;华南有些地区从10月到翌年4月都有小地老虎发生危害。

小地虎成虫白天潜伏于土隙、枯叶、杂草等隐蔽物中,夜晚飞翔,觅食、交尾,产卵,以22:00前后活动最盛。成虫羽化后经3~5天开始产卵。卵多散产于低矮密集的杂草上,少数产于枝叶下及土隙内,一般以靠近土面的杂草叶片上产卵最多。成虫产卵量较大,据广西观察,各代平均1雌产卵量达1600粒,以越冬代成虫产卵多,平均2400粒,最多可达3000余粒。产卵过多少与成虫的补充营养状况有关,据西南农业科学研究报道,用清水饲喂的雌蛾平均仅产卵257粒,用白糖水饲喂的高达3040粒。卵历期随分布地区及世代不同而异。

如在重庆观察：第1～5代依次为5.3天、3.8天、2.6天、4.9天、19.1天；山东第1代为10～16天；第2代为4～5天；河南第1～4代依次为6.8天、3天、2天、4天。

幼虫共6龄，少数7～8龄。1～2龄幼虫多群集干杂草、林木幼苗顶芽及苗株嫩叶上取食危害。3龄以后分散活动，白天潜伏于杂草及幼苗根部附近的表土干、湿层之间，夜出咬断苗茎，尤以黎明前露水多是更烈。3龄前的取食量仅约占幼虫期取食量的3%左右。4龄后食量逐渐增大。当食料缺乏或环境不适时，常导致幼虫夜间成群迁移危害。老热幼虫约在5cm深表土层筑土室化蛹，蛹历期约15天。

②影响小地老虎发生数量和苗木被害程度的因素。最主要的是土壤湿度。长江流域各省雨量较充沛、常年土壤湿度较大，因而危害较重。北方群众基于多年累积的经验认为：沿河、京湖滩地、低洼内涝区以及常年灌溉地区发生严重，丘陵及旱地发生极轻，并认为发生面积和当地前一年积水面积有关，积水面积大，害虫发生面积也大；危害程度与积水地区的退水迟早也有关，凡是在前一年晚秋至当年早春退水的地区受害严重。高温对小地老虎的生长发育与繁殖不利，因而夏季发生数量较少。如广州，从11月至翌年5月都能诱到成虫，5月以后直到10月成虫活动较少。据室内观察，温度在30℃以上时，幼虫难以完成发育。冬季温度过低，小地老虎的分布危害也受制于土壤类型，一般沙壤土、壤土、黏壤土地的虫口密度都较沙土地为多。此外，播种前苗圃地杂草也能诱集较多的小地老虎成虫产卵，受害偏高。成虫对普通灯光趋性不强，但对黑光灯有极强的趋向性；喜趋食糖、醋等酸甜及芳香气味的食科，为直接诱杀成虫提供依据。

③越冬和迁飞。小地老虎在我国的越冬情况，随各地气温而异。据确证在南岭以北，1月份平均温度4℃以上地区，温度虽较低，但小地老虎仍能安全过冬。而1月份均在4℃以下的地区，能否安全越冬尚有争议。据对冬季温度低的地区越冬期间调查，末发现存活的小地老虎。因此，一般认为小地老虎不能在这些地区越冬。

在一些地区小地老虎的越冬种群数量极少，甚至没有越冬虫，但来年初次发现成虫的数量大大超过越冬基数或出现大量来历不明的成虫，王荫长(1980)首次提出小地老虎在春季与迁飞昆虫粘虫有同步发蛾现象，并且越冬代蛾卵巢发育级别高。多数已经交尾。后来经多方研究，证实小地老虎的迁飞现象，龙其是标记昆虫释放回收成功，更直接证明了它的远距离迁飞。据测定，一次迁飞距离就达到1000km以上，估计需时6天左右，除了能在南北方向或东西方向水平迁飞外，还可以向上迁飞到海拔3000～4000m地区。证明我国大部分地区的小地老虎越冬代成虫，都由南方飞迁入境。了解上述特点，对预测种群数量的变动是重要的。

(2)大地老虎

1年发生1代，以幼虫在土壤中越冬。在北京越冬幼虫于4月中、下旬陆续开始危害，南方一般于3月中旬至4月上旬开始活动取食。5～6月以老熟幼虫行夏眠，夏眠的时期据在南京、杭州观察，分别为5～9月及6～7月。进入夏眠时，幼虫身体缩小；夏眠结束后，即在土壤内筑椭圆形蛹室化蛹。历期27～32天。成虫于10月上旬出现，白天潜伏于枯叶、杂草丛中，夜间活动，具趋光性和趋势化性。成虫补充营养后3～5天即交尾产卵。卵散产于杂草和幼苗上，也产于落叶上及土壤中。产卵量的多少与成虫期获得补充营养的质量及在幼虫期营养状况成正相关。幼虫孵出后于11月中旬进入越冬。幼虫共7龄,1～3龄幼虫多群集于杂草及林木幼苗的顶心嫩叶上,昼夜取食,4龄后扩散危害,昼伏夜出;但其活动远较小地老虎迟钝。

2. 地老虎类的预测预报与防治方法

地老虎幼虫在3龄以前群集危害,抗药力小,是防治的关键时期,因此,做好地老虎的测报同时做好防治准备工作,对及时控制地老虎危害具有重要意义。现以小地老虎为主介绍虫情测报与防治。

(1)虫情监测和预报

①监测越冬代蛾量。越冬代蛾量的大小,是预测第一代幼虫发生数量的重要依据。一般用黑光灯和糖醋液锈峨。如连续5天都能诱获,而且蛾量不断增加。预示发蛾盛期就要到来。凡诱蛾量大幅度增加,即发报盛蛾期开始;蛾量最多的一天即为羽化高峰期。

②查卵。发蛾盛期后,开始调查苗圃地及其周围杂草上的卵量和孵化情况。当进入盛孵期就应发出预报,准备及时清除卵的寄主杂草或喷药防治。

③查幼虫。查寄主上幼虫数量是指导防治的重要依据。卵孵化后,选择具有代表性的苗圃地,检查苗木和杂草心叶及嫩叶,以及受害植物附近的干湿土层之间的虫数;分别记载各龄期的幼虫数,同时调查苗木被害株的百分率。当大部分幼虫进入2龄时,就应发出预报,组织普查。在苗木定植以前,平均每平方米有虫0.5～1.0头,或苗木被害率达10%时;定苗后,平均每平方米有0.1～0.3头,苗株被害率在5%时,即应及时进行防治。

(2)预报

根据对当地5年以上的上述测报资料的分析,可得出越冬代第一次发蛾高峰期与防治适期(田间卵孵化80%或幼虫2龄盛期)之间的平均期距,就可用期距法提前于发娥高峰期预测幼虫防治适期。

3. 防治方法

(1)诱杀成虫

在越冬代发蛾期用黑光灯或糖醋液诱杀成虫,可有效降低第一代虫量。但用糖醋液诱杀,成本较高,可因地制宜,寻求适当代用品,如用红薯3000g煮熟捣烂,加少量酵面发酵后,加等量水调成糊状,再加醋1000g及25%西维因100g配成的诱液,在黄昏时盛于容器中置田间效果也好。

(2)清除杂草

杂草是地老虎的产卵寄主和幼龄幼虫的食料。在苗圃地幼苗出土前或1～2龄幼虫期,清除圃地及附近杂草,并及时运出沤肥或烧毁,可防止杂草上的幼虫转移到林木幼苗上危害。

(3)药剂防治

用90%敌百虫1000倍液,20%乐果乳油300倍液,75%辛硫磷乳油1000倍液喷幼苗或四周土面上;或将90%敌百虫1kg加水5～10kg,拌鲜草100kg。于傍晚撒于苗圃地上,可诱杀4龄以上幼虫。2.5%溴氰菊酯1000倍喷雾防治,保苗效果良好。

(4)人工捕捉

在苗圃地于清晨进行检查,如发现新鲜被害状,则在苗株附近刨土,捕杀幼虫,可收到显著效果。

(八)美国白蛾

美国白蛾[*Hlyphantria cunea*(Drury)],又名美国灯蛾、秋幕毛虫,属鳞翅目,灯蛾科,是举世瞩目的世界性检疫害虫。主要危害果树、行道树和观赏树木,尤其以阔叶树为重。对公路绿化树木、经济林、农田防护林等造成严重的危害。目前已被列入我国首批外来入侵物种,如图 7-99 ~ 图 7-101 所示。

图 7-99　美国白蛾(幼虫)

图 7-100　美国白蛾(成虫)

1. 形态特征

(1)成虫

白色中型蛾子,体长 9 ~ 12mm。复眼黑褐色,口器短而纤细;胸部背面密布白色,多数个体腹部白色,无斑点,少数个体腹部黄色,上有黑点。雄成虫触角黑色,栉齿状;翅展 23 ~ 34mm,前翅散生黑褐色小斑点。雌成虫触角褐色,锯齿状;翅展 33 ~ 44mm,前翅纯白色,后翅通常为纯白色。卵圆球形,直径约 0.5mm,初产卵浅黄绿色或浅绿色,后变灰绿色,孵化前变灰褐色,有较强的光泽。卵单层排列成块,覆盖白色鳞毛。

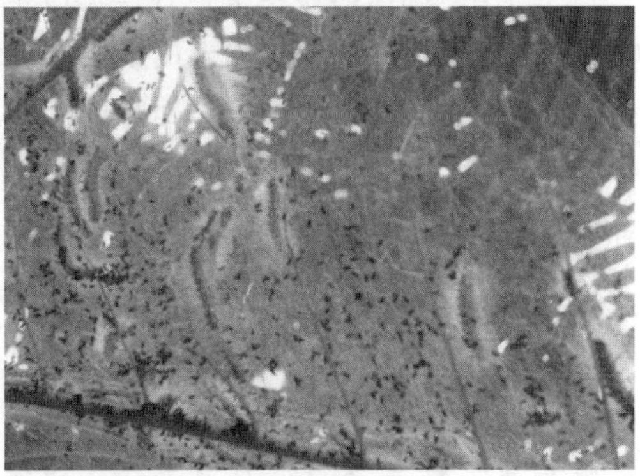

图 7-101　美国白蛾(危害树木状)

(2)幼虫

老熟幼虫体长 28 ~ 35mm,头黑,具光泽。体黄绿色至灰黑色,背线、气门上线、气门下线浅黄色。背部毛瘤黑色,体侧毛瘤多为橙黄色,毛瘤上着生白色长毛丛。腹足外侧黑色。气门白色,椭圆形,具黑边。

(3)蛹

体长 8 ~ 15mm,暗红褐色,腹部各节除节间外,布满凹陷刻点,臀刺 8 ~ 17 根,每根钩刺的末端呈喇叭口状,中凹陷。

2. 发生发展规律

在辽宁等地每年发生2代,以蛹在树皮下或地面枯枝落叶处越冬,幼虫孵化后吐丝结网,群集网中取食叶片,叶片被食尽后,幼虫移至枝杈和嫩枝的另一部分织一新网。中国分布现状:现分布于辽宁、河北、山东、天津、陕西等地引入扩散原因和危害,1940年传入欧洲,现已传入欧洲10多个国家,以及日本、朝鲜半岛、土耳其。1979年传入我国辽宁丹东一带,1981年由渔民自辽宁捎带木材传入山东荣成县,并在山东相继蔓延,1995年在天津发现,1985年在陕西武功县发现并形成危害,主要通过木材、木包装等进行传播,还可通过飞翔进一步扩散,其繁殖力强,扩散快,每年可向外扩散35~50km,可危害果树、林木、农作物及野生植物等200多种植物,在果园密集的地方以及游览区、林荫道,发生严重时可将全株树叶食光,造成部分枝条甚至整株死亡,严重威胁养蚕业、林果业和城市绿化,造成惊人的损失。此外,被害树长势衰弱,易遭其他病虫害的侵袭,并降低抗寒抗逆能力,幼虫喜食桑叶,对养蚕业构成威胁。

3. 防治方法

(1)加强检疫

疫区苗木不经检疫或处理严禁外运,疫区内积极进行防治,有效地控制疫情的扩散。

(2)人工防治

在幼虫3龄前发现网幕后人工剪除网幕,并集中处理。如幼虫已分散,则在幼虫下树化蛹前采取树干绑草的方法诱集下树化蛹的幼虫,定期定人集中处理。

(3)利用美国白蛾性诱剂或环保型昆虫趋性诱杀器诱杀成虫

在成虫发生期,把诱芯放入诱捕器内,将诱捕器挂设在林间,直接诱杀雄成虫,阻断害虫交尾,降低繁殖率,达到消灭害虫的目的。

欧美及日本学者于20世纪60年代末开始,对该虫的性信息素生物学、化学结构鉴定、人工合成及应用等方面进行研究,我国在此方面研究起步较晚(80年代),但在人工合成性信息素与应用方面已达到国际先进水平。

(4)利用生物和化学药剂喷药防治

在幼虫危害期做到早发现、早防治。在防治中,重点检查桑树、悬铃木、臭椿、榆树、金银木、桃树、白蜡等树种是否有幼虫危害,如果有幼虫危害,就要对所辖区域检查一遍,及时防治。药剂选用Bt乳剂400倍液、2.5%溴氰菊酯乳油2500倍液。80%敌敌畏乳油1000倍液、5%来福灵4000倍液喷药防治,均可有效控治此虫危害。

(5)生物防治

①周氏啮小蜂是新发现的物种,原产我国,却成为美国白蛾的天敌。

自20世纪中期以后,美国白蛾在我国危害日趋增大,且传统防治方法效果越来越差。1998年我国启动美国白蛾治理工程,生物防治成为突破口。

由中国林科院杨忠岐研究员主持,从20世纪90年代开始,从生物控制的角度出发,系统地调查了美国白蛾寄生性天敌,从其卵、幼虫和蛹中饲养出了多种天敌。经过筛选,发现了一种寄生率高、出蜂量大、能有效控制美国白蛾的蛹寄生蜂——白蛾周氏啮小蜂。这种小蜂可以找到在各种隐蔽场所化蛹的美国白蛾，产卵寄生。该项研究成果保护生态环境，不杀伤天敌，是防治美国白蛾的先进技术。

大连、陕西、山东、秦皇岛等疫区采用这种以虫治虫及与美国白蛾核型多角体病毒（NPV）、苏云金杆菌（Bt）等生物制剂相结合的措施，收到了显著的防治效果。利用周氏啮小蜂防治美国白蛾是我国生物防治的一个创举，使我国利用昆虫天敌防治美国白蛾的技术跃居世界前列，达到了国际先进水平。目前这种高效、经济、无污染的生防研究技术成果已通过鉴定，正在疫区大面积推广使用。

②在美国白蛾的大肆入侵的状况时，除了已经知道的自然天敌周氏啮小蜂外，我国在大豆田地里无意发现了美国白蛾的又一种天敌——臭大姐，也叫“蝽”，我国全国大部分地方都有此虫，因体后有一个臭腺开口，遇到敌人时就放出臭气，俗称“放屁虫”“臭大姐”等。身体扁平，体形小长 90 ~ 110mm，口器长成喙状，前翅的基部是革质，端部是膜质，后翅全部是膜质或退化消失。它主要是把长长的口器插入全身白毛的美国白蛾的幼虫体内，吸食幼虫的汁液，致其死亡。因此投放臭大姐成本低廉。

（九）草履蚧

草履蚧（*Drosicha Corpulenta*）属同翅目，蚧总科，绵蚧科。又名桑虱、草鞋虫、树虱子。近年来在我国平原地区发生日趋严重，尤其近年来在杨树上的发生呈暴发之势，已引起了人们的广泛关注。国外分布于日本；国内分布很广，华南、华中、华东、华北、西南、西北均有发生。草履蚧危害树种广泛，如杨树、泡桐、悬铃木、白蜡、柳树、刺槐、核桃、枣树、柿树、梨树、苹果树、桑树、碧桃、月季、柑橘等，严重威胁着公路造林绿化成果。

1. 形态特征

（1）成虫

雌成虫无翅，体长 8 ~ 10mm，扁平椭圆形，似草鞋，体背有皱褶，淡灰褐色至红褐色，体被有白色蜡质粉和微毛，周缘和腹面淡黄色，腹部有横皱褶和纵沟。触角、口器和足均为黑色。触角 8 节，腹气门 7 对，肛门较大，横裂。雄虫体长 5 ~ 6mm，翅展约 10mm。体紫红色，头胸淡黑色，1 对复眼黑色。前翅淡黑色，有许多伪横脉；后翅为平衡棒，末端有 4 个曲钩。触角黑色，丝状，10 节；第 3 ~ 9 节各有 2 处收缢形成 3 处膨大，其上各有 1 圈刚毛。腹部末端有 4 根树根状突起，停落时两翅呈八字形。

（2）卵

椭圆形，初产时黄白色，渐成黄赤色，产于卵囊内，卵囊白色，棉絮状，长 15mm 左右。

（3）若虫

外形类似雌成虫，个体较小。1 龄若虫约 2 ~ 3mm，触角 5 节，2 龄若虫触角 6 节，3 龄若虫触角 7 节。

（4）雄蛹

预蛹圆筒形，褐色，长约 5mm，蛹体长约 4mm。茧长椭圆形，白色棉絮状，如图 7-102 ~ 图 7-104 所示。

图 7-102　草履蚧(羽化)

图 7-103　草履蚧(成虫)

2. 发生发展规律

(1)种蝇发生的世代数及越冬

草履蚧在安徽、山东等地每年发生 1 代,以卵在寄主植物附近的泥土中越冬,很少在树干翘皮缝隙下越冬,翌年 2 ~ 3 月中旬孵化,若虫孵化后留在卵囊内,2 月中旬后,随气温升高,若虫开始出土上树为害,爬到嫩枝、幼芽靠口针刺吸树液,严重时引起煤污病发生,4 月上、中旬呈为害盛期。1 龄若虫末期,虫体分泌大量白色蜡粉,雌虫经第 2 次蜕皮后变为若虫,4 月下旬,雄虫开始在树皮裂缝及翘皮下化蛹,5 月上旬,雄虫羽化后和雌虫交配死亡,5 月中旬为交尾盛期。交配后的雌虫在 5 月下旬由树干爬到树根附近疏松的泥土中产卵,卵在土中度夏越冬,长达 8 个月之久,翌年 2 ~ 3 月份孵化。

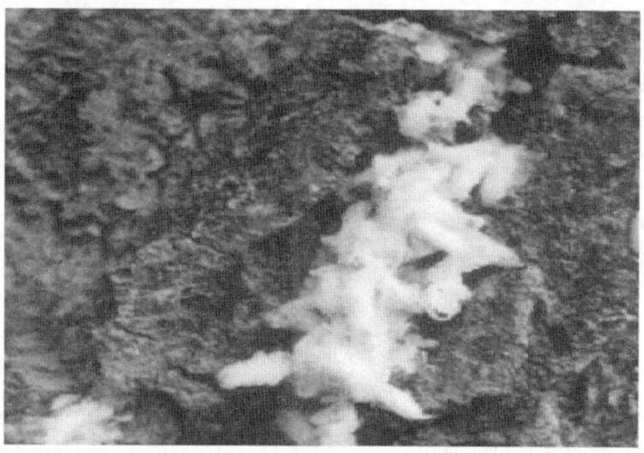

图 7-104　草履蚧(虫皮)

草履蚧在石家庄 1 年发生 1 代,即 2 ~ 3 月中旬越冬卵孵化为一龄若虫,3 ~ 4 月蜕皮为 2 龄若虫,4 月下至 5 月蜕皮为 3 龄若虫,4 月下旬雄虫化蛹,5 ~ 6 月交配产卵,在土中度夏越冬。

(2)成虫的习性与环境

①与天敌关系:有多种天敌对草履蚧形成控制,如红环瓢虫,幼虫孵化后即吮食草履蚧,因此天敌的保护利用可控制和减少草履蚧的为害和发生。

②气象因素对草履蚧的影响:在成虫产卵和若虫刚孵化阶段,降雨量的大小对种群量影响很大,据观察,产卵期若连续降雨数天,可影响雌虫产卵量逐渐减少,而且卵孵化率在 44% ,若虫死亡率高,几乎近三分之二。另外,通风透光条件差的受害较重,易形成虫源点。

③种群分布情况:据观察,草履蚧的传播主要依靠 1 龄若虫爬行,其次靠风力传播,因此受害通常是局部发生,逐步蔓延扩展而造成灾害。草履蚧主要寄生在老树上 1 ~2 年生枝条的新梢上,特别是 2 年生枝条寄生率较高,据调查,1 年生枝条寄生率为 58% ,2 年生枝条为 92% 。

(3)繁殖

该虫进行孤雌生殖,生殖率经测定50头雌成虫最多的产卵可达2400粒,少的则182粒,平均442粒。雌虫体形大小与生殖率的关系一般成正比,虫体大则产卵量高。反之亦然。雌虫个体的差异,其产卵的始末期不同,产卵的持续时间也不一致,最早的在5月中旬,最迟的7月上旬终止产卵。

3. 防治方法

据草履蚧2龄至成虫期体壁上都有一层蜡质物复盖,以保护虫体。

(1)若虫期药剂防治

试验用化学农药为50%辛硫磷乳油、50%乐果乳剂及2.5%溴氰菊酯乳油。试验结果表明,溴氰菊酯10ppm浓度其若虫死亡率为98%,500ppm的辛硫磷也很理想,死亡率96%,其次为500ppm的乐果。若虫盛期一次喷药,除辛硫磷、溴氰菊酯效果较好外,其余供试药剂都不太理想,为了较更好地控制草履蚧的发生,根据成虫交配后下树为害的特点,应进行了第二次防治。具体方法:一是埋施涕灭威颗粒,二是用500倍辛硫磷灌根,防效达95%以上。因此,在防治上要抓两个关键时期,若虫期、末期防治两次才能取得较好的防治效果。

(2)成虫期药剂防治

根据成虫期草履蚧固定在枝干上取食树液的习性,采用40%乐果乳油、50%久效磷乳剂及原液涂抹树干作内吸杀虫试验,结果表明,涂抹后(涂药之前先将粗皮刮除,见到韧皮部即可),第5天就有死虫,10天死虫最多,25~30天后失效。40%乐果处理一棵法桐树,随机取一枝条,10天内共死虫198个;久效磷死238个;对照树无死亡。这一方法为药剂防治成虫提供了一条行之有效的途径,既可减轻药剂防治对天敌的杀伤,又较好地控制了草履蚧成虫的为害。

(3)生物防治

该虫天敌较多,今后应进一步开展保护、引进和利用天敌进行生物防治,以维持生态平衡,实现小环境下的良性生态循环。

(4)园艺防治

在雄虫化蛹期、雌虫产卵期,清除附近墙面虫体。

(十)杨扇舟蛾

杨扇舟蛾(*Clostera anachoreta* Fabricius),又名白杨天社蛾、小叶杨天社蛾,属鳞翅目舟蛾科扁舟蛾属,是我国林木12大害虫之一。我国除新疆、贵州、广西和台湾地区尚无记录外,几乎遍布各地。欧洲、日本、朝鲜、印度、斯里兰卡和印度尼西亚等地均有分布。春夏之间幼虫为害,幼虫取食杨树、柳树的叶片,严重时把树叶吃光,影响树木生长。1~2龄幼虫仅啃食叶的下表皮,残留上表皮和叶脉;2龄以后吐丝缀叶,形成大的虫包,白天隐伏其中,夜晚取食;3龄以后可将全叶食尽,仅剩叶柄。

1. 形态特征

(1)成虫

体长 13 ~20mm,翅展 28 ~42mm。虫体灰褐色。头顶有一个椭圆形黑斑。臀毛簇末端暗褐色。前翅灰褐色,扇形,有灰白色横带 4 条,前翅顶角处有一个暗褐色三角形大斑,顶角斑下方有一个黑色圆点。外线前半段横过顶角斑,呈斜伸的双齿形曲,外衬 2 ~3 个黄褐带锈红色斑点。亚端线由一列脉间黑点组成,其中以 2 ~3 脉间一点较大而显著。后翅灰白色,中间有一横线。

(2)卵

初产时橙红色,孵化时暗灰色,馒头形。

(3)幼虫

图 7-105　杨扇舟蛾(卵)

老熟时体长 35 ~40mm。头黑褐色。全身密披灰黄色长毛,身体灰赭褐色,背面带淡黄绿色,每个体节两侧各有 4 个赭色小毛瘤,环形排列,其上有长毛,两侧各有一个较大的黑瘤,上面生有白色细毛一束。第 1、8 腹节背面中央有一大枣红色瘤,两侧各伴有一个白点。

(4)蛹

体长 13 ~18mm,褐色,尾部有分叉的臀棘。

(5)茧

椭圆形,灰白色,如图 7-105 ~图 7-107 所示。

2. 发生发展规律

辽宁 1 年发生 2 ~3 代,华北 1 年 3 ~4 代,华中 1 年 5 ~6 代,华南 1 年 6 ~7 代,以蛹越冬。海南 1 年 8 ~9 代,整年都危害,无越冬现象。在河南每年 3 月中旬越冬代成虫开始羽化、产卵,4 月下旬第 1 代幼虫开始孵出,5 月上旬为盛期。6 月上、中旬第 1 代成虫开始羽化,第 2 代成虫出现于 7 月上、中旬,第 3 代成虫出现于 8 月上、中旬,8 月下旬出现第 4 代幼虫,第 4 代幼虫危害至 9 月上旬开始化蛹越冬,个别延至 10 月上旬。

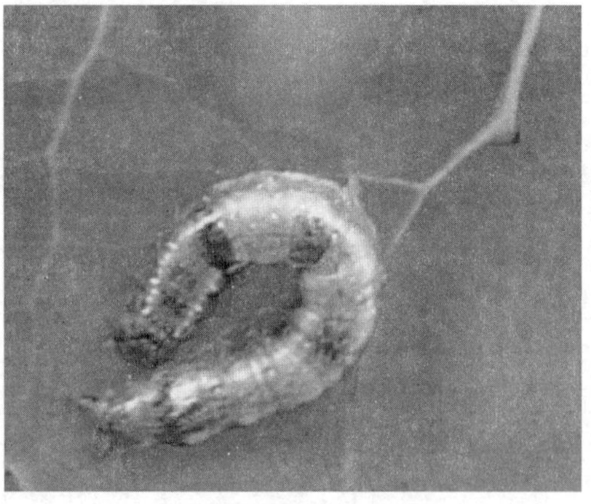

图 7-106　杨扇舟蛾(幼虫)

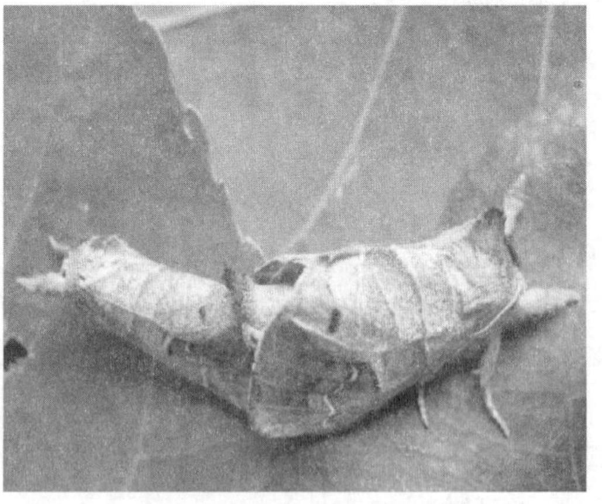

图 7-107　杨扇舟蛾(成虫)

成虫在傍晚前后羽化最多,白天不活动,多栖息于叶背面,夜晚出来活动,有趋光性,一般上半夜交尾,下半夜产卵直至次日晨。越冬代成虫,卵多产于枝干上,以后各代主要产于叶背面,常百余粒产在一起,排成单层块状,每个卵块有卵粒 9 ~ 600 粒左右,每头雌虫可产卵 100 ~ 600 余粒。卵期 7 ~ 11 天左右。幼虫共 5 龄,幼虫期 33 ~ 34 天左右。除越冬蛹外,一般蛹期 5 ~ 8 天,最后 1 代幼虫老熟后,入土化蛹越冬,多在土表 3 ~ 5mm 深处。

主要靠成虫飞翔,成虫有趋光性,沿公路林扩散较快。幼虫吐丝下垂,可随风作近距离传播。

3. 防治手段

(1)人工物理防治

越冬(越夏)是应用人工措施防治的有利时机。由于杨树树体高大,加强对蛹和成虫的防治会取得事半功倍的效果。人工收集地下落叶或翻耕土壤,可以减少越冬蛹的基数;成虫羽化盛期应用杀虫灯(黑光灯)诱杀等措施,有利于降低下一代的虫口密度。根据大多数种类初龄幼虫群集虫包的特点,组织人力摘除虫包和卵块,可杀死大量幼虫,也可以利用幼虫受惊后吐丝下垂的习性通过振动树干捕杀下落的幼虫。

(2)生物防治

片林和防护林,卵期释放赤眼蜂防治:释放松毛虫赤眼蜂,害虫产卵初期,设放蜂点 50 个/hm^2,放蜂量为 25 ~ 150 万头/hm^2。杨扇舟蛾卵期有舟蛾赤眼蜂(*Trichogramma closterae*)、黑卵蜂(*Telenomus sp.*)、毛虫追寄蝇(*Exorista amoe-na*)、小茧蜂(*Apantale sp.*)、大腿蜂(*Brchymeria cbscurata*)、颗粒体病毒 G. V、灰椋鸟(*sturnus cinerceus*)等天敌,要注意保护利用,杨扇舟蛾黑卵峰、舟蛾赤眼蜂在山东省杨扇舟蛾的寄生率都比较高,可加以保护利用,并注意保护和利用当地益鸟资源,禁止猎取益鸟,并挂放招引箱招引食虫益鸟定居。

(3)打孔注药防治

发生严重、喷药困难的高大树体,可打孔注药防治。利用打孔注药机在树胸径处不同方向打 3 ~ 4 个孔,注入疏导性强的 40% 氧化乐果乳油原药或 1 倍液等。用药量为 2 ~ 4mL/10cm 胸径。注药后注意封好注药口。

(4)药物防治

幼虫危害期,可用 BT 可湿性粉剂 500 ~ 800 倍液或 25% 灭幼胶悬液 2000 ~ 3000 倍液,或 1.8% 阿维菌素乳油 4000 ~ 8000 倍液,或 1.2% 苦烟乳油 1500 倍液喷雾防治,防治效果较好。2 ~ 3 龄期树,喷 25% 灭幼脲Ⅰ号 800 ~ 1000 倍液,或 80% 敌敌畏 800 ~ 1200 倍液,或 2.5% 敌杀死 6000 ~ 8000 倍液。此外,成虫羽化期在大面积林地可用敌敌畏插管烟剂熏杀,或安装黑光灯诱杀蛾子。

(十一)月季长管蚜

月季长管蚜(*Macrosiphum rosirvorum* Zhang)属同翅目、蚜科。分布于东北、华北、华东、华中等地。危害月季、野蔷薇、玫瑰、十姐妹、丰花月季、藤本月季、百鹃梅、七里香、梅花等。该蚜在春、秋两季群居为害新梢、嫩叶和花蕾,使花卉生长势衰弱,不能正常生长,乃至不能开花,招致煤污病和病毒病的发生,影响观赏价值,如图 7-108、图 7-109 所示。

图 7-108　月季长管蚜(一)

图 7-109　月季长管蚜(二)

1. 形态特征

(1)无翅孤雌蚜

体型较大,长 4.2mm。体长卵形,淡绿色,缘瘤圆形,位于前胸及第 2 ~5 腹节,头部黄色至浅绿色,胸、腹部草绿色,有时橙红色。背面及腹部腹面有明显瓦纹,头部额瘤隆起,并明显地向外突出呈“W”形。触角 6 节,丝状,色淡,全长 3.9mm,第 3 节有次生感觉圈 6 ~12 个。腹管黑色,长圆筒形,端部有网纹,其余为瓦纹,全长 1.3mm,约为尾片的 2.5 倍。尾片圆锥形,淡色,表面有小圆突起构成的横纹,具曲毛 7 ~9 根。

(2)有翅孤雌蚜

体长 3.5mm,草绿色,中胸土黄色,腹部各节有中斑、侧斑、缘斑,第 8 节有大而宽的横带斑。触角长 2.8mm,第 3 节有 40 ~45 个圆形感觉圈,排列重叠。翅脉正常。腹管长 0.76mm,有毛 14 ~16 根。

(3)若蚜

较成蚜小,初孵若芽体长约 1mm,色淡,初为白绿色,渐变为淡黄绿色,腹眼红色。

2. 发生发展规律

每年发生 10 ~20 代,在华北地区月季长管蚜每年发生 10 ~20 代,以成蚜和若蚜在花茎干残茬间越冬。东北地区以卵在月季等芽眼间越冬,春季月季萌发后,越冬成蚜在新梢嫩叶上繁殖,从 3 ~4 月开始危害嫩梢,花蕾及叶反面有时可盖满一层。5 月中旬是第一次繁殖高峰,7 ~8 月高温和连续阴雨天气,虫口密度下降。9 ~10 月虫口回升。平均气温约 20℃,气候干燥,相对湿度 70% ~80% 时繁殖速度最快,危害最严重。南方 2 月开始活动,6 月上、中旬为发生盛期,8 月下旬至 11 月间为又一盛发期,12 月越冬期;气候干燥,气温适宜,平均气温在 20℃左右,是大发生的有利因素。

3. 防治措施

(1)药物防治

主要有:①在寄主植物休眠期,喷洒 3 ~5 波美度石硫合剂。②在发生期喷洒 50% 灭蚜松乳油 1000 ~1500 倍液或 50% 抗蚜威可湿性粉剂 1000 ~1500 倍液,2.5% 溴氰菊酯乳油 3000 ~5000 倍液,10% 吡虫啉可湿性粉剂 2000 ~2500 倍液,40% 氧化乐果乳油 1000 ~1500 倍液。③发生严重时可喷洒 50% 辛硫磷 1000 倍液,50% 杀螟松 1000 倍液,20% 杀灭菊酯

2000~2500倍液。根施3%呋喃丹颗粒剂,可有效防治蚜虫和其他害虫。④盆栽植物可根埋15%铁灭克颗粒剂2~4g(根据盆大小决定用药量)或8%氧化乐果颗粒剂。施药后覆土浇水。

(2)注意保护和利用天敌

如寄生性的蜂类和捕食性的瓢虫类,主要有异色瓢虫、草蛉、食蚜蝇等。

(3)清除虫源

秋后剪除有虫枝条,及时清除杂草和落叶。

(十二)绣线菊蚜

绣线菊蚜(*Aphis citricola* Van der Goot)同翅目,蚜科。别名苹果黄蚜、苹叶蚜虫。分布北起黑龙江、内蒙古,南至台湾、广东、广西。主要影响绣线菊、木瓜、石楠、麻叶绣球、榆叶梅、海棠、樱花、山楂、柑橘、枇杷、李、杏等,直接影响公路景观。绣线菊蚜群体在幼叶、嫩梢和芽上,被害叶片向下或稍横向弯曲,严重时可盖满嫩梢10cm内和嫩梢反面,使植物营养恶化,生长停滞或延迟,严重的畸形生长。

1. 形态特征

(1)成虫

无翅孤雌蚜,体长卵形,金黄色或黄绿色;长约1.7mm,宽约0.9mm;触角黑色为体长的2/3,有瓦纹,第3节有毛4~6根;头部毛10根;腹部第5、第6节节间斑黑色。腹管圆筒形、黑色,具瓦纹。有翅孤雌蚜,体长卵形,长1.7mm,宽0.75mm;头、胸部黑色,腹部黄绿或绿色;触角为体长的3/5,第3节有圆形次生感觉圈5~10个,单行排列,分布于全节,第四节有2~4个。第2~4腹节均有大型绿斑。腹管黑色,腹管后斑近方形,大于前斑。

(2)卵

椭圆形,漆黑色,有光泽。

(3)若蚜

形似无翅胎生雌蚜,鲜黄色;触角、复眼、足和腹均为黑色。有翅孤雌蚜:触角管均为黑色,腹管很短;腹部较肥大;有翅若蚜,具翅芽1对,如图7-110、图7-111所示。

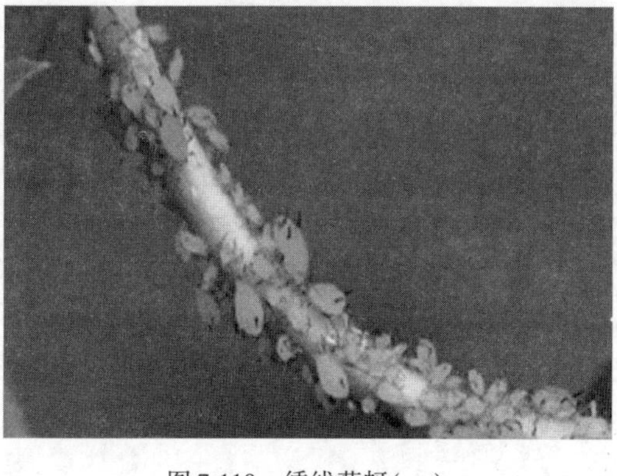

图7-110　绣线菊蚜(一)

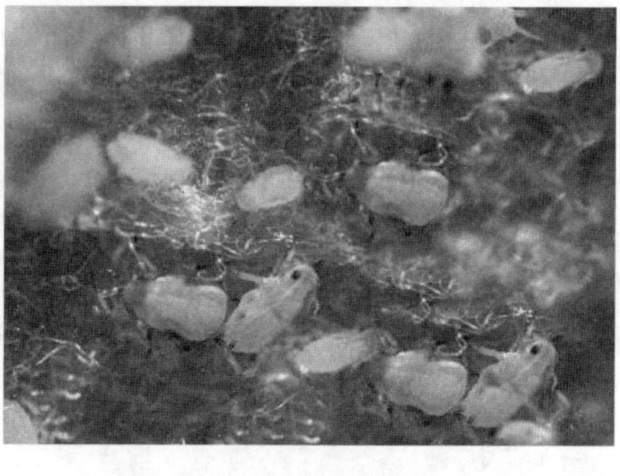

图7-111　绣线菊蚜(二)

2. 发生发展规律

每年发生10多代，以卵在枝杈、芽旁及皮缝处越冬。翌春寄主萌动后越冬卵孵化为干母，4月下旬于芽、嫩梢顶端、新生叶的背面为害10余天即发育成熟，开始进行孤雌生殖直到秋末，只有最后1代进行两性生殖，无翅产卵雌蚜和有翅雄蚜交配产卵越冬。危害前期因气温低，繁殖慢，多产生无翅孤雌胎生蚜；5月下旬开始出现有翅孤雌胎生蚜，并迁飞扩散；6~7月繁殖最快，枝梢、叶柄、叶背布满蚜虫，是虫口密度迅速增长的为害严重期，致叶片向叶背横卷，叶尖向叶背、叶柄方向弯曲。8~9月雨季虫口密度下降，10~11月产生有性蚜交配产卵，一般初霜前产下的卵均可安全越冬。天敌有瓢虫、草玲、食蚜蝇、蚜茧蜂等。

3. 防治措施

(1)消除虫源

可在早春刮除老树皮及剪除受害枝条，也可喷5%柴油乳剂，杀灭越冬虫卵。

(2)保护和利用天敌

适当栽培一定数量的开花植物，引诱并利于天敌活动，蚜虫的天敌常见的有瓢虫、草蛉、食蚜蝇、蚜小蜂等，施用农药时尽量在天敌极少，且不足以控制蚜虫密度时为宜。

(3)药物防治

当蚜虫大量发生时，如果在越冬卵孵化后，及时喷50%抗蚜威超微可湿粉剂2000倍液，50%灭蚜松(灭蚜灵)乳油1000~2000倍液，50%马拉硫磷乳油1000~1500倍液，或“烟草水”防治，即烟草末40g加水1kg，浸泡48h后过滤制得原液，使用时加水稀释(1kg水)另加洗衣粉2~3g，搅匀后喷洒植株。提倡使用蚜霉菌400~800倍液，掌握在蚜虫高峰前选晴天喷洒均匀。

(4)药液涂干

木本药用植物在蚜虫初发时用毛刷蘸药，在树干上部或主干基部涂6cm宽的药环，涂后用塑料膜包扎，可选用40%乐果乳油20~50倍液，或50%辛氰乳油1500倍液，也可用2.5%功夫乳油30mL加水60kg，再加入消炎液30mL，效果显著。

(十三)双齿绿刺蛾

双齿绿刺蛾(*Latoia hilarata Standinger*)，又名棕边青刺蛾、棕边绿刺蛾、大黄青刺蛾，俗称痒辣子，属于鳞翅目，刺蛾科。寄主广泛，除了危害枣树、苹果、槟沙果、海棠、梨、桃、杏、樱桃、梅、黑刺李、山楂、核桃、柿、栗、柑橘等果树外，还对紫叶李、白蜡、杨树、柳树等多种园林树木造成危害。近年来该虫在我国发生逐年加重，主要分布在黑龙江、吉林、辽宁、河北、河南、山西、陕西、山东、江苏、湖南、四川、台湾，对国外主要是在日本。双龄绿刺蛾低龄幼虫多群集叶背取食叶肉，3龄后分散食叶成缺刻或孔洞，白天静伏于叶背，夜间和清晨活动取食，严重时常将叶片吃光，不仅影响公路绿化景观效果，更影响果树效益。

1. 形态特征

(1)成虫

体长7~12mm，翅展21~28mm，头部、触角、下唇须褐色，头顶和胸背绿色，腹背苍黄色。前翅绿色,基斑和外缘带暗灰褐色,其边缘色泞,基斑在中室下缘呈角状外突,略呈五角形;外缘带较宽与外缘平行内弯,其内缘在 Cu2 脉处向内突利呈一大齿,在 M2 脉上有一较小的齿突,故得名,这是本种与中国绿刺蛾区别的明显得征。后翅苍黄色。外缘略带灰褐色,臀色暗褐色,缘毛黄色。足密被鳞毛。雄触角栉齿状,雌丝状。

(2)卵

长 0.9 ~ 1.0mm,宽 0.6 ~ 0.7mm,椭圆形扁平、光滑。初产乳白色,近孵化时淡黄色。

(3)幼虫

体长 17mm 左右,蛞蝓型,头小,大部缩在前胸内,头顶有两个黑点,胸足退化,腹足小。体黄绿至粉绿色,背线天兰色,两侧有兰色线,亚背线宽杏黄色,各体节有 4 个枝刺丛,以后胸和第 1、7 腹节背面的一对较大且端部呈黑色,腹末有 4 个黑色绒球状毛丛。

图 7-112　双齿绿刺蛾(幼虫)

(4)蛹

长 10mm 左右,椭圆形肥大,初乳白至淡黄色,渐变淡褐色,复眼黑色,羽化前胸背淡绿,前翅芽暗绿,外缘暗褐,触角、足和腹部黄褐色。

(5)茧

扁椭圆形,长 11 ~ 13mm,宽 6.3 ~ 6.7mm,钙质较硬,色多同寄主树皮色,一般为灰褐色至暗褐色,如图 7-112 ~ 图 7-114 所示。

图 7-113　双齿绿刺蛾(幼虫群体)

图 7-114　双齿绿刺蛾(成虫)

2. 发生发展规律

在山西、陕西每年发生 2 代,以前蛹在树体上茧内越冬。山西太谷地区 4 月下旬开始化蛹,蛹期 25 天左右,5 月中旬开始羽化,越冬代成虫发生期 5 月中旬至 6 月下旬。成虫昼伏夜出,有趋光性,对糖醋液无明显趋性。卵多产于叶背中部、主脉附近,块生,形状不规则,多为长圆形,每块有卵数十粒,单雌卵量百余粒。成虫寿命 10 天左右。卵期 7 ~ 10 天。第一代幼虫发生期 8 月上旬至 9 月上旬,第二代幼虫发生期 8 月中旬至 10 月下旬,10 月上旬陆续老熟,爬到枝干上结茧越冬,以树干基部和粗大枝杈处较多,常数头至数十头群集在一起。幼虫天敌有绒茧蜂和刺蛾广肩小蜂。

双齿绿刺蛾在我国北方果区 1 年发生 1 代,以老熟幼虫在树干基部、树干伤疤处、粗皮裂缝或枝杈处结茧越冬,有时在一处有几头幼虫聚集结茧。刺蛾科在我国的分布范围较广。

3. 防治方法

(1)灯光诱杀

利用灯光诱杀成虫。注意保护引放天敌,主要有绒茧蜂、刺蛾广肩小蜂、螳螂、蝽等。

(2)物理防治

结合冬季管理,刮除树上虫茧,以及老皮、翘皮,发现有卵块或群集幼虫及时摘除且销毁。

(3)化学防治

幼虫大面积发生时,可喷施 50% 辛硫磷乳油 1000 ~ 1500 倍液,20% 菊杀乳油 1000 ~ 1500 倍液进行防治。必要时可用药剂防治,可用 20% 灭多威 1000 ~ 1500 倍液,80% 敌敌畏 1200 倍液,20% 速灭杀丁 1500 ~ 2000 倍液,2.5% 敌杀死 1500 ~ 2000 倍液,25% 灭幼脲 3 号 2000 ~ 2500 倍液,20% 除虫脲 4000 ~ 6000 倍液,35% 赛丹 1500 ~ 2000 倍液,1.8% 阿维虫清 2000 ~ 3000 倍液等。

(十四)槐尺蛾

槐尺蛾(*Semiothisa cinerearia* Bremer et Grey),分布于北京、河北、山东、江苏、浙江、江西、台湾、陕西、甘肃、西藏等地,国外主要分布于日本,又叫吊死鬼、槐尺蛾,系鳞翅目尺蛾科昆虫。主要危害国槐、龙爪槐,有时也危害刺槐。以幼虫食叶片,严重时可使植株死亡,是我国庭园绿化、行道树种主要食叶害虫。

1. 形态特征

(1)成虫

雄虫体长 14 ~ 17 mm,想展 30 ~ 43 mm。雌虫体长 12 ~ 15 mm,翅展 30 ~ 45 mm。雌雄相似,体灰黄褐色,触角丝状,长度约为前翅的 2 /3。复眼圆形,其上有黑褐色斑点。口器发达,下唇须长卵形,突出于头部两侧。前翅亚基线及中横线深褐色,近前线处均向外缘转急弯成一锐角。亚外线线黑褐色,由紧密排列的 3 列黑褐色长形斑块组成,在 M1 ~ M3 脉间消失,近前线处成单一褐色三角形斑块,其外侧近顶角处有 1 个长方形褐色斑块。项角浅黄褐色,其下方有 1 个深色的三角形斑块。后翅亚基线不明显,中横线及亚外线线均近弧状,深褐色,展翅时与前翅的中横线及亚外缘线相接。中室外缘有 1 个黑色斑点。外缘呈明显的锯齿状缺刻。足色与体色相同,但其与腿节长度相等,具 2 个端距,外侧端距长度为内侧者的 1/2;后足胜节比腿节长 1/3。雌雄成虫区别除雄虫腹部较小外,最主要的区别在于推央后足胜节最宽处为腿节的 1.5 倍,其基部与腿节约等。雌虫后足胜节最宽处等于腿节,但其基部则明显小于腿节。

(2)卵

钝椭圆形,长 0.58 ~0.67 mm,宽 0.42 ~0.48 mm,一端较平截。初产时绿色,后渐变为暗红色直至灰黑色。卵亮白色透明,密布蜂窝状小凹陷。

(3)幼虫

卵变灰黑色时幼虫即开始孵化,初孵幼虫黄褐色,取食后变为绿色。幼虫两型;一型2 ~5龄直至老熟前均为绿色,另一型则 2 ~5 龄备节体侧有黑褐色条状或圆形斑块。末龄幼虫老熟时体长 20 ~40 mm,体背变为紫红色。

(4)蛹

雄蛹 16.3mm ×5.6 mm,雌婉 16.5 mm ×5.8mm。初时为粉绿色,渐变为紫色至褐色。臀棘具钩刺两枚,其长度约为臀棘全长的 1/2 弱,雄蛹两钩刺平行,雌婉两钩刺向外呈分叉状,如图 7-115、图 7-116 所示。

图 7-115 槐尺蛾(幼虫)

图 7-116 槐尺蛾(成虫)

2. 发生发展规律

每 1 年发生 3 ~4 代,以蛹越冬。在北京,4 ~5 月间成虫陆续羽化。第一代幼虫始见于5 月上旬。各代幼虫危害盛期分别为 5 月下旬、7 月中旬及 8 月下旬至 9 月上旬;化蛹盛期分别为 5 月下旬至 6 月上旬,7 月中、下旬及 8 月下旬至 9 月上旬。10 月上旬仍有少量幼虫入土化蛹越冬。卵散产于叶片、叶柄和小枝上,以树冠南面最多,产卵活动多在每日的19:00 ~24:00 时,幼虫孵化以 19:00 ~21:00 时为盛,同一雌蛾所产的卵孵化整齐,孵化率在 90% 以上。孵化孔大多位于卵较平截一端,孔口不整齐。幼虫孵化后即开始取食,幼龄时食叶呈网状,3 龄后取食叶肉,仅留中脉。幼虫一生食叶量为 1.679/头,相当于槐树 1 个成熟复叶全部叶片的重量,其中 1 ~4 龄幼虫食叶量为 0.18g/头,占幼虫全部食量的 10% ,末龄幼虫食叶量为 1.49g/头,占全食量的 10% 。因此,槐尺蛾大发生时,平均每个复叶有虫1 头,几天内就可将叶片全部吃光。幼虫能吐丝下垂,随风扩散,或借助胸足和 2 对腹足作弓形运动。老熟幼虫已完全丧失吐丝能力,能沿树干向下爬行,或直接掉落地面。1 龄幼虫的耐饥力,在平均气温为 29℃时只有 1 天。幼虫体背出现紫红色,幼虫即已老熟,老熟幼虫大多于白天离村入土化蛹。化蛹场所通常都在树冠投影范围内,以树冠东南向最多。在有适宜化蛹场所(土质松软)条件下,离树干最远不超过 12m。幼虫入土深度一般为 3 ~6 cm,少数可深达 12cm。城市行道树生境内,多在绿篱下,墙报浮士中化蛹。在裸露地面上也能化蛹,但成活率极低。成虫多于傍晚羽化,羽化后即可交尾,雌虫一生交尾 1 次,少数也有 2 次的。交尾一般在夜间,历时 0.5 ~6h,一遇惊扰即迅速分开。成虫产卵量与补充营养显著呈正相关:成虫羽化后即有 35% 左右的卵粒已发育成熟,即使不给任何食物,这些卵都可以顺利产出;以清水、蜂蜜、白糖水喂饲成虫,产卵量和寿命分别比绝食者增加 1.5 ~3 倍。在自然界,成虫取食珍珠梅等的花蜜。每雌产卵量 26 ~ 1519 粒,平均为 420 粒。成虫寿命依气温而异,雄虫为 2.5 ~ 19 天,雌虫为 2.5 ~ 17 天。越冬蛹全部进入滞育,越冬初期即使放在人工适温条件下也不发育,在 6℃经 54 天低温后,蜗即可继续在适温下发育羽化。

3. 防治方法

(1)营林措施

应及时抚育,合理间伐,禁止采伐过度。对发生虫害较重的林内,可于秋末中耕灭越冬虫蛹;清除林内下木和寄主附近杂草,并加以烧毁,以消灭其上幼虫或卵等。

(2)人工防治

于晚秋或早春用人工将土中的蛹挖出喂家禽家畜,最好将蛹放入容器内让寄蝇、寄生蜂飞出;或结合垦复措检虫蛹。对油茶尺蛾还可用培土埋蛹,杀死成虫。幼虫一般有假死性,可在地下铺以薄膜,摇动树干,将落下的幼虫消灭。在害虫发生较严重的地方,可用人工于树干上捕蛾,刮卵或捕杀群集的初龄幼虫和卵,也可在树干基部绑以 5 ~7 cm 宽塑料薄膜带,以阻止无翅蛾上树,并及时将未上树蛾杀死;或于 8 月中旬在寄主植物叶背及杂草上收集点尾尺峨等的虫茧;秋季在奇主树干捆一圈干草或一薄膜环(毒环),引诱越冬虫到此越冬,并于早春加以烧毁;并可在树干靠基部刮两个 5 ~10 cm 宽、相互交错的半环,涂上久效磷 或涂胶环杀虫。

(3)保护和利用天敌

应尽力保护利用捕食性和寄生性天敌。病原微生物对抑制幼虫危害起着很大的作用,可根据实际情况选用下列微生物制剂:1mL 含孢量 0.5 ~0.7 记苏云金杆菌或 1 ~2 亿青虫菌乳剂;每克菌粉含 100 亿孢子的白僵菌粉剂或 1mL 含 1 亿孢子的白僵菌液;每毫升 0.13 亿多角体油桐尺煌校多角体病毒(NPV)防治油桐尺蛾,林内放猪可以消灭 80% 以上桑褶翅尺蛾的蛹;油茶林内放鸭子,让其吃食摇落的幼虫。

(4)灯光诱杀

成虫发生期可用黑光灯诱杀。

(5)化学药剂防治

对低龄幼虫和成虫可应用下列农药:①常规喷雾。80% 敌敌畏乳油 800 ~ 1000 倍液,50% 杀螟松乳油 1000 ~1500 倍液,2.5% 澳氰菊酯乳油 2000 ~3000 倍液,90% 敌百虫晶体 800 ~2000 倍液,30% 增效氰戊菊酯 6000 ~8000 倍液,50% 辛硫磷乳油 2000 倍液,25% 西维因可湿性粉剂 300 ~500 倍液等。②超低容量喷雾。50% 杀虫净油剂与柴油 1:1 混配,每公顷用量 6 kg;50% 敌敌畏乳油与柴油 1:2 的混合液。③对无翅雌成虫在其上树前于树干基部用含澳氰菊酯毒笔画双环以毒杀之。④当虫害大面积发生时,可使用敌敌畏插管烟雾剂熏杀 2 ~3 龄幼虫,每公顷用药 15 kg。⑤对油桐尺蛾 2.5 ~3.5 日龄的卵可试用保幼激素 ZR515,用量 5ppm。⑥用 20% 灭幼晚 1 号胶悬剂,每亩用量 8 ~10g(有效成分)防治幼龄幼虫。⑦对桑尺蛾喷药应抓紧在早春芽期(冬芽开始转绿至初被绿色鳞片包被尚未脱苞时为止)及伐条后的芽期,喷药后隔7天可采桑喂蚕。

(十五)天牛

天牛是鞘翅目叶甲总科天牛科昆虫的总称,有很长的触角,常常超过身体的长度,全世界约有超过20000种。有一些种类属于害虫,其幼虫生活于木材中,可能对树或建筑物造成危害。鞘翅目(Coleoptera)天牛科(Cerambycidae)甲虫,约有25000种,其英文俗名得自多数种的极长触角。分布全球,但热带最多,若把触角计算在内,长度可增加2~3倍。天牛是行道树、防护林、庭院公园、厂矿学校绿化树木和树桩盆景的重要害虫,乔木受害更重,少数种危害草本花卉。幼虫蛀食主干和根,使树木生长不良,树势衰弱,枝枯折断,经数年连续危害后,严重的造成全林枯死。天牛排出粪便恶化环境。成虫咬食嫩枝皮层,造成枝梢枯萎,尤其是松墨天牛,除直接危害外,还传播松材线虫,引起松林大片枯死,是重要的检疫害虫。

1. 形态特征

成虫体呈长圆筒形,背部略扁;触角着生在额的突起(称触角基瘤)上,具有使触角自由转动和向后覆盖于虫体背上的功能。爪通常呈单齿式,少数呈附齿式。除锯天牛类外,中胸背板常具发音器。幼虫体粗肥,呈长圆形,略扁,少数体细长。头横阔或长椭圆形,常缩入前胸背板很深,如图7-117、图7-118所示。

图7-117 天牛(一)

图7-118 天牛(二)

2. 发生发展规律

天牛生活史因种类而异,有的每年完成1代或2代,有的每2~3年甚至4~5年才能完成1代。在同一地区,食料多寡以及被害物的老幼和干湿程度都影响幼虫的生长发育和发生的代数。一般以幼虫或成虫在树干内越冬。成虫羽化后,有的需进行补充营养,取食花粉、嫩枝、嫩叶、树皮、树汁或果实、菌类等,有的不需补充营养。成虫寿命一般10余天至1~2个月;但在蛹室内越冬的成虫可达7~8个月,雄虫寿命比雌虫短。成虫活动时间与复眼小眼面粗、细有关,一般小眼面粗的,多在晚上活动,有趋光性;小眼面细的,多在白天活动。成虫产卵方式与口器形式有关,一般前口式的成虫产卵时将卵直接产入粗糙树皮或裂缝中;下口式的成虫先在树干上咬成刻槽,然后将卵产在刻槽内。天牛主要以幼虫蛀食,生活时间最长,对树干危害最严重。当卵孵化出幼虫后,初龄幼虫即蛀入树干,最初在树皮下取食,待龄期增大后,即钻入木质部为害,有的种类仅停留在树皮下生活,不蛀入木质部。幼虫在树干内活动,蛀食隧道的形状和长短随种类而异。幼虫在树干或枝条上蛀食,在一定距离内向树皮上开口作为通气孔,向外推出排泄物和木屑。幼虫老熟后即筑成较宽的蛹室,两端以纤维和木屑堵塞,而在其中化蛹。蛹期约 10 ~ 20 多天。

3. 防治方法

(1)实行检疫

严禁从国外、省外、市县外通过原木、包装用木材和带虫树木等途径,传入危险性天牛。

(2)选用抗虫树种和品种

不同公路绿化树种和品种,对天牛的抗性差异显著,应选用天牛危害轻的树种或品种。

(3)加强公路绿化管理

结合修剪整枝,及时剪除和处理有虫枯枝;生长衰弱的树易遭天牛危害,应加强林木管理,促树势生长旺盛,减轻危害。松墨天牛等喜危害即将枯死或已死树,每年在成虫飞出前,及时砍伐,彻底清理和处理林间死树。

(4)种植诱饵树诱杀

天牛成虫要咬食树皮以补充营养,对树种有很强的选择性,可利用这一习性,种植一定数量的诱饵树诱集天牛成虫,进行药剂或人工防治和成虫发生期监测。如桑天牛对构树、柘树和桑树;星天牛对苦楝和悬铃木;光肩星天牛对糖槭等槭树;云斑天牛对蔷薇科(如棠梨等)和白蜡树;桃红颈天牛对榆树等有很强趋性,6 ~ 8 月间修剪榆树,剪口流胶可引诱大量红颈天牛。也可在天牛成虫发生期,将喷或浸过药液的诱饵树枝叶,放到绿化树木中进行诱杀。

(5)保护树干防止成虫产卵

要在成虫羽化出孔前(5 月)进行。主要措施有:

①涂白。用生石灰 10 份,硫黄粉 1 份,食盐 0.2 份,牛胶(预先热水融化)0.2 份,水 30 ~ 40份,或加敌百虫 0.2 份,调成涂白剂。防治星天牛涂于树干从根颈到离地面 30cm 处,对其他天牛视产卵部位高低,涂在树干下部离地 2m 范围内,不涂漏。

②包扎。防治星天牛在主干从根颈到离地面 50 ~ 100cm 处包以棕片棕毛,成虫在棕毛上产卵,这些卵都不能孵化。对其他天牛,也可用编织袋或麻袋,裁成 20cm 宽的带,缠绕树干 2 ~ 3 周,或在编织袋、麻袋上喷药。

(6)人工捕杀

①捕杀成虫。一般在 5 ~ 7 月天牛成虫盛发期,经常检查成虫停息在树上,或低飞于林间时捕杀。有的成虫有假死性,剧烈振摇树枝,成虫跌落而捕杀。

②杀卵和低龄幼虫。天牛产卵于枝干上,有的种类产卵刻槽明显易找,低龄幼虫未蛀入木质部前,在枝上危害处有新鲜树液树脂流出,有红褐色粪屑处,用利刀刮树皮,仔细寻找,杀死卵和幼虫,或用锤子等敲击,或涂农药。本方法仅适用于树枝低矮,产卵刻槽和低龄幼虫危害状较明显的种类。

③钩杀幼虫。幼虫长大后蛀入木质部,常从排粪孔排出粪便和木屑,可用铁丝伸入蛀孔,将孔内粪屑挖空,钩杀幼虫。有的天牛有数十个排粪孔,要伸入最后的孔内钩杀。本方

法对蛀孔较直的天牛易钩杀,但对蛀孔弯曲的天牛钩杀较难,化工多,树体伤害较大,不宜每年连续用。

(7)药剂防治

氧化乐果对桃、杏、梅、樱桃、李、榆树和猕猴桃等易发生药害,敌敌畏对月季、碧桃、寿桃和樱花等易药害,应慎用。

①喷、诱杀成虫。在成虫出孔盛期,喷菊酯类农药,2.5%溴氰菊酯(敌杀死)、2.5%三氟氯氰菊酯(功夫)、5%高氰戊菊酯(来福灵)、5%高效氯氰菊酯(高效灭百可)、20%氰戊菊酯(速灭杀丁)、20%甲氰菊酯(灭扫利)(以上均为乳油)1000~4000倍,40%菊马合剂、20%菊杀乳油和25%菊乐合剂2000倍。有机磷农药,90%敌百虫晶体、80%敌敌畏、40%氧乐果、50%杀螟松、50%甲胺磷、40%久效磷、50%辛硫磷、50%水胺硫磷、40%杀扑磷、48%乐斯本(毒死蜱)(以上均为乳剂)800~1000倍,还有10%吡虫啉5000倍,隔5~7天喷公路绿化树或诱饵树干1次,每次喷透使药液沿树干流到根部。或将上述药液喷于包扎树干的编织袋、麻袋片上,或用这些药液浸或喷诱饵树枝叶。或用上述菊酯类200~400倍,有机磷类50~100倍涂干。用新型触杀剂——微胶囊剂喷于树干上,天牛成虫足踩触时胶囊立即破裂,放出高效农药,粘于天牛足上,进入虫体内杀死,未踩的胶囊完好保存,在40天内杀死成虫90%以上。桃红颈天牛成虫对糖醋有趋性,用糖2份,醋1份,或糖:醋:酒为1:0.5:1.5份,敌百虫(或其他杀虫剂)0.3份,水8~10份配成诱杀液,装盆罐中,挂在离地1m高处诱杀。

②涂药杀卵和低龄幼虫。在产卵和幼虫孵化盛期,于产卵刻槽和幼虫危害处涂上述菊酯类加柴油或煤油等10倍液,或有机磷类加油类3~5倍液,或药液吸在棉花包扎在枝上(先刮去老皮),外再包塑料薄膜,或药液拌和适量黏土调成药液,粘涂于产卵和幼虫危害处。防治星天牛在树干基部涂氧乐果5倍药带(宽10cm),或树干基部30cm宽喷氧乐果40倍药液,在5月中下旬和6月上中旬各1次。

③杀蛀道内幼虫。4~5月和7~10月幼虫危害期,找到新排粪的蛀虫孔,在大雨后树干及树下粪便已冲刷掉,新鲜排粪孔易识别。如有多个排粪孔,应选最后1个孔,先挖去粪屑,将药塞或注入蛀道内,随即用湿黏土或湿黄泥将孔口封严,过7~10天检查效果,如有新粪便排出孔应补治。所用药种类及方法有:

a.塞卫生球(樟脑丸)。在虫道内塞入黄豆大小的卫生球(球预先切成25~30粒)2~4粒。

b.塞半夏(新鲜茎叶先捣碎或干茎叶)、芫花或百部干茎叶(中药店有售)。滴或注20%氨水或汽油,用滴管或废旧医用注射器除去金属针头滴注,每柱10~20mL;滴或注青虫菌6号液(原液含孢子量120亿~160亿/mL)50倍液,加菊酯类农药1万倍,每虫道20~25mL;塞56%磷化铝片剂。磷化铝吸水放出剧毒磷化氢气体,对蛀道内天牛有强烈熏蒸作用,片剂每片3克,视蛀孔大小深浅,每孔用镊子塞入0.1~1片。防治连片虫孔,修理树干表面老皮和突起,使平滑,用农用薄膜包好,内放药片每平方米2~3片,扎紧膜,如在树干基部,薄膜下端压入土中,防气体外逸。防治菊花天牛和牡丹中华锯花天牛,每丛植株罩农用薄膜袋,内放药1片。因磷化铝对人畜高毒,要密切注意安全,严格密封,减少药损失。对桑天牛因排粪孔多，常漏堵孔而毒气泄露，杀虫效果差。

c. 塞磷化锌毒签。磷化锌毒签是利用磷化锌与草酸反应生成磷化氢毒气，杀死蛀孔内天牛，用竹、木签长 6 ~ 8cm，直径 1 ~ 3cm。将合成桃胶 25 份，加水 30 份，在沸水浴锅加热熬 15min，搅拌成糊状，加磷化锌 15 份，拌匀再加热熬约 3min 即可。另用合成桃囊 25 份，水 20 份，同上方法加热熬 15min 成糊状，加草酸 15 份，拌匀再熬 1min。竹木签头先蘸磷化锌药胶，待干后(夏秋季约经 1 昼夜)，再在药头上蘸草酸胶，做成药头长约 3.5cm，粗处直径 2.5 ~ 5.5cm 的毒签，似火柴，晾干(不能太阳直晒)1 ~ 2 天，装塑料袋密封备用。防治光肩星天牛、黄斑星天牛、星天牛。青杨天牛只有 1 个或少数排粪孔的天牛效果较好，视虫孔大小插入 1 ~ 2 支毒签，将露在外面无药部分折断，紧密插入空隙中，以免气体外逸。防治排粪孔多的桑天牛，先沿幼虫蛀食方向找到最新的 1 个排粪孔，将该孔前面的 1 孔用小枝塞满，以免幼虫转移和毒气泄露，再将毒签插入最新的孔内。在整个幼虫危害期塞毒签 2 ~ 3 次。云斑天牛蛀道不规则，裂口较多，不宜用本方法。如阴雨天湿度大，操作时毒签易受潮而减效，不宜进行，如毒签粘连在一起，说明已受潮，毒气已部分散发，使用时要增加药量。

d. 注或塞杀虫剂。注射或滴杀虫剂原液，为避免注滴原液局部组织产生药害，可用棉球或泡沫海绵块吸原液，铁丝将棉球塞入蛀道内，所用药剂种类同上，但浓度要浓，菊酯类用 100 ~ 300 倍，有机磷类用 15 ~ 30 倍。桑天牛因蛀道排粪孔多，要先找到倒数第二个孔，挖去粪屑后注药，当最后 1 孔流出药液时即用湿黏土封口，再继续注药到倒数第三个孔流出药液，随即拔出注射器，同时封口，药液量为 20 ~ 25mL。

e. 树干钻孔注药。在树干下部钻孔，注入内吸性强的杀虫剂，通过树的输导组织，将药液输到全株上下各组织，只要药剂种类对口，使用量和浓度适当，几乎各种害虫都可兼治。用电钻、手钻或锥形利器(粗铁钉等)，在主干下部或根颈部打孔，孔位高低因天牛种类、危害部位而定(如治树枝叶各种害虫，应在第一分枝下方打孔)，树胸径 15cm 以上每树打 2 孔，干径每增加 7 ~ 12cm 加 1 孔。各孔均匀分布树干不同方位，上下错开，尽可能使孔位对准树冠上大主枝。孔深和孔径视树干粗细，一般深 0.5 ~ 6cm，达木质部，树干直径的 1/3，孔径 0.5 ~ 2cm，孔斜下与树干成 40° ~ 45°夹角。注入农药原液或加少量水稀释，如用原液最好吸在棉球或海绵块上塞入蛀道内，施药后随即用湿土封口。在 1 年内可进行 2 ~ 3 次。钻孔径 1 年后，伤口大多愈合，所用农药有氧乐果、甲胺磷、久效磷和吡虫啉等内吸杀虫剂，每树注原液 3 ~ 5mL，或稀释 10 ~ 30 倍，每树注稀释液 20 ~ 50mL。树胸径 10cm 以下，每 3cm 直径每树用原液 1 ~ 2.5mL，胸径大于 10cm，每增大 2cm，药量增加 40%。晴天上午用药较好，此时气温高，树蒸腾快，药液输导快，不易产生药害，如阴雨天和降温，不宜用药，以免药害。

还可以仿照医用静脉滴注装置(吊针)做成自动注射器，或直接用一次性医用输液器。或用市场上有售的一种“树大夫自流式树干注剂——天牛敌”，也有用高压注射器，按说明书操作，可节省工。

(8)保护和招引天敌

天牛有许多捕食和寄生天敌，如啄木鸟、喜鹊等鸟类，肿腿蜂等寄生蜂，壁虎和寄生线虫等，应加以保护利用。

(9)被害树挽救

树桩盆景、名贵稀有古木,被星天牛危害后,树根颈部树皮被蛀食环割一周,树将会死去,应及时采取挽救措施。至4月上旬到5月上旬长根旺盛季节,也在8月上旬到9月下旬进行,但土壤要充分保湿。在晴天,挖去根附近土,露出被害根颈,用利刀刮去伤口残余部,使伤口面现新鲜颜色,在伤口处涂生根粉。将先准备好的疏松、富含腐殖质、养料充足的沙壤土,拌少量腐熟猪牛粪,清除蚯蚓和虫卵杂物并保持湿润的肥土,堆在伤口周围,轻轻压紧,上覆农用薄膜,薄膜上端用绳子紧扎于树干,下端覆在肥土堆上,最后盖原挖出土压紧,不久可长出新根。

(十六)臭椿沟眶象

臭椿沟眶象[*Eucryp torrhynchus brandti*(Harold)]是一种蛀干害虫,鞘翅目,象甲科,在东北、华北、华东等地均有分布。主要危害臭椿、千头椿等,尤其是行道树、片林等受害较重。初孵幼虫先危害皮层,导致被害处薄薄的树皮下面形成一小块凹陷,稍大后钻入木质部内危害。沟眶象常与臭椿沟眶象混杂发生。幼虫主要蛀食根部和根际处,造成树木衰弱以至死亡。

1. 形态特征

(1)成虫

体长11.5mm左右,宽4.6mm左右。黑色或灰黑色。头部有小刻点,前胸背板及鞘翅上密被粗大刻点。前胸几乎全部、鞘翅肩部及后端部密被雪白鳞片。卵长圆形,黄白色。

(2)幼虫

长10~15mm,头部黄褐色,胸、腹部乳白色,每节背面两侧多皱纹。

(3)蛹

长10~12mm,黄白色。沟眶象属鞘翅目象甲科,同臭椿沟眶象形态近似,但体形稍大,如图7-119所示。

图7-119 臭椿沟眶象

2. 发生发展规律

每年发生2代,以幼虫或成虫在树干内或土内越冬。翌年4月下旬至5月上中旬越冬幼虫化蛹,6~7月成虫羽化,7月为羽化盛期。幼虫为害4月中下旬开始,4月中旬至5月中旬为越冬代幼虫翌年出蛰后为害期。7月下旬至8月中下旬为当年孵化的幼虫为害盛期。虫态重叠,很不整齐,至10月都有成虫发生。成虫有假死性,羽化出孔后需补充营养取食嫩梢、叶片、叶柄等,成虫为害1个月左右开始产卵,卵期7~10天,幼虫孵化期上半年始于5月上中旬,下半年始于8月下旬至9月上旬。幼虫孵化后先在树表皮下的韧皮部取食皮层,钻蛀为害,稍大后即钻入木质部继续钻蛀为害。蛀孔圆形,熟后在木质部坑道内化蛹,蛹期10~15天。受害树常有流胶现象。与此虫合并发生的还有"沟眶象"。

3. 防治措施

(1)管理措施

严格检疫不栽植带虫苗木,栽后要加强养护管理,增强树势。一旦发现受害严重即将枯死的苗木要及时伐除,避免蔓延。

(2)成虫防治

利用成虫不喜飞、多在树干上活动及假死性(受到外界突然震动,害虫不动并坠落)捕捉杀灭。成虫盛期可喷洒40%氧化乐果乳油1000倍液或50%辛硫磷乳油1000倍液。成虫期可往树干上撒施25%西维因可湿性粉剂或2.5%敌百虫粉剂。

(3)幼虫防治

在幼虫危害期,用铁丝等工具从排粪口或树皮发黄且用手一按松软的部位钩出幼虫杀死。在幼虫危害期,从排出新粪的虫孔用高压注射器往里注射10倍的40%氧化乐果乳油,并用湿泥将排粪口封死,在树木周围须根最多处埋施呋喃丹颗粒剂,埋后及时覆土浇水以利吸收。在幼虫危害初期,可浇灌1000倍40%氧化乐果乳油或1000倍50%辛硫磷乳油,以浇透根部为宜。

(十七)扁刺蛾

扁刺蛾[*Thosea sinensis*(Walker)],又名黑点刺蛾,幼虫俗称洋辣子,属鳞翅目、刺蛾科。扁刺蛾在东北、华北、华东、中南地区以及四川、云南、陕西等省均有发生,黄河故道以南、江浙太湖沿岸及江西中部发生较多。除危害枣树外,还危害苹果、梨、桃、梧桐、枫杨、白杨、泡桐等多种果树和林木。扁刺蛾以幼虫取食叶片为害,发生严重时,可将寄主叶片吃光,严重影响树势和观赏,进而影响公路绿化道路景观效果。

1. 形态特征

(1)成虫

雌蛾体长13~18mm,翅展28~35mm,体褐色;前翅顶角处斜向一褐色线至后缘;前翅暗灰褐色,中室处向后缘斜伸。雄虫体约10mm,翅展26~31mm;雄蛾中室外上角有一黑点;后翅灰褐色;前胸足各连接关节具一白斑,是其易于辨别的重要特征。

(2)卵

扁长,椭圆形,长1.1~1.4mm,孵化前呈灰褐色,初孵前淡黄绿色。

(3)幼虫

体长约21~24mm,较扁平,背部稍隆起,形似龟甲。全体绿色或黄绿色,背线白色,体边缘两侧各有10个疣状突起。其上生有刺毛,每1体节背面有2个小丛刺毛,第4节背面两侧各有一红点。

(4)蛹

近椭圆形,形似鸟蛋,体长约10~15mm,淡黑褐色。

(5)茧

淡褐色,在邻近浅土中结茧,如图7-120所示。

2. 发生发展规律

图 7-120　扁刺蛾(幼虫)

河北、陕西等地每年发生 1 代,长江地区每年发生 2 代,少数 3 代。江西南昌 1 年发生 2 ~ 3 代,2 代为主,以老熟幼虫在土中结茧过冬。次年 4 月中旬至 5 月中旬变蛹。

第 2 代茧大部分过冬,仅少数于年内羽化,继续繁殖。局部第 3 代幼虫 11 月上旬后来不及结茧的,即被冻死。全年以第 1 代发生量较大。南昌卵期第 1、2 代各 6 ~ 8 天,第 3 代 7 ~ 8 天。幼虫期共 8 龄,各代幼虫,历期分别为 1 代 25 ~ 32 天,2 代 23 ~ 27 天及 3 代 31 ~ 38 天。茧期第 1 代 14 ~ 26 天,内蛹期 9 ~ 16 天;第 2 代年内羽化的 229 ~ 238 天,内蛹期 19 ~ 28 天;第 3 代 199 ~ 288 天,内蛹期 18 ~ 28 天。

成虫羽化时间多在 18:00 ~ 20:00,白天静伏叶背或杂草丛中,夜出活动,具有较强的趋光性,21:00 ~ 次日 1:00 扑灯最盛;交尾后次日晚产卵。卵多产于叶面,偶产叶背,散生。初孵幼虫先食卵壳,2 龄后转至叶背,6 龄幼虫取食全叶仅留叶柄。发生严重时,能将全株吃光,影响树体生长,降低观赏价值。

结茧部位的深度和距树干的远近与树干周围的土质有关。黏土地结茧位置浅,距离树干远,比较分散;腐殖质多的土壤及沙壤土地,结茧位置较深,距离树干较近,而且比较集中。

3. 防治方法

(1)综合治理

结合整枝、修剪、除草、松土等,清除枝干上、杂草中的越冬虫体,破坏地下的蛹茧,以减少下代的虫源。初孵幼虫分散为害前,可摘除带虫叶片。利用幼虫下树在土中结茧越冬,并对土壤质地有选择的习性,在春季组织人力挖茧。

(2)药剂防治

对虫口密度较大的果园,在各代幼虫盛孵期,可用下列药剂喷雾防治:90% 晶体敌百虫或 80% 敌敌畏乳油 800 ~ 1000 倍液,50% 马拉硫磷乳油 1000 倍液,25% 亚胺硫磷乳油 1000 倍液,25% 喹硫磷乳油 1000 ~ 1500 倍液,20% 氰戊菊酯乳油 1000 倍液,50% 杀螟硫磷乳油 1000 ~ 1500 倍液,2.5% 溴氰菊酯乳油 2000 ~ 3000 倍液,25% 灭幼脲胶悬剂 500 ~ 1000 倍液。扁刺蛾幼虫对药剂较敏感,喷药时,应将药液喷至叶背虫体上。

(十八)黄刺蛾

黄刺蛾[*Cindocampa flavescens* (Wa-lker)],属鳞翅目,刺蛾科。别名刺蛾、八角虫、八角罐、洋辣子、羊蜡罐、白刺毛。分布黑龙江、吉林、辽宁、内蒙古、河北、河南、山东、陕西、四川、云南、湖南、湖北、江西、安徽、江苏、浙江、广东、广西、台湾。以幼虫危害枣、核桃、柿、枫杨、苹果、杨等 90 多种植物,可将叶片吃成很多孔洞、缺刻或仅留叶柄、主脉,严重影响树势和果实产量,如图 7-121 所示。

1. 形态特征

(1)成虫

体长15mm,翅展33mm左右,体肥大,黄褐色,头胸及腹前后端背面黄色。触角丝状灰褐色,复眼球形黑色。前翅顶角蓬后缘基部1/3处和臀角附近各有1条棕褐色细线,内侧线的外侧为黄褐色,内侧为黄色;沿翅外缘有棕褐色细线;黄色区有2个深褐色斑,均靠近黄褐色区,1个近后缘,1个在翅中部稍前。后翅淡黄褐色,边缘色较深。

(2)卵

椭圆形,扁平,长1.4~1.5mm,表面有线纹,初产时黄白,后变黑褐。数十粒块生。幼虫体长16~25mm,肥大,呈长方形,黄绿色,背面有1紫褐色哑铃形大斑,边缘发蓝。头较小,淡黄褐色;前胸盾板半月形,左右各有1黑褐斑。胴部第2节以后各节有4个横列的肉质突起,上生刺毛与毒毛,其中以3、4、10、11节者较大。气门红褐色。气门上线黑褐色,气门下线黄褐色。臀板上有2个黑点,胸足极小,腹足退化,第1~7腹节腹面中部各有1扁圆形"吸盘"。

(3)蛹

长11~13mm,椭圆形,黄褐色。

(4)茧

石灰质坚硬,椭圆形,上有灰白和褐色纵纹似鸟卵,如图7-122所示。

图7-121　黄刺蛾(卵壳)

图7-122　黄刺蛾(幼虫)

2. 发生发展规律

在辽宁、陕西等省每年发生1代,在山东、安徽、四川等省每年发生2代,以老熟幼虫在树干及侧枝上结茧越冬。第二年5月中旬开始化蛹,下旬始见成虫。6~7月为幼虫危害期。第二代幼虫出现在8~10月,10月份陆续结茧越冬。成虫夜间常在叶背面停息,夜间活动,有趋光性。卵产在叶背面,散产或数粒在一起。每头雌虫产卵49~67粒。初孵幼虫取食叶片的下表皮和叶肉,稍大后将叶片吃成不规则的缺刻或孔洞,大龄幼虫可吃光整个叶片,仅留叶脉和叶柄。幼虫体上有毒毛,人皮肤触及后可引起剧烈疼痛和奇痒。老熟幼虫在树干或侧枝上吐丝结茧并在内化蛹。黄刺蛾的天敌有上海青蜂、刺蛾广肩小蜂、螳螂等。另外,啄木鸟可啄食茧内的老熟幼虫及蛹。

3. 防治方法

(1)人工防治

处理幼虫多种刺蛾如丽绿刺蛾、漫绿刺蛾、纵带球须刺蛾等的幼龄幼虫多群集取食,被害叶显现白色或半透明斑块等,甚易发现。此时斑块附近常栖有大量幼虫,及时摘除带虫枝、叶,加以处理,效果明显。不少刺蛾的老熟幼虫常沿树干下行至于基或地面结茧,可采取树干绑草等方法及时予以清除。清除越冬虫茧刺蛾越冬代苗期长达7个月以上。此时农、林作业较空闲,可根据不同刺蛾虫种越冬场所之异同采用敲、挖、剪除等方法清除虫茧。可集中用纱网紧扣,使害虫天敌羽化外出。为免受茧上毒毛之害,可将茧埋在30cm深土坑内,踩实埋死。

(2)灯光诱杀

大部分刺蛾成虫具较强的趋光性,可在成虫羽化期于19:00~21:00用灯光诱杀。

(3)化学防治

制蛾幼龄幼虫对药剂敏感,一般触杀剂均可奏效。例如,90%敌百虫晶体8000信液对纵带球须利蛾,1500倍液对黄刺蛾;1000倍液对窃达刺蛾、黑眉刺蛾、白德姹刺蛾;80%敌敌畏乳油2000信波对纵带球须刺蛾,1000倍液对枣刺蛾、揭边缘刺蛾、白痣姹刺蛾;50%马拉硫磷乳油,2000倍液对球须纵带刺蛾及黑启刺蛾;2.5%溴氰菊酯乳油4000倍液对揭边缘刺蛾,5000倍液对黑眉刺蛾;20%氰戊菊酯用册倍液对黑眉刺蛾均很有效。此外,也可用50%杀螟松乳油、50%辛硫磷乳油、50%对硫磷乳油、25%亚胺硫磷乳油1500~2000倍液、2.5%敌百虫粉剂及3%西维因粉剂进行防治。

(4)生物防治

刺蛾的寄生性天敌较多,例如已发现黄刺蛾的寄生性天敌有刺蛾紫姬蜂、刺蛾广肩小蜂、上海青峰、爪哇刺蛾姬蜂、健壮刺蛾寄蝇和一种绒英蜂。纵带球须刺蛾,丽绿刺蛾,黄缘级刺蛾卵的天敌有赤眼蜂(*Thehmpmma sp.*);刺蛾幼虫的天敌有白僵菌、青虫菌、枝型多角体病毒,均应注意保护利用。在天敌利用上,例如将患此病幼虫引入非发病区,可使非发病区幼虫发病在90%以上;将感病幼虫(含茧)粉碎,于水中浸泡24h、离心10min,以租提液20亿PIB/mL的黄刺蛾核型多角体病毒稀释1000倍液喷杀3~4龄幼虫,效果达76.8%~98%。

(十九)春尺蠖

春尺蠖(*Apocheima cinerarius* Erschoff),属于鳞翅目,尺蛾科。别名沙枣尺蠖、杨尺蠖。可危害沙枣、杨、柳、榆、槐、苹果、梨、沙柳等多种林木。分布于新疆、甘肃、宁夏、内蒙古、陕西、河南、山东、河北、青海、四川等省。为害特点:春尺蠖初孵幼虫,取食幼芽为害,幼虫稍大后食量大增,取食叶片,被害叶片残缺不全,发生严重时,整枝叶片全部食光,影响植株的生长发育。

1. 形态特征

(1)成虫

体灰褐色,雌成虫体长9~16mm,无翅,触角丝状,腹部背面有黑刺排列成排,刺尖端圆钝,臀板上有突起和黑刺列。雄成虫体长 10 ~ 14mm,翅展 28 ~ 37mm,触角羽状。前翅淡灰褐至黑褐色,有 3 条褐色波状横纹,中间 1 条不明显。

(2)卵

长 0.8 ~ 1.0mm,长圆形,灰绿色至黄褐色,孵化前变为黑紫色,有光泽,卵壳上有整齐刻纹。

(3)幼虫

老熟幼虫体长 22 ~ 40mm,灰褐色。腹部第二节两侧各有 1 瘤状突起,腹线白色,气门线淡黄色。

(4)蛹

长 8 ~ 18mm,棕褐色,臀棘刺状,末端有分叉,如图 7-123、图 7-124 所示。

图 7-123　春尺蠖(幼虫)

图 7-124　春尺蠖(成虫)

2. 发生发展规律

成虫一般在 19:00 左右羽化,雄蛾有趋光性,白天静伏在枯枝落叶和杂草中。雌蛾靠爬行上树,已上树的成虫潜藏在开列的树皮下、树干断裂处、裂缝和枝干交错处。成虫白天有明显的假死性。黄昏至午夜进行交尾,交尾后即寻找产卵场所,把卵产在树干 1.5m 以下的树皮裂缝中和断枝皮下等处,常 10 粒至数十粒堆成块状,雌蛾主要在夜间产卵。

幼虫 5 龄,初孵化幼虫取食嫩芽,较大龄幼虫取食叶片,被害叶片轻者残缺不全,重者整枝叶片被吃光,这时幼虫吐丝,借风力转移到附近树上继续危害。幼虫静止时,常以一对腹足和特别发达的臀足固定在树枝上,而将头胸部抬起。遇惊扰立即吐丝下垂,悬于树冠下,恢复平静后,再慢慢用胸足绕丝上升到树上。4 月中下旬危害最重,一旦大量发生,很快就把树上叶片吃光。5 月份,老熟幼虫先后入土以土深 20cm 左右为最多。幼虫分泌液体与土粒粘结,做成蛹室,在其内化蛹。蛹以树冠下土壤中分布最多,尤其是比较低洼地段的树冠下蛹数量最多。蛹期长直到次年春季才羽化成虫出土。

3. 防治措施

(1)综合治理

在夏、秋季节对树木进行中耕,尤其是深翻树冠下的土壤,对消灭在地下越夏、过冬的春尺蠖蛹有很大的杀伤作用。在树干基部1.5m高处,刮除老树皮,形成30cm宽的圆环,然后用废机油、敌杀死、食用油按30∶1∶0.25的比例配成混合液,用毛刷绕树干涂10~15cm宽的药环阻杀成虫;或者刮除老树皮后,在圆环内涂刷粘虫胶,胶环宽度为5~10cm,可有效粘杀上树的雌成虫和幼虫;或在树干基部培土成30~40cm高的圆锥形细沙土堆;或在树干1.5m处捆扎15cm宽的塑料薄膜带等均可阻杀春尺蠖雌蛾上树产卵。

(2)药物防治

主要有:①幼虫3龄前,及时喷洒80%敌敌畏乳油1000倍液防治幼虫,杀虫效果达90%以上,用25%灭幼脲1500~2000倍液、1.8%的阿维菌素2000~2500倍液、5%氯氰菊酯2000倍液喷雾防治。②大面积发生时,用80%敌敌畏乳油与柴油1∶2混合液进行飞机超低容量喷雾,杀虫效果达95%以上;或用灭幼脲Ⅰ号3000倍液喷洒树冠,也可杀死幼虫。③在郁闭度大的林区内,可用2.5%三氟菊酯乳油、50%乙酰甲胺磷乳油和柴油按0.5∶0.5∶7的比例配成烟剂,使用6HYB-25B(W)型烟雾机在风力二级以下的微风傍晚施放烟雾,熏杀初龄幼虫,毒雾在树冠内滞留时间越长,杀虫效率越高,一般防治效果可达98%以上。

(3)灯光诱杀

在有条件的林区内,可以设置诱虫灯诱杀春尺蠖雄蛾。

(二十)黏虫

黏虫[*Mythimna seperata*(Walker)],又称剃枝虫、行军虫,俗称五彩虫、麦蚕,属鳞翅目夜蛾。黏虫是世界性的禾本科植物的大害虫,在我国分布较广,是一种暴食性害虫。大发生时幼虫常把植物叶片吃光,甚至整片地都吃成光秃,使禾本科杂草草坪失去观赏和利用价值。黏虫主要为害狗牙根、早熟禾、翦股颖、黑麦草、高羊茅等草坪禾本科草。

1.形态特征

(1)成虫

体长约20mm,翅展35~45mm,淡黄褐色或灰褐色(雄虫略小、色深)。前翅淡褐色,近前缘中央有两个淡黄色圆斑,外侧圆斑大,其下方有一小白斑,小白斑两侧各有一个小黑点,由翅尖有一斜行的褐色条纹,外缘有7个小黑点。

(2)卵

馒头状,初产乳白色,渐变为黑褐色,表面有网状脊纹,常单层排列。

(3)幼虫

共6龄,老熟时长约38mm,体色多变,幼龄淡绿色,4龄后深绿,种群密度大时黑绒状。头部黄褐色,由网状花纹。3龄后有“八”字形黑纹。体背有5条纵线,背中线白色,两侧各有2条黑褐色纵带。

(4)蛹

长约20mm,红褐色,尾端有1对大刺,如图7-125、图7-126所示。

2.发生发展规律

黏虫无滞育现象,只要条件适宜,可连续繁殖和生长发育。因此每年发生的世代数和发生期因地区和气候的变化而异，我国由南至北每年发生 2 ~ 8 代。黏虫每代发育所需的天数以及各虫态的历期，受温度影响很大，因此各代历期不同。在自然情况下，第一代卵期 6 ~ 15 天，以后各代 3 ~ 6 天；幼虫期 14 ~ 28 天，前蛹期 1 ~ 3 天，蛹期 10 ~ 14 天；成虫产卵前期 3 ~ 7 天；完成 1 代需 40 ~ 50 天。

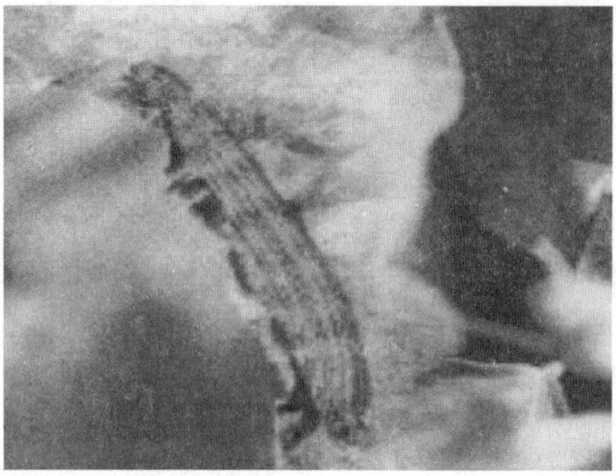

图 7-125　黏虫（幼虫）

图 7-126　黏虫（成虫）

成虫昼伏夜出，白天潜伏于草丛、墙缝中，夜晚出来活动，进行交尾、取食、产卵等。卵多产于草端部与下部枯叶或叶鞘中。成虫具有远距离迁飞能力，一次可飞行 500km 左右。

黏虫幼虫的食性很杂，主要危害禾本科杂草和作物。1、2 龄幼虫白天隐藏于草的心叶或叶鞘中，晚间取食叶肉，形成麻布眼状的小条斑（不咬穿下表皮）。3 龄后将叶缘咬成缺刻，此时有假死和潜入土中的习性。6 龄为暴食期，能吃光叶片，食量为整个幼虫期食量的 90% 以上。

3. 防治方法

（1）农业方法

已被害的草坪及时施肥和灌水，刺激草坪草的再生长；选择种植带有内生真菌的草坪草品种，提高草坪草对黏虫的抗性；减少草坪枯草层，防止草坪长时间积水；对草坪秃斑及时补播，防止杂草侵入而为黏虫的产卵活动提供适宜的环境。

（2）诱杀成虫

用成虫具趋光性和趋化性的习性，在成虫数量开始上升时，用黑光灯或谷草把诱杀，每公顷设置 120 ~ 150 个谷草把。还可用红糖 6 份、白酒 1 份、米醋 3 份加少量敌百虫混合液或用胡萝卜、甘薯、豆饼等发酵液放在大碗或小盆里，放入田间，黄昏时开盖，黎明后取完虫再盖上，可诱到大量成虫。每 5 ~ 7 天换剂一次。

（3）药剂防治

幼虫在 3 龄以前是防治适期。①喷粉 2.5% 敌百虫粉剂、3.5% 甲敌粉、5% 杀螟松粉，每公顷 22.5 ~ 30kg 为宜。②喷雾 90% 敌百虫晶体 1000 ~ 1500 倍液，50% 辛硫磷乳剂，50% 杀螟松乳剂 1000 倍液，50% 西维因可湿性粉剂 200 ~ 300 倍，2.5% 溴氢菊酯 2000 ~ 3000 倍液效果均好。以上药剂每公顷 750 ~ 1500kg 药液较合适。

（4）生物防治

含菌量在60亿~100亿/g的77-21苏云金杆菌、“灭幼脲1号”和“灭幼脲3号”，防治效果很好。77-21苏云金杆菌粉释剂30~50倍，20%灭幼脲1号10~20mg/kg药液，25%灭幼脲3号15~20mg/kg药液，杀虫效果均在90%以上。

(二十一)马尾松毛虫

马尾松毛虫(Dendrolimus punctatus Walke)，鳞翅目，枯叶蛾科，又名松虎。分布于信阳、南阳、驻马店等市。危害马尾松、油松。河南省每4~5年周期性暴发成灾，虫口密度大，常将松针食光，呈火烧状，如此反复两年，可造成林木枯死，如图7-127、图7-128所示。

图7-127 马尾松毛虫(马尾松被害状)

图7-128 马尾松毛虫

1.形态特征

(1)成虫

体色变化较大，有深褐、黄褐、深灰和灰白等色。体长20~30mm，头小，下唇须突出，复眼黄绿色，雌蛾触角短栉齿状，雄蛾触角羽毛状，雌蛾翅展60~70mm，雄蛾翅展49~53mm。前翅较宽，外缘呈弧形弓出，翅面有5条深棕色横线，中间有一白色圆点，外横线由8个小黑点组成。后翅呈三角形，无斑纹，暗褐色。

(2)卵

椭圆形，粉红色，在针叶上呈串状排列。

(3)幼虫

老熟期体长60~80mm，深灰色，各节背面有橙红色或灰白色的不规则斑纹。背面有暗绿色宽纵带，两侧灰白色，第2、3节背面簇生兰黑色刚毛，腹面淡黄色。

(4)蛹

棕褐色，体长20~30mm。

(5)茧

长椭圆形，黄褐色，附有黑色毒毛。

2.发生发展规律

北方每年发生2代，以幼虫在树皮下及地表枯枝落叶层中越冬。来年3月中旬开始出蛰活动，上树取食针叶，4月中下旬危害最凶，常把针叶食光，状如火烧。老熟幼虫于4月底至5月初开始吐丝在叶丛中结茧化蛹，5月中旬羽化成虫，成虫有趋光性，飞翔力较强。卵产于针叶上，相连成串，或堆积成块，每雌可产卵300～600粒。5月下旬至6月上旬出现第1代幼虫，幼虫孵化后多群集针叶，啃食针叶边缘，呈许多缺刻，随后针叶枯缩。2龄幼虫分散危害，多自针叶先端向基部取食，但不食光，残留基部一小段。幼虫受惊即吐丝下垂，借风力传播，或落地后迅速爬行，4龄后食量剧增，末龄幼虫食量最大。幼虫6～7龄，老熟后吐丝缀叶结茧化蛹。第1代5月底6月上旬为卵期，6月上旬至7月中旬为幼虫期，7月下旬8月上旬为蛹 和成虫期。第2代7月底8月上旬为卵期，8月上、中旬至11月中旬为第2代2～3龄幼虫期。第2代幼虫危害至11月中旬越冬。

马尾松毛虫的发生与林地环境条件有密切关系。凡是针阔叶树混交林，松毛虫危害较轻。凡马尾松纯林危害较严重，阳坡幼树纯林受害最重。马尾松毛虫的天敌种类繁多，每个虫态都有天敌寄生或捕食，如寄生蜂、寄生蝇、蚂蚁、螳螂、猎蝽，食虫鸟类和病菌、病毒等，对马尾松毛虫的抑制作用都很大。马尾松毛虫，适应性强，繁殖快，灾害频繁。为了持续控制其灾害，近些年来，从综合防治入手探索出对马尾松毛虫的发生区分为三种类型，因类制宜，分类施策，综合治理一套办法，达到可持续控制其灾害的目的。

第一种类型为常灾区。海拔200m以下丘陵地为马尾松纯林，土壤贫瘠，植被稀少，松林人为修枝过重，造成林地郁闭度小，覆盖率低，抑制马尾松毛虫各种天敌因素极度降低，故马尾松毛虫常在此猖獗成灾。

第二种类型为偶灾区。海拔200～400m的半山区，且上缘多接近于深山区，树龄较大，树势较旺，林木及动物种类较多，郁闭度较高，马尾松毛虫灾害呈偶然性发生。

第三种类型为安全区。海拔500～600m以上，地型、地势比较复杂，山峦重叠，松林茂密，且多混交林，植被丰富，动物种类繁杂，林内温湿度等环境因素优越。该区域内常处于有虫不成灾状态。

3. 防治措施

(1)加强营林技术措施，营造针阔叶混交林，改造马尾松纯林为混交林，做好封山育林，防止强度修枝，提高林木自控能力。

(2)建立马尾松毛虫的综合治理专门组织，坚持虫情监测，掌握虫情动态，安排、部署综合防治措施。

(3)生物防治措施如下：

①释放赤眼蜂。对虫口密度1～3头/株，有虫株率30%，发生面积600～7000hm^2林地，在害虫卵期，应以(45～70)×10头/hm^2释放赤眼蜂。

②施放菌药。在幼虫期，对虫口密度1～3头/株，有虫株率50%，发生面积7000hm^2以上林地应施松毛虫杆菌、苏云金杆菌、7216、芽孢杆菌含菌量5×10/mL，15kg/hm^2或施5×10/mL白僵菌粉剂，15kg/hm^2进行喷洒防治。

虫口密度3～5头/株，有虫株率50%以上，发生面积在7000hm^2以上林地，应采取飞机喷洒松毛虫质型多菌体病毒225×10^9/hm^2或飞机超低容量喷25%灭幼脲胶悬剂375～750mL/hm^2进行防治，均能取得较好效果。

虫口密度 6 头/株以上，有虫株率 30% 以上，发生面积 $7000hm^2$ 以上林地，松毛虫质型多角体病毒防治。225×10^9 含量/ hm^2，或 60ppm 溴氰菊酯粉剂，11.45 ~ $15kg/hm^2$ 或 25% 灭幼脲超低量，用药量 370 ~ $750mL/hm^2$。

（二十二）光肩星天牛

光肩星天牛[*Anoplophora glabripennis*（Motsch）]，属鞘翅目、天牛科。是重要的林业害虫，每年造成大量木材的损失。在 3 ~ 5 年内逐渐地将树木杀死，有些树木时间稍长。幼虫蛀食杨树、柳树、榆树、槭树、悬铃木、白蜡、栾树、刺槐等树种，对柳树危害最大。成虫啮食嫩枝和叶脉，幼虫蛀食韧皮部和边材，并在木质部内蛀成不规则坑道，严重地阻碍养分和水分的输送，影响树木的正常生长，使枝干干枯甚至全株死亡，如图 7-129 所示。

a)　　b)　　c)

图 7-129　光肩星天牛（危害树木）

1. 形态特征

（1）成虫

体黑色，有光泽。雌成虫体长 22 ~ 35mm，雄成虫体长 20 ~ 29mm。触角鞭状，12 节，自第 3 节开始各节基部呈灰蓝色。雌虫触角约为体长的 1.3 倍，最后 1 节末端为灰白色。雄虫触角约为体长的 2.5 倍，最后 1 节末端为黑色。前胸两侧各有 1 较尖锐的刺状突起。鞘翅基部光滑无颗粒状突起。翅面上各有大小不同的由白色绒毛组成的斑纹 20 个左右。雌虫腹部 5 节，末节部分露出鞘翅，雄虫腹部全部被鞘翅遮盖。

（2）卵

初为白色。近孵化时呈黄褐色，长椭圆形，两端稍弯曲，长 6mm 左右。老熟幼虫体长约 50mm，身体略带黄色。前胸大而长，背板后半部色较深，呈凸字形。腹部背面可见 9 节，第 10 节变为乳头状突起，1 ~ 7 节背腹面各有步泡突 1 个，背面的步泡突中央具横沟 2 条，腹面的为 1 条。

（3）蛹

全体乳白色至黄白色，体长 30 ~ 37mm，附肢颜色较浅。触角前端卷曲呈环形，置于前、中足及翅上。前胸背板两侧各有侧刺突1个，背面中央有1条压痕，翅尖端达腹部第4节前缘部分，有由黄褐色绒毛形成的毛块各1块，第6节上绒毛较少。第8节背板上有1个向上生的棘状突起；腹面呈尾足状，其下面及后面有若干黑褐色小刺，如图7-130所示。

图7-130　光肩星天牛

2. 发生发展规律

每年发生1代或2年1代。以1～3龄幼虫越冬。翌年3月下旬开始活动取食，有排泄物排出，4月底5月初开始在隧道上部作蛹室，经10～40天到6月中、下旬化蛹，蛹期20天左右。成虫羽化后在蛹室内停留7天左右，然后咬10mm左右的羽化孔飞出。成虫白天活动，取食植物的嫩枝皮，补充营养，经2～3天后交尾。产卵前成虫咬一个椭圆形刻槽，然后把产卵管插入韧皮部与木质部之间产卵，每刻槽产卵1粒，产后分泌胶状物堵住产卵孔。每雌虫产卵30粒左右。从树的根际开始直到树梢直径3cm处均有刻槽分布，主要集中在树杈和萌生枝条的地方。树皮刻槽并不全部产卵，空槽无胶状物堵孔，易区别。成虫飞翔力弱，敏感性不强，容易捕捉。趋光性弱。成虫寿命较长。雌虫40天左右，雄虫20天左右。卵期在夏季10天左右，秋后产的卵少数滞育到第2年才能孵化。幼虫孵出后，开始取食腐坏的韧皮部，并将褐色粪便及蛀屑从产卵孔中排出。3龄末或4龄幼虫在树皮下取食3～4cm后，开始蛀入木质部，从产卵孔中排出白色的木丝，起初隧道横向稍有弯曲，然后向上。在蛀入木质部后往往仍回到韧皮部与木质部之间取食，使树皮陷落，树体生长畸形。

光肩星天牛喜欢寄生在杨、柳树上。其天敌有花绒坚甲和斑啄木鸟，对其发生有较好的抑制作用。

3. 防治措施

(1)营造混交林

适当推广刺槐、泡桐、臭椿等树种与杨树进行带状或块状混交，创造不利于光肩星天牛繁殖和扩散的环境。加强水肥管理，增强树势，降低光肩星天牛卵及幼龄幼虫的死亡率。及时伐除严重受害树，减少天牛虫源。将冬季修剪改为夏季修剪，提高杨树树皮温度、降低相对湿度，增加天牛幼龄幼虫的死亡率。栽植对光肩星天牛有显著招引作用的糖槭树作为保护行，减免杨树的受害。

(2)利用天敌

保护招引啄木鸟。在10～20hm^{2}林地设置4～5个营巢木段，亲鸟的控制范围约100m^{2}左右，每年秋天治理维护一次。被招引定居的斑啄木鸟，对光肩星天牛、黄斑星天牛、桑天牛等等有明显的控制作用。

(3)熏蒸法

胸径6cm以下的幼树，幼虫主要在2m以下的主干上危害，可用熏蒸法防治；每个排粪孔插入 1 根磷化锌毒签或 1/4 片磷化铝,用泥密封,防效可达 90% 以上。

(4)注射法

对于高大的杨树,由于幼虫为害部位较高,可用内吸剂注射法防治危害韧皮部的低龄幼虫。施药时间以 9 月中下旬最好,因为 4 月份幼虫大部分在木质部,7 月间初孵幼虫取食树皮的死组织,8 月底之前有部分卵尚未孵化,均不是防治的最佳时机。于树干基部打孔注射 40% 氧化乐果乳油,每株用原液 9 ~ 12mL,防效可达 85% 以上。

(5)药物防治

对于虫株率 15% 以上的片林,除幼虫期进行防治外,还要进行成虫期的药剂防治。于 6 月中旬、7 月上旬用 40% 乐果乳油 +50% 敌敌畏乳油(1∶1)1000 倍液或 25% 西维因可湿性粉剂 150 ~ 200 倍液各喷树冠 1 次。

(二十三)榆绿叶甲

榆绿叶甲(*Pyrrhalta aenescens Fairmaire*),属鞘翅目叶甲科,又名榆蓝叶甲、榆毛胸萤叶甲、榆蓝金花虫。国内主要分布于河北、河南、湖南、山东、山西、甘肃、辽宁、吉林、黑龙江及内蒙古等省(区)。以成虫和幼虫为害榆树叶片危害为主,严重发生时可将叶片食成网状,甚至将树冠叶片全部食光,致使提早落叶,影响景观美化,如图 7-131、图 7-132 所示。

图 7-131 榆绿叶甲(榆树被害状)

图 7-132 榆绿叶甲

1. 形态特征

(1)成虫

体长 7 ~ 8.5mm,体近长方形,黄褐色,鞘翅绿色,有金属光泽。头部小,头顶有一钝三角形黑纹。前胸背板宽度为其长度的一倍,前端稍宽,中央有一倒葫芦形黑纹,两侧各有一椭圆形黑纹。鞘翅宽于前胸背板,后半部稍膨大。两鞘翅各有明显的隆起线两条。

(2)卵

黄色,长椭圆形,顶端尖细,长径 1.1 mm,短径 0.6 mm。

(3)幼虫

末龄幼虫 11mm,虫体长形微扁平,深黄色,中、后胸及腹部第 1~8 节背面漆黑色。头部、胸足以及胴部所有的毛瘤均呈漆黑色。头部较小,表面疏生白色长毛。前胸背板近中央有一个四方形黑斑。中、后胸背面各分前后两小节,前小节有 4 个毛瘤,两侧各有 3 个毛瘤;腹部背面 1~8 节也分两小节,前小节有 4 个毛瘤,后小节有 6 个毛瘤,两侧各有 3 个毛瘤。臀板深黄色,上面疏生刚毛。

(4)蛹

体长 7.5mm 左右,乌黄色,椭圆形,背面生黑褐色刚毛。

2. 发生发展规律

每年发生 1~3 代。以成虫在老树皮裂缝、房檐、墙缝、土内、砖石下等隐隐蔽处越冬。来年 4 月上旬开始出蛰危害新叶,中旬开始产卵。5 月上旬至下旬孵化为第 1 代幼虫。6 月上旬出现第每代成虫,此代除少部分产卵继续繁殖外,大部分寻找适宜场所越夏,继而越冬。6 月下旬至 7 月中旬发生第 2 代幼虫。7 月下旬出现第 2 代成虫,7 月底至 8 月初又大部分越夏、越冬。8 月中旬出现第 3 代幼虫,9 月下旬发生第 3 代成虫,10 月中旬全部越冬。成虫产卵于叶背,沿主脉排成 2 行。卵期 11~12 天。初孵幼虫群集卵壳周围剥食叶肉成网状,2 龄后咬食成孔洞,3 龄后食量大增。幼虫老熟后,在树干分叉处、伤疤、粗皮缝内群集化蛹。

3. 防治措施

(1)人工防治

6 月上旬及 7 月中旬第 1~2 代幼虫化蛹时人工捕杀蛹;掌握在幼虫孵化盛期,用 40% 氧化乐果乳油原液在树干涂环进行防治。涂药部位距地面 1.5~1.6m 为宜;先将要涂药部位的树干粗老树皮刮去一圈,但不伤韧皮部,宽度 5~10cm,然后涂药。涂药时要做好防护,注意安全。

(2)综合管理

榆蓝叶甲食性单一,种植榆树时应与其他树种混种,减少传染蔓延机会。利用其假死性,当越冬成虫上树时,振落捕杀。

(3)药物防治

代成虫产卵前,第一代幼虫和成虫越冬时,采用 50% 辛硫磷乳油 2000 倍液,氯氰菊酯 3000~3500 倍液或 90% 晶体敌百虫 1000 倍液等化学农药进行防治。

(4)保护天敌

如瓢虫、螳螂、蠋蝽等。

(二十四)斜纹夜蛾

斜纹夜蛾[*Prodenia litura*(Fabricius)]是昆虫纲鳞翅目、夜蛾科,又名莲纹夜蛾,俗称夜盗虫、乌头虫等。在国内各地都有发生,是一种暴食性害虫,主要发生在长江流域的江西、江苏、湖南、湖北、浙江、安徽,黄河流域的河南、河北、山东等省,是一类杂食性和暴食性害虫,危害寄主相当广泛。以幼虫咬食叶片、花蕾、花及果实,初龄幼虫啮食叶片下表皮及叶肉,仅留上表皮呈透明斑;4 龄以后进入暴食,咬食叶片,仅留主脉。在包心椰菜上,幼虫还可钻入叶球内危害,把内部吃空,并排泄粪便,造成污染,使之降低乃至失去商品价值。

1. 形态特征

(1)成虫

体长 14 ~21mm;翅展 37 ~42mm,褐色,前翅具许多斑纹,中有一条灰白色宽阔的斜纹,故名。后翅白色,外缘暗褐色。卵半球形,直径约 0.5mm;初产时黄白色,孵化前呈紫黑色,表面有纵横脊纹,数十至上百粒集成卵块,外覆黄白色鳞毛。老熟幼虫体长 38 ~51mm,夏秋虫口密度大时体瘦,黑褐或暗褐色;冬春数量少时体肥,淡黄绿或淡灰绿色。

(2)蛹

长 18 ~20mm,长卵形,红褐至黑褐色。腹末具发达的臀棘一对。中国从北至南一年发生 4 ~9 代。以蛹在土中蛹室内越冬,少数以老熟幼虫在土缝、枯叶、杂草中越冬。南方冬季无休眠现象。发育最适温度为 28 ~30℃,不耐低温,长江以北地区大都不能越冬。各地发生期的迹象表明此虫有长距离迁飞的可能。成虫具趋光和趋化性。卵多产于叶片背面。幼虫共 6 龄,有假死性。4 龄后进入暴食期,猖獗时可吃尽大面积寄主植物叶片,并迁徙他处为害,如图 7-133、图 7-134 所示。

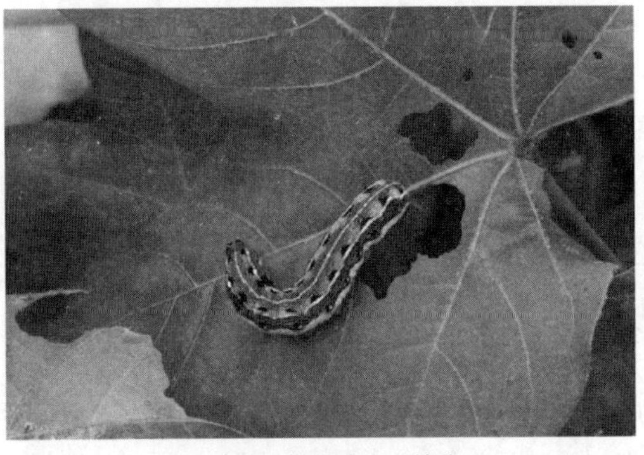

图 7-133 斜纹夜蛾(幼虫)

图 7-134 斜纹夜蛾(成虫)

斜纹夜蛾的天敌有小茧蜂、广大腿蜂、寄生蝇、步行虫,以及多角体病毒、鸟类等。

2. 发生发展规律

斜纹夜蛾每年发生多代,世代重叠,无滞育特性。在福建、广东等南方地区,终年都可繁殖,冬季可见到各虫态,无越冬休眠现象。长江中、下游地区不能越冬,每年以 7 ~9 月发生数量最多。

成虫昼伏夜出。白天蕴藏在植株茂密处、土壤、杂草丛中,夜晚活动,以上半夜 8:00 ~12:00 为盛。飞翔力很强,1 次可飞 10m,高可达 3 ~7m。成虫对黑光灯有较强的趋性。喜食糖酒醋等发酵物及取食花蜜作补充营养。雌成虫产卵前期 1 ~3 天,卵多产在叶片背面。每雌能产 3 ~5 个卵块,每卵块有卵数十粒至百粒,一般为 100 ~200 粒。卵期在日平均温度为 22.4℃为 5 ~12 天,25.5℃为 3 ~4 天,28.3℃为 2 ~3 天。

斜纹夜蛾是一种喜温性而又耐高温的间歇猖獗危害的害虫。各虫态的发育适温度为 28 ~30℃,但在高温下(33 ~40℃),生活也基本正常。抗寒力很弱。在冬季 0℃左右的长时间低温下，基本上不能生存。斜纹夜蛾在长江流域各地，危害盛发期在7～9月，也是全年中温度最高的季节。

3. 防治措施

(1)诱杀或捕杀

病害不严重时，可人工捕杀卵块和未扩散的初孵幼虫。利用该虫的趋光性和趋化性，利用黑光灯和糖醋液(糖：醋：水=3：1：6)加少量敌百虫胃毒剂诱杀成虫。

(2)药剂防治

3龄前为点片发生阶段，可结合田间管理，进行挑治，不必全田喷药。4龄后夜出活动，因此施药应在傍晚前后进行。药剂可选用2.5%功夫乳油5000倍液，或50%辛硫磷乳剂1500倍液，或2.5%天王星乳油3000倍液，或20%灭扫利乳油3000倍液，或40%氰戊菊酯乳油4000～6000倍液，或20%菊马乳油2000倍液，或4.5%高效顺反氯氰菊酯乳油3000倍液等，每10天一次，连用2～3次。

(二十五)油松毛虫

油松毛虫(*Dendrolimus tabulaeformis* Tsai et Liu)，鳞翅目，枯叶蛾科，别名松虎，在河南省分布于林州市、卢氏、南召县等地。危害油松，幼虫取食针叶，危害严重时叶丛被吃光。

1. 形态特征

(1)成虫

雌虫体长23～30mm，翅展57～75mm；雄体长20～28mm，翅展45～61mm。体色为棕褐或深褐，斑纹较马尾松毛虫清晰。雌蛾前翅没有白色斑纹是和赤松毛虫区别的最明显的特征。中室斑点较小，亚外缘斑列黑色，各斑略成新月形，斑列常为9个组成，7、8、9三斑斜列，内侧衬有淡棕色斑。雄蛾中室斑点较雌蛾小，亚外缘斑列内侧呈棕色，触角鞭节淡黄色或褐色，栉齿褐色，如图7-135所示。

图7-135　油松毛虫

(2)卵

椭圆形，长1.7mm，宽1.2mm。初产时色泽较浅，精孔端淡绿色，另一端为粉红色，孵化前呈紫红色。

(3)幼虫

初孵幼虫头部棕黄色，体背黄绿色，老熟幼虫体长54～72mm，灰黑色，体侧有长毛。额区中央有一块状深褐斑，各体节纵带上白斑不明显，每节前方由纵带向下有一斜斑伸向腹面。腹面棕黄色，每节上生有黑褐斑纹，两侧密被灰白色绒毛。

(4)蛹

栗褐色或暗红褐色，臀棘短，末端稍弯曲，或卷曲，呈近圆形，雌蛹长23～32mm，雄蛹长

20～26mm。

(5)茧

灰白色或淡褐色,附有黑色毒毛。

2. 发生发展规律

每年发生1代,多以4龄幼虫在树根周围的枯枝落叶层,能活动的石块下、草根盘结和上面有覆盖物的林地凹坑中越冬。多卷曲成团。越冬幼虫于4月中上旬,开始上树危害,6月中旬结茧化蛹,蛹期28～34天,7月上旬开始羽化为成虫并开始产卵,7月中、下旬出现幼虫,10月中、下旬下树越冬。成虫多于傍晚16:00～20:00羽化,在当晚或次日晚交尾后即产卵。卵成堆产于树冠上部当年生的松针上。每卵块数十粒到500多粒不等。成虫有趋光性和向周围林分迁飞产卵的习性。幼虫孵化时有取食卵壳的习性。1～2龄幼虫群居并能吐丝下垂。先取食卵堆周围的松针,将针叶边缘咬成缺刻状,造成枯萎卷缩,呈扫帚状针丛,一头幼虫一生约取食40～500根松针。在林州市每年有两个危害高峰期,即5月初至7月末;8月中旬至10月上旬。老熟幼虫在针丛、树干及杂草灌丛、树冠下部结茧。

3. 防治措施

(1)加强营林技术措施,营造针阔叶混交林,改造油松纯林为混交林,做好封山育林,防止强度修枝,提高自控能力。

(2)在成虫羽化始期,按4hm^2设置一黑光灯诱杀成虫,将成虫消灭在产卵之前,可达到预防和除治。

(3)卵期每公顷可释放赤眼蜂9万～15万头进行防治,寄生率达80%以上。

(4)幼虫期可用松毛虫杆菌,苏云金杆菌,“7216”芽孢杆菌,含菌量为1亿孢子/mL进行喷雾防治,效果达90%以上;白僵菌菌粉含量50亿/g,用量15kg/hm^2进行喷粉防治,效果达85%以上,在林间并有再侵染作用;松毛虫质型多角体病毒,每公顷用2250亿病毒含量,加水喷雾防治,都能达到理想效果。

(5)幼虫期用2%安得利粉剂,用量11.25～15kg/hm^2进行喷粉防治,效果达95%以上;或用25%灭幼脲防治,有效成分90g/hm^2。飞机超低量喷洒675～750 mL/hm^2,防治效果达90%以上,并致存活蛹、成虫发育畸形,不能正常交尾产卵。

(二十六)松黄叶蜂

松黄叶蜂(*Nesodiprion sp.*),膜翅目,叶蜂科,别名松锈叶蜂、松黄锯蜂。主要分布于辽宁、河北、陕西、江西等地。寄主为油松、赤松、华山松、马尾松。被害针叶呈网状。

1. 形态特征

(1)成虫

体长7～11mm,翅展15～22mm,雌虫体蛆状。全身黄褐色或锈红色,中胸盾片后缘及凹陷背板后缘黑色,足与体色相同,基节、转节与胫节基部色较淡;翅透明,稍带黄色阴影。翅脉黄褐色,头部较宽,触角栉齿状,23节,基部两节黄褐色,第3节以下呈锯齿状,渐向末端尖细。雄虫体较瘦小,全体黑色而具光泽,足基节、转节黑褐色、腿节、胫节与跗节黄褐色。

后翅顶端淡灰黑色阴影宽大。触角 26 节,第 2 节至末端第 3 节呈双栉齿状,内栉短,外栉长。

(2)卵

船底形,长 1.8mm,白色,后呈紫色。幼虫老熟时体长 20 ~25mm,头部深黑色,有光泽;胴部淡黄绿色至墨绿色,背线狭,近白色。两侧有暗色纵纹各 3 条,刚毛少;体壁多褶皱,褶顶有一横列带刚毛之黑点,足 11 对。

(3)蛹

淡黄色,长约 10mm。茧圆筒形,灰褐色,如图 7-136、图 7-137 所示。

图 7-136　松黄叶峰(幼虫)

图 7-137　松黄叶峰(成虫)

2. 发生发展规律

每年发生 1 代,以卵越冬。4 月上中旬幼虫孵化。5 月上中旬危害盛期,5 月末至 6 月初幼虫老熟结茧,9 月初化蛹,9 月末至 10 月初成虫羽化产卵。卵初为乳白色,被有黑色外壳,近孵化为紫色。卵孵化率 82% ~98%。幼虫初不食不动,约 7 天后开始爬行觅食,具群集性取食,先至针叶顶端稍下处啃食周围而残存中部。3 龄以后则食量大增,能取食整个针叶,当全株针叶被吃光时,常成群迁移危害。幼虫如遇惊扰即将尾部翘起,并口吐黄绿色液体以示警戒。幼虫老熟后主要分散在树冠垂直投影下的枯枝落叶层或树干皮缝中结茧化蛹,其中向阳面的地被物中结茧量最多。结茧后的幼虫,除个别产生滞育现象外,其余幼虫常被天敌寄生或病菌感染。滞育率占 8.7%。感病约 3.6%,天敌寄生约 17%。幼虫在茧中生活 60 ~70 天进入前蛹期,后经 25 ~30 天化蛹,成虫羽化在茧内停留 4 ~5 天破茧出来,且多在 18:00 ~22:00。出茧后需停息至第 2 天上午,才飞翔活动,白天飞翔于树冠上,行动迅速,遇树梢立即进入叶丛,不易发现,求偶时,数只雄虫围 1 只雌虫,迂回飞舞,极为活跃。一次交尾约 20 ~30min 分离,随即雌蜂飞舞树冠,寻针叶产卵。卵多产于树冠阳面枝梢顶端的针叶中。卵成排,一个针叶上一般有卵 5 ~23 粒。1 只雌蜂一生可产 23 ~39 粒,平均 31.4 粒。雌蜂寿命 4 ~7 天,雄蜂寿命 2 ~6 天。雌雄比 1:0.615,羽化率 66% ~75.4%,平均 71.5%。

3. 防治措施

(1)在幼龄林分可利用幼龄幼虫的群集性,于 4 月进行人工捕杀。

(2)4 月末 5 月初喷洒 50% 敌敌畏乳液、90% 敌百虫,20% 杀灭菊酯乳油 1300 倍液,也可用(2 ~3) ×10^9/mL 孢子的苏云金杆菌液毒杀幼虫,在郁闭度较大的林分内,用敌马或林丹烟剂 7.5 ~15kg/hm^2,熏杀幼虫。

(二十七)杉梢小卷蛾

杉梢小卷蛾[*Rhyacionia duplana* (Hübner)],鳞翅目,卷蛾科,别名夏梢小卷叶蛾。主要分布在长江以南地区。寄主有杉木。幼虫专食杉树的嫩梢(主、侧梢),严重被害梢达 80% 以上,减少高生长的 50% 以上,严重影响植株成材,如图 7-138、图 7-139 所示。

图 7-138 杉木被害状

图 7-139 杉梢小卷蛾(幼虫)

1. 形态特征

(1)成虫

体长 4.5 ~6.5mm,翅展 12 ~15mm。触角丝状,各节背面基部杏黄色,端部黑褐色;下唇须杏黄色,向前伸,第二节末端膨大,外侧有褐色斑,末节略下垂。前翅深黑褐色,基部有 2 条平行斑,向外有"X"形条斑,沿外缘还有 1 条斑,在顶角和前缘处分为三叉状,条斑都呈杏黄色,中间有银条;后翅浅褐黑色,无斑纹,前缘部分浅灰色。前、中足黑褐色,胫节有灰白色环状纹 3 个;后足灰褐色,有 4 个灰白色环状纹。

(2)卵

扁椭圆形,长约 0.7 ~0.8mm,乳白色,胶汁状,近孵化时色变深,呈黑褐色。

(3)幼虫

体长 8 ~10mm。头、前胸背板及肛上板暗红褐色,体紫红褐色,每节中间有白色环。

(4)蛹

体长 4.5 ~6.5mm。腹部各节背面有两排大小不同的刺,前排大,后排小。腹末具大小、粗细相等的 8 根钩状臀棘。

2. 发生发展规律

每年发生 2 ~3 代,以蛹在被害枝梢内越冬,翌年 3 月底至 4 月初羽化。第 1 代幼虫于 4 月中旬至 5 月上旬活动危害,4 月底至 5 月中旬化蛹,5 月中、下旬羽化。第 2 代幼虫在 5 月下旬至 6 月下旬危害,在 6 月上、中旬危害最烈。这代幼虫化蛹不整齐,开始世代分化,大多数幼虫在6月中旬化蛹,部分延至7月下旬与第3代幼虫同时化蛹,还有少数延至9月上、中旬才化蛹。6月中旬化的蛹,多数在6月下旬羽化,产生第3代幼虫于7月上、中旬危害;少数延至7月底8月上、中旬羽化,此时产生的3代幼虫于8月初危害,还有少数蛹延至翌年春羽化。由于2、3代幼虫期长短差异较大,故在8月初至9月中旬常有2、3代幼虫同时危害,不易区分。

成虫羽化多在10:00~12:00时。羽化后,蛹壳留在羽化孔上,一半外露。成虫白天一般不活动,遇惊时迅速飞逃。成虫夜间活动,有趋光性。羽化后第2天傍晚开始交尾,交尾后第2天开始产卵。卵多产在阳光充足、生长良好、林分密度较小、树高2.5~5m、树龄4~5年生的幼林中;也有少数产在树高2.5m以下或5m以上的林分内,但在10m以上的林分中产卵很少。卵散产在嫩梢叶背主脉边缘上,1个嫩梢1粒,少数2~3粒,偶尔也有7~10粒的,往往在1株树上或附近几株树上连续产卵10粒。每只雌蛾可产卵40粒左右,室内饲养平均产卵量为45粒,最多的可达96粒。成虫寿命:越冬代雌蛾4~12天,平均8.6天;雄蛾5~12天,平均8.2天;第1代3~13天,平均8天;第2代6天;其余各代均为4天左右。

卵期约1周左右,一般在5~6时孵化。幼虫共6龄。初孵幼虫先在嫩梢上爬行,10多分钟后蛀入嫩梢内层叶缘取食,也有孵化后即蛀入内层取食的。1~2龄期间,食叶2~3枚,只食部分叶缘,食量小,排粪少,粪粒细。3龄后幼虫蛀入梢内取食,食量增大,粪量增多,粪粒也大,呈暗红褐色,堆积在梢尖上。3~4龄后幼虫感觉灵敏,爬行迅速,有转移习性。各代幼虫一生可转移1~2次,危害2~3个梢头,但多为2个。一般1个梢内只有1条幼虫,但危害严重时,也有2~3条的。5~6龄幼虫肥胖,爬行较慢,个别在化蛹前还进行转梢。幼虫在梢内蛀道长约2cm。有蛀道的嫩梢枯黄或呈火红色。幼虫转移时,从蛀梢内爬出,沿枝条嫩梢,爬到邻近枝条上,寻找合适的嫩梢蛀入。也有吐丝下垂,随风飘荡而转移到另一枝条嫩梢上的。转移时间多在下午。以3~4龄幼虫转移为多,每转移一次,需爬行1h左右蛀入,蛀入新梢需3h左右。幼虫老熟后在离被害梢的尖端6mm处咬一羽化孔,在孔下部吐丝做长8mm的蛹室,化蛹其中。

大都发生在海拔300m以下的平原丘陵区,在500m以上山区发生数量较少,危害较轻,3~5年生杉树受害重,7年生以上杉树一般不受害。危害情况:一般阳坡重于阴坡,林缘重于林内,疏林重于密林,纯林重于混交林,幼龄林重于中龄林以上林木。杉树主梢受害后,呈丛状或干形弯曲,对幼树高生长影响极大。

天敌种类较多,卵有拟澳洲赤眼蜂、松毛虫赤眼蜂和杉卷赤眼蜂;幼虫有小茧蜂、扁股小蜂(数量极少)、桑螨聚瘤姬蜂、广肩小蜂、3种寄生蝇、蜘蛛;蛹有大腿蜂、绒茧蜂。此外,白僵菌和黄曲霉菌在各代均有寄生,以越冬代为最多。

3. 防治措施

(1)加强营林措施。促进幼树生长,提早郁闭;营造混交林,减轻危害。

(2)危害期,发现枯梢,随时剪除,如发现害虫天敌寄生率高,可将剪掉的枝梢收集保存,让天敌安全飞出。

(3)幼虫孵化期喷洒50%杀螟松200~400倍液,或喷5%来福灵3000倍液,或喷20%甲氰菊酯2000~4000倍液。

(4)成虫羽化期可用“621”烟剂或敌敌畏插管烟剂“741”熏杀,用药量 1125 ~ 5000g/hm^2。

(5)在卵期,每公顷释放 15 万头寄生蜂,分 4 次放,效果较好。

(二十八)侧柏毒蛾

侧柏毒蛾(*Parocneria furva* Leech),鳞翅目,毒蛾科,又名柏毒蛾、柏毛虫。分布在东北、青海、宁夏、陕西、北京、河北、河南、山东、安徽、江苏、浙江、湖北、湖南、广西、四川、兰州等地。寄主为侧柏、桧柏和扁柏。林木被害后,叶片尖端被食,基部光秃,随后逐渐变黄,枯萎脱落,严重影响林木生长。

1. 形态特征

(1)成虫

体灰褐色,长 14 ~ 20mm,翅展 17 ~ 33mm。雌虫触角灰白色,呈短栉齿状。前翅浅灰色,鳞片薄,略透明,翅面有不显著的齿状波纹,近中室处有一暗色斑点,外缘较暗,布有若干黑斑,后翅浅黑色,带花纹。雄虫触角灰黑色,羽毛状,体色较雌虫深,为深近灰褐色,前翅花纹完全消失,但在第 2 肘脉下方近中室处的暗色斑点较显著。

(2)卵

扁圆球形,长 0.7 ~ 0.8mm,初产时为青绿色,具光泽,后渐变为黄褐色。孵化前为黑褐色。幼虫老熟时体长 20 ~ 30mm,全体近灰褐色,形成较宽的纵带。在纵带两边镶有不规则的灰黑色斑点,相连如带。腹部第 6、7 节背面中央各有一个淡红色的翻缩腺。身体各节具有黄褐色毛瘤,上着生粗细不一的刚毛。

(3)蛹

长 10 ~ 14mm,灰褐色,头顶具毛丛,腹部各节具有灰褐色的斑点,上生白色细毛,腹末具有深褐色的钩状毛,如图 7-140、图 7-141 所示。

图 7-140　侧柏毒蛾(幼虫)

图 7-141　侧柏毒蛾(成虫)

2. 发生发展规律

每年发生 2 代,以初龄幼虫在树皮缝内或以卵在叶片上越冬。次年 3 月幼虫出蛰,危害刚萌发的嫩叶尖端,形成叶基部光秃,逐渐枯黄脱落,幼虫夜晚取食活动,白天潜伏于树皮下或树缝内,老熟后,在叶片间、树皮下或树洞内吐丝结薄茧、化蛹,6 月中旬羽化为成虫。白天静伏、夜间活动,特别在傍晚或黎明前后,成虫围绕树冠群飞,具趋光性。卵多产于叶柄,堆积成块。第 1 代幼虫于 8 月中旬化蛹,8 月下旬出现成虫。9 月上中旬出现第 2 代幼虫。即在树干的缝隙间、树皮下或树洞内隐伏,傍晚又爬出向树冠迁移取食危害。危害一段时间后,幼虫即在树皮缝内蛰伏越冬。成虫具趋光性。

卵期天敌有跳小蜂,幼虫天敌有家蚕追寄蝇、狭颊寄蝇,蛹期天敌有广大腿小蜂、黄绒茧蜂。此外,还发现有鸟类、蜘蛛、蚂蚁、螳螂、胡蜂等。

3. 防治措施

(1)药物防治

于 6 月中旬和 7 月中、下旬幼虫孵化后,用 90% 的晶体敌百虫或 80% 的敌敌畏 800 至 1000 倍液杀灭幼虫。

(2)综合防治

5 月下旬和 9 月中旬在树叶、树皮缝处人工捉蛹。6 月上中旬和 9 月中下旬成虫羽化期利用黑光灯诱杀成虫,或用敌敌畏烟雾熏杀。

(3)保护天敌

天敌有家蚕追寄蝇、狭颊寄蝇,蛹期天敌有广大腿小蜂、黄绒茧蜂。此外,还发现有鸟类、蜘蛛、蚂蚁、螳螂、胡蜂等。

(二十九)樟巢螟

樟巢螟(*Orthaga olivacea* Warre)是昆虫纲、鳞翅目、螟蛾科,别名樟丛螟、樟叶瘤丛螟,主要危害香樟,主要分布在华东地区,樟巢螟以幼虫取食樟树叶片。1 ~ 2 龄幼虫取食叶片,3 ~ 5龄幼虫吐丝缀合小枝与叶片,形成鸟巢样的虫巢。有的整株叶片几乎吃光,严重影响樟树生长,有的虽对生长影响不大,但树上虫巢多,影响绿化效果。

1. 形态特征

(1)成虫

体长 8 ~ 13 mm,翅展 22 ~ 30 mm,头部淡黄褐色,触角黑褐色,雄蛾微毛状基节后方混合淡白的黑褐色鳞片,下唇须外侧黑褐色,内侧白色,向上举弯曲超过头顶,末端尖锐。雄蛾胸腹部背面淡褐色,雌蛾黑褐色,腹面淡褐色。前翅基部暗黑褐色,内横线黑褐色,前翅前缘中部有一黑点,外横线曲折波浪形,沿中脉向外突出,尖形向后收缩,翅前缘 2/3 处有 1 乳头状肿瘤,外缘黑褐色,缘毛褐色,基部有一排黑点。后翅除外缘形成褐色带外,其余灰黄色。

(2)卵

扁平圆形,直径 0.6 ~0.8mm,中央有不规则的红斑,卵壳有点状纹。卵粒不规则堆叠一起成卵块。幼虫初孵幼虫灰黑色,2 龄后渐变棕色。老熟幼虫体长 22 ~30mm,褐色,头部及前胸背板红褐色,体背有 1 条褐色宽带,其两侧各有 2 条黄褐色线,每节背面有细毛 6 根。

(3)茧

长 12 ~ 14mm,黄褐色,椭圆形。

(4)蛹。体长 9 ~ 12mm,红褐色或深棕色,腹节有刻点,腹末有钩刺 6 根(其中长而粗 2 根,短且细 4 根),如图 7-142、图 7-143 所示。

图 7-142 樟巢螟(幼虫)

图 7-143 樟巢螟(危害香樟)

2. 发生发展规律

每年发生 2 代,以老熟幼虫入土结茧越冬,次年 4 月中、下旬化蛹,5 月中下旬羽化。第 1 代从 5 月下旬到 7 月下旬,7 月上中旬是为害盛期,第 2 代幼虫取食期从 8 月上旬到 10 月上旬(少数发育迟的到 10 月底)幼虫老熟入土越冬。成虫夜间羽化,无趋光性卵产于两叶相叠的叶片之间,幼虫 5 龄,初孵幼虫群集危害,取食叶片,仅剩表皮,肉眼极易识别。随虫体长大而分巢为害,每巢有虫 5 ~ 20 头,5 龄期巢内有长条状茧袋,每袋 1 条幼虫,昼躲夜出,行动敏捷,受害严重的树木满是虫巢。

3. 防治措施

(1)人工防治

利用老熟幼虫在浅土层中越冬习性可用人工松土方法能降低虫口数量;用人工摘虫包方法,摘下的虫包集中烧毁,也可有效降低虫口数量。

(2)生物防治

在 6 月份一代幼虫期喷施 1000 ~ 1500 倍 50000IU/mg 苏云金杆菌原药,喷施时间应在晴天傍晚或阴天。

(3)化学防治

在幼虫发生期(6 月份和 8 月份),可用 80% 敌敌畏乳油 1000 倍液,或 25% 杀虫双水剂 500 倍液(可加 0.1% 的洗衣粉以提高药效),或 0.3% 高渗阿维菌素乳油 1500 ~ 2000 倍液喷雾防治,杀虫效果较好。

(三十)紫薇绒蚧

紫薇绒蚧(*Eriococcus lagerstroe - miae* Kuwana),又名石榴毡蚧、紫薇绒粉蚧、袋蚧等。属同翅目、蚧总科、绒蚧科。绒蚧在我国许多地区均有发生,尤其在华北、华中地区,主要分布在江苏、浙江、上海、山东、山西、北京、天津、沈阳等地,已成为公路绿化植物的重要害虫。以若虫和雌成虫寄生于植株枝、干和芽腋等处,吸食汁液。其排泄物能诱发煤污病,影响花卉

图 7-144　紫薇绒蚧

的生长发育和观赏。虫口密度大时枝叶发黑，叶子早落，开花不正常，甚至全株枯死，如图7-144所示。

1. 形态特征

(1)成虫

雌成虫扁平，椭圆形，长约 2 ~ 3mm，暗紫红色，老熟时外包白色绒质蚧壳。雄成虫体长约 0.3mm，翅展约 1mm，紫红色。

(2)卵

呈卵圆形，紫红色，长约 0.25mm。

(3)若虫

椭圆形，紫红色，虫体周缘有刺突。

(4)蛹

紫褐色，长卵圆形，外包以袋状绒质白色茧。

2. 发生发展规律

该虫发生代数因地区而异，一年发生 2 ~ 4 代。如北京地区一年发生 2 代，上海一年发生 3 代，山东一年能发生 4 代。绒蚧越冬虫态有受精雌虫、2 龄若虫或卵等，各地不尽相同。通常是在枝干的裂缝内越冬。每年的 6 月上旬至 7 月中旬以及 8 中下旬至 9 月份为若虫孵化盛期，但像上海、山东等一年发生 3 ~ 4 代的地区，在 3 月底至 4 月初就能发现第一代若虫危害。绒蚧在温暖高湿环境下繁殖快，干热对它的发育不利。

3. 防治方法

(1)综合防治

加强检疫，防止病原流入，合理施肥，增强植株抗虫能力，保持通风、透光，避免植株密度过大，结合冬季、早春修剪将虫枝集中烧毁。数量小时，进行人工刮除。结合修剪把病枝集中烧毁，减少病源。在雌幼虫孵化期喷施 20% 的融杀介螨 200 ~ 300 倍液。

(2)化学防治

主要有：①冬季喷施 10 ~ 15 倍的松脂合剂或 40 ~ 50 倍的机油乳剂 1 ~ 3 次，消灭越冬代雌虫。②发芽前，喷施 3 ~ 5 波美度的石硫合剂或 3% ~ 5% 柴油乳剂消灭越冬代若虫。③若虫是防治关键，首先对出土的初孵若虫，早春在树根周围土面喷洒 50% 西维因可湿性粉剂 500 倍液或 5% 辛硫磷乳油 1000 倍液。抓住孵化盛期介壳尚未增厚，药剂容易渗透的关键时期，每隔 7 ~ 10 天喷 1 次，连续 2 ~ 3 次，选用 40% 氧化乐果乳剂，80% 敌敌畏乳剂，50% 辛硫磷乳油，25% 亚胺硫磷乳剂 1000 ~ 1500 涪液均匀喷洒。

(3)喷雾防治

利用高分子膜混合喷雾，喷洒在植株上形成一层薄膜，使虫体呼吸困难窒息死亡和利用天敌红点唇标虫捕食等均可收到良好效果。

(三十一)六星黑点豹蠹蛾

六星黑点豹蠹蛾(*Zeuzera leuconotum* Butler)属鳞翅目豹蠹蛾科豹蠹蛾属,是一种新害虫,又名豹纹木蠹蛾、咖啡黑点蠹蛾等,属鳞翅目、豹蠹蛾科。其分布广,寄主多,约60余种,在枣区曾经发生,又名枣豹蠹蛾,由于是驻干性性害虫,所以防治比较困难,近些年在天津市行道的白蜡树上发生,造成街道树木出现枯枝。六星黑点豹蠹蛾幼虫蛀食枝干的皮层和木质部,破坏输导组织,使腊梅新枝枯死,树势衰弱,树冠逐年缩小,严重时引起全株死亡。

1. 形态特征

(1)成虫

体长约30mm左右,白色,翅面有许多蓝黑色斑纹,前胸背板有6个明显蓝黑色斑点,后翅色浅。

(2)卵

椭圆形,浅黄色。幼虫体长约35mm左右,深红色。前胸背板骨化为黑斑,中央有条黄线,体上有小黑点。咖啡木蠹蛾体长约20mm左右,体翅灰白色。翅面散生很多青黑色短斜纹,翅外缘各有8个蓝黑色明显斑点。中胸背部有3对青蓝色圆斑。

(3)幼虫

体长约30mm,头橘黄色,体紫红色,散生白色长毛。前胸背板各腹末臀板骨化黑褐色,如图7-145、图7-146所示。

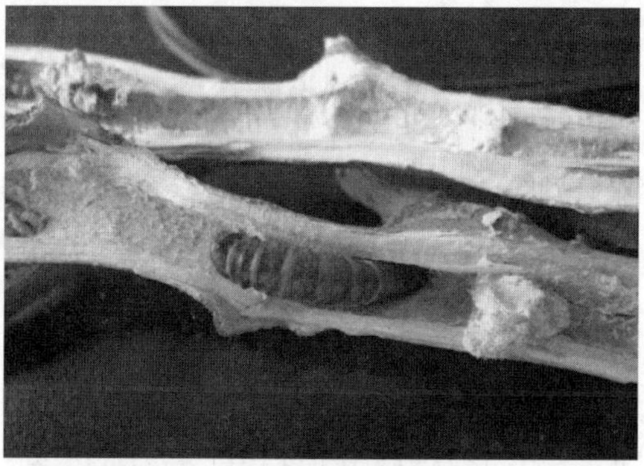

图7-145　六星黑点豹蠹蛾(幼虫)

图7-146　六星黑点豹蠹蛾(成虫)

2. 发生发展规律

每年发生1代,以老熟幼虫在树木枝条内越冬。翌年4月开始活动,5月中下旬开始化蛹,幼虫化蛹前先吐丝,缀屑堵塞蛀道两端,并向外咬一圆形羽化孔,孔口以薄丝膜封盖。6~7月间成虫出现。成虫具趋光性,白天静伏,黄昏后活动。卵单粒,散产于树皮缝隙、嫩梢或芽腋间。每雌虫产卵300~800粒。6月上旬可见初孵幼虫。初孵幼虫从嫩梢端部或叶柄处蛀入,后转蛀到1~2年生枝条的近基部,侵入后总是先环蛀一周,再由髓心上蛀,并每隔一段距离咬圆形排粪孔,排出黄白色、短柱形干燥虫粪。被蛀枝很快枯萎,易风折。幼虫一生会多次转枝,会造成多枝枯萎、折断。11月上旬幼虫开始在蛀道内越冬。

3. 防治措施

(1)剪除虫枝

夏季在低龄幼虫为害初期,发现枯死虫枝及时剪下烧掉。冬季清除枯枝落叶,发现有越冬幼虫的枝条彻底剪除烧毁。通过这两次剪除虫枝,基本上可控制六星黑点蠹蛾的为害。

(2)诱杀成虫

在6~7月份成虫盛发期设置黑光灯诱杀成虫。

(3)药物防治

危害严重时还可通过药剂、钩杀等手段进行防治。在幼虫孵化期,在其钻入枝前,喷施20%杀灭菊酯2000~3000倍液或50%甲胺磷800倍液、40%水胺硫磷1000倍液。

(三十二)白蜡窄吉丁虫

白蜡窄吉丁(*Agrilus planipennis Fairmaire*),属鞘翅目、吉丁总科、吉丁科,是木犀科梣属树木的一种重要蛀干害虫,主要分布于亚洲部分国家(中国、同本、朝鲜、蒙古)以及俄罗斯远东地区,在国内分布于黑龙江、吉林、辽宁、山东、内蒙古、河北、天津等地。严重危害我国北方重要的用材树种水曲柳(*F. mandshurica*)和公路绿化树种绒毛白蜡(*F. velutina*)。白蜡窄吉丁以幼虫在树木的韧皮部、形成层和木质部浅层蛀食为害,因其隐蔽性强,防治极为困难。

1. 寄主及危害特点

主要寄主是白蜡属(如绒毛白蜡、白蜡、水曲柳、花曲柳)的苗木、带皮原木、木材,其中以大叶白蜡受害最重。白蜡窄吉丁对小到胸径4~5cm,大到直径1m的白蜡、水曲柳等树木均可危害。以幼虫在树干木质部与韧皮部之间钻蛀危害为主。受害树木第一年的典型症状是树势衰败;第二年,枝叶稀疏,主干出现裂缝;第三年,可在木质部与韧皮部之间看到填满幼虫粪便的"S"形蛀道,且常在主干基部发生萌蘖。

2. 形态特征

(1)成虫

体铜绿色,具金属光泽,楔形;头扁平,顶端盾形;复眼古铜色、肾形,占大部分头部;触角锯齿状;前胸横长方形比头部稍宽,与鞘翅基部同宽;鞘翅前缘隆起成横脊,表面密布刻点,尾端圆钝,边缘有小齿突;腹部青铜色。

(2)卵

淡黄色或乳白色,孵化前黄褐色,扁圆形,中部宽,中央微凸,边缘有放射状褶皱。

(3)幼虫

乳白色,体扁平带状;头褐色,缩进前胸。

(4)蛹

乳白色,触角向后伸至翅基部,腹端数节略向腹面弯曲,如图7-147、图7-148所示。

3. 发生发展规律

一般为每年发生1代。以不同龄期的幼虫在韧皮部与木质部或边材坑道内越冬。翌年

4 月上、中旬开始活动,4 月下旬开始化蛹,5 月中旬为化蛹盛期,6 月中旬为末期。成虫于 5 月中旬开始羽化,6 月下旬为羽化盛期,成虫羽化孔为“D”形。成虫羽化后在蛹室中停留 5 ~ 15天,之后破孔而出。6 月中旬至 7 月中旬产卵,每头雌虫平均产卵 68 ~ 90 粒。幼虫于 6 月下旬孵化后,即陆续蛀入韧皮部及边材内为害。10 月中旬,开始在坑道内越冬。

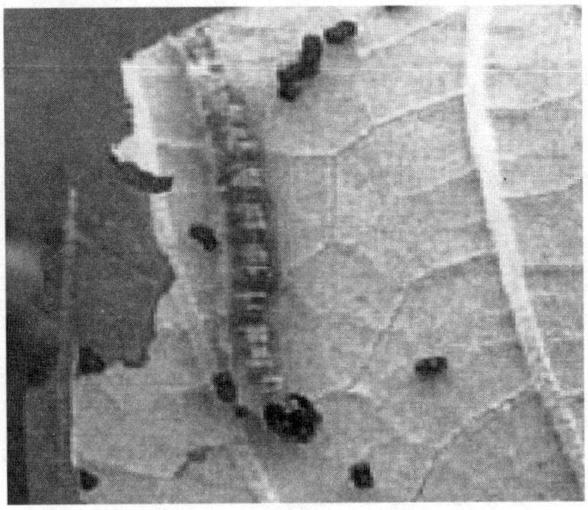

图 7-147　白蜡窄吉丁虫(幼虫)

图 7-148　白蜡窄吉丁虫(成虫)

4. 防治措施

由于白蜡窄吉丁的为害主要在幼虫期,蛀入树皮内取食,极具隐蔽性,从外表看无明显症状,因此给防治带来很大麻烦。且当幼虫钻入树皮内后,常规的防治措施很难有效,至今,对于该虫尚无有效的防治策略。

(1)营造混交林

合理造林,造林时应避免单一的白蜡树种,宜营造混交林,特别是在林缘交互种植其他树种,创造有隔离环境的保护,降低扩散速率。同时可提高林内天敌种类和生物多样性,从而提高森林生态系统的稳定性。

(2)药物防治

由于幼虫难以防治,而成虫羽化后必须经 1 周左右补充营养后才能交配产卵,因此抓住成虫羽化后的产卵前期进行化学防治可以取得良好的防治效果。在羽化盛期(约 5 月上旬至 6 月上旬)采用“高杀死”策略,每周喷施 1 次杀虫剂,连续 4 ~ 5 次,可以大大减少当代卵量及次年害虫种群的数量。此外,成虫羽化期用性引诱剂或利用成虫的趋性进行物理防治亦不失为一种好办法。

(3)保护和利用天敌

加强生物控制作用,保护啄木鸟,人工创造环境招引啄木鸟,如在林间悬挂或捆绑心腐木段供啄木鸟营巢定居。利用白蜡吉丁柄腹茧蜂、棒小吉丁矛茧蜂等天敌控制白蜡窄吉丁,通过人工扩大繁殖,助长天敌种群的数量。如在每年白蜡窄吉丁的幼虫盛发期(6 ~ 8 月)人工释放饲养的茧蜂成蜂

(4)除去虫源

伐除死树,减少次年虫源,每年冬季检查林中受害严重的植株,已经死亡或濒死的树木

应及时伐除,移出林间,集中烧毁,或浸入水中,以减少下代虫源基数。

(5)选种抗虫树种

在调查中发现,树皮十分光滑、不开裂的植株受害较轻。树皮薄而光滑的植株茧蜂的寄生率也高。因此选育抗虫树种用于造林也是一种有效策略。

第六节 植物病虫害防治新技术

21 世纪,由于受种植结构调整,耕作制度、栽培技术变化和全球变暖等因素的影响,公路植物病虫害发生和危害程度呈逐年增加趋势。同时随着人们生活水平的提高和环保意识的增强,植物病虫害的防治技术也要利用现代化科学技术手段的最新成果进行发展和创新,信息技术、生物技术、新能源、新材料等将迅速渗透扩散到植物病虫害防治的各个领域,开辟出一系列全新的防治技术。

一、利用信息技术成果

(1)现代化信息技术结合现代微电子技术、空间技术、现代通信技术等将被用于公路植物病虫害的预测预报,特别是利用遥感技术、地理信息系统、全球定位系统相结合构成的一体化信息获取、处理和应用的 3S 信息技术系统,进行植物病虫害适宜生存环境的评估、空间分布动态的监测、发生趋势和危害程度的预测等,使预测水平由时间尺度上升到空间分析,再与数学模型、评价函数模型、专家系统等结合,将会大大提高病虫害预测的准确性。

(2)利用全球信息网络和多媒体信息系统,及时发布和传递植物病虫害发生动态信息,推广使用防止技术,交流防治经验将十分方便。

二、利用现代生物技术

1. 用转基因技术培育抗性品种

近年来,利用转基因技术已将 BT 毒蛋白基因转入了一些植物,培育出了一些抗虫品种。植物的脱毒快繁殖技术已在防止植物病毒上应用。细胞工程抗病毒育种,转基因抗病植物研究为植物病害防治开辟了新的途径。种植转基因抗性品种将是防治植物病虫害的最简便、最经济、最有效和最持久的方法。

2. 用转基因技术构造杀虫防病工程菌和培育害虫天敌

人工构造 BT 工程菌,将外源毒素基因转入其他昆虫病原微生物,如将 BT 基因、螨毒、蝎毒、蜘蛛毒等多种神经毒素基因转入杆状病毒已经成功。利用转基因技术培育害虫天敌,如寄生蜂、抗有机磷农药的工程益螨等。

3. 培育和释放转基因重要害虫

首先选择对害虫有害的表达基因,然后构建由转座子和条件表达基因组成的 TAC 基因结构,将这一结构转入靶标害虫,将获得转基因害虫释放到田间,通过转基因害虫与自然种群个体间的交配,是有害的 TAC 基因结构在害虫后代中迅速蔓延,一旦害虫爆发,人工在田间释放诱导因子,激活潜在的有害基因,使害虫死亡或丧失危害能力。

三、利用仿生技术

1. 利用人工合成害虫生理生化干扰剂

柳太保、卡死克等仿生药剂具有选择毒性,对害虫有毒,对人畜安全,对各种天敌也无不良影响,且持效长,用量低。

2. 利用人工合成昆虫化学行为调节物质

把人工合成的各种信息素,喷洒于田间,引起害虫嗅觉或味觉及生长发育的紊乱,干扰他们之间的相互联系,导致害虫定向、取食、交配、产卵、躲避天敌等的生命行为失调,最终达到控制害虫种群密度的目的。

3. 人工合成防菌和合成抗生素

人工筛选生产和利用生防菌防治植物病害。人工合成抗生素(如农抗 120,农抗 5102 等)防治植物病害。

四、利用自动化技术

综合运用计算机、电子技术、通信技术、机械技术、制造技术和管理科学等高新科技知识,研究开发出智能化、集成化的新型自动化植物病虫害防治器械,定点、定量、定时施放各种农药,将害虫精确地控制在点片发生阶段和发生危害之前。

第七节　绿化养护质量验收标准及支付办法

公路绿化养护具有连续性和季节性,质量好坏可以采取定性和定量相结合的方法来判断。例如草坪质量的好坏一般采取 9 分制目测法,乔木的养护水平高低则根据它的年生长量(胸径、高度)、病虫害发生情况等来判断。灌木的养护主要考虑修剪整形水平和病虫害防治。绿化养护质量验收标准是业主检查养护单位养护质量好坏的依据和标准,是养护单位计量的技术凭证。

一、植被养护质量验收标准

根据实际工作总结并参考相关资料,提出在公路路域环境绿化养护中的质量验收标准。

1. 草坪

生长茂盛,叶色正常浓绿,基本无秃斑,无枯草层,无高大阔叶杂草,无病虫害,覆盖率达 95% 以上。

2. 乔、灌木

(1)长势树木生长势旺盛,达到该树种年均生长量。

(2)叶色正常,叶大而肥厚,不黄叶、不卷叶、不落叶,无明显虫屎、虫网,被虫咬食叶片数量每株在5%以下。

(3)枝干树干挺直,倾斜度不超过10°,树干基部无蘖芽滋生,枝干粗壮,无明显枯枝、死桩,无蛀干害虫的活卵、活虫。

(4)树冠树冠完整美观,分枝点合适,侧枝分布均匀,枝条疏密适当,内膛不乱,通风透光。

(5)花灌木着花率高,开花繁茂,无落花落蕾现象,每年至少修剪两次。

(6)藤木长藤分布合理,枝叶覆盖均匀,附着牢固。

(7)造型整洁美观,层次分明,图案清晰。

二、植被养护考核及支付办法

根据工作实践总结、调查研究并参考相关资料,提出可用于公路路域环境绿化养护的考核及支付办法。

1. 考核办法

(1)公路植被养护水平参见现行《公路养护技术养护规范》和《GBM 工程绿化指南》的要求。

(2)考核采取定期和不定期相结合的办法综合评分。定期检查在每两个月的25~30日进行。业主单位和养护单位在现场共同进行检查打分。不定期检查由业主单位单独进行,检查记录需经养护单位现场确认方可作为考核依据。

(3)养护单位应每两个月按时填报工作计划表和工作统计表作为考核的依据。表格形式由业主单位统一提供,见表7-5。

高速公路绿化养护考核表 表7-5

项目	考核评分内容	满分	扣分
	合计	100	
灌木养护	要求:造型美观,浇水、施肥适当,无病虫害	20	
	1. 按计划应修剪而修剪不及时,影响美观,扣1~5分		
	2. 不及时浇水,出现较大面积落叶或枯死,扣1~5分		
	3. 病虫害防治不力,造成植物损害,影响外观,扣2~10分		
	4. 保存率低于90%以下,每低1个百分点扣2分		
乔木养护	要求:浇水施肥及时,长势良好,无病虫害	30	
	1. 未及时浇水、施肥,出现树木萎蔫后掉叶,扣1~3分		
	2. 病虫害防治不力,树木生病影响外观,扣1~5分		
	3. 未按计划刷白或未按计划修枝,每次扣2分		
	4. 保存率低于90%以下,每低1个百分点扣2分		

续上表

项　目	考核评分内容	满分	扣分
	合计	100	
草坪养护	要求:覆盖草长势良好美观,不缺水、缺肥,无病虫害,无高荒性杂草	30	
	1. 中央分隔带或路边植被恢复区该修剪而未修剪,影响其生长或美观,扣1～5分		
	2. 未及时浇水,影响绿化草生长,扣1～2分		
	3. 高荒性杂草日常未及时修剪而影响美观扣1～3分		
安全生产	要求:上岗遵守安全规定,车辆有作业标志,人员着标志服	10	
	1. 进入高速公路内着标志服不整洁者每人扣0.5分,不着每人扣1分,无上岗证每人扣1分,发现1车扣2分		
	2. 车辆无作业标志扣3分,有雨(中雨以上)、有雾在护栏内进行作业每发现1人扣1分,发现1车扣2分		
	3. 在高速公路上拦车每发现1次扣2分,发生交通事故与作业人员有关扣5～10分		
其他	要求:按时报送计划及报表,服从养护管理人员的管理,日常检查绿化效果良好,机构、技术、机械、人员要有保障	10	
	1. 每季末及时报送合理的计划和每月末报施工完成情况的报表每次扣2分		
	2. 在护网内燃烧杂草、杂物每次扣2分,向护网内或水沟中倒垃圾每次扣3分		
	3. 修剪的杂物在合理时间内未及时清除每公里加2分,污染边沟、护坡、护栏、路面每处扣1分		
	4. 机构不合理,技术、机械、人员不够而不影响绿化养护工程扣2～5分;未经甲方同意将本路机具调作它用,影响了本路绿化作业扣5～10分		
	5. 要求现场处理而未及时处理的每次扣2分,对管理人员有不礼貌行为每次扣1～3分		
	6. 日常绿化效果不好扣1～5分		

(4)检查考核分直观考核和措施考核两部分。直观考核以现场检查为主;措施考核主要指要求必须采取的一些技术措施,如树木和草坪的施肥、草坪疏耙等易被忽视或难以直观考核的工作。在进行上述工作时,事先应通知业主到现场,进行全过程监理后由业主验收签字作为考核依据。这些技术措施应在月计划中列入。

2. 支付办法

根据考核表所反映的分数,量化实际支付的金额。

(1)养护费总价留20%作为保证金,合同期满的最后1个月,经检查质量达到标准要求的,一次性退还。

(2)养护费每2个月支付1次,其金额计算公式为:(总价×80%÷6)×考核分值%(详见考核办法)。

第八节　自然灾害防治

一、冻害

冻害是农业气象灾害的一种。是树木因受低温的伤害而使细胞和组织受伤,甚至死亡的现象。

冻害在中、高纬度地区发生较多。北美中西部大平原、东欧、中欧是冻害主要发生地区。中国受冻害影响最大的是北部,主要有准噶尔盆地南缘的北疆冻害区,甘肃东部、陕西北部和山西中部的黄土高原冻害区,山西北部、燕山山区和辽宁南部一带的冻害区以及北京、天津、河北和山东北部的华北平原冻害区。在长江流域和华南地区,冻害发生的次数虽少,但丘陵山地对南下冷空气的阻滞作用,常使冷空气堆积,导致较长时间气温偏低,并伴有降雪、冻雨天气。

(一)造成冻害的有关因素

影响树木冻害发生的因素很复杂,从内因来看,与树种、品种、树龄、生长势及当年枝条的成熟与否等均有密切关系;从外因来看是与气象、地势、坡向、水体、土壤、栽培管理等因素分不开的。因此当发生冻害时,应多方面分析,找出主要矛盾,提出解决办法。

(1)抗冻性与树种、品种的关系。不同的树种或不同的品种,其抗冻能力不同。如原产长江流域的梅品种比广东的黄梅抗寒。

(2)抗冻性与枝条内部的糖类含量有关。研究梅花枝条内糖类的变化动态与抗寒越冬能力的关系表明:在生长季节,体内的糖多以淀粉形式存在。生长季末淀粉积累达到高峰,到11月上旬,淀粉开始分解,但杏及山桃枝条中的淀粉在元月末已经分解完毕,而梅花枝条仍然残留淀粉。就抗寒性的表现而言,梅不及杏、山桃。可见树体内糖类含量越高抗寒力越强。此外还观察到梅花枝条内氮的含量与越冬关系密切。越冬力较强的单瓣玉蝶比无越冬力的广州黄梅含氮量高,特别是蛋白氮含量较高。

(3)与枝条的成熟度有关。枝条越成熟抗寒力越强。木质化程度高,含水率少,胞液浓度增加,积累淀粉多,则抗寒力强。

(4)与枝条的休眠有关。冻害的轻重和树木的休眠及抗寒锻炼有关,一般处于休眠状态的植株抗寒力强,植株休眠越深,抗寒力超强。植株在秋季和初冬获得抗寒力的这个过程称为“抗寒锻炼”。

(5)与低温来临的状况有关。低温来临得早,来得突然,树木未经过抗寒锻炼,若无抗寒措施则易发生冻害。日极端温度越低植株越易受冻害;低温持续的时间越长,植株受害越大;温度变化的速度越快,植株受害越严重。

(6)与其他因素有关,主要有:

①地势、坡向不同,小气候不同。如山南侧的植株比山北侧的植株易受害,因山南侧的

温差较大。土层厚的树木较土层浅的树木抗冻害,因为土层深厚、根扎得深,根系发达,吸收的养分和水分多,植株健壮。

②水体对冻害也有一定的影响。靠水体近的树木不易受冻害,因为水的热容量大,白天吸收的热量会在晚上释放出来,使周围空气温度下降慢。

③栽培管理水平与冻害的关系密切。同一品种的实生苗比嫁接苗耐寒,因为实生苗根系发达,根深而抗寒力强。不同砧木品种的耐寒性差异也大。同一品种结果多者比结果少者易受冻害,因为结果消耗大量的养分。施肥不足的抗寒力差,因为施肥不足,植株不充实,物质积累少,抗寒力降低。树木遭受病虫危害时,容易发生冻害。

(二)冻害的表现

1. 芽

花芽是抗寒能力较弱的器官,花芽冻害多发生在春暖时期,腋花芽较顶花芽抗寒力强。芽受冻后,内部变褐,初期只见到芽鳞松散,后期则芽不萌发,干缩枯死。

2. 枝条

枝条的冻害与其成熟度有关。成熟的枝条在休眠期以形成层最抗寒,皮层次之,而木质部、髓部最不抗寒。所以冻害发生后,髓部、木质部先变色,严重时韧皮部才受伤,如果形成层变色则表明枝条失去了恢复能力。在生长期则相反,形成层抗寒力最差。幼树在秋季雨水多时贪青徒长,枝条不充实,易受冻害。特别是成熟不足的先端枝条对严寒敏感,常首先发生冻害,轻者髓部变色,重者枝条脱水干缩甚至冻死。多年生枝条发生冻害,常表现为树皮局部冻伤,受冻部分最初稍变色下陷,不易发现,如果用刀切开,可发现皮部变褐,以后逐渐干枯死亡,皮部裂廾变褐脱落,但是如果形成层未受冻则还可以恢复。

3. 枝杈和基角

枝杈或主枝基角部分进入休眠期较晚,输导组织发育不好,通过抗寒锻炼较差,易受冻害。

枝杈冻害有各种表现。皮层和形成层变褐,而后干枯凹陷,有的树皮成块状冻坏垂直冻裂形成劈枝。主枝与树干的夹角越小则冻害越严重。

4. 主干

主干受冻后形成纵裂,一船称为“冻裂”现象,树皮成块状脱离木质部侧卷折。一般生长旺的幼树易受冻害,且伤口极易遭受腐烂病。

5. 根茎和根系

在一年中根茎停止生长最迟,进入休眠季最晚,而开始活动和解除休眠又最早,因此在温度骤然下降的情况下,根茎未经过很好的抗寒锻炼,且近地表处温度变化剧烈,容易引起根茎的冻害。根茎受冻后,树皮先变色后干枯,可发生在局部,也可成环状,根茎冻害对植株危害大。

根系无休眠期,所以根系较地上部分耐寒力差。须根活力在越冬期间明显降低,耐寒力较生长季稍强。根系受冻后，皮层与木质部分离。一般粗根系较细根系耐寒力强，近地面的粗根由于地温低而易受冻，新栽的树或幼树因根系小而浅，易受凉害，而大树则相当抗寒。

6. 果实冻害

一些冬季开花结果的树如批把，幼果的抗冻能力极差，在 -3 ~6℃时幼果受冻，抗冻能力低于花、花蕾。避开低温期是减轻批把果实冻害的主要方法。有些晚熟的果实在低温到来时来不及成熟也会造成冻害，如无花果在旱霜的危害下常常造成未成熟果的冻害，果实呈烫熟状留存在枝干上，适当的提早采收或采取相应的防护措施可减轻冻害。

（三）冻害的防治

1. 贯彻适地适树的原则

因地制宜种植抗寒力强的树种、品种和砧木，选小气候条件种植抗寒力低的边缘树种，可以大大减少越冬防寒措施，同时注意栽植防护林和设置风障，改善小气候条件，预防和减轻冻害。

2. 加强栽培管理，提高抗寒性

加强栽培管理（尤其重视后期管理）有助于树体内营养物质的储备。经验证明，春季加强肥水供应，合理运用排沼和施肥技术，可以促进新梢生长和叶片增大，提高光合效率，增加营养物质的积累，保证树体健壮。后期控制灌水，及时排涝，适量施用磷钾肥，勤锄深耕，可促使枝条及早结束生长，有利于组织充实，延长营养物质的积累时间，从而能更好地进行抗寒锻炼。

此外，夏季适期摘心，促进枝条成熟，冬季修剪减少蒸腾面积，人工落叶等均对预防冻害有良好的效果。同时在整个生长期必须加强对病虫的防治。

3. 加强树体保护，减少冻害

对树体的保护措施很多，一般的树木采用浇"冻水"和灌"春水"防治。为了保护容易受冻的种类，可采用全抹培土防冻，如月季、葡萄等。还可采用根茎培土、涂白、主干包草、搭风障、北面培月牙形土埂等方法。以上的防治措施应在冬季低温到来之前做，以免低温来得早，造成冻害。最根本的办法还是引种驯化和育种工作，如梅花、乌桕等在北京均可露地栽培，而白皮松、赤桉及大叶桉等已在武汉、长沙、杭州、合肥等地区露地生长多年，有的已开了花。

受冻后树木的养护极为重要，因为受冻树木的输导组织受树脂状物质的淤塞，所以根的吸收、输导及叶的蒸腾、光合作用以及植株的生长等均遭到破坏。为此，应尽快地恢复输导系统，治愈伤口，缓和缺水现象，促进休眠芽萌发和叶片迅速增大，促使受冻树木快速恢复生长。受冻后的树，一般均表现生长不良，因此首先要加强管理，保证前期的水肥供应，亦可以早期追肥和根外追肥，补给养分以尽量使树体恢复生长。

在树体管理上，对受冻害树体要晚剪和轻剪，给予枝条一定的恢复时期，对明显受冻枯死部分可及时剪除，以利伤口愈合。对于一时看不准受冻部位的，待春天发芽后再剪，对受冻造成的伤口要及时喷涂白剂预防日烧，并结合做好防治病虫害和保叶工作。对根茎受冻的树木要及时桥接或根寄接，树皮受冻后木质部成块脱离的要用钉子钉住或进行桥接补救。

二、干梢（冻旱）

幼龄树木因越冬性不强而发生枝条脱水、皱缩、干枯的现象，谓之干梢，有些地方称为灼条、烧条、抽条冻干等。干梢实际上是冻旱脱水造成的，严重时全部枝条枯死，形紊乱，不能更好地扩大树冠。

1. 干梢的原因

干梢与枝条的成熟度有关，枝条生长充实的抗性强，反之则易干稍。

造成干梢的原因有多种说法，但各地试验证明，幼树越冬后干梢是“冻、旱”造成的。即冬季气温低，尤以土温降低持续时间长，直到早春，因土温低致使根系吸水困难，而地上部因温度较高且干燥多风，蒸腾作用加大，水分供应失调，因而枝条逐渐失水，表皮皱缩，严重时造成干枯。所以，抽条实际上是冬季的生理干旱，是冻害的结果。

2. 防止干梢的措施

主要是通过合理的肥水管理。促进枝条前期生长，防止后期徒长，充实枝条组织，增加其抗性，并注意防治病虫害。秋季新定植的不耐寒树尤其是幼龄树木，为了预防干梢，一般多采用埋土防寒，即把苗木地上部卧倒培土防寒，既可保温减少蒸腾又可防止干梢，栽植时采用斜栽便于今后培土。但植株大则不易卧倒，因此也可在树干北侧培起60cm高的半月形的土埂，使南面充分接受阳光，改变微域气候条件，能提高土温而缩短土壤冻结期，提早化冻，有利根部吸水，及时补充枝条失掉的水分。实践证明用培土埂的办法，可以防止或减轻幼树的干梢。如在树干周围撒马粪，亦可增加土温，提前解冻，或于早春灌水，增加土壤温度和水分，均有利于防止或减轻干梢。

此外，在秋季对幼树枝干缠纸，缠塑料薄膜或胶膜、喷白等，对防止害虫产卵所致干稍具有一定的作用。其缺点是成本高，故应根据当地具体条件灵活运用。

三、霜害

1. 霜冻危害的情况及特点

霜害是指当气温和地表温度降至零度，空气中过饱和的水分凝结成霜而使植物受到伤害。这时植物组织内部水分因低温而形成冰晶，因而使植物组织受到伤害。当空气过于干燥，虽气温降至0℃或0℃以下却不能凝结成霜时，但植物组织内仍能形成冰晶也会受害，这种受害天气称为“黑霜”。它比一般霜害（白霜）更严重，因为白霜天气时空气中有较多水分，水分的凝结有热放出，空气水分还有阻止地面热辐射散失的作用，可以减缓温度进一步降低。生长季里由于急剧降温，水气凝结成霜使幼嫩部分受冻称为霜害。

由于冬春季寒潮的反复侵袭，我国除台湾与海南岛的部分地区外，均会出现零度以下的低温。在早秋及晚春寒潮入侵时，常使气温骤然下降，形成霜害。一般来说，纬度越高，无霜期越短。在同一纬度，我国西部大陆性气候明显，无霜期较东部短。地形与无霜期有密切关系，一般坡地较洼地，南坡较北坡，近大水面的较无大水面的地区无霜期长，受霜冻威胁较轻。

霜冻严重影响树木的观赏效果和果品产量，如 1955 年 1 月，由于强大的寒流侵袭，广东、福建南部，平均气温比正常年份低 3 ~4℃，绝对低温达 -0.3 ~4℃，连续几天重霜，使香蕉、龙眼、荔枝等多种树木均遭到严重损失，重者全株死亡，轻者则树势减弱，数年后才逐渐恢复。

在北方，晚霜较早霜具有更大的危害性。例如，从萌芽至开花朗，抗寒力越来越弱的零度以下温度也会给幼嫩组织带来致死的伤害。在此期，霜冻来临越晚，则受害越重，春季萌芽早，霜冻威胁也越大，北方的杏开花早，最易遭受霜害。

早春萌芽时受霜冻，嫩芽和嫩枝变褐色，鳞片松散而枯在枝上。花期受冻，由于雌蕊最不耐寒，轻者将雌蕊雄蕊冻死，但花朵可照常开放；稍重的霜害可将雄蕊冻死，严重霜冻时，花瓣受冻变褐变枯、脱落。幼果受冻，轻时幼胚变褐，果实仍保持绿色，以后逐渐脱落，受冻重时，则全果变褐色并很快脱落。

2. 防霜措施

霜冻的发生与外界环境条件有密切关系，由于霜冻是冷空气集聚的结果，所以小地形对霜冻的发生有很大影响。在冷空气易于积聚的地方霜冻重，而在空气流通处则霜冻轻。在不透风林带之间易聚积冷空气，形成霜穴，使霜冻加重，由于霜害发生时的气温逆转现象，近地面气温低，近地面 1m 范围内最易受霜冻害，所以树木下部受害较上部重。温度对霜冻有一定的影响，水体可缓和温度变化，故靠近大水面的地方或霜前灌水的树木都可减轻霜害。

防霜的措施应从以下几方面考虑：增加或保持树木周围的热量，促使上下层空气对流，避免冷空气积聚；推迟树木的物候期，增加对霜冻的抵抗力。

(1)推迟萌动期，避免霜害。利用药剂和激素或其他方法使树木萌动推迟(延长植株的休眠期)，因为萌动和开花较晚，可以躲避早春回寒的霜冻。例如，乙烯利、青鲜素、荣乙酸钾盐(250 ~500mg/kg 水)或顺丁烯二酰肼(MH0.1% ~0.2%)溶液在萌芽前或秋末喷洒树上，可以抑制萌动，或在早春多次洒返浆水，以降低地温，即在萌芽后至开花前灌水 2 ~3 次，一般可延迟开花 2 ~3 天。或树干刷白使早春树体减少对太阳热能的吸收，使温度升高较慢，据试验此法可延迟发芽开花 2 ~3 天，能防止树体遭受早春回寒的霜冻。

(2)改变小气候条件以防霜护树。根据气象台的霜冻预报及时采取防霜措施，对保护树木具有重要作用，具体方法如下：

①喷水法。利用人工降雨和喷雾设备，在将发生霜冻的黎明向树冠上喷水，因为水比树周围的气温高，水遇冷凝结时放出潜热，$1m^3$ 的水每降低 1℃，就可使相应的 3300 倍体积的空气升温 1℃。同时也能提高近地表层的空气温度，减少地面辐射热的散失，因而起到了提高气温防止霜冻的效果。此法的缺点主要是要求设备条件较高，但随着我国喷灌设施的发展，仍是可行的。

②熏烟法。我国早在 1400 年前所发明的熏烟防霜法，因简单易行且有效，至今仍在国内外各地广为应用。事先在园内每隔一定距离设置发烟堆(用稻秆、草类或锯末等)。可根

据当地气象预报，于凌晨及时点火发烟，形成烟幕。熏烟能减少土壤热量的辐射散发，同时烟粒吸收湿气，使水气凝结液体放出热量提高温度，保护树木。但在多风或降温到 -3℃以下时，则效果不好。

近年来北方一些地区配制的防霜烟雾剂防霜效果很好。例如，黑龙江省宾西果树场烟雾剂配方为：硝酸铵 20%，锯末 70%，废柴油 10%。配制方法：将硝酸铵研碎，锯末烘干过筛，锯末越碎，发烟越浓，持续时间越长。平时将原料分开放，在霜来临时，按比例混合，用铁筒或纸壳筒，根据风向放药剂。待降霜前点燃，可提高温度 1 ~ 1.5℃，烟幕可维持 1h 左右。

③吹风法。上面介绍了霜害是在空气静止情况下发生的，因此可以在霜冻前利用大型吹风机增强空气流通，将冷气吹散，可以起到防霜效果。

④加热法。加热防霜是现代防霜先进而有效的方法，美国、俄罗斯等都利用加热器来提高果园温度。在果园内每隔一定距离放置加热器，在霜降来临时点火加温。下层空气变暖而上升，而上层原来温度较高的空气下降，在果园周围形成一个暖气层，果园中设置加热器以数量多每个加热器放热量小为原则，可以达到既保护果树，又不致浪费太大。

⑤根外追肥。根外追肥能增加细胞浓度，抗冻效果更好。

霜冻过后往往忽视善后工作，放弃了霜冻后管理，这是错误的。特别是对花灌木和果树可能减少灾害造成的损失，应采取积极措施，如进行叶面喷肥以恢复树势等。

四、日灼

1. 日灼危害的情况及特点

植物受高温伤害的一种现象。夏秋高温干旱季节，日光直射裸露的果树枝干和果实，使表面温度达 40℃以上时，即可引起灼伤。受日灼伤害的树皮，严重时脱落，或干枯开裂。果实表皮受日灼，先变白，继而褐变。在天气极度干旱，持续高温，空气相对温度在 50℃以下，地下供水不足，蒸腾作用减弱时，直射的强光，也能引起苹果、梨等果树的叶片灼伤。冬季幼树枝干的日灼，与树皮温度剧变、冻融交替有关，因此都发生在向阳面的枝、干上。夏季气温过高时，树木水分蒸腾量大，根系吸收的水分常感供应不足，树体温度调节困难。一些树皮光滑而薄的树种，朝南或西南方向的树干。由于阳光宜射，日照时间长，树干吸收辐射热量多，温度升得过高而遭受日灼，具体表现为树皮变褐、枯死、片状脱落，这是干旱和高温造成的树干局部组织死亡面引起的。在桃树和葡萄枝条上易见，病弱树及干旱年份，日灼更为严重。

2. 预防日灼的措施

预防日灼的危害，应从增加叶量和解决水分供应方面入手。如灌溉、供水保墒，满足树木对水分的要求，充分发挥水分的调温降温作用。另外在修剪时，有目的地多留西南向、南向的枝条，减少日光直接照射，此外在南方一些城市还采用卷干方法预防日灼。在夏季到来之前，对新植的水分平衡尚不完善的树，或对珍贵树种、树皮光滑而薄的树种，用稻草卷干，一般卷干至分枝点，低矮的树木除主干外，还将部分树枝用稻草绳包起，此外还可将树干用石灰水涂白或喷白,使树干反射部分阳光,降低温度,珍贵树种除涂白外,还应卷干。卷干前先用1%的硫酸铜液刷树干以消毒灭菌。夏季应经常检查卷干草绳是否牢固或有无腐烂,腐烂时要及时调换以防止霉菌侵染树干。可喷2%石灰乳,也可在喷波尔多液时,增加石灰量,或涂白;修剪时向阳面多留辅养枝,适当多留内膛果,少留梢头果,以避免枝干、果实裸露在直射的阳光下;干旱季节,应适时灌水,保证叶片正常进行蒸腾作用。

3. 日灼后的养护措施

对高温造成树势弱的苗木加强水肥管理,使其尽快恢复树势。高温下一些植物出现枯萎、死亡的现象,需要及时出动作业人员清理枯死苗木。清理枯死的苗木后,要做好统计、补植工作,第二年春天补植同种同规格苗木,恢复绿化景观效果。

五、风害

在多风地区,树木常发生风害,出现偏冠和离心现象,偏冠会给树木整形修剪带来困难,影响树木功能作用的发挥,偏心的树易遭受冻害和日灼,影响树木的正常的生长发育。北方冬季和早春的大风,易使树木干梢干枯死亡。春季的旱风,常将新梢嫩叶吹焦,缩短花期,不利授粉受精。夏秋季沿海地区的树木又常遭台风危害,尤以阵发性大风对高大的树木破坏性更大。

1. 树种的生物学特性与风害的关系

(1)树种特性。浅根、高干、冠大、叶密的树种,抗风力弱。相反枝叶稀疏坚韧的树种,则抗风性较强。

(2)树枝结构。一般髓心大,机械组织不发达,生长又很迅速而枝叶茂密的树种,易受虫害的树种主干最易风折,健康的树木一般是不易遭受风折的。

2. 环境条件与风害的关系

(1)对于行道树,如果风向与道路平行,风力汇集成为风口,风压增加,风害会随之加大。

(2)对于局部绿地,因地势低凹,排水不畅,雨后绿地积水,造成雨后土壤松软,则风害会显著增加。

(3)风害的轻重也受绿地土壤质地的影响,如绿地偏沙,或为煤渣土,石砾土等,因结构差,土层薄,根系生长差,固地性弱等造成抗风性差。若为壤土则抗风性强。

3. 人为经营措施与风害的关系

(1)苗木质量

苗木移栽时,特别是移栽大树,如果根盘起得小树移栽时一定要立支柱,在风大地区,栽大苗也应立支柱。移栽时一定要按规定起苗,起的根盘不可小于规定尺寸。

(2)栽植方式

凡是栽植株行距适度,根系能自由扩展的树,抗风强。如树木株行距过密,根系发育不好,再加上养护跟不上则风害会显著增加。

(3)栽植技术

多风地区的栽植坑应适当加大,否则根系无法舒展,树体发育不好,重心不稳,易受风害。

怎样预防和减轻风害呢?首先在种植设计时要注意在风口、风道等易遭风害的地方选种抗风树种和品种,如垂柳、乌桕等,选择根深、矮干、枝叶稀疏坚韧的树木品种。不要选择生长迅速而枝叶茂密及一些易受虫害的树种。适当密植,采用低干矮冠整形的树种。此外,要根据当地特点,设置防风林,可降低风速,减少损失。

注意苗木质量及栽植技术。苗木移栽时,特别是移栽大树,如果根盘起的小,则因树身大,易遭风害。所以大树移栽时一定要立支柱,以免树身吹歪。在管理措施上应根据当地实际情况采取相应防风措施,如排除积水;改良栽植地点的土壤质地;培育壮根良苗;采取大穴换土;适当深植;合理修枝,控制树形;定植后及时立支柱;对结果多的树要及早吊枝或顶枝,减少落果;对幼树、名贵树种可设置风障等。对于遭受大风危害而折枝、伤害树冠或被刮倒的树木,要根据受害情况,及时维护。首先要对风刮倒树及时顺势扶正,培土为馒头形,修去部分或大部分枝条,并立支柱。对裂枝要顶起或吊枝,捆紧基部伤口,或涂激素药膏促其愈合,并加强肥水管理,促进树势的恢复。对难以补救者应及时淘汰,秋后重新栽植新株。

六、雪害和雨凇(冰挂)

积雪一般对树木无害,但常常因为树冠上积雪过多造成压裂或压断大枝现象。同时因融雪期时融时冻的交替变化,使冷却不均引起冻害。在多雪地区,应在雪前为树木大枝设立支柱,枝条过密的还应进行适当修剪,在雪后及时将被雪压倒的枝条提起扶正,并振落积雪或采用其他有效措施防止雪害。

超冷却的降水碰到温度等于或低于0℃的物体表面时所形成玻璃状的透明或无光泽的表面粗糙的冰覆盖层,叫做雨凇。俗称“树挂”,也叫冰凌、树凝,形成雨凇的雨称为冻雨。我国南方把冻雨叫做“下冰凌”、“天凌”或“牛皮凌”。雨凇比其他形式的冰粒坚硬、透明而且密度大($0.85g/cm^3$),和雨凇相似的雾凇密度却只有$0.25g/cm^3$。雨凇的结构清晰可辨,表面一般光滑,其横截面呈楔状或椭圆状,它可以发生在水平面上,也可发生在垂直面上,与风向有很大关系,多形成于树木的迎风面上,尖端朝风的来向。根据它们的形态分为梳状雨凇、椭圆状雨凇、匣状雨凇和波状雨凇等。

雨凇对树木也有一定的影响,1957年3月和1964年2月在杭州、武汉、长沙等地均发生过雨凇,在树上结冰,对早春开花的梅花、腊梅、山茶、迎春和初结幼果的批把、油茶等花果均有一定的伤害,还造成部分毛竹、樟树等常绿树新枝、裂干甚至死亡。2002年12月25~26日,广西桂林市遭受一次雨凇灾害,临桂以北各县均出现冰冻和明显的雨凇,对桂林市常绿果树造成较大影响,局部地区造成严重损失,尤其是柑橘、枇杷等果树,均出现树冠结冰,枝、叶以及枇杷幼果、夏橙、留树保鲜的柑橘果实受到严重冻伤。可以用竹竿打击枝叶上的冰,并设支柱支撑等方法以减少雨凇对树木的损害。

融雪剂问题

目前使用的融雪剂多是以"氯盐"为主要成分的无机融雪剂,如氯化钠、氯化钙、氯化镁、氯化钾等。如果将使用融雪剂后的积雪堆积在道路绿化带,盐类残留物将会危害植物根系,造成绿化植物大量枯萎、死亡。建议多使用环保型融雪剂,逐渐淘汰常规氯盐型融雪剂。在喷洒融雪剂时,严格控制单位面积使用量,加大喷洒车与道路绿化植物之间的距离,尽量避免把融雪剂直接撒入绿化带中或树坑内。严禁将含有融雪剂的残留雪堆积在绿化带内。

融雪剂中的盐分在土壤中降解的最长时间可达15年,一旦污染土壤必须进行大规模的深层换土。基于乔木根系的分布特点和不同土壤层面的化验结果,换土深度应不小于40cm,以防止淋溶后盐分下移对植物造成更大的危害。不可用灌水稀释土壤盐碱性的方法取代换土。对于已经死亡的苗木,换土后要及时补植。

七、森林火灾

森林火灾,是指失去人为控制,在林地内自由蔓延和扩展,对森林、森林生态系统和人类带来一定危害和损失的林火行为。森林火灾是一种突发性强、破坏性大、处置救助较为困难的自然灾害。森林是大自然的组成部分,哪里有森林,哪里就有生命。在诸多影响森林的自然因子中,火灾对森林的影响和破坏最为严重。

1. 森林火灾的危害

森林火灾不仅能烧死许多树木,降低林分密度,破坏森林结构;同时还引起树种演替,由低价值的树种、灌丛、杂草更替,降低森林利用价值。由于森林烧毁,造成林地裸露,失去森林涵养水源和保持水土的作用,将引起水涝、干旱、泥石流、滑坡、风沙等其他自然灾害发生。被火烧伤的林木,生长衰退,为森林病虫害的大量衍生提供了有利环境,加速了林木的死亡。森林火灾后,促使森林环境发生急剧变化,使天气、水域和土壤等森林生态受到干扰,失去平衡,往往需要几十年或上百年才能得到恢复。森林火灾能烧毁林区各种生产设施和建筑物,威胁森林附近的村镇,危及林区人民生命财产的安全,同时森林火灾能烧死并驱走珍贵的禽兽。森林火灾发生时还会产生大量烟雾,污染空气环境。此外,扑救森林火灾要消耗大量的人力、物力和财力,影响工农业生产。有时还造成人身伤亡,影响社会的安定。

2. 森林火灾的防治

森林火灾是一种突发性强、破坏性大、处置救助较为困难的自然灾害。森林防火工作是我国防灾减灾工作的重要组成部分,是国家公共应急体系建设的重要内容,是社会稳定和人民安居乐业的重要保障,是加快林业发展,加强生态建设的基础和前提,事关森林资源和生态安全,事关人民群众生民财产安全,事关改革发展稳定的大局。简单地说,森林防火就是防止森林火灾的发生和蔓延,即对森林火灾进行预防和扑救。预防森林火灾的发生,就要了解森林火灾发生的规律,采取行政、法律、经济相结合的办法,运用科学技术手段,最大限度地减少火灾发生次数。扑救森林火灾,就是要了解森林火灾燃烧的规律,建立严密的应急机制和强有力的指挥系统，组织训练有素的扑火队伍，运用有效、科学的方法和先进的扑火设备及时进行扑救，最大限度地减少火灾损失。

森林扑火要坚持"打早、打小、打了"的基本原则。1988 年 1 月 16 日国务院发布的《森林防火条例》规定：森林防火工作实行"预防为主，积极消灭"的方针。森林防火工作实行各级人民政府行政领导负责制。林区各单位都要在当地人民政府领导下，实行部门和单位领导负责制。预防和扑救森林火灾，保护森林资源，是每个公民应尽的义务。

《森林防火条例》已经 2008 年 11 月 19 日国务院第 36 次常务会议修订通过，自 2009 年 1 月 1 日起执行。

第八章　绿化施工机械

机械化生产是提高生产效率,加快工程建设进度的重要手段。近年来通过各地绿化工作者的努力和适当从国外引进多种生产机械和工具,绿化建设的机械化程度有了很大提高。但由于绿化事业的飞速发展,绿化建设水平的要求不断提高,目前的机械化程度还不能完全适应绿化建设的要求,还需要进一步强化绿化建设的机械化,提高绿化建设的机械化水平,以适应绿化林建设事业的发展。

绿化机械按其用途大致可分为四大类:园林工程机械、种植养护工程机械、场圃机械、保洁机械等。

1. 园林工程机械

园林工程机械可分为土方机械、起重机械、混凝土和灰浆机械、提水机械等。

(1)土方机械:推土机、铲运机、平地机、挖掘机、挖掘装载机等。

(2)起重机械:汽车起重机、卷扬机、手拉葫芦和电动葫芦等。

(3)提水机械:离心泵、潜水泵等。

2. 种植养护工程机械

种植养护工程机械可分为种植机械、整修机械、园林植物保护机械、浇灌机械等。

(1)种植机械:挖坑机、开沟机、液压移植机、铺草坪机等。

(2)整修机械:油锯、电锯、剪绿篱机、割草机、割灌机、高树修剪机等。

(3)园林植物保护机械:液力喷雾机、气力喷雾机、超低量喷雾机、静电喷雾机等。

(4)浇灌机械:喷灌机、滴灌装置、浇水车等。

3. 场圃机械

场圃机械可分整地机械、育苗机械、中耕抚育机械、出圃机械。

(1)整地机械:各种犁和耙、旋耕机、镇压器、筑梗机、筑床机等。

(2)育苗机械:联合播种机、种子调制机、截条机、插条机、植苗机、容器制作机、苗木移植机等。

(3)中耕抚育机械:中耕机、除草机、施肥机、切根机等。

(4)出圃机械:各类苗木的起挖机、苗木分选捆包机、容器苗运输机等。

4. 保洁机械

保洁机械包括草坪清扫车、园路清扫车、手持式吹气、气吸两用园林清扫机、扫雪机、枝桠粉碎、削片机等。

第一节　园林工程机械

一、土方机械

(一)推土机

推土机是浅挖及短距离运土的推土—运输机械。它除了能完成铲土、运土及卸土三种基本作业外,在绿化工程中还可清理施工场地,平整场地,铲除树根、灌木、杂草,以及扫雪等作业。加装各种附件还可进行其他作业,因此应用领域十分广泛,也是绿化工程中最常用的工程机械之一。

目前国内推土机的生产企业主要有:山推工程机械股份有限公司、河北宣化工程机械股份有限公司、上海彭浦机器厂有限公司、天津建筑机械厂、陕西新黄工机械有限责任公司、一拖工程机械有限公司、三一重工股份公司等,其中最大的推土机制造商是山推工程机械股份有限公司。山推 SD42-3 型推土机外形如图 8-1 所示。

图 8-1　山推 SD42-3 型推土机

1. 推土机的基本结构与工作原理

按行走装置不同,推土机可分为履带式和轮式两大类,以履带式居多,履带式推土机附着牵引力大,接地比压小(0.04 ~ 0.13MPa),爬坡能力强,但行驶速度低。轮胎式推土机行驶速度高,机动灵活,作业循环时间短,运输转移方便,但牵引力小,适用于需经常变换工地和野外工作的情况。图 8-2 所示为带有松土器的履带式推土机和轮式推土机的外形图。

推土机主要由发动机、底盘、工作装置和操纵系统四部分组成。发动机基本上都采用柴油机。底盘分履带式底盘和轮式底盘两类,其结构与拖拉机基本相同,小型推土机一般采用机械传动较多,大中型推土机则多采用液力机械传动。

推土机的工作装置包括推土铲刀、顶推架和控制推土铲升降的装置。它有直铲和角铲两种结构形式:直铲是指推土铲刀的安装位置垂直于车辆的纵向轴线,其位置是固定不变的,仅推土铲刀的切削角可以作小量调整;角铲式的推土铲刀位置与车辆横向轴线以及和地面之间的角度,可以在一定范围内进行调节,这可以扩大推土机的使用范围。图 8-3 所示为常用的直铲式推土机的工作装置。推土铲刀是切土和盛土部件,由铲刀刃和推土板组成。

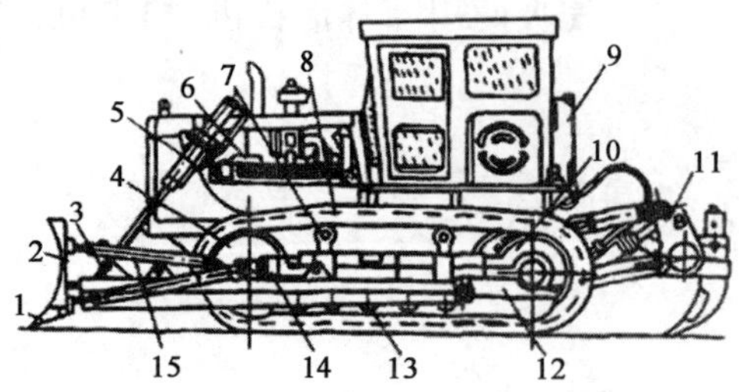

a)

b)

图 8-2　推土机

a)履带式推土机的主要结构 b)轮式推土机的外形图

1-铲刀刃; 2-推土板;3-顶推框架;4-导向轮;5-铲土升降液压缸;6-发动机;7-拖带轮;8-行走履带;9-油箱;10-驱动轮;11-松土器;12-推架;13-支重轮;14-履带张紧调节器;15-支撑杆

顶推架用于支撑铲刀,并与车辆连接,传递车辆的推力。顶推架包括推臂、垂直和水平斜撑杆等组件。推臂一端由连接柄与车辆台车架支座铰接,另一端与推土铲铰接。为了保证铲刀维持一定的切削角度,并使推土板保持一定的空间位置,顶推架还设置了两个水平斜撑杆和两个垂直斜撑杆。推土铲的升降装置用于升降推土铲刀,主要由两个铲刀升降液压缸组成,一端与推土板或推臂相铰接,另一端与车辆铰接,由液压系统控制。

角铲式推土机的顶推架为一门架,门架通过中间顶端的球铰头与推土铲中部相铰接。门架左右两侧,各设有三个耳座,可通过斜撑杆分别与推土铲的两侧相铰接。当两边的斜撑杆都铰接在中间耳座时,铲刀呈正铲形式;当一侧的斜撑杆铰接在前方的耳座位置,而另一侧的斜撑杆铰接在后方的耳座位置时,则铲刀绕中间的球铰点偏转,呈斜铲形式。

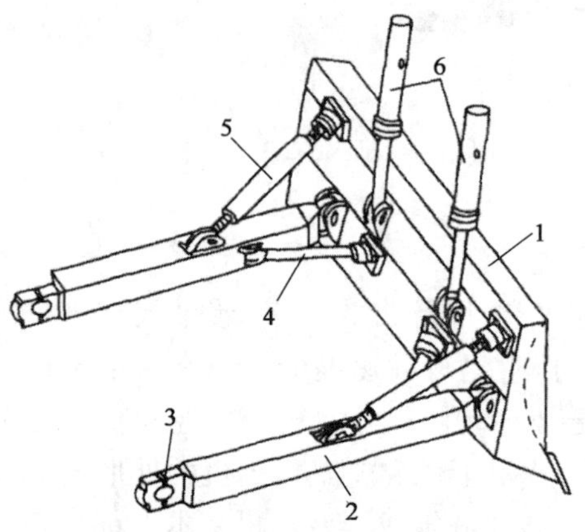

图 8-3　直铲式推土机的工作装置

1-铲刀;2-顶推架推臂;3-连接柄;4-顶推架水平斜撑杆;5-顶推架垂直斜撑杆;6-推土铲升降液压缸

推土机后方还常装有松土器[图 8-2a)]。当推土机在作业中遇到坚硬土壤或石块,难以用推土铲直接铲削时,往往可用松土器预先耙松,然后再用推土铲进行作业,这样就免去了再使用其他机械进行松土,从而提高了作业的经济性和效率。松土器的主工作装置为松土齿,可以是单齿或多齿,其结构以悬挂式为多,由液压缸控制入土动作。

有的还利用悬挂装置装备挖掘机构,进行挖土、挖沟等作业。应用比较多的 250L 型履带式营林整地机,在前面配制了推土铲,用于推土作业,在后面还配有反铲式液压挖掘装置,用于挖掘作业(图 8-4)的挖掘装置靠四点连接机构与整地机挂接,由铲斗、斗杆、动臂、回转架和铲斗液压缸、斗杆液压缸、动臂液压缸、回转液压缸等组成。在作业时,斗杆液压缸、动臂液压缸、铲斗液压缸及回转液压缸，可根据需要进行联合或单独动作，完成挖土、卸土、装载等多项工作，从而极大地扩展了机器的作业范围。

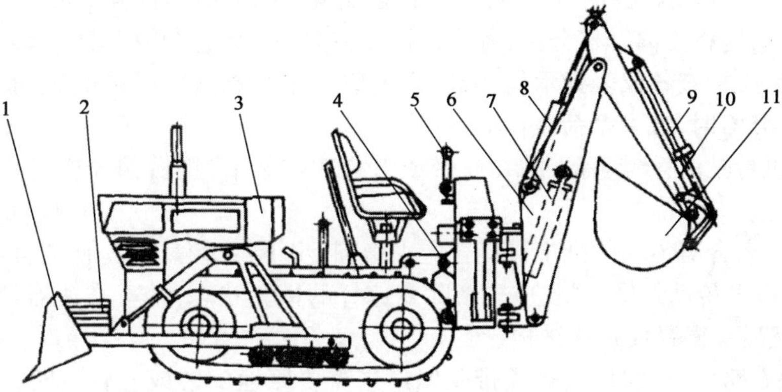

图 8-4　装备的液压挖掘装置

1-推土铲；2-配重块；3-拖拉机；4-四点连接机构；5-液压操纵手柄；6-动臂；7-动臂液压缸；8-斗杆液压缸；9-铲斗液压缸；10-斗杆；11-铲斗

推土机的操纵系统，目前已大多采用液压操纵系统。与传统的钢丝绳操纵系统相比，液压系统具有切土力强、作业性能好、作业质量高、结构紧凑、操作轻便等优点。液压系统由液压泵、工作液压缸、操纵阀、安全阀、过载阀、补油阀等组成，图 8-5 所示为比较典型的、带有松土器的推土机液压操纵系统图。发动机带动齿轮泵将油箱中的低压油变成高压油，送往操纵系统，油液经四位六通换向阀控制铲刀升降液压缸，通过两个三位六通换向阀分别控制松土器的升降以及调节铲刀的侧面倾斜角度。安全阀是限制液压泵的最高工作压力，起安全保护作用。双作用安全阀是由过载阀与单向补油阀组成，它在松土器油路中起过载保护和向液压缸腔补油的双重作用。

2. 推土机使用注意事项

（1）推土机在坚硬土壤或多石土壤地带作业时，应先进行爆破或用松土器翻松。在沼泽地带作业时，应更换湿地专用履带板。

（2）推土机行驶通过或在其上作业的桥、涵、堤、坝等，应具备相应的承载能力。

（3）不得用推土机推石灰、烟灰等粉尘物料和用作碾碎石块的作业。

（4）牵引其他机械设备时，应有专人负责指挥。钢丝绳的连接应牢固可靠。在坡道或长距离牵引时，应采用牵引杆连接。

（5）作业前重点检查项目应符合下列要求：

①各部件无松动、连接良好。

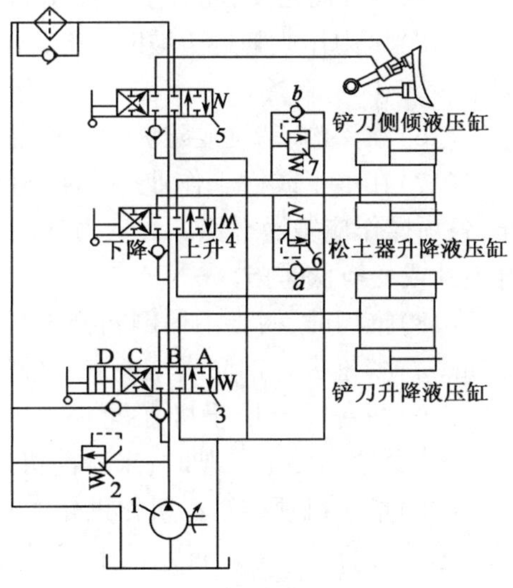

图 8-5　带有松土器的推土机液压系统图

1-齿轮泵；2-安全阀；3-四位六通换向阀；4、5-三位六通换向阀；6、7-双作用安全阀

②燃油、润滑油、液压油等符合规定。

③各系统管路无裂纹或泄漏。

④各操纵杆和制动踏板的行程、履带的松紧度或轮胎气压均符合要求。

(6)起动前,应将主离合器分离,各操纵杆放在空挡位置,严禁拖、顶起动。

(7)起动后应检查各仪表指示值,液压系统应工作有效。当运转正常、水温达到55%、机油温度达到45℃时,方可全荷载作业。

(8)推土机行驶前,严禁有人站在履带或刀片的支架上,机械四周应无障碍物,确认安全后,方可开动。

(9)采用主离合器传动的推土机接合应平稳,起步不得过猛,不得使离合器处于半接合状态下运转。液力传动的推土机,应先解除变速杆的锁紧状态,踏下减速器踏板,变速杆应在一定挡位,然后缓慢释放减速踏板。

(10)在块石路面行驶时,应将履带张紧。当需要原地旋转或急转弯时,应采用低速挡进行。当行走机构夹入石块时,应采用正、反向往复行驶使石块排除。

(11)在浅水地带行驶或作业时,应查明水深,冷却风扇叶不得接触水面。下水前和出水后,均应对行走装置加注润滑脂。

(12)推土机上、下坡或超过障碍物时应采用低速挡。上坡不得换挡,下坡不得空挡滑行。横向行驶的坡度不得超过10°。当需要在陡坡上推土时,应先进行填挖,使机身保持平衡,方可作业。

(13)在上坡途中,当发动机突然熄灭,应立即放下铲刀,并锁住制动踏板。在分离主离合器后,方可重新启动发动机。

(14)下坡时,当推土机下行速度大于发动机传动速度时,转向动作的操纵应与平地行走时操纵的方向相反,此时不得使用制动器。

(15)填沟作业驶近边坡时,铲刀不得越出边缘。后退时,应先换挡,方可提升铲刀进行倒车。

(16)在深沟、基坑或陡坡地区作业时,应有专人指挥,其垂直边坡高度不应大于2m。

(17)在堆土或松土作业中不得超载,不得做有损于铲刀、推土架、松土器等装置的动作,各项操作应缓慢平稳。无液力变矩器装置的推土机,在作业中有超载趋势时,应稍微提升刀片或变换低速挡。

(18)推树时,树干不得倒向推土机及高空架设物。推屋墙或围墙时,其高度不宜超过2.5m。严禁推带有钢筋或与地基基础连接的混凝土桩等建筑物。

(19)两台以上推土机在同一地区作业时,前后距离应大于8.0m。左右距离应大于1.5m。在狭窄道路上行驶时,未得前机驾驶员同意,后机不得超越。

(20)推土机顶推铲运机作助铲时,应符合下列要求:

①进入助铲位置进行顶推中,应与铲运机保持同一直线行驶。

②铲刀的提升高度应适当,不得触及铲斗的轮胎。

③助铲时应均匀用力,不得猛推猛撞,应防止将铲斗后轮胎顶离地面或使铲斗吃土过深。

④铲斗满载提升时，应减少推力，待铲斗提离地面后即减速脱离接触。

⑤后退时，应先看清后方情况，当需绕过正后方驶来的铲运机倒向助铲位置时，宜从来车的左侧绕行。

（21）推土机转移行驶时，铲刀距地面宜为400mm，不得用高速挡行驶和进行急转弯。不得长距离倒退行驶。

（22）作业完毕后，应将推土机开到平坦安全的地方，落下铲刀，有松土器的，应将松土器爪落下。在坡道上停机时，应将变速杆换低速挡，接合主离合器，锁住制动踏板，并将履带或轮胎楔住。

（23）停机时，应先降低发动机转速，变速杆放在空挡，锁紧液力传动的变速杆，分开主离合器，踏下制动踏板并锁紧，待冷却液温度降到75℃以下，油温降到90℃以下时，方可熄火。

（24）推土机长途转移工地时，应采用平板拖车装运。短途行走转移时，距离不宜超过10km，并在行走过程中应经常检查和润滑行走装置。

（25）在推土机下面检修时，发动机必须熄火，铲刀应放下或垫稳。

3. 推土机的正确使用及故障排除

推土机在使用中应特别注意以下几点：

（1）在作业中应平稳操作，尽可能避免推土机过载，特别在铲土时是很容易发生的，经常过载会缩短推土机的使用寿命，也容易发生事故。

（2）要严格按照维护制度，按时对推土机进行维护，这是使推土机能经常处于良好工作状态的关键，推土机的维护制度和内容，与装载机是类似的，这里不再作介绍。

（3）应及时排除推土机在作业中出现的各种故障，这对提高机器生产率、保证作业的安全性是非常重要的。表8-1列出了推土机常见的故障及其排除方法，不同牌号的推土机由于结构不同，故障的原因及其排除方法也会有差异，仅供参考。

履带式推土机的故障原因及其排出方法　　表8-1

故障现象	产生原因	排除或处理方法
推土机跑偏	①左右履带扳和销轴磨损不均，张紧度不同； ②左右驱动轮齿严重磨损或磨损不均； ③引导轮轴或车架大梁变形； ④转向轮离合器打滑或操纵杆调整不当	①更换艘带板和销轴，不要新旧混用； ②修理或更换驱动轮； ③校正或更换已损件； ④调整或修理离合器及操纵杆
齿轮打坏，机身抖动	①铲刀吃土过深或一侧吃土，偏载太大； ②大减速齿轮与驱动轮的连接螺栓松动； ③齿轮箱严重缺油	①正确掌握操纵杆，扳动应平稳； ②更换并紧固连接螺栓； ③修理更换已损齿轮，加足润滑油

续上表

故障现象	产生原因	排除或处理方法
履带脱轨	①履带太松，垂度过大； ②导向轮拐轴弯曲变形； ③导向轮轴及轴承严重磨损； ④张紧装置的缓冲弹簧过松或弹性变弱； ⑤导向轮轴与车架大梁的固定螺栓松动； ⑥驱动轮的轮齿严重磨损，节距增加	①调整履带松紧，使垂度不超过50mm； ②修理或更换； ③更换磨损超限的轮轴及轴承； ④调整弹簧压力或更换弹簧； ⑤校正导向轮轴，紧固连接螺栓； ⑥修理或更换驱动轮
液压系统油温过高	①油箱中油不足； ②油箱过滤器太脏，滤油网堵塞； ③分配器、滑阀上下弹簧座装反	①添加润滑油至规定数量； ②清洗过滤器； ③重新装配，找正位置
推土铲不能提升或提升很慢	①分配器回油阀卡住或回油阀座配合面上粘有污物； ②安全阀漏油或开启压力过低； ③油泵卸压阀密封环损坏使容积效率和压力下降； ④油泵磨损严重，使容积效率和压力下降	①用木棒轻轻敲打回油阀盖。如仍不能提升，则取出回油阀清洗干净，拆下回油管用清洁柴油冲洗阀座，重新装上回油阀并检查回油阀与导管内的活动情况； ②检查并调整安全阀压力至(9.81+0.49)MPa； ③更换密封环，调正卸压阀； ④在油泵壳体和轴套之间适当地加垫片或更换油泵
推土铲提升时有跳动现象	①油箱中油不足； ②油温过高(超过70℃)； ③油路中有空气	①添加液压油至规定油面高度； ②冷却至30～40℃； ③检查并拧紧从油箱至油泵的油管接头，升降数次，如不能消除，则需将液压缸上腔软管接头松开，放出空气
推土铲不能保持提升位置	①油温过高(超过70℃)； ②液压缸活塞密封环损坏； ③分配器滑阀与壳体磨损	①冷却至30～40℃； ②更换密封环； ③更换分配器元件

(二)平地机

平地机是土方工程中用于整形和平整作业的主要机械，广泛用于大面积的地面平整作业。平地机之所以有广泛的辅助作业能力，是由于它的刮土板能在空间完成360°运动。

平地机是一种高速、高效、高精度和多用途的土方工程机械。它可以完成公路绿化大面积的地面平整和挖沟、刮坡、推土、排雪、疏松、压实、布料、拌和、助装和开荒等工作。

全球范围内，卡特彼勒和沃尔沃公司的平地机产品无疑是业内最好的产品，沃尔沃公司于1997年收购久负盛名的加拿大冠军平地机，2001年开始冠军平地机更名为沃尔沃。中国的天津鼎盛天工是国内最大的平地机生产商，也是市场占有率最高的平地机品牌。其次为徐筑、常林[图8-6a)]、三一等品牌,这四个国产品牌的平地机市场占有率达90%以上。卡特彼勒、沃尔沃[图8-6b)]等国外品牌也有一定的市场份额,但市场占有率较小。

a)　　b)

图8-6　自行式平地机

a)常林PY165C-5型自行式平地机;b)沃尔沃G940型自行式平地机

1. 用途及分类

平地机是用铲刀(刮土板)对土壤进行刮削、平整和摊铺的土方作业机械。

平地机有拖式和自行式两种类型,拖式平地机由拖拉机牵引,用人力操纵其工作装置;自行式平地机则在其机架上装有发动机以供给动力,用以驱动机械行驶和各种工作装置进行工作。前者因机动性差、操作费力,故目前已被后者取而代之。

自行式平地机的分类方法很多:按操纵方式的不同,可分为机械操纵式和液压操纵式两种;按车轮数目的不同,可分为四轮式和六轮式两种;按车轮驱动情况的不同,可分为后轮驱动式和全轮驱动式两种;按车轮转向情况的不同,可分为前轮转向式和全轮转向式两种;按发动机功率和刮刀长度的不同,可分为轻型、中型和重型三种,见表8-2。

轻、中、重型平地机刮刀长度和发动机功率　　表8-2

平地机类型	刮刀长度(m)	发动机功率(kW)
轻型	2.5~3.0	26~30
中型	3.0~3.6	37~45
重型	3.6~4.3	52~81

自行式平地机的表示方法是:车轮总对数(总轴数)×驱动轮对数(轴数)×转向轮对数(轴数)。如六轮3×2×1,即为前轮转向,中、后轮驱动;四轮2×2×2,即为全轮转向,全轮驱动。平地机的主参数,用发动机的功率表示。

2. 平地机的总体构造

自行式平地机(图8-7)主要由发动机、机架、传动系统、工作装置、行走装置和操纵系统等部分组成。

3. 平地机的基本作业

平地机是一种铲土、运土、卸土同时进行的连续作业机械。主要工作装置是刮刀,它可以完成四种作业动作,即刮刀平面回转、刮刀左右端升降、刮刀左右引伸和刮刀机外倾斜。

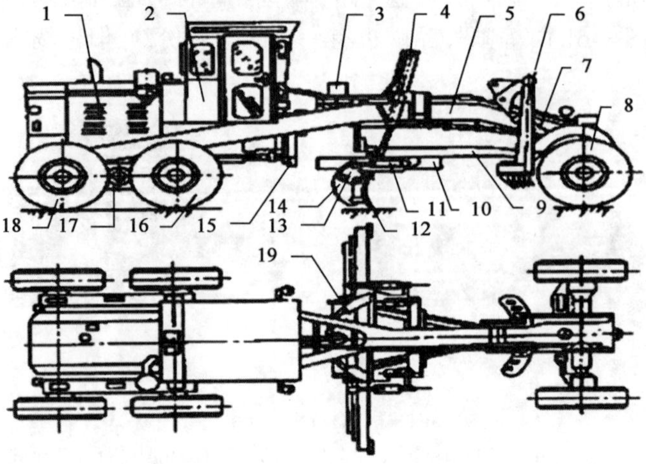

图 8-7　PY160A 型自行式平地机外形图

1-发动机;2-驾驶室;3-倾斜液压缸;4-升降液压缸;5-机架;6-耙松装置;7-耙松装置及铲刀调节油缸;8-前轮;9-牵引架;10-回转圈;11-改变铲土角液压缸;12-铲刀;13-上滑套;14-耳板;15-传动装置;16-中轮;17-平衡箱;18-后轮;19-铲刀引出液压缸

通过调整这些动作,就可以使刮刀在各种不同位置上完成各种不同的土方工程作业。这些作业方式可归纳为刮刀刀角铲土侧移、刮土侧移、刮土直移和机外刮土。

(1)刀角铲土侧移作业

这种作业方法适用于挖出边沟土壤来修整路型或填筑低路堤。

先根据土壤的性质调整好刮刀铲土角和刮土角。平地机以一挡速度前进后,让铲刀前置端下降切土,后置端抬升,形成最大的倾角,被刀角铲下的土层就侧卸于左右轮之间,如图 8-8a)所示。刀的下倾角见表 8-3。在运行过程中,随着铲土阻力的大小可随时少量调整,但不要一次调整过多,以免造成沟道的波浪形,而影响下一行程工作。

为了便于掌握方向,刮刀的前置端应正对前轮之后,遇有特殊情况(例如行驶路线有障碍物)也可将刮刀的前置端侧伸于机外,再下降铲土。但必须注意,此时所卸之土壤也应处于前轮的内侧,如图 8-8b)所示,不被驱动后轮压上,以免影响平地机的牵引力。

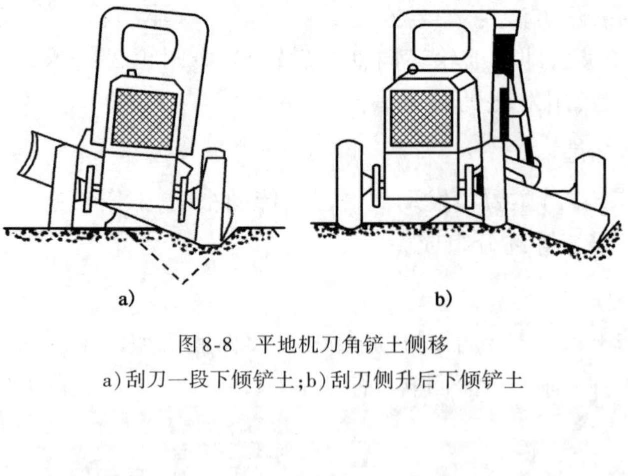

图 8-8　平地机刀角铲土侧移

a)刮刀一段下倾铲土;b)刮刀侧升后下倾铲土

平地机刀片安装角度表　　表 8-3

作业形式		刮刀安装角		
工序名称	作业内容	平面角 α(刮土角)(°)	铲土角 γ(°)	倾角 β(°)
铲土(未装上升悬臂刀)	经犁松过的土	至 30	至 40	至 11
	经松土机翻过的土	30 ~ 35	至 40	至 13
	未经松碎的Ⅰ、Ⅱ类土	40 ~ 45	至 40	至 15
运土	重质土	40 ~ 50	至 40	至 11
	轻质土	35 ~ 45	40	至 13
修路基	削土	45 ~ 55	40	至 18
	摊平并拌和压实	55 ~ 90	40 ~ 60	至 30

(2)刮土侧移作业

这种操作方法适用于移土修整路基、平整场地、回填沟渠、铺散或路拌路基路面材料等作业。

先根据施工对象的要求和土壤性质调整好刮土角(一般为 60° ~ 70°)和铲土角(约 45°),在平地机以二挡或三挡速度前进时,使刮刀的左右端同时放下并切入土中或其他材料中,于是被刮起的土料就沿着刀面侧移卸于一侧留成土堤,此堤可能处于机械外侧[图 8-9a)]或机械内侧[图 8-9b)],视施工要求而定。例如移土填堤时,卸土于机械外侧或内侧均可,但回填沟渠时,必须卸土于机械外侧。因此,在施工中对平地机刮土角和侧伸的调整,以及刮刀左右端下倾度的掌握必须符合施工要求。

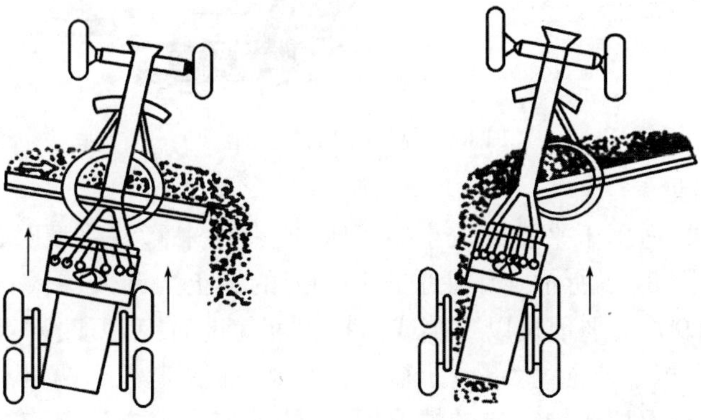

a)　　b)

图 8-9　平地机刮土侧移

a)机外侧卸土;b)机内侧卸土

不论土壤卸于机外侧或机内侧,都不能让卸下的土壤处于平地机后轮的行驶轨迹上,否则既影响平地机的牵引力,又会使刮刀抬升,留下不平区。

为了达到上述要求，有时根据施工对象的不同，将刮刀侧伸或同时再将转盘侧摆［图 8-8b)］。对于全轮转向平地机，也可将前后轮同时向一侧偏转，让平地机在机身斜置的情况下运行。

全轮转向的平地机特别适宜于弯道作业，此时前后轮可适应弯道情况配合转向，这样可以大大提高工作效率，如图 8-10 所示。

图 8-10　全轮转向弯道工作情况

对于刮刀全回转的平地机，为了提高生产效率，当平地机到达作业地段终端时，可将刮刀回 180°，使刮刀处于平地机行驶相反方向位置，让平地机倒退施工，如图 8-11 所示。这种方式相似于“穿梭”作业法，它特别适宜于狭长地段的施工，可以提高生产率，因为用于回转刮刀的时间消耗要比平地机掉头的时间少得多。

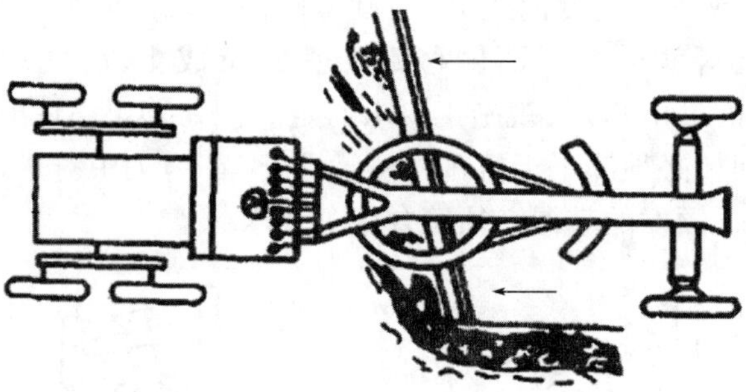

图 8-11　刮刀全回转倒退作业

(3)刮土直移作业

刮土直移作业法，适用于平整度较小的场所，或者用来修整路型时最后平整工作，以及松散材料等作业，如图 8-12 所示。作业前先将刮刀的铲土角调大些，一般为 60°～70°，再将刮刀平置(平面角为 90°)，平地机以二挡或三挡速度前进后，刮刀两端等量下降，少量切土，于是被刮起的土壤堆积于刀前，大部分土被向前推送，很少量溢于两侧。对于溢出的少量土壤，可待最后阶段在刮刀切入原土层的情况下，以快速前进的方法，将它全部刮平。

(4)机外刮土作业

这种工作多用于修整路基、路堑边坡和开挖边沟等工作。

操作者首先将刮刀倾斜于机外，然后使其上端向前，平地机以一挡速度前进，放刀刮土，于是被刮刀刮下的土就沿刀卸于左右两轮之间，然后再将刮下来的土移走，但应注意，用来刷边沟处的边坡时，刮土角应小些；刷路基或路堑边坡时，刮角应大些，如图 8-13 所示。

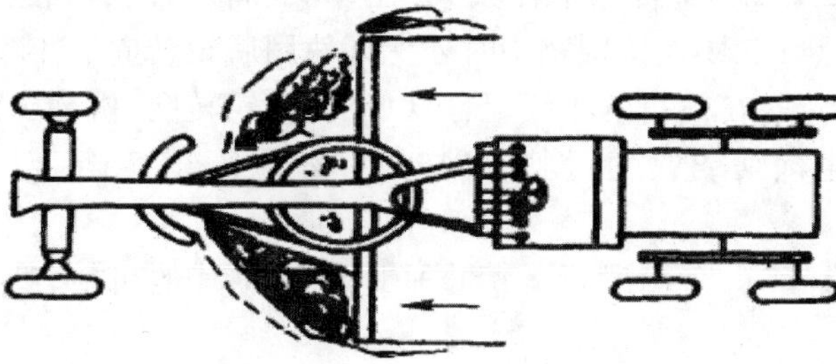

图 8-12　平地机刮土直线作业

a)　　b)

图 8-13　平地机刮刀机外刮土刷边坡

a)刷边沟边坡；b)刷路基路堑边坡

4. 平地机安全使用注意事项

作业前的准备工作如下：

(1)详细了解使用内容和施工技术要求，并详细检查作业区内各种桩号的所在位置。

(2)检查平地机四周有无障碍物及其他危及安全的因素，并让无关人员离开作业区。

(3)检查各连接部件的紧固情况。应特别注意车轮轮毂、传动轴等处的连接螺栓有无松动。

(4)操纵手柄、变速器操纵杆必须置于空挡位置，其他各手柄均置于中间位置。

(5)检查转向装置和制动装置是否灵活可靠。

(6)检查各仪表、灯光、喇叭等信号装置是否正常。

(7)检查液压系统是否完好。

(8)将刮刀、齿耙等作业装置置于运输状态，并检查其是否完好。

(9)铰接式平地机应检查铰接转向装置是否完好。

(10)检查轮胎是否完好，气压是否符合规定标准。

5. 作业与行驶要求

(1)平地机起动后，先挂低速挡轻踩加速踏板缓驶，待确认各部一切正常后方可升挡行驶。

(2)行驶在平坦道路上可用高速挡，行驶在条件较差的道路或坡道时宜用低速挡，作业时均采用低速挡。

(3)平地机机身长,轴距大,转弯半径较大,在掉头和转弯时,应使用低速挡;在正常行驶时,须用前轮转向,只有在场地特别狭小时才允许使用后轮转向。小于平地机最小转弯半径的地段,不得勉强转弯。在曲折的工线上,可以利用全轮转向,机动灵活地进行工作。

(4)平地机在低速行驶或改变行驶方向时,一般应停车换挡,高速行驶可在行进中换挡。

(5)下坡时须挂挡,禁止空挡滑行。禁止平地机拖拉其他机械,特殊情况也只能以大拉小。

(6)行驶时,必须将刮刀与齿耙升到最高处,并将刮刀斜置,刮刀两端不得超出后轮外侧。平地机在公路上行驶时,应严格遵守交通规则,中速行驶。平地机自身质量大,制动距离长,高速行驶时要提高警惕,出现险情时应及早制动。

(7)制动时要先踩下离合器踏板,在变矩器处于刚性闭锁状态时,不能用制动器。

(8)不论作业或行驶,都应随时注意各仪表的读数是否正常,变矩器油温超过120℃时,应及时停车,待油温下降后再继续运行。

(9)操纵刮刀引出杆,可以将刮刀引出,对平地机侧边较远的地方加以平整。将刮刀斜置,用刮刀前端着地即可进行挖沟作业。修边坡时,应根据边坡坡度调整刮刀倾斜度。

(10)用齿耙破碎旧路基、摊铺石子等作业,遇到较大阻力时,可以减少齿数。遇到土质坚硬需用松土器翻松时,应慢速逐渐下齿,以免折断齿顶。不准使用松土器翻松石渣路及高级路面,以免损坏零件或发生其他意外事故。

6.作业后的要求

(1)应将平地机停放在平坦安全的地方,不得停放在坑洼有水的地方或斜坡上。

(2)停放时,应将所有作业装置落地或刚性固定。

(3)停机后,如需升起作业装置进行保修作业,该装置必须被牢固固定。

(4)停机后,必须将铰接式平地机的铰接转向机构锁定。

(5)每天完成作业后,清除附留在机身上的泥土、杂物,并进行例行维护工作。

(三)挖掘机

挖掘机,又称挖掘机械,是用铲斗挖掘高于或低于承机面的物料,并装入运输车辆或卸至堆料场的土方机械。而挖掘机作为绿化工程建设中最主要的工程机械机型之一,其正确的选型也就显得更为重要。

挖掘机由工作装置、上部转台、行走机构三部分组成。挖掘机最重要的三个参数:整车重量(质量)、发动机功率和铲斗斗容。

以下是常见挖掘机的分类。

分类一:常见的挖掘机按驱动方式有内燃机驱动挖掘机和电力驱动挖掘机两种。其中电动挖掘机主要应用在高原缺氧地区。

分类二:按照行走方式的不同,挖掘机可分为履带式挖掘机和轮式挖掘机。

分类三:按照传动方式的不同,挖掘机可分为液压挖掘机和机械挖掘机。机械挖掘机主要用在一些大型矿山。

分类四:按照用途来分,挖掘机可分为通用挖掘机、矿用挖掘机、船用挖掘机、特种挖掘机等不同的类型。

挖掘机的作业过程是用铲斗的切削刃切土并把土装入斗内,装满土后提升铲斗并回转到卸土地点卸土,然后,再使转台回转,铲斗下降到挖掘面,进行下一次挖掘。按作业特点分为周期性作业式和连续式作业式两种,前者为单斗挖掘机,后者为多斗挖掘机。

单斗挖掘机在建筑、筑路、水利、电力、采矿、石油等工程,以及天然气管道铺设和现代军事工程中,被广泛使用。单斗挖掘机的主要用途:在筑路工程中用来开挖堑壕,在建筑工程中用来开挖基础,在水利下程中用来开挖沟渠、运河和疏浚河道,在采石场、露天采矿等上程中用于剥离和矿山的挖掘等。此外还可以对碎石进行装卸作业。更换工作装置后还可进行浇筑、起重、安装、打桩、夯土和拔桩等工作。各种类型的单斗挖掘机都可以根据需要更换正铲、反铲、拉铲和抓斗的任何一种。公路工程施工中以单斗挖掘机最为常见。

改革开放以来,积极引进、消化、吸收国外先进技术,以促进中国挖掘机行业的发展。其中贵阳矿山机器厂、上海建筑机械厂、合肥矿山机器厂、长江挖掘机厂等分别引进德国利勃海尔(Liebherr)公司的 A912、R912、R942、A922、R922、R962、R972、R982 型液压挖掘机制造技术。稍后几年,杭州重型机械厂引进德国德玛克(Demag)公司的 H55 和 H85 型液压挖掘机生产技术,北京建筑机械厂引进德国奥加凯(O&K)公司的 RH6 和 MH6 型液压挖掘机制造技术。与此同时,还有山东推土机总厂(其挖掘机生产基地改名为山重建机有限公司,包括 STRONG 和 JCM 两个品牌)、黄河工程机械厂、江西长林机械厂、山东临沂工程机械厂等联合引进了日本小松制作所的 PC100、PC120、PC200、PC220、PC300、PC400 型液压挖掘机(除发动机外)的全套制造技术。这些厂通过数年引进技术的消化、吸收、移植,使国产液压挖掘机产品性能指标全面提高到 20 世纪 80 年代的国际水平,产量也逐年提高。由于国内对液压挖掘机需求量的不断增加且多样化,在国有大、中型企业产品结构的调整中,一些其他机械行业的制造厂加入液压挖掘机行业。

1. 单斗挖掘机的分类

单斗挖掘机按行走方式分为履带式、轮胎式(图 8-14)、汽车式和悬挂式;按采用的动力不同分为公路机械化施工与管理内燃式和电动式等;按传动方式分为机械传动和液压传动(近年来,机械式逐步被液压式所取代);按工作装置的不同分为正铲挖掘机、反铲挖掘机、拉铲挖掘机和抓斗挖掘机;按适应工作环境分为适于高原地区、寒冷地区、沼泽地区等。

2. 挖掘机的适用范围

挖掘机是土石方工程施工的主要机械,它的特点是效率高、产量大,但机动性较差,因此用大型挖掘机施工时要考虑地形条件、工程量的大小及运输条件等。在公路工程施工中,遇开挖量较大的路堑和填筑高路堤等大工程量时,选用挖掘机配合运输车辆组织施工是比较合理的。

为了使挖掘机发挥最大效能,在使用挖掘机时应考虑最小工程量和最低工作面高度。

如果工程量较小,但又必须使用挖掘机施工时,可选用斗容量较小、机动性强的轮胎式全液压挖掘机。

挖掘机的主要工作条件为:工作对象为Ⅰ～Ⅳ级土和松动后的Ⅴ级以上的土,可用于装载和挖爆破后的石方及不大于斗容的石块;机械传动的正铲挖掘机,其工作面只能在停机面以上,而机械传动的反铲挖掘机,其工作面只能在停机面以下;液压传动、液压操纵的正、反铲挖掘机,工作面不受这种限制。另外拉铲和抓斗挖掘主要适于Ⅰ、Ⅱ级土壤,挖掘对象主要是停机面以下;抓斗挖掘还可以挖掘水下对象。

a)

b)

图 8-14 履带式单斗挖掘机和轮胎式单斗挖掘机

a)履带式单斗挖掘机;b)轮胎式单斗挖掘机

3. 单斗挖掘机的工作过程

各种单斗挖掘机都是循环作业式机械,每一工作循环包括挖掘、回转、卸料和返回四个过程。

(1)正铲挖掘机

机械操纵式正铲挖掘机的工作过程如图 8-15 所示。

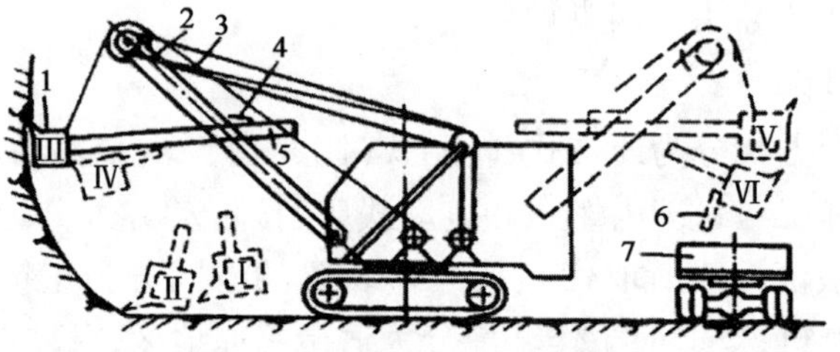

图 8-15 机械操纵式正铲挖掘机

1-铲斗;2-动臂;3-铲斗提升钢索;4-斗柄座;5-斗柄;6-斗底;7-运土车辆;

Ⅰ～Ⅳ－挖掘过程;Ⅴ～Ⅵ－卸料过程

挖掘过程:先将铲斗下放到工作底部(Ⅰ)然后将铲斗向上提升,与此同时,斗柄也向前推压。于是就在工作面上挖出一层弧形的土层(称为弧形挖掘带),斗内就装满土(Ⅱ～Ⅲ)。

回转过程:这是从挖土处转向卸土处的过程,先将铲斗退出工作面(Ⅳ),然后回转转台使动臂带着铲斗转到卸料处的上空(Ⅴ)。在此过程可适当调整斗的伸出和高度,以适应卸料要求(这样可节省循环时间)。

卸料过程：打开斗底卸料（Ⅵ）。

返回过程：反向（也可正向）回转转台，使动臂带着空斗返回挖掘面，在此过程中，放下铲斗，斗底在惯性力作用下自动关闭（Ⅵ ~ Ⅰ）。在上述过程中动臂经一次调整好伸幅后，就不便再动。

（2）反铲挖掘机

图 8-16 所示为机械操纵式反铲挖掘机工作循环图。反铲挖掘机的工作特点是：先将铲斗向前伸出，并让动臂带着铲斗落在工作面上（Ⅰ），然后将铲斗向内拉转（Ⅱ），于是在动臂连同铲斗的重力及牵引钢索的拉力作用下，就在工作面上挖出一条弧形的挖掘带。待挖出的土层装满铲斗后，就将铲斗保持在装满状态下，连同动臂一起升起（Ⅲ），再回转到卸料处上空。卸料是将斗底打开（斗底可打开的，Ⅳ），或将斗向前伸出，使斗口朝下卸料（斗底不能打开的，Ⅴ）。

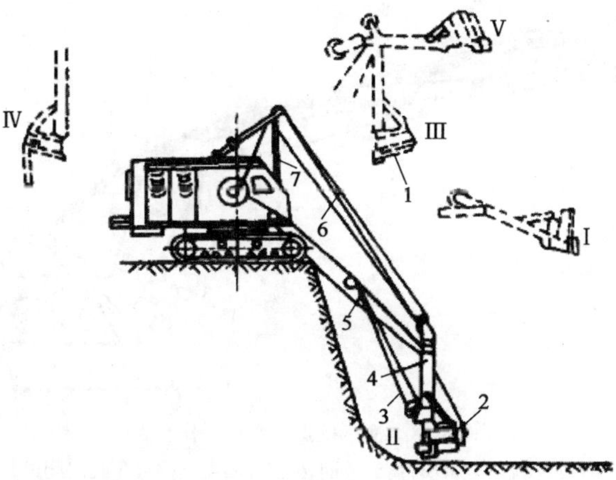

图 8-16　机械操纵式反铲挖掘机

1-斗底；2-铲斗；3-牵引钢索；4-斗柄；5-动臂；6-提升钢索；7-前支架

液压操纵的正、反铲挖掘机的铲斗都是以其斗柄铰装在动臂顶端转动，其斗底也由另一个双作用液压缸来执行启闭作用，动臂是由另一个双作用液压缸来控制其升降（改变伸幅）。在有的挖掘机上，铲斗本身还可由一个液压缸来控制它相对于斗柄转动；有的动臂还可以分成上、下两节。图 8-17、图 8-18 所示分别为液压操纵的正反铲工作装置。

液压挖掘机由于有上述一些特点，铲斗与动臂既可单独分别工作，又可配合共同工作，所以工作能力要比同级的机械操纵式高，而且正、反铲斗都能挖掘位于停机面上下的工作面，就极大地扩大了它们的应用范围。图 8-19 所示为液压挖掘机正、反铲的工作情况。

（3）拉铲挖掘机

拉铲挖掘机的工作装置是由一根较长的起重臂和一个箕形铲斗组成，如图 8-20 所示。铲斗由提升钢索悬持在起重臂的顶端，并由一根牵引钢索牵引着进行工作，为了卸料，另装一根卸料索，此索由牵引钢索拉紧时，可使铲斗斗口朝上或平置，进行铲装；放松索引钢索时，斗口即朝下，进行卸料。

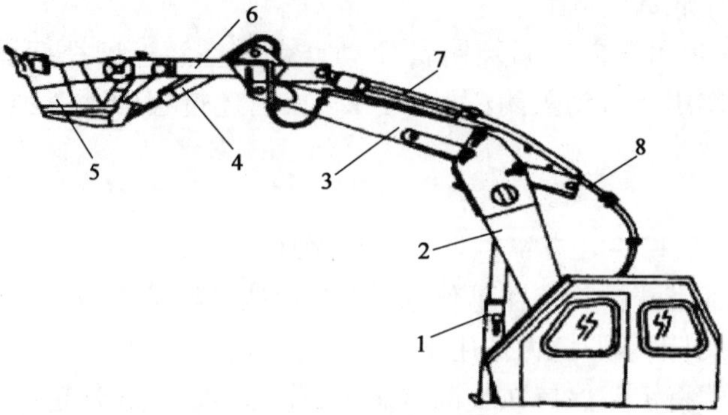

图 8-17　液压挖掘机正铲工作装置

1-动臂液压缸；2-动臂；3-加长臂；4-斗底启闭液压缸；5-铲斗；6-斗柄；7-斗柄液压缸；8-软管

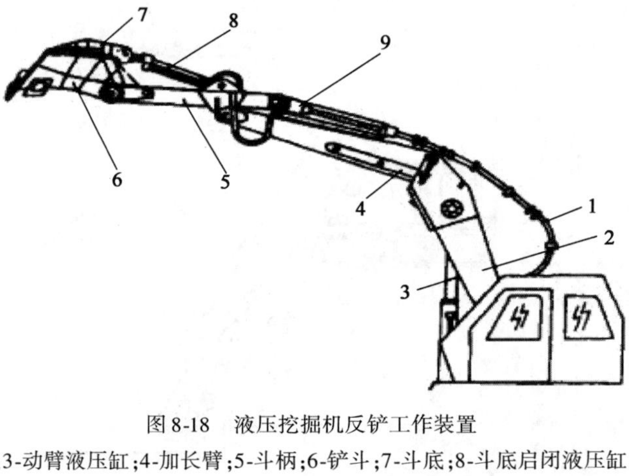

图 8-18　液压挖掘机反铲工作装置

1-软管；2-动臂；3-动臂液压缸；4-加长臂；5-斗柄；6-铲斗；7-斗底；8-斗底启闭液压缸；9-斗柄液压缸

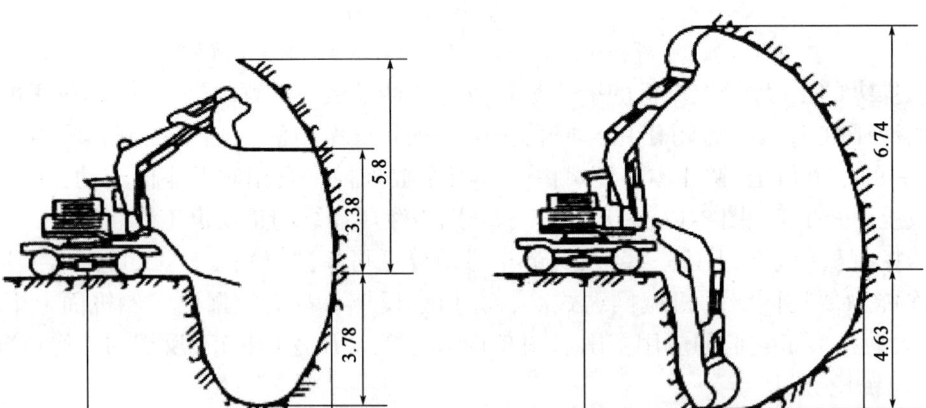

图 8-19　液压挖掘机正、反铲工作情况（尺寸单位：m）

a）正铲工作；b）反铲工作

拉铲挖掘机工作过程如下：如图 8-20 所示，首先拉铲斗同时提升钢索 2 倒悬在起重臂 5 的顶端Ⅰ，拉收和松放牵引钢索 3 1～2 次，使斗在空中摆动几下（视情况也可不必拉摆），然后趁铲斗外摆之势，共同放松提升钢索与牵引钢索，让铲斗顺势向外抛掷在工作面上（Ⅱ～Ⅲ）。铲斗落地后就收拉牵引钢索 3，于是铲斗在自身重力作用下切入土中，并在拖移过程中铲下土层，装入斗内；铲斗装满后，用提升钢索升起铲斗，同时适当放松牵引钢索，使铲斗斗底与水平面保持在 8°～12°仰角的位置，不让土壤撒出。在铲斗提升到一定高度后就可将斗转到卸料处上空。卸料时只要制动提升钢索，放松牵引钢索，斗门就可朝下，卸出土壤，卸料完毕仍从空中转回到挖掘处，至此就完成了一个工作循环。

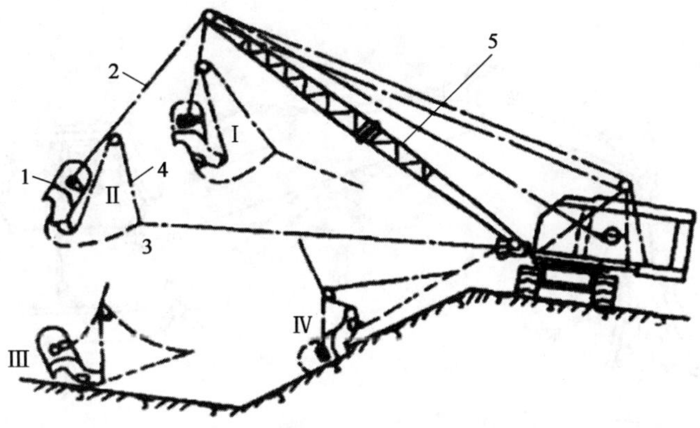

图 8-20　拉铲挖掘机工作装置及工作过程

1-铲斗；2-提升钢索；3-牵引钢索；4-卸料索；5-起重臂

（4）抓斗挖掘机

抓斗挖掘机（图 8-21）的工作装置是一个具有双瓣或多瓣的抓斗 1。它用提升钢索 2 绕过起重臂 4 的顶端导向滑轮悬着，斗瓣的启闭由另一根闭合钢索 3 来执行。为了不使抓斗在空中旋转而引起二根钢索的缠绕，另外装了一根较细的定位钢索 5，该钢索一端固定在抓斗斗瓣的支撑杆上，另一端则系于起重臂的滑块上。随着抓斗的升降，定位钢索可拉着滑块在起重臂的导轨上上下滑移，使抓斗不致在空中旋转。

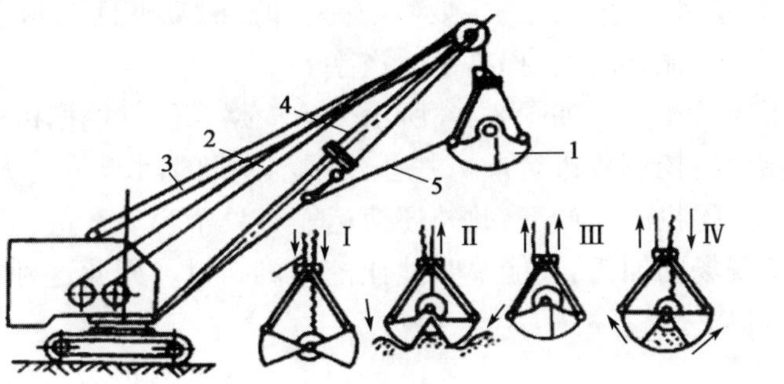

图 8-21　机械操纵式抓斗挖掘机

1-抓斗；2-提升钢索；3-闭合钢索；4-起重臂；5-定位钢索

抓斗挖掘机的工作过程如下：如图 8-21 所示，首先固定提升钢索而放松闭合钢索，斗瓣即张开，然后共同放松两钢索，让张开的抓斗垂直地落在工作面上，于是它就在自身重力作用下切入土中（Ⅰ）。此后收紧闭合钢索，抓斗就在逐渐闭合的过程中抓满土料，从而完成挖掘过程（Ⅱ）。当抓斗完全闭合后，使提升钢索与闭合钢索以同一速度将闭合的抓斗提起（Ⅲ）。当抓斗提升到一定高度后，就将抓斗转到卸料处上空。卸料时只要固定提升钢索，而放松闭合钢索，斗瓣即可张开，卸出土壤（Ⅳ）。

近年来，抓斗挖掘机发展到液压操纵（图8-22）。这种抓斗是配合用于正、反铲挖掘机的动臂上，把它作为具有斗柄的特殊形状的铲斗处理。抓斗的启闭工作由抓斗油液压缸来执行，斗柄与动臂都由各自的液压缸来实现转动与升降，它可以用来挖掘停机面以上或以下的工作面。

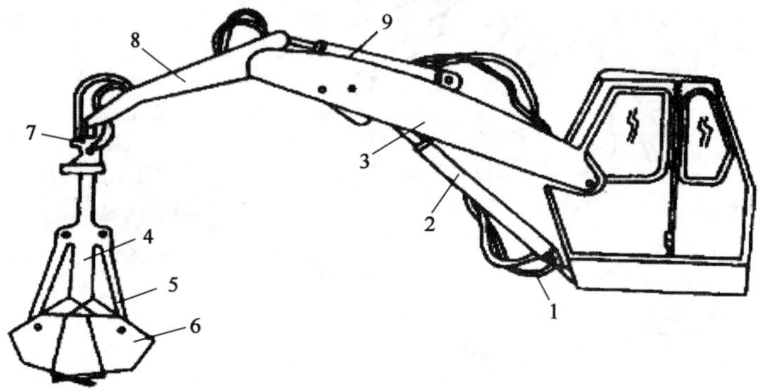

图8-22　液压操纵式抓斗挖掘机

1-软管；2-动臂液压缸；3-动臂；4-抓斗液压缸；5-斗瓣支撑杆；6-抓斗；7-可转接头；8-斗柄；9-斗柄液压缸

4. 单斗挖掘机的基本作业

（1）正铲挖掘

正铲挖掘的基本作业方法，一般视施工现场具体情况而定，按其开挖方式方法可分为侧向开挖和正向开挖两种。

①侧向开挖：侧向开挖方式如图8-23所示。运输线位于挖掘机开行路线的侧面，与挖掘机的开行线平行。这种开挖方式的主要特点是：卸土时动臂回转角小于90°，避免了运输汽车的倒驶，缩短了工作循环时间，提高了生产率。

②正向开挖：正向开挖方式如图8-24所示。运输路线位于挖掘机开行路线的正面。这种开挖方式主要特点是：挖掘机进行前方挖土，使挖掘机的回转角度大于90°，增加了工作循环的时间，降低了挖掘机的生产率，此外还使运输工具不容易开进，而要倒车进去，或者窄道上掉头，形成施工现场的拥挤，不能及时地让挖掘机卸料。因此这种方法只限于挖掘进口处时使用。

（2）反铲挖掘

反铲挖掘的开挖方法也有两种。

①沟端开挖法：图8-25a）所示为沟端开挖法，开挖时，挖掘机沿着沟端逐渐倒退，逐渐向后开挖。车辆可停置在沟侧，动臂只要回转40°～45°即可卸料。如所挖的沟宽为挖掘机

最大挖掘半径的 2 倍(即挖掘机每停置一处,在 180°的回转范围挖掘),车辆只能停置在挖掘机侧面,反铲要作 90°回转才能卸料。

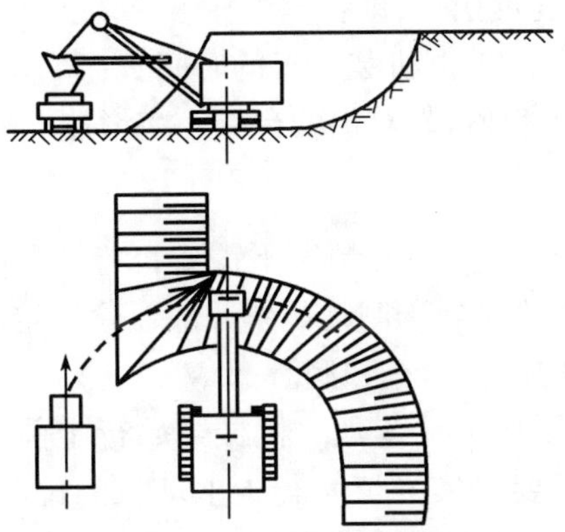

图 8-23 正铲挖掘机侧向开挖法

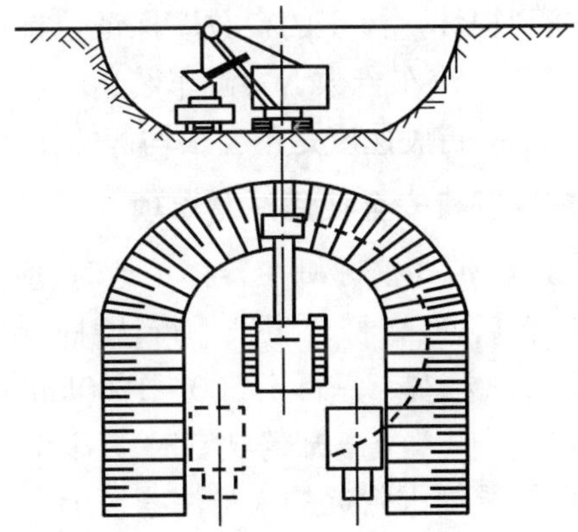

图 8-24 正铲挖掘机正向开挖法

沟端开挖法在挖掘较宽的渠道时,可分段进行[图 8-25b)],挖掘机在倒退挖到尽头后,在该端调换方向,反向开挖毗邻一段,这种分段法施工,开挖每段时宽度不宜过大,以车辆能在沟侧行驶为原则,从而减少每一工作循环所花费的时间,提高机械生产率。

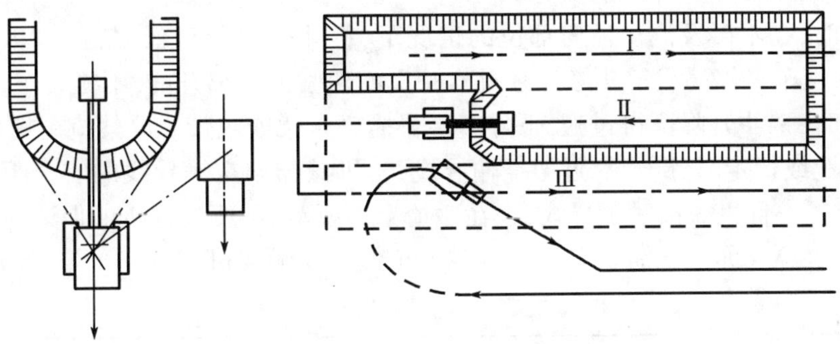

a) b)

图 8-25 反铲沟端开挖运行路线

a)沟端开挖法;b)反铲沟端开挖运行

②沟侧开挖法:挖掘机沿沟槽一侧直线行驶挖掘,运输车辆停于挖掘机的侧前方和侧面,回转角度一般小于 90°,如图 8-26 所示。这种作业方法可将土弃置于距沟槽较远处,且循环时间较短,但沟槽宽度不可太宽,机身稳定性也较差。

(3)拉铲作业

与反铲作业类似,只是弃土范围较大,但挖掘能力较小。拉铲作业示意图如图 8-26所示。

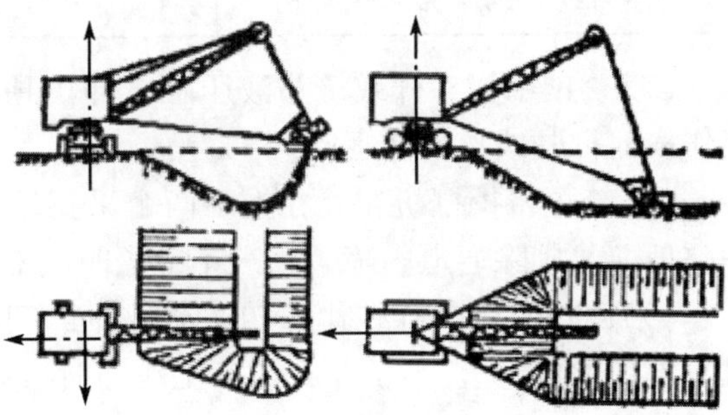

a) b)

图 8-26 拉铲作业示意图

a)沟侧开挖;b)沟端开挖

挖掘机挖土装车时,要合理确定汽车的容量和台数。汽车的容量不要少于铲斗容量的3~4倍,否则由于装满一车的时间太短,汽车不容易配合上;同时,汽车承载质量过小时也容易受到损坏。汽车的台数应保证挖掘机能连续地进行挖装,即:

$$汽车台数 N = 汽车装运一次的循环时间 T_q / 挖掘机装一车的时间 T_z$$

汽车的行驶速度是不会很均衡的,因此,实际的配套数应较算出的台数N多增加1~2台。

5.挖掘机安全使用注意事项

(1)履带式挖掘机在转移工地时,应用平板拖车运送。特殊情况下需要自行转移时,主动轮应在后面,臂杆与履带平行,臂杆、铲斗回转机构等应处于制动位置并加保险固定,铲斗离地面1m左右。每行走500~1000km应对行走机构进行检查和润滑。

(2)操作人员离开驾驶室时,不论时间长短,必须将铲斗落地。机械开始行走前,要鸣喇叭以提醒周围附近的人员注意。前、后行走操作时要确实弄清楚行走电动机的位置。检查挖掘机停机处土壤的坚实情况和平稳性,轮胎式挖掘机应加支撑并保持平稳、可靠。

(3)挖掘基坑、沟槽时,应检查路堑和沟槽边坡的稳定情况,以防止挖掘机坍塌。挖掘基坑时,如坑底无地下水,坑深在5m以内,边坡坡度符合相应土质允许坡度时,可不加支撑;若挖掘深度超过5m或发现有地下水或土质发生特殊变化等情况时,应根据土壤的实际性能,计算其稳定性,再确定边坡坡度。

(4)装车时,在不碰及汽车任何部位的情况下,铲斗要尽量放低,禁止铲斗从汽车驾驶室上越过。在汽车未停稳或铲斗必须越过驾驶室而驾驶人未离开前,不得装车。

(5)作业时,铲斗升降不得过猛,下降时不得撞碰车架或履带。严禁掏洞挖掘。

(6)在作业或行走时,严禁靠近架空输导线路,机械与架空输导线的安全距离不得小于表8-4的规定。一旦机械接触了导线,坐在座椅上不要动,不要接触机械保证地面上他人的安全直到切断电源。如果急需下车可直接跳下车但不要触及机械。

机械与架空输电导线的安全距离 表8-4

输电导线电压(kV)	1以下	1~15	20~40	60~110	220
允许沿导线垂直方向最近距离(m)	1.5	3	4	5	6
允许沿导线水平方向最近距离(m)	1	1.5	2	4	6

(7)禁止用铲斗杆或铲斗液压缸全伸出顶起挖掘机。铲斗没有离开地面时,挖掘机不能作横向行驶或作回转运动。

(8)禁止将挖掘机布置在上下两个采掘段(面)内同时作业。在工作面内移动时,应先平整地面并排除通道内障碍物。不准长时间滞留满载铲斗。

(9)回转平台上部在作回转运动时,回转手柄不能作相反方向的操作。作业时,必须待机身停稳后再挖土,当铲斗未离开工作面时,不得作回转行走等动作;回转制动时,应使用回转制动器,不得用转向离合器反向制动。

(10)挖掘悬崖时,应采取防护措施。工作面不得留有伞沿及松动的大石块,如发现有塌方危险,应立即处理或将挖掘机撤离至安全地带。

(11)挖掘机需在斜坡上停车时,铲斗必须降落到地面,所有操纵杆置于中位,停机制动,且应在履带或轮胎后部垫置楔块。

(12)工作结束后,应将机身转正,将铲斗放落到地面,并将所有操纵杆放到空挡位置,各部位制动器制动,关好机械门窗后,操作人员方可离开。

(四)挖沟机

挖沟机指自行的履带或轮式机械装在后面的和(或)装在前面的工作装置(附属装置),主要通过机械的移动进行连续挖沟作业;工作装置可以是挖掘链、轮盘、犁板或类似机具。

挖沟机是工程机械的主要机种之一,是一种用于土方施工中的开沟机械,挖沟机与挖掘机的功能具有许多相似之处,两者均具有入土(土壤或岩石)、碎土和取土功能,挖沟机的优点在于能连续作业,施工效率高,地表破坏小,特别适合铺设管路,即使在岩石等坚硬的地质条件下,也能开挖出形状规则的沟槽。挖沟机在国外得到了广泛的应用,自20世纪80年代以来,国内陆续开发了多种机型,但多数未能推广。国内挖沟机生产厂家多为乡镇企业,如保定金龙机械、山东省高唐远大机械制造有限公司、高唐盛发机械有限公司等,产品大多是与拖拉机配套使用的农机具,服务于农田水利建设。国内工程机械领域的骨干企业(如山推股份公司、山河智能股份公司等)都没有生产挖沟机的产品,或没有作为主导产品。所以国内服务于通信电缆及石油管线的铺设、市政施工以及军事工程的生产高新技术挖沟机的大中型生产厂家还不多。大型专业挖沟机或未被推广引用或依赖于进口。

根据操纵形式分为步行操纵式挖沟机和驾驶操纵式挖沟机。

步行操纵式挖沟机:驾驶员沿着机器的一侧或其行驶路线,通过步行进行操纵的挖沟机。

驾驶操纵式挖沟机:驾驶员乘坐在机器上操纵的挖沟机。

根据工作装置样式分为链式挖沟机、盘式挖沟机、轮斗挖沟机、直埋式开沟机等。

根据行走装置有履带式、轮胎式和履带轮胎式三种。

1.链式挖沟机

为了挖沟和转移弃土,用一条或更多条可弯曲的附带着链齿、钻头、铲斗等工具组成的挖沟机(图8-27、图8-28)。

2.盘式挖沟机

采用带有开凿刀具的旋转圆盘进行挖掘的挖沟机,一般用于开挖岩石、坚硬的表面或路面(如沥青和混凝土路面)。其结构如图8-29、图8-30所示。

3.轮斗挖沟机

一般采用带有齿形切削刃的一系列铲斗的旋转轮进行挖掘和从挖沟里排出弃土的挖沟机。其结构图8-31、图8-32所示。部分轮斗式挖沟机的性能参数见表8-5。

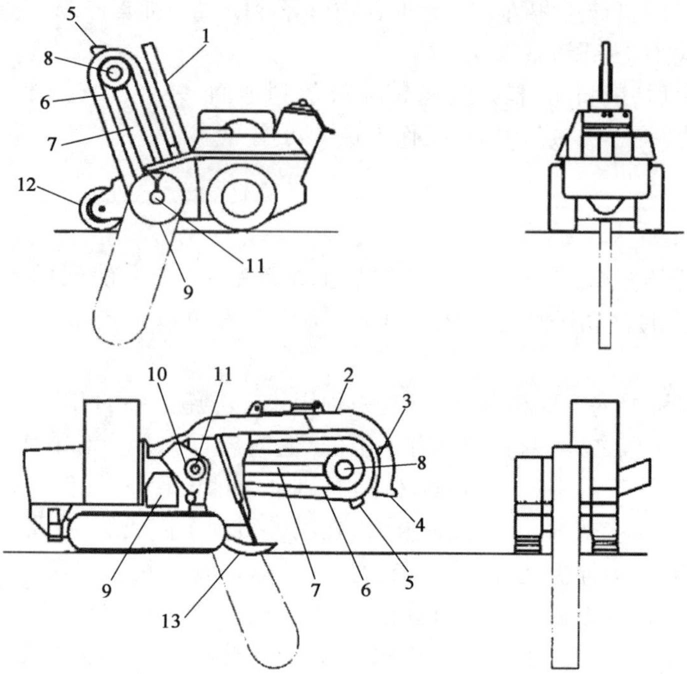

图 8-27　链式挖沟的结构

1-挡板;2-清沟臂;3-清沟刮板;4-清沟底板;5-开挖工具(杯形齿、凿形齿、刀头、其他);6-开挖链(单式或复式);7-开挖动臂;8-动臂末端张紧轮;9-排土装置(主轴驱动螺旋送料、引导轮驱动多个螺旋送料器、传送带、斜槽、其他);10-开挖链驱动轮;11-主轴;12-随动轮;13-水平随动机构

图 8-28　链式挖沟机外观

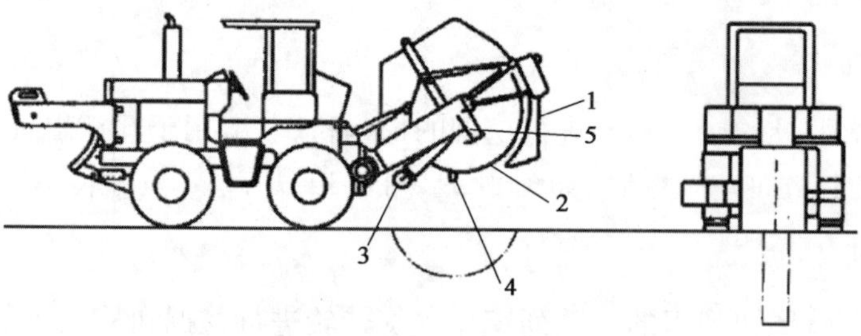

图 8-29　轮胎式盘式挖沟机的结构

1-清沟器;2-切削盘;3-排土装置(螺旋送料器、传送带、其他);4-切削刀具;5-水平随动机构

图 8-30　履带式盘式挖沟机外观

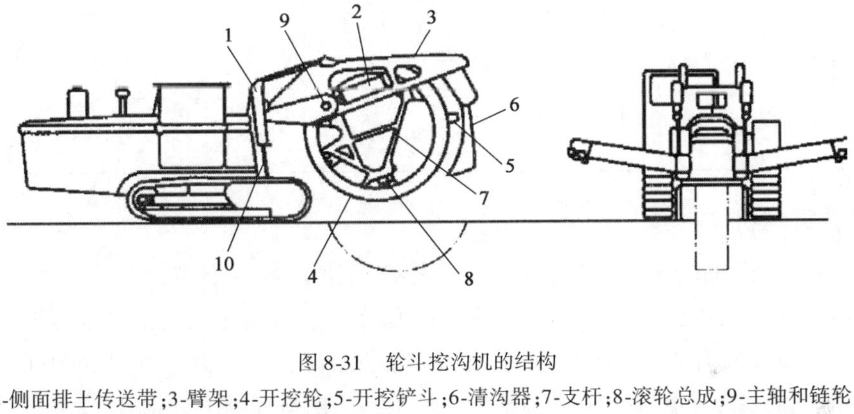

图 8-31　轮斗挖沟机的结构

1-车架;2-侧面排土传送带;3-臂架;4-开挖轮;5-开挖铲斗;6-清沟器;7-支杆;8-滚轮总成;9-主轴和链轮;10-桅杆

图 8-32　轮斗挖沟机外观

轮斗式挖沟机性能参数　　表 8-5

型号	单斗容量（m^3）	斗数（个）	生产率（m^3/h）	工作速度（m/h）	运输速度（km/h）	胶带速度（m/s）
GL15	0.05	14	200	138～289	1.532～3.509	3.32
GL20	0.09	16	400	68.5～364	1.22～5.26	2.15～2.78
GL23	0.1 0.3	15	500	50～350	0.95～3.92	4.5
型号	挖掘断面		发动机		外形尺寸（长×宽×高）(m)	整机质量(t)
	深度(m)	宽度(m)	型号	功率(kW)		
GL15	1.5	0.8	4125A	56	8.02×2.75×3.2	13
GL20	2	0.9	6135K—3	103	10.74×3.64×4	28
GL23	2.3	1.6/1.2 2.22/1.5	8V130	132	11.8×3.6×3.55	32.5

4. 链斗式开沟机

小型多斗挖掘机也用于开挖沟渠，也是一种开沟机。在中小型给排水管道工程挖掘较长距离沟槽时，有时采用多斗挖沟机，如图 8-33 所示。其优点是：挖土作业是连续的，在同样条件下生产率较高；开挖每单位土方量所需的能量消耗较低；开挖沟槽的底和壁较整齐；在连续挖土的同时，能将土自动卸在沟槽一侧。但是，挖掘的深度和宽度受限制，只能挖小槽。轮斗式挖沟机挖掘深度为 1.5～2.3m，宽度为 0.8～1.5m。链斗式挖沟机挖掘深度为 2.5～3.5m，宽度为 0.8～1.1m。多斗挖沟机不宜开挖坚硬的土和含水率较大的土，宜于开挖黄土、粉质黏土等。部分链斗式挖沟机性能参数见表 8-6。

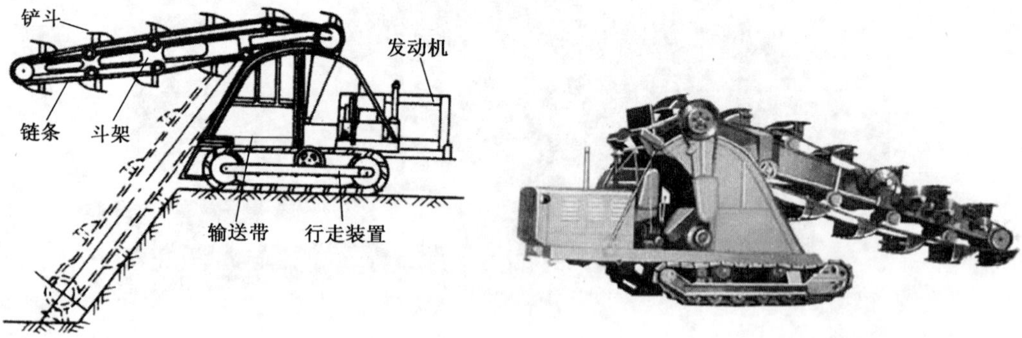

图 8-33　链斗式开沟机

链斗式挖沟机性能参数　　　表 8-6

型号	工作装置	链数（根）	螺旋根数（根）	沟的断面	最大沟深（m）	沟宽（m）	斗容（L）	每分钟卸土斗数（个）	斗链速度（m/s）	工作速度挡数
T—1	链式	2		矩形	2.5	0.8～1.1	45	59	1.1	8
T—1A	链式	2		矩形	3.5	0.8～1.1	45	59	1.1	8
T—1B	链—螺旋式	2	3	阶梯形	2.5	3.2/0.8～1.1	45	59	1.1	8
T—1C	链—螺旋式	2	4	阶梯形	3.5	3.2/0.8～1.1	45	59	1.1	8

型号	工作速度范围（m/h）	运输速度挡数	运输速度（km/h）	运输时平均接地压力（MPa）	发动机型号	额定功率（kW）	额定转速（r/min）	整机质量（t）
T—1	21.6～201	8	0.71～6.59	0.1	东方红—54	40	1300	11.36
T—1A	21.6～201	8	0.71～6.529	0.074	东方红—54	40	1300	11.755
T—1B	13.3～123.7	8	0.436～4.05	0.091	东方红—54	40	1300	12.778
T—1C	13.3～123.7	8	0.436～4.05	0.1	东方红—54	40	1300	13.35

5. 直埋式开沟机

直埋式开沟机是采用牵引杆拖着类似松土器的犁穿过土壤，且同时掩埋地下设施的挖沟机，如图 8-34 所示。其工作装置可以是采用仅是牵引杆拖着的固定犁刀移动刀刃穿过土壤，或者是采用刀刃摆动的振动犁刀穿过土壤以减少挂钩所需的牵引力。

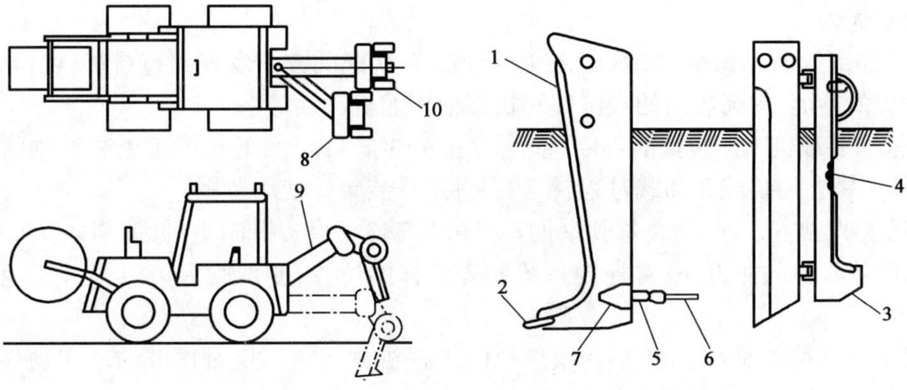

图 8-34　直埋式开沟机的结构

1-犁刀（走刀、拉刀、其他）；2-刀尖；3-进给管（固定式、铰链式、浮动式、独立式、单式或复式、其他）；4-进给管导套；5-牵引孔；6-牵引装置；7-子弹头；8-振动器；9-犁臂；10-滑靴或深度轮

6. 附属装置

滚筒支架:在直埋开沟作业中,传送和分配卷轴的电缆或其他的材料的整体结构件。

反铲挖掘装置:安装在挖沟机前面或后面的附属装置(图 8-35)。

回填铲:安装在挖沟机前面或后面的用于把弃土填回挖沟里的附属装置(图 8-35)。

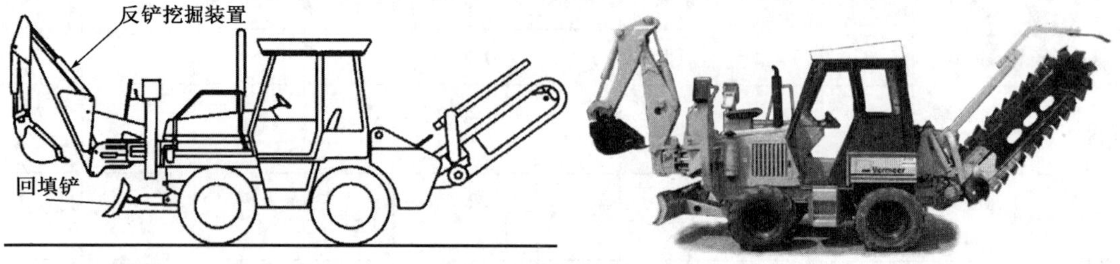

图 8-35　挖沟机附属装置

(五)挖掘装载机

挖掘装载机俗称“两头忙”。因为它具有独特的构造,前端是装载装置,后端为挖掘装置。在工地内,只需要转动一下座椅,即可完成从装载机到挖掘机操作手角色的转变。“两头忙”属于小型多功能工程机械的一种,一般在大工程完成后的小工程中使用。它可配多种工作装置及辅具,进行挖掘、铲装、路面破碎、平整场地、开挖沟渠、铺设管道等多种作业。

第一代挖掘装载机是在拖拉机前安装一个装载斗,后端安装一个挖掘斗。随着挖掘装载机技术的迅速发展,围绕着挖掘装载机的多功能,世界各国著名制造商(包括凯斯、特雷克斯、JCB、山猫、迪尔、沃尔沃、九保田等)都开发出了各具特色的产品。国外生产多功能工程机械的企业大约有 100 多家。而生产挖掘装载机产品的主要厂家是 JCB、约翰迪尔、菲亚特和小松等公司,随着世界小型工程机械的不断发展,挖掘装载机的技术性能也在提高,其主要发展趋势为:

(1)产品继续向体积小、功率大、轻巧灵活及多功能的方向发展,着重提高机器的功率,改善发动机的性能,提高燃料的经济性和机器使用的机动性等。

(2)挖掘装载机工作装置的不断优化,改善铲斗向自卸汽车的车箱里装卸物料时的运动轨迹,简化铲斗的装载和卸载过程,扩大各种工作装置的使用范围。

(3)改善驾驶室条件,增大驾驶室的尺寸和玻璃窗面积,提高室内的气压,以防灰尘侵入。提高隔绝噪声的能力,改善控制系统和操纵杆的位置,使驾驶人可以很方便地进入驾驶室。

装载机是一种作业效率高、用途很广泛的工程机械。它不仅对松散的堆积物料可进行装、运、卸作业,而且还可完成推土、挖土、松土等土方工程。如换装其他工作属具后,还可对木材、管材等长料和包装物件等进行装卸和搬运,也可进行起重作业。因此,装载机在园林工程中使用相当普遍,是最常用的工程机械之一。

装载机在我国发展非常迅速,目前我国的常林、柳工、厦工三个股份有限公司和烟台、宜春等一批工程机械厂，已形成了装载机的骨干生产基地，生产的装载机已达数十个品种，基本实现了产品的系列化，其中使用量最多的有 0.5、1、1.5、2、2.5、3、3.5、4、4.5、5（m^3）个系列 30 多种产品。这些产品大多已装备了液力机械传动、液压折腰转向、全动力液压换挡等先进技术，有的已开始应用电控变速器、电子液晶显示监控装置等高新技术，基本上已达到或接近国际先进水平，产品出口量正逐年增加。

1. 装载机的基本结构与工作原理

装载机的种类很多，按行走装置不同，有轮式和履带式两类，以轮式为主；按卸载方向不同，有前卸式、后卸式、回转式和侧卸式四种，以前卸式为多。图 8-36 所示为园林部门常用的轮式前卸装载机。

装载机主要由发动机、底盘、工作装置和液压操纵系统四部分组成。

发动机除少数小型装载机装备四冲程汽油机以外，绝大部分都采用柴油机，功率从几千瓦到几百千瓦不等。柴油机的特点是油耗低、经济性好、适应性强、工作稳定性好，能比较好地满足装载机工况的要求。

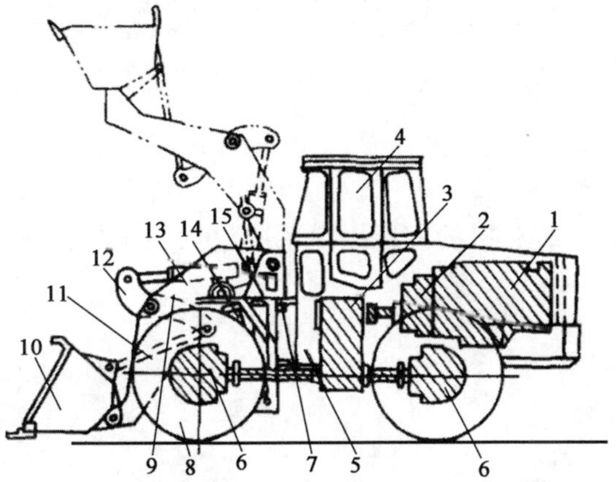

图 8-36　轮式前卸装载机

1-发动机；2-液力变矩器；3-行星变速器；4-操作人员室；5-后车架；6-前桥、后桥；7-车架铰接装置；8-车轮；9-动臂；10-铲斗；11-拉杆；12-摇臂；13-转斗液压缸；14-动臂液压缸；15-前车架

底盘的结构与汽车、拖拉机的底盘相类似，由传动、行驶、转向和制动四大系统组成。传动系统大多采用液力机械传动，它包括液力变矩器、行星齿轮变速器、万向传动装置、分动器、前后驱动桥（主减速器、差速器、轮边减速器）等部件。液力机械传动与普通机械传动相比有以下优点：

（1）可随外荷载变化而自动调整行驶速度。

（2）当运行阻力变化时，发动机的转速变化很小，基本上仍能保持原来的转速。

（3）作业时，在保持铲斗一定插入力的情况下，可同时举升动臂或转动铲斗，以减少铲掘阻力，缩短作业循环时间。

（4）可在不停车情况下换挡，提高作业效率。

（5）变矩器能吸收作业时传给传动系统的冲击，延长传动系零部件的使用寿命。

轮式装载机的行驶系统，几乎都采用大尺寸、宽基面的低压轮胎，这可使装载机发挥更大的牵引力，并提高通过性能。转向系统大多采用全液压折腰转向，车架由前后两部分组成，以铰销相连，利用液压缸推动前后车架的相对偏转来实现转向，其转向半径小，机动性和通过性都比较好。装载机的制动系统广泛采用双管路气助液动力伺服制动和钳盘式行车制动器，以提高在恶劣环境下的制动可靠性。

装载机的工作装置由铲斗、动臂、摇臂、拉杆、动臂液压缸、转斗液压缸等组成。动臂的一端铰接在车架上，另一端安装铲斗，动臂的升降由动臂液压缸来带动。铲斗的翻转由转斗液压缸通过摇臂和拉杆来实现。驾驶人通过操纵动臂液压缸、转斗液压缸的操纵阀车辆即可进行铲斗的铲、装、运、卸等作业。铲斗是装载机的主工作装置，它有多种结构形式可供选用，如图 8-37 所示。直刀刃铲斗适宜于装载轻质和松散小颗粒物料，并可利用刀刃作刮平、清理场地等工作。V 形刀刃便于插入料堆，适宜于铲装较密实物料，斗齿铲斗则具有更大的插入物料的能力，特别是 V 形斗齿铲斗，主要适用于铲装石料和坚实物料，也可挖掘土壤。除铲斗以外，装载机还可更换其他属具，完成其他作业。换装颚抓，可用于抓取和装载木材、管材等长物料；换上叉架，可以作叉车使用；换上起重臂，可以进行起重作业等（图 8-38）。

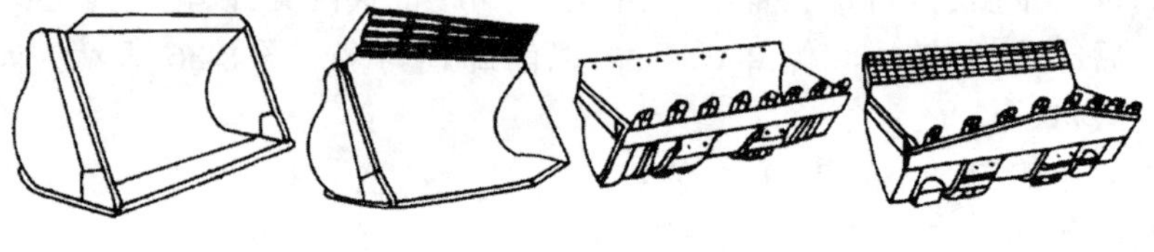

a)　b)　c)　d)

图 8-37　铲斗的结构形式

a）直刀刃铲斗；b）V 形刀刃铲斗；c）斗齿铲斗；d）V 形刀刃斗齿铲斗

装载机的液压操纵系统包括工作装置液压系统和动力转向液压系统，这两个系统常组成统一的组合式多泵液压系统。工作装置液压系统主要由双联齿轮泵（主泵和辅助泵）、手控多路换向阀、双作用安全阀、转斗液压缸、动臂液压缸、自动复位装置、液压箱等组成，动力转向系统则与工作装置系统共用一个液压箱和一个辅助泵，此外还包括有转向泵、流量转换阀、转向阀、安全阀、转向液压缸等。两个转向液压缸分别位于车架两侧，其两端分别与前后车架铰接。驾驶人通过转向盘和循环球齿条齿扇式转向器操纵转向控制阀，改变左右两个转向液压缸前后腔的充油量，使前车架相对后车架偏转，从而实现装载机的转向或直线行驶。

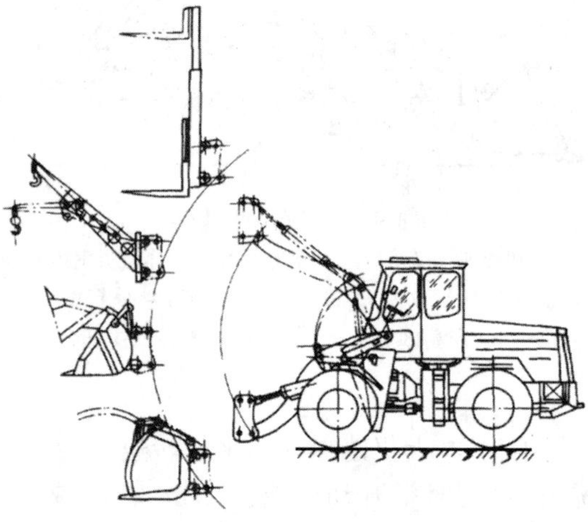

图 8-38　装载机的部分可更换属具

2. 装载机的主要技术参数与标记

装载机的技术性能参数很多，有些参数的含义比较明确，有些则不然。正确理解这些参数，与装载机的正确使用密切相关。

（1）额定装载质量 m_e：是指装载机在固定作业时所允许装载的最大起升质量。它反映了装载机的生产能力，是装载机的主参数。装载机在作业时的实际装载质量应小于额定装载质量，这样才能保证装载机作业时的必要稳定性。一般规定，轮式装载机在平、硬的地面上作业时，速度 $v_a \leqslant 6.4$km/h，铲斗中的荷载不得超过静态倾翻荷载的 50%。

装载机按额定装载质量可分为：小型（ <1t）、轻型（1 ~ 3t）、中型（4 ~ 8t）、重型（≥10t）几种。

(2)装载机的斗容量 V:装载机的斗容量有几何额定斗容量和额定斗容量两种:几何斗容量是指铲斗的平装容积,即由铲斗切削刃与挡板上边缘的连线沿斗宽方向刮平后留在斗中物料的容积;额定斗容量是指铲斗上口四周均以 1 : 2 的坡度堆积物料时,由料堆坡面线与铲斗内廓之间所围成的容积,又称名义堆积容积。在产品使用说明书中,若未注明是几何斗容量或额定斗容量时,均指额定斗容量。

由于不同的物料有不同的容积密度 ρ,因此同一装载质量等级的铲斗可以有不同的容积。一般分成三类:正常斗容的铲斗,用于铲装 $\rho=1.4\sim1.6\text{t/m}^3$ 的物料,如砂、松散泥土、碎石等;加大斗容的铲斗,用于铲装 $\rho=1\text{t/m}^3$ 左右的物料,如煤等;加大斗容一般为正常斗容的 1.4 ~1.6 倍;减小斗容的铲斗,用于铲装容积密度较大的物料,如矿石等,减小斗容为正常斗容的 60% ~80%。对于作业范围广的装载机,一般采用正常斗容的铲斗,但在铲装容积密度大的物粒时,铲斗不应装满。

(3)卸载高度 H 和卸载距离 S:卸载高度是指在前倾卸载情况下,铲斗斗底与水平面成 45°时,铲斗刃口距地面的垂直高度;卸载距离是指在相应卸载高度时,铲斗刃口到装载机最前点(轮式装载机前轮胎的前缘)之间的水平距离。

在产品使用说明书中标注的最大卸载高度 H_{max} 和最小卸载距离 S_{min},是指动臂提升到最高位置时的卸载高度和卸载距离。

(4)铲斗倾角 α:分为收斗角和卸载角。收斗角是指铲斗斗底由水平面向上转动的角度,又称上翻角,动臂在不同位置时收斗角是不同的,一般只标注装载机在运行状态时的最大收斗角 α_1 和动臂升到最大高度时的最大收斗角 α_2;卸载角是指铲斗斗底由水平面往下转动的角度,又称下翻角,一般标注最大卸载高度时的卸载角 α_3。

(5)最小转弯半径 R_{min} 是指装载机在无载低速转弯行驶,转向轮处于最大转角时,车体最外侧至转向中心的最小距离。一般车体最外点是铲斗的斗尖。这是决定装载机机动性的主要参数。

表 8-7 列出了部分国产轮式装载机的主要技术性能参数,供选择时参考。

部分国产轮式装载机的主要技术性能参数　　表 8-7

技 术 参 数	ZL10	ZL15	ZL20	ZL30E	ZL50G
额定斗容量(m^3)	0.45 ~0.6	0.5 ~0.8	1.0	2.2	3.0
额定装载质量(kg)	1000	1600	1200	3000	5000
掘起力(kN)	30	34	53	92	180
最大牵引力(kN)	≥30	≥35	≥53	100	152
卸载高度(加长臂)(mm)	2700	2800	2750	2911	3150
最大卸载高度时的卸载距离(mm)	900	900	900	1055	1250
卸载角(°)	45	45	45	45	45

续上表

技术参数	ZL10	ZL15	ZL20	ZL30E	ZL50G
铲斗提升时间(s)	4	5.2	4	4.6	5.08
铲斗下降时间(s)	3	5	4	3.2	4.3
标定功率(kW)	22	37	62	92	162
标定转速(r/min)	2200	2650	2200	1680	2200
整机操作质量(kg)	2950	3800	5400	10500	17100
外形尺寸(长×宽×高)(mm)	5400×1640×2450	5400×1600×2530	5660×2054×2757	6703×3225×2456	8050×2985×3520
轮胎型号	1400－16	1100－16	1700－16	1750－25	2350－25

装载机的型号标记由4组汉语拼音字母或数字组成：

装载机代号——用字母“Z”表示；

行驶装置及传动形式代号——履带行走、机械传动不标记；履带行走、液力传代号为“Y”；轮胎动行走、液力传动代号为“L”。

主参数代号——以额定起升质量(t)×10表示。

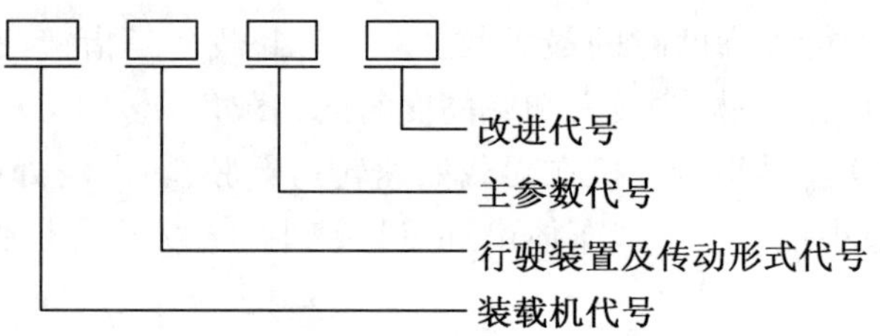

例：ZL50表示装载机为轮式、液力机械传动，装载质量为5t。

3. 挖掘装载机使用注意事项

(1)挖掘作业前，应先将装载斗翻转，使斗口朝土，并使前轮稍离开地面，踏下并锁制动踏板，然后伸出支腿，使后轮离地并保持水平位置。

(2)作业时，操纵手柄应平稳，不得急剧移动；动臂下降时不得中途制动。挖掘时得使用高速挡。

(3)回转应平稳，不得撞击并用于砸实沟槽的侧面。

(4)动臂后端的缓冲块应保持完好；如有损坏时，应修复后方可使用。

(5)移位时，应将挖掘装置处于中间运输状态，收起支腿，提起提升臂后方可进行。

(6)装载作业前，应将挖掘装置的回转机构置于中间位置，并用拉板固定。

(7)在装载过程中，应使用低速挡。

(8)铲斗提升臂在举升时，不应使用阀的浮动位置。

(9)在前四阀工作时,后四阀不得同时进行工作。

(10)在行驶或作业中,除驾驶室外,挖掘装载机任何地方均严禁乘坐或站立人员。

(11)行驶中,不应高速和急转弯。下坡时不得空挡滑行。

(12)行驶时,支腿应完全收回,挖掘装置应固定牢靠,装载装置宜放低,铲斗和斗柄液压活塞杆应保持完全伸张位置。

(13)当停放时间超过1h时,应支起支腿,使后轮离地;停放时间超过1d时,应使后轮离地,并应在后悬架下面用垫块支撑。

4. 装载机的维护

正确、规范的维护,对充分发挥装载机的使用性能、提高作业效率、延长使用寿命、减少或避免安全事故,均具有十分重要的意义。装载机的结构不同,工作条件不同,其维护的周期和内容也不尽相同。一般来说,装载机的维护周期分六级进行:日(8~10h)维护;周(50h)维护;月(200h)维护;季(600h)维护;半年(1200h)维护;年(2400h)维护。根据装载机的作业时间、作业环境和装载机的实际技术状态,还可对维护周期作适当调整。各级维护的内容如下。

(1)日维护:由驾驶人在每日开车前和收车后进行。

①检查发动机润滑油油面,油面低于油标尺低限刻线时应加油,如高于油标尺高限刻线时,应找出机油被稀释的原因,并排除。

②检查燃油箱油面。

③检查发动机、变矩器、液压泵及转向器的紧固、密封情况,以及是否有过热现象。

④检查有无漏油、漏水、漏气、漏液、漏电等情况。

⑤检查传动轴及万向节、各铰销等处的螺栓有无松动或损失等现象。

⑥检查整机各处有无异响、抖振等不正常现象。

⑦保持车容、车貌整洁,无油污、泥土、杂物等。

(2)周维护:由驾驶人或专业维修人员进行。

①检查并调整风扇、发电机传动带的松紧程度。

②检查并添加喷油泵体内润滑油。

③检查蓄电池电解液液面和密度,电解液液面应在极板上10~15mm处,不足时应加蒸馏水,相对密度应大于1.27,当环境温度15℃时相对密度为1.28~1.29。

④检查并调整各踏板自由行程。

⑤检查油门、驻车制动、变速器等操纵杆系有无卡滞、不灵活现象。

⑥按规定部位和规定油(脂)的牌号加油。

⑦清洗机油粗滤器、燃油粗滤器和空气滤清器滤芯。

(3)月维护:一般由专业维修人员完成。

①清洗机油细滤器和燃油细滤器滤芯。

②清洗液压工作系统和变矩器的粗滤清器、细滤清器的滤芯。

③检查轮胎气压及磨损情况,气压一般为0.27~0.39MPa,松软地面上作业时应取下限,一般地面取上限。

④检查前、后主减速器、轮边减速器油面。

⑤检查并紧固前、后车轮、摆架、制动器螺栓。

⑥检查车架、工作装置等受力较大部位的焊缝是否脱焊、有裂缝等现象。

⑦工作150h时,拆检制动主缸活塞皮碗,如有老化、损伤等现象若有应换新件。

(4)季维护:由专业维修人员进行。

①清洗发动机冷却系统。

②向发电机、电起动机注射润滑脂,并检查电气系统及接线柱,如有烧痕等异常应换新件。

③检查并调整发动机气门间隙。

④检查并调整配气定时及喷油提前角。

⑤检查、清洗并调整喷油嘴的喷油压力、油束角及射程。

⑥检查并清洗制动主缸放气孔、主减速器、变速器、变矩器的通气孔。

⑦向传动轴伸缩花键注射润滑脂。

⑧更换发动机润滑油及喷油泵体内润滑油。

⑨检查空气压缩机、储气筒、制动阀及其管路是否漏气。

⑩检查液压工作系统的转斗液压缸、动臂液压缸有无沉降现象,必要时检修液压泵、活塞、分配阀,或更换密封件。

⑪每年春、秋两季要对发动机润滑油、主减速器油、液压工作油、燃油以及润滑脂(滚动轴承及销轴)进行季节换油。

(5)半年维护:由专业维修人员进行。

①清洗发动机油底壳、燃油箱及管路。

②清洗并按规定润滑各运动副。

③检查并更换驻车制动器的摩擦衬片。

④检查全部仪表、灯光及指示信号灯。

⑤检查并更换制动主缸密封皮碗。

(6)年维护:由专业维修人员进行。

①检修发动机。

②根据装载机技术状况,对变速器、变矩器、主减速器、差速器、轮边减速器进行解体检查、修复或更换零部件。

③检查转向器及转向盘自由行程,修复或更换新件。

④检查并修复车架、车桥、工作装置动臂、拉杆、摇臂的变形、裂纹等损伤处。

⑤解体检查制动系统各部件,修复或换新件。

5. 装载机的故障分析

当装载机在作业中出现故障时,能否及时排除,将直接影响到机器的生产率和作业的安全性。表8-8列出了轮式装载机的常见故障,分析了故障产生的原因,提出了相应的处理方法。由于装载机的具体结构不尽相同,故障的原因和处理方法也会有差异,故本表仅供参考。

轮胎式装载机的故障的原因和排除方法 表8-8

故障现象	产生原因	排除或处理方法
发动机不能起动或起动困难	①燃油断绝或不足，喷射泵不喷油； ②松开放气螺塞后，无燃油流出； ③松开放气螺塞后，有气泡出现	①检查燃油箱油位. 不足则添油； ②清洗燃油管，检查燃油泵的功能； ③放出燃油系统混入的空气
发动机正常运转，但机器不能行驶	①驻车制动车闸把未松开； ②换向或变速操纵杆未推上； ③换速离合齿轮未接合上； ④变矩器和变速器中的油位过低； ⑤压力调节器的话塞卡在开口位置； ⑥供油泵流量过小或损坏； ⑦变速器油槽中的粗滤油器堵塞； ⑧缸体中柱塞卡在切断油路的位置； ⑨离合器活塞环断裂和磨损量超限； ⑩管接头松弛或吸油管损坏，油泵吸入空气	①松开驻车制动车闸把； ②推上换向或变速操纵杆； ③将操纵杆扳到所需挡位的极限位置； ④加油至规定油位； ⑤清洗活塞和阀体； ⑥更换供油泵； ⑦清洗粗滤油器和油槽； ⑧更换复位弹簧，清洗柱塞和缸体； ⑨更换损坏或失效的活塞环； ⑩拧紧所有管接头或更换损坏的油管
机器能够后退而不能前进	①后退离合器摩擦片卡住； ②后退离合器活塞卡住； ③操作杆推拉不到位	①检查和修理离合器摩擦片； ②检查和修理离合器活塞； ③将操作杆推拉到挡位的极限位置
全踏下加速踏板，而机器速度降低	①变矩器和变速器中的油位过低； ②变矩器的压力调节阀失灵； ③气阀柱塞没有回到正常位置； ④吸油口磁性过滤器堵塞； ⑤变速器的离合器内油压不足	①按照规定油位，加足油量； ②检查或更换调节弹簧； ③更换失效弹簧，清洗柱塞和缸体； ④放掉过滤器的油，清洗过滤器； ⑤检查或更换阀弹簧和密封件
机器只能单方行驶	①换向阀操作杆系安装不适当； ②离合器内有泄漏	①检查和处理换向阀操作杆系的故障； ②检查阀弹簧和密封件
机器只能在一个方向或一个速度有效工作	①换向阀操纵杆系统的动作不符合要求； ②变速离合器中在某方向油压过低	①检查换向阀杆系的连接处，调整或更换； ②检查或更换向阀弹簧和密封件
变矩器和变速器过热	①变矩器和变速器中的油位过低； ②装载机工作的转动比不当； ③传动系统过载，发动机过热； ④换向和变速离合器中的油压过低，离合器打滑； ⑤油泵损坏或吸油管漏气； ⑥变矩器旁通安全阀弹簧损坏或阀部分开放； ⑦冷却器堵塞或回油管不畅通； ⑧离合器主动摩擦片和被动摩擦片在接合位置自锁	①按照规定油位，加足油量； ②选择并控制机器的合适转动比； ③减少负荷或排除冷却系统故障； ④检查或更换向阀弹簧和密封件，消除泄漏并调节至合适压力； ⑤检查或修理手油泵、吸油管及管接头； ⑥检查球形阀座状况，更换弹簧； ⑦清洗冷却器及油管； ⑧立即停机，更换损坏的摩擦片

续上表

故障现象	产生原因	排除或处理方法
变矩器中的油压增高	①安全阀失效； ②控制阀孔道堵塞或错位； ③压力表失灵	①拆检和清洗安全阀； ②拆检和清洗控制阀； ③更换压力表
机器行驶操纵不灵	①离合器摩擦片粘住.操纵杆在“中位”而不能停车； ②操纵杆空行程间隙过大； ③换向阀阀芯卡住； ④操纵杆变形或断裂	①拆检离合器，更换摩擦片； ②调整杆系，更换磨损超限的操纵杆； ③拆检换向阀，更换失效零件； ④修焊或更换操纵杆
变矩器和变速器声音不正常	①传动齿轮磨损超限； ②油泵零件磨损超限； ③轴承磨损超限或损坏； ④变速器内混入被损零件的碎屑	①更换磨损的齿轮； ②更换磨损的油泵零件； ③更换磨损或损坏的轴承； ④清洗变速器并换新油
动臂不能正常升降	①液压泵不上油或使油压过低； ②液压箱油位过低； ③液压系统密封不好； ④阀孔关闭或溢流阀卡住； ⑤动臂液压缸工作不正常	①检查液压泵工作状况.使之正常运转； ②加油到规定油位； ③检查或更换损坏的密封件及管件； ④检查阀体并调整有关调节螺钉； ⑤检查油封、活塞杆密封圈及活塞杆，更换变形及损坏者
铲斗不能正常翻转	①液压工作系统油压过低； ②铲斗液压缸工作不正常	①检查阀、管件及密封件； ②检查油封、活塞杆密封圈及活塞杆，更换变形及损坏者
转向系统失灵	①泵的流量不足，使系统油压过低； ②液压系统密封不好； ③阀孔关闭或溢流阀柱塞卡滞； ④转向液压缸不能正常工作； ⑤油箱油位过低	①检修液压泵.使之正常运转； ②检查或更换损坏的密封件及管件； ③拆检阀体，清洗孔道，并作调整； ④检查油封、活塞杆密封圈及活塞杆，更换变形及损坏者； ⑤加油到规定油位

二、起重机械

(一)汽车起重机

起重机械种类很多，在园林工程中使用最多的是汽车起重机。汽车起重机是在通用或专用载货汽车的底盘上，装上起重工作装置及设备的起重机械。由于它利用了汽车底盘，因而具有汽车的通过性能好、机动灵活、行驶速度快、可快速转移、到达目的地后能马上投入工作等一系列优点,所以特别适用于流动性大、不固定的作业场所。在园林工程中,无论是假山的建造,大树的移植,还是各种园林建筑工程等,都需要汽车起重机进行装卸作业。

1. 汽车起重机的基本结构

汽车起重机由汽车底盘、取物装置、起重臂、回转机构、变幅机构、支腿,以及液压操纵系统等组成,图 8-39 所示为汽车起重机的主要结构。

汽车底盘有通用的汽车底盘和专用汽车底盘两种。通用汽车底盘是指采用原汽车底盘稍加改装,必要时才更换原车架,一般小型汽车起重机多在原汽车底盘上加装副车架,以增加其刚度和强度,支撑起重机的上车部分,其优点是制造工艺简单、成本比较低,缺点是起重机重心偏高、质量较大。专用汽车底盘是按起重机要求专门设计的,轴距加长,车架刚性加大,驾驶室也可能重新布置,主要用在大、中型汽车起重机上。

取物装置主要包括吊钩或其他属具,如抓斗等,由起重卷筒通过钢丝绳、滑轮牵引。

起重臂是起重荷载的主要承载件,有桁架式和箱形两种结构。前者通常由钢丝绳牵动起重臂头部来变幅,故起重臂为偏心受压构件;后者是用刚性的液压缸(变幅液压缸)推动伸缩式起重臂变幅,故起重臂为悬臂梁受弯构件。目前,汽车起重机上主要采用伸缩式箱形起重臂。伸缩式箱形起重臂由多节组成,需要时逐节伸出,以满足不同起重高度的要求;有时,为扩大其作业范围,还在起重臂顶端加一桁架式副臂。

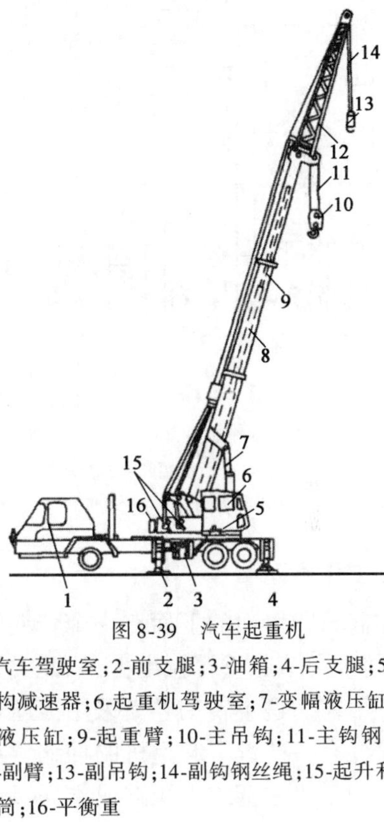

图 8-39　汽车起重机

1-汽车驾驶室;2-前支腿;3-油箱;4-后支腿;5-回转机构减速器;6-起重机驾驶室;7-变幅液压缸;8-伸缩液压缸;9-起重臂;10-主吊钩;11-主钩钢丝绳;12-副臂;13-副吊钩;14-副钩钢丝绳;15-起升和变幅卷筒;16-平衡重

回转机构包括回转平台、回转减速器及其驱动装置等,起重臂、起重机驾驶室、起升和变幅卷筒等均安装在回转平台上,以便于起重臂能回转作业。平台的旋转由汽车分动箱通过回转减速器驱动旋转;也有通过液压驱动旋转的。

变幅机构用于改变起重臂的工作幅度,以扩大起重机的作业范围,它由变幅液压缸等组成。

支腿用于提高汽车起重机的起重能力,使荷载能通过支腿刚性地传递到地面上,减轻车轮和车轴的荷载,并增加起重机的稳定性。汽车起重机要求支腿有足够的强度和刚度,伸缩方便,行驶时能收回,作业时能外伸撑地。在现代汽车起重机上,支腿的伸缩都采用液压传动,其结构形式以蛙式和 H 式为多。

汽车起重机的液压操纵系统比较复杂,图 8-40 所示为一种主要用于小型汽车起重机上的开式、单泵单路系统。整个操纵系统的油路分成两部分:一部分是起重臂伸缩机构、变幅机构、回转机构、起升机构回路,其液压元件都装在回转平台上部;另一部分为前、后支腿油路,其元件和液压泵、油箱、滤清器等一起都装在下部,上部和下部油路通过中心回转接头连接。两部分油路不能同时工作,它通过支腿换向阀组中的二位三通分路阀进行操纵。当分路阀处于位置 a 时,液压泵的压力油进入支腿液压缸,可进行支腿作业;当支腿完成后,将分路阀拨至 b 位置时,液压泵的压力油即进入上部油路,可进行起重作业。

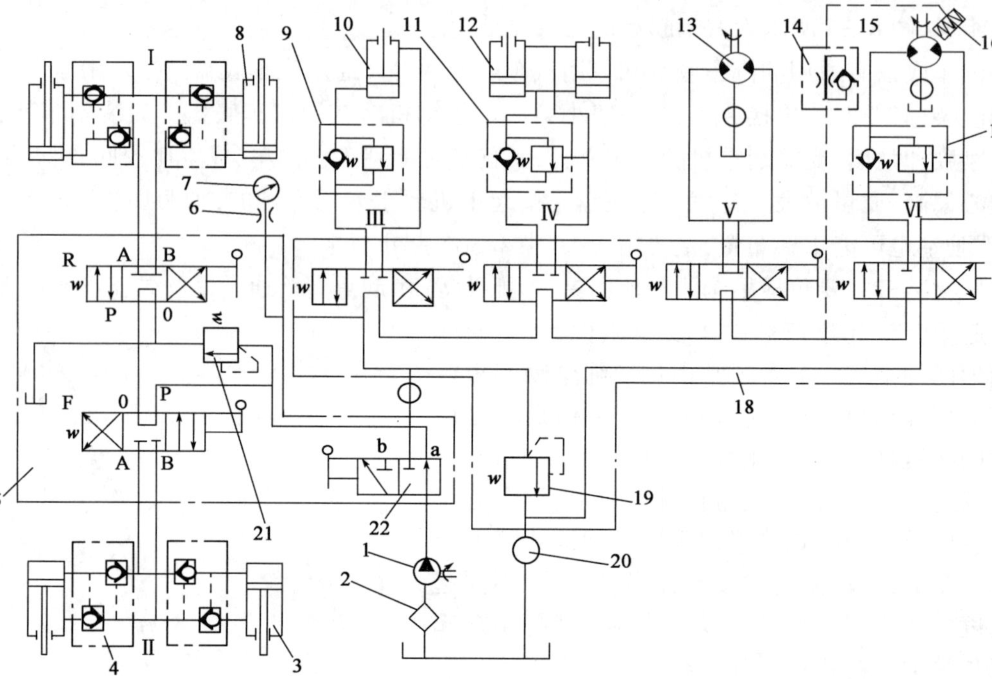

图 8-40　汽车起重机的液压操纵系统

1-液压泵;2-过滤器;3-前支腿液压缸;4-双向液压锁;5-支腿换向阀组;6-阻尼塞;7-油压表;8-后支腿液压缸;9-伸缩平衡阀;10-伸缩液压缸;11-平衡变幅阀;12-变幅液压缸;13-回转液压马达;14-单向阻尼阀;15-起升液压马达;16-起升制动器松闸液压缸;17-起升平衡阀;18-主分配阀;19-主溢流阀;20-中心回转接头;21-支腿溢流阀;22-二位三通分路阀

2. 工作原理

在起重臂里面的下面有一个转动卷筒,上面绕钢丝绳,钢丝绳通过在下一节臂顶端上的滑轮,将上一节起重臂拉出去,依此类推。缩回时,卷筒倒转回收钢丝绳,起重臂在自身重力作用下回缩。这个转动卷筒采用液压马达驱动,因此能看到两根油管,但不能当成液压缸。

另外有一些汽车起重机的伸缩臂里面安装有套装式的柱塞式液压缸,但此种应用极少见。因为多级柱塞式液压缸成本昂贵,而且起重臂受载时会发生弹性弯曲,对液压缸寿命影响很大。

3. 汽车起重机的使用特点

(1)起重特性

起重机的起升质量参数,通常是以额定起升质量表示的,单位是吨(t)所谓额定起升质量是起重机在各种工况下安全作业所容许的起吊货物的最大质量。起重机的起升质量一般不包括吊钩的质量，但若换装抓斗或电磁吸盘时，则应包括它们的质量。汽车起重机的起升质量是随吊钩的起升高度、起重臂长度、幅度的改变而变化的，随着起重臂长度和幅度的增加，起升质量就相应的减小，这种关系称为汽车起重机的起重特性。起重特性可用数值表示，表 8-9 为 Q2-16 型汽车起重机的起重性能表，其最大额定起升质量为 16t；起重特性也可用特性曲线表示。汽车起重机铭牌上标定的起升质量是最大额定起升质量，即基本臂处于最小幅度，并使用支腿时所允许起吊货物的最大质量。所以用户在使用中或选型时，一定要充分注意汽车起重机的这一起重特性。

Q2-16 型汽车起重机起重性能表 表 8-9

幅度(m)	基本臂(8.2m)		伸出二节臂(14.1m)		伸出三节臂(20m)	
	倍率(6)		倍率(4)		倍率(2)	
	起升质量(t)	起升高度(m)	起升质量(t)	起升高度(m)	起升质量(t)	起升高度(m)
3.5	16	7.9	8	14.2		
4.0	13.25	7.6	8	43.9		
4.25	12	7.4	8	13.8	6	20
4.5	11	7.2	8	13.75	6	19.9
5.0	9	6.9	7.2	13.6	6	19.8
6.0	6.5	6	5.6	13.15	4.8	19.45
7.0	5	4.6	4.4	12.6	4	19.1
8.0			3.65	11.9	3.3	18.7
9.0			3	11.2	2.75	18.2
10.0			2.5	10.25	2.3	17.7
12.0			1.9	7.7	2.3	16.3
14.0					1.4	14.5
16.0					1.15	12.2

(2)稳定性

对于汽车起重机，保持稳定性具有极其重要的意义。据统计在轮胎式起重机所发生的事故中，有 60% ~80% 是由于起重机丧失稳定而使起重机倾翻造成的。起重机倾翻是一种严重事故，因此汽车起重机在任何时候都必须保证稳定性。

汽车起重机的稳定性分两种：一是转移作业地点时的行驶稳定性，它包括行驶纵向稳定性和行驶横向稳定性，以失去行驶横向稳定性的事故为常见；另一是工作状态下的起重稳定性。

$$v_{\phi\max} = \sqrt{gRB/(zh_g)}$$

在水平路面上，车辆不发生侧滑的允许最大车速 $v_{\phi\max}$ 为：

$$v_{\phi\max} = \sqrt{g\phi R}$$

式中：R——转弯半径；

B——轮距：

z——车辆轴荷；

ϕ——车轮地面附着系数；

h_g——起重机重心高。

当汽车起重机转弯行驶时，若车速过高，在离心力作用下，侧向力会大于车轮横向附着力，从而可能产生侧滑或侧向翻倾。

为了不发生侧滑或侧向翻倾，汽车起重机在转弯时一定要低速行驶，其行驶速度决不能大于 $v_{\phi max}$ 或 v_{omax}。

起重机工作状态下的稳定性常用稳定性系数 K 表示，其计算公式为：

$$K = T_s / T_t \geqslant 1.4$$

式中：T_s——稳定力矩；

T_t——倾覆力矩。

为了保证起重机具有足够的稳定性，汽车起重机在作业时必须严格按照起重特性规定的起升质量起吊，绝对不允许超载作业；同时一定要使用支腿，决不允许在无支腿情况下作业；还应该注意风力和风向，应避免在风力较大的情况下作业。

(3)关于故障

为了安全，起重机是绝对不能在有故障的情况下作业的。出现故障应停止作业，迅速查找原因，待故障排除后再继续作业。表 8-10 列出了一般汽车起重机常见的故障原因及其排除方法，以供参考。

汽车起重机的故障原因及排除方法 表 8-10

故障现象	产生原因	排除或处理方法
支腿操作不灵活且吊重时下沉	①液压泵排量不足； ②双向液压锁失灵； ③溢流阀失灵或溢流压力偏低； ④液压缸密封圈损坏，有内漏； ⑤旋阀操作不到位； ⑥液压缸内有空气	①检修液压泵或提高转速； ②检修或换装新件； ③检修或更换溢流阀，调整溢流阀开启压力； ④拆检液压缸，更换损坏的密封圈； ⑤将旋阀旋至全闭位置； ⑥往返运动液压缸排除空气
吊钩不能起升	①常闭式制动器间隙太小； ②钢丝绳脱槽或被卡住； ③系统的工作压力太低； ④管路堵塞，油流不畅通	①调整闸带与闸轮之间的制动间隙； ②调整钢丝绳与滑轮，消除卡滞现象； ③调整溢流阀的溢流压力； ④疏通和清洗管道及附件
吊重物下降时振动较大	①操作不规范； ②限速液压锁设定值不适当； ③发动机油门工作不稳定	①掌握工作系统规律，动作要稳、准、缓； ②重新调整控制压力； ③检修和调整油门操纵装置
吊重物停留时自动下降	①制动瓦与制动轮工作面接触不良； ②制动器的制动能力不够； ③起重量超过规定范围	①检修制动瓦和制动轮工作面，使接触面积不少于 70%； ②调整制动器，增大制动力矩； ③减少起重量

续上表

故障现象	产生原因	排除或处理方法
变幅时起重臂不起升	①溢流阀溢流压力过低； ②管路堵塞，油流不通畅； ③液压缸内漏严重	①重新调整溢流阀的溢流开启压力； ②疏通和清洗管道及附件； ③拆检液压缸，更换已损坏的密封圈
变幅时起重臂不下降或振动严重	①限速液压锁中的控制压力太高； ②液压缸内混入空气； ③管路不畅通，油流受阻	①重新调整液压锁的设定值； ②打开排气阀排除空气(或空载动作液压缸排气)； ③疏通和清洗管道及附件
变幅液压缸自行下沉	①限速液压锁失灵； ②管路接头漏油； ③液压缸中密封件损坏，内漏	①检修或更换失效零件； ②修补和紧固接头，换装密封件； ③拆检液压缸，更换已损坏的密封件
起重臂伸缩时过紧或振动	①平衡阀脏污，阻尼孔堵塞； ②基本臂与伸缩臂摩擦力过大或卡滞； ③托辊调整不适当	①清洗平衡阀，疏通阻尼孔； ②检修基本臂和伸缩臂的工作面； ③新调整托辊安装状况
气压取力装置的液压泵排挡失灵	①工作气压不足； ②气路漏气或堵塞； ③手动气阀失灵	①检查供气系统，提高工作气压； ②检修和疏通气路； ③检修或更换气阀
液压系统油路漏油	①油路接头松动； ②密封件损坏； ③油管及附件破裂	①检修并紧固各接头； ②检查各密封件，更换已损件； ③检修或更换破裂的油管及附件
工作油压升不高(不符合要求)	①油箱液面过低或吸油管堵塞； ②溢流阀溢流压力过低； ③液压泵排油量不足； ④压力管路与回油管路串通或元件泄漏严重； ⑤液压泵产生故障或损坏	①清洗吸油管，加足工作油； ②重新调整溢流阀开启压力； ③检修液压泵并增加转数； ④检修油路，阀和液压马达等，更换已损坏失效的元件； ⑤检修或更换液压泵
液压系统有严重噪声	①管路系统混入空气； ②管路及元件连接不紧固，管卡松动； ③工作油温度太低； ④滤油器或滤油网堵塞； ⑤油箱油液不足	①检查滤油网和吸油管，排除空气； ②紧固各连接件及管卡； ③适当预热油液或换油； ④清洗滤芯(或滤网)，换装新油； ⑤加油至规定油面标准高度
液压系统的压力表失灵	①减摆器失灵； ②进油管堵死或泄漏； ③液压泵零件磨损严重； ④压力表损坏失效； ⑤系统工作压力失稳	①检修并重新调整减摆器； ②检修和清洗油管，完善密封； ③检修液压泵，更换磨损件； ④更换压力表； ⑤检测油压，普查油路

(二)卷扬机

卷扬机(又称绞车)是由人力或机械动力驱动卷筒、卷绕绳索来完成牵引工作的装置。可以垂直提升、水平或倾斜拽引重物。具有构造简易紧凑、易于制造、操作简单、转移方便等特点。在工程施工中常配以人字架、拔杆、滑轮等辅助设备用于小型构件的吊装等。

卷扬机按驱动方式可分为手动卷扬机和电动卷扬机,用于结构吊装的卷扬机多为电动卷扬机;按卷筒数分有单筒、双筒、多筒;按速度分为快速、慢速。常用形式为电动单筒和电动双筒卷扬机。

电动卷扬机主要由电动机、卷筒、电磁制动器和减速机等组成,卷扬机按其速度又分为快速和慢速两种。快速卷扬机又分单向和双向,主要用于垂直运输和打桩作业;慢速电动卷扬机主要用于结构吊装、钢筋冷拉、预应力张拉等作业。

常见的卷扬机吨位有:0.3、0.5、1、1.5、2、3、5、6、8、10、15、20、25、30(t)。

1. 单筒慢速卷扬机

单筒慢速卷扬机的构造如图 8-41 所示,它以电动机为动力,通过联轴器传给涡轮减速器及开式传动齿轮组,再驱动卷筒旋转。单筒慢速卷扬机基本参数见表 8-11。

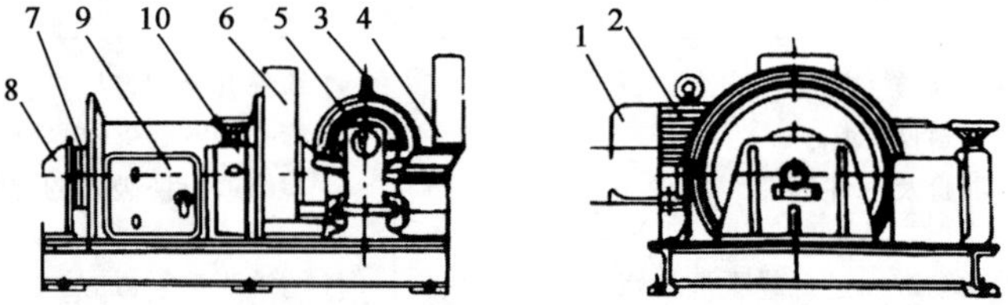

图 8-41 JJM-3、5、8、10、12 型构造图

1-机架;2-电动机;3-联轴器;4-重锤电磁制动器;5-蜗轮减速器;6-开式传动齿轮组;7-卷筒;8-支架;9-电气箱;10-凸轮控制器

单筒慢速卷扬机基本参数 表 8-11

基本参数	形式						
	单筒						
钢丝绳额定拉力(kN)	3	5	8	12	20	32	50
卷筒容绳量(m)	150	250	400	600	700	800	800
钢线绳平均速度(m/min)	≥9~12			≥8~11		≥7~10	
钢丝绳直径 d(mm)	15	20	26	31	40	52	65
卷筒直径 D(mm)	$D \geqslant 18d$						

2. 单筒快速卷扬机

图 8-42 所示为 JJKXl 型单卷筒快速卷扬机,采用行星齿轮传动,牵引力为 10kN。传动

系统安装在卷筒内部和端部,采用带式离合器和制动器进行操纵。

单筒快速卷扬机主要由电动机、传动装置、离合器与制动器、基座等组成,其基本参数见表8-12。由于传动系统全部布置在卷筒内部和端面,电动机又伸入卷筒的另一端,使卷扬机的机体小,结构紧凑,运转灵活,操作简便。

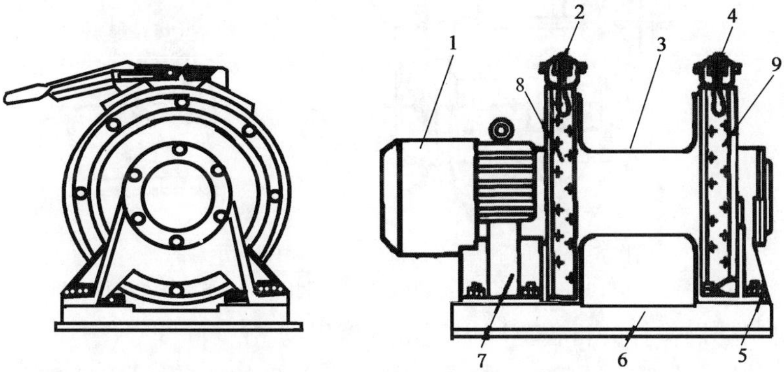

图8-42　JJKXl 型单卷筒快速卷扬机

1-电动机;2-制动手柄;3-卷筒;4-起动手柄;5-轴承支承;6-基座;7-电动机托架;8-带式制动器;9-带式离合器

快速卷扬机基本参数　　表8-12

基本参数	形式									
	单筒						双筒			
钢丝绳额定拉力(kN)	0.5	1	2	3	5	8	2	3	5	8
卷筒容绳量(m)	100	120	150	200	350	500	150	200	350	500
钢线绳平均速度(m/min)	30 ~ 40		30 ~ 35			28 ~ 32	30 ~ 35			28 ~ 32
钢丝绳直径 d(mm)	≥7.7	≥9.3	≥13	≥15	≥20	≥26	≥13	≥15	≥20	≥26
卷筒直径 D(mm)	$D > 18d$									

3. 单筒手摇卷扬机

JS-05、1、3、5、10 型单筒手摇卷扬机的构造及传动机构如图8-43所示,它由机架、手柄、开式传动齿轮组、卷筒、带式制动器、制动轮、棘轮限制器等组成。传动机构用人力摇动手柄,通过开式传动齿轮组驱动卷筒旋转。

4. 卷扬机使用安全要求

(1)卷扬机安装时,基座必须平稳牢固,设置可靠的地锚并应搭设工作棚。操作人员的位置应能看清指挥人员和拖动或起吊的物件。

(2)作业前检查卷扬机与地面固定情况、防护设施、电气线路、制动装置和钢丝绳等确认全部合格后方可使用。卷筒应大于20倍。

(3)使用传动带和开式齿轮传动的部分,均须设防护罩。

(4)操作人员作业时,应严格执行操作规程,思想集中,服从指挥。

(5)从卷筒中心线到第一导向滑轮的距离,带槽卷筒应大于卷筒宽度的15倍,无槽卷筒应大于20倍。

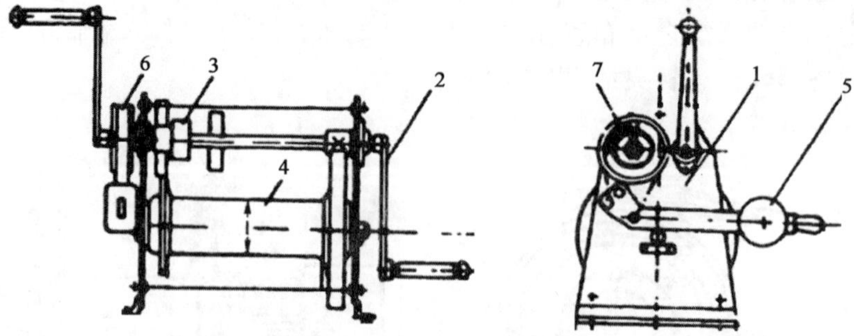

图 8-43　单筒手摇卷扬机构造及传动机构示意图

1-机架;2-手柄;3-开式传动齿轮组;4-卷筒;5-带式制动器;6-制动轮;7-棘轮限制器

(6)卷扬机制动操作杆的行程范围内不得有障碍物。

(7)卷筒上的钢丝绳应排列整齐,如发现重叠或斜绕时,应停机重新排列。严禁在转动中用手、脚去拉、踩钢丝绳。

(8)作业中,任何人不得跨越正在作业的卷扬机钢丝绳。休息时物件或吊笼应降至地面。

(9)作业中,如遇停电,应切断电源,将提升物降至地面。

(10)应进行经常性的维护工作,按照清洁、润滑、紧固、调整、防腐十字作业法,确保整个机械运转正常,制动灵活有效。

三、提水机械

(一)离心泵

离心泵是农林灌排上使用最普遍的一种水泵,它是利用叶轮旋转时产生的惯性离心力来抽水的。根据水流进入叶轮的方式不同,又可分为单吸式和双吸式两种。单吸式泵从叶轮的一侧进水,双吸式泵从叶轮的两侧进水。根据泵体内安装叶轮数量的多少,又可分为单级泵和多级泵两种。单级泵体内安装一个叶轮,多级泵的泵体内安装两个或两个以上叶轮。

(1)单级单吸式离心泵。它主要有 BP 型、BPZ 型、IB 型、IS 型、B 型和 BA 型几个系列。BP 型是灌用离心泵,BPZ 型是喷灌用自吸式离心泵,B 型、BA 型是单级单吸悬臂式离心泵;IB 型、IS 型泵是 B 型、BA 型泵的更新换代产品,是按国际标准设计研制的离心泵的特点是:结构简单,使用方便,扬程较高,流量较小。按国际标准设计研制的。离心泵的特点是:结构简单,使用方便,扬程较高,流量较小。

(2)单级双吸式离心泵。这种泵主要有 S 型泵和 Sh 型泵两个系列,其中 S 型为改进系列。单级双吸式离心泵为卧式泵,泵的体积较大,比较笨重。这类泵共同的特点是:扬程较高,流量比同口径单吸泵大,其流量为 20 ~ 1100m^3/h,扬程为 10 ~ 125m。

(3)多级离心泵。它主要有 D 型泵和 DA 型泵两个系列。D 型系列泵的扬程较大,其扬程等于单个叶轮的扬程乘以叶轮级数,比如单级叶轮的扬程为10m,当叶轮为5级时,泵的扬程可达到50m。因此多级离心泵输出的压力可以达到很大,更适合于大面积绿地喷灌。D型泵的特点是:扬程高,流量小,结构比单级泵复杂。多级离心泵的流量为18~288m^3/h,扬程为17~405m。

1. 离心泵的基本构造

是由六部分组成的,分别为:叶轮,泵体,泵轴,轴承,密封环,填料函(图8-44、图8-45)。

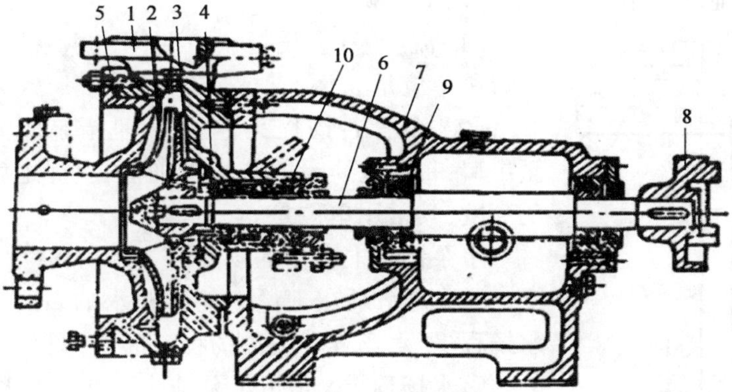

图8-44　离心泵的结构图

1-泵壳;2-叶轮;3-密封环;4-轴套;5-泵盖;6-泵轴;7-托架;8-联轴器;9-轴承;10-填料轴封

(1)叶轮是离心泵的核心部分,它转速高、输出力大,叶轮上的叶片起到主要作用,叶轮在装配前要通过静平衡试验。叶轮上的内外表面要求光滑,以减少水流的摩擦损失。

(2)泵体也称泵壳,它是水泵的主体。起到支撑固定作用,并与安装轴承的托架相连接。

(3)泵轴的作用是通过联轴器和电动机相连接,将电动机的转矩传给叶轮,所以它是传递机械能的主要部件。

(4)轴承是套在泵轴上支撑泵轴的构件,有滚动轴承和滑动轴承两种。滚动轴承使用润滑脂作为润滑剂,加油要适当,一般为2/3~3/4的体积,太多会发热,太少又有响声并发热。

(5)密封环又称减漏环。叶轮进口与泵壳间的间隙过大会造成泵内高压区的水经此间隙流向低压区,影响泵的出水量,效率降低。间隙过小会造成叶轮与泵壳摩擦产生磨损。为了增加回流阻力减少内漏,延缓叶轮和泵壳的所使用寿命,在泵壳内缘和叶轮外援接合处装有密封环,密封的间隙保持在0.25~1.10mm为宜。

使用的是透明油作润滑剂的,加油到油位线。太多油要沿泵轴渗出并且漂散,太少轴承又要过热烧坏造成事故。在水泵运行过程中轴承的温度最高在85℃,一般运行在60℃左右,如果轴承的温度高了就要查找原因(是否油有杂质,油质是否发黑,是否进水)并及时处理。

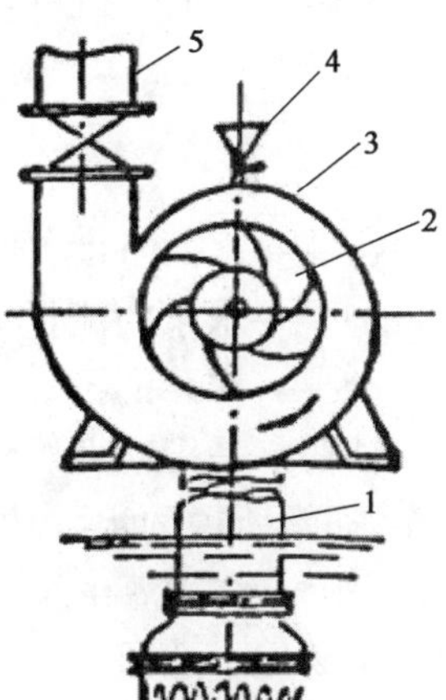

图8-45　离心泵的工作原理

1-进水管;2-叶轮;3-泵壳;4-注水阀;5-出水管

(6)填料函主要由填料、水封环、填料筒、填料压盖、水封管组成。填料函的作用主要是为了封闭泵壳与泵轴之间的空隙,不让泵内的水流不流到外面来也不让外面的空气进入到泵内。始终保持水泵内的真空,当泵轴与填料摩擦产生热量时就要向水封管注水到水封圈内使填料冷却,保持水泵的正常运行。所以在水泵的运行巡回检查过程中,对填料函的检查是特别要注意,在运行600h左右就要对填料进行更换。

2. 水泵的基本参数

表征水泵性能的基本参数主要有以下几项:

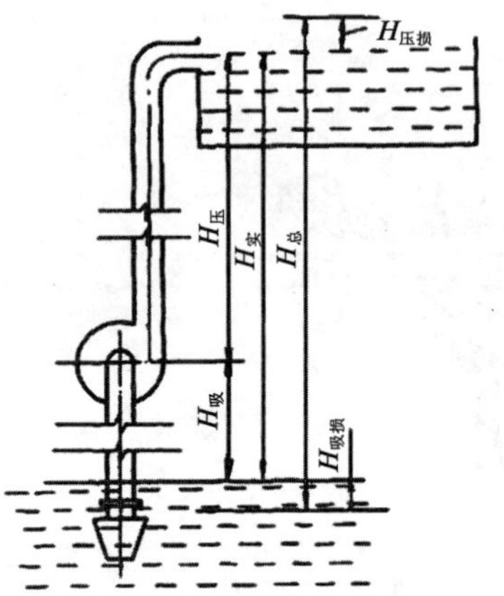

图8-46 水泵扬程示意图

(1)流量 Q:它是指单位时间内水泵所输出的水体积,其常用单位是 m^3/s 或 m^3/h。

(2)扬程 H:扬程又称水头,是指泵所输送的水由进口至出口,每单位质量的能量增加值,实际上就是水泵能扬水的高度,其常用单位是m。

水泵铭牌上标出的扬程值为总扬程(又称为理论扬程) $H_{总}$,也就是水泵在理论上能够提水的高度。总扬程包括吸水扬程、压水扬程和损失扬程三部分(图8-46)。

吸水扬程 $H_{吸}$ 是指水泵轴线至进水池水面的垂直高度,压水扬程 $H_{压}$ 是指水泵轴线至出水口的垂直高度。水流经过管路及其附件时,由于摩擦、撞击、绕弯等损耗的能量,使水泵的实际扬程低于理论扬程。损耗掉的这部分能量称为水泵的损失扬程日损。

(3)功率 N:单位时间内水泵所做功的大小称为功率,其单位为kW。水泵的功率可分为有效功率、轴功率和配用功率三种。有效功率指水泵传给水流的功率,用 $N_{有效}$ 表示,其计算公式为:

$$N_{有效} = \frac{\gamma QH}{102}$$

式中:γ——水的重度,通常取 $\gamma = 1\mathrm{kgf/m^3}$;

Q——水泵的流量,m^3/s;

H——水泵的扬程,m。

轴功率是指动力机传到水泵轴上的功率,用 $N_{轴}$ 表示。水泵的轴功率大于水泵的有效功率,通常所说的水泵功率是指水泵轴功率。配用功率是指拖动水泵的动力机功率,用符号 $N_{配用}$ 表示。在喷灌系统中,动力机功率一般应大于水泵轴功率的10%~20%。图8-52所示为水泵扬程示意图。

(4)效率 η:泵的效率是有效功率和轴功率的比值,它标志着泵的性能好坏,计算公式为:

$$\eta = \frac{N_{有效}}{N_{轴}} \times 100\%$$

(5)转速 n:转速是指水泵轴每分钟的旋转次数,单位是r/min(转/分)。各种水泵都有一定的设计转速,水泵铭牌上称之为额定转速。

(6)允许吸上真空高度 $H_{允吸}$:离心泵的铭牌上还标有允许吸上真空高度值,它是表明水泵吸水能力大小的一个重要参数,也是确定水泵实际吸水扬程日吸的依据。在使用水泵时应满足下式要求:

$$H_{吸} \leqslant H_{允吸} - H_{吸损} - \frac{v^2}{2g}$$

式中:$H_{允吸}$——允许吸上真空高度,m;

v——吸水管内流速,m/s;

$H_{吸损}$——吸水管的损失扬程,m。

在使用水泵时,假如实际吸水扬程超过上式的要求,水泵就要产生汽蚀,在工作中将发生振动、噪声,水泵的扬程、流量下降,严重时甚至不能工作或造成水泵的损坏。泵的允许吸上真空高度是根据水泵汽蚀试验确定的,使用时可从水泵使用说明书上查得。

(7)水泵的比转数 n_s:它是反映水泵综合性能的一个无因次参数,其计算公式为:

$$n_s = 3.65 - \frac{Q^{1/2}}{H^{3/4}n}$$

式中:n——水泵的额定转速,r/min;

H——水泵的扬程,m;

Q——水泵的流量,m^3/s。

由上式可见,当转速 n 一定时,流量 Q 小而扬程 H 大的水泵,属于小比转数的水泵。相反,比转数大的是低扬程、大流量的水泵。比转数是选择水泵型号的重要参数。

3. 离心泵的性能曲线

当泵的转速一定时,如果改变泵的流量,则水泵的扬程、功率、效率及允许吸上真空高度也跟着一起变化。这种变化关系可以根据试验测得,把试验结果用曲线绘出,就成为泵的性能曲线。性能曲线包括扬程曲线 Q-H、功率曲线 Q-N、效率曲线 Q-η 和汽蚀性能曲线 Q-H_{AS} 等关系曲线(图 8-47)。泵的性能曲线和性能表(表 8-13)由制造厂提供,也可从《泵类产品样本》中查得。

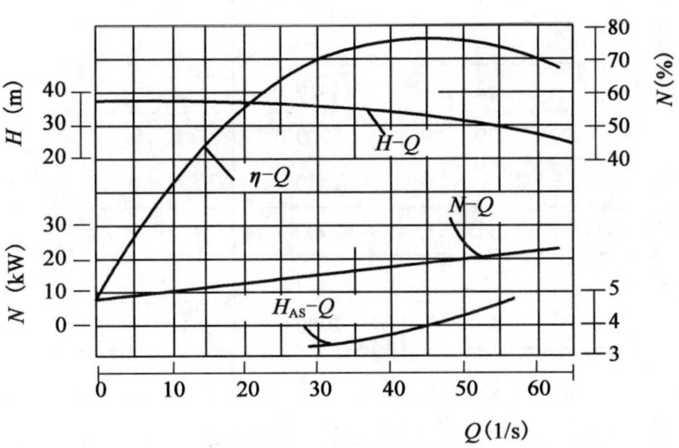

图 8-47 泵的性能曲线

性能曲线对泵的正常运行起很重要的作用。在人工喷泉、草坪喷灌和温室微灌系统中，当改变喷头类型和使用数量，或因操作阀门调节管道流量时，均会引起泵的流量变化、使泵的工作状况随之改变。泵在不同工况下的扬程、功率、效率是不一样的。因而，在水泵的扬程曲线上常用"∫"线标出了泵的工作范围，该工作范围和效率曲线上高效区相对应。如果超出该范围运用，泵的效率就会降低，使整个系统的运行费用增大。因此在泵的选择、管网设计和水泵运用中，应根据泵的性能曲线、管路性能及使用状况确定泵的工作点。如果泵的工作点不在允许范围内，就应该采取措施进行工作点调节，使泵安全而又经济地运转。

IS 型单级单吸悬臂式离心泵性能 表 8-13

型　　号	流量 (m^3/h)	扬程 (m)	转速 (r/min)	电动机功率 (kW)	口径(mm)	
					吸入	排出
IS50-32-125	12.5	20	2900	2.2	50	32
	6.3	5	1450	0.55	50	32
IS50-32-160	12.5	32	2900	3	50	32
	6.3	8	1450	0.55	50	32
IS50-32-200	12.5	50	2900	0.5	50	32
	6.3	12.5	1450	0.75	50	32
IS50-32-250	12.5	80	2900	11	50	32
	6.3	20	1450	1.5	50	32
IS65-50-125	25	20	2900	3	65	50
	12.5	5	1450	0.55	65	50
IS65-50-160	25	32	2900	5.5	65	50
	12.5	8	1450	0.75	65	50
IS65-40-200	25	50	2900	7.5	65	40
	12.5	12.5	1450	1.1	65	40
IS65-40-250	25	80	2900	15	65	40
	12.5	20	1450	2.2	65	40
IS65-40-315	25	125	2900	30	65	40
	12.5	32	1450	4	65	40
IS80-65-125	50	20	2900	5.5	80	65
	25	5	1450	0.75	80	65
IS80-65-160	50	32	2900	7.5	80	65
	25	8	1450	1.5	80	65
IS80-50-200	50	50	2900	15	80	50
	25	12.5	1450	2.2	80	50
IS80-50-250	50	80	2900	22	80	50
	25	20	1450	3	80	50

续上表

型　号	流量 (m^3/h)	扬程 (m)	转速 (r/min)	电动机功率 (kW)	口径(mm)	
					吸入	排出
IS80-50-315	50	125	2900	37	80	50
	25	32	1450	5.5	80	50
IS100-80-125	100	20	2900	11	100	80
	50	5	1450	1.5	100	80
IS100-80-160	100	32	2900	15	100	80
	50	8	1450	2.2	100	80
IS100-65-200	100	50	2900	22	100	65
	50	12.5	1450	4	100	65
IS100-65-250	100	80	2900	37	100	65
	50	20	1450	5.5	100	65
IS100-65-315	100	125	2900	75	100	65
	50	32	1450	11	100	65
IS125-100-200	200	50	2900	45	125	100
	100	12.5	1450	7.5	125	100
IS125-100-250	200	80	2900	75	125	100
	100	20	1450	11	125	100
IS125-100-315	200	125	2900	110	125	100
	100	32	1450	15	125	100
IS125-100-400	100	50	1450	30	125	100
IS150-125-250	200	20	1450	18.5	150	125
IS150-125-315	200	32	1450	30	150	125
IS150-125-400	200	50	1450	45	150	125
IS200-150-250	400	20	1450	37	200	150
IS200-150-315	400	32	1450	55	200	150
IS200-150-400	400	50	1450	90	200	150

(二)深井泵

深井泵是用来从深井中提取地下水的设备,供以地下水为水源的城市、工矿企业及农田灌溉之用。常用的深井泵有 JC 型和 JD 型。

1. 构造组成

深井泵由动力头(如地面上的部分,即泵座、电动机等)、输水及中间传动装置(如传动轴、输水管、中间支撑等)和水泵工作端(如泵体、吸水锥管及滤网等)三部分组成。图 8-48 所示是 JD 型深井泵的构造示意图。JD 型深井泵实际上是一种立式单吸分段式多级离心水泵。

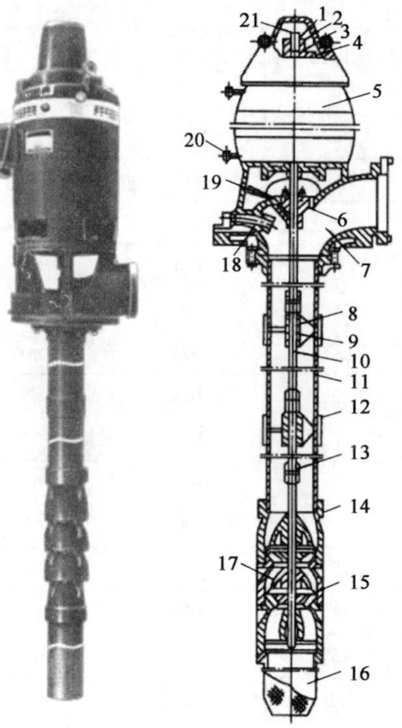

图 8-48　JD 型深井泵

1-调整螺母;2-定位螺栓;3-传动盘;4-电动机主动盘;5-电动机;6-密封填料;7-出水口;8-轴承支架;9-橡胶轴承;10-传动轴;11-扬水管;12-水管连接器;13-联轴器;14-水泵壳;15-叶轮;16-带滤网的进水管;17-泵腔;18-预润水管;19-润滑油脂杯;20-加油杯;21-传动轴

2. 工作原理

深井泵是一种工作部分可沉入水井中进行吸水和输水的水泵。水由吸水锥管经第一级叶轮下面的中间进水口进入叶轮空腔内,被离心力抛向导水壳,并经壳内导水腔进入第二级叶轮,第二级叶轮又将进入自身腔内的水经第二导水壳抛向第三级叶轮,这样逐级传递,提高了压水扬程。能将几十米甚至上百米深的井水吸上来。

3. 深井泵的使用

JD 型深井泵适用于输送常温、无腐蚀性的清水,水中不允许含有任何油类,含沙量应小于 0.01%(质量分数)、水质为中性(pH 值为 6.5 ~ 8.5)。

其型号意义:例如 150JD-36 ×6 型

150——适用井径为 150mm 及 150mm 以上;

JD——深井多级泵;

36——额定流量为 $36m^3/h$。

×6——表示叶轮的级数。

使用时应注意:

(1)深井泵在安装时应架设三角架,并用倒链(链条葫芦)和卡板,逐节地安装输水管和传动轴,最后安装动力头,安装时应使电动机轴、传动轴和输水管同心,并且三者必须垂直于水平面。

(2)起动前应向泵内灌水,直至水从出水口流出为止。

(3)每次起动前应检查动力头各润滑点的润滑情况。

(4)密封填料不能压得太紧或太松。每分钟向外渗水 60 ~ 100 滴即可。

4. 安全操作

(1)深井泵应使用在含砂量低于 0.01% 的清水源,泵房内设预润水箱,容量应满足一次启动所需的预润水量。

(2)新装或经过大修的深井泵,应调整泵壳与叶轮的间隙,叶轮在运转中不得与壳体摩擦。

(3)深井泵在运转前应将清水通入轴与轴承的壳体内进行预润。

(4)深井泵起动前,检查项目应符合下列要求:

①底座基础螺栓已紧固。

②轴向间隙符合要求,调节螺栓的保险螺母已装好。

③填料压盖已旋紧并经过润滑。

④电动机轴承已经润滑。

⑤用手旋转电动机转子和止退机构均灵活有效。

(5)深井泵不得在无水情况下空转。水泵的一、二级叶轮应浸入水位 1m 以下。运转中应经常观察井中水位的变化情况。

(6)运转中,当发现基础周围有较大振动时,应检查水泵的轴承或电动机填料处磨损情况;当磨损过多而漏水时,应更换新件。

(7)已吸、排过含有泥沙的深井泵,在停泵前,应用清水冲洗干净。

(8)停泵前,应先关闭出水阀,切断电源,锁好开关箱。冬季停用时,应放净泵中积水。

5. 维护

(1)动力头的各轴承可使用钙基润滑脂、钙钠基润滑脂或二硫化钼润滑剂,不应使用易被水分解的钠基润滑脂。至少每隔半年应清洗一次轴承,重新加注润滑脂。长期停用时,动力头部分应做好防潮防雨措施。

(2)深井泵工作时间达半年或一年,应进行全面检查与维护。

(3)深井泵在大修时,应仔细检查各节橡胶轴承、叶轮、密封环的磨损情况,如磨损较大,予以更换,检查沥青防腐涂层是否脱落。

6. 常见故障及排除

深井泵在工作中的常见故障及其修理排除方法见表 8-14。

深井泵常见故障及其修理排除方法　　表 8-14

故　障	原　因	排除方法
轴功率增大	①水中有大量泥沙堵塞泵体增加了泵轴阻力; ②密封填料太紧; ③滚动轴承损坏; ④叶轮与导水壳摩擦	①拆卸清洗深井泵,并洗井; ②适当放松压盖; ③更换轴承; ④调整其轴向间隙
水泵有较大的振动	①启动前未加润滑水; ②密封填料变质发硬或滚动轴承损坏; ③橡胶轴承磨损过甚,使轴在运转中抖动; ④传动轴过长使叶轮和导水壳相互摩擦; ⑤传动轴弯曲或与电动机轴及管内支撑不同心	①必须加满引水再启动; ②更换新件; ③更换橡胶轴承; ④重新调整叶轮间隙,可将轴在联轴器处适当靠紧; ⑤检查并校直传动轴,并重新安装,保证其同轴度
启动后不出水或出水量少	①滤网堵塞或泵腔有淤泥; ②导水壳接头漏水、漏气或输水管接头大量漏水; ③叶轮间隙过大; ④转速不足; ⑤叶轮磨损过甚或破碎及叶轮不转或反转; ⑥动轴折断或因转向错误使联轴器松脱	①清除堵塞物并洗井; ②旋紧连接螺栓; ③将调整螺母旋松一些,但不要太松,以免使叶轮与导水壳相碰; ④检修电动机,排除电动机出力不够的故障; ⑤更换叶轮或修复连接件、装正叶轮; ⑥更换传动轴并检查折断原因,检查泵座有无移动,基础有无下沉或歪斜,水管是否弯曲等,接好传动轴

(三)潜水泵

潜水泵是一种用途非常广泛的水处理工具。与普通的抽水机不同的是它工作在水下，而抽水机大多工作在地面上。

1. 潜水泵的分类

就使用介质来说，潜水泵大体上可以分为清水潜水泵，污水潜水泵，海水潜水泵(有腐蚀性)三类。

按所采取的密封形式来分，常用的有以下三种。

(1)干式潜水泵：这种潜水泵的电动机结构较简单，和普通电动机一样，但密封装置结构复杂，制造和安装要求较高。当水中含砂量较多时易磨损，造成密封失效而漏水，烧坏电动机。

(2)半干式潜水泵：这种潜水泵在电动机的定子与转子间用屏蔽套筒将定子密封，使其与水隔离，而转子在水中转动。由于定子与转子间空隙较大，半干式潜水泵的电动机效率较低，制造复杂，如 JQB 型。

(3)湿式潜水泵：这种潜水泵的定子绕组采用耐水绝缘导线或用合成树脂浇注，所以电动机内部允许充水，转子在水中转动。湿式潜水泵的电动机散热好，不需要严密的防水装置，结构大为简化，制造和维修均较方便，如 JQS 型、NQ 型。

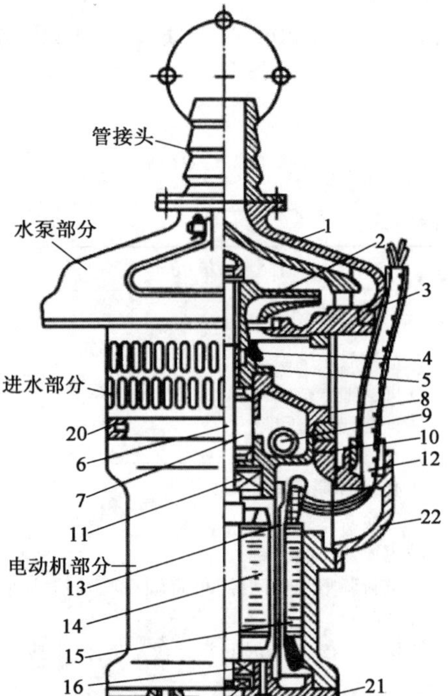

图 8-49　JQB 型潜水电泵的结构

1-上泵盖；2-叶轮；3-下泵盖；4-甩水；5-导轴泵座；6-轴；7-整体式密封盒；8-进水节；9-扩张件；10-电动机上端盖；11-滚珠轴承；12-电缆；13-屏蔽套筒；14-电动机转子；15-电动机定子；16-滚珠轴承；17-接力轴承；18-放水孔；19-放气孔；20-放油孔；21-电动机下端盖；22-接线盒

2. 潜水泵的工作原理

开泵前，吸入管和泵内必须充满液体。开泵后，叶轮高速旋转，其中的液体随着叶片一起旋转，在离心力的作用下，飞离叶轮向外射出，射出的液体在泵壳扩散室内速度逐渐变慢，压力逐渐增加，然后从泵出口，排出管流出。此时，在叶片中心处由于液体被甩向周围而形成既没有空气又没有液体的真空低压区，液池中的液体在池面大气压的作用下，经吸入管流入泵内，液体就是这样连续不断地从液池中被抽吸上来又连续不断地从排出管流出。

3. 潜水电泵的构造

JQB 型干式潜水电泵的结构如图 8-49 所示。

(1)出水管：出水管接在水泵上盖的接头上，它把水泵的出水引到地面。

(2)水泵：水泵由上泵盖、下泵盖、叶轮和进水节等部分组成。按工作原理它属于离心水泵。

(3)电动机:电动机为普通三相笼型电动机。它由定子、转子、电动机轴和轴承组成。

为保持电动机内部干燥,电动机采用整体式密封。密封盒内有上下两副动、静磨块,用弹簧压紧,起止水密封作用。当密封失效时,可更换密封盒。为了冷却和润滑其中的动、静磨块,在密封盒周围有一油室,可以通过密封盒壁上的小孔进入盒中。

当电动机工作时,油室内的油因温度增高而体积膨胀,使油室内压力增高。为防止压力过高油进入电动机内部,在油室中设有弹性扩张件。在压力升高时,它的橡胶圈可自动被压扁起调压作用。

为防止泥沙浸入密封盒内,在密封盒上部与叶轮下部之间设有甩水器,工作时可把泥沙甩走。

4. 潜水泵的基本参数

潜水泵主要参数包括流量、扬程、泵转速、配套功率、额定电流、效率、出水口管径等,见表 8-15 ~ 表 8-17。

JQB 型潜水电泵性能 表 8-15

类别 \ 型号	JQB-5-69	JQB-4-31	JQB-2-10	JQB-1/1/2-6
电动机(kW)	2.2	2.2	2.2	2.2
电流(A)	5.7	5.7	5.7	5.7
电压	三相 380V	三相 380V	三相 380V	三相 380V
转速(r/min)	2900	2900	2900	2900
流量(m^3/h)	100	65	25	15
扬程(m)	3.5	7	15	25
质量(kg)	45	47	50	55

QJ 系列潜水泵性能参数 表 8-16

型 号	流量(m^3/h)	扬程(m)	转速(r/min)	效率(%)	配用功率(kW)	机组最大径向尺寸(mm)
150QJ10-36/4	10	36	2850	63	2.2	143
150QJ10-54/6		54			3	
150QJ10-63/7		63			3	
150QJ10-126/14		126			7.5	
150QJ10-189/21		189			9.2	
150QJ10-36/4252/28		252			13	

续上表

型　号	流量 (m^3/h)	扬程 (m)	转速 (r/min)	效率 (%)	配用功率 (kW)	机组最大径向尺寸 (mm)
150QJ20-40/4	20	40	2850	64	4	133
150QJ20-50/5		50			5.5	
150QJ20-60/6		60			7.5	
150QJ20-80/8		80			9.2	
150QJ20-90/9		90			9.2	
150QJ20-100/10		100			11	
150QJ20-110/11		110			11	
150QJ20-120/12		120			13	
150QJ20-130/13		130			13	
150QJ20-150/15		150			15	
150QJ20-160/16		160			15	
150QJ20170/17		170			18.5	
150QJ20-190/19		190			22	
150QJ30-36/4	30	36	2850	64	5.5	133
150QJ30-45/5		45			7.5	
150QJ30-54/6		54			9.2	
150QJ30-63/7		63			9.2	
150QJ30-72/8		72			11	
150QJ30-81/9		81			13	
150QJ30-90/10		90			13	
150QJ30-99/11		99			15	
150QJ30-108/12		108			15	
150QJ30-117/13		117			18.5	
150QJ30-126/14		126			18.5	
150QJ30-135/15		135			22	
150QJ30-144/16		144			22	
150QJ32-34/3	32	34	2850	64	5.5	143
150QJ32-46/4		46			7.5	
150QJ32-58/5		58			9.2	
150QJ32-70/6		70			11	
150QJ32-80/7		80			13	
150QJ32-92/8		92			13	
150QJ32-104/9		104			18.5	
150QJ32-116/10		116			22	
150QJ32-128/11		128			22	

续上表

型　号	流量(m³/h)	扬程(m)	转速(r/min)	效率(%)	配用功率(kW)	机组最大径向尺寸(mm)
150QJ40-30/3	40	30	2850	66	5.5	143
150QJ40-40/4		40			7.5	
150QJ40-50/5		50			9.2	
150QJ40-60/6		60			11	
150QJ40-70/7		70			13	
150QJ40-80/8		80			13	
150QJ40-90/9		90			18.5	
150QJ40-100/10		10			22	
150QJ40-110/11		110			22	
150QJ45-28/4	45	28	2850	66	5.5	133
150QJ45-35/5		35			7.5	
150QJ45-42/6		42			9.2	
150QJ45-49/7		49			9.2	
150QJ45-56/8		56			11	
150QJ45-63/9		63			13	
150QJ45-10/10		70			13	
150QJ45-77/11		77			15	
150QJ45-84/12		84			15	
150QJ45-91/13		91			18.5	
150QJ45-98/14		98			22	
150QJ50-38/4	50	38	2850	66	9.2	143
150QJ50-48/5		48			11	
150QJ50-57/6		57			13	
150QJ50-66/7		66			13	
150QJ50-76/8		76			15	
150QJ50-86/9		86			18.5	
150QJ50-95/10		95			22	
150QJ60-32/4	60	32	2850	66	9.2	143
150QJ60-40/5		40			11	
150QJ60-48/6		48			13	
150QJ60-56/7		56			13	
150QJ60-64/8		64			15	
150QJ60-72/9		72			18.5	
150QJ60-80/10		80			22	

续上表

型　　号	流量（m^3/h）	扬程（m）	转速（r/min）	效率（%）	配用功率（kW）	机组最大径向尺寸（mm）
175QJ32-24/2	32	24	2850	68	4	168
175QJ32-36/3		36			5.5	
175QJ32-48/4		48			7.5	
175QJ32-60/5		60			9.2	
175QJ32-72/6		72			11	
175QJ32-84/7		84			13	
175QJ32-96/8		96			15	
175QJ32-120/10		120			18.5	
175QJ32-144/11		144			22	
175QJ32-168/12		168			25	
175QJ50-24/2	50	24	2850	68	5.5	168
175QJ50-36/3		36			9.2	
175QJ50-48/4		48			11	
175QJ50-60/5		60			13	
175QJ50-84/7		84			18.5	
175QJ50-96/8		96			22	
175QJ50-108/9		108			25	
200QJ20-40/3	20	40	2850	66	4	184
200QJ20-54/4		54			5.5	
200QJ20-81/6		81			7.5	
200QJ20-93/7		93			9.2	
200QJ20-108/8		108			11	
200QJ20-121/9		121			13	
200QJ20-148/11		148			15	
200QJ20-175/13		175			18.5	
200QJ20-202/15		202			22	
200QJ20-243/18		243			25	
200QJ20-270/20		270			30	
200QJ32-26/2	32	26	2850	68	4	184
200QJ32-39/3		39			5.5	
200QJ32-52/4		52			7.5	
200QJ32-78/6		78			11	

续上表

型　号	流量 (m^3/h)	扬程 (m)	转速 (r/min)	效率 (%)	配用功率 (kW)	机组最大径向尺寸 (mm)
200QJ32-91/7	32	91	2850	68	13	184
200QJ32-104/8		104			15	
200QJ32-130/10		130			18.5	
200QJ32-143/11		143			22	
200QJ32-169/13		169			25	
200QJ32-195/15		195			30	
200QJ32-247/19		247			37	
200QJ50-26/2	50	26	2850	72	5.5	184
200QJ50-39-3		39			9.2	
200QJ50-52/4		52			11	
200QJ50-65/5		65			13	
200QJ50-78/6		78			18.5	
200QJ50-91/7		91			22	
200QJ50-104/8		104			22	
200QJ50-130/10		130			30	
200QJ50-156/12		156			37	
200QJ60-40/2	60	40	2850	73	15	192
200QJ60-60/3		60			18.5	
200QJ60-80/4	60	80	2850	73	22	192
200QJ60-100/5		100			25	
200QJ60-120/6		120			30	
200QJ60-140/7		140			37	
200QJ80-40/2	80	40	2850	73	15	192
200QJ80-60/3		60			22	
200QJ80-80/4		80			30	
200QJ80-100/5		100			37	
200QJ80-120/6		120			45	
200QJ100-37/2	100	37	2850	73	18.5	192
200QJ100-56-/3		56			25	
200QJ100-74/4		74			30	
200QJ100-92/5		92			37	
200QJ100-112/6		112			45	

续上表

型　号	流量（m^3/h）	扬程（m）	转速（r/min）	效率（%）	配用功率（kW）	机组最大径向尺寸（mm）
200QJ120-30/2	120	30	2850	73	22	192
200QJ120-45/3		45			30	
200QJ120-60/4		60			37	
200QJ120-75/5		75			45	
250QJ80-20/1	80	20	2850	73	7.5	233
250QJ80-40/2		40			15	
250QJ80-60/3		60			22	
250QJ80-80/4		80			30	
250QJ80-100/5		100			37	
250QJ80-120/6		120			45	
250QJ80-160/8		160			55	
250QJ80-180/9		180			63	
250QJ80-200/10		200			75	
250QJ125-16/1	125	16	2850	74	9.2	233
250QJ125-32/2		32			22	
250QJ125-48/3		48			25	
250QJ125-64/4		64			37	
250QJ125-80/5		80			45	
250QJ125-96/6		96			55	
250QJ125-112/7	125	112	2850	74	63	233
250QJ125-128/8		128			75	
250QJ125-176/11		176			90	
250QJ125-192/12		192			100	
250QJ140-15/1	140	15	2850	74	9.2	233
250QJ140-30/2		30			18.5	
250QJ140-45/3		45			30	
250QJ140-60/4		60			37	
250QJ140-75/5		75			45	
250QJ140-90/6		90			55	
250QJ140-105/7		105			63	
250QJ140-120/8		120			75	
250QJ140-165/11		165			100	

续上表

型　　号	流量 (m^3/h)	扬程 (m)	转速 (r/min)	效率 (%)	配用功率 (kW)	机组最大径向尺寸 (mm)
300QJ200-20/1	200	20	2850	75	18.5	281
300QJ200-40/2		40			37	
300QJ200-60/3		60			55	
300QJ200-80/4		80			75	
300QJ230-16/1	230	16	2850	75	15	281
300QJ230-32/2		32			37	
300QJ230-80/5		80			75	
300QJ230-96/6		96			90	
300QJ230-112/7		112			110	

其他系列部分潜水泵性能参数　　表 8-17

性能 / 型号	流量 (m^3/h)	扬程 (m)	电动机功率 (kW)	说　明
QDX3-25-0.75	3	25	0.75	220V 工作电压
QDX3-50-1.1	3	50	1.1	
QDX3-65-1.5	3	65	1.5	
QX3-35-1.1	3	35	1.1	380V 工作电压
QX6-25-1.1	6	25	1.1	
QX12.5-55-4	12.5	55	4	
QX25-35-4	25	35	4	
QX15-60-5.5	15	60	5.5	
QX15-50-5.5	15	50	5.5	
QS30-54/3-7.5	30	54/3	7.5	
QS50-36/3-7.5	50	36/3	7.5	
QJ50-54-15	50	54	15	
QJ100-54-22	100	54	22	
QJ140-75-45	140	75	45	

5. 潜水泵主要用途及适用范围

水泵的发展与使用需求是和科技进步相结合的，水泵发展种类繁多。潜水泵可分为井用潜水泵、作业面潜水泵、潜污泵、排沙潜水泵、矿用立泵等。用途很广，包括矿山抢险、建设施工排水、农业排灌、工业水循环、城乡居民饮用水供应，甚至抢险救灾等。

喷灌用水泵的选型：

(1)喷灌系统所选用的泵或若干个泵的组合,其流量和扬程应符合喷灌系统设计流量和扬程的要求。应尽量使泵长期在高效工作范围内运行,这时供水设备的效率高、能耗低、运行费用相对较少。

(2)如果有几种水泵可供选择时,应优先选择效率高、配套功率小、操作维修方便、投资小的泵型。

(3)同一喷灌系统所选用的泵,其型号尽可能一致,以方便维修和管理。

(4)为便于对喷灌系统的流量进行调节、避免水泵发生故障时对系统工作产生影响,一般以安装2~4台水泵为宜。当系统设计流量较小时,可只设置数台水泵。

(5)动力机械:喷灌使用的动力机械通常为电动机,在没有电力的地方一般选用柴油机、拖拉机、汽油机等。动力机械的选择,首先应满足水泵配套的要求,然后再考虑设备投资、使用成本等。

动力机械运转的经济性以电动机为最好,没有污染,是城市喷灌动力机械的首选。其次是柴油机,最差是汽油机。就运行成本而言,柴油机大约是电动机的1.5倍,汽油机大约是电动机的4.8倍。从价格上看,在功率相同的情况下,电动机最便宜,柴油机一般,汽油机较贵。

综上所述,动力机械的选择,首先要依据水泵厂家推荐的配套要求,在有电源时,应尽可能选用电动机,无电源时,优先选用柴油机。

6. 安全操作

(1)潜水泵宜先装在坚固的篮筐里再放入水中,亦可在水中将泵的四周设立坚固的防护围网。泵应直立于水中,水深不得小于0.5m,不得在含泥沙的水中使用。

(2)潜水泵放入水中或提出水面时,应先切断电源,严禁拉拽电缆或出水管。

(3)潜水泵应装设保护接零或漏电保护装置,工作时泵周围30m以内的水面,不得有人、畜进入。

(4)启动前检查项目应符合下列要求:

①水管连接牢固。

②放气、放水、注油等螺塞均旋紧。

③叶轮和进水节无杂物。

④电缆绝缘良好。

(5)接通电源后应先试运转,并检查确认旋转方向正确,在水外运转时间不得超过5min。

(6)应经常观察水位变化,叶轮中心至水面距离应在0.5~3.0m,泵体不得陷入污泥或露出水面。电缆不得与井壁、池壁相摩擦。

(7)新泵或新换密封圈在使用50h后,应旋开放水封口塞,检查水、油的泄漏量。当泄漏量超过5mL时,应进行0.2MPa的气压试验,查出原因,予以排除,以后应每月检查1次;当泄漏量不超过5mL时,可继续使用。检查后应换上规定的润滑油。

(8)经过修理的油浸式潜水泵,应先经0.2MPa气压试验,检查各部无泄漏现象,然后将润滑油加入上、下壳体内。

(9)当气温降到0℃以下时,在停止运转后,应从水中提出潜水泵擦干后存放室内。

(10)每周应测定一次电动机定子绕组的绝缘电阻,其值应无下降。

7.维护及故障排除

(1)潜水泵在井下工作1年(或2000h左右),应吊起进行全面检查。检查内容包括:各防锈部位有无锈蚀,严重锈蚀件应予以更换;各部件的磨损程度,如超过规定的要求时,应予更换;通气装置及导线接头是否良好,如有不良现象,应予修好。

(2)全面润滑,使用钙钠基、钙基润滑脂或二硫化钼润滑剂。

(3)测量定子绕组和机壳的绝缘电阻,必要时对定子进行干燥处理,然后再安装。

潜水泵的常见故障及排除方法见表8-18。

潜水泵的常见故障及排除方法　　表8-18

故　障	原　因	排除方法
频繁跳闸	①电压过低或严重不对称; ②电动机超载; ③过电流保护整定电流过小; ④一相烧毁	①调整电压; ②减载或排除转动阻力大的故障; ③重新整定电流值,使其与电动机额定电流; ④更换定子绕组
不出水或出水少量	①电动机反转; ②负荷大使转速不够; ③叶轮出口与导水壳入口对不上或叶轮装反; ④叶轮损坏或磨损较大; ⑤滤网堵塞或输水管、水泵各级之间漏水	①调换电源相位; ②重调叶轮位置; ③重调叶轮位置; ④更换新叶轮; ⑤清理滤网并重新密封和紧固
运转不平稳	①叶轮不平衡; ②电动机转子不平衡; ③轴弯; ④电源电压不对称; ⑤导轴承损坏	①更换或修理叶轮; ②重校转子的动平衡; ③更换或校直轴; ④调整电压; ⑤更换导轴承

第二节　种植养护机械

一、种植机械

(一)挖坑机

挖坑机是用于挖掘树木栽植坑的穴状整地机械,也可用于穴状松土、钻深孔等作业,钻深孔的挖坑机又称深孔钻,可用于杨树扦插造林、埋设桩柱、打炮眼、树根部打洞施肥等作业。

挖掘机由小型通用汽油机、超越离合器、高减速比传动箱及特殊设计的钻具组成，具有体积小、质量轻、操作方便、维护简单、耗油省、噪声小、易启动、成孔效率高、运行费用低、价格便宜等特点。该机设计新颖、灵活、合理，性能稳定可靠，作业效果好、效率高。可根据树种，选配多种规格的钻头，以满足用户需要。效率是人工的数十倍，操作熟练的情况每小时不低于 80 个坑，按一天工作 8h 计算，一天可以挖 640 个坑，是人工的 30 多倍。适用于大面积、大规模的植树作业，也可以广泛应用于田间地头、道路两侧绿化，沟河堤坝防汛植树任务采用人工挖坑镐刨、锹挖既费力又费时，人员疲劳，效率太慢，采用挖坑机，比人工挖坑快 30 倍。

挖坑机的主要工作部件是钻头，有挖坑型和松土型两类。挖坑型钻头主要为螺旋型，它由钻尖、刀片、螺旋翼片和钻杆组成，钻尖起定位作用，刀片用于切削土壤，螺旋翼片起导土、升土作用。螺旋钻头有单螺旋钻头、双螺旋钻头、翼片式钻头和螺旋齿（螺旋弯刀）钻头，图 8-50 所示为挖坑机螺旋钻头的类型。单螺旋钻头由单头螺旋导土片和一把切土刀组成，作业时钻头受力不平衡，只适于挖直径 35cm 以下的坑，双螺旋钻头由双头螺旋导土片和两把切土刀组成，适于挖直径 50～80cm 的坑，翼片式钻头由两把切土刀和两切刀导土片合成的锥形工作面组成，适合挖浅坑（坑径≤0. 75m）；螺旋齿钻头是在钻杆上焊有两把螺旋形弯刀，适用于树根草皮多的地方进行穴状整地。

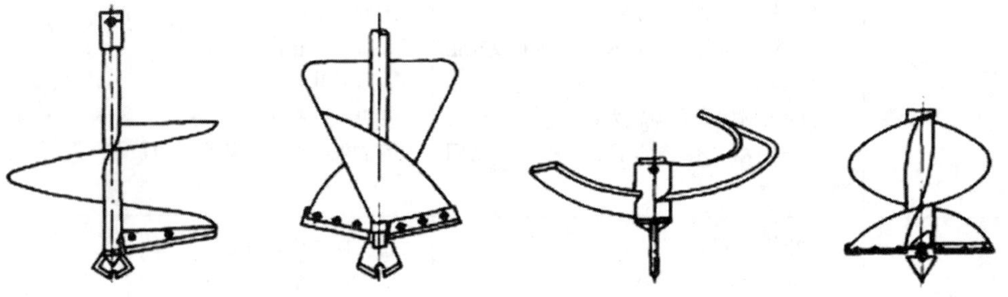

a)　　b)　　c)　　d)

图 8-50　挖坑机螺旋钻头的类型

a）单螺旋钻头；b）翼片式钻头；c）螺旋齿钻头；d）双螺旋钻头

螺旋钻头的工作原理是：在转矩和轴向进给力作用下，钻头一边旋转一边垂直向下运动，钻尖先切去中心部分土壤，然后刀片开始切削土壤，由于切下的土层很薄，强度不大，容易破碎成松散的细小颗粒，随着钻头旋转，土粒在离心力作用下甩向坑壁，土粒与坑壁间的压力产生阻止土粒旋转的摩擦力，引起外层土粒沿着导土片表面向上运动。由于土粒内部相互挤压产生的摩擦力的作用，外层土粒带动相邻层土粒沿着导土片螺旋斜面向上运动，当土粒升到地面后，因无坑壁阻挡，即被抛至坑的周围。当植入树苗后，坑周围的土可以回填坑中。

螺旋钻头的主要技术参数见表 8-19。

挖坑机分便携式和自行式两种，便携式有手提式和背负—手提式，以手提式为主。自行式有拖拉机牵引式、拖拉机悬挂式和车载式，以拖拉机悬挂式为主。

挖坑机钻头的主要技术参数　　　表 8-19

<table>
<tr><td>钻头直径(mm)</td><td>150</td><td>200</td><td>250</td><td>300</td><td>350</td><td>400</td><td>500</td><td>600</td><td>700</td><td>800</td><td>1000</td></tr>
<tr><td>钻头转速(r/min)</td><td>250</td><td>280
230</td><td>230</td><td>280
200</td><td>180</td><td>280</td><td>250</td><td>230</td><td>210</td><td>180</td><td>160</td></tr>
<tr><td>螺旋导程(mm)</td><td>150</td><td>250
155</td><td>160</td><td>380
180</td><td>200</td><td>500</td><td>600</td><td>680</td><td>750</td><td>800</td><td>1000</td></tr>
<tr><td>螺旋头数(个)</td><td colspan="5">1</td><td colspan="4">2</td><td>2、3</td><td>3</td></tr>
<tr><td rowspan="2">钻杆直径(mm)</td><td></td><td>50</td><td></td><td>50</td><td></td><td rowspan="2">70</td><td rowspan="2">70</td><td rowspan="2">102</td><td rowspan="2">102</td><td rowspan="2">127</td><td rowspan="2">127</td></tr>
<tr><td colspan="5">38 ~ 45</td></tr>
</table>

注:下行数字为便携式挖坑机钻头的技术参数。

1. 手提式挖坑机

这是一种便于携带的小型挖坑机,有单人手提式和双人手提式。凡是操作者能到达并站稳的地点基本上都能进行挖坑作业,在山区及地形复杂、交通不便之处都能使用。其缺点是挖坑结束后提出坑外及转移坑位时,反复操作的劳动强度大,而且生产率低,安全性也比较差。

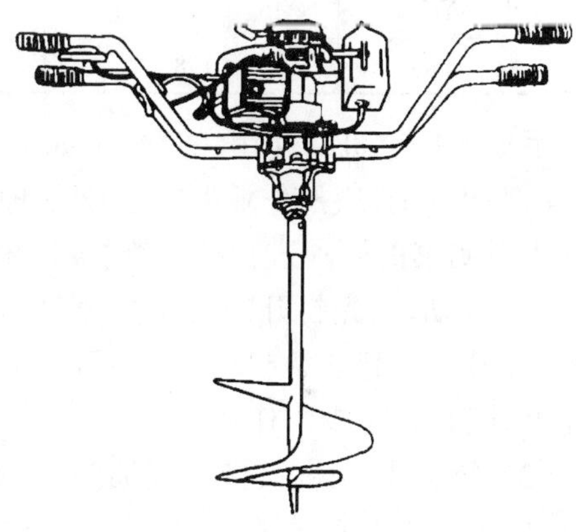

图 8-51　双人手提式挖坑机外形

图 8-51 所示为双人手提式挖坑机外形。手提式挖坑机由发动机、离合器、减速器、钻头和把手架与操纵装置组成。发动机多采用 1.2 ~ 1.3kW 功率的单缸风冷二冲程小汽油机,其动力通过离合器和减速器驱动钻头旋转进行作业。离合器是发动机和工作部件间的连接装置,起切断和接通动力的作用,一般采用离心式摩擦离合器。当发动机达到一定转速时,离合器主动盘的离心块在离心力作用下克服了弹簧的拉力紧压在被动盘上,离合器自动接合,并把动力经减速器传给钻头,当发动机转速减慢,离心块的离心力也下降,当离心力不能克服弹簧拉力时,离心块被拉离被动盘,离合器就自动分离,离心式摩擦离合器可以用发动机的油门开关控制发动机转速来控制其接合或分离,这种离合器还能起安全保护作用,当钻头受到意外阻碍时,离合器就打滑,从而保护发动机避免熄火或损坏。减速器是挖坑机的重要部件,其作用是减速,由于发动机和钻头之间的减速比很大,一般采用摆线针轮减速器,与圆柱齿轮减速器、蜗轮蜗杆减速器以及少齿差行星减速器相比,它具有减速比较大、体积小、质量轻、噪声小和传动平稳等特点。把手架采用可拆卸式的结构,可配置成单人或双人操作发动机的操纵手柄安装在把手上。钻头多采用单螺旋钻头,用以挖植树坑,钻头上还可备有钻杆套和防护罩,以防钻杆被草缠住,并起安全保护作用,为使钻头能自动出土,机上多装有逆转机构;钻头转速一般为 200 ~ 300r/min,其圆周线速度为 3m/s 左右,以保障升运出的土壤不致甩得过远,利于回垫覆埋树根。

德国STIHL公司生产的单人手提式挖坑机BT120C功率只有1.34kW;质量8.2kg,钻小孔,钻孔直径为40～260mm;孔深为700mm。其双人手提式挖坑机BT360的功率有3kW左右,质量为25.9kg,钻孔直径为90～400mm,孔深可达1000mm。

日本小松公司生产的单人手提式挖坑机,如AG2300型,其自身质量只有5kg,AG431型和AG530型的自身质量只有9kg多一点,使用起来很方便。

国内也有好几家工厂生产手提式挖坑机,表8-20为国产手提式挖坑机的主要技术规格。

国产手提式挖坑机的主要技术规格 表8-20

型号	3WB-3	3WS-5	3WB-5	3WB-5
发动机功率(kW)	2.23	3.75	3.75	3.75
减速器形式	摆线针轮式	少齿差式	摆线针轮式	摆线针轮式
挖坑直径(mm)	110/350	280	320	320/370
挖坑深度(mm)	820		450	450
钻头类型	单螺旋/螺旋齿	单螺旋	单螺旋/螺旋齿	单螺旋/螺旋齿
螺距(mm)	100/85	170	160	160
螺旋角	13°18′～16°57′	10°	9°3′	
转速(r/min)	198	240	228	270

手提式挖坑机的使用注意事项如下:

(1)起动前,应按作业要求装配整地型或挖坑型钻头,检查紧固件和接头处有无松动,按使用说明书的要求进行技术维护和调整。

(2)起动时,先打开油门,关小阻风门,按压加浓按钮,然后使钻头着地,一人扶机并控制油门,另一人起动。起动后开大阻风门,减小油门,使发动机怠速运转3～5min,待发动机温度上升后,方可投入作业。

(3)作业时,操机人员紧握油门手柄,加大油门开度,以提高发动机转速,当钻头转速稳定后,即可定点开钻。

(4)正副操机人员要密切配合,下压钻机时要用力一致。否则,因阻力矩过大,平衡力矩不足,会发生甩倒操机人员的事故。

(5)当钻头卡住不转时,应先停机,再扒开松土、起出钻头。否则,离合器在接合状态下打滑,会造成损坏。

(6)钻头入土后,操机人员不得"撒把"让机器自行运转,以免产生钻头停转,而减速器以上部分快速空转,造成毁机和伤人事故。

(7)挖坑至规定深度后,应关小油门,待降低转速后,再从坑中抬出钻头,以免松土飞扬或产生"飞车"现象。

(8)发动机每工作90min,应停机休息一次,便于机器冷却并进行检查维护。停机前先怠速运转2～3min,然后再停机。切忌高速运转时紧急停机。

(9)转移工位时,应让发动机怠速运转,使钻头停转,以保证安全。

(10)新机使用前,需经 20～30h 的磨合。

2. 背负—手提式软轴传动挖坑机

背负—手提式软轴传动挖坑机由发动机、离心式摩擦离合器、减速器、钻头、机架和传动软轴等组成,它是手提式挖坑机的变型。由于手提手挖坑机的质量偏大,因此提出把主要质量(即发动机、离合器、减速器)置于一个机架上,操作时把机架放在地上,而钻头仍为手提操纵,钻头由发动机的动力通过离合器、减速器、传动软轴而驱动。运移时,机架可由人工背负。传动软轴是背负—手提式挖坑机的结构特点,它由钢丝软轴、护管、软轴接头和护管接头等组成。钢丝软轴由几层弹簧钢丝绕在一起组成,主要用于两个不在同一轴线上的部件的空间传动。这种挖坑机在作业时,操作比手提式稍轻松一些;更换其他的工作部件,还能进行相应的其他作业,如割灌、绿篱修剪、草坪修剪等。

3. 拖拉机悬挂式挖坑机

拖拉机悬挂式挖坑机主要是充分利用拖拉机悬挂机构进行挂结的后悬挂式,有后悬挂正置式和后悬挂侧置式两种。图 8-52 所示为拖拉机悬挂式挖坑机。

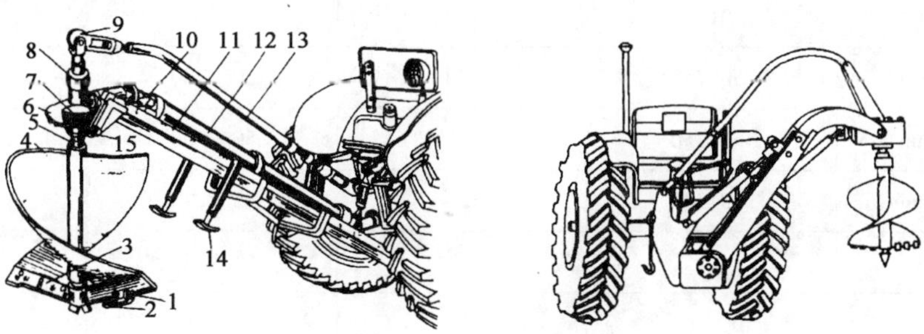

a)　　　　　　　　b)

图 8-52　拖拉机悬挂式挖坑机

1-调节螺钉;2-支撑端头;3-切刀犁头;4-螺旋翼片;5-竖轴;6-减速器体;7-大锥齿轮;8-小锥齿轮;9-上铰链;10-万向传动轴;11-机架;12-万向传动轴护套;13-上拉杆;14-可伸支脚;15-下铰链

图 8-52 中,拖拉机悬挂式挖坑机工作部件的传动,正置式时是机械传动,侧置式时是液压传动。机械传动的悬挂式挖坑机由钻头、减速器、万向传动轴、上拉杆和机架等组成。钻头所需动力由拖拉机动力输出轴通过万向传动轴、减速器获得。由于挖坑机工作时动力输出轴和减速器之间的距离常要变化,以保证钻头在作业时始终与地面垂直,使树坑不会歪斜,使钻头不会因荷载超大而损坏,万向轴必须是可以自由伸缩的,因此万向传动轴由两个万向节和可自由伸缩的中间轴以及伸缩轴的护套组成。可伸缩的万向传动轴是机械传动的拖拉机悬挂式挖坑机的结构特点。有的在万向节传动轴中还设有齿式牙嵌离合器,以便在钻头工作负荷过大时能保护传动部件。减速器一般采用锥齿轮传动,因为它还可改变动力传递方向。工作部件是双螺旋钻头,其切刀常镶有硬质合金刀片,磨损后可以卸下刃磨或更换。钻头的升降由拖拉机悬挂机构的液压缸进行控制,但是在挖坑时钻头主要靠自身重力入土,而拖拉机液压系统处于浮动状态。

液压传动的悬挂式挖坑机由钻头、液压马达、液压缸和机架等组成。钻头由液压马达直接驱动,液压马达和机架之间采用单点铰链悬挂,这就保证了挖坑时钻头的垂直度。液压传动的悬挂式挖坑机结构比较简单,挖坑的直径和深度都比较大,应用日趋广泛。侧置式液压传动悬挂式挖坑机视野好,对公路两侧绿地的植树挖坑和街道行道树的挖坑作业效率高、质量好,是非常受欢迎的机型。

俄罗斯生产的悬挂式挖坑机可挖树坑直径系列为:150、180、200、220、300、400、600、650、800、1000(mm),可挖最大树坑深度系列为:200~340、500、600、700(mm),生产率达到每小时100个树坑左右,小树坑每小时可挖2000个左右。国产的悬挂式挖坑机主要技术规格见表8-21。

国产的悬挂式挖坑机主要技术规格　　表8-21

型号	W45D	WD80	WX-70	ZW-72
轮式拖拉机功率(kW)	25.7	39.7	20.6~36.8	40.4
运输地隙(mm)	450/300	570	500	390
质量(kg)	310	298	160	530
挖坑直径(mm)	450/750	800	500/700	470/600/720
挖坑宽度(mm)	450/750	800	500/700	850
钻头转速(r/min)	280/237	184	250/270	146
钻头类型	双螺旋		单螺旋	双螺旋
螺旋导程/mm	500/900			600
螺旋升角	21°18′/20°18′	20°12′		14°52′

拖拉机悬挂式挖坑机的使用注意事项如下:

(1)发动机起动之后,不得用手、脚触及钻头。

(2)尽量避开在局部突出点定位挖坑,以免钻头摇晃。

(3)当钻头入土遇到障碍转不动时,应关小油门提出钻头,去除障碍后再挖坑或另换点挖坑。

4.深孔钻

深孔钻是挖坑深度在1.5m以上的螺旋钻头挖坑机。一般以拖拉机或汽车为底盘,用于立杆和打桩时在土地中钻孔、在干旱地区的沙荒地和半沙荒地杨树深栽插干造林,把处理过的杨树大苗杆插入深孔中,其成活率几乎可达100%。

图8-53所示为液压起重的深孔钻结构示意图,底盘是四轮驱动的轮式拖拉机,代替原先安装的推土铲,安装上深孔钻工作部件,就成了液压起重深孔钻。

拖拉机发动机的动力通过减速器,一路驱动液压泵,另一路到副减速器。从副减速器的动力一路驱动前行走轮,另一路驱动后行走轮,第三路除驱动绞盘机外,通过万向传动轴和摩擦离合器驱动钻头的旋转机构；旋转机构的大锥齿轮固定在方形套筒上，方形套筒内是可以垂直移动的钻杆；大锥齿轮带动套筒旋转，兼而带动钻杆和钻头旋转；钻杆的上端支撑在钻杆的支撑保护管内。液压缸可以把钻头设备从运输状态变换成工作状态，从工作状态变换成运输状态。绞盘机通过钢丝绳和吊钩可以协助钻头结束挖坑后迅速出土。在驾驶室内进行对深孔钻的操纵。

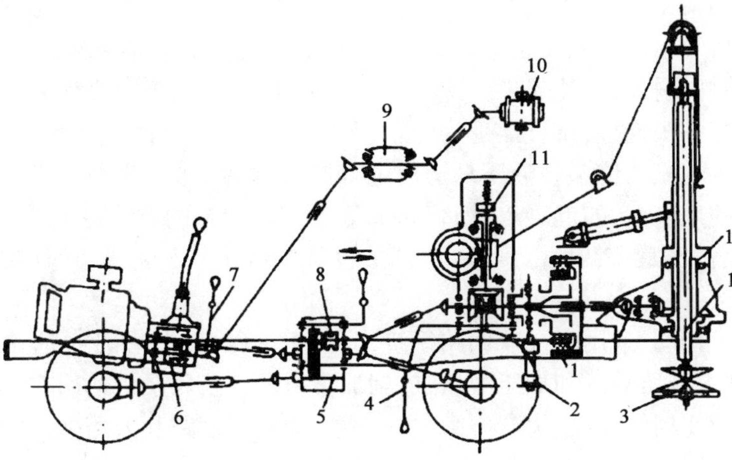

图 8-53　挂结在拖拉机上的深孔钻结构示意图

1-摩擦离合器；2-离合器操纵液压缸；3-钻头；4-绞盘机操纵手柄；5-副减速器；6-减速器；7-减速器操纵手柄；8-副减速器操纵手柄；9-连接箱；10-液压泵；11-绞盘机；12-方形套筒；13-方形导杆

俄罗斯生产的多种深孔钻，其钻头直径为 340 ~ 1000mm，深度多为 2m 以上，有的达到 3m，最大的可达 8m。

国产的深孔钻有液压驱动的，也有小汽油机直接驱动钻头旋转的，钻头直径一般都为 100mm 左右，主要用于杨树大苗的深栽扦插。

5. 空心钻筒挖坑机

空心钻筒挖坑机是用中空筒式钻头作为工作部件的大型挖坑机。空心钻筒两端无盖也无底，下端部镶有硬质合金切削齿，能在十分坚硬的地面条件下进行钻削挖坑作业，用于在市政工程中道路改线、居民区和建筑群四周的建筑渣土中，以及条件恶劣的特殊土壤中钻挖大坑，用来移植园林绿化大径级树木。图 8-54 所示为国产 QW-1000 型空心钻筒挖坑机，是车载式全液压挖坑机。

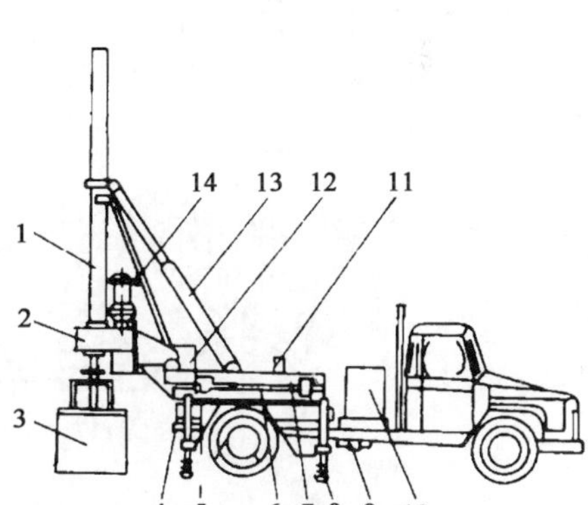

图 8-54　车载式空心钻筒挖坑机简图

1-加压、提升装置；2-减速器；3-筒形钻头；4-汽车大梁；5-夹紧液压缸；6-下支撑盘；7-上盘；8-支腿；9-分动箱；10-液压油箱；11-回转液压马达；12-操作台；13-支塔液压缸；14-主液压马达

该机在车风 EQ140 汽车底盘的基础上由分动箱、回转机构、支腿机构、支塔机构、工作装置等组成。分动箱也是取力箱，它将汽车发动机的动力接出，驱动两个柱塞泵和一个齿轮泵，为挖坑机提供动

力。回转机构采用 Q2-3 汽车起重机的回转机构,由液压马达驱动,转盘可做 280°范围内的回转,能使挖坑机的钻头在汽车的后方和左右两方的旋转弧线上任一点位置进行挖坑作业,上盘在微调液压缸作用下进行微小移动,以使钻头准确、迅速定位。支腿机构由四只支腿组成,在工作时支撑于地面,以增加作业时整机的稳定性,支腿的放下、支撑和收起均由各自的液压缸驱动。支塔机构用于支撑钻塔,运输时通过支塔液压缸将工作装置倾倒置于车箱前部的支架上,工作时将工作装置支撑于直立位置。工作装置由筒形钻头、减速器、主液压马达加压装置和钻塔等组成。加压装置在钻塔内,其加压液压缸的活塞杆与钻杆用特殊的接头连接,可以在钻杆旋转时仍能保证传递向下的进给力,活塞杆向上时,可将钻头从土壤中提升出来。钻杆与钻头连接,钻杆上部为方轴,与减速器从动齿轮的方孔配合,可在方孔中上下移动而不影响转矩的传递。液压马达通过减速器驱动钻头,带合金钢切削齿的空心钻筒可以破碎坚硬的地表层,如混凝土、沥青路面等。该机配备的空心钻筒有 1000、800、600、400(mm)等多种直径,最大钻坑深度达 800mm,也可在钻杆上安装普通螺旋钻头,进行普通土壤的挖坑作业。

该机为全液压传动,采用三泵双回路系统,分为主油路和副油路,主油路的动力是两个柱塞泵,直接驱动主液压马达和加压液压缸;副油路由一个齿轮泵供给所有其他执行元件的动力。该机操作和使用较方便,生产率高,主要适用于城市道路和公路两侧的行道树以及绿地乔灌木的大径级树木的栽植。在沥青路面、混凝土路面、三合土及多石块和树根的土壤中进行挖坑作业效率较高,但这种机型价格较昂贵,空心筒钻从坑中取出的是土团,若要利用此土回填栽树费工较大。

(二)开沟机

开沟机除用于种植外,还可用于开掘排水沟渠和灌溉沟渠,主要类型有铧式和旋式两种。铧式开沟机由大中型拖拉机牵引,犁铧入土后,土垡经翻土板、两翼板推向两侧,侧压板将沟壁压紧即形成沟道。其结构如图 8-55、图 8-56 所示。图 8-56 所示为 K-40 液压开沟犁。

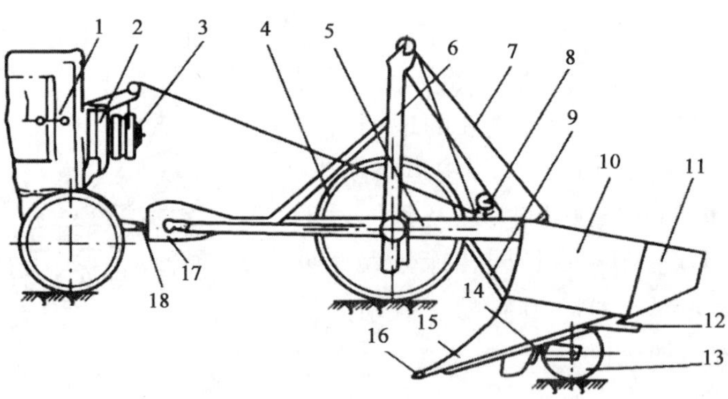

图 8-55 K-90 开沟犁

1-操纵系统;2-绞盘箱;3-从动锥形轮;4-行走轮;5、6-机架;7-钢索;8-滑轮;9-分土刀;10-主翼板;11-副翼板;12-压道板;13-尾轮;14-侧压板;15-翻土板;16-犁尖;17-拉板;18-牵引钩

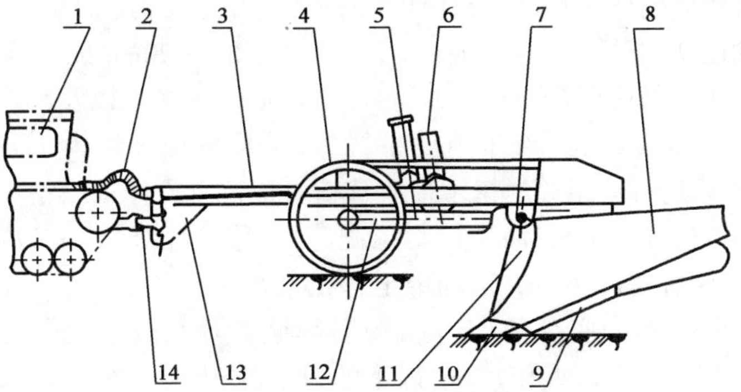

图 8-56　K-40 液压开沟犁

1-拖拉机;2-橡胶软管;3-机架;4-行走轮;5-限深梁;6-液压缸;7-连接板;8-犁壁;9-侧压板;10-犁铧;11-分土刀;12-拐臂;13-牵引拉板;14-牵引环

旋转圆盘开沟机是由拖拉机的动力输出轴驱动圆盘旋转抛土开沟,其优点是牵引阻力小、开的沟整齐、结构紧凑、效率高。圆盘开沟机有单圆盘式和双圆盘式两种。双圆盘开沟机组行走稳定,工作质量比单圆盘开沟机好,适于开大沟。旋转开沟机作业速度较慢(200~300m/h),不需要在拖拉机上安装变速器减速。图 8-57 所示为单圆盘旋转开沟机。

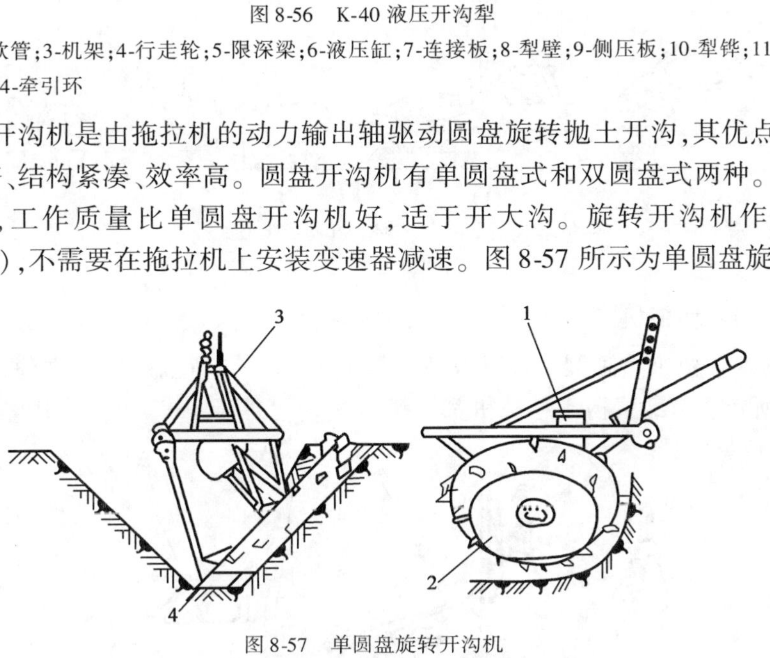

图 8-57　单圆盘旋转开沟机

1-减速器;2-开沟圆盘;3-悬挂机架;4-切土刀

(三)液压移植机

液压移植机用于树木带土移植的机械。树木带土移植是将选定的树木或大苗,从生长地带土球移植到园林绿地规划栽植点的一项系统作业,它需经过挖土球、包扎、起树、运输、挖栽植坑、栽植、浇水等一系列作业,进行手工作业时,劳动强度大、安全性差、质量不能保证,使用树木移植机则可以一次性完成全部或大部分树木带土移植的作业。与传统的大树移植相比,使原分步进行的众多环节、机具和吊、运连成一体;使挖穴、起树、吊、运、栽等,真正成为随挖、随运、随栽的流水作业,并免去了许多费工的辅助操作(如包装等),是今后应该广为普及的一种先进方法。在城市园林绿化工程中,往往要求移植比较大的树木,特别是城市重要位置的绿化,乔灌木的栽植造景,要求效率高、见效快,树木移植机成了重要技术装备。

树木移植机按底盘结构分成车栽式、特殊车栽式、拖拉机悬挂式、自装式(图 8-58)。车载式树木移植机以载货汽车为底盘,安装有倾倒机构、升降机构、切土机构、锁紧装置、液压传动系统等,可移植土球直径 100 ~ 160cm、树木径级为 12 ~ 20cm 的常绿树,可进行较长距离的运输。特殊车载式以具有升降机构的特殊车辆,如侧面叉车以及翻斗车等为底盘,安装切土机构、锁紧装置、放置机构、液压传动系统等,可移植径级约为 12cm 以下,土球直径 100cm 的树木,一般只进行近距离的树木带土移植。拖拉机悬挂式以轮式拖拉机为底盘,安装切土装置,锁紧装置、升降机构、液压传动系统等,可移植径级 10cm 以下、土球直径 80cm 左右的树木,一般在园林苗圃进行大苗的带土移植或带土起苗。自装式树木移植机以带有液压起重臂的自装集运车为底盘,切土装置和锁紧装置等组成的工作头,铰安装在臂架端头,可移植径级 6cm 左右、土球直径 80cm 以下的树木,挖下的带土球树木安置在装载架里,一次能运输 6 ~ 8 棵。

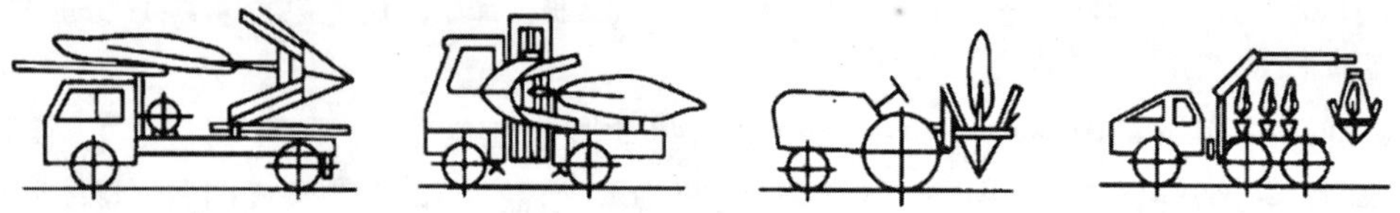

a)　b)　c)　d)

图 8-58　树木移植机类型

a)车栽式;b)特殊车栽式;c)拖拉机悬挂式;d)自装式

1. 车载式树木移植机

车载式树木移植机由倾倒机构以及液压传动系统、汽车底盘、切土机构、升降机构等组成如图 8-59 所示。车载式树木移植机都为铲刀式。

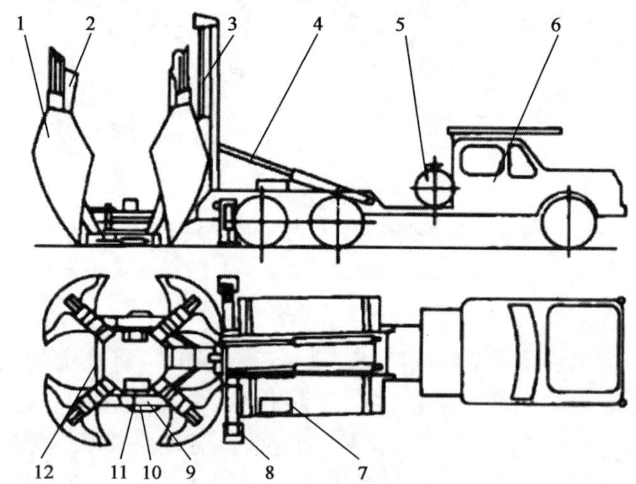

图 8-59　车载式树木移植机

1-铲刀;2-铲轨;3-升降机构;4-倾倒机构;5-水箱;6-汽车底盘;7-操纵阀;8-支腿;9-框形底架;10-开闭液压缸;11-调平垫;12-锁紧装置

(1)切土机构

在铲刀式树木移植机中,切土机构是树铲机构,是树木移植机的主要工作装置,也是其特征的代表，它起着切出土球和在运移中作为土球的容器而保护土球的作用。树铲机构由铲刀、切土液压缸、铲轨以及框形底架和底架的开闭机构、锁紧机构、开闭液压缸等组成。该树木移植机树铲机构的底架是一个八角形框架，在底架上对称地直立了四根铲轨，四把铲刀安置在各自的铲轨上。铲刀有曲面铲和直铲两种，曲面铲包容的为半圆球体，土球体积大，直铲包容的为圆锥体，土球体积较小，车载式树木移植机是大型机，一般采用曲面铲。曲面铲刀的铲轨应与曲面相符，铲刀通过滚轮安置在铲轨上；在切土液压缸的作用下，铲刀可沿铲轨上下移动（图8-60）。框形底架有两个边是活动的，在开闭液压缸的作用下可以开闭，以便在起树前能让树木进入到八角框架里面。这两个活动架的接合端部还设置有锁紧机构，使活动架合拢后不会因受外力而自行张开。在框架内侧还装有两个调平垫，分别由两个液压缸独立控制，当在凹凸不平地面上作业时可以用此来调整框架的水平程度，并进行对中以保证起树质量，此外，调平垫还能调节土球直径的大小和压住土球，使土球的土不致在运输或栽植过程中散落。

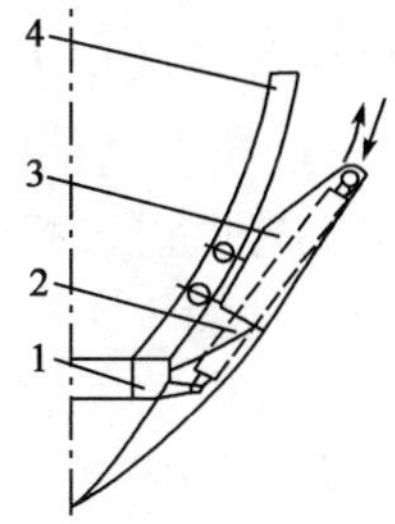

图8-60　铲刀结构

1-底架；2-切土液压缸；3-树铲；4-铲轨

（2）升降机构

由门架、导轨和升降液压缸组成，其作用是使树铲机构整体能沿门架上的导轨升降，在起树前使树铲机构下降放在地面上，待树铲机构把被移植树木围在框架中央，锁紧框架，并完成切土动作后，升降机构就把树铲机构连同包容的带土球树木一起往上提升，完成起树作业。门架下端是铰连在车架上的，在升降机构工作期间门架的直立状态由倾倒机构的液压缸支撑。

（3）倾倒机构

主要由倾倒液压缸组成，其作用是使提升到一定高度的树铲机构连同树木倾倒一定角度，靠放在底盘车架上，以便运输。在车载式和悬挂式树木移植机上都设置倾倒机构，在自装式树木移植机上一般都用液压起重臂代替升降机构和倾倒机构，直接由液压起重臂把带土球的苗木放置在专用的集装车箱内运输。

（4）液压传动系统

有4个树铲液压缸、1个升降液压缸、2个倾斜液压缸、2个开闭液压缸、2个调平液压缸、2个支腿液压缸。液压缸的压力油由汽车动力驱动液压泵供给，通过12个手动液压控制阀操纵液压缸完成树木移植机作业时的所有动作。

此外，在车载式树木移植机上还有支腿机构和润水装置。支腿用于铲树和起树时增强整机的稳定性，由两条支腿和两个支腿液压缸组成，支腿安装在汽车底盘后部两侧，在液压缸作用下，支腿可放下支撑在地面。润水装置用于在下铲时用水润滑铲面，以使土壤松软，减少下铲阻力。

美国的BIGJOHN型树木移植机和国产的2ZS-150型树木移植机都是车载式，它们在结构上基本相似。2ZS-150型车载式树木移植机可挖土球直径达130～150mm，土球深度达100～105mm，可移植的树木径级达18cm。

车载式树木移植机作业时，在挖掘树木的地点先注意附近的地形、树木及公共设施状况，再选择好进入工作位置的方向，起动液压系统后，操纵倾斜液压缸控制阀手柄，使升降机构的门架直立，开启树铲机构底架的锁紧机构打开活动框，然后调整车位，使被移植的树木围在框架中间，用开闭液压缸闭合活动框架并锁紧，放下支腿撑住地面后，操纵升降液压缸控制阀手柄，使树铲机构底架放置地面上，操纵倾斜液压缸和调平液压缸使树铲组的垂直轴线和树木的中心线基本重合，使底架处于水平状态，操纵相应的树铲液压缸控制阀手柄，使树铲按1、3、4、2的顺序依次切土。若树铲切土困难，可提升30～50cm，打开润水装置的阀门，使水润滑铲壁并软化土壤，润水后再继续切土，当所有树铲都切入土中处于最低位置时，操纵升降液压缸控制阀手柄，由升降机构把树铲机构连同包容在其中的带土球的树木向上提升。树铲离开地面后，操纵倾斜液压缸，使树木和树铲机构一起平卧于汽车架上，然后收起支腿，把带土球树木运到栽植坑附近。机器停在栽植坑旁后放下支腿，操纵倾斜液压缸和升降液压缸，使树木处于直立状态后，将树铲机构降到坑内，然后分别操纵树铲液压缸，将树铲离开土球一一提升，使土球置于坑内，并沿土球边沿浇一圈水。开启锁紧装置、打开活动框架，机器离开栽植的树木后，整理好树铲机构，并将其放置在车架上，然后脱开动力输出轴，树木移植机离开栽植点，进入下一工作循环。

为提高工作效率，栽植点的栽植坑可由该树木移植机挖掘。先挖好一个坑，把土球放在一边，然后到被移植树木处挖出带土球的树木运到栽植点，把带土球的树木放进预先挖好的栽植坑，然后再挖好另一个坑。这样每个工作循环有序地进行，充分发挥了车载式树木移植机一次完成挖坑、挖带土球树木、运输、栽植的优点，效率高，成活率高，特别适用于城市道路两旁、住宅小区、庭院及公共绿地大中型树木的移植。

2. 拖拉机悬挂式树木移植机

4YS-80型树木移植机是国内早于20世纪80年代中期研制的拖拉机悬挂式树木移植机；由悬挂架、底架、树铲机构、液压系统组成。可悬挂在通用农业拖拉机上，主要适用于苗圃内针叶树大苗带土球起苗和移植作业，也可用于公路两旁的树木移植工程，是一种实用的起苗移植机械。树铲机构的底架是该机有特色的首创结构件。虽然底架也有八边形框架，但是一边是无框架而开口的，与开口边对着的一边框架与悬挂架连接，其他七个边可围住四把铲刀，在框架上固定竖立的树铲导轨。由于底架是固定开口的，既省去了底架的开闭机构和锁紧装置，大大简化了整机结构，也省去了每次作业前后开闭框架和锁定或开启端口锁紧装置的操作，也简化了树木移植机的操作程序。

树铲机构也是由底架、切土液压缸、铲刀和导轨组成。铲刀为直铲形，与其相符的导轨也是直线形，铲刀的铲柄部分安装有滚轮，与导轨相配合，切土液压缸安置于导轨和铲刀之间，液压缸的端部与底架铰连，液压缸活塞杆与铲柄铰连，在液压缸作用下，铲刀通过滚轮可以沿导轨运动，以实现铲刀切土和提升的动作。

树铲机构的升降，由拖拉机液压悬挂机构的升降来实现。液压系统的液压泵由拖拉机动力输出轴驱动，液压控制阀的整体操纵板块是可拆卸的，安置在驾驶室内或驾驶台边上。

4YS-80型悬挂式树木移植机能挖掘的土球直径为80～90cm，土球高度为60～70cm，单铲最大下铲力为26kN，液压系统工作压力为10MPa，在园林苗圃起带土球大苗，每小时能起

20～30 棵。该机结构新颖简单、造价低、拆装方便、能悬挂在苗圃几种通用拖拉机上,其动力由拖拉机供给,操作全部实现液压化,与苗圃的手工作业相比,生产率高 6 倍以上,成本降低一倍,移植的苗木成活率达 100%,是苗圃起带土大苗和城市防护林带和隔离林带大苗栽植和移植的理想机型。

3. 单铲式树木移植机

单铲式树木移植机有 U 形铲刀式和弯铲式。

(1)U 形铲刀式树木移植机

由悬挂机构、挖掘装置、支撑板、双臂杠杆、滑脚、开口机架、起重臂等组成(图 8-61)。

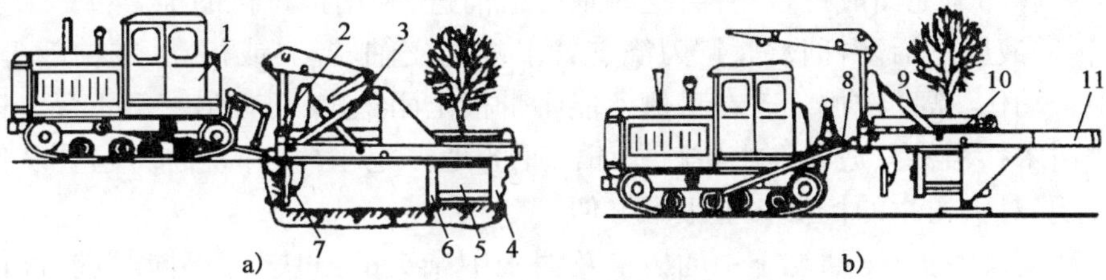

图 8-61　U 形铲刀式树木移植机

a)工作状态;b)运输状态

1-拖拉机;2-起重臂;3-双臂杠杆,4 U 形铲刀;5 承装箱;6-限位板;7-支撑板;8-连接架;9-支撑板液压缸;10-纵向进给液压缸;11-开口机架

U 形铲刀式树木移植机用半悬挂方式与履带拖拉机连接,连接架长杆一端与拖拉机机架纵梁铰接,连接架后部与开口机架铰接,并通过吊杆与提升杠杆连接,提升杠杆由拖拉机的动力液压缸操纵。

该移植机的工作部件是一个可水平移动的 U 形铲刀,U 形铲刀由两把侧刀和一把底刀组成。铲刀后部装有可替换的承装箱,承装箱靠在限位板上,铲刀可沿着开口机架的轨道滑动,由纵向进给液压缸推动铲刀前进或后退。为了在工作时使整机保持平衡,实现有效掘进,移植机设有支撑板,当移植机置于预先挖好的定位坑后,由液压缸拉紧支撑板双臂杠杆一端,支撑板压紧在坑壁上,以建立一个可靠的支撑点。

该机在短距离运输时需要放下滑脚,而在工作时又要收起滑脚,由液压缸操纵实现滑脚的升降。在开口机架上安装有起重臂,可在液压缸作用下起吊挖出的带土树木。

U 形铲刀式树木移植机在工作时,需先用辅助机具在离目的树木一定尺寸处挖出一个定位坑,然后由拖拉机将工作部件降至坑底。双臂杠杆将滑脚收至与机架平行位置,操纵液压缸使支撑板压紧在坑壁上。U 形铲刀的纵向进给液压缸推动铲刀切削树根周围的土壤,并将带土树木装入承装箱内,然后操纵液压缸放松支撑板,并使纵向进给液压缸把铲刀机构连同带土树木移向开口机架的左边。在完成铲切工作以后,拖拉机一面前进,一面提升连接架,当处于和机架平行位置的滑脚到达坑边缘时,操纵液压缸使滑脚撑在地面上,将铲刀机构连同带土树木承装箱从坑内抬出,移植机处于运输状态。带土树木可以异地栽植或转运出去。

该机可切 80cm × 100cm × 130cm 的土团,挖掘一棵树平均耗时 10min,该机属于大型机。还有小型的 U 形铲刀式树木移植机,铲刀机构设置在小型拖拉机前方,由液压马达通过减速装置带动 U 形铲刀转动,切入土壤完成树木挖掘工作,土球直径为 50cm,该机外形尺寸小,结构紧凑,行动方便,挖掘速度快,适于在林地中选择挖掘带土苗木。

(2)弯铲式树木移植机

安装在轮式拖拉机的前部,由横梁、动臂挖树弯铲和支臂组成,其结构类似前置式装载机,挖树弯铲代替了铲取物料的铲斗。挖树弯铲由两个侧板和与地面成一定角度的底板构成,底板的前部镶有刀片。

两侧板均有加强肋板,以增加结构件刚度;两侧板上部加宽构成箱形断面,并开有销轴孔,以便安装与转铲液压缸活塞杆相铰接的销轴,转铲液压缸的另一端铰接于动臂前端的支架上。

弯铲式树木移植机工作时,由动臂液压缸将动臂下降至一定高度,同时转铲液压缸活塞杆伸长使铲刀底部与地面成一定角度;这时拖拉机前进,利用拖拉机的推力将铲刀切入树根底部,接着转铲液压缸活塞杆收缩,铲刀绕支臂下端的支轴转动,或松动、或抬起土团,此时动臂也可配合动作,帮助挖掘。若在一侧不能将带根土团挖出,可在另一侧重复上述过程。

弯铲式树木移植机只适合在土壤疏松而深厚的地方挖小树,并且需要起重设备及运输工具协助装运,对于树木的挖掘移植很不方便。

可轻松地切入泥土,锯断泥土中的树根及泥土中杂夹的石块,并可同时进行苗木整枝。主要用于苗木移栽过程中带土球的挖取,装桶或淘汰林木的采伐更新。该机械的主要特点如下:

①采用单人便携式操作、质量轻,使用方便。

②长达500mm的导板,可忽略任意株距进行苗木起苗断根作业,不受空间范围的限制。

③操作简便、苗盘定位准确,可最大程度保留苗木的根系及锅形土球,不伤根系,以提高苗木成活率。

④作业范围广。可用于幼苗、树苗、成树的移植。直径2~30cm的树木都可随意轻松断根取苗。

⑤一机多用,超强切割能力。专利技术的合金链条,既可方便随意快速整枝断枝,又可轻松切入各类干湿泥土。即使碰上坚硬的小石子,也可轻松解决。

⑥快速高效苗木断根起苗:泥土球径100cm,苗木直径12cm,单人操作只需3min。

(四)铺草坪机

草坪草从播种到长成草坪一般需要一个月左右的时间。有时为了快速建成草坪,可直接将生长良好的草皮(草毯)从草圃地起出来,在栽植现场进行铺设、镇压、浇水后,很快就能形成景观很好的草坪。这种用移植草皮来修建草坪的办法在城市中已越来越被人们认识和使用,特别在夏季使用很广泛。

目前在草皮(草毯)移植工程中所使用的技术与机械有两类:一类是移植普通的草皮,使用起草皮机从草圃把草皮按一定规格切割下来,用载货汽车运至现场,用人工进行铺装、压实后形成草坪,这是一种半机械化的施工方法,目前在我国使用还相当普遍;另一类是移植草毯,草毯是一种特殊的草皮,它是由尼龙网作为骨架,让草坪草在其间生长而成,故强度高,即使把单块草毯提起来抖动都不会断裂,因此比较适合于机械作业,使用成套的草毯作业机可以将草毯卷成大卷,然后铺装、滚压,使移植作业全部实现机械化,这一方法的作业效率和作业质量都很高,是今后的发展方向。

1. 起草皮机

起草皮机是将草皮切割成一定宽度、厚度和长度的草皮块或草皮卷的机械。起草皮机的工作装置是草皮切割刀,它有两种结构形式:一种是由两把 L 形的垂直侧刀和一把水平的底刀组成,侧刀进行垂直切割,形成草皮的宽,底刀切割草皮的根,形成草皮的底,也就是草皮的厚度;另一种是由一把 U 形铲刀组成,铲刀的水平刃切割草皮的底部,垂直刃切割草皮的两个侧面,使草皮与地面完全分离。现在使用比较多的是 U 形铲刀,并且常采用振动式铲刀,这种铲刀容易入土,并可减少切割阻力,也不易粘土。按配套动力不同,起草皮机有步行操纵自走式、拖拉机悬挂式等类型。

(1)步行操纵自走式起草皮机

步行操自走式起草皮机(图 8-62、图 8-63)是目前使用最广的一种机型,它的切割装置普遍采用由偏心轮带动的振动式 U 形铲刀。一般配有 4 ~ 7kW 汽油机作为动力,发动机的动力通过 V 带和链传动或齿轮传动,驱动位于铲刀前面的驱动轮,使起草皮机行走,并牵引切割刀进行切割草皮作业。为了增加起草皮机的牵引力,常采用加宽的驱动轮,并套上带有特种花纹或直齿形花纹的橡胶轮胎胎面,这样既可提高起草皮机的附着性能,同时由于与地面接触面积加大而不致破坏单皮。但起草皮机在道路上作较长距离行驶时,应在驱动轴上加装直径较大的行走轮,以提高行驶速度和通过性。在机器的后部还装有一个或两个橡胶充气轮胎,用以支撑机器的部分质量,同时通过调节后轮高度,还可以调节刀片的入土角。起草皮机还设有铲刀升降调节机构,用以调节起草深浅,即草皮厚度,一般采用螺旋式或丝杠调节机构进行调节(图 8-64)。步行操纵自走式起草皮机主要适用于面积为 5 万 ~50 万 m^2的中小型草圃。表 8-22 为部分步行操纵自走式起草皮机的性能参数。

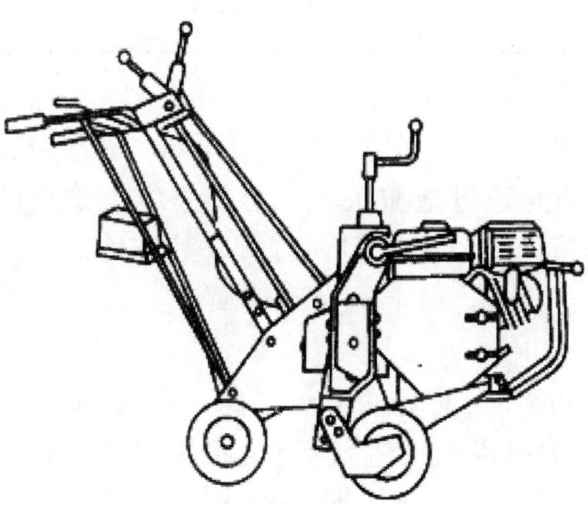

图 8-62　步行操纵自走式起草皮机

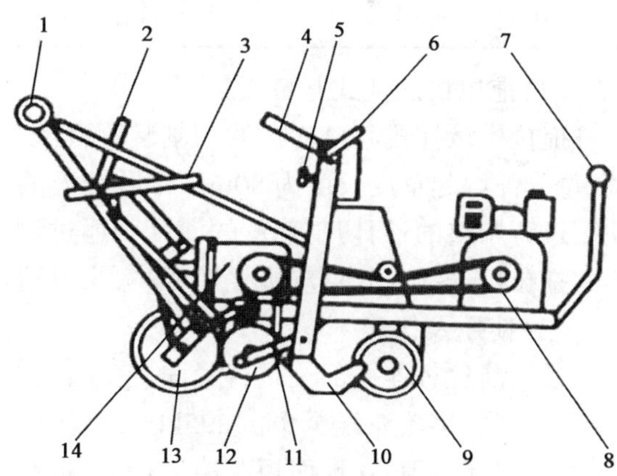

图 8-63　起草皮机结构图

1-油门;2-行走离合器手柄;3-切刀离合器;4-切刀深度调整手柄;5-定尺锁紧螺栓;6-固定把手;7-前把手;8-发动机;9-驱动轮;10-L 形割刀;11-连杆;12-偏心轮;13-后支撑轮;14-减速箱

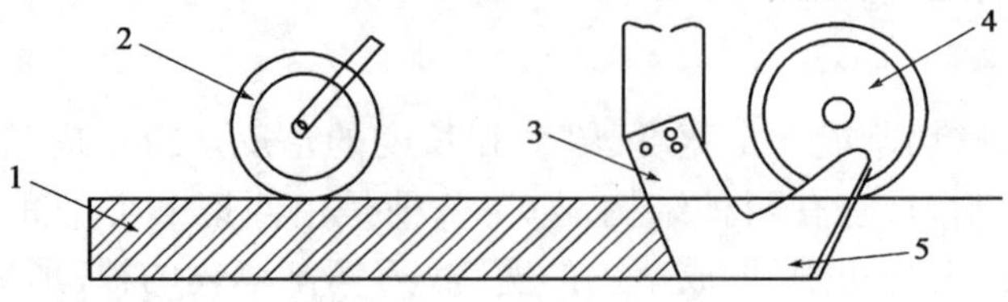

图 8-64　起草皮机工作原理

1-起下的草皮;2-后轮;3-垂直刀;4-前驱动轮;5-水平刀

部分步行操纵自走式起草皮机性能参数　　表 8-22

型号	可尔 CA10A-36B	绿洲 LZ-1	TURFCO 85521	BLUEBIRD SC18	RYAN 544845	BROUWER
功率(kW)	5.9/B&S	6.7/HONDA	6/B&S	4.1/HONDA	4/B&S	4/B&S
工作幅度 (mm)	349 379	305 405	300 380 410	460	457	410 460 600
最大起草深度 (mm)	50	55	50	60	64	38
起草速度 (m/min)	38 ~ 52	40 ~ 50	42	—	41	—
作业效率 (m/min)	650 ~ 850	800 ~ 1000	465	1250 ~ 1500	—	—
质量(kg)	—	120	135	—	162	77

(2)拖拉机悬挂式起草皮机

拖拉机悬挂式起草皮机的切割装置,也以 U 形铲刀为主,其切割宽度可至 60cm,甚至更宽,每分钟可起草皮长度为 80m。U 形铲刀的入土角是通过拖拉机三点悬挂系统上拉杆的伸缩进行调整的;而切割草皮的深度则通过调节限深轮的高度来实现。所以其结构比较简单。拖拉机悬挂式起草皮机生产率高,主要适用于 50 万 m^2 以上的大型草圃。

(3)使用及保养

使用前检查连接部位是否紧固、变速器内齿轮油情况,对各润滑点加注润滑油,调节 V 形带张紧度,尾轮充气至 98 ~ 295kPa。使用时严格按照说明书进行操作,特别注意停止作业时,应提起切刀;在地面短距离运行时,提起切刀,切断切刀动力,慢速行走;长距离运输时应装在运输车辆上运输,以免磨损驱动轮橡胶外套的花纹。变速器油面应保持在变速器高度的 1/3 ~ 1/2,每隔 3 个月或工作 150h 更换齿轮油;经常调节 V 形带张力,防止 V 形带过紧损伤 V 形带、损坏轴承等部件;胶轮不应与油、化学药品接触,防止加速老化,存放在干燥、避光处。表 8-23 介绍了起草皮机常见的故障诊断与排除方法。

起草皮机的常见故障诊断与排除　表 8-23

故障现象	故障诊断	排除方法
切刀离合器接合，切刀不运转	V 形带张力不够	调整张紧轮位置和张紧轮拉杆
接合行走离合器，机组不行走	①行走 V 形带张力不够； ②链条断开	①调整行走张紧轮拉杆和张紧轮位置； ②接合链条
柴油机起动后各部分不运转	自动离合器没有接合	加大油门，更换离合器芯
草皮厚度不一致	①手柄松动调整深度； ②入土角不合适(悬挂式起草皮机)	①紧固定把手； ②调整上拉杆长度，增大入土角
草坪两边不整齐	①圆盘切刀旷动； ②圆盘割刀与 U 形底刀两侧刀前后不对应	①固螺母或更换圆盘轴承； ②调整圆盘切刀使之对准 U 形底刀两侧刀
切刀不入土(悬挂式起草皮机)	入土角太小或为负值(向上倾斜)	调整上拉杆长度改变入土角

2. 草毯作业机

草毯是一种特殊的草皮，由于在播种前就铺设有特殊的尼龙网作骨架，因此起出后有比较好的强度，便于机械作业。成套的草毯作业机包括草毯收割机、草毯铺装机、草毯辊压机。

草毯收割机是一种大型宽幅草毯收割机械，其幅宽达 61cm，为拖拉机牵引式，工作部件包括草毯切割装置和卷草毯机构。切割装置由三把刀组成：两侧的垂直切割刀起切断和分割尼龙网的作用，形成草毯的宽度，中间底刀由于有尼龙网的缘故，已基本上不需要再切割，而是起辅助成卷并使草毯紧密的作用。卷草毯机构则是将切割后的草毯自动卷绕成草毯卷，草毯卷的长度可达 38m。目前生产的草毯收割机有美国的 BROUWER2400、SHL560 等，其工作效率达 $1260m^2/h$。

草毯卷铺装机的结构比较简单，主要是将草毯收割机卸下的成卷草毯，按规格整齐地铺装成草坪。有步行操纵自走式和牵引式两种，以牵引式为多，如 SPL2400 型牵引式草毯铺装机，其工作速度为 0 ~ 7km/h。

草毯辊压机是在草毯铺设后进行滚压，使草毯根系与土壤能紧密结合，一般为牵引式，其结构与普通草坪滚压机相似，主要工作装置为一压辊，压辊内腔可注水，以调节压辊压力的大小。

草毯作业机目前在我国还尚未生产。

二、整修机械

(一) 油锯

油锯，为“汽油链锯”或“汽油动力锯”的简称，主要用于树木的伐木、造材和打枝。根据锯把形式的不同分为高把油锯和矮把油锯两类(图 8-65)。按发动机功率的大小分大型(≥4.4kW)、中型(3 ~ 4kW)、小型(1 ~ 2kW)。园林绿化中主要使用小型的矮把油锯，用以伐除径级不大的病树和老树以及树木整枝，在高台车配合下用以锯除阔叶乔木的秃顶和造型整枝。当径级较大的杨树等需要更新时，最好使用高把油锯，因为高把油锯使用时不用大弯腰，质量在双臂上分配均匀，在施加锯切进给力时，双手施力也比较均匀，转移操作点时背带方便、安全，维修也较简便。而矮把油锯结构紧凑，质量轻，在打枝、造材和整枝时都比较方便。

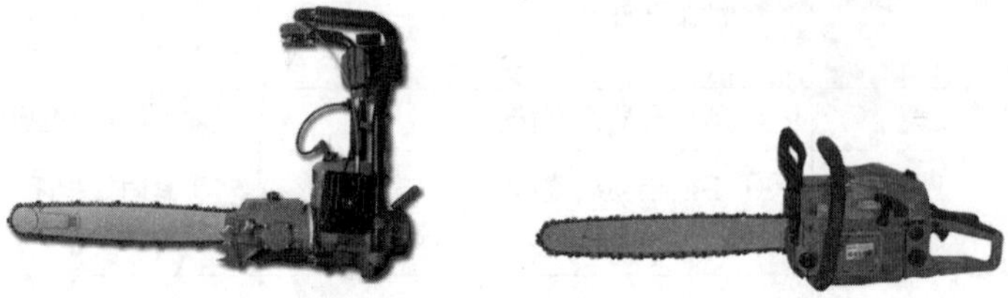

a) b)

图 8-65 油锯类型

a) BG33 高把油锯；b) K5200 矮把油锯

1. 油锯的结构

油锯的结构如图 8-66 所示。

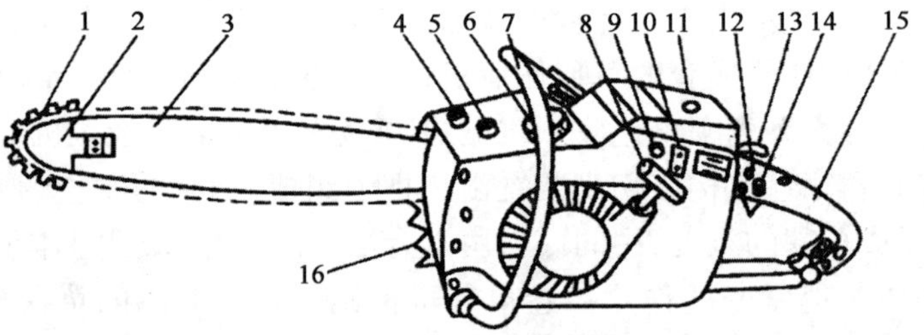

图 8-66 油锯的结构

1-锯链；2-导向轮组件；3-导板；4-机油调节旋钮；5-机油箱盖；6-燃油箱盖；7-前锯把；8-起动器手柄；9-怠速限位螺钉调节孔；10-高低速油针调节孔；11-空气滤清器；12-阻风门开关；13-熄火开关；14-油门扳机起动锁定按钮；15-后锯把；16-插木齿

各种类型的油锯，虽然在构造、性能方面各有差异，但其基本结构和工作原理都大体相同。油锯一般均由发动机、传动机构、锯木机构和操纵装置等部分组成。作业时，发动机的动力通过传动机构驱动链轮，锯链在链轮牵引下沿导板连续运动进而锯切木材。

(1) 油锯发动机

油锯发动机一般为单缸风冷二冲程汽油机。其结构和工作原理与通用小汽油机基本相同，但是由于油锯整机在结构布置上的要求，油锯发动机都由制造厂单独设计制造。燃油系统的泵膜式化油器是矮把油锯发动机的主要特点，它是利用曲轴箱内的压力脉动而驱动膜片泵油的，当发动机处在任意位置上时，燃油系统都能正常供油，完全符合了油锯在不同锯切方向、不同位置的正常作业的要求。采用新材料、新工艺和新结构以减轻油锯质量也是油锯发动机的一个特点；发动机带散热片的汽缸体和曲轴箱体都是由铝合金和镁合金压铸造而成，活塞及化油器体等也是铝合金压铸造而成。为了减小油锯把手上的手感振动，采用隔振装置使发动机在油锯中成悬浮状态，以及把发动机进行卧式布置都是新型矮把油锯采取的构造上的措施。在油锯发动机的点火系统中也已比较早的采用了无触点磁电机的电子点火方式。采用止回阀进气系统也是提高发动机性能的新型结构。

(2)传动机构

传动机构主要是离心式摩擦离合器。在高把油锯中,为了便于锯木机构相对于机体作水平和垂直调节,以适应伐木和造材时不同锯切方向的需要,设置了一对锥齿轮减速器,而在矮把油锯中一般不设置减速器。离心式摩擦离合器在曲轴转速或高或低控制下进行自动的分离和接合。作业时,加大油门,转速增高,离心式摩擦离合器自动接合,发动机的转矩就传递给了锯木机构进行锯切,一次锯切完毕,减小节气门门转速降低,离合器自动分离,动力切断,锯链不运转,而发动机处于怠速状,一直等转移到下一个锯切对象时。离心式摩擦离合器还能对发动机起到过载保护作用。

(3)锯木机构

锯木机构是油锯的工作部件,由驱动链轮、锯链、导板、锯链张紧装置和插木齿等组成。

①锯链是各种动力链锯进行锯切木材的切削部件,由左、右切削齿、传动链片、连接链片和链轴组成(图8-67)。

图8-67　锯链

1-左切削齿;2-连接链片;3-链轴;4-传动链片

把左切削齿、右切削齿、传动链片和连接链片按一定顺序排列后,由链轴铰接成环状封闭链条,在链轮驱动下,沿着导板的导槽高速回转而进行锯木。由于锯链的结构简单、质量轻、锯切速度快,广泛应用在有动力的机械上。

左、右切削齿有水平刃和垂直刃,用这种切削齿组成的锯链又称万能锯链,可以在木材的任何方向(端向、横向、纵向及它们的过渡任何方向)进行锯切。传动链片具有特殊的齿尾,它们全部位于锯链的中间,其两边是连接链片和切削齿链片,传动链片的齿尾与驱动链轮相啮合,使链轮能够驱动锯链,同时,该齿尾在锯导板的槽中滑动,起导向作用,齿尾的弯钩还能清除导板槽中的尘土污垢。连接链片用来连接切削齿和传动链片。链轴是销轴和铆钉的组合体,中间凸台部分是轴,与传动链片轴孔相配合,两端是铆钉部分,用来铆接切削齿和连接链片。

②锯导板的作用是张紧和支撑锯链,使锯能沿着一定方向运动而进行锯切。油锯上的锯导板均为悬臂式,锯导板有各种形状和类型(图8-68)。

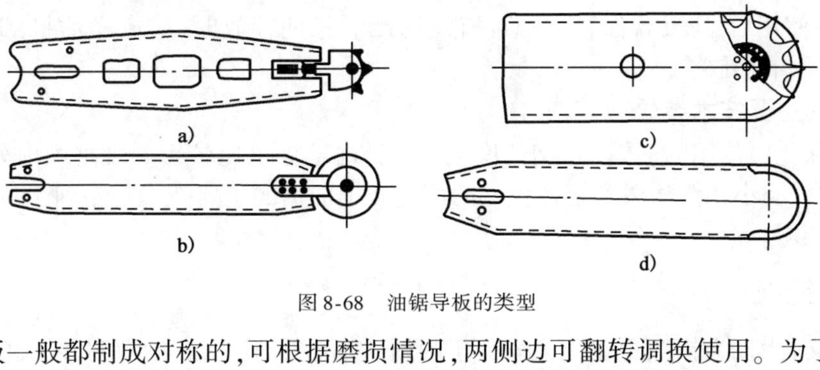

图8-68　油锯导板的类型

锯导板一般都制成对称的,可根据磨损情况,两侧边可翻转调换使用。为了减轻质量,有的锯导板在板面上设置若干孔洞。锯导板两边都有导槽,以便导向锯链运行,其尾端有长条孔,用以使导板固定在油锯机体上,同时可使导板沿长孔的范围移动,用作安装和卸下锯链以及调节锯链张紧力。在长条孔两侧有两油孔,润滑油泵输送的润滑油可通过油孔润滑锯链、导板和链轮。锯导板尾端制成符合要求的形状,以减少撞击和磨损,其宽度与链轮的直径相适应。锯导板的前端有带导向轮的和不带导向轮的;有的导向轮与导板之间还设有缓击装置。

③插木齿的作用是使油锯能支撑在树干上,当操作者双手施加进锯力时,在插木齿处的反力矩,能使锯链和导板克服进给阻力而完成锯切工作。同时插木齿还能将油锯发动机的振动和切削过程中锯链产生的冲击力传递给树干,从而减轻了劳动强度。矮把油锯的插木齿固定在曲轴箱体上,而高把油锯的插木齿是固定在减速器体上。

2. 油锯的使用与养护

(1)新油锯使用前,须经30h的中、小负荷磨合后,才能全负荷作业。

(2)使用前要检查锯链的张紧度,松开导板压紧螺母,用螺丝刀拧动导板调整螺钉,即可调整。锯链的松紧度,以在导板中部用手轻提锯链,使传动链片最下端与导板外周的间隙在0~1mm范围内为宜,如图8-69所示。调整后紧固导板压紧螺母。

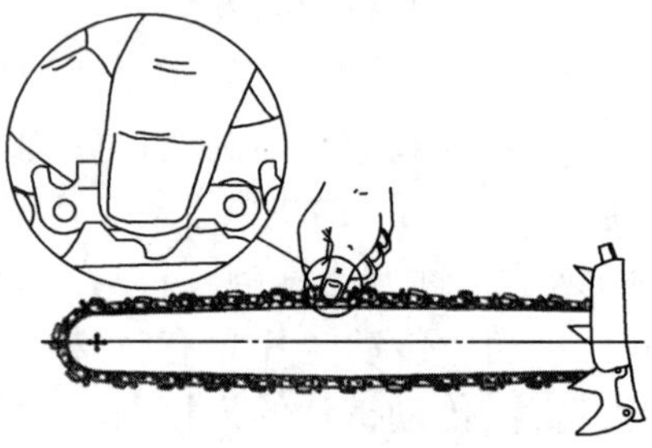

图8-69　锯链张紧度的检查与调整

(3)锯切前,先将插木齿靠近树干,然后使锯齿轻轻接触树干,待导板锯入树干后,再逐渐增大油门和送锯力。

(4)出现夹锯时,将导板在锯口中活动一下,若仍然夹锯,应向锯口中加楔。

(5)锯链变钝时要进行锉磨,主要是对左、右切削齿进行锉磨。用锯链专用的圆锉手工锉磨是最简易可行的方法。锉磨时把锯导板夹紧在台虎钳上,锯链放入导板的一侧导槽中,先用圆锉修磨切削齿的刀刃。锯链切削齿的刀刃由水平刃和垂直刃(侧刃)组成,水平刃的倾斜角为30°~35°,水平刃和垂直刃的切削角为60°,因此,当圆锉与垂直于锯链运动方向的平面成30°~35°角进行锉磨时,就能同时完成对水平刃和垂直刃的修磨。锉磨完毕的锯链先在汽油中清洗,晾干后浸泡在机油中。第二天使用前再把锯链和导板一起安装好。

(6)油锯使用后,应妥善保存,注意防潮、防晒。长期存放时,应放净油料,拆下锯链及导板,清洁后涂油存放。

3. 油锯的主要技术参数

在园林绿化中使用的油锯均为小型矮把油锯,锯导板也比较短。现把国内外适用于树木整枝、打枝以及小径级病树和老树伐除的部分矮把油锯的主要技术规格列于表8-24,可根据情况进行选用。

(二)电链锯

电链锯又称"动力锯",由德国人安德雷阿斯·斯蒂尔于1926年发明,极大的节省了切割材料所耗费的时间和人力。

部分矮把油锯的主要技术规格　　表 8-24

型号	YJ4	YH2.5	小松 G320AVS	SOLO 633	STIHL LO23	ALPLNA P360	HUSQVARNA 345	HOMELITE d3300
发动机排量(mL)	78.5	50	31.7	36.3	40.2	36	51	33
功率(kW)	2.94	1.8		1.5	1.9	1.4	2.2	1.5
导板长度(mm)	570	400	308	300	406	356	330 ~ 457	368
锯链润滑方式	手动液压泵	机动液压泵	手动液压泵		机动液压泵			
质量(kg)	9.5	5	4.7	3.5	4.6	4.4	4.7	4

电链锯(图 8-70)的动力是电动机,是用来切割木料、石料、钢材等的切割工具,边缘有尖齿,分手固定式和手提式,锯条一般是用工具钢制成,有圆形的,条形以及链式等多种。电链锯具有质量轻、振动小,噪声小等优点,是树木修剪较理想的机具,但需有电源或供电机组,一次投资成本高。

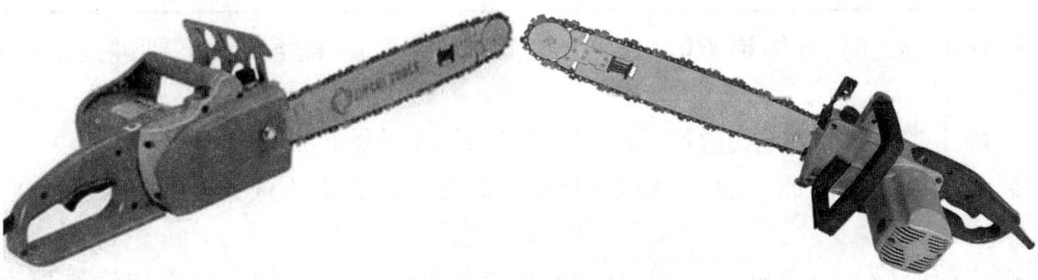

图 8-70　电链锯

1. 电链锯构造

电链锯由电动机、减速器、电源开关和其连接装置及锯木装置等组成。采用单相串励电动机的电链锯设计成Ⅱ类电动工具;采用三相工频和三相中频的电链锯设计为Ⅰ类电动工具。电链锯的运动速度通常为 5 ~ 7m/s。电链锯的锯、截作业是由与链轴铆接在一起的传动链片、切齿链片和连接片所组成的锯链来完成的,即锯链是电链锯的作业工具。其切齿链刀上有切削齿,根据锯材时对应于操作者的位置分为左切齿链片和右切齿链片。切齿链片上的凸起部分称为限料齿,用作限制锯切深度。切齿链片的齿顶面和外侧面镀以耐磨金属或进行表面强化处理,其硬度为 49 ~ 55HRC。传动链刀上有传动齿。驱动链轮通过传动齿驱动锯链运转。锯链由其上面有导向沟槽的导板支撑和导向,从而保持锯链的顺利运转,锯切时不致跑偏。导板硬度不低于 35HRC,导轨部位不低于 45HRC。电链锯的规格指其锯截木材的最大直径。三相中频和三相工频电链锯的技术性能数据见表 8-25。

2. 电链锯的使用

(1)电链锯是高速带状旋转锯切的手持操作电动工具,由于锯切木材的需要,锯链又不可能放置防护罩,因此电链锯的操作人员应经严格培训,以确保安全和提高生产效率。

(2)电链锯的操作人员不要穿着宽松的工作服,操作时应戴护目眼镜。

电链锯主要技术性能 表 8-25

项　目		M2L2-950	M3L2-950
锯链速度(m/s)		5.5	4.2
导板最大工作长度(mm)		475	475
锯木最大直径(mm)		950	950
锯口宽度(mm)		7.2	7.2
电动机	功率(kW)	1.5	1.0
	电压(V)	220	380
	电流(A)	7.5	2.53
	频率(Hz)	200	50
	转速(r/min)	12000	3000
外形尺寸(mm)	工作状态	690×290×560	670×335×565
	折叠状态	230×290×600	265×335×580
质量(kg)		9.5	11

(3)操作电链锯时,人体绝不能触碰锯链。非操作人员未经许可不要进入电链锯锯切作业场处。

(4)使用Ⅰ类电链锯必须进行可靠保护接地,应用剩余电流动作保护器。

(5)插上电链锯电源插头前,应检查电源开关是否处于断开位置。使用后,应立即切断电源,拔掉电源插头。

(6)操作前应检查电动机绝缘是否良好,电源线是否完好无损。检查电链锯所有螺钉、螺母和螺栓是否紧固,如有松动必须拧紧。

(7)锯链安装前要检查锯齿和活动关节有无裂痕和损伤,切齿链片是否锋利。安装锯链时,应将其松紧度调整适当,然后用手将锯链顺旋转方向运转数次,转动应轻快而平稳,无卡住、摇摆和冲手持电动工具的现象。更换锯链或调整锯链松紧度时,一定要切断电源,拔掉电源插头。

(8)电链锯使用前,应空载运转1min,检查电链锯运转是否正常。在冬季,存于无取暖设备场所的电链锯,使用前应先空转5min。

(9)使用电链锯锯截木材时,动作要平稳,用力要均匀,防止导板倾斜,以免锯链脱落、折断或损坏导板。

(10)使用中如果锯链突然折断或产生其他不正常现象及异味时,应立即切断电源,进行检查处理。发生夹锯时,必须立即切断电源,排除夹锯,严禁用通断电动机的方法排除夹锯。

(11)电链锯应使用锋利的锯链进行锯切。当锯切感到费力或切削速度显著下降时,锯链的切齿链片应及时刃磨,以免过载烧毁电动机。

(12)新锯链应在热油中浸10min左右,然后再使用。工作中要保证锯链始终处予良好的润滑状态。

(13)电链锯使用中,如果发现电动机过热应停止使用,严禁用雪或冰冷却电动机。

为保证安全和高效使用电链锯，应培训专门的操作人员。一旦接通电源后，严禁疏忽或不经意而随便起动电链锯，特别注意人体等不要接触电链锯。选用电链锯要仔细了解电动工具选用要点及产品说明。

3. 电链锯生产厂家及部分性能数据

电链锯在电动工具生产厂家均有生产，如博世电动工具（中国）有限公司、牧田（中国）有限公司、广东日立工机有限公司、江苏金鼎电动工具集团有限公司、浙江华丰电动工具有限公司等。

部分电链锯系列产品性能见表8-26。

电链锯性能数据　　表8-26

类　型	电压（V）	频率（Hz）	额定功率（W）	链条速度（m/min）	链条长度（mm）	备　注
M1L-SF1-405	110/220	50/60	1300	400	405	双绝缘
M1L-WH-405			1300	400	导板长度405	双绝缘
ZDS-520A			1000	4.2	导板长度520	
ZDS-520B			1000	4.2	导板长度520	
ZDS-405			1300	400	导板长度405	双绝缘
M1L-KY-405	110/220	50/60	1300	400	导板长度405	双绝缘
M1L-KY-405			1400	400	导板长度405	双绝缘
ML405A	110/220	50/60	1400	400	导板长度405	双绝缘
AKE35B			1200	空载割削速度:9m/s	350	4.2kg BOSCH产品
LCS-350L			1510	600	导板长度350	5.0kg
LCS-400L			1460	480	导板长度350	5.0kg

（三）绿篱修剪机

绿篱修剪机是用于修剪绿篱、灌木丛和绿墙的机械。通过修剪控制灌木的高度和藤本植物的厚度，并进行造型，使绿篱、灌木丛和绿墙成为理想的景观。绿篱修剪机按切割装置结构和工作原理不同，可以分为刀齿往复式和刀齿旋转式两种；根据动力的不同，可以分为电动驱动、汽油机驱动和液压驱动；根据整机结构形式分为便携式和悬挂式两大类。

1. 便携式绿篱修剪机

（1）便携式绿篱修剪机分类及其构造

便携式绿篱修剪机以手持式为主。其切割装置主要有往复式和旋刀式两种；其动力有电动驱动和小汽油机驱动两种。减轻手持质量是手持式绿篱修剪机的发展方向，为减轻手持质量，除了发展电动绿篱修剪机外，有的采取把其主要质量（如发动机部分）背负在身上的措施，动力通过软轴传给切割装置，切割装置部分手持操作，有的采取把电源部分或电缆部分放在推行小车上，随操作人员移动的措施。往复式和旋刀式绿篱修剪机的结构如

图 8-71 ~ 图 8-73 所示。

图 8-71　往复式双面刀和单面刀绿篱修剪机

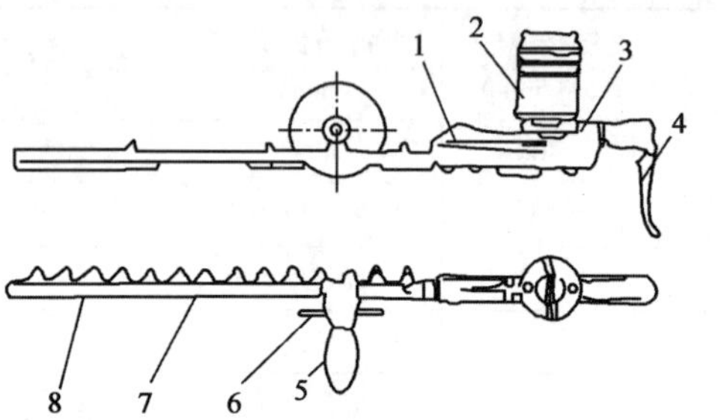

图 8-72　往复式单面刀绿篱修剪机

1-传动机构;2-电动机(或汽油机);3-右把手;4-电缆;5-左把手;6-护手板;7-导向刀杆;8-切割刀齿条

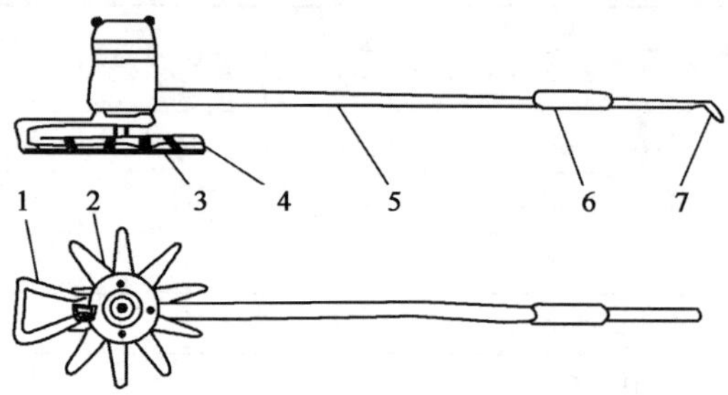

图 8-73　电动旋刀式绿篱修剪机

1-定刀架;2-电动机;3-定刀片;4-动刀片;5-操纵杆;6-把手;7-电缆

往复运动式切割装置由动刀齿条、定刀齿条和导向刀杆组成;旋转运动式切割装置由动刀片、定刀片和定刀架组成。这两种切割装置工作时都是进行有支撑切割。为了减少切割阻力,组成相对运动小剪刀的两刀刃间要成一定角度,以达到滑切的目的,该角的大小决定于灌木树冠枝叶茎杆与刀刃间的摩擦系数,为了在剪切时不使枝叶茎杆从刀刃开口处滑出来,该角不能过大,其最大值不能超过摩擦角的 2 倍。一般两刀刃间的角度在 20° ~ 26°的范围内选取,枝叶茎杆的直径大时,该角取小值。

旋刀式切割装置的刀齿采用直刀时,滑切角从刀刃旋转中心到刀刃末端迅速减小,也即两刀刃间的夹角迅速减小,这将恶化切割过程,因此要求刀刃采用不会改变滑切角的曲线形,但加工比较复杂。因此,在手持式绿篱修剪机中已很少采用旋刀式切割装置。

往复式切割装置有单动刀和双动刀两种。在单动刀切割装置中只有一条刀齿是往复运动的,另一条刀齿是固定的,同时起导向刀杆的作用,动刀齿条的往复运动由单独的曲柄连杆机构或偏心轮驱动;在曲柄或偏心轮高速旋转时,由于不平衡力引起的振动很大,采用平衡离心块的措施能平衡一部分力,但是还会有振动。双动刀切割装置由两条刀齿进行往复运动,另外还设置一根导向刀杆,采用对心双曲柄或双偏心轮驱动,其手感振动较小。

往复式切割装置能修剪的灌木丛表面枝叶茎杆的直径一般为 2 ~ 5mm,最大为 10 ~ 12mm,割幅一般为 0.3 ~ 0.8m,刀齿间距为 32 ~ 34mm,对于单动刀的切割装置来说,刀齿间距即为刀齿运动的行程,对于双动刀切割装置来说,刀齿运动的行程是刀齿间距的一半,刀齿的切割速度为 1.0 ~ 1.4m/s。

在往复式切割装置中,刀齿条有单面刀齿和双面刀齿的。有双面刀齿的绿篱修剪机在进行修剪时,特别是进行造型修剪时操作比较方便。

(2)手持式电动绿篱修剪机

与汽油机驱动的手持式绿篱修剪机相比,电动绿篱修剪机的手持质量大大降低,减轻了操作者的劳动强度,受到了使用者普遍欢迎。目前,手持式电动绿篱修剪机已替代了以汽油机为动力的手持式绿篱修剪机几乎所有的产品。

国内曾经生产的LJ3型绿篱修剪机以1.85kW二冲程小汽油机为动力,修剪幅宽度为500mm,而整机质量为8kg,HUSQVARNA公司生产的600HEL型绿篱修剪机以0.6kW交流电动机为动力,修剪幅宽度为550mm,整机质量为3.3kg。两者都是往复式的,修剪幅度也相当,而手持质量却相差一倍多。

往复式电动绿篱修剪机按电源的不同,有工频电流供电的交流电动机驱动和蓄电池供电的直流电动机驱动两种。

由工频电流供电的电动绿篱修剪机适用于有电源的场所,如庭院、花园等规模和场地不大的地方,使用十分方便。图8-74所示为美国RYOBI公司生产的HT系列电动绿篱修剪机的外形图和拆装图。

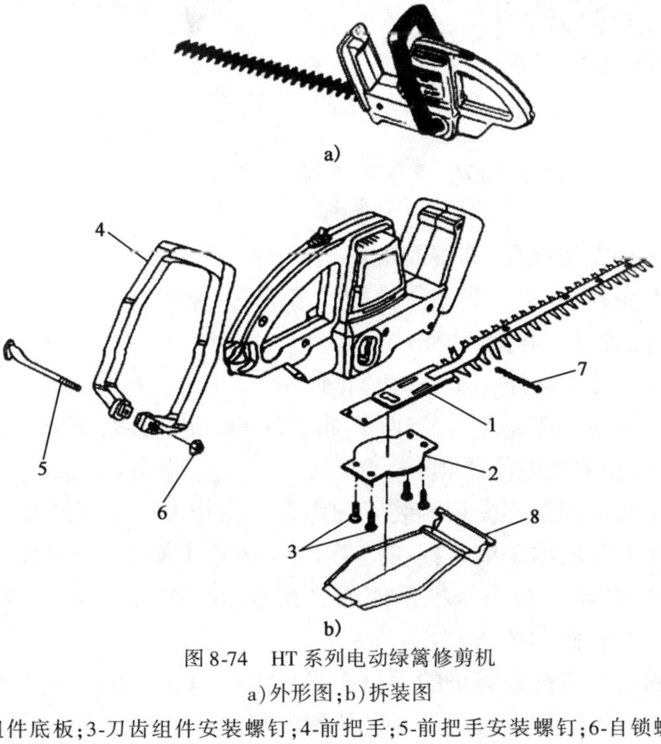

图8-74　HT系列电动绿篱修剪机

a)外形图;b)拆装图

1-刀齿组件;2-刀齿组件底板;3-刀齿组件安装螺钉;4-前把手;5-前把手安装螺钉;6-自锁螺母;7-盖板安装螺钉;8-盖板

HT系列电动绿篱修剪机有三个型号,即HT816r、HT818r和HT822r,都为单动刀往复式绿篱修剪机,用于对绿篱、灌木丛和藤本植物的修剪造型,可剪切的枝条直径最大达9.5mm。

由于该系列机型修剪机的电源为工频电流,是通过移动电缆供电的,用电安全和保护电缆不使受损是该系列机型机具操作时安全性的关键所在。为此，该系列机具的后把手末端设置了电缆护圈，在供电插座插上之前，需把电缆套进护圈内，起一个把电缆固定在把手上的作用，以防止操作时因拉动电缆而拉脱或损坏插座。开关扳机也设置在后把手里，在开关扳机的上面设置了开关锁定按钮。当开机时，向前推压这个按钮，就能锁定扳机，不致发生偶然开机而造成事故的情况。

在每次使用前，必须检查各零部件是否完好，是否能正常发挥作用，检查切割装置的运动情况和刀齿的锋利程度。发现零件损坏应立即修复和更换。为使操作时更为轻松，并延长刀齿的使用寿命，动刀与定刀间的间隙要调整合适，两者的间隙为 0.1 ~ 0.4mm，调整或刃磨后必须加油进行润滑，如图 8-75a）所示。刀齿刃磨锋利也能提高操作的轻松度，正确的刃磨如图 8-75b）所示。

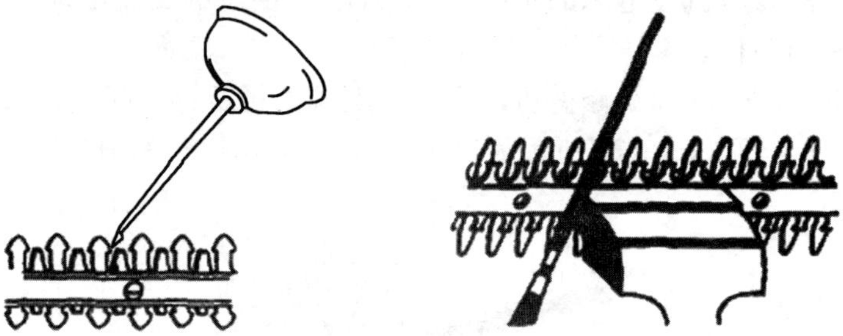

图 8-75　绿篱修剪机切割装置的保养

a）润滑；b）刃磨

操作时要遵守安全操作规程，其中的重点是：

①先检查作业点绿篱、灌木丛或藤本植物的情况，去掉树根、枝条处的铁丝、导线、枯枝等硬杂物，看好操作位置，计划好操作路线。

②不能在潮湿的条件下使用。下雨时禁止使用，湿手禁止操作。

③保护好电缆。要使电缆避免与发热面、润滑油和刀齿接触，不能用拉、推电缆的方法拔下或插上电插座，尽量避免电缆受损。

④保护手和人体其他部位不受切割装置的伤害。操作人员要束发戴帽、穿工作服、戴手套，机具一开动，操作人员的两手就要握在把手上，不能单手操作，操作时禁止用手拨弄树木枝条或接近刀齿，不能把防护板当作把手使用。其他非操作人员，特别是儿童要远离操作点，要正确操作机具，注意操作技巧。

由蓄电池供电的电动绿篱修剪机的手持质量比工频电流供电的要小得多，并且没有电缆牵连，所以操作更轻便，使用更机动灵活。使用的场所没有供电问题的限止，因而使用更为广泛。图 8-76 所示为 HT12V 型蓄电池供电的电动绿篱修剪机外形图和拆装图。

蓄电池绿篱修剪机的安全操作规程中的基本部分和关于切割装置部分，基本与交流电源供电的电动绿篱修剪机相同，而蓄电池和充电器是需要特别关照的部分。

蓄电池绿篱修剪机装上蓄电池后就处于可操作状态，因此要确信锁定按钮没有向前推压的情况下,才能装上蓄电池,手提着机具转移操作地点时,不要把手指放在板机上,在对切割装置进行清洁和调整前,要把蓄电池从机具上拿下来。蓄电池不能放在靠近火源和热源的地方,因为这样会白白消耗电能。

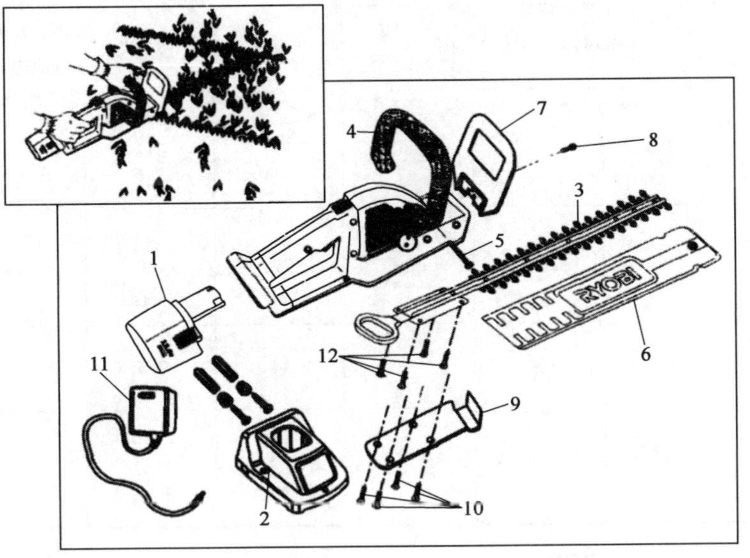

图 8-76　蓄电池绿篱修剪机

1-12V 蓄电池;2-充电器座;3-刀齿组件;4-前把手;5-前把手安装螺钉;6-刀齿组件护套;7-护手板;8-护手板安装螺钉;9-底板;10-底板安装螺钉;11-12V 变压器;12-刀齿组件安装螺钉

给蓄电池充电时,先把变压器插进墙上的电源插座。变压器的接线端子插入充电器座的插孔;再把带插头的蓄电池插入充电器中,见到指示灯发光,则充电开始,一般充电需 8h。充电器座一般事先安装在墙上或固定在小块木板上。

给蓄电池充电不能在室外,或空气和环境潮湿的地方进行。不能把充电器(含变压器和充电器座)放置在雨中或雪中;充电器不能连接破损的导线和插座进行充电。充电应在 10 ~ 38℃的情况下进行。该 12V 蓄电池是该绿篱修剪机专用的,不能与其他机具混用。

部分手持往复式绿篱修剪机的技术规格见表 8-27。

还有一种类似理发推子的电动绿篱修剪机,也是由蓄电池供电、直流电动机驱动,其结构如图 8-77 所示。它的修剪幅宽只有 102mm,刀齿间距为 25.4mm,是一种很小巧的灌木造型修剪用的机具。

(3)使用绿篱修剪机前应注意的问题

①使用前请务必认真阅读使用说明书,将机器的性能以及使用注意事项弄清楚。

②绿篱修剪机的用途是修剪树篱、灌木,为了避免发生意外事故,请勿用于其他用途。

③绿篱修剪机安装的是高速往复运动的切割刀,如果操作有误,是很危险的。所以在疲劳或不舒服的时候,服用了感冒药或饮酒之后,请勿使用绿篱修剪机。

④发动机排出的气体里含有对人体有害的一氧化碳。因此,不要在室内、温室内或隧道内等通风不好的地方使用绿篱修剪机。

部分手持往复式绿篱修剪机的技术规格　　表 8-27

型　号	LJ3	CHT2300B	STIHL HS80	600HEL	HT816r HT818r HT822r	HT12V	LJD
动力机	单缸风冷二冲程汽油机			工频电流交流电动机		12V 蓄电池直流电动机	工频电流交流电动机
功率(W)	1850	—	880	600	288 312 348	—	120
修剪幅宽(mm)	500	210	600	550	406 460 560	440	250
修剪枝条最大直径(mm)	15	—	—	14	9.5	—	6
质量(kg)	8	5.1	5.5	3.3	2.46 2.52 2.70	—	—

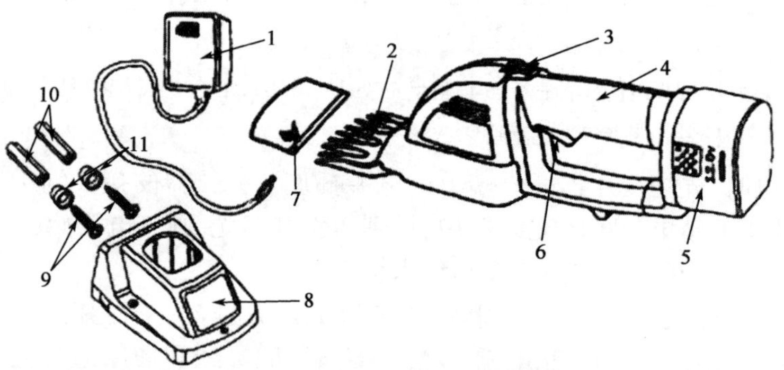

图 8-77　手推式电动绿篱修剪机

1-12V 变压器;2-刀齿;3-锁定按钮;4-把手;5-蓄电池;6-开关扳机;7-刀齿护盖;8-充电器座;9-充电器座挂结螺钉;10-墙锚;11-隔墙套管

⑤以下各种场合,请勿使用:

a. 脚下较滑,难以保持稳定的作业姿势时。

b. 因浓雾或夜间,对作业现场周围的安全难以确认时。

c. 天气不好时(下雨、刮大风、打雷等)。

⑥初次使用时,务必先请有经验者对绿篱修剪机的用法进行指导后,方可开始实际作业。

⑦过度疲劳会使注意力降低,从而成为发生事故的原因,不要使作业计划过于紧张,每次连续作业时间不能超过 30 ~ 40min,然后要有 10 ~ 20min 的休息时间,一天的作业时间应限制在 2h 以内。

⑧未成年者不允许使用绿篱修剪机。

2. 悬挂式绿篱修剪机

主要分车载悬挂式和臂架悬挂式两种。

(1)车载悬挂式绿篱修剪机

由车辆底盘、发电机组、手持式电动绿篱修剪机、悬挂的绿篱修剪机、液压悬挂系统等组成(图8-78)。

发电机组安置在前车架上,由发电机、交流电变频机、防护板和导线组成。发电机由底盘分动箱的动力输出轴通过万向传动轴和锥齿轮传动的动力驱动;经发电机组把发出的工频交流电变频后成36V、200Hz的中频交流电,供给三台手持和一台液压悬挂的绿篱修剪机的中频交流电动机。防护板用来保护发电机,以避免过载和短路造成的伤害,同时用信号警示发电机各相导线与基础底架击穿的情况。

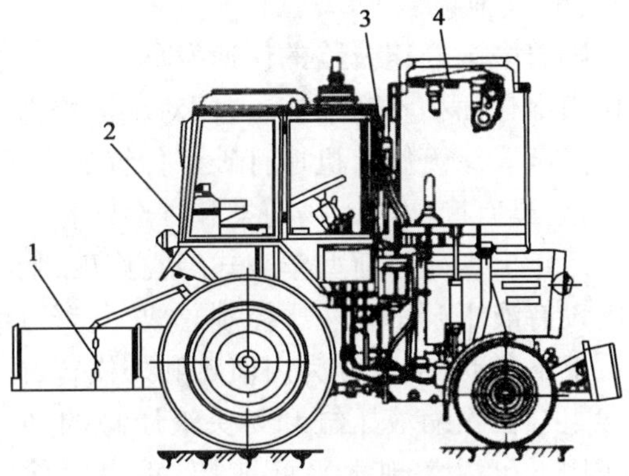

图8-78　车载悬挂式绿篱修剪机

1-发电机组;2-车辆底盘;3-液压悬挂系统;4-悬挂的绿篱修剪机

手持电动绿篱修剪机放置在车辆底盘前部的专用箱内。当作业量不大或悬挂的绿篱修剪机达不到的绿篱修剪时,一般使用手持电动绿篱修剪机进行作业。

悬挂的绿篱修剪机由往复式切割装置、机动叉和输送装置组成,所有装置安装在同一基板上,基板的位置由液压助力杠杆系统进行调整,可以使修剪机在不同的高度、不同的平面进行修剪。工作时,其机动叉和输送装置能随时把剪下的枝条从作业面上去掉。

这种车载悬挂式绿篱修剪机适用于作业量大、绿篱长度大的场所进行修剪,对高速公路两旁及中间隔离用的绿篱的修剪,效率高,质量好。

(2)臂架悬挂式绿篱修剪机

切割装置安装在液压起重臂的臂架末端,作业时具有更大的机动性。切割装置由液压马达驱动,除了刀齿往复运动的切割装置外,还可配置滚刀式和连枷式转子型切割装置。液压起重臂的运动由主臂液压缸和副臂液压缸控制;臂架与工作装置相对于绿篱或堤岸的位置和角度全部通过液压缸进行调整和变化。液压起重臂采用两节臂架时,其最大伸距可5m,采用三节臂架时,最大伸距可达7m,因此该类绿篱修剪机可以修剪高大绿篱的顶面和侧面,可以修剪各种绿墙,还可修剪道路、河流等堤岸两侧的杂草和灌木丛,对于城市公共绿地和公园中高大灌木丛的造型修剪也能胜任。图8-79所示为臂架悬挂式绿篱修剪机外形图。

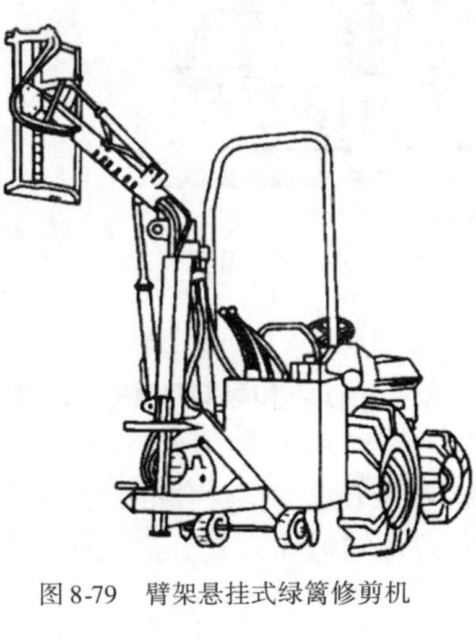

图8-79　臂架悬挂式绿篱修剪机

在切割工作装置的框架里装有回弹安全机构,

当工作装置碰到障碍时,工作装置和臂架就会向后摆,避免工作装置受到损害。有些绿篱修剪机有向前和向后两个控制方向的回弹安全机构。由于液压起重臂承受的荷载不大,驱动工作装置所需动力也不大,因此臂架悬挂式绿篱修剪机一般悬挂在小型拖拉机上,可利用拖拉机的液压系统,也可用单独的液压系统对臂架和工作装置进行控制。

(3)其他

随着中国高速公路的快速发展以及人们环保意识的日益提高,公路及高速公路绿篱以及城市绿化面积不断增加,人们对绿篱修剪的造型、修剪平整度及修剪速度的要求也越来越高。车载式绿篱修剪机械打破了传统的人工修剪模式,大幅度提高了劳动生产率和修剪作业质量,具有广阔的市场前景和社会效益。

近年出现一种新型车载式绿篱修剪机,包括承载车及置于承载车上的修剪机,修剪机底盘内设有液压泵站和液压控制总成,立臂分为内立臂和外立臂,外立臂在升降液压缸的作用下可上下移动;横臂分为内横臂和外横臂,内横臂在收缩液压缸的作用下可水平移动;剪切刀架组合在收缩液压缸和刀头液压缸的共同作用下可以实现水平面剪切、垂直面剪切或倾斜剪切;在承载车上还设有警示装置和控制台、监视屏;与燃油发电机组连接并向修剪电动机提供电力;新型车载式绿篱修剪机提高了修剪质量,节省了劳动力,提高了工作效率,比人工修剪提高效率40倍,无安全隐患;可形成不同的植物造型。主要用于公路绿化植物进行修剪。示例如图8-80、图8-81所示。

图8-80　车载式绿篱修剪机

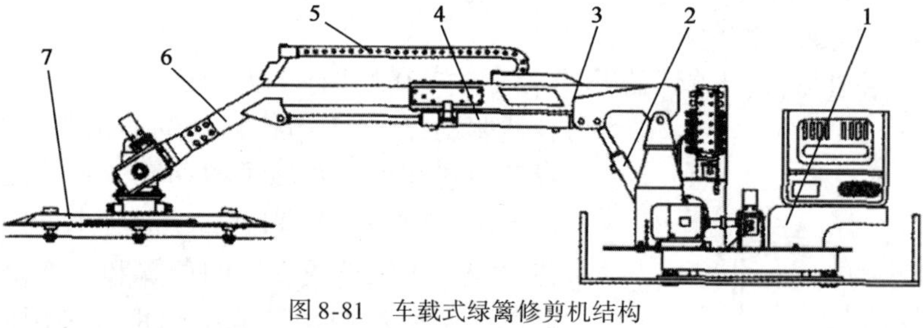

图8-81　车载式绿篱修剪机结构

1-回转底座;2-举升液压缸;3-静臂;4-伸缩液压缸;5-管线拖链;6-动臂;7-刀盘

(四)割草机

割草机是一种用于切割牧草、修剪长势过快或过长的杂草、修剪和处理平整绿化草坪的半自动化机械工具,能减轻工作强度,提高工作效率。

按照割草机的驱动方式来划分:可分为手动式割草机和液压驱动割草机两类。按照使用对象可分为:商用草坪割草机和家用草坪割草机。按照刀片的运作方式分为:旋转刀式割草机和滚刀式割草机。

1. 手推滚刀式草坪割草机

图 8-82 所示是一种小型手动剪草工具,具有无振动、无噪声和无污染等特点,国内外均有生产。如 JCG250IT 手推草坪割草机和 Yard-Manl5515 无动力滚刀式草坪割草机等。该机型主要由驱动轮、齿轮传动机构、滚刀、底刀和高度调节机构以及操纵手柄等组成。使用时,操作人员推动割草机在草坪上运动,在地面滚动的驱动轮使滚刀旋转,滚刀与底刀配合完成剪草作业。

留草高度可根据需要调节。手推式无动力草坪割草机适用于草的长度在 120mm 以下的草坪;草长度为 120mm 以上时,须先将长草剪去,方能使用这种机器作业。剪草前,应先清除草坪上的石块、树枝等硬杂物,以免损伤滚刀刃口。

2. 手扶旋刀式草坪割草机

如图 8-83 所示,这是一种由小型汽油机带动刀片运转切割草株、人工推动机具前进完成作业的草坪割草机,有的草坪修剪机的行走轮也可由发动机动力驱动,工人只需步行操纵机器。这种机具构造简单,但生产效率不高,工人劳动强度大,只适用于小面积草坪修剪。

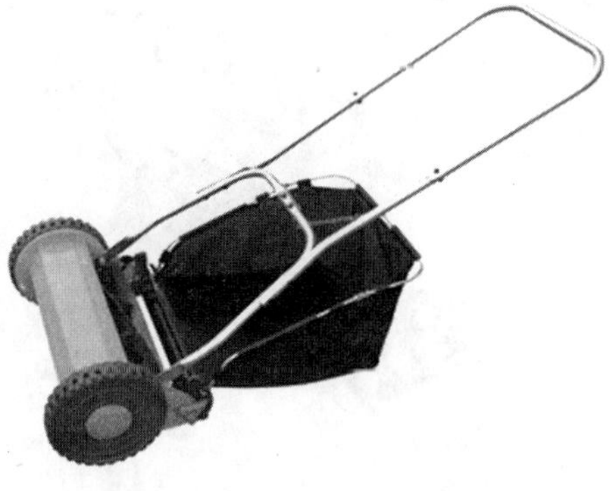

图 8-82　手推滚刀式草坪割草机

图 8-83　手推机动式草坪割草机

(1)旋刀式割草机的切割原理

旋刀式草坪剪草机的工作部件是利用一高速旋转的一字形刀片来切割草株,以被切草株的惯性来提供剪切所需的反抗力。进行这种切割时,动力必须具有相当高的速度,原来静止的草株在瞬间以相当高的相对速度(等于动刀片的切割速度)与动刀片接触,产生很大的加速度以及方向相反的惯性力。

(2)手推机动式草坪割草机

这种割草机也称步进式割草机。它在我国园林生产中使用广泛,国内生产的主要机器型号有立特 JUS450 型、立特 JUS530 型、JCX350 型及 XJ50 型等。国外生产的 Yard-Manl2898 和 Ariens 也是这种草坪割草机。

由于各种机型选用的发动机形式、功能及割草幅宽不同,其构造上各有差异,现以 JUS450 型草坪割草机为例说明其基本构造。

该机割幅为 450mm,侧面排草,不带集草箱,适用于小面积的草坪,以及地形较复杂或草坪上间种着各种花木的地方使用。其主要构造如图 8-84 所示。该机主要由发动机、机架和工作装置、行走装置、割草高度调节装置及操纵装置等组成。

(3)手扶自走旋刀式草坪割草机

这种形式的草坪割草机的行走轮通过发动机传动装置取得动力,而使机器行走,操作者在割草作业时只掌握其方向,而不必用力推割草机。现以立特 JUZ530 型手扶式草坪割草机为例(图 8-85)说明其构造。该机割草宽度为 530mm(21″),采用单速、后轮驱动方式自动行走。另一种立特 JUS530 型手推式草坪割草机除了没有后轮驱动动力传动装置外,其他与 JUZ530 型完全一样。它们都具有带集草箱的草坪割草机的典型结构。

该机由发动机、割草工作装置和机壳、集草装置、传动装置、行走装置和操纵装置等组成。

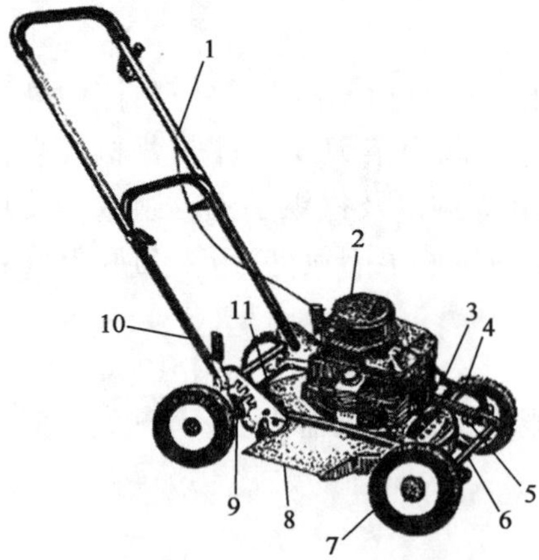

图 8-84　立特 JUS450 型草坪割草机

1-把手;2-发电机;3-机架和工作装置;4-割草高度调节联动杆;5-支臂;6-前轴;7-行走轮;8-排草导向板;9-齿板;10-割草高度调节手把;11-后轴

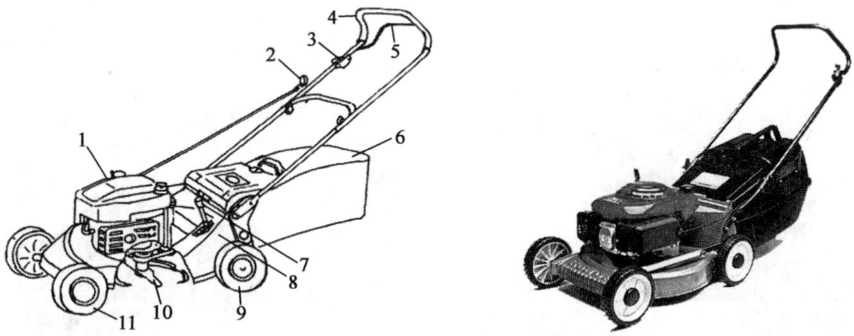

图 8-85　手扶自走旋刀式草坪割草机构造

1-发电机;2-起动手柄;3-油门开关;4-手柄;5-离合器拉杆;6-集草箱;7-割草高度调节手柄;8-机壳;9-驱动轮;10-刀片;11-前轮

3. 手扶滚刀式草坪割草机

图 8-86 所示为 ATCO 手扶滚刀式草坪割草机(有 B14、B17、B20 三种型号),它由发动机、工作部件、集草装置、变速传动机构、操纵机构等组成。

该机配用 AL14-1A 四冲程汽油机。这种发动机采用电子点火,具有使用维护方便、运转平稳(转速 2800r/min)、加速性能优良等特点。

图 8-87 所示为变速传动机构。它采用一级齿形带传动与两级链传动。齿形带的松紧度靠松开螺栓而移动张紧装置来实现。链传动的调整则靠一只防松螺母在其侧板槽中的上下移动来实现。

该机装有两套离合器,即发动机动力输出离合器与控制割草机运动的前进离合器。当操作手柄放松后,割草机和割刀均能自动停止,从而可保证作业的安全可靠。其中动力输出离合器装在发动机和变速器之间的离合器盖板下面,使变速器与发动机脱开或接合;前进离合器使割草机后滚轴与变速器脱开或接合,实现割草机的运动控制。

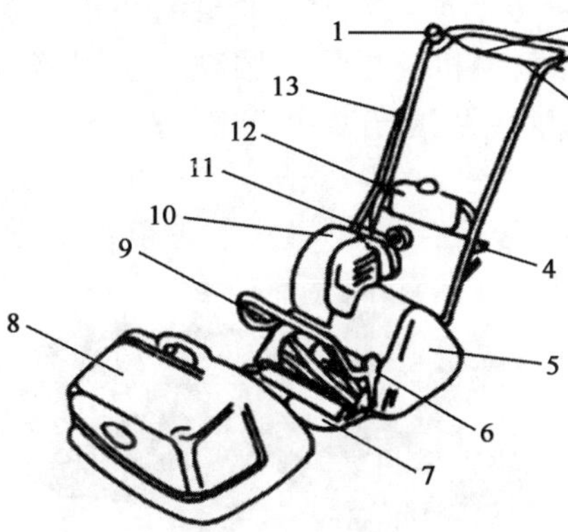

图 8-86　ATCO 草坪割草机

1-风门控制;2-切割离合器把手;3-主离合器把手;4-操作高度调节;5-变速器;6-留草高度调节;7-前支持滚;8-集草箱;9-刀片调节螺母;10-火花塞;11-化油器;12-油箱;13-卷绕式起动绳

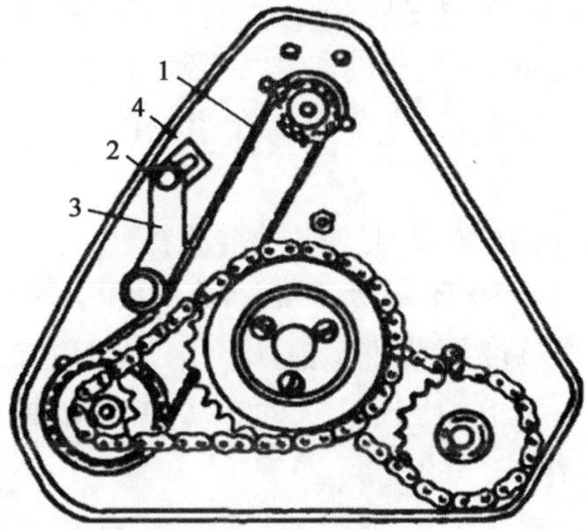

图 8-87　传动机构

1-齿形带;2-螺栓;3-张紧装置;4-张紧座

4. 驾乘式草坪割草机

驾乘式(又称自走式)草坪割草机的工作装置与拖拉机构成一个整体,工人乘坐在机器上进行操纵,完成作业。这类机器具有操纵方便、工作舒适、生产率高等优点,适用于大面积的草坪修剪。

根据工作装置的类型驾乘式草坪割草机可分为旋刀式、滚刀式、甩刀式等多种机型。目前国外专业草坪修剪采用自走式居多,各式草坪割草机在园林生产作业中均有应用。我国根据自己园林生产特点,设计生产了一种 G-Ⅲ型驾乘滚刀式草坪割草机。驾乘旋刀式草坪割草机也已经由国外引进,并在园林生产中应用。

根据工作装置在园林拖拉机上的悬挂位置悬挂又可分为前悬挂、后悬挂、中间悬挂、侧悬挂及分组悬挂(图 8-88)等多种驾乘式草坪割草机。

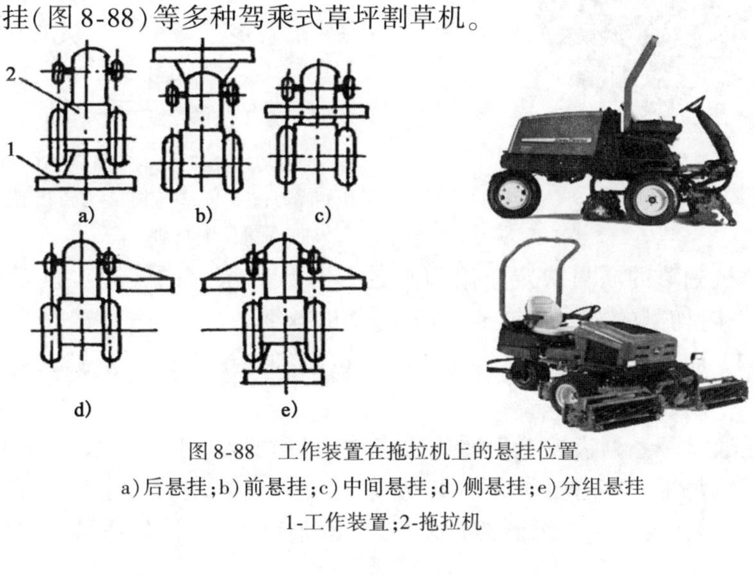

图 8-88　工作装置在拖拉机上的悬挂位置

a)后悬挂;b)前悬挂;c)中间悬挂;d)侧悬挂;e)分组悬挂

1-工作装置;2-拖拉机

草坪修剪是园林生产中工时消耗大、能量消耗多的一项作业，园林生产管理者应根据草坪用途和面积、草的种类及培育要求合理选用各类草坪割草机。根据我国现有草坪培育规模及使用现状，本节重点介绍中间悬挂、旋刀式草坪割草机及国产 G-Ⅲ型简易自走式草坪割草机。

（1）驾乘旋刀式草坪割草机

图 8-89 所示为 Yard-Manl3834H 型中间悬挂旋刀式草坪割草机示意图。工作装置布置在四轮园林拖拉机的底部，这种布置使机器具有结构紧凑、操纵方便的优点。

该机由园林拖拉机、工作装置和悬挂机构三大部分组成。

（2）驾乘滚刀式草坪割草机

这种割草机主要适用于地面平坦、质量较高的草坪，如各种运动场。驾乘式滚刀草坪割草机如图 8-90 所示。滚刀式割草机的切割装置主要由滚刀（动刀）和底刀（定刀）组成。滚刀的形状像一个圆柱形鼠笼，切割刀呈螺旋形安装在圆柱表面上，滚刀旋转带动草茎相对于底刀产生一个逐次切割的滑切过程而将草茎剪断（图 8-91）。

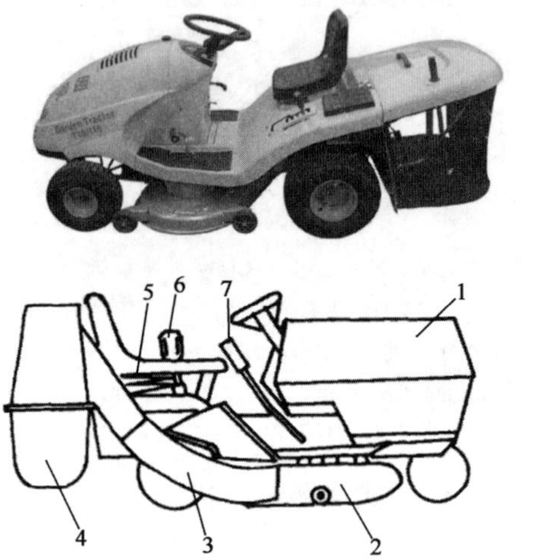

图 8-89　驾乘旋刀式草坪割草机示意图

1-发电机；2-三联旋刀组；3-排草通道；4-集草箱；5-座椅；6-变速杆；7-割草高度调节杆

图 8-90　驾乘滚刀式割草机

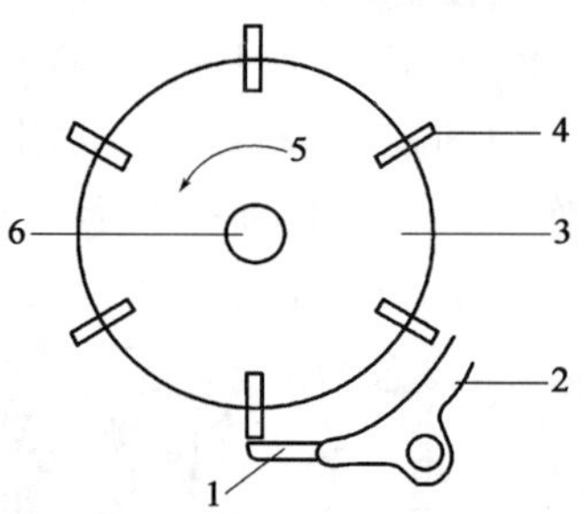

图 8-91　滚刀式草坪割草机工作原理

1-底刀；2-护罩；3-滚筒；4-刀片；5-滚筒转动方向；6-滚筒中心轴

滚刀式割草机割草的质量决定于滚刀上的刀片数和滚刀的转速。滚刀上的刀片数越多，行进单位距离时切割的次数就越多，切下的草也越细。

滚刀上 3 ~ 12 片滚刀的转速越高，切下的草也越细。滚刀式割草机驱动滚刀旋转一般有三种形式。

①由行走轮通过一系列齿轮传动增速后将动力传到滚刀上。一般一台 3 ~ 4 块刀片的滚刀式粗割割草机每米长度可给予 33 ~ 40 次切割。一台 6 块刀片组成的滚刀式割草机每米长度可给予 72 ~ 82 次切割。因此，对这种传动的割草机要根据不同的绿地要求选择具有

不同数量刀片的滚刀式割草机。

②发动机驱动滚刀可由二冲程或四冲程的小型发动机驱动。这种驱动方式多用于手推式小型滚刀草坪割草机。

③电力驱动用电动机驱动滚刀旋转的割草机多用于离电源较近的绿地割草作业。

我国根据自己园林生产特点，设计生产了一种机动自走式草坪割草机。它具有体积小、性能稳定、转向灵活方便、外形美观等优点。这就是图 8-92 所示的 G-Ⅲ型双速机动自走式草坪割草机。

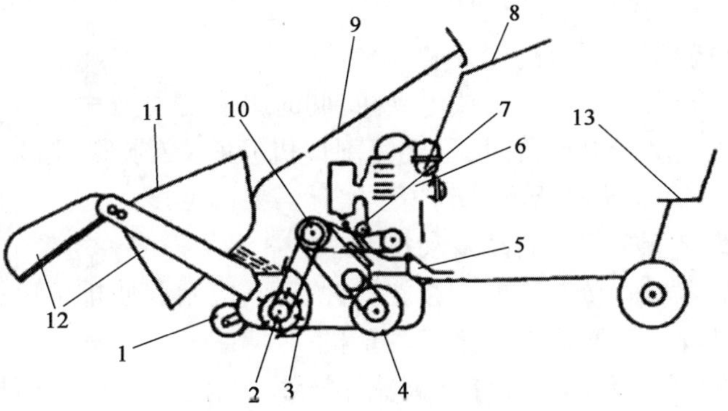

图 8-92　G－Ⅲ型草坪割草机

1-前导轮；2-滚刀；3-底刀；4-驱动轮；5-离合器操纵机构；6-IE50F-Z 汽油机；7-张紧轮；8-操纵手柄；9-倒草拉杆；10-变速器；11-后草箱；12-前草箱；13-挂车

5. 割草机操作要求

草坪割草机是园林机械中不可缺少的机械，下面以步行旋刀式草坪割草机为例加以叙述。

(1)准备工作

①割草时应当穿长裤子，不允许赤脚或穿凉鞋。

②彻底检查作业场地，并清除所有的石块、棍棒、金属物、骨头和其他丢弃物。

③汽油极易燃烧，应采取下列预防措施：燃油储存在专用容器内；只许在室外加注燃油，加油时不准吸烟；应在发动机启动之前加油，发动机运转或过热时绝不可打开燃油箱盖或加燃油；如果燃油溢出，不要起动发动机，而应将机器从洒有燃油的地方移走，直到汽油挥发净为止，以免构成火源；必须盖好油箱和储油容器的盖子。

④更换有缺陷的消声器。

⑤每次使用前都应检查刀片；螺钉松动应拧紧；刀片切割组件磨损或损坏应及时更换，以保持平衡。

(2)操作

①不要在封闭的空间操作发动机，以防一氧化碳中毒。

②只能在白天或充足的灯光下割草。

③应避免在潮湿的草地上操作机器。

④在坡地上作业时一定要站稳。

⑤操作时只能行走,不可跑动作业。

⑥割草机在坡地上作业时,应横坡作业,严禁顺坡和逆坡作业。

⑦在坡地上需调转方向时,应特别当心。

⑧在陡峭的坡地上不要使用割草机割草。

⑨在倒退或朝自己拉动割草机时应极其注意。

⑩当通过不是草地的地面以及出入作业场地时,割草机必须倾斜,应将刀片制动。

⑪护罩或护板损坏,或在原位上没有安全装置(如导流板和集草器)的割草机,不能使用。

⑫不得改变发动机的调速装置或使发动机超速运转。

⑬发动机起动之前脱开所有的刀片和离合器。

⑭必须按说明书要求启动发动机或电动机,同时脚应远离刀片。

⑮在启动发动机或接通电动机时,不要使割草机倾斜,必须倾斜起动时,只能抬起离操作者远的那部分,并且不要使机器倾斜到超过实际需要的程度。

⑯有人站在排草口前时不要启动发动机。

⑰不要把手和脚靠近旋转部件或放在旋转件下面,应始终使排草口保持清洁。

⑱发动机运转过程中不要提起和搬运割草机。

⑲下列情况时,应停止发动机并断开火花塞导线:清除堵塞和油污;检查、清理或维护割草机;撞到外部物体后,再重新起动操作割草机之前,检查损坏情况并予以修理;割草机出现不正常振动(立即检查)。

⑳在以下情况时,应停止发动机:操作者离开割草机之前;加注燃油之前;发动机空转时调小节流阀,在结束割草时,切断油路。

(3)维护与储存

①为保证设备处于安全工作状态,应拧紧所有的螺母、螺栓和螺钉。

②汽油气体遇明火或火星可能引燃,当机器油箱内存有燃油时,绝不可存放在室内。

③机器储存进任何封闭物之前应使发动机冷却。

④为消除火灾的隐患,应清除发动机、消声器、蓄电池和油箱上的草、树叶和油污。

⑤经常检查集草器有无磨损和损坏。

⑥为了安全应及时更换磨损或损坏零件。

⑦若必须排空燃油箱时,应在室外进行。

(4)技术要求

①场地条件要求:草坪高度不超过300mm,机器能正常作业。

②常温时间:按JB 5135要求,在自然环境中手拉自回绳起动时间不应超过30s,电起动时间不应超过5s。

③草坪割草机应具备三个切割位置,最低切割位置不应高于25mm。

(5)安全要求

①刀片最大线速度应小于100m/s。

②刀片护罩应延伸到刀尖圆平面之下至少30mm,刀片紧固螺钉的螺钉头可伸到刀片护罩下面,但螺钉应安装在刀尖圆直径的50%范围以内。

③具有敞开排草通道的割草机，排草口不应朝向操作者位置。

④有集草器的割草机，应在靠近排草口和集草器连接处标示，表明不安装集草器不能操作。

⑤把手应采用可靠的机构锁定，在割草机正常操作中不应脱开。把手末端至少应距刀尖450mm。

⑥刀片停止时间为5s。

⑦操作者耳旁噪声声压级值不应超过90dB(A)。

⑧撞击试验后，刀片和机器的零部件不应有任何损坏和脱落，但刀刃损坏不认为是试验失败。

⑨刀片不平衡试验结束后不应有任何零件损坏和脱落。

⑩脚模型试探试验时，脚模型不应进入刀片组件的运动轨迹中。

⑪刀片护罩强度试验应达到以下要求：试件或试件碎片不应穿过刀片护罩和集草器；刀片护罩或集草器的任何一个零件不应变形进入刀片运动轨迹中；带集草器的割草机，其集草器不应从连接位置上产生移位或脱落；排气方向不应直接朝向操作者。

6. 割草机的常见故障诊断与排除

割草机的常见故障与排除见表8-28。

割草机的常见故障诊断与排除　　表8-28

故障现象	故障诊断	排除办法
汽油机不能起动	①安全手杆没有压下； ②点火线没有插上； ③风门手柄没有放在阻风或起动位置； ④燃油箱油位很低，或者使用了劣质汽油； ⑤火花塞故障； ⑥化油器呛油； ⑦电池没电(如果使用电起动)	①压下安全手杆； ②将点火线插入火花塞； ③将手柄扳到相应位置； ④向燃油箱内加注新鲜干净的燃油； ⑤清洁火花塞，检查火花塞间隙，或再更换火花塞； ⑥把火花塞旋出，晾干，放回火花塞，不要上紧，把风门位置扳到最小，拉动(或起动)汽油机。将火花塞旋紧，风门扳到最大，再次拉动(或起动)汽油机； ⑦使用随机的充电器进行充电
汽油机熄灭	①熔断丝烧断； ②汽油机在阻风或者起动状态运行； ③点火线松动； ④燃油管路有堵塞； ⑤燃油箱盖的透气孔没有撕开； ⑥燃油中有雨水或者尘土	①查找导线是否有短路、漏电，纠正后再换上新的熔断丝； ②将风门扳到最大； ③将其牢牢紧固在火花塞上； ④进行清洗，然后重新加注新鲜干净的燃油； ⑤将孔戳穿； ⑥将旧油放干净，换上新鲜干净的汽油； ⑦清洗或者更换空气滤清器； ⑧进行必要的检测、清洗和调试； ⑨加注新鲜干净的燃油

杭州同安科技有限公司系列割草机全部采用铸铝底盘，坚固耐用，设计先进。选用大吨位压铸机在高比压工艺参数下压铸成形，密度大、强度高。按流体力学原理设计，集草流畅。主要受力部位增加了厚度和加强筋，保证了强度要求。前轴固定为压板结构，更加牢靠。集草袋防尘环保，使用便捷配置的集草袋坚固耐用，能有效防止尘土飞扬，集草流畅、量大，外

形美观。人性化设计,部件选材精良具有3s停车功能,使用安全;停机手柄为扁平形,向前推握,手感舒适。割草机割草高度调节机构坚固,定位牢靠。割草机冲压件均采用优质冷轧钢板制造,强度高,质量好,表面光滑美观。

(五)割灌机

割灌机是可置换多种切割件的便携式割草割灌机械。当用尼龙索作切割件时,用于庭院、街心花园、行道树之间小块绿地的草坪修剪、切边及稀软杂草清除等作业(图8-93)。当用2~4齿金属刀片作切割件时,用于浓密粗杆杂草及稀疏灌木的割除作业。当用多齿金属刀片或圆锯片作切割件时,可进行野外路边、堤岸和山脚坡地浓密灌木的割除以及乔木打枝、整形作业。割灌机是城市园林绿地乔灌木养护作业中不可少的重要机具。以圆锯片为切割件的便携式立木整枝机,也属于便携式割灌机,是软轴背负式割灌机之一。大型除灌割灌机械不包括本范围内。

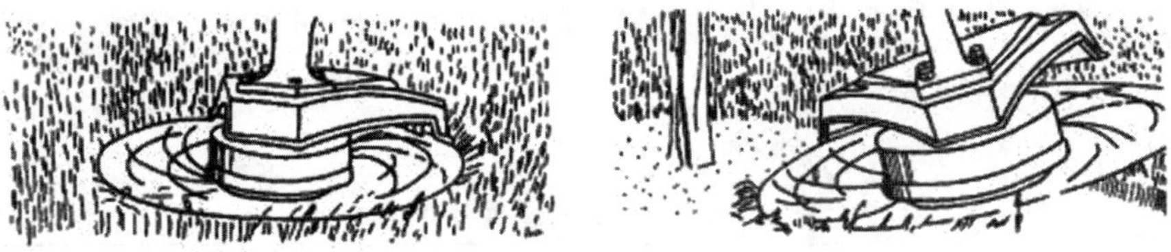

a)　　　　b)

图8-93　带尼龙索切割件的割灌机进行作业

a)修剪小块草坪;b)乔灌木除草

便携式割灌机按结构形式分为硬轴手持式、硬轴侧挂式和软轴背负式;按动力分为内燃割灌机和电动割灌机,内燃割灌机相对于电动的质量较大,以侧挂或背负式为主。

1. 硬轴侧挂式割灌机

由动力机、离合器、吊挂机构、中间传动轴、套筒、把手及操纵机构、减速器和切割装置组成(图8-94)。

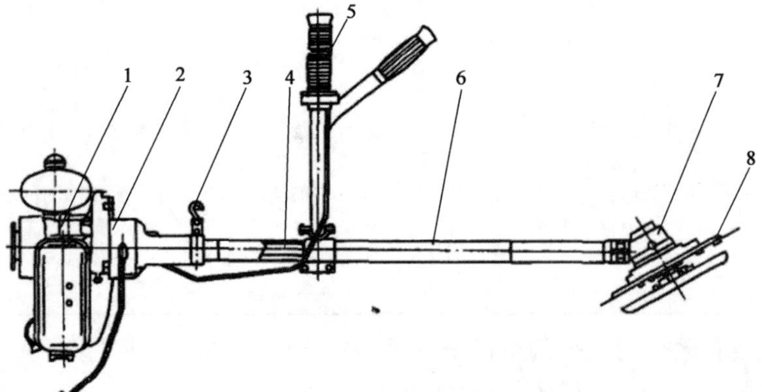

图8-94　硬轴侧挂式割灌机

1-动力机;2-离合器;3-吊挂机构;4-中间传动轴;5-把手和操纵机构;6-套筒;7-减速器;8-切割装置

动力机一般都采用单缸风冷二冲程汽油机，汽油机通过离心式摩擦离合器把动力传给中间传动轴。离合器的主动体直接与汽油机曲轴连接，被动体与传动轴连接，当汽油机转速达到离合器接合转速时，主动体的离心块在离心力作用下，克服弹簧拉力压向被动体的摩擦面，摩擦力矩大于汽油机曲轴的转矩，离合器接合，把转矩传给传动轴。当发动机转速低于接合转速时，离心块的离心力小于弹簧拉力，这时离心块与被动体处于分离状态。所以，控制发动机节气门的大小，改变曲轴转速就能控制离心式摩擦离合器的接合与脱开。此外离心式摩擦离合器还能对发动机起过载保护作用，当切割装置遇到意外障碍，荷载突然增大，这时主动体的离心块与被动体接合的摩擦面开始打滑，从而使汽油机避免熄火或损坏。

减速器由一对锥齿轮组成。减速比不是很大，因为割灌机工作装置在工作时也是进行无支撑切割，特别是割草、割软的枝条时，要求切割速度高，所以切割件的转速一般很高。锥齿轮主要的作用是改变动力传动方向，使切割件旋转轴与传动轴之间成一定角度，使操作时比较方便。

硬轴侧挂式割灌机工作时，操作者把吊挂机构的吊钩挂在背在身上的背带上，双手握住自行车式的把手，切割件向前，控制把手左转或右转，就能使硬轴连同切割工作装置往左或往右摆动，其工作幅宽一般可达1.5~2.0m。在割野杂草和软枝条时，可以从左到右，再从右到左连续切割。在割单独的根径较大的灌木或林木时，要按次序一棵一棵的割，对于根径小于8cm的灌木可单向切割，对于根径大于8cm的灌木和小树，要先开锯口，然后再锯切上茬口。操作者在工作时应保持正确姿势；把手与传动轴稍偏置，以使两手能平衡施力。作业时应时刻注意安全，若当锯片被卡住时，应关小油门，待锯片被脱开动力停止转动后，再抽出锯片。

2. 软轴背负式割灌机

当割灌机的质量较大时，或者对乔木进行打枝整枝需用一只手把住切割工作装置，而另一只手抓住枝条进行作业时，需要把割灌机的主要质量背在身上；这样的背负式割灌机必须设置软轴进行传动。有的割灌机软轴短，有的割灌机软轴长或分两段，如用于对树木进行打枝整枝作业的割灌机，其软轴就很长，分两段较好。

背负式割灌机由单缸风冷二冲程汽油机、离心式摩擦离合器、传动软轴、切割工作装置，硬轴、护套和背挂构件等组成。

割灌机上所用的软轴属于动力传动轴，主要用来传递转矩，对它的基本要求是耐磨，所以由较粗的钢丝卷成，而层数较少，一般为3~4层。钢丝软轴由轴本体、护套和轴端接头组成。轴本体由多组钢丝分层卷绕而成，钢丝直径一般为0.3~3mm，卷绕时，一般4根钢丝为一组，并排地紧密缠绕在芯杆上，缠完一层再缠第2层，且相邻两层钢丝的缠向应相反。缠绕完毕，可将芯杆抽去，也可保留，因为芯杆为软金属制成，可以随意弯曲。钢丝绕成的轴本体在护套内工作。护套的功用如下：

(1)安置轴本体的含油轴承，并保存钢丝轴表面上的润滑油。

(2)增强软轴弯曲布置时的稳定性，减小软轴传动时的振动。

(3)防止尘垢侵入轴内，并避免轴本体与其他物体产生摩擦而磨损，以保证其工作寿命。

(4)保护操作者的人身安全。

钢丝软轴的尺寸,可根据所需传递的转矩从制造厂的产品目录中选择。选择时应考虑强度、挠曲性、抗扭转变形性、振动性能、两端接头的结构形式、长度、连接方法及可靠性等。

软轴传动的割灌机的优点是:

(1)适应性好。由于割灌机大部分的质量负在背上,操作者行动较为方便,可以在场地狭窄和条件困难的情况下进行作业。

(2)工作装置可以自由转动角度,特别易于举高,进行打枝割藤作业较为方便,并能适应高度不同的操作者的使用。

(3)省略锥齿轮减速器,简化了结构,也减轻了质量。而配用其他工作装置也较方便。

其缺点是:钢丝软轴的使用寿命低,维护较复杂,割灌机的工作范围小,作业时,右手需施加较大的切割进给力,长时间作业劳动强度大。

3. 电动手持式割灌机

美国 RYOBI 公司生产的 105r、132r、137r 型电动手持式割灌机的质量较小,电动机功率也不大,分别为 517W、572W 和 605W;它们的传动轴直径均为 6.5mm,工作装置上的切割件均为直径 1.52mm 和 2.03mm 的尼龙索、尼龙索切割圆最大直径为 381mm。德国 SOLO 公司生产的 115 型电动手持式割灌机的功率要大一些,为 1000W,其切割件也为尼龙索,其直径为 2mm。电动手持式割灌机主要用于割草和草坪切边,还用于墙角台阶边和乔灌木根部周围的除草。电动机由工频电流供电,所以一般用在有电源的、场地规模不大的和庭院等场所。

图 8-95 所示为 RYOBI 公司生产的电动手持式割灌机。在它的机杆中间有一插转锁扣,用于调整工作装置相对于把手的转动角度,这主要是为了适应草坪切边作业的需要而设置的。可以转动 90°和 180°。环形把手的位置可以根据操作者的需要上下调整。

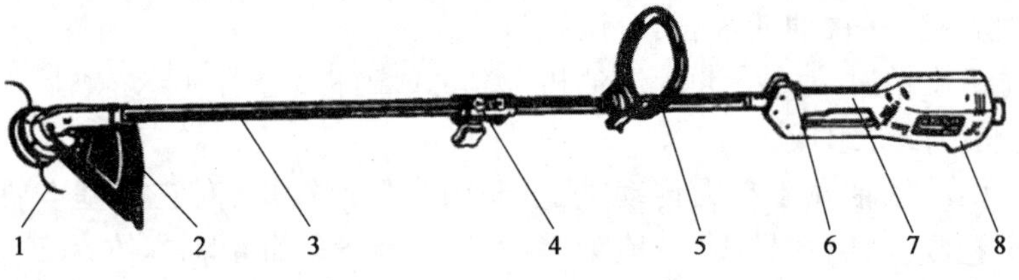

图 8-95 电动手持式割灌机

1-尼龙索切割件;2-护翼;3-机杆;4-插转锁扣;5-环形把手;6-动力开关;7-右把手;8-电动机

便携式割灌机工作装置的切割件有多种形式,有尼龙索,有 3 齿、4 齿、8 齿金属刀片,有多齿圆锯片等(图 8-96)。根据不同场所不同作业对象,选用不同的切割件。

4. 使用注意事项

(1)新的割灌机应按说明书的规定进行磨合后才可正式使用。

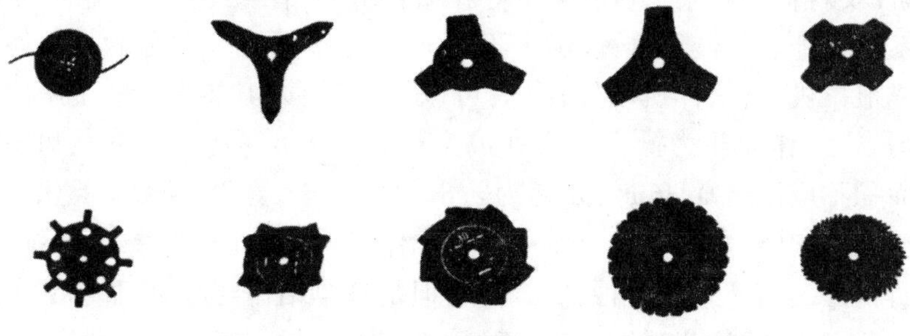

图 8-96　割灌机切割件的类型

(2)发动机所用混合燃油应按一定比例并经搅拌均匀、过滤后方可加入油箱。

(3)发动机起动后应先低速运转几分钟,待机器达到正常温度后才能进行作业。

(4)割杂草、小灌木时,可双手左右摆动连续切割;切割胸径 3 ~ 8cm 的乔、灌木时,只能由一方单向切割,一次伐倒;切割胸径 8cm 以上乔、灌木时,应根据倒下的方向,先割下锯口,然后伐倒。

(5)卡锯时,应关小油门,抽出锯片,再继续工作,严禁离合器长时间打滑。

便携式割灌机产品已比较多,现将部分产品的主要技术规格列于表 8-29。

部分便携式割灌机的主要技术规格　　表 8-29

型　号	DG3	FBG－13	STIHL FS200	小松 BC4300FW	SOLO 141	SOLO 152	SOLO 115	RYOBI 137r
形式	硬轴侧挂式	软轴背负式	硬轴侧挂式	硬轴侧挂式	软轴背负式	硬轴侧挂式	手持式	手持式
把手	自行车式				环形	自行车式	环形	
动力机	单缸风冷二冲程汽油机						交流电动机	
功率(kW)	1.7	1.1	1.6	排量 41.5mL	1.9	2.06	1	0.6
切割对象	草坪草、野杂草、灌木						草、野草	
质量(kg)	10.65	10.4	6	7.4	9.8	9.2	4	3

割灌机用途十分广泛,可用于园林绿化、庭院维护、公路清理、森林防火、庄稼收获等。

国外的产品比较成熟,如德国斯蒂尔、日本本田、台湾宏扬、日本井关、日本丸山、日本小松、日本奥力士、日本田中、美国康力、美国迈科络、日本三菱、美国百力通、韩国启洋等。还有中国华盛以及中国南方的各省生产的产品。

现在国内使用最广泛的有德国斯蒂尔、日本三菱、日本本田、日本小松以及中国的中国华盛。

(六)高树修剪机

在园林作业中,园林设施的安装与检修、高大乔木的修枝、整形、园林建筑物的装饰与墙体维护等,都需要操作工人在高空作业。因此,将工人升至高空,并能在其上进行作业的高空作业升降平台就逐步得到了发展,现已成为园林工程机械中使用比较多的机械之一。

高树修剪机(又称高空作业升降平台)大多为车载式,车载式高空作业车是指3m以上,由液压或电动系统支配多只液压缸,能够上下举升进行作业的一种车辆。即将升降平台安装在载货汽车或拖拉机上,这样机动性能好,可以快速转移,其主要工作机构为作业斗(作业平台)和升降机构。作业斗为操作工人在高空进行作业的场所,有单人和多人之分。单人作业斗的底面积不应少于0.36m^2,并应为防滑表面,进口宽度不应小于0.4m,并有高的防护栏度不低于1m。升降机构是升降作业斗的工作机构,它有折叠臂式、伸缩臂式、垂直升降式和混合式、自行式、剪叉式等多种结构形式,但是基本结构与起重机的结构是相类似的。国内主要品牌有北方交通、杭州爱知、武汉天捷、徐州海伦哲、北京凯特、北京三兴、北起多田野等,许多国际知名品牌在国内设有工厂。

1. HYL5030J 型高空作业升降平台

图8-97所示为国产HYL5030J型高空作业升降平台(又称高空作业车)。该平台安装在北京121载货汽车底盘上,工作机构采用了全回转、折叠臂加伸缩臂的混合式全液压升降机构,它由作业斗、上臂、下臂、伸缩臂、上臂液压缸、下臂液压缸、伸缩液压缸、回转机构、取力装置等组成。

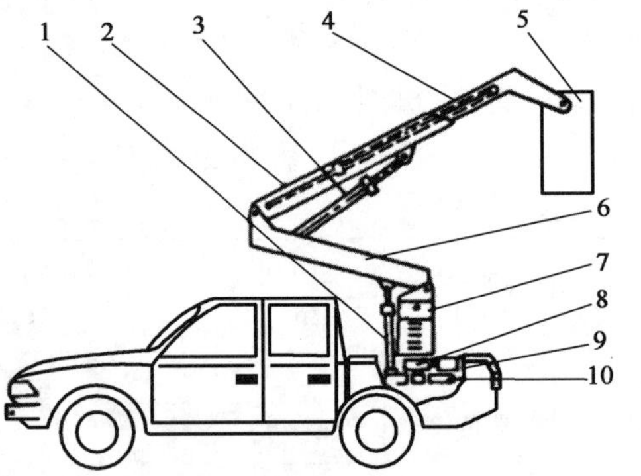

图8-97 HYL5030J型高空作业升降平台

1-下臂液压缸;2-上臂;3-上臂液压缸;4-伸缩臂;5-作业斗;6-下臂;7-立柱;8-回转蜗轮蜗杆减速器;9-回转大小齿轮;10-回转支撑

取力装置位于汽车变速器左侧,由取力箱和取力操纵杆组成,其作用是将汽车动力传至液压泵,使液压泵工作或停止。

回转机构由液压马达、蜗轮蜗杆减速器、回转大小齿轮、回转支撑等组成。

液压马达通过减速器驱动回转大小齿轮,再带动转台和立柱作回转运动,使工作臂和作业斗能回转作业,扩大了作业范围。

工作臂的上臂、下臂、伸缩臂和回转液压马达的控制阀,均采用独特的电磁手动方向控制阀,能远距离电动控制,也能近距离手动控制,使操作工人在地面和空中都能操作,并能在电路出现故障时或电磁阀被卡住的情况下,用手动控制使机器照常工作。工作臂上还设有安全控制系统,当臂运动到极限位置时,它能可靠地限制臂的动作,并报警。这种装置使得在操作失误时能及时停止危险动作,保证作业的安全。除此以外,在液压系统中,两个支腿液压缸、上下臂和伸缩臂液压缸都装有双向液压锁,其作用是液压缸到所需位置后,将液压缸锁住不动,以防造成事故。

该升降平台的主要技术性能参数为:

(1)最大作业高度:8m。

(2)最大作业半径:3.6m。

(3)作业斗额定负荷:120kg。

(4)作业斗尺寸:0.8m×0.5m×1.05m。

(5)下臂最大升角:50°。

(6)上臂最大升角:70°。

(7)底盘型号:北京 121 双排座货车。

(8)乘车人数:5 人。

(9)整车总质量:2575kg。

2.3QS-8 型高空作业车

图 8-98 所示为安装在轮式拖拉机底盘上的高空作业平台(3QS-8 型高空作业车),它以拖拉机为底盘,主要用于城市街道旁、公路旁、铁路旁、园林的树木修剪,也可用于橡胶林的修枝、油棕树修叶、摘果和橡胶林授粉等作业,还适用于种子园和母树林的采种作业。它具有操作灵活、摆转跨度大、工效高、一机多用等特点,该车的升降、伸缩、摆转、剪枝等动作均由液压操纵。

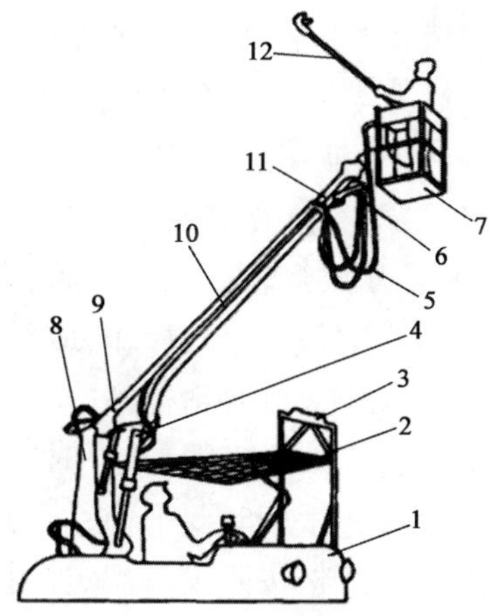

图 8-98　以拖拉机为底盘的高空作业

1-拖拉机;2-防护栅;3-前支架;4-升降液压缸;5-液压管道;6、9-随动液压缸;7-作业斗;8-立柱;10-升降臂;11-伸缩臂;12-液压修枝剪

3. SJ-16 型高树修剪高空作业车

图 8-99 所示为装在汽车底盘上的全液压传动折臂式高空作业车。该车由 CA-101 型汽车、上下折臂、取力器、中心回转接头、转盘、减速机构、绞盘机、吊钩、支腿、作业斗、液压系统等部分组成。上下折臂可随转盘作 360°回转,其动作可以在作业斗或转台上分别操作。工作时,作业斗保持水平以确保作业斗中操作人员的安全。当在进行架空作业时,四个支腿放下,以增加机器的稳定性。为防止作业时操作人员触电,四个支腿外设置有绝缘橡胶板。液压系统由液压泵、油箱、控制阀、输油管及动力液压缸组成。液压泵为 40 柱塞液压泵,动力由汽车的取力器供给。该车最大提升高度为 16m,提升臂还可吊起带土球的移栽树木,起吊质量约为 2t。此外该车还可用于建筑、电力、消防等部门的高空作业。

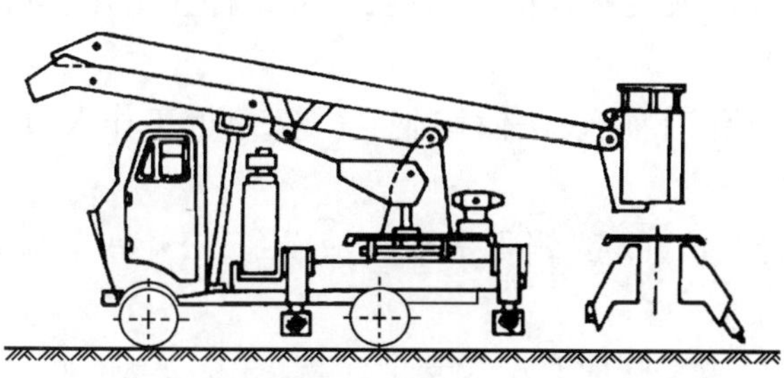

图 8-99　SJ-16 型高树修剪高空作业车(尺寸单位:mm)

4. 高空作业车操作规程

(1)汽车驾驶人必须持有大客车行车执照。

(2)辅加变速器必须脱离液压泵。

(3)注意桥梁、隧道通行高度。

(4)车速一般不超过 30km/h,郊区不超过 40km/h。

(5)作业斗(平台)内谢绝滞留人员。

(6)停车位置选择应是坚实地面,整车倾斜度不大于3°,并开启警示闪灯。

(7)作业高度与风力(鲍福特)。

①风力6级及以下适宜高度10m以下作业。

②风力5级能以下适宜高度11～20m作业。

③风力4级及以下适宜高度21～30m作业。

(8)起动液压泵,踩下汽车离合器踏板,拉紧驻车制动器操纵杆,变速器挂空挡,扳动液压泵离合拉杆,使液压泵处于工作状态。

(9)液压泵运转2～5min后,方可操纵各动作手柄。

(10)高空作业车的操作,应经培训并持有操作上岗证人员负责。

(11)操作人员要精神集中,防止误操作并严格禁酒后作业。

(12)首先放下支腿,必要时在支腿掌下放本垫,确保车辆处于水平状态。

(13)操作手柄时要平稳,切勿急速迅猛,以免导致作业臂惯性摆动过大及意外事故。

(14)要严格按照设备规定的技术参数及作业范围作业。

(15)作业斗(平台)上工作人员要系好安全带。

(16)升降作业斗(平台)时,应使上下臂交替动作,以保证作业斗(平台)处于最佳升幅半径状态,严禁将作业臂作其他用途。

(17)作业时,操作人员要注意斗(平台)、臂与高低压导线、电话线及建筑物、大树、广告牌、灯饰等物的安全距离。

(18)当值驾驶人,负责地面并注意往来车辆的安全防护工作。

(19)使用作业高度25m以上作业车,除设置好安全标志及护栏外,地面监护人除驾驶人外,还要设1～2人专责加强监护。

(20)作业过程中,若发现液压系统有异声或突然外漏油液时,应立即停止工作,待检查或修复后,方可继续工作。

(21)液压系统出现故障,作业臂不能动作时,应设法使作业斗(平台)上工作人员安全撤离,并通知专业维修人员处理。

(22)作业完毕,作业斗(平台)、作业臂复位,收起支腿,并脱开液压泵,松开驻车制动器操纵杆,方可起动行车。

(23)高空作业的作业斗(平台)、作业臂及支腿应有反光安全标志。

(24)高空作业车应配备有三角(轮胎)垫木2件及支腿垫木4块。

(25)车上应装置水平标志。

三、植物保护机械

植物保护机械有以下类型。

(1)根据动力配备分类

①人力植保器械：如肩挂式喷雾器、背负式喷雾器、手持式喷雾器、手动超低量喷雾器、踏板式喷雾器、手动喷粉器和手摇拌种机等。

②机动植保器械：如担架式机动喷雾机、背负式机动弥雾机、拖拉机牵引喷雾机、拖拉机悬挂喷雾机、机动喷粉机、机动烟雾机和机动拌种机等。

③电动植保器械：电动超低量喷雾器和静电超低量喷雾器。

④航空植保器械：飞机喷雾机和飞机喷粉机。

（2）根据工作方法分类

①喷雾机械：如喷雾器、喷雾机，使药液在一定的压力下通过喷头或喷枪，雾化成直径为150～300μm 的雾滴，喷洒到农作物上。

②喷粉机械：如喷粉器、喷粉机，利用风机产生的气流，使药粉形成直径为 6～10μm 的粉粒，喷洒到农作物上。

③超低量喷雾机：利用旋转的转盘，将微量药液抛出，雾化为直径 20～100μm 的雾滴。

④弥雾机：如弥雾喷粉机，是一种低容量喷雾机，利用高速气流，将雾滴进一步雾化成100～150μm 的细小雾滴，并喷洒到农作物上。

⑤熏烟机械：如烟雾器、烟雾机。

⑥拌种机械：如拌种机。

⑦诱杀器械：如黑光诱虫灯、高压电网灭虫器及其他诱虫器皿等。

（一）喷雾机

喷雾机是将液体分散开来的一种机具，是施药机械的一种，分农用、医用和其他用途（如工业用），农用分类为农业机械的植保机械。一般称人力驱动的为喷雾器，动力（发动机、电动机）驱动的为喷雾机。喷雾机按工作原理分液力、气力和离心式喷雾机。按携带方式分手持式、背负式、肩挎式、踏板式、担架式、推车式、自走式、车载式、悬挂式等，还有航空喷雾机。

喷雾机根据所用动力形式可分为人力式和动力式两大类。人力式又称手动式，是用人工操作喷洒药液的一种机械，它具有结构简单、制造容易、使用维修方便和价格低廉等特点。动力式又分为机动式和机引式两种类型，它是以发动机、电动机或拖拉机动力输出轴为动力，利用喷洒部件将药液喷洒到农作物上的植保机具。动力式喷雾机具有工作幅宽大、生产效率高、喷洒均匀等优点。

1. 手动喷雾机

手动喷雾机的种类很多，结构也各不相同，但按其工作原理可归纳为液泵式和气泵式两大类。手动喷雾机是由人背在肩上，用手压动液泵进行操作的药械，具有结构简单、制造容易、使用维修方便等特点。下面分别以工农-16 型为例介绍手动喷雾机的一般构造及工作原理。

手动喷雾机的结构与工作过程如图 8-100 所示，主要由药液箱、活塞式液压泵、空气室、胶管、开关、喷杆和喷头等组成。

工作时，操作人员将喷雾机背在身后，用手上下揿动手压杆，通过连杆带动活塞在泵筒

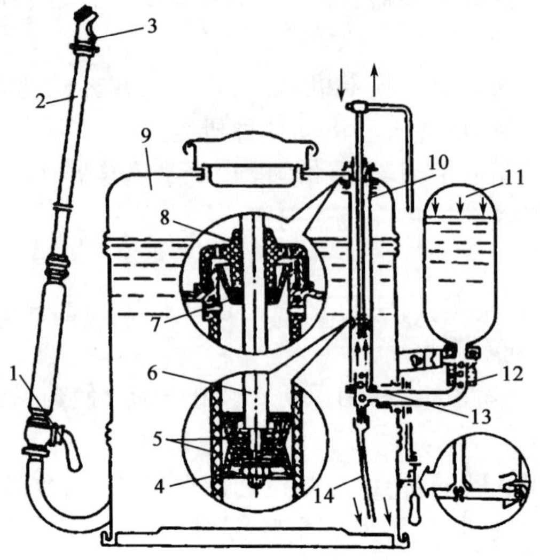

图 8-100　工农-16 型喷雾器

1-开关;2-喷杆;3-喷头;4-固定螺母;5-皮碗;6-塞杆;7-毡圈;8-泵盖;9-药液箱;10-泵筒;11-空气室;12-出水阀;13-进水阀;14-吸水管

内上下移动。当活塞上行时,药液被吸入泵筒内。当活塞下行时,泵筒内的药液被压入空气室。空气室内的空气被压缩,对药液产生压力。打开开关后,药液再经输液胶管、开关及喷杆经喷头雾化成细小的雾滴喷洒到作物上。

活塞液压泵的工作压力一般为 0.3 ~0.4MPa,最高工作压力可达 0.8MPa。由于活塞液压泵对药液的加压是间歇性的,因而需要在出水阀的上方安装一个空气室,以稳定药液的工作压力,保证喷雾的均匀性。空气室多采用尼龙塑料制成,在其上部有一夹环为安全水位线,空气室内的药液如超过此线时应停止加压,以免空气室爆炸。

药液桶由薄钢板制成,内壁涂有抗腐蚀涂料,外壁涂有油漆,以防生锈。桶形似腰鼓状,便于人背负作业。为了增加容器的刚度,在桶身上滚制出加强筋,其上部加强筋也为水位线,加液时,液面不要超过此线。

2. 机动喷雾机

以工农-36 型担架式机动喷雾机为例。图 8-101 所示为工农-36 型担架式机动喷雾机的外形结构图,主要由担架、汽油机、加压泵、吸水器、空气室、混药器、喷枪以及调压阀等组成。工作过程分为两种情况,其工作过程如图 8-102 所示。

(1)当此机用于水稻、果园、树林时,可使用混药器和高压喷枪作远程喷雾。工作前把吸水器插入水沟或水田中。工作时加压泵经吸水器的滤网和吸水管把水吸进泵缸,然后压入空气室内并建立液压力。液压力的大小由压力表标出。若压力超过规定,调压阀自动打开,部分水经回水管流回泵缸内。在液压力正常后,打开流量控制阀,压力水进入射流式混药器,借助混药器的射流作用,把母液桶中的母液吸入混药器中同水自动混合,然后经输液管送至喷枪喷出。

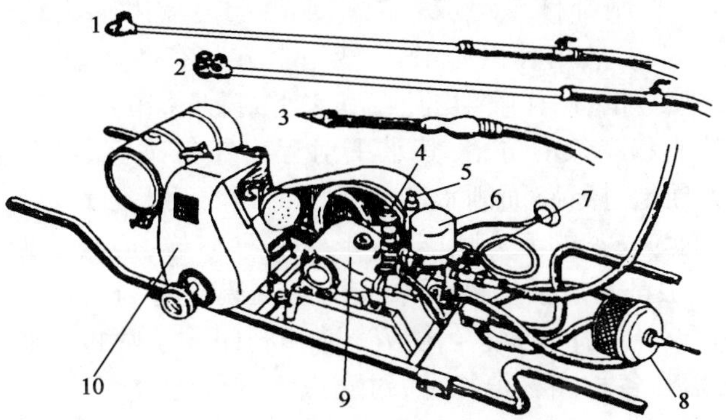

图 8-101 工农-36 型担架式机动喷雾机

1-双喷头;2-四喷头;3-喷枪;4-调压阀;5-压力表;6-空气室;7-流量控制阀;8-吸水滤网;9-三缸活塞泵;10-汽油机

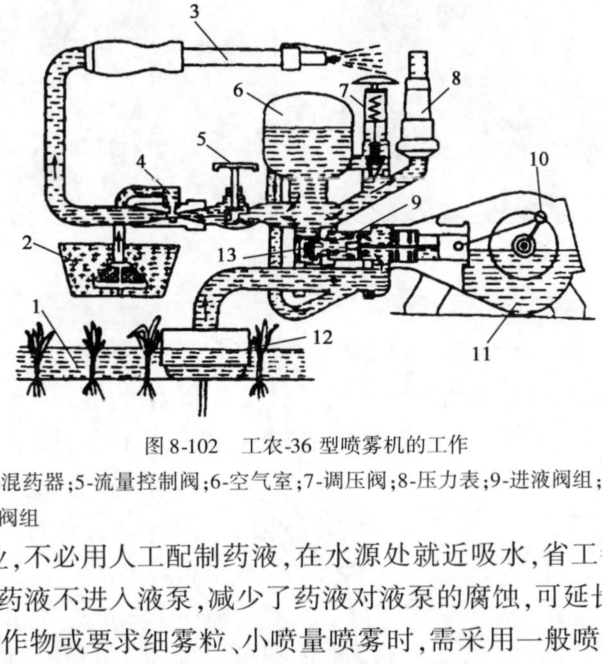

图 8-102 工农-36 型喷雾机的工作

1-水田;2-母液;3-喷枪;4-混药器;5-流量控制阀;6-空气室;7-调压阀;8-压力表;9-进液阀组;10-曲柄连杆机构;11-曲轴箱;12-吸水滤网;13-出液阀组

用此种方式作业,不必用人工配制药液,在水源处就近吸水,省工省力,高效、方便。而且在使用混药器后,药液不进入液泵,减少了药液对液泵的腐蚀,可延长其使用寿命。

(2)当用于一般作物或要求细雾粒、小喷量喷雾时,需采用一般喷头近射程喷雾。混药器因液压低和喷药量小而不起作用,应卸去并换装喷杆和喷头。吸水器去除插杆后放入按配比稀释好。

3. 车载式喷雾机(液力喷雾车)

车载喷雾机是以汽车底盘作为动力和承载体的多功能喷洒设备,主要用于对乔木的喷药作业,也可用于对绿地的移动喷灌、路面洒水、道路冲洗、应急消防等,因此在城市园林绿化作业中使用比较广泛。

液力喷雾车一般以汽车的动力通过动力输出驱动液压泵工作,采用远射程喷枪对树木进行喷药作业。国内生产的液力喷雾车产品很多,在园林绿化作业中应用也较多。如JYJ5102GYP 型液力喷雾车,也是多用途的喷洒车,由汽车底盘、液压泵、液箱、输液管、喷雾枪、喷灌洒水装置、操纵控制部件等组成。液压泵由动力输出轴驱动,工作压力为 1.47 ~ 2.45MPa,流量为 80L/min。液箱容积为 $4m^3$,液箱上方装有两套输液软管卷筒和喷孔直径为 4.2mm 的双摆动式喷雾枪,用作喷射药液,其水平射程达 20m,垂直射程达 18m。车身后部的喷灌枪供喷灌、冲刷和应急消防用,其水平射程为 30m,垂直射程为 26m。车辆前下方的两套洒水装置,可方便地进行路面洒水和土壤消毒喷药及大面积草坪喷药。

其他以中小型车辆为底盘的液力喷雾车,形式多种多样,但其功能、结构和工作原理基本相似(图 8-103)。一般都是以活塞液压泵或活塞隔膜泵对药液加压,液压泵的动力来自汽车或其他小型车辆。有压力的药液经输液管道和阀门输至喷枪或喷头,从喷嘴喷出与空气撞击成细小雾滴覆盖在各种园林植物上,对病虫害进行防治。

图 8-103 液力喷雾车

(二)喷粉机

喷粉机的作用是用风扇气流将粉状药剂通过喷管和喷粉头吹送到防治目标上,常用的有手动背负式和胸挂式喷粉器、担架式动力喷粉机以及拖拉机悬挂式喷粉机等。按其工作原理分为射流式、风送式和离心式。风机产生的气流,可使药粉形成直径 6 ~ 10μm 的细粒呈粉雾喷出。

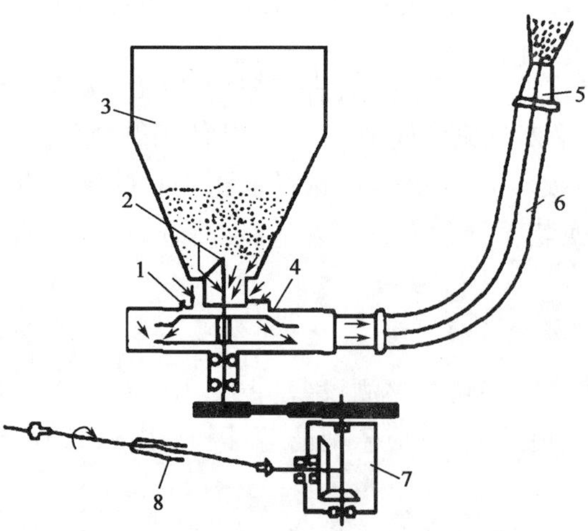

图 8-104 悬挂式喷粉机

1-药粉入口;2-搅粉轮;3-粉箱;4-风机;5-喷粉头;6-喷管;7-齿轮箱;8-万向节传动器

喷粉机一般由发动机、风机、药粉箱、搅拌机构、输运机构和喷粉部件等组成。发动机一般采用小型汽油机,悬挂式直接利用拖拉机作动力。风机有离心式与轴流式两种。喷粉头是喷撒药粉的主要装置,其形状和结构直接影响粉流的方向、速度、射程、喷撒的均匀性,有圆筒形、扁锥形、勺匙形、弯曲锥形等几种,可根据使用条件选用。长薄膜喷粉管长度为 25 ~ 30m,管径约为 100mm,在管的下面开有等距的小孔,可显著提高生产率。

悬挂式喷粉机的工作原理(图 8-104)

是：拖拉机的动力通过动力输出轴、万向节转动轴、齿轮箱、传动带带动风机高速旋转，在药粉箱出口处由于截面变小，气流速度增加，产生低压，使药粉被吸入风机内，再经喷粉管高速喷出。粉雾体离开喷粉头后，迅速向四周扩散，所以，喷粉原理就是利用高速气流的喷射及扩散作用将药粉喷撒向植株。

(三)弥雾喷粉机

弥雾喷粉机一般都由发动机、风机、药液箱和弥雾喷头组成。发动机带动风机高速旋转，产生一定压力的高速气流，大部分高速气流进入喷管，少量气流进入药液箱。经增压后的药液从喷嘴喷出，遇上高速气流便形成平均直径为 50～250μm 的细小雾滴或雾状喷出。

弥雾喷粉机是一种既可以喷射弥雾，又可以喷粉的多用植保机械。一般分为机动背负式弥雾喷粉机和悬挂式机动弥雾喷粉机。

弥雾是指利用高速气流将粗雾滴破碎、吹散，雾化成 75～100μm的雾滴，并吹到送到远方。弥雾时的雾滴细小、均匀，覆盖面积大，药液不易流失，可提高防治效果，可进行高浓度、低喷量喷洒药液，大量减少稀释用水。

背负式机动弥雾喷粉机由离心式风机、汽油发动机、药箱、油箱、喷管和机架等组成(图 8-105)。它是由发动机带动风机，产生高速气流，由气流把药粉输入喷管或把药液输送到喷头，然后由喷管内的高速气流吹向远方。

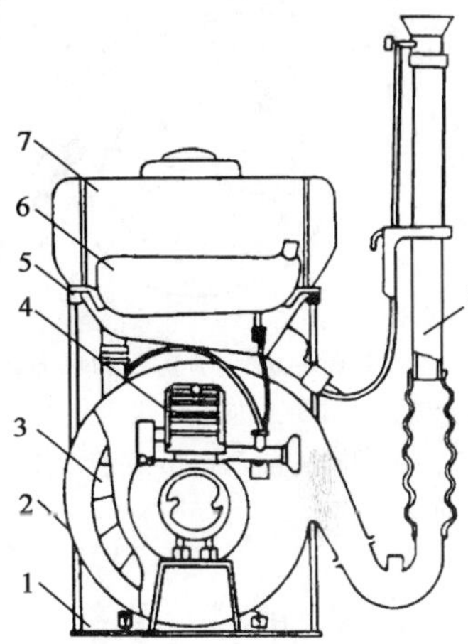

图 8-105　背负式机动弥雾喷粉机

1-机架；2-离心风机；3-风机叶轮；4-汽油机；5-上机架；6-油箱；7-药箱；8-喷管组合

1. 弥雾作业

药箱内装上增压装置，换上喷头。工作原理(图 8-106)是：汽油机带动风机叶轮旋转产生高速气流，并在风机出口处形成一定压力。其中大部分高速气流经风机出口流喷管，而少量气流通过进风门和软管到达药箱面上部，对药液增压。药液在风压作用下，经输液管到达弥雾喷头，从喷嘴周围的小孔喷出。喷出的药液流在喷管内高速气流的冲击下，破碎成细小的雾滴，并吹进到远方。

2. 喷粉作业

弥雾喷粉机当作喷粉作业时，箱内安装吹粉管，把输液管换成输粉管。工作原理(图 8-107)是：发动机带动风机叶轮旋转，产生高速气流。其中，大部分气流经风机出口流入喷管，而少量气流经进风门进入吹粉管。进入吹粉管的气流速度高且具有一定的压力，从吹风管周围的小孔喷出，使药粉松散，并把药粉吹向粉门。喷管内的高速气流使输粉管出口处产生局部真空，大量药粉被吸入喷管，在高速气流的作用下经喷口喷出并吹向远方。

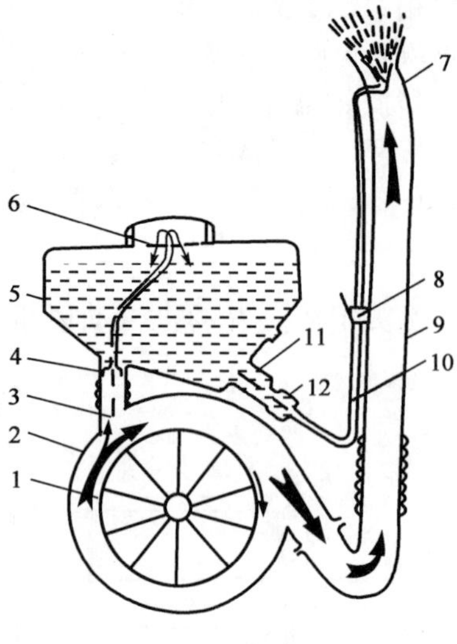

图 8-106　弥雾喷粉机弥雾过程

1-叶轮;2-风机;3-进风阀;4-进气塞;5-软管;6-滤网;7-喷头;8-开关;9-喷管;10-输液管;11-粉门;12-出水塞接头

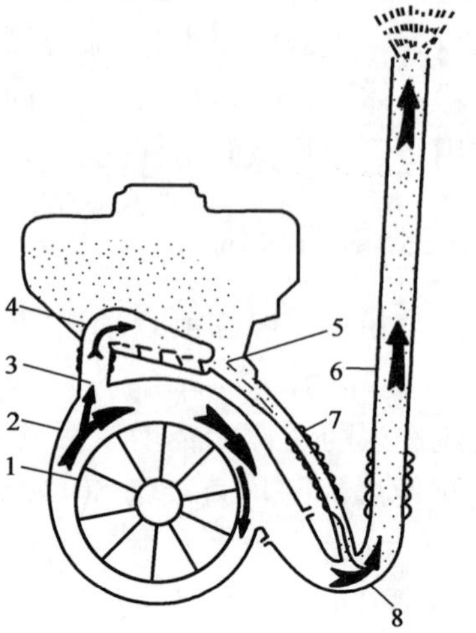

图 8-107　弥雾喷粉机喷粉过程

1-叶轮;2-风机;3-进风阀;4-吹粉管;5-粉门;6-喷管;7-输粉管;8-弯头

(四)喷烟机

喷烟机利用液体燃料燃烧时产生的高温气流或发动机排出的废气,使油剂农药挥发、热裂成直径小于 50μm 的微粒,随高温气流喷出形成烟雾悬浮在空中并沉降到防治目标上,适用于果园、仓库和温室内的病虫害防治。

1. 热烟雾机

热烟雾机按其工作原理分为脉冲式、废气余热式、增压燃烧式等。

(1)脉冲式喷烟机

这种喷烟机是通过空气对燃料箱内的燃料施加压力,使燃料从燃料喷嘴喷出,与起动泵直接提供的空气相混合。混合气通过迷宫阀进入燃烧室内,由火花塞点燃,从而产生初始的膨胀。点燃后停止打入空气并切断火花塞。

(2)废气余热式喷烟机

发动机排出的废气热量加热药液,使其形成烟雾排出。首先将汽油机的消声器卸下,使汽油机的排气管与喷烟部件相连接。用原有的输药部件,将烟剂送至烟剂输入口,烟剂经预热管到达烟剂喷嘴。烟剂在喷嘴处被高速汽油和废气产生的低压吸入并使烟剂成雾状进入喷烟部件内与汽油废气混合,沿着中心管道外周的 3 片半圆隔板,向下盘旋加热形成烟雾进入中心管道内,从喷雾排出口排出机外。

(3)增压燃烧式喷烟机

增压燃烧式喷烟机由风机以一定的压力向燃烧室供给空气和燃料,从风机产生的气流分两股,一股直接进入燃烧室与喷入的雾状汽油组成可燃混合气进行燃烧,另一股气流进入位于燃烧室外和外置的环形通道，经过壁上一系列小孔进到燃烧室，使燃烧更加充分，药液则送到药液喷嘴喷出后热裂挥发形成烟雾。

2. 常温喷烟机

常温烟雾机是指在常温下利用压缩空气使药液雾化成 5～10μm 雾滴的设备。由于在常温下使药液雾化，农药有效成分不会被分解，且水剂、乳剂、油剂和可湿性粉剂等均可使用。主要用于防治温室内作物的病虫害。

3YC 型常温烟雾机由农业部南京农业机械化研究所引进技术，经国产化设计，已研制成功，并投入批量生产。有大、中、小和带静电等 5 个品种系列，主要用于温室、蔬菜大棚及农副产品储藏设施等。具有烟雾扩散均匀、省水和无污染等特点，是温室大棚防治病虫害的重要机具。该机配套动力为 0.80～2kW，烟雾粒度直径小于 20μm，防治面积为 500～5000m^2/台。

（五）微量喷雾机

1. 微量喷雾的特点

微量喷雾又称超低量喷雾，可分为超低（容）量喷雾和超低剂量喷雾，前者是喷少量雾液，后者是指在雾液中加入少量有效成分。我国一般采用 990～2250cm^3/hm^2 的喷雾量，大都使用不加溶剂和加少量溶剂的约液。超低量喷雾机一般采用在弥雾机上配装一套超低量喷雾喷头组成，通过高速旋转的齿盘将微量原药液甩出，雾滴直径可小至 15～75μm。微量喷雾是防治虫害及杂草的一种新技术，它不用或很少用稀释水，工作效率高，防治效果好且节约农药，尤其适合于缺水或离水源远的地区喷雾作业。

2. 微量喷雾机的类型及工作原理

目前，微量喷雾机有手动、电动和风动三种基本类型，其中手动微量喷雾机用手摇胶带带动齿盘旋转，结构简单，但转速不均匀，喷雾质量不理想，很少使用。大量使用的是后两种类型。

离心式喷头（或超低量喷头）是将药液输送到高速旋转的雾化元件上（如圆盘等），在离心力的作用下，药液沿着雾化元件外缘抛射出去，雾化成细小雾滴（雾滴直径为15～75μm）。

离心式喷头的雾化元件根据驱动方式不同可分为电动机驱动式和风力驱动式两种基本类型。其中电动机驱动式多用于手持式超低量喷雾机（又称微量喷雾机）上，也可用于大型机力式喷雾机上。风力式多用于背负式机动超低量喷雾机上。

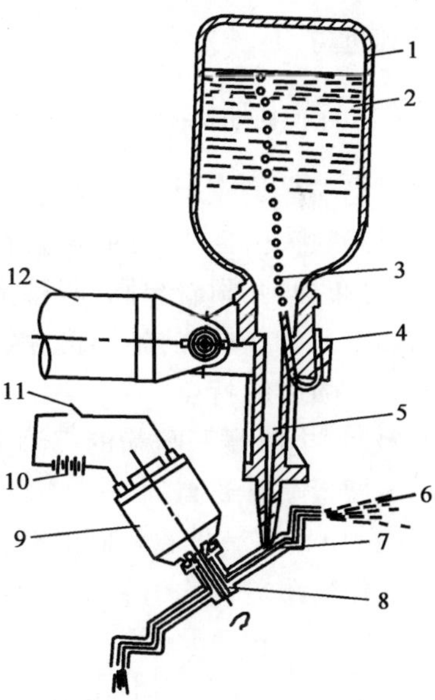

图 8-108　离心式喷头工作原理

1-药液瓶；2-药液；3-空气泡；4-进气管；5-流量器；6-雾滴；7-药液入口；8-雾化齿盘；9-电动机；10-电池组；11-开关；12-把手

（1）手持式电动微量喷雾机

它由把手、储液瓶、流量器、喷头、微形电动机和电源等组成（图 8-108）。工作时，雾化齿盘由电动机带动高速旋转(7000～8000r/min),同时药液在重力作用下,由储药瓶经过滤网、输液管、流量器流入雾化齿盘,在离心力的作用下扩展至齿盘外缘的锯齿上,以很小的雾滴被甩出,随自然风飘移到农作物上。

其喷头为电动机驱动式离心喷头,其主要工作部件是一个旋转的圆盘。旋转圆盘有平面单圆盘、带孔凹面单圆盘和凹面双层齿盘等三种类型,其中以凹面双层齿盘应用最广。它由两个前、后重叠的凹面齿盘组成,前齿盘直接与动力轴连接。前后齿盘用铆钉连接成整体,其间用隔片隔开为2mm的间距,齿盘外缘设置有360个小锯齿。其雾化原理(图8-108)为:当动力机驱动双齿盘作高速旋转时,注入在齿盘中心附近的药液在齿盘离心力作用下,克服了齿盘对药液的摩擦阻力,沿盘表面均匀而连续不断地向外缘扩展,扩展面积越大其药液膜也就越薄。当药液膜扩展至齿盘拐角处时,药液膜部分地甩出和分流到另一齿盘上,经前后两齿盘相互交换地扩展,直到两齿盘边缘的锯齿尖处,在齿尖集中成一雾滴并迅速飞离。由于雾滴直径很小,随风飘移,最后沉降在农作物上。

单齿盘的离心喷头,在无风的情况下,射程很小,仅能达到300mm的范围内,主要是借助自然风吹散,在2～3级风的条件下,可有3～5m的喷幅。

(2)背负式微量喷雾机

这种喷雾机是在背负式弥雾喷粉机的喷管处,换装一个风力式离心喷头,进行微量喷雾机作业的。动力机带动风机叶轮高速旋转,风机吹出来的大量气流经喷管流入微量喷头,分流锥使气流分散,气流冲击喷头叶轮,使之带动齿盘作高速旋转(10000r/min);同时,一小部分气流经软管进入药箱液面上部对药液增压,药液经输液管和调量开关进入齿盘轴,并从轴上的小孔流出,在齿盘离心力作用下甩出细小雾滴,并被高速气流进一步粉碎吹送到远方。

(六)静电喷雾机

静电喷雾是应用高压静电,在喷头与作物之间形成一个电力场,当药液流经喷头时使雾滴带有和喷头极性相同的电荷,在静电场的作用下,雾滴作定向运动,从而使雾滴的沉附率提高,分布均匀,附着牢固,飘移损失减少,并提高植物叶片背面雾滴的附着率,提高农药的使用效果,降低农药的施用量,减少农药对环境造成的污染。

静电喷雾的特点:

(1)静电喷舞和喷粉的雾滴大小在微量喷雾范围内,由于药物粒子带电,农药的利用率比一般微量喷雾要高。

(2)由于雾滴带有相同电荷,在空间的运行过程中互相排斥,不会发生凝聚现象,所以对目标作物覆盖较均匀。另外由于目标周围电力线的作用,使目标的正面、背面和隐蔽部位均能使雾滴沉积。

(3)雾滴在电场力的作用下,能快速而均匀地飞向目标,特别是直径小于20μm的雾滴,更为明显。

(4)由于带电雾滴在目标表面吸附率高,因而雾滴在喷洒以后,因风吹雨淋而流失的现象便会减少。

(5)由于雾滴是在电场的作用下吸附到目标表面的,因此静电喷雾受天气的影响相对较小,早晚和白天均可进行喷雾。

(6)能适用于有导电性的各种农药制剂。

(7)需要有产生直流高压电的电器装置,因而机器的结构比较复杂,成本也就比较高。

静电喷雾机械的型号较多,目前国内使用的有2JDW-3型微量静电喷雾器、DW-77-A型电动微量静电喷雾器、JDW-11型携带式静电喷雾器、JG-1型微量静电喷雾器、3W2-12型静电喷雾机和Q130型静电喷雾机等。

(七)植保机具的安全使用

1. 机具准备

作业前应对喷雾机(器)进行全面认真的检查和维护,使之处于正常工作状态。

(1)检查喷雾机(器)各滤网是否完好,各连接部件是否紧固,开关是否灵活,接头是否畅通而又不漏液,各运动部件是否转动灵活。

(2)检查压力表和安全阀是否正常。

(3)根据喷雾作业的要求,正确选择喷雾机(器)的类型、喷头的形式和喷孔的尺寸。多行喷雾机应根据作物行距和喷雾要求配置喷头。

(4)对各注油点加注润滑油,并检查动力机的润滑油油面。

(5)确定喷雾作业行走速度。为了保证喷雾的均匀性,要求喷雾机组的行走速度只能在不大的范围内变动。人力喷雾时操作人员的步行速度,在旱地时一般为0.9~1.1m/s,在水田时为0.6~0.7m/s,若行走速度过快或过慢,可在保证药效的前提下,适当改变药液的浓度,以适应排液量和行走速度的要求,或适当调整行走速度,以改变排液量,满足实际作业要求。有的喷雾机可以通过调整开关直接改变排液量,来适应行走速度。

2. 植保机具的安全使用

大多数农药都是有毒的,如果不注意防护,会影响身体健康,造成环境污染,甚至造成人、畜中毒事故。因此,工作人员必须严格遵守安全规则,注意安全生产,杜绝事故发生。

(1)开始工作前,工作人员必须了解药剂的毒性和安全防护方法。

(2)体弱有病、孕妇和身体暴露部位有未愈伤口的人,不得从事施药作业。操作人员应穿戴安全防护用具,施剧毒农药时,操作人员应穿长袖衣服并扎紧袖口,穿长裤和鞋袜,戴口罩和手套。作业后,全都换下并用肥皂清洗干净。

(3)作业中严禁吸烟、饮水和进食。作业时的行走路线和喷向须根据风向而定,应从下风处开始喷药。工作完毕,要用肥皂将手、脸等裸露部位洗净,并在漱口后,才能饮水和进食。

(4)操作人员如果有头痛、头昏、恶心和呕吐等中毒现象时,应立即进行诊治。

(5)施药前应检查机具有无损坏,有无漏液、漏粉沾染身体的可能。喷施剧毒农药时,如果喷雾机(器)发生故障,必须先用碱水洗净,然后进行检修。

(6)检修喷雾机(器)的管路或液压泵时,必须先降低管路中的压力。在打开压气式药液箱时,应先放出箱内的压缩空气。

(7)工作中,应经常检查压力表的准确性。喷雾机(器)加压时,不应超过规定的最高压力,以防爆炸。

(8)药物的包装须有显著的标志,注明"毒剂"或"剧毒剂"、"不可入口"等字样,并放在封闭的容器中储运。搬运时要轻拿轻放。药品应妥善保管,严禁任意堆放,存放时不得和食物或饲料同放一处。散落在地上的药物应随即扫净或掩埋处理。盛药器皿不得做其他用途。

(9)应在防治地区内装药。不要在人、畜经常活动的地方装药。

(10)对于剧毒农药,应该集中保管,专人负责,不应零星地保存在使用者手中。未用完的剧毒农药要妥善处理,切勿随手乱倒。

(11)在作物开花盛期,不宜进行喷粉作业,以免妨碍作物的授粉和毒害有益的昆虫。特别在作物收获前15~20d内,应停止喷雾或喷粉,以免人、畜食用中毒。

(12)在果园内施用有挥发性的剧毒药剂时,由于树叶遮蔽,通风不好,应禁止非操作人员入内。施药后,应用明显标志,标明在一定时期内,禁止人、畜入内,也不准采食喷过药剂的果实。喷雾或喷粉的地区,在两星期内禁止放牧。

四、浇灌机械

我国目前生产的喷灌设备主要是大、中、小、轻型喷灌机、喷灌用水泵、喷灌用地埋管道和地面移动管道、喷头、附属设备等。目前我国生产的大型喷灌机主要有DYP-415型电动圆形喷灌机,塔架为10跨,系统长度为415m,一个作业点的控制面积为60km^2。此外还有DPP-400型平移式喷灌机,塔架为10跨,系统长度为356m,双侧配置,控制面积为120hm^2。

大型喷灌机的自动化程度和作业效率高、单机控制面积大,亩投资较低,适用于要求机械化程度高的规模化农业发展节水浇灌的需要。

(一)喷灌机

喷灌机是机组式喷灌系统,它是把喷灌系统的动力机、水泵、管道、喷头、附件、机架及其可移动的部分以某种形式配套组装成一个整体,并在水利、机械、运用等方面符合喷洒灌溉的要求。

随着技术的发展,喷灌机新产品不断出现,品种和型号越来越多。通常,按运行方式,可将喷灌机分为两大类,即定喷式和行喷式。每一类中,由于系统的结构形式、喷洒面积等不同,又有不同机型,表8-30是各主要机型的划分。

定喷式喷灌机在喷洒时停止不动,当喷洒的水量达到要求时,喷灌机再移动到另一位置进行喷洒。而行喷式喷灌机是在工作过程中一边移动,一边喷洒。

由于喷灌机的结构复杂,种类繁多,本书只简单介绍几种有代表性的喷灌机。

喷灌机主要机型的划分　　表 8-30

<table>
<tr><td rowspan="11">喷灌机</td><td rowspan="5">定喷式喷灌机</td><td colspan="2">手推式喷灌机</td></tr>
<tr><td colspan="2">手抬式喷灌机</td></tr>
<tr><td colspan="2">滚移式喷灌机</td></tr>
<tr><td colspan="2">牵引式喷灌机</td></tr>
<tr><td colspan="2">悬挂式喷灌机</td></tr>
<tr><td rowspan="6">行喷式喷灌机</td><td colspan="2">双悬臂式喷灌机</td></tr>
<tr><td colspan="2">中心支轴式喷灌机</td></tr>
<tr><td colspan="2">平移式喷灌机</td></tr>
<tr><td rowspan="2">绞盘式</td><td>钢索牵引绞盘式喷灌机</td></tr>
<tr><td>软管牵引绞盘式喷灌机</td></tr>
</table>

1. 定喷式喷灌机

(1)手推式喷灌机

手推式喷灌机的动力机和水泵等主要部件装在一个小车上,移动靠人力推拉。手推式喷灌机多为小型机组,动力使用最多的是5.1～7.4kW的柴油机,水泵采用喷灌泵。手推式喷灌机在使用时,要求有配套的田间渠道网。工作过程中,喷灌机放在渠道旁或骑在渠道上,水泵的吸水管放入渠水中。水泵的出水口与喷头连接,有的是通过金属竖管直接连接,有的是用软管连到远处,喷头采用远射程喷头。喷灌机每喷完一块面积后,需要移动喷头的位置或喷灌机的位置。图8-109所示为手推式喷灌机,它广泛应用于农田、果园、菜园、苗圃的喷灌,也可作为自吸水泵机组用于城建、工厂、矿山的给水排水。

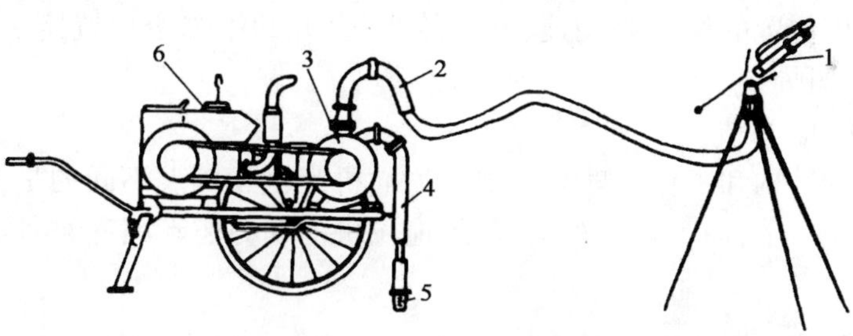

图8-109　手推式喷灌机

1-喷头;2-出水管;3-水泵;4-进水管;5-底阀;6-柴油机

(2)滚移式喷灌机

滚移式喷灌机又称滚轮式喷灌机,是一种大型半机械化机组。它由中央驱动车、输水支管(兼作轮轴)、从动轮、输水软管、喷头、泄水阀、制动支杆等组成。与机组配套的泵站和输水干管是固定的,它们属于田间工程,不是机组的组成部分。驱动车是机组的关键部件,主要由动力机、动力传递装置、车轮车架组件、操纵机构、操作人员站立架等组成。一般情况下,驱动车处于输水管的对称中心,因此又称中央驱动车。当地块不规则时,驱动车也可以偏置。驱动车的作用是把机组从一个位置滚移到另一个位置。输水支管(轮轴)一般由多根薄壁优质铝合金管组成,管道之间用快速接头连接,便于拆装。接头为柔性,接头中的密封胶圈具有压力密封和失压自泄水功能。从动轮用镀锌钢材制成,一般安装在每根支管的中间,其作用是支撑输水管并带动它前进。输水软管一般为橡胶管,两端装有快速接头,机组喷洒作业时,用它把输水支管与干管的给水栓连接起来。机组移动时,它固定在输水支管上,随机组一起移动。该机型多采用中小射程摇臂式喷头,其优点是工作压力低,水滴尺寸小,灌水均匀。泄水阀和输水支管接头做成一体,机组滚动时,用于排空管道内的水。制动支杆是一个杆状构件,它的一端固定在输水支管上,另一端拖在地上。当机组移动时,它随机组一起行走;当机组停下来时,它起到轮船锚的作用。

滚移式喷灌机采取"步步为营"的田间作业方式,可表示为:定点喷洒→移动→定点喷洒→移动……具体作业顺序如图 8-110 所示。

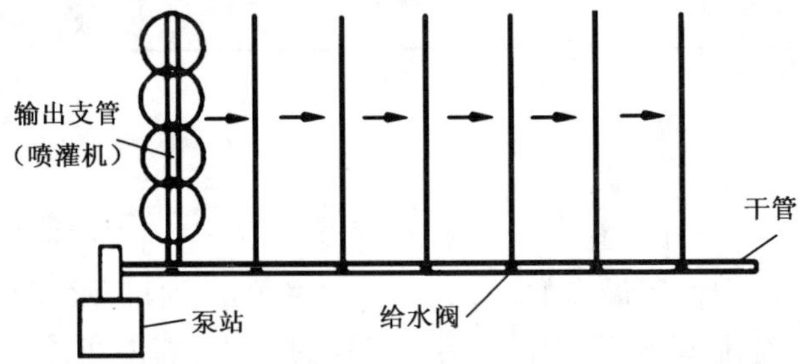

图 8-110　滚移式喷灌机作业顺序

①在一个位置喷洒一段时间,达到灌水定额后,关闭干管上的水给水阀,将引水软管与给水阀脱开。输水支管里的水通过泄水阀和快速接头密封胶圈排泄干净。

②操作人员启动发动机,操纵驱动车把整条支管向前移动 18 ~ 20m。

③将引水管与该位置的给水阀相连,开启给水阀,开始第二个位置定点喷洒。如此循环,直到完成一个灌溉周期。

(3)悬挂式喷灌机

悬挂式喷灌机的结构和工作原理与手推式喷灌机完全相同。不同的是,悬挂式喷灌机将喷灌泵安装在拖拉机上,而不是小车上,利用拖拉机的动力驱动喷灌泵,同时驱动喷灌机移动,在此不赘述。

2. 行喷式喷灌机

(1)电动中心支轴式喷灌机

中心支轴式喷灌机也叫圆形喷灌机。它可以一边行走,一边喷洒,行走的轨迹是圆形。

①结构特点

和其他喷灌机一样,中心支轴式喷灌机也由动力机械、水泵、输水管道、喷头等主要部件组成。喷灌机的框架由几个桁架组成,桁架的连接处由带有行走轮的塔车支撑,塔车由电动机驱动。喷头分布在桁架上。整个框架在塔车的驱动下绕中心支轴旋转,实现圆形喷洒。喷灌机用泵从井中取水或用压力管道供水,供水设施不运动。图 8-111 所示为中心支轴式喷灌机结构示意图,图 8-112 所示为外形图。

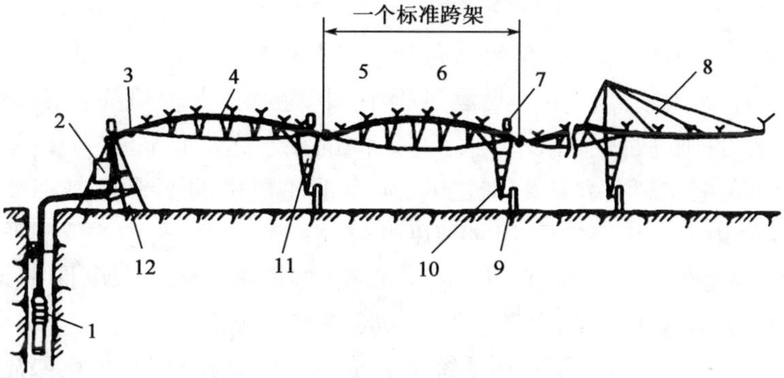

图 8-111　中心支轴式喷灌机结构示意图

1-水井(或压力管道供水);2-中心主控制箱;3-柔性接头;4-腹架;5-喷灌支管;6-喷头;7-塔车控架;8-末端悬架;9-行走轮;10-塔车驱动电动机;11-塔车;12-中心支轴座

图 8-112　中心支轴式喷灌机外形图

a)中心支轴式喷灌机;b)中心支轴

电动中心支轴式喷灌机的驱动系统包括电气部分和机械部分。若采用发电机供电,电力由主电路从发电机通过中心支座盘向各塔架并联供电;当由电网供电时,可直接通过中心支座盘配电箱接入电网电源。各塔架驱动电动机通过变速机构带动驱动轮转动。

为保证喷灌机正常运行,机组配有控制系统。机组在运转和调试过程中,需要控制机组前进和后退;为了满足不同植物不同生长期的灌溉需要,电动中心支轴喷灌机采用改变平均运行速度的方式(停、走、停、走的方式)改变一次灌水深度;为保证各塔车之间相互协调运动,需要对塔车的运动进行同步控制。它是利用角度限位触块压迫或松开开关,再通过微动开关接通或断开驱动电动机,使塔车运动或停止来限制相邻两塔车之间的相对角度的变化。当相邻两塔车的相对角度超过了允许值,限位触点就会启动微动开关,使运动快的塔车停下来,让慢的塔车赶上来,使整个机组协调运动。

中心支轴式喷灌机一般使用摇臂式喷头,机架末端配有远射程喷头。此外,在做全圆喷洒时,为扩大地角喷洒范围,常在末端塔车上安装增压泵来提高末端喷头压力。当喷灌机接近地角时,中心支座环上的控制开关使增压泵运转,以提高末端喷头的射程。另一种方式是在喷灌机接近地角时,中心支座环上的控制开关打开末端远射程喷头,进行地角喷洒。

②工作原理

电动中心支轴喷灌机由深井泵吸水加压，通过吸水管再通过作为上复合桁架一部分的水管分别送到各个喷头喷洒出去。喷洒过程中，电动中心支轴喷灌机围绕中心支座作圆形转动，每一个塔车的轨迹都是圆形。各塔车之间的相互运动位置由同步控制系统控制，即将塔车之间的角度变化控制在允许范围之内，从而也使整机的变形控制在一定范围之内。如果同步控制失灵，相邻两塔车之间相对角度变化超出允许范围，中心支轴喷灌机就有可能发生折叠而翻倒。为避免类似的故障出现，中心支轴喷灌机设有安全保护系统，一旦出现问题，安全保护系统可以立即切断电源，停机停水，避免事故扩大。

中心支轴喷灌机的转动是靠驱动系统来完成的。电动机经过变速系统，使驱动轮的转速达到1r/min左右。电动机的电源可由电网或柴油发电机提供。若用柴油机发电时，柴油机的功率分为两部分：一部分用来发电，供驱动、控制、安全系统使用；另一部分用来带动水泵抽水。

(2)平移式喷灌机

平移式喷灌机又称连续直线自行式喷灌机(图8-113、图8-114)。它是由中心支轴式喷灌机发展而来的，可以看作由前行和反行的两台中心支轴喷灌机组加上一个可替代中心支轴的中央塔架组合而成。所以它在结构上和中心支轴式喷灌机很相似，但它灌溉的面积不是圆形，而是矩形。一般平移式喷灌机由电力驱动，可爬5%～10%的坡度。大多数由渠道内取水，有的用软管供水。中央塔架横跨在取水渠上，水渠的正上方是悬挂在中央塔架横梁上的动力机组和水泵。水渠和喷灌机的运动轨迹平行。为使喷灌机各塔车平行向前移动，机组增设了导向系统。当整机行走发生偏移时，导向系统会使走快的一侧慢下来，使慢的一侧赶上来。

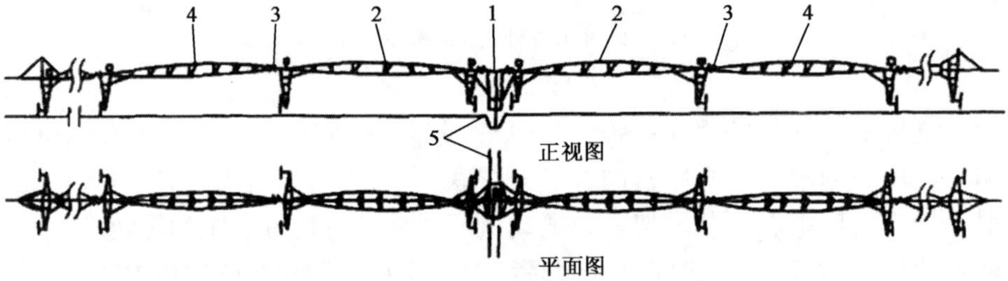

图8-113 平移式喷灌机结构示意图

1-中央塔架；2-刚性桁架；3-柔性接头；4-柔性桁架；5-渠道

(3)绞盘式喷灌机

绞盘式喷灌机(图8-115)使用软管输水，输水软管(或钢索)缠绕在卷盘上。输水软管(或钢索)牵引着远射程喷头，使其移动。绞盘式喷灌机又称卷盘式喷灌机或卷筒式喷灌机。

目前，绞盘式喷灌机的规格和种类很多，使用最多的一类是卷盘上缠绕软管的；另一类是卷盘上缠绕钢索的。在喷灌作业时，喷灌使用的压力水同时驱动卷盘转动，卷盘转动的同时，缠绕钢索或软管，拖动远射程喷头移动，实现喷洒作业。

绞盘式喷灌机的结构简单、紧凑，操作简便，所控制的喷洒面积大。机动性好、灵活快捷，维修方便，使用寿命长。

a)　　　　b)

图 8-114　平移式喷灌机

a)行进中的平移式喷灌机;b)中央塔架

图 8-115　绞盘式喷灌机

使用绞盘式喷灌机进行喷灌,无需在草坪下埋设喷头、管道,可以省去地下管网的施工与维护的麻烦。不必担心影响人的活动或遭受人为破坏。无需外来动力,只需在草坪或绿地外围有合适(压力和流量)的水源。

(二)滴灌装置

滴灌是利用塑料管道将水通过直径约 10mm 毛管上的孔口或滴头送到作物根部进行局部灌溉。它是目前干旱缺水地区最有效的一种节水灌溉方式,水的利用率可达 95% 。滴灌较喷灌具有更高的节水增产效果,同时可以结合施肥,提高肥效一倍以上。可适用于果树、蔬菜、经济作物以及温室大棚灌溉,在干旱缺水的地方也可用于大田作物灌溉。与其他灌溉方法相比,微灌(滴灌)主要有以下优点:

(1)节水节能。微灌时水直接进入植物根部区域或在空中停留时间较短,蒸发少,受风、空气湿度、温度等影响小,水的有效利用率高。微喷灌比普通喷灌节约用水约 30% ,比地面灌溉节水 75% 。

(2)适应性强。与其他灌溉方法相比,微灌更能适应各种复杂地形,可有效控制流量,能适应不同的土质和植物,受风的影响小。

(3)灌溉效果好。微灌能适时、适量地向植物根区注水供肥,使土壤水分、养分始终处于最佳状态,使植物生长茂盛,实现高产稳产,提高产品质量。微灌的灌水均匀度较高,一般可达到80%～90%;土壤不板结,不破坏土壤团粒结构。

不足之处:

(1)投资较高。微灌需大量的管道、滴头、微喷头和其他附属设备,投资与喷灌相近,高于地面灌溉。

(2)容易堵塞。微灌使用的灌水器、毛管的孔径较小,易被水中的杂质阻塞,使喷水量分布均匀度降低,甚至会使整个系统无法工作,使植物受到损害。

(3)大面积推广难。微灌使用的灌水器喷洒半径小,若大面积使用,需布置大量的喷头、滴头、毛管等,工作量大,繁琐,大面积使用受限。

微灌系统:微灌是利用低压管路系统将压力水输送分配到灌水区,通过灌水器以微小的流量湿润植物的根部附近土壤的一种局部灌水技术。微灌系统由水源、首部枢纽、输配水管网、灌水器等组成。

(1)首部枢纽:包括水泵、动力机、肥料及化学药品注入设备、过滤设备、压刀及移兑量测量仪器等。

(2)滴水器:是微灌系统的执行部件,它的作用是将压力水用滴灌、微灌、渗灌等不同方式均匀而稳定地灌溉到植物根系附近的土壤上。可分为滴头、滴灌带、微喷头、渗灌管、涌水器等。

(3)微灌管道及管件:微灌通过各种规格的管道和管件组成输配水管网。各种管道和管件在微灌系统中的用量很大,要求能承受设计工作压力;抗腐蚀、抗老化能力强;加工精度要达到使用要求;安装方便、可靠;价格低廉。

(三)洒水车

洒水车又称喷洒车、浇水车、多功能洒水车、园林绿化洒水车、水罐车、运水车。洒水车适合于各种路面冲洗,树木、绿化带、草坪绿化,道路、厂矿企业施工建设,高空建筑冲洗。具有洒水、压尘、高位和低位喷洒、农药喷洒、护栏冲洗等功能,还具有运水、排水,应急消防等功能。

洒水车按用途分为喷洒式、冲洗式、喷洒—冲洗式;根据底盘形式分为汽车式、半拖挂式和拖挂式;按水箱容量分,可称谓某立方米(吨)的洒水车。

洒水车品牌分类:洒水车根据底盘的不同可分为东风洒水车、解放洒水车、福田洒水车、江淮洒水车、华菱洒水车、陕汽洒水车、重汽洒水车、北奔洒水车等。

标准配置洒水车(绿化喷洒车、水罐车):前冲后洒、侧喷;高位侧花洒;后工作平台,带绿化洒水高炮,可调节成柱状,射程≥28m;也可调节成雾状,射程≥15m。可选配药盘、打药机。也可加装药盘、药泵、罐内防腐防锈、多方位进出水接头、电磁阀、气动阀等先进设施,以满足不同用户需求。

绿化喷洒车是以防治城镇行道树和园林植物病虫害及园林灌溉为主,并可兼作道路洒水和冲洗、环境除尘消毒等多种功能的车辆。它具有将液体分散成雾滴的雾化功能,利用泵的回水起拌搅作用,采用常量喷雾(粗雾喷雾)时雾滴直径大于400μm,采用低量喷雾(细雾喷雾)时雾滴直径为100～400μm。国产绿化喷洒车如图8-116所示。

a)

b)

图 8-116 绿化喷洒车

a）武汉专用汽车集团公司生产的 WHZ 型绿化喷洒车；b）东风汽车集团公司生产的绿化喷洒车

武汉专用汽车集团公司生产的 WHZ 系列绿化喷洒车技术性能见表 8-31。

WHZ 系列绿化喷洒车技术性能 表 8-31

技术性能	WHZ5100GSS	WHZ5140GSS	WHZ5140GSSA
装载质量（kg）	5000	7500	7500
总质量（kg）	10150	13970	14660
均耗油（燃料 L/100km）	26.5	34	22
最小转弯半径（m）	16	20	16
最大爬坡能力（%）	28	18	25
最高车速（km/h）	85	80	85
外形尺寸（长×宽×高）（mm）	6800×2400×2520	8090×2400×2750	7840×2480×3025
装载容积（L）	6500	9300	9500
洒水宽度（m）	≥14	≥14	≥14
喷水冲洗压力（kPa）	250~450	250~450	250~450
水枪射程（m）	>25	>25	>25
吸水深度（m）	≤7	≤7	≤7
水泵扬程（m）	>82	>82	>82

洒水车的使用维护要点如下：

（1）洒水车起动前先检查车体是否有损坏。包括轮胎、车灯、顶灯、反光镜等，内部构造检查包括仪表板、制动、加速踏板等关键部位运转是否正常。

（2）作业前需检查水泵、喷枪的工作状况，水箱有无漏水等，如有工作异常的部位必须更换后再作业,以免出现事故。

洒水车的使用安全注意事项如下:

(1)洒水车驾驶人、作业人员不能酒后作业和疲劳作业。

(2)洒水车工作中作业人员不准打闹,必须身穿道路作业标志服。道路作业时,应在作业区前后放置施工作业提示标志物。

(3)灌水时需注意水压,不允许用高压水浇灌新移栽的树木、幼树,不能冲毁树堰。

第三节 场圃机械

一、整地机械

整地机械的种类很多,根据不同作业的需要有以下几种类型:犁、圆盘耙、旋耕机、滚轧耙、镇压器等。

(一)犁

犁是园林绿化整地机械中使用最广泛的耕地工具。它的主要功能是翻土和碎土。利用犁对土地进行耕翻,将肥力低的上层土壤翻到下层,将下层的良好土壤翻到上层并将残茬杂草以及肥料、害虫等翻埋土中。同时,耕地还可使土质疏松,从而使土壤能够保持适当的空气和水分,以利于作物生长。

以犁铧为其主要工作部件的犁,称为铧式犁。铧式犁种类繁多,目前常用的主要有牵引式、悬挂式、半悬挂式。图8-117所示为悬挂犁的一般结构。

1. 铧式犁的结构和特点

(1)主要工作部件

①主犁体(图8-118)是铧式犁的主要工作部件。在工作中起翻土和碎土的作用。

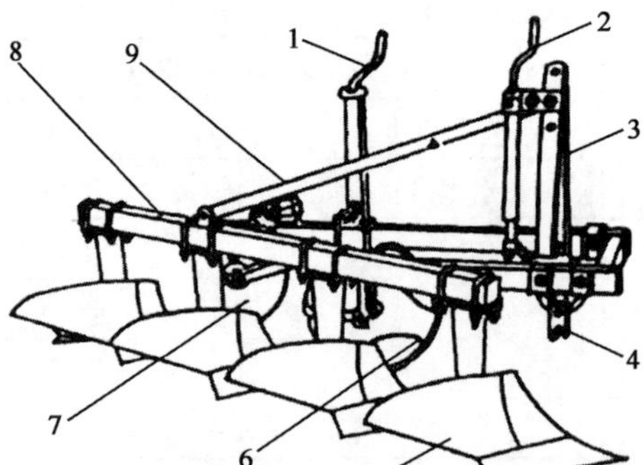

图8-117 悬挂犁的一般结构

1-限深轮调节手柄;2-悬挂轴调节手柄;3-悬挂架;4-悬挂轴;5-犁体;6-限深轮;7-圆犁刀;8-犁架;9-中央撑杆

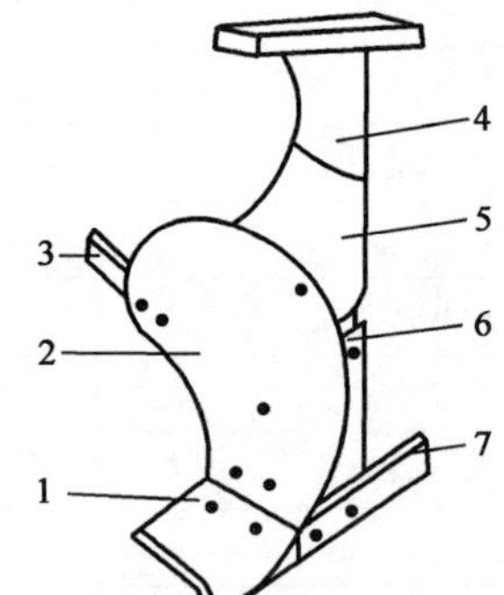

图8-118 主犁体

1-犁铧;2-犁壁;3-延长板;4-犁柱;5-挡草板;6-犁托;7-犁侧板

主犁体由犁铧、犁壁、延长板、犁柱、挡草板、犁托、犁侧板等组成。

犁铧主要起切开土垡,并使土垡上升的作用。

犁壁前部为犁胸,起碎土作用,后部为犁翼主要起翻土的作用。犁壁作用就是把犁铧扛起的土垡加以破碎和翻转。犁壁的形式有整体式、组合式和栅条式三种。

犁柱上端用螺栓和犁架相连,下端固定犁托,是重要的连接件和传力件。

犁托是犁铧、犁壁和犁侧板的连接支撑件。

犁侧板是犁体的侧向支承面,用来平衡犁体工作时产生的侧压力,保证犁体工作中的横向稳定性,支撑犁体稳定地工作。

②小前犁位于主犁体的前方,其作用是将土垡上层一部分土壤和杂草翻到沟底,然后由主犁体将整个土垡翻转,从而改善了主犁体的翻垡覆盖质量。小前犁由犁铧、犁壁和犁柱组成,主要有铧式、切角式和圆盘式三种形式。

③犁刀犁刀位于主犁体之前,有小前犁时,位于小前犁之前。协助犁体垂直切开土垡,减少主犁体的切割阻力和磨损,保证沟壁整齐和沟底清洁,并能更好地切断残根杂草,减少堵塞。犁刀有直犁刀和圆犁刀两种形式。

(2)辅助部件

①犁架是犁的骨架,用来安装工作部件和其他辅助部件,并传递动力。犁架的结构形式有平面组合犁架、三角形犁架、整体犁架三种。

②悬挂装置主要由悬挂轴组成,悬挂架的人字架安装在犁架前上方,并通过支杆与犁架后部相连。悬挂轴的结构形式有整轴式和销轴式两种,整轴式一般为曲拐轴式。

③限深轮安装在犁架左侧纵梁上。主要由犁轮、犁轴、支架、支臂和调节丝杆等组成。

2. 铧式犁的使用

(1)铧式犁的维护

①定期清除黏附在犁体、犁刀及限深轮上的积泥和缠草等。

②每班工作结束后,应检查所有用螺栓固定的各零件的紧固情况,松动的螺母必须拧紧。

③耕作期间,对犁刀、限深轮及调节丝杆等需要润滑处,每天加注润滑脂1~2次。

④定期检查犁铧、犁壁、犁侧板等易损件的磨损情况,超过规定的应修理或更换。

⑤每阶段工作结束后,应进行一次全面检查,修复或更换磨损和变形的零部件。

⑥长期停放时,应将整台犁清洗干净,犁体应涂上防锈油,停放在地势较高无积水的地方,并覆以防雨物。有条件的地方,应将犁存放在棚下或机具库内。

(2)铧式犁的使用注意事项

①犁工作中,不得对犁进行检查或修理,需检修应停车进行。

②耕作中遇到暂时阻力增加,使驱动轮打滑严重时,可适当提升犁使之通过;如果打滑不太严重时,可加大油门通过。如加大油门无效时,再换低挡工作。

③犁工作时,犁上不能坐人。如遇犁质量轻、入土性能不好、需加配重时,配重应紧固在犁架上。

④在地块转移或过田埂时,都应慢速行驶,在地头转弯或倒退时,应先将犁升起。

⑤悬挂犁运输时,还应缩短上拉杆,使第一铧犁尖距离地面应有 25cm 的间隙,以防铧尖碰坏,并应将犁升至最高位置,将升降手柄固定好,下拉杆限位链条应收紧,以减少悬挂犁的摆动。

⑥拖拉机带悬挂犁停机熄火时,一定要把犁降落在地面,落下犁时,应慢降轻落,以防铲尖变形或损坏。

⑦犁不用时,要用支撑杆撑牢犁架,以防倾倒。

(3)悬挂犁的调整方法

①入土行程调整犁在地头入土时,并不是立刻就能达到所要求的耕深的。从犁开始入土到规定耕深所前进的距离称为入土行程。多铧犁因前后犁体错开,入土行程较大,因此应尽量缩短入土行程,可提高耕地质量,并可减少耕地头的时间。要使犁及时入土,除犁体安装应符合规定外,还可采取缩短悬挂机构上拉杆的方法使铧尖先碰到地面,增大犁的入土角,入土行程即可以相应缩短,反之入土行程会增加。

②耕深调整耕深调整与拖拉机的液压系统有关。分置式液压系统可用限深轮调节耕深,此时液压机构操纵手柄应放到"浮动"位置上。具有力调节的液压系统,只要控制耕深调节手柄就可以了,手柄调到规定耕深后应加以固定。

③犁架水平调整犁在进行作业时,必须保持前后、左右水平状态,纵梁必须同前进方向一致,这样才能保证机组直线行驶,耕深一致。调节拖拉机上拉杆,可使犁架保持前后水平;调节拖拉机左右提升杆,可使犁架左右保持水平。由于耕作条件经常发生变化,故作业时应经常观察犁的状态,及时进行调整。

④耕幅调整犁耕地时,不仅要保持耕深的稳定,同时还要保持耕幅的稳定。如果犁架在水平面内左右偏斜,不仅会造成重耕或漏耕,增大牵引阻力,加速犁的磨损,同时还会使拖拉机操作困难,增加驾驶人的疲劳。犁架偏斜的原因是由于拖拉机的牵引力和犁的工作阻力不在一条直线上,产生偏转力矩而造成的。在耕作中如发现第一铧重耕,则可转动悬挂轴的调节丝杆,使悬挂轴左曲拐销向前转动(沿拖拉机行进方向看),即可消除重耕。如漏耕,可使悬挂轴左曲拐销向后转动,便消除第一铧漏耕。若用转动悬挂轴方法还不能完全克服重耕和漏耕时,可松开调节丝杆在悬挂轴上的固定螺钉,使悬挂轴向已耕地或未耕地做轴向移动,则可克服重耕或漏耕。

(4)铧式犁的故障排除(表 8-32)

铧式犁的故障排除 表 8-32

故障现象	故障原因	排除方法
犁不入土	①犁铧刃口过度磨损; ②犁身太轻; ③土质过硬; ④限深轮没有升起; ⑤上拉杆长度调节不当; ⑥下拉杆限动链拉得过紧; ⑦犁柱严重变形; ⑧上拉杆位置安装不当	①修理或更换新犁铧; ②在犁架上加配重; ③更换新犁铧,调节入土角和加配重; ④将限深轮调到规定耕深; ⑤重新调整使犁有一个入土角; ⑥放松链条; ⑦校正或更换犁柱; ⑧重新安装

续上表

故障现象	故障原因	排除方法
犁耕阻力大	①犁铧磨钝； ②耕深过大； ③犁架因偏牵引歪斜； ④犁柱变形犁在歪斜状态下工作	①修理或更换； ②调整升降调节手柄或用限深轮减少耕深； ③重新调整悬挂轴； ④校正或更换犁柱
沟底不平，耕深不一致	①犁架不平； ②犁铧严重磨损； ③犁柱或犁架变形	①将犁架调平； ②修理或更换； ③修理或更换
犁钻土过深	①液压系统力调节机构失灵； ②上拉杆位置安装不当	①修理； ②重新安装及调整
重耕或漏耕	①犁架因偏牵引歪斜； ②犁体前后距离安装不当； ③犁柱变形	①调节悬挂轴； ②重新安装； ③修理或更换

(二)圆盘耙

1.圆盘耙的功用及种类

(1)圆盘耙的功用用犁耕地作业后，土壤的松碎、平整程度往往还不能满足播种要求，并且地面还残留一些未破碎的土块和未完全翻转的土垡，因此要用耙来进一步碎土、耕平和覆盖肥料，以达到播种要求。

(2)圆盘耙的种类：圆盘耙按适用的土壤类型和耕深不同，可分为重型、中型和轻型三种；圆盘耙按耙组的排列可分为单列和双列耙；按结构形式可分为对置式和偏置式；按挂结方式可分为牵引式、悬挂式和半悬挂式。

2.圆盘耙的组成

圆盘耙主要由耙组、耙架、牵引或悬挂器、角度调节装置、加重箱和运输轮等组成，如图8-119所示。

(1)耙组它是圆盘耙的工作部件，耙组由若干相同的耙片及其他零件组成。耙片为球面圆盘，盘的边缘磨有刃口，中间为方孔。圆盘耙片一般分为全缘耙片和缺口耙片两种。耙片工作时，耙入刃口平面垂直于地面，在牵引力作用下滚动前进，其回转平面与前进方向形成的角，称为偏角，耙片滚动前进时，在重力和土壤阻力作用下切入土中，并达到一定耙深，耙片在作业时向前的滚动，可以看成是滚动和移动的复合运动，在滚动中耙片刃口切碎土块、草根及作物残存等；移动中在耙片刃口和球面的综合作用下，进行推土和铲土，土壤沿球面上升到一定高度后跌落，从而使土壤破碎，并有一定的翻土覆盖作用。

(2)耙架用来安装圆盘耙组、调节机构和牵引(悬挂架)等部件，耙架采用型钢或管材制成，大多制成分组形式，便于调节各耙组偏角，悬挂架也制成三角支架，但其斜撑杆的长度可调节。

(3)角度调节器用于调节圆盘耙的偏角,偏角越大,入土越好,耕得越深。土壤湿度大时,偏角宜小,否则容易造成耙片黏土和堵塞。为保持耕深不变,偏角调好后必须锁定,角度调节器有丝杆式、齿板式、油压式、插销式、压板式和手杆式等形式。丝杆式用于部分重型耙上,这种形式的角度调节器结构复杂,但工作可靠。齿板式在轻型耙上使用,调节比较方便,但杆件容易变形,影响角度调节。插销式与压板式结构简单,工作可靠,但调节困难,在系列中型耙与轻型耙上采用。油压式用于系列重型耙上,虽然结构复杂,但工作可靠,操作容易。

(4)加重箱、运输轮耙架上的箱形框架用于放置重物(重物不得超过说明书规定质量),以增加耙片的入土能力,重物应放在耙组作业时向上翘起的一端。牵引式圆盘耙长距离运输时,应安装运输轮,使耙片离地,以免破坏路面或损坏耙片。

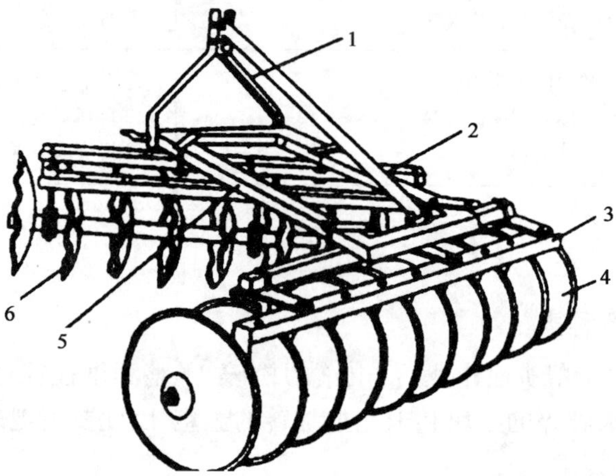

图 8-119　圆盘耙

1-悬挂架;2-横梁;3-刮土器;4-圆盘耙组;5-耙架;6-缺口耙组

3. 圆盘耙的使用

(1)使用注意事项

①使用前要检查各紧固螺栓和螺母有无松动,特别是方轴螺母必须拧紧,耙片不应有任何晃动,否则耙片内孔会把方轴啃圆。

②耙片刃口厚度应小于 0.5mm,刃口缺损长度应小于 15mm,一个耙片上的缺损不应超过 3 处,方轴应平直无缺损。

③耙架上的加重盘应根据不同土质和耙的入土情况增减。

④在作业中,应经常检查耙片、刮土板、方轴、轴承、角度调节器以及各连接部位的技术状态,尤其是耙组的端头螺母和各轴承的固定螺栓,发现松动及时拧紧,同时要及时清除耙片上的杂草和泥土。

⑤拖拉机带耙作业的速度不宜太快,作业中不许转急弯,牵引耙不允许倒车,带悬挂耙转弯、倒车时须把耙升起后才可进行。

(2)维护

①每个班工作后，清除一切杂物，各转动部位加注润滑油或润滑脂保证其运转灵活。

②检查刮泥刀与耙片间隙，看是否有摩擦现象。

③季度作业完成后，应对各部分检查维护。更换轴承内的润滑脂，对各润滑部件加注润滑油，耙片上涂机油，以防锈蚀。

④圆盘耙长期停放时，应用木板将耙组垫起。

(3)圆盘耙的故障排除

圆盘耙的故障排除方法见表8-33。

圆盘耙的故障排除　　表8-33

故障现象	故障原因	排除方法
耙不入土或耙深不够	①偏角太小； ②加重不够； ③耙片磨损，刃口磨钝	①增大偏角； ②增加重物； ③磨锐刃口或更换耙片
耙后地表不平	①各耙组偏角不一致； ②加重不一致； ③牵引钩在垂直调节板上位置不当； ④前后列耙片未错开； ⑤个别耙组转动不灵活	①调整偏角； ②调整重物； ③将牵引钩挂接在适当位置； ④调整前后列耙片的相对位置； ⑤找出原因，并排除，使耙组转动灵活
耙片堵塞	①土壤太黏太湿； ②杂草太多； ③刮土铲不起作用； ④牵引速度太慢； ⑤偏角太大	①等待土壤适耕状态； ②清除杂草； ③调整刮土铲； ④适当提高牵引速度； ⑤减小偏角

(三)旋耕机

旋耕机是一种利用旋转刀轴上的旋耕刀，对土壤进行旋转切削的耕地机械。按刀轴的配置方式不同，旋耕机分卧式和立式两大类，在实际生产中卧式旋耕机使用比较普遍。卧式旋耕的工作过程如图8-120所示，当刀轴旋转时，旋耕刀片切下的土垡向后方抛掷，与罩壳和拖板相撞击，使土垡进一步破碎，并使地表平整。卧式旋耕机的特点是碎土能力强，耕后土层松碎，地表平坦，一次耕作可达到普通铧式犁和耙几次作业的松碎效果，在苗圃作业的效率比较高。

旋耕机的切土刀具是旋耕刀，它有凿形、直角L形和弯形3种结构形式。凿形刀[图8-121a)]的刃口为凿形，在刀的末端，工作时凿尖首先入土切开土垡，然后在刀身作用下使土垡破碎，其特点是入土能力和破碎能力强，但容易缠草，适于在杂草比较少的场地作业。直角L形刀[图8-121b)]的刃口由侧切削刃和正切削刃组成，两个直线刃口相交成90°，工作时先由正切削刃横向切割土块，然后侧切削刃逐渐切出土垡的侧面，其特点是刀身较宽、刚性好，适于在土质较硬的干旱地作业。弯形刀[图8-121c)]的刃口由曲线组成，也有侧切削刃和正切削刃，工作时先由侧切削刃沿纵向切削土壤，并由离轴心较近的刃口开始，然后由近及远，最后由正切削刃横向切开土垡，因此有很好的滑切能力，其特点是不易缠草，适合在杂草较多的场地作业，是旋耕刀中使用最广的一种类型。

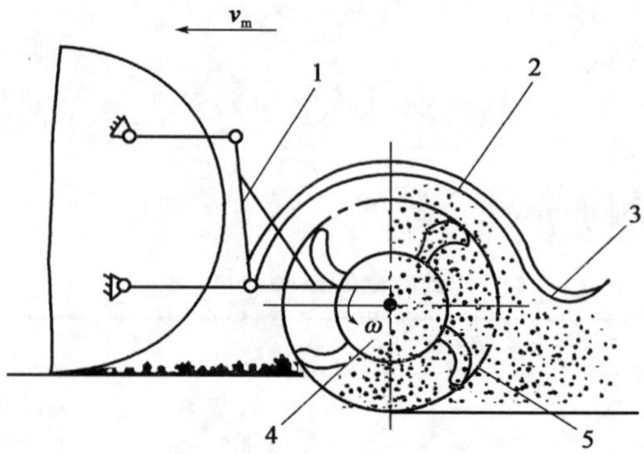

图 8-120　卧式旋耕机的工作过程示意图

1-拖拉机悬挂架；2-罩壳；3-托板；4-旋耕刀片；5-旋耕刀轴

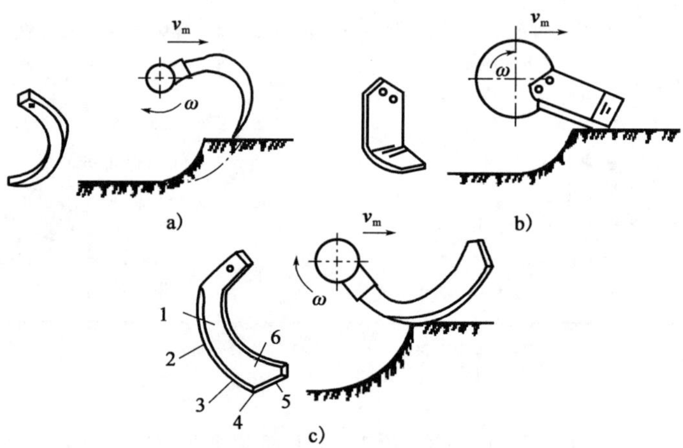

图 8-121　旋耕刀类型

a）凿形刀；b）直角 L 形刀；c）弯形刀

1-侧切面；2-侧切刃；3-正切刃；4-端点；5-端面；6-正切面

旋耕机的结构形式有拖拉机悬挂式、步行操纵式等类型。

1. 悬挂式旋耕机

悬挂式旋耕机的结构如图 8-122 所示，它由中央传动箱、侧传动箱、刀轴、刀片、罩壳、悬挂架等组成。中央传动箱多采用直齿锥齿轮传动，侧传动箱则有链传动和齿轮传动两种结构。动力由拖拉机动力输出轴输出后，经中央传动箱、侧传动箱驱动刀轴旋转，使按一定规律安装在刀轴上的旋耕刀片依次切削土壤。土壤的切削深度，可以通过拖拉机的三点悬挂机构进行调节。悬挂式旋耕机的工作幅宽已形成系列，我国标准把悬挂式旋耕机分成轻小型、基本型、加强型 3 种形式，幅宽有 75、100、125、150、175、200、225（cm）7 种规格。表 8-34 列出了我国部分悬挂式旋耕机的主要技术参数。

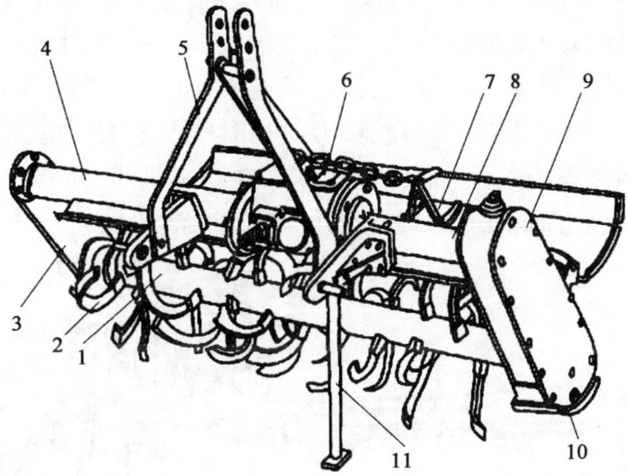

图 8-122　悬挂式旋耕机

1-刀轴;2-刀片;3-右支臂;4-右主梁;5-悬挂架;6-中央传动箱;7-罩壳;8-左主梁;9-侧传动箱;10-防摩罩;11-撑杆

部分悬挂式旋耕机的主要技术参数　表 8-34

型号	配套动力功率(kW)(ps)	动力输出轴转速(r/min)	左、右弯刀数(个)	刀轴转速(r/min)	刀座间隔(mm)	耕宽(cm)	外形尺寸(长×宽×高)(mm)	质量(kg)
IG-100	14.7~18 (20~25)	540	各 14	222	70	98	1012×1245 ×1026	196
IGL-100	14.7~18 (20~25)	540 (720,1000)	各 14	198	70	98	1032×1238 ×1015	155
IG-125	22~29.4 (30~40)	540 (720,1000)	各 18	198~275	69	124	1036×1540 ×1280	330
IGL-125B	22~29.4 (30~40)		各 18	173~280	69	124	1091×1542 ×1204	—
IG-150	25.7~36.7 (35~50)	540 (720,1000)	各 23	198~275	65	150	1360×1790 ×1280	340
IGL-150B	25.7~36.7 (35~50)		各 23	173~280	65	150	1091×1795× 1204	—
IG-175	36.7~44 (50~60)	540 (720,1000)	各 26	198~275	67	174	1360×2037 ×1280	382
IGN-200	44~55 (60~75)	540	各 29	205	66	208	1040×2256 ×1152	394

2. 步行操纵式旋耕机

步行操纵式旋耕机由小发动机、传动装置、刀轴、旋耕刀、行走轮或支持轮、机架和操纵系统等组成,它可以与手扶拖拉机连接成一体,也可以是自成体系的专用旋耕图 8-123 所示为一种美国 RYOBI 公司生产的专用步行操纵式旋耕机，它由四冲程风冷小汽油机驱动，动力经离心式离合器、齿轮减速传动箱传至刀轴，刀轴上安装有 4 组旋耕刀，作业时旋耕刀一面切削土壤，一面驱动旋耕机前进，支承轮主要起支承作用，旋耕机不工作时可以推着行走。旋耕机的耕深调节是通过改变防护罩与旋耕刀的相对位置来实现的，防护罩上移，则其耕深增加。这种旋耕机的最大特点是小巧灵活，并可折叠起来携带，可以在大苗间作业，它在园林作业中应用比较广泛，在苗圃主要用于大苗间的中耕除草。

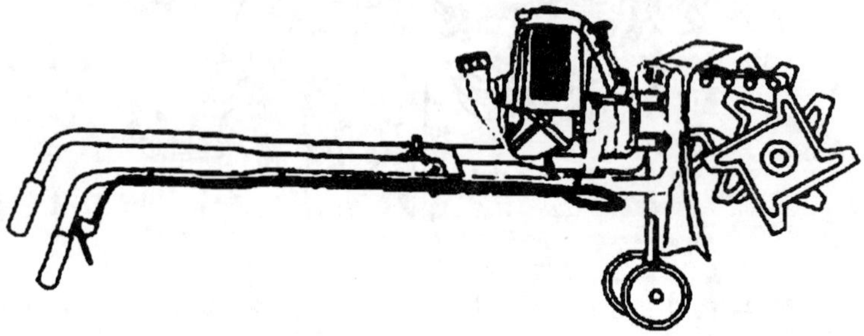

图 8-123　RYOBI－510R 型步行操纵式旋耕机外形

旋耕机在作业时，由于高速旋转的刀具会将土块、石块等抛向后方，因此操作人员、特别是步行操纵式旋耕机的操作人员，在作业时必须穿防护鞋和长裤，戴能耐冲击的防护眼镜，旋耕机后方 5m 内不允许有人围观。每次作业前必须检查刀片、旋耕机罩壳和拖板是否牢固，清除缠草时必须停机，关闭发动机。检查或更换刀片时一定要戴手套，关闭发动机，并拔出火花塞高压线，以免发生意外。

（四）镇压器

1. 镇压器的功用

镇压器用来镇压耕翻、碎土后过于松软的土壤，或者把碎土时残留的土块进一步压碎，同时进行平整，使耕层紧密平坦。镇压器在特别干燥的土壤上使用，有保持土壤水分的效果。

镇压器是通过辊子镇压土壤的表层起镇压作用。辊子的直径越小，碎土效果越好，牵引力变大。辊子的镇压效果随土壤的含水率而有所不同。土壤过湿时，会过度压紧土壤，使土壤中的空气流通变坏，所以必须在适当的含水率下使用镇压器。

2. 镇压器的种类

常用的镇压器多为牵引式，根据形状不同一般分为 V 形、网环形、圆筒形等。

（1）V 形镇压器（图 8-124）是由像算盘珠状的空心铸铁轮体，紧密排列在轴上组成镇压辊，每组又由前后两列直径不同的镇压辊构成，通常把 2～3 组连接成一体。V 形镇压器是在两个 V 形轮之间加装一个齿盘，且齿盘的外径稍大于 V 形轮，齿盘在回转的同时上下运动。这种镇压器的破碎能力极强，可有效地用于重黏土壤，此外还用于镇压带霜冻的土壤。

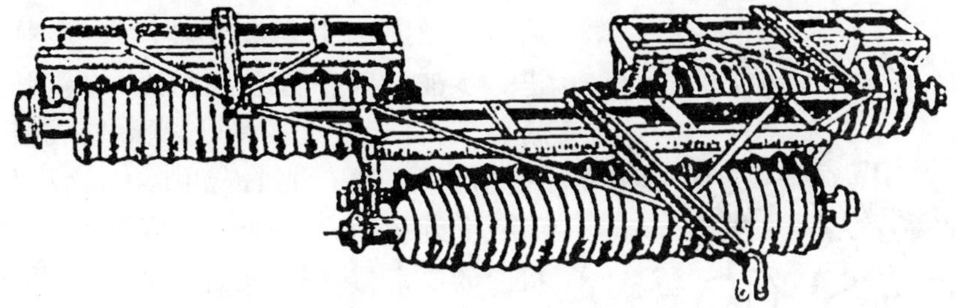

图 8-124　V 形镇压器

(2)网环形镇压器(图 8-125)的构造与 V 形镇压器相似,但工作部件(网环)的外缘为网形,而且直径也较 V 形的大,质量也大,故以压实下层土壤为主,并能保持表土疏松,使土壤有较好的保墒性能。

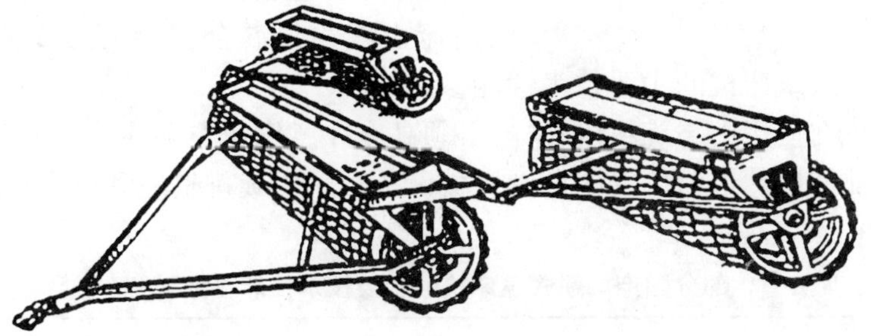

图 8-125　网环形镇压器

(3)圆筒形镇压器即光面辊镇压器(图 8-126)是由钢板或铸铁制成表面光滑的圆柱形滚筒,内部装填砂、碎石及泥土等构成。光面辊因作用面光滑,使土壤表面的风势强,保持土壤水分的能力差,破碎力也不足,主要用于表土的镇压。

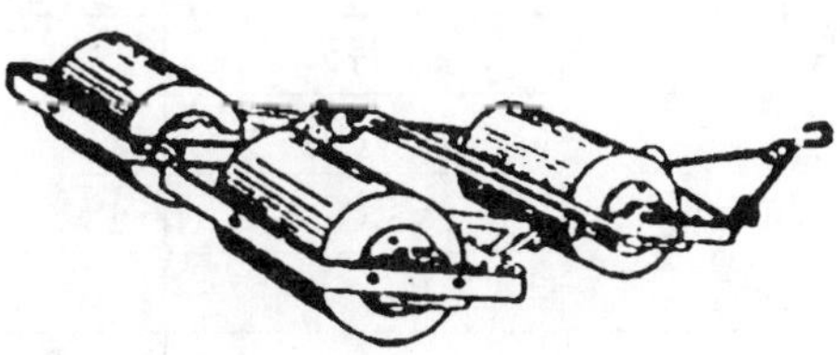

图 8-126　光面辊镇压器

(五)筑床机

筑床机是用于在苗圃修筑苗床的机械。林木苗床的技术要求是:土壤要细碎、疏松,土壤与肥料要混合搅拌均匀,床面要平整,规格要一致。筑床机有铧式与旋耕式两种类型,常用的为旋耕式的。

旋耕式筑床机大多为拖拉机悬挂式,由步道犁、旋耕装置、传动箱、整形器、悬挂架等组成(图 8-127)。它的工作原理是:对称布置在两侧的铧式步道犁,同向内侧翻垡开出步道沟,形成苗床雏形,旋耕装置由拖拉机动力输出轴经万向联轴器、中央传动箱、侧传动箱驱动

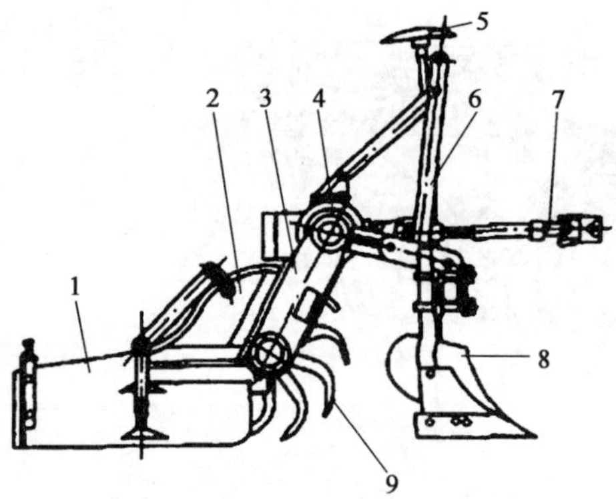

图 8-127　旋耕式筑床机

1-整形器;2-机罩;3-侧传动箱;4-中央传动箱;5-划印器;6-悬挂架;7-万向联轴器;8-步道犁;9-旋耕装置

旋耕刀轴,刀轴上的凿形刀切碎土垡,并将碎土向后上方抛掷,土块与整形器的罩壳、拖板相撞击后进一步被粉碎。随之,由后面的整形器按苗床规格要求,将疏松细碎的土壤整形成苗床。我国苗床的规格主要有 1.1m 和 1.25m 两种。旋耕式筑床机上旋耕刀在刀轴上的安装数量,比普通旋耕机上的要密,并按双头螺旋排列。其主要目的:一是要提高碎土能力,以提高苗床质量;二是要减少每把旋耕刀的切削用量,以减少刀轴转矩波动,使作业更为平稳。

旋耕式筑床机能一次完成多道工序,工效很高,作业质量也比较好,有的还在筑床机上安装施肥、喷洒装置,可使肥料、消毒剂、除草剂等与苗床土壤均匀混合,效果更为理想。表 8-35 列出了部分国产旋耕式筑床机的主要技术性能参数。

旋耕式筑床机在使用中与旋耕机一样,必须高度注意作业安全性。

筑床机是目前使用的最为广泛的苗圃机械设备。采用旋耕整地和苗床成形一次完成的作业方式。

部分国产旋耕式筑床机的主要技术性能参数　　表 8-35

型号		ZC－1.25 联合筑床机	ECX－1.1A 筑床机	3CLZ－1.1 重型筑床机
外形尺寸(长×宽×高)(mm)		1750×1810×1160	760×2000×1250	1854×1800×1212
耕幅(cm)	步道犁	2×22	2×15	2×23
	旋耕机	125	110	110
耕深(cm)	步道犁	8～25	15～20	18～25
	旋耕机	8～12	10～12	12～16
苗床规格	床高(cm)	10～20	14～18	25
	床宽(cm)	110	105～110	110
	床帮斜度(°)	55	55	55
质量(kg)		320	360	400
生产率(亩/h)		6.5	4	4～5
传动方式		中央锥齿轮转动,侧面齿轮传动	中央锥齿轮转动,侧面链传动	中央锥齿轮转动,侧面双排链传动
配套拖拉机功率(kW)		>20	>20	>20

注:1 亩 =666.6m^2。

(六)筑埂器

1."人"字形筑埂器

"人"字形筑埂器(图8-128)的大口宽度可根据需要进行调整,前端合成"人"字形。工作时,由左、右刮土板将土推向两边,机组每往复一次形成一条埂。若与播种同时进行,埂在播幅两侧,邻接行在埂边。这样畦内平整,行距均匀,但埂的质量欠佳。

2.倒"八"字形筑埂器

倒"八"字形筑埂器(图8-129)工作时,左刮土板和右刮土板把土向中间收拢,经小口处修筑成埂。当与播种同时进行时,这种方式是在播幅中间出埂,邻接行在畦内。所以,埂的质量较高,但畦内的土表和行距不够整齐。筑埂器的工作性能指标主要是刮土量的多少,可根据畦幅宽窄及刮土厚度的不同,通过调节刮土板的下倾角和开度来实现刮土量的调整。

图8-128 "人"字形筑埂器

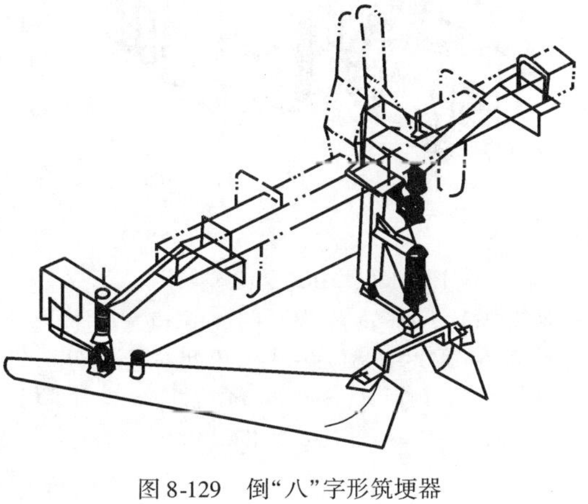

图8-129 倒"八"字形筑埂器

二、育苗机械

(一)种子调制清选机械

园林绿化树木种子采集后需及时处理,以免种子发热、发霉和腐烂,处理措施包括干燥、脱粒、去翅、精选、裹衣等。

1.球果干燥机

球果是园林树木采集中数量最多的一种果实。其干燥有天然和人工干燥两种。天然干燥是靠日光曝晒或在通风的室内晾干;人工干燥可以用火炕、火墙、地笼加温,靠自然对流,干燥速度慢,温度不均匀。近些年,由于种子用量大增,因而国内外都应用红外辐射干燥、高频干燥、微波干燥、太阳能干燥等新技术研制生产了许多干燥机。

图8-130所示是5HC7移动式烘干机,这是一种热风式球果干燥机,目前使用较普遍,是利用热气流干燥球果的一种设备。

该机配有直接加热煤炉或直接加热油炉、间接加热煤炉。间接加热煤炉可用树枝燃料。工作时，经加热炉加热的空气，由鼓风机鼓入热风室，穿过种子层，使球果的水分蒸发，然后排入大气中。为了使上下层球果干燥均匀，设有换向手柄。启闭相应的顶盖和废气门，便可改变热气流动的方向。工作结束后，烘干机可拆卸为单块板件，便于运输和保管。

1HT－85 型林木球果烘干机（图 8-131）是辽宁省昌图林机厂生产的一种球果干燥机，该机由热风炉、风机与管路、调温室和烘干室 3 大部分组成。生产周期为 24h，能烘干球果 2000kg。

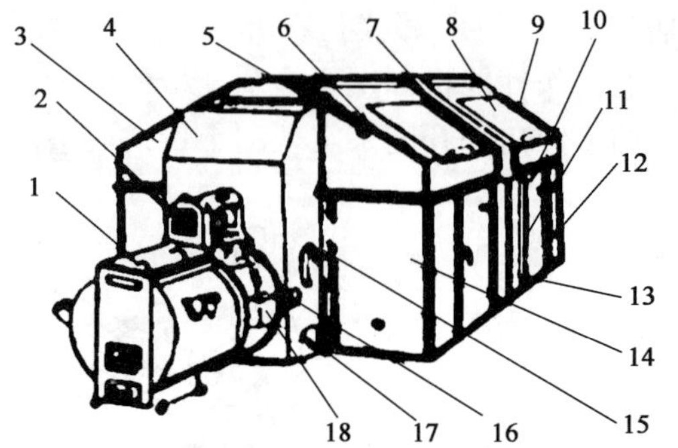

图 8-130　5HC7 移动式烘干机

1-加热炉；2-传动带；3-前端板；4-换向室；5-温度计插空；6-插销；7-横梁；8-顶盖门；9-顶盖；10-出料门；11-出料门把手；12-出料门活页；13-侧板；14-前板；15-换向手柄；16-加油孔盖；17-废气门；18-配电箱

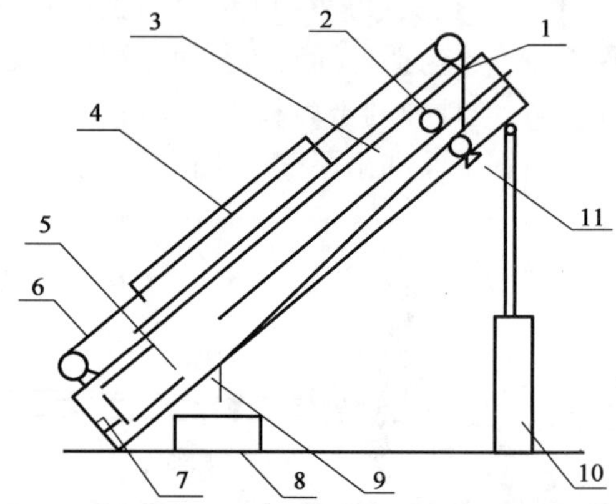

图 8-131　1HT－85 型林木球果烘干机

1-入种口；2-排湿风机；3-烘干箱体；4-降温装置；5-加热器；6-传动系统；7-鼓风机；8-接种箱；9-出种口；10-液压升降立柱；11-振动传送系统

2. 球果脱粒机

球果脱粒机是从球果中取出种子的机械。球果经干燥后，一般靠人工不断翻动与敲打，使种子从球果中脱出。图 8-132 所示是一种槽辊式碎果机，其由装料斗、槽辊、盛料箱和机座等组成。工作时，电动机驱动槽辊旋转，利用槽辊间的球果相互挤压，使果实破碎，带齿的辊子之间的距离尺寸根据果实大小进行调节。

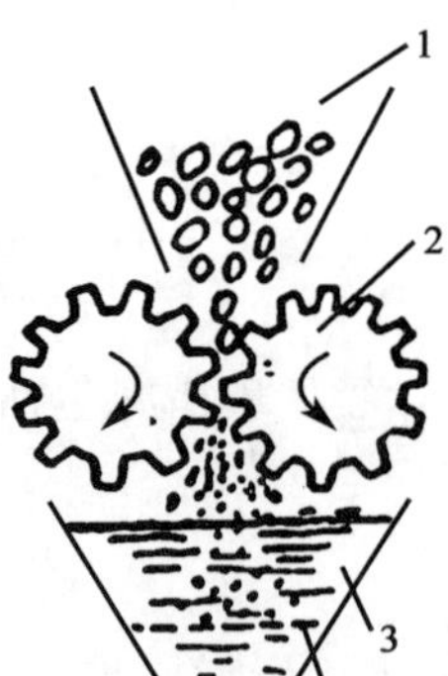

图 8-132　槽辊式碎果机

1-装料斗；2-槽辊；3-盛料箱；4-清种液

3. 去翅机

去翅机是去除种翅的机械。为清除种翅等夹杂物，播种前应进行除翅，除翅机有圆盘式除翅机和带式除翅机。

圆盘式除翅机工作时，动力机带动传动带使下圆盘转动，带翅种子从料斗经上圆盘空心轴进入两盘之间进行揉搓，并向边缘流动，种翅与种子分开后掉入种子箱（图 8-133）。

带式除翅机有活动传动带和固定传动带，工作时种子掉入料斗，动力机驱动主动轮带动活动传动带旋转，种子便沿两传动带间摩擦并下滑，种翅被除掉（图 8-134）。

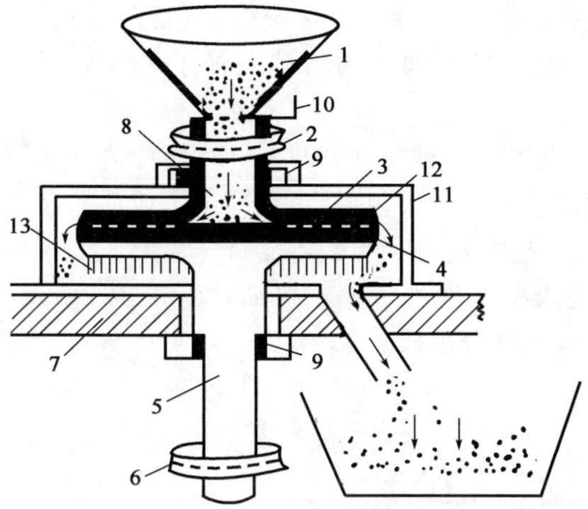

图 8-133　圆盘式除翅机

1-料斗；2-皮带轮；3-上圆盘；4-下圆盘；5-下圆盘轴；6-下轴皮带轮；7-机架；8-空心轴；9-轴承；10-闸板；11-机壳；12-上圆盘刷；13-下圆盘刷

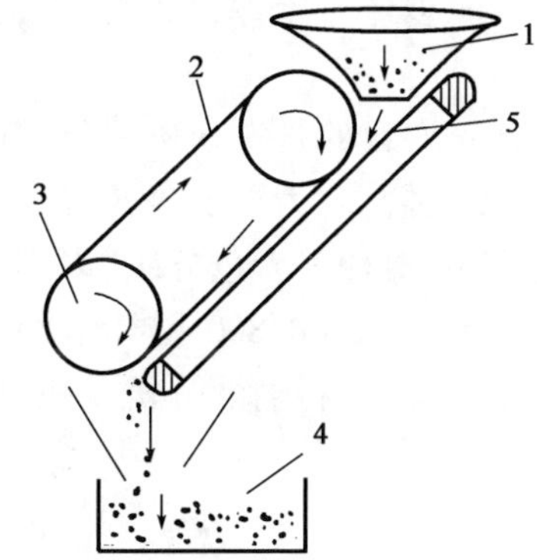

图 8-134　带式除翅机

1-料斗；2-活动传动带；3-主动轮；4-接料盘；5-固定传动带

4. 介电式林木种子精选机

种子精选多以机械式精选为主，主要形式分为风选、筛选、窝眼筛选、密度分选以及这几种基本分选类型的组合，即按照种子及掺杂其中的杂质的密度、几何尺寸、飘浮速度、表面摩擦系数等物理机械特性的差异进行分选。但这些方法都存在一些问题，影响分选质量，特别是混于良种中，虽上述各参数（密度、尺寸、速度、摩擦系数等）均相同，但受过病虫害感染、机械损伤、未成熟或丧失活力的劣种，机械分选方法是无法解决的。

介电式林木种子精选机由进料斗、进料滚筒、分选滚筒、接料斗、种刷、皮带传动系统及无级变速电动机等几大部分组成，如图 8-135 所示。

工作原理：依据介电分选原理，近些年来国内外一些厂家研制生产了介电式林木种子分选机。该机是根据电介质（种子）在不均匀电场中受力取决于介质（种子）自身的介电常数这一原理来进行分级的。

工作过程：在分选时，将种子放入一个旋转的由双绕线圈构成的不均匀电场，进入电场的种子将被极化，并随滚筒一起转动，这时作用在种子上的有电极化力、支反力、重力、摩擦力、惯性力等，因种子电物理特性的不同，因此，感应出的电极化力也不同，根据种子的介电常数不同从而实现种子的分选。

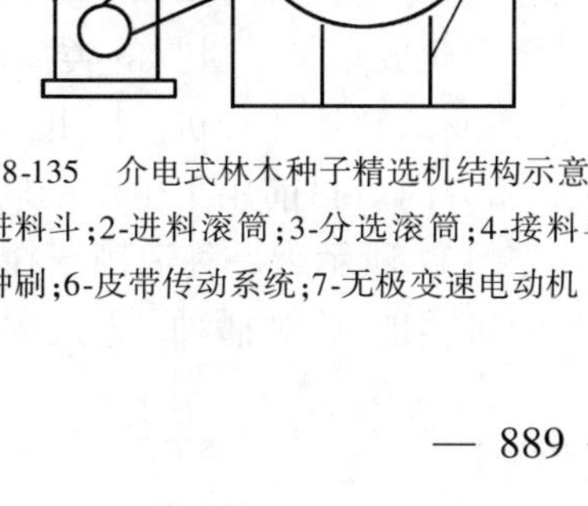

图 8-135　介电式林木种子精选机结构示意图

1-进料斗；2-进料滚筒；3-分选滚筒；4-接料斗；5-种刷；6-皮带传动系统；7-无极变速电动机

5. 种子裹衣机

种子裹衣机是用专门配制的材料包裹种衣的机械。林木种子(含花籽、蔬菜籽等)裹衣是在种子表面裹包一定厚度的专门配制的物料,通过黏合剂将物料粘在种子表面而形成衣壳。

种子裹衣的目的是实现机械化精密播种而提供规格化种子;增加种子质量,提高种子流动性,便于飞机播种;为种子裹药、消毒,以防鸟、鼠、虫害;种子包裹肥料,为苗木成活和速生丰产创造条件;对种子着色分级,以满足种子贸易、储存、运输和包装等的特殊需要。

我国研制的1GYB-800型林木种子半自动裹衣机一种种子裹衣机如(图8-136)所示。由裹衣工作主机、送料输液分机及热气流干燥分机3部分组成。

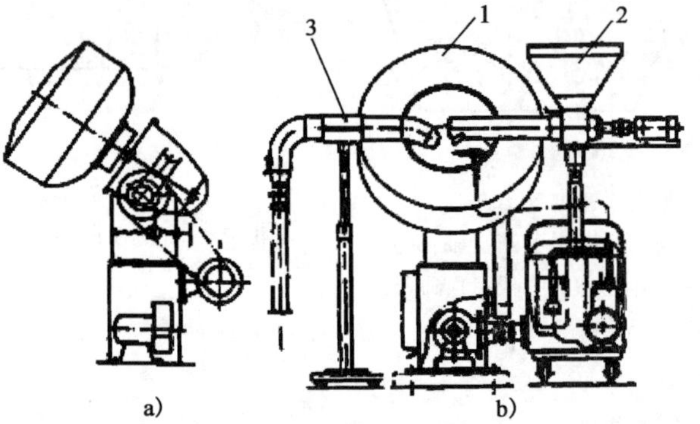

a)　　b)

图8-136　1GYB-800型林木种子半自动裹衣机

a)传动;b)结构

1-主机;2-送料输液分机;3-热气流干燥分机

工作过程:裹衣工作主机的工作部件是一个直径为800mm的空心锅体,由电动机通过蜗轮蜗杆减速后驱动其旋转,使放入锅体内的种子产生一定的有规律的运动,锅体倾斜放置,倾角可根据种子的大小及表面特征进行调节;送料输液分机由料斗、螺旋输送器、液桶、气泵及喷枪等组成,其作用是向在锅体内运动的种子表面输送粉料及喷洒胶液,随种子的运动逐渐将粉料粘在种子表面;热气流干燥分机主要由电热元件、风机等组成,其作用是在种子裹衣后,对锅内种子吹热风,烘干已裹好衣壳的种子。

(二)联合播种机

联合播种机能同时完成整地、筑埂、平畦、铺膜、播种、施肥、喷药等多项作业或其中某几项作业。联合播种机可以减少田间作业次数,缩短作业周期,抢农时,能充分利用拖拉机功率,降低作业成本。其机具的类型较多,如适用玉米耕翻地上作业的旋耕播种机,适于已耕翻地上作业的整地播种机。因此,联合播种机近几年在生产中得到广泛应用,是未来种植机械发展的方向。目前用于生产的联合播种机主要有旋耕播种机和整地播种机。

图8-137所示为一种适用于在未耕地上作业的旋耕播种机。该机具一次可以完成松土除草、旋耕整地、施肥播种、覆土及镇压等多项作业。在机器的前方安装松土除草铲,旋耕整

地部分由拖拉机动力输出轴驱动,排种器和排肥器由地轮传动。播种施肥装置安装在旋耕机上方,输种管末端为开沟器。播下的种子覆土后由镇压轮压实。

还有一种将部件作为开沟器的旋耕播种机(如美国约翰·迪尔公司生产的1550型旋耕播种机),它的旋耕部分由6个单体组成,每个单体有两个锯齿形旋耕圆盘刀和两根导种管,工作时圆盘刀齿能在硬土、草地或留茬地中开出6mm宽的窄沟,沟深为2.3~4.8cm,排种器为外槽轮式。

图8-138所示是一种适用于已耕地上作业的整地播种机。该机可一次完成松土、碎土、播种、覆土镇压等多项作业。排种器采用气力式集中排种装置,排种轮由传动轮驱动。

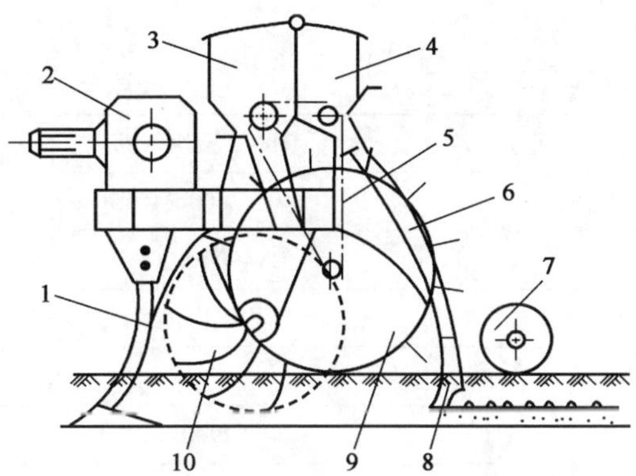

图8-137　旋耕播种机示意图

1-松土除草铲;2-齿轮箱;3-肥料箱;4-种子箱;5-传动链;6-导种管;7-镇压轮;8-开沟器;9-传动轮;10-旋耕机

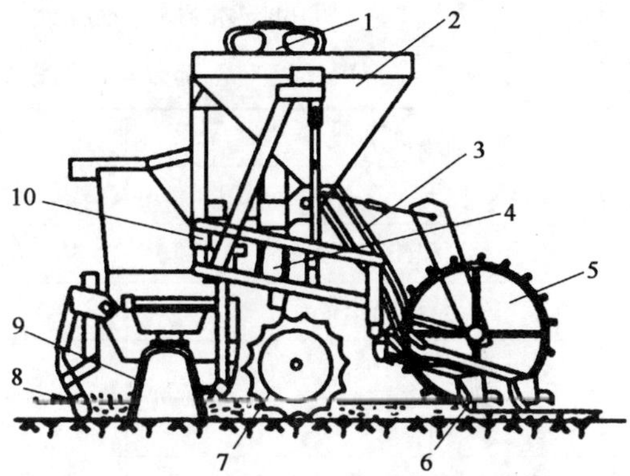

图8-138　整地播种机

1-分配器;2-种子箱;3-输种管;4-风机;5-传动轮;6-开沟器;7-碎石镇压器;8-松土铲;9-立式旋转耙;10-机架

(三)切条机

切条机是将充分木质化而且发育良好的苗干或枝条,截制成一定规格和要求的插穗的机械。不同树种、不同地区的插穗规格和要求不完全相同,大多数插穗的长度为10~20cm,径粗为0.8~2cm,每根插穗上应保留有3~4个芽苞,有的还要求插穗的第一个芽苞能在离顶端1~2cm处,以便能更好地萌发。对切条机的作业质量要求是:插穗的切口要平滑,不破皮、不劈裂、不分芽。

切条机按切割方式有剪切式和锯切式两类。剪切式切条机的工作装置由动刀片和固定刀片组成,动刀片在固定刀片上做往复运动完成剪切动作。

动刀片由电动机驱动,经减速后通过曲柄连杆机构带动动刀片作往复运动,一般切条机每分钟剪切60~80次。剪切长度可以调节,即插穗长度由标尺和挡块控制。有的切条机还可自动选芽,吉林省生产的一种自动选芽切条机就是为满足"插穗第一个芽苞距顶端1~2cm"的技术要求设计的,该机采用回转的6片选芽块,并配以微动开关,使其能发出选芽信号,以控制剪切式切条机的间歇动作,从而完成自动选芽切条作业。自动选芽切条机的主要技术参数如下。

(1)插穗长度(可调):10~25cm。

(2)插穗直径:0.5~2.5cm。

(3)选芽器转速:3.7r/min。

(4)电动机功率:0.4kW。

(5)生产效率:2.8万根/台。

(6)班插穗合格率:95%。

(7)外形尺寸:70cm×42cm×90cm。

锯切式切条机是采用高速圆锯片切割插穗,结构简单,使用面很广。表8-36列出了部分常用的锯切式切条机的技术性能参数。

部分常用的锯切式切条机技术参数 表8-36

型号		QT-25型切条机	QT-2型切条机
外形尺寸(长×宽×高)(mm)		760×520×880	1400×600×1015
工作台面积(长×宽)(mm)		580×460	1400×600
工作台移动范围(mm)		240	固定工作台
锯片数(片)		1	2
锯片转速(r/min)		5160	2900
锯片规格(外径×孔径×厚度)(mm)		250×25×1.4	250×30×2.5
最大切割直径(cm)		7	—
切割插穗长度(cm)		自由调节	10~13
生产率(万根/台班)	单根选芽	—	4~6
	成捆切割	15	12~18
操作人数		2	4
质量(kg)		45(不计电动机)	107
电动机功率(kW)		1.5	1.5

QT-25型切条机由电动机、圆锯片、移动式工作台等组成,操作时将苗干单根或成捆置于工作台的切割槽内,以一侧的定位挡片确定切割长度,然后推动工作台沿滑槽向圆锯片进给进行切割,切割完成后工作台靠复位弹簧返回原位。QT-2型的工作台是固定的,靠手持单根或成捆苗条进给进行切割,其工作头为双头,有两组圆锯片,可由两组人员同时工作。

(四)插条机

插条机是将插穗按规定深度和株行距植入土中的机械。按林业技术要求,插育苗的作业方式主要采用垅作和平作。目前使用的插条机主要是栽植式插条机,与植树机和移栽机的结构很相似,它由开沟、分条、投条、覆土、压实等工作部件构成。其工作原理为:按规定的行距开出窄沟,在沟内等距投入插穗,然后覆土、压实。分条机构是插条机的关键部件,其技术要求是能将储放在苗箱内的插穗顺序单根排队,并连续准确地递给投条装置。由于插穗存在直径和弯曲度等方面的差异，要实现快速自动单根排队难度较大，目前采用比较多的结构形式有槽带式和外槽轮式两种：前者分条基本可靠，但结构尺寸较大；后者结构紧凑，但操作较紧张，分条时易产生缺漏。这两种分条机构在运行时，对拖拉机的前进速度均有严格要求，为确保分条质量，其前进速度必须不大于 2km/h。表 8-37 列出了 4 种国产插条机的技术性能参数。

部分国产插条机的技术性能参数　　表 8-37

型号		CT-2		CT-4	4C-2	CT-4(牡丹江)
外形尺寸 (长×宽×高)(mm)		2400×1600×1590		1750×1800×1200	2460×990×755	
插条行数(行)		2	4	4	2	4
垅距或行距(cm)		70	80	40	18(单垅双行)	50～150
株距(cm)		8、10、20		11、14、18	10～18	10～70
插穗规格 (mm)	长度	120		160	135	120～200
	直径	6～12、8～16 12～20		5～15	7～14 10～18	8～18
分条机构形式		槽带式		外槽轮式	外槽轮式	人工分条
插条机构形式		自由落体		橡胶圆盘	橡胶圆盘	投苗圆盘
质量(kg)		310		450	220	
作业速度(km/h)		0.7～1.4		2	1.3～2	0.5
操作人数		3	5	5	3	5
生产效率(亩/台班)		12		15	6	20(行距 70cm 时)

另外，在实际生产中也有采用苗卷式移栽机进行插条作业的。插条前要先采用专用的卷苗机，将插穗单根、等距分置在双层苗木带之间，卷成苗木卷，然后装到移栽机上。移栽机作业时，通过橡胶圆盘，从同步释放的苗木卷中夹持插穗，投入由开沟器开出的窄缝中，再覆土压实。这种用移栽机进行的插条作业，虽将分条和插条作为两道工序进行，但插条时的拖拉机作业速度可以提高到 2～3km/h，生产效率比较高，作业质量也比较好。

（五）移栽机

移栽机是用以移栽小苗的机械。小苗移栽是将苗圃将小苗从苗床或将容器苗从温室移植到大田，并在大田培育成大苗的重要工序，以往主要靠手工作业，劳动消耗量大。目前已研制成多种移栽机械，但所有移栽机的栽植原理全部采用开沟→投苗→覆土压实的工艺，只是投苗机构不同带来性能上的差异。常见的有以下 4 种形式。

1. 导苗管式移栽机

主要由喂入器、导苗管、扶苗器、开沟器和覆土镇压器等组成（图 8-139）。作业时，操作人员进行人工分苗后，将小苗投入喂入器的喂入筒内，当喂入筒转到导苗管的上方时，喂入筒下面的活门打开，小苗靠重力下落到导苗管内，通过倾斜的导苗管将小苗引入到开沟器开

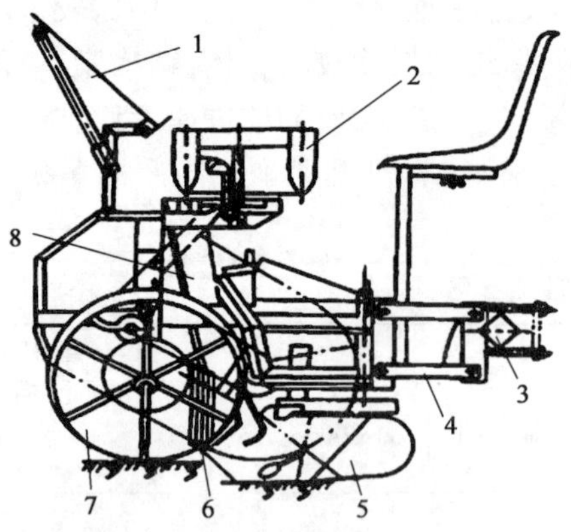

图 8-139　导苗管式移栽机

1-苗架;2-喂入器;3-主机架;4-四杆仿形机构;5-开沟器;6-扶苗器;7-覆土镇压器;8-导苗管

出的苗沟内,在栅条式扶苗器的扶持下,小苗呈直立状态,然后在开沟器和覆土镇压轮之间所形成的覆土流的作用下,进行覆土、镇压,完成栽植过程。

该机的特点:一是适应范围广,采用单组组合式结构,能与各种大、中、小型轮式拖拉机配套,可方便地配置成 6 行、4 行、2 行等机型,二是既可用于容器苗,也可用于裸根苗;三是栽植质量比较好,不分苗,合格率达 93% 以上;四是调整方便,株距、行距、栽植深度均可方便调节。

2. 挠性圆盘式移栽机

挠性圆盘式移栽机是一种使用较早、结构比较简单的栽植机械,它利用两个圆盘的挠性变形来夹苗送苗,并在栽植点松脱定植。挠性圆盘可用橡胶制成,利用压滚将两个橡胶圆盘的外周压靠在一起。橡胶圆盘由传动机构带动旋转,其外圆周的线速度与机器的前进速度相等,但方向相反。在放苗和栽苗的位置装有分盘滚,将两个靠合的橡胶盘分开。

工作时,在放苗位置附近两个橡胶盘被分盘滚打开,植苗员将小苗放在两个圆盘之间,圆盘转过分盘滚后,圆盘靠合,将小苗夹紧;转到栽苗位置后,圆盘又被分盘滚打开,放开小苗,将小苗植于植苗沟中。这种栽苗装置结构简单,栽植株距可以任意改变,但往夹苗点放苗时间短暂,人工分苗工作紧张,易产生漏苗,作业时要求拖拉机超低速行驶。

3. 苗木卷式移栽机

先在室内用卷苗机将苗木单根等距分置在专用的苗木带上,卷成苗木卷,再到栽植现场安装到移栽机上,移栽机再通过橡胶圆盘栽植机构进行夹苗、送苗和投苗。这种移栽机可进行小株距移栽。拖拉机可常速行驶,生产效率比较高,与拖拉机配套方便;但需两道工序作业,机构也比较复杂。这种移栽机也可用于插条作业。

4. 苗夹式移栽机

苗夹式移栽机的栽植机构由弹簧苗夹、转盘、滑道等组成,弹簧苗夹安装在转盘上,与转盘一起旋转,其圆周线速度与拖拉机前进速度相等,但方向相反,以保持在栽植点的相对速度为零,使苗木能呈直立状态。弹簧苗夹在平时是闭合的,当通过滑道时即被打开,用以栽植和往苗夹中放苗。其结构形式有苗夹常闭式和常开式,以常闭式的使用较广。常闭式的苗夹在放苗点是被滑道打开的,过了放苗点即在弹簧弹力作用下关闭,将苗木夹紧,当转至栽植点时,即又被滑道打开,苗木垂直落入栽植沟,被覆土镇压轮覆土、压实,完成栽植作业(图 8-140)。

苗夹式移栽机是使用比较普遍的一种移栽机,它还可进行植树作业。其优点是投苗准确,栽植质量比较好,往苗夹放苗的时间要求不是很严,不易漏苗,但结构比较复杂,机组要求超低速行驶,必须与具有超低挡的拖拉机配套。

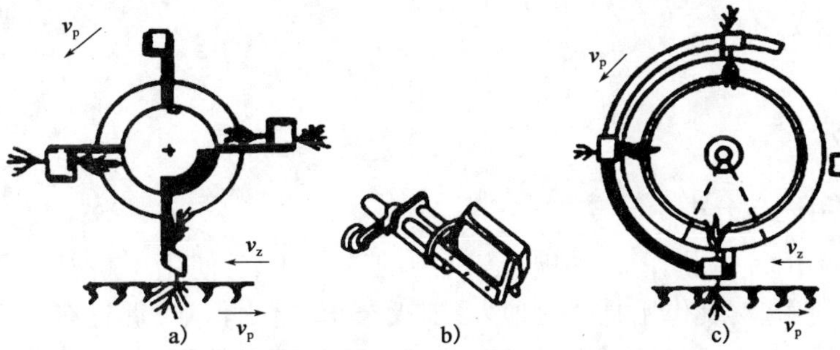

图 8-140　苗夹式移栽机的栽植机构示意图

a)苗夹常闭式栽植机构;b)弹簧苗夹;c)苗夹常开式栽植机构

(六)整地—施肥—播种联合机

这是一种能同时完成整地、施肥、播种、压实等多工序的联合作业机,简称播种联合机。它由旋耕装置、施肥装置、播种机构、镇压器等组成,如图 8-141 所示。作业时,旋耕装置以旋转铣切方式将土壤切成厚度不同的碎块,并以扇形辐射向后抛撒,形成非均质土流,当其碰撞到后面的护罩后,又以抛物线形式反落下来,产生了强烈的粉碎效应,使土块更加细碎。由于导肥管和导种管均置于旋耕形成的高速土流之中,当从排肥器和排种器下来的肥料和种子流按其重力场流动规律逸出导肥管和导种管下口时,立即掉入两侧和下面飞速向后的非均质土壤流,掺杂融合其中,并被碰撞回落的细碎土壤流严重覆盖,最后,再经过后面的镇压轮压实,使肥料和种子与土壤紧密接触,完成了从整地到施肥、播种、压实的全过程。

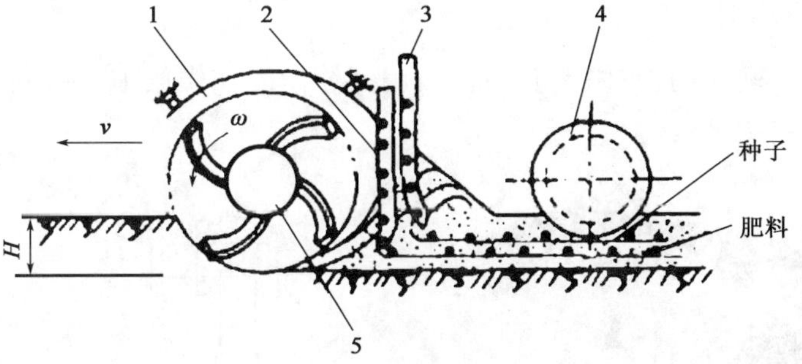

图 8-141　播种联合机的结构示意图

1-播种联合机罩壳;2-导肥管;3-导种管;4-镇压轮;5-旋耕装置

播种联合机由于生产率比较高,结构也并不复杂,因此在我国的应用也已日趋广泛。

播种机械采用条播和撒播的作业方式,实现了开沟、播种、镇压、覆土的联合作业。但其播种装置大多采用外槽轮式或窝眼轮排种器,伤种现象始终没有得到很好地解决,目前应用的也不多了。近期研制一种新型的精少量播种机,可节约良种 20% ~40%,不损伤种子。

三、中耕机械

(一)中耕机

1. 中耕机的用途与分类

(1)中耕机的用途:中耕作业是田间管理中的重要环节,使用中耕机主要用来松土、锄草、施肥、培土等项作业,其作用是疏松地表、消灭杂草、蓄水保墒、促进有机物的分解,使肥料与土壤混合,增加土壤透气性。中耕机配套相应机具还可从事喷灌、施药、田间小型运输作业等。

(2)中耕机的分类。

①按作业条件可分为旱田中耕机和水田中耕机。

②按作业用途可分为通用中耕机和通用机架中耕机。通用中耕机即播种和中耕兼用;通用机架中耕机是在通用机架上,安装不同工作部件,以进行播种、松土、施肥、培土等作业。

③按动力可分为机动中耕机和畜力中耕机。

目前我国农村使用旱田悬挂式中耕机较为普遍。

2. 中耕机的结构与主要工作部件

中耕机的结构:中耕机也称田间管理机,它主要由发动机、工作部件、机架、地轮、牵引或悬挂装置等组成,如图 8-142 所示。

(1)机架

机架为液压升降架,它由主梁、上悬挂架和下悬挂板组成。悬挂架上有两个悬挂销孔,下悬挂板也可装入不同规格的下悬挂销,以适应不同型号的拖拉机悬挂。

(2)地轮机构

地轮起支承和平衡作用,它由卡套与卡板用螺栓紧固在横梁上,由地轮轴、地轮、卡板和叉架等组成,如图 8-143 所示。

图 8-142　KM610A 田间管理机

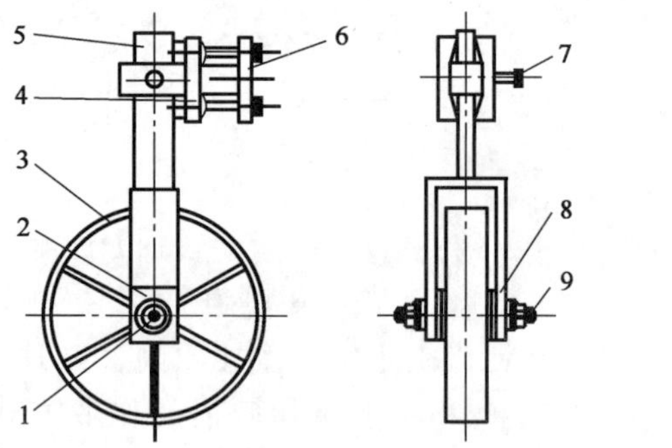

图 8-143　地轮机构

1-地轮轴;2-螺钉;3-地轮;4-卡套;5-叉架;6-卡板;7-顶丝;8-吊板;9-油环

(3)四连杆仿形机构

四连杆仿形机构的作用是使工作部件能自动随着地形起伏而平行起落,从而保证起垄的高度或中耕深度能保持一致。它主要由卡板、前支架、吊杆、前调节叉、调节杆、后调节叉、连动架销和连动架等组成,如图8-144所示。

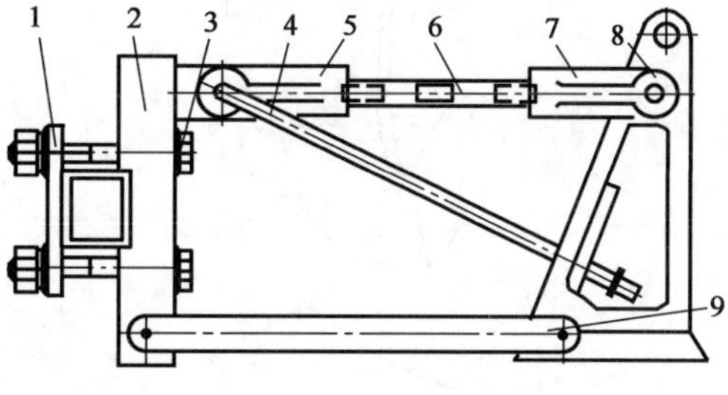

图8-144 四连杆仿形机构

1-卡板;2-前支架;3-圆垫圈;4-吊杆;5-前调节叉;6-调节杆;7-后调节叉;8-连动架销;9-连动架

调节螺杆的作用是调整曲连杆仿形机构,可使纵梁由水平位置向上倾20°至向下倾5°,用以改变其工作部件的入土角,调好后用锁片锁紧。仿形轮安装在纵梁前端,起仿形限深作用。

仿形轮有两种安装方法:当平地作业或中耕时,将两个轮圈合在一起,用长轮轴安装在纵梁叉架中间;当垄上作业时,把两个轮圈分开,分别用半轴装在纵梁叉架外面,使之能卡在垄上,保证作业的稳定性。

(4)工作部件

中耕机上常用的工作部件,根据不同用途和结构形式可分为除草铲、松十铲和培土器3种。

①除草铲。除草铲分为单铲、双翼铲和双翼通用铲3种。单翼铲用于作物早期除草,工作深度一般不超过6cm,它由水平锄铲和竖直护板两部分构成。工作时水平锄铲锄草和松土,竖直护板可防止土块压苗,护板下面有刃口,可防止挂草以免堵塞。中耕时单翼铲分别置于苗的左右侧,所以有左翼铲和右翼铲两种形式。在安装时注意不要装错。

双翼除草铲作用与单翼铲相同,通常与单翼铲配合作用。双翼通用铲的工作面比双翼除草铲稍陡,工作深度也较大(可达8~12cm),除用于锄草外,还有较强的松土作用,但土壤位移较大。

②松土铲。松土铲主要作用是松土并兼除草,它使土壤疏松但不翻转。一般除草铲与松土铲配合使用,松土深度可达13~16cm。松土铲由铲尖和铲柄两部分组成,铲尖是工作部件,它的种类很多,常用的有凿形、箭剪和铧形3种。

凿形松土铲,工作面较小,工作阻力较小,适合比较硬的土壤。剪形松土铲,工作面为凸曲面,耕后土壤松碎,沟底比较平整,松土质量较好。铧式松土铲一般适用于垄作第一次中耕松土作业。

③培土器。培土器主要由三角形犁铧、铧柱、培木板和调节板等组成,如图8-145、图8-146所示。它的用途是培土、开沟和起垄。工作时,培土铧切土、松碎并抬起土垡,培土板将土垡推向两侧培土、起垄。

(5)施肥系统

施肥系统主要由排肥轴、排肥轴链轮、肥料箱、地轮链轮、排肥器、输肥管、施肥器等组成。

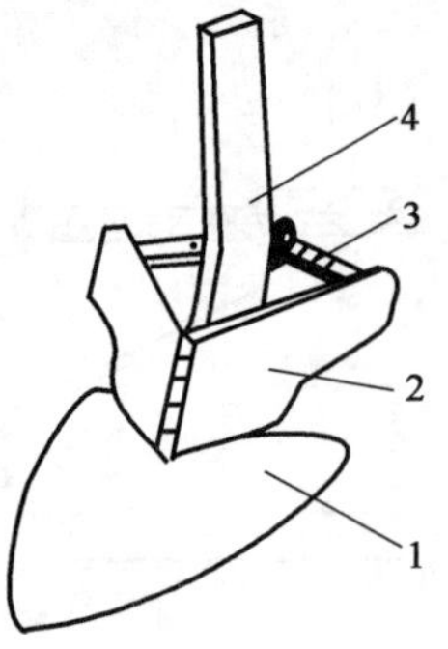

图8-145　培土器

1-培土铧；2-分土板；3-调节板；4-铧柱

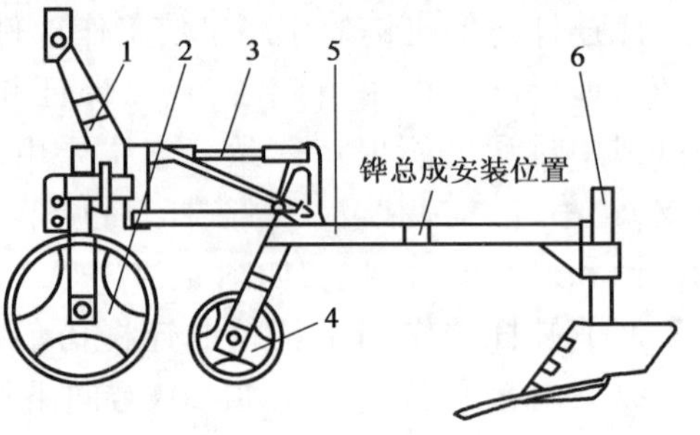

图8-146　3ZF-3中耕机的安装

1-机架；2-地轮总成；3-四连杆仿形机构；4-仿形轮；5-纵梁焊合；6-培土器

①排肥器。排肥器的功能是定量取肥送入输肥管。主要由槽轮、槽轮轴、轴套、排肥杯、调整手柄、手柄支座等组成，如图8-147所示。

②施肥器。施肥器的作用是开沟和引导肥料入土，并具有一定的覆盖作用。它的开当很窄，使肥料分散度控制在很小的范围内。施肥器主要由开沟器、卡头、卡板、调节卡头构成，如图8-148所示。

③施肥系统工作过程。工作时，地轮产生的动力，经地轮链轮通过链条传动排肥轴链轮，排肥轴链轮带动槽轮转动，从而使槽轮把肥料从肥料箱的排肥口排出，通过输肥管施进施肥器开出的沟中，沟两边的土壤自然下落对肥料覆工，完成施肥作业。

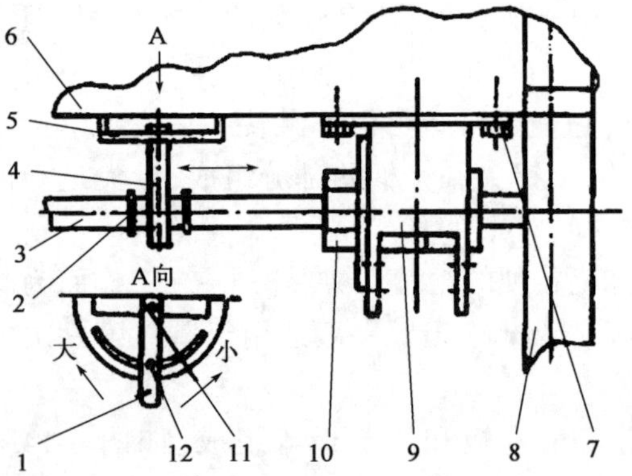

图8-147　排肥器结构简图

1-调整手柄；2-轴套；3-槽轮轴；4-拨叉；5-手柄支座；6-肥料箱；7-排肥杯固定螺栓；8-槽轮轴支架；9-排肥杯；10-槽轮；11-手柄固定螺栓；12-手柄调整螺栓

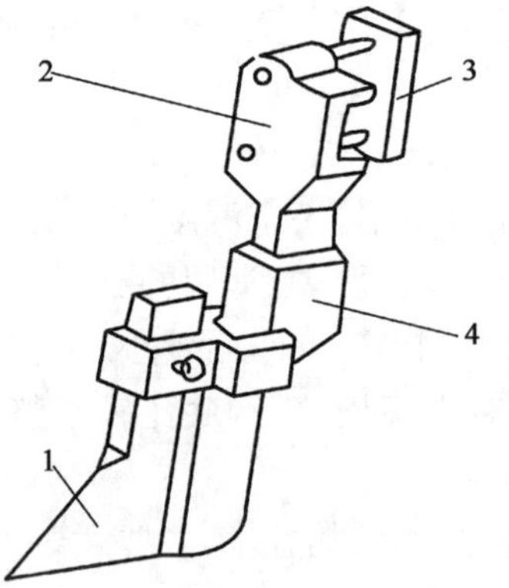

图8-148　施肥器

1-开沟器；2-卡头；3-卡板；4-调节卡头

3. 中耕施肥机的使用与维护

中耕施肥机的正确使用、维护和妥善保管是延长机具使用寿命、保证作业质量、提高工作效率的重要措施。因此,必须做到以下几点:

(1)每班工作前后,要检查工作部件是否完好,全面检查各部位螺栓是否松动,注意各连接件的紧固情况,U形螺栓是否牢固,润滑部位要加注润滑油。

(2)工作前检查传动链是否有卡住现象,应使链轮、链条之间传动灵活。

(3)要在机组行走过程中逐渐将工作部件入土;机具下落时,严禁倒车和急转弯;要在工作部件确实出土后方可以转弯。

(4)工作中,工作部件黏土过多或缠草时,要停车清理。

(5)机具发生故障时要停车修理。

(6)地轮的工作要可靠,地轮着地后严禁倒车。

(7)加肥料时不要带入砂土或夹杂物,每班要清除肥料箱内的积压肥料至少两次。

(8)中耕季节结束后,要对中耕机械进行妥善保管。要把链轮和仿形轮及工作部件用木板垫起来,以防止生锈;整机应放置在水平位置,以免主梁和其他零件变形;各润滑点要注润滑脂;调整螺杆和螺母应涂上防锈油,工作部件要用汽油清洗干净后再涂上防锈油。机具应放在平坦、干燥处。

4. 中耕机组作业注意事项

(1)作业时,机组工作人员应精力集中,避免发生错行、伤苗、铲苗和倒车现象。拖拉机驾驶人应注意观察工作负荷情况,当机车超负荷时,必须及时换挡,不允许用减少耕深的办法继续进行作业。

(2)当中耕机后排锄铲工作到地头线时,要及时升起工作部件,减速转弯,以防损坏机具和伤苗。为减少压苗,第二次以后的作业应沿着前一次所行驶的痕迹作业。

(3)作业时,中耕机组的行驶速度,一般每小时不超过7km;草多、土壤板结的地块,每小时不超过5km;幼苗期每小时不超过4km;在砂土地上以不埋苗为限。

(4)在多草地块作业,应及时清除缠在锄铲上的杂草,必要时升起工作部件,以防堵塞拖堆伤害禾苗。机具夜间作业时,应有完好的照明设备,并且在地头上插上标记,防止错行铲苗。

(5)在作业中,机具每2~3h应停车检查一次,主要检查中耕机铲子、轮柱、轴套、导架限位器等各部紧固件松动情况,如有松动应及时紧固。同时检查锄铲间尺寸和护苗带尺寸有无变化,有变化要及时调整。

5. 施肥机组作业注意事项

(1)作业时为了减少加肥时间,加肥人员应把肥料装袋放在机车转弯地头处或机车通过地段,配合机组人员及时加肥。

(2)施肥中要随时检查开沟器有无堵塞,输肥管有无漏肥和堵塞,排肥机构工作是否正常,如发现问题应及时排除。

(3)施肥作业开始时,应检查施肥深度和开沟器离植株距离,不符合要求必须及时调整,同时要对事先调整好下肥量的施肥机再进行一次实地调整。施肥作业结束时,应对施肥机进行彻底清洗，并对施肥装置进行润滑维护，以免发生腐蚀。

施肥机组常见故障及排除方法见表 8-38。

施肥机组常见故障及排除方法 表 8-38

故障现象	故障原因	排除方法
沟底不平	①主梁不水平或变形； ②仿形机构调整不适当，入土角度过大或过小； ③耕深调整不合适	①调整主梁成水平，校正变形； ②仿形机构调整适当； ③调整耕深
伤苗	①行驶不直； ②行距不合适	①直线行驶或调整行距； ②调整行距
压苗	①分土板开度大，培土器入土过深； ②拖拉机行驶速度过高	①调节分土板开度，减小耕深； ②降低行驶速度
排肥不均匀	①排肥量调节不一致； ②槽轮磨损严重	①调整排肥量； ②更换槽轮
肥料断条或不下肥	①肥料箱内肥料过少； ②肥料箱内有杂物； ③肥料过湿	①添加肥料； ②及时清理； ③干燥
链条断裂	①链条紧度过大； ②链条中心不正； ③地轮偏摆； ④链节卡住	①重调； ②调整链轮位置，校正地轮； ③修复或更换； ④将链条整修
培土不严	①分土板开度过小； ②入土深度不够	①加大分土板开度； ②加大耕深
工作部件不对行	①行距不对； ②拖拉机行驶不直	①调节行距； ②拖拉机应直线行驶

（二）切根机

在苗木生长期间，截断主根，促进苗木多生侧根和须根，防止苗木徒长，是提高苗木木质化程度的一种技术措施。切根机是完成这一作业的机械。切根机一般悬挂配置在拖拉机后面，由万向传动轴、变速器、刀片往复运动传动机构（偏心轮、连杆、摇杆组成）、机架、限深轮、切根刀片与刀架等组成。

MQ-1.1 型往复式苗木切根机机构简图如图 8-149 所示。其由拖拉机悬挂作业，传动装置由拖拉机动力输出轴驱动，使刀架及切根刀作往复运动，机组在行进中往复滑切苗根。这种切根方式有利于切断苗根，不易壅土，不易缠草，可保持苗床基本平坦，对苗木成活无不良影响。切根深度由拖拉机液压悬挂系统及限深轮控制。选择适宜的行进速度和往复运动频率是保证切根质量的技术关键。根据试验分析，MQ-1.1 型往复式苗木切根机最佳作业速度为 2km/h，往复运动频率为 7～8 次/s。

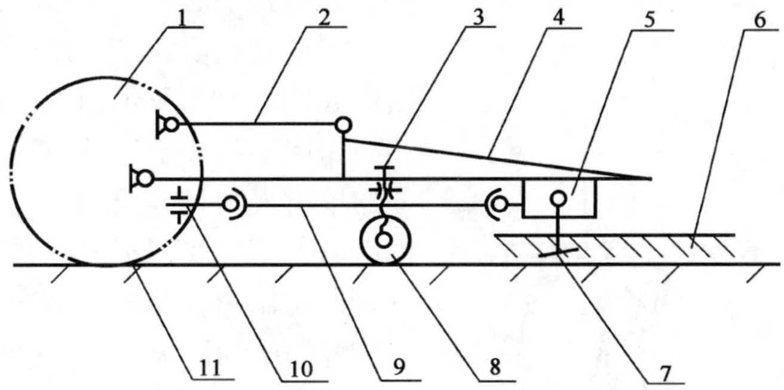

图 8-149　MQ-1.1 型苗木切根机机构简图

1-拖拉机后轮;2-上拉杆;3-丝杠;4-机架拉杆;5-曲柄箱;6-床面;7-切根刀;8-限深轮;9-万向节;10-动力输出轴;11-步道

(三)中耕除草机

树木根部杂草丛生,会与树木争夺水分、养分,特别对新种植的乔木、灌木和浅根性树种,影响更显著。同时,对城市园林而言,丛生的杂草有碍观瞻。所以及时消除杂草是园林树木养护工作的重要内容。中耕除草机是完成中耕松土和去除杂草双重作用的机械,也称除草松土机。按作业可分为行间除草松上机和株间除草松土机;按动力可分为牵引式、悬挂式和自走式;按主要工作部件可分为铲式、圆盘式和旋耕式。在大片树木种植地上可选用农业、林业通用机型,而在小块地上可用专门为园林绿化树木中耕除草而设计制造的小型耕耘机来完成。

四、出圃机械

苗圃起苗作业机械化程度较高,在大、中型苗圃基本全面普及应用。在 20 世纪 80 年代后期,部分大、中型苗圃才开始使用林业苗圃专用横动式切根机,目前已经很少使用。苗木机械化移植技术是业内人士公认的难题。有关科研人员经过十多年的不断探索,终于成功研制了自行式苗木移植机,目前正在进行成果转化和推广应用。

(一)起苗机

起苗机是苗木出圃时用以挖掘苗木的机械。起苗质量的好坏直接关系到苗木出圃后造林的成活率,因此对起苗机有严格的技术要求。起苗深度必须保证苗木根系的基本完整,根系的最低长度要达到国家标准对有关树种苗木质量的规定值。一般针叶树造林苗的根系长度要达到 20cm 以上,2 ~3 年生阔叶树苗的根系长度要达到 30cm,作业时要尽量少伤侧根、须根,不折断苗干,不伤顶芽。起苗株数损伤率,对针叶树不超过 1%,阔叶树不超过 3%。

起苗机有拖拉机悬挂式和牵引式两种,以悬挂式居多。悬挂式起苗机由起苗铲、碎土装置和机架 3 部分组成。

1. 起苗铲

起苗铲是起苗机的主要工作部件,它完成切土、切根、松土等作业,有固定式和振动式两种结构形式。

固定式起苗铲最常用的是U形起苗铲，其结构如图8-150所示，它在底刀刃和侧刀刃的共同作用下切开土垡、切断主根和侧根，底刀后部的抬土板则可使土壤抬起落下，以疏松苗木根部的土壤。底刀刃一般做成斜刀刃，对草根具有滑切作用，以减少草根缠刀现象。固定式起苗铲的结构简单，因此使用很广，但其工作阻力比较大，消耗功率比较多。

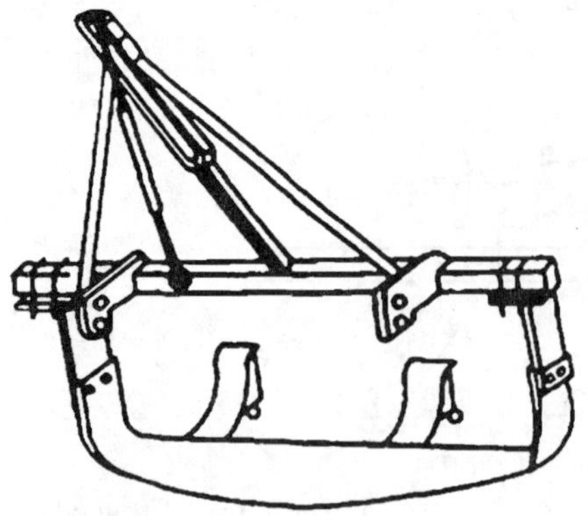

图8-150　固定式U形起苗铲

振动式起苗铲由振动刀片、吊杆、曲柄连杆机构等组成。振动刀片为一平面刀片，用4根平行吊杆吊在机架上，利用曲柄连杆机构带动作往复运动。由于振动刀片的切土运动是由拖拉机的前进运动和曲柄连杆机构的往复运动两者的合成运动，所以切土后的地面是锯齿状的，这就要求振动式起苗铲的起苗深度，要比固定式的深一些，这样才能满足苗木根系长度的要求。振动式起苗铲的优点是工作阻力小，不黏土，松土性能也比较好，但结构比较复杂，制造成本比较高。

2. 碎土装置

碎土装置用于抖落苗木根部的土壤，便于苗木的收集和包装，它安装在起苗铲后部，有杆链式、振动栅式、旋转轮式等结构形式。

杆链式碎土装置由用链条连接在一起的横杆组成(图8-151)，为了加强抖土作用，常采用椭圆形链轮来带动链条作抖动运动。作业时，拖拉机的动力输出轴驱动链轮向后旋转，链条即带动横杆一起作上下抖动。当起苗铲掘起的带土苗木进入输送带后，即被往后方输送，并在链杆的抖动中清除苗木根部的土壤。这种碎土装置的碎土性能比较好，但在使用中一定要注意调节好输送链和拖拉机的速度，一般情况下，输送链的线速度采用拖拉机前进速度的1.3～1.6倍为佳，输送链速度太小会产生苗木堆积现象，太快则会影响碎土性能。

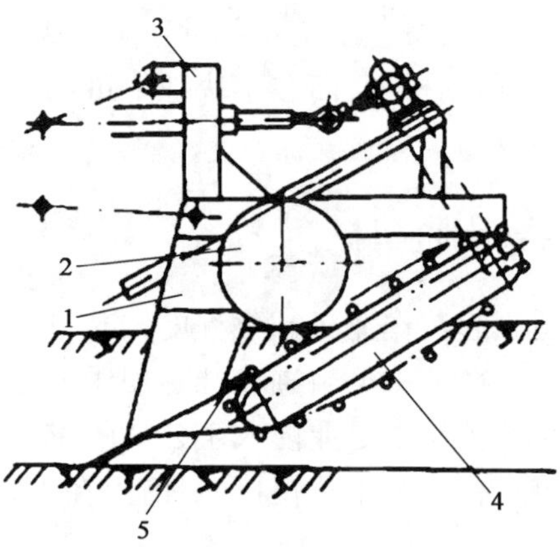

图8-151　杆链式碎土装置

1-起苗铲；2-限深轮；3-悬挂架；4-杆链碎土机构；5-托板

振动栅式碎土装置是在起苗铲后部安装有纵向栅条板，拖拉机动力输出轴输出的动力，经曲柄连杆机构驱动栅条板作上下振动，从而抖落苗木根部的土壤。这种碎土装置结构比较简单，其振动频率一般为360～480次/min，振幅为7～14cm，可以根据土质和苗木状况进行调节，以取得最佳的碎土效果。

旋转轮式碎土装置在起苗铲后部安装有旋转碎土轮如图8-152所示。碎土轮为圆柱形或圆锥框条形，直径一般为 300～500mm。碎土轮由拖拉机动力输出轴通过变速器和万向联轴器驱动旋转。起苗时由起苗铲掘起的流动土垡，经碎土轮在下部回转击打，将苗木根部的土块打碎，苗木被抛落在地表，再由人工拣拾、分级、打捆。作业时，碎土轮的转速可按下式计算确定：

$$n = \frac{16.7Kv}{\pi d}$$

式中：n——碎土轮转速，r/min；

v——机组行驶速度，km/h；

d——碎土轮平均直径，cm；

K——碎土系数，取 4～8，土壤黏重和大苗取最大值，反之取最小值。

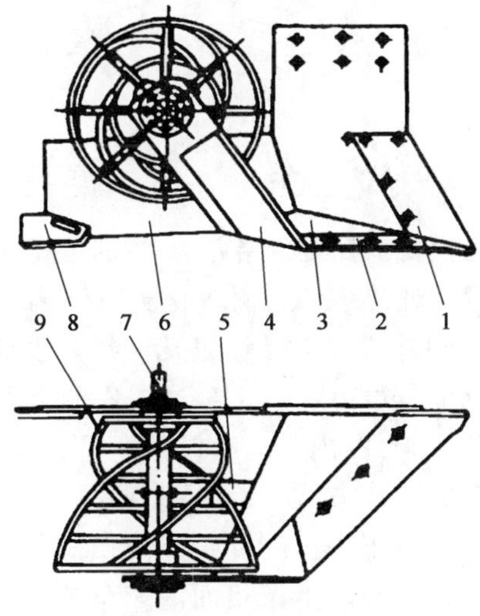

图 8-152　旋转轮碎土装置

1-主侧刀；2-底刀刃；3-底刀体；4-副侧刀；5-延长板；6-地侧板；7-轮轴；8-犁锤；9-碎土轮

（二）起苗—收集—包装联合机

这是一种能同时完成起苗、夹苗、抖土、收集、计数、打捆和包装等多工序的联合作业机，简称起苗联合机。它由起苗铲、碎土装置、苗木夹持机构、输送器、集苗箱、打捆包装机构等组成，如图 8-153 所示。作业时，由起苗铲掘取的苗木，立即被传送带式柔性机构夹持，在输送过程中抖落苗木根部土壤，经横向输送器送入集苗箱，再由卷苗带或打捆机构计数、打捆包装。有的联合机上安装有喷淋装置，在装箱时向苗木根部喷水，以保持苗木根部湿润，并进行消毒；还有的联合机上安装有苗木分级、检验装置，对苗木进行分级，或把不合格的苗木淘汰掉。

起苗联合机生产的产品是已包装好的合格苗木，有生产率极高的，是当前的发展方向，在北美和欧洲已广泛使用。

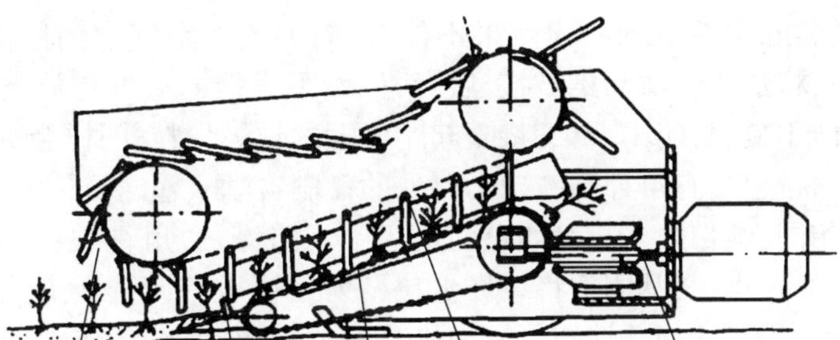

图 8-153　起苗联合机

1-横向输送器；2-挠性传动带；3-链式升运器；4-起苗铲；5-苗木挡板

第四节　保 洁 机 械

(一)清扫车

路面清扫是公路养护,特别是高等级公路养护中作业量较大的日常养护作业,通过清扫维持路容美观,保持线路环境优美,有利于公路处于良好的技术状态和保证公路良好的服务质量。

国外清扫机械经过几十年的发展,已经形成系列产品,其工作性能和技术水平都达到了很高的程度,成为公路养护,特别是高等级公路养护必备的设备。我国清扫机械起步较晚,近几年来,国内先后有几家工厂试制了几种吸扫式清扫机,采用了喷水压尘、湿式除尘、吸扫结合的工作方式。此外,有些厂家还引进了国外先进的吸扫式清扫机工作装置的生产技术,与国产汽车底盘配套生产清扫机,大大提高了国产清扫机械的技术性能。

目前我国生产路面清扫车的企业大概有30余家,从产销量和技术实力上看,长沙中联重工科技发展股份有限公司中标分公司、天津扫地王专用汽车有限公司、扬州盛达特种车有限公司(原江苏省江扬集团特种车辆厂)以及河南路太道路养护机械制造有限公司等厂家处于行业的领先位置。

1.分类、特点及用途

清扫机械按工作原理可分为吸扫式清扫机、纯扫式清扫机。吸扫式清扫机又分为开放吸扫式清扫机和循环吸扫式清扫机。以作业方式分类,分为手推式清扫车和手扶式清扫车、自行式清扫车、纯扫式清扫车、吸扫式清扫车、纯吸式清扫车(多功能全吸式扫路车)、干式清扫车(吸尘车)、湿式清扫车、全吸式清扫车。

吸扫式清扫机通常具有可伸到基础车体以外的盘刷或柱刷以及吸口。盘刷用于将路缘、边角、护栏下的垃圾输送、集中到吸口前方,利用空气动力通过吸口将垃圾捡拾和输送到垃圾箱中。吸扫式清扫机具有清扫范围宽、适应性好、对微细垃圾尘粒的捡拾和输送效果好等特点。需要说明是,在开放吸扫式清扫机中,作为载体的空气进入垃圾箱,经过除尘后排向大气;而在循环式清扫机中,空气进入垃圾箱经过除尘后重新送回吸口再一次作为载体参与工作。对于前者,若除尘系统的除尘效果不佳,排向大气的空气中仍然残留很多垃圾尘粒,尤其是微细尘粒,将造成二次污染;对于后者,虽然不直接向大气排放空气,但如果循环空气在吸口内的导向不良,封闭不严,又将吹起路面上的垃圾尘粒,同样会造成二次污染。

纯扫式清扫机通常也具有可伸到基础车以外的盘刷、柱刷、输送机构和垃圾箱等。与吸扫式清扫机的盘刷相同,纯扫式清扫机的盘刷也用于将路缘、边角、护栏下的垃圾输送到柱刷前方,柱刷在滚转的过程中,其刷毛将垃圾尘粒抛射到输送带或链板上,使垃圾尘粒随输送带的运动而进入垃圾箱。因此,纯扫式清扫机具有清扫范围宽、适应性好的特点,但对微细尘粒的除净率较低,适于人口稠密的市区、街道以及以大颗粒块状垃圾为主的场合使用。

清扫机械按其行走系统的动力来源,可以分为自行式清扫机和牵引拖挂式清扫机。

自行式清扫机的行走系统依靠自身所带的动力源驱动行走,具有良好的整体性、独立性和机动性,行驶速度快,作业范围大,工作效率高。自行式清扫机通常采用汽车底盘或其他机动底盘为基础。为了进一步提高其性能,要对通用汽车底盘作必要的改造,如加装左、右两套行驶转向操纵系统等。通常清扫机的行驶与作业装置的动力彼此独立,便于控制和调整,两个系统都处在最佳状态,以达到最好的清扫效果。

牵引拖挂式清扫机是利用其他行走机械或人力推动、牵引行走的清扫机,所以其整体性、独立性和机动性都相对较差,行驶速度较慢,工作范围小,效率低。但其结构简单,通常在简易的机架上安装必需的工作装置即可,制造成本和价格都较低。牵引拖挂式清扫机作业系统的动力源比较多样化,有的自带小型汽油机或柴油机,有的从牵引主机上取得动力,有的则直接将牵引主机提供的牵引力的一部分转变为清扫装置的作业动力。这种清扫机适用于一般公路的清扫养护以及厂、矿、院校道路的环境清扫。

2. 路面清扫机

(1)开放吸扫式清扫机

绝大多数开放吸扫式清扫机是一种自行式清扫机(图 8-154),它由自行底盘、副发动机、风机、垃圾箱、水箱、侧盘刷、水平柱刷、吸口、排风口等组成。

副发动机、风机位于底盘驾驶室后方,一般通过液力耦合器或干式摩擦离合器连接。体积最大的垃圾箱位于底盘中后部,并在后部与车架铰接,前部或下部有一个倾翻液压缸,铰接在垃圾箱和车架之间。水箱可与垃圾箱做成一体,位于垃圾箱下部,或作为一个独立部件固定于垃圾箱下方或其他位置。侧盘刷固定在车架中部两侧。水平柱刷位于车架下方,可以向左或右偏转一定角度,以配合左侧盘刷或右侧盘刷工作。吸口位于侧盘刷与水平柱刷的稍后位置。

开放吸扫式清扫机的工作过程是:首先选择左侧或者右侧作业方式,将相应的侧盘刷和水平柱刷按作业方式要求置于工作状态,侧盘刷和水平柱刷在底盘行进过程中配合作业,将垃圾侧横向抛射至吸口前方,形成一条垃圾带。当吸口经过其前方的垃圾带时,将垃圾带进,将垃圾尘粒吸入吸管,输送到垃圾箱内。垃圾尘粒在进入吸口经过垃圾箱的过程中,要经历几次除尘处理,将垃圾尘粒阻留在垃圾箱中,除尘后的载体空气从出风口排出(图 8-155)。

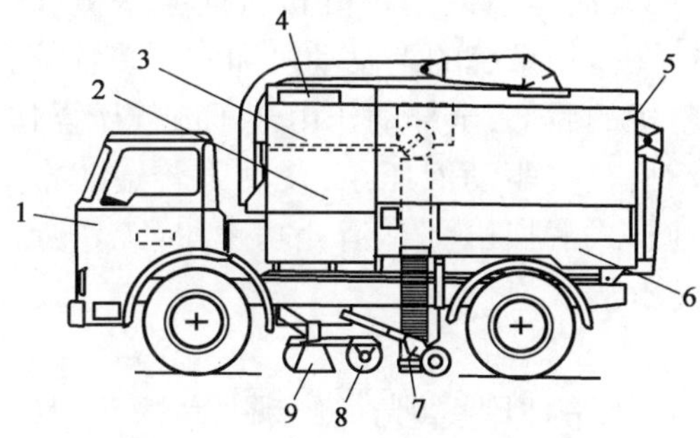

图 8-154　开放吸扫式清扫机

1-自行底盘;2-风机;3-副发动机;4-排风口;5-垃圾箱;6-水箱;7-吸口;8-水平柱刷;9-侧盘刷

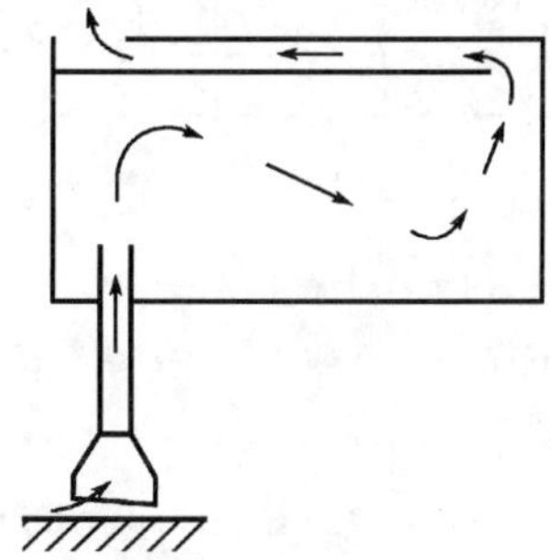

图 8-155　开放吸扫式清扫机的气流路线

(2)循环吸扫式清扫机

循环吸扫式清扫机与开放吸扫式清扫机差别是没有水平柱刷和向上通入大气的出气

口，如图8-156所示。循环吸扫式清扫机的正下方不是水平柱刷，而是一个与底盘宽度尺寸基本相当的宽吸口，它取代了开放吸扫式清扫机下部的一个水平柱刷和两个较窄的吸口。宽吸口中不仅有向上吸取垃圾尘粒的吸管，还有向下吹气的吹管。空气由吸管吸入，经过除尘分离后重新送回吹管吹出，形成空气的循环流动，空气作为载体将路面上的垃圾尘粒送进垃圾箱，再回到下边继续工作（图8-157）。

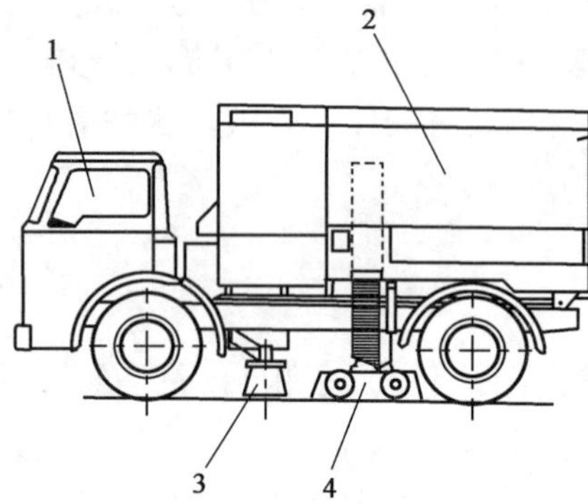

图8-156　循环吸扫式清扫机

1-自行底盘；2-垃圾箱；3-侧盘刷；4-宽吸口

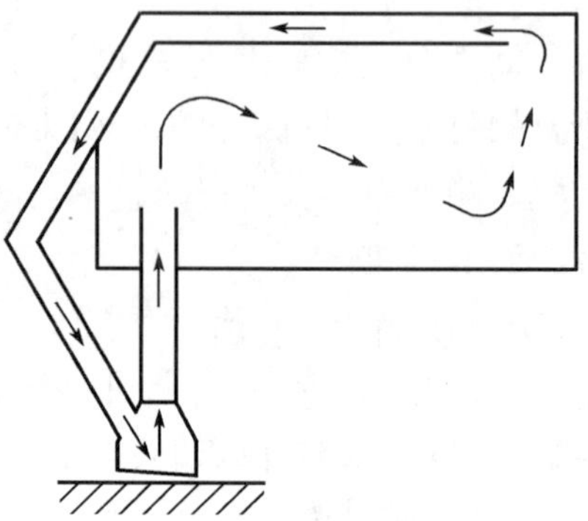

图8-157　循环吸扫式清扫机的气流路线

（3）纯扫式清扫机

图8-158所示为纯扫式清扫机，它由自行底盘、副发动机、侧盘刷、水平柱刷、输送带、垃圾箱及举升机构等组成。它与吸扫式清扫机相比较，在结构上的主要差别在于没有风机和吸口，而且，一些主要部件的布置也完全不同。侧盘刷仍然位于车辆中部、车架两侧（有的位于底盘前部两侧），而直径很大的水平柱刷则位于整机的后部，输送带从柱刷前方倾斜向上前伸至位于中部的垃圾箱内。此时垃圾箱不能向后倾卸，而是借助于举升机构向某一侧或前方倾卸。清扫系统的副发动机和液压装置都布置在整机的后部，全部动作由液压或气压操作，副发动机直接驱动液压泵，使动力传递非常简便。纯扫式清扫机具有消耗功率小、工作噪声小等特点。

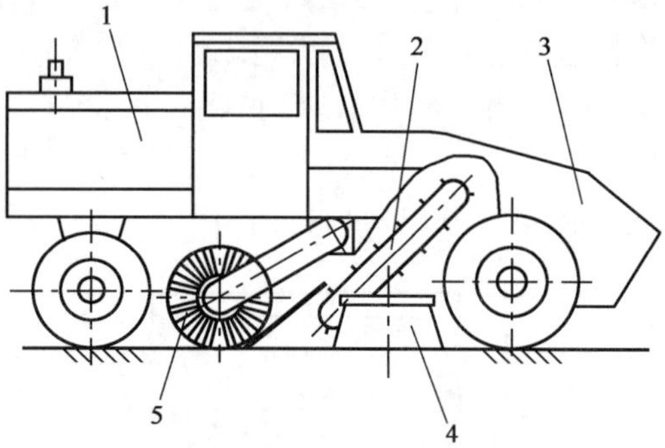

图8-158　纯扫式清扫机

1-副发动机；2-输送带；3-垃圾箱；4-侧盘刷；5-水平柱刷

（4）牵引拖挂式清扫机

图8-159所示为牵引拖挂式清扫机的一种，它由水平柱刷、罩壳、侧盘刷、垃圾斗、悬挂支承架等组成。悬挂支承架用于和牵引底盘连接以传递行走推力和在运输状态下提升清扫机，使其完全悬起。提升力由液压缸提供，水平柱刷和侧盘刷均由液压马达驱动旋转，侧盘刷可以固定在水平柱刷的左侧或右侧，以适应清扫作业的要求。水平柱刷、罩壳、侧盘刷和垃圾斗一起可相对于支承架全方位摆动，能保证刷体始终与路面接触，适应路面的纵向和横向坡度。当配备垃圾斗时，柱刷可直接将垃圾尘粒扫入垃圾斗，清扫作业结束或垃圾斗装满

后,可将垃圾集中卸到指定地点。当不装备垃圾斗时,柱刷还可以向左或右侧偏转一定角度,直接将垃圾扫到侧边,用人工或其他方法收集。

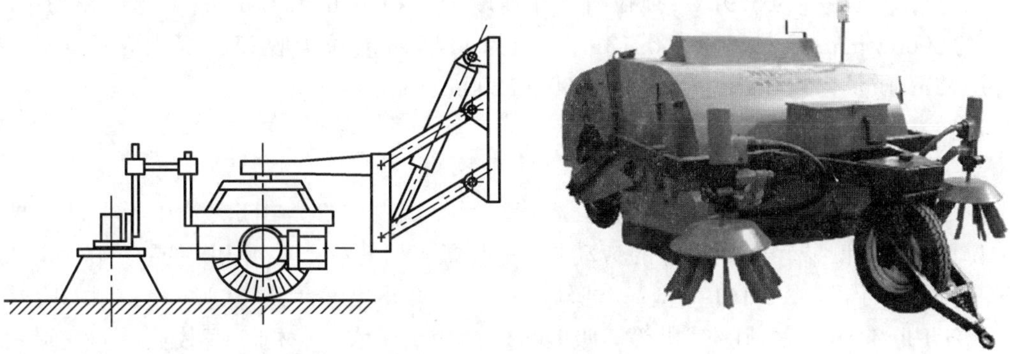

图 8-159　牵引拖挂式清扫机

3. 草坪清扫车

草坪清扫车主要用于清扫草坪上的垃圾(如纸、烟头、果皮等)、落叶和修剪下来的草屑。草坪上的垃圾不但影响草坪的观赏价值,而且对草坪的生长发育极其有害,它将使绿色草株变黑变黄,土壤的水分平衡被破坏,严重时甚至使草株坏死。因此草坪上的垃圾必须及时清除。

清扫草坪垃圾的方式有机械式和气吸式,大多数草坪清扫车都同时使用这两种方式,图 8-160 所示为 CK-24 型草坪清扫车,它既安装有气吸式清扫装置,又安装了机械式清扫装置(刷子)。清扫车以拖拉机为底盘,为了不损坏草坪,拖拉机装有低压草坪轮胎,其工作装置包括垃圾收集箱、气力输送管道、离心式风机、带有滚刷的吸嘴等。

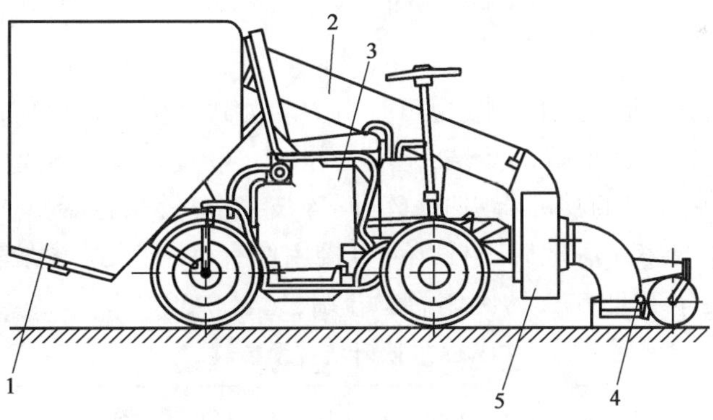

图 8-160　CK-24 型草坪清扫车

1-垃圾收集箱;2-气力输送管道;3-拖拉机;4-带有滚刷的吸嘴;5-离心式风机

滚刷安装在吸嘴前方,由液压马达驱动,当滚刷旋转时,滚刷上的尼龙丝能抓住落在草坪上的垃圾、落叶和碎草,将其抛向吸嘴;吸嘴则利用离心式风机产生的负压,将垃圾吸进,并通过气力输送管道,将垃圾送入垃圾收集箱。吸嘴和滚刷的高度是可调的,作业时一般调至刚接触到草坪表面的高度为宜。若太低会损伤草株,甚至把部分土粒吸出,使草根裸露在外面;若太高则会影响清扫质量无法清扫干净。

CK-24 草坪清扫车主要用于清扫草坪,也可用于清扫园路和广场等。其主要技术性能参数如下:发动机功率为 5.9kW;拖拉机工作速度为 0.6km/h、2.5km/h;工作幅宽为 1m;风机转速为 3000r/min;滚刷直径为 0.13m,转速为 114r/min;垃圾收集箱容积为 0.9m^3;转弯半径为 1.2m;质量为 450kg;生产率为 1000 ~ 2200m^2/h。

(二)吸叶机

吸叶机通常由驱动装置、叶轮、风机、风管、带轮、蜗轮蜗杆等组成,采用吸尘器原理,用于打扫凋零的树叶,减轻清扫树叶的劳动强度,提高清扫效率。吸叶机主要有:电动吹吸叶机、汽油动力吸叶机(图 8-161)、交流吹吸叶机、粉碎式吸叶机、引擎吹吸叶机、园林吸叶机、自走式吸叶机、自走式薄荷吸叶机等。吸叶机广泛应用于农业、林业、畜牧业、园艺、绿化、果园、树林、公路花圃、高尔夫球场等领域。吸叶机品牌众多,热门品牌有富华、丸山、斯蒂尔、康力、凯德威、佳洁宝、日本共立、铭德、罗孚、方正等。

a)

b)

图 8-161　汽油动力吸叶机和电动吹吸叶机

a)汽油动力吸叶机;b)电动吹吸叶机

1. 自走式吸叶机

自走式吸叶机可以是汽油动力式,也可是电力动力式。吸叶机可应用于高尔夫球场、公园、街道、物业、小区、市政环卫等的清洁,是吸拾枝叶、纸屑、垃圾的首选。可以用于清扫、粉碎落叶和细枝,有的吸叶机的功能将吸叶、碎叶、碎枝三合一,减轻清扫、收集和堆放的压力,提高清理落叶的工作效率。清理后碎枝叶可直接用作有机肥料,减少垃圾运输量,降低保洁人员工作强度。以富华 FH-6573 为例作简单介绍,见表 8-39。

FH-6573 吸叶机技术参数　　表 8-39

技术参数	数值	技术参数	数值
发动机功率	4.8kW、6.5hp	燃油类型	无铅汽油
起动方式	手起动/电起动	油箱容量(L)	3.6
蓄电池/电压(V)	110/220	油容量(L)	0.6
最大清扫面积(m^2/h)	1445	油耗量(L/H)	0.8
工作宽度(cm)	73	质量(kg)	60
清扫速度(km/h)	1.98	自体尺寸(cm)	145 × 85 × 85

我国还生产了一种草地王 XY700 型吸叶机，它除了通过气吸方式能把草坪上散落的树叶、残草等清除以外，还装有盘式粉碎装置，将吸入的物料粉碎，并通过管道输送到安装在后部的集草袋中。这样不但减小了垃圾的体积，而且还可再利用。它安装在步行操纵自行式草坪机械的底盘上，操作比较方便，发动机功率为 6kW，气吸口幅宽度为 0.7m，气吸口截面为 0.05m^2，吸口风速为 10m/s，集草袋容积为 0.16m^3，整机质量为 85kg。

2. 手持式吹气/气吸两用清扫机（吹吸两用机）

除了气吸式清扫方式外，吹气也是一种有效的清扫方式，它通过风机产生的高速气流，能将乔木、灌木、绿篱边的高低不平区或树缝里的垃圾，或沟槽、洞穴、缝隙中的垃圾都吹出来，而这些地方也是一般清扫机很难清扫的。吹出来的垃圾还可利用风力归集起来，然后用其他方式清除掉。在使用草坪修剪机对草坪进行修剪时，一些散落在人行道或园路、花坛上的草屑，也常常用吹气机将草屑吹到草坪上，以保持这些场所的整洁与美观。

手持式吹气机在北美使用已有几十年的历史，与吸尘器一样，几乎已成为美国家庭的必备机具。手持式吹气/气吸两用清扫机既可用吹气方式清扫，又可用气吸方式清扫，因此使用范围更广，很受用户的欢迎。图 8-162 所示为美国 RYOBI-180 型手持式吹气/气吸两用机，图 8-162a）所示为吹气状态，图 8-162b）所示为气吸状态，它由发动机、风机、吹风管、吹嘴、真空上吸管、真空下吸管、真空弯管、垃圾收集袋等组成。发动机为电动机，也可以使用风冷二冲程小汽油发动机；发动机直接驱动风机旋转。当机器处于吹气状态时，风机出口处所产生的高速气流，通过吹风管进入吹嘴，扁平形的吹嘴出口使空气流速进一步增加，并吹向地面进行清扫。当机器处于气吸状态时，风机进口处所产生的吸力，通过真空上吸管传递到下吸管，并在吸嘴处产生负压，将垃圾吸入，并经弯管送入垃圾收集袋。

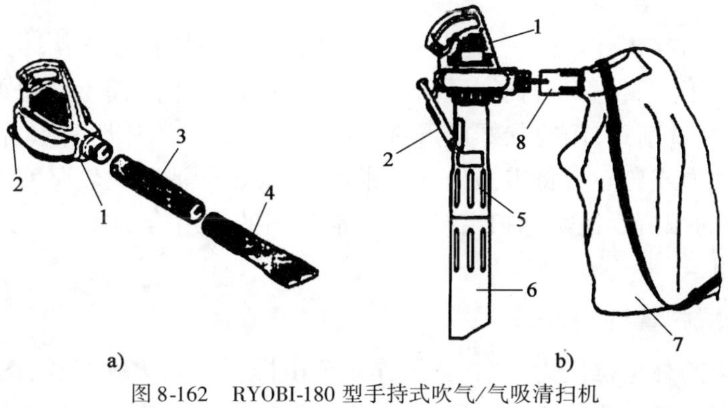

图 8-162　RYOBI-180 型手持式吹气/气吸清扫机

a）吹气状态；b）气吸状态

1-发动机；2-真空阀门；3-吹风管；4-吹嘴；5-真空上吸管；6-真空下吸管；7-垃圾收集袋；8-真空弯管

机器由吹气式改成气吸式时很简单，只要用螺丝刀打开门闩，真空阀门就会开启，如图 8-163 所示，然后装上真空上吸管和下吸管。同时，把吹气管和吹嘴旋出，换装上真空弯管和垃圾收集袋，即完成了全部改装工作。

两用机的使用也很简单，图 8-164a）所示为吹气作业状态，正在清扫树木旁边的落叶；图 8-164b）所示为气吸状态，正在清扫园路上的落叶。

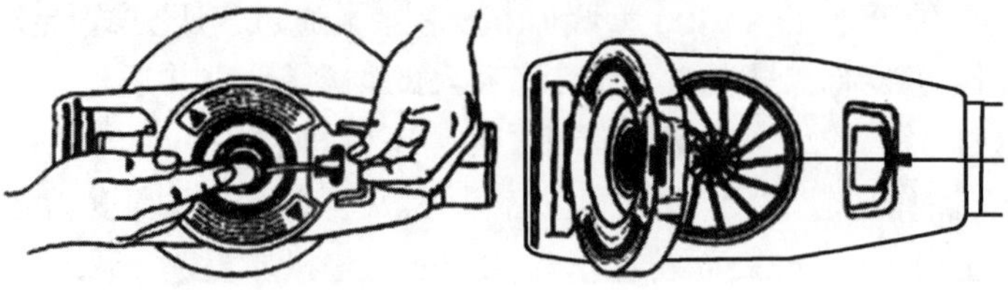

a)　　　　　　　　b)

图 8-163　开启真空阀门

a)用螺丝刀打开门闩;b)真空阀门处于开启状态

a)　　　　　　　　b)

图 8-164　手持式两用清扫机的作业状态

a)吹气清扫;b)气吸清扫

(三)扫雪机

清除路面积雪的方式有多种:一是铲式,用推雪铲将积雪推到路旁,主要用于铲除松软的积雪;二是刷式,用滚刷把积雪扫到道路一侧,它可以在不平路面上把积雪扫干净,用于清除较薄的积雪;三是铣削式,用筒状螺旋形铣刀或带齿的螺旋翼片切削积雪,并集到中间,再由风机或转子用气力或离心力将雪抛出一定距离,主要用于清除比较坚实的积雪;四是吹气式,主要清除松软的积雪。在实际扫雪机上,经常采用的是组合的扫雪方式,下面介绍两种比较典型的扫雪机。

1. 铲、刷组合式扫雪机

这种扫雪机以园林拖拉机为底盘,其工作装置由推雪铲和滚刷组成,图 8-165 所示为这种扫雪机的结构图。它主要用于公园路、林荫道、广场、人行道等处清扫松软的积雪,把积雪推向一边,清理出一条无积雪的通道。

推雪铲的结构与推土机的推土铲相似,但比较单薄,由钢板和型钢焊接而成,铲的下缘还粘有橡胶,以减轻碰上硬物时的冲击。推雪铲中部铰接在拖拉机前部成 60°夹角,这样在推雪时,积雪在铲面上会产生一个侧向分力,在这个分力作用下积雪就会被推向一边,因此推雪铲的作用是将积雪的主要部分推向路边。推雪铲的升降由提升液压缸控制。

由于大部分园路都不是很平的,推雪铲不可能把凹处的积雪也铲除掉,因此彻底清除路面积雪的任务主要靠拖拉机后面的滚刷来完成。滚刷挂接在拖拉机的液压悬挂机构上，其升降由悬挂机构的液压缸控制，其旋转运动由拖拉机的动力输出轴，经万向传动轴、减速器驱动。

图8-166为悬挂式扫雪滚刷的结构，它由支承架、圆柱齿轮减速器、管状骨架、刷毛、转子等组成。刷毛由富有弹性且耐磨的金属丝或重合酰胺纤维或合成纤维构成，它在作业时有一定的弯曲度，以便把低凹处的积雪清扫出来。刷毛由管状骨架压紧在滚刷轴上。滚刷轴的右边固定有翼轮转子，作业时旋转的翼轮能产生一定风力，将刷子清扫出的积雪吹向左边。滚刷也与拖拉机的前进方向成60°夹角。其主要技术参数为：扫雪铲幅宽为1.5m；滚刷长为1.5m；滚刷转速为204r/min；拖拉机工作速度为6.4～9.4km/h；生产率为8000～11200m^2/h。

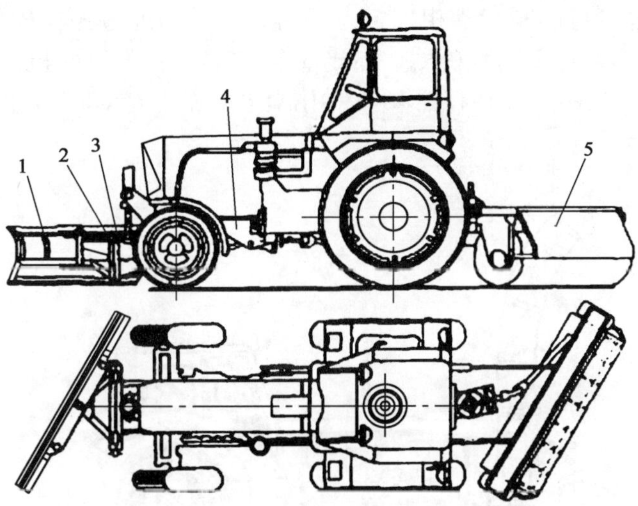

图8-165 铲、刷组合式扫雪机

1-推雪铲；2-支架；3-拖拉机前车架；4-拖拉机车架；5-悬挂式滚刷

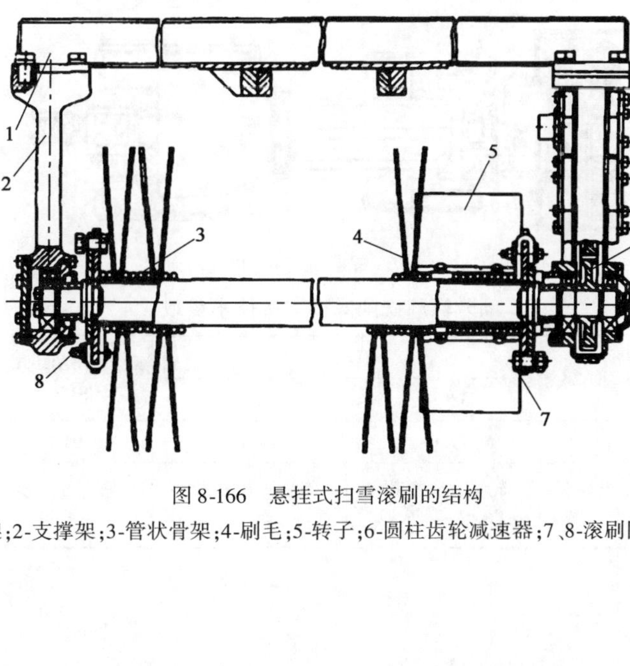

图8-166 悬挂式扫雪滚刷的结构

1-机架；2-支撑架；3-管状骨架；4-刷毛；5-转子；6-圆柱齿轮减速器；7、8-滚刷固定螺栓

2. 螺旋铣削式扫雪机

这种扫雪机也是以园林拖拉机或步行操纵自行式园林机械为底盘改装而成,其工作装置有筒状螺旋形铣刀,或带齿的螺旋翼片铣刀,或铣刀带等,并常配有抛雪器将切下的积雪抛出。它既可以清扫松软的积雪,也可以清扫比较结实的积雪,甚至结冰的积雪,使用范围比较宽。

图 8-167 所示为安装在园林拖拉机上的螺旋铣削式扫雪机,其切削装置为呈螺旋形排列的铣刀带,铣刀带安装在圆形支承架上,由动力输出轴或液压马达驱动。当铣刀旋转时,一面切削积雪,一面靠螺旋面将切下的积雪,向设置在中间靠后方向的抛雪器集拢;在抛雪器里装有高速旋转的抛雪转子,积雪在转子离心力和所产生风力的共同作用下,沿抛雪筒向外抛出。抛雪筒的倾角和方向均可调节,改变抛雪筒的倾角即可改变抛雪距离,其最大距离可达 17m。扫雪机也可与运输车辆相配合,一面扫雪,一面通过抛雪器将雪抛入车箱内运走。目前,国内外很多草坪和园林机械上都装备有扫雪装置,使这些机械在冬天也能发挥作用,如中国的草地王、美国的 TORO、日本的 SHIBAURA 等。表 8-40 列出部分螺旋铣削式扫雪机的主要技术参数。

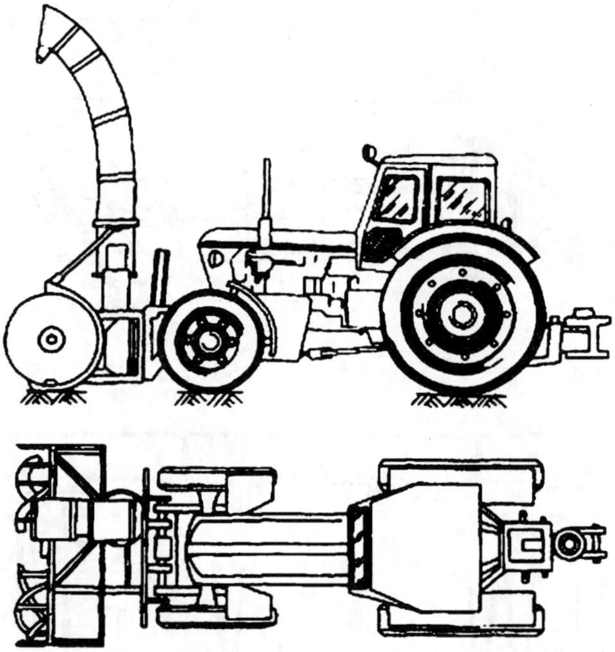

图 8-167　螺旋铣削式扫雪机

部分螺旋铣削式扫雪机技术参数　　表 8-40

型号	草地王 CXA28	TORO		SHIBAURA IS1390	KO－705P
		38087	38441		
发动机功率(kW)	8	9.6	4.8	9.6	29.4
地盘形式	轮式,步行操纵自行式	轮式,步行操纵自行式	轮式,步行操纵自行式	履带式,步行操纵自行式	园林轮式拖拉机

续上表

型号	草地王 CXA28	TORO		SHIBAURA IS1390	KO－705P
		38087	38441		
工作装置形式	带齿螺旋翼片铣刀	带齿螺旋翼片铣刀	铣刀带式	带齿螺旋翼片铣刀	铣刀带式
抛雪器形式	转子式	转子式	转子式	转子式	转子式
扫雪宽度(m)	0.71	0.81	0.51	0.92	1.7
抛雪距离(m)	10	12	10.7		17
质量(kg)	110	122	33	227	670

(四)枝桠粉碎、削片机

乔木、灌木、绿篱在养护过程中要经常修枝整形,修剪下来的大量枝桠和树叶常成为废弃物,给园林保洁带来巨大压力。因此,当枝桠粉碎和削片的机械问世后,就备受园林绿化部门的关注,得到了很大的发展。枝桠和树叶经粉碎或削片后,已不再是被废弃的垃圾,而变成了可以再利用的原料。如经粉碎的细小枝桠和树叶,可以成为肥料、燃料或裸踝地面的覆盖物;能削制成木片的较大枝桠,还可以作纸浆或人造板的原料。

枝桠粉碎机和枝桠削片机的基本结构和工作原理都是相同的,即靠旋转的刀具将枝桠削成碎片,但要求上有差别。对削片机,要求削制成的木片尺寸比较大,要符合纸浆或人造板工艺木片的要求,并且要均匀;而粉碎机削制的木片尺寸比较小,对尺寸和均匀度没有什么特别的要求,只要碎就行。

削片机一般由机架、切削装置、进料机构、出料机构和配套动力等组成。按切削装置不同,削片机分鼓式和盘式两类,枝桠削片机以盘式为多;按配套动力不同,削片机分固定式和移动式两类,枝桠削片机以移动式为主,或由拖拉机、汽车牵引,或直接装载在汽车、拖拉机上。图8-168所示为一种使用比较多的牵引或枝桠削片机的结构。

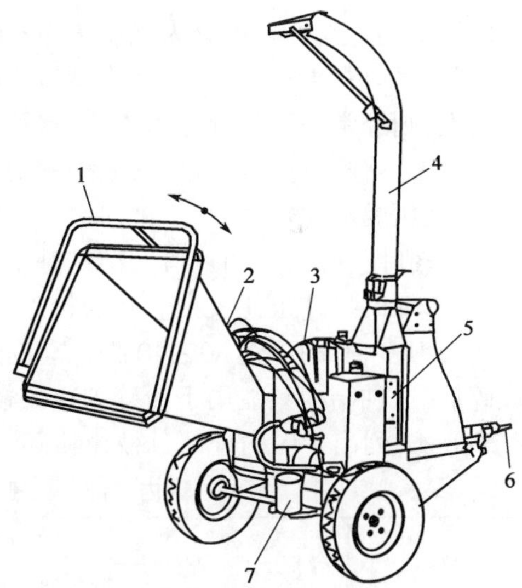

图8-168　拖拉机牵引式枝桠削片机

1-进料装置;2-进料辊液压马达;3-切削装置;4-出料管;5-液压系统油箱;6-动力输入轴;7-机架

切削装置是削片机的主要工作装置。鼓式削片机的切削装置是一个旋转的鼓轮,鼓轮上安装若干把飞刀,一般为两把或四把,由这些旋转的飞刀与机架上固定的底刀组成一对切削副,将树枝切成木片,如图8-169所示。鼓轮表面沿轴向开有若干条排料槽和安装飞刀的平面,可使木片顺利排出。盘式削片机的切削装置是一个旋转的刀盘,在刀盘上沿径向前倾8°～15°安装若干把飞刀,枝桠削片机一般为2～6把,在进料槽的下方的底座上固定有一把底刀，底刀与飞刀间留有一定间隙，两者配合将树枝切削成木片，如图 8-170 所示。在刀盘上顺着刀刃方向开有贯通的刀槽，削下的木片经刀槽到达刀盘的另一面。刀盘外缘均匀配置叶片，叶片旋转时产生的气流将木片由排料口吹出。

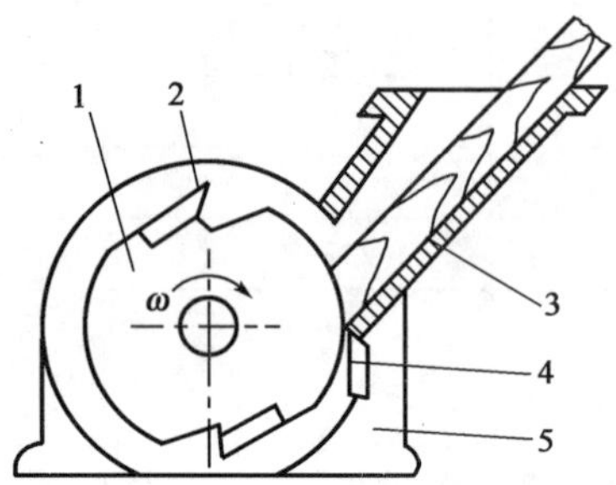

图 8-169　鼓式削片机的切削装置

1-鼓轮；2-飞刀；3-进料槽；4-底刀；5-机架

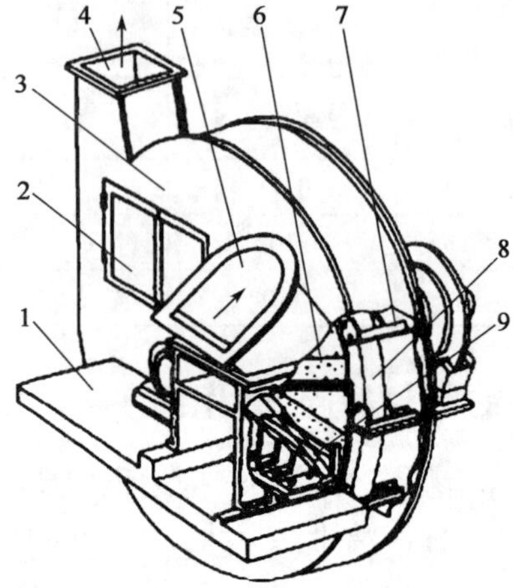

图 8-170　盘式削片机的切削装置

1-底座；2-换刀门；3-机壳；4-排料口；5-进料槽；6-飞刀；7-叶片；8-刀盘；9-底刀盘

削片机的进料方式可分为强制进料和自由进料两种。由于飞刀在切削时对枝桠有牵引作用，因此可以自由进料，一般在小型枝桠削片机上多数采用自由进料方式。但在大、中型削片机上，则经常采用强制进料方式，这可保证进料的可靠性，并避免枝桠在进料时跳动，提高生产效率。强制进料装置一般采用一对或数对刺辊或人字形辊，由液压马达或机械传动驱动，以液压驱动比较多。

枝桠树叶粉碎机与削片机的结构基本上是相同的，也以盘式为多，仅飞刀的伸出量要小些，因而木片的尺寸也比较小。有的粉碎机在刀盘上不是装飞刀，而是安装甩刀或甩锤，其数量比飞刀多，有的可达 30～40 把。靠高速旋转和比较密集的甩刀或甩锤将枝桠和树叶粉碎成碎屑，这种结构只能用于粉碎细小的枝桠和树叶。

表 8-41 列出了国内外部分枝桠粉碎、削片机的技术性能参数。

国内外部分枝桠粉碎、削片机的技术参数　　表 8-41

型号	草地王 CXA28	TORO		SHIBAURA IS1390	KO－705P
		38087	38441		
发动机功率(kW)	8	9.6	4.8	9.6	29.4
地盘形式	轮式，步行操纵自行式	轮式，步行操纵自行式	轮式，步行操纵自行式	履带式，步行操纵自行式	园林轮式拖拉机
工作装置形式	带齿螺旋翼片铣刀	带齿螺旋翼片铣刀	铣刀带式	带齿螺旋翼片铣刀	铣刀带式

续上表

型号	草地王 CXA28	TORO		SHIBAURA IS1390	KO-705P
		38087	38441		
抛雪器形式	转子式	转子式	转子式	转子式	转子式
扫雪宽度(m)	0.71	0.81	0.51	0.92	1.7
抛雪距离(m)	10	12	10.7		17
质量(kg)	110	122	33	227	670

(五)其他

其他保洁机械还有洒水车(见本章浇灌机械)、吸粪机等。

第五节 园林绿化养护机械运用的技术安全

园林绿化机械设备中,特别是进行城市绿地养护的机械,往往工作在街道旁、公园、人行道、街心花园等处,直接靠近行人和休闲人群,因此,它们成了高危险物体。而某些机械,如油锯、草坪修剪机、旋耕机、绿篱修剪机、割灌机等切削刀具,在作业时的高速运转中伤害操作者和周围人群的概率和危险更大。因此,在园林绿化机械设备的运用管理中,必须把抓好技术安全放在头等重要的位置。

为预防人机发生意外事故,在园林绿化机械的运用管理中,必须遵循技术安全规则。一般,在某种机械的产品标准中常有技术安全方面的标准条文,还有使用安全规程或操作安全规程等标准。有关安全的标准都是强制性标准,各有关单位必须执行。由于国内的园林绿化机械大部分还未制定相应标准,现根据园林绿化机械的主要特征,在这里列出机械设备的技术安全通用规则和某些重点机械的技术安全规则要点。

1. 机械设备技术安全通用规则

(1)使用的园林绿化机械和机构必须具备完成该项作业所要求的性能,应该是完好、美观的。损坏的或者有故障的机械、机构和机具禁止使用。

(2)操作员应该有机器的使用说明书,其中应有技术安全要求、机械操作规程、机械维护和技术维护等内容。操作员应按使用说明书进行作业。

(3)只允许有车辆或拖拉机驾驶证、学习过作业安全规则、并通过技术安全考试的人员在乘坐式园林机械和拖拉机上工作。只允许经过培训并通过考试的人员使用和操作有动力的小型园林绿化机械。

(4)在调整悬挂机构和制动器,以及转移液压缸活塞杆支点和挂结机械或机具时,禁止站在动力车和机具之间。

(5)在起动车辆或拖拉机发动机之前,要把传动转换手柄放在中间位置。

(6)带悬挂机具的机械在作业开始之前,应检查机具的起升和下落情况,当发现液压系统漏油时,应停止带悬挂机具进行作业。

当带悬挂机具的机械从一个作业地段转移到另一个地段时，应把悬挂机具固定在运输状态。

(7)进行作业时，禁止驾驶人或操作员走上走下拖拉机或车辆。

(8)在检查由分动箱输出轴驱动的机组工作机构时，必须脱开分动箱输出轴的传动机构。

(9)禁止在悬挂机构提升状态时进行调整工作和机构的清理工作，禁止站在提升的悬挂机具下面。当长时间停机和进行技术维护时，悬挂机具应放到地上或放在专用架子上。

2. 草坪修剪机使用技术安全规程

(1)禁止在预先没有经过视察和检查的草坪上进行修剪作业。禁止在表面不平，有石块、导线、建筑垃圾和其他杂物的草坪上用动力草坪修剪机进行作业。

(2)在工作开始之前检查并调整切割装置。

(3)起动后，必须把发动机转速固定在额定转速上以后，才可开始修剪。

(4)在草坪修剪机工作时，闲杂人员，特别是儿童应站在离机器15m以外。

(5)太湿的草坪上不要使用推行式或自走式草坪修剪机作业，以防滑倒。

(6)在工作间断时，或从一个地段转移到另一地段过程中，非乘坐式草坪修剪机的发动机应停止运转。

(7)在发动机工作时禁止更换、调整传动带或链条。

3. 旋耕机的使用技术安全规程

(1)禁止旋耕机在预先没有视察和检查过的地段进行工作。

(2)禁止无护罩的旋耕机进行工作。

(3)操作者应穿戴坚固的鞋靴进行工作，在旋耕机运转时，操作者应注意不使自己的脚落到旋刀活动的范围内。

(4)工作开始之前必须检查刀轴上旋刀的固定情况，检查紧固件并一一拧紧。

(5)当铣刀轴碰在大石块。大树根或其他坚硬物体上时，应立即脱开离合器。

(6)当旋耕机离开耕作地时，必须关掉发动机。

4. 油锯的使用技术安全规程

(1)使用前要做好准备工作。加油时不得将燃油或机油滴入磁电机、火花塞及导线处。

(2)检查各零部件紧固情况，检查锯链和操纵机构是否灵活。调整锯链松紧度，润滑锯链。

(3)起动后，先低速运转1～2min，使发动机运动件得到润滑后再逐步提高转速和增加负荷。禁止在无负荷情况下把油门开到最大，要防止发生飞车现象。

(4)检查怠速情况，在发动机怠速运转时，锯链不应转动，否则应调整怠速限位螺钉或化油器低速油针。当油锯不锯木而是转移作业点时，油门应在怠速位置，锯链不应转动。

(5)在大风、大雨、大雪天气，禁止油锯在室外进行作业。当风速达到5～7m/s(风力三、四级以上)时，禁止用油锯伐木和整枝。

(6)用油锯伐木和对树冠整枝时，在作业点周围应设立危险警示牌，应使闲杂人员远离30m以外。

(7)在作业过程中。当树木或枝条发生搭挂时，要由技术比较熟练的工人来处理，不能随便乱动；也不要擅自离开，必须当天处理妥当。

(8)使用油锯的操作人员，必须培训合格后才能上岗。培训时，除了熟悉油锯发动机、锯木机构等结构和工作原理外，还应掌握伐木和整枝的安全技术。

5. 病虫害防治机械的使用技术安全规程

(1)只允许通过医疗检查，并经过培训考试合格的成年人从事给植物喷施化学药品的工作。不允许孕妇和哺乳期妇女进行化学药品的喷施工作。

(2)专门从事化学药品喷施工作的人员，作业时应穿戴专门的服装、鞋、帽、手套和呼吸面具。

(3)在药品喷施工作开始时，应在作业地段设立标记，禁止闲人进入作业范围。

(4)在环境温度很高时不应给植物施药，一般应在傍晚或无大露水的早晨施药。

(5)为避免药液泄漏，所有药液喷洒系统的接头都必须用垫片和垫圈压紧。没有被校正的压力计不准使用。

(6)当喷洒机或喷雾机从一个地段转移到另一地段时，应关闭所有的喷头。

(7)作业时，操作者和机器应处于上风头一边，不使药液洒滴在操作者身上和机器上。

(8)在倒药液和清洁喷洒系统时，要注意戴上橡胶手套、防护眼镜和呼吸面具。化学药液或其残留物，在没有经过无害化处理时，禁止乱倒乱洒，即使在专用地点也不能乱倒。和药液打交道的工作人员，应严格防止药液溅落到眼睛、嘴唇和身体汗湿处。移动药液时，打开盖的容器，应用湿布盖好，以防其洒出和滴漏。

(9)喷洒机和喷雾机在使用时，要先用水检查其密封性和工作能力。在工作结束时用水清洗所有系统。

(10)工作结束后，操作人员一定要换掉工作服，清洗脸部和双手。穿着专用工作服不能进入食堂、餐厅和小吃部等场所。

6. 乔、灌木修剪机械的使用技术安全规程

(1)乔、灌木修剪作业始终应在队长或技师指导下进行。

(2)操作人员应穿戴腰带、袖套、防护镜和颜色鲜艳的背心。

(3)严禁在口袋里或修整树冠和树干的高台上放置园林用的腻子、刷子、刀和其他治疗树干伤口和切口的工具，所有工具都应放在专用的工具袋里。

(4)在街道路一边修整树冠时，应在远处对着运输道设立危险警示牌。

(5)禁止在高压电力线附近修剪乔木。禁止站在被剪切枝桠下面剪切该枝桠。

(6)在高台车配合下修整树冠时，如需要转移应将工作平台降到最低后，再从一棵树转移到另一棵树。禁止在平台上有人时进行高台转移。

(7)禁止用平台提升超过操作人员体重的重物。

(8)高台上有人作业时,高台车的驾驶人要密切注意并不断观察在高台上操作人员的状况。禁止有人站在工作着的高台下。禁止操作人员站在高台的栏杆上和栏杆外,禁止把工具等放在高台上。

(9)只有确信操作人员与修剪过的树木没有任何相连时,驾驶人才能把高台移离树木。

(10)机动工具应只按直接功能使用。配用的手持机动工具应完好无损,符合作业要求。当从一棵树转移到另一棵树时,电动工具要关掉电源,机动工具要处在怠速状态。禁止用手触及正工作着的切削机构。

第九章　绿化灌溉工程

公路绿化是公路景观和生态工程，人们对环境保护认识的不断提高和公路建设投入的不断加大，对公路绿化景观提出了更高、更新的要求。本章从公路的景观与环境的植被和植物灌溉方面探讨进行公路路域景观绿化灌溉的设计思想和设计方法。从公路水环境着手，从水源到植物灌溉方式，介绍公路灌溉的原则、方法。

第一节　高速公路绿化灌溉

一、公路水环境

公路建设会破坏公路两边原有的自然环境，同时也破坏了原有的水环境。如果能在公路设计时和施工中注意保护原有的水自然坏境，保护水源，同时注意利用公路新形成的坡面，汇水和集雨的面，有效地、有目的地引水及设计汇水、排水系统，这将会减少公路建设对水环境的破坏，可能会达到充分利用集雨汇水并用于对公路植被及生态恢复的节水灌溉中来，让生态补偿和绿水青山成为公路的一道风景线。

公路建设中必然会对原山体或河道、溪流的流道进行更改，这种人为的工程施工方式，会改变了地块原来的水环境。

公路设计和建设中要重视利用新建的公路坡面及路面，设计人工雨水集蓄利用的工程，设计和应用新形成的集雨灌溉系统，利用节水灌溉模式与技术方法，把公路生态恢复方法与节水灌溉相结合。

公路集流汇水形式主要有：公路坡面、路面、人工集雨场（排水沟、开挖出的取土场、绿化植被混凝土边坡等）。山东省可以采用人工集流场或天然集流场与人工拦截措施相结合。对于蓄水工程形式，北方地区以集雨汇集于地下为主，将水汇入地下，并在有条件的地方建设窑、窖、汇水旱井、汇水堰塘，利用这些汇水措施为水源，建设用于公路生态绿化的灌溉系统。节水灌溉的方法有各种各样，可以用水车运水浇灌，管道输水灌溉，以及新式的滴灌、渗灌、喷灌及精细地面灌等。缺水地区可以采用地膜覆盖保水、保苗，植被混凝土护坡绿化技术等综合技术措施，发展绿化节水设施灌溉。

二、水源

取土或弃土场是公路水土流失的主要根源之一,凡是涉及公路工程设计造成地面裸露、土石方搬移及地表面土层的渗透性减少的区域,均可以充分应用集水技术措施,改造其成为集雨灌溉的水源,主要包括:取弃土场、主体工程、施工便道、边坡、施工场、临时转运场和一些交叉工程等。其中,取弃土场可以将其改造成为防治水土流失,集雨汇流用于灌溉的水源。应充分采取径流水利用技术,将公路排水和汇水工程措施建设汇集措施,用于公路植被和生态绿化的灌溉系统。建设靠近公路的水池、水窖、塘坝,可以利用它们作用水源,建设用于生态绿化植物的节水灌溉工程。

公路水土保护工程,工程防护措施对防止土壤侵蚀有显著作用,一般无工程防护措施的土壤侵蚀量远远大于有防护措施的,应当将这种不易产生土壤侵蚀水土资源的综合措施与集水措施结合起来,可以应用于公路路域建设的整个范围,建设集雨汇水工程。

利用公路水源的特点、科学布置和选择水源结构,全面考虑合理又能最大限度地截获雨水资源,保证灌溉所需水量是水源建设的重点。

三、灌溉要求

公路的绿化带、隔离带、边坡和互通立交等,只要种植有植物,都会或多或少地涉及灌溉。如果公路生态绿化要求所种植的植物,最好常年生长皆绿,每年只需修剪而不必种植。如果种植护坡草坪,草坪会使土壤渗吸速度降低,应当尽量采用少量水、多次灌水的方法。为了节约劳力和资金、提高喷灌质量的要求,草坪灌溉大多采用自动化控制固定式喷灌系统。

植物需水量是指绿化植物的株间蒸发和植株蒸腾之和。株间蒸发是指通过土壤和土壤表面的水分蒸发;植株蒸腾是指植物从土壤中吸收的水分。两者之和称为腾发量。

影响需水量的因素有气象条件(温度、湿度、辐射及风速等)、土壤性质及其含水状况、植物种类及生育阶段等。上述这些影响因素错综复杂,因此,确定灌溉需水量最可靠的办法是进行实际观测。但往往在规划设计阶段缺乏实测资料,这时就需要根据影响需水量的因素进行估算。

四、灌溉方式

公路路域景观绿化灌溉,应当根据公路绿化和美化的特点,制定灌溉系统设计原则,选择灌溉方式。

1. 中间绿化带灌溉

中间绿化带因为是一条形植物种植带,它是灌溉方式中的难点。首先,难以找到合适的灌溉水源,除非在高速公路建设中,事先设计水源,否则很难找到灌溉水源。其次,沿绿化带布置灌溉系统,将会是一条长的支管管道系统,当满足支管末端的喷头、滴头等灌水器工作压力要求时,首端的工作压力就会很高。这样的绿化带的灌溉,常常因难度大而没有设计灌溉系统,或种植耐旱植物。

实际上,高速公路上这种条形种植带适合于采用局部灌溉方式进行灌溉,主要有滴灌,涌泉喷头灌溉。当然所有的灌溉系统,必须从中间隔离带外引水,引水采用分段供水,水源采用公路建设中预先建设的集水水源,用水泵或太阳能水泵把水加压引至中间绿化带中,有埋进入土中的 PE 管作为支管,组成灌溉系统。

从保护管理人员的安全出发,这种灌溉系统最好使用电池或太阳能灌溉控制器,这样就能解决中间带不容易用人工去控制灌溉的问题。

2. 公路用地范围内绿化灌溉

公路用地范围内绿化一般采用的植物是从整个路域景观绿化美化出发,考虑合理的植物配置,充分发挥沿线现有自然地貌和天然植被的生长情况,争取做到不破坏现有植被,使人造景观与自然景观形成高度和谐与统一。

这种地块灌溉要求比较低,只是在部分缺水地区或植物种植的初期才要求灌溉。一般采用临时的灌溉措施灌水就行。高级的路段也可以设计集中灌溉系统,专门给重点绿化地块提供植物和花草的灌溉。

3. 互通立交绿化灌溉

互通立交绿化,是立交美化的重点,设计中常常采用多种花草和树木营造与全线景观绿化的总体风格协调,同时追求突出的植物的变化,形成自己鲜明的景观,以加强文化内涵设计及与不同互通立交的识别性。

这就要求这种互通立交的植物灌溉系统有突出的重要性,灌溉系统中要了解植物分布区域特点,不同植物种类的区域,种植范围和种植图。根据不同区域的植物选择合适的灌溉方式,合理布置,充分利用管网压力进行灌溉系统设计。

4. 边坡绿化灌溉

边坡常常选择速生灌木、固氮灌木、控制混播,这种边坡应当采用灌溉系统,进行合理的水肥控制,以促进路域边坡乡土灌木的建成,提高公路边坡抗土壤侵蚀的能力。

因为边坡有一定的坡度,不能采用灌溉强度较大的喷头,只能采用像 MP 这样只有 10mm/h 灌溉强度的喷头进行灌溉,或采用滴灌方式。

5. 护坡绿化灌溉

护坡绿化灌溉与边坡灌溉方式类似,宜采用滴灌系统,可以采用低喷灌强度的喷头进行灌溉。坡度不大的区域可以采用 PGH 喷头进行灌溉。

五、灌溉系统设计

公路路域景观绿化灌溉,应当根据公路绿化和美化的特点,制定灌溉系统设计原则,选择灌溉方法。

灌溉系统设计的原则是配合植物的需水要求,深入考虑节水、节能和方便实用,同时要给公路景观增光添彩,给绿化带增色,带来具有生态的、环保的景观效果。灌溉系统应当因地制宜进行规划布局,兼顾景观的效益为目的。高速公路建设的目的就是为了发展经济,提高社会生产力。因此,景观绿化灌溉工程在规划设计中,也应充分考虑到既有利于交通安全、公路保护、环境保护、降低工程造价,又能发挥改善路域的小气候和生态环境。

灌溉系统设计需收集的资料有:公路的防渗、修建,边坡或防护堤等的基础地质或岩土资料,如没有现成的,需进行勘测;进行排水、防盐碱等排水渠系设计时收集的当地雨量资料及计算径流、洪水成果;收集有关树种、草种的生态习性资料;有植物移栽、引种繁殖的,应当收集该种植物的生态习性及移栽地区的光、热、水、土、空气温度、湿度等资料;公路周边的植被分布图及山地灾害、水土保持等资料;有地下水位影响的,应补充收集或调查核实水源状况资料。

设计工作开始前要了解设计依据,要重视资料的真实、完整性。要充分了解水源的位置,水源类型和水质情况,加压泵的类型,进水口高程、扬程和流量,管道水源的水压、水质。电源容量,输电线路的线径,变压器容量;灌溉对象,植物种类,区域范围及范围内的建筑物、地下管线等;地形图、种植图、灌溉区划图或原始图纸。

如果没有公路现场的准确资料,就不可能有准确的灌溉系统设计。

六、设计规划原则

在设计规划中,应强调水环境规划的整体性和谐,通过节水措施达到公路集雨后的水资源可持续利用,保护水生态环境,使公路景观环境与水环境美观、协调和统一,规划中采用先进的水科学技术手段,满足公路环境生态化和最优化的目的。

设计理念:生态环保、分区汇水、保持自然和成本优化。

1. 生态环保

应采用符合环境保护要求的材料,注意水系统的流动性,设计水生生物棲息地及场所,保护水系统生态溪流各类型物理环境。做到水的再生利用及水生态循环。

在规划中可以采用以下措施:

全部用雨水、天然河道、溪流及泉水和塘堰作为灌溉水源。对于新建公路要想方设法扩大集雨面积、修建公路排水措施时,要充分注意兼顾集雨措施建设,争取把全年雨水都蓄起来,以满足公路关键路段的全年灌溉及其他用水的需要。

采用生态方法处理生活区和服务区的中水,防止水直接将污水直接排放,以满足在生活和服务区的对景观灌溉的要求。

尽量使用可持续能源,有条件的地方,设计太阳能应用系统,给水景和灌溉循环水泵供电,大大节约外来能源。并利用太阳能为无线通信系统和绿化地块地灯供电。

建立生态过滤池,把工程措施与生态工程相结合。

2. 分区汇水

分区就是根据公路建设区的地形分区排水或设计供水系统,做到雨污分流、中水回用,按汇流区设计排水管道。生活和服务区建设雨水和经处理后的生活污水中水系统作为生活和服务区的杂用水,冲洗公路及私家小汽车洗车用水,以及景观及绿化用水。

3. 保持自然

因地制宜设计小溪及水景，做到自然美观，水景的设计尽量保证得到完整的倒影。水景设计要与当地环境情况谐调，尤其是利用水力、水文、水处理等综合手段，从水型水质、喷头的设计到瀑布面的完成都要满足水景观设计的要求。在景观中增加水科学的内含，在景观设计中采用水科学技术措施，设计出精品。污水处理系统、中水系统和给排水系统都要设计得合理，同时与环境相谐调，注意自然美观。

4. 成本优化

任何集水工程措施及水处理系统都是要投入资金的，成本优化就是在设计科学、合理性满足系统功能条件下，工程占用最少投资的要求。设计时要注重给排水管网的优化设计，做到既美观实用又节省投资。

第二节　普通国省道绿化灌溉

公路绿化可构成让人感到赏心悦目的路景，并成为公路景观的重要标志。要让普通国省道在满足交通需要的同时，通过种植植物种类，并运用科学、艺术的配置手法，用生态绿色构筑起一条美丽的风景线，同时使用现代化的灌溉技术让绿化景观变得更加漂亮。

1. 公路绿化带灌溉

公路绿带包括：分车绿带、行道树绿带和路侧绿带。

分车绿带是指车行道之间可以绿化的分隔带，其位于上下行机动车道之间的为中间分车绿带；位于机动车道与非机动车道之间或同方向机动车道之间的为两侧分车绿带。

分车带灌溉主要的难点是水源，在路中间的水源，特别是对于已经建成的道路，基本上是没有事先埋设有水源的。其次是电源，灌溉系统要采用自动控制必须要有电源。当前已经可以采用有干电池作为电源的控制器。

2. 行道树绿带

行道树绿带是指布设在人行道与车行道之间，以种植行道树为主的绿带。这种树木可以采用涌泉或根部灌水器，特别是从其他地方移植过来的珍贵树种更加如此。

3. 交通岛绿地

交通岛绿地是可绿化的交通岛用地。交通岛绿地分为中心岛绿地、导向岛绿地和立体交叉绿岛。中心岛绿地是位于交叉路口上可绿化的中心岛用地，导向岛绿地是位于交叉路口上可绿化的导向岛用地。新建的中心岛绿地、导向岛绿地应当设计灌溉系统的取水水源，条件许可可以采用中水，让再生水发挥绿化灌溉功能。这种区域要因地制宜选择灌水器，灌溉设计中要了解植物分布区域特点，不同植物种类的区域和种植图。根据不同区域的植物合理布置，充分利用管网压力进行灌溉系统设计。

4. 景观路绿化

公路景观路是指城市出入口、旅游景点附近等重点路段，强调沿线绿化景观，体现地方风貌、绿化特色的国省道。这种区域应当提高灌溉设备标准及灌溉保证保证率,采用先进的自动化灌溉系统,这样才能充分保证景观绿化的效果。

5. 绿地雨水排放

因为绿地内一般都有起伏,在设计及施工时应使平均高程较周围地面高出10cm。在部分地方有下凹的绿地内,可适当建设雨水口,以将超过草木耐淹范围内积水排到附近排水系统。绿地内的雨水口的设计与景观构造相结合。

第三节　系 统 设 计

系统设计是指在灌溉工程设计中,确定选用什么类型的喷灌系统,按照多高的标准来设计,技术要求,何时使用,何时可以进行灌溉等。

1. 主管

主管,有时也称为干管,其主要作用是给支管输送水。主管设计工作主要是布置管道的位置、方向。布管的时候,管道总长度应尽量短。有地形高差的坡地,一般应使干管沿主坡方向布置。

管道布置要防止损坏区域内的其他管线。

尽量减小管径:复杂的系统,可采用闭合管路,尽量减少穿越障碍物,尽量减少交叉,一般用承压约100N的UPVC。

管道通过公路时要使用外套护管,埋深不得少于70cm,公路为主行车道时,要使用混凝土套管保护管道。

2. 支管

支管是指与喷头或灌水器连接的管道。支管应平行等高线布置,应尽量使喷灌支管垂直主风向。应根据地形,力求使支管的长度与规格一致。布置间距最好是喷头间距,或间距取值最好是管道材料长度的倍数或材料长度的一半。

尽量减少穿越障碍物,尽量减少交叉。

应根据水力中心原则,考虑水力平衡。

支管水力分析计算时,要求同一条支管上,或一个电磁阀控制的范围内的喷头,任意两个喷头之间的工作压力差应在设计喷头工作压力的20%之内,否则设计的喷头流量就不能假定是一个常量,而应当是一个根据喷头工作压力变化的变量。

3. 管网布置

管网形式一般有树状管网、环状管网、树状与环状管网混合布置等。无论采用何种形式都要遵守管路最短、流量均匀分配的原则。

4. 雨水收集

公路应当建立雨水截留→处理→利用的体系,并尽可能利用地形地貌和天然设施对雨水进行集蓄,减少地面径流量,减轻水的危害,采用雨水、污水分流设计,降低污水处理的负荷。

5. 植物需水量

植物需水量是指园林草坪植物的株间蒸发和植株蒸腾之和。株间蒸发是指通过土壤和土壤表面的水分蒸发；植株蒸腾是指植物从土壤中吸收的水分。两者之和称为腾发量。

影响需水量的因素有：气象条件（温度、湿度、辐射及风速等）、土壤性质及其含水状况、植物种类及生育阶段等。由于上述这些影响因素错综复杂，因此，确定灌溉需水量最可靠的办法是进行实际观测。但往往在规划设计阶段缺乏实测资料，这时就需要根据影响需水量的因素进行估算。

灌溉系统的设计，应满足草坪需水高峰期的日需水量，即按气象条件与植物需水量不利的条件进行设计，选取特定气象条件下的最高日需水量，以使系统具有足够的供水能力。

6. 灌溉时间及灌水量

灌水的开始时间可以根据土壤湿度来确定。据土壤湿度对灌水时间的判断虽然准确，但不能充分发挥灌溉效益，因为灌溉的真正对象是植物而不是土壤。

应根据植物水分临界期事先拟定灌溉方案，但其会因不同年份的气象条件不同、不同地块植物生长不同而时常有所变动。

应根据灌溉形态指标确定灌溉时期。当植物缺水时，幼嫩的茎叶因水分供应不上而发生凋萎，茎颜色转为暗绿或变红，生长速度下降。这种方法的优点是灌溉形态指标易观察，缺点是需要经过多次实践才能掌握好。

7. 灌溉设计基本流程

第一步 收集现场资料。

要设计出一个高效的灌溉系统，就必须收集完整准确的现场资料。这些资料包括：水源（水量、流量和出水管大小）、土壤、植物、地形图和给水管道纸等。

第二步 确定灌溉需水量。

植物需要多少水，灌溉用水量、灌水定额和 ET 数据，系统设备每隔多久运行一次以及运行多长时间。

第三步 喷头选型和布置。

灌溉地区的大小和形状通常决定要使用的喷头的类型。选择喷头的目的是用最少的喷头来合理地灌溉整个地区。土壤、地形坡度和植物的类型也影响着喷头类型。

第四步 布设管道和阀门。

正确地分区喷头，如何确定管道走向，阀门位置，这些都关系着灌溉系统的造价和灌溉效率。

第五步 管道、阀门尺寸及首部压力计算。

确定系统中管道和阀门的尺寸，并计算系统所需总压力。

第六步 自动控制设计。

设计内容包括：自动灌溉控制器设计选型，布设控制线，计算控制线尺寸。

第七步 完成最终的灌溉设计图。

一个完整的灌溉设计应包括：灌溉平面布置图、安装细部图、材料单等。应尽可能详细，以免施工时出现问题。

第十章　工程预算编制

第一节　公路绿化工程预算概述

一、公路绿化工程预算概念及分类

(一)公路绿化工程预算的概念

公路绿化工程预算是指公路绿化工程建设过程中,根据不同的设计文件的具体内容和有关定额、指标及取费标准,预先计算和确定该建设项目的全部工程费用的技术经济文件。

(二)公路绿化工程预算的类型

公路绿化工程概算按设计阶段和所起的作用及编制依据的不同,一般可分为设计概算、施工图预算、施工预算和竣工决算等四种类型。

1. 公路绿化工程设计概算

工程设计概算是初步设计文件的重要组成部分。它是由设计单位在初步设计阶段,根据初步设计的图纸,按照有关工程概算定额(或指标)、各项费用定额等有关资料,预先计算和确定公路绿化工程费用的文件。其主要作用是:

(1)编制建设工程计划和工程建设投资的重要依据。

(2)鉴别设计方案经济合理性、考核公路绿化产品成本的依据。

(3)控制工程建设拨款的依据和进行工程建设投资包干的重要依据。

2. 公路绿化工程施工图预算

工程施工图预算是指在施工图设计阶段,当工程设计完成后,在工程开工之前,由承建施工单位根据已批准的施工图纸,在既定的施工方案前提下,按照国家颁布的各类工程预算定额、单位估价表及各项费用的取费标准等有关资料,预先计算和确定工程造价的文件。其主要作用是:

(1)确定公路绿化工程造价的依据,同时也是办理工程竣工结算及工程招投标的依据。

(2)建设单位与施工承建单位签订施工合同的主要依据,也是建设银行拨付工程款或贷款的依据。

(3)承建施工企业考核工程成本的依据,是设计单位对设计方案进行技术经济分析比较的依据,也是施工企业组织生产、编制计划、统计工作量和实物量指标的依据。

3. 公路绿化工程施工预算

工程施工预算是施工单位内部编制的一种预算,是指施工阶段在施工图预算的控制下,施工企业根据施工图计算的工程量、施工定额、单位工程施工组织设计等资料,通过工料分析,预先计算和确定工程所需要的人工、材料、机械台班消耗量及其相应费用的文件。施工预算不应超过施工图预算。施工预算作用是:

(1)公路绿化工程施工企业编制施工作用计划的依据,也是施工企业签发施工任务单、限额领料的依据。

(2)施工企业开展定额经济包干、实行按劳分配的依据,也是施工劳动力、施工材料和施工机具调度管理的重要依据。

(3)施工企业开展经济活动分析和进行施工预算与施工图预算对比的依据。

(4)施工企业(单位)控制成本的有力依据。

4. 绿化工程竣工决算

绿化工程竣工决算的主要作用:用以核定新增固定资产价值,办理交付使用;考核建设成本,分析投资效果;总结经验,积累资料,促进深化改革,提高投资效果。设计概算、施工图预算和竣工决算简称“三算”。

工程竣工决算分为施工承建单位的竣工决算和建设单位的竣工决算两种。

(1)施工企业内部的单位工程决算,是以单位工程为对象,以单位工程竣工结算为依据,核算一个单位工程的预算成本,实际成本和成本降低额,所以又称为单位工程竣工成本决算。它是由施工企业的财会部门进行编制的。通过决算,施工企业内部可以进行实际成本分析,反映经营效果,总结经验教训,以利提高施工企业经营管理能力。

(2)建设单位竣工决算是在新建、改建和扩建工程建设项目竣工验收移交后,由建设单位组织有关部门,以竣工结算等资料为基础编制的,一般是建设单位财务支出情况,是整个建设项目从筹建到全部竣工的建设费用的文件,它包括建筑工程费用、安装工程费用,设备、工具购置费用和其他费用等。

(3)绿化工程设计概算是在初步设计阶段由设计单位主编的。单位工程开工前,由施工单位编制施工图预算。建设项目或单项工程竣工后,由建设单位编制竣工决算。它们之间的关系是:概算价值不得超过计划任务书的投资额,施工图预算和竣工决算不得超过概算价值。三者都有独立的功能,在工程建设的不同阶段发挥各自的作用。

二、公路绿化工程预算的意义与作用

(一)公路绿化工程预算的意义

公路绿化工程不同于一般的工业、民用建筑等工程,它具有很强的技巧性、艺术性,由于每项工程都各具特色,风格各异,工艺要求不尽相同,且项目零星,地点分散,工程量大小不一,施工的操作面大,花样繁多,形式各异,受气候条件的影响较大。因此,不可能用简单、统一的价格对公路绿化的产品进行精确核算,必须根据设计文件的要求、绿化产品的特点,对公路绿化工程事先从经济上加以计算,以便获得合理的工程造价,保证工程质量。

(二)公路绿化工程预算的作用

(1)确定公路绿化建设工程造价的依据。

(2)建设单位与承建施工单位进行工程招标的依据,也是双方签订施工合同、办理本工程竣工结算的依据。

(3)建设银行拨付工程款或贷款的依据。

(4)承建的施工企业组织生产、编制计划、统计工作量和实物量指标的最重要依据。

(5)施工企业考核本工程施工中所消耗成本的重要依据。

(6)工程设计单位对所有设计的方案进行技术、经济分析与比较的重要依据。

第二节　公路绿化工程概预算定额

一、概述

(一)工程定额的定义

"定额"的"定"字就是规定,而"额"字就是额度或限额。对于公路绿化工程而言,从广义理解,定额就是规定的额度,即公路绿化工程施工中的标准或尺度。具体来讲,定额是指在正常的公路绿化施工条件下,完成某一合格单位产品或完成一定量的工作所需消耗的人力、材料、机械台班和财力的数量标准(即定额)。

(二)工程定额的分类

1. 按生产要素分类

进行物质资料生产所必须具备的三要素是:劳动者、劳动对象和劳动手段。劳动者是指生产工人,劳动对象是指材料和各种半成品等,劳动手段是指生产机具和设备。为了适应建设工程施工活动的需要,定额可按这三个要素编制,即劳动定额、材料消耗定额、机械台班使用定额。

2. 按专业不同分类

按专业不同划分,可分为土建工程定额、建筑安装工程定额、仿古建筑及公路绿化工程定额、公路定额等。

3. 按编制单位和执行范围分类

按编制单位和执行范围划分,可分为全国统一定额和地区统一定额、一次性定额、企业定额。

4. 按编制程序和用途分类

按编制程序和用途划分，可分为五种：装饰工程定额、施工定额、预算定额、概算定额和概算指标。

（三）工程定额的性质

不同的社会制度，其工程定额的性质也不同，在我国现行性质条件下，主要表现为以下几个方面的因素。

1. 科学性与群众性

各类定额的制定基础是所在地域的当时实际生产力水平，是在大量测定、综合、分析研究实际生产中的成千上万个数据与资料的基础上，经科学方法制定出来的。因此，它不仅具有严密的科学性，而且具有广泛的群众基础。同时，当定额一旦颁发执行，就成为广大群众共同奋斗的目标。总之，定额的制定和执行都离不开群众，也只有得到群众的充分协助，定额才能定得合理，并为群众所接受。

2. 可变性

定额中所规定的各种活劳动与物化劳动消耗量的多少，是由一定时期的社会生产力水平所确定的。当生产条件发生，技术水平有较大的提高，原有定额不能适应生产需要时，授权部门才根据新的情况制定出新的定额或补充定额。

3. 针对性

在生产领域中，由于所生产的产品种类繁多，并且每种产品的质量标准、安全要求、操作方法及完成该产品的工作内容各不相同，因此，针对每种不同产品为对象的资源消耗量的标准，一般来说是不能互相袭用的。在公路绿化工程中这一点尤为突出。

4. 法令性

全国所有的各类定额，都是由授权部门根据所在地域内的当时生产力水平而制定并颁发的，供所属单位使用。在执行和使用过程中，任何单位都必须严格遵守和执行，不得随意改变定额的内容和水平。如需要进行调整、修改和补充，必须经授权部门批准。因此，定额具有经济法规的性质。

5. 相对稳定性

每一次制定的定额必须是相对稳定的，决不可朝令夕改，否则会伤害群众的积极性。但也不可一成不变，长期使用，以防定额脱离实际而失去意义。

6. 地域性

我国幅员辽阔，地域复杂，各地的自然资源条件和社会经济条件差异悬殊，因此，在公路绿化工程的定额中，必须根据不同地区而采用不同的定额。

二、公路绿化工程概算定额与概算指标

（一）公路绿化工程概算定额

1. 概算定额的概述

（1）确定完成合格的单位扩大分项工程或单位扩大结构构件所需消耗的人工、材料和机械台班的数量限额，称为概算定额。概算定额又称作“综合预算定额”。

（2）概算定额是预算定额的合并与扩大，它将预算定额中有联系的若干个分项工程项目综合为一个概算定额项目。

（3）概算定额是设计单位在初步设计阶段或扩大初步设计阶段确定工程造价，编制设计概算的主要依据。

2. 概算定额的编制依据

（1）有关现行文件、设计规范和施工文献。

（2）具有代表性的标准设计图纸和其他设计资料。

（3）现行人工工资标准，材料预算价格，机械台班预算价格及概算定额。

3. 概算定额的作用

（1）概算定额是编制设计概算的主要依据。

（2）概算定额是编制概算指标的依据。

（3）概算定额是对设计项目进行技术经济分析与比较的依据。

（4）概算定额是控制施工图预算的依据。

（5）概算定额是建设工程主要材料计划编制的依据。

（6）概算定额是工程结束后，进行竣工决算的依据。

4. 概算定额手册的内容

（1）定额项目表：是概算定额手册的主要内容，由若干分节定额组成。各节定额由工程内容、定额表及附注说明组成。定额表中列有定额编号、概算价格、计量单位、人工、材料、机械台班消耗量指标，综合了预算定额的若干项目与数量。

（2）文字说明部分：该部分有总说明和分章说明，在总说明中，主要阐述概算定额的编制依据、原则、目的、编辑形式、适用范围、应注意的事项等。分章说明主要阐述本章包括的综合工作内容及工程量计算规则等。

5. 概算定额的编制步骤

（1）准备阶段：本阶段主要是确定编制机构和人员组成，进行调查研究，了解现行概算定额执行情况和存在的问题，明确编制的目的，制定概算定额的编制方案和确定要编制概算定额的项目。

（2）编制初稿阶段：本阶段是根据已确定的编制方案和概算定额项目，收集和整理各种编制依据，对各种资料进行深入细致的测算和分析，确定人工、材料和机械台班的消耗量指

标，最后编制出概算定额初稿。

（3）审查定稿阶段：本阶段的主要工作是测算概算定额水平，即测算新编概算定额与原概算定额及现行预算定额之间的水平。测算的方法既要分项进行测算，又要通过编制单位工程概算以单位工程为对象进行综合测算。概算定额水平与预算定额水平之间应有一定的幅度差，幅度差一般在5%以内。概算定额经测算比较后，可报送国家授权机关审批。

（二）公路绿化工程概算指标

1. 概算指标的概述

现以每$100m^2$建筑物面积或每$100m^3$建筑物体积为对象，确定其所需消耗的活劳动与物化劳动的数量限额称为概算指标。从而可以看出，概算定额与概算指标的主要区别如下：

（1）确定各种消耗量指标的依据不同：概算定额是以现行预算定额为基础，通过计算之后才综合确定出各种消耗量指标，而概算指标中各种消耗量指标的确定，则主要来自各种预算或结算资料。

（2）确定各种消耗量指标的对象不同：概算定额是以单位扩大分项工程或单位扩大结构构件为对象，而概算指标则是以整个建筑物（如$100m^2$或$100m^3$建筑物）和构筑物为对象。所以，概算指标比概算定额更加综合与扩大。

2. 概算指标表现形式

概算指标表现形式可分为单项概算指标和综合概算指标两种。

（1）单项概算指标：是指为某种建筑物或构筑物而编制的概算指标。单项概算指标的针对性较强，故指标中对工程结构形式要作介绍。只要工程项目的结构形式及工程内容与单项指标中的工程概况相吻合，编制出的设计概算就比较准确。

（2）综合概算指标：是指按工业或民用建筑及其结构类型而制定的概算指标。综合概算指标的概括性较强，但其准确性、针对性不如单项指标。

三、公路绿化工程预算定额

（一）公路绿化工程预算定额的概述

1. 预算定额的概念

（1）在正常的公路绿化工程施工条件下，完成一定计量单位合格的分项工程或结构构件所需消耗的活劳动与物化劳动（即人工、材料和机械台班）的数量标准称为预算定额。

（2）预算定额是一种综合性定额，它不仅考虑了施工定额中未包含的多种因素（例如材料在现场内的超运距、人工幅度差的用工等），而且还应包括了为完成该分项工程或结构构件的全部工序内容。

（3）预算定额是由国家主管机关或被授权单位组织编制并颁发的一种法令性指标，是一项重要的经济法规。定额中的各项指标，反映了国家对完成单位产品基本构造要素所规定的人工、材料、机械台班等消耗的数量限额。

(4)编制预算定额的目的在于确定工程中每一单位分项工程的预算基价,力求用最少的人力、物力和财力,生产出符合质量标准的合格公路绿化建设产品,取得最好的经济效益。预算定额中活劳动与物化劳动的消耗指标,应该是体现社会平均水平的指标。为了提高公路绿化工程承建施工企业的管理水平和生产力水平,定额中的活劳动与物化劳动消耗指标,应是平均先进的水平指标。

2. 预算定额的作用

预算定额是公路绿化工程建设中的一项重要的技术法规,规定了承建施工企业和建设单位在完成施工任务时,所允许消耗的人工、材料和机械台班的数量限额;确定了国家、建设单位和施工企业之间的一种技术经济关系,在我国建设工程中占有十分重要的地位和作用。具体可归纳以下几点:

(1)预算定额是编制概算定额和概算指标的基础资料;更是公路绿化施工企业贯彻经济核算,进行经济活动分析的依据;也是设计部门对设计方案进行技术经济分析的工具。

(2)预算定额是编制地区单位估价表的依据,也是能很好地编制公路绿化工程施工图预算,合理确定工程造价的重要依据。

(3)预算定额是公路绿化建设工程招标、投标中确定标底和标价的主要依据。

(4)预算定额是公路绿化工程施工企业编制人工、材料、机械台班需要量计划,统计完成工程量,考核工程成本,实行经济核算的依据。

(5)预算定额是建设单位和建设银行拨付工程价款、建设资金贷款和竣工结算的依据。

(二)公路绿化工程预算定额的内容与编排形式

1. 预算定额的内容

准确地使用预算定额,首先必须了解定额手册的基本结构。预算定额手册主要由文字说明、定额项目表和附录三部分内容所组成,如图10-1所示。

2. 预算定额项目的编排形式

(1)预算定额手册根据公路绿化工程结构及施工程序等按照章、节、项目、子目等顺序排列。

(2)分部工程为章,它是将单位工程中某些性质相近,材料大致相同的施工对象归纳在一起。

(3)节以下,再按工程性质、规格、材料类别等分成若干项目。

(4)在项目中还可以按其规格、材料等再细分许多子项目。

(5)为了查阅使用定额方便,定额的章、节、子目都应有统一的编号。

(三)公路绿化工程预算定额的编制

1. 预算定额的编制原则

(1)按社会平均必要劳动量确定定额水平

在市场经济条件下,确定预算定额的消耗量指标,应遵循价值规律的要求,按照产品生产中所消耗的社会平均必要劳动时间确定其水平。即在正常施工条件下,以平均的劳动强度、平均的劳动熟练程度、平均的技术装备来确定完成每一单位分项工程或结构构件所需的消耗,作为确定预算定额水平的原则。

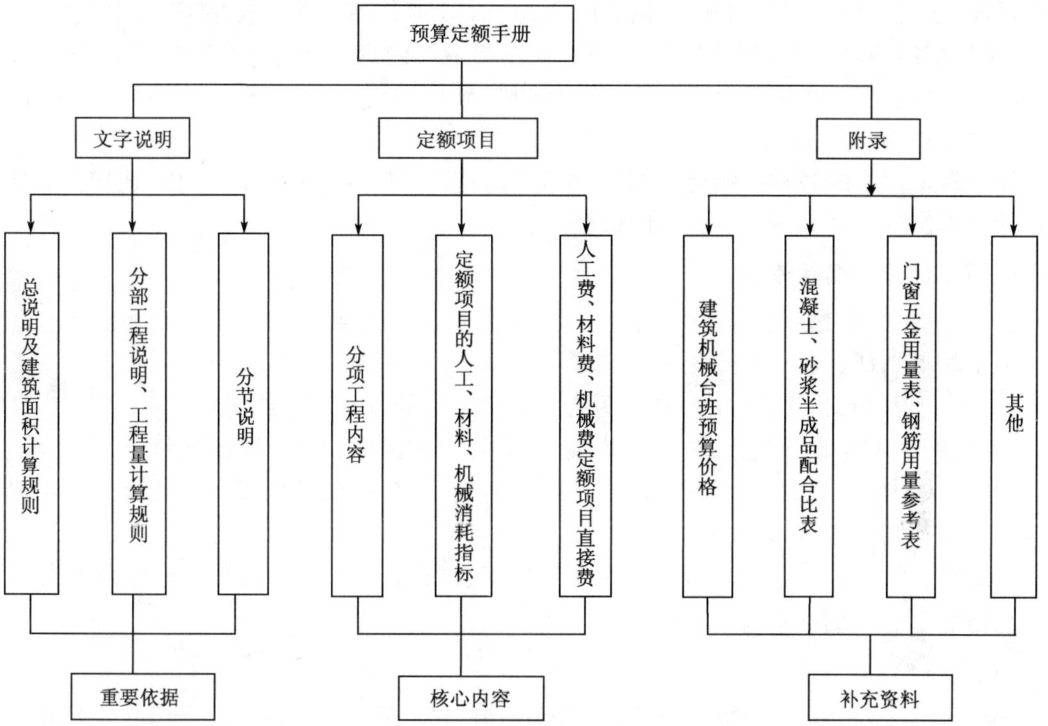

图 10-1　预算定额手册组成示意图

(2)集中领导,分级管理

集中领导就是由中央主管部门(如交通运输部)归口管理,依照国家的方针政策和经济发展的要求,统一制定编制定额的方案、原则和办法,颁发统一的条例和规章制度。这样,建筑产品才有统一的计价依据。国家掌握统一的尺度,对不同地区设计和施工的经济效果进行有效的考核和监督,避免地区或部门之间缺乏可比性的弊端。分级管理是在集中领导下,各部门和各省、自治区、直辖市主管部门在其管辖范围内,根据各自的特点,按照国家的编制原则和条例细则,编制本地区或本部门的预算定额,颁发补充性的条例规定,以及对预算定额实行经常性的管理。

(3)简明适用,严谨准确

①预算定额的内容和形式,既要满足各方面使用的需要(如编制预算,办理结算,编制各种计划和进行成本核算等),具有多方面的适应性,同时又要简明扼要,层次清楚,结构严谨,使用方便。

②为了稳定定额水平,统一考核尺度,除在设计和施工中变化较多、影响造价较大的因素外,应尽量少留缺口或活口,以便减少定额换算工作量,同时又有利于维护定额的严肃性。

③预算定额的项目应尽量齐全完整,要把已成熟和推广的新技术、新结构、新材料、新机具和新工艺项目编入定额。对缺漏项目,要积累资料,尽快补齐。简明适用的核心是定额项目划分要粗细恰当,步距合理。这里的步距是指同类性质的一组定额在合并时所保留的间距。例如,植树过程中的移树施工:清理障碍物、整理地形、定点放线、起苗、苗木运输、人工挖穴、机械挖穴、栽树、立支撑柱、浇水养护、扶正封堰等内容合并为一个项目,因为这些工作可以同时由同一工人小组来完成。再如公路两旁雕塑的制作、运输和安装,就要分别立项,不能合并。

④预算定额中的各种说明要简明扼要,通俗易懂。贯彻简明适用的原则,还应注意定额项目计量单位的选择和简化工程量的计算。

2. 预算定额的编制依据

(1)现行的全国统一劳动定额,各省、自治区、直辖市的劳动定额,施工机械台班使用定额及施工材料消耗定额。

(2)通用设计标准图集,定型设计图纸和有代表性的设计图纸或图集。

(3)现行的我国设计规范,施工验收规范,质量评定标准和安全操作规程。

(4)有关科学实验,技术测定和可靠的统计资料;已推广的公路绿化工程施工中的新技术、新材料、新结构、新工艺的资料。

(5)现行的预算定额基础资料,人工工资标准,材料预算价格和机械台班预算价格。

3. 预算定额的编制步骤

(1)准备阶段

该阶段的主要任务是成立编制机构、拟定编制方案、确定定额项目、全面收集各项依据资料。预算定额的编制工作量大,政策性强,组织工作复杂,因此在编制准备阶段要明确和做好如下工作:

①确定编制预算定额的基本要求;

②确定编制机构的人员组成,安排编制工作的进度;

③确定定额的编排形式、项目内容、计量单位及应保留的小数位数;

④确定预算定额的适用范围、用途和水平;

⑤确定活劳动与物化劳动消耗量的计算资料。

(2)编制初稿阶段

在定额编制的各种资料收集齐全之后,就可进行定额的测算和分析工作,并编制初稿。初稿要按编制方案中确定的定额项目和典型工程图纸,计算工程量,再分别测算人工、材料和机械台班消耗量指标,在此基础上编制定额项目表,并拟定出相应的文字说明。其主要内容包括:熟悉基础资料;根据确定的项目和图纸计算工程量;计算劳动力、材料和机械台班的消耗量;编制定额表;拟订文字说明。

(3)审查定稿阶段

定额初稿完成后,应与原定额进行比较,测算定额水平,分析定额水平提高或降低的原因,然后对定额初稿进行修正。定额水平的测算主要有如下方法。

①同实际施工水平比较:即按新定额中的工料消耗数量同施工现场的实际消耗水平进行比较,分析定额水平达到何种程度。

②预算造价水平测算:即对同一工程用新旧预算定额分别计算出预算造价后进行比较,从而达到测算新定额的目的。

③单项定额测算:即对主要定额项目,用新旧定额进行逐渐比较,测算新定额水平提高或降低的程度。

④定额水平的测算、分析和比较,其内容还应包括规范变更的影响,施工方法改变的影响,劳动定额水平变化的影响,机械台班定额单价及人工日工资标准,材料损耗率调整的影响,材料价差的影响,定额项目内容变更对工程量计算的影响等。通过测算并修正定稿之后,呈报主管部门审批,颁发执行。

4. 确定分项工程定额指标

(1)定额计量单位与计算精度的确定

定额的计量单位应与定额项目的内容相适应,要能确切地反映各分项工程产品的形态特征与实物数量,并便于使用和计算。

①计量单位一般根据分项工程或结构构件的特征及变化规律来确定。当物体的断面形状一定而长度不定时,宜采用延长米为计量单位;当物体有一定的厚度而长和宽变化不定时,宜采用平方米为计量单位,如种植草皮等;当物体的长、宽、高均变化不定时,宜采用立方米为计量单位;有的分项工程虽然长、宽和高都变化不大,但重量和价格差异却很大,这时宜采用吨或千克为计量单位;当公路绿化方面的不同植物的栽种,宜采用冠幅、成片灌木绿篱、土球规格、草本花卉、胸径规格,用米、厘米为计量单位。在预算定额项目表中,一般都采用扩大的计量单位,如 100m、$100m^2$、$100m^3$ 等,以便于定额的编制和使用。

②定额项目中各种消耗量指标的数值单位及小数位数的取定如下:人工以“工日”为单位,取两位小数;主要材料及半成品木材以“m^3”为单位,取三位小数;机械以“台班”为单位,取两位小数;钢材及钢筋以“t”为单位,取三位小数;标准砖以“千匹”为单位,取两位小数;砂浆、混凝土和玛碲脂等半成品以“m^3”为单位,取两位小数;草皮以“$10m^2$”为单位等。

(2)公路绿化工程量计算

预算定额是一种综合定额,它包括了完成某一分项工程的全部工作内容。如栽植绿篱定额中,其内容有:开沟、排苗、回土、筑水围、浇水、复土、整形、清理等。因此,在确定定额项目中各种消耗量指标时,首先应根据编制方案中所选定的若干份典型工程图纸,计算出单位工程中综合内容所占的比重,然后利用这些数据,结合定额资料,综合确定人工和材料消耗净用量。工程量计算一般以列表的形式进行计算。

(3)人工消耗量指标的确定

预算定额中的人工消耗量指标,包括完成该分项工程所必需的各种用工数量。其指标量是根据多个典型工程中综合取定的工程量数据和“地方建筑工程劳动定额”计算求得。

①人工消耗指标的内容:基本用工、材料及半成品超运距用工、辅助用工、人工幅度差。国家规定,预算定额的人工幅度差系数为 10%。人工幅度差的计算公式为:

$$人工幅度差 = (基本用工 + 超运距用工 + 辅助用工) \times 10\%$$

②人工消耗量指标的计算：根据选定的若干份典型工程图纸，经工程量计算后，再计算各项人工消耗量。

(4)材料消耗量指标的确定

预算定额的材料消耗量指标是由材料的净用量和损耗量构成。其中损耗量由施工操作损耗、场内运输（从现场内材料堆放点或加工点到施工操作地点）损耗、加工制作损耗和场内管理损耗（操作地点的堆放及材料堆放地点的管理）组成。

①主材净用量的确定：主材净用量的确定，应结合分项工程的构造作法，综合取定的工程量及有关资料进行计算。

②主材损耗量的确定：因为损耗率为损耗量与总消耗量之比值，在总消耗量未知的情况下，损耗量是无法求得的。在已知净用量和损耗率的条件下，要求出损耗量，就得找出它们之间的关系系数，这个系数就称作损耗率系数。损耗率系数的计算式为：

损耗率系数 = (损耗量/净用量) = (损耗率/净用率) = 损耗率/(1 - 损耗率)

根据损耗率系数公式可知：

损耗量 = 净用量 × 损耗率系数

③次要材料消耗量的确定：预算定额中对于用量很少、价值又不大的次要材料，估算其用量后，合并成“其他材料费”，以“元”为单位列入预算定额。

④周转性材料摊销量的确定：周转性材料是按多次使用、分次摊销的方式计入预算定额。

(5)机械台班消耗量指标的确定

预算定额中的机械台班消耗量指标，一般是按全国统一劳动定额中的机械台班产量，并考虑一定的机械幅度差进行计算的，也可以按各省或地区的劳动定额进行。机械幅度差是指在合理的施工组织条件下机械的停歇时间，其主要内容包括：

①机械转移工作面及配套机械相互影响所损失的时间。

②检查工程质量影响机械操作的时间。

③在正常施工情况下，机械施工中不可避免的工序间歇。

④同厂牌机械的工效差、临时维修、小修、停水停电等引起的机械间歇时间。

⑤因临时水电线路在施工过程中移动而发生的不可避免的机械操作间歇时间。

在计算机械台班消耗量指标时，机械幅度差以系数表示。大型机械的幅度差系数规定如下：土石方机械 1.25；吊装运输机械 1.3；打桩工程 1.33；其他专用机械如打夯、钢筋加工、木作、水磨石等，幅度差系数为 1.1。

(四)公路绿化工程预算定额内容

1.绿化工程

(1)整理绿地

①工作内容：主要包括清理场地（不包括建筑垃圾及障碍物的清除）；绿地整理；厚度 30cm 以内的挖、填、找平等。

②工程量以 $10m^2$ 计算。

(2)起挖乔木(带土球)

①工作内容:主要包括起挖、包扎出坑、搬运集中、回土填坑等。

②细目划分:按土球直径档位分别列项,特大或名贵树木另行计算。

(3)起挖乔木(裸根)

①工作内容:主要包括起挖、出坑、修剪、打浆、搬运集中、回土填坑等。

②细目划分:按胸径档位列项,特大或名贵树木另行计算。

(4)栽植乔木(裸根)

①工作内容:主要包括挖坑、栽植(落坑、扶正、回土、捣实、筑水围)、浇水、覆土、保墒、整形、清理等。

②细目划分:按胸径档位分别列项,特大或名贵树木另行计算。

(5)栽植乔木(带土球)

①工作内容:主要包括挖坑、栽植(落坑、扶正、回土、捣实、筑水围)、浇水、覆土、保墒、整形、清理等。

②细目划分:按土球直径档位列项,特大或名贵树木另行计算。

(6)起挖灌木(裸根)

①工作内容:主要包括起挖、出坑、修剪、打浆、搬运集中、回土填坑等。

②细目划分:按冠丛高度档位列项等。

(7)起挖灌木(带土球)

①工作内容:主要包括起挖、包扎、出坑、搬运集中、回土填坑等。

②细目划分:按土球直径分别列项。特大或名贵树木另行计算等。

(8)栽植灌木(裸根)

①工作内容:主要包括挖坑、栽植(落坑、扶正、捣实、回土、筑水围)、浇水、覆土、保墒、整形、清理等。

②细目划分:按冠丛高度档位分别列项等。

(9)栽植灌木(带土球)

①工作内容:主要包括挖坑、栽植(落坑、扶正、捣实、回土、筑水围)、浇水、覆土、保墒、整形、清理等。

②细目划分:按土球直径档位分别列项,特大或名贵树木另行计算等。

(10)起挖竹类(丛生竹)

①工作内容:主要包括起挖、包扎、出坑、修剪、搬运集中、回土填坑等。

②细目划分:按根盘丛径档位分别列项等。

(11)起挖竹类(散生竹)

①工作内容:主要包括起挖、包扎、出坑、修剪、搬运集中、回土填坑等。

②细目划分:按胸径档位分别列项等。

(12)栽植竹类(丛生竹)

①工作内容:主要包括挖坑、栽植(落坑、扶正、捣实、回土、筑水圈)、浇水、覆土保墒、整

形、清理等。

②细目划分:按根盘丛径档位分别列项等。

(13)栽植竹类(散生竹)

①工作内容:主要包括挖坑、栽植(落坑、扶正、捣实、回土、筑水圈)、浇水、覆土保墒、整形、清理等。

②细目划分:按胸径档位分别列项等。

(14)露地花卉栽植

①工作内容:主要包括翻土整地、清除杂物、施基肥、放样、栽植、浇水、清理等。

②细目划分:按草本花、木本花、球块根类、彩纹图案花坛、一般图案花坛分别列填。

(15)栽植绿篱

①工作内容:主要包括开沟、排苗、浇水、回土、筑水围、覆土、整形、清理等。

②细目划分:按单、双排和高度档位分别列项,工程量以 10 延米计算等。

(16)栽植攀缘植物

①工作内容:主要包括挖坑、栽植、回土、捣实、浇水、覆土、施肥、整理等。

②细目划分:按 3 年生、4 年生、5 年生、6 ~ 8 年生分别列项。工程量以 100 株为单位计算。

(17)草皮铺种

①工作内容:主要包括翻土整地、清除杂物、搬运草皮、浇水、清理等。

②细目划分:按散铺、满铺、直生带、播种分别列项;但种苗费未包括在定额内,必须另行计算。

(18)草绳绕树干

①工作内容:主要包括搬运草绳、绕干、余料清理等。

②细目划分:按树干胸径档位分别列项,工程量以延长米计算等。

(19)树木支撑

①工作内容:主要包括制桩、运桩、打桩、绑扎等。

②细目划分:树棍桩(按四脚桩、三脚桩、一字桩、长单桩、短单桩、镀锌铁丝吊桩分别列项)、毛竹桩(按四脚柱、三脚桩、一字桩、长单桩、短单桩、预制混凝土长单桩分别列项)。

(20)人工换土

①工作内容:主要包括装、运土到坑边等。

②细目划分:带土球乔灌木,按土球直径档位分别列项;裸根乔木,按胸径档位分别列项;裸根灌木,按冠丛高度档位分别列项。工程量均以“株”为单位计算。

2. 小品工程

(1)塑松(杉)树皮、竹节竹片、壁画

①工作内容:主要包括调运砂浆、找平、压光、塑面层、清理、养护等。

②细目划分:工程量按展开面积以 $10m^2$ 计算。

(2)塑松树棍(柱)、竹棍

①工作内容:主要包括钢筋制作、绑扎、调制砂浆、底层抹灰,现场安装等。

②细目划分：预制塑松棍（按直径档位分别列项）；塑松皮柱（按直径档位分别列项）；塑黄竹、塑金丝竹（按直径档位分别列项）。

（3）小摆设及混凝土栏杆

①工作内容：主要包括放样、挖、做基础、调运砂浆、抹灰、模板制安及拆除、钢筋制作绑扎混凝土浇捣、养护及清理等。

②分项内容及工程量计算：主要包括砖砌小摆设（按砌体体积以 m^3 计算）、砌体抹灰（按展开面积以 $10m^2$ 计算）、预制混凝土栏杆（按断面尺寸、高度分别列项，工程量以 10 延米计算）。

（4）水磨石小品

①工作内容：主要包括模板制作、安装及拆除、砂浆抹平、钢筋制作及绑扎、混凝土浇捣、构件养护、磨光打蜡、现场安装等。

②分项内容及工程量计算：主要包括景窗按断面积档位、现场与预制分别列项，工程量以 10 延米计算；平板凳按现浇与预制分别列项，工程量以 10 延米计算；花槽、角花、博古架均按断面积档位分别列项，工程量以 10 延米计算；木纹板按面积以 m^2 计算；飞来椅以 10 延米计算。

（5）金属栏杆

①工作内容：主要包括下料、焊接、刷防锈漆一遍，刷面漆二遍，放线、挖坑、安装、灌浆覆土、养护等。

②分项内容：按简易、普遍、复杂分别列项，工程量以 10 延米计算。

3. 堆砌假山及塑假石山工程

（1）堆砌假山

①工作内容：主要包括放样、选石、运石、调运砂浆（混凝土）；堆砌、搭、拆简单脚手架；塞垫嵌缝、清理、养护等。

②分项内容：主要包括湖石假山、黄石假山、整块湖石峰、人造湖石峰、人造黄石峰、石笋安装、土山点石均按高度挡位分别列项；布置景石按质量（t）档位分别列项；自然式护岸：是按湖石计算的，如采用黄石砌筑，则湖石换算成黄石，数量不变。

（2）塑假石山

①工作内容：主要包括放样划线、挖土方、浇混凝土垫层；砌骨架或焊钢骨架、挂钢网、堆砌成型等。

②分项内容：主要包括砖骨架塑假山（按高度挡位分别列项。如设计要求做部分钢筋混凝土骨架时，应进行换算）、钢骨架塑假山（基础、脚手架、主骨架的工料费没包括在内，应另行计算）。

第三节　公路绿化工程预算编制依据和程序

一、公路绿化工程概预算的编制依据

为了提高公路绿化工程预算的准确性，保证概预算的质量，在编制预算时，主要依据以

下技术资料及有关法规。

(1)施工图纸:施工图纸是指经过会审的施工图,包括所附的设计说明书、选用的通用图集或施工手册、设计变更文件等,它是编制预算的基本资料。

(2)施工组织设计:也称施工方案,是确定单位工程进度计划、施工方法、主要技术措施、施工现场平面布局和其他有关准备工作的技术文件。在编制工程预算时,某些分部工程应该套用哪些工程细目的定额,以及相应的工程量是多少,要以施工方案为依据。

(3)工程概预算定额:是确定工程造价的主要依据,它是由国家或被授权单位统一组织编制和颁发的一种法令性指标,具有极大的权威性。

(4)绿化材料概预算价格,人工工资标准,施工机械台班费用定额。

(5)公路绿化建设工程管理费及其他费用取费定额:工程管理费和其他费用,因地区和施工企业不同,其取费标准也不同,都有各自的取费定额。

(6)建设单位和承建单位签订的合同或协议:合同或协议中双方约定的标准也可成为编制工程预算的依据。

(7)国家及地区颁发的有关文件:国家或地区各有关主管部门,制定颁发的有关编制工程概预算的各种文件和规定,如某些材料调价、新增某种取费项目的文件等,都是编制公路绿化工程预算的依据。

(8)有关公路绿化方面的工具书及其他有关手册等。

二、公路绿化工程编制程序

编制公路绿化工程预算的一般步骤和顺序、具体编制程序如下。

(1)搜集各种编制依据资料。编制预算之前,要搜集一下有关资料:施工图设计图纸、施工组织设计、预算定额、施工管理费和各项取费定额、材料预算价格表、地方预决算材料、预算调价文件和地方有关技术经济资料等。

(2)熟悉施工图纸和施工说明书,参加技术交底,解决疑难问题。设计图纸和施工说明书是编制工程概预算的重要基础资料。它为选择套用定额子目,取定尺寸和计算各项工程量提供重要的依据,因此,在编制预算之前,必须对设计图纸和施工说明书进行全面细致的熟悉和审查,并要参加技术交底,共同解决施工图中的疑难问题,从而掌握及了解设计意图和工程全貌,以免在选用定额子目和工程量计算上发生错误。

(3)熟悉施工组织设计和了解现场情况。施工组织设计是由施工单位根据工程特点、施工现场实际情况等各种有关条件编制的,它是编制预算的依据,所以,必须完全熟悉施工组织设计的全部内容,并深入现场实际情况是否与设计一致才能准确编制预算。

(4)学习并掌握好工程概预算定额及其有关规定。为了提高工程概预算的编制水平,正确运用概预算定额及其有关规定,必须熟悉现行预算定额的全部内容,了解和掌握定额子目的工程内容,施工方法,材料规格,质量要求,计量单位,工程量计算规则等,以便能熟练地查找和正确地应用。

(5)确定工程项目、计算工程量。工程项目的划分及工程量计算,必须根据设计图纸和施工说明书提供的工程构造、设计尺寸和做法要求,结合施工现场的施工条件,按照预算定额的项目划分，工程量的计算规则和计量单位的规定，对每个分项工程的工程量进行具体计算。它是工程预算编制工作中最繁重、细致的重要环节，工程量计算的正确与否将直接影响预算的编制质量和速度。

①确定工程项目：在熟悉施工图纸及施工组织设计的基础上要严格按定额的项目确定工程项目，为了防止丢项、漏项的现象发生，在编排项目时应首先将工程分为若干分部工程。

②计算工程量：正确地计算工程量，对基本建设计划，统计施工作业计划工作，合理安排施工进度，组织劳动力和物资的供应都是不可缺少的，同时也是进行基本建设财务管理与会计核算的重要依据，所以工程量计算不单纯是技术计算工作，它对工程建设效益分析具有重要作用。在计算工程量时应注意以下几点。

a. 在根据施工图纸和预算定额确定工程项目的基础上，必须严格按照定额规定和工程量计算规则，以施工图所注位置与尺寸为依据进行计算，不能人为地加大或缩小构件尺寸。

b. 计算单位必须与定额中的计算单位相一致，才能准确地套用预算定额中的预算单价。

c. 取定的建筑尺寸和苗木规格要准确，而且要便于核对。

d. 计算底稿要整齐，数字清楚，数值要准确，切忌草率零乱，辨认不清。对数字精确度的要求，工程量算至小数点后两位，钢材、木材及使用贵重材料的项目可算至小数点后三位，余数四舍五入；要按照一定的计算顺序计算，为了便于计算和审核工程量，防止遗漏或重复计算，计算工程量时除了按照定额项目的顺序进行计算外，还可以采用先外后内或先横后竖等不同的计算顺序。

e. 利用基数，连续计算。有些“线”和“面”是计算许多分项工程的基数，在整个工程量计算中要反复多次地进行运算，在运算中找出共性因素，再根据预算定额分项工程量的有关规定，找出计算过程中各分项工程量的内在联系，就可以把繁琐工程进行简化，从而迅速准确地完成大量的工程量计算工作。

(6)编制工程预算书。

①确定单位预算价值：填写预算单价时要严格按照预算定额中的子目及有关规定进行，使用单价要正确，每一分项工程的定额编号，工程项目名称、规格、计量单位、单价均应与定额要求相符，要防止错套，以免影响预算的质量。

②计算工程直接费：单位工程直接费是各个分部分项工程直接费的总和，分项工程直接费则是用分项工程量乘以预算定额工程预算单价而求得的。

③计算其他各项费用：单位工程直接费计算完毕，即可计算其他直接费、间接费、计划利润、税金等费用。

④计算工程预算总造价：汇总工程直接费、其他直接费、间接费、计划利润、税金等费用，最后即可求得工程预算总造价。

⑤校核：工程预算编制完毕后，应由有关人员对预算的各项内容进行逐项全面核对，消除差错，保证工程预算的准确性。

⑥编写“工程预算书的编制说明”，填写工程预算书的封面，装订成册。

(7)工料分析。工料分析是在编写预算时，根据分布、分项工程项目的数量和相应定额中的项目所列的用工及用料的数量,算出各工程项目所需的人工及用料数量,然后进行统计汇总,计算出整个工程的工料所需数量。

(8)复核、签章及审批。工程预算编制出来后,由本企业的有关人员对所编制预算的主要内容及计算情况进行一次全面检查核对,以便及时发现可能出现的差错并及时纠正,提高工程预算准确性,审核无误后并按规定上报,经上级机关批准后再送交建设单位和建设银行审批。

第四节　公路绿化工程量的计算

一、公路绿化工程项目的分类

由于一个公路绿化建设工程项目是多个基本的分项工程构成的,所以,为了便于对工程进行管理,使工程预算项目与预算定额中项目相一致,就必须对工程项目进行划分。

(一)依据项目分类

(1)公路绿化建设工程总项目:工程总项目是指在一条公路绿化或数条公路绿化,按照一个总体设计进行施工的各个工程项目的总和。

(2)单项公路绿化工程:单项公路绿化工程是指在一个工程项目中,具有独立的设计文件,竣工后可以独立发挥生产能力或工程效益的工程。它是工程项目的组成部分,一个工程项目中可以有几个单项工程,也可以只有一个单项工程,如一条公路绿化工程等。

(3)单位工程:单位工程是指具有单列的设计文件,可以进行独立施工,但不能单独发挥作用的工程。它是单项工程的组成部分,如公路工程中的路基工程、路面工程等。

(4)分部工程:分部工程一般是指按单位工程的各个部位或是按照使用不同的工种、材料和施工机械而划分的工程项目。它是单位工程的组成部分,如一般土建工程可划分为土石方、砖石、混凝土及钢筋混凝土、木结构及装修、屋面等分部工程。

(5)分项工程:分项工程是指分部工程中按照不同的施工方法,不同的材料、不同的规格等因素而进一步划分的最基本的工程项目。

(二)依据对象分类

公路绿化工程可以划分为道路绿化工程、广场堆砌假山及塑山工程、路旁小品工程。

(1)公路绿化工程中分有21个分项工程:整理绿化及起挖乔木(带土球)、栽植乔木(带土球)、起挖乔木(裸根)、栽植乔木(裸根)、起挖灌木(带土球)、栽植灌木(带土球)、起挖灌木(裸根)、栽植灌木(裸根)、起挖竹类(散生竹)、栽植竹类(散生竹)、起挖竹类(丛生竹)、栽植竹类(丛生竹)、栽植绿篱、露地花卉栽植、草皮辅种、栽植水生植物、树木支撑、草绳绕树干、栽种攀缘植物、假植、人工换土。

(2)广场堆砌假山及塑山工程有2个分项工程:堆砌石山和塑假石山。

(3)路旁小型工程分有2个分项工程:小型堆塑和小型设施。

(三)依据内容分类

公路绿化工程主要包括绿化工程的准备工作、植树工程、花卉种植工程、草坪铺栽工程、大树移植工程、绿化养护管理工程。

1. 绿化工程的准备工作

(1)勘察现场

适用于绿化工程施工前的对现场调查,对架高物、地下管网、各种障碍物以及水源、地址、交通等状况做全面了解,并做好施工安排或施工组织设计。

(2)清理绿化用地

①人工平整:是指地面凹凸高差在 ±30cm 以内的就地挖填找平,凡高差超出 ±30cm 的,每 10cm 增加人工费 35%,不足 10cm 的按 10cm 计算。

②机械平整场地,不论地面凹凸高差多少,一律执行机械平整。

(3)工程量计算规则

①勘察现场以植株计算:灌木类以每丛折合 1 株,绿篱每延长 1m 折合一株,乔木不分品种规格一律按株计。

②拆除障碍物,视实际拆除体积以 m^3 计算。

③平整场地按设计供栽植的绿地范围以 m^2 算。

2. 植树工程

(1)刨树坑:改作业共分为三项,即刨树坑、刨绿篱沟、刨绿带沟;土壤一般可以划分为坚硬土、杂质土、普通土三种。刨树坑一般是从设计地面高程处往下掘,无设计高程的按一般地面水平。

(2)施肥:该作业共分七项,即乔木施肥、观赏乔木施肥、花灌木施肥、常绿乔木施肥、绿篱施肥、攀缘植物施肥、草坪及地被施肥,这里的“施肥”主要指有机肥,其价格已包括场外运费。

(3)修剪:该作业共分三项,即修剪、强剪、绿篱平剪。修剪指栽植前的修根、修枝,强剪指“抹头”,绿篱平剪指栽植后的第一次顶部定高平剪及两侧面垂直或正梯形坡剪。

(4)防治病虫害:该作业共分三项,即刷药、涂白、人工喷药等。

①刷药泛指以 0.5 波美度的石硫合剂为准,刷药的高度至分枝点均匀全面。

②涂白其浆料为生石灰,又称氧化钙。刷涂料高度在 1.3m 以下,要上口平齐、高度一致。

③人工喷药指栽植前需要人工肩背喷药防治病虫害,或必要的土壤有机肥人工拌农药灭菌消毒。

(5)树木栽植:该作业共分七项,即乔木、果树、观赏乔木、花灌木、常绿灌木、绿篱、攀缘植物。

①乔木分类根据其形态特征及计量的标准,按苗高计量的有西府海棠、木槿等;按冠径计量的有丁香、金银木等。

②常绿树根据其形态及操作时的难易程度分为常绿乔木和常绿灌木两类，常绿乔木指桧柏、刺柏、黑松、雪松等；常绿灌木指松柏球、黄柏球、爬地柏等。

③绿篱分为落叶绿篱和常绿绿篱两类，落叶绿篱指小白榆、雪柳等；常绿绿篱指侧柏、小桧柏等。

④攀缘植物分为高档和低档两类：紫藤、葡萄、凌霄属高档；爬山虎属低档。

(6)树木支撑：该作业共分两架一拐、三架一拐、四脚钢筋架、竹竿支撑、绑扎幌绳五项。

(7)新树浇水：该作业分人工胶管浇水、汽车浇水两项，人工胶管浇水，距水源以100m以内为准，每超50m用工增加14%。

(8)清理废土：分人力车运土、装载机自卸车运土。

(9)铺设盲管：包括找泛水、接口、养护、清理并保证管内无滞塞物。

铺淋水层由上至下、由粗至细级配按设计厚度均匀干铺。原土过筛在保证工程质量的前提下，充分利用原土降低造价，但必须保证原土含瓦砾、杂物不超过30%，且土质理化性质符合种植土要求。

3. 花卉种植工程

花卉的繁殖分有性繁殖和无性繁殖。

有性繁殖即用种子繁殖。常用于一、二年生草花，木本花卉嫁接砧木的繁殖，如毛桃、酸梅、枳壳、酸橙等和有些温室花卉的繁殖，如瓜叶菊、蒲包花、大岩桐、报春花等。

无性繁殖即用分离植物的根、茎、叶器官，使其体细胞增殖，生长成新的植株常用于多年生草本或木本花卉的繁殖。

(1)有性繁殖

①种子的采收和储藏

花卉的种类、品种很多，特别是一、二年生草花，皆用种子繁殖。它的开花期有先有后，花期长短各不相同，因而种子成熟期的早与晚变化很大，种子的采收，一般从4~5月起至11~12月才能结束。

种子采收方法，必须根据各种花卉植物的特性来进行。有的种子成熟后，果壳裂开，能自动撒播种子，每当温度高时就爆裂，易散落。对这样花卉采种时，应在清晨或阴天进行。为了获得较多量的种子，可以在果壳稍微现枯黄色，或现干燥情况就采摘，如凤仙花、虞美人、半支莲等。采收后，经后熟处理，用筛子盖好晒干储藏。有的花卉种子容易采收，但收后储藏时间过久，发芽力差，如小花樱草、四季樱草、柑橘等，宜采后随时播种。而大多数种子都要储藏一段时间再行播种。

储藏种子多用干藏法。种子收后晒干，宜放置于干燥，冷凉且通风良好的室内。保藏时应注意切勿过热，过湿或过干。温度过高会加强种子的呼吸作用，缩短其寿命；在潮湿的地方，种子极易发霉；过干的种子往往失水过甚，亦易失去发芽力。保藏时还要防止鼠害和虫害。

②选种和播种

人们常说“好种出好苗”。只有苗好，植株长势旺盛，才能开绚丽的花朵和结丰硕的果实，所以选种是很重要的。优良的种子必须具备固有形状、色泽、大小纯正，没有其他杂物混淆其间，没有病虫，种子饱满、重大、充分成熟，种子大小和发芽整齐。一般在播种前宜进行筛选，风选或水选，淘汰不充实及有病虫的种子，选用粒大而充实的种子。

播种前要做好苗床。在气温稍低，没有达到种子发芽所要求的温度时，可置于温室或温床；气温稍高，可播于露地；露地苗床，应选择在避风向阳，排水良好，管理方便的地方。苗床的土壤要耕翻捣碎土块，做到松软和肥沃。施用腐熟堆肥或厩肥、过筛垃圾、草木灰和过磷酸钙与床土拌和作为基肥。畦面要求平整，床面不可倾斜或有凹陷。

苗床做好后，可灌足水分，待水渗入土壤，再进行播种。对一、二年生草花，其植株矮小，生长较为迅速，可将种子均匀的撒播畦面，而多年生嫁接砧木的种子可按一定的距离条播，有些花卉植物，如罂粟等，根系长大，一般不进行移栽，可露地直播花坛，经多次间苗，最后定株。

播种后，薄覆细土、细垃圾土或草木灰。覆盖深度，若种粒大，土壤轻松、行秋播的可以深点，约为种子直径的3～4倍。在天气干旱时，可用草盖，以减少土壤水分蒸发，保持湿润，待出苗后，要及时揭草。

对于细小的、数量少而又珍贵的种子，可用花盆播种。盆土的配制要求松软、肥沃和施少量的基肥。播种时不浇水，可将播种盆盛培养土置于水中，由盆底孔吸足水分，保持盆土面平不板结，以利出苗。待苗出齐，生长至4～5片叶时分苗移栽。

(2)无性繁殖

无性繁殖通常有分株、压条、扦插，嫁接等方法。

①分株：将花卉根际所发生的蘖枝，自母株分离栽植的方法称分株。

分株手续简便，成苗快，但繁殖数量较少。在栽培上常用分株繁殖的花卉有：樱草、菊花、兰花、美人蕉、牡丹、芍药、南天竹、蔷薇、贴梗海棠、榆叶梅、茉莉等。

分株时期大都在春、秋两季。一般地说，开花早的多于深秋落叶后进行，如牡丹、芍药、榆叶梅等；开花迟的多于春季进行，如菊花、美人蕉、茉莉等。在3～4月间当芽刚开始萌动或萌动以前进行分株。

分株方法：将母株连根全部挖出，把株丛劈开，可带1～3个茎干，下部带根，分别栽植。亦可不必将母株全部挖出，只在母株的四周、两侧或一侧，把土挖开，分出小丛移栽他处。

②压条：使枝条在与土接触的部分生根，然后切取成一个新株，叫压条法。

压条能保持母株的优良特性，并且生长快，月季、米兰、茉莉、柚子等的繁殖。据压条的部位高低，又可分高压和低压两种。

低压法常于春季2～3月间进行，所用枝条大多是从地面丛生的1～3年生枝条。先在母株近旁掘一浅沟，沟底铺松软肥土，将母株上的枝条牵引至地面；曲于沟中，再用木钩固定，以免弹起。弯曲处可施行剥皮或切伤，以促发新根。如果母株枝条较粗硬，不易弯至地面，则可在预备行压条的下方用土垫高，然后将枝条拉下固定再覆土。压枝的先端部分，最好能用棒扶直，以后经常注意浇水；待生根后，当年冬或翌年春可自母株切离移植，如桂花、迎春等常用此法。还可以在春季堆土于母株之周围，使大部分丛生枝条埋没土中，在堆土前，对枝条基部进行刻伤，堆土后注意浇水，则自枝条之基部发根，待其充分生根，枝芽萌发生长，将各枝自基部切离母株移植，如石榴，杜鹃等可用此法。

高压法多用于树身高大或枝条不能弯曲于土中，基部很少丛生枝条的树种。由于枝条被压部分部位较高，所以称高压法。常用于扦插时较难生根的种类，如米兰、柚子等。其方法是：在枝条被压部分，可用刀刻伤或环状剥皮，以刺激其生根，外面可用劈开的竹筒夹在枝上，筒内加土，注意灌水，不使干燥，发根后剪离母株另行栽植；也可不用竹筒，而用塑料薄膜包扎，易保持里面土壤湿度，平时不需灌水，较为便利。

高压法繁殖选条多在树冠内选择生长健壮，发育充实的二、三年枝条。一般在春季3~4月进行较好，约经2~3个月即可生根。

③扦插：此法是采取植物营养器官的一部分，如根、茎、叶等插入土中，在适宜的环境条件下生根、发芽而成新株。扦插在花卉繁殖中应用很广，常用于易产生不定根的种类，如秋海棠、天竺葵、大丽花、美女樱、菊花、月季、茉莉、茶花、杜鹃，柠檬、佛手等。

根插法常用于有自根部簇生枝梢的种类，如海棠等。春季可将其根断成长数厘米，插入土中，其上端稍露地面，可生不定芽而成新株。

枝插法可分嫩枝扦插、硬枝扦插两种，枝插法为扦插法中的主要方法。

利用当年生长的嫩枝或半木质化的枝条进行扦插，叫嫩枝扦插。扦插时期多在夏季6~7月间进行，但温室花卉扦插时期要求不太严格，一般看种类和植株生长情况而定。在夏插时，选当年生的嫩枝带叶扦插，要除去枝条入土部分的叶子。剪取枝条长度，依不同种类而异，一般在5~15cm左右，下部剪口在节部叶芽下一点或带踵（带点老枝，形如踵），蘸上泥浆，进行垂直或倾斜45°插入土中，深度约插条的2/3~3/4。其时正是酷暑，可用芦帘蔽荫，注意喷水，保持湿润，可生根发芽，翌春移栽。

利用一、二年生已木质化的枝条，在休眠期进行扦插，叫硬枝扦插。扦插时期多在春芽萌动前或秋季落叶后进行。一般选一年生的充实枝条的中段，个别种类可选取二年生枝条，老枝则多不用。插条长度约10~20cm，或因种类而异。垂直插入深度为插条的1/2或2/3，至春芽萌动，可生根萌芽而成新株。

叶插法是利用叶片的再生性能，使它生根发芽而成新株。此法常用于多肉叶花卉的繁殖，如秋海棠、大岩桐等。可在春、秋季进行，将叶平铺在湿沙上，用竹片将叶脉压入沙中，使其不干燥，则自压入沙中之叶脉部生根并发生不定芽，待芽萌发生长，而成新株即可栽植。

扦插苗床或用花盆扦插的土壤，以沙质土壤为宜。但亦可用纯沙扦插，待发根萌芽即行移植。有的花卉植物对土壤酸碱度有一定的要求，如茶花、杜鹃，喜微酸性土壤。因此，常在扦插土壤中掺和带酸性的红壤土，可提高扦插成活的概率。

④嫁接：把植物的某部分器官接合到另一株植物体上，使它们愈合成为新的个体，这种技术称为嫁接。接上去的部分称为“接穗”，承受部分称为“砧木”。

此法在花卉繁殖上应用非常广，木本、草本均可用。木本花卉如桃、梅、樱花、月季、牡丹，草本花卉如菊花、大丽花，观果植物如金橘、佛手，温室观赏植物如仙人球等均常用之。

嫁接时期可在春、秋两季。春季一般在2~4月，以早春未发芽前1~2星期最适宜，但柑橘在芽萌动后更易成活。秋季一般在9~11月间。砧木多选和接穗的亲和力强，长势一致，适应性和抗病虫能力强，根系发达，繁殖容易，生长迅速的种类。嫁接方法一般可分芽接、枝接和靠接三类。

芽接较为简便，接合容易，如月季、樱花、碧桃等均常用之。一般在9月下旬以前进行，过迟则砧木剥皮困难。芽应选健壮枝条中部位置的壮芽，剪去叶子留叶柄，用芽接刀稍削其木质部成盾形，露出形成层；在砧木距地面10～15cm处，选择较光滑平坦部位，用刀划“T”字形，深度以微及木质部为止，然后剥开皮部，将削芽插入，再用麻或塑料薄膜条缚扎即可。接后经1～2周，以手触芽旁叶柄，若容易脱落，即为愈合，成活了可去缚扎物促其生长，翌春将接芽上部的砧木剪去即成。

枝接是用枝条作接穗结合于砧木上，具体方法很多，有切接、腹接、劈接、舌接、插皮枝接等，但以切接和腹接应用较广泛。

切接时将2～4年生苗为砧木，距地4～6cm处剪去上部，选择树皮较平滑之一侧，稍带木质部垂直切下，切口长约2～3cm。接穗可剪成6～8cm长，带有2～3个芽，将接穗下端带木质部削成约2～3cm长的削面，并在其反面再斜削1cm左右，将接穗的长削面紧贴砧木的切伤面嵌入砧木，即行缚扎，然后壅土，仅露顶端一芽即可。也可不壅土，而用塑料薄膜罩扎，这样保持接穗及接口不会干燥，又可防雨水，较为简便。

腹接是在离砧木根颈部3cm处，以20°～30°倾斜切入砧木，深达砧木直径的1/3，切口要平，切口长约2cm。接穗剪成6～8cm长，带有2～3个芽，将接穗下端两侧，削成约长1.5cm的斜面，嵌入砧木的切口，即行缚扎，然后壅土即可。

靠接常于3～6月进行。将接穗的母本枝条和砧木枝条各削去一部分皮层，削口要平，然后把削口靠紧，并用塑料条捆缚，外涂泥浆，待愈合成活后，将接穗自接合部以下剪去，而砧木自接合部以上剪去，即成独立的新株。由于靠接是在接穗尚未成活前仍生长在自己的根上，没有脱离母体，待成活后再切断，所以一般不易接活的植株多用此法最为安全，如山茶、白兰花等不易用其他法接合，而用靠接则易成功。

4. 草坪铺栽工程

(1)草坪的兴造

草坪是指人工建筑及人工养护管理起绿化、美化作用的草地。建造人工草坪首先必须选择合适的草种，其次是采用科学的栽植及管理方法。

①草种的选择

选择草种需考虑以下几点：

a. 适应当地的环境条件，尤其注意使用种植地段的小环境。

b. 使用场所不同，对草种的选择也应有所不同。

c. 根据养护管理条件选择。在有条件的地方可选择需精细管理的草种，而在环境条件较差的地区，则应选择抗生性强的草种。

②场地准备

铺设草坪与栽植其他植物不同，在建造完成后，地形和土壤条件很难再行改变。要想得到高质量的草坪，应在铺设前对场地进行处理，主要考虑地形处理、土壤改良及做好排灌系统。

a. 土层厚度：一般认为草坪植物是低矮的草本植物，没有粗大主根，与乔灌木相比，根系浅。因此，在土层厚度不足以及种植乔灌木的地块仍能建造草坪。

b. 土地的平整和耕翻：清除杂草和杂物、初步平整并施基肥及耕翻、更换杂土与最后平整。

c. 排水及灌溉系统：草坪多用缓坡排水在一定的面积内修一条缓坡的沟道，其最低的一端可设雨水口接纳排出的地面水，并经地下管道排走或以沟直接与湖池相连。

草坪的灌溉系统是兴建草坪的重要项目。目前国内外草坪大多采用喷灌。草坪灌溉系统分自动喷灌系统和人工喷灌系统。喷灌管网要在场地最后平整前铺设完。

③种植方法

有了合适的草源和准备好的土地，即可以种草。草坪建植方法很多，分为无性繁殖法（营养繁殖法）和有性繁殖法（种子繁殖法）两类。无性繁殖法包括铺草皮卷、铺茎、分栽等，有性繁殖法包括撒播法、种子喷射法和植生带法等。

a. 铺草皮卷：可形成速生草皮，施工方便，种植后管理省工；但草皮很贵，造价往往是播种的法的5倍。草皮繁殖占地大，周期长，大面积使用往往难以保证供应，运输费用高，难以保存。

b. 铺茎：将匍匐茎撒播在湿润的土表，并施加表土。适用于匍匐茎发生较强的品种，如狗牙根、地毯草、细叶结缕草等，此法较省繁殖材料，但匍匐茎的准备要求挖掘切断，费工费时，形成草皮的时间较长。

c. 分栽法：适用于有匍匐茎的草种，如野暖草、结缕草。此法较省繁殖材料，但施工麻烦，运输费用高，形成草皮时间长。

d. 撒播法：造价最低。由于草籽一般很小，施工一般要求较精细。在边坡上播种，种籽容易被冲走，形成的草皮往往生长不均匀，上部稀下部密，边沟中生长茂盛，且往往杂草较多，质量难以保证。

e. 种子喷射法：用湿式喷枪等将种子、肥料、土、水等的混合物，采用压缩空气将其向边坡喷射1~3m，混合物贴在边坡表面形成膜状的结构，不易被水冲跑。适用于土壤成分少、土壤硬度高的挖方边坡，需要专门的机械设备。

f. 植生带法：植生带是将草籽复合胶结在两层无纺布中的一种用于建植草坪的中间产品。植生带法建植草皮只要将植生带铺在土壤表面，覆一层薄土，浇上水即可。

植生带法是草皮建植的一种新技术。已有单位对该技术在边坡绿化和防护中的应用进行了大量的研究和实践。实践表明植生带法和种子喷射法建植草皮比较适合公路绿化，具有重要的推广价值。

（2）草坪的养护管理

草坪的养护管理工作包括灌水、施肥、修剪、除杂草、通气等环节。

（3）花卉种植与草坪铺栽工程工程量计算规则

每平方米栽植数量按草花25株、木本花卉5株计算；植根花卉草本9株、木本5株、草坪播种$20m^2$。

5. 大树移植工程

（1）包括大型乔木移植、大型常绿树移植两部分，每部分又分带土台、装木箱两种。

（2）大树移植的规格，乔木以胸径10cm以上为起点，分10~15cm、15~20cm、20~

30cm、30cm 以上四个规格。

(3)浇水系按自来水考虑,为三遍水的费用。

(4)所用施工吊车、汽车按不同规格计算。工程量按移植株数计算。

6. 绿化养护管理工程

(1)本部分为需甲方要求或委托乙方继续管理时的执行定额。

(2)其内容具体如下。

①中耕除草:乔木 3 遍,花灌木 6 遍,常绿树木 2 遍;草坪除草可按草种不同修剪 2 ~ 4 次,草坪清杂草应随时进行。

②喷药:乔木、花灌木、花卉 7 ~ 10 遍。

③打芽及定型修剪:落叶乔木 3 次,常绿树 2 次,花灌木 1 ~ 2 次。

④喷水:移植大树浇水适当喷水,常绿类 6 ~ 7 月份共喷 124 次,植保用农药化肥随浇水执行。

(3)绿化养护工程量计算规则:乔灌木以株计算;绿篱以延米计算;花卉、草坪、地被类以 m^2 计算。本部分注射除虫药剂按百株的 1/3 计算:乔木透水 10 次,常绿树 6 次,花灌木浇透水 13 次,花卉每周浇透水 1 ~ 2 次。

二、公路绿化规格标准的转换和计算

(1)整理公路绿化地的单位换算成 $10m^2$,如绿化用地 1 850m^2,换算后为 185($10m^2$)。

(2)起挖或栽植带土球乔木,一般设计规格为胸径,需要换算成土球直径方可计算。如栽植胸径 3cm 红叶李,则土球直径为 30cm。

(3)起挖或栽植裸根乔木,一般设计规格为胸径,可直接套用计算。

(4)起挖或栽植带土球灌木,一般设计规格为冠径,需要换算成土球直径方可计算。如栽植冠径 1m 海桐球,则土球直径应为 30cm。

(5)起挖或栽植散生竹类,一般设计规格为胸径,可直接套用计算。

(6)起挖或栽植丛生竹类,一般设计规格为高度,需要换算成根盘丛径方可计算。如栽植高度 1m 竹子,则根盘丛径应为 30cm。

(7)栽植公路绿篱,一般设计规格为高度,可直接套用计算。

(8)露地花卉栽植单位需换算成 $10m^2$;草皮铺种单位需换算成 $10m^2$;栽种水生植物单位需换算成 10 株;栽种攀援植物单位需换算成 100 株。

三、公路绿化工程量计算的一般原则

(1)计算口径要一致,避免重复和遗漏。在公路绿化工程计算其工程量时,根据施工图列出分项工程的口径(指分项工程包括的工作内容和范围),必须与预算定额中相应分项工程的口径一致。例如,水磨石分项工程,预算定额中已包括了刷素水泥浆一道,则计算该工程量时,不应另列刷素水泥浆项目,造成重复计算。相反,分项工程中设计有的工作内容,相应预算定额中却没有包括时,应另列项目计算。

(2)工程量计算规则要一致,避免错算。工程量计算必须与预算定额中规定的工程量计算规则(或工程量计算方法)相一致,保证计算结果准确。例如,砌砖工程中,一砖半砖墙的厚度,无论施工图中标注的尺寸是“360”或“370”,都应以预算定额计算规则规定的“365”进行计算。

(3)计量单位要一致。各分项工程量的计量单位,必须与预算定额中相应项目的计量单位一致。例如,预算定额中,栽植绿篱分项工程的计量是 10 延米,而不是株数,则工程量单位也是 10 延米。

(4)按顺序进行计算。计算公路绿化工程量时要按着一定的顺序(自定)逐一进行计算,避免漏算和重算。

(5)计算精度要统一。为了计算方便,工程量的计算结果统一要求为:除钢材(以 t 为单位)、木材(以 m^3 为单位)取三位小数外,其余项目一般取小数两位,以下四舍五入。

四、公路绿化工程计算的步骤

(1)列出分项工程项目名称。根据施工图纸,并结合施工方案的有关内容,按照一定的计算顺序,逐一列出单位工程施工图预算的分项工程项目名称。所列的分项工程项目名称必须与预算定额中相应项目名称一致。

(2)列出工程量计算式。分项工程项目名称列出后,根据施工图纸所示的部位、尺寸和数量,按照工程量计算规则(各类工程的工程量计算规则,见工程预算定额有关说明),分别列出工程量计算公式。工程量计算通常采用计算表格进行计算,形式如表 10-1 所示。

公路绿化工程量计算表 表 10-1

序号	分项工程名称	单　位	工 程 数 量	计 算 式
1				
2				
3				
…				

(3)调整计量单位。通常计算工程量都是以 m、m^2、m^3 等为计算单位,但预算定额中往往以 10m、10m^2、10m^3、100m^2、100m^3 等计量单位,因此还需将计算的工程量单位按预算定额中相应项目规定的计量单位进行调整,使计量单位一致,便于以后的计算。

(4)套用预算定额进行计算。各项工程量计算完毕经校核后,就可以编制单位工程施工图预算书。

五、公路绿化工程计算规则

(1)刨树坑以个计算,刨绿篱沟以延米计算,刨绿带沟以 m^2 计算。

(2)原土过筛:按筛后的土以 m^3 计算;土坑换土以实挖土坑体积乘以系数 1.43 计算。

(3)施肥、刷药、涂白、人工喷药、栽植支撑等项目的工程量均按植物的株数计算,其他均以 m^2 计算。

(4)植物修剪、新树浇水的工程量,除绿篱以延米计算外,树木均按株数计算。

(5)清理竣工现场,每株树木(不分规格)按 $5m^2$ 计算,绿篱每延米按 $3m^2$ 计算。

(6)盲管工程量按管道中心线全长以延米计算。

六、公路绿化附属小品工程量计算方法

(一)叠山工程

叠砌假山是我国一门古老艺术,是我国现代化建筑艺术中的重要组成部分,它通过造景、托景、陪景、借景等手段,使城市的广场、道路环境千变万化,气魄更加宏伟壮观,景色更加宜人,别具洞天。叠山工程不是简单的山石堆垒,而是模仿其真山风景,突出真山气势,具有林泉丘壑之美,是大自然景色在城市广场、公路绿化中的缩影。

1. 一般规定

(1)定额中综合了园内(直径 200m)山石倒运,必要的脚手架,加固铁件,塞垫嵌缝用的石料砂浆,以及 5t 汽车起重机吊装的人工、材料、机械费用。

(2)假山基础按相应定额项目另行计算。

(3)定额中的主体石料(如太湖石、斧劈石、吸水石及石笋等)的材料预算价格,因石料的产地不同,规格不同时,可按实调整差价。

2. 工程量计算的规则

(1)假山工程量按实际堆砌的石料以 t 计算。

计算公式为:

$$堆砌假山工程(t)=进料验收的数量-进料剩余数$$

(2)假山石的基础和自然式驳岸下部的挡水墙,按相应项目定额执行。

(3)塑假石山的工程量按其外围表面积以 m^2 计算。

(二)公路绿化中的小品工程

1. 一般规定

(1)公路绿化小品是指公路绿化建设中的工艺点缀品,艺术性较强。它包括堆塑装饰和小型钢筋混凝土、金属构件等小型设施。

(2)道路两旁小摆设系指各种仿匾额、花瓶、花盆、石鼓、坐凳、靠椅凳、小型雕塑及小型水盆、花坛池,花架的制作。

2. 工程量计算规则

(1)堆塑装饰工程分别按展开面积以 m^2 计算。

(2)小型设施工程量:预制或现浇水磨石景窗、平凳、花檐、角花、博古架等,按图示尺寸

以延米计算,木纹板工程量以 m^2 计算。预制钢筋混凝土和金属花色栏杆工程量以延米计算。

(三)小型管道及涵洞工程

本部分只包括道路绿化中的小型排水管道工程。大型排水干管及涵道,执行市政工程的有关定额,工程量计算规则如下:

(1)排水管道的工程量,按管道中心线全长以延米计算,但不扣除各类井所占长度。

(2)小型涵洞工程量是以实体积计算。

七、公路绿化土方工程计算方法

1.一般规定

计算土方工程量时,应根据图纸标明的尺寸,勘探资料确定的土质类别,以及施工组织设计规定的施工方法,运土距离等资料,分别以 m^3 或 m^2 为单位计算。在计算分项工程之前,首先应确定以下有关资料。

(1)土壤的分类:土壤的种类很多,各种土质的物理性质是各不相同,而土壤的物理性质直接影响着土石方工程的施工方法,不同的土质所消耗的人工、机械台班就有很大差别,综合反映的施工费用也不同,因此正确区分土方的类别,对于准确套用定额计算土方工程费用关系很大。

(2)挖土方、挖基槽、挖基坑及平整场地等子目的划分。

(3)土方放坡及工作面的确定:土方工程施工时,为了防止塌方,保证施工安全,当挖土深度超过一定限度时,均应在其边沿做成具有一定坡度的边坡,并应注意以下几点:

①放坡起点:放坡起点系指对某种土壤类别,挖土深度在一定范围内,可以不放坡,如超过这个范围时,则上口开挖宽度必须加大,即所谓放坡。放坡起点应根据土质的具体情况来确定,见表10-2所列。

挖土方、地槽、地坑放坡系数 表10-2

序号	土 壤 类 别	人 工 挖 土	放坡起点深度(m)
1	一类土壤	1:0.67	1.20
2	二类土壤	1:0.55	1.35
3	三类土壤	1:0.33	1.50
4	四类土壤	1:0.25	2.00

②放坡坡度:根据土质情况,在挖土深度超过放坡起点限度时,均在其边沿做成具有一定坡度的边坡。土方边坡的坡度以其高度 H 与底 B 之比表示,方坡系数用 K 表示,即 $K=B/H$。

③工作面的确定:工作面系数指在槽坑内施工时,在基础宽度以外还需增加工作面,其宽度应根据施工组织设计来确定,若无规定时,可按表10-3增加挖土宽度。

增加挖土宽度　表 10-3

序号	基础工程施工项目	每边增加工作面(cm)
1	毛石砌筑每边增加工作面	15
2	混凝土基础或基础垫层需支模板数	30
3	使用卷材或防水砂浆做垂直防潮面	80
4	带挡土板的挖土	10

④土的各种虚实折算表见表 10-4 所列。

虚实折算表　表 10-4

序号	虚　土	天然密实土	夯　实　土	松　填　土
1	1.00	0.77	0.67	0.83
2	1.20	0.92	0.80	1.00
3	1.30	1.00	0.87	1.08
4	1.50	1.15	1.00	1.25

2. 主要分项工程工程量的计算方法

(1)工程量除注明者外,均按图示尺寸以实体积计算。

(2)挖土方:凡平整场地厚度在 30cm 以上,槽底宽度在 3m 以上和坑底面积在 $20m^2$ 以上的挖土,均按挖土方计算。

(3)挖地槽:凡槽宽在 3m 以内,槽长为槽宽 3 倍以上的挖土,按挖地槽计算。外墙地槽长度按其中心线长度计算,内墙地槽长度以内墙地槽的净长计算,宽度按图示宽度计算,突出部分挖土量应予增加。

(4)挖地坑:凡挖土底面积在 $20m^2$ 以内,槽宽在 3m 以内,槽长小于槽宽 3 倍者按挖地坑计算。

(5)挖土方、地槽、地坑的高度,按室外自然地坪至槽底计算。

(6)挖管沟槽,按规定尺寸计算,槽宽如无规定者可按表 10-5 计算,沟槽长度不扣除检查井,检查井突出管道部分的土方也不增加。

管沟底宽度表　表 10-5

序号	水管直径(mm)	铸铁管、钢管、石棉水泥管	混凝土管、钢筋混凝土管	缸瓦管	附　注
1	50 ~ 75	0.6	0.8	0.7	(1)表为埋深在 1.5m 以内沟槽底宽度,单位为 m; (2)深度在 2m 以内,有支撑时,表中数值应增加 0.1m; (3)深度在 3m 以内,有支撑时,表中数值应增加 0.2m
2	100 ~ 200	0.7	0.9	0.8	
3	250 ~ 350	0.8	1.0	0.9	
4	400 ~ 450	1.0	1.3	1.1	
5	500 ~ 600	1.3	1.5	1.4	

(7)平整场地系指厚度在 ±30cm 以内的就地挖、填、找平,其工程量按建筑物的首层建筑面积计算。

(8)回填土、场地填土,分松填和夯填,以 m^3 计算。挖地槽原土回填的工程量,可按地槽挖土工程量乘以系数0.6计算。

①满堂红挖土方,其设计室外地平以下部分如采用原土者,此部分不计取黄土价值的其他直接费和各项间接费用。

②大开槽四周的填土,按回填土定额执行。

③地槽、地坑回填土的工程量,可按地槽地坑的挖土工程量乘以系数0.6计算。

④管道回填土按挖土体积减去垫层和直径≥500mm的管道体积计算,管道直径<500mm的可不扣除其所占体积,管道在500mm以上的应减除的管道体积,可按表10-6计算。

每米管道应减土方量表

表10-6

种类 \ 管径	减去量(m^3)					
	500~600	700~800	900~1 000	1100~1 200	1 300~1 400	1 500~1 600
钢管	0.24	0.44	0.71			
铸铁管	0.27	0.49	0.77			
钢筋混凝土管、缸瓦管	0.33	0.60	0.92	1.15	1.35	1.55

⑤用挖槽余土作填时,应套用相应的填土定额,结算时应减除其利用部分的黄土价值,但其他直接费和各项间接费不予扣除。

第五节　公路绿化工程施工图预算的编制

一、公路绿化工程预算费用的构成

公路绿化工程施工图预算费用的组成建设工程在施工过程中需要消耗一定数量的人工、材料、机械台班和资金,其中大部分直接消耗于工程实体,小部分用于施工组织管理中。此外,施工企业还应有一定的施工利润和技术装备费用,并向国家缴纳税金等,这些消费用货币形式表现,总称为建设工程费用或建设工程造价。组成公路绿化建设工程造价的各类费用,除定额直接费是按设计图纸和预算定额计算外,其他的费用项目,应根据国家及地区制定的费用定额及有关规定计算。一般都要采用工程所在地区的地区统一定额,间接费额与预算定额一般应配套使用。园林建设工程预算费用由直接费、间接费、公路绿化工程施工的利润、税金及其他费用五部分组成。

(一)公路绿化工程施工的直接费

施工中直接用在公路绿化工程上的各项费用的总和称为直接费。这是根据施工图纸结合定额项目的划分,以每个工程项目的工作量乘以该工程项目的预算定额单价来计算。直接费包括人工费、材料费、施工机械使用费和其他直接费。

1. 人工费

人工费是指列入预算定额的直接从事公路绿化工程施工的生产工人开支的各项费用，主要内容如下。

(1)基本工资:是指发放生产工人的基本工资。

(2)工资性补贴:是指按规定标准发放的冬煤补贴、住房补贴、流动施工津贴等。

(3)生产工人辅助工资:是指生产工人有效施工天数以外非作业天数的工资,包括职工学习、培训期间的工资,调动工作、探亲、休假期间的工资,因气候影响的停工工资,女工哺乳期间的工资,病假在6个月以内的工资及婚、丧、产假期的工资。

(4)职工福利费:是指按当地政府规定标准计提的职工福利费。

(5)生产工人劳动保护费:是指按规定标准发放的劳动保护用品的购置费及修理费、徒工服装补贴、防暑降温费、在有碍身体健康环境中施工的保健费用等。

2. 材料费

材料费是指施工过程中耗用的构成工程实体的原材料、辅助材料、构配件、零件、半成品的费用和周转使用材料的摊销(或租赁)费用,其主要内容包括材料原价、销售部门手续费、包装费、材料自来源地运至工地仓库或指定堆放地点的装卸费、运输费及途中损耗、采购及保管费。

3. 施工机械使用费

(1)施工机械使用费是指应列入定额的完成绿化工程所需消耗的施工机械台班量,按相应机械台班费定额计算的施工机械所发生的费用。

(2)机械使用费一般包括两类费用,第一类费用:机械折旧费、大修理费、维修费、润滑材料费及擦拭材料费、安装、拆卸及辅助设施费、机械仅出场费等;第二类费用:机上工人的人工费、动力、燃料费以及公路养路费、牌照税及保险费等。

4. 其他直接费

其他直接费是指直接费以外施工过程中发生的其他费用。其主要内容包括冬雨季施工增加费、夜间施工增加费、二次搬运费、生产工具用具使用费(施工生产所需不属于固定资产的生产工具及检验、试验用具等的购置、摊销和维修费以及支付给工人自备工具的补贴费)、检验试验费(对建筑材料、构件和建筑安装物进行一般鉴定、检查所发生的费用,包括自设试验室进行试验所耗用的材料和化学药品等费用,以及技术革新和研究试制试验费、工程定位复测、场地清理等费用)。

(二)公路绿化工程施工的间接费

1. 施工管理费

施工管理费是指施工企业为了组织与管理工程施工所需要的各项管理费用,以及为企业职工服务等所支出的人力、物力和资金的费用总和。施工管理费主要包括以下内容。

(1)工作人员工资:指施工企业的政治、经济、试验、警卫、消防、炊事和勤杂人员以及行政管理部门人员等的基本工资、辅助工资和工资性质的津贴。

(2)工作人员工资附加费:指承建道路绿化施工单位的工作人员按国家所规定计算的支付工作人员的职工福利基金和工会经费。

(3)工作人员劳动保护费:是按国家有关部门规定标准发放的劳动保护用品的购置费、修理费及其保健费与防暑降温费等。

(4)职工教育经费:指按财政部有关规定在工资总额1.5%的范围内掌握开支的在职职工教育经费。

(5)办公费:指行政管理办公用的文具、纸张、账表、印刷、邮电、书包、会议、水电、烧水和集体取暖用燃料等费用。

(6)差旅交通费:指承建施工企业职工因公出差、调动工作(包括家属)的差旅费、住勤补助费、市内交通费和误餐补助费、职工探亲路费、劳动力招募费,职工离退休、退职一次性路费,工伤人员就医路费、工地转移费以及行政管理部门使用的交通工具的油料、燃料、养路费及车船使用税等。

(7)固定资产使用费:主要指行政管理和试验部门使用的属于固定资产的房屋、设备、仪器等的折旧基金、大修理基金,维修、租赁费以及房产税、土地使用税等。

(8)行政工具用具使用费:指行政管理使用的,不属于固定资产的工具、器具、家具、交通工具和检验、试验、测绘、消防用具等的购置、摊销和维修费。

(9)利息:指施工企业在按照规定支付银行的计划内流动资金贷款利息。

(10)其他费用:主要指上述项目以外的其他必要的费用支出。包括:支付工程造价管理机构的预算定额等编制及管理经费、定额测定费、支付临时工管理费、民兵训练、经有关部门批准应由企业负担的企业性上级管理费、印花税等。

2. 其他间接费

其他间接费是指超过施工管理费所包括内容以外的其他费用,一般主要有以下内容。

(1)临时设施费:主要指施工企业为进行园林工程施工所必需的生活和生产用的临时建筑物、构筑物和其他临时设施费用等。临时设施包括临时宿舍、伙房文化福利及公用事业房屋与构筑物、仓库、办公室、加工厂以及规定范围内道路、水、电、管线等临时设施和小型临时设施。临时设施费用包括临时设施的搭设、维修、拆除费或摊销费。

(2)劳动保险基金:主要指国有施工企业由福利基金支出以外的、按劳保条例规定的离退休职工的费用和6个月以上的病假工资及按照上述职工工资总额提取的职工福利基金。

(三)公路绿化工程施工的利润、税金及其他费用

(1)利润:指公路绿化工程施工企业按国家规定,在工程施工中向建设单位收取的利润,是施工企业职工为社会劳动所创造的那部分价值在建设工程造价中的体现。在社会主义市场经济体制下,公路绿化工程施工企业参与市场的竞争,在规定的差别利润率范围内,可自行确定利润水平。

(2)税金:指由公路绿化工程施工企业按国家规定计入建设工程造价内,由施工企业向

税务部门缴纳的营业税、城市建设维护税及教育附加费。

(3)其他费用：指在现行规定内容中没有包括，但随着国家和地方各种经济政策的推行而在施工中不可避免的发生的费用，如各种材料价格与预算定额的差价，构配件增值税等。一般来讲，材料差价是由地方政府主管部门颁布的，以材料费或直接费乘以材料差价系数计算。图 10-2 说明了公路绿化建设工程预算费用的构成以及相互之间的关系。

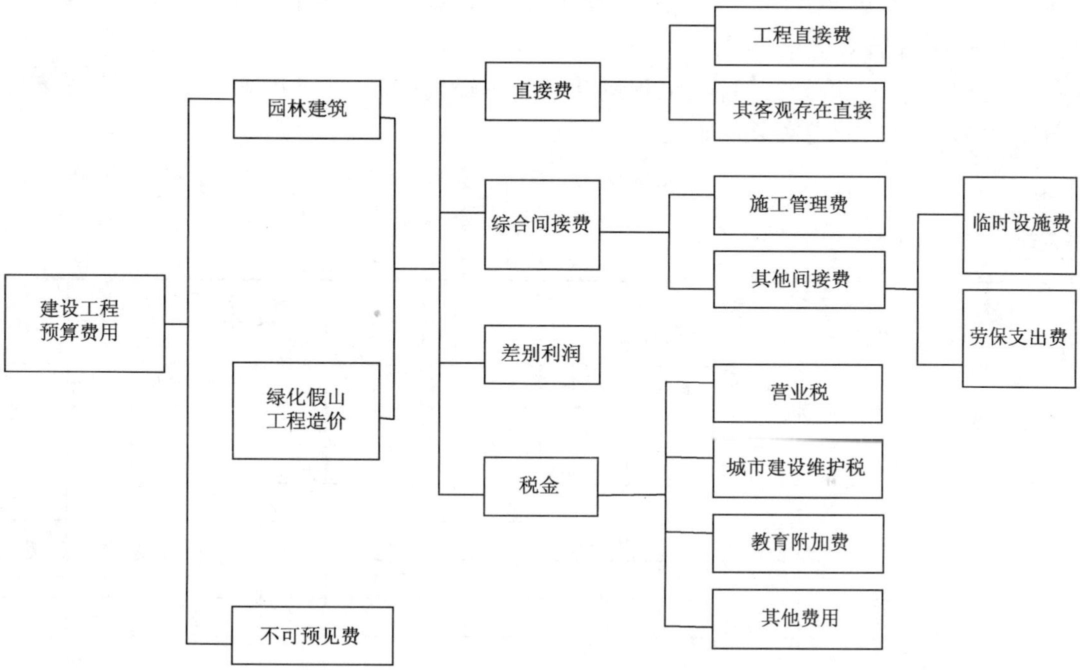

图 10-2　公路绿化建设工程预算费用的构成

二、公路绿化工程直接费的计算

(一)人工费、材料费、施工机械使用费和其他直接费

(1)人工费的计算可用下式表示：

$$人工费 = \sum[预算定额基价人工费 \times 实物工程量]$$

(2)材料费的计算可用下式表示：

$$材料费 = \sum[预算定额基价材料费 \times 实物工程量]$$

(3)施工机械使用费的计算可用下式表示：

$$施工机械使用费 = \sum[预算定额基价机械费 \times 实物工程量] + 施工机械进出场费$$

(4)其他直接费指在施工过程中发生的具有直接费性质，但未包括在预算定额之内的费用。其计算公式如下：

$$其他直接费 = (人工费 + 材料费 + 机械使用费) \times 其他直接费费率$$

(二)计算工程量与套用预算定额单价

(1)公路绿化工程预算是由两个因素决定。一个是预算定额中每个分项工程的预算单价,另一个是该项工程的工程量。因此,工程量的计算是工程预算工作的基础和重要组成部分。工程量计算得正确与否,直接影响施工图预算的质量。预算人员应在熟悉图纸、预算定额和工程量计算规则的基础上,根据施工图上的尺寸、数量,准确地计算出各项工程的工作量,并填写工程量计算表格。

(2)套用预算定额单价。各项工程量计算完毕经校核后,就可以着手编制单位工程施工图预算书,预算书的表格形式如表10-7所示。

公路绿化工程(预)算书 表10-7

工程名称 年 月 日

单位:元

序号	定额编号	分项工程名称	工程量		造价		其中						备注
							人工费		材料费		机械费		
			单位	数量	单价	合价	单价	合价	单价	合价	单价	合价	

①抄写分项工程名称及工程量:按着预算定额的排列顺序,将分部工程项目名称和分项工程项目名称、工程量抄到预算书中相应栏内,同时将预算定额中相应分项工程的定额编号和计量单位一并抄到预算书中,以便套用预算单价。

②抄写预算单价:抄写预算单价,就是将预算定额中相应分项工程的预算单价抄到预算书中。抄写预算单价时,必须注意区分定额中哪些分项工程的单价可以直接套用,哪些必须经过换算后才能套用。

③由于某些工程预算的应取费用系以人工费为计算基础,有些地区在现行取费中,有增调人工费和机械费的规定。为此,应将预算定额中的人工费、材料费和机械费的单价逐一抄入预算书中相应栏内。

④计算合价与小计:计算合价是指用预算书中各分项工程的数量乘以预算单价所得的积数。各项合价均应计算填列。将一个分部工程中所有分项工程的合价竖向相加,即可得到该分部工程的小计。

⑤将各分部工程的小计竖向相加,即可得出该单位工程的定额直接费。定额直接费是计算各项应取费用的基础数据,必须认真计算,防止差错。

单位工程定额直接费计算出来之后,即可进行其他费用的计算。

三、间接费

间接费包括企业管理费和其他间接费。

(1)间接费的计算,按照“干什么工程,执行什么定额”的原则。间接费定额与直接费定额,一般应配套使用。也就是说,执行什么直接费定额,就应该采用其相应的间接费定额。

(2)施工管理费与其他间接费的计算,是用直接费分别乘以规定的相应费率。

其计算可用下式表示:

$$企业管理费=直接费\times企业管理费率$$

$$其他间接费=直接费\times其他间接费费率$$

由于各地区的气候、自然环境、社会经济条件和企业的管理水平等的差异,导致各地区各项间接费率不一致,因此,在计算时,必须按照当地主管部门制定的标准执行。

四、差别利润

差别利润的计算,是用直接费与间接费之和乘以规定的差别利润率,其计算可用下式表示:

$$计划利润=(直接费+间接费)\times计划利润率$$

五、税金

根据国家现行规定,税金是由营业税、城市维护建设税、教育费附加三部分构成。应纳税额按直接工程费、间接费、差别利润及差价四项之和为基数计算。根据有关税法计算含税工程造价的方法如下。

1. 纳税人所在地是市区的计算式

含税工程造价=不含税工程造价/[(1-3%-3%×7%-3%×3%)+0.1%]

应纳税额=不含税工程造价×3.51%

2. 纳税人所在地是县城、镇的计算式

含税工程造价=不含税工程造价/[(1-3%-3%×5%-3%×3%)+0.1%]

应纳税额=不含税工程造价×3.44%

3. 纳税人所在地不是市区、县城、镇的计算式

含税工程造价=不含税工程造价/[(1-3%-3%×5%-3%×3%)+0.1%]

应纳税额=不含税工程造价×3.32%

税金列入工程总造价,由建设单位负担。

六、材料差价

在市场经济条件下原材料实际价格常与预算价格不相符,因此在确定单位工程造价时,必须进行差价调整。

材料差价是指材料的预算价格与实际价格的差额。材料差价一般采用如下两种方法计算。

1. 国拨材料差价的计算

国拨材料差价的计算是在编制施工图预算时,在各分项工程量计算出来后,按预算定额中相应项目给定的材料消耗定额计算出使用的材料数量,汇总后,用实际购入单价减去预算单价再乘以材料数量即为某材料的差价。将各种找差的材料差价汇总,即为该工程的材料差价,列入工程造价。材料差价的计算可用下式表示:

某种材料差价 = (实际购入单价 - 预算定额材料单价) × 材料数量

2. 地方材料差价的计算

为了计算方便,地方材料差价的计算一般采用调价系数进行调整(调价系数由各地自行测定),其计算方法可用下式表示:

差价 = 定额直接费 × 调价系数

七、工程造价的计算程序

为了适应和促进社会主义市场经济发展的需要,贯彻落实国家有关规定精神,各地对现行的园林工程费用构成进行了不同程度的改革尝试,反映在工程造价的计算方法上存在着差异。为此,在编制工程预算时,必须执行本地区的有关规定,准确、客观地反映出工程造价。一般情况下,计算公路绿化工程预算造价的程序如下:

(1)计算工程直接费。

(2)计算间接费。

(3)计算差别利润。

(4)税金。

(5)工程预算造价。

工程预算造价 = 直接费 + 间接费 + 差别利润 + 税金

工程造价的具体计算程序目前无统一规定,应以各地主管部门制定的费用标准为准。

表 10-8、表 10-9 所示为某省市政道路绿化工程预算造价计算表示例。

公路绿化工程预算造价计算表(一) 表 10-8

序号	项目名称	计算公式	合价	其中			备注
				人工费	材料费	机械费	
1	项目直接费	(人工 + 材料 + 机械)费之和	A	a	b	c	$A = a + b + c$
2	人工费调增	定额总工日 ×0.31 - a	A1				
3	机械费调增	A1 ×1.50	C1				
4	工程类别人工调整	1 ~2 类 = (A1 + a) × (1.05 - 1) 其余 = (A1 + a) × (0.886 - 1)	A2				

续上表

序号	项目名称	计算公式	合价	其中			备注
				人工费	材料费	机械费	
5	直接费	$A+A1+A2+C1$	$B1$				
6	其他直接费	$B1\times$费率	$B2$				
7	现场经费	$B1\times$费率	$B3$				
8	直接工程费	$B1+B2+B3$	B				
9	间接费	$B\times$费率	$C2$				
10	贷款利息	$B\times$费率	$C3$				
11	差别利息	$(B+C2+C3)\times$费率	D				
12	差价	规定计算差价部分动态调价 $a\times(1.071-1)$	E				
13	不含税工程造价	$B+C2+C3+D+E$	F				
14	四项保险费	$F\times$费率	G				
15	养老保险统筹费	$F\times3.55\%$	H				
16	安全、文明施工定额补贴费	$F\times1.6\%$	I				
17	定额经费	$F\times$费率	J				
18	税金	$(F+G+H+I+J)\times$税率	K				
19	含税工程造价	$F+G+H+I+J+K$	M				

注：表中动态调价为工程系数：绿化工程为 $a\times(1.096-1)$；油漆彩画为 $(1.0593-1)$。

公路绿化工程预算造价计算表(二)　　表 10-9

序号	项目名称	计算公式	合价	其中			备注
				人工费	材料费	机械费	
1	项目直接费	(人工+材料+机械)费之和	A	a	b	c	$A=a+b+c$
2	人工费调增	定额总工日 $\times20.31-a$	$A1$				
3	机械费调增	$A1\times1.50$	$C1$				
4	工程类别人工调整	1~2 类 $=(A1+a)\times(1.05-1)$ 其余 $=(A1+a)\times(0.886-1)$	$A2$				
5	直接费	$A+A1+C1+A2$	B				
6	其他直接费	$B\times$费率	$E2$				

续上表

序号	项目名称	计算公式	合价	其中			备注
				人工费	材料费	机械费	
7	现场经费	$B\times$费率	$E13$				
8	直接工程费	$B+E+E1$	F				
9	间接费	$F\times$费率	$F1$				
10	贷款利息	$F\times$费率	$F2$				
11	差别利息	$F\times$费率	$F3$				
12	差价	1. 主材差价 2. 动态调价以及可计算差价部分	$F4$				
13	不含税工程造价	$F+F1+F2+F3+F4$	G				
14	四项保险费	$G\times$费率	$G1$				
15	养老保险统筹费	$G\times3.55\%$	$G2$				
16	安全、文明施工定额补贴费	$G\times1.6\%$	$G3$				
17	定额经费	$G\times$费率	$G4$				
18	税金	$(G+G1+G2+G3+G4)\times$税率	H				
19	含税工程造价	$G+G1+G2+G3+G4+H$	I				

注：表中动态调价为$(a+b+c)\times(1.031)$。

第六节　公路绿化工程预算审查与竣工结算

一、公路绿化工程施工图预算的审查

在公路绿化工程的施工过程中，其公路绿化工程施工图预算反映了公路绿化工程造价，它包括了各种类型的建筑和安装工程、挖树移植工程、露地花卉栽植、绿化保养等，在整个施工过程中所发生的全部费用的计算，必须进行严格的审查，施工图预算由建设单位和建设银行负责审查。

（一）公路绿化工程审查的意义和依据

1. 公路绿化工程审查的意义

施工图预算是确定公路绿化工程投资、编制工程计划、考核工程成本，进行工程竣工结算的依据，必须提高预算的准确性。在设计概算已经审定，工程项目已经确定的基础上，正

确而及时地审查公路绿化工程施工图预算,可以达到合理控制工程造价,节约投资,提高经济效益的目的。

2. 公路绿化工程审查的依据

(1)施工图纸和设计资料:完整的公路绿化工程施工图预算图纸说明,以及图纸上注明采用的全部标准图集是审查公路绿化工程预算的重要依据之一。建设单位、设计单位和施工单位对施工图会审的会审记录也是审查施工图预算的依据。只有在设计资料完备的情况下才能准确地计算出公路绿化工程中各分部、分项工程的工程量。

(2)单位估价标:公路绿化工程所在地区颁布的单位估价标是审查公路绿化工程施工图预算的重要依据。工程量升级后,要严格按照单位估价表的规定以分部分项单价,填入预算表,计算出该工程的直接费。如果单位估价表中缺项或当地没有单位估价表,则应由建设单位、设计单位、建设银行和施工单位在当地工程建设主管部门的支持下,根据国家规定的编制原则另行编制项目所在地的单位估价表。

(3)补充单位估价表:材料预算价格和成品、半成品的预算价格,是审查公路绿化工程施工图预算的又一重要依据,在当地没有单位工程估价表或单位估计表所及的项目不能满足工程项目的需要时,须另行编制补充单位估价表,补充的单位估价表必须根据当地的材料、成品、半成品的预算价格编制。

(4)公路绿化工程施工组织设计或施工方案:承建施工单位根据公路绿化工程施工图所做施工组织设计或施工方案是审查施工图预算的最重要依据之一。施工组织设计或施工方案必须合理,而且必须经过上级或业主主管部门批准。

(5)施工管理费定额和其他取费标准:直接费计算完后,要根据建设工程主管部门颁布的施工管理费定额和其他取费标准,计算出预算总值。目前,各省、直辖市或地区的施工管理费是按照直接费中的人工费乘以不同的费率计算的,不同级别的施工企业应按工程类别收取施工管理费,计划利润和其他费用的收取也应遵照当地颁布的标准收取,这也是公路绿化工程施工图预算的重要依据之一。

(6)公路绿化施工合同或协议书及现行的有关文件:公路绿化施工图预算要根据甲乙双方签订的施工合同或施工协议进行审查。例如,材料由谁负责采购,材料差价由谁负责等。同时,还应执行现行的有关国家政策、法规及有关文件等。

(二)公路绿化工程审查的方法

(1)全面审查法:该方法又称为重算法,它同编预算一样,将图纸内容按照预算书的顺序重新计算,审查每个预算项目的尺寸、计算和定额标准等是否有错误。这种方法全面细致,所审核过的工程预算准确性较高,但工作量大,不能快速进行。

(2)重点审查法:重点审查法是将预算中的重点项目进行审核的一种方法。这种方法可以在预算中对工程量小、价格低的项目从略审核,而将主要精力用于审核工程量大、造价高的项目。此方法如若能掌握得好,就能较准确、快速地进行审核工作,但不能到达全面审查的深度、细度和广度。

(3)分解对比审查法:分解对比审查法是将工程预算中的一些数据通过分析计算,求出一系列的经济技术数据,审查时首先以这些数据为基础,将要审查的预算与同类同期或类似的工程预算中的一些经济技术数据相比较以达到分析或寻找问题的一种方法。

在公路绿化工程预算审查的实际工作中,采用分解对比审查法比较好,初步发现问题,然后采用重点审查法对其进行认真仔细的核查,能较准确地快速进行审核工作,能达到较好的审查结果。

(三)审查公路绿化工程预算的步骤

(1)做好准备工作:审核工程预算的准备工作与不编制工程预算基本相同,即对施工图进行清点、整理、排列、装订;根据图纸说明准备有关图集和施工图册;熟悉并校对相关的图纸,参加技术交底、解决疑难问题等,有关内容在前文已介绍,不再重述。

(2)了解预算所采用的定额:审核预算人员收到工程预算后,首先应根据预算编制说明,了解编制本预算所采用的定额是否符合施工合同规定的工程性质。如果该项工程预算没有填写编制说明,则应从预算内容中了解本预算所采用的预算定额,或者与施工单位联系进行了解。确认这方面没有问题后,才能进行审核工作。

(3)了解预算包括的范围:收到工程预算后,还应该根据预算编制说明或其内容,了解本预算所包括的范围。

①某些配套工程、室外管线公路以及技术交底时三方谈好的设计变更等,是否包括在所编制的工程预算中。因为这部分工程的施工图,有时出自不同的设计单位,或者不是随同主体工程设计一起送交施工企业和建设单位,可能单独编制工程预算。

②有的设计变更送到施工企业时,施工企业已经按原图编制该部分工程预算,不愿再推倒重编,但在工程预算的编制说明中,又没有介绍清楚。

③建设单位在接到这部分设计变更图纸后,往往和原来的施工图装订在一起,因而引起双方在计算口径上(计算范围)的不一致,造成不必要的误会。

所以,凡是有类似上述情况者,最好写进编制说明,或在交接预算时,互相沟通,以便取得一致的计算依据。

(4)认真贯彻有关规定:所有审核预算人员,应认真贯彻国家和地区制定的有关预算定额,工程量计算规则,材料预算价格,以及各种应取费用项目和费用标准的规定,既注重审核重复列项或多算的工程量部分,也应该审核漏项或少算的工程量部分;还应注意到计量单位是否和预算定额相一致,小数点位置是否定得正确,按规定应乘系数的项目是否计算正确,应扣减或应增加的某些内容是否扣减或增加等。总之,应该实事求是地提出应增加或减少的意见,以提高工程预算的质量。

(5)根据情况进行审核:由于施工工程的规模大小,繁简程度不同,施工企业情况也不同,工程所在地的环境的不同所编工程预算的繁简和质量水平也就有所不同。因此,审核预算人员应采用多种审核方法,例如全面审核法、重点审核法、经验审核法、快速审核法,以及分解对比审核法等,以便多、快、好、省地完成审核任务。

(四)审查公路绿化工程预算的内容

审查施工图预算主要是审查工程量的计算、定额的套用和换算、补充定额、其他费用及执行定额中的有关问题等。

（1）工程量计算的审查：是对公路绿化工程量计算的审查，在熟悉定额说明、工程内容、附注和工程量计算规则以及设计资料的基础上，再审查预算的分部、分项工程，看有无重复计算、错误和漏算。

（2）定额套用的审查：审查定额套用，必须熟悉定额的说明，各分部、分项工程的工作内容及适用范围，并根据工程特点，设计图纸上构件的性质，对照预算上所列的分部、分项工程与工程定额所列的分部、分项工程是否一致。

（3）定额换算的审查：定额中规定，某些分项工程，因为材料的不同，做法或断面厚度不同，可以进行换算，审查定额的换算是要按规定进行，换算中采用的材料价格应按定额套用的预算价格计算，需换算的要全部换算。

（4）补充定额的审查：补充定额的审查，要从编制区别出发，实事求是地进行。

①审查补充定额是建设银行的一项非常重要的工作，补充定额往往出入较大，应该引起预算人员的高度重视。

②当现行预算定额缺项时，应尽量采用原有定额中的定额子项，或参考现行定额中相近的其他定额子项，结合实际情况加以修改使用。

③如果没有定额可参考时，可根据工程实测数据编补定额，但要注意测标数字的真实性和可靠性。要注意补充定额单位估价表是否按当地的材料预算价格确定的材料单价计算，如果材料预算价格中未计入，可据实进行计算。

④凡是补充定额单价或换算单价编制预算时，都应附上补充定额和换算单价的分析资料，一次性的补充定额。应经当地主管部门同意后，方可作为该工程的预算依据。

（5）材料的二次搬运费定额上已有同样规定的，应按定额规定执行。

（6）审查时的注意事项：

①定额规定材料构件所需要的木材以一、二类木种为准，如使用三、四类木种时，应按系数调整人工费和机械费，但要注意木材单价也应作相应调整。

②装饰工程预算中有的人工工资可作全部调整，定额所列镶贴块料面层的大理石或花岗石，以天然石为准，如采用人工大理石，其大理石单价可按预算价格换算，其他工料不变（只换算大理石的单价）。

③务必要注意对材料差价的审查。

二、公路绿化工程竣工结算

（一）公路绿化工程竣工结算的作用

（1）从施工图预算或中标标价生效起，至工程交工办理竣工结算的整个过程是施工图预算或中标价的实施阶段。在这个阶段中，由于图纸的变更、修改以及施工现场发生的各种经济签证引起了原工程造价的变动，为了及时准确地反映工程造价变动的情况，应及时编制单位工程的增减费用，作为施工图预算或中标价的补充文件，直至最后一次的增减预算及竣工结算为止。

(2)公路绿化的增减工程费用只是工程结算的过渡阶段,而竣工结算才是确定单位或单项工程造价的最后阶段。

(3)单位工程或单项工程竣工交付使用后,均应立即办理竣工结算手续。竣工结算手续由施工企业提出结算书,经建设单位审查盖章,建设银行据此结清施工单位应取的造价。

(4)承建施工单位在公路绿化工程的施工阶段中,应根据单位工程的增减费用随时调整计划及统计进度,及时修正预算成本及其他各种有关的经济指标,以使企业的经济管理的各种数据报表和经营成果准确可靠。

(5)当最后的竣工结算生效以后,承建施工单位据此调整最后的工程统计报表及数据,财务部门进行单位工程的成本核算,材料部门进行单位工程的材料核算,劳资部门进行单位工程的劳动力成本核算等,国家据此调整工程的投资。

(6)造价费用的调整不但涉及日常的企业管理工作,关系到企业经营效果,而且影响到国家的计划统计工作,不仅要及时,而且数字要准确可靠。

(二)公路绿化工程竣工结算的计价形式

(1)总价合同。所谓总价合同,是指业主支付给承建施工单位的款项在合同中,是一个“规定金额”,即总价。它是以图纸和工程说明书为依据,由承包方与发包方经过商定作出的。总价合同按其是否可调整分为以下两种不同形式:

①不可调整总价合同:这种合同的价格计算是以图纸及规定、法规为基础,承、发包双方就承包项目协商一个固定的总价,由承包方一笔包死,不能变化。合同总价值又在设计和工程范围有所变更的情况下才能随之做相应的变更,除此之外,合同总价是不能变动的。

②可调整总价合同:该合同是以图纸及规定、规范为计算基础,但它是以“时价”进行计算的。这是一种相应固定的价格。在合同执行过程中,由于市场变化而使所有的工料成本增加,可对合同总价进行相应的调整。

(2)单价合同。在公路绿化工程施工图纸不完整或当准备发包的工程项目内容、技术、经济指标暂时不能准确、具体的给予时,往往要采用单价合同形式。

①估算工程量单价合同:该种合同形式承包商在报价时,按照招标文件中提供的估算工程量,报工程单价,结算时按实际完成工程量结算。

②纯单价合同:采用这种合同形式时,发包方只向承包方发布承包工程的有关分部、分项工程以及工程范围,不需对工程量做任何规定。承包方在投标时,只需对这种给定范围的分部分项工程作出报价,而工程量则按实际完成的数量结算。

③成本加酬金合同:该种合同形式主要适用于工程内容及其技术经济指标尚未全面确定,投标报价的依据尚不充分的情况下,发包方因工期要求紧迫,必须发包的工程或者发包方与承包方之间具有高度的信任,承包方在某些方面具有独特的技术、特长和经验的工程。

(三)公路绿化工程竣工结算的竣工资料

(1)公路绿化工程施工图预算或中标价及以往各次的工程增减费用。

(2)公路绿化工程施工全套图纸或协议书,其他有关道路绿化工程经济的资料。

(3)公路绿化工程设计变更、图纸修改、会审记录、技术交底记录等。

(4)现场所用材料供应部门的各种经济签证。

(5)各地区对概预算定额材料价格,费用标准的说明、修改、调整等文件。

(四)公路绿化工程编制内容及方法

1. 直接费增减表计算

(1)计算变更增加部分

①变更增加:指图纸设计变更需要增加的项目和数量。工程量及价值前“+”号。

②变更减少:指图纸设计变更需要减少的项目和数量。工程量及价值前“-”号。

③增减小计:上述①+②之和,符号“+”表示增加费用,符号“-”为减少费用。

(2)现场签证增减部分

(3)增减合计

增减合计指上述(1)、(2)项增减之和,结果是增或是减,以“+”或“-”符号为准。

2. 直接费调整总表计算

主要计算经增减调整后的直接费合计数量。计算过程为:

(1)原工程直接费(或上次调整直接费),第一次调整填原预算或中标标价直接费;第二次以后的调整填上次调整费用的直接费。

(2)本次增减额:填上述1中(1)~(3)的结果数。

(3)本次直接费合计:上述(1)、(2)项费用之和。

3. 费用总表计算

无论是工程费用或是竣工结算的编制其各项费用及造价计算方法与编制施工图预算的方法相同,详见预算费用总表的编制方法。

4. 增减费用的调整及竣工结算

增减费用的调整及竣工结算属于调整工程造价的两个不同阶段,前者是中间过渡阶段,后者是最后阶段。无论是哪一个阶段,都有若干项目的费用要进行增减计算,其中有与直接费用有直接关系的项目,也有与直接费间接发生关系的项目。其中有些项目必须立即处理,有些项目可以暂缓处理,应根据费用的性质、数额的大小、资料是否正确等情况分不同阶段来处理。现在介绍部分不同情况时对下列问题采取不同阶段的处理方法。

(1)材料调价:明确分阶段调整的,或还有其他明文调整办法规定的差价,其调整项目应及时调整,并列入调整费用中。规定不明确的要暂后调整。

(2)重大的现场经济签证应及时编制调整费用文件,一般零星签证可以在竣工结算时一次处理完。属于图纸变更,应定期及时编制费用调整文件。

(3)原预算或标书中的甩项,如果图纸已经确定,应立即补充,尚未明确的继续甩项。

(4)对预算或标书中暂估的工程量及单价,可以到竣工结算时再做调整。

(5)实行预算结算工程,在预算实施过程中如果发现预算有重大的差别,除个别重大问题应继续调整的应立即处理以外,其余一般可以到竣工结算时一并调整。其中包括工程量计算错误,单价差、套错定额子目等;对招标中标的工程,一般不能调整。

(6)定额多次补充的费用调整文件所规定的费用调整项目,可以等到竣工结算时一次处理,但重大特殊的问题应及时处理。

三、公路绿化工程竣工决算

竣工决算又称竣工成本决算,分为施工企业内部单位工程竣工成本核算和基本建设项目竣工结算。前者是对施工企业内部进行成本分析,以工程竣工后的工程结算为依据,核算一个单位工程的预算成本、实际成本和成本降低额。后者是建设单位根据中国建设银行《建设项目(工程)竣工验收办法》的要求,所有新建、改建和扩建工程建设项目竣工以后都应编报竣工结算。所以公路绿化工程也必须进行编报竣工结算。它是反映整个建设项目从筹建到竣工验收投产的全部实际支出费用文件。

(一)公路绿化工程竣工决算的作用

(1)确定新增固定资产和流动资产价值,办理交付使用、考核和分析投资效果的依据。

(2)及时办理竣工决算,不仅能够准确反映基本建设项目实际造价和投资效果,而却对投入生产或使用后的经营管理,也有重要作用。

(3)办理竣工决算后,建设单位和施工企业可以正确地计算生产成本和企业利润,便于经济核算。

(4)通过编制竣工决算与概、预算的对比分析,可以考核建设成本,总结经验教训,积累技术经济资料,促进提高投资效果。

(二)公路绿化工程竣工决算的主要内容

工程竣工决算是在建设项目或单位工程完工后,由建设单位财务及有关部门,以竣工决算等资料为基础进行编制的,竣工决算全面反映了竣工项目从筹建到竣工全过程中各项资金的使用情况和设计概预算执行的结果。它是考核建设成本的重要依据,竣工决算主要包括文字说明及决算报表两部分。

(1)文字说明:主要包括工程概况、设计概算和基本建设投资计划的执行情况,各项技术经济指标完成情况,各项拨款的使用情况,建设工期、建设成本和投资效果分析,以及建设过程中的主要经验、问题和各项建议等内容。

(2)决算报表:按工程规模一般分为大中型和小型项目两种。大中型项目竣工决算包括竣工工程概算表、竣工财务决算表、交付使用财产总表、交付使用财产明细表;小型项目则包括反映小型建设项目的全部工程和财务情况。表格的详细内容及具体做法按时间、初步设计和概算批准机关和文号,完成公路绿化工程的主要工程量、主要材料消耗及主要经济指标、建设成本、收尾工程等情况。

第十一章 苗　圃

第一节　苗圃的建立

苗圃是生产苗木的基地。有计划的设立苗圃,加强经营管理,采用先进的育苗技术,提高苗木的产量和质量,为公路绿化提供优质壮苗。育苗是一项需要集约经营的生产,有较强的季节性,要求以最短的时间、最低的成本,培育出优质高产的苗木。苗木的产量、质量及成本等都取决于苗圃所在地各种条件,因此在建立苗圃时,要对苗圃地的各种条件与培育主要苗木的种类和特性,进行全面的调查分析,综合各方面的情况,确定建立苗圃。特别是使用年限较长,面积较大的固定苗圃,更要注意选址。

根据苗圃使用年限的长短分为固定苗圃和临时苗圃。固定苗圃一般规模较大,经营年限较长,具有一定的基本建设投资,培育的苗木种类多,除了完成一定生产外,也有试验研究和技术推广的内容。临时苗圃是为完成一定的绿化任务而临时设置的,一般位于绿化地的附近,面积小,使用年限短,所培育的苗木种类比较单纯,随着绿化工作的完成,育苗任务也随即结束。

一、苗圃地的选择

选择苗圃地时,必须慎重细致地调查了解要用作苗圃地的各种条件,特别是对使用年限较长、面积较大的固定苗圃更为重要,因其直接影响到苗木的产量、质量和育苗成本。苗圃地的选择要着重考虑经营管理方便和自然条件与育苗树种相适应两个因素。

(一)经营条件

苗圃应设在交通方便的地方,尤其是固定的大型苗圃。

(二)自然条件

1. 地形

固定苗圃宜选设在排水良好、地势较高、地形平坦的开阔地或坡度为 1°～3°的缓坡地上，坡度太大容易引起水土流失，也不利于灌溉和机械作业。

山地丘陵地区因条件所限，苗圃应尽量选设在地势较平坦的缓坡上，如坡度较大，则应修筑带状水平梯田。

苗圃地切忌选设在易积水的低洼地、过水地，风害严重的风口，光照很弱的山谷、风口，林中空地以及雨季易发生山洪和泥石堆积的地段。上述地段通常温度低，昼夜温差大，光照弱，通风不良，而且易遭受各种自然灾害，严重影响种子发芽和苗木的生长发育。

2. 土壤

苗木生长所需要的水分和养分主要从土壤中来。根系所需的氧气和温度也是来自土壤。所以，它对苗木的质量尤其是对苗木根系的生长影响很大，因此在选择苗圃地时，必须认真考虑土壤条件。

土壤水分对种子发芽和苗木生长有较大影响。土壤过于干燥，会降低种子发芽率和成苗率，还会使苗木根系发育不良，导致主根长，侧根短而少。若土壤水分适当则苗木主根粗壮而短，侧根发达，茎根比小，苗木各个部分生长较均衡。若土壤水分过多时，苗木地上部分易徒长，根系发育弱，甚至烂根或引起病害，茎根比大，还会引起苗木生长期延长，到秋季还未充分木质化，易受早霜和低温的危害，从而影响绿化成活率。

土壤的结构和质地，对土壤中的水、肥、气、热状况影响较大。有团粒结构的土壤，其通气性和透水性良好，且温热条件适中，有利于土壤微生物的活动和有机质的分解。实践证明，苗圃的土壤以砂质壤土和轻黏壤土为宜，因其结构疏松，透水性和通气性较好，降雨时能充分吸收降水，地表径流少，灌溉时渗水均匀，有利于幼芽出土和根系的生长，土壤耕作和起苗等工作也较便利。过于黏重的土壤，因结构紧密，透水和通气性差，温度低，干时地表容易板结龟裂，不利于幼芽出土和根系的生长。由于排水不良，苗木易遭病害。这种土壤雨后泥泞不便作业，耕作困难，起苗时易伤根。砂土贫瘠疏松，肥力低，保水力差，往往由于水分不足，苗木易遭旱灾，甚至引起风蚀和沙埋，夏季地表温度高易灼伤苗木。所以重黏土、沙土不经过改良均不宜育苗。

土壤的酸碱度对苗木的生长影响很大，不同树种适应土壤酸碱的能力不同，多数阔叶树种以中性或微碱性土壤为宜，而多数针叶树则宜在中性或微酸性土壤上育苗。较重的盐碱土，一般不宜育苗，因盐分过多，提高了土壤溶液的浓度，使根系不宜吸收水分和养分。碱土中含有碳酸钠、硫酸氢钠等，对植物有较大的毒害作用，很多树种不能忍受土壤中所含的这种盐分，只有耐盐树种如苦楝、臭椿、白榆、刺槐、侧柏和某些杨树等，在土壤含盐 0.1% 以下时尚能生长。在必须选用这种土壤做苗圃时，应经过改良后才可利用。同样过酸的土壤因含较多的活性铝离子，危害苗木生长，并易引起铁、锰、磷的缺乏症。当育苗地的 pH 值为 4~5以下时，就应该考虑用石灰来进行矫正，同时，施石灰还可起补钙素的作用，并可减轻铝的毒性。

3. 水源

水分是苗木生长必需的因子，因此苗圃应有充分的水源条件以供灌溉，特别是在干旱地区更为重要。苗圃地最好设在靠近河流、湖泊、池塘和水库，但不应设在它们的边上，因为这种地方的地下水位太高。也不应设在易被山洪冲击及江水、河水淹没的地方。若无上述水源,则应了解苗圃所在地能否打井灌溉。考虑水源时,特别要注意旱季的水量是否充足,水的盐量不应超过0.1%～0.15%。

苗圃的地下水位不宜太高或太低。地下水位高虽能减少灌溉次数,但往往会使根系生长不良,苗木贪青徒长,以致秋季不能很好的木质化,易受寒害。同时由于地下水位过高,地下水位上升时将地下盐分带上来,造成土壤盐渍化。而地下水位过低时,也会增加灌溉次数和灌水量,因此增加了苗木成本。苗圃地下水位的适宜深度,因土壤质地而异。一般沙壤土地下水位以1.5～2.0m为宜,轻黏壤土以2.5m以下为宜。

4. 病虫害

在育苗工作中,常因病虫害而造成很大的损失。根据“防重于治”的原则,在选择苗圃地时,应详细进行病虫害的调查,如发现土壤中地下害虫数量很多或感染病菌,要及早采取防治措施,以防病虫害蔓延,未消灭前不宜作苗圃地。

二、苗圃面积的计算

苗圃面积的大小,应与绿化任务相适应。苗圃地的总面积包括生产用地和非生产用地两部分。直接用于育苗和休闲的土地面积称为生产用地面积;而道路、房舍、固定排水灌溉系统、蓄水池、制肥场、苗木窖、场院、防风林、沟、篱等所占面积称为非生产用地面积。非生产用地面积的多少直接影响苗圃地的利用率。为提高土地利用率,非生产用地面积一般不应超过苗圃总面积的20%～25%。

生产用地所需要的面积可以根据各树种苗木的生产任务和单位面积的产苗量以及轮作制来计算。计算时用下列公式:

$$S = N \times \frac{A}{n} \times \frac{B}{C} \tag{11-1}$$

式中:S——某树种所需的育苗面积;

N——每年生产该种苗木的数量;

n——某树种单位面积产苗量;

A——育苗的年龄;

B——轮作区的总区数;

C——每年育苗所占的区数。

若不采用轮作时,将B/C取消即可。但上述公式的计算结果是理论数字,实际上应考虑到在扶育、起苗、储藏和运输等过程中,还可能会受到损失,所以计划每年苗木生产的数量时应适当增加3%～5%,育苗面积也须相应增加。

所有生产区的各个树种所占面积的总和,即为生产地总面积。生产地的总面积加上非生产地的面积即为苗圃地的总面积。

任何一个苗圃每年的育苗面积并不完全相等。为了在正常年份都能充分满足绿化和人工更新对苗木数量的需要,苗圃地面积应根据每年的需苗数量来确定。

三、苗圃地的区划

苗圃地的地点和面积确定之后，为了合理布局，充分利用土地，便于生产和管理，必须进行全面的区划工作。进行区划时，需注意以下事项：

（1）苗圃地的区划应当最大限度地实行机械化作业和便于灌溉。

（2）尽量减少圃内的运输和缩短排灌系统的长度及最有效地利用防风林及其他设施。

（3）圃内道路既要通达苗圃的每一部分，又要尽量减少占圃地面积。

（4）道路的设置须与排水沟和输水管协调一致。

在区划前，首先将苗圃内进行测量，绘制出比例尺为 1∶500 ~ 1∶2000 的平面图，并注明地势、水文、土壤等情况。然后根据生产任务、各类苗木的育苗特点、树种特性、所需面积和其生产过程中主要工序所用机具与圃地的自然条件等综合考虑进行区划。区划的内容为生产区（经营区）的区划和非生产用地的区划。大型苗圃往往某类苗木区面积过大或需要采用轮作，还要划分为若干耕作区。耕作区的长度应视苗圃大小，地形和机械化程度而定。耕作区的长度在大型机械化苗圃一般为 100 ~ 300m；中型苗圃及使用马拉农具或小型机具的苗圃，一般为 50 ~ 200m。耕作区的宽度相当于长度的 1/2 或 1/3。

（一）生产区区划

（1）播种区是培育播种苗的生产区。因播种苗在幼小阶段对不良环境条件抵抗力弱，对水、肥、气、热要求较高，需细致管理。因此应设在圃地中地势平坦、土壤肥沃、便于灌溉、管理方便和背风的地方。

（2）移植苗区（大苗区）培育根系发达、苗龄较长的苗木生产区。因移植苗已具有良好的根系，并有较强的抵抗力，所以可设在土壤条件中等和地下水位较低的地段。

（3）养繁殖区（或无性繁殖区）是培育插条、埋条、分蘖和嫁接等苗木的生产区。一般苗圃营养繁殖区主要培育扦插条，应根据树种特性合理区划育苗地。如杨、柳等耐湿树种的插条区和薄壳山核桃的分蘖区可设在地势较低、土层深厚、地下水位较高、排灌良好的地段；而水杉、落羽杉、池杉等插条区宜设在土壤疏松，透气良好，灌溉、管理方便的地段。

（二）非生产用地的区划

苗圃要设置道路、沟渠、房屋等。根据需要营造区划非生产用地时，既要满足生产需要，又要尽量少占土地为原则。

1. 道路网的设置

苗圃道路网的配置及宽窄，不仅影响工作效率，而且还影响土地利用率。所以设置道路网时，以保证车辆、机具和人员的正常通行和少占土地为原则。道路网包括主道、副道、步道和周围圃道。这些道路的宽窄因苗圃的大小和使用的机具、车辆的种类而异。

（1）主道是纵贯苗圃中央的一条主要运输道路，应与大门、仓库等相连接。在大型苗圃中，其宽度一般为 4 ~ 8m，中小型苗圃为 2 ~ 4m。

(2)副道起辅助主道的作用,在主道的两侧与主道垂直或沿耕作区的长边设置,其宽度为1~4m。

(3)步道为便于人员通行,作业方便,在小区间设置步道,宽度为0.5~1m。

(4)周围圃道是环绕苗圃地周围的道路,供作业机具、车辆回转和通行用,一般在大型机械化苗圃中设置,宽度为6~10m。

2. 排灌系统的设置

排灌系统是保证苗木不受旱涝危害的重要措施,也是苗圃基本建设的主要部分。

(1)灌溉系统

苗圃中的灌溉系统主要是保证供给育苗地的灌溉用水。灌溉方式要根据苗圃面积和水源情况而定,水源有河水、塘水和井水。水源最好在苗圃的高处为宜,以便自然引水灌溉。如用井水,其井水的数量应根据井的出水量和圃地一次灌水量而定,且力求均匀分散配置在各生产区,如水源位置较低,不能直接引水灌溉时,则需要有提水设施,如水车、抽水机等。

引水主要依靠渠道。可分为固定渠道和临时渠道两种,按其规格大小又分为主渠和支渠。主渠是直接从水源引水供应整个苗圃地的灌溉用水,规格较大;支渠是从主渠引水供应苗圃的某一生产区的用水,规格较小。它们的具体规格因灌溉面积和一次灌水量的不同而异,以能保证及时供应灌溉用水而不过多占用土地为原则。

设计渠道时,可直接挖沟开渠,也可用铁管、塑料管、瓦管、竹管、木槽或用砖石砌成渠道,以减少水分渗透流失,提高水流速度。渠道的水流要保证畅通无阻,不能发生淤积和冲刷现象。大田育苗时,灌溉方向与耕作方向要一致。

如果为了提高水温或需要蓄水设施时,可在圃地水源附近设蓄水池。其大小要与灌溉面积和一次灌水量相适应。

①喷灌,现在大、中型苗圃多采用喷灌,喷灌有固定式和移动式两种。近年来,有些小型苗圃在试验使用间隙喷灌。设固定式喷灌时,要根据输水管的粗细、水压大小、喷头型号和射程远近来确定管道间隔距离。如果在一个耕作区内设置两条以上时,喷头的布设形式是多种多样的。一般可采用品字形布置,使各湿润圆互相搭接不留空白。

移动式喷灌机械,种类型号较多,目前已定型生产且实践证明效果较好的有:518-12型喷灌机组和DP75型喷灌机。

②滴水灌溉(简称滴灌)是在一定低压水头作用下,通过一系列输、配水管道系统和滴头,将水逐滴地、缓缓地、经常不断地浸润到苗木根系范围内,使土壤经常处于最优含水量状态,以保证适于苗木生长的有利条件,从而达到优质高产的目的。现将滴灌系统的设备及布局简述如下。

从水源把水输送到苗木根部附近的全部滴灌设备装置称为滴灌系统。每套滴灌系统一般可控制大约30亩地,有时更多一些。滴灌系统按其作用一般可分为首部枢纽、各级输水管道及滴头三部分。

首部枢纽部分包括水泵、肥料罐、过滤器,并装有几个压力表、水表及流量调节器等设备。

a. 水泵:它是滴灌系统首部的第一台设备,从水源取水并形成整个系统所需要的水压力,通常使用小型离心式水泵,有时也可采用其他型号的水泵,或者利用山坡自然水头的压力,也可直接从自来水管道取水。系统中的水压力,因控制面积大小而不同,一般为0.5~3.0倍大气压。

b.过滤器:因为滴头出水口很小,过滤器是滴水灌溉系统的关键性设备之一。它的作用是滤出灌溉水中的悬浮物质,保证整个系统正常工作,不被堵塞。

c.输水管道部分:包括主管、支管和毛管。主管为输水管,支管为配水管,毛管为灌水管。在整体布置中,主、支管一般埋入土中,毛管置于地面。

d.滴头:它是滴灌系统的一项重要设备,它直接影响灌水的均匀程度和质量。滴头的作用是使水流经过微小的空隙,形成水头损失,把有压水通过消能作用变成无压水,使水成滴的灌入土壤中。滴头的形式很多,其水利学原理,一是利用狭窄的收缩孔;另外,利用一定长度的毛细管,提高磨损,减少流速,形成水滴。滴头安装在毛管上,其距离取决于滴头流量、土壤种类和植物种类等因素。

滴灌是最近几年发展起来的一种新的灌溉方法,它具有以下特点:

a.节约用水。滴灌不仅湿润苗木根部附近的土壤,减少渗漏和株间蒸发损失,又不会出现地表径流,具有显著地省水保墒的优越性。试验证明,比喷灌省水30%~35%,比沟灌省水50%以上。

b.保持土壤疏松、不板结。由于滴灌只是局部湿润土壤,随滴随渗,因此土地不板结,不仅节省中耕用工,而且不破坏土壤团粒结构,土壤透气性好。

c.提高水温和地温,促进苗木生长。由于滴灌管道是黑色聚乙烯塑料制成,能吸收太阳辐射热和地面温度的热量,因而能提高水温。据观测,一般可提高10~15℃,且土壤温度升降变化幅度也较小,有利于苗木生长。

(2)排水系统

排水系统设置很重要,尤其在地势较低,地下水位较高和降雨量较多的地区,苗圃常因积水引起苗木病害和涝灾。为了避免上述灾害及排除灌溉时所剩下的尾水,排水设置要引起重视,尤其盐碱地苗圃更为重要。

排水沟应设在地势较低的地方,排水沟的方向多与灌溉沟相垂直,一般设在道路的两侧。排水沟的深度和宽度应根据当地降水量的分布和地形、土壤条件等因素而定,以保证盛水期能很快排除积水和少占土地为原则。在近山的苗圃,排水沟要大,而且在水沟外侧应筑成土堤,以防洪水冲击;平原地区的苗圃,排水沟两侧应平坦,以使苗圃内外的积水能顺利的流出。

当灌溉渠道和排水沟通过道路时,应修筑涵洞,以免妨碍交通。

3.防风林的设置

在风沙危害较重的地区建立苗圃时,要设置防风林带,以降低风速,减少地面蒸发及苗木的蒸腾,在冬季也可增加积雪。

防风林带的设置规格依苗圃大小和风沙危害程度而异。一般小型苗圃与主风方向垂直营造一条林带;中型苗圃在苗圃周围营造一条林带;大型苗圃若周围林带不能完全起到防风作用时,可在苗圃内与主风方向垂直再设置辅助林带。

林带结构以乔灌混交的稀疏结构为宜。林带的宽度和密度应根据苗圃面积、土壤、气候和树种而定。一般是主林带宽度为8~10m,株行距为1.0~1.5m。

防风林带应选择生长迅速的乡土树种,最好是直根性、病虫害少,而且不是苗木病虫害的中间寄主的树种。

4. 沟、篱的设置

在有野兽、家畜、害虫等侵害的地区,苗圃周围应设置篱和沟。

篱可分为生篱和死篱两种。生篱用于永久性苗圃,用作生篱的树种,最好是常绿的、生长快、萌芽力强、有刺而根系不过分向外扩展的树种,如侧柏、女贞、枸杞、大叶黄杨、皂荚、野蔷薇、沙棘、锦鸡儿、木槿等。生篱一般种植两行,株距为0.3~0.5m,行距1m。

死篱可用2m的树干或木桩,打入地下约四分之一,每隔2m一根,再用3~5行较细的树干(或竹枝、木条等)横架起来,在其间用竹枝或树枝编成篱笆。

5. 房屋场院设置

苗圃经营管理所需要的建筑物(如办公室、宿舍、仓库、种子储藏室、机具房等)和场院的面积和位置,在苗圃区划时应先确定,一般设在地势较高、土壤条件较差,便于经营管理的地段。大型苗圃也可设在苗圃地的中心。

四、苗圃技术档案的建立

(一)建立苗圃技术档案的意义

苗圃技术档案是科学技术档案的一种。其主要目的是通过不间断地记录、积累、整理、分析和总结苗圃地的使用情况,苗木的生长状况,育苗技术措施,物料使用情况及苗圃日常作业的劳动组织和用工等,在一定表格上系统的记载下来,作为档案资料保管。根据这些档案资料,能够及时、准确、历史地掌握培育苗木的种类、数量和质量的现况数据,掌握各种苗木的生长规律,为分析总结育苗技术经验,探索土地、劳力、机具和物料合理使用的主要依据,又能提供建立健全计划管理、劳动组织,制定生产定额和实行科学管理提供依据。

(二)苗圃技术档案的主要内容

1. 苗圃土地利用档案

该档案记录苗圃土地的利用和耕作情况,以便从中分析圃地土壤肥料的变化与耕作之间的关系,为合理轮作和科学的经营苗圃提供依据。

建立这种档案,可用表格形式,把各作业的面积、土质、育苗树种、育苗方法、作业方式、整地方法、施肥和施用除草剂的种类、数量、方法和时间,灌水数量、次数和时间,病虫害种类,苗木的产量和质量等,逐年交易记载,归档保管备用。

为了便于工作和以后查阅方便,在建立档案的同时,应当每年绘出一张苗圃土地利用情况平面图,并注明和标出圃地总面积,各作业区面积,育苗树种、育苗面积和休闲面积等。

2. 育苗技术措施档案

每一年内把苗圃各种苗木的整个培育过程,从种子或种条处理开始,直到起苗包装为止的一系列技术措施用表格形式,分别树种记载下来。根据这种资料,可分析总结育苗经验,提高育苗技术。

3. 苗木生长调查档案

该档案用来记录对苗木生长的观察。用表格形式,记载出各树种苗木的生长过程,以便掌握其生长周期与自然条件和人为因素对苗木生长的影响,确定适时的培育措施。

4. 气象观测档案

气象变化与苗木生长和病虫害的发生发展有着密切关系。记载气象因素,可分析它们之间的关系,确定适宜的措施及试验时间,利用有利气象因素,避免或防止自然灾害,达到苗木的优质高产。

在一般情况下,气象资料可以从附近的气象站抄录,有条件的单位也可以建立气象观测场进行观测。记载时可按气象记载的统一表式填写。

5. 苗圃作业日记

通过作业日记可以了解苗圃每天所作的工作,便于检查总结,同时还可以根据作业日记,统计各树种的用工量和物料的使用情况,核算成本,制定合理定额,更好地组织生产,提高劳动生产率。

(三)建立苗圃技术档案的要求

苗圃技术档案是生产的真实反映和历史记载。它不仅出于生产和科学试验的实践,又能提高生产,促进科学技术的发展和苗圃经营管理水平。要充分发挥苗圃技术档案的作用就必须做到:

(1)技术档案是国家的宝贵财富,是一项非常重要的任务,要真正落实,长期坚持,不能间断。

(2)设专职或兼职管理人员。多数苗圃可由业务组管理或技术员兼管。因为他们是经营活动的组织者和参观者,对生产安排、技术要求及苗木生长情况最清楚,由他们兼管档案方便可靠。而且直接把管理与使用结合起来,不仅便于管理,也有利于指导生产。

(3)观察记载要认真负责,实事求是,及时准确。要做到边观察边记载,务求简明、全面、清晰。

(4)一个生产周期结束后,有关人员必须对观察记载资料,及时进行汇集整理,分析总结,以便从中找出规律和及时地提供准确、可靠、有效的科学数据和经验,指导今后苗圃生产。

(5)按照材料形成时间的先后或重要程度,连同总结等分类整理装订,登记造册,归档,长期妥善保管。

(6)档案员应尽量保持稳定,工作调动时,要及时另配人员并做好交接工作,以免间断及“人走资料散”的现象。

第二节 苗 木 繁 殖

一、播种苗的繁殖

播种苗是利用种子繁殖的苗木，又称实生苗，播种育苗是苗圃繁殖苗木的一种主要方法。播育苗是育苗的重要组成部分，在道路绿化中占有重要位置。

1. 出苗期

从种子播种入土开始至幼苗大部分出土，地上部分出现真叶，地下部分出现侧根，并能独立进行营养时为止，这一时期称为出苗期。

这个时期的种子萌发和幼苗的生育特点是：播种以后，首先是种子在土壤中吸水膨胀，随着种子含水量增加，酶的活性增强，在酶的参与下，种子内部储藏的蛋白质被分解为氨基酸。复杂的多糖类被分解为葡萄糖和其他单糖，脂肪被分解为甘油和脂肪酸等，成为种胚可利用的简单有机物质。然后，种胚各个部分开始生长，胚根伸长，突破种皮，形成幼根伸入土壤中，随着胚轴的伸长，幼芽逐渐出土。出土幼苗地上部生长缓慢，尚未长出真叶，针叶树种顶种壳出土尚未脱落，地下部生长较快，主根向下伸长，但尚未长出侧根。幼苗十分幼嫩，根系分布浅，抗性较弱。

此时期影响种子发芽和幼苗生长的外界环境因素很多，主要是土壤水分、温度、土壤的通透性及覆土厚度等。土壤水分不足，则会推迟种子的发芽期，甚至不能发芽。如果土壤水分过多，又会降低土壤温度和造成土壤通气不良，影响种子正常发育和代谢作用，使种子不能迅速发芽，甚至造成种子腐烂。温度也直接影响种子萌发，温度过低，种胚生长缓慢，出土时间延长。多数树种种子发芽的适宜温度为 20 ~ 25℃，如油松种子在日平均温度 4.4℃开始发芽，平均温度在 20 ~ 25℃时种子迅速发芽，当平均温度高于 31.3℃时，随着温度的升高其发芽率由 96.5% 下降到 74.8%。当然，土壤疏松、坚实、细碎程度及覆土厚薄等，也是影响种子发芽出土快慢的重要因素。

出苗期的时间长短因树种不同而有所差异，如杨树 3 ~ 5 天，刺槐 7 ~ 10 天。油松、樟子松 15 ~ 20 天，而红松则长达 1 个月左右。同一树种的种子，又因播种早晚、催芽程度和气象条件的不同而有一定的差异。

因此，这一时期育苗工作的任务，主要是为种子发芽和幼苗出土创造良好的环境条件，满足种子发芽所需要的水分、温度和通气条件，提高种子场圃发芽率，使种子发芽迅速，幼苗出土整齐、生长健壮。同时还要选择适宜的播种期，做好播种前的种子催芽，提高播种技术，掌握好覆土厚度，加强播种地的管理。

2. 生长初期

从幼苗大部分出土后能独立进行营养时开始，到幼苗的高生长大幅度增长，开始旺盛生长以前，称为生长初期。这个时期幼苗长出真叶，故又称为真叶出现期。

这一时期的苗木生长特点是：幼苗地上部分长出真叶，地下部分幼根长出侧根，开始形成根系,能够独立吸收养分。苗木根系生长较快,分布深度在15~30cm,而主要根系分布在2~10cm深土层内(核桃等深根性树种根系分布较深)。如红松苗木的根系分布在2~10cm深土层中,其根系生长量占全年总生长量的40%左右,其中大部分长出4~5条侧根。苗木地上部高生长比较缓慢。阔叶树种苗木在此时期的生长量为全年总生长量的10%左右,叶形变化较大,由过渡叶型逐渐到定型真叶出现。针叶树种苗生长缓慢,生长量小,一般高生长量仅为2~4cm,如红松苗高生长量仅为1.5cm左右。因此,这一时期苗木仍很幼嫩,根系分布较浅,处于表土层中,对不良环境条件如炎热、低温、干旱、水涝、病虫害等抵抗力弱。

在此时期影响幼苗生长的主要环境因素有水分、温度、光照以及养分条件等。其中水分是决定幼苗成活的关键。水分是苗木生长和吸收养分不可缺少的重要条件,如遇干旱缺水,不仅严重影响幼苗的正常生命活动,甚至会造成苗木干枯死亡。因此,应经常保持适宜的土壤湿度。温度的高低对幼苗的生长发育也有很大影响,温度过低,不仅幼苗生长缓慢,而且地上部分易遭受低温危害,根系生长不良,温度过高,又会引起烧伤幼苗苗茎,甚至造成幼苗死亡。因此,适当地调节和控制地表土壤温度十分重要。光照是幼苗进行光合作用的主要条件,如光照不足,幼苗生长纤细,直接影响苗木的质量。这时,幼苗对土壤中的养分开始吸收利用,需要一定的营养元素,尤其对磷比较敏感。

这一时期育苗工作主要是在保证幼苗成活的基础上进行蹲苗,促进根系的生长,为以后苗木速生丰产打下良好基础。因此,对育苗地要加强管理,合理灌溉,及时除草松土,适量间苗,必要时对幼苗适度遮荫并进行病虫害防治。

3.速生期

从苗木开始旺盛生长,高生长量大幅度上升时起,到苗木高生长量大幅度下降时为止。

这一时期的苗木生长速度最快,生长量最大,苗高、径粗、根系的生长都非常旺盛,增长速度十分明显。根据中国林业科学院林业研究所对油松、刺槐、紫穗槐、白榆和桑树五个树种的观察,在此期间苗高生长量占全年生长量的80%以上,主根长度达0.5~1.0m,侧须根多密集在4~48cm深度的土层内。

速生期的长短,因气候条件的差异和树种不同以及播种期的早、晚而有所变化。北方地区多数树种苗木的速生期从5月下旬或6月上旬开始,到8月下旬或9月上旬为止,大约80~90天。

此时期影响苗木生长的主要环境因子是土壤水分、养分和温度等。据观测,在此时期内有的树种苗木表现出两个速生阶段,第一个速生阶段是从苗木加速生长开始,到速生暂缓为止。此时,苗木的根系发达,能充分供应苗木生长所需的水分和养分,生长快的树种苗木地上部分的营养器官较发达,形成侧枝。这时的气温也适宜,因而苗木生长迅速。但是,当气温逐渐升高进入炎热干旱的夏季时,就出现了生长速度下降的生长暂缓现象。到夏末秋初,气温稍微下降,土壤水分充足时,又出现第二次速生阶段。

速生期出现生长暂缓的原因主要是温度和水分条件的影响。首先是高温的影响,当气温升高到30~40℃时,一些树种的苗木光合作用就会停止。北方地区6~7月间经常出现30~35℃的高温,有些树种苗木在高温的影响下出现生长暂缓现象。

试验和生产实践证明,这种出现两个速生阶段的现象,常常由于肥、水条件的改善而发生变化。如落叶松幼苗长出 2 ~4 轮针叶时,顶端形成圆形芽苞,初呈绿色,后变褐色,而后停止生长,出现早期封顶。若在封顶前 1 周及时浇水,追施氮肥(硫酸铵或尿素),同时喷洒植物激素(100mg/kg)1 ~2 次,就能有效地防止早期封顶,促进苗木迅速而正常的生长。

综上所述,苗木产生两个速生阶段主要是由于外界环境条件的影响所造成,并且采取相应的育苗技术措施是可以改变的。

这一时期苗木的生长发育状况基本上决定了苗木的质量,因此,育苗工作主要是加强苗期管理,满足苗木生长所需要的水、肥等条件,适时灌溉,适量追肥,及时除草松土和防治病虫害,使苗木"吃饱喝足",促进其迅速生长。但是,在速生阶段的后期应停止追肥和灌溉,适量追施磷、钾肥,防止苗木贪青徒长,促进苗木充分木质化。

4. 生长后期

从苗木高生长量大幅度下降时开始,到苗木根系生长停止进入休眠落叶为止,称为生长后期。这一时期苗木即将停止生长,故又称为生长休止期。

这一时期随着气温的逐渐下降,苗木生长逐渐减缓,最后停止生长而进入休眠,在这一时期的前期,苗木高生长已不太明显,仅占全年生长量的 5% 左右,但地径仍在继续生长。当地上部分停止生长时,根系生长还要延续一段时间,又出现一次生长高峰。这一时期苗木形态上也发生很大变化,新梢由原来的浅绿色、绿色逐渐变为紫褐色或黄褐色。落叶树种叶柄形成离层。苗木体内的含水量降低,营养物质转变为储藏状态。增强了对低温、干旱等不良环境条件的抵抗力。

此时期影响苗木生长的主要环境因子是水、肥条件。应停止灌溉和追肥,以促进苗木充分木质化,保证苗木安全越冬。

这一时期的育苗工作主要是防止苗木贪青徒长,促进苗木充分木质化,形成饱满的顶芽,以提高苗木的抗性,增强越冬能力。因此,这一时期应停止一切促进苗木生长的育苗技术措施,如灌溉、追肥、除草松土等,适当控制苗木生长,做好苗木越冬防寒的准备工作。

以上所述各个时期是根据播种苗木生长过程中生长发育特点初步划分的,各个时期的时间长短不仅取决于各个树种的生物学特性,而且与环境条件,尤其是与采取的各项育苗技术措施密切相关。育苗的任务就在于按照各个时期的不同要求采取相应的技术措施,为苗木的生长发育创造良好的条件,促进苗木速生、优质、高产。

(一)育苗方式及播种前整地

1. 苗床育苗

苗床育苗历史悠久,一般常用的苗床有高床和低床。

(1)高床

床面高出地面的苗床称为高床,一般床面比步道高出 10 ~20cm。苗床高出地面可提高土壤温度,增加肥土层厚度,利于土壤通气,便于排水和侧方灌溉,床面不易板结。所以,培育喜通气和排水良好的乔灌木树种、土质黏重容易积水的育苗地和气候寒冷的地区，多采用高床育苗。

高床的一般规格为：床长 10 ~ 20m，床面宽 1m（区划时为 1.1m），床高 15cm 左右，步道宽（两床之间距离）50cm，临时道宽（两排床之间距离）1m。苗床的方向（苗床长边的方向）以东西为好。

做床时先按上述要求区划好，然后采用马拉犁或手工做床。做床要细致，苗床两侧稍高于床面，床头、床帮要切齐压实（成 45°角的斜坡），以防塌帮，再用木（石）磙镇压 1 ~ 2 次。大、中型苗圃可以采用机引筑床机做床。如辽宁省研制生产的 3CL-1.1 型筑床机，每小时做床 4 亩左右，苗床规格整齐一致（床高 15 ~ 22cm、床面宽 100 ~ 110cm，床帮斜度 45° ~ 55°），做床质量好，效率高。

（2）低床（下床）

低床的床面低于地面的苗床，称为低床（或称畦）。低床便于引水灌溉和蓄水保墒，所以东北、华北和西北等少雨干旱地区，为保蓄水分和充分利用灌溉用水，习惯采用低床育苗。

低床的一般规格：床面低于步道 15cm，床面宽度为 100 ~ 110cm，步道宽度约 40cm，苗床长度 10 ~ 20m，苗床的方向以东西方向为好。

2. 大田育苗

大田育苗方式的优点是便于机械化作业，工作效率高，节省劳力。但产苗量较苗床育苗低。大田育苗，分垄做和平做两种。

（1）垄做

垄的规格：垄底宽度一般为 50 ~ 80cm，垄高为 10 ~ 20cm。垄做具备高床的优点，又不需设小水渠，节约用地；垄距大，通风透光较好，苗木根系较发达，苗木质量较好；便于实行机械化和用畜力工具生产。大苗圃用机用做垄犁做垄，小苗圃用耕地犁做垄。

（2）平做

平作是不做床或不做垄，将圃地整平后进行育苗。它适于多行式带状播种，能提高土地利用率和单位面积的苗木产量，同时也便于机械化作业。

带播是由几条播种行组成一个带。一般由 2 ~ 6 条播种行组成一个带。故有 2 行式、3 行式、4 行式、4 行两组式和 6 行三组式带播。

3. 播种前整地

播种前的整地一般在做床或做垄前进行。主要是给种子发芽、幼苗出土创造有利的条件，以提高场圃发芽率和便于对幼苗的抚育管理。温暖湿润地区，可在早春播种前再翻耕一次，深度 15cm 左右，耕后立即耙地 1 ~ 2 次。北方干旱地区，可在早春播种前进行浅耕，深度不超过 10 ~ 15cm，不要把干土翻下去。耕后耙地的次数视土壤情况和种粒大小而定，如土壤黏重应耙地 2 ~ 3 次，土壤疏松、结构良好的，可耙地 1 ~ 2 次，播大粒种子可耙地 1 ~ 2 次，播小粒种子可耙地 2 ~ 3 次。播种前整地最后要达到地平、土碎、疏松，无草根、石块、土块，上暄下实的要求。

(二)播种前土壤和种子的处理

1. 土壤处理

土壤处理的目的是消灭土壤中的病原菌和地下害虫。一般采用烧土法和药剂处理。

(1)烧土法

林区、山区枯枝落叶丰富和柴草方便的地方,可在圃地堆放焚烧,使土壤耕作层加温。这种方法不仅能消灭病原菌和地下害虫,而且具有提高土壤肥力的作用。

(2)药剂处理

①五氯硝基苯:有机氯杀菌剂,是一种很好的土壤消毒剂,能有效地防治松苗立枯病。75%五氯硝基苯可湿性粉剂,每平方米用3~5g,与200倍细沙土混合均匀制成药土。播种前1~2天把药土均匀撒施在床面上,然后用平耙将药土与苗床表土混拌,整平床面后播种。五氯硝基苯对人畜无害,使用安全。

②五氯硝基苯混合剂:以五氯硝基苯为主,加入代森锌或苏化911、敌克松等制成混合药剂,混合比例为3:1(五氯硝基苯3份,其他药剂1份),每平方米用量3~5g,用法同五氯硝基苯。或将配好的混合药剂与细沙土混拌均匀制成药土(加细沙土量以能保证均匀撒施和覆盖为准)。在播种前把药土撒与播种沟底,然后把种子播在药土上,并用药土覆盖种子。

③苏化911(甲基硫化砷):是一种很好的土壤消毒剂,每平方米施用30%苏化911粉剂3~5g,用法同五氯硝基苯。苏化911对人畜有毒害,使用时要注意安全,如戴口罩和手套。

④敌克松:对防治松苗立枯病也具有一定效果。一般用90%敌克松粉剂,每平方米3~5g,用法同五氯硝基苯。

⑤硫酸亚铁:一般使用浓度为1%~3%水溶液,每平方米4.5kg,均匀喷洒在床面上,于施药后6~7天播种,具有防治松苗立枯病的作用。

⑥辛硫磷乳油:是一种非内吸性杀虫剂,对害虫具有强烈的接触和胃毒作用,可用于防治蛴螬、蝼蛄、金针虫等地下害虫。

一般用50%辛硫磷乳油0.5kg,兑水0.5kg,再与125~150kg细沙土混拌均匀,制成毒土,每亩施用15kg左右。为使药剂混拌均匀,可先兑50kg细土,然后再兑其余的75~100kg,也可将0.2~0.25kg乳油,加水5kg稀释后直接喷洒在每亩施用的粪肥堆中,混拌均匀。毒土可撒施在育苗地上,结合翻地、施肥或做床(垄)时翻入土壤中。如施在种子下面,不要使种子接触毒土为宜。

辛硫磷乳油在光照下易分解,因此,制毒土时最好在室内或傍晚进行,堆放在阴暗背光处,及早施入土壤中。辛硫磷乳油是低毒农药,对人、畜无害,但使用时也要注意安全。

2. 种子处理

为了预防苗期病害,尤其是松苗立枯病的发生,一般在播种前或催芽前进行种子消毒。

(1)硫酸铜溶液:用0.3%~1%硫酸铜溶液浸种4~6h,然后捞出摊晾阴干后播种或进行种子催芽处理。若用3%浓度的,则浸种1h。

(2)高锰酸钾溶液：用0.5%高锰酸钾溶液浸种2h，或用3%高锰酸钾溶液浸种30min，然后取出阴干后播种或进行催芽处理。但是，对胚根已突破种皮的催芽种子，不宜用高锰酸钾溶液消毒，以免产生药害。

(3)五氯硝基苯：用75%五氯硝基苯粉剂拌种，拌种用药量为种子重量的0.2%～0.3%，每千克种子用药2～3g，最好先与10～15倍细沙混拌配成药土，再进行拌种消毒。拌种后堆起密封一昼夜，再进行种子催芽或播种，防治效果良好。

(4)福尔马林溶液：在播种前1～2天，将种子放入0.15%福尔马林溶液中(即1份福尔马林加260份水稀释)，浸种15～30min，取出后密闭2h，然后将种子摊开阴干后立即播种。浸种消毒后的种子不宜久存，否则会降低种子发芽率和发芽势。

(5)敌克松：用90%敌克松粉剂拌种，粉剂拌种用药量为种子质量的0.2%～0.5%。一般先用药量的10～15倍细沙配成药土，然后进行拌种消毒。

(6)苏化911：用30%苏化911粉剂拌种，每千克种子用药2～4g，配成药土后进行拌种消毒。

(三)播种季节

适宜的播种期，主要依据树种的生物学特性和各地区的气候条件来确定。播种期的早晚，直接影响苗木生长期的长短和对恶劣条件的抵抗能力。选择适宜的播种期进行播种，不仅能促进种子提早萌发，发芽率高，出土整齐一致，而且苗木生长健壮，抗病、抗寒、抗旱能力强。我国土地辽阔，树种繁多，南方大部分地区气候温暖，雨量充沛，一年四季都是播种季节。而北方地区，气候寒冷，干旱少雨，因此大多数的树种只适合于春、秋两季播种，而且以采取春播的较多。

1. 春播

春季是树种主要的播种季节，北方大部分地区的自然条件和多数树木种子的生物学特性都适于春播。

春播从播种到幼苗出土之间的时间短，可以减少播种地的管理用工。春季一般土壤较湿润，气候也比较适宜，有利于树木种子发芽。幼苗出土后可以避免低温和霜冻危害，减少鸟、兽、虫、病和牲畜的危害。但是，在春季雨水较多的地区，往往容易推迟播种期，降低苗木质量。有些树木的种子在春播时需要经过储藏和催芽，因而育苗成本也略有增加。

春播时间宜早，一般在幼苗出土后不致受到低温危害的前提下，以早播为好。在土壤结冻地区，当土壤解冻后，应及时进行整地播种，尤其在生长期较短或干旱地区更为重要。但对晚霜危害比较敏感的树种，如刺槐、臭椿等则不宜过早播种，在选择播种期时，要考虑到幼苗应在晚霜期过后出土为宜。

各地区的春播时间，气候温暖的南方一般可在2月末至3月初播种；华北、西北地区不应晚于4月上旬；东北东部，辽宁南部4月上旬，辽宁中部、西部4月中旬，辽宁北部地区不应晚于4月下旬。总之，要根据当时当地的具体情况来确定春播的适宜起止时间。

2. 夏播

夏播适于春夏成熟而又不宜久藏的种子。如杨、柳、榆、桑等树木种子，种子成熟正值夏季，难以储藏，也易丧失发芽能力，所以一般是随采随播。比较干旱的地区，夏季气温高，土壤水分蒸发量大，表土干燥，应趁雨后播种或灌溉后播种。夏播时间应尽量提早，在种子达到成熟时就应及时采收播种。这样，种子发芽出土早，可延长苗木生长期，苗木生长健壮，抗性强。

3. 秋播

秋季也是一个重要的播种季节，一般除种粒很小和含水量大的树木种子之外，多数树木种子都可以在秋季播种。尤其是红松、水曲柳、椴树等一些休眠期比较长的深休眠的林木种子或栎类、核桃、核桃楸、板栗、山杏、京桃等大粒种子，更适合于秋播。

秋播的优点是种子在播种地的土壤中通过休眠期，完成了播种前的催芽阶段，翌春幼苗出土早而整齐，因而延长了苗木生育期，幼苗生长健壮，成苗率高，抗性强。同时，也减免了种子储藏和催芽处理，省工，又减缓了春季作业繁忙、人力不足的矛盾。但是，因秋播后种子在土壤中时间较长，易遭受鸟、兽、虫和病的危害。如果翌春幼苗出土过早，又会遭到低温和晚霜危害。同时，秋播后翌春土壤表层易产生板结，影响幼苗出土，对播种地的管理也造成一定困难。

秋播的时间因树种特性和当地的气候条件的不同而有所差异。对长期休眠的种子应适当提早播种，可随采随播。秋播的时间不宜过早，多于晚秋播种，以防播种后当年秋季发芽，致使幼苗遭受冻害。

（四）苗木密度及播种量

1. 苗木密度

苗木密度就是单位面积（或单位长度）上苗木的数量。合理的苗木密度是建立在合理的播种量的基础上的。要实现苗木的优质高产，就要在保证每株苗木生长发育健壮的基础上获得单位面积（或单位长度）上最大限度的产苗量。因此，苗木密度不仅是单位面积产苗量的基础，而且又是影响苗木质量的重要条件。如苗木密度过大，苗木的营养面积缩小，通风不良，光照不足，就会降低苗木质量。在这种条件下培育的苗木细弱，叶量少，顶芽不饱满，根系的发育受到明显的抑制，茎根比值大，干物质少，分化现象严重。相反，苗木密度过小，不但单位面积上的产苗量低，而且由于苗木稀少，苗间空隙扩大，土地利用也不经济，还易滋生杂草，增强管理用工。

在一定范围内，适当增加播种量，增加苗木密度，不但不会影响苗木质量，而且还可以提高合格苗木的产量。但是，超过了该范围，虽苗木的总产量增加了，但废苗率随着增加，苗木质量显著下降，合格苗的产量相应地减少。

确定苗木密度，应该是在保证个体充分发育的条件下，使群体达到最大的限度。也就是在不降低苗木质量的前提下争取获得最多的苗木，即优质高产。确定合理苗木密度时应注意到不同树种或同一树种不同苗木种类，不同苗龄的苗木，要求的密度各不一样。生长快、苗龄大要比生长慢、苗龄小的苗木密度小些，如阔叶树比针叶树苗木密度要小。同一树种的苗木，由于土壤、气候条件好，水肥充足或育苗技术水平较高的情况下，要比相反的情况密些。总之应综合考虑,在实践的基础上确定合理的苗木密度。

2. 播种量的计算

播种量是单位面积上(或单位长度上)播种种子的重量,大粒种子则以粒数来表示。播种量适当与否对苗木的产量和质量的影响很大。播种量过多,不仅浪费种子,而且苗木过密,如间苗不及时,苗生长纤细,会降低苗木质量;播种量过少,苗木产量低,土地利用不经济,而且增加了田间管理。各种树木的合理播种量,应根据树种、种子质量、圃地自然条件以及育苗技术等来确定。如果种子质量差,圃地自然条件不好、育苗技术水平低,则应考虑适当加大播种量,以保证单位面积产苗量。因此,应科学计算播种量。

计算播种量应有以下条件:

(1)单位面积(或单位长度)的产苗数。

(2)种子品质指标:净度、千粒重、场圃发芽率(或发芽势)。

(3)种苗损耗系数。

计算播种量可采用下式:

$$X = C \cdot = \frac{A \cdot W}{P \cdot G \cdot 1\,000^2}$$

式中:X——单位长度(或面积)实际所需的播种量,kg;

A——单位长度(或面积)产苗量,株;

W——千粒重,g;

P——净度,%;

G——发芽势(或场圃发芽率);

C——种苗损耗系数。

C 值的变化范围大致如下:

(1)用于大粒种子(千粒重在700g以上),$C>1$。

(2)用于中、小粒种子(千粒重在3~700g),$1<C<5$(如油松种子 $1<C<2$)。

(3)极小粒种子,$C>5$(如杨树种子 $10<C\leqslant 20$)。

种苗损耗系数(C 值)受树种、圃地的环境条件、育苗技术和病虫害等很多因素的影响变幅很大。不同树种的种苗损耗系数不同,同一树种在不同的条件下,损耗系数也不同。例如,春季播种宜小,秋季播种宜大;湿润条件宜小,干旱条件宜大;催芽的种子宜小,未催芽的种子宜大;自然灾害少的宜小,自然灾害大的宜大;用种子生活力代替发芽势时宜大。总之,要根据上述各方面因素,通过试验和生产实践来确定适于苗圃各树种的 C 值。

(五)播种方法及技术要点

1. 播种方法

目前育苗生产上应用的播种方法,主要有撒播、条播和点播三种。

(1)撒播

将种子全面均匀地播于苗床(或垄)上,称为撒播。撒播是各地长期应用的一种播种方法，一般用于针、阔叶树种中一些小粒种子，如杨、柳、桑、泡桐等树种。撒播的主要优点是单位面积产苗量较高。但不便于进行土壤管理，致使土壤易板结，通气不良；苗木密度较大，通风不良，光照不足，不利于苗木生长发育；不便于机械作业，比较费工。撒播一般用种量偏大，而且多用于苗床作业，有一定的局限性。在当前一些树种种源不足的情况下，不宜撒播。

(2)条播

条播是按一定行距，将种子均匀地播到播种沟内。条播是目前育苗生产上应用最广泛的一种播种方法，适用于各种育苗方式和大小不同的树木种子。条播的主要优点是苗木有一定的行间距离，可在苗木生长期间经常进行行间松土，保持土壤疏松；光照和通风条件较好，苗木受光均匀，生长健壮，质量较高。此外，条播便于进行各种作业，并能采用机械化作业，但小粒种子条播，苗木产量往往不如撒播高。

条播时行距需根据苗木生长特性和圃地气候、土壤条件来决定。生长快、根系发达的树种，其行距应比生长缓慢的树种大些；圃地土壤条件较好，可适当缩小行距，以提高单位面积产苗量。一般条播的行间距离为10～20cm。

条播的播幅(即播种行的宽度)一般是3～5cm，有时为了克服条播和撒播的缺点，并兼有两者优点，小粒种子进行宽幅条播，播幅可加宽至10～15cm，在播种行上均匀撒播种子。

必要时也可以采用带播，即多行式的条播。一个播种带由几条播种行组成，带与带之间保留较宽的距离。播种带内的播种行数、行距及带间距离的大小，主要决定于播种、抚育和起苗时所用的机具，树种的生物学特性和圃地的气候、土壤条件。一般由2～6条播种行组成1个播种带，即2行式、3行式、4行式、5行式和6行式带播。

(3)点播

点播是按一定的株行距将种子播于播种沟内。一般多应用于大粒种子，如核桃、板栗、文冠果、核桃楸、山杏、银杏、京桃等树种的播种育苗。为保证每株苗木有大致相同的营养面积，播种时株间距离应大致相等，即按一定行距开播种沟，按一定株距播种。

2. 播种技术要点

(1)播种作业的主要环节(工序)

播种作业通常包括划线、开沟、播种、覆土和镇压等五个主要环节(工序)，每个作业环节的工作质量和相互配合的好坏，直接影响种子的场圃发芽率、出苗快慢和整齐与否，也影响到苗木的产量和质量，关系到播种育苗的成败，因此，必须做好播种作业的每个环节(工序)。

①划线：为了使播种行通直，便于苗期抚育管理，在播种前按要求的行距划线。机械播种时，划线与开沟同时进行。

②开沟：在划线的基础上开沟，播种沟的深度视种粒大小而定，一般应等于种子直径大小的2～3倍，开沟深浅要均匀一致。

③播种：播种与开沟是紧密结合进行的，开沟后要立即播种，以免因播种沟干燥土壤水分散失而影响种子发芽。要力求使种子均匀地分布在播种沟内。采用手工播种时，可先稀播而后补播。播种小粒种子时播种量少，为了下种均匀，可在种子中掺拌适量细沙混播。播种应尽量选择无风晴天及土壤墒情适宜的时候进行，尤其小粒种子和带翅种子，切忌大风天

气播种,否则会因下种不匀造成缺苗断条。如果土壤干旱,种子经过浸种催芽处理,必须在播种前浇透底水,待床(垄)面稍干后及时播种。

④覆土:播种后立即用细土或细河沙等覆盖种子,以免播种沟内的土壤和种子干燥。为使播种沟中保持适宜的水分、温度,促进种子发芽和幼芽的出土,覆土厚度要适宜,厚薄均匀一致。

覆土厚度对种子发芽和幼苗出土有很大影响,生产实践证明,覆土厚度不当往往可造成育苗失败。覆土过薄种子容易暴露,遭受风吹日晒,得不到充足水分,且易遭鸟、兽、虫危害;覆土过厚则因温度较低,不利于种子发芽,发芽后的幼苗出土也困难。

覆土厚度一般以种子直径的2~3倍为宜。在确定具体覆土厚度时,必须考虑各树种种子的大小和发芽特性,圃地的气候和土壤条件,播种期和管理技术等。

一般的小粒种子较大粒种子覆土要薄;子叶出土的种子比子叶不出土的种子覆土薄;黏重土壤由于土壤的机械阻力大,种子发芽出土比较困难,覆土应较疏松土壤薄些;秋播的种子在土壤中时间较久,土壤容易因水分蒸发而干燥,且种子又易遭受鸟兽危害,因此覆土比春播和夏播的适当加厚;管理技术条件较好的,如人工降雨或灌溉方便的,可以比条件较差的覆土薄些。

小粒种子如杨、柳、桦、泡桐、绣线菊、赤杨等覆土或覆细沙以不见种子为度;落叶松、樟子松、油松、侧柏、云杉、冷杉、桧柏、杜松、杉木、马尾松等覆土厚度以0.5~1.0cm为宜。水曲柳、花曲柳、槭树、臭椿、榆树、枫杨、刺槐、椴树、华山松、白皮松、红松等以1.5~2cm为宜;大粒种子如核桃、核桃楸、板栗、橡实、山杏、京桃、银杏等覆土厚度以4~8cm较为适宜。

覆土不仅厚度适当,而且要均匀一致,否则幼苗出土参差不齐,疏密不均,影响苗木的产量和质量。覆土以后,除要适当地加以镇压外(尤其小粒种子),在比较干旱条件下还要盖草以保持土壤湿润,防止土壤板结,为种子发芽出土创造有利条件。

圃地土壤疏松的可用床土覆盖,小粒种子(如杨、柳、桦、桑、泡桐、赤杨等)或土壤较黏重的,则不宜用床土,而多用过筛的细沙土覆盖。也可采用腐殖质土、泥炭土和锯末等覆盖。为减少杂草和病害的传播,也可用黄心土或火烧土覆盖。总之,覆盖种子的材料以不影响幼苗出土为原则,尽量因地制宜,就地取材。

⑤镇压:为了使种子与土壤紧密相接,以便供应种子发芽时所需要的水分,覆土后要及时用镇压器镇压,在比较干旱的地区更为必要。比较黏重的或较湿润的土壤则不宜镇压,否则易使土壤板结,不利于种子发芽出土。

(2)播种作业

①机械播种:目前有许多适于育苗播种作业的床作或垄作播种机,这种播种机开沟、播种、覆土和镇压等工序一次完成作业,播种均匀,覆土厚度一致,比手工播种工效高,每天可播种40亩,适用于育苗播种作业。

②人工播种:人工播种以采用手推播种磙播种较为普遍,如落叶松、油松、樟子松、侧柏、杉木、马尾松及杨、桑等多采用手推播种磙播种。两人操作,每天可播种中、小粒种子20亩左右,比手工播种提高工效4~5倍。

采用手工播种时,首先划线(压印)定行距,然后用开沟器开沟播种。如果是苗床撒播,则两人一组分别在步道两侧用手撒种。为了均匀撒播,可先稀播,而后再补播。杨、桑等小粒种子,用种量少、种粒小,播种时可与适量沙混合。如进行条播,可先在苗床(或垄)上开沟或划行(或压印),开沟的深度依种粒大小和土壤质地而定。开沟后顺着划定的播种行方向手工撒播。手工播种要配合紧凑,相互衔接,这样才能保证播种质量。

(六)播种地的管理

1. 覆盖

覆盖的目的是保持土壤湿润,调节地表温度,防止表土板结和杂草滋生等。一般覆土薄的小粒种子,如杨、柳、桑、桦木、泡桐、落叶松、杉木、云杉、水杉等树种,都要在覆土后加以覆盖。覆盖的材料要就地取材,可用稻草、麦秆、茅草等,也可用锯木屑、谷壳、苔藓等。但应注意,覆盖材料不要带有杂草种子和病原菌。覆盖的厚度要适宜,以保持床面表土湿润为原则,过薄达不到保墒的目的,过厚则影响土温,既浪费材料,又影响苗木出土,一般以覆盖后不露床面为度。

覆盖后要经常检查,以防止覆盖材料被风吹跑。当幼芽大量出土时,要及时分期撤除覆盖物,否则不仅影响幼苗光照,而且幼苗通过覆盖物的缝隙长出,造成苗茎弯曲、细弱、生长不良。

撤除覆盖物时要注意保护幼芽,同时应注意天气,晴天早晚揭开或阴天揭开比较适宜。撤除覆盖物可分两次进行,在条播情况下,第一次可将覆盖物移到中间,以利保墒和保护幼苗,防止杂草滋生。幼苗开始进入生长初期,可将覆盖物全部撤除。

覆盖比较费钱费工,在覆土较厚或不覆盖不致影响种子发芽和幼苗出土的情况下,尽量不加覆盖物。

生产上播种杨树、落叶松、樟子松等小粒种子时不进行覆盖,而是采取播前浇透底水,播后细眼喷雾浇水,经常保持床面湿润,也可取得较好效果。目前,很多苗圃采用塑料薄膜覆盖和喷洒土面增温剂,代替稻草等覆盖物,也取得良好效果,是今后代替覆盖物的一项有效措施。

在用塑料薄膜进行床面覆盖播种后,采用塑料薄膜进行床面覆盖,不仅可以防止土壤水分蒸发,保持土壤湿润疏松,而且增加温度,促进发芽,出苗整齐。但当外界气温逐渐增高时,播种床内的温度也急剧增高,甚至可达40℃以上,这种过高的温度对种子发芽极为不利。不但会抑制种子萌发,而且对正在出土的幼苗也易遭受灼伤。因此,使用塑料薄膜覆盖,必须注意经常检查,当苗床温度达28℃以上时,应及时打开塑料薄膜的两端,进行通风降温或在塑料薄膜上遮以苇帘降温,待幼苗出土后揭除塑料薄膜。

2. 喷洒土面增温剂

土面增温剂是我国试制成功的一种化学覆盖物,是一种棕色(或褐色)膏状物,加水稀释后可变成乳状液体,喷洒在平整的床(垄)面上,很快脱水形成一层连续均匀的薄膜,从而抑制土壤水分蒸发,保持土壤湿润,减少地表盐分积累,提高表层土壤温度,防止土壤板结,防止风蚀、霜冻等。

苗圃播种后即可在床面上喷洒土面增温剂，先将增温剂稀释成 8 倍液，然后过筛滤除杂质，再将稀释后的增温剂水溶液均匀地喷洒在床面上。每亩施用原液 100 ~ 120kg。喷洒时间以无风晴天为宜，阴雨天或大风天喷洒对成膜不利。

施用增温剂后 15 ~ 20 天，无须特殊管理。过早进行除草和灌溉，反而会破坏土面增温剂覆盖膜。当幼芽出土后（通常在施用增温剂 15 ~ 20 天），再进行正常田间管理。

应用增温剂育苗，需采用化学除草。增温剂具有增温、保墒和保护表土免于被侵蚀、淋溶等特点，因而能更好地发挥除草效果。试验结果表明，在喷洒增温剂前，播种覆土后喷洒除草醚、捕草净等除草剂，每平方米施用 2g（捕草净 0.2 ~ 0.3g），可以杀死大部分杂草，而对常绿针叶树种完全无药害，生长正常，防除杂草效果达 95% 以上，可控制苗圃育苗地杂草危害。

施用增温剂，一般可提早播种期 2 ~ 4 天，延长苗木的年生长期 10 ~ 15 天，苗高、茎粗、根系都有明显增长，对提高苗木质量和产量，增强苗木抗性有很好的效果，同时还可以节省人力物力，降低育苗成本。

3. 灌溉与松土除草

（1）灌溉：水分是种子发芽的重要条件，播种地在播种前一定要灌足底水，播种后如墒情适宜，在不影响种子发芽的情况下尽量不浇水，以免降低地表温度，引起表土板结和造成土壤通气不良。如气候干燥，土壤水分不足时，应适量浇水。浇水次数和浇水量要根据覆盖物的有无、树种和覆土厚度等灵活掌握确定。有覆盖物的浇水次数可少些，覆土厚和种粒大的尽量少浇水。对杨、柳、桑、桦、泡桐等小粒种子，需多次少量浇水，以经常保持土壤湿度为原则。有条件苗圃，无论床播或垄播均可应用喷灌，这样既可提高工效，又防止土壤板结现象产生。

（2）松土除草：播种后种子需要经过一段时间才能发芽出土，在没有覆盖物的播种地，因降雨和灌溉，表土容易坚实板结，通气不良，蒸发量大，保水力差，而影响种子发芽和幼芽出土。尤其是在秋季和早春播种的育苗地和黏重的土壤更容易产生这种现象，而且圃地易滋生杂草，夺取土壤中的水分和养分。在种子发芽和幼芽出土前后，一旦出现土壤板结和杂草，应及时进行松土除草。

松土除草时，不要碰动种子和损伤幼芽，可进行行间松土除草，覆土较厚的也可进行全面的浅层松土，但深度应较覆土厚度浅些，松土除草最好在雨后天晴或灌溉后进行，这样易于作业，并能保蓄水分。

在有覆盖物的播种地上，一般不需要松土除草。因覆盖后土壤结构保持良好，水分条件较好，播种后覆盖前喷洒除草剂，如用 40% 除草醚 2 ~ 3g/m^2，可以有效地防除育苗地杂草。

（七）育苗地的管理及苗木保护

1. 灌溉、排涝

在种子萌发和苗木生长过程中，水分具有重要作用。灌溉的目的就是为了增加土壤中有效水分的含量，以满足苗木在不同生长发育时期对土壤水分的要求。所以，合理的灌溉是培育壮苗的重要措施之一。

所谓合理灌溉是灌溉必须适时适量。灌溉时间和灌溉量应根据树种的生物学特性,苗木的生长发育时期和圃地的气候、土壤条件来确定。

各树种的生物学特性不同,对土壤水分的要求也各不相同,如培育杨、柳、泡桐、云杉、落叶松、杉木、水杉等树种播种苗时,由于幼苗比较细嫩,根系发育较慢。要求比较湿润土壤,灌溉的次数应多些。而刺槐、皂角、白蜡、臭椿、榆树、槭树等树种幼苗比较耐旱,对土壤水分要求不太高,灌溉次数可适当少些。由于栎类、核桃、板栗、文冠果、京桃等树种,幼苗根系分布较深,而且需水较少,可尽量少灌溉。

灌溉还应根据苗木各生长发育时期的不同特点来确定。播种苗木在出苗期间,种子发芽和幼苗出土都需要一定的水分条件,此时根系分布很浅(约 0 ~ 10cm),要防止其根系分布的表土层过于干燥。对于小粒种子需水较多的树种,灌溉宜少量多次;对于大中粒种子需水较少的树种,可以不灌溉。幼苗生长初期,苗木地上部分和根系开始生长,幼根长出侧根,开始形成根系,但分布比较浅(约 15 ~ 20cm),如土壤水分不足,易引起幼苗死亡。此时必须使表层土壤经常保持湿润,适当增加灌溉量,灌溉次数可相应地减少。从苗木速生初期一直到速生末期,苗木生长速度最快,需水量最多,而且气温高,主要根系分布较深(约 30cm 左右),灌溉的深度较深,用水量最大,可采取少次多量,一次灌透的方法,充分满足苗木迅速生长所需要的水分。苗木生长后期,为防止苗木贪青徒长,使苗木充分木质化,应停止灌溉。

灌溉必须及时,不能在苗木因缺水而出现萎蔫时再灌溉。确定灌溉时间的可靠方法是测定土壤的含水率。

确定每次灌溉量的原则,应保证苗木根系的分布层处于湿润状态,即灌水的深度应达到主要根系分布层以下。因此,必须了解各树种的苗木在不同时期根系分布的深度,以便确定灌溉时需要湿润的土层深度。所谓保持土壤的经常湿润,是指土壤湿度始终不低于田间持水量的 60% 。

在确定灌溉措施时,还要考虑当地的气候和土壤条件。在天气较干旱、土壤水分缺乏的情况下,灌溉次数应多些,灌溉可大些;在晴朗多风的天气,苗木蒸腾量和土壤蒸发量较大,土壤水分消耗较多,则应缩短灌溉的间隔时间;在无风多云,空气相对湿度较高的情况下,灌溉的间隔时间可适当延长;沙土保水力差,可少量多次,黏土保水力较强,则应当少次多量,适当多灌。

每次灌溉的具体时间,应尽量在早晨、傍晚或夜间进行。这样不仅可以减少水分蒸发,而且又不会因土温急剧变化而影响苗木的生长。

灌溉的方法通常有侧方灌溉(又称为沟灌)、上方灌溉(又称为漫灌或畦灌)和浇灌三种。

侧方灌溉,一般用于高床和高垄作业。这种方法是把水由灌溉渠道引入步道或垄沟里,水从侧方渗入床内或垄中。由于水分由侧方浸润土层,床面域垄面不易板结,灌溉后土壤仍具有良好的通气性,可以减少松土的次数,同时也比较省工。但容易引起土壤结构变坏,消耗水量太多,又降低土壤温度,苗床较宽时往往灌水浸润不均匀。播小粒种子时,不宜侧方灌溉。

上方灌溉,一般用于低床或低垄育苗。其方法是直接将水引入低床中或低垄中漫灌,水从床面或垄面流过而渗进土壤中。这种灌溉方法比较省水、省工。但由于是从床面或垄面流过而渗入,灌溉后土壤容易板结,通气不良,需增加松土次数。用这种方法灌溉时要缓慢灌水,不要过急,不要冲倒苗木或淹没苗木的下层叶子,以防叶子粘附泥土,影响苗木叶片的光合作用。

浇水灌溉,在没有实现机械灌溉的条件下,使用喷洒车进行灌溉。适用于一些覆土较薄的小粒种子的播种地。其主要优点是简单方便、省工、省水。缺点是步道湿后泥泞,作业不便,行车困难。一些小型苗圃,播种面积较小,采用喷壶浇水灌溉,这种方法简便省水,但效率太低、费工,而且劳动强度大。

有条件的大、中型苗圃应采用固定(管道)式或移动式人工降雨设备,进行定时、定量的人工降雨喷灌播种地。人工降雨是一种比较先进、经济有效的灌溉方法,工作效率高,灌溉及时,省水、省工,喷灌后不但能湿润土壤和苗木,也能调节空气湿度。但有时因雨滴较大冲击苗木,引起表土板结,固定式人工降雨设备需大量管道材料,投资较大,推广尚有一定的局限性。

在注意苗圃地灌溉的同时,也必须十分重视排水工作。要及时排出过多的雨水或灌溉后多余的尾水,使圃地中不存有积水。特别是花灌木树种大多数播种苗都不耐水湿,更应及时排出积水,以免引起病害和涝灾,造成苗木生育不良,甚至死亡。

2. 中耕和追肥

中耕是在苗木生长期间对土壤进行浅层耕作。

(1)中耕的作用

中耕能减少土壤水分的蒸发;促进气体的交换,给土壤微生物创造适宜的生活条件,提高土壤中有效养分的利用率,促进苗木的生长,消灭杂草,在盐碱地上能减少土壤返盐碱现象。

(2)中耕的时间及深度

中耕必须及时,每逢灌溉或降雨后,当土壤湿度可以中耕时要及时进行中耕,以减少水分的蒸发和避免土壤板结和龟裂。中耕的深度对效果影响较大,过浅效果不佳,具体深度因苗木的大小而异,小苗的根系分布较浅,中耕宜浅,大苗的根系分布较深,中耕宜深。一般幼苗期中耕深度2~4cm,以后逐渐加深到8~10cm。

追肥一定要施足基肥,以保证在一年中苗木整个生长期间都能获得充足的矿质养料。一般来说,一年生的苗木的追肥时期,应在幼苗期(或生长初期)和速生期的前期。如落叶松第一次追肥通常是在生出2~3层真叶时开始。追肥的次数,用速效性氮肥可分成1~3次施入,以保证苗木在速生期所需要的大量养分。通常追氮肥的时间最迟不能过8月份,即所谓“施肥不过八”,特别是在我国北方地区。

3. 松土除草

松土除草是苗木抚育工作的一项重要措施。在苗木生长期间,育苗地由于降雨、灌溉等原因,致使表层土壤变得紧实板结,这样就会加速土壤水分的蒸发,造成土壤通气不良,影响苗木根系的生长发育。松土的目的就在于疏松土壤,保蓄土壤水分,减少土壤水分的蒸发,改善土壤的通气条件,促进气体交换,为根系生长创造良好的土壤条件。

杂草对苗木生长危害较大,杂草繁殖能力强、生长快,不仅会夺取苗木生长所需要的水分和养分,而且还会影响苗木的光照。此外,杂草还容易使苗木感染病虫害。因此,在苗木的生长期间,必须及时清除杂草。

使苗圃地经常处于疏松无草的状态,才有利于苗木的生长发育,培育出优质壮苗,及时松土除草对于土壤水分和苗木质量有着明显的影响。

松土除草一般可以结合进行,但当土壤板结、天气干旱、水源不足时,即使不需要除草,也要及时松土。

松土除草的次数、时间和深度,应根据树种的特性、苗圃地的气候、土壤条件以及杂草滋生的情况灵活掌握。在雨量充沛、灌溉方便的地区,1 年生播种苗应进行 4 ~6 次松土除草;在气候干旱、灌溉条件较差的地区,应进行 6 ~10 次。

除草应掌握"除早、除小、除了"的原则。在苗木生长初期,幼苗细嫩,抵抗力弱,需要精细的抚育,应及时松土除草,一般每隔 10 ~15 天进行一次。速生期的苗木生长迅速,需要较多的养分、水分,并要求一定的光照条件,可每隔 15 ~30 天进行一次除草。在苗木生长后期,为促进苗木充分木质化,应停止松土除草。松土除草工作最好在灌溉或降雨后适时进行,这样既省工又可达到保墒的目的。

松土除草的深度取决于苗木根系的生长发育状况。在苗木生长初期,幼苗根系分布较浅,松土应浅,一般深度为 2 ~4cm,以免损伤苗根。以后随着苗木生长,尤其速生期地上部分生长迅速,根系不断增长,苗木已具有比较发达的根系,松土深度可逐渐增加到 6 ~12cm。一般情况下,针叶树种苗木松土除草可浅些,阔叶树种苗木可深些;苗根附近、株间可适当浅些,行间可深些。总之,以既要达到松土的目的,又要避免损伤苗木根系为原则。

苗圃地除草是抚育工作中一项很繁重的任务,人工除草劳动量大、费工。为了减轻劳动强度和提高工作效率,降低苗木成本,应大力提倡机械除草和化学除草。

4. 间苗和幼苗移植

在播种育苗时,常由于播种量偏大或播种不均匀,造成出苗不齐,疏密不均,苗木密度过密时,由于光照不足,通风不良,营养面积小,致使苗木生长细弱,发育不良。因此,需要通过间苗调整苗木密度。在苗木过密的地方间除生长不良、受病虫害的苗木,以保证苗木在适宜的密度条件下,生长整齐,健壮。

间苗工作应及时进行,早疏早定,这样不但幼苗扎根浅,容易拔除,而且可以减少被间苗木对土壤水分、养分的消耗,改善幼苗的生长条件。间苗的次数要以苗木的生长快慢和抵抗力的强弱而定。大部分阔叶树种,如刺槐、榆树、臭椿、京桃等,幼苗出齐后长出两片真叶时间苗,并尽量一次定苗;大部分常绿针叶树种,如油松、樟子松、侧柏、杉木等,幼苗生长缓慢,易遭干旱和病虫危害,可采取 2 ~3 次间苗,第 1 次在幼苗出齐后苗高达 5cm 左右时进行,第 2 次当苗高达 10cm 左右时进行,最后一次定苗。

每次间苗不宜过多或过少,以留下的幼苗分布比较均匀,能保持适度遮荫床面为限。定苗时,保留的苗木株数要略高于计划产苗量,一般应高10%左右,以保证计划产苗量的完成。

常绿针叶树种如播种量适当,苗木不过密时尽量不间苗或少间苗,可结合松土除草剔出弱苗和双株苗。

间苗应在雨后或灌溉后进行,这样土壤湿润易于间除,并可避免松动附近苗木根系。间苗后为防止苗根透风要及时灌溉,以免影响苗木生长。

补苗工作是补救缺苗断垄的一项措施,是弥补产苗数量不足的办法,特别是对有些珍贵稀有树种,种子来源较少,如出苗不齐,出现缺苗或苗木过稀时,可结合间苗间密补稀,进行幼苗移植。补苗时期越早越好,以减少对幼苗根系的损伤,早补不但成活率高,而且后期生长与原来苗木基本相近。补苗时最好选择阴雨天或下午4点以后进行,以减少阳光的照射,防止幼苗萎蔫。补苗后,进行适量的细眼喷雾浇灌,增加苗木和空气湿度,提高补植幼苗成活率。

5. 病虫害防治

苗木在生长过程中,常常会受到病虫的危害。防治病虫害必须贯彻"防重于治"的原则。如果苗圃的病虫害发展到严重的程度,不仅增加防治的困难,而且会造成无法挽救的损失。因此,在防治上要掌握"治早、治了"。

6. 苗木越冬及防霜冻

山东省大部分地区冬季寒冷,春季风大、干旱,气温变化剧烈,对苗木的危害很大。为保证苗木安全越冬,避免因霜冻和生理干旱而引起苗木死亡,尤其对一些常绿树种、新引进的南方树种和一些抗寒力弱的幼苗,应采取有效的防寒措施。

苗木防寒主要是防止冻害、冻拔和生理干旱。

冻害的产生主要是由于苗木组织内含水分较多,在秋末苗木尚未充分木质化,晚秋温暖多雨苗木再度长出新梢,春季过早地长出幼芽的时候,若气温降到0℃以下,细胞内和细胞间隙水分就会结冰,损坏细胞组织,使之失去生机能力,致使苗木的顶芽、顶梢冻死,或造成整个植株死亡。冻害以早、晚霜造成的较多,尤其是在春季幼芽开始出土的时候最容易受到冻害。

冻拔也称冻举,在低洼潮湿黏重的土壤上,由于土壤中水分冻结,土体膨胀,土壤产生裂缝,致使苗根被拉断,或将苗根拱出地面,经风吹日晒而干枯而死。

生理干旱,多发生在北方干旱地区。冬末春初干旱多风,地温和气温的温差变化较大,随着气温回升,苗木的地上部分开始蒸腾水分,而土壤结冻,苗木根系仍处于休眠状态,无法吸收土壤中水分,以致苗木水分供不应求,上下部分的水分平衡失调,造成苗木生理干旱,发生干梢或枯死。

针对上述产生霜冻和生埋干旱的原因,苗木防寒应从提高苗木的抗寒能力和预防霜冻两方面入手,其中更重要的是通过一系列的育苗技术措施,如适期播种、合理施肥、适当增施磷钾肥、适时停止灌溉、加强苗期的抚育管理等,使幼苗生长健壮,充分木质化,增强苗木的抗寒能力。

(1)苗木越冬防寒的方法

①覆土防寒法:覆土防寒也称埋土防寒,采用这种方法越冬的苗木整个冬季埋在土壤中,使苗木及苗床土壤保持一定温度,不受气温急剧变化和其他外界不良因素的影响。同时,又可以减少苗木水分的蒸腾和土壤水分的蒸发,保持一定的土壤水分,有利于保持幼苗体内的水分平衡。

生产实践证明,覆土防寒可以有效地防止产生冻害和苗木生埋干旱而引起的死亡。

覆土防寒法适用于油松、樟子松、红松、云杉、冷杉、侧柏、桧柏等常绿针叶树幼苗和部分落叶的花灌木,如蔷薇、月季以及常绿的小叶黄杨等,核桃、板栗等抗寒力弱的阔叶树种幼苗的越冬防寒。而易霉烂的树种不宜采用此法。

覆土防寒时间,应在苗木已停止生长,土壤结冻前 3 ~5 天(立冬前后)。气温稳定在0℃左右时进行。

覆土防寒具体方法:用犁将步道(或垄沟)膛起,碎土后向床(垄)面一个方向覆土,使苗梢向一边倒,不要从苗上头向下盖土。覆土要均匀,埋严实,以免土壤透风引起冻害,一般床面南侧迎风面适当加厚覆土。覆土后要经常检查,发现露苗及时补盖上。翌春起苗前 1 ~2 周,气温稳定在 5℃左右时开始分两次撤土。不要在大风天撤土,这样有利于缓苗,使其逐渐适应环境条件的变化。撤土不宜过迟,否则覆土化冻下沉,粘附苗木,影响生长,且不便作业。撤土后要及时灌溉,以防春旱。

②覆草防寒法:用稻草或杂草、麦秆等盖压在苗床上,以防冻害。在初冬土壤结冻时覆盖,厚度以不露苗梢为宜。为防止大风吹跑覆草,可在苗床两头钉木桩拴草绳压住覆草。初次降雪时要震动覆草,使积雪落入苗木行间填实空隙,以免再降雪压伤苗木,春季起苗前 1 周,分 2 ~3 次撤除覆草,避免撤草过早苗木遭受霜冻。覆草前如苗床过于干燥,可进行灌溉,以保持土壤湿润,但切忌土壤结冻后灌水。覆草防寒不如覆土防寒法保温保湿效果好,但在一些土质黏重不宜覆土防寒的圃地多采用覆草防寒。大型苗圃大面积应用此法较费工、费料,且管理不便。

③设障防寒法:对于一些珍贵苗木或新引种的苗木,当其长势较弱时和幼苗期时,可采取设障防寒。常绿针叶树幼苗夹障防寒是将 2 ~3 排苗床用单棵秫秸夹一道风障,风障直立或梢端顺主风方向倾斜。常绿针叶树幼苗或一些珍贵树种和新引进树种阔叶树幼苗覆草防寒区、假植区。应每隔 20 ~25m 用整捆秫秸夹一道防寒障,防寒障在春季起苗前 3 ~5 天内分两次撤除,不宜撤得过早。设障防寒不仅可以降低风速,使苗木减轻寒害,而且有利于土壤保墒,增加积雪,有效地预防春旱。但用料较多、费工,增加苗木成本。

④冬灌防寒

具体做法是:将垄沟(或床步道)用犁蹚成深沟。将犁起的土覆到垄(床)两侧,土壤结冻前进行垄(床)面侧方灌水。灌透灌足,使苗木和土壤保持充足的水分。以满足苗木越冬期间的少量水分消耗,避免和减轻产生生理干旱现象。

⑤涂白防寒

具体做法是:配制 1∶15 的加大石灰量的 1% 波尔多液加浆糊乳剂,对油松幼苗喷洒。喷洒的时间约在 11 月初土壤结冻前。在整个冬季,油松幼苗外表呈灰白色,既能反射阳光,防止温度急剧变化,又起到堵塞叶片气孔,抑制蒸腾,保护幼苗,防除病害的作用。

⑥塑料薄膜防寒

采取用铁筋、竹竿在苗床上支撑成拱形、上覆盖塑料薄膜作成小拱棚,四周用土埋严,简便易行,覆薄膜前灌透底水,覆薄膜保温保湿、温湿度适宜,管理方便,冬季气温寒冷,可在塑料拱棚上面再覆盖厚草帘起防寒保温作用。

此外,对于易受霜、冻危害的常绿针叶树幼苗和落叶乔灌木怕冻苗木以及准备春季移栽或出圃的苗木,如云杉、冷杉、紫杉、桧柏、水杉、悬铃木、香椿,银杏等,采取越冬假植防寒或采取窖藏防寒和坑藏防寒都可以起到防寒的作用。

(2)防霜冻

①熏烟法:根据霜冻降温的预报,在预知有寒霜的夜间,准备半干不湿的稻草、麦秆、锯木屑等,均匀地堆放在育苗地周围,每亩 3 ~ 5 堆,每堆 15 ~ 20kg,当夜间气温下降到 0℃以前,点燃草堆,这时烟雾弥漫地面,可防止地温散失,同时烟粒还能吸收一部分水蒸气,凝成水滴放出潜热,可使地表气温增高 1 ~ 2℃,防霜冻效果良好。

②灌溉防霜法:在预知降霜的傍晚,向苗床(垄)沟灌水。因水的比热较大,冷却迟缓,结冰时放出大量潜热,能提高地温。根据试验观测,地面灌溉的圃地比未灌溉地的地温约提高 2℃以上。这种灌水防霜方法,适用于春季晚霜的预防,灌水后既能防霜冻,又能免受春季干旱的影响。

二、营养繁殖苗的培育

(一)插条育苗

1. 插穗成活的原理

扦插成活与否决定于插穗不定根的形成,而根原基则是插穗形成不定根的主要物质基础。通常木本植物先形成根原基,而后长出不定根。因此,根原基是不定根的前身。由于木本植物的根原基在插穗中部位和形成时期不同,可分为皮部根原基和愈合组织根原基两种。前者主要是在生长季节中在当年生枝条的皮下形成;后者则主要是在扦插后从插穗下端的愈合组织中分化形成。所以,插穗产生不定根也分为两种类型,即皮部生根为主和愈合组织生根为主。小叶杨、毛白杨等是以皮部生根为主的类型,其皮部生根占 70% 以上;悬铃木等是以愈合组织生根为主的类型,其愈合组织生根占 80% 以上;有的树种(如加拿大杨、旱柳等)介于两者之间,其皮部和愈合组织所产生的不定根大体相等,属于中间类型。

(1)皮部生根

通常用木质化插穗(硬枝插穗)容易生根的树种,如杨、柳等,在正常生长情况下,枝条的形成层在生长期形成很多特殊的薄壁细胞群,称为根原基。如毛白杨皮部的根原基是一团排列紧密,体积很小,具有分裂能力的薄膜细胞。通过解剖观察,根原基多位于最宽髓射线与形成层的结合点上,其外端通向皮孔。因为宽髓射线处营养物质储藏丰富,而皮孔则通气良好,适于形成层细胞的迅速分裂。由于细胞分裂,向外形成类似乳头状突起的根原基,伸入韧皮部,使韧皮形成凹陷。在根原基向外发育的过程,与它相连通的髓射线也逐渐分裂增粗,穿过整个木质部直到髓部。

很多树种在生长过程中,先从嫩茎基部开始形成根原基,以后逐渐向苗茎上部发展。毛白杨和黑杨派、青杨派等杨树的扦插苗,从5月下旬或6月上旬即已形成根原基,到9月中、下旬停止形成根原基。在苗木生长后期,根原基已经完全形成。

当插穗扦插入土壤以后,在适宜的土壤温度、湿度和通气条件下,根原基先端向外不断伸长,穿透韧皮部和皮层,从皮孔处长出不定根,为插穗成活创造了先决条件。

(2)愈合组织生根

任何植物体的局部受伤后,均具有恢复生机、保护伤口、形成愈合组织的能力。在湿润、温暖和通气良好的条件下,插穗的下切口处因受愈伤激素的刺激,引起靠近切口的薄壁细胞迅速分裂,从而形成一种半透明不规则的瘤状突起物,这种具有明显细胞核的薄壁细胞群,称之为初生愈合组织。插穗切口部位的组织越充实,细胞所含原生质越多,越容易形成愈合组织。植物的一切组织,只要是活的薄壁细胞都能产生愈合组织,但以形成层、髓和髓射线组织的活细胞为形成愈合组织的主要部分。插穗形成愈合组织,一方面有利于保护插穗的切面免受不良外界条件的影响和减免微生物的侵染。另一方面有助于提高未生根插穗吸收水分和养分的能力,同时还具有继续分生的能力。

初生愈合组织形成以后,细胞再继续分化,逐渐形成与插穗相应组织发生联系的木质部、形成层和韧皮部等组织。最后充分愈合,这些愈合组织细胞和愈合组织附近部位的细胞,在生根过程中都是非常活跃的,这些细胞的不断分化,能形成根的生长点,在适宜的温度、湿度和通气条件下。从生长点和形成层分化产生大量的不定根,这就是愈合组织生根。

愈合组织在插穗下端叶痕下面的切面上发育特别旺盛,因而生成不定根最多。这与韧皮部含有促进细胞分裂的愈伤激素有关,这种激素与生长素是相同的物质。当这种激素向插穗下端流动和积累,就有利于插穗末端不定根的形成和生长。试验结果表明,用生长素处理毛白杨插穗,既可加速组织愈合过程,又能促进愈合组织根原基的分化。

植物解剖学的研究指出,由愈合组织细胞转变为输导组织的过程开始于愈合组织的深度,首先产生具有导水能力(称为吸水细胞)的管胞,然后产生筛管,由管胞和筛管构成的输导束,由输导束组织输导系统(或称为吸水细胞节),向内和插穗的输导系统密切联系向外和不定根的输导系统相连接,起着吸收水分和养分的作用。

(3)嫩枝插穗生根

嫩枝插穗在扦插前还没有形成根原基,因此形成不定根的过程和木质化(硬枝)插穗有所不同,嫩枝插穗被切伤的伤口处细胞破裂,流出细胞液,因为切伤而引起切口上活细胞的细胞质渗透力提高,使细胞间隙充满了细胞液,细胞液与空气接触很快被氧化,形成一层很薄的保护膜,其内部逐渐形成木栓层,以后再由保护膜的新细胞形成愈合组织,由于愈合组织细胞的不断分裂和分化,形成输导组织与形成层,进一步再分化出生长点,从生长点中长出不定根。

2. 影响插穗成活的主要因素

(1)影响插穗生根的内在因素

①树种的遗传特性:不同树种,遗传特性不同,其扦插成活生理是有所不同的,同一树种的不同品种之间也有一定的差异,这是因为具有不同遗传特性的树种,其形态构造、组织结构和生理基础的差异,其再生能力的强弱不同,也就是扦插繁殖的生理基础不同。表现在扦插生根能力有难易之分,按照不同树种,大体上可以分为四种类型。

a. 容易生根的树种:在一般技术条件下扦插能获得较高成活率的树种。如杨树(主要是黑杨派、青杨派)、柳树、紫穗槐、银杏、杉木、水杉、柳杉、悬铃木、落羽松、池杉、黄杨、连翘、月季、木槿、常春藤等。

b. 较易生根的树种:经过一般处埋扦插后能够成活,成活率较高的树种。如泡桐、槐树、水腊、枫树、侧柏、桧柏、扁柏、花柏、蔷薇、杜鹃等。

c. 不太容易生根的树种:需要在较高的技术条件和集约经营管理下,扦插才能获得较高成活率的树种。如刺槐、枫杨、榆树、悬铃木、臭椿、美国五针松、日本黑松、挪威云杉、冷杉、雪松、圆柏、龙柏、秋海棠等。

d. 生根困难的树种:不经特殊处理,很难采用扦插繁殖成活的树种,即使经过特殊处理,其扦插生根率也很低,如大部分松科、山毛榉科、胡桃科、橡栎科、壳斗科、棕榈科、桦木科等。

同一树种由于品种不同,生根能力也有难易之分。如杨属中黑杨派、青杨派等大部分杨树品种,在一般栽培技术条件下扦插生根很容易,成活率很高。而白杨派、胡杨派的大部分杨树品种,如果不采取促进生根的特殊处理则难以生根,其成活率也很低。其主要原因是根原基的数量和分布特点以及生长抑制物质的存在所致。

②母树及枝条的年龄和部位:植物新陈代谢作用和生活力随年龄的增加而逐渐降低。一般从幼、壮龄母树上采集的枝条,其发育阶段较幼,生活力和分生能力较强,扦插后生根快,成活率高,生长良好。母树年龄越大,发育阶段较老,枝条生根能力越差,生长也较细弱。因此,一般在选条时应从幼、壮龄母树上采取当年生枝条。最好选取 1 ~ 2 年生的实生苗干或由根部萌蘖出的 1 年生萌芽条作插穗,特别是难生根的树种,母树年龄越大,所采取的枝条扦插后生根越困难,成活率越低。研究证明,较老的母树上枝条抑制生根的物质较多,根原基的数量少,种条发育不充实,这些是影响插穗生根、降低成活率的主要原因。

在同龄母树上,选取树冠顶部的枝条。树干上的萌芽条和树干基部根颈附近的萌芽条以及根孽条,由于着生部位不同,发育阶段不同,生活力的强弱也不相同,因而,它们的愈合和生根能力也有显著差异。由根颈部位萌蘖的枝条,其发育阶段较幼,同时,这些枝条靠近根系,水分供应,矿质营养条件较好,枝条内积累较多的营养物质,其长势超过树干上的萌条或树冠上的枝条,扦插后比上部枝条生根多,易成活。

生产实践证明,同是 1 年生枝条,扦插苗的根原基数量最多,分布范围也最大,留根苗次之。树干上萌芽条根原基不但数量少,而且分布范围也最小,采用此种条作插穗,大部分很难形成皮部根,所以扦插成活率很低。

③种条的生长发育状况:当阶段性和年龄相同时,插穗枝条粗壮,组织充实,养分积储较多,再生能力强。扦插后插穗容易生根,成活率高,苗木生长健壮。

插穗的粗细和长短对于扦插成活率和苗木的生长发育有一定影响,通常认为年龄相同的枝条，粗壮又具有一定长度的较好。因为较粗的插穗一般比细插穗含营养物质和水分充足，有利于插穗愈合、生根和幼苗的生长。但过粗的插穗不仅剪条和扦插比较困难，而且由于多为基部的种条，芽往往瘦小，发育不良。细弱插穗含营养物质和水分不足，又多为梢端种条，往往木质化不好，发育不良，扦插后一般成活率较低，幼苗生长也较差。

插穗的长度也直接影响插穗的生根成活和幼苗的生长。

杨树插穗的长度以 12～15cm 为宜，一般树种以 15～20cm 为宜，插穗过短，营养不足，影响插穗生根的生活；插穗过长浪费条材，也因底层土壤温度低，通气不良而影响愈合生根，甚至造成插穗基部腐烂致死。

④插穗上的保留叶、芽对生根的影响：插穗上保留的叶、芽，不但通过光合作用制造一定的养分，供给插穗生根和生长的需要，而且形成一定数量的生长激素，对促进插穗生根十分重要。因此，剪取插穗时应注意芽和叶的保留。这对于嫩枝插穗、针叶树和常绿阔叶树种的插穗更为重要，因为嫩枝插穗生根常数与所保留的叶数成正比。

(2)影响插穗生根的环境条件

影响插穗生根、成活主要是插穗本身的内在因素，但是，外界环境条件在一定时期内也起着决定性的作用，是插穗生根的先决条件。

①土壤水分和空气湿度：土壤中的水分是决定插穗生根、成活的重要因素，是调节插穗体内水分收支平衡，使插穗不致枯萎的必要条件。扦插初期，插穗尚未生根，吸水能力很弱，而且插穗的生根一般落后于地上部分的萌发，特别是带叶的嫩枝插穗，此时如果土壤水分不足，而插穗枝叶过量蒸腾，水分平衡失调，即导致插穗枯萎，这种现象通常称为“假活”。所以这一时期必须经常适量灌溉，以保持土壤的湿润，或提高空气相对湿度，以减少水分的过度消耗。试验表明，毛白杨插穗成活阶段的土壤含水率应保持在田间持水量的 80% 左右。田间持水量超过 80% 时，皮部生根虽未受到抑制，但强烈抑制了切口的愈合；田间持水量在 60% 左右时，抑制皮部生根和地上部生长，但却显著促进了下切口的愈合；土壤田间持水量为 80% 左右，对皮部生根和愈合组织形成都起到良好的作用。

土壤水分也不宜过多，否则土壤温度低，通气不良，影响插穗呼吸和对水分、矿质养分的吸收，致使插穗不易生根，甚至霉烂死亡。

有时还需要通过提高空气湿度降低蒸腾，从而改善插穗的水分状况。这一点对难生根树种和嫩枝扦插尤为重要。为保持适宜的空气相对湿度，各地采用塑料棚进行扦插繁殖，设置人工喷雾装置或人工细眼喷洒，增加空气湿度，使棚内保持空气相对湿度在 80%～90%，如银杏、桧柏、紫叶小檗扦插都取得了良好效果。

②不同树种的插穗生根所要求的土壤温度不同，一般插穗生根最适宜的土壤温度是 20℃左右。很多树种又有其生根的最低温度，如杨柳等树种能够在较低的土壤温度下 7℃左右开始生根，它们在春季扦插时生根与放叶的时间较为一致。生长在较温暖地区的常绿树种，生根需要较高的土壤温度，如水杉等春季扦插，直到 6 月中、下旬土壤温度稳定在 20℃以上才易生根，以 23～25℃较为适宜。

一般夏季嫩枝扦插，土壤温度容易得到保证，但早春硬枝扦插土温一般偏低，使愈合和生根时间延长。在温室或塑料大棚内扦插时可以采用热电缆人工加热，并控制在最适的土壤温度。

在插穗生根期间，一般要求气温略低于土温，这是因为气温升高，蒸腾加剧，水分亏缺，光合作用降低或停顿，呼吸消耗反而增加，所以不利于插穗生根。为降低气温，往往采取搭荫棚或喷水等降温措施。

③空气：空气对插穗生根的影响，主要指土壤中的含氧量对插穗的影响。土壤中的空气是插穗生根过程中进行呼吸作用所必须的条件，插穗在生根过程中，呼吸作用增强，需要大量的氧气，即插穗的下部需要持续不断的新鲜空气，处于通气良好的状态下。

处于密闭状况下，减少的二氧化碳不能及时得到补充，使苗木的光合作用效果受到一定影响。所以温室、大棚等保护地扦插繁殖时，需要定期通风，促进温室、大棚内气体交换，补充进来二氧化碳。有条件的情况下，在温室大棚内设置二氧化碳发生器装置，以提高密闭的温室棚内的二氧化碳含量，提高苗木的光合作用效率，加速苗木生长发育。

④光照：光是植物光合作用的能源，植物扦插生根和新梢生长发育的碳水化合物和激素的供应要依靠光合作用。一般植物在高光强度（15lx）下生长良好，低于 5 000lx 的光照，则不能正常生长。所以，带叶嫩枝插穗只有在光照下才能很好地生根，因为带叶的嫩枝插穗在有一定光照条件下，才能进行光合作用。使叶片及时制造碳水化合物，合成刺激生根的生长素，对插穗生根起促进作用，大大缩短生根时间，提高生根率。带叶的嫩枝插穗不进行光照，其生根率仅有 30%。但强烈的直射光，常使土壤水分蒸发而干燥并且使插穗体内水分迅速蒸腾而枯萎，甚至还会灼伤幼嫩的茎和芽。因此，生产实践中往往嫩枝扦插还需要遮荫，其目的主要是减少阳光直射，减少蒸腾和降低温度。

⑤土壤和基质：木本植物扦插繁殖所赖以生根的扦插基质，不仅包括固体的土壤、河沙、珍珠岩、泥炭和泥炭藓、炉渣等，还包括液态的水和营养液（水插）和气态的雾插（或气插）。

一般对易生根和较易生根的树种进行大面积扦插繁殖时，多用育苗地土壤（沙质壤土和壤土）直接进行扦插。要求土壤疏松、肥沃、结构良好，保水性和通气性良好的沙质壤土和壤土。这样可以取得较好的扦插繁殖育苗效果，在扦插育苗生产上得到十分广泛的应用。

对于树种中生根较难的或生根较缓慢的以及北方地区气候干燥、风沙较大，寒冷的地区，进行扦插繁殖育苗时，需要选用以下几种扦插基质，以满足插穗生根和生长的要求。

3. 促进插穗生根的方法

（1）生长素处理

采用生长素处理插穗，在生产上得到广泛的应用，一般都可取得显著效果，处理的插穗生根率、根数和根长都明显超过对照的插穗，提高了扦插成活率和苗木的质量。

生长素的生理作用性质随着它在细胞内的浓度而变化，一般规律是低浓度促进生长，高浓度有抑制作用。因此，应用适量的生长素处理插穗，可以促进插穗内部新陈代谢作用，呼吸作用增强，吸水能力提高，储藏物质迅速分解转化，促进可塑性物质在插穗下部积累。同时，生长素作用下加快了细胞的分化作用，促进了形成层细胞分裂、分化，加速了插穗愈合组织和不定根的形成。这一系列的生理生化作用都对加速插穗愈合生根起良好的促进作用。但是，当使用的生长素浓度过大时，生长素的刺激作用将转变为抑制作用，使有机体内的生理过程遭到破坏，甚至引起中毒死亡。因此，在应用时要经过试验，严格掌握使用浓度。

近年来,育苗生产上应用扦插繁殖处理插穗促进生根的生长素的种类很多,但应用较多的而且效果良好的主要有萘乙酸和萘乙酸钠、吲哚乙酸等。由于生长素的种类和使用浓度不同,对插穗促进生根的作用和效果也有一定差异。据试验,用各种生长素溶液浸泡毛白杨插穗下端24h,在不同程度上都起到了促进插穗的生根作用,其中萘乙酸和吲哚丁酸效果显著。

(2)生根促进剂处理

用生长素处理能提高插穗的生根能力是显而易见的,但是对于难生根的树种,常用单一的生长素有时难以起到促进生根的作用。因此,随着对扦插繁殖的不断深入研究探索,很多综合性的生根促进剂应运而生。中国林业科学研究院王涛院士研制的 ABT 生根粉,为促进难生根或较难生根的树种扦插生根提供了物质基础,进一步推动了扦插繁殖技术在树种育苗上的应用。

ABT 生根粉是一种高效广谱性的生根促进剂,ABT 生根粉处理插穗后,不仅能补充插穗形成不定根所需的外源生长素等有利于生根的物质,而且还能促进插穗内部内源生长素的合成。用 ABT 生根粉处理插穗能加速下切口愈合,缩短生根时间,促进不定根原基分生组织细胞分化成几个根尖,呈簇状、爆发性生根。使插穗基部不定根呈环状、密集排列、发育粗壮,促进生根效果明显。ABT 生根粉膜由于呈胶状,插穗蘸取后,能形成对插穗下切口的封闭保护膜,保护切面不失水,避免腐败菌的侵入,有利于伤口愈合。扦插后,胶膜在一定的温度、湿度条件下,可吸水膨胀形成了半固定胶状透水膜,供应插穗下切口不定根形成所需的生根促进物质,使胶膜内的生根促进剂逐步完全被插穗吸收。

用 ABT 生根粉浸泡插穗,一般速蘸500~2 000mg/kg,浸蘸50~200mg/kg。浸蘸的具体浓度和时间依树种及插穗的种类不同而异。ABT 生根粉的种类按型号划分为:

①ABT1 号生根粉:适用于难生根的珍贵树种扦插育苗,如红松、日本黑松、美国五针松、槐树、枫树、楸树、榆叶梅、黄刺梅等。

②ABT2 号生根粉:适用于一般树种扦插育苗,如桧柏、水杉、杨、柳、月季、黄杨、连翘、紫薇、紫叶小檗等。

③ABT3 号生根粉:适用于苗木移栽促进损伤根系的恢复,提高移栽成活率。如日本落叶松、云杉、冷杉、杉木、水杉、雪松、银杏等。

按 ABT 生根粉的剂型划分为:

①水剂:溶液状态的 ABT 生根粉,适宜于稀释成高浓度或低浓度溶液,用于浸泡处理插穗基部切面。浸泡插穗基部2~3cm 为宜。

②粉剂:粉剂型的 ABT 生根粉,适于调成糊状(或乳状)将插穗基部蘸湿再涂于切口。

③膜状:呈胶质状态,处理时将插穗随蘸随扦插。

ABT 生根粉使用时,一般1g 生根粉可以处理3 000~6 000 株插穗(针叶树种约为3 000~4 000 株,阔叶树种约为4 000~6 000 株插穗),可根据树种和插穗规格不同选用。

(3)一般化学药剂处理

用一般化学药剂处理插穗促进生根的原理,主要是药剂能显著地增强插穗的新陈代谢作用。常用的化学药剂有高锰酸钾、蔗糖、醋酸,另外还有二氧化锰、氧化锰、硫酸铜等。

用高锰酸钾溶液处理插穗,可增强插穗的呼吸作用,使插穗内部的营养物质转变为可给状态,加速根的形成,并可抑制细菌的发育,起到消毒作用。一般浓度为0.03% ~0.1%,而嫩枝插穗用0.06%左右浓度处理为宜,处理时间为12 ~24h。

用蔗糖溶液处理插穗,主要作用是直接补充插穗的营养物质,有利于促进插穗生根。其方法是将插穗的下端浸泡在1% ~5%或10%的蔗糖溶液中,经24h左右即可扦插。

但是,各树种对不同化学药剂的处理反应是不同的,适宜的溶液浓度及处理时间长短也不一样,如果浓度过大或处理时间过长,都会使插穗受到药害。所以在使用时要进行试验,在此基础上确定适宜的处理浓度和时间。

4. 插条育苗法

(1)硬枝扦插(木质化插穗扦插)

硬枝扦插是用完全木质化的枝条作插穗,故又称木质化插穗扦插。由于其扦插技术比较简单,容易掌握,在苗圃育苗生产上得到广泛应用。适于硬枝扦插的树种很多,如杨树、柳树、悬铃木、水杉、落羽杉、柳杉、桧柏、银杏、雪松、榆叶梅、黄刺梅、紫穗槐、连翘、小叶黄杨、木槿等。

①插穗的采集

采集插穗,首先要选择好母树。应从生长迅速、干形通直、冠形良好,无病虫害的生长健壮的优良母树上采集种条。其次,应注意选取一年生发育充实,营养物质丰富的粗壮枝条。在一般情况下,最好选取1 ~2年生实生苗、几年生营养繁殖苗、母树根部长出的当年萌芽条,或从幼龄母树上发出的当年生枝作种条。选取的种条应当生长粗壮、发育充实、芽苞饱满、无病虫害以及节间距离较短。枝条粗壮、发育充实与否,涉及营养物质含量的多少,这对插穗生根成活有很大影响。插穗内积储的养分是扦插后形成新器官和生长初期所需要的营养物质的主要来源,特别是碳水化合物的多少,直接影响插穗生根成活和苗木的生长。凡是种条粗壮,发育充实,营养物质丰富的插穗,扦插后容易生根成活。

采集种条应选择枝条含养分最多的时期,一般应在深秋树木落叶后或早春树液流动以前,即在树木休眠期中进行,这时枝条内含养分较多。采条不宜过早或过迟,如采条过早,枝条木质化不充实,养分不足;采条过迟则树液流动,芽苞膨大,枝条内养分消耗较多。

②插穗的储藏

在秋冬两季及早春采集的种条或剪取的插穗,如不立即扦插时应进行储藏。储藏的方法,一般可分为室内混沙储藏和露天窖藏、地面堆藏三种。

a. 室内混沙储藏:选择阴凉的室内,用湿润的河沙与种条或插穗分层混沙堆藏。湿沙以手握潮润而出水为宜。室内要通风良好,经常保持沙呈湿润状态。目前,这种室内储藏因条件所限,多用于种条稀少的一些珍贵树种或需要特殊处理的树种。

b. 露天窖藏(或坑藏):一般选择地势高燥、排水良好、土质疏松、比较背阴的地方,挖深、宽各1.5m左右的储藏窖,长度视种条或插穗的数量多少而定。为防止窖内积水,在坑底中间挖一条深、宽各20cm的沟,沟内填满卵石或石砾,以便于排出积水。然后,在窖底铺上一层5cm厚的湿沙,再放一层15cm厚度条材或插穗,上面再盖10cm厚的湿沙,分层堆积,直到距地面15cm左右,全部用湿沙填满,可略高出地面。间层湿沙的湿度为其持水量的60%左右(以手握湿润成团,但不出水)为宜。在窖中间每隔一定距离插入成束的秸秆,以利通气,防止条材发热霉烂。储藏期间要经常检查,发现条材霉烂要及时翻倒,种条或插穗、沙干燥时,适量浇洒水,同时,还可以通过加厚覆盖物以调节窖温,从而保证储藏的种条或插穗安全越冬。

c.地面堆藏:在土质黏重,排水不良、气候较温暖的地区可采用地面堆藏。选择地势高燥、排水良好、背风背阴的地方,用疏松的沙壤土或湿沙作间层,分层堆积储藏。储藏期间四周要埋严不露种条,发现种条干燥,适时适量浇水,但不宜过湿,以防种条发热霉烂。也可通过加厚覆盖物调节温度。北方地区,因气候严寒和春季风大干旱,应用这种方法受一定的限制,多采用窖藏或坑藏的方法来代替。

③插穗的剪取

插穗在种条上的部位不同,直接影响到插穗的扦插成活和苗木的生长。

一般情况下对树种难生根的树种,应选留种条的基部和中部作插穗。对大多数树种来说,剪取插穗时应剪掉枝条梢端的幼嫩部分,而对种条的上、中、下均应充分利用,尤其应尽量选留种条的中、下部分剪取插穗。但也不能一概而论,有的树种,如水杉幼树枝条以梢段和中段为好,甚至梢端粗度仅有0.25cm的插穗,只要有健全的顶芽,成活率也很高,种条基部粗达0.8~1.2cm的插穗,虽地上部分也能萌发,但往往发根较迟,根系发育不良,枯损率较高。

剪取插穗的长度,应根据不同树种的生根难易,节间长短以及土壤的湿度等来定。通常扦插易于生根的较扦插难以生根的树种插穗宜短些;土壤气候较湿润的比土壤气候干旱的插穗宜短些;插穗节间较短比节间长的适当短些。根据生产实践经验,一般插穗的长度以15~20cm为宜,而且每根插穗上应保留3个芽左右。杨属扦插易成活的黑杨派、青杨派树种,插穗长度以12~15cm为宜。

较难生根的白杨派的毛白杨、河北杨插穗长度以18~20cm为宜。常绿阔叶树种如小叶黄杨、茶树等,以短穗为好,最短可达5cm,而且效果良好。针叶树种的插穗长度一般较短,桧柏、水杉、落羽杉、日本黑松、美国五针松、湿地松等,剪取10~12cm长的插穗即可。当然,在气候干燥、土壤干旱条件下,插穗可适当长些,但插穗太长(超过20cm以上),不仅浪费种条,而且扦插作业也很不方便,又由于扦插太深,土壤温度低,影响插穗生根。因此,在保证插穗成活的前提下应尽量节省种条,可结合各地经验,适当缩短插穗的长度。如插穗过短,短插穗只取1个芽(如毛白杨单芽育秧,加杨、青杨的单芽短穗点播等)虽然能提高种条繁殖系数,但因其体内营养物质缺乏,生根期间水分不足,对病菌为害的抵抗力很弱,所以不仅需要特殊处理(如生长素浸插穗)和细致管理,而且即使能够成活,苗木生长也较差,生产上推广应用尚有一定局限性,有待试验研究。

剪取插穗时,上下切口要平滑,勿使表皮和木质部劈裂,上切口与插穗最上一个芽保持1.5~2.0cm,以免上部枯干时影响发芽。插穗下端切口,一般应靠近芽下1cm左右,下端切面紧贴节下为好。因为,许多具有皮部根原基的树种,根原基的分布在芽的附近,切口位于芽下部,内源激素向下运输和养分运输有利于促进这些根原基形成不定根,芽的附近不仅储藏营养物质比节间部分丰富,而且在扦插生根过程中芽的萌动可能形成某些促进愈合生根的物质,从而有利于从切口的愈合组织中分化出不定根。插穗下部切口的形状有平切、单马耳形、双马耳形等。但各地实践经验表明,平切口生根多,而且分布均匀,便于剪条作业机械化,提高工效,起苗不易伤根。而斜切、马耳形切口生根多集中于斜面先端,易形成偏根,切条费工、浪费条材,因偏根起苗时易伤根,栽植时也不便,因此,一般对于大多数树种扦插繁殖时,尤其是容易生根的杨、柳、悬铃木、水杉、连翘等树种采取平切口为佳。对于少数生根困难的树种,为扩大插穗的切口面积,有利于愈合组织形成和对土壤水分、养分的吸收,也可以采取斜切或切成马耳形。剪取插穗时,还应注意保护好插穗上的芽,尤其是插穗上端头一个芽更为重要,因为多由此芽萌发长成苗,一旦损伤,只能由下一个芽萌发代替,但苗木生长细弱。为防止插穗干燥,通常在背阴处或室内剪取插穗,然后按插穗粗细分级,每 50 根或 100 根捆成一捆,准备储藏或扦插。

④扦插时期

春、秋两季均可进行扦插,但以春季扦插为主。春插宜早,在芽苞萌动以前进行。北方地区应在土壤刚化冻后及时扦插。春插过晚,气温升高,叶芽萌发,由于蒸腾量加大,插穗因水分供应不上而枯死。华北、西北地区一般在 3 月上、中旬,而东北地区则以 4 月上、中旬扦插为宜。通常在春季土壤解冻到 18 ~ 20cm 左右时可以扦插。秋插宜在土壤结冻前边剪边扦插,但在北方地区因冬季气候寒冷干旱,秋插后需要覆土防冻害,待翌春化冻前及时撤出覆土。

⑤扦插密度和深度

扦插密度与树种、作业方式等有关。同一树种的作业方式不同,扦插密度不同。硬枝扦插有采取垄作或床作两种,一般多采取垄作,北方地区又以高垄作业较为普遍。扦插密度要适宜,只有在适宜的扦插密度条件下,才能促进苗木生长迅速,生育健壮,苗木的质量好,产量又高。株行距过大,虽苗木质量提高了,但土地利用不经济,单位面积产苗量太低;株行距过小,产量增加,但苗木质量差。要按照不同树种、不同作业方式以及培育目的不同,因地制宜地确定合理的扦插密度。一般落叶树种,在干旱地区,扦插入土后上端应与地面平;在气候寒冷而干旱的条件下,扦插入土以后上面尚需覆土;在气候温暖湿润地区,插穗上端可露出地面 1 ~ 2 个芽,但应注意不要碰伤外露的芽。扦插前插穗要浸泡,使其充分吸水,扦插前灌足底水。扦插后土壤保持疏松、湿润,这对于扦插前进行催根处理的插穗尤为重要。然后将浸泡过的插穗垂直插入或斜插入土中,切勿倒插。扦插方式采取直插或斜插可根据不同树种的生根难易、插穗长短及土壤质地情况选定。生根容易、插穗较短,土壤疏松,可采取直插;而生根难,插穗长,土壤黏重,为使插穗下切口处于温暖、肥沃、通气良好的土层中,宜采取斜插。目前生产上多采取直插,斜插常出现拐杖苗及偏根,给起苗、假植、包装运输带来很多不便。

⑥扦插后的管理

扦插后要加强田间抚育管理,水、肥、气、热是插穗成活和生长的必需条件,直接影响到插穗的生根成活和苗木的生长。特别是水分条件,如果插穗的枝叶过量蒸腾,水分平衡失调,插穗就会枯萎死亡。因此,扦插前要灌足底水,扦插后及时扶垄灌溉,苗木生长期经常注意合理灌溉,以保持土壤湿润,保证苗木的水分供应。在插穗愈合生根时期,也要及时松土除草，使土壤疏松湿润。通气良好，提高地温，减少水分蒸发，以促进插穗生根和成活。苗木进入期(5 月中、下旬或 6 月上旬)，一直到生长速度下降为止(约 8 月下旬左右)，苗木生长非常旺盛，所需要的营养物质和水分较多。因此，要注意调节水、肥、气、热等生态因子，加强抚育管理，即适时合理追肥，适量灌水，及时松土除草，防治病虫害。生长后要控制水肥，以促进苗木充分木质化，增强抗性，以利安全越冬。

当插穗长出较多萌条时，应选留一个生长健壮端直的萌条，使其形成主干，摘除其余的萌条，对主干上过早抽出的侧枝、侧芽，要及时摘除，以减少水分和养分的过度消耗，而影响苗木的高生长，降低苗木质量。摘芽修枝作业应于立秋前停止，以免影响苗梢的木质化。

(2)嫩枝扦插

嫩枝扦插是利用半木质化的带叶枝条进行扦插繁殖的方法，是硬枝扦插不易成活的树种进行营养繁殖的重要方法，也是一般容易生根的树种在木质化枝条不足时所采用的补充方法。目前苗圃育苗生产上应用很广泛的一种营养繁殖方法，是广泛应用嫩枝扦插繁殖的树种，如水杉、落羽杉、雪松、银杏、紫杉、龙柏、桧柏、小叶黄杨、黄刺玫、紫薇等嫩枝扦插生根快，成活率高，当年可以培育成苗。但是，由于扦插时期气温较高，蒸发量大，管理技术要求较高。

①嫩枝种条的选择

嫩枝种条的选取，一般在夏季(清晨或阴天无风)，选择生长健壮的幼年母树，采集当年生刚开始木质化的粗壮枝条。这种枝条内含有充足的淀粉、过氧化酶活动旺盛，生命活动力强，生根抑制物质较少，易于愈合生根。过嫩的枝条扦插后容易萎蔫，过于木质化枝条则生根缓慢。一般以半木质化枝条做插穗最好。

②剪取插穗

剪取嫩枝插穗，应选择背风阴凉的地方(或搭阴棚)，用锋利的剪刀(或刀片)进行剪取，勿压坏嫩枝和损伤嫩皮。插穗的粗度一般 0.3 ~ 0.5cm，长度为 10 ~ 15cm，嫩枝插穗一般用短穗。插穗下端切口位于叶或腋芽之下，以利于生根，上端则保留顶梢。对于蒸腾量较大的树种(阔叶树种)，为减少水分蒸腾，可将插穗下部的叶片适当摘除，上部的叶片必须保留，因为插穗和愈合生根需要由叶部供给养分和刺激生根的生长素等，用无叶的嫩枝扦插成活是很困难的。因此，在有防萎蔫、保湿的良好条件下，应尽可能多留些叶片。据试验研究表明，扦插时在插穗上保留的叶片在生根期间其光合作用产物约有 75% 用于根的生长和发育，但扦插后形成的新叶其光合作用产物主要供给新梢生长。

③生长素处理

插穗剪取后，为促进插穗生根，可用生长素处理，如常用生长素 NAA、IBA 和 ABT 生根粉 1 号、ABT 生根粉 2 号处理插穗，处理的浓度、时间长短可随树种和插穗的不同而异，处理后用湿润材料覆盖，准备随时扦插。

④扦插时期

扦插时期与树种和当地气候条件有关。北方地区的树木枝条只有在春、夏生长一次，所以多在夏季扦插。夏插是利用当年旺盛生长的嫩枝或半木质化的枝条进行扦插。夏插枝条处于旺盛生长期，细胞分生能力强，代谢作用旺盛，枝条内源生长素含量高，这些因素都有利于插穗生根成活。因此,一般阔叶树种多在5~7月间扦插为宜。常绿针叶树种夏季嫩枝扦插则以母树的枝条有一定的成熟并转向旺盛生长的末期即半木质化枝条为佳,一般7~9月间扦插为宜。总之,扦插时期要根据不同树种、不同地区因地制宜,灵活掌握。

扦插的具体时间,以早晨或傍晚随采、随剪、随插为好。早、晚嫩枝插穗含水分较多,温度适宜,空气湿度较高,光照较弱,扦插后易于成活。

⑤扦插

嫩枝扦插宜浅,以不倒为适宜,大约2~5cm,平切直插为好。扦插密度以插穗叶片间不相互重叠为宜,以保持足够的光照进行光合作用为限。

⑥扦插后管理

扦插后需要适度遮荫和经常灌溉,使床面经常保持湿润状态和一定的空气湿度。对于生根缓慢的树种、常绿树种嫩枝扦插可以采取荫棚下塑料小拱棚扦插,即选用通透性良好的基质(如大粒河沙);在荫棚下搭设100cm宽(床或畦面宽),高60~70cm的塑料小拱棚,喷水后棚内空气相对湿度可保持在80%以上;管理上每天揭棚通风换气喷水,用以降低棚内温度(不超过25~30℃),增加空气相对湿度(保持相对湿度达80%以上)及插床基质的湿润度。也可采用全光照自动间歇喷雾嫩枝扦插,调节好自动间歇时间及喷雾量,保持嫩枝扦插的插穗在具有一定光照条件下保持适时适量喷雾条件使空气相对湿度保持在80%~90%,以及插床基质的适度湿润和通气状态。创造适宜的温度、湿度、通气和光照条件,促进嫩枝插穗生根成活。待成苗后,先移植到具有一定遮荫条件下锻炼一段时间,再移植到苗圃地培育。也就是说,嫩枝扦插的生长初期对抚育管理条件要求较高,而后期的苗木抚育管理则与一般苗木相似,不必采取特殊管理。

(3)根插

根插繁殖是切取树种的根,插入或埋入土壤中的繁殖方法,又称为分根法。凡是能产生根蘖的树种,都可以进行根插繁殖。许多用枝条扦插生根差或比较困难的树种,而根基力强,采用根插繁殖法成活率高,如泡桐、毛白杨、河北杨、刺槐、赤杨、香椿、臭椿、黄檗、桑树、樟树、楸树等。

根插穗的生根过程,可由根原组织内已有的侧根长出新根,也可由愈合组织长出不定根。根插穗的特点是重新形成芽和不定根,由根部维管束鞘发生的不定芽发育成枝条。

根插穗可从母树周围挖取,也可利用苗木出圃时修剪下的或起苗时切断留在土壤中的断根。

根插穗可以随采、随剪、随插,以免因储藏不当而失水影响成活。也可提早采集,混沙储藏越冬,翌春扦插。在储藏过程中必须保持插穗处于新鲜状态,防止失水干枯。

根插穗的粗度和长度对根插成活率和苗木生长有一定的影响。一般长度为10~15cm,粗度为0.5~1.5cm,过细的插穗成活率较低,苗木生长也比较纤细嫩弱。

剪取根插穗时,要注意根的极性,为区别插穗的上下端,根插穗的上端剪切成平口,下端剪成斜口(马耳形)。为了苗木均势生长,剪成的根插穗要分级,扦插时分别扦插。剪取、分级、运输中要注意避免风吹日晒,使根插穗失水过度而干枯,影响扦插成活。

扦插多在春季进行。采取直插或斜插,也可横埋,但插穗生根不良。通常采取直插,将插穗全部直插入土中,上端离床(垄)面1cm左右。土壤黏重时,宜采用斜插,使插穗下端处于表层土壤中,土温较高,通气良好,有利于根插穗生根。要注意根的极性,切勿倒插,否则影响生根、发芽及成活。

扦插后要加强抚育管理。插后稍加压实,并要及时灌水、除草松土、追肥、打药。根插穗的萌芽和生根期需要一定的土壤温度、湿度和通气条件,而影响根插穗成活的关键是土壤水分条件。所以要及时合理灌溉,经常保持土壤的湿润。根插穗萌生的不定芽数量较多,要及时除蘖定株,选留一株生长健壮的,使其形成主干。对于主干上过早萌发的侧芽、侧枝及时抹除,以免影响苗木生长,降低苗木的质量。

(二)埋条育苗与压条育苗

1. 埋条育苗

埋条育苗是将整个枝条水平埋于土中,使其生根成苗。它的繁殖材料也是离开母体,其养分来源是枝条本身所储存的。

埋条生根的原理与插条相同,只是枝条长,所含营养物质多,有利于生根,且一处生根,全条成活。用短插穗进行插条不易成活的树种如毛白杨等,用埋条育苗,则效果较好。埋条育苗的缺点是苗木产量低,苗木分布不均。

埋条育苗应掌握的主要技术要点是:适时采条,安全储藏。埋条时,注意掌握适当的覆土厚度,如杨树一般为2cm左右。土壤疏松宜深,反之宜浅。为了解决土壤湿度的矛盾,可采用点埋法(每隔20~25cm,在枝条上堆土,以利保湿,两堆之间留1~2芽)。幼苗出土后,待苗高20~30cm,为促进埋条和苗木幼茎基部生根,要及时培土。当苗高50cm左右时,用锐利锹从苗木株间截断埋条,使苗木成单株生长,形成完整独立的根系。

2. 压条育苗

压条育苗是将未脱离母体的枝条压在土壤中,使其生根后,再从母体上切断,称为独立的苗木。压条苗在生根前所需的水分、养分都由母树供给,而埋入土中的部分又有黄化作用,所以生根比较可靠,且成苗快。对于生根困难的树种,可将所埋枝条的皮部割伤,使营养物质集中于切口处,形成愈合组织,也可在枝条切伤部分,使用生长刺激素刺激生根。一般可用压条繁殖的树种有杨、柳、桑、椴、忍冬、卫矛、黄栌、榛子、桂花、玉兰、蔷薇、紫藤、柑橘、龙眼、荔枝、葡萄、樱桃、桧柏、毛竹实生苗等。

(1)低压法

①堆土压条法是把枝条丛生的母株,用土或腐殖质土把枝条基部埋住促其生根的方法。此法适用根株萌蘖的树种。母树栽植的距离约1~1.5m,定植后当年秋季或翌春进行平茬,促使形成萌发枝条,在6~7月份当新枝长到30~40cm时,即可进行堆土压埋。

②偃枝压埋法是在早春树木开始生长前,将1~2年生的枝条弯曲,压入沟穴中,上面覆土10~15cm,部分枝条或梢部露出地面。偃枝压条法有多种形式,常见的有波状压条、沟状压条、普通偃枝压条、水平压条、放射状压条等。

(2)高压法

凡木质较坚硬不易弯曲或树冠太高枝条不能压倒地面的树木,可采用高压法繁殖。压条时,先略伤表皮,然后用湿润苔藓和肥土混匀敷于枝条上,外面再用薄膜塑料或对开的竹筒等包扎好,之后经常保持湿润,适时浇水。待生根后与母体分离,进行培育,当苗木健壮时再进行定植。

(三)根蘖苗的培育

有许多树种用茎、枝繁殖不易生根成苗,但它们的根很容易发生不定芽长成苗。因此,凡是能从根部产生萌蘖的树种如毛白杨、刺槐、泡桐、楸树、香椿、臭椿、赤杨、樟树、榛树、桑树、漆树、黄波罗等,都可采用根蘖繁殖法。

1. 分蘖育苗

根部萌芽性强的树种,根系在受到机械损伤后或蔓延近地表面时,常常发生根蘖。利用这种特性,可将母树附近的土壤挖开,切伤根系,可诱发大量根蘖苗。这些苗木往往是丛生,如不加管理,将生长不良。因此,应把这些苗木移植到苗圃中,以培育成健壮的优良苗,这就是通常所说的分蘖育苗法。经常掘出根蘖苗,会影响母树的生长发育,所以对母树要加强培育。此外,也可在大树砍伐后,将伐根刨出,或在树桩周围挖沟断根,同样可以萌发大量根蘖苗供移植用,毛白杨常采用这种方法。

2. 留根育苗

苗木出圃后,土壤中留有大量的根系。凡是根蘖性强的树种如毛白杨、泡桐、刺槐等,都可以利用这些根系的萌蘖性进行育苗。

留根育苗的方法是:起苗后松土,深4～6cm,并结合平地施肥。春季要灌足水,留在土中的根系即可萌芽成苗。

根蘖苗出土早晚不一,往往丛生,同时苗木分化现象较为严重。因此,出苗后要及时进行除蘖疏苗和补稀工作,使苗木分布较为均匀。为促进高生长,要进行摘芽和修枝工作多次。其他的抚育管理工作同一般育苗。留根育苗,一般可连续两年。

(四)嫁接育苗

1. 嫁接成活的原理

嫁接能否成活,主要取决于砧木和接穗间形成层能否密切结合,形成愈伤组织,并分化产生新的疏导组织。

嫁接后成活的过程是:砧木和接穗切面上(伤口)受伤细胞形成一层淡褐色的薄膜,被覆伤口,防止内部细胞水分的蒸发,而薄膜下的薄壁细胞受到愈伤激素的作用恢复分生能力,尤其是伤口附近的形成层、维管束鞘和髓线细胞迅速分裂、生长,形成愈合组织。愈合组织开始分化,相邻的薄壁细胞之间出现了胞间联系,把彼此的原生质相互联系起来,使接穗和砧木的营养物质得以相互输导。愈合组织继续不断分化,先是砧木与接穗的形成层延伸成环,然后向内形成新的木质部,向外形成新的韧皮部。从而使砧木和接穗两者的木质部与韧皮部的疏导组织相互沟通,联系起来。

砧木的根在土壤中吸收养分,从木质部导管上升,通过结合部而输送到接穗,供给它制造营养物质,而接穗接受砧木输送的矿物质营养物质转化为含氮有机物,一方面满足自身生长的需要,另一方面通过韧皮部的筛管向下输送,通过结合部到达砧木,供给根部的生长发育。这样,砧木和接穗便结合成一个有机体,形成嫁接植株。

可见嫁接能否成活的关键,主要决定于砧、穗间形成层和薄壁细胞的再生能力及产生愈合组织的程度,愈合组织是产生新的疏导系统的基础,使上下两部分彼此沟通,成为独立的新植株。

2. 影响嫁接成活的主要因素

影响嫁接成活的内在因素,最主要的是接穗和砧木的亲和力。所谓亲和力,就是砧木和接穗经嫁接而能愈合生长的能力。具体地说,亲和力就是砧木和接穗在内部的组织结构上、生理和遗传性上,彼此相同或相近,从而能互相结合在一起生长、发育的能力。所以,亲和力是嫁接成功的最基本条件。任何树种,不论采用哪种嫁接方法,不管在什么条件下,砧木和接穗之间都必须具备一定的亲和力才能嫁接成活。亲和力高则嫁接成活率也高,反之成活率低。

嫁接成活率低有以下几种表现:嫁接后不成活;嫁接成活率低;嫁接后虽然能成活,但树体弱,易早衰,而且结合部上下粗细不均等。

嫁接亲和力大小,主要决定于砧木和接穗的亲缘关系。一般亲缘关系越近,亲和力越强。砧木和接穗的亲缘关系越近,亲和力越强,成活率越高,这是一般的规律。一般情况下,种内嫁接容易成活,属间嫁接比较难成活,科间嫁接就更难成活。

其次,砧木、接穗本身形成层的活跃程度,组织的充实、新鲜、健全与嫁接成活有密切的关系,也是影响嫁接成活的内因。

在砧木和接穗形成层活跃旺盛时期进行嫁接,成活快,愈合好;相反,在干旱、低温情况下,形成层不活跃或者很差,则嫁接成活慢,而且愈合差。树木生长健壮,营养器官发育充实,体内储藏的营养物质较多,嫁接容易成活;相反,如果砧木和接穗两者任何一个组织不充实、不新鲜、不健全,则影响形成层活动能力,不仅形成层活动能力差,而且供给愈合新生细胞的营养也差。因此,嫁接成活差,愈合也不好。

另外,嫁接前后的外界环境因子也是影响嫁接成活的重要因素。

通过生产试验结果表明,温度的高低影响愈合组织的生长,当温度低于10℃或高于40℃时,愈合组织不生长,一般树种在25℃左右为愈合组织生长的最适温度。

湿度对愈伤组织生长的影响也很重要,一是愈伤组织生长本身需要一定的湿润环境;二是接穗需要一定的湿度条件下,才能保持生活力。

空气也是愈合组织生长的必要条件之一。砧木、接穗尤其是砧、穗接口处的薄壁细胞都需要充足的氧气,才能保持正常的生命活动,随切口处愈合组织的生长,代谢作用加强,呼吸作用也明显增大,如果空气(氧气)供应不足,代谢作用受到抑制,愈合组织不能生长。

光照对愈合组织的生长也有一定的影响。在黑暗的条件下,接口部位长出的愈合组织多、呈乳白色、很嫩,砧、穗容易愈合;而在光照条件下,愈合组织少且硬,呈浅绿色或褐色,砧、穗不宜愈合,这充分反映光线对愈合组织有一定的抑制作用。

3.嫁接育苗技术

(1)砧木的选择和培育

嫁接用的砧木,要选择生长健壮,根系发达,适应当地环境条件,具有一定抗性(如抗寒、抗旱、抗盐碱、抗病虫能力强),与接穗具有较强亲和力的针、阔叶树种苗木作砧木。

砧木的发育,多以播种的实生苗做砧木最好。它具有根系发达、抗性强、寿命长和易大量繁殖等优点,但对种源很少或不易种子繁殖的树种也可用扦插、分株、压条等营养繁殖苗作砧木。

砧木的大小、粗细、年龄对嫁接成活和嫁接后苗木的生长有密切关系。生产实践证明,一般树种所用砧木,粗度以1~3cm为宜,生长快而枝条粗壮的核桃、楸树等,砧木宜粗,而小灌木及生长慢的树种,砧木可稍细,砧木的年龄以1~2年生为最佳,生长慢的针叶树种也可用3年生以上的苗木作砧木。

(2)接穗的选择和采集

采穗母树必须是品质优良、观赏价值和经济价值高、优良性状稳的优良母株。在采条时,应选择母株生长健壮,发育良好,无病虫害,树冠外围尤其是向阳面光照充足的生长旺盛,发育充实饱满的当年生新梢(秋季芽接)或1年生枝条(春季枝、芽接)作接穗。但针叶常绿树接穗应带有一段2年生发育粗壮的枝条,以提高嫁接成活率并促进生长。

针叶树种采集接穗,多于2月下旬至3月中旬树木萌动前采集。以采集优树树冠中部、中上部的外围枝条最好。这种枝条光照充足,生长健壮,顶芽饱满,具有发育阶段老而枝龄较小的特点,不但能提早结实,而且可塑性大,生长势强。采集接穗长度为50~70cm。

落叶阔叶树枝接用的接穗,在落叶后即可采集,最迟不得晚于发芽前2~3周。

采集的接穗要注明品种(或类型)、树号,分别捆扎,拴上标签,以防混杂。装入塑料袋中或用水浸蒲包、草帘,包装好,迅速运输。运回的接穗及时窖藏,保持低温、湿润状态,以防干枯、霉烂,注意经常检查。

芽接用的接穗多采用当年生的枝条,最好是随采随接,采集的接穗要立即剪去叶片(留一段叶柄),以减少水分蒸发。如果接穗数量较多,一时接不完,可按不同品种(或类型)分别储存,可将接穗下端浸水,置于阴凉处,每日换水,或放在阴凉的通风处,接穗下端用湿沙埋上;如数量不多可置于井内(不要浸入水中)。采取上述方法可保存1周以上,但不宜超过10天,否则影响成活。

蜡封法储藏接穗,即将秋季落叶后采集的接穗,在60~80℃度的溶解石蜡中速蘸,将枝条全部蜡封,放在0~5℃低温条件下储藏,翌年随时都可取出嫁接。

(3)嫁接的时期

①枝接时期:枝接一般在树木休眠期进行,多在春、冬两季,以春季为最适。在北方地区一般从3月中旬以后至4月上旬左右最好,此时砧、穗树液开始流动,细胞分裂活跃,接口愈合快,容易成活。接后到成活的时间最短,管理方便。但对于含单宁较多的树种,如柿子、核桃等枝接时期应稍晚,选在单宁含量较少时期,一般在4月20日以后。同一树种在不同地区进行枝接,由于各地的气候条件的差异,其进行时间也各有不同,均应选在形成愈合组织最有利的时期,如山东省菏泽市在9月下旬嫁接牡丹,而针叶常绿树种的枝接时期以夏季较

适宜,如龙柏、翠柏等以6月份嫁接成活率为最高。

冬季枝接在树木落叶后,春季发芽前均可进行,但这时期温度过低,必须采取相应措施,才不致失败。一般是将砧木折断在室内进行,接好后假植于温室或地窖中,促其愈合,春季再栽于育苗地。在假植或栽植过程中,由于砧、穗末愈合牢固、切勿碰动接口,防止接口错离,影响成活。现枝接采用蜡封接穗,可不受季节限制,一年四季均可进行,方法简便,成活率高。

②芽接时期:芽接可在树木整个生长季期间进行,但应依据各树种的生物学特性的差异,选择最适宜的嫁接时期。除龙爪槐、江南槐等以6月中旬至7月上旬芽接成活率最高外,其他大多数树种以秋季芽接最适宜,即8月上旬至9月上旬。此时嫁接,既有利于操作,又有利于愈合,且接芽当年不萌发,免遭冻害,有利安全越冬。如樱桃、李、杏、梅花、榆叶梅等应早接,特别是在干旱年份更应早嫁接,一般在7月下旬至8月上旬进行,因其停止生长早,时间稍晚,砧、穗不离皮,不便于操作,而苹果、梨、枣等可在8月下旬进行较适宜。但杨树、月季最好在9月上中旬进行芽接,过早芽接,接芽易萌发抽条,到停止生长前不能充分木质化,难以安全越冬。

(五)插根育苗

插根育苗常应用于泡桐、刺槐和香椿等树种的育苗,在培育泡桐苗中应用非常广泛,而且效果良好。

根插穗的成活原理,是重新长出根并形成芽,是由根原组织内已有的侧根原始体长出新根或直接由愈合组织长出新根,而根部纵管束鞘发生的不定芽发育成枝条。

根插穗的来源可利用起苗后翻出的苗根,也可以选择健壮的中年母树,在秋季距树干0.5m左右挖半圆形的沟,掘出直径0.5~3.0cm粗的侧根,但要注意不应在一株树上采根过多,以免损伤母树。此外,还可挖掘采伐后的树根做插穗。秋季采的根要储藏在湿沙中越冬,以防失水干枯。春天插根前取出,截成10~20cm长的插穗。如在春季采集根插穗,有的树种有伤流现象,可用火微烤两端或涂以黏泥。如泡桐根因含水量高,挖出后应晾1~2天,待水分失散一些再插为宜,否则,插后容易烂根。

插根的方法有直插、斜插和水平横埋三种,其中水平横埋的生根、发芽都不好。短插穗宜用直插,长插穗用斜插,因为根也有极性现象,切勿倒插。比较粗、近根颈的一端是上端,较细的一端是下端。

插根的密度,因树种而异,幅度变化较大。一般株距可为15~50cm,行距30~100cm。插的深度以插穗上端与地面平即可,插后踏实并灌水,以后要及时松土除草、追肥、灌水、防治病虫,并除去多余的分蘖。

(六)采穗圃

采穗圃也称营养(或无性)材料繁殖圃,是以专门生产大量优良品种或优良类型的条穗和接芽的良种繁殖圃。采穗圃是加速良种繁育与推广的一种有效途径,不但能够保持良种的优良特性,而且建圃的方法简易,经营管理方便,同时,产量高,质量好,成本低,见效快。

所以,全国各地都先后建立起许多优良树种如杨树、柳树、杉木、水杉、落羽杉、池杉等良种采穗圃,成为重要的良种繁殖基地。

采穗圃主要有灌丛式和高干式两种。灌丛式采穗圃建圃快,管理方便,条穗产量高、质量好,在各地得到广泛的推广应用,而且取得了良好的效果。下面以杨树为主,重点介绍灌丛式采穗圃的建立与经营管理。

1. 采穗圃的建立

(1)选择圃地

采穗圃应选设在地势平坦、土层深厚、肥沃、排水良好的沙壤土地,具有灌溉条件及管理交通方便的地方。切忌选设在低洼地、盐碱地、风沙地,土壤黏重和病虫害严重的地方。

(2)整地与施肥

采穗圃要连续多年培育和供应优良的条穗,需要良好的土壤肥力条件。因此,圃地选定后必须深耕细耙,施足底肥。采取秋季深翻 25 ~ 30cm,春耙 10 ~ 15cm,春耙相互交叉细耙 2 ~ 3 次,达到地平、土暄、草根石块净。结合秋翻、春耙、分层施肥,每亩施入腐熟的农家肥 5kg 左右,为消灭地下害虫,一般用50% 辛硫磷乳油 0.5kg,兑水 0.5kg,再加 150kg 细土混拌制成毒土,每亩施用 15 ~ 20kg,在翻地或施底肥时一并施入土壤中,可有效防治地下害虫危害。

(3)选苗栽植

良种采穗圃应选择优良的种条和苗木。选择 1 年生的生长健壮、通直、无病虫害、侧芽饱满、充分木质化,根系发达的苗木。

为便于经营管理,应采取行状配置。栽植的株行距,应视树种的品种特性和圃地的土壤肥力条件以及经营管理水平而定,不宜过密或过稀。一般情况下,土壤肥力条件好的应适当密植,土壤肥力条件较差的可适当稀植;苗期分枝较多的品种适当稀植,而苗朝分枝较少或无侧枝的品种可适当密植。一般可采用以下栽植密度:

①按地类:瘠薄地为 0.8m × 0.8m、1.0m × 1.0m,每亩 1040 ~ 666 株;肥沃地 0.4m × 0.4m、0.5m × 0.5m,每亩 4166 ~ 2640 株。

②按品种:小美类杂交种及其无性系为 0.4m × 0.4m、0.5m × 0.5m、0.8m × 0.8m,每亩 4166 株、2640 株、1040 株;北京杨和欧美杨杂交种及其无性系为 0.8m × 0.8m、1.0m × 1.0m、1.5m × 1.5m,每亩 1040 株、666 株、296 株;窄冠形杨树(如新疆杨、钻天杨、箭杆杨等)为 0.5m × 0.5m、0.8m × 0.8m,每亩 2640 株、1040 株。

按栽植材料不同,栽植方法主要有扦插法、栽根法、埋干法等,但生产上比较普遍地采用扦插法和栽根法。实践表明:用一年生根桩栽植法,比其他几种方法所培育的产条量较多。

①扦插法:选用 1 年生的生长健壮的优良种条,剪切 15cm 长插穗,每根插穗上保留 3 ~ 4 个饱满芽。插穗上端剪成平切口,上切口距第一个芽 1cm 左右,插穗下端剪成平切口或马耳形切口,剪口要平滑,切勿撕裂。剪好插穗按粗细分别捆成 100 根一捆,浸水 1 ~ 2 天后,进行室内混沙储藏或露天窖藏,以备扦插。目前多采取春季扦插,也可秋季扦插。春插宜早,当土壤化冻至 20cm 以上时可及时扦插。按不同树种的品种所需要的适宜密度定株行距,采取直插,插穗上端与地面平。扦插中要注意:品种不符不插,无第一个芽或损伤劈头不

插，插穗折断不插，芽已萌动不插，不倒插。粗细插穗分开插，地未整好不插，土壤墒情不好过于干燥不插。插后踩实，充分灌溉。

②栽根法：选用1年生生长发育健壮的营养繁殖苗。这样的条穗可以保持母本的优良特性。通常距根际15cm处截断，要求径粗1.5～2.0cm，根系完整。按照不同树种、不同品种所要求的适宜密度挖穴定植。穴的大小以根系舒展为度，如30cm×30cm×30cm或40cm×40cm×40cm。栽植深度要比根际略深2cm，栽后踩实、灌水。

2. 采穗圃的管理

（1）适时灌水

采穗圃内要挖好排灌沟渠，能灌能排，防洪排涝。灌水要适时，第1年扦插或定植后立即灌溉，全年灌水8～10次。第1遍水饱灌，第2～3遍水浅灌少灌；6～8月要灌透、灌足，苗木生长后期停止灌水。第2年以后每年可根据苗条的生长状况和当地的气候、土壤条件，适当减少灌水次数，增加灌溉量，一般每年可灌水6～8次。

（2）松土除草

松土除草可改良土壤，消灭杂草，促进苗条生长和根系发育。第1年扦插或定植初期以除草保墒为目的，采取浅松土除草，深度3～5cm。6月中、下旬以后根系下扎已木质化，降雨和灌溉易引起土壤板结，杂草易滋生，所以要深松土勤除草，深度6～8cm，全年松土除草6～9次，要求做到见草除净，无草浅松土，雨后松土，灌水必中耕，达到圃地土壤疏松无杂草。第2年以后除草可适当加深，次数可适当减少，全年5～6次即可。

（3）合理追肥

采穗圃每年要割取大量种条，养分消耗过多，土壤肥力降低，应通过合理追施化肥和农家肥来改善苗木的营养条件，提高种条的产量和质量。追肥时在苗根15～20cm处，开10cm深的环形沟，把化肥（硫酸铵、尿素）施入沟内，填平沟土灌水，每亩施化肥（硫酸铵）15～20kg。采条后再施一次农家肥，距苗根20cm处开15～20cm深的沟，施厩肥后填平，进行冬灌，每亩施厩肥500～750kg。追施化肥最好在苗木生长旺盛时期开始，分2～3次施入，最后一次追肥不能迟于8月中、下旬，否则易引起种条贪青徒长，木质化程度差，降低种条质量。

（4）留条与摘芽

每墩留条数量多少，直接关系到种条产量和质量。留条过多，由于营养不足，光照条件差，种条生长细弱，达不到插穗要求标准。留条过少，产条量少，而且由于养分集中，条子长得过粗，又易生长侧枝，降低种条质量，消耗营养物质。留条数量应根据采穗圃栽培年限、品种、密度及水肥条件来确定。一般1年生留2～5根、2年生留5～10根、3年生以后留10～15根。留条应遵循去强、剔弱、留中的原则，确保留条均匀地分布在根桩上，以达到种条生长均匀一致，减少条穗的分化。

摘芽是保证种条质量，提高种条利用率的重要措施，特别在苗木生长旺盛时期，在侧芽长出后未木质化以前，一定要及时摘芽。应本着“摘早、摘小、摘了”的原则，及时摘除侧芽。摘芽次数可根据品种不同而定，如以小叶杨为亲本的杂交种小黑杨等，分枝早，分枝力强，摘芽次数可相应增加，全年可摘3～5次，一般情况全年摘芽2～3次即可。摘芽时切勿撕破表皮,以防病虫侵染。要从芽的基部摘除,以免影响二次叶芽的形成。

(5)采条

采条最好在秋季苗木落叶后处于休眠期时进行。嫩枝种条可在生长期采集。采条时要注意防止劈裂根桩和斜面太大,不要损伤表皮和休眠芽。采条时根桩高度要留得适当,不宜过高或过低,根桩留得过低,休眠芽少,萌条少,而不定芽抽条过晚,影响生长;留根桩过高,条穗发育不良,基部弯曲且易感病害。一般第1年根桩留5~7cm(保留2~3个休眠芽),以后每年向上递增5cm左右。采条时要按种条粗细分级,捆成条捆及时运出或储藏。采条时要分品种、产地,防止品种混杂。每次采条后根桩覆细土,确保安全越冬。

(6)复壮更新

采穗圃由于连年采条,树龄老化,长势衰退,加之留桩腐烂病渐重,影响条穗的产量和质量,为恢复其生长势,则需要更新。采穗圃复壮更新的年限因树种不同而异,如群众杨、小黑杨、北京杨等可连续采条7~8年,而新疆杨只能连续采条5~6年。

更新的方法,可在秋末冬初进行平茬,使其从根基部重新萌发形成根桩,再生产条穗,也可将整个老根挖出,重新栽植。有时要另选择新的圃地,重新建立采穗圃。

三、移植苗的培育

(一)苗木移植的意义

移植是将生长密集的苗木起出,按照规定的株行距,在移植区栽植后继续培育的方法,也称为换床(垄)。大多数树种多用播种、扦插、嫁接等进行苗木繁殖,育苗初期一般比较密,常因密度过大,营养面积小,光照不足,通风不良,病虫害严重,难以培育成大规格苗木。

因此,一般都需要经过苗木移植后,根据苗木生长发育的要求,不断扩大苗木的株行距,增加苗木的营养面积,改善苗木的养分、水分、光照和通风条件,又可促进苗木的侧、须根的生长发育,为苗木的速生创造条件。同时,培育出具有理想冠形、良好干形,树姿优美,高质量的苗木。

相反,如不经过移植培育,由于苗木留植时间过长,不仅主根生长过长,侧、须根发育不良,而且增加起苗困难,起苗时伤根过多,影响栽植的成活率和以后的苗木生长。同时,留植时间过长,由于苗木密度过大,分布很不均匀,营养不足,光照和通风不良,苗木生长细弱,分化严重,显著降低苗木的质量,栽植的成活率很低,苗木生育不良。如果在育苗时稀播和稀插、稀植,或者大量间苗,又会造成占地过多,抚育管理费用增加,不仅圃地不能充分合理利用,而且提高苗木成本。所以,通过移植培育大苗是十分必要的,而且是生产中行之有效的一种措施。

(二)苗木移植技术

1. 移植密度

移植密度是指单位面积(或单位长度)上移植苗木的株树。移植苗木的株行距主要根据苗木的生长速度、苗冠和根系的发育特性、苗木的培育年限以及抚育机具等来确定。一般情况下，阔叶树种比针叶树种株行距大；使用畜力比机引工具作业的株行距大；床作比垄作的株行距要小。总之，应根据具体情况区别对待，选择适宜的株行距，生产上采用的株距为 5cm、10cm、20cm、30cm、50cm，行距为 10cm、20cm、40cm、60cm、100cm 及以上。在保证苗木有足够营养面积的前提下，必须合理密植，充分利用育苗地，提高单位面积（或长度）的产苗量。

2. 移植前的准备

苗木移植时要适当进行修剪，其修剪的程度因树种与苗龄的大小而异，将过长的主侧根剪短，以促使发育大量侧须根，便于栽植。劈裂损伤的根系剪掉，以免引起烂根。根系的保留长度一般应在 18 ~ 25cm。根系太短影响苗木的成活和生长；根系过长，移植时易造成根系弯曲，影响侧须根发生。对于常绿阔叶树苗，为了减少水分蒸腾可适当的剪去部分枝叶。萌发能力强的阔叶树种，如泡桐、杨、柳、刺槐、皂角等，可在移植时截去地上部分，即截干移植。修剪要适度，修剪过度会对移植苗木的向上生长和直径生长以及根系发育产生不良影响。

为了使移植苗木生长均匀，减少苗木分化现象，提高苗木出圃率，移植前应进行苗木分级，将不同规格的苗木分级分区移植。

3. 移植方法

移植方法主要采取穴植法、沟植法和窄缝栽植法。

（1）穴植法：适于移植根系发达的树种，即按预定的株行距定出栽植点，用移植铲或锹挖穴栽植，栽植时要扶正踩实。植穴的直径和深度要大于苗木根系。挖穴栽植，根系舒展，成活率高，生长恢复快，但效率低，适用于大苗移植。

（2）沟植法：是按预定的行距开沟，将苗木按一定株距垂直放入沟内，再培土扶正踏实。该方法适于移植小苗，放置苗木注意根系舒展，不能弯曲和窝根。栽植深度一般比原苗木地径（土痕）略深，以免灌水后土壤下沉而露出苗根。

（3）窄缝栽植法（或称缝植）：适于垄作移植育苗，对于一些主根细长、侧根不太发达的针叶树种小苗适于窄缝栽植。人工移植时，一人持移植锹或铲在横垄面上开缝，另一人两手各持一株苗木根颈处，分别栽入窄缝内，然后提起锹，踩实使苗木根系与土壤密接。

苗木移栽时，一定要做好苗木根系保湿。移栽前要灌透底水，移栽后要及时灌溉，保持土壤湿润。栽苗时，苗根要舒展，切忌打辫窝根。栽苗深度略比原来苗木地径深 2cm 左右，以免灌水后土壤下沉，使苗根上部露出地面，同时为了避免春季表土干燥影响根系生长也应栽植深些。但也不宜过深，避免造成苗木“下窖”。

4. 苗期管理

苗木移植后及时除草松土、追肥、灌溉及防治病虫害。苗期加强水、肥管理是提高移植成活率、促进苗木迅速生长、培育优质壮苗的关键。因此，要做到适时适量灌水，适期合理追肥，及时中耕除草，为移植苗的迅速生长创造良好的条件。

截干的苗木，待萌条长出后，选留一条健壮直立的萌条作为主干，摘除多余的萌条，以促进主干向上生长。

移植苗的各项抚育管理措施与一般苗木相似,无须特殊管理。

(三)培育大苗

1. 大苗的一般规格

培育行道树和公路绿化的大苗,在苗圃中要培育3~5年或10年以上。阔叶树种,如杨、柳、榆、刺槐、糖槭、臭椿、国槐、紫椴、悬铃木、京桃、黄檗、核桃楸以及裸子植物银杏等,都要求有通直的主干,一般干高2.5~3.5m,苗高5~6m,胸径5~6cm,并且具有发育匀称的苗冠及发达的根系,无病虫害。对于常绿针叶树种如油松、马尾松、日本黑松、白皮松、华山松、红松、樟子松、赤松等,则要求苗干端直,苗高3~5m,苗冠分枝匀称,树势挺拔。而云杉、冷杉、侧柏、桧柏、杜松、龙柏、雪松等,则要求培育成高1.5m以上,冠形呈良好的塔形或圆锥形,树势优美的大苗。

2. 大苗的移植培育技术

苗木移植时要适当修剪。苗根修剪的程度因树种与苗龄的大小而异,将过长的主侧根剪短,以促使其发生大量侧须根,并便于栽植。劈裂损伤的根系剪掉,以免引起烂根。根系的保留长度一般应在18~25cm。根系太短影响苗木的成活和生长;根系过长,移植时易造成根系弯曲,影响侧须根发生。对于常绿阔叶树苗,为了减少水分蒸腾可适当剪去部分枝叶。萌发力强的阔叶树种,如泡桐、杨、柳、刺槐、皂角等,可在移植时截去地上部分,即截干移植。修剪要适度,修剪过度会对于移植苗木的向上生长和直径生长以及根系发育产生不良影响。

为了使移植苗木生长均匀,减少苗木分化现象,提高苗木出圃率,移植前应进行苗木分级,将不同规格的苗木分级分区移植。

移植方法主要采取穴植法、沟植法和窄缝栽植法。

3. 大苗出圃特点

起苗是培育大苗的最后一个生产环节。这项工作完成的好坏,直接影响到苗木的质量。

大苗的出圃分带土坨和不带土坨两种。一般落叶阔叶树起苗时多不带土坨,而常绿树种(包括针叶和阔叶)一般要带土坨。起苗时要保持根系的完整性。起苗保留的垂直根长度和侧根长度主要决定于树种特性、苗木大小、根系再生能力的强弱等。在生产中,常常根据地际直径的粗细,来确定起苗的侧根长度和垂直根的长度。

带土坨起苗的大苗,土坨(球)的直径可为地际直径的6~12倍。裸根苗要随起苗,随假植(临时假植)。带土坨苗在起苗过程中要做好包扎工作,以防土坨散落。起出的苗木,要及时运往栽植地进行栽植。运输前要做好包装工作。

第三节　苗木出圃储藏

一、苗木调查

苗木调查是要了解苗木的产量和质量,以便作苗木供应计划和苗圃的生产计划。苗木调查并不局限于出圃苗,不出圃的苗木也应进行调查,故它并不属于苗木出圃的内容。

调查的时期,一般是在秋季苗木生长即将停止落叶以前进行。一般常用的调查方法有以下两种。

(一)标准行法

适用于移植苗区,部分大苗区以及扦插苗区等。在要调查的苗木生产区中,用机械抽样的方法,每隔一定的行数(如5的倍数),选一行或一垄作为标准行,再在标准行上选出具有代表性的一定长度的地段,在选定的地段上进行苗木质量指标和数量的调查,然后计算出调查地段苗行的总长度和单位长度的产苗量,并以此推算出单位面积(亩或公顷)的产苗量和质量,进而推算出全生产区的产苗量和质量。

(二)样方调查法

在育苗地上用随机抽样,抽取面积为1m^2的样方若干,在样方上调查苗高、地际直径和苗木数量,并计算出每平方米苗木的平均数量和质量,再推算出单位面积和全生产区苗木产量和质量。本方法适用于撒播育苗。

标准行和样方要均匀地分布在该苗木的生产区,调查地段的总面积因调查苗木的总面积而异,一般抽样的面积约为调查苗木总面积的2%~4%。科学试验的抽样数根据需要而定。

调查时要按树种、育苗方法、苗木的种类和年龄等分别进行调查和记载,分别计算。

二、壮苗的条件及年龄

(一)壮苗的条件

壮苗即优良苗木。壮苗一般表现在生根力旺盛和抗性强、移植和造林的成活率高,生长快。壮苗要具备以下条件:

(1)苗干粗壮而直,有一定高度,上下均匀,无徒长现象,枝叶繁茂,色泽正常。

(2)根系发达,即有较多的侧根和须根,主根短而直,根系要有一定长度。根系长度对造林成活率和生长情况都有影响。侧柏一年生播种苗,根系长度20cm的苗木成活率、高生长和直径生长,比根系长度10cm的苗木分别提高5.5%、34.8%和31%。

(3)苗木的根茎比值小,苗木的重量大。

(4)无病虫害和机械损伤。

(5)萌芽力弱的针叶树种要有发育正常而饱满的顶芽。如油松和冷杉等苗木的顶芽要比侧芽占优势。顶芽无显著的二次生长现象。

(二)苗木的年龄及表示方法

(1)苗木的年龄:苗木年龄的计算方法是按苗木主干的年生长周期计算。即每年从地上部开始生长到生长结束为止,完成一个生长周期为一龄,称一年生。若完成两个生长周期,称二年生,依此类推。移植苗的年龄,包括移植前的苗龄。

(2)表示苗龄的方法:对播种苗用一个数字即能说明问题。但对移植苗应该既能表示苗龄,又能表示苗木移植的次数,所以建议用两个数字表示移植苗的年龄。前一数字表示苗木的年龄,后一数字表示移植次数。例如:落叶松 3 年生移植苗,经过两次移植,可写为“落叶松移植苗(3-2)”。

三、苗木出圃

(一)起苗

起苗又称掘苗。起苗作业质量的好坏,对苗木的产量、质量和栽植的成活率有很大的影响。

1. 起苗季节

起苗时间主要根据各树种苗木的生物学特性来确定,同时,要与公路绿化栽植的时期紧密配合,有时还要兼顾到苗圃的整地作业时间。起苗多在苗木休眠期进行。

确定具体起苗时间,要考虑到当地气候特点、土壤条件(如春季短、道路泥泞等)、树种特性(发芽早晚、越冬假植难易等)和经营管理上的要求(如栽植时间的早晚、劳力安排和育苗地使用情况)。

(1)秋季起苗

多数绿化树种均可秋季起苗,尤其是春季发芽早的树种(如落叶松、水杉等)应在秋季起苗。而油松、黑松、侧柏、云杉、冷杉等常绿针叶树种也可以秋季起苗,但是最好随栽随起苗。秋季起苗一般在地上部停止生长开始落叶时进行。此时根系仍在缓慢生长,起苗后及时栽植,有利于根系伤口愈合。

秋季起苗的优点:①可以进行秋翻地,有利于土壤改良,减少病虫害;②作业时间长,可以解决劳力缺乏的矛盾;③切断的根系有一段恢复创伤时间,翌春生长开始早;④对春季发芽早的树种,可以适当延长地上部分的萌发,有利于提高绿化的成活率。

(2)春季起苗

针叶树种、常绿阔叶树种以及不适合于长期假植的根部含水量较多的落叶阔叶树种(如榆树、枫树、泡桐等)苗木适宜春季起苗,随起苗随栽植。春季起苗宜早。否则芽苞萌动,降低苗木成活率,同时也影响圃地春季生产作业。

(3)雨季起苗

春季干旱风大的地区,有时对常绿针叶树种苗木也可在雨季起苗,随起随栽,可提高苗木栽植成活率。

2. 人工起苗

对于不带土裸根小苗采用手工起苗时,先沿着苗行方向,距苗行 20cm 处挖一条沟。沟的深度可依起苗深度而定(播种苗可达 30~35cm)。在沟壁下部挖出斜槽,距地面 25cm 左右切断苗根,再从苗行中间插锹,把切断根的苗木堆入沟中,即可取出苗木。

起大苗时可以带或不带土坨，一般落叶阔叶树种起大苗时不带土坨，即裸根大苗。起苗时保留的主根长度和侧根幅度，主要取决于树种特性、苗木大小、根系再生能力的强弱等，但生产上常常以苗木地际直径(根径)的粗细为标准，确定挖根的深度和幅度大小。

针叶树种和常绿阔叶树种绿化起大苗时应带土坨。凡带土坨起苗，其土坨的直径可为地际直径的10倍左右，原则上要尽量保持主要根系的完整。挖带土坨大苗可在入冬土壤结冻前进行，先按要求挖出土盘，然后挖至应达到的深度，待土壤结冻后再截断主根，全部挖出，就地栽植的绿化大苗起苗后可不包装，如远途运输栽植的大苗，应用草帘或草绳包裹好，避免土坨破碎，尤其春季栽植时更为必要。

人工起苗在苗圃生产上应用较广泛，主要是方法简便，特别是小型苗圃采用的较多，但效率低，需要劳动力多，劳动强度大。而且起苗质量也不理想，苗木损伤较多。

3. 机械起苗

一般由拖拉机牵引床式或垄式起苗犁起苗，不仅起苗效率高，节省劳力，减轻劳动强度，而且起苗质量好，很少损伤苗木，又降低成本。

起苗时，必须保证苗木质量，特别要注意苗木根系的长度和数量。因此，起苗要保持一定深度，一般针阔叶树播种苗的起苗深度为20～25cm；扦插苗和移植苗要适当加深些，深度为30～35cm；多年生大苗可参照大苗的起苗标准。

为避免苗木根系失水过多，不宜在大风天起苗。土壤过于干旱时，可在起苗前5～6天适当灌一次透水，待土壤适于作业时再起苗，这样土壤疏松易于起苗，随起、随拣、随选、随假植或包装运出，以防苗木根系干枯，影响苗木质量。

(二)苗木分级

苗木分级的目的是使出圃的苗木合乎规格标准，使苗木栽植后生长整齐。根据苗木主要质量指标(苗高、地径、根系、病虫害和机械损伤等)，可将苗木分为成苗(标准苗)、幼苗(未达出圃规格，需继续培育)和废苗三类。其中成苗又可分为两级，即Ⅰ级和Ⅱ级苗。分级时要严格掌握分级标准。成苗中的Ⅰ级苗一般应具备以下条件：①苗干粗壮端直，具有一定高度，充分木质化无徒长现象，枝叶繁茂，色泽正常；②根系发达，主根粗壮具有一定长度，侧、须根较多，根幅大；③具有饱满的顶芽，尤其针叶树苗木必须具有饱满正常的顶芽，这是分级的重要指标之一；④苗木重量大，冠根比值小，无病虫害和机械损伤。

除上述要求外，一些特种整形的观赏树种苗木，还有一些特殊的规格要求，如公路行道树要求分枝点有一定高度等。

在苗木分级时注意剔除不合格的苗木，这些苗木有的可以继续留在苗圃培育，质量太差不合格苗木应淘汰。

苗木的分级工作应在背阴避风处进行或在搭设荫棚下进行，并做到随起苗、随分级、随假植，以防风吹日晒或根系损伤。

(三)统计数量

苗木统计的目的是为了统计各类苗木的数量，为总结工作和制订计划提供依据。一般与分级工作同时进行,边分级边统计,尽量缩短时间,以免苗根被风吹日晒而干枯。按分级规格标准分别计数,对于小苗也可用称重法称取一定数量的苗木,再推算出各类苗木的总量。将统计完的苗木50株或100株捆成一捆,准备包装运输或假植、储藏。

四、苗木的储藏

(一)假植

将苗木的根系用湿润的土壤进行临时性的埋植称为假植。假植的目的主要是防止根系干燥,保证苗木的质量。

假植可分为临时假植和长期假植两种。在起苗后或栽植前进行的假植,叫做临时假植,也称为短期假植。当秋季起苗后,苗木要通过假植越冬时,叫做越冬假植,也称为长期假植。

1. 越冬假植(长期假植)

(1)假植地点:应选择地势较高、排水良好、背风、便于管理和不影响翌春作业的位置。切忌选在低洼地或土壤过于干燥的位置假植,以防苗根霉烂或干枯。

(2)假植时间:北方地区大约在10月下旬至11月上旬立冬前后假植为宜。假植过早,因地温高苗木容易发热霉烂,造成损失。但也要避免因假植过晚使苗木冻在地里。

(3)假植顺序:一般先阔叶树苗,后针叶树苗。由于刺槐、槐树、锦鸡儿等豆科树种苗木耐寒力较弱,根部水分较多,又有根瘤,既怕冻又怕地温高,因此假植不宜过早,可以在结冻前一两天假植。

(4)假植方法:育苗面积较小时,假植苗木数量不多,可以采取人工挖假植沟进行假植,即在选定的假植地点,用铁锹挖一条与主风方向垂直假植沟(如东西向)。沟的规格因苗木的规格不同而异,播种苗一般深宽各30~35cm。将沟内挖出的土放于沟的一侧(如南侧),堆成45°的斜坡,迎风面的沟壁也做成45°的斜壁。然后,将苗木单株均匀地摆于斜壁上(苗梢向南),使苗木根部在沟内舒展开,苗木根径略低于地表。最后,用下一条沟中挖出的湿土将苗根及苗径的下半部盖严、踩实,使根系与土壤密接,防止透风受冻和干枯。

假植时要做到单摆(或小束)、深埋、踩实,使根土密接。北方地区因风沙危害较大,可在迎风面设防风障,苗梢可用秸秆覆盖,以防冻害。为了便于起苗运输,假植地上隔一定距离留出步道。假植均要分区、分树种、定数量(每几百株或几千株做一标记),并在地头上插标牌,注明树种、苗龄、种类、数量、假植时间等项内容,并绘出平面示意图以便于管理。

假植面积较大时,可采用大犁假植的方法。先用犁在整好的假植地上蹚沟,每条沟要往复两次,第一次不要过深,第二次要达到要求深度(30~35cm),再用人工清理一下沟底,将翻出的土堆在南侧,呈45°斜坡。然后往沟内摆放苗木,再用犁蹚第二条假植沟,翻出的土作为第一条假植沟的第一次培土,随翻随踩实,最后复蹚第二条沟,作为第二次培土,再踩实,清沟底时略培浮土。依此类推,直至假植完为止,每隔10~15条假植沟留一条步道,以便检查管理。

假植期间要经常检查,发现覆土下沉要及时培土。春季化冻前要清除积雪,以防雪化浸苗。如早春苗木能及时出圃栽植时,为了抑制苗木的发芽,可用席子或稻草、秸秆等覆盖遮荫,降低温度,适当推迟苗木的萌发。

2. 临时假植

临时假植与长期假植基本要求略同,只是在假植的方向、长度、集中情况等要求不严格。由于假植时间短,对较小的苗木允许成束地排列,不强调单摆,根系舒展,但也要做到深埋、踩实。

(二)低温储藏

低温储藏就是将苗木置于低温(1~3℃)、湿润(空气相对湿度为80%~90%)、通气良好的条件下妥善保存。主要目的是为了更好地保证苗木安全越冬,不致因长期储存而降低苗木质量,并使苗木在翌春延缓推迟发芽的时间,从而延长绿化栽植时间。

国外许多国家(如英国、美国、日本、德国、瑞典、挪威、芬兰、加拿大和俄罗斯等),都采用了低温储藏的方法(或称为冷藏法),取得了良好的效果。

我国苗木储藏主要是利用储藏室、地窖、冷藏库等。现在生产上采取地窖储藏落叶松、油松、红松、云杉、冷杉苗木,效果良好。

1. 窖藏法

落叶松苗木采取窖藏越冬既可抑制春季萌动过早,又能避免苗木假植干梢的缺点。

一般选择地势高燥、排水良好的地点挖窖。窖的规格:窖深1.5~2.0m,上口宽2.0m。底宽1.5m,窖长依储苗量多少而定(如窖长20m,可储苗50万~60万株),窖边略倾斜,窖中央设置木柱数根,柱上架横梁,窖顶两侧搭上椽子,盖上10cm厚的秫秸,上面用土盖严。窖顶每隔2m留一通气孔,孔口用木盖和草帘盖上,经常开启,以利通风换气,调节气温。窖底应挖深、宽均为25cm的沟槽,内填卵石或石块,以利排出窖内积水。苗木入窖前,先在窖底铺上5~10cm湿沙。然后,当气温降低到0℃左右时,窖内低温情况下将苗木成捆(50株或100株)平放窖内两侧,根部朝向窖壁,距窖壁3~5cm,填上一层湿润河沙(3~5cm厚),因根部体积较大,应在苗梢一侧用剥去叶的秫秸铺垫。摆完一层苗木,上面再盖一层湿沙。湿沙要填平、压实、盖严,以不露苗根为宜。如此一层一层放置,直到窖沿为止。在窖的一端留有入口,苗木入窖后封严,窖藏期间可定期检查。

窖藏苗木要注意控制窖内湿度、温度和通气条件。温度应保持在1~3℃,最高不超过5℃,在此条件下适合苗木休眠,不利于腐烂病菌的繁殖,空气相对湿度可保持在85%~90%,经常通风换气,以保持窖内始终处于低温、湿润、通风的良好条件。例如,当温度为0.5~1.1℃,空气相对湿度为97%~100%的条件下,苗木储藏半年以上也不会影响苗木的成活率。

2. 坑藏法

落叶松、油松、红松、云杉、冷杉等苗木也可以利用坑藏法储藏,这种方法对确保苗木安全越冬,保证苗木的质量有良好效果。

选择地势较高、排水良好而且不影响翌春作业的苗圃空地,挖东西向坑,坑深、宽各1m,

坑长依储苗量的多少而定（每 10m 长的坑可储藏苗木 20 万株左右）。坑底再挖深、宽各 25cm 渗水沟，填满河卵石。坑间距离 1.5 ~ 2.0m。坑藏时间应在结冻前的 10 月末或 11 月初，先在坑底垫铺 5cm 厚的沙，把捆成小束的苗木在坑的两侧各摆放一排，苗根要舒展，朝向坑壁，距坑壁 3 ~ 5cm，把与把之间不要太挤，每摆放一排苗木，垫一层 3cm 厚的半湿沙，每摆放 2 ~ 3 层垫几棵剥掉叶的秫秸，以保证苗梢与苗根一样平，摆放至距地面 10cm 左右时，全部盖上半湿河沙，以防苗木干燥。为保持坑内低温和加速冻结，白天以草帘覆盖，晚间打开。当苗木全部冻结后，盖上一层草帘，在草帘上再覆盖整捆稻草（10 ~ 20cm 厚），并在坑上用整捆秫秸搭成前低后高的棚子防止雪雨水渗入。坑口必须盖严，以免坑内温度变化。坑藏期间坑内温度以不超过 5℃ 为宜。特别是早春气候转暖，应注意控制坑内温度。经常检查苗木有否变化，结冻前如发现沙干燥时，可用细眼喷壶喷洒少量水，以保持适当湿润，防止沙过湿和坑藏期间温度偏高，引起苗木发热霉烂。

一部分苗圃对某些落叶阔叶树苗木越冬时选用沟藏法。方法是将苗木于结冻前全部埋于沟中。沟的深度应在地下水位以上，冬季沟内温度经常保持在 0℃ 左右，最高温度不超过 4 ~ 5℃，切忌苗木带叶进行沟藏。埋苗时苗上面盖土厚 30 ~ 40cm，翌春通过增盖草帘调节沟内温度，以防苗木发热霉烂。也有的利用山洞、固定地窖内放置冰块保持一定低温来储藏苗木，以延长储存时间，储藏效果也较好。

五、裸根苗的包装和运输

为了防止苗根在运输过程中风吹日晒和机械损伤，苗木出圃远途运输时，必须进行苗木包装运输，做好保湿，避免苗木失水过多影响栽植成活率。试验结果表明：1 年生油松播种苗在春季（4 月上旬）经阳光下晒苗 10min，移栽后成活率仅有 30%，日晒 40min 的苗木全部死亡；1 年生侧柏播种苗在春季阳光下晒 1h，成活率仅有 67%，晒 4h 则移栽后成活率只有 3.1%。经过风吹日晒的苗木，由于严重失水干枯，即使移栽后能勉强成活，生长状况也很差。因此，对这最后一道工序必须引起足够重视。

苗木包装有手工包装和包装机包装。手工包装比较简单，捆包时用草帘包装，苗木根对根摆放在铺有一层湿稻草（或苔藓）的草帘上，一层苗木一层稻草（或苔藓），依次堆放，最后再覆以较厚的湿稻草（或苔藓），然后将草帘卷起，再用草绳横捆两道、竖捆一道即可。

包装机包装苗木省工、效率高。通常将草帘铺好，然后将苗木根对根摆放在铺有湿润物（湿稻草、湿麦秸、苔藓）的草帘上，如此层层交替放置。待放到适宜重量后（20 ~ 30kg），打包机将苗木卷成捆，用草绳横捆两道竖捆一道即可。在草包上拴上标签，注明树种、苗龄、数量和发送地点、单位等。

苗木运输要及时，不宜拖延。火车运苗要打包快运，运到后应将苗包打开进行临时假植，过干时要适当给苗包浇水或浸水，保持苗根湿润，防止苗根风干和草包内发热。

带土坨的大苗均单株包裹，用草帘（或草绳）包裹土坨，再用草绳捆绑，用草绳捆绑时要在土坨周围一圈挨一圈捆绑结实，防止运输途中土坨散落，影响栽植成活率。运输大苗时还要用草绳拢住树冠，以免损伤枝条顶梢和侧枝而影响冠形。

第十二章　路树采伐

第一节　路树采伐的相关规定

一、相关规定

公路树木属于国家的防护林体系，受《中华人民共和国森林法》保护，不得任意砍伐。对此，《中华人民共和国公路法》第 42 条第 2 款规定："公路用地上的树木，不得任意砍伐；需更新砍伐的，应当经县级以上地方人民政府交通主管部门同意后，依照《中华人民共和国森林法》的规定办理审批手续，并完成更新补种任务。"

根据《中华人民共和国森林法》《中华人民共和国公路管理条例实施细则》和《交通部关于加强公路绿化工作若干意见》的规定，公路花草林木，只许做抚育和更新性质的修饰或采伐。当风景林、防护林郁闭度达 0.9 以上时，应进行抚育采伐，以伐除过密、生长不良的树木，促进树木生长；当树木确实已经进入衰老期，经请示批准后，才能进行路树的更新采伐。

路树的采伐、移植要严格按照《中华人民共和国公路法》《中华人民共和国森林法》有关规定执行：

(1)国、省道路树的采伐、移植，市级公路管理部门提出采伐申请报省级公路管理部门，由省级公路管理部门审批核发采伐许可证。

(2)县道路树的采伐、移植，县级交通部门提出采伐申请报市级交通部门，按管理职责由市级交通部门审批核发采伐、移植许可证。

(3)乡道路树的采伐、移植，由所在乡镇(村)向县级交通部门提出采伐申请，按管理职责由县级交通部门审批核发采伐、移植许可证。

(4)专用公路路树的采伐、移植，由公路使用单位向县级以上交通、公路管理部门提出采伐申请，按管理职责由县级以上交通、公路管理部门审批核发采伐、移植许可证。

路树移植应参照路树采伐、更新的审批程序，取得相关交通、公路部门同意后方可进行。

(5)采伐条件。

《中华人民共和国森林法》把公路树木列为防护林体系，其主要作用是保护公路，改善环境条件。路树符合下列情况之一者，方可履行报批手续经批准后采伐或更新：

①公路路树过密且不宜移植，需进行抚育采伐的。

②树木确已进入衰老期或品种严重退化的。

③公路改建或加宽需采伐原有公路树木的。

④公路树木发生大规模病虫害。

⑤生长弱势，绿化效果差，影响路容路貌的。

⑥原有路树影响通信、通电及光缆等设施的架设。

⑦开设道口而采伐路树。

⑧因灾毁等原因，需临时采伐路树救险。

(6)公路绿化采伐、移植许可证须按有关规定程序办理。经批准采伐公路绿化，必须按采伐、移植许可证规定的树种、数量、路线长度，在规定的时间内采伐、移植，不得超量或超期采伐、移植。公路改建需采伐、移植的树木、路树经采伐、移植后的空白路段应在其后的第一个绿化季节及时补植，并加强管护。

凭采伐、移植许可证规定的数量、方式和期限进行采伐、移植，核发采伐、移植许可证的单位，不得超限额和违反规定程序核发采伐、移植许可证，严禁跨年度发证或超越规定权限发证。各级交通、公路部门要加强对审批核发采伐、移植许可证的单位定期或不定期监督，发证单位所核发采伐、移植许可证至少保存五年。对失职、渎职致使绿化植物遭到严重破坏的依法追究发证人员的行政、刑事责任。

严禁无证采伐、移植。在遇战备、抢险救灾、水毁抢修等特殊情况，为保障公路通行，可先行采伐、移植，后补办有关手续。

(7)路树的采伐、移植证，由省公路管理部门统一印制与编号后下发。

(8)公路工程改建或加宽需采伐、移植路树时，也要先申请，领取采伐、移植证后方可采伐。

(9)经批准采伐的路树，要由公路养护、材料、财务部门共同进行检尺、作价，完善各种手续。

(10)路树采伐、移植不准超过申请批准的数量。对未经批准超过采伐、移植限量的，要依法处理。采伐、移植路树要按批准的时间进行，超过限期，采伐证无效。

(11)路树采伐、移植后，要限期进行人工更新补植。

(12)当年绿化成果按不同类型地区的成活率进行检查验收，合格后登记入公路绿化档案。

(13)采伐的收益，遵循"谁栽植、谁管理、谁受益"的原则，对合作造林所得收入进行分成，交通、公路部门所得收益应用于绿化更新，或者纳入绿色通道专项资金。

山东省路树的采伐、移植要严格按照《山东省高速公路条例》《山东省森林资源管理条例》等有关规定执行。《山东省高速公路条例》第二十二条规定："高速公路绿化和高速公路用地范围内的水土保持工作，由高速公路经营企业统一规划、组织实施。高速公路用地内的树木，不得任意砍伐；需要更新砍伐的，应当按照有关规定办理审批手续，完成更新补种任务。"《山东省森林资源管理条例》第三章林地管理第二十三条规定："需要采伐依法批准占用或者征用林地上林木的，应当凭省以上人民政府林业主管部门发给的使用林地审核同意书，向林木所在地的县级以上人民政府林业主管部门申请林木采伐许可证，并按照采伐许可证的规定采伐。”

二、公路绿化采伐证申请办理

公路路树采伐审批事项设置依据：《中华人民共和国公路法》第四十二条、交通运输部《路政管理规定》第十七条、《中华人民共和国森林法》第三十二条第二款。

1. 办理程序

(1)当事人申请。

(2)形式审查：申请主体是否适合，材料是否齐全或者符合法定形式。

(3)作出是否受理决定。

(4)实质审查：条件是否符合；视情进行实地勘察、核实，征询利害关系人意见；需要组织专家论证、评审的，组织专家论证、评审方案；必要时组织听证。

(5)作出是否许可决定。

(6)送达。

2. 申报材料

(1)更新采伐单位或者个人有效身份证明材料(由代理人申请的，提供更新采伐单位授权委托书)。

(2)申请书包括：主要理由、拟更新采伐的树木种类和数量、地点(公路名称、起止桩号)、时间、林况、面积、蓄积量。

(3)上年度更新栽植验收合格证。

(4)更新计划、补植措施的相关资料。

(5)采伐设计。

(6)具有更新采伐、补植时健全的交通安全保障措施资料。

(7)其他有关文件和材料。

①公路绿化采伐申请表，路树每木调查表，更新栽植计划表。

②新改建工程及其他工程项目的审批文件。

③采伐地段示意图。

④采伐后的绿化更新补植计划或设计、协议等。

⑤如因路树影响通信、通电及光缆等设施的架设，需提供相关部门的作业申请报告。

山东省公路行道树申请采伐(移植)许可证附表见表12-1。

山东省公路行道树申请采伐(移植)许可证附表

______县______公路 K________ ~ K____ km ____树、总平均高______ m、总平均胸径______ cm、株(墩)共出材______ m^3,每公里平均______株(墩),可出材______ m^3

采伐时间:________年________月________日 ~ ________年________月________日

更新时间:________年________月________日

表 12-1

起止桩号	里程(km)	树种	树龄	数量(株)	胸径(cm)	树高(m)	材积(m^3)	备　注

注:按每千米填一格。

第二节　路 树 采 伐

一、路树采伐的意义

采伐因车辆肇事、风害和水毁造成的倾倒木,折断木,死亡的树木可以保证人们行车的安全和畅通,又可以恢复公路景观,使行路人得到美的享受,有利于行旅消除疲劳。

采伐的收益,遵循“谁栽植、谁管理、谁受益”的原则,对合作绿化所得收入进行分成,交通、公路部门所得收益用于绿化更新,或者纳入绿色通道专项资金。

公路路树采伐可以带来经济收益。特殊时期路树采伐还能为国家建设、防洪抢险、抗震救灾提供用材。

二、采伐类型

公路花草林木,只许作抚育和更新性质的修饰或采伐。当风景林、防护林郁闭度达0.9以上时,应进行抚育采伐,以伐除过密、生长不良的树木,促进树木生长;当树木确实已经进入衰老期或公路扩建等需要进行路树的更新采伐。因此公路绿化采伐类型主要包括抚育采伐、路树移植和更新采伐。

(一)抚育采伐

公路环境绿化中采伐方式主要是抚育采伐。

1.抚育采伐的概念和目的

根据路树的发育、自然稀疏规律,适时伐除部分树木,调整树种组成和路树密度,改善环境条件,促进保留树木的生长。

(1)抚育采伐的概念

抚育采伐又称抚育间伐,是指在未成熟的路树中,为了给保留树木创造良好的生长环境条件,而采伐部分树木的培育措施。抚育采伐具有双重意义,即是培育路树的措施,又是获得部分木材的手段,但其重点是在抚育路树。

(2)抚育采伐的目的

由于树木对国民经济建设和人们的生活所起到的作用是多种多样的,除用材林外,还有防护林、风景林等其他林种。因此,抚育采伐的目的也就不同。如在用材林中,抚育采伐应以取得数量多、质量好的经济用材为主要目的;在防护林中,抚育采伐的主要任务是最大限度地发挥林带的防护效能;在风景林中,抚育采伐则应使林木有良好的卫生状况与美丽的景色。

公路绿化属于防护林,不同类型的公路绿化,不同时期的抚育采伐,有着不同的目的和任务。在一般情况下,通过抚育采伐,应达到下列目的。

①调整公路绿化树木组成

不同树种的林木混生在一起，互相竞争，使得目的树种在数量上不能占到优势地位，有的目的树种被挤压。通过抚育采伐，降低非目的树种的比重，使目的树种逐渐取得优势。

②降低林分密度，改善生境

公路环境绿化一般树种较多，密度较大，随着年龄的增长，树木个体的营养面积会逐渐得不到满足。自然稀疏可使绿化密度得到一定的调节，但其速度缓慢。同时，存留者也因竞争而影响生长。在自然竞争剧烈的时期，加以人为的干预，伐除部分树木，等于加速自然稀疏过程，减少树木的无益竞争，有利于存留木的生长，加速优良树木的成材。与此同时，可加速林下枯落物的分解，提高土壤肥力。从而给树木创造较好的生长条件。

③促进树木生长，缩短培育期

由于抚育采伐扩大了保留木的营养空间，地下根系提高了活性，能更好地吸收养分与水分。树冠能得到舒展，产生适中的冠幅和叶面积，从而使树木得到较好的生长量。尤其径生长随密度的降低而明显提高，这就可以大大缩短树木培育期限。

④清除劣质木，提高绿化质量

在生长过程中会有大量林木逐渐死亡，自动调整密度。然而在这种自然稀疏过程中，被淘汰的个体未必都材质低劣，保留者也并非干形好。因此，应通过抚育采伐，有目的地选择保留木，用人工选优代替自然选择，这样可以提高树木质量，又增加了木材利用率。

⑤实现早期利用，提高木材总利用量

由于抚育采伐利用了将因自然稀疏而枯死的小径木与部分有缺陷的上层木，使生产单位能在早期获得一部分木材。及时采伐利用将要枯死的树木，这就可以提高木材利用量。抚育采伐有效地利用了自然稀疏过程中将被淘汰或死亡的那一部分树木。

⑥改变绿地卫生状况，增强树木抗逆性

抚育采伐除去了绿地内的枯立木、病害木，风折、雪压等不良木，改变了绿地卫生状况，树木的生活机能得到加强，从而增加了树木对不良气候条件和病虫害的抵抗力，也减免了森林火灾发生的可能性，提高了绿地对不利因素的抵抗力。

⑦建立适宜的绿化结构，发挥多种效能

通过抚育采伐，使绿地内有适宜的树种组成，适中的密度与郁闭度，合理的层次。因而将有效地改善公路绿化的各种防护作用与其他的有益效能。尤其是涵养水源、美化环境等作用。由于适当的抚育采伐，增加株下透光度，使枯落物会得以较好的分解，土壤微生物得以繁殖，使土壤的养分条件得以改善的同时，树下植物层有了较好的生育条件，从而会有效地提高生物多样性。

上述抚育采伐的目的，因线路绿化和环境绿化不同而有主次之分。在主线绿化中，抚育采伐的主要任务是维持较高的防护性能和美化效果。在环境绿化中同一类别的林分中，因年龄阶段不同，抚育采伐的目的也不一样。如在混交用材林中，幼龄时期，间伐的主要任务是调整绿地树种组成，促进树木生长与提高产量和景观效果。

2. 抚育采伐的种类

抚育采伐分为用材林抚育采伐和防护林抚育采伐。用材林抚育采伐主要包括透光伐和生长伐；防护林抚育采伐主要包括定株抚育和生态疏伐。

公路绿化中的抚育采伐种类一般为疏伐、生长伐和卫生伐。

①疏伐

在中壮龄林阶段进行,伐除生长过密和生长不良的树木,进一步调整树种组成与绿化密度,加速保留木的生长与培育良好干形。

②生长伐(生长抚育)

在路树达到近熟林阶段进行,伐除无培育前途的树木,加速保留木的直径生长,缩短工艺成熟期。

③卫生伐

伐除遭受病虫害、风折、风倒、损伤的树木。

(二)路树移植和更新采伐

公路的线路绿化中采伐方式主要是路树移植和更新采伐。所谓公路上的“线”,是指公路主线,包含挖、填方边坡、中央分隔带和隔离栅等部位的绿化景观。“线”的绿化景观设计主要是起到生物防护、恢复生态景观、满足行车安全和景观舒适的要求。

1. 路树移植

对因路树影响公路改建、扩建的,而路树树龄在青年期后期或壮年期前期且树种的观赏价值较高的如法桐、国槐、桧柏等树种,要进行路树移植。

路树移植应参照路树采伐、更新的审批程序,取得相关交通、公路部门同意后方可进行。

路树移植技术参照本手册第四章绿化施工中大树移植内容。

2. 更新采伐

对因工程改建,或已达到衰老期,品种退化,病虫害严重,绿化效果差,影响路容路貌的路树,要及时进行采伐更新。更新采伐主要包括全带采伐、断带采伐和分行采伐等采伐方式。一般对短窄绿化带进行全带采伐;对绿化带较宽的实行分行、断带采伐;对主线较长的实行断带采伐。主要树种的更新采伐年龄见表12-2。

主要树种的更新采伐年龄　　表12-2

树　种	地区	起源	更新采伐年龄(年)	树　种	地区	起源	更新采伐年龄(年)
红松、云杉、铁杉	北方	天然	161	杨、桉、楝、泡桐、木麻黄、枫杨、槐、白桦、山杨	北方	天然	61
		人工	121			人工	31
	南方	天然	121	桦、榆、木荷、枫香	南方	人工	26
		人工	101				
落叶松、冷杉、樟子松	北方	天然	141	桦、榆、木荷、枫香	北方	天然	81
		人工	61			人工	61
	南方	天然	121		南方	天然	71
		人工	61			人工	51

续上表

<table>
<tr><th>树　　种</th><th>地区</th><th>起源</th><th>更新采伐年龄(年)</th><th>树　　种</th><th>地区</th><th>起源</th><th>更新采伐年龄(年)</th></tr>
<tr><td rowspan="4">松油、马尾松、云南松、思茅松、华山松、高山松、红松、云杉、铁杉</td><td rowspan="2">北方</td><td>天然</td><td>81</td><td rowspan="4">栎(柞)、栲、椴、水曲柳、胡桃楸、黄波罗</td><td rowspan="4">不分南北</td><td rowspan="2">天然</td><td rowspan="2">121</td></tr>
<tr><td>人工</td><td>61</td></tr>
<tr><td rowspan="2">南方</td><td>天然</td><td>61</td><td rowspan="2">人工</td><td rowspan="2">71</td></tr>
<tr><td>人工</td><td>51</td></tr>
<tr><td>杉木、柳杉、水杉</td><td>南方</td><td>人工</td><td>36</td><td>毛竹</td><td>南方</td><td>人工</td><td>7</td></tr>
</table>

注:此表为林业部门使用,供参考。

第三节　采　伐　作　业

一、采伐作业调查

公路树木采伐前要做好调查,根据线路绿化和环境绿化的不同,按区域特点、主导功能确定采伐的种类和方法以及作业时间和要求,最大限度地发挥绿化的效益,使管理部门在组织和指导生产时做到有章可循,避免盲目性,保证科学的施工。

1. 外业调查

内容包括:线路名称、树种名称,栽植时间、树木胸径、数量等。另外对公路两侧电线光缆、管道、建筑等也要调查清楚。公路行道树申请采伐(移植)调查表见表12-3。

2. 业内统计

根据调查资料标定各工序的用工量、时间、物资消耗量,测定采伐蓄积量、采伐株数、出材量与材种、枝桠与柴草量、作业面积与出材量、作业设施的数量与造价、工具及作业物质需要量、劳力需要量、作业费用和收支概算。

公路行道树申请采伐(移植)调查表　　　　表12-3

路线名称	起止桩号	里程(km)	树种	栽植时间	数量(株)	胸径(cm)	树高	积材(m^3)	备注

注:按每千米填一格。

二、采伐作业的施工

(1)施工前要完成辅助工程设施及生产与生活资料的准备,搞好劳动组织,并在现场统一操作方法。

(2)抚育采伐作业要正确选择间伐木,其间伐木(或保留木)胸高处和根颈处要标上明显标记,伐后按现行的木材规格、材质标准合理造材。

(3)采伐剩余物及修剪的枝条要及时清理并加以利用。

(4)采伐路树时,应维护好交通秩序、严格控制树倒方向,保证公路交通安全畅通。

三、采伐作业的主要流程

采伐作业方式分为机械采伐和人工采伐,本章重点讲述人工采伐部分的要点。人工采伐作业的主要流程:砍伐→集材→检查采伐迹地→原木装车→原木运输→伐后清理。

(一)砍伐

1. 伐倒

伐倒作业至关重要且极具危险性,必须采用方向性伐倒并严格遵守工序的每一个步骤,掌握油锯使用技术可控制伐倒木倒向,伐木工人必须接受严格培训。

(1)技术要求

①胸径>20cm 的树木须用油锯开一个伐口(也叫方向或前伐口)以便伐木垂直伐倒;首先,下口的深度为树木根部直径的1/4~1/3,角度为30°~45°(伐桩高度<5cm);然后,确认下切口要和前伐口形成一个接角并清除接角处的木块,确保伐木的伐口朝着倒向;在相反的方向做离下切口水平方向2.5~5cm 高的后切口。后切口切到树径只有1/10 的时候停止切,以利于控制住伐木的伐倒方向(此方法适用于胸径20~40cm 的大树)。

②胸径≤20cm 的树木可使用油锯横锯前伐口约2/5,随即在后切口水平方向约3cm 锯至树木伐倒(伐桩高度<5cm);

③砍伐更大树木或树倒方向会压及农作物、农田、缓冲区等,不能让树木自然伐倒,而应使用绳索牵引或三角楔形物在后切口引导伐倒方向,使用木料或塑料品而不是钢铁制作三角楔形物,从而防止不良后果或对锯链的破坏,导致事故的发生。

(2)安全要求

①采伐靠近建筑物、电线等进行伐木时须通知相关部门妥善处理。

②砍伐前估测树木倒向。

③作业人员须有完善的安全配备(安全帽、护眼、钢头鞋、耳塞及安全眼)。

④注意树木树枝状况,以防止使用油锯时有树枝掉落砸伤。

⑤注意树形(例如树枝多的一边)和风向选择伐倒方向,其他影响伐倒方位的因素还有树的健康状况(是否有腐烂的迹象),与其他树树枝的纠缠,接触及坡度等。

⑥检查油箱是否有足够燃油完成作业,燃油不够仍进行砍伐作业会造成危险。

⑦在树木伐倒方向相反处45°是两条最佳撤离道。

⑧确保设备、工具及油料与伐倒木的距离足够安全,不能摆放在撤离道上。

⑨确保树木倒落位置已安全清场。

2. 打枝

打枝是指在伐倒木后去除枝叶,可使用油锯、斧头、弯刀进行打枝。

(1)技术要求

①打枝顺序应从根部到顶端,枝干砍口由上到下,至尾径小于5cm处将其切除。

②打枝切口尽量靠近树干(长度<2cm)。

(2)安全要求

①作业人员须有完善的安全配备(安全帽、护眼、钢头鞋、耳塞及安全眼)。

②打枝时确保树木平稳,先不砍除支撑枝干须以免晃动伐倒木,从而确保平稳。

③站在平衡不打滑的位置进行打枝作业。

④打枝时不能站立在木材上,防止滑倒。

⑤在坡地处站立于木材上坡方向作业。

⑥使用油锯打枝时,严禁走动或移动脚步。

⑦注意树枝及植被是否被其他藤蔓植物缠绕,当去枝时要注意树枝的反弹。

⑧请勿使用油锯链板清除去枝后的树枝。

⑨操作油锯时,禁止使用油锯链板尾端(反弹区)接触树枝或树干。

3. 造材

造材的目的在于根据实际需要将伐倒的树干按设定长度及直径砍成原木。

(1)技术要求

①用卷尺先以小径树截定所需造材长度,后以此小径木为标尺。

②以标尺为标准,在树木需截处做记号,利于油锯操作员辨认造材。

③造材须从原木的树基到树梢。

④油锯操作员须估测锯断后原木的落地及滚落方向。

⑤先锯没有压力的一面至1/3直径深度处,然后再从有压力的另一面把木头锯断,避免油锯被木头夹住。

(2)安全要求

①作业人员须有完善的安全配备(安全帽、护眼、钢头鞋、耳塞及安全眼)。

②作业区内如有两组人同时进行采伐及造材作业,安全距离为树木平均长度2.5倍。

③油锯操作员在作业时不能使用电锯链板清除杂物以免伤人伤己。

④造材时须注意不可使用油锯链前端反弹区作业。

⑤造材时脚不能放在树干上以免误伤。

(二)集材

集材是指完成砍伐后将木材从采伐地搬迁的过程,目的是将原木从采伐点运往下一个目的地。集材分人工集材、滑道集材、机械集材和钢缆绞盘。

1. 技术要求（人工集材）

(1)砍伐后尽快集材，同时仔细进行集材规划，减少运输距离。

(2)集材完后采伐地内不得留存尾径5cm以上的原木或5cm×1m以上的原木段。

(3)将不同树种的原木分开堆放，利于装车及统计材积。

(4)按长度、径阶分类堆放。

2. 安全要求

(1)保留伐倒作业于集材作业区的缓冲带（长度至少达到树高的两倍）。

(2)避免在雾天搬木。

(3)当两个工人搬木时要保持一定的安全距离。

(4)穿戴安全着装：安全帽、钢头鞋及手套等。

(5)下大雨刮大风时，严禁作业。

(6)木堆四周建立5m宽防火带，并铲除防火带上的植被。

(三)检查采伐迹地

检查采伐迹地是指砍伐树木后检查伐后林地集材及整堆区域的状况，检查对象有：

(1)伐桩高度。

(2)采伐地是否遗留有用木材。

(3)整堆的质量、整堆处是否便于运输。

(4)砍伐及集材后是否有废弃遗留物。

1. 技术要求

(1)根据作业要求进行准确公正的检查。

(2)检查应及时。

(3)及时进行后续作业。

(4)可按实际要求，分阶段进行采伐地检查，分别为伐桩、原木堆及废弃物。

2. 安全要求

集材过程中，应采取常规的安全措施。

(四)原木装车

原木装车是指将原木装到运输车辆上以利于中转或原木运输，分为机械装车及人工装车。

1. 技术要求（人工装车）

(1)运输车辆必须具备必要的运输证书。

(2)根据需要先将大的原木放在最底层。

(3)最上层的原木必须保持水平，以尽量避免运输时发生原木滑落。

(4)均匀截材是必要的,木材叠放时不可超出车厢提供空间。
(5)装车顺序由车厢前到后。
(6)不同径级的原木分开存放。
(7)不允许超载运输。
(8)原木装车最高点离地面不得超过4m。

2. 安全要求

(1)安全装车并确保无滑木现象发生。
(2)车厢尾部的立柱须强韧稳固。
(3)装车不能超卡车承载量。
(4)装车人员须配备安全工具,安全帽和钢头鞋。

(五)原木运输

原木运输是指通过使用最可行、最经济的交通运输工具将木材拉至终点站。

1. 技术要求

(1)运输车辆必须具备必要的运输证书。
(2)及时安排运输。
(3)尽可能使用大卡车。
(4)避免不必要的装车及卸车。
(5)严格遵守交通规则,强调道路运输安全。

2. 安全要求

(1)确保卡车装载安全,不超载。
(2)使用维修良好的车辆并遵守交通法规。
(3)驾驶员作业时精神状态须佳。

(六)伐后清理

伐后清理是指完成采伐、运输后应全面检查场地,及时清除残留物、废弃物,确保路面清洁,绿地整洁有序。

附录　中国主要城市园林植物区划

一、分区的原则及各区界线

根据中国植被区划,结合我国主要城市的分布状况,将全国划分为 11 个大区。各区界线如下:

Ⅰ区:包括东经 127°20′(黑河附近)以西,北纬 49°20′(牙克石附近)以北的大兴安岭北部及其支脉伊勒呼里山的山地,含黑龙江及内蒙古北部地区。

Ⅱ区:包括东北平原以北、以东的广阔山地,南端以丹东—沈阳一线为界,北部延至黑龙江以南的小兴安岭山地,在地理上位于北纬 40°15′~50°20′,东经 126°~135°20′之间。

Ⅲ区:东北界约以沈阳—丹东一线与Ⅱ区为邻;北接Ⅸ区,其界线自开原向西,大致经彰武、阜新至河北省围场,沿坝上的南缘通过山西省恒山北坡到兴县,过黄河进入陕西省吴堡、清涧、安寨、志丹等地,沿子午岭西坡至甘肃省平凉南端;南界与Ⅳ区相邻,由胶东半岛的胶莱河口向西沿鲁中、南山地、丘陵北缘至济南附近,再沿黄河到聊城市南部,经河北省滋县以南至太行山之浊漳河,然后向西南沿太行山分水岭到山西省运城盆地北沿,再通过陕西省陕北高原南缘,最后沿西秦岭北坡山麓与Ⅸ区南界相接。

Ⅳ区:北接Ⅲ区南界;南与Ⅴ区相接,自甘肃省平凉至天水,再向西南经礼县到武都,此线以西为青藏高原;从武都进入陕西省后,即沿秦岭山脊分水岭向东到河南省伏牛山主脉南麓,再沿淮河主流经安徽风台、蚌埠到江苏省的蒋坝、盐城之后至黄海之滨。

Ⅴ区:北界沿秦岭分水岭,东至伏牛山主脉南侧,转向东南,沿淮河主流,通过洪泽湖南缘,经苏北灌溉总渠至黄海,南界沿大巴山脉分水岭向东南,到神农架南坡,经京山、黄陂、桐城一线到长江南岸的铜陵,沿宣郎广丘陵、宜溧山北缘,太湖边,到无锡、昆山,从崇明、横沙岛之间通过;西界在松潘附近;东以黄海边为界。全区包括:江苏、安徽、河南、湖北、陕西及甘肃六省的部分地区。

Ⅵ区:北接Ⅴ区南界;南界东自三沙湾—飞鸾起,经戴云山至永定,达广东龙川、怀集,广西柳州,到贵州罗甸、望谟一线,沿南盘江北面山原,经曲溪、新平、景东、凤庆、保山至泸水一线:东起长江口南岸,经太湖北缘、皖南丘陵,过江北的菜子湖,沿长江北岸的黄陂、应城到神农架南坡,越过大巴山山脊,止于松潘附近;西至川西高原南缘。

Ⅶ区:东起至台湾地区中北部及其附属海岛,经福建南部,广东至广西的中部,贵州的西南部,云南的中南部,北回归线从本区通过。

Ⅷ区:东起东经 123°附近的台湾地区静浦以南,西至东经 85°的西藏南部亚东、聂拉木附近,北界蜿蜒于北纬 21°~24°之间,南端处于北纬 4°附近,包括台湾、广东、广西、云南和西藏五省区的南部。

Ⅸ区：包括松辽平原、内蒙古高原、黄土高原的大部分地区和新疆北部的阿尔泰山区。

Ⅹ区：包括新疆维吾尔自治区的准噶尔盆地与塔里木盆地、青海省的柴达木盆地，甘肃省与宁夏回族自治区北部的阿拉善高平原以及内蒙古自治区鄂尔多斯台地西端，约在北纬36°以北，东经108°以西的地区。

Ⅺ区：青藏高原，约在北纬28°~37°，东经75°~103°。

二、主要区划代表城市常用园林植物及人工配置植物群落

（一）Ⅱ区代表城市——哈尔滨

常绿乔木及小乔木：樟子松、长白松、红松、黑皮油松、丹东桧、紫杉、红皮云杉、青杆、白杆、鱼鳞云杉、臭冷杉、辽东冷杉、长白侧柏、杜松。

落叶乔木及小乔木：兴安落叶松、长白落叶松、旱柳、粉枝柳、银白杨、紫椴、糠椴、榆、垂枝榆、大果榆、春榆、裂叶榆、毛赤杨、风桦、白桦、糖槭、五角枫、青楷槭、花楷槭、水曲柳、花曲柳、黄檗、核桃楸、青杨、香杨、山杨、山槐、水榆花楸、花楸、山梨、东北杏、杏、山桃稠李、稠李、山荆子、茶条槭。

常绿灌木：偃松、偃柏、天山圆柏、兴安桧、矮紫杉、沙地柏。

落叶灌木：东北连翘、卵叶连翘、欧丁香、匈牙利丁香、喜马拉雅丁香、水腊、偃伏株木、红瑞木、郁李、风箱果、黄刺玫、玫瑰、刺梅蔷薇、东北珍珠梅、金露梅、银露梅、柳叶绣线菊、绢毛绣线菊、土庄绣线菊、树锦鸡儿、胡枝子、花木蓝、小花溲疏、大花溲疏、东北溲疏、太平花、东北山梅花、东北茶藨子、蓝靛果忍冬、金银木、长白忍冬、鞑靼忍冬、紫枝忍冬、早花忍冬、黄花忍冬、接骨木、东北接骨木、阿穆尔小檗、细叶小檗、天目琼花、刺五 、辽东楤木、短梗五加、百里香。

藤本植物：山葡萄、杠柳、北五味子、葛枣猕猴、软枣猕猴桃、南蛇藤、蝙蝠葛。

草坪及地被植物：林地早熟禾、草地早熟禾、加拿大早熟禾、紫羊茅、匍茎剪股颖、异穗苔草、卵穗苔草、羊胡子草、乌苏里苔草、宽叶苔草、东北天南星、白三叶、连钱草、石竹、类叶升麻、侧金盏花、草玉梅、山芍药、落新妇、楼斗菜、歪头菜、一枝黄花、燕子花、铃兰。

植物群落示例：

（1）红松+白桦+山杨—矮紫杉+偃松+欧丁香+东北连翘—燕子花+铃兰。

（2）糠椴+紫椴+黄檗—矮紫杉+天目琼花+红瑞木—白三叶。

（3）糖槭+紫椴+水曲柳—水榆花楸+红皮云杉+刺五加—东北珍珠梅+偃伏株木+东北接骨木—连钱草。

（4）春榆+樟子松+白桦—黄花忍冬+柳叶绣线菊+胡枝子—山芍药+一枝黄花+羊胡子草。

（5）红松+旱柳+毛赤杨—花楷槭+花楸+青楷槭—珍珠梅+东北山梅花+小花溲疏—宽叶苔草+歪头菜+落新妇。

(二)Ⅲ区代表城市——北京

常绿乔木及小乔木：油松、白皮松、乔松、华山松、辽东冷杉、臭冷杉、白杄、青杄、红皮云杉、侧柏、桧柏、龙柏、雪松、杜松。

落叶乔木及小乔木：银杏、毛白杨、钻天杨、河北杨、泡桐、旱柳、馒头柳、绦柳、合欢、国槐、刺槐、红花刺槐、皂荚、山皂荚、洋白蜡、臭椿、千头椿、悬铃木、梧桐、栾树、板栗、槲栎、栓皮栎、蒙椴、糠椴、君迁子、柿树、元宝枫、杜仲、丝棉木、火炬树、小叶朴、核桃、榆、桑、玉兰、二乔玉兰、望春玉兰、杏、枣树、杜梨、楸树、梓树、桂香柳、暴马丁香、龙爪槐、海棠花、山楂、西府海棠、紫叶李、白梨、山桃、碧桃、文冠果。

常绿灌木：沙地柏、大叶黄杨、矮紫杉、朝鲜黄杨、小叶黄杨、铺地柏。

落叶灌木：猬实、糯米条、金银木、锦带花、木本绣球、天目琼花、欧洲琼花、太平花、棣棠、平枝栒子、水栒子、香荚蒾、金露梅、银露梅、珍珠梅、贴梗海棠、白玉棠、毛樱桃、榆叶梅、黄刺玫、现代月季、玫瑰、大花溲疏、菱叶绣线菊、麻叶绣球、粉花绣线菊、三桠绣球、珍珠花、香茶藨子、鸡麻、阿穆尔小檗、紫叶小檗、腊梅、牡丹、连翘、丁香、迎春、太平花、小花溲疏、枸杞、胡枝子、锦鸡儿、紫薇、木槿、海州常山、红瑞木、木本香薷、黄栌、紫荆、石榴、金叶女贞、小叶女贞、雪柳、紫珠、接骨木。

藤本植物：山荞麦、蛇葡萄、葡萄、中国地锦、美国地锦、紫藤、藤本月季、粉团蔷薇、花旗藤、十姐妹、多花蔷薇、木香、南蛇藤、扶芳藤、胶东卫矛、三叶木通、蝙蝠葛、台尔曼忍冬、金银花、美国凌霄。

竹类：早园竹、黄槽竹、筠竹、斑竹、苦竹、阔叶箬竹。

草坪及地被植物：野牛草、中华结缕草、日本结缕草、紫羊茅、羊茅、苇状羊茅、林地早熟禾、草地早熟禾、加拿大早熟禾、早熟禾、小糠草、匍茎剪股颖、崂峪苔草、羊胡子草、白三叶、鸢尾、萱草、玉簪、麦冬、二月兰、马蔺、紫花地丁、蛇莓、蒲公英。

植物群落示例：

(1)绦柳—白杄＋青杄—矮紫杉＋大叶黄杨球＋棣棠＋紫藤—崂峪苔草。

(2)河北杨＋油松—金银木＋珍珠梅—羊胡子草。

(3)桧柏—太平花＋接骨木—萱草。

(4)油松—紫丁香＋白玉棠—剪股颖。

(5)榆树—小花溲疏＋猬实—二月兰＋丹麦草。

(6)臭椿—胡枝子＋红瑞木一玉簪。

(7)刺槐—棣棠＋紫珠—二月兰。

(8)栾树—天目琼花＋糯米条—鸢尾。

(9)泡桐—柳叶绣线菊＋连翘—白三叶。

(三)Ⅳ区代表城市——郑州

常绿乔木及小乔木：油松、白皮松、熏松、华山松、赤松、雪松、日本花柏、日本扁柏、侧柏、云杉、桧柏、龙柏、刺柏、千头柏、女贞、广玉兰、枇杷、石楠、棕榈、蚊母、桂花、刺桂。

落叶乔木及小乔木：水杉、银杏、悬铃木、毛泡桐、泡桐、梓树、楸树、桑树、青桐、毛白杨、黄连木、国槐、龙爪槐、刺槐、皂荚、合欢、乌桕、旱柳、垂柳、枫杨、核桃、槲栎、光叶榉、栾树、小叶朴、杜仲、板栗、麻栎、栓皮栎、柿树、构树、白蜡、洋白蜡、玉兰、枣树、鸡爪槭、红枫、茶条槭、五角枫、流苏、刺楸、楝树、丝棉木、四照花、七叶树、臭椿、千头椿、东京樱花、杏、木瓜、海棠花、紫叶李、白梨、日本晚樱、山楂、碧桃。

常绿灌木：沙地柏、铺地柏、翠柏、鹿角柏、枸骨、海桐、大叶黄杨、小叶黄杨、黄杨、凤尾兰、丝兰、十大功劳、八角金盘、桃叶珊瑚、小蜡、水蜡、夹竹桃、蔓常春花、火棘、金丝桃。

落叶灌木：香荚莲、接骨木、猬实、糯米条、海州常山、贴梗海棠、麦李、欧李、郁李、白鹃梅、榆叶梅、黄刺玫、珍珠梅、珍珠花、粉花绣线菊、现代月季、平枝栒子、鸡麻、紫珠、棣棠、细叶小檗、紫叶小檗、牡丹、东陵八仙花、木本绣球、三桠绣球、金叶女贞、紫荆、小叶女贞、连翘、丁香、雪柳、迎春、腊梅、锦鸡儿、胡枝子、太平花、山梅花、红瑞木、锦带花、海仙花、天目琼花、金银木、石榴、接骨木、花椒、竹叶椒、木槿、秋胡颓子、紫珠、紫薇、紫玉兰、枸桔。

竹类：淡竹、刚竹、紫竹、罗汉竹、斑竹、早园竹、筠竹、苦竹、箬竹。

藤本植物：中华常春藤、洋常春藤、地锦、葡萄、蛇葡萄、金银花、胶东卫矛、木香、紫藤、扶芳藤、爬行卫矛、猕猴桃、美国凌霄、凌霄、藤本月、三叶木通。

草坪及地被植物：中华结缕草、日本结缕草、马尼拉结缕草、草地早熟禾、早熟禾、匍茎剪股颖、小糠草、紫羊茅、羊茅、双穗雀稗、麦冬、红花酢浆草、鸢尾、萱草、紫萼、玉簪、白三叶、二月兰、连钱草。

植物群落示例：

(1)楝树＋龙柏—黄杨＋石楠＋棣棠—二月兰。

(2)栓皮栎＋华山松—溲疏＋天目琼花—玉簪＋萱草。

(3)麻栎＋栓皮栎＋黄连木＋龙柏—四照花＋连翘—宽叶麦冬。

(4)楸树＋梓树—石楠＋糯米条＋棣棠—红花酢浆草。

(5)华山松＋乌桕＋黄连木—黄栌＋平枝栒子—白三叶。

(四) Ⅴ区代表城市——南京

常绿乔木及小乔木：湿地松、黑松、赤松、白皮松、马尾松、罗汉松、雪松、桧柏、龙柏、云片柏、柏木、日本冷杉、日本五针松、日本花柏、日本扁柏、北美圆柏、广玉兰、女贞、柳杉、青冈栎、棕榈、桂花、石楠、蚊母、刺桂、珊瑚树、枇杷、油橄榄。

落叶乔木及小乔木：金钱松、水杉、落羽杉、池杉、悬铃木、黄金树、楸树、榔榆、光叶榉、白蜡、桑树、构树、刺槐、江南槐、国槐、龙爪槐、合欢、银杏、薄壳山核桃、枫杨、毛白杨、杜仲、柿树、垂柳、赤杨、板栗、麻栎、栓皮栎、朴树、槲树、槲栎、鹅掌楸、玉兰、二乔玉兰、皂荚、刺楸、青桐、毛泡桐、泡桐、七叶树、白蜡、三角枫、鸡爪槭、红枫、枳椇、枫香、丝棉木、南酸枣、黄连木、复羽叶栾树、重阳木、乌桕、臭椿、紫叶李、沙梨、东京樱花、山楂、木瓜、海棠花、梅花、碧桃、日本晚樱。

常绿灌木：平头赤松、翠柏、铺地柏、鹿角柏、千头柏、线柏、火棘、海桐、枸骨、山茶花、茶梅、胡颓子、大叶黄杨、小叶黄杨、黄杨、迎春、夹竹桃、南天竹、十大功劳、阔叶十大功劳、凤尾兰、丝兰、小叶女贞、金吐女贞、小蜡、水蜡、金丝桃、桃叶珊瑚、洒金东瀛珊瑚、八角金盘。

落叶灌木：紫玉兰、星花玉兰、珍珠花、麻叶绣线菊、菱叶绣线菊、玫瑰、现代月季、郁李、麦李、垂丝海棠、贴梗海棠、棣棠、山梅花、平枝栒子、海州常山、紫叶小檗、牡丹、溲疏、金钟花、紫珠、紫薇、腊梅、紫荆、锦鸡儿、四照花、糯米条、海仙花、木本绣球、蝴蝶树、天目琼花、金银木、接骨木、无花果、结香、木槿、木芙蓉、云锦杜鹃、石榴、秋胡颓子、花椒、枸桔、醉鱼草、白鹃梅、雪柳、羽毛枫。

竹类：孝顺竹、苦竹、箬竹、毛竹、菲白竹、桂竹、斑竹、刚竹、罗汉竹、淡竹、紫竹。

藤本植物：盘叶忍冬、贯叶忍冬、金银花、地锦、紫藤、凌霄、美国凌霄、珍珠莲、络石、南蛇藤、胶东卫矛、三叶木通、木香、中华常春藤、洋常春藤、猕猴桃、葡萄、薜荔、扶芳藤。

草坪及地被植物：狗牙根、假俭草、中华结缕草、日本结缕草、细叶结缕草、马尼拉结缕草、草地早熟禾、早熟禾、匍茎剪股颖、小糠草、紫羊茅、羊茅、双穗雀稗、宽叶麦冬、山麦冬、红花酢浆草、石蒜、石菖蒲、沿阶草、二月兰、吉祥草、鸢尾、忽地笑、玉簪、石竹、花叶蔓长春花。

植物群落示例：

(1)水杉+黄连木+乌柏+连香树—卫矛+石楠+十大功劳+粉花绣线菊+棣棠—鸢尾。

(2)马尾松+栓皮栎+麻栎—山茶+垂丝海棠+棣棠—酢浆草。

(3)全缘栾树+合欢—洒金东瀛珊瑚+海桐+南天竹—沿阶草。

(4)悬铃木+垂柳+黑松—金钟花+紫珠+麻叶绣球—二月兰。

(5)鹅掌楸+广玉兰+桂花—八仙花+天目琼花+珍珠梅—萱草+玉簪。

(6)广玉兰+白玉兰—山茶—阔叶麦冬。

(7)雪松+龙柏+红枫—大叶黄杨球+锦绣杜鹃—雏菊+沿阶草。

(8)重阳木+乌柏+金钱松+黑松—毛白杜鹃+锦绣杜鹃—连钱草。

(9)鸡爪槭+红枫+桂花—海桐+锦带花+金钟花—花叶蔓常春花。

(五)Ⅵ区代表城市——杭州

常绿乔木及小乔木：黑松、马尾松、赤松、湿地松、五针松、北美圆柏、日本冷杉、日本扁柏、柏木、侧柏、云片柏、日本花柏、桧柏、龙柏、白皮松、罗汉松、雪松、柳杉、红豆杉、三尖杉、广玉兰、红茴香、木莲、厚皮香、桂花、女贞、香樟、浙江樟、檫木、红楠、紫楠、杜英、冬青、石楠、青冈栎、钩栗、苦槠、石栎、栲树、木荷、珊瑚树、杨梅、枇杷、大叶冬青、乐昌含笑、火力楠、深山含笑、浙江楠、华东楠、棕榈、蚊母。

落叶乔木及小乔木：水杉、池杉、落羽杉、墨西哥落羽杉、金钱松、银杏、七叶树、鹅掌楸、玉兰、薄壳山核桃、麻栎、栓皮栎、白栎、板栗、槲栎、枫香、乌柏、栾树、全缘栾树、无患子、垂柳、大叶柳、水冬瓜、枫杨、悬铃木、重阳木、南酸枣、黄连木、八角枫、三角枫、鸡爪槭、红枫、羽扇槭、青榨槭、苦楝、川楝、榔榆、桑、柘、青桐、合欢、皂荚、枳椇、刺槐、国槐、龙爪槐、杜仲、榉树、朴树、珊瑚朴、油柿、喜树、刺楸、丝棉木、臭椿、天目木姜子、沙梨、东京樱花、杏、木瓜、紫叶李、海棠花、梅花、日本晚樱、碧桃、四照花、瓶兰花。

常绿灌木：铺地柏、翠柏、鹿角柏、千头柏、线柏、粗榧、南天竹、海桐、夹竹桃、栀子花、十大功劳、阔叶十大功劳、火棘、枸骨、红花油茶、油茶、山茶花、云南黄馨、含笑、瑞香、八角金盘、黄杨、桃叶珊瑚、洒金珊瑚、水蜡、小蜡、大叶黄杨、小叶女贞、金叶女贞、金丝桃。

落叶灌木：棣棠、垂丝海棠、贴梗海棠、笑靥花、珍珠花、麻叶绣线菊、菱叶绣线菊、现代月季、欧丁香、紫荆、腊梅、木芙蓉、木槿、糯米条、石榴、毛白杜、云锦杜鹃、牡丹、木本绣球、蝴蝶树、金银木、无花果、结香、花椒、枸桔、醉鱼草、紫薇、溲疏、紫叶小檗、山梅花、海仙花、羽毛枫、紫玉兰、枸桔。

竹类：孝顺竹、苦竹、箬竹、毛竹、菲白竹、桂竹、凤尾竹、慈竹、斑竹、刚竹、淡竹、紫竹、罗汉竹、龟甲竹。

藤本植物：紫藤、络石、薜荔、地锦、木香、雀梅藤、木通、三叶木通、藤本月季、中华常春藤、洋常春藤、长春油麻藤。

草坪及地被植物：狗牙根、假俭草、结缕草、细叶结缕草、中华结缕草、马尼拉结缕草、草地早熟禾、早熟禾、匍茎剪股颖、小糠草、紫羊茅、双穗雀稗、山麦冬、宽叶麦冬、沿阶草、石菖、蝴蝶花、马蹄金、花叶蔓常春花、葱兰、韭兰、水仙、石蒜、鹿葱、忽地笑、连钱草、红花酢浆草、换锦花、雪滴花、大吴风草、二月兰、马蹄金。

植物群落示例：

(1)香樟+紫楠+银杏+马尾松—木本绣球+杜鹃+洒金东瀛珊瑚—沿阶草。

(2)大叶柳—枸骨—吉祥草。

(3)麻栎+枫香—厚皮香+红茴香—二月兰。

(4)香樟—瓶兰花+海桐+栀子花—红花酢浆草。

(5)栓皮栎+枫香+马尾松—棣棠+红瑞木—蝴蝶花。

(6)黑松+赤松—杂种杜鹃+云锦杜鹃—石蒜。

(7)乐昌含笑+火力楠—洒金东瀛珊瑚+毛白杜鹃+锦绣杜鹃—石菖蒲。

(8)白玉兰+广玉兰—含笑+八角金盘—玉簪。

(9)深山含笑+桂花—阔叶十大功劳+南天竹—马蹄金。

(10)金钱松一锦绣杜鹃—苔草。

(11)全缘栾树+合欢—栀子+金丝桃—大吴风草。

(12)三角枫+枫香+乌桕—八仙花+蝴蝶绣球—花叶长春蔓。

(六) Ⅷ区代表城市——广州

常绿乔木及小乔木：南洋杉、湿地松、杉木、加勒比松、桧柏、龙柏、侧柏、柏木、福建柏、罗汉松、柳杉、竹柏、长叶竹柏、香榧、三尖杉、印度橡胶榕、高山榕、小叶榕、大果榕、垂叶榕、黄葛榕、菩提树、木麻黄、白兰、广玉兰、厚朴、阴香、香樟、肉桂、苦梓、海南红豆、台湾相思、铁刀木、红花羊蹄甲、羊蹄甲、洋紫荆、扁桃、芒果、蒲桃、人心果、柠檬桉、窿缘桉、大叶桉、蓝桉、白千层、蝴蝶果、木波罗、樟叶槭、苦槠、青岗栎、石栗、银桦、杜英、黄槿、铁冬青、女贞、桂花、枇杷、南洋楹、桃花心木、大叶桃花心木、假苹婆、中国无忧花、番荔枝、龙眼、人面子、火力楠、腊肠树、花桐木、水翁、水石榕、油梨、盆架子、棕榈、假槟榔、蒲葵、鱼尾葵、皇后葵、大王椰子、董棕、老人葵、桄榔、槟榔、长叶刺葵。

落叶乔木及小乔木：榄仁、水松、池杉、落羽杉、鹅掌楸、白玉兰、青桐、大花紫薇、木棉、凤凰木、洋金凤、蓝花楹、黄槐、苦楝、麻楝、刺桐、板栗、麻栎、栓皮栎、朴树、榔榆、白栎、喜树、合欢、金合欢、刺楸、枫香、垂柳、二乔玉兰、水冬瓜、乌桕、枳椇、沙梨、无患子、全缘栾树、鸡蛋花、紫叶李、碧桃、梅、木瓜。

常绿灌木：苏铁、粗榧、米仔兰、四季米仔兰、九里香、红背桂、鹰爪花、山茶花、油茶、大叶茶、夹竹桃、黄花夹竹桃、小花黄蝉、六月雪、软枝黄蝉、小叶驳骨丹、朱蕉、变叶木、红桑、金边桑、金叶榕、光叶决明、马银花、紫金牛、含笑、海桐、十大功劳、南天竹、八角金盘、夜合、扶桑、吊灯花、红千层、福建茶、假连翘、栀子花、虎刺梅、一品红、云南黄馨、桃叶珊瑚、枸骨、洋杜鹃、映山红、凤尾兰、丝兰、华南黄杨、大叶黄杨、密花胡颓子、茶梅、华南珊瑚树、洒金珊瑚、金丝桃、三药槟榔、散尾葵、琼棕、轴榈、软叶刺葵、短穗鱼尾葵、矮棕竹、筋头竹。

落叶灌木：木芙蓉、木槿、紫荆、郁李、笑靥花、珍珠花、麻叶绣线菊、菱叶绣线菊、现代月季、糯米条、石榴、紫珠、紫玉兰、胡枝子、金银木、木本绣球、蝴蝶树、接骨木、无花果、花椒、枸桔、醉鱼草、小蜡。

竹类：青皮竹、慈竹、粉单竹、箬竹、苦竹、孝顺竹、凤尾竹、毛竹、淡竹、黄金间碧玉竹、佛肚竹、麻竹。

藤本植物：龟背竹、叶子花、麒麟尾、绿萝、中华常春藤、洋常春藤、络石、南五味子、地锦、凌霄、西番莲、多花紫藤、常春油麻藤、鸡血藤、炮仗花、使君子、三叶木通、金银花、扶芳藤、薜荔、猕猴桃、爬行卫矛、香港崖角藤、禾雀花、球兰、大花老鸦嘴。

草坪及地被植物：地毯草、狗牙根、假俭草、双穗雀稗、细叶结缕草、中华结缕草、马尼拉结缕草、广东万年青、自昌浦、葱兰、韭兰、忽地笑、吊竹梅、紫露草、蚌花、沿阶草、大叶仙茅、白蝴蝶、蝴蝶花、红花酢浆草、黑眼花、山麦冬、吉祥草、一叶兰。

植物群落示例：

(1)小叶榕＋榄树＋朴树＋假萍婆—散尾葵—春羽＋艳山姜。

(2)红花羊蹄甲—山茶—海芋＋艳山姜—地毯草。

(3)白兰—油茶＋大头菜—虎尾兰。

(4)白千层—九里香—沿阶草。

(5)蒲葵—南天竹＋海桐—红花酢浆草＋大叶仙茅。

(6)半枫荷—冬红十毛茉莉—地毯草。

(7)南洋楹—鹰爪花＋含笑＋山茶＋紫金牛—蝴蝶花。

(8)白兰—大叶米兰—珠兰＋紫背竹芋。

(9)大叶桉—长叶竹柏—棕竹—沿阶草。

(10)盆架树—红背桂＋假连翘—吊竹梅。

(11)台湾相思＋小叶榕—九里香＋木本绣球＋栀子—白蝴蝶。

(12)火力楠＋红花木莲—含笑＋夜合＋厚皮香—蚌花。

（七）Ⅷ区代表城市——海口

常绿乔木及小乔木：海南五针松、罗汉松、竹柏、南洋杉、异叶南洋杉、侧柏、龙柏、北美圆柏、木莲、红花木莲、腰果、酸豆树、大叶桃花心木、血桐、蝴蝶果、火焰木、观光木、白兰、黄兰、乐昌含笑、香樟、阴香、阳桃、白千层、木荷、青皮、乌墨、木波罗、蒲桃、芒果、扁桃、橄榄、柠檬桉、银桦、杜英、水石榕、似萍婆、萍婆、铁刀木、大花五桠果、台湾相思、马占相思、南洋楹、洋紫荆、中国无忧花、海南红豆、木麻黄、木波罗、高山榕、大叶榕、大果榕、垂叶榕、桂木、铁冬青、桃花心木、龙眼、荔枝、石栗、秋枫、人面子、鹅掌柴、人心果、羊蹄甲、红花羊蹄甲、桂花、黑板树、海南菜豆树、柚木、黄槿、假槟榔、槟榔、鱼尾葵、董棕、椰子、酒瓶椰子、三角椰子、王棕、油棕、长叶刺葵、皇后葵、丝葵、红刺露兜树。

落叶乔木及小乔木：水杉、池杉、落羽杉、玉兰、二乔玉兰、大花紫薇、鱼木、榄仁、梧桐、爪哇木棉、美丽异木棉、木棉、海红豆、楹树、阔荚合欢、黄槐决明、腊肠树、凤凰木、刺桐、紫檀、枫香、垂柳、朴树、榔榆、菩提树、麻楝、非洲楝、复羽叶栾树、无患子、红枫、岭南酸枣、喜树、蓝花楹、三角枫、紫叶李、碧桃。

常绿灌木：千头柏、苏铁、夜合花、含笑、鹰爪花、南天竹、金栗兰、海桐、油茶、山茶花、红千层、桃金娘、野牡丹、金丝桃、扶桑、吊灯扶桑、金英、红桑、变叶木、肖黄栌、铁海棠、一品红、红背桂、火棘、石斑木、华南黄杨、棱果蒲桃、密花胡颓子、九里香、米仔兰、八角金盘、鹅掌藤、云南黄馨、茉莉、夹竹桃、黄花夹竹桃、大花栀子、希茉莉、龙船花、红叶金花、六月雪、珊瑚树、福建茶、夜香树、驳骨丹、黄钟花、小蜡（山指甲）、荷包花、假连翘、马缨丹、红花檵木、枸骨、锦绣杜鹃、朱蕉、龙血树、凤尾兰、散尾葵、短穗鱼尾葵、美丽针葵、棕竹、矮棕竹、琼棕、三药槟榔、轴榈。

落叶灌木：紫薇、石榴、木芙蓉、木槿、木本绣球、现代月季、金凤花、双荚决明。

竹类：青皮竹、佛肚竹、凤尾竹、黄金间碧玉竹、粉单竹、方竹、龟甲竹、孝顺竹、紫竹、小琴丝竹、麻竹、毛竹、吊丝竹、茶秆竹、撑篙竹。

藤本植物：叶子花、鸡蛋果、猕猴桃、使君子、白花油麻藤、多花紫藤、薜荔、异叶爬墙虎、洋常春藤、软枝黄蝉、金银花、凌霄、蒜香藤、炮仗花、蓝花藤、马鞍藤、大花老鸦嘴、西番莲、麒麟尾、龟背竹。

草坪及地被植物：地毯草、狗牙根、假俭草、双穗雀稗、细叶结缕草、中华结缕草、马尼拉结缕草、彩叶草、蚌花、紫鸭跖草、吊竹梅、白蝴蝶、大花美人蕉、蟛蜞菊、蜘蛛兰、文殊兰、万年青、仙茅、土麦冬、阔叶麦冬、忽地笑、石蒜、葱兰、柊叶。

植物群落示例：

（1）木棉＋红花木莲—大花紫薇＋红花羊蹄甲＋鱼尾葵—桃金娘＋含笑＋鹰爪花＋野牡丹＋金丝桃＋八仙花—葱兰＋蜘蛛兰。

（2）凤凰木＋白兰—黄槐＋紫花羊蹄甲—含笑＋茶梅＋九里香—韭兰＋忽地笑＋紫三七。

（3）火焰木＋黄兰—双翼豆＋红绒球＋金凤花＋双荚决明—石蒜＋姜花＋仙茅。

（4）蓝花楹＋无忧树—龙牙花＋紫玉兰＋狗牙花＋红花橙木＋米仔兰—红花酢浆草＋

千年健＋益智。

（5）全缘栾树＋大花第伦桃＋洋蒲桃—软枝黄蝉＋大花栀子＋海桐—紫鸭趾草＋艳山姜。

（6）吊瓜木＋火力楠＋蒲桃—水石榕＋希茉莉＋白纸扇—水栀子＋白蝴蝶＋蛇根草。

（7）秋枫＋深山含笑＋乐昌含笑—金脉爵床＋红纸扇＋白英丹—大叶油草＋砂仁＋大叶仙茅。

（8）长芒杜英＋乐东拟单性木兰＋酸豆树—黄槿＋山茶花＋东兴油茶—朱顶红＋地毯草。

（9）楹树＋蓝花楹＋银桦—紫蝉＋希茉莉＋粉纸扇—吊竹梅＋格叶＋红蕉。

（八）Ⅸ区代表城市——兰州

常绿乔木及小乔木：青海云杉、鳞皮云杉、紫果云杉、鳞皮冷杉、青杆、油松、杜松、西安桧、白皮松、华山松、祁连圆柏、大果圆柏、塔枝圆柏、侧柏。

落叶乔木及小乔木：箭杆杨、钻天杨、小叶杨、青甘杨、康定杨、银白杨、新疆杨、青杨、山杨、康定杨、旱柳、小叶朴、黑榆、春榆、欧洲白榆、榆、红桦、坚桦、白桦、辽东栎、栾树、核桃、青榨槭、马氏槭、刺槐、国槐、白蜡、山荆子、山杏、海棠果、沙枣、火炬树、臭椿、白蜡、暴马丁香、文冠果、山桃稠李、花红、甘肃山楂。

常绿灌木：沙地柏、高山柏、方枝柏、陕甘瑞香、凹叶瑞香、毛蕊杜鹃、头花杜鹃、百里香杜鹃、秀雅杜鹃、烈香杜鹃、红背杜鹃。

落叶灌木：香荚莲、陕甘花楸、多腺悬钩子、水栒子、西北栒子、匍匐栒子、金露梅、银露梅、珍珠梅、黄刺玫、黄蔷薇、峨嵋蔷薇、榆叶梅、东陵绣球、毛樱桃、假稠李、蒙古绣线菊、细枝绣线菊、高山绣线菊、欧李、鸡麻、接骨木、藏花忍冬、鞑靼忍冬、紫枝忍冬、黄花忍冬、小叶忍冬、陇塞忍冬、锦带花、红瑞木、金银木、紫丁香、波斯丁香、羽叶丁香、毛叶丁香、连翘、雪柳、牡丹、荆条、猬实、宁夏枸杞、直穗小檗、毛叶小檗、匙叶小檗、栓翅卫矛、紫花卫矛、沙棘、黄栌、盐肤木、刺五加、扁核木、宝兴茶藨子、五裂茶藨子、香茶藨子、紫穗槐、树锦鸡儿、多花胡枝子、百里香、太平花、山梅花、花椒、柽柳、长穗柽柳、互叶醉鱼草。

藤本植物：葡萄、猕猴梨、山荞麦、杠柳、啤酒花、天木蓼、何首乌、甘肃铁线莲、绣球藤、藤山柳。

草坪及地被植物：野牛草、结缕草、草地早熟禾、早熟禾、林地早熟禾、加拿大早熟禾限、羊茅、紫羊茅、苇状羊茅、匍茎剪股颖、小糠草、白颖苔草、糙缘苔草、异穗苔草、费菜、狭穗景天、马蔺、狼毒、东方草莓、歪头菜、金色补血草、白射干。

植物群落示例：

（1）银白杨＋大果圆柏—连翘＋接骨木—二月兰＋草地早熟禾。

（2）旱柳＋油松—紫丁香＋羽叶丁香＋波斯丁香—马蔺＋加拿大早熟禾。

（3）青海云杉＋祁连圆柏＋新疆杨—蒙古绣线菊＋红瑞木＋红花忍冬＋金花忍冬—东方草莓＋紫羊茅。

(九) X区代表城市——乌鲁木齐

常绿乔木及小乔木:樟子松、西伯利亚云杉、雪岭云杉、西伯利亚刺柏。

落叶乔木及小乔木:胡杨、钻天杨、箭杆杨、新疆杨、黑杨、灰杨、银白杨、青杨、白柳、旱柳、榆树、圆冠榆、欧洲大叶榆、春榆、黄檗、桑、文冠果、水曲柳、美白蜡、小叶白蜡、夏橡、三刺皂荚、刺槐、国槐、紫椴、心叶椴、茶条槭、复叶槭、五角枫、平基槭、沙枣、山荆子、暴马丁香、西洋梨、新疆梨、新疆野苹果、海棠果、山楂、新疆桃、巴旦杏、毛稠李、天山花楸。

常绿灌木:沙地柏、高山桧、新疆方枝柏、沙冬青。

落叶灌木:鞑靼忍冬、金银木、细叶小檗、刺檗、西伯利亚小檗、紫丁香、珍珠梅、榆叶梅、欧亚绣线菊、山梅花、太平花、连翘、沙棘、胡枝子、金雀儿、新疆锦鸡儿、金露梅、毛叶欧李、多花栒子、大果栒子、玫瑰、新疆蔷薇、黄蔷薇、罗布麻、黄刺玫、柽柳、细穗柽柳、密花柽柳、长穗柽柳、多花柽柳、球花水枝柏、秀丽水枝柏。

藤本植物:猕猴梨、啤酒花、南蛇藤、东方铁线莲、准噶尔铁线莲。

草坪及地被植物:草地早熟禾、林地早熟禾、加拿大早熟禾、细叶早熟禾、无芒雀麦、紫羊茅同、羊茅、苇状羊茅、匍茎剪股颖、白颖苔草、异穗苔草、新疆百脉根、细叶百脉根、紫花苜蓿、白三叶、红花三叶草、黄芩、广布野豌豆、草原老鹳草、石竹、瞿麦、番红花、小鸢尾、马蔺。

植物群落示例:

(1)新疆杨+圆冠榆—山梅花+沙地柏+鞑靼忍冬—草地早熟禾。

(2)白柳+雪岭云杉—新疆圆柏+欧亚绣线菊+珍珠梅—草原老鹳草。

(3)西伯利亚红松+旱柳—新疆方枝柏+山梅花+连翘—白三叶。

(4)西伯利亚云杉+银白杨—高山桧+小檗+胡枝子—红三叶。

(5)西伯利亚刺柏+核桃—球花水枝柏+天山花楸—马蔺。

(6)沙枣+樟子松+尖叶槭—红花茶藨子+紫丁香+多花栒子—林地早熟禾。

参 考 文 献

[1] 陈有民. 中国园林绿化树种区域规划[M]. 北京:中国建筑工业出版, 2006.

[2] 国外道路标准规范编译组. 国外公路环境规划与管理[M]. 北京:人民交通出版社, 2007.

[3] 徐建林. 园林施工组织与管理[M]. 北京:水利水电出版, 2007.

[4] 虞德平. 园林绿化施工技术资料编制手册[M]. 北京:中国建筑工业出版, 2006.

[5] 吴忆明. 立交桥园林绿化实例[M]. 哈尔滨:东北林业大学出版社, 2006.

[6] 张阳. 公路景观学[M]. 北京:中国建材工业出版社, 2004.

[7] 戴明新. 公路环境保护手册[M]. 北京:人民交通出版社, 2004.

[8] 李世华,陈念斯. 城市道路绿化工程手册[M]. 北京:中国建筑工业出版, 2007.

[9] 中华人民共和国行业标准. JTG H10—2009 公路养护技术规范[S]. 北京:人民交通出版社, 2009.

[10] 中华人民共和国行业标准. CJJ 75—1997 城市道路绿化规划与设计规范[S]. 北京:中国建筑工业出版, 1998.

[11] 中华人民共和国行业标准. JTG B04—2010 公路环境保护设计规范[S]. 北京:人民交通出版社, 2010.

[12] 张卫平. 山区高速公路生态恢复理论与实践[M]. 北京:人民交通出版社, 2006.

[13] 刘书套. 高速公路环境保护与绿化[M]. 北京:人民交通出版社, 2001.

[14] 韩相春. 道路交通景观设计[M]. 哈尔滨:东北林业大学出版社, 2005.

[15] 张文英. 风景园林工程[M]. 北京:中国农业出版社, 2007.

[16] 黄小军. 生态公路研究与实践[M]. 北京:人民交通出版社, 2008.

[17] 王松根,张须义. 公路工程竣工资料编制指南[M]. 北京:人民交通出版社, 2001.

[18] 秦晓春,张肖宁,关昌余. 基于新理念的公路绿化设计[J]. 中外公路, 2007.

[19] 单炜,罗光裕,范永德. 高速公路绿化工程[M]. 哈尔滨:东北林业大学出版社,2005.

[20] 李祝龙. 公路环境与景观设计咨询要点[M]. 北京:人民交通出版社, 2011.

[21] 赵德龙,刘万共,赵凤良. 道路绿化[M]. 北京:人民交通出版社, 2005.

[22] 李伟,王凤池. 高速公路规划与设计[M]. 北京:机械工业出版社, 2012.

[23] 刘甲荣,舒安平,郭建民. 半干旱区高速公路生态护坡技术[M]. 北京:人民交通出版社, 2011.

[24] 邓卫东,杨航卓,宁琳. 公路景观规划与营造[M]. 北京:人民交通出版社, 2011.

[25] 顾馥保,高翟香. 高速公路服务性建筑设计[M]. 北京:中国建筑工业出版社, 2011.

[26] 中华人民共和国行业标准. CJJ 82—2012 园林绿化工程施工及验收规范[S]. 北京:中国建筑工业出版社, 2012.

[27] 中华人民共和国行业标准. JTG B01—2003 公路工程技术标准[M]. 北京:人民交

通出版社, 2004.
[28] 孟兆祯,毛培琳,黄庆喜. 园林工程[M]. 北京:中国林业出版社,1995.
[29] 周洪文,余正武,周本涛. 公路绿化与施工质量管理[M]. 北京:人民交通出版社,2008.
[30] 何芬,傅新生. 园林绿化施工与养护手册[M]. 北京:中国建筑工业出版社,2010.
[31] 薛明,姚洪林. 盐渍土地区公路养护与环境技术[M]. 北京:人民交通出版社,2006.
[32] 王化冰. 济青高速公路绿化手册[M]. 北京:中国林业出版社,2010.
[33] 张瑞麟. 新疆花卉栽培[M]. 北京:中国林业出版社,2007.
[34] 中华人民共和国交通运输部. 公路工程标准施工招标文件(2009 年版)[M]. 北京:人民交通出版社,2009.
[35] 中华人民共和国交通运输部. 公路工程竣(交)工验收办法与实施细则[M]. 北京:人民交通出版社,2010.
[36] 杨仲元,吴颖峰. 公路工程竣工资料管理[M]. 北京:中国电力出版社,2010.
[37] 张广,辛国树. 高等级公路竣工文件立卷归档编制范本[M]. 北京:人民交通出版社,2005.
[38] 赵世伟. 园林工程景观设计(植物配置与栽培应用大全)(上卷)[M]. 北京:中国农业科技出版社, 2000.
[39] 白史且,胥晓刚. 高速公路绿化工程技术[M]. 北京:中国农业出版社,2005.
[40] 屈朝彬,徐志华,王孟章. 公路绿化植物病虫害防控图谱[M]. 北京 :中国林业出版社,2008.
[41] 许华,汪波,蒋梦娇. 根结线虫的致病机理和防治研究进展[J]. 安徽农业科学,2011.
[42] 郑文德,李振宇,王霞. 柳树烂皮病的诊断与防治[J]. 植物保护,2012.
[43] 赖永梅,钱华锐,李宁. 青岛市小叶黄杨白纹羽病的发生规律与防治[J]. 现代园林, 2006.
[44] 杨士杰,肖福平. 水杉赤枯病的发生和防治技术探索初报[J]. 湖北林业科技,2010.
[45] 戴锐欣,谭宗德. 阳江市柚木种植前景分析及种植技术[J]. 安徽农学通报,2011.
[46] 胡雁春. 园林植物菟丝子害及其防治方法的探讨[J]. 内江科技,2011.
[47] 梁志勇. 月季枝枯病的防治方法[J]. 园林科技,2010.
[48] 曾梅,韩立新. 丁香叶斑病的综合防治技术[J]. 果树花卉,2007.
[49] 王鑫. “备补苗”补植技术在造林中的推广与应用[J]. 河北林业科技,2005(2):52.
[50] 李应桃. 补植苗木的水分管理[J]. 铜陵职业技术学院学报, 2007(2):84.
[51] 王廷瑞. 干旱丘陵地区大面积建造经济林的同步补植技术[J]. 北方果树, 2002(2):44.
[52] 刘娅丽,庞慧,潘峰. 公路改扩建工程绿化补植技术对策[J]. 公路交通科技(应用技术版),2006 :20-21,29.
[53] 朱玉胜. 开展雨季补植是提高造林成活率与保存率的有效措施[J]. 森林工程, 2002(4):12.

[54] 宋军,刘惠民,马广东. 容器苗在补植造林上的应用[J]. 辽宁林业科技, 2001(3):45-46.
[55] 刘宝华,张新,李强. 容器育苗提高中央分隔带补植成活率试验[J]. 山东林业科技,2005(5):23-24.
[56] 贾自新,刘志同,刘志琴. 幼林检查和补植技术[J]. 防护林科技, 2003(1):74.
[57] 肖延山,刘志琴. 幼林补植如何应用容器育苗[J]. 科技信息, 2008(13):321.
[58] 王培全. 杨树补植造林调查[J]. 吉林林业科技, 2003, 32(6):51.
[59] 马凯,陈素梅,周武忠. 城市树木栽培与养护[M]. 南京:东南大学出版社,2003.
[60] 胡林,边秀举 阳新玲. 草坪科学与管理[M]. 北京:中国农业大学出版社, 2001.
[61] 王福银,王润贤,刘奎. 园林绿化草坪建植与养护[M]. 北京:中国农业大学出版社, 2001.
[62] 宋瑞清,董爱荣. 城市绿地植物病害[M]. 北京:中国林业出版社, 2001.
[63] 赵万明. 果树病虫害防治技术[M]. 天津:天津科技翻译出版公司, 1994.
[64] 徐明慧. 园林植物病虫害防治[M]. 北京:中国林业出版社, 1993.
[65] 周仲铭. 林木病理学[M]. 北京:中国林业出版社, 1990.
[66] 张执中. 森林昆虫学[M]. 北京:中国林业出版社, 1997.
[67] 朱天辉. 园林植物根病的发生特点及防治策略[J]. 四川林业科技, 1990.
[68] 朱天辉. 花椒根腐病的症状和病原初探[J]. 四川农业大学学报, 1994, 12(4): 451-454.
[69] 王瑞灿. 园林植物病虫害防治手册[M]. 上海:上海科学技术出版社, 1999.
[70] 董三孝. 园林工程概预算与施工组织管理[M]. 北京:中国林业出版社,2003.
[71] 杨淑秋,李炳发. 道路系统绿化美化[M]. 北京:中国林业出版社,2003.
[72] 陈有民. 园林树木学[M]. 北京:中国林业出版社,2004.
[73] 胡中华,刘师汉. 草坪与地被植物[M]. 北京:中国林业出版社,1998.
[74] 张志国. 草坪建植与管理[M]. 济南:山东科学技术出版社,1998.
[75] 王松根. 公路安全保障工程实施细则[M]. 北京:人民交通出版社,2006.
[76] 张俊云,周德培,李绍才. 高速公路岩石边坡绿化方法探讨[J]. 岩石力学与工程学报,2002 .
[77] 孟强. 新理论、新技术在公路景观绿化中的应用[J]. 公路环境保护,2003.
[78] 顾正平,沈瑞珍,刘毅. 园林绿化机械与设备[M]. 北京:机械工业出版社,2002.
[79] 毕晓伟. 农业生产机械化[M]. 呼和浩特:内蒙古科学技术出版社,2008.
[80] 浙江省建设厅城建处,杭州蓝天职业培训学校. 园林施工安全管理[M]. 北京:中国建筑工业出版社,2005.
[81] 尹大志. 园林机械[M]. 北京:中国农业出版社,2007.
[82]《园林绿化施工管理》编委会. 园林绿化施工管理[M]. 杭州:浙江科学技术出版社,2008.
[83] 潘福荣,王振超,胡继光. 园林工程施工[M]. 北京:机械工业出版社,2010.

[84] 姚锁坤,等.草坪机械[M].北京:中国农业出版社,2001.
[85] 陈忠民.园林机械维修速成图解[M].南京:江苏科学技术出版社,2009.
[86] 许安.工程机械运用技术[M].北京:人民交通出版社,2009.
[87] 吴幼松,余清河.公路机械化施工与管理[M].北京:清华大学出版社,2007.
[88] 朱保达.工程机械[M].北京:人民交通出版社,2004.
[89] 宋健.建筑工程质检·安全·资料整理[M].南京:东南大学出版社,2006.
[90] 杜海若.工程机械概论[M].成都:西南交通大学出版社,2004.
[91] 农业部农业机械化管理司.小型轮式拖拉机及配套农具[M].北京:中国农业科技出版社,2000.
[92] 陈传强.草坪机械使用与维护手册[M].北京:中国农业出版社,2002.
[93] 刘雅洲.公路施工与养护机械[M].北京:人民交通出版社,2005.
[94] 纪玉国.公路工程机械构造与维修[M].北京:人民交通出版社,2006.
[95] 陈国平,谭延平,田留宗.压实机械日常使用与维护[M].北京:机械工业出版社,2010.
[96] 中国国家标准化管理委会.GB/T 19931—2005 土方机械挖沟机术语和商业规范[S].北京:中国标准出版社,2006.
[97] 李志鹏,关颂伟,李云青.给水排工程[M].北京:中国电力出版社,2006.
[98] 韩实彬,曹丽娟.机械员[M].北京:机械工业出版社,2011.
[99] 田凯.施工员一本通[M].北京:中国建材工业出版社,2008.
[100] 张敦鹏.手持电动工具的使用与维修[M].北京:化学工业出版社,2010.
[101] 仲子平.园林机具的使用与维护[M].苏州:苏州大学出版社,2009.
[102] 李月华.园林绿化实用技术[M].北京:化学工业出版社,2009.
[103] 杨丹彤.现代农业机械与装备[M].广州:广东高等教育出版社,2000.
[104] 沈瀚,秦贵.设施农业机械[M].北京:中国大地出版社,2009.
[105] 张新植,刘纹芳,李岩.农业机械图册[M].哈尔滨:黑龙江科学技术出版社,2008.
[106] 苏爱华,谢方平,吴明亮.山区水稻生产机械化技术与装备[M].北京:中国农业科学技术出版社,2006.
[107] 王松根,张西斌.公路沥青路面养护机械化作业[M].北京:人民交通出版社,2009.
[108] 杨士敏,等.高等级公路养护机械[M].北京:机械工业出版社,2003.
[109] 徐帮学.高速公路管理百科全书[M].合肥:安徽音像出版社,2003.
[110] 丁世民.园林绿地养护技术[M].北京:中国农业大学出版社,2009.
[111] 谭继清,周禾,李敏.草坪植物[M].昆明:云南教育出版社,1999.
[112] 水利部农村水利司,等.水土资源评价与节水灌溉规划[M].北京:中国水利水电出版社,1998.
[113] 水利部农村水利司,等.管道输水工程技术[M].北京:中国水利水电出版社,1998.
[114] 余常昭.紊动射流[M].北京:高等教育出版社,1993.
[115] 王水盛.水泵与水泵站[M].北京:中国水利水电出版社,1993.

[116] 陈大雕,林中卉.喷灌技术[M].北京:科学出版社,1992.
[117] 李世英.喷灌喷头理论与设计[M].北京:兵器工业出版社,1995.
[118] 李法虎.土壤物理化学[M].北京:化学工业出版社,2006.
[119] 水利部国际合作司.美国国家通溉工程手册[M].北京:中国水利水电出版社,1998.
[120] 水利部农村水利司,等,喷灌工程技术[M].北京:中国水利水电出版社,1999.
[121] 水利部农村水利司.节水灌溉技术标准选编[M].北京:中国水利水电出版社,1999.
[122] 王文元.喷滴灌设备使用与维修[M].石家庄:河北科学技术出版社,1999.
[123] 刘昌明,王会肖.土壤—作物—大气界面水分过程与节水调控[M].北京:科学出版社,1999.
[124] 中国建筑工业出版社.室外给水工程规范[M].北京:中国建筑工业出版社,2000.
[125] 许其昌.给水排水管道工程施工及验收规范实施手册[M].北京:中国建筑工业出版社,1998.
[126] 杨水英.施工企业项目管理[M].北京:中华工商联合出版社,1999.
[127] 周卫平,宋广超,邵恩.微灌工程技术指南[M].北京:中国水利水电出版社,1999.
[128] 张国祥,杜茂林.微灌水力设计方法的商榷与建议:微灌水力设计计算方法探讨之二[J].喷灌技术,1990(3).
[129] 王金如.微管支管系统水力设计方法的商榷与建议[J].喷灌技术,1994(2).
[130] 苏金乐.园林苗圃学[M].北京:中国农业出版社,2003.
[131] 卢学义.园林树种育苗技术[M].沈阳:辽宁科学技术出版社,2001.
[132] 河南省交通运输厅公路局,平顶山市公路管理局.公路绿化工程[M].北京:人民交通出版社,2003.
[133] 孙时轩.造林学[M].第2版.北京:中国林业出版社,1991.
[134] 国家林业局经济发展研究中心.林业政策问答[M].北京:中国大地出版社,2009.
[135] 翟明普.森林培育学[M].北京:中央广播电视大学出版社,2001.
[136] 中华人民共和国国家标准.GB/T 15781—2009 森林抚育技术规程[S].北京:中国标准出版社,2009.
[137] 国家林业局森林资源管理司.森林采伐作业规程[M].北京:中国林业出版社,2007.
[138] 王伟光,吕殿贵.营林与造林技术[M].北京:中国林业出版社,2008.